# 全国法律硕士专业学位研究生入学联考考试指南

## （第十九版）

全国法律专业学位研究生教育指导委员会　组编

中国人民大学出版社

·北京·

# 编写委员会

## 编委会委员

唐继卫　国务院学位委员会办公室、教育部学位管理与研究生教育司副巡
　　　　视员

王利明　全国法律专业学位研究生教育指导委员会副主任委员
　　　　中国人民大学常务副校长、教授、博士生导师

马怀德　全国法律专业学位研究生教育指导委员会副主任委员
　　　　中国政法大学教授、博士生导师

贾丽群　司法部国家司法考试司司长

韩大元　全国法律专业学位研究生教育指导委员会委员兼副秘书长
　　　　中国人民大学法学院教授、博士生导师

董文濮　全国法律专业学位研究生教育指导委员会委员
　　　　最高人民法院政治部副主任

王卫东　全国法律专业学位研究生教育指导委员会委员
　　　　国家检察官学院党委书记

郝彤亮　国务院学位委员会办公室、教育部学位管理与研究生教育司研究
　　　　生培养处处长

## 编委会办公室

王　红　司法部国家司法考试司副巡视员

郝晓明　中国人民大学法学院助理研究员

吕伟耀　司法部国家司法考试司法学教育指导处副处长

# 各科编写人员

## 刑法学

刘守芬　北京大学法学院教授

梁根林　北京大学法学院教授

王世洲　北京大学法学院教授

黄京平　中国人民大学法学院教授

阴剑锋　北京师范大学法学院教授

曲新久　中国政法大学教授

李方晓　中国政法大学教授

## 民法学

温世扬　中南财经政法大学法学院教授

柳经纬　厦门大学法学院教授

贾林青　中国人民大学法学院教授

沈幼伦　华东政法大学教授

王丽萍　山东大学法学院教授

李友根　南京大学法学院教授

林　嘉　中国人民大学法学院教授

姚　辉　中国人民大学法学院教授

朱　岩　中国人民大学法学院教授

姚欢庆　中国人民大学法学院副教授

林　敏　对外经济贸易大学讲师

## 法理学

徐显明　山东大学教授

孙笑侠　复旦大学法学院教授

陈金钊　山东大学威海分校教授

范进学　山东大学法学院教授

张曙光　中国人民大学法学院教授

舒国滢　中国政法大学教授

叶传星　中国人民大学法学院教授

**中国宪法学**

韩大元　中国人民大学法学院教授
周叶中　武汉大学法学院教授
胡锦光　中国人民大学法学院教授
焦洪昌　中国政法大学教授
甘超英　北京大学法学院副教授

**中国法制史**

郭成伟　中国政法大学教授
赵晓耕　中国人民大学法学院教授
胡旭晟　湘潭大学法学院教授
马作武　中山大学法学院教授
李交发　湘潭大学法学院教授
徐忠明　中山大学法学院教授

# 出 版 说 明

为适应我国社会主义市场经济和依法治国对高层次应用型法律人才的需求，1995 年国务院学位委员会第 13 次会议通过了设置法律硕士专业学位的报告，1996 年国务院学位委员会办公室批准中国人民大学、北京大学、中国政法大学、对外经济贸易大学、吉林大学、武汉大学、西南政法大学、华东政法学院等八所高校首批试点招收攻读法律硕士专业学位研究生，到今年在校生规模已达一千八百余人。1998 年，在开展法律硕士专业学位研究生教育的基础上，又首次开展在职攻读法律硕士专业学位工作，全国千余名人民法院、人民检察院、公安系统和司法行政部门的在职干部及律师、企业法律顾问等专业法律人员参加了学习。目前，经批准有权开展这项工作的培养单位有中国人民大学、北京大学、中国政法大学、对外经济贸易大学、吉林大学、武汉大学、西南政法大学、华东政法学院、南京大学、中山大学、厦门大学、中南政法学院、西北政法学院、复旦大学、浙江大学、山东大学、四川大学、苏州大学、安徽大学、郑州大学、黑龙江大学、湘潭大学等 22 所院校。

随着我国市场经济体制的建立、发展和社会全面进步，我国民主、法制建设进入了新的发展时期，尤其是为全面实施党的十五大和宪法所确定的"依法治国、建设社会主义法治国家"的治国方略，我国各项事业必将纳入法治轨道。为此，政法部门及社会其他部门都急需一大批高层次的应用型、复合型法律人才。法律硕士专业学位是具有特定法律职业背景的专业学位，主要为立法、司法、行政执法、法律服务与法律监督部门以及经济管理、行政管理和社会公共管理部门培养高层次的应用型、复合型法律专门人才。为实现这一培养目标，在国务院学位委员会、教育部和司法部的共同组织指导下，各试点单位几年来积极探索，形成了一些很有价值的实践经验。同时，针对试点工作中存在的问题，不断完善有关办法和制度，在此基础上，经过反复研究、论证，广泛征求试点院校、专家和有关主管部门意见，1999 年 6 月，国务院学位委员会办公室和司法部法规教育司转发了全国法律硕士专业学位教育指导委员会秘书处组织修订的《法律硕士专业学位研究生指导性培养方案》。

根据新的培养方案，法律硕士专业学位的培养目标是按法学一级学科和法律职业的基本要求确定的，课程设置覆盖了法律二级学科的主要内容，课程结构力求体现法律硕士专业学位培养应用型和复合型人才在知识能力结构上的要求。培养工作不仅与法律本科教育相衔接，还与法学硕士研究生和其他专业学位教育相联系。此外，法律硕士专业学位培养工作的一个重要特征是，培养的全过程要体现法律职业对其从业人员应具备的法律理念，即法律意识及价值观、法律思维的逻辑与方式、法律职业道德与职业责任、法律人员的从业素质和从业能力等方面的要求。总之，培养方案的目的在于使法律硕士专业学位教育培养一大批既掌握本专业、又具备法律专业知识、能力和素质的高层次、基础宽的应用型、复合型法律人才，科学地规范法律硕士专业学位招生工作、培养工作和培养过程，进一步完善我国高层次法律人才的培养结构和学位制度，促使法律研究生教育适应我国法律实务部门和政治生活、经济生活及社会生活各个领域对高层次法律人才多样化的迫切需求。

培养方案要求各培养单位应采取多种途径和形式加强学生法律职业伦理和职业能力的培养，并将此项工作贯穿于教学工作的各个环节之中。培养方案将职业道德和职业能力作为一项重要的培养任务和内容进行规定，它是法律硕士专业学位教育的重大改革。职业能力包括法律职业思维方式和能力、法律职业行动方式和技能。培养的主要内容为：（1）对各种社会现象（包括案例）能够自觉地运用职业思维和法律原理来发现问题、分析问题和解决问题。（2）较熟练地进行法律推理。（3）熟练地把握各类诉讼程序，进行事实调查与取证。（4）熟练地从事代理与辩护业务，从事非诉讼法律事务（如法律咨询、谈判、起草合同）以及法律事务的组织与管理。（5）有起草法规的一般经验。以上内容应当融入各门课程之中，可通过课程教学、实践、专题讲座与研究等形式来培养，并注重这些技能的综合运用。

对法律硕士专业学位论文提出的要求与本培养方案确立的培养目标是一致的，即应着眼于实际问题、面向法律实务、深入法学理论。论文的选题应贯彻理论联系实际的原则，重在反映学生运用所学习的理论和知识综合解决法律实务中的理论与实践课题的能力。论文形式可以多样，但论文写作应当规范，论文评阅标准应当统一，论文的字数一般不少于2万字。课程考试合格且论文答辩通过者，可授予法律硕士专业学位。

经教育部批准，从2000年开始，攻读法律硕士专业学位研究生招生考试试行全国法律硕士专业学位试点单位联合考试。考试科目为政治理论（文）、外语、民法学、刑法学、综合考试（含宪法、法学基础理论、中国法制史）。其中，政治理论（文）和外语的考试参加全国攻读硕士学位研究生入学考试。民法学、刑法学和综合考试等业务考试科目为全国联考科目。联考科目的考试范围和要求依据全国法律硕士专业学位教育指导委员会编写的《法律硕士专业学位研究生联考考试大纲》和教育部高校学生司、国务院学位委员会办公室、司法部法规教育司组织编写的《法律硕士专业学位研究生联考考试指南》（中国人民大学出版社出版）。该大纲和指南适用于2000年和2001年法律硕士专业学位研究生入学联考的命题范围和复习依据。

从2000年起，法律硕士专业学位研究生教育不再招收法律专业本科毕业生（含同等学力），而只招收具有国民教育序列大学本科学历（或具有本科同等学力）的非法律专业毕业生。采取这项措施，理由为法律硕士专业学位教育是培养高层次应用型、复合型法律人才的重要渠道，加大应用型、复合型人才的培养是法学研究生教育的重要任务。这项改革措施有利于最大限度地发挥法学高等教育资源的社会效益，最大限度地发挥法律硕士专业学位特殊的教育功能和作用，同时，也有利于各试点单位在培养过程中的组织工作。对于法律本科毕业生，应鼓励他们报考法学硕士研究生。在职人员符合条件的，则可以报考在职攻读法律硕士专业学位教育。

我们真诚地欢迎有志于从事法律工作，献身于建设社会主义法治国家伟大事业的非法律专业毕业生报考法律硕士专业学位研究生。

全国法律硕士专业学位教育指导委员会

1999年10月

# 第十九版修订说明

为帮助参加全国法律硕士专业学位研究生入学联考的考生全面、系统地复习专业基础课和综合课的有关知识，全国法律专业学位研究生教育指导委员会依据 2019 年法律硕士考试大纲，组织专家修订完成了《全国法律硕士专业学位研究生入学联考考试指南（第十九版）》。

参加本次修订的专家有：

刑法学：刘守芬教授（北京大学）

民法学：林嘉教授（中国人民大学）、姚辉教授（中国人民大学）
　　　　朱岩教授（中国人民大学）、姚欢庆副教授（中国人民大学）

法理学：叶传星教授（中国人民大学）

中国宪法学：胡锦光教授（中国人民大学）

中国法制史：赵晓耕教授（中国人民大学）

全国法律专业学位研究生教育指导委员会

# 目 录

═══ **第二部分　民法学** ═══

上 编

# 专业基础课

# 第一部分　刑法学

# 第一章　绪　论

## 第一节　刑法概述

### 一、刑法的概念

刑法是国家的一项重要法律，在我国属于基本法之一，其地位仅次于具有最高法律效力的根本法——宪法。

刑法是规定犯罪、刑事责任与刑罚的法律规范的总和，这是为一般人接受的刑法的形式定义。根据马克思列宁主义的观点，给刑法下定义应揭示其阶级实质，也称实质定义，故刑法是指掌握国家政权的统治阶级，为了维护其统治利益，以国家的名义规定什么行为是犯罪并应科以什么样的刑罚的法律规范的总和。

刑法在形式上有广义刑法与狭义刑法之分。《中华人民共和国刑法》（以下简称《刑法》）为狭义刑法，即中国的刑法典，它是由最高立法机关颁布的完整而系统的有关犯罪、刑事责任与刑罚的规定。广义刑法是指规定犯罪与刑罚的一切形式的法律规范，其中包括刑法典，同时还包括单行刑法和附属刑法。单行刑法是针对某种或某几种犯罪和刑罚单独制定的专项刑事法律，例如 1998 年 12 月 29 日全国人大常委会通过的《关于惩治骗购外汇、逃汇和非法买卖外汇犯罪的决定》。附属刑法是指非刑事法律中的其他法律、法规中有关犯罪、刑事责任和刑罚的规定，例如《中华人民共和国产品质量法》《中华人民共和国海关法》《中华人民共和国公司法》等法律中关于刑事法律条款的规定。

刑法作为法律中的一个部门，同其他法律部门相比，具有以下特征：

#### （一）刑法在保护的利益与调整的对象上其范围比其他法律部门广泛

刑法所调整的是由犯罪而引起的各种社会关系，所保护的利益包括国家的安全利益、社会的公共安全利益、法人和自然人的经济利益、公民的人身权利与民主权利、社会的管理秩序等，范围极其广泛。其他法律所保护的只是特定的社会利益，调整的是某一方面特定的社会关系，范围较窄。例如，民法所保护和调整的只是一定范围内的公民之间、法人之间以及公民与法人之间的财产关系及与财产关系相联系的人身非财产关系。

#### （二）刑法的任务以及实现任务的方法不同于其他法律部门

刑法的任务是用刑罚的方法同一切犯罪行为作斗争，对违反刑法的行为追究刑事责任。其他法律则各有自己的任务以及实现其任务的方法。例如，民法的任务是调整民事法律关系，当事人在法律上权利平等，如一方侵权，则承担民事责任，用民事赔偿等方法解决。

**（三）刑法的强制力程度较其他法律的强制力程度严厉得多**

具有强制力是所有法律的共同特点，任何违法者都必须承担相应的法律责任，受到应有的处罚。例如，违反行政法规，则承担行政责任，受到行政处罚（罚款、警告、吊销营业执照，等等），行政处罚中最严厉的莫过于违反《中华人民共和国治安管理处罚法》中的行政拘留 15 天的处罚。但是，违反刑法构成犯罪的人承担刑事责任，受到的刑罚处罚则是相当严厉的，对犯罪分子可以剥夺其财产、自由，甚至是生命。刑法的这种强制力，是其他法律所没有的。

**二、刑法的任务和机能**

**（一）刑法的任务**

我国《刑法》在第 1 条、第 2 条中均体现了关于刑法的目的的规定，这就是保护人民的利益。在《刑法》第 1 条中规定的"保护人民"即保护人民的利益，而惩罚犯罪则不是刑法的目的本身，而是保护人民的利益的手段。在《刑法》第 2 条中通过对刑法的任务的规定体现刑法的目的，即运用刑罚同各种侵犯人民的利益的犯罪行为作斗争从而实现刑法保护人民利益的目的。我国《刑法》第 2 条规定："中华人民共和国刑法的任务，是用刑罚同一切犯罪行为作斗争，以保卫国家安全，保卫人民民主专政的政权和社会主义制度，保护国有财产和劳动群众集体所有的财产，保护公民私人所有的财产，保护公民的人身权利、民主权利和其他权利，维护社会秩序、经济秩序，保障社会主义建设事业的顺利进行。"这一规定指明了我国刑法承担惩罚犯罪和保护人民利益的任务。惩罚犯罪的任务，是指用刑罚方法同一切犯罪行为进行斗争。保护人民的利益的任务，指通过惩罚犯罪具体地保护各种法益，即：

1. 保卫国家安全，保卫人民民主专政的政权和社会主义制度

国家的安全、人民民主专政的国家政权的巩固、社会主义制度的实现，是我国人民的根本利益所在，是涉及国家生存发展的大问题。对犯罪分子的叛国行为、分裂国家行为、颠覆国家政权的阴谋活动等危害国家安全的犯罪行为，必须用刑罚的方法坚决予以惩办。因此，我国刑法将保卫国家安全，保卫人民民主专政的政权和社会主义制度列为首项具体任务。

2. 保护国有财产和劳动群众集体所有的财产，保护公民私人所有的财产

国有财产和劳动群众集体所有的财产是公共财产的主要成分，它们是我们国家日益繁荣强盛的物质基础，是满足广大人民群众日益提高的物质生活水平和文化生活水平的基本保证。2004 年 3 月的宪法修正案规定了公民的私有财产权受宪法保护。公民私人所有的财产包括公民的合法收入、储蓄、房屋和其他生活资料；包括依法归个人、家庭所有的生产资料；包括个体户和私营企业的合法财产；包括依法归个人所有的股份、股票、债券和其他财产。它们是公民正常生活和从事生产、工作不可缺少的物质条件，是公民个人创造幸福生活的物质保证。无论是公共财产，还是公民私人所有的财产，都是我国社会主义经济的组成部分，都对我国社会主义市场经济的发展起着重要作用，都受到法律的保护。刑法在分则中设"侵犯财产罪""贪污贿赂罪"等专章以及"金融诈骗罪""危害税收征管罪""破坏环境资源保护罪"等专节保护公共财产和公民私人所有的财产，这是刑法的一项重要任务。

3. 保护公民的人身权利、民主权利和其他权利

人身权利是公民的最基本的权利，包括生命权、健康权、名誉权、人身自由权等，它是

公民享有其他权利的基础。刑法规定对故意杀人、故意伤害、强奸、拐卖妇女儿童等犯罪处以严厉的刑罚，确保公民的人身权利不受侵犯。民主权利，是指公民依照宪法、法律规定享有参加国家管理、参与社会政治生活的权利以及其他民主权利，如选举权与被选举权，对国家机关工作人员的批评权、控告权，宗教信仰自由权，等等。刑法坚决维护公民依法享有的民主权利，规定以刑罚的手段惩罚破坏选举、报复陷害、非法剥夺宗教信仰自由等犯罪。其他权利，是指公民的人身权利、民主权利以外的权利，如婚姻自由、家庭成员应享有的平等权、受扶养权等。刑法规定了暴力干涉婚姻自由、重婚、虐待、遗弃等犯罪，使公民的其他权利也切实受到保护。因此，保护公民的人身权利、民主权利和其他权利不受犯罪分子的侵害是刑法的重要任务。

4. 维护社会秩序、经济秩序，保障社会主义建设事业的顺利进行

良好的社会秩序是维护社会的稳定和安宁，保障人民正常工作、生产、生活不可缺少的条件，社会秩序也是国家继续发展和改革的必要保证。经济秩序是社会主义市场经济建立、完善和发展的必要保障。社会秩序、经济秩序都直接关系到社会的稳定，关系到社会主义建设事业的顺利进行。刑法在分则中设"危害公共安全罪"、"破坏社会主义市场经济秩序罪"、"妨害社会管理秩序罪"等专章，惩罚破坏社会秩序、经济秩序的犯罪活动，以实现刑法维护社会秩序、经济秩序，保障社会主义建设事业顺利进行的任务。

**（二）刑法的机能**

刑法的机能不同于刑法的任务。它是指刑法的作用，包含现实的与可能的作用。理论界一般认为刑法具有规制、保护、保障三种机能，具体说来，就是行为规制机能、法益保护机能和自由保障机能。所谓行为规制机能，就是刑法通过将一定的行为规定为犯罪并给予一定的刑罚处罚，从而发挥维持社会正常秩序的作用。所谓法益保护机能，就是刑法通过惩罚侵害法益的犯罪，从而发挥保护人民、社会、国家的法益的作用。所谓自由保障机能，就是指依据刑法的规定惩罚犯了罪的人，而不能对未犯罪的人动用刑罚以及对犯罪人施以不恰当的刑罚处罚，从而发挥刑法保障公民个人自由不受国家刑罚权不当侵害的作用。

### 三、刑法的体系和解释
**（一）刑法的体系**

刑法的体系指的是刑法的组成和结构。我国刑法的整体框架是总则、分则、附则三个部分。从所规定的内容看主要分布在总则、分则两大部分中。从序列看，总则为第一编，划分为章、节、条、款、项层次；分则为第二编，划分为章，除第三章、第六章分节外，其余章下直接是条、款、项的结构；附则不分编、章、节，仅含一个条文。

我国刑法总则分设五章：第一章"刑法的任务、基本原则和适用范围"，本章不分节，只含具体的法律条文，有些条文中有款的规定。第二章"犯罪"，下设四节，每节中含具体的法律条文，有些条文中有款的规定。第三章"刑罚"，下设八节，每节中含具体的法律条文，有些条文中有款的规定，还有少数条文有项的规定，项是设于某些条或款之下的，用"（一）、（二）……"编码表示。第四章"刑罚的具体运用"，下设八节，每节中含具体的法律条文，有些条文中有款的规定，少数条文有项的规定。第五章"其他规定"，本章不分节，只含具体的法律条文，有些条文下设款、项的规定。

我国刑法分则分设十章：第一章"危害国家安全罪"，本章不分节，只含条、款、项的

规定。第二章"危害公共安全罪",本章不分节,只含条、款、项的规定。第三章"破坏社会主义市场经济秩序罪",本章下设八节,每节之下含条、款的规定,有一些条文还设项的规定。第四章"侵犯公民人身权利、民主权利罪",本章不分节,一般只含具体的条、款规定,少数条文含项的规定。第五章"侵犯财产罪",本章不分节,一般只含具体的条、款规定,少数条文含项的规定。第六章"妨害社会管理秩序罪",本章下设九节,每节之下含条、款的规定,有一些条文还设项的规定。第七章"危害国防利益罪",本章不分节,只含具体条、款的规定。第八章"贪污贿赂罪",本章不分节,一般只含具体条、款的规定,个别条文设项的规定。第九章"渎职罪",本章不分节,只含具体条、款的规定。第十章"军人违反职责罪",本章不分节,只含具体条、款的规定。

附则作为刑法的第三部分,只含一个法律条文,并分三款,分别规定修订后刑法的生效日期和刑法修订前的单行刑法的效能。

**(二)刑法的解释**

刑法的解释是指对刑法规范含义的阐明。对刑法作出解释主要基于两点理由:其一是刑法规范具有抽象、原则的特点,为准确理解其含义,便于正确适用,需要作出解释;其二是刑法规范具有稳定性的特点,而现实生活具有多变性,为了在规范内容允许下使司法活动适应变化了的客观情况,需要赋予某些条文新的含义。

刑法的解释,以解释的效力和解释的方法为标准,进行以下分类:

1. 以解释的效力为标准划分为立法解释、司法解释和学理解释

(1)立法解释。它是指由立法机关对刑法规范含义进行阐明。在我国,立法解释的权力属于全国人民代表大会常务委员会。立法解释通常有以下三种情况:

第一,在刑法中用条文对有关刑法术语所作的解释。例如,我国刑法总则第五章"其他规定"中第91条至第99条关于"公共财产""公民私人所有的财产""国家工作人员""司法工作人员""重伤""违反国家规定""首要分子""告诉才处理""以上、以下、以内"的含义,作出了明确的解释性规定。

第二,在刑法的起草说明或修订说明中所作的解释。例如,1997年3月6日全国人大常委会副委员长王汉斌所作的《关于〈中华人民共和国刑法〉(修订草案)的说明》。

第三,在刑法施行中全国人大常委会所作出的解释。自2000年4月29日至今,全国人大常委会已就渎职罪主体适用、挪用公款归个人使用、占用农用地等有关刑法条文的含义作出了若干解释。

(2)司法解释。它是指最高司法机关对刑法规范含义进行的阐明。在我国,司法解释的权力属于最高人民法院和最高人民检察院。在司法实践中,最高人民法院、最高人民检察院曾针对具体运用刑法中提出的问题作出过许多解释,对指导司法实务起了很好的作用。

(3)学理解释。它是指国家宣传机构、社会组织、教学科研单位或者专家学者从学术理论角度对刑法规范含义进行的阐明。相对于立法解释和司法解释,学理解释因缺乏法律上的授权,故不具有法律的约束力,因此又称"无权解释",前两种解释称"有权解释"。学理解释对刑事立法、刑事司法具有重要参考价值,对于提高公民的法律意识水平和促进刑法科学的发展具有重要作用。

2. 以解释的方法为标准划分为文理解释和论理解释

(1)文理解释。它是指对刑法条文的文字字义的解释,包括对条文中的字词、概念、术

语的文字字义的解释。例如，《刑法》第91条对"公共财产"的解释、第97条对"首要分子"的解释，就属于文理解释。

（2）论理解释。它是指按照立法精神，联系有关情况，对刑法条文从逻辑上所作的解释。论理解释又分为扩张解释和限制解释两种。扩张解释是根据立法原意，对刑法条文作超过字面意思的解释。限制解释是根据立法原意，对刑法条文作狭于字面意思的解释。

### 四、刑法与刑法学的意义

刑法是指从实体上规定犯罪、刑事责任与刑罚的法律规范的总和，如前述分广义刑法与狭义刑法，是国家的一项重要法律。刑法无论就立法、司法、守法还是刑法学理论研究来说均具有十分重要的意义。

刑法学则是法学学科中的一个二级学科，是研究犯罪与刑事责任问题的一门学科。根据研究范围的宽窄，有广义刑法学、狭义刑法学之分。通常我国刑法学是指以现行刑法为研究对象的狭义刑法学，具体包含对刑法的概念、性质、目的、任务、原则、适用范围，对刑法关于犯罪与刑事责任的一般规定与具体规定，对刑法规范的立法解释、司法解释等内容的研究。刑事政策、刑事程序、刑罚具体执行等内容则不在狭义刑法学中进行研究。

## 第二节　刑法的基本原则

刑法的基本原则是刑事实体法所特有的并贯穿于刑事立法和刑事司法之中的基本准则。有的国家在刑法典中明文规定刑法的基本原则，有的国家则在宪法性的法律文件中写入罪刑法定等刑法的原则。我国在制定1979年《刑法》时没有明文规定刑法的基本原则，1997年3月14日修订后的《刑法》在第3条、第4条、第5条中明确规定了刑法的三项基本原则，即罪刑法定原则、刑法面前人人平等原则、罪责刑相适应原则。

刑法基本原则具有以下两个特点：（1）该原则为刑法所特有，不能将既适合其他法律也适合刑法的原则作为刑法的基本原则；（2）该原则贯穿于刑法的始终，即贯穿于立法、司法过程之中。

### 一、罪刑法定原则的基本内容与体现

罪刑法定原则的原意为"法无明文规定不为罪""法无明文规定不受处罚"。罪刑法定原则历经两个世纪的发展变化，其基本内容包含以下三个方面：其一是法定化，即犯罪和刑罚必须事先由法律作出明文规定，不允许法官自由擅断。其二是实定化，即对于什么行为是犯罪以及犯罪所产生的具体法律后果，都必须作出实体性的规定。其三是明确化，即刑法条文必须用清晰的文字表述确切的意思，不得含糊其词或模棱两可。

我国《刑法》第3条明确规定了罪刑法定原则，即"法律明文规定为犯罪行为的，依照法律定罪处刑；法律没有明文规定为犯罪行为的，不得定罪处刑"。

罪刑法定原则在我国刑事立法中具体体现在以下几个方面：（1）《刑法》第13条明文规定了犯罪定义，为区分犯罪与非罪行为确立了总的标准。（2）《刑法》第14条至第18条明文规定了犯罪构成的共同要件，为认定犯罪提供了一般的规格和标准。（3）刑法分则条文对每一种具体的犯罪的构成要件作了明确规定，为认定各种具体的罪提供了具体的法律依据。

（4）在《刑法》第 32 条至第 35 条中明确规定了刑罚的种类，即 5 种主刑、3 种附加刑以及对犯罪的外国人单独适用的附加刑，为依照法律处刑提供了根据。（5）明确规定了量刑的原则，包括《刑法》第 61 条规定的一般量刑原则以及具备各种法定情节的量刑原则，如自首、累犯等。（6）刑法分则条文明确规定了各种具体犯罪的法定刑，为对具体犯罪的正确量刑提供了具体的法律标准。

罪刑法定原则在司法中的适用表现为：（1）司法机关在具体办理个案时，必须以事实为根据，严格按照刑法明文规定的各种犯罪的罪状和法定刑，以刑法总则规定的原则为指导，准确认定犯罪，恰当判处刑罚，不得偏离法律条文的规定滥定罪、滥处刑。（2）司法机关在忠于法律规定的原意和符合法律规范含义的范围之内正确进行司法解释，指导具体的定罪量刑活动，不得用司法解释去任意修改、补充或变更立法内容，不得脱离法律条文的规定去创制新的法律规范。换言之，不得以司法解释代替刑事立法。

## 二、刑法适用平等原则的基本内容与体现

刑法适用平等原则是近现代法治原则的重要组成部分。我国在《宪法》"公民的基本权利和义务"专章中首先明确规定了公民在法律面前一律平等的原则。这一宪法原则有三方面的含义：一是我国公民不分民族、种族、性别、职业、家庭出身、宗教信仰、教育程度、财产状况、居住期限，都一律平等地享有宪法和法律规定的权利，也都平等地履行宪法和法律规定的义务。二是公民的合法权益都一律平等地受到保护，对违法行为一律依法予以追究，决不允许任何违法犯罪分子逍遥法外。三是在法律面前，不允许任何公民享有法律以外的特权，任何人不得强迫任何公民承担法律规定以外的义务，不得使公民受到法律规定以外的处罚。为贯彻宪法的这一原则，1997 年 3 月 14 日修订后的我国《刑法》第 4 条规定："对任何人犯罪，在适用法律上一律平等。不允许任何人有超越法律的特权。"这一规定的含义是：对任何人触犯我国刑律构成犯罪的，在适用法律上一律平等地被定罪判处刑罚，不允许任何人凌驾于刑事法律之上或逍遥于法律之外。

刑法适用平等的原则在刑事立法中得到了充分体现，如《刑法》第 6 条至第 11 条关于刑法适用范围的规定、第 13 条关于犯罪定义的规定、第 30 条至第 31 条关于单位犯罪的规定、刑法分则中对特殊主体职务犯罪的规定等。

刑法适用平等的原则在刑事司法中贯彻适用具有现实意义，应着重强调的是：（1）定罪平等。对任何人犯罪，都适用相同的定罪标准，不能因人而异去对同样的犯罪事实确定不同的犯罪性质。（2）量刑平等。在犯罪性质相同情况下，如果具备相同的犯罪情节，应适用相同的量刑标准。（3）行刑平等。执行刑罚时，按照监狱法等有关法律的规定，不允许有特殊的受刑人，在执行减刑、假释等行刑制度上不允许有特权人物存在。需要说明的是，刑法适用平等的原则在司法中的适用并不否定因法定量刑情节或酌定量刑情节的差异而导致相同性质的犯罪在判定刑罚上有区别。刑法适用平等的原则在行刑中贯彻也并不否定刑罚个别化的体现。

## 三、罪责刑相适应原则的基本内容与体现

罪责刑相适应原则，亦称罪刑相适应原则、罪刑相当原则。罪责刑相适应原则的基本含义是：罪行大小与刑事责任的大小、刑罚轻重应当相称，重罪重判，轻罪轻判。

1997 年 3 月 14 日修订后的我国《刑法》第 5 条明确规定了罪责刑相适应原则，即：

"刑罚的轻重,应当与犯罪分子所犯罪行和承担的刑事责任相适应。"这一规定表明了刑罚与犯罪人的罪行、犯罪人应负刑事责任的关系,即应理解为犯罪人的罪行(包括主客观方面)是其承担刑事责任的前提,刑罚则是行为人负刑事责任的法律后果,罪行的轻重直接影响刑事责任的大小,刑事责任的大小则又决定着刑罚的轻重。

罪责刑相适应原则在我国刑事立法中具体体现在:一是在刑法总则中确立了一个科学的刑罚体系,将各种刑罚方法依轻重次序加以排列,各种刑罚方法之间相互衔接,为刑事司法中实现罪责刑相适应原则奠定了基础。二是在刑法总则中考虑到犯罪行为的社会危害性大小和犯罪人的人身危险性大小,规定了轻重不同的处罚原则。三是在刑法分则中根据不同犯罪的社会危害程度的不同,设立了轻重不同的法定刑。

罪责刑相适应原则在我国刑事司法中的适用是:一是贯彻量刑原则,解决好定罪、刑事责任与量刑的对应问题。在定罪准确的前提下,根据犯罪的事实、犯罪的性质、情节和对于社会的危害程度,依照刑法总则的有关规定和刑法分则规定的法定刑判处刑罚,是保证罪责刑相适应原则在司法中贯彻的基本标志。遵循上述量刑原则,罪重则刑事责任重大而刑罚亦应趋重,罪轻则刑事责任变小而刑罚亦应趋轻,这就是罪责刑的对应问题。二是解决好量刑的精确化问题。立法中对许多罪的法定刑规定可供选择的刑罚种类较多,刑罚幅度较宽,这就要求法官认真贯彻罪责刑相适应原则,根据个案中罪行的轻重准确确立被告人刑事责任的大小,继而精确地判处刑罚。三是正确适用有关刑罚制度。我国刑法中规定了有关刑罚的制度:有考虑从轻、从重、减轻刑罚的法定情节制度,有累犯从重处罚制度,有自首和立功从轻、减轻处罚制度,有数罪并罚制度,有缓刑制度,还有减刑制度、假释制度等。贯彻罪责刑相适应原则,必须正确运用上述各种刑罚制度。

## 第三节　刑法的效力范围

### 一、刑法的效力范围的概念和种类

刑法的效力范围又称刑法的适用范围,是指刑法在时间、空间范围的效力。由此,刑法的效力范围分为刑法的空间效力和刑法的时间效力两大类。刑法的效力范围因为涉及国家主权、民族关系、新旧法律的关系问题,故成为刑事法律和刑法理论中的一个重要问题。刑法的效力范围明确规定于我国《刑法》第6条至第12条。

### 二、刑法的空间效力

### (一)刑法的空间效力概述

刑法的空间效力,是指刑法在什么地方和对什么人具有效力,它解决的是国家刑事管辖权的范围问题。国家刑事管辖权毫无疑问要体现国家主权原则,但同时要注意国际协同,即刑法在国外的适用必须服从国际法的原则。因此出现了以下四种具体原则,即属地原则、属人原则、保护原则和普遍管辖原则。

1. 属地原则。该原则的含义是以地域为标准,主张凡是发生在本国领域内的犯罪,不论犯罪人是本国人还是外国人,均适用本国刑法;反之,在本国领域外犯罪的,均不适用本国刑法。

2. 属人原则。该原则的含义是以人的国籍为标准,主张凡是本国公民,无论在本国领域内还是领域外犯罪，都适用本国刑法；反之，非本国公民犯罪，均不适用本国刑法。

3. 保护原则。该原则的含义是以侵害的对象是本国国家或公民的利益为标准，主张凡是侵害本国国家的利益或者公民利益的，无论犯罪发生在本国领域内还是领域外，也不论犯罪人是本国人还是外国人，均适用本国刑法。

4. 普遍管辖原则。该原则的含义是以保护国际社会共同利益为标准，主张凡是侵害了为国际公约、条约所维护的各国共同利益的，无论犯罪人是本国人还是外国人，也不论犯罪发生在本国领域内还是领域外，均适用本国刑法。

上述各种原则都有其合理性，但具体适用起来也暴露出一定的片面性。因此，近现代各国刑法，单纯采取上述某一原则的愈来愈少，而多以属地原则为主，兼采其他原则。我国刑法关于空间效力的规定，就是采用以属地原则为主，以属人原则、保护原则、普遍管辖原则为补充的一种原则，吸取各原则的合理之点，避免各原则的不足之处。

**（二）我国刑法的属地管辖权**

我国刑法的属地管辖权的内容体现在《刑法》第6条、第10条、第11条的规定之中，即我国刑法在我国领域内的适用以及在我国领域外如何适用。

《刑法》第6条规定："凡在中华人民共和国领域内犯罪的，除法律有特别规定的以外，都适用本法。凡在中华人民共和国船舶或者航空器内犯罪的，也适用本法。犯罪的行为或者结果有一项发生在中华人民共和国领域内的，就认为是在中华人民共和国领域内犯罪。"这是我国刑法在我国领域内的适用规定，它包含以下三方面的内容：

1. 中华人民共和国领域的含义。中华人民共和国领域，是指我国国境以内的全部区域，具体包括领陆、领水、领空。根据国际条约和国际惯例，中华人民共和国的船舶或者航空器，视为领土的延伸，属于中华人民共和国的领域范畴。这里的船舶、航空器不论是民用或者军用，也不论是航行或停泊在公海或者外国领域内。

2. 对法律有特别规定的理解。《刑法》第6条所说的特别规定包括以下三种情况：（1）《刑法》第11条规定："享有外交特权和豁免权的外国人的刑事责任，通过外交途径解决。"根据国际条约和国际惯例，有外交关系的各国之间相互赋予有关外交人员外交特权和豁免权。这些外交人员中如果有人犯罪，其刑事责任通过外交途径解决，不适用所在国的刑法。（2）《刑法》第90条规定："民族自治地方不能全部适用本法规定的，可以由自治区或者省的人民代表大会根据当地民族的政治、经济、文化的特点和本法规定的基本原则，制定变通或者补充的规定，报请全国人民代表大会常务委员会批准施行。"在我国领域内生活着多个民族，在民族自治地方不能全部适用刑法规定的，法律允许制定变通或者补充规定。（3）关于港、澳、台地区。香港、澳门、台湾是我国领土的组成部分。根据《中华人民共和国香港特别行政区基本法》、《中华人民共和国澳门特别行政区基本法》的规定，适应"一国两制"的要求，我国刑法不在香港、澳门地区适用。台湾和祖国大陆的统一问题，也采用"一国两制"的方针。

3. 对在中华人民共和国领域内犯罪的认定。"犯罪的行为或者结果有一项发生在中华人民共和国领域内的，就认为是在中华人民共和国领域内犯罪。"这是《刑法》第6条第3款的规定。因为犯罪的复杂性，行为与结果两项同时发生在一国领域内的是多数情况，但行为与结果分别发生在领域以内及领域以外的情况也时有发生，我国刑法的上述规定是指不论行为与结果这两项同时发生在我国领域内还是仅其中一项发生在我国领域内的，均认定为是在我国领域内犯罪。这在理论上称为"行为地兼结果地原则"。

4. 我国刑法在领域外的适用。刑法对地的效力主要是前述对领域内的适用问题，但是对领域外如何适用仍是对地的效力的组成部分。我国刑法在领域外的适用主要是《刑法》第10条的规定，即"凡在中华人民共和国领域外犯罪，依照本法应当负刑事责任的，虽然经过外国审判，仍然可以依照本法追究，但是在外国已经受过刑罚处罚的，可以免除或者减轻处罚"。

**（三）我国刑法的属人管辖权**

我国刑法的属人管辖权内容的规定同刑法属地管辖权的规定紧密联系在一起，下面分别就中华人民共和国公民和外国人的适用问题分述如下：

1. 对中华人民共和国公民的适用。

（1）在我国领域内的适用。根据《刑法》第6条规定的精神，除法律有特别规定的以外，我国公民在我国领域内犯罪的，都适用本刑法。

（2）在我国领域外的适用。《刑法》第7条规定："中华人民共和国公民在中华人民共和国领域外犯本法规定之罪的，适用本法，但是按本法规定的最高刑为三年以下有期徒刑的，可以不予追究。中华人民共和国国家工作人员和军人在中华人民共和国领域外犯本法规定之罪的，适用本法。"上述规定分为两种情况：一是对普通中国公民在领域外犯罪的适用，所犯罪的法定最高刑应超过3年有期徒刑，对一些轻微罪行，其法定最高刑为3年以下有期徒刑的，可不予追究。二是对国家工作人员、军人在领域外犯罪的，则不分法定刑的轻重，都适用刑法，追究刑事责任。

2. 对外国人的适用。

（1）在我国领域内的适用。外国人在我国领域内犯罪，除《刑法》第11条规定的享有外交特权和豁免权的外国人的刑事责任通过外交途径解决外，其他外国人犯罪的一律适用我国刑法。

（2）在我国领域外的适用。《刑法》第8条规定了外国人在我国领域外犯罪的刑法适用，即："外国人在中华人民共和国领域外对中华人民共和国国家或者公民犯罪，而按本法规定的最低刑为三年以上有期徒刑的，可以适用本法，但是按照犯罪地的法律不受处罚的除外。"这是我国刑法保护国家利益和公民利益的一个重要体现。外国人在我国领域外对我们国家和公民犯罪的，不是一律负刑事责任，而受到两个方面的限制：一是限定对法定最低刑为3年以上有期徒刑的犯罪适用（对低于3年有期徒刑的轻罪则不适用）；二是限定对按犯罪地的法律也受处罚的犯罪适用（对按犯罪地法律不受处罚的则不适用）。上述两方面的限制必须同时具备。根据《刑法》第10条的规定，对在外国已经受过刑罚处罚的，可以免除或者减轻处罚。

**（四）我国刑法的普遍管辖权**

我国《刑法》第9条规定："对于中华人民共和国缔结或者参加的国际条约所规定的罪行，中华人民共和国在所承担条约义务的范围内行使刑事管辖权的，适用本法。"这是我国刑法关于普遍管辖权的规定。根据这一规定，凡是我国缔结或者参加的国际条约所规定的罪行，无论犯罪人是中国公民还是外国人，犯罪的行为或结果发生在什么地方，是否侵害了我国国家或者公民的利益，我国在承担条约义务的范围内，凡是不引渡给有关国家的，都适用我国刑法。

### 三、刑法的时间效力

刑法的时间效力，是指刑法在什么时间生效、失效以及对刑法生效以前的行为是否具有溯及力的问题。

#### （一）刑法的生效时间

刑法的生效时间，有的自批准或者公布之日起生效，如 1990 年 12 月 28 日通过的单行刑法《关于禁毒的决定》第 16 条规定："本决定自公布之日起施行。"有的是公布后经过一段时间才生效，如 1997 年 3 月 14 日修订的《刑法》第 452 条规定："本法自一九九七年十月一日起施行。"又如 2011 年 2 月 25 日通过的《刑法修正案（八）》第 50 条规定："本修正案自 2011 年 5 月 1 日起施行。"

#### （二）刑法的失效时间

刑法的失效时间，有的是国家立法机关明示废止，有的是自然失效，即新法生效之日，旧法自然失效，旧法为新法所代替。

#### （三）刑法的溯及力

刑法的溯及力，又称刑法的溯及效力，是指刑法生效以后，对于其生效以前未经审判或者判决尚未确立的行为是否适用的问题。如果适用，即有溯及力；如果不适用，则没有溯及力。

关于刑法的溯及力，各国刑事立法或刑法理论有不同的规定或主张，归纳为以下四种：

1. 从旧原则。该原则主张新刑法对其生效前的行为一律没有溯及力，仍完全适用旧法。

2. 从新原则。该原则主张新刑法对其生效前未经审判或判决未确立的行为一律适用，具有溯及力。

3. 从旧兼从轻原则。该原则主张新刑法原则上没有溯及力，但新刑法不认为是犯罪或者处刑较轻的，适用新刑法，这时就有了溯及力。

4. 从新兼从轻原则。该原则主张新刑法原则上具有溯及力，但旧刑法不认为是犯罪或者处刑较轻的，适用旧刑法，这时就没有溯及力。

根据刑法立法原则的精神，采用从旧兼从轻原则比较科学，并且符合实际情况，因而大多数国家的刑事立法采用从旧兼从轻原则。我国《刑法》第 12 条的规定体现了从旧兼从轻原则。《刑法》第 12 条规定："中华人民共和国成立以后本法施行以前的行为，如果当时的法律不认为是犯罪的，适用当时的法律；如果当时的法律认为是犯罪的，依照本法总则第四章第八节的规定应当追诉的，按照当时的法律追究刑事责任，但是如果本法不认为是犯罪或者处刑较轻的，适用本法。本法施行以前，依照当时的法律已经作出的生效判决，继续有效。"根据这一规定，对 1949 年 10 月 1 日中华人民共和国成立后至 1997 年 10 月 1 日刑法生效之前这段时间内所发生的行为，应按以下情况处理：（1）刑法施行前按当时的法律已经作出的有效判决，继续有效，不属于刑法溯及力的问题。（2）刑法施行前的行为按当时的法律不认为是犯罪而刑法认为是犯罪的，适用当时的法律，刑法没有溯及力。（3）刑法施行前的行为按当时的法律认为是犯罪而刑法不认为是犯罪的，且未经审判或判决未确立并未超过追诉时效的，适用刑法，刑法具有溯及力。（4）刑法施行前的行为按当时的法律和刑法都认为是犯罪，并且未超过刑法规定的追诉时效，原则上适用当时的法律，即刑法没有溯及力；但是刑法规定的处刑较轻时，则适用刑法，刑法具有溯及力。

需要提示的是，2011 年 4 月 25 日最高人民法院《关于〈中华人民共和国刑法修正案（八）〉时间效力问题的解释》中涉及的具体内容体现了刑法溯及力问题。

# 第二章　犯罪概念

## 第一节　犯罪的定义

### 一、犯罪的定义概述

刑法中有三种类型的犯罪定义，即犯罪的形式定义、犯罪的实质定义和犯罪的形式与实质相统一的定义。不同的犯罪定义反映出不同的犯罪观。

### （一）犯罪的形式定义

犯罪就其形式层面分析，可以概括为现行刑事实体法明文规定科处刑罚的违法行为。这里突出强调从刑事法律特征的角度去识别犯罪。任何违法行为，只要经由刑事实体法的规定而赋予刑罚的法律效果，即为犯罪。一个违法行为虽然对社会构成严重危害，但是如果刑事实体法没有处罚该违法行为之法条，则不认为是犯罪。这是罪刑法定原则的当然要求。基于罪刑法定的精神，许多国家的刑法典都规定了犯罪的形式概念。例如，1810 年《法国刑法典》第 1 条规定，法律以违警刑所处罚之犯罪，为违警罪。法律以惩治刑所处罚之犯罪，称轻罪。法律以身体刑或名誉刑所处罚之犯罪，称重罪。1937 年《瑞士刑法典》规定，凡是用刑罚威胁所确实禁止的行为，是犯罪。1953 年《印度刑法典》第 40 条规定，除本条第 2 款和第 3 款所载明的各章各条外，"犯罪"一词，指本法使其应受惩罚的事项。1944 年《西班牙刑法典》规定，依自由意志及疏忽之行为而为法律所处罚者谓之犯罪及过失罪。犯罪的形式定义表明犯罪必须是法律明文规定科处刑罚的违法行为，从而揭示了犯罪的法律特征，界定了犯罪的外延，确定了国家刑罚权的界限，体现了刑法的保障机能。但是，犯罪的形式定义没有说明犯罪的危害性何在，国家为什么对这些违法行为要科处刑罚，没有揭示犯罪的本质特征。

### （二）犯罪的实质定义

与犯罪的形式定义仅揭示犯罪的法律特征、回避犯罪的本质特征相反，犯罪的实质定义则试图揭示犯罪的实质内涵，强调的是犯罪的社会危害性。例如，1922 年《苏俄刑法典》第 6 条规定，威胁苏维埃制度的基础及工农政权向共产主义制度过渡时期所建立的法律秩序的一切危害社会的作为或不作为，都认为是犯罪。1950 年《朝鲜民主主义人民共和国刑法典》第 7 条规定，凡是侵害朝鲜民主主义人民共和国及其所建立的法律秩序，具有危害社会性质的、故意或因过失而应受惩罚的行为，都是犯罪。犯罪的实质定义揭示了犯罪的社会危害本质，体现了刑法的保护机能，但回避了犯罪的法律属性，没有限定犯罪的法律界限，与罪刑法定原则的精神存在抵触。

### （三）犯罪的形式与实质相统一的定义

犯罪的形式与实质相统一的定义试图完整地揭示犯罪的法律属性和本质特征，科学地揭示犯罪的内涵和外延，以克服犯罪的形式定义和实质定义的片面性，平衡刑法的保护机能和保障机能。这种将实质特征与法律特征结合起来的定义，具有合理性。例如，1960 年《苏俄刑法典》第 7 条第 1 款规定，凡本法典分则所规定的侵害苏维埃的社会制度和国家制度，侵害社会主义经济体系和社会主义所有制，侵害公民的人身权、政治权、劳动权、财产权以及其他权利的危害社会行为（作为或不作为），以及本法典分则所规定的其他各种侵害社会主义法律秩序的危害社会行为，都认为是犯罪。这一定义，既阐明了犯罪的社会危害本质，又限定了犯罪的法律界限，对于社会主义国家刑法中犯罪定义的确立，具有重要借鉴意义。

### 二、我国刑法中的犯罪定义

中国刑法也采取了形式与实质相结合的犯罪定义。《刑法》第 13 条明确规定："一切危害国家主权、领土完整和安全，分裂国家、颠覆人民民主专政的政权和推翻社会主义制度，破坏社会秩序和经济秩序，侵犯国有财产或者劳动群众集体所有的财产，侵犯公民私人所有的财产，侵犯公民的人身权利、民主权利和其他权利，以及其他危害社会的行为，依照法律应当受刑罚处罚的，都是犯罪，但是情节显著轻微危害不大的，不认为是犯罪。"这一定义是对形形色色的犯罪现象所作的科学概括，也是区分罪与非罪的基本依据。一方面，这一定义科学地揭示了犯罪的社会政治属性和法律特征，指出犯罪是严重破坏刑法所保护的社会主义社会关系的行为，具有严重的社会危害性。社会危害性是犯罪的本质属性，它揭示了犯罪的社会政治本质。同时该定义又明确指出犯罪必须是依照法律应当受到刑罚处罚的行为，如果一个行为具有一定的社会危害性，但法律没有规定其为犯罪，或者没有规定对这种行为的刑罚处罚，那么也不能认定为犯罪。刑事违法性和应受刑罚惩罚性揭示了犯罪的法律特征，这一规定是现代法治国家罪刑法定原则的基本要求和必然反映。另一方面，这一定义在对犯罪进行定性描述的同时又设置了定量要求。《刑法》第 13 条"但书"明确规定符合刑法关于犯罪的定性描述的行为，如果"情节显著轻微危害不大的，不认为是犯罪"，从而将虽然具有一定的社会危害性和刑事违法性，但情节显著轻微危害不大的行为排除在犯罪之外。这样，从立法上既对犯罪的性质进行描述，又对犯罪的外延进行定量限制，有利于我们准确地把握犯罪的本质，适当地界定犯罪的范围，从而划清罪与非罪的界限。根据这一定义，只有具有一定严重程度的社会危害性的严重违反刑法的行为才能被认定为犯罪，否则只能以一般违法行为论处。

## 第二节 犯罪的基本特征

根据我国《刑法》第 13 条的规定，犯罪具有下列基本特征：

### 一、犯罪是严重危害社会的行为，具有严重的社会危害性

社会危害性，是指犯罪行为危害某一社会形态中某种社会关系及其表现出来的利益形式的属性。在我国，犯罪的社会危害性，是指犯罪行为危害我国刑法所保护的社会关系以及体现这些社会关系的国家和人民利益的特征。刑法之所以将某一行为规定为犯罪，其内在的驱动力就在于该行为具有社会危害性。如果一个行为不具有社会危害性，国家就不能将它规定为犯罪而加以惩罚。行为虽然具有社会危害性，但是情节显著轻微没有达到一定的严重程度的，国家也没有必要规定为犯罪而用刑罚加以制裁。因此，具有一定严重程度的社会危害性是犯罪的本质特征，它揭示了国家将某种行为规定为犯罪的原因，阐明了犯罪与社会的关

系，揭示了犯罪的社会政治本质。

犯罪的社会危害性不是抽象的，而是具体的。我国《刑法》第13条具体规定了犯罪的社会危害性的各个方面的表现：（1）对我国国家主权、领土完整和安全的危害；（2）对人民民主专政的政权和社会主义制度的危害；（3）对社会公共安全的危害；（4）对社会经济秩序的危害；（5）对国有财产、劳动群众集体所有财产和公民私人所有财产的危害；（6）对公民人身权利、民主权利和其他权利的危害；（7）对社会秩序，包括治安管理秩序、生产秩序、工作秩序、教学科研秩序和人民群众生活秩序等的危害；（8）对国家国防利益、军事利益的危害；（9）对国家机关公务活动秩序和公务活动廉洁性的危害。一个行为危害上述任一方面的具体社会关系，都必然构成对我国刑法所保护的社会主义社会关系整体的侵害，都表明行为具有社会危害性。

犯罪的社会危害性具有多种表现形式。有的表现为实际的危害结果，如我国刑法规定的绝大多数故意犯罪和所有过失犯罪都以发生实害结果为必要条件；有的表现为发生严重危害后果的现实危险，如我国《刑法》第116条规定"破坏火车、汽车、电车、船只、航空器，足以使火车、汽车、电车、船只、航空器发生倾覆、毁坏危险，尚未造成严重后果的"，即构成破坏交通工具罪；有的表现为物质性的危害结果，如侵犯财产的犯罪和侵犯人身的犯罪是对被害人财产和人身的危害；有的表现为精神性的危害，如《刑法》第246条规定的侮辱罪、诽谤罪的社会危害性主要表现为对被害人人格、尊严的贬低。

犯罪的社会危害性不是一个纯粹的事实概念，它体现了对犯罪行为的否定的社会政治评价。因此，犯罪的社会危害性不只是指行为对社会造成的客观危害，而且也包括行为人的主观恶性，是行为的客观危害和行为人的主观恶性的统一。因为，任何行为都是受行为人的主观意识和意志支配的，行为的客观危害结果是行为人的主观恶性的体现，是主观见之于客观的东西。例如，正当防卫、紧急避险、意外事件虽然可能会给他人造成客观损害，但由于行为人主观上没有犯罪的主观恶性，所以其行为就不存在社会危害性。过失犯罪虽然可能造成比故意犯罪更为严重的客观危害结果，但由于过失犯罪比故意犯罪的主观恶性小，所以，过失犯罪的社会危害性也远比故意犯罪的社会危害性小。因此，认定犯罪的社会危害性，不仅要注意行为的客观危害结果大小，更要考察行为人的主观恶性程度。

影响犯罪的社会危害性及其程度的因素或变量很多，一般认为，这些因素或变量主要有：

1. 行为侵犯的客体。行为侵犯的客体是指行为侵犯了什么样的社会关系，这是决定行为的社会危害性的首要因素。侵犯的社会关系与国家和人民的利益关系越重大，行为的社会危害性也越严重。例如，危害国家安全罪以国家的主权、领土完整和安全以及人民民主专政的政权和社会主义制度为侵犯客体，直接危害国家和人民的根本利益，其社会危害性远远大于其他普通刑事犯罪，是最危险的犯罪。放火罪、投放危险物质罪、爆炸罪等危害公共安全的犯罪以不特定的多数人的生命、健康和重大公私财产的安全为侵犯客体，其危害性比以特定对象为目标的侵犯人身权利、财产权利的犯罪大。侵犯人身权利的犯罪中，剥夺他人的生命权的犯罪比仅仅侵犯他人健康权的犯罪的危害性大。

2. 行为的手段、方法以及时间、地点。如行为的手段是否凶狠、残酷，行为是否采用暴力方法，是否使用危险器具，是否在法律禁止的时间、地点实施行为等，都与行为的社会危害性直接相关，甚至会决定社会危害性的有无。

3. 行为造成的危害结果。如行为是否造成了现实的危害结果、造成的危害结果的种类和程度等，这些因素与行为的社会危害性及其程度直接相关。在结果犯中，如果行为没有造成现实的危害结果，或者造成的危害结果十分轻微，就不能认为具有犯罪的社会危害性。反之，如果行为造成了严重的危害结果，则结果越严重，社会危害性越大。

4. 行为人的个人情况。如行为人是否具有刑事责任能力，是否具有法律规定的特殊身份或特定职责，是初犯还是累犯等。例如，缺乏刑事责任能力的人缺乏主观归责能力和主观恶性，其行为虽然给社会造成客观损害，也不认为具有社会危害性。具有国家工作人员特殊身份的人员非法收受他人财物，亵渎了公务行为的廉洁性，具有严重的社会危害性，而普通公民收受他人财物则不具有社会危害性。

5. 行为人的主观心理状态。行为是出于故意还是出于过失，有没有经过预谋，是否出于特定的目的，动机是否卑劣等主观心理因素，直接决定行为人的主观恶性程度，从而制约行为的社会危害性程度。一般说来，故意犯罪的危害程度大于过失犯罪的危害程度，经过预谋的犯罪的危害程度大于激情犯罪的危害程度；符合法律规定的特定目的的行为可能具有较大的社会危害性，从而构成犯罪，不具有这一目的的行为则不构成犯罪；动机特别卑劣的犯罪的危害程度大于情有可原的犯罪。

### 二、犯罪是触犯刑律的行为，具有刑事违法性

从广义上讲，只要行为人有意识地实施了可能对法律保护的社会关系构成损害的行为，就应当认为行为具有社会危害性。但是，具有社会危害性的行为不一定都是犯罪行为。这些行为有的可能仅仅违反道德准则，或者违反民法、经济法的规定，有的可能违反行政法的规定，有的可能触犯刑律的规定，有的则可能没有违反任何社会规范。其中，只有触犯刑律的严重危害社会的行为，才是现代刑法意义上的犯罪。如果一个行为没有违反刑法的规定，不符合刑法规定的犯罪构成，即使具有严重的社会危害性，也不可能构成犯罪。在罪刑法定原则支配下，刑事违法性是犯罪的基本法律特征。

在我国刑法中，刑事违法性不仅是指违反《刑法》的规定，而且也包括违反国家立法机关颁布的单行刑事法律的规定和行政、经济法律中规定的刑事责任条款。同时，不仅是指违反刑法分则性规范的规定，而且也包括违反刑法总则性规范的规定。例如，违反刑法总则关于犯罪预备、犯罪未遂、共同犯罪的规定等。

刑事违法性既是犯罪的基本法律特征，也是划分犯罪行为与一般违法行为的基本界限。认定一个行为是否构成犯罪，如果只讲社会危害性而不讲刑事违法性，就会导致罪刑擅断主义。但是，如果只讲刑事违法性而不讲社会危害性，也会掩盖犯罪的社会政治本质，陷入法律形式主义中。应当看到，一方面，行为的社会危害性是刑事违法性的基础。一个行为如果不具有社会危害性就不应当被刑法规定为犯罪，已经被规定为犯罪的行为如果丧失了社会危害性，则应当及时地进行非犯罪化处理。另一方面，刑事违法性是社会危害性在刑法上的体现。一个具有严重的社会危害性的行为，必然会产生犯罪化的内在要求，从而或早或晚地被国家立法机关规定在刑法中。一个行为一旦符合刑法规定的犯罪构成，一般也就表明其具有严重的社会危害性。刑事违法性作为犯罪的基本法律特征，体现了刑法的限制和保障机能。只有当一个行为既具有严重的社会危害性，同时也违反刑法规范，符合刑法规定的犯罪构成，具有刑事违法性，才能被认定为犯罪。

### 三、犯罪是应受刑罚惩罚的行为，具有应受刑罚惩罚性

任何具有行为能力的人实施了任何违法行为都要承担相应的法律责任和法律后果。实施民事违法行为要负民事责任，承担返还原物、赔偿损失、支付违约金、赔礼道歉等民事法律后果。实施行政违法行为要负行政责任，承担警告、记过、罚款、拘留等行政法律后果。实施了违反刑法的犯罪行为则应当负刑事责任，承担受国家刑罚处罚的法律后果。犯罪是刑罚的前提，刑罚是犯罪的法律后果。犯罪的概念包含刑罚的要求。我国《刑法》第 13 条明确地将"应当受刑罚处罚"这一特征写进了犯罪定义，表明应受刑罚惩罚性是我国刑法规定的犯罪的一个基本特征。一个行为如果不具有应受刑罚惩罚性，则不能认定为犯罪。

行为应当不应当受刑罚惩罚与需要不需要进行刑罚惩罚是两个范畴的问题。应当不应当受刑罚惩罚解决行为是否构成犯罪的问题。只有应受刑罚惩罚的行为才能构成犯罪，不应受刑罚惩罚的行为则不能认定为犯罪。而需要不需要进行刑罚惩罚则是在行为构成犯罪、应当受刑事惩罚的前提下，对具体案件的具体行为人是否实际给予刑罚惩罚的问题。如果根据案件的具体情况，如情节轻微、行为人是未成年人、犯罪后具有自首、立功表现，认为不需要给予刑罚惩罚的，则可以免予处罚。免予处罚不是对行为构成犯罪应当受刑罚惩罚的否定，而是以行为构成犯罪应当受刑罚惩罚为前提，否则也就谈不上免予处罚。

严重的社会危害性、刑事违法性和应受刑罚惩罚性是犯罪缺一不可的基本特征。其中，严重的社会危害性是犯罪的本质特征，反映了犯罪与社会的关系，说明了国家将一定行为规定为犯罪并以刑罚惩罚的理由，揭示了犯罪的社会政治内容。刑事违法性是犯罪的法律特征，揭示了犯罪与刑法的关系，反映了罪刑法定原则的基本要求，表明了犯罪的法定性。应受刑罚惩罚性反映了犯罪与刑罚的关系，揭示了犯罪的法律后果。严重的社会危害性决定刑事违法性和应受刑罚惩罚性，而刑事违法性和应受刑罚惩罚性则反过来说明和体现严重的社会危害性。一个行为如果没有社会危害性，就不应被刑法规定为犯罪而受到刑罚惩罚。具有社会危害性的行为，即使是具有严重的社会危害性的行为，如果不被刑法明文规定为犯罪并规定相应的刑罚，也不应当以犯罪论处。因此，我们认为，犯罪的科学、完整和简约的定义应当是"刑法规定应当受到刑罚惩罚的严重危害社会的行为"。

# 第三章　犯罪构成

## 第一节　犯罪构成概述

### 一、犯罪构成的概念

犯罪构成与犯罪是两个既有联系又有区别的概念。依据我国《刑法》第 13 条的规定，犯罪是对我国社会主义社会具有危害性的行为，从而从本质上说明了犯罪的社会政治特征和法律特征。犯罪构成的概念以犯罪概念为基础，通过总结我国刑法的具体规定，为犯罪的成立确立具体规格和标准。犯罪概念与犯罪构成的关系，可以说是本质与现象的关系，犯罪概念通过回答"什么是犯罪"这个问题，为我国刑事司法实践提供了划清罪与非罪的基本标准。而犯罪构成通过回答"犯罪的成立必须具备哪些要件"这样的问题，将犯罪概念具体化，使罪与非罪、此罪与彼罪、罪重与罪轻等方面问题的解决都有了明确与具体的标准。作为研究犯罪的具体规格和标准的犯罪构成理论，在犯罪中居于核心地位。但是，犯罪构成是以犯罪的概念为基础的，离开犯罪的概念，否认犯罪的实质特征和法律特征，犯罪构成也就无从谈起。

刑法史的发展和现代世界各国的情况表明，犯罪构成虽然在社会发展的不同阶段表示了不同的意义，在不同的国家表现为不同的形式，在不同的学者中表现出不同的观点，然而，作为研究构成犯罪的规格和标准的犯罪构成理论，已经成为现代刑法学的基石。

那么，什么是我国刑法所指的犯罪构成呢？

我国刑法学理论界一般认为，我国刑法中的犯罪构成，是指我国刑法规定的某种行为构成犯罪所必须具备的主观要件和客观要件的总和。其具体内容包含以下三方面：

1. 犯罪构成所要求的主观要件和客观要件，都必须是我国刑法所规定的。这是罪刑法定原则的基本要求和具体体现，任何犯罪都必须是违反刑法规定的行为。刑法中规定的各种犯罪行为的要件，都是立法机关慎重选择的结果。因此，违反刑法规定与具备犯罪构成是完全一致的。

2. 犯罪构成是我国刑法所规定的主观要件和客观要件的总和。这是我国刑法主客观相统一原则的要求。我国刑法既反对只根据客观危害，不考虑主观罪过的"客观归罪"，也反对只根据主观罪过，不考虑实际危害的"主观归罪"。坚持主客观相统一的犯罪构成理论，是我国刑事司法实践长期经验和教训的总结，也是我国以马克思列宁主义、毛泽东思想为指导的社会主义刑法学中最重要的理论特征之一。

3. 犯罪构成主观要件和客观要件说明的是犯罪成立所要求的基本事实特征，而不是一般的事实描述，更不是案件全部事实与情节不加选择的堆砌。任何一个犯罪，都可以用许多事实特征来加以说明。然而，只有那些为构成犯罪所必须具备的、对行为的社会危害性及其程度有决定意义的事实特征，才能成为犯罪构成的要件。紧紧把握犯罪构成的基本要件，或者说紧紧抓住犯罪的基本事实特征，才能正确地认定某种行为是不是我国刑法所禁止的犯罪行为。离开犯罪构成，就是离开认定犯罪的尺度和标准，就不可能从纷繁复杂的犯罪事实中，把握住犯罪的性质与特征。

应当指出，犯罪构成要件是说明案件情况的最重要的事实特征，然而，注意和强调犯罪构成要件，必须在查明案件的全部事实和全部情节的基础上进行。实践证明，在具体案件中，其他事实情况的变化，不仅可能影响犯罪构成要件对危害社会程度的说明，而且可能影响犯罪构成要件本身性质的变化。因此，查清案件的全部事实与情节，仔细分析可能影响犯罪构成要件基本性质的一切细节和关键点，是准确认定犯罪构成要件的前提条件。

犯罪构成理论在我国刑法学中处于十分重要的位置。它从根本上说明了犯罪成立的基础条件，对刑法理论和刑事司法实践都具有重大的意义。

研究犯罪构成的意义主要有以下几点：

1. 只有研究和掌握犯罪构成理论，才能正确地理解和掌握我国刑法关于犯罪的基本规定。

2. 只有研究和掌握犯罪构成理论，才能准确地把握住我国刑法规定的各种犯罪的罪与非罪界限，才能更准确地区分此罪与彼罪的界限。运用犯罪构成理论可以使我们比较准确地掌握刑法规定的各种犯罪的界限。

3. 犯罪构成理论是保障公民免受非法追究的重要手段，坚持犯罪构成理论，有利于我们健全社会主义法制，有利于稳、准、狠地同犯罪作斗争，有利于保护公民免受非法的刑事追究。

总之，我国社会主义刑法学中的犯罪构成理论，是以马列主义、毛泽东思想为指导，在总结同犯罪作斗争的经验基础上建立和发展起来的。研究犯罪构成理论，对于推动我国刑法学的研究，为司法实践提供可靠的同犯罪作斗争的工具，都有着极其重要的意义。

**二、犯罪构成的共同要件**

在实际生活中，一切犯罪都是具体的。我国刑法分则规定了上百种犯罪，每一种犯罪都有特殊的构成要件。例如，抢劫罪具有抢劫罪的构成要件，盗窃罪具有盗窃罪的构成要件，等等。在实践中，抽象的犯罪和抽象的犯罪构成都是不存在的。然而，刑法理论通过对全部犯罪的研究，从各种具体的犯罪构成中概括出犯罪构成的一般规律，总结出犯罪构成的共同要件。学习和掌握这些共同要件，能够帮助我们由一般到具体地系统掌握全部犯罪构成理论。

我们认为，按照我国犯罪构成的一般理论，我国刑法规定的犯罪都必须具备犯罪客体、犯罪的客观方面、犯罪主体和犯罪的主观方面这四个共同要件。

1. 犯罪客体。它是指我国刑法所保护的而为犯罪所侵害的社会主义社会关系。我国《刑法》第 13 条和分则的规定，具体指明了刑法所保护的社会关系的种类。例如，《刑法》第 133 条规定的交通肇事罪，侵害的是交通运输方面的公共安全；《刑法》第 258 条规定的重婚罪，侵害的是我国婚姻法规定的一夫一妻制的婚姻关系。任何犯罪都一定是危害了我国社会中某一方面的社会关系，都一定具有某种犯罪客体。缺少犯罪客体就不能构成犯罪。

2. 犯罪的客观方面。它是指刑法所规定的、构成犯罪在客观上必须具备的危害社会的行为和由这种行为所引起的危害社会的结果。这方面的要件说明了犯罪客体在什么样的条件下，通过什么样的危害行为而受到什么样的侵害。因此，犯罪客观方面也是犯罪构成不可缺少的要件。

3. 犯罪主体。它是指实施了犯罪行为，依法应当承担刑事责任的人。我国刑法对犯罪主体的规定包含了两种人。一种是达到刑事责任年龄，具有刑事责任能力，实施了犯罪行为的自然人,另一种是实施了犯罪行为的企业事业单位、国家机关、社会团体等。符合法定条件的自然人,可以成为任何犯罪的主体。但是,单位目前只能成为某些犯罪的主体。如果缺乏犯罪主体,危害社会的行为就不可能被宣布为犯罪,也不可能受到惩罚。

4. 犯罪的主观方面。它是指犯罪主体对自己实施的危害社会的行为及其结果所持的心理态度。我国刑法规定,一个人只有在故意或过失地实施某种危害社会的行为时,才负刑事责任。所以,故意和过失作为犯罪的主观方面,也是构成犯罪必不可少的要件之一。

这四个要件是任何一个犯罪都必须具备的。在我国刑法分则中,有一些条文对犯罪构成的要件描述得比较全面。例如,《刑法》第305条规定伪证罪的构成要件是"在刑事诉讼中,证人、鉴定人、记录人、翻译人对与案件有重要关系的情节,故意作虚假证明、鉴定、记录、翻译,意图陷害他人或者隐匿罪证的"。但是,有相当一部分条文写得比较概括,没有详细列举犯罪构成。例如,《刑法》第232条对故意杀人罪的规定是"故意杀人的"。简单概括的条文并不意味着这些犯罪就不要求具备这四个方面的要件。在这种情况下,我们只有根据犯罪构成要件的原理,才能准确地解决这些具体犯罪的认定和处罚。

### 三、犯罪构成的分类

为了更好地研究与学习犯罪构成,可以根据犯罪构成的不同性质和特点,采用不同的标准,对犯罪构成的形式进行不同的分类。

#### (一)基本的犯罪构成和修正的犯罪构成

根据犯罪构成的形态方面的特点,可以将犯罪构成分为基本的犯罪构成与修正的犯罪构成。

基本的犯罪构成,是指符合刑法条文关于某种犯罪的完成形态规定的犯罪构成。我国刑法分则条文规定的各种具体犯罪,都是以犯罪既遂为完成形态而规定的。因此,在我国刑法学中所说的基本的犯罪构成,首先是指刑法分则所规定的既遂犯的犯罪构成。例如,《刑法》第232条规定的故意杀人罪,就是以一个行为人实施非法剥夺他人生命的行为、造成他人生命权利被剥夺结果为既遂形态规定的。因此,刑法分则规定的故意杀人罪,就是基本的犯罪构成。

修正的犯罪构成,是指以基本的犯罪构成为标准,根据故意犯罪在行为发展阶段可能出现的预备、中止、未遂等不同的表现形态,以及共同犯罪中具体共同犯罪人的不同情况,对基本犯罪构成中个别要件的具体要求作相应的修改或者变更后形成的犯罪构成。也就是说,修正的犯罪构成,主要是指预备犯、中止犯、未遂犯等故意犯罪过程中几种未完成形态的犯罪构成和共同犯罪中主犯、从犯、胁从犯和教唆犯等共同犯罪人的犯罪构成。修正的犯罪构成的主要依据是刑法总则中的有关规定。

根据犯罪构成在形态方面的特点将犯罪构成分为基本的犯罪构成与修正的犯罪构成,有助于完整地说明犯罪构成的不同形态,尤其是说明犯罪在未达到既遂时的构成要件的特点。虽然常见的犯罪构成都是以基本犯罪构成的形态出现的,但是,在犯罪预备、犯罪未遂、犯罪中止,以及主犯、从犯、胁从犯和教唆犯的情况下,也是存在犯罪构成的,只不过这种犯罪构成与基本犯罪构成相比,具有自己特殊的修正性质。在实践中,这种分类有助于完整地掌握与运用刑法的有关规定。基本的犯罪构成与修正的犯罪构成虽然都是以刑法规定为根据的,但是,这两种犯罪构成根据的重点有所不同:基本的犯罪构成根据的重点主要是刑法分则的规定,修正的犯罪构成根据的重点主要是刑法总则的规定。这种区别说明,在分析犯罪构成时，只有完整地掌握刑法规定的内容，才能正确认定具体的犯罪。

**（二）标准的犯罪构成和派生的犯罪构成**

根据犯罪行为的社会危害程度方面的特点，可以将犯罪构成分为标准的犯罪构成与派生的犯罪构成。

标准的犯罪构成，又称独立的犯罪构成，是指符合刑法分则条文对具有标准的社会危害程度行为所规定的犯罪构成。《刑法》第234条第1款规定的故意伤害罪，就是故意伤害罪的标准犯罪构成。标准的犯罪构成是相对于派生的犯罪构成而言的，它是犯罪构成的基本形式。

派生的犯罪构成，是指在标准犯罪构成的基础上，根据刑法分则条文在标准犯罪构成个别方面的特别规定而形成的犯罪构成。派生的犯罪构成包括加重的犯罪构成和减轻的犯罪构成两种。加重的犯罪构成，又称严重危害的犯罪构成，是指犯罪行为符合刑法分则在犯罪主体、犯罪情节或危害结果方面的特别规定，由于行为的社会危害性因此增大，法律相应地规定了加重刑罚或从重处罚的犯罪构成。减轻的犯罪构成，又称危害较轻的犯罪构成，是指由于犯罪情节较轻，行为的社会危害性因而较小，法律相应地规定了减轻刑罚的犯罪构成。

根据犯罪行为在社会危害程度方面的特点将犯罪构成分为标准的犯罪构成与派生的犯罪构成，有助于我们掌握与说明法律有特别规定情况下的犯罪构成的特点，学习与研究对犯罪从重或者从轻处罚的条件。

# 第二节　犯罪客体

**一、犯罪客体的概念**

任何一种犯罪，不论其表现形式如何，都要侵害一定的客体。如果某种行为没有或者不可能侵害任何客体，就不能构成犯罪。

我们认为，犯罪客体是指我国刑法所保护的，而为犯罪行为所侵害的社会主义社会关系。根据这一概念，我国刑法理论中的犯罪客体包括以下内容：

1. 犯罪客体是指我国社会主义社会关系。所谓社会关系，是指人们在共同生产和生活中所形成的人与人之间的相互关系，包括物质关系和思想关系。我国是人民民主专政的社会主义国家，因此，我国刑法保护的社会关系具有鲜明的社会主义性质。我国刑法的根本任务，就是运用刑法这个武器，同一切犯罪行为作斗争，来保护社会主义的社会关系。

2. 犯罪客体是我国刑法所保护的社会关系。社会主义社会关系是多方面的，它可能表现为物质性的，如公私财产的所有权；也可能表现为非物质性的，如公民的人格或名誉。但是，我国的社会主义社会关系并不是都由刑法来保护和调整的。我国的其他法律，如民法、公司法、婚姻法、商标法等，也都以各自的方式保护和调整一定的社会关系。另外，还有一些社会关系，如友谊关系、师生关系、干群关系、长幼关系等，是由道德规范或者纪律规范来调整的。这些不是刑法保护的社会关系，不能成为犯罪客体。

我国刑法保护的社会关系，只能是与我国社会主义社会存在、顺利发展有至关重要意义的那些关系，是用其他法律手段无法妥善保护和调整的那些关系。这些关系在我国《刑法》第2条和第13条以及刑法分则中，有着明确的规定。概括地说，我国刑法所保护的社会关系有四个方面：（1）人民民主专政的政权、社会主义制度、国家的领土和主权的完整性；（2）国家和集体的财产所有权以及公民个人合法财产的所有权；（3）公民的人身权利、民主权利和其他权利；（4）社会秩序和经济秩序。实践证明，这些社会关系代表了我国最广大人民的最大利益，因此，必须用刑法来加以保护。

3. 犯罪客体是犯罪行为所侵害的社会关系。我国刑法所保护的社会关系，不论是物质关系还是思想关系，就其内容来说，都是客观存在的具体的关系。这些社会关系本身不能叫做犯罪客体，只有当它受到犯罪的侵害时，才能成为犯罪客体。犯罪客体总是同犯罪的其他要件紧密联系着的，在客观上表现为直接受危害行为的侵害，在主观上表现为犯罪人罪过的重要内容。没有犯罪的其他要件就谈不上有什么犯罪客体，而只有其他要件没有犯罪客体当然也不能构成犯罪。

犯罪客体是构成犯罪的必备要件，因此，在司法实践中准确地把握犯罪客体的性质，就具有至关重要的意义。我国刑法在一些法律条文中直接对犯罪客体作了明确规定。然而，我国刑法在大多数条文中，是采取其他一些方式来体现犯罪客体的：

（1）有些条文通过一定的物质表现来指明犯罪客体。

（2）有些条文通过指出被侵犯的社会关系的主体来表明犯罪客体。

（3）有些条文通过指出对调整一定社会关系的法律规范的违反来说明犯罪客体。

（4）有些条文通过对某种危害行为的描述来表明犯罪客体。

由此可见，在刑法分则没有明确规定犯罪客体的条文中，并不是没有犯罪客体，只要我们认真分析各种犯罪的社会政治内容和法律特征，就能对犯罪客体作出准确的理解。

研究犯罪客体，对于理解和掌握刑法有着重要的意义。犯罪客体揭示了犯罪所侵害的社会主义社会关系的具体性质与种类，是决定犯罪的社会危害性的首要因素。没有犯罪客体就没有犯罪，犯罪客体的社会政治意义越大，犯罪的社会危害性也就越大。因此，犯罪客体对于帮助我们认识与犯罪作斗争的意义，帮助我们确定犯罪的性质，分清各种犯罪的界限，衡量各种犯罪的社会危害程度，从而做到正确地定罪量刑，都是十分重要的。

**二、犯罪客体的种类**

为了深入分析和理解犯罪客体的作用和意义，根据犯罪所侵害的社会关系范围的不同，可以将犯罪客体分为一般客体、同类客体和直接客体。

1. 一般客体，亦称共同客体。这是指一切犯罪所共同侵害的客体。在我国，犯罪的一般客体，就是刑法所保护的作为整体的社会主义社会关系。每一种具体的犯罪所侵犯的具体社会关系的内容虽然有不同，但是，从整体上说，它们都是对我国的社会主义社会关系造成了危害。犯罪的一般客体揭示了一切犯罪的共同本质，说明了犯罪的社会危害性的社会政治属性以及我国刑法同犯罪作斗争的必要性。

2. 同类客体，亦称分类客体。这是指某一类犯罪所共同侵犯的客体，也就是刑法所保护的社会主义社会关系的某一部分或者某一方面。同类客体说明了某一类犯罪所侵犯的社会关系的某种共同特点。

研究犯罪同类客体有两个重要意义：

（1）犯罪同类客体原理是建立我国刑法分则体系的重要理论根据。我国刑法分则就是根据犯罪侵犯的同类客体，将犯罪归纳为十类，从而形成了完整的刑法分则的科学体系。具体说，我国刑法的同类客体一共有十类，即：

第一类，危害国家安全罪，侵犯的是中华人民共和国的国家安全；

第二类，危害公共安全罪，侵犯的是社会的公共安全；

第三类，破坏社会主义市场经济秩序罪，侵犯的是社会主义的市场经济秩序；

第四类，侵犯公民人身权利、民主权利罪，侵犯的是公民人身权利、民主权利和同人身有关的其他权利；

第五类，侵犯财产罪，侵犯的是公共财产和公民私人所有的合法财产的所有权；

第六类，妨害社会管理秩序罪，侵犯的是社会管理秩序；

第七类，危害国防利益罪，侵犯的是国防利益；

第八类，贪污贿赂罪，侵犯的是国家工作人员职务行为的廉洁性和公私财产的所有权；

第九类，渎职罪，侵犯的是国家机关的正常活动；

第十类，军人违反职责罪，侵犯的是国家的军事利益。

根据同类客体原理，我国刑法把上百种犯罪，按照社会危害性的大小，由重到轻进行排列，兼顾主体，形成一个科学的体系。

（2）犯罪同类客体原理能够帮助司法工作人员把各式各样的犯罪行为，从性质上和社会危害性程度上互相区分开来，从而有助于正确地定罪和适用刑罚。

3. 直接客体。这是指某一具体犯罪直接侵害的客体，也就是指刑法所保护的社会主义社会关系的具体部分。在实际案件中的犯罪都是具体的，一个犯罪行为不可能使社会关系的各个方面都受到侵害，而只能侵害某一具体的社会关系。这种具体犯罪侵害了什么具体的社会关系，就是由犯罪直接客体所揭示的。犯罪的直接客体往往能够直接揭示出犯罪的性质和特征，直接为划清几种相似的犯罪提供准确的界限。不了解直接客体，就不能划清各罪之间的界限，就不可能正确地定罪量刑。在一些特殊的情况下，犯罪的直接客体与同类客体具有极其相似的性质。在这些犯罪中，掌握了同类客体以后，认定直接客体就比较容易了。

犯罪现象是十分复杂的。一个犯罪所能够直接侵犯的具体社会关系，也呈现出十分复杂的情况。为了深入研究我国刑法对犯罪的规定，准确认定犯罪，我们根据犯罪所直接侵犯的具体社会关系的个数，可以把犯罪客体分为简单客体和复杂客体。

简单客体，又称单一客体，是指一种犯罪直接侵犯的客体中只包括了一种具体的社会关系。

复杂客体，是指一种犯罪直接侵犯的客体包括了两种以上的具体社会关系。在复杂客体中，立法机关根据国家的具体国情，将被侵害的各种社会关系分为主要客体与次要客体，然后根据主要客体的性质进行分类，将该种犯罪列入有关的章节中。

研究犯罪的简单客体和复杂客体，认识犯罪客体的多样性与复杂性，对于我们理解刑法对各种犯罪的具体规定，分析研究直接客体，以便更准确地确定犯罪的性质，分清此罪与彼罪，都有重要意义。

### 三、犯罪客体与犯罪对象

犯罪客体是我国刑法所保护的，而为犯罪行为所侵害的社会主义社会关系。犯罪对象是危害社会行为所直接作用的物或者人。其中，物是具体社会关系的物质表现；人是社会关系的主体。犯罪客体与犯罪对象是两个既有联系又有区别的概念。

#### （一）犯罪客体与犯罪对象的联系主要表现在两个方面

1. 犯罪对象是社会关系存在的前提和条件，是犯罪客体的物质载体或者主体承担者。

2. 犯罪对象在不同的场合会表现为不同的犯罪客体。不同的犯罪对象在一定的场合也可能表现为相同的犯罪客体。

**（二）犯罪客体与犯罪对象的区别，主要有以下两点**

1. 犯罪客体是任何犯罪构成的必备要件，能够决定犯罪的性质，而犯罪对象则不一定具有这种法律属性。

2. 任何犯罪都要使一定的犯罪客体受到侵害，而犯罪对象则不一定受到损害。

实践证明，正确认识犯罪对象和犯罪客体的联系与区别，有助于我们分清各种犯罪对象中体现的犯罪客体的性质，这对于我们防止将犯罪对象误认为犯罪客体，混淆各种犯罪的区别，有重要意义。

## 第三节　犯罪客观方面

### 一、犯罪客观方面概述

犯罪客观方面，亦称犯罪客观要件，是指刑法规定的构成犯罪在客观活动方面所必须具备的条件。

犯罪客观方面是与犯罪客体紧密联系着的，在犯罪构成中，犯罪客体回答的是犯罪行为所侵害的是什么样的社会关系，而犯罪客观方面则回答了这一客体在什么样的条件下，通过什么样的行为受到侵害，并且造成了什么样的危害结果。因此，犯罪的客观方面是犯罪构成的基本要件之一。没有客观方面的事实存在，就意味着我国刑法所保护的社会关系没有受到实际的侵害，犯罪就不可能存在。只有当一个人的犯罪意图已经通过具体行为表现出来，并且在客观上已经造成或者可能造成危害社会的结果的情况下才能构成犯罪。犯罪的客观方面与犯罪客体相结合，共同构成使人负刑事责任的客观基础。

在实践中，能够说明犯罪的客观事实是多种多样的。我国立法机关并不是把一切客观事实都作为犯罪客观要件的内容，而是把那些最基本的、足以表明社会危害性质及其程度的客观事实，在刑法中规定为犯罪的客观要件。根据这些要件是否为犯罪构成所必需，可以分成两类：第一类是必要要件，它包括危害行为、危害结果以及危害行为与危害结果之间的因果关系。每一个犯罪构成都必须具备这些因素，否则犯罪不能成立。第二类是选择要件，它包括犯罪的时间、地点、方法等。这些要件并不是每一个犯罪构成都必须具备的，只是对于那些法律上有特别规定的犯罪，才是构成犯罪的必要要件。

研究犯罪客观方面具有重要意义：

1. 犯罪的客观方面是划分罪与非罪的重要客观标准。我国刑法为了保护一定的社会关系，在规定各种犯罪的构成要件时，在大部分条文中都是通过对犯罪客观方面的具体特征的详细描述，来说明犯罪的客观表现。因此，掌握了犯罪的客观方面，就掌握了区分大部分犯罪的罪与非罪的客观标准。

2. 犯罪的客观方面是区分此罪与彼罪的重要依据之一。危害行为及其所造成的危害结果是多种多样的。犯罪客观方面的这种多样性，往往可以作为区分各种犯罪之间的界限的客观依据。有些犯罪，从其犯罪构成要件来看，是很难加以区分的，对这些犯罪就只能通过犯罪客观方面的不同形式加以区分。

3. 研究犯罪的客观要件，对于正确分析和认定犯罪的主观方面也有重要意义。人的行为是在人的思想支配下进行的，犯罪也一样，一个人的犯罪总是在一定的心理态度支配下实施的。犯罪客观方面作为犯罪在客观活动方面的表现，其实就是行为人犯罪主观要件在客观上的外在表现。研究犯罪客观方面，可以为解决犯罪主观方面的问题提供可靠的客观基础。

## 二、危害行为

任何一种犯罪都必须有人的行为，没有行为就没有犯罪。我国刑法所禁止的犯罪，都首先表现为一种危害行为。因此，危害行为是犯罪客观方面不可缺少的要素。

从一般意义上说，人的行为是指表现人的主观心理状态的外部动作。但是刑法所讲的行为，不是一般的行为，而是具有特殊含义的危害行为，即是指表现人的犯罪心理态度，为刑法所禁止的危害社会的行为。危害行为具有以下特征：

1. 必须是对我国社会主义社会有危害性的，为刑法所禁止的行为。没有社会危害性的行为是不具有刑法学意义的行为。犯罪构成中的危害社会的行为，不仅必须具备犯罪的一般特征，而且必须具备刑法分则规定的某种具体表现形式，不具有社会危害性或者不具有具体表现形式的行为，都不是危害社会的行为。

2. 必须是表现人的犯罪心理态度的行为。有的行为虽然在客观上造成了某种危害结果，但不是在自己的心理支配下进行的，就只能属于无意识行为。无意识行为也不是刑法意义上的危害行为。无意识行为主要有以下几种：

（1）无意识的动作或言论。

（2）人在身体受到外力强制下形成的动作。

（3）由于不能抗拒的原因，行为人无法履行其义务。

这三种情况，由于缺少人的心理因素，都不能认为是危害社会的行为。但是，当行为人不是身体被强制，而是精神被强制，即受到恫吓或威胁时，所实施的行为是不是属于危害社会的行为，应不应当承担刑事责任，需要具体分析。一般地说，如果精神受强制时实施的行为不符合紧急避险条件的，这种行为就是应当承担刑事责任的危害行为。考虑到这种行为人本身也是受害者，实践中通常可以适当从轻、减轻处罚或者酌情免除处罚。

刑法中规定的危害社会行为，有多种多样的表现形式。按通说归纳为作为与不作为这两大类。关于"持有"的认定，在我国刑法理论界持不同观点，即将其归入作为、不作为，抑或是独立的第三种行为方式。

所谓作为，就是指行为人用积极的动作来实施的危害社会的行为。作为是犯罪中最常见的一种形式，许多犯罪也只能表现为作为的形式，如果行为人不采取积极的行动，那么，犯罪意图就不可能实现。

所谓不作为，就是指行为人有义务并且能够实行某种行为，消极地不去履行这种义务，因而造成严重的危害后果的行为。所以，不作为是人的一种消极行为。刑法上的不作为，必须具备以下条件：

1. 行为人负有实施某种行为的特定义务。这是构成不作为危害行为的前提。刑法中所讲的特定义务，不是一般的道德意义上的义务，而是行为人在特定的社会关系领域内，基于特定的事实和条件而产生的法律上的义务。一般来说，这种义务是根据以下几个方面具体确定的：

（1）法律明文规定的义务。

（2）职务上或者业务上要求履行的义务。

（3）由行为人已经实施的行为所产生的责任。这主要是指行为人由于自己的行为，而使法律所保护的某种利益处于危险状态时，负有防止危害结果发生的义务。

2. 行为人有可能履行这种特定义务。如果行为人虽然具有实施某种行为的义务，但是由于某种原因使履行这种义务根本不可能，则不构成刑法上的不作为。

3. 行为人不履行特定义务而引起危害社会的结果。

在认定不作为时，关键是要判明行为人有无实施某种行为的特定义务。仅仅违反一般道德义务的行为，只能受到道德谴责或者纪律处分，而不能构成犯罪。

纯正不作为犯与不纯正不作为犯的划分是刑法理论对不作为犯罪的区分类型。纯正不作为犯，是指那种根据刑法明文规定只能由行为人以不作为形式来实施的犯罪。不纯正不作为犯，是指那种根据刑法规定行为人以不作为形式实施的通常以作为形式实施的犯罪，如母亲故意不给婴儿喂奶使其饿死构成的故意杀人罪。

以不作为形式构成犯罪，在司法实践中比较少见，在刑法分则中，只能以不作为形式构成的犯罪，只有少数几种。另外，有的犯罪既可以由作为形式构成，又可以由不作为形式构成。

危害社会的行为在认定犯罪时有着重要的意义。单纯的思想不是行为，没有行为就不能构成犯罪。惩罚只有思想而没有行为的"思想犯罪"，是同我国社会主义法制和社会主义刑法学理论格格不入的。

### 三、危害结果

我们认为，危害结果，是指危害社会的行为对我国刑法所保护的社会关系所造成的损害。

危害结果同犯罪客体有着内在的有机联系。我们之所以说犯罪行为是具有社会危害性的行为，就是因为它给刑法所保护的客体已经造成或者可能造成一定的损害。如果某种行为没有对客体造成损害，而且也不可能对客体造成损害，就意味着这种行为没有社会危害性，当然不可能认为是犯罪。所以，危害结果是每一个犯罪构成都必须具备的条件，缺少这个条件，犯罪的客观方面就是不完全的，犯罪就不能成立。

危害结果可以表现为物质性和非物质性两种情况。物质性的结果通常可以根据数量、重量、状态或价值直接计量出来。非物质性的结果往往是无形的、抽象的，一般不能计量，但是根据案件的全部事实和情节，对非物质性的结果仍然可以确定危害的严重程度。

我国刑法对危害结果作出了种种规定，这些规定反映出在不同犯罪中危害结果的不同意义。

（1）在过失犯罪中，将实际造成一定程度的物质性危害结果作为构成犯罪的必要条件。是否具有一定的物质性危害结果，是区分这些罪的罪与非罪的界限。

（2）在故意犯罪中，以发生严重物质性危害结果的可能性，作为构成犯罪的必要条件。

（3）对危害结果未作任何规定的。这是指危害结果是非物质性的犯罪的情况。

（4）绝大多数故意犯罪中要求一定的物质性危害结果。如果该种危害结果没有完全发生，那么，这种犯罪就没有既遂。

（5）在一部分故意犯罪中，将某种特定的物质性危害结果是否发生，作为构成此罪和彼罪的界限，以及从重处罚的条件。

总之，正确理解和掌握危害结果，对于正确分析行为的社会危害程度，区分罪与非罪，从而保证正确地适用刑罚，都有重要意义。

### 四、刑法因果关系

刑法因果关系是指人的危害社会的行为与危害结果之间存在的引起与被引起的关系。

我国刑法坚持罪及个人原则，即一个人只能对自己行为所造成的危害结果负责任。因此，当某种危害社会的结果已经发生，要使行为人对这一结果负责任，就必须查明这一结果是由该人的行为所造成的，也就是说，要确定行为人的行为与危害结果之间存在着刑法上所要求的因果关系。如果缺少这种因果关系，就不能使行为人对这一结果负担刑事责任。

对刑法因果关系的地位的讨论也是有争议的，一般将刑法因果关系置于犯罪客观方面的构成要件要素之中，以之为确定行为人刑事责任的客观基础；但也有人主张刑法因果关系不是犯罪客观方面的构成要件要素，不是追究刑事责任的客观基础。

本书认为，刑法上研究因果关系，主要是为了从客观上解决由谁承担刑事责任的问题。当然，因果关系与刑事责任是既有联系又有区别的两个问题。因果关系问题的解决，仅仅解决了使行为人负刑事责任的客观基础，要使行为人对自己的行为造成的危害结果负刑事责任，还必须全面地分析犯罪构成的其他条件，特别要查明行为人主观上是否具有故意或者过失。如果行为人主观上缺乏犯罪的故意或者过失，即使他的行为与危害结果之间存在因果关系，也不应负刑事责任。把因果关系与刑事责任混为一谈，片面夸大因果关系的作用，是不可能正确解决行为人的刑事责任问题的。

刑法学研究因果关系，必须在辩证唯物主义的因果关系学说下，来解决自身的特殊问题，行为人的刑事责任问题要通过危害行为与危害结果之间的因果联系来解决。

在通常情况下，行为与结果的因果关系是不难确定的。但是，实际案件并不都那么简单，有时是几个人的行为交叉引起了某种危害结果，有时是某人的危害行为再加上自然力的作用，或者甚至是被害人自己的行为，而引起了某种危害结果，如此等等，情况就要复杂得多。

#### （一）在以辩证唯物主义为指导解决刑法中的因果关系问题时，应当注意掌握其特点

1. 因果关系的客观性。辩证唯物主义认为，因果关系是客观事物普遍联系和相互作用的一种形式，是不以人的主观意志为转移的客观存在。同样，刑法中的危害社会行为同危害社会结果之间的因果关系也是客观存在，不以人的主观意志为转移。因此，在司法实践中判断危害行为与危害结果之间是否存在因果关系，一定要从客观实际出发，深入到客观事物本身中去调查研究，必要时，还要依靠科学鉴定，才能作出正确的判断。有无因果关系，决不能以行为人是否认识到自己的行为可能造成某种结果为标准，更不能以司法工作人员缺乏根据的主观推断为定论。

2. 因果关系的相对性。辩证唯物主义认为，原因和结果是两个相对的概念。为了解决行为人的刑事责任问题，必须把一定的因果关系从现象的普遍的相互联系中抽出来加以研究。在选择作为原因的危害行为和作为结果的危害结果时，应当注意两点：一是因果关系在时间上的特点。作为原因的现象必须是先于作为结果的现象出现。如果某个危害行为是在危害结果出现之后才发生，那么，该行为就不能成为该结果的原因了。二是因果关系的目的性。刑法研究因果关系有自身的目的，因此，在从复杂的社会现象抽取特定的环节时，要服务于刑法解决行为人刑事责任这个目的。

3. 因果关系的必然性。社会现象或自然现象之间的联系是多种多样的，有的是内在联系，有的是外表联系，有的是必然联系，有的是偶然联系。一般来说，只有在危害行为与危害结果

之间存在着内在的、必然的因果关系时，行为人的刑事责任才能具有客观基础。我们应当明确：我国刑法因果关系原则上要求必然因果关系，偶然因果关系只有在极特殊的案件中，作为必然因果关系的补充，才有存在的意义。不恰当地夸大偶然因果关系的作用，不仅有悖于辩证唯物主义的基本原理，而且不利于准确地确定行为人的刑事责任，不利于同犯罪作斗争。

4. 因果关系的复杂性。因果关系有时会表现出"一果多因"或"一因多果"的复杂情况。"一果多因"是指一种危害结果是由数个危害行为造成的。在"一果多因"的情况下，应当注意分析各种原因，或者说各个共同犯罪人的危害行为对危害结果所起的作用大小，确定各个共犯的刑事责任。"一因多果"是指一个危害行为造成多种危害结果的情况。在"一因多果"的情况下，应当注意分析主要结果和次要结果，以便正确解决刑事责任。在实际案件中，因果关系还可能表现出更为复杂的"多因多果"的情况，那就更需要仔细分析，以确定各个犯罪人的刑事责任。

5. 不作为犯罪中的因果关系。不作为犯罪中也存在因果关系。然而，在不作为犯罪中，危害行为是以不作为形式表现出来的。它虽然不是主动地促使危害结果发生的原因，却是使防止危害结果发生的措施失败的原因，因此，危害社会的不作为是以行为人具有实施某种行为的义务为条件的，如果查明行为人不具有特定义务，那就没有必要去研究他的不作为与某一危害结果之间有无因果关系的问题。

**（二）刑法因果关系的认定：特殊情形因果关系的认定**

关于特殊情形因果关系的认定在理论和实践中的讨论是有意义的。除了前述的特殊案件中存在的偶然因果关系、一果多因的因果关系、不作为的因果关系的认定外，还有疫学的因果关系，亦称流行病学的因果关系，即某种因子与疾病之间的关系，即使在医学上、药理学上得不到科学证明，但根据大量的统计、观察，能说明该因子对产生疾病具有高度的盖然性时，就可肯定其因果关系。疫学的这种因果关系理论，也可以运用于公害犯罪（包括环境犯罪）因果关系的认定中。此外，关于自杀案件中的因果关系的认定也是存有争议的。

**五、犯罪的时间、地点、方法**

犯罪的时间、地点和方法，都是犯罪客观方面的选择要件。

任何犯罪都是在一定时间和地点，采取一定的方法实施的。但是，我国刑法分则规定的大部分犯罪都不以一定的时间、地点和方法为要件。在法律明文规定的条件下，是否具有法律要求的时间、地点和方法，是划分罪与非罪的重要标准。

在法律对犯罪时间、地点和方法没有明确要求的案件中，由于犯罪在不同的时间、地点，采用不同的方法，对社会产生的震动和危害不同，例如，在城市商业区大街上公然抢劫、杀人，与在僻静小巷子里实施同样的犯罪产生的社会效果就有很大不同，因此，这些案件中犯罪的时间、地点和方法，对于确定犯罪的危害程度，会有一定意义。

## 第四节　犯罪主体

**一、犯罪主体概述**

犯罪主体是指实施了危害社会的行为，依法应负刑事责任的人。这包括实施了危害社会的行为，达到刑事责任年龄，具有刑事责任能力的自然人，以及实施了危害社会的行为，依法应当承担刑事责任的企事业单位、国家机关、社会团体等。前者称自然人犯罪主体，后者称单位犯罪主体。

任何犯罪行为，都是一定的犯罪主体实施的，没有犯罪主体，就不可能发生应受刑罚惩罚的危害社会的行为，从而就不会有犯罪。所以，犯罪主体是犯罪构成不可缺少的要件。

根据我国刑法规定，自然人成为犯罪主体必须具备以下条件：

1. 实施了危害社会的行为；

2. 达到法定刑事责任年龄；

3. 具有刑事责任能力。

这三个条件必须同时具备，缺一不可。任何自然现象、动物、物品甚至尸体，都不可能具有成为犯罪主体的资格。

除了这三个条件之外，我国刑法规定的某些犯罪，还要求行为人具有一定的身份，才能构成这些犯罪的犯罪主体。根据犯罪主体是否要求一定的身份，可以把犯罪主体分为一般主体和特殊主体两类。关于一般主体与特殊主体将在本节第四个问题中详述。

### 二、刑事责任年龄

刑事责任年龄，也称责任年龄，是指刑法规定的应当对自己实施的危害社会行为负刑事责任的年龄。一个人对事物的理解、判断、分析与其年龄有着密切联系。年龄小的儿童，还不能清楚地认识周围的事物，也不能真正了解自己行为的性质和意义。只有达到一定年龄，才能具备识别是非、善恶和在行动中自觉控制自己行为的能力。这种一定年龄就是开始负刑事责任的年龄。因此，刑事责任年龄是自然人成为犯罪主体的必要条件之一。

我国刑法总结了新中国成立以来同犯罪作斗争的经验，并吸收了外国刑事立法中的一些有益的经验，对刑事责任年龄作了具有我国特色的四分法规定：

1. 不满 14 周岁的人，不应当受刑事处罚。这是完全不负刑事责任时期。

2. 已满 14 周岁不满 16 周岁的人，只对犯故意杀人、故意伤害致人重伤或者死亡、强奸、抢劫、贩卖毒品、放火、爆炸、投放危险物质罪，承担刑事责任。这是相对负刑事责任时期。

3. 已满 16 周岁的人，对一切犯罪行为都应负刑事责任。这是完全负刑事责任时期。

4. 已满 14 周岁不满 18 周岁的人犯罪，应当从轻或者减轻处罚。这是减轻刑事责任时期。

《刑法》第 17 条第 4 款规定："因不满十六周岁不予刑事处罚的，责令他的家长或者监护人加以管教；在必要的时候，也可以由政府收容教养。"这是一种社会保护措施。通过这种措施，有助于防止这些少年再危害社会，有助于他们的教育改造，也有助于他们的健康成长。

最高人民法院《关于审理未成年人刑事案件具体应用法律若干问题的解释》（简称《未成年人刑事案件司法解释》）中涉及未成年人刑事责任问题，主要有如下内容：

1.《刑法》第 17 条规定的"周岁"，按照公历的年、月、日计算，从周岁生日的第二天起算。

2. 已满 14 周岁不满 16 周岁的人实施《刑法》第 17 条第 2 款规定以外的行为，如果同时触犯了《刑法》第 17 条第 2 款规定的，应当依照《刑法》第 17 条第 2 款的规定确定罪名，定罪处罚。

3. 行为人在达到法定刑事责任年龄前后均实施了犯罪行为，只能依法追究其达到法定刑事责任年龄后实施的犯罪行为的刑事责任。

行为人在年满 18 周岁前后实施了不同种犯罪行为，对其年满 18 周岁以前实施的犯罪应当依法从轻或者减轻处罚。行为人在年满 18 周岁前后实施了同种犯罪行为，在量刑时应当考虑对年满 18 周岁以前实施的犯罪，适当给予从轻或者减轻处罚。'

4.《未成年人刑事案件司法解释》第 4 条从证据角度说明了应当推定未达到法定刑事责任年龄和应当认定已达到相应法定刑事责任年龄的两种情况。

此外，《未成年人刑事案件司法解释》第 6～10 条中涉及未成年人实施了情节轻微的某些行为，不认为是犯罪、可不按犯罪处理的若干情形。《未成年人刑事案件司法解释》第 11～19 条中涉及未成年人犯罪适用刑罚、执行刑罚的若干情形。

在对未成年人注意保护的同时，根据司法实践积累的经验，《刑法修正案（八）》第 1 条规定增加《刑法》第 17 条之一："已满七十五周岁的人故意犯罪的，可以从轻或者减轻处罚；过失犯罪的，应当从轻或者减轻处罚。"上述规定体现了我国刑法的人道主义精神和刑法文明。

### 三、刑事责任能力和其他影响刑事责任能力的因素

刑事责任能力，也称责任能力，是指一个人能够理解自己行为的性质、后果和社会政治意义，并且能够控制自己行为的能力。这种能力是构成犯罪主体的必要条件之一。无责任能力的人实施了危害社会的行为，不负刑事责任。

责任能力的有无是和责任年龄紧密相关的。在通常情况下，达到法定责任年龄的人就意味着他具有必要的识别和控制自己行为的能力。但是，人的这种能力可能因为精神病而受到影响，甚至完全丧失。

精神病是一种大脑神经功能性紊乱的疾病，它的种类和对人的脑机能损害的程度都是十分复杂的。我国《刑法》第 18 条规定："精神病人在不能辨认或者不能控制自己行为的时候造成危害结果，经法定程序鉴定确认的，不负刑事责任，但是应当责令他的家属或者监护人严加看管和医疗；在必要的时候，由政府强制医疗。间歇性的精神病人在精神正常的时候犯罪，应当负刑事责任。尚未完全丧失辨认或者控制自己行为能力的精神病人犯罪的，应当负刑事责任，但是可以从轻或者减轻处罚。"

根据刑事诉讼法的规定，对精神病人强制医疗的，由人民法院决定。

与精神病人不同，醉酒的人不属于无责任能力或限制责任能力的人。我国《刑法》第 18 条第 4 款规定："醉酒的人犯罪，应当负刑事责任。"如果免除醉酒人的刑事责任或对其予以从轻、减轻处罚，那就容易给犯罪分子一个十分方便的逃避刑事责任的借口，因此，我国刑法规定醉酒的人犯罪，一律要负刑事责任。

我国《刑法》第 19 条规定："又聋又哑的人或者盲人犯罪，可以从轻、减轻或者免除处罚。"又聋又哑的人或者盲人不属于无责任能力人，他们虽然有严重的生理缺陷，但并没有丧失辨认和控制自己行为的能力，所以不能免除应负的刑事责任。但是，由于他们的生理缺陷，他们接受社会教育的条件和对是非的辨别力都要受到限制，因此，从人道主义的角度出发，对于这些人犯罪，可以根据具体情况从轻、减轻或者免除处罚。

### 四、一般主体与特殊主体

一般主体与特殊主体的区分在于主体是否具备特殊的身份。如前所述，自然人符合了法

定的刑事责任年龄、具有刑事责任能力、实施了危害社会的行为这三个条件的即成为一般主体。一般主体可以成为我国刑法分则规定的大部分犯罪的主体。对于要求特殊主体的犯罪来说，一般主体所要求的条件是特殊主体成立的前提条件或基础条件。特殊主体是指具有我国刑法分则某些犯罪所要求的特定身份的犯罪主体。这里所说的身份，是指行为人在实施犯罪时所必须具有的特定职务、资格或者其他情况。这种身份，有的是由于犯罪的性质自然要求的，例如，强奸罪要求犯罪主体是男子；有的是刑法直接明确要求的；还有的必须由其他法律和行政法规加以明确。

我国现行刑法中关于特殊主体的规定大致有以下几种类型：一是以特定人身关系为内容的特殊身份，如具有扶养义务的家庭成员；二是以特定公职为内容的特殊身份，如国家机关工作人员、国家工作人员等；三是以特定职业为内容的特殊身份，如医务人员、航空人员、铁路职工、公司企业的人员等；四是以特定法律地位为内容的特殊身份，如证人、鉴定人、记录人、翻译人、辩护人、诉讼代理人等。

研究一般主体和特殊主体对于定罪与量刑即划清罪与非罪、此罪与彼罪、量刑的轻与重，都有重要意义。在我国刑法分则明确要求特殊主体的那些犯罪中，如果行为人不具有特定的身份，就不能构成这些犯罪。具有不同主体资格的人，实施了同一类危害社会的行为，就可能构成不同的犯罪。另外，有些要求一般主体的犯罪，如果行为人具有特定身份，就要依法从重处罚。

### 五、单位犯罪主体

单位犯罪，在刑法理论上通常也称做法人犯罪。必须注意，法人犯罪并不等于共同犯罪或者犯罪集团。在法人犯罪的情况下，法人是依法成立，有着合法的经营目的和经营范围的实体。法人犯罪是这种有着合法"身份"的实体违反法律规定，实施了危害社会的行为。共同犯罪，尤其是犯罪集团，一般都不是依法成立的合法实体，也没有合法的经营目的和经营范围。另外，构成法人犯罪必须符合法律规定的法人犯罪的条件，构成共同犯罪或者犯罪集团，必须符合刑法的有关规定。

根据我国《刑法》第30条的规定，单位犯罪是指公司、企业、事业单位、机关、团体实施的法律规定为单位犯罪的危害社会的行为。根据刑法规定，单位犯罪必须具备以下条件：

1. 单位实施的犯罪行为必须是我国法律明文禁止单位实施的那些危害社会的行为。我国目前仍然处于改革开放不断深入，经济不断发展的时期，有些界限的划分还有待于进一步明确，与单位犯罪有关的问题仍然十分复杂，因此，我国刑法只针对那些实践中比较突出，社会危害比较大，罪与非罪的界限比较容易划清的单位危害社会的行为，在刑法分则中作出规定。单位还不能成为刑法规定的所有犯罪的主体。

2. 单位犯罪的主体，必须是公司、企业、事业单位、机关和团体。公司、企业、事业单位、机关和团体既包括各种国有的、集体所有的、合资的公司、企业、事业单位，也包括各级国家权力机关、行政机关和司法机关，以及各种人民团体和社会团体。虽然，根据我国民法通则和其他法律法规的有关规定，这些单位通常都是法人或者具有法人资格，但是，我国刑法并没有要求单位犯罪的主体必须是法人或者具有法人资格。

3. 单位犯罪，目的是为该单位谋取非法利益，并且单位犯罪行为的实施必须与单位的工作或业务相联系。如果以单位名义进行犯罪，结果是为了个人的利益，就不是单位犯罪，而是单位内部成员个人的犯罪。如果单位犯罪行为的实施没有与单位的工作或业务相联系，就无法认定这种犯罪行为与单位之间的关系。目前，我国司法实践中常见的单位犯罪，主要是那种由单位集体决定或者由单位的领导人员决定，而由单位内部人员具体实施的。

立法机关于 2014 年 4 月 24 日通过对《刑法》第 30 条的立法解释：公司、企业、事业单位、机关、团体等单位实施刑法规定的危害社会的行为，刑法分则和其他法律未规定追究单位的刑事责任的，对组织、策划、实施该危害社会行为的人依法追究刑事责任。

《刑法》第 31 条规定，单位犯罪的，对单位判处罚金，并对其直接负责的主管人员和其他直接责任人员判处刑罚。刑法分则和其他法律另有规定的，依照规定。

关于单位犯罪中直接责任人员的认定，参照 2000 年 9 月 30 日最高人民法院《关于审理单位犯罪案件对其直接负责的主管人员和其他直接责任人员是否区分主犯、从犯问题的批复》（自 2000 年 10 月 10 日起施行）以及 2001 年 1 月 21 日最高人民法院《全国法院审理金融犯罪案件工作座谈会纪要》的内容，作如下两点理解：（1）单位犯罪中的直接责任人员包括直接负责的主管人员和其他直接责任人员。所谓直接负责的主管人员，是在单位实施的犯罪中起决定、批准、授意、纵容、指挥等作用的人员，一般是单位的主管负责人，包括法定代表人。所谓其他直接责任人员，是在单位犯罪中具体实施犯罪并起较大作用的人员，既可以是单位的经营管理人员，也可以是单位的职工，包括聘任、雇用的人员。应当注意的是，在单位犯罪中，对于受单位领导指派或奉命而参与实施了一定犯罪行为的人员，一般不宜作为直接责任人员追究刑事责任。（2）关于对单位犯罪中的直接责任人员的刑事处罚。对单位犯罪中的直接负责的主管人员和其他直接责任人员，应根据其在单位犯罪中的地位、作用和犯罪情节，分别处以相应的刑罚，主管人员与直接责任人员，在个案中，不是当然的主、从犯关系，有的案件，主管人员与直接责任人员实施犯罪行为的主从关系不明显的，可不分主犯、从犯。但具体案件可以分清主、从犯关系，且不分清主犯与从犯，在同一法定刑档次、幅度内量刑无法做到罪刑相适应的，应当分清主犯、从犯，依法处罚。

## 第五节　犯罪主观方面

### 一、犯罪主观方面概述
#### （一）犯罪主观方面的概念

犯罪主观方面，亦称犯罪主观要件或者罪过，是指行为人对自己的危害社会的行为及其危害社会的结果所持的故意或过失的心理态度。人的行为是受思想支配的，任何犯罪行为都是在一定的犯罪心理支配下实施的。在人的行为中，如果缺乏故意或者过失这种犯罪心理态度，就不能构成犯罪，也不能使其负担刑事责任。因此，犯罪的主观方面是构成犯罪的必要条件之一。

人在实施犯罪时的心理状态是十分复杂的，概括起来有故意和过失这两种基本形式，以及犯罪目的和犯罪动机这两种心理要素。犯罪的故意和犯罪的过失可以单独完整地表现犯罪的主观方面，说明某一种犯罪主观方面的情况，是犯罪构成主观方面的必要要件；犯罪目的只存在于犯罪故意之中，它只能进一步说明某一种犯罪在主观方面的状况，是某些犯罪的选择要件。犯罪动机不是犯罪构成必备的要件，它不能影响犯罪主观方面的成立，但是对于确定罪行的社会危害程度，能够起一定的作用。

犯罪主观方面是一种以一定的心理过程为特征的刑法学中的概念。从心理学的角度看，犯罪主观方面作为行为人支配危害行为的主观心理态度，与一般行为所具有的主观心理态度一样，都具有两个基本心理因素，这就是：认识和分辨事物的意识因素；决定和控制自己行为的意志因素。缺少这种心理学的内容，罪过就不具有"心理态度"的主观性质。然而，仅仅从心理特征上是不能说明犯罪主观方面的本质的，人的心理活动是人脑反映外部世界的一种特殊的机能和作用，是社会的产物，人的主观心理态度必然要带上社会政治的烙印。犯罪主观方面这种由刑法规定的主观心理态度，更带有深刻的社会政治内容，即刑法学的内容。只有当行为人的主观心理态度表现为支配危害社会的行为并构成犯罪时，这样的主观心理态度才是刑法意义上的罪过。如果行为缺乏社会危害性，那么支配这种行为的故意或者过失，就不会成为刑法学上的罪过。

犯罪的主观方面与危害行为及其结果的发生和存在为共存条件，它总是要表现在客观方面的危害社会的行为之中，如果只是单纯的心理态度，而不通过一定的危害社会的行为表现出来，那就不能成为犯罪的主观方面。因此，犯罪的主观方面，对于行为人来说是主观的，但是对于司法工作人员来说，则是客观存在的可以认识的事实。我国司法实践证明，只要认真地、深入地进行调查研究，全面地、历史地、辩证地分析案件的具体情况，就能够透过现象认识事物的本质，查清行为人主观上是否有罪过，从而做到正确定罪和量刑。

**（二）犯罪主观方面的内容**

犯罪主观方面的内容，或者说罪过的内容，是指我国刑法规定的行为人实施犯罪时，必须认识的事实内容和必须具有的意志状态。

人的不同的行为受不同的思想指导，不同的思想内容指导着不同的行为，在犯罪中也是一样。当犯罪发生之后，要使行为人对所实施的危害行为及其危害结果负责，必须查明该行为和该结果是在他的罪过指导下造成的，否则，不能使他对此负刑事责任。

犯罪主观方面的内容，是由意识因素和意志因素这两大部分内容构成的。

1. 意识因素。这是指行为人对事物及其性质的认识和分辨情况。我国《刑法》第14条规定的"明知自己的行为会发生危害社会的结果"，第15条规定的"应当预见自己的行为可能发生危害社会的结果"，以及第219条第2款规定的"明知或者应知前款所列行为，获取、使用或者披露他人的商业秘密的，以侵犯商业秘密论"，明确要求了罪过的成立必须认识或者应当认识关于犯罪构成的客观事实及其性质。虽然，根据我国刑法规定，行为人对事物的认识可以通过有认识、无认识以及推定认识这三种形式表现出来，但是，认识的内容只能包括以下两方面的内容：

（1）行为人对自己行为及其结果的社会危害性的认识，或者说对与犯罪客体有关的事实及性质的认识。社会危害性是犯罪最本质的、具有决定意义的特征，要求行为人认识社会危害性，把作为罪过的心理态度与一般的心理态度区分开来。在我国，通常每一个公民，只要达到法定年龄和具有责任能力，通过对犯罪对象以及行为时的各种事实情况的认识，一般都能辨认自己行为的是非善恶，认识什么行为是具有社会危害性的。只有在特殊的情况下，行为人由于对事物的认识有错误，可能导致对自己行为的危害性的认识发生错误，从而影响罪过的成立。

（2）行为人对犯罪的基本事实情况的认识，或者说对犯罪客观方面有关的事实的认识。犯罪的基本事实情况，就是那些对行为的社会危害性及其程度具有决定意义的，对该行为成立犯罪所必须具备的事实情况，也就是能够说明犯罪客观方面的事实情况。因为危害社会的行为、危害社会的结果以及它们之间的因果关系是犯罪客观方面的必备要件，因此，行为人对犯罪基本事实情况的认识首先包括了危害行为、危害结果和两者之间的因果关系的认识。只有当刑法分则明确要求行为人对犯罪的时间、地点和方法等事实也要有认识时，犯罪客观方面中的选择要件，才能构成特定犯罪罪过的内容。

除了以上两大方面的内容之外，我国刑法对犯罪主观方面的意识因素，没有再作任何要求。我国刑法并没有要求行为人认识自己的行为是违反刑事法律规定的行为，即不要求认识刑事违法性。如果不认识行为的刑事违法性就不能构成罪过，不负刑事责任的话，那么就容易使有些人借口不懂法律逃避应负的刑事责任。当然，在现实生活中，确实有少数人因为各种复杂的情况，不知法律而犯罪，对于这种情况，人民法院应具体分析，如果确有情有可原的一面，人民法院可以作为从宽处理的情节考虑。

2. 意志因素。这是指行为人根据对事物的认识，决定和控制自己行为的心理因素。根据我国刑法的规定，意志对于危害行为和危害结果的支配和控制作用，表现为四种形式，即希望、放任、疏忽、轻信。

（1）希望，是指行为人积极地有目的地追求危害结果发生的意志状态。

（2）放任，是指行为人对由于自己的行为所引起的危害结果，听之任之，不加控制和干涉的意志状态。

（3）疏忽，是指行为人粗心大意、松懈麻痹，因而没有预见本来应当预见和可能预见的危害结果，以致发生危害结果的意志状态。

（4）轻信，是指行为人盲目自信，已经预见自己的行为可能发生危害社会的结果而轻信能够避免，以致发生危害结果的意志状态。

我国刑法要求，任何犯罪的主观方面，都是有着具体内容的意识因素与这四种意志形式之一结合组成的，缺乏意识因素或缺乏意志因素，罪过都不能成立。我国《刑法》第16条规定："行为在客观上虽然造成了损害结果，但是不是出于故意或者过失，而是由于不能抗拒或者不能预见的原因所引起的，不是犯罪。"这一规定包含了意外事件和不可抗力两种情况。在这里，不能预见的原因是缺乏意识因素的情况，不能抗拒的原因是缺乏意志因素的情况，两种情况都不能形成罪过，也就没有犯罪可言，属于无罪过事件。

应当注意，意识因素与意志因素，绝不可能是随意排列组合的结果。在这两种心理因素之间，存在着相互依存、相互制约的关系。例如，在意识因素中，行为人如果是应当认识危害社会的行为而没有认识的话，那么，在意志因素中绝不可能同时表现为希望这种意志状态。我国刑法对罪过中意识因素与意志因素之间结合关系的规定，是与人的心理活动规律相一致的，是与犯罪和刑罚的规律相一致的。正确认识与把握意识因素和意志因素之间的这种有机联系，对正确认定罪过形式有着十分重要的意义。

## 二、犯罪故意

犯罪故意是我国刑法确定的罪过形式之一。根据《刑法》第14条规定，犯罪故意，是指行为人明知自己的行为会发生危害社会的结果，并且希望或者放任这种结果发生的主观心理态度。从罪过内容上看，犯罪故意具有两方面特征：其一，在意识因素上，行为人明知自己的行为会发生危害社会的结果；其二，在意志因素上，行为人对危害结果的发生抱着希望或放任的态度。根据意识和意志这两个方面的不同情况，刑法理论将犯罪故意分为直接故意和间接故意。

直接故意，是指行为人明知自己的行为会发生危害社会的结果，并且希望这种结果发生的心理态度。我国刑法规定的大部分犯罪都可以由直接故意构成。

间接故意，是指行为人明知自己的行为可能发生危害社会的结果，并且放任这种结果发生的心理态度。间接故意只能发生在以下两种情况中：一种是行为人追求某一个犯罪目的而放任了另一个危害结果发生的情况。另一种是行为人追求一个非犯罪目的而放任了另一个危害结果的发生。其他情况都能够归入这两种情况之中。

直接故意和间接故意同属犯罪故意，都对行为的社会危害性和犯罪的基本事实情况有认识，危害结果的发生都没有超出行为人之预料，都不违背行为人的意愿。但是，这两种故意形式还存在着重要的区别：

1. 在意识因素方面，行为人对危害行为发生危害结果的确定性认识有所不同。直接故意既可以包括认识危害结果的必然发生，也可以包括认识危害结果的可能发生；间接故意只能包括认识危害结果的可能发生，不能包括认识危害结果的必然发生。"明知危害结果必然发生，并且放任这种结果发生"的说法，不符合人的心理规律，违反了意识与意志因素之间相互依存、相互制约的关系，在实践中只能使意志因素变成一种不可捉摸的因素，因而是不可取的。

2. 在意志因素方面，直接故意对危害结果抱着希望发生的态度，间接故意表现为放任的态度。间接故意虽然不是积极主动地追求危害结果，但也丝毫没有采取措施来防止结果的发生。希望和放任这两种意志状态一般是比较容易辨认的，因此，意志状态是区分这两种犯罪故意的主要标志。

3. 从这两种故意发生的情况看，直接故意直接存在于追求危害结果的犯罪行为之中，因此，具有直接追求性的特点。间接故意则必须以追求其他某种目的的行为为前提，因此，具有伴随性的特点。也就是说，间接故意不能单独产生和存在，只能伴随着行为人的其他行为和其他心理状态而出现。

《刑法》第14条第2款规定："故意犯罪，应当负刑事责任。"通过研究犯罪故意的概念、内容及形式，有助于我们正确地掌握和认定故意犯罪在主观方面的要求和条件，以便正确地定罪和量刑。一般来说，直接故意的社会危害性较之间接故意要大一些，因此，对直接故意犯罪的量刑会比间接故意犯罪重一些。当然，由于具体案件其他方面的情况不同，间接故意犯罪所受的刑罚，并非都要比直接故意犯罪轻。

### 三、犯罪过失

犯罪过失是我国刑法规定的另一种罪过形式。我国《刑法》第15条第2款规定："过失犯罪，法律有规定的才负刑事责任。"我国刑法分则规定的过失犯罪，都要求造成严重的危害结果。没有法定的严重危害结果的发生，就谈不上犯罪过失的存在。

根据《刑法》第15条规定，犯罪过失，是指行为人应当预见自己的行为可能发生危害社会的结果，因为疏忽大意而没有预见，或者已经预见而轻信能够避免，以致发生了危害社会的结果的主观心理态度。从罪过内容上看，犯罪过失具有两方面特征：（1）在意识因素上，行为人应当预见自己的行为可能发生危害社会的结果，但是因疏忽大意而没有预见，或者已经预见但是轻信能够避免。（2）在意志因素上，行为人对危害结果的发生是持根本否定态度的。根据罪过内容方面的特点，刑法理论将犯罪过失分为疏忽大意的过失和过于自信的过失。

疏忽大意的过失，是指行为人应当预见自己的行为可能发生危害社会的结果，因为疏忽大意而没有预见，以致发生危害结果的主观心理态度。疏忽大意的过失具有两个特点：（1）"应当预见"而"没有预见"；（2）对危害结果的发生是根本反对的。其中第一个特点"没有预见"是划分疏忽大意的过失与其他罪过形式的主要界限。

在确定行为人的认识标准时，应当首先根据行为人本身的智能水平确定，即根据行为人本身的主观条件，包括知识程度、智力状况、工作能力、业务水平等。但是，必须注意行为时的客观情况的影响，才能准确地认定行为人当时是否应当、是否可能认识到危害结果的发生。随着科学技术的日益进步，社会生活、经济生活日益复杂，人们承担的认识义务会越来越广泛，也会越来越受到客观条件的限制。因此，在司法实践中，只有注意综合分析主观条件和客观情况，具体问题具体分析，才能正确认识罪过。应注意区分疏忽大意的过失与意外事件。

过于自信的过失，是指行为人已经预见到自己的行为可能发生危害社会的结果，但是轻信能够避免，以致发生这种结果的主观心理态度。过于自信的过失具有两个特点：（1）"已经预见"而"轻信能够避免"；（2）对危害结果的发生也是根本反对的。

在理论和实践中，由于过失犯罪与故意犯罪有着根本区别，因此，区分这两种罪过形式在理论和实践中都有重要意义。

过于自信的过失与间接故意有许多相似之处：在意识方面，两者都认识到自己行为的危害结果，并且都预见到这种结果发生的可能；在意志方面，两者都不希望结果的发生。

然而，过于自信的过失与间接故意在罪过内容方面存在着原则性区别：

在意识方面，间接故意仅仅认识了与犯罪有关的事实，而对那些确实可能防止危害结果发生的事实和条件没有认识或者不予关心。过于自信的过失不仅对行为的社会危害性和犯罪的基本事实都有认识，而且对其他可能防止危害结果发生的事实和条件也有一定程度的认识。这些事实和条件，一般包括行为人自己具有的熟练技术、敏捷动作、高超技能，以及丰富的经验、一定的预防措施、其他人的帮助和某种有利的客观条件。在通常情况下，这些事实和条件是确实能够防止危害结果的发生的。然而，由于行为人对这些事实和条件在当时所能起的作用估计太高，才导致了危害结果的真正发生。正是由于这两种罪过对危害结果的确会发生的认识有不同，因此，当危害结果真正发生时，间接故意认为是预料之中的事，而过于自信的过失则认为是出乎意料。

在意志方面，间接故意对于危害结果的发生除了具有"不希望"的一面之外，同时还存在着"如果发生也不违背自己的意愿"这一面。这种"发生不发生都行"的心理，表现了对危害结果的放任态度。过于自信的过失对于危害结果的发生，除了"不希望"还是"不希望"，就是说，过于自信过失对危害结果是持根本否定态度的。

通过仔细考察行为人主观意识与意志两方面因素的具体内容，我们是可以分清这两种不同的罪过形式的。

研究犯罪过失的概念、种类以及与其他罪过形式之间的区别，对于我们准确把握罪过的内容和形式，准确定罪量刑，都有极大的帮助。

### 四、犯罪目的和犯罪动机

犯罪目的，是指行为人通过实施危害社会的行为所希望达到的结果。犯罪目的对犯罪目标的直接指向性，说明了具有犯罪目的的罪过必须具有直接追求性。很明显，间接故意只具有伴随性，犯罪过失对危害结果具有否定性，都不可能具有犯罪目的，只有直接故意，才能具有犯罪目的。

犯罪目的直接指出了行为人追求的目标，这个目标往往直接体现了犯罪行为所侵害的犯罪客体，或者集中体现了该行为的社会危害性。因此，犯罪目的经常可以直接说明犯罪在主观方面的状况。犯罪目的虽然不是犯罪主观方面的全部内容，但是经常能够单独地说明某种犯罪心理态度的性质。因此，它经常是实践中查明行为人主观方面状态首先要解决的对象。

在刑法分则中，有些条文明确要求犯罪目的作为犯罪构成的必备要件。在这些犯罪中，是否具有法律所要求的犯罪目的，是这些犯罪成立的必要条件之一。犯罪目的的内容是说明此罪与彼罪的重要标准。由于犯罪目的不同，同一种行为就构成不同的犯罪。因此，搞清犯罪目的，对于正确地认定犯罪和适用刑罚都有重要意义。

犯罪动机，是指行为人实施犯罪的内心起因。我国刑法对犯罪动机没有明文规定，因此，它不是犯罪构成的必备要件。但是，我国刑法分则不少条文规定了情节严重、情节恶劣或情节轻微，犯罪动机无疑是能说明情节的重要因素之一。

犯罪动机是连接行为人的需要和目的的重要心理因素，能够直接反映行为人主观恶性程度和行为的社会危害性程度。因此，这种情况在确定罪行的严重程度，判处适当刑罚时就应当区别对待。

犯罪动机和犯罪目的是既有密切联系，又有原则性区别的两种心理因素。在司法实践中必须注意区别，不能混淆，否则，就可能弄错犯罪的性质。掌握犯罪目的与犯罪动机的联系与区别，对于正确认定罪过，区分罪与非罪、此罪与彼罪、罪重与罪轻，都有重要意义。

### 五、刑法上的认识错误

刑法上的认识错误，是指行为人对自己行为的法律性质和事实的认识错误。这属于犯罪主观方面的特殊问题，主要是解决行为人主观上对自己行为的法律性质和事实情况发生误解时的刑事责任。

刑法上的认识错误可以分为法律上的认识错误和事实上的认识错误两大类。

#### （一）法律上的认识错误

所谓法律上的认识错误，是指行为人对自己行为的法律性质有不正确的理解。行为的违法性是构成犯罪的基本特征之一。哪些行为属于犯罪行为，哪些行为不属于犯罪行为，对什么样的犯罪应当处以什么样的刑罚，都必须以刑法为准绳来进行判断。行为不触犯刑法，不能认为是犯罪；行为如果触犯刑法，也不能因为行为人主观上的错误认识，而不适用刑法。因此，处理法律上的认识错误的总原则是：行为人的刑事责任依刑法判定，不因主观上的认识错误而发生变化。具体说，有以下三种表现情况：

1. 某种行为在刑法上并不认为是犯罪，而行为人由于误解法律而认为是犯罪。
2. 行为人认为自己的行为并不构成犯罪，但实际上是刑法所禁止的犯罪行为。
3. 行为人对自己的犯罪行为在犯罪性质和刑罚轻重上有不正确的认识。

### (二) 事实上的认识错误

所谓事实上的认识错误，是指行为人对自己行为时的事实情况有不正确的理解。行为人对犯罪客体和犯罪客观方面事实的认识，是罪过的重要内容。因此，行为人对自己行为时的事实情况，尤其是对表明犯罪客观要件方面事实情况的认识错误，可能对其刑事责任发生影响。具体说，这包括以下四方面内容：

1. 行为人对目标的错误认识，即行为人对自己行为所指向的事物的性质和种类的认识错误。这方面的问题比较复杂，表现为客体错误、对象错误等，如果行为人对自己行为的社会危害性没有认识，例如，误认人为兽加以杀伤的，根据实际情况应当构成过失犯罪或者意外事件；如果行为人对犯罪对象认识有错误，但是对犯罪客体认识没有错误，例如，误认甲为乙加以杀伤的，则对刑事责任不发生任何影响；如果行为人对犯罪客体的种类认识有错误，则依行为人主观认识的客体种类定罪。

2. 行为人对犯罪手段的错误认识，即行为人对其选择的犯罪手段的性质的认识错误。这种情况不影响罪过的成立。如果危害结果没有发生，行为人只负犯罪未遂的刑事责任。

3. 行为人对因果关系的错误认识，即行为人对其所实施的行为和所造成的结果之间的因果关系的实际发展有错误认识。此种情况对行为人仍然根据主客观相一致原则处理。

4. 行为偏差问题。这是指行为人在实施某种危害行为时，由于客观条件的限制，发生了并不是行为人所期望的结果，行为人一般仍要负未遂的刑事责任。严格地说，行为偏差不属于认识上的错误，但由于它与认识上的错误在观念上有许多相似之处，我们才把它放在一起研究。

# 第四章 正当化事由

## 第一节 正当化事由概述

### 一、正当化事由的概念

"正当化事由"的提法在我国刑法中并无明文表述，但正当防卫和紧急避险却是其重要内容。在刑法理论界，对正当化事由的称谓各异，如"正当行为""排除社会危害性的行为""阻却违法的行为""排除犯罪的事由"等，名称虽然不同，其实质却是一样的。所谓正当化事由，是指行为人的行为虽然在形式上符合了某些犯罪的客观构成要件，但实际上并没有犯罪的社会危害性，依法不成立犯罪的情形。

### 二、正当化事由的种类

我国刑法只规定了正当防卫和紧急避险两种正当化事由，但在其他国家的刑法和国内外刑法理论中，却还包括其他一些情形，例如依照法律的行为、执行命令的行为、正当业务行为、经权利人承诺的行为、自救行为等。

1. 依照法律的行为。该种情形是指在有法律明文根据的前提下，直接依照法律作出的行为不构成犯罪。这种情形又称依照法令的行为。

2. 执行命令的行为。该种情形是指基于上级命令实施的行为不构成犯罪。例如，公务员依法履行职务、执行命令的行为。

3. 正当业务行为。该种情形是指为从事合法的行为、职业、职务等实施的行为不构成犯罪。例如合法的医疗行为、竞技行为等。

4. 经权利人承诺的行为。该种情形又称经被害人承诺的行为。它是指权利人请求、许可、默认行为人损害其合法权益，行为人根据权利人的承诺损害其合法权益的情况。简单说，这种情形就是权利人承诺的损害，具体包括权利人明确承诺的损害和推定权利人承诺的损害，此时不能认为行为人的行为构成犯罪。

5. 自救行为。该种情形是指合法权益受到侵害的人，依靠自己的力量及时恢复权益，以防止其权益今后难以恢复。自救行为通常是因权利人无法及时得到公力救济，为了保护自身合法利益而实施。

## 第二节 正当防卫

### 一、正当防卫的概念和成立条件

#### （一）正当防卫的概念

根据我国《刑法》第 20 条规定，正当防卫，是指为了使国家、公共利益、本人或者他人的人身、财产和其他权利免受正在进行的不法侵害，采取的旨在制止不法侵害而对不法侵害人造成未明显超过必要限度损害的行为。

### （二）正当防卫的成立条件

正当防卫成立必须具备下列条件：

1. 起因条件。正当防卫的起因条件，是指存在着具有社会危害和侵害紧迫性的不法侵害行为。（1）必须有不法侵害存在。（2）不法侵害并非仅限于犯罪行为。不法侵害的范围，应该包括违法行为和犯罪行为。（3）不法侵害必须是现实存在的。不法侵害通常限于具有暴力性、破坏性、紧迫性的不法侵害行为。（4）不法侵害通常应是人所实施的。

基于上述理解，对下列几种行为，不能或不宜进行正当防卫：（1）对合法行为不能进行正当防卫，合法行为包括依照法令的行为、执行命令行为、正当业务行为等；（2）对正当防卫行为不能实行反防卫；（3）对紧急避险行为不能实行正当防卫；（4）对意外事件不能实行正当防卫；（5）对防卫过当、避险过当不宜进行正当防卫；（6）对过失犯罪和不作为犯罪不宜进行正当防卫。上述各种行为，有的是正当合法行为，有的是缺乏侵害紧迫性的行为，故不能成为正当防卫的起因。

事实上不存在不法侵害，行为人误认为存在不法侵害而对臆想中的侵害者进行防卫，属于假想防卫。对于假想防卫，应视行为人主观上有无过失而予以不同的处理。

2. 时间条件。正当防卫的时间条件，是指正当防卫只能在不法侵害正在进行之时实行，不能实行事前防卫和事后防卫。所谓不法侵害正在进行，是指不法侵害已经开始，尚未结束。不法侵害已经开始，是指不法侵害人已经着手直接实施不法侵害行为，已经对法律所保护的权益构成了现实的威胁。它通常表现为已经逼近侵害对象、已经着手实行侵害、已经威胁到被害人的安全。例如，杀人犯持刀向受害人砍去，强奸犯对妇女施以暴力或暴力威胁。对于犯罪预备行为一般不能实行正当防卫。如果不法侵害尚处于预备阶段或犯意表示阶段，对于合法权益的威胁并未达到现实状态时，就对其采取某种损害权益的行为的，属于事前防卫。

关于不法侵害的结束，通常应当以不法侵害对合法权益所形成的现实危害是否排除为标准，判断不法侵害是否已经终止。在实践中，下列情形一般应视为不法侵害已经终止：一是不法侵害已经完结；二是不法侵害人自动中止侵害；三是不法侵害人已被人制服；四是不法侵害人已经丧失继续侵害的能力。如果在不法侵害已经终止后，对侵害人进行防卫的，属于事后防卫。

3. 对象条件。正当防卫的对象条件，是指正当防卫只能针对不法侵害者本人实行，不能及于第三者。至于不法侵害者是否达到法定刑事责任年龄、是否具有刑事责任能力，并不影响正当防卫的成立。对于未成年人以及精神病人实施的不法侵害，只要具有紧迫性，不管事前是否知道其为未达法定刑事责任年龄或者无刑事责任能力人，都可以对其进行防卫反击，但在防卫手段上应有所节制。

4. 主观条件。正当防卫的主观条件，是指防卫人主观上必须出于正当防卫的目的，即是为了国家、公共利益、本人或者他人的人身、财产和其他权利免受不法侵害。不是出于上述目的，不能成立正当防卫。因此，下列三种行为，不是正当防卫：（1）防卫挑拨。是指行为人出于侵害的目的，以故意挑衅、引诱等方法促使对方进行不法侵害，而后借口防卫加害对方的行为。（2）相互的非法侵害行为。是指双方都出于侵害对方的非法意图而发生的相互侵害行为。（3）为保护非法利益而实行的防卫。

5. 限度条件。正当防卫的限度条件，是指正当防卫不能明显超过必要限度且造成重大损害。是否明显超过必要限度并造成重大损害，是区别防卫的合法与非法、正当与过当的一个标志。

关于正当防卫的必要限度，在我国刑法学界主要有客观需要说、基本适应说和相当说三种主张。其中，客观需要说主张，所谓必要限度，也就是防卫人制止不法侵害所必需的限度；基本适应说则认为，正当防卫的必要限度，就是防卫行为与不法侵害行为在性质、手段、强度和后果上要基本相适应。上述两种学说有其合理性，但亦均有其片面性。通常认为相当说的主张较为科学、合理。此种观点认为，必要限度原则上应以制止不法侵害所必需为标准，同时要求防卫行为与不法侵害行为在手段、强度等方面，不存在过于悬殊的差异。根据相当说的主张及我国《刑法》第 20 条第 1 款的规定，防卫行为只要为制止不法侵害行为所必需，并且根据不法侵害发生的环境、防卫人与不法侵害人的力量对比等客观因素判断，防卫行为的性质、手段、强度及造成的损害没有明显超过不法侵害的性质、手段、强度及可能造成的损害，或者虽然防卫行为的性质、手段、强度及造成的损害明显超过不法侵害，但实际造成的损害并不算重大的，均属正当防卫的范围，而不能认为防卫过当。

## 二、特别防卫

所谓特别防卫，有的称特殊防卫，是指公民在某些特定情况下所实施的正当防卫行为，没有必要限度的限制，对其防卫行为的任何后果均不负刑事责任的情形。《刑法》第 20 条第 3 款规定："对正在进行行凶、杀人、抢劫、强奸、绑架以及其他严重危及人身安全的暴力犯罪，采取防卫行为，造成不法侵害人伤亡的，不属于防卫过当，不负刑事责任。"根据该款规定，实施特别防卫，必须首先符合正当防卫成立的上述除限度条件以外的相关条件。另外，特别防卫成立的最重要的条件是，对正在进行行凶、杀人、抢劫、强奸、绑架以及其他严重危及人身安全的暴力犯罪进行防卫。具体理解为：

1. 只有对严重危及人身安全的暴力犯罪进行防卫时，才成立特别防卫；而对于一般违法行为的暴力行为、非暴力犯罪、轻微暴力犯罪、一般暴力犯罪进行防卫时，不适用特别防卫。

2. 刑法条文中的杀人、抢劫、强奸、绑架主要是对严重危及人身安全的暴力犯罪的列举性规定。这里的"杀人"仅限于故意杀人。严重危及人身安全的暴力犯罪，并不限于条文列举的上述犯罪，还包括爆炸罪，抢劫枪支、弹药罪，劫持航空器罪等。"行凶"主要是对严重危及人身安全暴力犯罪方式的举例，当然行凶本身包含了故意杀人或故意造成他人严重的重伤或死亡的情况。"行凶"不是刑法中规定的独立罪名。

3. 只有当上述犯罪严重危及人身安全即防卫人为保护人身安全进行防卫时，才成立特别防卫；保护其他法益时，则不能成立特别防卫。

特别防卫成立的另一个条件是对防卫没有必要限度的要求，即不存在防卫过当问题。而这个条件与正当防卫的要求是不同的。

## 三、防卫过当及其刑事责任

### （一）防卫过当的概念和特征

防卫过当，是指防卫行为明显超过必要限度，对不法侵害人造成重大损害。其基本特征是：（1）在客观上实施明显超过必要限度的行为，并对不法侵害人造成了重大的损害。

（2）在主观上对过当行为及其结果具有罪过。至于罪过的形式，只能是间接故意或者过失。

### （二）防卫过当的刑事责任

防卫过当行为的罪名，应当根据具体过当行为的性质，以及行为人的罪过形式，并依据《刑法》分则有关条款予以确定。

对于防卫过当行为的量刑，我国《刑法》第 20 条第 2 款规定"应当减轻或者免除处罚"。根据司法实践经验，具体适用该款规定对犯罪人减轻或者免除处罚，应当综合考虑如下因素：

1. 防卫目的。为保护国家、公共利益、他人合法权益而防卫过当的，较之为保护自己合法利益而防卫过当的，前者的处罚应更轻。

2. 过当程度，即所造成重大的损害后果与必要限度的差距。轻微过当，则罪行轻微，处罚亦应轻微；严重过当，则罪行严重，处罚相对要重。

3. 罪过形式。疏忽大意的过失、过于自信的过失、间接故意，从前到后，减轻处罚乃至免除处罚的幅度与可能性应当是依次递减的。

4. 权益性质。为保护重大权益而防卫过当，较之为保护较小权益而防卫过当，前者的处罚应当更轻。

## 第三节　紧急避险

### 一、紧急避险的概念和成立条件

#### （一）紧急避险的概念

按照《刑法》第 21 条第 1 款的规定，紧急避险，是指为了国家、公共利益、本人或者他人的人身、财产和其他权利免受正在发生的危险，不得已而采用的损害另一较小合法权益的行为。

#### （二）紧急避险的成立条件

紧急避险成立必须具备以下条件：

1. 起因条件。紧急避险的起因条件，是指必须有需要避免的危险存在。所谓危险，是指某种有可能立即对合法权益造成危害的紧迫事实状态。危险的主要来源有四种：一是人的危害行为，包括违法行为和犯罪行为；二是自然灾害，如地震、洪水等；三是动物的侵袭，如牛马惊奔、毒蛇袭击等；四是人的生理、病理疾患，如为救治病人而撞坏财物等。

如果危险事实并不存在，而行为人误认为存在，进而实行所谓紧急避险的，刑法理论上称为假想避险。对于假想避险，应根据行为人主观上有无过失而分别情况予以处理。

2. 时间条件。紧急避险的时间条件，是指危险必须正在发生。所谓危险正在发生，是指已经发生的危险将立即造成损害或正在造成损害而尚未结束。紧急避险只能在危险已经出现而又尚未结束这一时间条件下进行，否则就不是紧急避险。危险的来源不同，发生和结束时间也不一样：对于人的侵害行为，正在发生的危险是指违法犯罪行为已经着手实行尚未终止；对于自然灾害，正在发生危险是指自然灾害已经酿成，不可避免，并且尚未被人力所控制或自然消失；对于动物的侵袭，正在发生的危险是指动物未被打死、制服或逃遁；对于人的生理、病理疾患，是指疾患已经发生，对身体和生命造成的危险尚未消除。

危险尚未发生或者已经结束，行为人实行避险的，属于避险不适时。不适时的避险行为，若造成重大损害的，应负刑事责任。

3. 对象条件。紧急避险的本质特征，就是为了保全一个较大的合法权益，而将其面临的危险转嫁给另一个较小的合法权益。因此，紧急避险的对象，只能是第三者的合法权益，即通过损害无辜者的合法权益保全公共利益、本人或者他人的合法权益。如果通过对不法侵害者的反击保护合法权益，则是正当防卫，而非紧急避险。

4. 主观条件。紧急避险的主观条件即行为人必须有正当的避险意图。所谓正当的避险意图，是指避险人对正在发生的危险有明确的认识，并希望以避险手段保护较大合法权益的心理状态。避险意图中包括避险认识和避险目的两部分内容。避险认识，主要是对正在发生的危险的认识。避险目的，是行为人实施避险行为所希望达到的结果，也即是为了保护合法权益免遭正在发生的危险的损害。如果为了保护非法权益，则不允许实行紧急避险。

5. 限制条件。紧急避险只能是出于迫不得已。所谓迫不得已，是指当危险发生之时，除了损害第三者的合法权益之外，不可能用其他方法来保全另一合法权益。如果当时尚有其他方法可以避险，行为人却不采取，而给无辜的第三者造成了不必要的损害，则行为人不能成立紧急避险，构成犯罪的应当追究刑事责任。

6. 限度条件。紧急避险的限度条件，是指紧急避险不能超过必要限度造成不应有的损害。所谓必要限度，是指紧急避险行为所引起的损害必须小于所避免的损害。在司法实践中，对"必要限度"的认定，应掌握如下标准：

(1) 一般情况下，人身权利大于财产权益。

(2) 在人身权利中，生命是最高权利。

(3) 在财产权利中，应以财产价值进行比较，从而确定财产权利的大小。

(4) 当公共利益与个人利益不能两全时，应根据权益的性质及内容确定权利的大小，并非公共利益永远高于个人利益。

7. 特别例外限制。根据我国《刑法》第 21 条第 3 款规定，紧急避险的特别例外限制，是指为了避免本人遭受危险的法律规定，不适用于职务上、业务上有特定责任的人。因为这类人本身负有同特定危险作斗争的义务。对这些人来说，一旦发生危险，必须积极履行其特定义务，而不允许他们以紧急避险为由临阵脱逃。否则，应追究法律责任。

## 二、紧急避险与正当防卫的异同

### (一) 紧急避险与正当防卫的相同点

1. 目的相同。两者都是为了保护国家、公共利益、本人或他人的合法权益。

2. 前提相同。两者都必须是合法权益正在受到侵害时才能实施。

3. 责任相同。两者超过法定的限度造成相应损害后果的，都应当负刑事责任，但应减轻或者免除处罚。

### (二) 紧急避险与正当防卫的区别

1. 危害的来源不同。正当防卫的危害来源只能是人的违法犯罪行为；紧急避险的危害来源既可能是人的不法侵害，也可能是来自于自然灾害，还可能是动物的侵袭或者人的生理、病理疾患等。

2. 行为的对象不同。正当防卫行为的对象只能是不法侵害者本人，不能针对第三者，是正义与邪恶的较量；而紧急避险行为的对象则必须是第三者，是合法行为对他人合法权益的损害。

3. 行为的限制不同。正当防卫行为的实施是出于必要，即使能够用其他方法避免不法侵害，也允许进行正当防卫；而紧急避险行为的实施则出于迫不得已，除了避险以外别无其他选择。

4. 行为的限度不同。正当防卫所造成的损害，既可以小于、也可以大于不法侵害行为可能造成的损害；而紧急避险对第三者合法权益所造成的损害，则只能小于危险可能造成的损害。

5. 主体的限定不同。正当防卫是每个公民的法定权利，是人民警察执行职务时的法定义务；紧急避险则不适用于职务上、业务上负有特定责任的人。

### 三、避险过当及其刑事责任

**(一) 避险过当的概念和特征**

避险过当，是指避险行为超过必要限度造成不应有损害的行为。根据刑法规定，避险过当应当负刑事责任。

避险过当，具有如下两个基本特征：(1) 行为人在客观上实施了超过必要限度的避险行为，并造成合法权益不应有的损害。(2) 行为人在主观上对避险过当行为具有罪过。避险过当的罪过只能是间接故意或者过失。

**(二) 避险过当的刑事责任**

避险过当以紧急避险为前提，其目的仍然是保护合法权益免遭侵害，故其社会危害性和行为人的主观恶性都较小。依照我国《刑法》第 21 条第 2 款的规定，对避险过当的，应当减轻或者免除处罚。

# 第五章　故意犯罪的停止形态

## 第一节　故意犯罪的停止形态概述

故意犯罪的停止形态，是指故意犯罪在犯罪过程的不同阶段由于各种原因而停止下来所呈现的不同状态。一般说来，一个完整的犯罪过程，要经由一个从犯意形成、犯罪预备、着手实行到完成犯罪的发展过程。例如，故意杀人罪，一般会先有杀人的念头，再准备杀人凶器，然后实施杀人行为，直至把被害人杀死。但是，并非每一个犯罪都能完成以上犯罪过程。司法实践中经常会出现这样的情况：有的犯罪分子为了犯罪而准备了工具或制造了条件，却由于意志以外的原因而未能着手实行犯罪；有的犯罪分子着手实行犯罪以后，却由于本人意志以外的原因而未能使犯罪得逞；有的犯罪分子在犯罪过程中，出于各种原因而自动停止犯罪或者主动采取措施有效避免犯罪结果发生。这些不同的情况就使犯罪在不同的阶段停顿下来而呈现出不同的形态，这就是犯罪的既遂、预备、未遂和中止形态。

就犯罪的停止形态的特征来看，犯罪的停止形态可以分为犯罪的完成形态和犯罪的未完成形态。犯罪既遂是犯罪的完成形态，它表明某一犯罪行为已经完全符合特定犯罪构成的全部要件。犯罪的预备、未遂和中止是犯罪的未完成形态，它表明某一犯罪行为尚未完全具备特定犯罪构成的全部要件，但又构成了犯罪。相比之下，犯意的形成虽然是推动行为人实施犯罪的内心起因，但犯意仅仅属于思想范畴，仅有犯意而未将犯意付诸实施尚不可能对社会造成任何危害，因而犯意的形成不属于犯罪的过程。

犯罪的既遂、预备、未遂和中止并不存在于所有犯罪过程中。一般认为，过失犯罪行为人主观上不追求危害结果的发生，客观上只有出现了法定的危害结果时才能构成犯罪，因而过失犯罪没有犯罪既遂、犯罪预备、犯罪未遂和犯罪中止的停止形态。对于过失犯罪来说，只有成立与否的问题，而没有既遂与未遂的区分问题。犯罪的既遂、预备、未遂和中止甚至也不存在于间接故意犯罪之中，而只能存在于直接故意犯罪过程中。间接故意犯罪过程中，行为人既然只是对危害结果的可能发生持放任的态度，就不可能积极地为犯罪准备工具、制造条件。间接故意情形下只有发生了危害结果，才能构成犯罪。如果危害结果没有发生，就不构成犯罪。因此，间接故意犯罪也就无所谓犯罪预备、未遂和中止。

故意犯罪的停止形态表明故意犯罪行为各种特定犯罪构成的程度，反映犯罪行为的社会危害程度和行为人主观恶性的大小，从而决定行为人刑事责任的程度。因此，准确地认定故意犯罪的停止形态，有助于我们适当地确定行为人的刑事责任，从而在准确定罪的基础上适当地适用刑罚，有效地同各种不同形态的犯罪行为作斗争。

## 第二节　犯罪既遂

### 一、犯罪既遂的概念和标准

犯罪既遂是犯罪的完成形态。关于何谓犯罪既遂，在学理和判解上一般有三种观点：一是结果说，主张犯罪既遂就是故意实施犯罪行为并且造成了法定的犯罪结果时所呈现的停止形态。根据这种观点，判断既遂未遂的标准就是犯罪行为是否造成了法定的犯罪结果。造成了法定的犯罪结果就是犯罪既遂，否则为未遂。二是目的说，主张犯罪既遂就是故意实施犯罪行为并且达到了行为人预期的犯罪目的时所呈现的停止形态。根据这种观点，判断既遂未遂的标准就是行为人是否达到了预期的犯罪目的。达到了预期的犯罪目的，就是犯罪既遂，否则就是犯罪未遂。三是构成要件说，主张犯罪既遂就是故意实施的犯罪行为具备了特定犯罪构成的全部要件所呈现的停止形态。根据这种观点，判断既遂未遂的标准就是犯罪实行行为是否符合特定犯罪构成的全部要件。凡符合特定犯罪构成全部要件的，即为既遂，否则为犯罪未遂。构成要件说是目前我国刑法学的通说。

根据构成要件说，是否成立犯罪既遂，取决于犯罪实行行为是否具备刑法分则规定的特定犯罪的全部犯罪构成要件，而不完全取决于是否发生了实际的犯罪结果或者是否达到了行为人预期的犯罪目的。只要犯罪实行行为完全具备犯罪构成要件，即便没有发生具体的犯罪结果或者没有实现行为人预期的犯罪目的，也构成犯罪既遂。例如，破坏交通工具罪以行为人破坏火车、汽车、电车、船只、航空器，足以使这些交通工具发生倾覆、毁坏的危险，作为犯罪构成的基本要件。只要行为人实施了足以使这些交通工具发生倾覆、毁坏的现实危险的破坏行为，即便没有实际发生交通工具倾覆、毁坏的实际结果，仍然应当以破坏交通工具罪的既遂论处。但是，如果刑法分则规定的特定犯罪的犯罪构成要件包括了特定的犯罪结果或犯罪目的，在此情况下，判断既遂未遂的时候，就应当考虑犯罪实行行为是否发生了法定的犯罪结果或实现了特定的犯罪目的。没有发生法定的危害结果或者行为人没有达到预期的犯罪目的，就不成立犯罪既遂。例如，故意杀人罪以被害人死亡为法定的犯罪结果，判断故意杀人行为是否既遂，除了考察故意杀人行为是否已经完成以外，还应当考虑被害人死亡这一法定危害结果是否发生。行为人虽然实施完毕杀人行为，但还没有导致被害人死亡的结果发生的，则为未遂。

### 二、犯罪既遂的形态

根据我国刑法分则对各种直接故意犯罪构成要件的规定，犯罪既遂形态主要有以下三种：

1. 结果犯（实害犯）

结果犯是指不仅要求行为人实施刑法分则规定的具体犯罪构成客观要件的行为，而且要求犯罪行为造成法定的损害结果。结果犯的特征是：（1）犯罪的完成形态是以法律规定的损害结果发生为标志，则此时成立犯罪既遂。（2）法律规定的损害结果，既包含杀死了人、偷窃到财物等有形的物质性损害结果，如故意杀人罪、盗窃罪等；也包含损害他人名誉权等无形的精神损害结果，如侮辱罪、诽谤罪等。（3）法律规定的损害结果未发生时可能存在故意犯罪的预备、未遂或中止的各种形态。

2. 危险犯

危险犯是指行为人实施刑法分则规定的具体犯罪构成客观要件的行为并造成法定损害的现实危险。危险犯的特征是：（1）犯罪的完成形态是以法律规定的危险结果的现实存在为标志，即无须发生实际损害结果，则此时成立犯罪既遂。（2）法定损害的现实危险也就是法律规定的危险结果的现实存在，例如放火罪，破坏交通工具罪等均是危险犯。（3）实施危害行为但法律规定的现实危险尚未发生的，则可能存在故意犯罪的未遂或中止形态。

3. 行为犯

行为犯是指行为人实施完毕刑法分则规定的具体犯罪构成客观要件的行为即视为犯罪既遂。行为犯的特征是：（1）只须存在法律规定的具体犯罪的实行行为的完成，无须要求发生实际损害结果或存在现实的危险结果，就成立犯罪既遂。如诬告陷害罪，组织、领导、参加黑社会性质组织罪等即属行为犯。（2）法律规定的犯罪实行行为未完成时则可能存在故意犯罪的未遂或中止形态。

### 三、对既遂犯的处罚

犯罪既遂是故意犯罪的完成形态。我国刑法分则具体条文所规定的特定故意犯罪的犯罪构成要件实际上就是特定故意犯罪的既遂形态。因此，对故意犯罪的既遂犯，应当直接按照该刑法分则具体条文所规定的法定刑处罚。

## 第三节　犯罪预备

### 一、犯罪预备的概念和特征

《刑法》第 22 条第 1 款规定："为了犯罪，准备工具、制造条件的，是犯罪预备。"这是我国刑法中犯罪预备的概念，也是我国刑法对犯罪预备行为的主客观特征的描述。但犯罪预备作为故意犯罪的一种停止形态，则不是指为了犯罪准备工具、制造条件的行为，而是指行为人已经实施犯罪的预备行为，由于行为人意志以外的原因而未能着手实行犯罪的犯罪停止形态。

犯罪预备具有下列三个特征：

1. 行为人已经实施犯罪预备行为。即必须实施了我国刑法所规定的为了犯罪准备工具、制造条件的行为。包括准备犯罪工具、调查犯罪场所和被害人行踪、出发前往犯罪现场或者诱骗被害人赶赴犯罪现场、追踪被害人或者守候被害人到来、排除实施犯罪的障碍、拟订实施犯罪的计划以及其他犯罪预备行为等。犯罪预备行为是着手实施犯罪前的行为，如果行为人已经着手实施犯罪构成要件的行为，则不属于犯罪预备行为。但是，犯罪预备行为又不同于犯意表示。所谓犯意表示，是指具有犯罪意图的人通过一定的形式单纯地将自己的犯罪意图表示出来的外部活动。只有犯意表示，没有为实施犯罪准备工具、制造条件的，不能成立犯罪预备行为。

2. 犯罪预备行为必须在着手实行犯罪前停顿下来。所谓着手实行犯罪，是指开始实施特定犯罪构成要件客观方面的行为。犯罪预备作为一种停止形态只能出现在犯罪预备过程中，犯罪行为必须在犯罪预备过程中、着手实行犯罪以前停顿下来，才能构成犯罪预备。如果已经进入着手实行犯罪阶段而由于行为人意志以外的原因停止下来的，则成立犯罪未遂。

3. 犯罪预备行为停顿在犯罪预备阶段必须是由于行为人意志以外的原因。所谓行为人意志以外的原因，是指不受行为人意志控制的足以制止行为人犯罪意图、迫使其不得不停止犯罪预备行为、不再继续实行犯罪的各种主客观因素。由于行为人意志以外的原因而被迫停止，是犯罪预备形态区别于犯罪预备阶段的犯罪中止的基本特征。

### 二、预备行为与实行行为的区别

上述分析犯罪预备行为的第二个特征时，涉及着手实行犯罪的问题。故如何区分预备行为与实行行为，是研究犯罪预备和犯罪未遂的区别不可或缺的内容。

实行行为，是指实施刑法分则规定的直接威胁或侵害某种具体犯罪的直接客体并为完成该种犯罪所必需的行为，属于刑法分则构成要件的行为。预备行为在故意犯罪过程中，作为为实行行为创造便利条件而存在的行为，其为刑法总则所规定应受刑罚处罚的危害行为，但不属于刑法分则构成要件的行为。

预备行为与实行行为分属于故意犯罪的两个不同阶段，虽有紧密联系，但区别是十分明显的，二者在刑法上的意义也是不同的。

### 三、对预备犯的处罚

犯罪预备行为是为犯罪准备工具、制造条件的行为，犯罪预备形态则是犯罪行为由于行为人意志以外的原因而停留在预备阶段的停止形态。犯罪预备形态中的犯罪预备行为还未着手实施犯罪构成要件的行为，尚未直接侵害刑法所保护的社会关系。现代刑法以行为符合犯罪构成为追究行为人刑事责任的根据。因此，有些学者认为犯罪预备行为不存在犯罪构成，不具有可罚性。有的国家的立法例和判例也没有规定对犯罪预备行为追究刑事责任。我国刑法理论一般认为，行为符合犯罪构成是追究行为人刑事责任的根据，犯罪预备行为也有其犯罪构成，它是一种具备修正的构成要件的犯罪未完成形态。这是追究犯罪预备行为的刑事责任的法理根据。犯罪预备行为虽然尚未直接侵害犯罪客体，但已经使犯罪客体面临即将实现的现实危险，因而同样具有社会危害性。因此，犯罪预备行为同样具有可罚性。我国《刑法》第22条第2款认可了这一学说，规定对于预备犯应当追究刑事责任。同时考虑到犯罪预备行为毕竟尚未着手实行犯罪，还没有实际造成社会危害，刑法又规定，对于预备犯，可以比照既遂犯从轻、减轻处罚或者免除处罚。

## 第四节　犯罪未遂

### 一、犯罪未遂的概念和特征

《刑法》第23条第1款规定："已经着手实行犯罪，由于犯罪分子意志以外的原因而未得逞的，是犯罪未遂。"根据这一规定，犯罪未遂，是指已经着手实行犯罪，由于行为人意志以外的原因而没有得逞所呈现的犯罪停止形态。

犯罪未遂具有下列三个特征：

1. 已经着手实行犯罪。犯罪未遂与犯罪预备的区别标志在于是否着手实行犯罪。所谓已经着手实行犯罪，是指行为人已经开始实施刑法分则规定的某种具体犯罪构成要件客观方面的行为。如何认定"着手"，目前有主观说、客观说和折中说之分。主观说认为，应当以行为人是否存在明确的犯罪意图为标准认定犯罪实行行为的"着手"。客观说认为，应当从行为人所实施的客观行为出发认定犯罪的"着手"。折中说则主张从行为人的犯罪意图和客观行为两方面来判断犯罪的"着手"，认为只有当行为人实施了具有社会危害性的行为，并明确表露出犯罪意图时，才能认定为犯罪的"着手"。

我们认为，由于犯罪行为的复杂性，迄今为止，对于如何认定犯罪的着手尚未形成一种通说，而且似乎也不可能形成一种通说。唯一正确的做法只能是根据案件的具体情况，根据不同行为在不同犯罪中的意义，严格按照刑法分则条文规定的具体犯罪构成要件客观行为及其着手的特点，予以分析判断。着手是实行行为的开始，因此认定着手首先必须以实行行为的形式和内容为基础。概括说来，我国刑法分则所规定的具体犯罪的构成要件中包括四种实行行为：（1）单一实行行为，犯罪构成客观行为只包括一个单一实行行为。只要行为人开始实施单一实行行为，不论方法如何，行为要件即告具备。（2）选择实行行为，犯罪构成客观行为包括两个或两个以上的可供选择的实行行为，行为人只要实施其中的任一实行行为，即认为是犯罪的着手。如走私、运输、贩卖、制造毒品罪，行为人选择实施其中任一毒品犯罪行为，都认为已经着手实行犯罪。（3）并列实行行为，犯罪构成客观行为包括两个前后相继并列的实行行为，行为人开始实施前一实行行为，即应认定犯罪的着手，如招摇撞骗罪，只要行为人已经开始冒充国家机关工作人员的身份即认为招摇撞骗罪已经着手实行。（4）双重实行行为，犯罪构成客观行为包括手段行为和目的行为，只要行为人开始实行手段行为，即认为行为人已经着手实施犯罪，如抢劫罪，只要行为人开始对被害人的人身实行强制或打击，即认为抢劫罪已经着手。

在以实行行为为基础认定犯罪的着手的同时，还必须结合个案的具体特点予以具体分析。例如，同样是故意杀人行为，有的可能采取投毒杀人的方法，有的可能采取持刀砍杀的方法，有的可能采取枪击的方法。在投毒杀人的情况下，行为人准备毒药的行为是犯罪预备行为，只有当行为人开始将毒药投入到被害人可能服用的饮食或饮料中时，才能认为杀人行为已经着手进行。在持刀砍杀的情况下，行为人必须近距离接近被害人才可能实施砍杀行为，因此，行为人持刀接近犯罪现场的行为仍然只能认为是犯罪预备行为，只有当行为人已经贴近被害人并开始举刀砍杀被害人时，才能认为是已经着手实施杀人行为。而在枪击杀人的情况下，由枪击杀人行为可以远距离实施这一特点决定，行为人并不需要贴近被害人近距离实施杀人行为，只要行为人持枪进入有效射程范围内，开始实施诸如掏出枪支、推弹上膛、瞄准目标或者扣动扳机等行为的，即认为杀人行为已经着手进行。

2. 犯罪没有得逞。这是犯罪未遂的又一基本特征，也是区分犯罪未遂和犯罪既遂的重要标志。所谓犯罪没有得逞，是指犯罪行为没有完全符合刑法分则规定的特定犯罪构成全部要件。在结果犯、危险犯和行为犯这三类存在犯罪既遂和犯罪未遂界限的犯罪中，犯罪没有得逞的具体判断标准有不同的要求：在结果犯中，法定危害结果的出现是犯罪既遂的基本标志，如果没有出现这种法定的危害结果（如故意杀人罪中的被害人死亡结果），则认为犯罪没有得逞。在危险犯中，法定的危险状态的形成是犯罪既遂的基本标志，如果犯罪行为还没有使这样的危险状态出现（如破坏交通工具罪中的交通工具发生倾覆、毁坏的危险），则认为犯罪没有得逞。在行为犯中，法定的犯罪行为的完成是犯罪既遂的基本标志，如果行为人尚未完成法定的犯罪行为（如脱逃罪中越狱逃跑并未摆脱监管机关和监管人员的实际监控的行为），则认为犯罪没有得逞。因此，不能将犯罪没有得逞简单地等同于行为人没有达到犯罪目的或者没有发生实际危害结果。在有的案件中，行为人可能尚未达到其犯罪目的或者尚未实际发生危害结果，但犯罪行为已经完全符合犯罪构成要件，仍然应当认定为犯罪已经得逞，而不能认定为犯罪没有得逞。

3. 犯罪没有得逞是由于犯罪分子意志以外的原因。这是犯罪未遂的又一重要特征，是犯罪未遂区别于犯罪中止的基本标志。所谓意志以外的原因，从性质上讲，是指违背犯罪分子主观愿望和意图的主客观原因。出于犯罪分子本人的意愿而主动停止犯罪的，不能认为是犯罪未遂。如强奸犯罪中，犯罪分子在拦路强奸的过程中因良心发现或者害怕受惩罚而在能够顺利实施强奸行为的情况下放弃强奸的，则不能认为是强奸未遂，而应当认为是强奸中止。从定量的角度分析，则必须是足以阻止其继续实施并完成犯罪的意志以外的原因。如果虽然存在妨碍犯罪分子继续实施犯罪的主客观障碍，但这些障碍尚不足以阻止犯罪分子继续其犯罪行为，而犯罪分子出于本人的主观意愿主动停止犯罪的，则不能认为是犯罪未遂。如强奸犯罪分子在强奸的过程中遇到被害人轻微反抗，因害怕被害人告发而主动放弃强奸的，应认为是强奸中止。只有当犯罪分子遇到了被害人强烈反抗，致使犯罪分子客观上无法顺利实施强奸行为并因而被迫放弃强奸的，才能认为是强奸未遂。在认定意志以外的原因的时候，必须从定性和定量两个方面来认定导致犯罪没有得逞的原因是否犯罪分子意志以外的原因。

根据司法实践，犯罪分子意志以外的原因包括以下三个方面的原因：（1）行为人以外的客观原因，如遭遇被害人的强烈反抗，遭遇第三人的制止，被害人的有效逃避，自然力的破坏，犯罪的时间、地点不适于犯罪，遇到难以克服的物质障碍等。（2）行为人自身的客观原因，如行为人的智能低下、犯罪技术拙劣，犯罪时突发疾病使犯罪难以继续。（3）行为人主观认识错误，如对犯罪对象的认识错误、对犯罪工具的认识错误、对犯罪因果关系的认识错误、对犯罪时周围环境的认识错误等。

**二、犯罪未遂的分类**

我国刑法理论一般把犯罪未遂分为实行终了的未遂和未实行终了的未遂以及能犯未遂和不能犯未遂。

1. 根据犯罪行为是否实行终了，可以把犯罪未遂分为实行终了的未遂和未实行终了的未遂。所谓实行终了的未遂，是指行为人已经着手实行刑法分则规定的特定犯罪构成客观要件的行为，并且自认为已经将实现犯罪意图所必需的全部行为实施完毕，但由于其意志以外的原因而未达到既遂状态的犯罪未遂形态。例如，行为人持枪向被害人射击，被害人应声倒地，行为人误以为被害人已经中弹死亡，持枪逃离犯罪现场，实际被害人可能只是受了轻伤。

所谓未实行终了的未遂，是指行为人已经着手实施刑法分则规定的特定犯罪构成客观要件的行为，但由于意志以外的原因，使其未将他认为实现犯罪意图所必需的全部行为实行完毕，因而未能达到既遂状态的犯罪未遂形态。例如，行为人持刀砍杀被害人，在砍杀的过程中，遇到被害人激烈反抗，甚至被被害人制服，因而未能完成杀人行为。

区分实行终了的未遂和未实行终了的未遂的关键在于，如何认定行为是否实行终了。目前有主观说、客观说和折中说之分。主观说又分绝对主观说和修正主观说。绝对主观说以行为人主观认识为标准，行为人认为已经实行终了实现犯罪结果所必需的全部行为的，即为实行终了。修正主观说主张，在法定犯罪构成要件所限定的客观行为范围内，行为是否实行终了，应以犯罪分子是否自认为已经将实现犯罪意图所必需的全部行为实行完毕为标准予以认定。客观说则坚持所谓的常人标准，以社会一般人对犯罪行为发展程度的认识为标准判断行为是否实行终了。社会一般人认为行为人已经将实现犯罪意图所必需的行为实行完毕，即为实行终了；否则，则为未实行终了。折中说主张主客观相统一，在认定行为是否实行终了时，既要看行为人客观上是否实施了足以造成危害结果的犯罪行为，又要看行为人是否将其自认为实现犯罪意图所必需的全部行为都实施完毕。上述诸说中，修正的主观说是认定行为是否实行终了的通说。

一般说来，实行终了的未遂较之于未实行终了的未遂，更接近于完成犯罪，因而具有较大的社会危害性。根据罪责刑相适应原则，在案件其他情况相同的前提下，对实行终了的未遂的处罚重于未实行终了的未遂。

2. 根据犯罪行为实际能否达到既遂为标准，可以把犯罪未遂分为能犯未遂和不能犯未遂。所谓能犯未遂，是指行为人已经着手实行刑法分则规定的特定犯罪构成客观要件的行为，并且这一行为实际有可能完成犯罪，但由于行为人意志以外的原因而使犯罪未能达到既遂状态的犯罪未遂形态。例如，甲男因有外遇，蓄意除掉发妻另结新欢，遂将足量灭鼠药掺入其妻的饭中，其妻在吃饭时感觉饭中有异味，便将饭全部倒掉。甲男的行为客观上可能导致其妻中毒死亡，只是由于其妻警觉而未能得逞。甲男的行为属于能犯未遂。

所谓不能犯未遂，是指行为人已经着手实行刑法分则规定的特定犯罪构成客观要件的行为，但由于对行为事实的认识错误而在客观上使其不可能完成犯罪，因而不能达到既遂状态的犯罪未遂形态。不能犯未遂又分工具不能犯未遂（又称手段不能犯未遂）和对象不能犯未遂。所谓工具不能犯未遂，是指行为人由于认识错误而使用了按其客观性质不能实现犯罪意图、不能达到既遂状态的犯罪工具的犯罪未遂形态。例如，乙女意图投毒杀害丈夫，在下毒时将已经完全失效的灭鼠药放到丈夫的饭中，因而未能达到毒杀丈夫的犯罪意图。乙女的行为属于工具不能犯未遂。对象不能犯未遂，是指行为人由于认识错误而针对本不存在的犯罪对象实施了犯罪行为，因而未能达到既遂状态的犯罪未遂形态。例如，丙男在深夜拦路强奸时，将一长相、穿着酷似女子的男子误认为女子而实施强奸，或者误将尸体当活人加以枪击的，都属于对象不能犯未遂。

不能犯未遂虽然由于行为人的认识错误在客观上不可能实际造成预期的犯罪结果，但行为人主观上有明确的犯罪意图，客观上实施了犯罪行为，因而同样具有社会危害性。对于不能犯未遂同样应当追究刑事责任。但是，和能犯未遂相比较，不能犯未遂毕竟没有发生危害结果的实际危险，其社会危害性显然小于能犯未遂。因此，在案件其他情况相同的前提下，对不能犯未遂的处罚一般应当轻于能犯未遂。但是，近年来有观点认为对不能犯未遂的情况应否均作为犯罪未遂来处理，还需要进一步研究。

在研究不能犯未遂尤其是工具不能犯未遂即手段不能犯未遂时，有时会遇到所谓迷信犯、愚昧犯的问题。一般认为，迷信犯系因人的愚昧无知所致，即由于行为人极为愚昧无知，因而采取在任何情况下都不可能对被害人造成实际损害的迷信手段，意图实现自己所追求的某种危害结果。迷信手段或称愚昧做法，如行为人捏面人、泥人、刻木人代替被害者，用针刺、火烧、诅咒雷击等方式意图致其死伤，而事实上被害者的身体并未受到任何损害，即不会发生被杀害或伤害的结果。

迷信犯或愚昧犯与不能犯未遂在主客观方面有相似之处，如在主观上都具有犯罪的意图，并且已经通过语言和行动将犯意表露于外部；在客观上二者所实施的行为都不能完成犯罪。但是迷信犯、愚昧犯与不能犯未遂是有着本质区别的，即二者不能完成犯罪的原因不一样：在手段不能犯未遂的场合，行为人所实施的行为与其所认识（或本来打算实施）的行为完全不同，如错将白糖当成杀害人的砒霜了，致使故意杀人罪未完成；而迷信犯所实施的行为与其所认识（或本来打算实施）的行为完全相同，只是由于行为人的愚昧无知，即采用了违反科学、违反常识、超乎自然的而实际上在任何情况下都不可能导致危害结果发生的方法。也就是说，不能犯的未遂，行为人对自己行为的性质和功能的认识，是合乎人类认识的客观规律的，如果不是由于其认识上的错误，客观事物就会按照其预想的进程发展，使其犯罪目的最终得以实现；迷信犯则完全是由于行为人对自己行为的性质和作用的认识愚昧无知，其迷信行为的实施是以行为人对事物的违反科学的错误认识为基础的，它在任何情况下，都不可能对外界造成损害，即不可能导致危害结果的发生。对迷信犯、愚昧犯，由于其行为不具有刑事违法性，故无刑事责任可言。

### 三、对未遂犯的处罚

对于如何处罚犯罪未遂，各国有不减主义、必减主义和得减主义之分。不减主义，即不比照既遂犯从轻处罚、减轻，因为未遂犯的主观恶性和既遂犯并无区别。必减主义，即必须比照既遂犯从轻、减轻处罚，因为犯罪未遂形态毕竟没有完成犯罪，并且往往没有实际造成危害结果。得减主义，即根据案件的具体情况由法官斟酌裁定是否从轻、减轻处罚。

我国采取得减主义，《刑法》第 23 条第 2 款规定："对于未遂犯，可以比照既遂犯从轻或者减轻处罚。"

## 第五节　犯　罪　中　止

### 一、犯罪中止的概念和特征

我国《刑法》第 24 条第 1 款规定："在犯罪过程中，自动放弃犯罪或者自动有效地防止犯罪结果发生的，是犯罪中止。"根据这一规定，犯罪中止，是指在犯罪过程中，行为人自动放弃犯罪或者自动有效地防止犯罪结果发生，因而未完成犯罪的一种犯罪停止形态。

犯罪中止包括自动放弃犯罪的犯罪中止（又称"普通的犯罪中止"）和自动有效地防止犯罪结果发生的犯罪中止（又称"特殊的犯罪中止"）。

自动放弃犯罪的犯罪中止，是指行为人在犯罪预备或者犯罪实行过程中，自动放弃继续实施犯罪，因而使犯罪未完成的犯罪停止形态。自动放弃犯罪的犯罪中止具有下列特征：

1. 必须是在犯罪预备或者犯罪实行过程中放弃犯罪，这是成立犯罪中止的前提条件。这一特征表明，在从开始实施犯罪预备行为到犯罪实行行为结束前的全部过程中，行为人都可以中止犯罪。但是，如果犯罪行为已经完成并达到既遂状态，则不能成立犯罪中止。因此，一般认为，犯罪既遂以后自动返还原物或者自动赔偿损失的行为，如盗窃犯在盗窃他人财物后又将窃取的财物归还原主，或者贪污犯贪污公款后又秘密退还公款的，都不能成立犯罪中止，而只能以犯罪既遂论处。其自动返还赃物的行为只能在量刑时作为酌定情节予以考虑。

2. 必须是自动放弃犯罪。这是犯罪中止的实质性条件，也是犯罪中止区别于犯罪预备和犯罪未遂的基本特征。所谓自动放弃犯罪，是指行为人出于自己的意志而放弃了自认为可以继续实施和完成的犯罪。认定自动放弃犯罪，首先，必须要求行为人自认为能够继续实施犯罪与完成犯罪。只要行为人主观上认为当时有能力和条件继续实施并完成犯罪，并在此主观认识前提下自动放弃犯罪，不论客观上犯罪是否能够继续实施，均不影响对行为人自动放弃犯罪的认定。如果行为人主观上自认为继续实施并完成犯罪已不可能，在此认识支配下决定放弃犯罪的，则不能认为是犯罪中止。其次，认定行为人自动放弃犯罪，还必须要求确实是出于行为人本人的意志而自动放弃犯罪，而不是出于行为人意志以外的主客观原因而被迫停止犯罪。至于行为人出于自己的意志而放弃犯罪的动机是什么，则不影响犯罪中止的认定。例如，故意杀人案件的犯罪中止，可以是行为人出于良心发现或恻隐之心而停止犯罪，也可以是因被害人的苦苦哀求而放弃杀人，甚至也可以是因害怕法律的严惩而中止犯罪。

3. 必须是彻底放弃犯罪。所谓彻底放弃犯罪，是指行为人彻底打消了继续并完成犯罪的念头，彻底放弃实施自认为可以继续实施并完成的犯罪行为。彻底放弃犯罪的特征要求，犯罪中止应当是彻底的、无条件的，而不是因条件、时机不成熟或者环境不利而暂时中断犯罪。但是，犯罪中止又不是苛求行为人保证从此以后再不犯任何罪行，而只是要求行为人彻底放弃实施正在预备或实施的特定犯罪行为。

自动有效地防止犯罪结果发生的犯罪中止，是指行为人实施完毕犯罪行为后、犯罪结果出现之前，自动采取措施有效地避免犯罪结果发生，因而使犯罪未完成的犯罪停止形态。这种形态的犯罪中止，必须发生在犯罪行为实行完毕、犯罪结果出现以前的过程中，并且具有放弃犯罪的自动性和彻底性。此外，还必须具有防止犯罪结果发生的有效性，即行为人必须自动、积极地采取必要措施，有效地防止其所实施完毕的犯罪行为发生法定的危害结果。如果行为人虽然采取了各种挽救措施，但是未能有效防止法定犯罪结果发生的，如投毒杀人案件，行为人在实施完毕投毒行为、被害人已经中毒的情况下，必须采取积极的抢救措施。如果挽救了被害人的生命的，成立自动有效地防止犯罪结果发生的犯罪中止。如果虽然采取了抢救措施，但被害人仍然不治而亡的，则构成故意杀人罪的犯罪既遂。

此外，对放弃能够重复实施的侵害行为的定性问题有不同的认识。所谓放弃能够重复实施的侵害行为，是指行为人实施了足以导致法定犯罪结果出现的第一次侵害行为，由于意志以外的原因而没有得逞，在能够重复实施同一性质的侵害行为并造成预期的犯罪结果的情况下，出于自己的意志自动放弃继续实施侵害行为，因而使犯罪未完成的犯罪停止形态。例如，甲举枪射杀仇敌乙，第一枪未击中乙，在能够继续射击乙的情况下，自动停止射击乙。对于这种放弃能够重复实施的侵害行为应当如何定性，有的主张按犯罪未遂论处，认为此时犯罪行为已经实行终了，预期的危害结果没有发生，是由行为人意志以外的原因造成的，故符合实行终了的犯罪未遂的特征。放弃重复实施犯罪行为，不能消除行为人已经实施的未遂行为所应承担的刑事责任，而只能作为表明行为人社会危害性较小的一个情节。有的主张按犯罪中止论处，认为放弃能够重复实施的侵害行为从时间上看还处在犯罪行为实行过程中，而不是犯罪行为已经停止的未遂或者既遂状态中。从主观方面来看，行为人是自动放弃继续实施犯罪，而不是被迫停止犯罪。从客观方面分析，预期的危害结果没有发生，行为人放弃能够重复实施的侵害行为具有彻底性，因而放弃能够重复实施的侵害行为符合犯罪中止的特征。有的主张具体分析、区别对待。

我们认为，在讨论如何对放弃能够重复实施的侵害行为定性时，应当把犯罪行为理解为一个行为整体，一个由多个具体动作或数个单独行为组成的具有内在联系的发展过程。按照这样的观点理解犯罪行为，就应当认为放弃能够重复实施的侵害行为完全符合犯罪中止的特征，应当按照犯罪中止论处。

## 二、犯罪中止的分类

关于犯罪中止的分类，上述"普通的犯罪中止"和"特殊的犯罪中止"是常见的分类法，此外也还有按照中止发生在犯罪过程的不同阶段划分为预备阶段的中止和实行阶段的中止两类。当行为人在为犯罪的实行准备工具或制造条件的阶段即自动放弃实施犯罪预备行为的，成立预备阶段的中止。当行为人在着手实行犯罪的过程中自动放弃犯罪的继续实施的，成立实行阶段的中止。

### 三、对中止犯的处罚

关于犯罪中止的处罚原则，各国有无罪说、不罚说和折中说之分。目前各国立法例多采取对中止犯减轻或者免除处罚的做法。

我国刑法对中止犯采取必减免主义的处罚原则。《刑法》第24条第2款规定："对于中止犯，没有造成损害的，应当免除处罚；造成损害的，应当减轻处罚。"根据这一规定，对于中止犯，只要其犯罪行为没有实际造成损害结果，则定其罪而免其刑。如果其犯罪行为造成了一定损害结果的，则应当减轻处罚。这体现了我国刑法对犯罪中止行为的肯定和鼓励。

# 第六章 共同犯罪

## 第一节 共同犯罪的概念及其构成

### 一、共同犯罪的概念

依照我国《刑法》第 25 条第 1 款的规定，共同犯罪是指二人以上共同故意犯罪。此定义突出了共同故意对于构成共同犯罪的作用，是我国刑法中主客观相统一原则的具体体现。

### 二、共同犯罪的构成特征

共同犯罪的构成特征也就是构成共同犯罪必须具备的要件，即：

**（一）主体要件**

共同犯罪的主体必须是二人以上，具体来讲，可以分为下列三种情形：

1. 两个以上的自然人构成的共同犯罪。这种自然人共同犯罪，要求各犯罪人都必须达到刑事责任年龄，具有刑事责任能力。

2. 两个以上的单位构成的共同犯罪，即刑法理论中所谓的单位共同犯罪。

3. 有责任能力的自然人与单位构成的共同犯罪，这在刑法理论中通常谓之自然人与单位共同犯罪。

**（二）客观要件**

共同犯罪的客观要件，是指各犯罪人必须具有共同的犯罪行为。所谓共同犯罪行为，是指各犯罪人为追求同一危害社会结果，完成同一犯罪而实施的相互联系、彼此配合的犯罪行为。在发生危害结果时，其行为均与结果之间存在因果关系。这种共同行为就其表现形式而言，可以分为三种情形：

1. 共同作为、共同不作为、作为与不作为的结合。共同作为，即各共同犯罪人均实施了法律所禁止的行为而构成共同犯罪，比如甲、乙二人共同将丙杀死。共同不作为，即各共同犯罪人均未履行应当履行的义务而构成的共同犯罪，比如儿子、儿媳共同遗弃年迈无独立生活能力的父母。作为与不作为的结合，即共同犯罪人中有人系作为行为，有人系不作为行为，例如，铁道养护工甲与乙事先合谋破坏铁路设施，在乙实施破坏作为时，甲佯装熟睡，不履行其职责。

2. 共同直接实施犯罪。在这种场合中，共同犯罪人没有分工，均直接实施犯罪的实行行为。

3. 存在分工的共同犯罪行为。具体表现为组织行为、教唆行为、实行行为和帮助行为。在这种场合中，各人的行为形成有机的整体。

**（三）主观要件**

共同犯罪的主观要件，是指各共同犯罪人必须有共同的犯罪故意。所谓共同的犯罪故意，是指各共同犯罪人通过意思联络，认识到他们的共同犯罪行为会发生危害社会的结果，并决意参加共同犯罪，希望或放任这种结果发生的心理状态。其特征是：

1. 共同的认识因素。包括三个方面的要素：一是认识到不是自己一个人单独实施犯罪，而是与他人互相配合共同实施犯罪；二是不仅认识到自己的行为会产生某种危害结果，而且也认识到其他共同犯罪人的行为也会引起某种危害结果；三是各共同犯罪人都预见到共同犯罪行为与共同犯罪结果之间的因果关系。

2. 共同的意志因素。其中，共同希望危害结果的发生，是共同直接故意；共同放任危害结果的发生，是共同间接故意；在个别情况下，也可能表现为有的基于希望，有的则是放任。

### 三、共同犯罪的认定

认定共同犯罪的成立必须符合共同犯罪的上述构成特征（也就是符合共同犯罪的构成要件）。

在共同犯罪的认定中，注意以下几种情况：

1. 共同过失犯罪的不能认定为共同犯罪。《刑法》第 25 条第 2 款规定："二人以上共同过失犯罪，不以共同犯罪论处；应当负刑事责任的，按照他们所犯的罪分别处罚。"但从实践中发生的实例看，完全否认成立共同过失犯罪也有弊端，所以理论界有肯定过失的共同正犯（也称共同实行犯）的观点。

2. 故意犯罪行为与过失犯罪行为不成立共同犯罪。这种情况是指一个人主观上有故意，另一个人主观上有过失，而该二人的客观行为有联系并导致了犯罪结果的发生，由于主观上缺乏共同故意，故不符合共同犯罪的成立要件。

## 第二节　共同犯罪的形式

共同犯罪的形式是共同犯罪的形成、结构和共同犯罪人结合形式的总称。共同犯罪的形成形式，是指共同犯罪是如何形成的。共同犯罪的结构形式，是指共同犯罪内部是否有分工。共同犯罪人的结合形式，是指共同犯罪有无组织形式。

我国刑法理论中通常按照四个不同标准，将共同犯罪的形式分为以下四类八种：

### 一、任意共同犯罪和必要共同犯罪

这是根据共同犯罪是否能够依据法律的规定任意形成而对共同犯罪形式所作出的划分。

任意共同犯罪，简称任意共犯，指刑法分则规定的可以由一个人单独实施的犯罪，当二人以上共同实施时，所构成的共同犯罪。其特征是：刑法对犯罪主体的人数没有限制，如果二人共同实施，则成立共同犯罪。因此，对这种共同犯罪案件定罪量刑，不仅要引用刑法分则的有关具体条款，而且要引用刑法总则有关共同犯罪的规定。

必要共同犯罪，简称必要共犯，指刑法分则规定的只能以二人以上的共同行为作为犯罪构成要件的犯罪。其特征是：犯罪主体必须是二人以上，而且具有共同的犯罪行为，一个人不可能单独构成犯罪。在我国刑法中，必要共同犯罪有两种形式：一是聚合性共同犯罪，如《刑法》第 290 条规定的聚众扰乱社会秩序罪、聚众冲击国家机关罪等。二是集团性共同犯罪，如《刑法》第 294 条规定的组织、领导、参加黑社会性质组织罪等。由于刑法对于必要共同犯罪作了直接规定，因此，对犯罪人定罪量刑，应直接依照刑法分则的有关条款处理，不再适用刑法总则关于共同犯罪的规定。

### 二、事前通谋的共同犯罪和事前无通谋的共同犯罪

这是根据共同犯罪故意形成的时间而对共同犯罪形式作出的划分。

事前通谋的共同犯罪，简称事前共犯，指共同犯罪人在着手实行犯罪以前，进行了犯罪的商议和策划，从而形成共同故意的犯罪。其特征是：二人以上为了实行特定的犯罪进行谋划，共同犯罪故意的形成是在着手实施犯罪以前。由于事先谋划，使犯罪容易得逞，所以对社会造成的危害更大。这种形式的共同犯罪在司法实践中甚为常见。需要指出的是，我国刑法分则规定的某些犯罪，便以事前是否具有通谋作为该罪的共同犯罪与他罪的单独犯罪的区分标准。比如，依据《刑法》第310条规定，明知是犯罪的人而为其提供隐藏处所、财物、帮助其逃匿或者作假证明包庇，事前有通谋的，构成共同犯罪；否则构成窝藏、包庇罪。

事前无通谋的共同犯罪，简称事中共犯，指在刚着手实行犯罪或实行犯罪的过程中形成共同故意的犯罪。如甲对乙实施抢劫，乙奋起抗争，恰甲之友丙经过，甲请丙帮忙，共同抢得乙身上钱物若干。此案中，甲、丙的共同犯罪即为事前无通谋的共同犯罪。其特征是：共同实施某一特定犯罪的故意是在开始实行犯罪或犯罪实行过程中形成的，不是事先谋划的。由于缺少事前对犯罪的谋划故一般比事前通谋的共同犯罪的社会危害小一些。

### 三、简单共同犯罪和复杂共同犯罪

这是根据共同犯罪人之间是否有分工所划分的共同犯罪形式。

简单共同犯罪，简称共同正犯（共同实行犯），指二人以上共同直接实行刑法分则规定的某一具体犯罪的构成要件的行为。其特征是：犯罪主体有共同实行犯罪的意思，有共同实行的事实，均为实行犯，而没有教唆犯、组织犯和帮助犯。例如，甲、乙各向丙刺一刀将丙杀死。处理简单共同犯罪，对每一个参加人都要按照他实施的行为定罪，量刑时按参加犯罪情况酌定。

复杂共同犯罪，简称复杂共犯，指各共同犯罪人因在共同犯罪中所处地位和分工的不同而形成的共同犯罪。其特征是：共同犯罪人之间存在地位、分工、作用的不同，所以有教唆犯、实行犯、帮助犯等区分。复杂共同犯罪存在一般结伙犯罪、聚众犯罪、犯罪集团等形式。由于每个共同犯罪人在共同犯罪中的地位和作用的不同，故刑法专门规定了相应处罚原则。

### 四、一般共同犯罪和特殊共同犯罪

这是依据共同犯罪有无组织形式而对共同犯罪形式进行的划分。

一般共同犯罪，简称一般共犯，又称非集团性共犯，指没有特殊组织形式的共同犯罪。其特征是：共同犯罪人为实施某种犯罪而临时纠合，不存在组织形式，一旦犯罪完成，这种纠合便不复存在。一般共同犯罪，既可以是事前通谋的共同犯罪，也可以是事前无通谋的共同犯罪；既可以是简单共同犯罪，也可以是复杂共同犯罪。

特殊共同犯罪，简称特殊共犯，亦称有组织的共同犯罪、集团共同犯罪。根据《刑法》第26条第2款的规定，犯罪集团是指三人以上为共同实施犯罪而组成的较为固定的犯罪组织。其特征是：犯罪主体必须是三人以上，犯罪组织成立的目的在于实施犯罪，犯罪人所共

同建立的组织具有相当的稳定性，犯罪分子之间相互纠合体现出较严密的组织性。

## 第三节　共同犯罪人的种类及其刑事责任

对共同犯罪人进行正确的分类，是确定共同犯罪人刑事责任的前提。我国刑法贯彻罪责自负原则，而不承认团体责任。关于共同犯罪人的分类，从国外立法例和司法实践看，基本存在两种方法：（1）按共同犯罪人行为的性质和活动分工的特点来分类；（2）根据犯罪分子在共同犯罪中所起的作用来分类。我国刑法采用折中分类法，即以共同犯罪人在共同犯罪中的地位和作用为主，并适当考虑共同犯罪人的分工情况，将共同犯罪人分为主犯、从犯、胁从犯和教唆犯。

### 一、主犯及其刑事责任

按照《刑法》第26条第1款的规定，主犯是指组织、领导犯罪集团进行犯罪活动的或者在共同犯罪中起主要作用的犯罪分子。根据刑法的有关规定，主犯分为三种：一是在犯罪集团中起组织、策划、指挥作用的犯罪分子，也就是说，组织犯是首要分子的一种。组织犯的犯罪活动包括建立、领导犯罪集团，制订犯罪活动计划等。二是在聚众犯罪中起组织、策划、指挥作用的犯罪分子，这也是首要分子的一种。聚众犯罪中的首要分子，是聚众犯罪的聚首，是犯罪的组织者、策划者和指挥者。三是其他在犯罪集团或一般共同犯罪中起主要作用的犯罪分子，既可以是实行犯，也可以是教唆犯。

《刑法》第26条第3款和第4款规定了主犯的刑事责任，即：对组织、领导犯罪集团的首要分子，按照集团所犯的全部罪行处罚。对其他主犯，应当按照其所参与的或者组织、指挥的全部犯罪处罚。

### 二、从犯及其刑事责任

按照《刑法》第27条第1款的规定，从犯是指在共同犯罪中起次要或者辅助作用的犯罪分子。从犯分为两种：一是在共同犯罪中起次要作用的从犯，即次要的实行犯。所谓次要的实行犯，是相对于主要的实行犯而言的，是指虽然直接实行犯罪，但在整个犯罪活动中其作用居于次要地位的实行犯。二是在共同犯罪中起辅助作用的从犯，即帮助犯，它是指未直接实行犯罪，而在犯罪前后或犯罪过程中给组织犯、实行犯、教唆犯以各种帮助的犯罪人。

《刑法》第27条第2款规定了从犯的刑事责任，即：对于从犯，应当从轻、减轻或者免除处罚。

### 三、胁从犯及其刑事责任

按照《刑法》第28条的规定，胁从犯是指被胁迫参加共同犯罪的犯罪分子。被胁迫参加犯罪，即在他人暴力威胁等精神强制下，被迫参加犯罪。在这种情况下，行为人没有完全丧失意志自由，因此仍应对其犯罪行为承担刑事责任。

《刑法》第28条规定了胁从犯的刑事责任，即：对于胁从犯，应当按照他的犯罪情节减轻处罚或者免除处罚。

#### 四、教唆犯及其刑事责任

按照《刑法》第 29 条第 1 款的规定，教唆犯是指故意唆使他人犯罪的犯罪分子。具体地说，教唆犯是以劝说、利诱、授意、怂恿、收买、威胁以及其他方法，将自己的犯罪意图灌输给本来没有犯意或者虽有犯意但不坚定的人，使其决意实施自己所劝说、授意的犯罪，以达到犯罪目的的人。从教唆犯的概念可以看出，教唆犯的特点是：本人不亲自实行犯罪，而故意唆使他人产生犯罪意图并实行犯罪。成立教唆犯必须具备下列条件：一是客观上具有教唆他人犯罪的行为，即用各种方法唆使他人去实行某一具体犯罪。教唆的对象是本无犯罪意图的人，或者虽有犯罪意图，但犯罪意志尚不坚决的人。教唆行为只能以作为方式构成。二是主观上具有教唆他人犯罪的故意。故意的内容包括：认识到他人尚无犯罪决意，预见到自己的教唆行为将引起被教唆者产生犯罪决意，而希望或放任教唆行为所产生的结果。因此，教唆犯的主观方面，可以是直接故意，也可以是间接故意。

《刑法》第 29 条规定了教唆犯的刑事责任，具体如下：

按照《刑法》第 29 条第 1 款的规定，对于教唆犯应当按照他在共同犯罪中所起的作用处罚。这是对教唆犯处罚的一般原则。教唆不满 18 周岁的人犯罪的，应当从重处罚。这一规定是为了更好地维护青少年的合法权益。

按照《刑法》第 29 条第 2 款的规定，如果被教唆的人没有犯被教唆的罪，对于教唆犯，可以从轻或者减轻处罚。这种情况，在刑法理论上称为"教唆未遂"。

此外，教唆不满 14 周岁的人或精神病患者犯罪的，对教唆者应当按单独犯论处。这种情况在刑法理论上称为"间接正犯"，即间接实行犯。

#### 五、共同犯罪与犯罪的停止形态

共同犯罪是二人以上共同故意实施的犯罪，在实施同一个犯罪中，各共同犯罪人一般会经历犯罪预备、实行的过程，直至取得共同指向的犯罪结果，成立共同犯罪既遂。然而由于各共同犯罪人在犯罪过程中可能发生的变化，如有的共同犯罪人可能在犯罪预备阶段自动放弃犯罪的实施，则有中止犯和预备犯的成立；有的共同犯罪人可能在犯罪实行阶段自动放弃犯罪并阻止犯罪结果发生的，则有中止犯和未遂犯的成立。

从共同犯罪人（实行犯、教唆犯、帮助犯）的角度来看，如共同实行犯中的一部分实行犯自动停止犯罪，并阻止其他实行犯继续实行犯罪或防止结果发生时，则成立中止犯，而另一部分未自动停止犯罪的实行犯则成立未遂犯；如教唆犯或帮助犯自动中止教唆行为或帮助行为，并阻止实行犯的实行行为以及结果发生的，成立教唆犯的中止犯或帮助犯的中止犯，实行犯的未遂犯；如实行犯自动中止犯罪，对于教唆犯或帮助犯来说则成立未遂犯，实行犯则成立中止犯。

# 第七章 罪数形态

## 第一节 罪数形态概述

### 一、罪数的概念

一罪与数罪，是针对一人所犯之罪的数量而言。具体地说，基于一个罪过，实施一个危害行为，符合一个犯罪构成的为一罪；基于数个罪过，实施数个危害行为，符合数个犯罪构成的则为数罪。

一罪与数罪形态，在刑法理论中亦称为罪数形态。研究罪数形态的理论，则被称为罪数形态论。其基本任务在于，从罪数之单复的角度描述行为人实施的危害行为构成犯罪的形态特征，阐明各种罪数形态的构成要件，揭示有关罪数形态的本质属性，剖析不同罪数形态的共有特征并科学界定其区别界限，进而确定对各种罪数形态应适用的处断原则。

### 二、罪数的判断标准

在国外刑法学中，历来存在着许多有关罪数判断标准的学说，如行为标准说、法益标准说、因果关系标准说等。所有这些判断罪数的观点，存在着一个共同的缺陷，即仅以犯罪构成要件的某一要素或某一方面为标准区分罪数，故其实际均未超出客观主义或主观主义的局限性。运用这些以偏概全的标准，都无法对罪数问题作出合理的解释。

我国刑法学以辩证唯物主义为指导思想，在全面剖析国外学者关于罪数标准学说的优劣利弊、吸收某些学说的合理成分的基础上，公认以犯罪构成标准说（主客观统一说）作为区分一罪与数罪的基本理论。根据犯罪构成标准说的主张，确定或区分罪数之单复的标准，应是犯罪构成的个数，即行为人的犯罪事实具备一个犯罪构成的为一罪，行为人的犯罪事实具备数个犯罪构成的为数罪。

犯罪构成标准说，以犯罪现象的自身规律为出发点，贯彻了主客观相统一的原则。以犯罪构成作为区分一罪与数罪的标准，可以在确保罪数判定的法定性、统一性和公正性的基础上，体现罪刑法定原则的基本要求。此外，犯罪构成标准说，不仅在罪数形态论领域贯彻了犯罪构成理论，而且为犯罪形态论的深入研究和健康发展提供了必要保障。所以，以犯罪构成标准说作为罪数判断标准无疑是科学而合理的。

### 三、法条竞合与法条竞合犯

基于刑法错综复杂的规定，从而产生一行为符合数个法条规定的犯罪构成的现象，但该行为不可能同时适用这数个法条，只能适用其中一个法条。例如，某投保人采用诈骗手段骗取保险金的行为，既符合《刑法》第198条规定的保险诈骗罪的犯罪构成，又符合《刑法》第266条规定的诈骗罪的犯罪构成。对该投保人诈骗保险金的行为不可能同时适用《刑法》第198条和第266条两个法条，只能适用其中的一个法条来定罪处罚。由此《刑法》第198

条和第 266 条产生了法条竞合关系，该投保人的行为即构成了法条竞合犯。法条竞合关系与法条竞合犯是基于一个问题的不同体现和称谓。法条竞合关系是对法条之间固有的一种关系（包容、重合、交叉等）的现象描述的称谓。法条竞合犯是对相竞合法条的犯罪形态的称谓。

法条竞合时只能适用一个法条，但适用哪一个法条，必须遵循一定的原则。理论界关于法条竞合的原则有许多讨论也有许多分歧，原因是对法条竞合现象的复杂划分所致。例如有特别关系、补充关系、吸收关系、择一关系的看法；也有独立竞合、包容竞合、交叉竞合、偏一竞合的看法。在对法条竞合进行上述复杂的划分后，其对法条的适用原则也就出现了特别法优于普通法的原则、基本法优于补充法的原则、全部法优于部分法的原则、重法优于轻法等原则。

本书认为，对法条竞合现象的复杂划分，有许多是与想象竞合犯、结果加重犯、吸收犯等相混淆的情况，即完全不必归入法条竞合中解决。我们主张，典型的法条竞合应是特别法与普通法的关系，按照特别法优于普通法的原则论处，如前述投保人诈骗保险金的行为即适用特别法条第 198 条以保险诈骗罪论处，而不适用普通法条第 266 条以诈骗罪论处。但是法律有特别规定的应作例外处理，例如《刑法》第 149 条第 2 款规定："生产、销售本节第一百四十一条至第一百四十八条所列产品，构成各该条规定的犯罪，同时又构成本节第一百四十条规定之罪的，依照处罚较重的规定定罪处罚。"第 140 条规定的是生产、销售一般伪劣产品，是普通法条；第 141 条至第 148 条规定的是生产、销售特定伪劣产品的行为，是特别法条。按照上述规定，行为既符合第 140 条又符合第 141 条至第 148 条中的一个条文时，依重法优于轻法原则处理。

## 第二节　实质的一罪

### 一、实质的一罪概念及其种类

实质的一罪，是指形式上具有数罪的某些特征，但实质上仅构成一罪的犯罪形态。它包括继续犯、想象竞合犯和结果加重犯。

### 二、继续犯

#### （一）继续犯的概念

所谓继续犯，亦称持续犯，是指作用于同一对象的犯罪行为自着手实行之时直至犯罪行为终了的一定时间内，该犯罪行为及其所引起的不法状态同时处于持续过程中的犯罪形态。我国《刑法》第 238 条规定的非法拘禁罪，就是颇为典型的具有继续犯特征的犯罪。在我国刑法所规定的犯罪当中，除非法拘禁罪外，窝藏罪、遗弃罪等也是典型的继续犯。

#### （二）继续犯的特征

1. 继续犯必须是基于一个犯罪故意实施一个危害行为的犯罪。所谓一个危害行为，是指主观上出于一个犯罪故意（无论是单一的犯罪故意，还是概括的犯罪故意），为了完成同一犯罪意图所实施的一个犯罪行为。如果行为人并非实施一个危害行为，而是实施了数个危害行为，则不构成继续犯。必须明确的是，在继续犯的危害行为处于不间断的过程之中，行为人为实现其犯罪意图而采用的具体作案手段的数量和所利用的具体作案地点（环境）发生变更后使用的不同作案方式，只是其所实施的一个危害行为的组成部分或构成因素。也就是说，它们都属于一个危害行为的多种表现形式，不能因此而认定为数个危害行为，并进而否定一行为持续进行的属性。此外，应当注意的是，我国刑法所规定的多数继续犯通常由作为形式构成，少数继续犯（如遗弃罪）由不作为形式构成。

2. 继续犯是持续地侵犯同一或相同直接客体（亦称法益或社会关系）的犯罪。即犯罪行为自始至终都针对同一对象，侵犯同一法益。所谓持续地侵犯同一直接客体，是就特定犯罪的直接客体为简单客体而言的。所谓持续地侵犯相同直接客体，是就特定犯罪的直接客体为复杂客体而言的。若行为人在持续犯罪的过程中，其危害行为侵犯了另外的直接客体，即另外的法益，则应当对其所构成的数罪实行并罚。

3. 继续犯是犯罪行为及其所引起的不法状态同时处于持续过程中的犯罪。继续犯的这一最为显著的特征，是它与即成犯、状态犯、连续犯等犯罪形态相区别的主要标志所在。对于继续犯的这一特征，可从以下几方面加以认识：

（1）继续犯的犯罪行为必须具有持续性。它的典型表现是，自犯罪行为着手实行至犯罪行为实施终了的过程中，犯罪行为一直处于正在实施、不断进行的状态。即成犯指犯罪行为发生法益侵害的同时，犯罪行为即实行终了，随之法益亦被消灭，即犯罪完成。

（2）继续犯的犯罪行为及其所引起的不法状态必须同时处于持续状态。这就是说，继续犯不仅必须具有犯罪行为持续性的特征，而且由犯罪所引起的不法状态也必须呈现一种持续存在的状态。继续犯的犯罪行为与其所引起的不法状态的发生、延续（即行为的持续实施和不法状态的持续存在）和完结，必须是同步的或基本同步的。状态犯指发生侵害一定法益的事实同时，犯罪行为虽然结束，但在其后侵害法益的状态仍存在。

（3）继续犯的犯罪行为及其所引起的不法状态必须同时处于持续过程之中。也就是说，如果犯罪行为及其所造成的不法状态的同步持续过程因犯罪行为一度或数次停顿而呈非连续状态，即在时间上有间断性，则不属于继续犯，而构成连续犯或其他犯罪形态。

4. 继续犯必须以持续一定时间或一定时间的持续性为成立条件。这是继续犯最显著的特征之一，也是它区别于其他犯罪形态的重要标志之一。

对于继续犯的时间持续性特征，可以从以下两方面加以理解：

（1）继续犯的时间持续性，通常可以分解为作为成立继续犯必要要件的时间持续性和作为继续犯经常性特征的时间持续性。这两种时间持续性的性质和作用，是截然不同的。

（2）继续犯的时间持续性，表现为基本构成时间和经常伴发其存在的从重处罚或加重构成时间的不间断性。这是继续犯的犯罪行为及其所引起的不法状态同时处于持续状态的重要时间条件。

以上四个方面的基本构成特征，是相互联系、彼此制约的，必须同时具备，才能构成继续犯。

### （三）继续犯的类型

1. 持有型犯罪。在刑法规定中，持有型犯罪有非法持有毒品罪，非法持有枪支、弹药、爆炸物罪，非法持有假币罪，等等。持有型犯罪是否归属继续犯在学术讨论中是有争议的。

2. 多数继续犯以作为为前提，如以非法拘禁罪为代表的侵犯公民人身自由的犯罪，是典型的实施非法剥夺他人人身自由的行为与使他人失去人身自由的不法状态同时存在。绑架罪，拐卖妇女、儿童罪亦属这种情形。

3. 某些不作为犯罪也往往具有继续犯的特征。如刑法中规定的遗弃罪，拒不执行判决、裁定罪，等等。

此外，理解继续犯的同时，须区别于即成犯、状态犯、连续犯。（见上述对继续犯第3个特征的分析）

**（四）继续犯的法律后果**

这里论述的实则是认识继续犯的意义。

1. 有利于准确计算追诉期限。我国《刑法》第89条第1款规定："追诉期限从犯罪之日起计算，犯罪行为有连续或者继续状态的，从犯罪行为终了之日起计算。"

2. 有利于正确解决刑法的溯及力问题。由于继续犯的行为与状态的持续性特点，遇有新法施行时，就存在对继续犯适用新法还是旧法的问题。

3. 有利于正确认定正当防卫的时间性即适时性问题。继续犯中犯罪行为与不法状态持续存在，即不法侵害一直存在，此过程中进行防卫均符合正当防卫的适时性。

4. 有利于正确认定共同犯罪人的存在。在犯罪继续期间，其他人加入犯罪行为的可以成立共犯，要依法追究共同犯罪人的责任。

**（五）继续犯的处断原则**

由于我国刑法分则对属于继续犯的犯罪及其法定刑设置专条予以规定，即对属于继续犯形态的犯罪设置了独立的罪刑单位，故对于继续犯应按刑法规定以一罪论处，不实行数罪并罚。犯罪行为和不法状态存续的时间长短可作量刑因素考虑。

**三、想象竞合犯**

**（一）想象竞合犯的概念**

想象竞合犯，亦称想象数罪，是指行为人实施一个危害行为，而触犯数个罪名的犯罪形态。

**（二）想象竞合犯的构成特征**

想象竞合犯作为一种在司法实践中时常发生的犯罪形态，具有以下两个基本特征：

1. 行为人只实施一个危害社会行为。这是想象竞合犯成立的前提条件。如果行为人实施数个危害社会行为，便不可能构成想象竞合犯，只可能构成其他犯罪形态。

2. 行为人实施的一个危害社会行为，必须同时触犯数个罪名。这是想象竞合犯的法律特征。所谓数个罪名，是指刑法分则规定的不同种的罪名。一个危害社会行为触犯数个同种罪名，不能构成想象竞合犯。

**（三）想象竞合犯的类型**

1. 故意犯之间的竞合。这种情况是指行为人基于一个故意犯罪意图，具有两个以上不同的故意罪过，即实施一个行为，触犯了不同的罪名。例如，甲为了盗窃财物卖钱而盗割了正在使用的电线，致工厂停产、居民生活区停电，造成重大损失。这里甲基于盗窃公共财物的直接故意和破坏电力设备的间接故意，实施了一个盗割行为，同时触犯了盗窃罪和破坏电力设备罪，依据刑法处罚较重的规定定罪处罚。鉴于此案造成的损失情况，应以破坏电力设备罪处罚。

2. 过失犯之间的竞合。行为人具有两个以上不同的过失罪过而实施一个行为，触犯了不同的罪名。如乙在仓库值班时，违规吸烟引发火灾烧毁大量财物，同时引发紧邻的餐馆燃气罐爆炸，炸死炸伤厨师、工人、就餐者10余人。这里乙基于失火的过失罪过和过失爆炸的罪过，实施了一个危害行为，同时触犯了失火罪和过失爆炸罪，依据刑法处罚较重的规定定罪处罚。鉴于此案造成的损失，应以过失爆炸罪定罪处罚。

3. 故意犯与过失犯之间的竞合。这种情况是指行为人基于一个故意犯罪意图，具有一个具体的故意罪过和一个具体的过失罪过而实施一个行为，触犯了不同的罪名。如丙意图枪杀某甲，担心伤害了站在甲旁边的某乙，遂移动位置，选择不易伤害到乙的角度向甲射击，结果因枪法失准，还是将乙的右眼打瞎，甲仅上衣被打穿其身体未被击中。丙构成故意杀人罪（未遂）和过失致人重伤罪。丙基于杀人的故意罪过和过失致人伤害的罪过，实施了一个枪击行为，同时触犯上述两个罪名，依据刑法处罚较重的规定定罪处罚。此案应以故意杀人罪（未遂）处罚。

4. 异种数罪的竞合。理论上讲，同种类数罪、异种类数罪同样存在想象竞合问题。但鉴于我国刑法分则的规定，仅对异种数罪按想象竞合原则处理。例如，丁基于牟取暴利的犯罪意图，擅自出卖国家档案给境外某人用于创作传记作品，后被发现此国家档案是国家秘密。丁的行为同时触犯了擅自出卖、转让国有档案罪和为境外非法提供国家秘密罪。在这种情况下，符合想象竞合犯的构成特征，按其中的一个重罪定罪处罚。对丁应以为境外非法提供国家秘密罪论处。

**（四）几个界限**

1. 想象竞合犯与结果加重犯的区分。结果加重犯是指符合一个基本犯罪构成要件的行为，同时又造成了基本构成要件以外的重结果，刑法对其规定加重法定刑的犯罪形态。如某暴力抢劫者抢劫他人财物时致被害人重伤、死亡的，某强奸者强奸他人时致被害人重伤、死亡的，这类案件的情况就属于结果加重犯，直接按刑法规定的抢劫罪或强奸罪的加重法定刑处罚。刑法明确规定加重法定刑的这类犯罪就不再按抢劫罪与故意伤害罪或故意杀人罪，强奸罪与故意伤害罪或故意杀人罪的想象竞合犯认定及处罚。

2. 想象竞合犯与法条竞合犯的区分。这两种竞合的区分，应从事实与法律的关系入手。想象竞合是一种犯罪竞合，是一个事实问题，是一行为同时触犯了不同的犯罪。法条竞合是一种法律竞合，是一个法律问题，如生产、销售有毒、有害食品罪在触犯《刑法》第144条的同时，还触犯了《刑法》第140条规定的生产、销售伪劣产品罪，据此《刑法》第149条规定了法条竞合的适用原则：依照处罚较重的规定定罪处罚。通俗说，法条竞合主要是为了防止对行为的双重评价，而想象竞合主要是为了防止对行为的双重处罚。

**（五）想象竞合犯的处断原则**

目前，我国通说认为，对于想象竞合犯应采用"从一重处断"的原则予以论处。即对想象竞合犯无须实行数罪并罚，而应按照其犯罪行为所触犯的数罪中最重的犯罪论处。

## 四、结果加重犯

**（一）结果加重犯的概念**

所谓结果加重犯，亦称加重结果犯，是指实施基本犯罪构成要件的行为，由于发生了刑法规定的基本犯罪构成要件以外的重结果，刑法对其规定加重法定刑的犯罪形态。

**（二）结果加重犯的构成特征**

结果加重犯的基本构成特征，可以从以下几方面加以把握：

1. 行为人所实施的基本犯罪构成要件的行为必须客观地引发了基本犯罪构成要件以外的重结果，也即符合基本犯罪构成要件的行为与加重结果之间具有因果联系。至于基本犯是否必须为结果犯，在理论上存在争论。有的认为只有基本犯是结果犯，才能成立结果加重犯；有的认为在基本犯不是结果犯的场合，也可以成立结果加重犯。我们同意后一种意见。

2. 基本犯罪构成要件以外的重结果或者加重结果，必须通过刑法明文规定的方式，成为依附于基本犯罪构成要件而存在的特定犯罪的有机组成部分，也即基本犯罪构成要件是成立结果加重犯的前提和基础，加重结果不能离开基本犯罪构成要件而独立存在。加重结果的这种法定性和非独立性的特征，是认定结果加重犯并将它与其他罪数形态相区别的重要标准。

3. 行为人对于所实施的基本犯罪构成要件的行为及其所引起的加重结果均有犯意。至于犯意的表现形式，在理论上颇多争议。（1）关于基本犯罪行为的罪过形式，有的认为只能是故意；有的认为也可以是过失。从中外刑事立法上来看，两种立法例均存在。（2）关于对加重结果所持的主观罪过形式，在理论上也有不同主张。有的认为只能出于过失；有的认为既可以基于过失，也可以基于故意。我们认为，结果加重犯的罪过形式可以划分为三种类型：一是基本犯为故意，对加重结果也是故意；二是基本犯是故意，对加重结果是出于过失；三是基本犯是过失，对加重结果也是出于过失。

**（三）结果加重犯的处断原则**

由于结果加重犯是以刑法的明文规定为前提并通过刑法的明确规定加重其法定刑的犯罪形态，所以，对于结果加重犯，应当按照刑法分则条款所规定的加重法定刑处罚。

## 第三节　法定的一罪

**一、法定的一罪的概念及其种类**

法定的一罪，是指原来符合数个犯罪构成的数罪，由刑法将其明文规定为一罪的犯罪形态。它包括结合犯和集合犯。

**二、结合犯**

**（一）结合犯的概念**

所谓结合犯，是指两个以上原本各自独立成罪的犯罪行为，根据刑法的明文规定，结合成另一独立的新罪的犯罪形态。

**（二）结合犯的特征**

结合犯具有以下几个特征：

1. 结合犯中包含原本数个独立的犯罪。从实质上看，在结合犯中，行为人出于不同的数个主观意图实施了数个不同的犯罪行为，触犯了数个不同的法益，分别独立构成数个犯罪。如《日本刑法典》第241条规定的强盗强奸罪，其中包含了第236条规定的强盗罪和第177条规定的强奸罪。

2. 结合犯将原本数个独立的犯罪结合成为一个新罪。新罪具有独立的犯罪构成要件，不同于被结合的原来的犯罪。数个独立的犯罪如何结合成一个新罪，在学术界存在不同的观点。典型的结合犯是甲罪＋乙罪＝丙罪（可以是完全崭新的一个罪名，也可以是甲乙罪合成的一个罪名，如上述《日本刑法典》中的强盗强奸罪）。此外，还有人认为结合犯可以是甲罪＋乙罪＝甲罪（或乙罪）或者甲罪＋乙罪＝甲罪的严重情况（或乙罪的严重情况）在我国目前的刑法规定中，符合典型的结合犯的情况尚不存在，符合后者情况的确实存在，但后者的情况能否视为结合犯在理论上是存在争议的。

3. 数个独立的犯罪结合成为一个新罪，是根据刑法的明文规定。如前所述的强盗强奸罪就是基于《日本刑法典》的明文规定。又如我国台湾地区刑法中明文将暴力胁迫犯罪与夺取财物犯罪结合成为强盗罪。

**（三）结合犯的处断原则**

由于结合犯是基于刑法的明文规定而存在的，属于法定的一罪，故应根据法律的规定处理，不实行数罪并罚。

### 三、集合犯

**（一）集合犯的概念**

所谓集合犯，是指行为人出于实施不定次的同种犯罪行为的目的，数次实施同种类的犯罪行为，即使符合了数个同种犯罪的构成，但刑法仍规定为一罪的犯罪形态。在我国曾有惯犯的说法。集合犯在我国刑法理论中是近年来研究中使用的一个概念。在日本学者的刑法论著中，集合犯包含了常习犯、营业犯、职业犯等类型。

**（二）集合犯的特征**

集合犯具有以下特征：

1. 行为人具有不定次实施同种犯罪行为的目的。该特征反映出行为人不是意图实施一次犯罪行为，而是意图连续地、反复地、不定次地实施同种犯罪行为。

2. 行为人实施了数个同种的犯罪行为。该特征反映出行为人数次实施的数个犯罪行为的法律性质是相同的，触犯的是同一个罪名。如行为人多次实施走私普通货物、物品的行为，触犯的是同一个走私普通货物、物品罪。

3. 刑法将行为人实施的数个同种犯罪行为规定为一罪。例如赌博成为常习，以赌博为生的，刑法规定只构成一个赌博罪。但在营业犯中，无论一次或多次实施同种犯罪，刑法规定只构成一个犯罪，亦称集合犯。例如行为人以牟利为目的，虽然只是实施制作、复制、出版、贩卖、传播一次淫秽物品的行为也可能构成犯罪，当然多次制作、复制、出版、贩卖、传播淫秽物品，仍只构成一罪，刑法将这种不定次的同种犯罪行为规定为一罪，即制作、复制、出版、贩卖、传播淫秽物品罪。

**（三）集合犯的处断原则**

由于刑法将集合犯规定为一罪，属于法定的一罪，故应根据法律的规定处理，不实行数罪并罚。

## 第四节　处断的一罪

### 一、处断的一罪的概念及其种类

处断的一罪，是指实质上构成数罪，但因其所具有的特征而被司法机关作为一罪处断的犯罪形态。它包括连续犯、牵连犯和吸收犯。

### 二、连续犯

**（一）连续犯的概念**

所谓连续犯，是指行为人基于数个同一的犯罪故意，连续多次实施数个性质相同的犯罪行为，触犯同一罪名的犯罪形态。

### （二）连续犯的特征

连续犯的特征，可归纳为以下几点：

1. 连续犯必须是基于连续意图支配下的数个同一犯罪故意。这是构成连续犯的主观要件。连续犯的这一主观特征的含义如下：

（1）行为人的数个犯罪故意必须同一。所谓数个犯罪故意必须同一，是指行为人的数个呈连续状态的犯罪行为，是在数量对等的具体犯罪故意支配下实施的；这些支配数个危害社会行为的数个具体犯罪故意在性质上完全一致，属于同一种故意，即同属于刑法所规定的某种犯罪的故意。必须注意的是，构成连续犯的数个犯罪行为是否针对同一犯罪对象而实施，对于行为人的数个犯罪故意必须性质同一的特征并无任何影响。绝不能以行为人的数个危害行为的加害对象是否同一作为标准，去划分行为人具体犯罪故意的个数。

（2）行为人数个性质同一的犯罪故意，必须源于其连续实施某种犯罪的主观意图（简称连续意图）。这是构成连续犯的决定性要素之一。所谓连续意图，是指行为人在着手实施一系列犯罪行为之前，对于即将实行的数个性质相同的犯罪行为的连续性的认识，并基于此种认识决意追求数个相对独立的犯罪行为连续进行状态实际发生的心理态度。

（3）由于连续意图必须在一系列呈连续状态的犯罪行为开始实行之前形成，因而，特定连续意图所制约的各个具体犯罪故意实际都属于预谋故意。过失犯罪行为不能成立连续犯。

2. 连续犯必须实施数个足以单独构成犯罪的危害行为。这是连续犯成立的客观要件之一。也就是说，行为人实施的数个危害行为必须能够构成数个相对独立的犯罪，这是成立连续犯的前提条件。如果数个危害行为在刑法上不能构成独立的犯罪，就不能成立连续犯。构成连续犯的数个危害行为既不是指数个一般违法行为或者数个自然举动，也不是指在法律上无独立意义的事实上的数个行为，而是指在刑法上能够单独构成犯罪的数个危害行为。相对独立的犯罪行为的数量，只取决于行为人实施的危害行为完全符合特定犯罪构成要件的次数。

3. 连续犯所构成的数个犯罪之间必须具有连续性。这是成立连续犯的主观要件与客观要件相互统一而形成的综合性构成标准。关于判断犯罪之间是否存在连续性的标准，刑法理论上存在着主观说和客观说两种截然不同的观点。主观说以行为人的主观意思为基准判断犯罪有无连续性。客观说以行为人所实施的危害行为的性质或特征为基准判断犯罪有无连续性。我们认为，认定数个犯罪之间是否具有连续性，应当坚持主观与客观相统一的刑法基本原则，以反映犯罪故意与犯罪行为对立统一特性的连续意图及其所支配的犯罪行为的连续性作为标准，即基于连续意图支配下的数个同一犯罪故意，在一定时期之内连续实施了性质相同的数个足以单独构成犯罪的危害行为，数个犯罪之间就存在连续性，否则，就无连续性可言。

4. 连续犯所实施的数个犯罪行为必须触犯同一罪名。这是连续犯的法律特征。该特征是由连续犯在主观上须基于连续意图制约下的数个同一故意，在客观上须实施数个性质相同的犯罪行为的构成要件所决定的。所谓同一罪名，是指犯罪性质完全相同的罪名即同质之罪。而决定犯罪性质的唯一根据，是法律规定的犯罪构成。所以，判断行为人连续实施的数个犯罪行为是否触犯同一罪名，只能以其是否符合相同的特定犯罪构成要件为标准。

正确认定连续犯的意义：将连续犯作为一罪处理，我国《刑法》第 153 条第 3 款、第

263 条、第 383 条第 2 款都有规定。这对于准确计算追诉期限，正确解决刑法的溯及力问题，从重处断该类犯罪均是有利的。

**（三）连续犯的处断原则**

目前，对于连续犯我国一般采取的处断原则是，按照一罪从重处罚。但是，对于是可以从重处罚还是应当从重处罚，以及除在法定的幅度内从重处罚之外，是否可以按照更重的法定刑幅度酌情量刑（即法定刑的升格）等问题，存在着不同的观点和做法。我们认为，对于连续犯应当适用按一罪从重处罚或按一罪作为加重构成情节处断的处断原则，即在对连续犯按一罪论处、不实行数罪并罚的前提下，应当按照行为人所触犯的罪名从重处罚或者作为加重构成情节酌情判处刑罚。

**三、牵连犯**

**（一）牵连犯的概念**

所谓牵连犯，是指行为人实施某种犯罪（即本罪），而方法行为或结果行为又触犯其他罪名（即他罪）的犯罪形态。

**（二）牵连犯的构成特征**

牵连犯的构成要件，表现为以下几个基本特征：

1. 牵连犯必须基于一个最终犯罪目的。这是构成牵连犯的主观要件，而且是认定数个犯罪行为之间具有牵连关系的主要标准。这就是说，行为人是为了达到某一犯罪目的而实施犯罪行为（目的行为），在实施犯罪行为的过程中，其所采取的方法行为（手段行为）或结果行为又构成另一个独立的犯罪。正是在这一犯罪目的的制约下形成了与牵连犯罪的目的行为、方法行为、结果行为相对应的数个犯罪故意，而在具体内容不同的数个犯罪故意支配下的目的行为、方法行为、结果行为，都是围绕着这一犯罪目的实施的。

2. 牵连犯必须具有两个以上的、相对独立的危害社会行为。这是牵连犯的客观外部特征。也就是说，行为人只有实施了数个相对独立并完全具备犯罪构成要件的危害社会行为，才可能构成牵连犯。若只实施了一个危害社会行为，则因行为之间的牵连关系无从谈起而根本不能构成牵连犯，这也是牵连犯与想象竞合犯相区别的重要标志之一。若行为人实施的数个危害社会行为中只有一个构成犯罪，则也因不存在数个犯罪之间的牵连关系而不能构成牵连犯。

3. 牵连犯所包含的数个危害社会行为之间必须具有牵连关系。所谓牵连关系，是指行为人实施的数个危害社会行为之间具有手段与目的或原因与结果的内在联系，亦即行为人数个危害社会行为分别表现为目的行为（或原因行为）、方法行为或结果行为，并相互依存形成一个有机整体。进而言之，以辩证唯物主义为哲学基础，以主客观相统一的刑法基本原则为指导，牵连关系就是以牵连意图为主观形式，以因果关系为客观内容所构成的数个相对独立的犯罪的有机统一体。

4. 牵连犯的数个行为必须触犯不同的罪名。这是牵连犯的法律特征，也是确定牵连犯的标志。如果行为人实行的危害行为只触犯一个罪名，就不能构成牵连犯。行为人的行为只有达到了某种犯罪构成的基本要求，才可谓触犯了该种罪名。若行为人的行为虽然具有某种犯罪的形式特征，并未符合该罪的构成的全部要件，就不能视为触犯了该项罪名。

**（三）牵连犯的处断原则**

我们认为，在我国现行刑法规定的背景下，对于牵连犯的处断原则应当是：凡刑法分则条款对特定犯罪的牵连犯明确规定了相应处断原则的，无论其所规定的是何种处断原则，均应严格依照刑法分则条款的规定，对特定犯罪的牵连犯适用相应的原则予以处断。除此之外，对于其他牵连犯，即刑法分则条款未明确规定处断原则的牵连犯，应当适用从一重处断原则定罪处刑，不实行数罪并罚。

### 四、吸收犯

#### （一）吸收犯的概念

所谓吸收犯，是指行为人实施数个犯罪行为，因其所符合的犯罪构成之间具有特定的依附与被依附关系，从而导致其中一个不具有独立性的犯罪，被另一个具有独立性的犯罪所吸收，对行为人仅以吸收之罪论处，而对被吸收之罪置之不论的犯罪形态。

#### （二）吸收犯的特征

吸收犯的基本构成特征，可概括为以下几个方面：

1. 行为人必须实施数个均符合犯罪构成要件的危害行为。这是构成吸收犯的前提条件。该前提条件，具体表现为犯罪行为的复数性、危害行为的构成符合性、犯罪行为基本性质的一致性三个具体特征。

（1）吸收犯必须由数个犯罪行为构成，即犯罪行为的复数性，这是成立吸收犯的事实前提。因为，若无数个犯罪行为，也就无从谈起无独立意义的犯罪行为被另一具有独立意义的犯罪行为所吸收。

（2）具有复数性的犯罪行为，必须是均符合犯罪构成要件的危害行为。此为吸收犯危害行为的构成符合性特征，也是成立吸收犯的事实基础。换言之，吸收犯必须是基于数个犯罪行为之间的吸收关系而成立的犯罪形态，而不是基于犯罪行为与违法行为或不法状态之间的吸收关系而成立的犯罪形态，也不是基于同属一个犯罪构成客观方面的复合行为的各个无独立性的行为（如手段行为与目的行为）之间的吸收关系而成立的犯罪形态。

（3）把握犯罪行为基本性质的一致性，关键是应明确，犯罪构成依据刑法的规定，可分为不同的类型，如基本的犯罪构成和修正的犯罪构成。无论符合何种类型犯罪构成的危害行为，都无疑是犯罪行为。对于某一特定犯罪来说，分别符合不同类型犯罪构成的数个犯罪行为，则因不同类型的犯罪构成具有共同的基本属性，其基本性质也当然是一致的。构成吸收犯的数个犯罪行为的基本性质应当是一致的。

2. 行为人实施的数个犯罪行为，必须基于其内在的独立性与非独立性的对立统一特性，而彼此形成一种吸收关系。这是吸收犯作为一种罪数形态存在的基本原因，也是吸收犯区别于其他罪数形态的重要构成特征之一。对此，可以从以下几方面予以把握：

（1）在行为人实施的数个犯罪行为中（以下均以行为人实施两个犯罪行为为标准论述），一个犯罪行为不具有独立性，而另一犯罪行为具有独立性，前者以不同的表现形式依附于后者而存在。这是数个犯罪行为构成吸收犯的最基本的原因。

（2）基于一个犯罪行为与另一犯罪行为的依附关系而产生的数个犯罪行为的吸收关系，最终取决于类型不同，但基本性质一致的犯罪构成所固有的特定联系，并应以此为基准而予以认定。

3. 行为人实施的数个犯罪行为必须侵犯同一或相同的直接客体，并且指向同一的具体犯罪对象。这是吸收犯的基本构成特征之一。换言之，侵犯客体的同一性和作用对象的同一性，是构成吸收犯所必须具备的条件。此外，数个犯罪行为侵犯客体和作用对象的同一性，也是判断数个犯罪行为是否具有吸收关系的客观标准之一。

4. 行为人必须基于一个犯意、为了实现一个具体的犯罪目的而实施数个犯罪行为。这是数个犯罪行为构成吸收犯必须具备的主观特征。

### （三）吸收犯的形式

吸收犯的形式，也即吸收犯吸收关系的种类，是与吸收犯的构成特征密切相关的问题之一。在一定程度上，吸收犯的形式是吸收犯基本构成特征的具体化和表现形式。比如前行为是后行为的必经阶段（入室抢劫、入室盗窃吸收非法侵入他人住宅）或后行为是前行为发展的自然结果（非法制造枪支、弹药吸收私枪支、弹药）自然成立吸收犯。

此外，吸收犯的形式主要还可概括为以下几种：

1. 既遂犯吸收预备犯或未遂犯。

2. 未遂犯吸收预备犯。

3. 实行阶段的中止犯吸收预备犯。但受重罪吸收轻罪的原则所制约，当实际发生的实行阶段的中止犯轻于预备犯，造成吸收不能的状态时，应将预备犯吸收实行阶段的中止犯作为实行阶段的中止犯吸收预备犯的一种例外。

4. 符合主犯条件的实行犯构成之罪，吸收教唆犯、帮助犯、次要实行犯构成之罪。

5. 主犯构成之罪吸收从犯、胁从犯构成之罪。

6. 符合加重犯罪构成之罪吸收符合普通犯罪构成之罪，或者符合普通犯罪构成之罪吸收符合减轻犯罪构成之罪。

在了解上述吸收犯的主要形式之后，必须明确以下几点：

1. 吸收犯的形式，必须以吸收之罪重于被吸收之罪为必要条件。

2. 吸收关系的认定，必须以数个犯罪行为的主客观方面完全符合前述吸收犯的基本构成特征为必要前提。

3. 必须强调指出，成立吸收犯所必需的吸收关系，只能是罪的吸收关系，即行为人的数个危害行为已经分别构成犯罪，才能成立吸收关系。

### （四）吸收犯的处断原则

对于吸收犯，应当仅按吸收之罪处断，不实行数罪并罚。

### （五）吸收犯的几个界限

在罪数形态理论中，吸收犯的情形较为复杂，理论观点上的争议颇多：如吸收犯的确切内涵，吸收犯的分类形式，吸收犯与牵连犯、想象竞合犯、连续犯等的区分界限等问题。

厘清上述争执的观点在当下我国刑法学研究中应该说尚不太容易，因往往是各执一词。在此，我们认为，应紧紧以吸收犯的主客观特征为判断依据，在行为人的一个犯意之内，实施了数个具有依附关系的犯罪行为（牵连犯暂除外），如常见的主从依附关系，以一个犯罪行为吸收另一个犯罪行为，按吸收之罪一罪处断。例如某人伪造货币并出售伪造的货币，某人入室抢劫或入室盗窃，某人教唆他人犯罪并亲自参与实施该犯罪等，分别以伪造货币罪吸收出售假币罪、抢劫罪或盗窃罪吸收非法侵入住宅罪以及实行的犯罪吸收教唆的犯罪等一罪处断。

1. 从吸收犯的特征看，明显区别于想象竞合犯，因想象竞合犯实施的是一个犯罪行为，属于实质的一罪，而吸收犯实施的是数个有依附关系的犯罪行为，属于处断的一罪。

2. 从吸收犯的特征看，也区别于连续犯，因连续犯实施的是数个性质相同、独立成罪的犯罪行为且触犯同一罪名，而吸收犯实施的数个犯罪行为并非要求性质相同且触犯同一罪名。

3. 从吸收犯的特征看，与牵连犯的关系似乎难以界定，故在有的国家或地区的刑法中根本不承认牵连犯的存在，而是纳入吸收犯之中，但在我国的理论与实践中多承认牵连犯的存在，即将手段行为与目的行为的牵连、原因行为与结果行为的牵连作为牵连犯。应该说除去这两种牵连关系以外的其他数个有依附关系的犯罪行为多应划归吸收犯之中。

此外，注意刑法分则中关于数罪并罚的特别规定。如关于《刑法》第 198 条第 2 款、第 239 条第 2 款、第 240 条第 1 款第（三）项、第 294 条第 4 款等条款的特别规定，针对数个犯罪行为，或规定依照数罪并罚处理，或规定依一罪定罪处罚。对这类数罪并罚或不并罚的特别规定应注意通过熟悉刑法分则的具体规定去把握。

# 第八章 刑事责任

## 第一节 刑事责任概述

### 一、刑事责任的概念与特征

#### （一）刑事责任的概念

刑事责任不仅是刑法理论研究中一个极为重要的问题，而且作为一个重要术语也多次出现在刑法规定之中，比如我国现行刑法第二章第一节的标题即是"犯罪和刑事责任"；在具体的刑法条文中也多次使用"刑事责任"一词，如《刑法》第 20 条规定"……属于正当防卫，不负刑事责任"。第 30 条规定"……单位犯罪的，应当负刑事责任"。就责任而言，分为"积极责任"与"消极责任"两种，刑事责任属于"消极责任"一类。

什么是刑事责任？理论上存在多种观点，常见的有以下五种，即"法律责任说""法律后果说""否定评价说（亦称责难说、谴责说）""刑事义务说""刑事负担说"。

1. 法律责任说。该说认为"刑事责任是司法机关依照法律规定，根据犯罪行为以及其他能说明犯罪社会危害性的事实，强制犯罪人负担的法律责任"。

2. 法律后果说。该说认为刑事责任"是依照刑事法律规定，行为人实施刑事法律禁止的行为所必须承担的法律后果"。

3. 否定评价说。该说又称"责难说"或"谴责说"，认为"刑事责任是指犯罪人因实施刑法禁止的行为而应承担的、代表国家的司法机关依照刑事法律对其犯罪行为及其本人的否定性评价和谴责"。

4. 刑事义务说。该说认为刑事责任是"犯罪人因其犯罪行为根据刑法规定向国家承担的、体现着国家最强烈的否定评价的惩罚义务"。

5. 刑事负担说。该说认为"刑事责任是国家为维持自身的生存条件，在清算触犯刑律的行为时，运用国家暴力，强迫行为人承受的刑事上的负担"。

上述诸种关于刑事责任概念的观点从不同的角度揭示了刑事责任的特征或主要内容，均有其优点，但仍值得探讨和完善。比如法律后果说虽揭示出了犯罪行为与刑事责任之间的因果关系以及刑事责任与刑事法律之间的联系，但却没有区分刑事责任与刑罚之间的不同，因为刑罚也是由刑事法律规定的犯罪行为的法律后果。在此，本书所持观点倾向于否定评价说，具体表述为：刑事责任是指行为人因其犯罪行为所应承担的、代表国家的司法机关依据刑事法律对该行为所做的否定评价及对行为人进行谴责的责任。

#### （二）刑事责任的特征

刑事责任作为一种法律责任，具有社会性与法律性。此外还包含其他特征：对犯罪行为的非难性（即否定性评价）和对犯罪人的谴责性；必然性（因罪行必定担刑责）和平等性（刑事法律面前的平等）；严厉性（表现为刑事处罚）和专属性（表现为仅由犯罪人承担，无株连他人或由非犯罪人代为承担的性质）。

## 二、刑事责任的地位

### （一）刑事责任在刑法中的地位

在我国的现行刑法中，刑事责任具有重要地位。首先，从刑法基本原则之一的罪责刑相适应原则可以看出，刑事责任与罪行、刑罚并列，体现在《刑法》第5条的规定中，即"刑罚的轻重，应当与犯罪分子所犯罪行和承担的刑事责任相适应"。足见刑事责任的重要性。其次，刑法总则第二章第一节的标题即为"犯罪和刑事责任"，亦可见刑事责任在刑法中的重要性。最后，在刑法具体条文的规定中，10多个条文的20余处使用了"刑事责任"这一术语。

当然，从刑法总则的结构来看，刑事责任尚未在现行刑法中专门规定，须待立法继续完善。

### （二）刑事责任在刑法理论体系中的地位

在我国的刑法理论研究中，刑事责任是一个重要范畴，其在理论体系中的应处地位，因看法不同而有不同观点。概括起来，主要有以下三种不同观点：

1. 基础理论说。该说从价值功能的角度将刑事责任作为刑法的基本原理来看待，认为犯罪论、刑罚论、罪刑各论不过是刑事责任的具体内容而已，因此刑事责任具有基础理论的意义，在体系上应置于犯罪论之前。

2. 罪责平行说。该说遵从现代刑法公认的原则"无犯罪则无刑事责任"，认为犯罪是刑事责任的前提，刑事责任是犯罪的法律后果，故刑事责任是与犯罪相对应并发生直接联系的概念。刑罚则仅是实现刑事责任的基本方式而不是唯一方式，因为非刑罚处理方法也是实现刑事责任的方式之一。所以在理论体系中应建立犯罪论—刑事责任论的体系。

3. 罪责刑平行说。该说主张犯罪、刑事责任、刑罚是各自独立又相互联系的三个范畴，而居中的是刑事责任，其是将犯罪与刑罚联系起来的纽带。刑事责任因犯罪而产生，即犯罪是刑事责任产生的前提，刑事责任是犯罪导致的法律后果。刑事责任本身又是刑罚发生的前提，刑罚则是实现刑事责任的基本方式。所以在理论体系中应当是犯罪论—刑事责任论—刑罚论的体系。

符合我国现行刑法的体例结构的当属第三种即罪责刑平行说。理解该理论还应注意两点：其一，刑事责任与犯罪的关系。即犯罪的真实存在与否以及犯罪的轻重程度决定着刑事责任是否产生以及责任的大小。其二，刑事责任与刑罚的关系。刑事责任是一种法律责任，刑罚则是一种强制方法；刑事责任以对犯罪行为的否定评价及对犯罪人进行谴责为内容，刑罚则是以实际剥夺犯罪人一定的权利和利益为内容；刑事责任随犯罪而产生，刑罚则是随法院的有罪判决生效而开始适用。上述内容反映出刑事责任与刑罚的区别，但二者的紧密关系也是不容忽视的：一是刑事责任的存在是适用刑罚的前提；二是刑事责任的大小决定刑罚的轻重；三是刑事责任实现的主要方式是刑罚，非刑罚处理方法是刑事责任实现的次要方式。

## 第二节　刑事责任的根据和解决方式

### 一、刑事责任的根据

#### （一）刑事责任根据的概念

讨论责任根据离不开谴责与担责两个角度的观察。据此，刑事责任的根据，是指国家基于何种前提、基础或决定因素追究犯罪人的刑事责任，犯罪人基于何种前提、基础或决定因素承担刑事责任。

**（二）刑事责任根据的学说**

关于刑事责任的根据在理论上形成了多种不同的学说，主要有：

1. 犯罪构成唯一根据说。此说由苏联的刑法学者提出，并曾在我国部分学者中获得支持。该学说认为，人的行为中具有犯罪的构成是适用刑罚的根据甚至是追究刑事责任的唯一根据，如果行为中缺少犯罪构成则应免除刑事责任。但此说后来遭到苏联其他学者批评，随后在我国学者中也失去了市场。

2. 罪过说。该说又分为广义的罪过说与狭义的罪过说。广义的罪过说包含犯罪的主观方面、犯罪构成的情节、量刑的情节，认为这是刑事责任产生的根据。狭义的罪过说认为犯罪的主观方面是刑事责任产生的根据。苏联学者首倡广义罪过说、狭义罪过说，并引发极大争议。我国也有学者主张狭义罪过说。

3. 犯罪行为说。该说主张刑事责任的根据是犯罪行为本身，即指符合犯罪构成而成立犯罪的行为。

4. 社会危害性说。持此观点的学者认为，犯罪的社会危害性是刑事责任的事实根据。主要理由是，犯罪的社会危害性是犯罪的本质属性，因而决定刑事责任的产生，从而得出结论：社会危害性是刑事责任的唯一根据。

**（三）刑事责任的哲学根据**

为什么要追究犯罪人的刑事责任？从哲学角度找根据，就在于行为人具有相对的意志自由，或者说其有自由选择能力，即当行为人能选择非犯罪行为时却选择了犯罪行为，因而才追究其刑事责任。例如甲借乙 20 万元，约定 2 年后归还，但甲多次拖延还款并有意躲债。乙在多次讨债未果的情况下，将甲打成重伤。此时乙应承担故意伤害罪的刑事责任。该案中，从哲学的角度考察，乙有选择不犯罪的意志自由，按民事纠纷处理，然而乙却选择了故意伤害他人的犯罪行为，因而应追究乙故意伤害罪的刑事责任。当然，乙仍是 20 万元借款的债权人，有权让甲返还借款。只是在现实中，乙为甲支付的医治重伤的费用却高达 50 余万元。

**（四）刑事责任的法学根据**

从法学的角度而言，刑事责任的根据是什么？是指从法律制度上让行为人承担刑事责任或者国家追究其刑事责任的决定因素。从立法角度，行为人实施的行为符合了犯罪构成是追究犯罪人的刑事责任的法律根据。从司法角度，认定行为人的行为是否符合立法的规定，这是确定犯罪人的刑事责任的事实根据。无论从立法或司法即从法律的制定或法律的适用角度，确定刑事责任的有无或刑事责任的大小依据的都是法律制度。

**二、刑事责任的解决方式**

**（一）刑事责任解决方式的学说**

刑事责任的解决方式又称刑事责任的实现方式或刑事责任的承担方式，即指对已产生的刑事责任如何给予处理，使刑事责任得以终结的方法。

对刑事责任解决方式的研究，理论上争议较多，出现了不同的看法，归纳起来主要有以下四种：

1. 刑事责任的解决方式，是指国家强制犯罪人实际承担的刑事制裁措施，包括刑罚处罚、非刑罚处理方法、仅宣告行为构成犯罪而不实施上述两种处罚方法的特殊方式。

2. 刑事责任的解决方式，是指为使犯罪人承担其刑事责任而采取的具体行动，包括刑事强制措施、刑事诉讼强制措施、其他强制措施。这其中的其他强制措施，指的是被剥夺政治权利的人不得被选举或任命担任某职务以及通过外交途径解决享有外交特权和豁免权的外国人的刑事责任。

3. 刑事责任的解决方式，指的是国家用刑罚和非刑罚处理方法强制犯罪人实际承担的法律处分措施。

4. 刑事责任的解决方式仅限于刑罚这一种方法，并不存在或者说法律未规定其他实现刑事责任的方法。

（二）刑事责任解决的几种方式

上述四种主张中，本书认为第一种较符合我国刑法的规定。

实践中确定了如下四种解决方式：

1. 定罪判刑方式。该方式指的是法院认定犯罪人有罪，作出定罪判决并同时宣告适用相应的刑罚。这是实践中解决刑事责任最常见、最基本的一种方式。

2. 定罪免刑方式。该方式指的是法院认定犯罪人有罪，作出定罪判决但免除刑罚处罚的方式。免除刑罚处罚包含两种：一是给予非刑罚处罚；二是免除刑罚处罚后不给任何其他处分。

3. 消灭处理方式。该方式是指，行为人的行为已构成犯罪并应负刑事责任，但因法律的规定而实际存在阻却刑事责任实现的理由从而使刑事责任归于消灭。如犯罪已过追诉时效期限、告诉乃论的告诉主体没有告诉或判决前撤回告诉、犯罪嫌疑人死亡或者被特赦予以释放。

4. 转移处理方式。该方式指的是享有外交特权和豁免权的外国人的刑事责任不由我国司法机关解决，而依法通过外交途径解决。这是根据国际惯例和国家之间的平等原则而采取的一种特殊解决方式。

# 第九章　刑罚概述

## 第一节　刑罚的概念和目的

### 一、刑罚的概念和特征

刑罚，是刑法中明文规定的由国家审判机关依法对犯罪人所适用的限制或剥夺其某种权益的最严厉的法律制裁方法。

刑罚具有以下主要特征：

1. 刑罚是以限制或剥夺犯罪人权益为内容的最严厉的法律制裁方法。我国刑法规定的刑罚种类，即管制、拘役、有期徒刑、无期徒刑、死刑、罚金、剥夺政治权利、没收财产、驱逐出境，表明我国的刑罚包括对犯罪人自由、生命、财产和资格的限制或剥夺。刑罚的这种严厉性，是其区别于其他法律制裁方法的主要特征。

2. 刑罚的适用对象只能是犯罪人。犯罪是刑罚的前提，刑罚是犯罪的当然法律后果。所以，刑罚只能适用于构成犯罪的人，任何未触犯刑律的自然人或单位，不能成为刑罚适用的对象。

3. 刑罚适用的主体只能是国家审判机关。刑罚只能由国家审判机关的刑事审判部门适用，其他任何国家机关、单位、团体、个人等，都无权适用刑罚。

4. 刑罚的种类及适用标准必须以刑法明文规定为依据。按照罪刑法定原则的要求，刑法总则必须对刑罚的种类、量刑的原则和情节等作出明确规定，刑法分则应对各种具体犯罪的法定刑（包括量刑幅度）予以明文规定。不以刑法的明文规定为根据适用刑罚，是违法行为。

5. 刑罚适用必须依照刑事诉讼程序。为保证刑罚适用的准确性，刑事诉讼法规定了严格的诉讼程序。凡是未经法定程序或者违反法定程序而适用刑罚的，都是违法的。

6. 刑罚适用以国家强制力为保障。刑罚适用与其他法律制裁方法适用都以国家强制力为保障，但是刑罚适用的强制性更为严格。这种严格的强制性集中体现在：除告诉才处理的案件和其他自诉刑事案件以外，国家审判机关依法适用刑罚具有绝对的效力，不允许被害人与被告人自行和解，也不能在人民法院的主持下进行调解。

刑罚仅是整个法律制裁体系中的一种制裁方法。它与民事制裁、行政制裁、经济制裁和妨害诉讼的强制措施等其他法律制裁方法的区别主要表现为：

### （一）适用对象不同

刑罚仅适用于犯罪人，即行为触犯刑律构成犯罪的人，而其他法律制裁方法却适用于行为仅违反非刑事法律尚未构成犯罪的人。对于既违反非刑事法律，又触犯刑法的行为人，则应同时适用其他法律制裁方法和刑罚。

### （二）严厉程度不同

刑罚是一种最严厉的法律制裁方法，它包括对犯罪人的生命、自由、财产和资格的限制或剥夺。而其他法律制裁方法绝对排除对违法者生命的剥夺，一般也不会剥夺违法者的人身自由，即使涉及剥夺违法者的人身自由，其期限也较为短暂，性质和法律后果更有别于刑罚。

### （三）适用机关不同

刑罚只能由国家审判机关的刑事审判部门适用，而民事制裁、经济制裁、对妨害诉讼的强制措施，分别由国家审判机关的民事审判、经济审判等部门适用；行政制裁，只能由国家行政机关依法适用。

### （四）适用根据和适用程序不同

对犯罪人适用刑罚，必须以刑法为根据并依照刑事诉讼法规定的刑事诉讼程序进行。而对触犯非刑事法律的违法者适用民事制裁、经济制裁、行政制裁和对妨害诉讼的强制措施，只能分别以民法、经济法、行政法等实体法为根据，并依照民事诉讼法、行政诉讼法和行政程序法律规范所规定的程序进行。

### （五）法律后果不同

由于刑罚与其他法律制裁方法的性质有别，因而，适用刑罚的法律后果与适用其他法律制裁的法律后果有所不同。被适用刑罚的犯罪人如果重新犯罪，就有可能构成累犯，受到比初犯相对较为严厉的刑事处罚，而仅被适用其他法律制裁方法的违法者如果实施了犯罪，一般不会受到与累犯严厉程度相同的刑事处罚。

## 二、刑罚目的

### （一）刑罚目的的概念

刑罚目的，是指国家制定刑罚、适用刑罚和执行刑罚所预期达到的效果。刑罚的目的体现着掌握政权的统治阶级制定刑罚、适用刑罚和执行刑罚的指导思想，决定着刑罚体系和刑罚种类的确立，也是刑罚制度赖以建立的出发点和归宿。

法院对犯罪人适用刑罚，意味着犯罪人的权利和自由受到了一定程度的剥夺或限制，并表明国家对犯罪人的谴责和否定评价。惩罚是刑罚的自然属性，否则就不称其为刑罚。但是，惩罚本身并不是适用刑罚的目的。我国刑罚的目的，是通过惩罚与教育相结合的方法，改造罪犯，教育罪犯，预防犯罪。

### （二）报应主义与预防主义的刑罚观念

#### 1. 报应主义、预防主义概述

刑罚观念上存在着报应刑论、目的刑论、相对报应刑论的不同主张。

在刑罚观念上主张的报应主义又称报应刑论，是前期旧派（指前期刑事古典学派）的观点，是以绝对的报应刑论为内容，将刑罚理解为对犯罪的报应，即以痛苦的刑罚对恶害的犯罪进行报应就体现了正义，这恰恰是刑罚的正当化根据。报应刑论强调以个人为本位，反对将个人作为社会的手段，主张从犯罪人的个人角度论证刑罚的正当性，使犯罪人免受超出报应程度的制裁，不致使犯罪人成为国家预防他人犯罪的工具，但该主张却忽视了对社会利益的保护。

在刑罚观念上主张的预防主义基本等同目的刑论，是新派（指在反驳前期旧派理论的基础上形成的学派，有刑事人类学派、刑事社会学派）的观点，认为刑罚本身并没有什么意义，只有在为了实现一定目的即预防犯罪的意义上才具有价值，主张在预防犯罪所必要而且有效的限度内，刑罚才是正当的。预防犯罪分为一般预防与特殊预防。目的刑论强调刑罚的正当化根据在于刑罚目的的正当性与有效性，主张以社会为本位，为了防卫社会而适用刑罚。这种从社会的角度论证刑罚的正当性的观点，有利于保护社会的利益，却不注重对个人权利的保障。

相对报应刑论是在刑罚观念上折中报应刑论和目的刑论的一种观点。该理论认为，刑罚的正当化根据一方面是为了满足惩罚犯罪的恶有恶报的正义要求，同时也必须是为防止犯罪所必需且有效的，应当在报应刑的范围内实现预防犯罪的目的。相对报应刑论吸收以上两种理论的优点，主张刑罚应兼顾保障个人利益与保护社会利益，既承认刑罚的报应性，也承认刑罚的预防犯罪的目的，在适用刑罚时主张既受到报应的牵制又受到预防犯罪目的的制约。

2. 我国刑法中预防犯罪的目的

对我国刑罚的目的讨论在理论界已有不短的时日，但刑罚的目的是预防犯罪应当说已形成共识。

刑罚预防犯罪的目的包括特殊预防和一般预防。

所谓特殊预防，就是通过刑罚适用，预防犯罪人重新犯罪。预防犯罪人重新犯罪，主要是通过刑罚的适用与执行，把绝大多数犯罪人改造成为守法的公民。我国刑法规定的各种刑种，除了死刑是剥夺犯罪人的生命以外，其他大多数刑罚的执行都采取强制劳动改造的方法。通过强制犯罪人从事生产劳动，促使他们去除好逸恶劳的恶习，并逐步养成劳动的习惯。同时，在劳动改造的过程中，刑罚执行机关还向他们进行政治、文化、技术教育。通过教育使他们不仅学到一定的文化知识和生产技能，重返社会以后有了自谋生计的能力，而且思想也有所悔悟。通过教育改造，多数犯罪人能够认识到犯罪是可耻的，犯罪给国家和人民造成了危害，受到刑罚处罚是罪有应得，因而内心受到自我谴责，决心弃旧图新，不再以身试法，从而预防了他们再次犯罪。少数犯罪人对自己的罪行虽然认识不足甚至没有认识，但感受到刑罚的威力，体验到服刑的痛苦，由于害怕受刑之苦而不敢再次犯罪。对于这种人，从其思想改造的程度上看是不够的，但刑罚特殊预防的目的已达到。对于极少数罪行极其严重的犯罪人，依法判处死刑并立即执行，将他们从社会上加以淘汰，是一种特殊形式的特殊预防，即通过剥夺生命，使其不可能再犯罪。但这不是特殊预防的主要内容，教育改造犯罪人成为守法公民，才是我国刑罚特殊预防的主要内容。

所谓一般预防，就是通过对犯罪人适用刑罚，预防尚未犯罪的人实施犯罪。国家通过颁布刑法、适用刑罚，不仅直接地惩罚了犯罪人，预防其重新犯罪，而且对社会上不稳定分子也起到了警戒和抑制作用，使他们不敢轻举妄动、以身试法。这就是用刑罚的威力震慑有可能犯罪的人，促使他们及早醒悟，消除犯罪意念，不重蹈犯罪人的覆辙，从而预防了犯罪的发生。

我国刑罚的特殊预防和一般预防是紧密结合、相辅相成的。对任何一个犯罪人适用刑罚，都包含着特殊预防和一般预防的目的。法律在对犯罪分子判处刑罚时，既要考虑特殊预防的需要，又要考虑一般预防的需要，使判决符合这两方面的要求，决不能强调一方面而忽视另一方面。

此外，适用刑罚，对人民群众也有教育作用。这种教育作用不是警戒，而是通过对犯罪分子适用刑罚，可以使广大人民群众从具体的案件中更加深刻地认识到犯罪行为的社会危害性和对其惩罚的必要性，从而加强法制观念，增强规范意识，提高预防犯罪的自觉性。广大人民群众积极主动地配合国家专门机关同犯罪分子作斗争，是预防犯罪的强大社会力量。因此，人民群众是预防犯罪的主体，而不是预防犯罪的对象，只有充分发动并依靠群众，实行专门机关与人民群众相结合的同犯罪作斗争的方针，才能达到刑罚的目的。

## 第二节　我国刑罚的种类和体系

### 一、刑罚种类概述

刑罚方法的分类，基本上有两种方法：一是以刑罚所剥夺或者限制犯罪分子的权利和利益的性质为标准，将刑罚方法分为生命刑、自由刑、财产刑、资格刑四类。生命刑，是剥夺犯罪分子生命的刑罚方法。自由刑，是剥夺或限制犯罪分子人身自由的刑罚方法。财产刑，是剥夺犯罪分子财产的刑罚方法。资格刑，是剥夺犯罪分子行使某些权利的资格的刑罚方法。刑罚方法的另一种分类是以某种刑罚方法只能单独适用还是可以附加适用为标准，将刑罚分为主刑与附加刑两类。

根据我国《刑法》第32条、第33条、第34条的规定，刑罚分为主刑和附加刑两大类。主刑有管制、拘役、有期徒刑、无期徒刑、死刑五种；附加刑有罚金、剥夺政治权利、没收财产三种。此外，《刑法》第35条还规定，对于犯罪的外国人可以独立适用或者附加适用驱逐出境。据此，驱逐出境，也是一种附加刑。

刑罚体系，是指由刑法所规定的并按照一定次序排列的各种刑罚方法的总和。刑罚体系，是刑法规定的各种刑罚方法构成的统一体，这些刑罚方法按一定顺序排列，具有严谨的内部结构，形成一个有机的整体，从而能够有效地发挥刑罚的功能，实现刑罚的目的。

我国刑罚体系是在长期同犯罪作斗争中产生并逐步发展和完善的。在此过程中，刑罚种类由少到多，由不统一到逐步统一，由不完备到比较完备，主刑和附加刑由不区分到明确区分，刑种的规定由分散于各个单行刑事法规到集中统一于刑法典。

### 二、我国刑罚体系的特点

我国刑罚体系具有以下特点：

#### （一）体系完整、结构严谨，适应同犯罪作斗争的需要

我国的刑罚由主刑与附加刑构成，包括各种属性不同的刑罚方法，有生命刑、自由刑、财产刑、资格刑等，可以适应不同犯罪以及不同犯罪分子的状况，对各种犯罪都能给予有效、合适的制裁。我国刑罚体系中的刑罚方法全部都由轻至重排列，主次分明、轻重衔接。其中，主刑只包括生命刑和自由刑，这就保持了主刑在性质上的严厉性，而附加刑包括财产刑和资格刑，可以单独适用或配合主刑适用，就使得主刑与附加刑互相补充、宽严相济，避免单一刑种的局限性，有利于和不同犯罪作斗争。

#### （二）方法人道、内容合理，体现社会主义人道主义精神

首先，我国刑罚体系以自由刑为核心，没有残酷的肉体刑和侮辱人格的羞辱刑，虽然保留了死刑，但对死刑的适用作了严格的限制，保证了刑罚方法上的人道主义。其次，从刑罚执行方法上看也合理进步。死刑用枪决或注射的方法；对被处剥夺自由刑的犯罪分子实行劳动改造，禁止对其体罚虐待、侮辱打骂；对判处管制的犯罪分子实行同工同酬；对判处拘役的犯罪分子允许他们每月回家1天至2天，参加劳动的，可以酌情发给报酬。这些都是我国

刑罚的社会主义人道主义精神的具体体现。

**（三）宽严相济、目标统一，体现了惩办与宽大相结合、惩罚与教育改造相结合的政策**

我国对罪犯适用刑罚，并非单纯为了惩办和报复，而是实行惩办与宽大相结合、惩罚与教育相结合的政策，把绝大多数的犯罪分子改造为新人。我国的刑罚体系就是依据这一政策而建立的。在我国的刑罚体系中，尽管保留了死刑这一严厉的刑罚方法，以便惩罚少数罪大恶极的犯罪分子，但是法律对死刑的适用作出了严格的限制性规定。对于那些应当判处死刑，但不是必须立即执行的犯罪分子，可以缓期二年执行。对于不适用死刑的犯罪分子，根据其罪行严重程度和人身危险性程度，分别适用管制、拘役、有期徒刑、无期徒刑，对他们实行劳动改造。在刑罚的具体执行中，还实行减刑、假释等制度，鼓励犯罪分子弃恶从善，重新做人。这些都体现了我国刑罚体系宽严相济、惩教结合，改造罪犯成为新人的政策精神。

### 三、主刑

主刑，就是对犯罪分子适用的主要的刑罚方法。它的特点是只能独立适用，不能附加适用；对于一个犯罪，只能适用一个主刑，而不能适用两个以上主刑。主刑是我国刑罚方法的一大种类，它包括管制、拘役、有期徒刑、无期徒刑和死刑五种刑罚方法。

**（一）管制**

1. 管制的概念。管制是我国主刑中最轻的一种刑罚方法，属于限制自由刑。它是指对犯罪分子不予关押，但限制其一定自由，实行社区矫正的刑罚方法。

2. 管制的特征。根据《刑法》第38条至第41条规定，管制具有以下特征：

（1）对犯罪分子不予关押，即不将其羁押于一定的设施或者场所内。

（2）限制罪犯一定的自由，即罪犯必须遵守《刑法》第39条的各项规定。根据该条规定，被判处管制的犯罪分子，在执行期间应当遵守的规定有：①遵守法律、行政法规，服从监督；②未经执行机关批准，不得行使言论、出版、集会、结社、游行、示威自由的权利；③按照执行机关规定报告自己的活动情况；④遵守执行机关关于会客的规定；⑤离开所居住的市、县或者迁居，应当报经执行机关批准。

（3）管制是有期限的刑罚方法。根据《刑法》第38条第1款的规定，管制的期限为3个月以上2年以下。另外，根据《刑法》第69条的规定，数罪并罚时，管制刑的刑期最高不能超过3年。根据《刑法》第78条的规定，被判处管制的犯罪分子被减刑时，减刑以后实际执行的刑期，不能少于原判刑期的1/2。

3. 管制的执行和禁止令。

（1）关于管制刑期的计算，《刑法》第41条规定："管制的刑期，从判决执行之日起计算；判决执行以前先行羁押的，羁押一日折抵刑期二日。"所谓判决执行之日，应当指判决生效之日。所谓羁押，是指在判决以前对犯罪分子暂时关押，完全限制其人身自由的一种措施。一般情况下，羁押是指刑事拘留和逮捕的情况。根据《刑事诉讼法》第74条的规定，指定居所监视居住的期限应当折抵刑期，监视居住1日折抵管制刑期1日。

（2）被判处管制的犯罪分子享有除被限制之外的各项权利，如未附加剥夺政治权利者仍然享有政治权利，在劳动中同工同酬等。

（3）管制的执行方式是依法实行社区矫正。《刑法》第38条第3款规定，对判处管制的犯罪分子，依法实行社区矫正。关于社区矫正工作，参见2012年1月10日最高人民法院、最高人民检察院、公安部、司法部制定的《社区矫正实施办法》。《刑法》第40条规定，被判处管制的犯罪分子，管制期满，执行机关应即向本人和其所在单位或者居住地的群众宣布解除管制。

（4）禁止令。

所谓禁止令，是指根据《刑法修正案（八）》第2条新增加的《刑法》第38条第2款的规定，判处管制，可以根据犯罪情况，同时禁止犯罪分子在执行期间从事特定活动，进入特定区域、场所、接触特定的人的命令。参见2011年4月28日最高人民法院、最高人民检察院、公安部、司法部《关于判处管制、宣告缓刑的犯罪分子适用禁止令有关问题的规定（试行）》（自2011年5月1日起施行）。

**（二）拘役**

1. 拘役的概念。拘役是短期剥夺犯罪分子的自由，就近执行并实行劳动改造的刑罚方法。它属于短期自由刑，是主刑中介于管制与有期徒刑之间的一种轻刑。

2. 拘役的特征。根据《刑法》第42条至第44条的规定，拘役具有以下特征：

（1）剥夺罪犯的自由，即将罪犯羁押于特定的设施或者场所之中，剥夺其人身自由。

（2）期限较短。《刑法》第42条规定，拘役的期限为1个月以上6个月以下。根据《刑法》第69条的规定，数罪并罚时，拘役刑期最高不能超过1年。根据《刑法》第78条的规定，减刑后实际执行的刑期，判处拘役的，不能少于原判刑期的1/2。

3. 拘役的执行。

（1）拘役刑期的计算，《刑法》第44条规定："拘役的刑期，从判决执行之日起计算；判决执行以前先行羁押的，羁押一日折抵刑期一日。"根据《刑事诉讼法》第74条的规定，指定居所监视居住的期限应当折抵刑期，监视居住2日折抵拘役刑期1日。

（2）被判处拘役的犯罪分子具有某些优于被判处有期徒刑犯罪分子的待遇。根据《刑法》第43条的规定，在执行期间，被判处拘役的犯罪分子每月可以回家1天至2天；参加劳动的，可以酌量发给报酬。

（3）《刑法》第43条规定，被判处拘役的犯罪分子，由公安机关就近执行。拘役的执行机关是公安机关。所谓就近执行，是指把犯罪分子放在由执行机关建立的拘役所里执行。对于没有条件设立拘役所的地方，可以把被判处拘役的犯罪分子放在就近的监狱执行。对于远离监狱的，可把罪犯放在看守所里执行。根据有关规定，在监狱或看守所执行拘役的，要对犯罪分子分管分押以避免交叉感染。对放在监狱执行拘役的犯罪分子，都要组织他们劳动。劳动是拘役刑的重要特点，正是通过劳动，才能发挥出拘役对于犯罪分子的惩罚与改造功能。对放在看守所执行的拘役犯，应积极创造条件，使他们能够在看守所内参加一些手工业、副业等生产劳动；也可以与看守所驻地附近的生产劳动单位联系，吸收拘役犯参加一些生产劳动，并委托生产劳动单位对他们进行监督。采用这种方式参加劳动的拘役犯，仍在看守所住宿。《刑事诉讼法》第253条规定，对未成年犯应当在未成年人管教所执行刑罚。

**（三）有期徒刑**

1. 有期徒刑的概念。有期徒刑是剥夺犯罪分子一定期限的人身自由，强制其进行劳动并接受教育改造的刑罚方法。

2. 有期徒刑的特征。有期徒刑具有以下特征：

（1）剥夺犯罪分子的自由，即将犯罪分子羁押于特定的设施或场所之中，也就是《刑事诉讼法》第253条规定的，由公安机关依法将被判处有期徒刑的罪犯送交监狱执行刑罚。对未成年犯应当在未成年犯管教所执行刑罚。

（2）具有一定期限，根据《刑法》第45条的规定，有期徒刑的刑期为6个月以上15年以下。根据《刑法》第50条的规定，被判处死刑缓期执行的犯罪分子，在死刑缓期执行期间，如果确有重大立功表现，2年期满以后，减为25年有期徒刑。根据《刑法》第69条的规定，数罪并罚时有期徒刑总和刑期不满35年的，最高不能超过20年，总和刑期在35年以上的，最高不能超过25年。由于有期徒刑有较大幅度的期限，可以适用于由轻到重的各种犯罪，故在立法中对分则规定的所有犯罪的法定刑中均有有期徒刑，在司法中能够适应具体犯罪的社会危害程度判处相应的有期徒刑。强制犯罪分子参加劳动，接受教育和改造也是有期徒刑的一大特点，这区别于有些国家单纯剥夺犯罪分子人身自由的监禁刑。

3. 有期徒刑的执行。根据《刑法》第45～47条、第78条的规定，有期徒刑的执行包含：（1）刑期起算和折抵以及减刑后的实际执行刑期。有期徒刑的刑期，从判决执行之日起计算；判决执行以前先行羁押的羁押一日折抵刑期一日。关于指定居所监视居住的日期的刑期折抵同前者对拘役的刑期折抵。有期徒刑减刑以后实际执行的刑期，不能少于原判刑期的1/2。（2）执行机关为监狱或其他执行场所。在我国，监狱是有期徒刑的主要执行场所。其他执行场所是指除监狱以外用于执行有期徒刑的场所，在我国主要指未成年犯管教所，此外根据《刑事诉讼法》第253条的规定，对于被判处有期徒刑的犯罪分子，在被交付执行刑罚前，剩余刑期在3个月以下的，由看守所代为执行。（3）执行内容。被判处有期徒刑的犯罪分子，无论在何种场所执行，凡有劳动能力的，都应当参加劳动，接受教育和改造；丧失劳动能力的，也要通过接受执行机关安排的教育活动反省罪行和改造罪恶的习性。

**（四）无期徒刑**

1. 无期徒刑的概念。无期徒刑，是剥夺犯罪分子的终身自由，强制其参加劳动并接受教育改造的刑罚方法。它是仅次于死刑的一种严厉的刑罚。

2. 无期徒刑的特征。无期徒刑没有刑期限制，罪犯终身被剥夺自由。应当注意的是，无期徒刑固然是终身被剥夺自由，关押没有期限，但在实际执行中，并不一定把犯罪分子关押到死，而是给其悔过自新，重新做人的机会。依照刑法规定，被判处无期徒刑的犯罪分子，在服刑期间如果符合法定条件，可予以减刑或假释。在国家发布特赦令的情况下，符合特赦条件的无期徒刑罪犯，也可以被特赦释放。

3. 无期徒刑的执行。

（1）被判处无期徒刑的罪犯在判决执行以前的羁押时间不存在折抵刑期的问题。

（2）根据《刑事诉讼法》第253条的规定，被判处无期徒刑的罪犯，由公安机关依法将其送交监狱执行刑罚。对于罪行极其严重被判无期徒刑的未成年犯应当在未成年犯管教所执行刑罚。除了无劳动能力的以外，都要在监狱或其他执行场所中参加劳动，接受教育和改造。

（3）根据《刑法》第57条的规定，对被判处无期徒刑的犯罪分子，必须剥夺政治权利终身。

**（五）死刑**

死刑，也称生命刑，即剥夺犯罪分子生命的刑罚方法。其特征是：它是对犯罪分子的肉体予以剥夺而不是对犯罪分子的自由予以剥夺，它是最严厉的刑罚方法，因此也称为极刑。

我国目前没有废除死刑。但是，对于死刑的适用，历来采取少杀、慎杀政策，通过刑法总则规定与刑法分则规定相结合的方式来控制死刑数量，限制死刑适用。其中，刑法总则关于适用死刑的限制性规定主要表现在：

1. 死刑适用条件的限制。根据《刑法》第48条的规定，死刑只适用于罪行极其严重的犯罪分子。这是刑法总则对于适用死刑所作的条件性规定。所谓罪行极其严重，是指犯罪行为对国家和人民的利益危害特别严重，社会危害性极为巨大。死刑只适用于罪行极其严重的犯罪分子，可以从两方面加以理解：（1）死刑的适用要与犯罪行为所造成的客观危害相适应。（2）死刑的适用必须与犯罪分子的主观恶性相适应。判断犯罪分子是否属于"罪行极其严重"，应当坚持主观罪过和客观危害相统一的原则，全面衡量，慎重考虑。

"罪行极其严重"是一个抽象的概念，它反映在刑法分则的具体条文中往往表现为：适用死刑的犯罪必须是"对国家和人民危害特别严重、情节特别恶劣""情节特别严重""危害特别严重""造成后果特别严重"或"致人重伤、死亡""致使公私财产遭受重大损失"等，以严格限制具体犯罪的死刑适用。另外，在刑法分则中，除了极个别的例外，死刑都是作为选择刑规定的，并不是绝对确定的法定刑，这就从死刑的规定方式上保证依法应当判处死刑的，只是极少数罪行极其严重、罪该处死的犯罪分子。

2. 死刑适用对象的限制。《刑法》第49条规定："犯罪的时候不满十八周岁的人和审判的时候怀孕的妇女，不适用死刑。"这一规定表明，并不是对罪行严重的犯罪分子都适用死刑。死刑的适用在犯罪主体上有三点限制：（1）犯罪的时候不满18周岁的人不适用死刑。所谓不适用死刑，是指不能判处死刑，而不是暂不执行死刑，待年满18周岁以后再执行。而且，由于死刑缓期二年执行是死刑的执行制度，所以，不适用死刑，合乎逻辑的结论就是也不能判处死缓。（2）审判的时候怀孕的妇女不适用死刑。审判的时候怀孕的妇女，是指人民法院审判的时候，被告人是怀孕的妇女，也包括审判前被羁押时已是怀孕的妇女。对审判时怀孕的妇女不适用死刑，是指不能判处死刑，而不是暂不执行死刑，待分娩后再执行。应当注意的是，对于怀孕的妇女无论是在羁押还是在受审期间，都不应当为了要判处死刑而给她进行人工流产；已经人工流产的，仍应视同审判时怀孕的妇女，不能适用死刑。另外，对怀孕的妇女不能适用死刑，也包括不能适用死缓。（3）审判的时候已满75周岁的人不适用死刑，但以特别残忍手段致人死亡的除外。这是《刑法修正案（八）》第3条对《刑法》第49条新增加的一款规定。这一规定体现了刑法的人道主义精神和精神文明。

3. 死刑适用程序的限制。《刑法》第48条第2款规定："死刑除依法由最高人民法院判决的以外，都应当报请最高人民法院核准。"根据这一规定，死刑的核准权全部都由最高人民法院统一行使。

4. 死刑执行制度的限制。《刑法》第48条规定："对于应当判处死刑的犯罪分子，如果不是必须立即执行的，可以判处死刑同时宣告缓期二年执行。"这是关于我国刑法中死刑缓期执行制度的规定。这一制度的实行，大大缩小了判处死刑立即执行的适用范围。根据《刑法》第48条第1款的规定，适用死刑缓期执行必须具备以下两个条件：（1）罪该处死。这是宣告死刑缓期执行的前提条件，它要求适用死缓首先必须符合适用死刑的条件。凡是刑法分则条文没有设立死刑的，就不可能适用死缓；而刑法分则条文虽然设有死刑，但所犯罪行不该适用死刑的，也不可能适用死缓。总之，死缓是死刑的执行制度，而不是轻于死刑的一个刑种，所以它的适用必须以犯罪分子被判处死刑为前提。（2）不是必须立即执行。这是宣告死刑缓期执行的实质条件。所谓"不是必须立即执行"，一般包括：一是犯罪分子的行为客观危害十分严重，但其主观恶性并不大。二是犯罪分子虽然主观恶性较大，但其行为的客观危害性并不是特别严重。三是犯罪分子虽然主观恶性和行为的客观危害都比较大，但其具有从宽处罚情节。

关于死刑的执行，包含对死刑缓期执行的规定和对判处死刑立即执行的规定。关于死刑执行的程序由刑事诉讼法规定。《刑事诉讼法》第 252 条规定，死刑采用枪决或注射等方式执行。该法第 253 条规定，被判处死刑缓期二年执行的罪犯，由公安机关依法将其送交监狱执行刑罚。

为了保证死刑缓期执行制度的正确执行，《刑法》第 48 条第 2 款对死刑缓期执行的判决及其核准作了明确规定：死刑缓期执行的，可以由高级人民法院判决或者核准。

死刑缓期执行期满后的处理。根据《刑法修正案（九）》第 2 条对《刑法》第 50 条第 1 款修订后的规定，对于被判处死缓的犯罪分子，在死刑缓期执行期满后，有三种处理办法：①在死刑缓期执行期间，如果没有故意犯罪，2 年期满以后减为无期徒刑。没有故意犯罪，是对被判处死刑缓期执行的犯罪分子裁定减为无期徒刑的实质条件。没有故意犯罪包含两层意思：一是犯罪分子没有犯罪。二是犯罪分子所犯的是过失犯罪，而非故意犯罪。②在死刑缓期执行期间，如果确有重大立功表现，2 年期满以后，减为 25 年有期徒刑。被判处死缓的犯罪分子减为有期徒刑，必须具备的前提条件是 2 年期满而没有故意犯罪。在此前提下，如果犯罪分子又有重大立功表现，才能减为 25 年有期徒刑。③在死刑缓期执行期间，如果故意犯罪，情节恶劣，报请最高人民法院核准后执行死刑。首先，只要犯罪分子在死刑缓期执行期间故意犯罪，无论何时都可以核准执行死刑。其次，在死刑缓期执行期间故意犯罪，情节恶劣，是死缓核准执行死刑的必要条件。它包含三层意思：一是死缓执行期间又犯新罪。二是所犯新罪必须是故意犯罪。三是所犯故意罪情节恶劣。

《刑法修正案（八）》第 4 条对《刑法》第 50 条增订的第 2 款规定："对被判处死刑缓期执行的累犯以及因故意杀人、强奸、抢劫、绑架、放火、爆炸、投放危险物质或者有组织的暴力性犯罪被判处死刑缓期执行的犯罪分子，人民法院根据犯罪情节等情况可以同时决定对其限制减刑。"该规定明确对九种被判处死缓的罪犯在死缓判决的同时可以决定对其"限制减刑"。这里包含两层意思：一是明确了"限制减刑"的对象范围，即累犯与八种具有严重危害性的暴力性犯罪；二是人民法院对决定罪犯是否"限制减刑"有酌定裁量权。

死刑缓期执行期间的计算。《刑法》第 51 条规定："死刑缓期执行的期间，从判决确定之日起计算。死刑缓期执行减为有期徒刑的刑期，从死刑缓期执行期满之日起计算。"可以看出，死缓判决确定以前的羁押时间，不计算在死刑缓期执行的 2 年期限内；也不能将死刑缓期 2 年执行的期限，计算在减刑后的有期徒刑的刑期之内。

《刑法修正案（九）》第 2 条对《刑法》第 50 条第 1 款的修订中规定，"对于未执行死刑的，死刑缓期执行的期间重新计算，并报最高人民法院备案。"

## 四、附加刑

附加刑也称从刑，是补充主刑适用的刑罚方法。它的特点是既能独立适用，又能附加适用。当附加适用时，可以同时适用两个以上的附加刑。附加刑是我国刑罚方法的另一大类，此类刑罚方法包括罚金、剥夺政治权利、没收财产。另外，驱逐出境也是附加刑体系中的内容，是特殊的附加刑。

**（一）罚金**

1. 罚金的概念。罚金是人民法院判处犯罪分子或者犯罪的单位向国家缴纳一定金钱的刑罚方法，属于财产刑。

2. 罚金的适用方式。我国刑法分则中规定罚金的适用方式有四种：（1）选处罚金，即罚金作为一种选择的法定刑，可以适用也可以不适用；如果适用，只能独立适用而不能附加适用。（2）单处罚金，即罚金只能单独适用，而不能附加适用。这种情况只对单位犯罪适用。（3）并处罚金，即罚金只能附加适用且必须适用，而不能单独适用。（4）并处或者单处罚金，即罚金既可以附加适用，也可以独立适用。

3. 罚金数额的确定。《刑法》第52条规定："判处罚金，应当根据犯罪情节决定罚金数额。"一般来说，非法获利的数额大、情节严重的，罚金数额应当多些；反之，则应当少些。总之，不让犯罪分子在经济上占到便宜。当然，也要考虑犯罪分子的实际经济负担能力。刑法分则中对一些犯罪明确规定了罚金的下限和上限数额。对于这种规定了罚金数额幅度的情况，在适用罚金时，要注意应在该幅度内根据犯罪情节来决定对犯罪分子判处罚金的数额，不能因为强调犯罪情节而任意突破刑法分则规定的罚金数额幅度。

4. 罚金刑的执行。根据《刑法》第53条的规定，罚金刑的执行，主要有以下几种方式：

（1）一次缴纳。一次缴纳就是在判决所确定的期限内，犯罪分子或犯罪的单位一次性地将判决所确定的罚金额全部缴清。

（2）分期缴纳。分期缴纳是在判决所确定的期限内，犯罪分子或犯罪的单位分多次将判决所确定的罚金额全部缴清。

（3）强制缴纳。强制缴纳即强迫犯罪分子或犯罪的单位缴纳罚金。强制缴纳适用方式的条件是：①犯罪分子或犯罪的单位有能力缴纳罚金。②犯罪分子或犯罪的单位拒不缴纳罚金。③判决所确定的缴纳期限已过。

（4）随时追缴。随时追缴，是指对于不能全部缴纳罚金的犯罪分子或犯罪的单位，人民法院在发现被执行人有可以执行的财产的任何时候，都可以强制要求犯罪分子或犯罪的单位缴纳罚金的执行方式。随时追缴罚金应具备以下条件：①犯罪分子或犯罪的单位不能全部缴纳罚金。这是随时追缴罚金的前提条件。所谓不能全部缴纳，是指无论是通过分期缴纳的方式还是强制缴纳的方式，在缴纳期满之后都无法使犯罪分子或犯罪的单位全部缴纳罚金。②犯罪分子或犯罪的单位不能全部缴纳罚金的原因，并不是由于遭遇不可抗拒的灾祸而使缴纳出现困难。在实践中，造成犯罪分子或犯罪的单位不能全部缴纳罚金的原因，往往是由于犯罪分子或犯罪的单位对其财产进行秘密而成功的转移、变卖、隐瞒，从而使得犯罪分子或犯罪的单位无力缴纳全部罚金，也使得人民法院无法对其采取强制缴纳的执行方式。③人民法院发现被执行人有可以执行的财产。这是对犯罪分子或犯罪的单位随时追缴罚金的实质条件。在判决所确定的缴纳期限以后，不受时间的限制，任何时候只要具备以上适用条件，就可对犯罪分子或犯罪的单位随时追缴罚金。

（5）延期缴纳、酌情减免缴纳。根据《刑法修正案（九）》第3条对《刑法》第53条的修订，经人民法院裁定，延期缴纳、酌情减少或免除犯罪分子或犯罪的单位应缴纳的罚金数额是一种罚金执行方式。罚金的延期缴纳、酌情减免缴纳应具备以下条件：①犯罪分子或犯罪的单位遭遇不能抗拒的灾祸等，这是延期缴纳、酌情减免缴纳罚金的前提条件。②由于不可抗拒的灾祸等原因而使犯罪分子或犯罪的单位缴纳罚金确实有困难，这是延期缴纳、酌情减免缴纳罚金的实质条件。所谓缴纳罚金有困难，是指犯罪分子或犯罪的单位无力缴纳或缴纳之后将严重影响其正常生活或企业的正常营运等情况。罚金的减免缴纳，应当由人民法院根据实际情况裁定是减少罚金数额，还是免除罚金缴纳，以及减少罚金数额的程度。

### （二）剥夺政治权利

1. 剥夺政治权利的概念。剥夺政治权利，是指剥夺犯罪分子参加国家管理与政治活动权利的刑罚方法，属于资格刑。

2. 剥夺政治权利的内容。剥夺政治权利的内容，根据《刑法》第54条的规定，是剥夺下列权利：（1）选举权和被选举权；（2）言论、出版、集会、结社、游行、示威自由的权利；（3）担任国家机关职务的权利；（4）担任国有公司、企业、事业单位和人民团体领导职务的权利。

3. 剥夺政治权利的适用范围与适用对象。剥夺政治权利作为一种附加刑，既可以附加适用，也可以独立适用。当它附加适用时，是作为一种严厉的刑罚方法适用于重罪。剥夺政治权利的附加适用主要由刑法总则加以规定，根据《刑法》第56条、第57条的规定，剥夺政治权利的附加适用有三种情况：（1）对于危害国家安全的犯罪分子应当附加剥夺政治权利。（2）对于故意杀人、强奸、放火、爆炸、投放危险物质、抢劫等严重破坏社会秩序的犯罪分子，可以附加剥夺政治权利。根据有关司法解释，对故意伤害、盗窃等其他严重破坏社会秩序的犯罪，犯罪分子主观恶性较深、犯罪情节恶劣、罪行严重的，也可以依法附加剥夺政治权利。（3）对于被判处死刑、无期徒刑的犯罪分子，应当附加剥夺政治权利终身。

剥夺政治权利独立适用时，是作为一种不剥夺人身自由的轻刑而适用于较轻的犯罪。根据《刑法》第56条第2款的规定，剥夺政治权利的独立适用由刑法分则加以规定。刑法分则条文中没有规定独立适用剥夺政治权利的，不得独立适用剥夺政治权利。

4. 剥夺政治权利的期限。根据《刑法》第55条、第57条的规定，剥夺政治权利的期限有以下四种情况：（1）独立适用剥夺政治权利或者主刑是有期徒刑、拘役附加剥夺政治权利的，期限为1年以上5年以下。（2）判处管制附加剥夺政治权利的期限与管制的期限相等。（3）判处死刑、无期徒刑的，应当剥夺政治权利终身。（4）死刑缓期执行减为有期徒刑或者无期徒刑减为有期徒刑的时候，应当把附加剥夺政治权利的期限相应地改为3年以上10年以下。

剥夺政治权利刑期的计算，根据《刑法》第58条和第55条第2款的规定，随主刑的不同而有以下几种情况：（1）判处管制附加剥夺政治权利的，剥夺政治权利的刑期与管制的刑期相等，同时起算。（2）判处拘役附加剥夺政治权利的，剥夺政治权利的刑期从拘役执行完毕之日起计算；在拘役执行期间，当然不享有政治权利。（3）判处有期徒刑附加剥夺政治权利的，剥夺政治权利的刑期从有期徒刑执行完毕之日或者从假释之日起计算；在有期徒刑执行期间，当然不享有政治权利。（4）死刑缓期执行减为有期徒刑或者无期徒刑减为有期徒刑时，附加的剥夺政治权利终身减为3年以上10年以下，该剥夺政治权利的刑期，应从减刑以后的有期徒刑执行完毕之日或者从假释之日起计算，在主刑执行期间，当然不享有政治权利。

5. 剥夺政治权利的执行。剥夺政治权利由公安机关执行。根据《刑法》第58条第2款规定，被剥夺政治权利的犯罪分子，在执行期间，应当遵守法律、行政法规和国务院公安部门有关监督管理的规定，服从监督，并且不得行使《刑法》第54条规定的各项权利。被剥夺政治权利在社会上服刑的罪犯可以自愿参加司法行政机关组织的心理辅导、职业培训和就业指导活动，但不属于社区矫正的对象。

### （三）没收财产

1. 没收财产的概念。没收财产，是指将犯罪分子个人所有财产的一部或全部强制无偿地收归国有的刑罚方法。它是我国附加刑中较重的一种。

2. 没收财产的适用方式。在刑法分则中规定的没收财产的适用方式有以下三种：（1）并处没收财产，即应当附加适用没收财产。（2）可以并处没收财产，即量刑时既可以附加没收财产，也可以不附加没收财产，审判人员应按实际情况作出选择。（3）并处罚金或者没收财产，即没收财产和罚金可以择一判处，而无论选择罚金还是没收财产，都只能附加适用，并且必须适用。

3. 没收财产的范围。《刑法》第59条规定："没收财产是没收犯罪分子个人所有财产的一部或者全部。没收全部财产的，应当对犯罪分子个人及其扶养的家属保留必需的生活费用。在判处没收财产的时候，不得没收属于犯罪分子家属所有或者应有的财产。"所谓犯罪分子个人所有的财产，是指犯罪分子实际所有的一切财产及其在共有财产中应得的份额。所谓家属所有的财产，是指所有权明确归属犯罪分子家属的财产，比如家属自己穿用的衣物。所谓家属应有的财产，是指在犯罪分子家庭成员的共有财产中，应当属于家属的那一部分财产。根据《刑法》第59条第2款的规定，在判处没收财产的时候，不得没收犯罪分子家属所有或者应有的财产。根据《刑法》第59条的规定，没收财产可以是没收犯罪分子所有的全部财产，也可以是没收犯罪分子所有的部分财产。是没收全部还是部分，应由人民法院根据犯罪的性质、情节以及案件的其他具体情况决定。人民法院决定对犯罪分子没收全部财产的，应当为犯罪分子个人及其扶养的家属保留必需的生活费用。

4. 没收财产的执行。无论是附加适用还是独立适用没收财产，判决均由人民法院执行；在必要的时候，可以会同公安机关执行。

以没收的财产偿还债务问题，《刑法》第60条规定："没收财产以前犯罪分子所负的正当债务，需要以没收的财产偿还的，经债权人请求，应当偿还。"据此，在没收财产的执行中，以没收的财产偿还债务，应当具备以下条件：（1）必须是犯罪分子在没收财产以前所负的债务。（2）必须是正当的债务。所谓正当债务，就是由正常的买卖、借贷、租赁、雇用等民事关系所产生的债，而不能是由于违法犯罪行为所造成的债务，如赌债。（3）该债务需要以没收的财产偿还。如果犯罪分子的财产被没收后还有其他财产可供偿还债务，就不能以没收的财产偿还债务。（4）必须经债权人请求。

### （四）驱逐出境

1. 驱逐出境的概念。驱逐出境，是指强迫犯罪的外国人离开中国国（边）境的刑罚方法，它是一种专门适用于犯罪的外国人的特殊的附加刑，既可独立适用，又可附加适用。

2. 驱逐出境的适用对象。驱逐出境的适用对象是特定的，即犯罪的外国人。它具有两层含义：（1）驱逐出境只适用于外国人，不适用于中国公民。（2）驱逐出境只适用于犯罪的外国人，未构成犯罪的外国人不能成为驱逐出境的适用对象。

另外，应当注意，根据《刑法》第35条的规定，对于犯罪的外国人，可以独立适用或者附加适用驱逐出境，而不是必须适用驱逐出境。驱逐出境的执行日期，单独判处驱逐出境的，从判决生效之日起执行；附加判处驱逐出境的，从主刑执行完毕之日起执行。

# 第十章 量 刑

## 第一节 量刑的概念和原则

### 一、量刑的概念、功能、特征

量刑，又称刑罚裁量，是指人民法院依据刑事法律，在认定行为人构成犯罪的基础上，确定对犯罪人是否判处刑罚、判处何种刑罚以及判处多重的刑罚，并决定所判刑罚是否立即执行的刑事审判活动。

量刑对应着定罪，是整个刑事审判工作的两个环节之一。量刑的内容是裁量刑罚。量刑的功能是指人民法院通过恰当地裁量刑罚来直接影响刑罚积极功能（指适用刑罚所产生的积极社会效应）的发挥和刑罚目的的有效实现。当然，量刑失当会直接影响量刑的上述功能的发挥。

量刑是使法定的罪刑关系变成实在的罪刑关系的必要条件，是刑罚执行的先决条件，是实现刑罚目的的关键。

量刑具有以下特征：

1. 量刑的主体是人民法院。根据我国有关法律的规定，量刑的唯一主体是人民法院。因为，量刑是国家刑罚权的载体之一，是实现刑罚权的一项重要活动，从属于刑事审判权。而刑事审判权，在我国专属人民法院行使，这决定了量刑是人民法院所特有的权力。行使量刑权的这种机构排他性表明，除人民法院以外的任何机关、团体或个人都没有量刑权。

2. 量刑的内容是对犯罪人确定刑罚。量刑所要解决的是对犯罪人适用刑罚的问题。确切地说，量刑是人民法院在认定行为人的行为构成犯罪的基础上，以解决罚当其罪问题为核心的活动。围绕这一核心而展开的活动内容，就是依法决定对犯罪人是否判处刑罚、判处什么样的刑罚、决定所判刑罚是否立即执行，以及将因数罪而被判处的数刑合并为一个执行刑。所有这些问题的正确解决，直接关系到维护社会主义法制，保障国家和人民的利益，实现我国刑法的任务。因此，量刑适当与否是检验刑事审判工作的重要标准之一。

3. 量刑的性质是一种刑事司法活动。量刑是人民法院根据犯罪事实、犯罪性质、情节和对社会的危害程度，并参照犯罪人的个人情况，依照刑法的有关规定，对犯罪人裁量决定适当的刑罚。因此，量刑是人民法院的一种刑事司法活动，是国家刑事法律活动的有机组成部分。

### 二、量刑的原则

量刑是一项具有自身规律的活动，正确的量刑必须以反映这种规律性的原则为指导。我国《刑法》第 61 条规定，对于犯罪分子决定刑罚的时候，应当根据犯罪的事实、犯罪的性质、情节和对于社会的危害程度，依照本法的有关规定判处。此为刑法关于量刑原则的规定。据此，我国现行刑法中的量刑原则，可以概括为：量刑必须以犯罪事实为根据，量刑必须以法律为准绳。

### （一）以犯罪事实为根据的量刑原则

犯罪事实是引起刑事责任的基础，也是对犯罪人裁量刑罚的根据。无犯罪事实，也就无刑事责任，更无所谓对犯罪人裁量刑罚的可能。所以，量刑必须以犯罪事实为根据。

所谓犯罪事实，是指客观存在的犯罪的一切实际情况的总和。它既包括属于犯罪构成要件的基本事实，也包括犯罪构成要件以外的影响犯罪社会危害性程度的其他事实。故以犯罪事实为根据中的犯罪事实，是具有概括性特征但所含内容丰富的案件事实。它具体包括犯罪事实、犯罪性质、犯罪情节和犯罪对社会的危害程度等几方面的内容。遵守以犯罪事实为根据的原则，必须做到以下几点：

1. 查清犯罪事实。查清犯罪事实，是认定行为人的行为构成犯罪的基础。在认定行为人的行为构成犯罪的基础上，进一步查清犯罪事实，是准确认定犯罪性质，考察犯罪情节，评断犯罪对社会的危害程度的前提。所以，查清犯罪事实，对于贯彻以犯罪事实为根据的量刑原则是至关重要的。

2. 确定犯罪性质。所谓犯罪性质，是指犯了什么罪，即应确定的罪名。犯罪性质不同，反映出的社会危害程度也有差别，因而法定刑的轻重也有所区别。我国刑法分则根据犯罪行为所侵犯的同类客体，将犯罪分为十类，在每一类犯罪中又规定了许多具体的罪名，并相应地规定了轻重有别的法定刑。因此，准确认定犯罪性质，严格区别不同犯罪之间的界限，对于正确量刑具有重要意义。因为，定性不准，必然导致法律适用的失误和量刑的失当，相反，只有定性准确，才能为正确适用法律和适当裁量刑罚创造必要的条件。

3. 考察犯罪情节。所谓犯罪情节，是指犯罪构成必要要件的基本事实以外的其他能够影响社会危害程度的各种具体事实情况。同一性质的犯罪，由于犯罪情节的差别，其社会危害程度也必然有所区别，因而应受到的刑罚处罚也有轻重之分。此外，犯罪情节的差别，也能在一定程度上反映犯罪人主观恶性和人身危险性方面的差异。我国刑法分则正是基于这一点，对各种犯罪都规定了相对确定的法定刑，给予审判人员在一定限度之内裁量刑罚的选择余地。因而，审判机关确定了犯罪性质，只是确定了对犯罪人应判处的法定刑或相应的量刑幅度，而在法定刑或相应的量刑幅度内具体裁量刑罚，必须以对犯罪人的犯罪情节进行全面考察为必要条件。

4. 判断犯罪的社会危害程度。犯罪的社会危害程度，是指犯罪行为对社会造成或者可能造成的损害程度。它作为犯罪的最本质特征，不仅是区别罪与非罪、重罪与轻罪的根据之一，而且是决定对犯罪人是否判处刑罚和判刑轻重的主要依据。前述的犯罪事实、犯罪性质、犯罪情节，都从不同角度、不同层次在一定程度上反映了犯罪的社会危害程度。因而，只有在全面分析、评判犯罪事实、犯罪性质、犯罪情节的基础上，对犯罪的社会危害程度作出综合而准确的判断，才能做到量刑适当。此外，必须指出的是，国家的政治、经济形势特别是社会治安形势，对犯罪的社会危害程度也有一定的影响。对此，在综合判断犯罪的社会危害程度时应予以注意。

除上述内容外，作为量刑的根据或者量刑时应予考虑的，还有犯罪人的某些个人情况和犯罪后的态度。因为这些情况和事实，在一定程度上反映了犯罪人的人身危险性和再犯可能性。它们在一定程度对刑罚裁量必然具有一定联系和影响。虽然我国《刑法》第 61 条未对此作出明确规定，但根据刑法有关规定的精神，如《刑法》第 5 条关于罪责刑相适应原则的规定，其应为量刑根据的内容之一。

**（二）以法律为准绳的量刑原则**

量刑仅以犯罪事实为根据是不够的，因为犯罪事实作为量刑的根据，并不能保证量刑结果必然适当。要做到量刑适当，还必须以刑法的规定为准绳。对《刑法》第 61 条规定的"本法"，应作广义的理解，即是指广义的刑法而不限于刑法典。量刑以刑事法律为准绳，是社会主义法制原则对量刑工作的必然要求，也是正确量刑的重要保证。贯彻这一量刑原则，必须做到以下几点：

1. 必须依照刑法关于各种刑罚方法的适用条件和各种刑罚裁量制度的规定。例如，我国刑法规定了自首制度、缓刑制度、累犯制度、数罪并罚制度等各种具体的刑罚裁量制度，并对死刑等刑罚方法的适用条件作了严格的规定。所有这些规定都是量刑时必须严格遵守的。

2. 必须依照刑法关于各种量刑情节的适用原则和各种量刑情节的规定。我国刑法所规定的量刑情节包括从重、加重、从轻、减轻和免除处罚的情节。无论是从严处罚的量刑情节，还是从宽处罚的量刑情节，刑法均就其适用原则、适用范围和法律效力等作出了规定。审判机关必须据此决定对犯罪人是否判处刑罚和刑罚轻重，才能保证刑罚裁量的合法性。

3. 必须依照刑法分则和其他刑法规范规定的法定刑和量刑幅度，针对具体犯罪选择判处适当的刑罚。这是依法裁量决定刑罚的重要内容之一，也是将法定的罪刑关系变为实在的、具体的罪刑关系必然的要求。

## 第二节 量刑情节

### 一、量刑情节的概念、特征、种类

量刑情节，又称刑罚裁量情节，是指人民法院对犯罪分子裁量刑罚时应当考虑的、据以决定量刑轻重或者免除刑罚处罚的各种情况。

量刑情节的特征主要表现为：首先，它与定罪即认定行为人的行为是否构成犯罪并无关系。其次，它能够表明犯罪人的人身危险性及其所犯罪行的社会危害程度。再次，它对刑罚裁量的结果即处刑轻重或者是否免除刑罚处罚，具有直接的影响。

根据不同的标准，可以对量刑情节作不同层次的分类。其中，以刑法是否就量刑情节及其功能作出明确规定为标准，量刑情节可分为法定情节和酌定情节。以规定法定情节的刑法规范的性质和法定情节的适用范围为标准，法定情节又可分为总则性情节和分则性情节。

### 二、法定情节
**（一）法定情节的概念、内容**

法定情节，是指刑法明文规定的在量刑时应当予以考虑的情节。法定情节有从重、从轻、减轻和免除处罚的情节。

我国刑法对法定量刑情节的规定较为分散，不易掌握。为便于掌握和运用法定量刑情节，我们将其按照由严至宽的顺序，作如下分类排列：

1. 应当从重处罚的情节：（1）教唆不满 18 周岁的人犯罪的教唆犯（第 29 条）；（2）累犯（第 65 条）；（3）策动、胁迫、勾引、收买国家机关工作人员、武装部队人员、人民警察、民兵进行武装叛乱或者武装暴乱的（第 104 条）；（4）与境外机构、组织、个人相勾结，实施分裂国家罪，煽动分裂国家罪，武装叛乱、暴乱罪，颠覆国家政权罪，煽动颠覆国家政权罪的（第 106 条）；（5）掌握国家秘密的国家工作人员犯叛逃罪的（第 109 条）；（6）武装掩护走私的（第 157 条）；（7）国有公司、企业、事业单位的工作人员徇私舞弊犯国有公司、企业、事业单位人员失职罪，国有公司、企业、事业单位人员徇私舞弊犯国有公司、企业、事业单位人员滥用职权罪（第 168 条）；（8）伪造货币并出售或者运输伪造的货币的（第 171 条）；（9）奸淫不满 14 周岁的幼女的（第 236 条）；（10）猥亵儿童的（第 237 条）；（11）犯非法拘禁罪，具有殴打、侮辱情节的（第 238 条）；（12）国家机关工作人员利用职权犯非法拘禁罪的（第 238 条）；（13）国家机关工作人员犯诬告陷害罪的（第 243 条）；（14）司法工作人员滥用职权犯非法搜查罪或者非法侵入住宅罪的（第 245 条）；（15）司法工作人员犯刑讯逼供罪或者暴力取证罪，致人伤残、死亡的（第 247 条）；（16）犯虐待被监管人罪，致人伤残、死亡的（第 248 条）；（17）邮政工作人员犯私自开拆、隐匿、毁弃邮件、电报罪而窃取财物的（第 253 条）；（18）冒充人民警察招摇撞骗的（第 279 条）；（19）引诱未成年人参加聚众淫乱活动的（第 301 条）；（20）司法工作人员犯妨害作证罪，帮助毁灭、伪造证据罪的（第 307 条）；（21）盗伐、滥伐国家级自然保护区的森林或者其他林木的（第 345 条）；（22）利用、教唆未成年人走私、贩卖、运输、制造毒品，或者向未成年人出售毒品的（第 347 条）；（23）缉毒人员或者其他国家机关工作人员掩护、包庇走私、贩卖、运输、制造毒品的犯罪分子的（第 349 条）；（24）引诱、教唆、欺骗或者强迫未成年人吸食、注射毒品的（第 353 条）；（25）因走私、贩卖、运输、制造、非法持有毒品罪被判过刑，又犯刑法分则第六章第七节规定之罪的（第 356 条）；（26）旅馆业、饮食服务业、文化娱乐业、出租汽车业等单位的主要负责人犯组织、强迫、引诱、容留、介绍他人卖淫罪的（第 361 条）；（27）制作、复制淫秽的电影、录像等音像制品组织播放的（第 364 条）；（28）向不满 18 周岁的未成年人传播淫秽物品的（第 364 条）；（29）战时犯破坏武器装备、军事设施、军事通讯罪，过失破坏武器装备、军事设施、军事通讯罪的（第 369 条）；（30）挪用用于救灾、抢险、防汛、优抚、扶贫、移民、救济款物归个人使用的（第 384 条）；（31）索取贿赂的（第 386 条）；（32）徇私舞弊犯食品监管渎职罪的（第 408 条之一）；（33）战时犯阻碍执行军事职务罪的（第 426 条）；（34）伪造、变造海关签发的报关单、进口证明、外汇管理部门核准件等凭证和单据，并用于骗购外汇的（《关于惩治骗购外汇、逃汇和非法买卖外汇犯罪的决定》第 1 条）；（35）海关、外汇管理部门以及金融机构、从事对外贸易经营活动的公司、企业或者其他单位的工作人员与骗购外汇或者逃汇的行为人通谋，为其提供购买外汇的有关凭证或者其他便利的，或者明知是伪造、变造的凭证和单据而售汇、付汇的（《关于惩治骗购外汇、逃汇和非法买卖外汇犯罪的决定》第 5 条）。

2. 可以从轻或者减轻处罚的情节：（1）已满 75 周岁的人故意犯罪的（第 17 条之一）；（2）尚未完全丧失辨认或者控制自己行为能力的精神病人犯罪的（第 18 条）；（3）未遂犯（第 23 条）；（4）教唆未遂的教唆犯（第 29 条）；（5）犯罪以后自首的（第 67 条）；（6）犯罪后坦白，如实供述罪行的（第 67 条第 3 款）；（7）犯罪分子有立功表现的（第 68 条）。

3. 应当从轻或者减轻处罚的情节：（1）已满 14 周岁不满 18 周岁的人犯罪的（第 17 条）；（2）已满 75 周岁的人过失犯罪的（第 17 条之一）。

4. 应当减轻处罚的情节：造成损害的中止犯（第 24 条）。

5. 可以从轻、减轻或者免除处罚的情节：（1）又聋又哑的人或者盲人犯罪的（第 19

条）；（2）预备犯（第 22 条）。

6. 应当从轻、减轻或者免除处罚的情节：从犯（第 27 条）。

7. 可以减轻或者免除处罚的情节：（1）在外国犯罪，已在外国受过刑罚处罚的（第 10 条）；（2）犯罪以后有重大立功表现的（第 68 条）；（3）恶意欠薪，尚未造成严重后果，提起公诉前支付劳动者的劳动报酬，并依法承担相应赔偿责任的（第 276 条之一）；（4）个人贪污数额在 5 000 元以上不满 1 万元，犯罪后有悔改表现、积极退赃的（第 383 条）；（5）行贿人在被追诉前主动交代行贿行为的（第 164 条和第 390 条）；（6）介绍贿赂人在被追诉前主动交代介绍贿赂行为的（第 392 条）。

8. 应当减轻或者免除处罚的情节：（1）防卫过当（第 20 条）；（2）避险过当（第 21 条）；（3）胁从犯（第 28 条）。

9. 可以免除处罚的情节：（1）犯罪以后自首，犯罪又较轻的（第 67 条）；（2）非法种植毒品原植物，在收获前自动铲除的（第 351 条）。

10. 可以免予刑事处罚的情节：犯罪情节轻微不需要判处刑罚的（第 37 条）。

11. 应当免除处罚的情节：没有造成损害的中止犯（第 24 条）。

**（二）法定情节的适用**

1. 从轻处罚情节和从重处罚情节的适用

我国《刑法》第 62 条规定，犯罪分子具有本法规定的从重处罚、从轻处罚情节的，应当在法定刑的限度以内判处刑罚。此为关于从轻处罚情节和从重处罚情节的适用规则的规定。据此，从轻处罚，是指在法定刑幅度内选择判处比没有该情节的类似犯罪相对较轻的刑种或刑期；从重处罚，是指在法定刑幅度内选择判处比没有该情节的类似犯罪相对较重的刑种或刑期。对此，有必要强调以下几点：首先，法定刑幅度是指与特定具体犯罪相适应的法定刑限度之内具体的量刑幅度。其次，从轻处罚，不允许在法定最低刑之下判处刑罚；从重处罚，不允许在法定最高刑之上判处刑罚。刑法学界有人所主张的中间线论，与刑法所确定的适用规则不符，必须摈弃。

2. 减轻处罚情节的适用

我国刑法中的减轻处罚分为法定减轻处罚（也称一般减轻处罚）和酌定减轻处罚（也称特殊减轻处罚）。

《刑法修定案（八）》第 5 条修订后的《刑法》第 63 条第 1 款规定："犯罪分子具有本法规定的减轻处罚情节的，应当在法定刑以下判处刑罚；本法规定有数个量刑幅度的，应当在法定量刑幅度的下一个量刑幅度内判处刑罚。"该条第 2 款规定："犯罪分子虽然不具有本法规定的减轻处罚情节，但是根据案件的特殊情况，经最高人民法院核准，也可以在法定刑以下判处刑罚。"据此，我国刑法中减轻处罚（包括法定减轻处罚和酌定减轻处罚）情节的基本适用规则为：减轻处罚，必须判处低于法定最低刑的刑罚。把握减轻处罚情节的基本适用规则，必须注意以下问题：首先，法定最低刑，并非笼统地指特定犯罪的法定刑的最低刑，而是指与行为人所实施的特定具体犯罪相适应的法定刑所包括的具体量刑幅度的最低刑。其次，减轻处罚既包括刑种的减轻，也包括刑期的减轻。再次，减轻处罚不能判处法定最低刑，只能在法定最低刑之下判处刑罚，否则将同从轻处罚相混淆；减轻处罚也不能减轻到免除处罚的程度，否则将同免除处罚相混淆。

除遵守减轻处罚情节的基本适用规则以外，对犯罪分子适用酌定减轻处罚，还必须符合下列条件：（1）犯罪分子不具有法定减轻处罚情节。如果犯罪分子具有法定减轻处罚情节，则不能适用《刑法》第63条第2款的规定。（2）案件具有特殊情况。至于何为特殊情况，有待司法解释予以明确。（3）经最高人民法院核准。即各级法院适用《刑法》第63条第2款规定所作的酌定减轻处罚的判决，只有逐级报最高人民法院核准后，才能发生法律效力。

3. 免除处罚情节的适用

根据我国《刑法》第37条的规定，免除处罚，是对犯罪分子作有罪宣告，但免除其刑罚处罚。适用免除处罚的情节，除应当明确各种总则性和分则性免除处罚情节的具体内容外，必须把握三个基本条件：第一，行为人的行为已经构成犯罪；第二，行为人所构成的犯罪情节轻微；第三，因犯罪情节轻微而不需要判处刑罚。只有符合这三项条件者，才能对其免除处罚，否则，不能适用免除处罚。

根据《刑法》第37条和《刑法修正案（九）》第1条新增加的《刑法》第37条之一的规定，免除刑事处罚后，可根据案件的不同情况，可给予非刑事处罚措施，具体有：予以训诫；责令具结悔过、赔礼道歉、赔偿损失；主管部门予以行政处罚或者行政处分；从业禁止。

### 三、酌定情节

#### （一）酌定情节的概念及作用

酌定情节，是指人民法院从审判经验中总结出来的，在刑罚裁量过程中灵活掌握、酌情适用的情节。酌定情节虽然不是刑法明文规定的，但却是根据刑事立法精神和有关刑事政策，从刑事审判实践经验中总结出来的，因而对于刑罚裁量也具有重要意义。酌定情节在刑罚裁量中的作用主要表现为：一是法定情节的适用，特别是在多功能情节的适用、量刑情节竞合时的适用、应当型情节与可以型情节并存的适用等情况下，酌定情节对于法定情节的最终适用结果起着重要的调节、修正和辅助判断的作用。二是当特定案件中不具有法定情节的条件下，酌定情节的适用，是在相对确定的法定刑中确定最终应当判处的刑罚所不可缺少的根据之一。

#### （二）酌定情节的种类

刑事审判实践中，常见的酌定情节主要有以下几种：

1. 犯罪的动机。犯罪动机不同，表明犯罪分子的主观恶性程度不同，量刑时应当考虑并予以区别对待。例如，同是抢夺犯罪，有的是追求腐化生活，有的是基于家庭生活困难，前者的主观恶性相对大于后者。

2. 犯罪的手段。犯罪手段不同，主要反映行为的社会危害程度即客观危害性不同。因此，在刑法未将手段作为犯罪构成要件予以规定的条件下，犯罪手段虽然不影响定罪，但对量刑却具有一定的价值。例如，使用一般强制方法实施的强奸犯罪，与采用惨无人道、极端野蛮的手段完成的强奸犯罪相比，前者的情节明显轻于后者。

3. 犯罪的时间、地点。犯罪的时间、地点，在刑法未将其规定为犯罪构成要件的条件下，对量刑的结果也具有一定作用。在这种情况下，不同的犯罪时间、地点，主要通过其所表明的行为危害程度，对量刑产生影响。例如，发生于天灾人祸之时的盗窃、抢劫等犯罪，就比平时所发生的相同犯罪，具有更大的社会危害性。

4. 犯罪侵害的对象。在法律未将某种特定对象规定为犯罪构成要件的条件下，侵犯对象的具体情况的差别，反映行为的社会危害程度各异，从而会影响到量刑的轻重。例如，侵犯未成年人、残疾人、老年人、怀孕妇女的犯罪，就比侵犯其他对象的相同犯罪，具有更大的社会危害性。

5. 犯罪造成的损害结果。损害结果严重与否，表明行为的客观危害有所区别，并对量刑轻重有一定制约作用。例如，同是侵犯财产利益的犯罪，犯罪人所造成的实际的财产损害程度，就是在量刑时应予以考虑的因素。

6. 犯罪分子的一贯表现。犯罪分子的平时表现情况，是反映其改造难易程度和再犯可能性大小的参考因素，因而对于刑罚裁量的结果具有不可忽视的影响。例如，平时遵纪守法者犯罪，与平时一贯违反法律、甚至多次受过行政处罚者犯罪相比，后者就应受到相对较重的处罚。

7. 犯罪后的态度。犯罪分子在犯罪后的态度如何，是反映人身危险程度、再犯可能性大小的另一重要因素。例如，真诚悔过、坦白罪行、积极退赃、主动赔偿损失、积极采取措施消除或减轻危害结果等表现，较之于拒不认罪、毁灭罪证、意图逃避罪责等表现，应当受到相对较轻的处罚。

**（三）酌定情节的适用**

正确适用酌定处罚情节，主要应注意以下问题：

1. 准确认定酌定情节的性质。与法定情节相同，酌定情节可以分为从宽情节和从严情节。从宽情节和从严情节对量刑结果影响的性质是不同的，其中，从宽情节，是指会使犯罪人受到从宽处罚的情节，它包括从轻处罚、减轻处罚和免除处罚的情节；从严情节，是指会使犯罪人受到从严处罚的情节，仅有从重处罚情节一种。所以，准确认定具体酌定情节的性质，对于正确量刑具有重要意义。

2. 全面把握酌定情节的内容。同一案件中所具有的酌定情节，往往是多方面的，既有从宽情节，也有从严情节。全面把握酌定情节的内容，就是要求客观、全面地分析、掌握可能对量刑结果产生不同影响的所有情节，从而为正确量刑奠定公正、合理的基础。

3. 合理协调酌定情节与法定情节的关系。前述表明，酌定情节对于法定情节的最终适用结果具有重要的作用。因而，在同一案件中既有法定情节，又有酌定情节的条件下，注意协调酌定情节与法定情节的关系，对于充分发挥酌定情节的作用，保证法定情节适用结果的准确性，是至关重要的。此外，在法定情节与酌定情节并存的情况下，应本着法定情节优先于酌定情节的原则，决定情节的适用。

4. 公正适用酌定情节。酌定情节是在刑罚裁量过程中由法官灵活掌握、酌情适用的情节，因而，它是法官自由裁量权的重要依据之一。但是，酌定情节的这一属性，并非表明法官可以随心所欲、不受制约地决定酌定情节的取舍和适用结果。任何法官都应当在罪责刑相适应原则和适用刑法人人平等原则的制约下，公正、合理地适用酌定情节，准确裁量刑罚。

## 第三节　量刑制度

**一、累犯**

**（一）累犯制度的意义**

所谓累犯，是指因犯罪而受过一定的刑罚处罚，在刑罚执行完毕或者赦免以后，于法定期限内又犯一定之罪的罪犯。

在我国，受过刑罚处罚的大多数犯罪分子，能够改恶从善，重新做人，重返社会后成为守法公民。但是，也有少数受过刑罚处罚的犯罪分子，仍然不思悔改，在刑罚执行完毕或者赦免以后的一定时间内再次实施犯罪，从而构成累犯。累犯较之于初犯或者其他犯罪分子，其所实施的犯罪行为具有更为严重的社会危害性，并表明犯罪人具有更深的主观恶性和更大的人身危险性。故依据罪责刑相适应的基本原则和刑罚个别化原则，应当对累犯从严惩处，即将累犯作为法定的从重处罚情节。只有如此，才能有效地保证刑罚的特殊预防和一般预防目的的实现，提高惩罚犯罪、改造犯罪人的实际效果。这正是累犯制度的基本意义所在。

**（二）累犯的种类和构成条件**

我国刑法规定的累犯，分为一般累犯和特别累犯两种，其构成条件各异。

1. 一般累犯的概念和构成条件。根据我国《刑法》第 65 条规定，一般累犯，是指被判处有期徒刑以上刑罚并在刑罚执行完毕或者赦免以后，在 5 年内再犯应当判处有期徒刑以上刑罚之罪的犯罪分子。一般累犯的构成条件为：

（1）犯罪主体必须是 18 周岁以上的人。《刑法修正案（八）》第 6 条修订后的《刑法》第 65 条将不满 18 周岁的人犯罪的排除在累犯之外，对累犯的主体条件作了限制性规定。这体现了对未成年人犯罪重在挽救、教育，避免严厉处罚。

（2）前罪与后罪都是故意犯罪。此为构成累犯的主观条件。如果行为人实施的前罪与后罪均为过失犯罪，或者前罪与后罪之一是过失犯罪，都不能构成累犯。我国刑法将过失犯罪排除在累犯之外，对累犯的主观构成条件作了严格的限制规定，表明故意犯罪是刑事制裁的重点。

（3）前罪被判处有期徒刑以上刑罚，后罪应当被判处有期徒刑以上刑罚。此为构成累犯的刑度条件。也就是说，构成累犯的前罪被判处的刑罚和后罪应当判处的刑罚均须为有期徒刑以上的刑罚，如果前罪所判处的刑罚和后罪应当判处的刑罚均低于有期徒刑，或者其中之一低于有期徒刑，均不构成累犯。其中，所谓被判处有期徒刑以上刑罚，是指人民法院最后确定的宣告刑是有期徒刑以上刑罚，包括被判处有期徒刑、无期徒刑和死刑缓期执行。所谓应当判处有期徒刑以上刑罚，是指所犯后罪根据事实和法律规定实际上应当判处有期徒刑以上刑罚，包括实际上应当判处有期徒刑、无期徒刑和死刑，而不是指该罪的法定刑包括有期徒刑。总之，构成累犯的刑度条件表明，犯罪人实施的前罪和后罪必须是较为严重、严重或特别严重的刑事犯罪。

（4）后罪发生在前罪的刑罚执行完毕或者赦免以后 5 年之内。这是构成累犯的时间条件。其中，所谓刑罚执行完毕，是指主刑执行完毕，不包括附加刑在内。主刑执行完毕 5 年内又犯罪，即使附加刑未执行完毕，仍构成累犯。所谓赦免，是指特赦减免。若后罪发生在前罪的刑罚执行期间，则不构成累犯，而应适用数罪并罚；若后罪发生在前罪的刑罚执行完毕或者赦免 5 年以后，也不构成累犯。

被假释的犯罪分子，如果在假释考验期内又犯新罪，不构成累犯，而应在撤销假释之后，适用数罪并罚。被假释的犯罪分子，如果在假释考验期满 5 年以内又犯新罪，则构成累犯，因为假释考验期满就认为原判刑罚已经执行完毕。被假释的犯罪分子，如果在假释考验期满 5 年以后犯罪，不构成累犯。

被判处有期徒刑宣告缓刑的犯罪分子，如果在缓刑考验期满后又犯罪，不构成累犯，因为缓刑是附条件地不执行刑罚，考验期满原判的刑罚就不再执行了，而不是刑罚已经执行完毕，不符合累犯的构成条件。被判有期徒刑宣告缓刑的犯罪分子，如果在缓刑考验期内又犯新罪，同样不构成累犯，而应当在撤销缓刑之后，适用数罪并罚。

至于前罪已受外国刑罚处罚，能否作为构成累犯的条件的问题，我国刑法未作明确规定，刑法理论界存在着不同的认识。我们认为，对此问题，不可一概而论，应作具体分析并视情况区别对待。若行为人在国外实施的行为，并未触犯我国刑法，虽然经过外国审判并执行刑罚，也不能作为构成累犯的条件。若行为人受外国刑罚处罚并执行刑罚之罪，依照我国刑法规定也应当负刑事责任，可以承认其已受过刑罚执行，如其被判处并执行的刑罚为有期徒刑以上，即可作为构成累犯的条件。此外，也可依照我国刑法规定再行处理。如此解决问题，既具有立法根据，也比较切实可行。

根据有关司法解释，前罪判处的刑罚已经执行完毕或者赦免，在 1997 年 9 月 30 日以前又犯应当判处有期徒刑以上刑罚之罪，是否构成累犯，适用修订前的《刑法》第 61 条的规定；1997 年 10 月 1 日以后又犯应当判处有期徒刑以上刑罚之罪的，是否构成累犯，适用修订后的《刑法》第 65 条的规定。

2. 特别累犯的概念和构成条件。我国刑法规定的危害国家安全犯罪、恐怖活动犯罪、黑社会性质的组织犯罪的累犯，相对于一般累犯而言，是特别累犯。根据《刑法修正案（八）》第 7 条修订后的《刑法》第 66 条规定，危害国家安全犯罪、恐怖活动犯罪、黑社会性质的组织犯罪的特别累犯，是指因犯危害国家安全犯罪、恐怖活动犯罪、黑社会性质的组织犯罪受过刑罚处罚，刑罚执行完毕或者赦免以后，在任何时候再犯上述任一类罪的犯罪分子。我国刑法所规定的危害国家安全犯罪、恐怖活动犯罪、黑社会性质的组织犯罪的特别累犯，体现了对这些特别累犯较之于一般累犯更加从严惩处的精神。这突出地表现在有别于一般累犯的这些犯罪的特别累犯的构成条件之中：

（1）前罪与后罪必须均为危害国家安全犯罪、恐怖活动犯罪、黑社会性质的组织犯罪。如果行为人实施的前后两罪都不是这些罪，或者其中之一不是这些罪，就不能构成特别累犯。至于是否能够构成一般累犯，则应当根据一般累犯的构成条件加以认定。

（2）前罪被判处的刑罚和后罪应判处的刑罚的种类及其轻重不受限制。即使前后两罪或者其中之一被判处或者应当判处管制、拘役或者单处某种附加刑，也不影响特别累犯的成立。

（3）前罪的刑罚执行完毕或者赦免以后，任何时候再犯上述任一类罪，都构成特别累犯，不受前后两罪相距时间长短的限制。

累犯与再犯不同。一般意义上的再犯，是指再次犯罪的人，不管是两次或者两次以上再实施犯罪，还是是否受过刑罚之处罚，均可称为再犯。再犯的后犯之罪实施的时间并无限制，既可以是在前罪刑罚执行期间实施的，也可以是在刑满释放之后实施的。累犯与再犯的相同之处主要表现为：它们都是两次或两次以上实施犯罪行为。两者的区别主要表现为以下几点：

（1）累犯前后实施的犯罪必须是特定的犯罪，特定犯罪的性质是由法律明文规定的；而再犯前后实施的犯罪，并无此方面的限制。

（2）累犯一般必须以前后两罪被判处或应判处一定的刑罚为构成条件；而构成再犯，并不要求前后两罪必须被判处一定刑罚。

（3）累犯所犯之后罪，一般必须是在前罪刑罚执行完毕或赦免以后的法定期限内实施的；而再犯的前后两罪之间并无时间方面的限制。

### （三）累犯的刑事责任

累犯不仅具有比初犯或其他犯罪人更深的主观恶性和更大的人身危险性，而且其所实施的犯罪行为具有更为严重的社会危害性。所以，依据罪责刑相适应原则和刑罚个别化原则，对于累犯应当从严惩处。

我国《刑法》第65条规定了对累犯应当从重处罚的原则。据此，对累犯裁量刑罚，确定其应承担的刑事责任，应注意把握以下几方面的问题：

1. 对于累犯必须从重处罚。即无论是具备一般累犯的构成条件者，还是具备特别累犯的构成条件者，都必须对其在法定刑的限度以内，判处相对较重的刑罚即适用较重的刑种或较长的刑期。

2. 对于累犯应当比照不构成累犯的初犯或其他犯罪人从重处罚。也即对于累犯的从重处罚，并不是无原则的、无限制的从重处罚，而应以不构成累犯的初犯或其他犯罪人为从重处罚的参照标准。虽然我国刑法并未明文规定对于累犯应当比照不构成累犯者从重处罚，但基于刑法设置累犯制度的宗旨和累犯制度的基本精神，这本应是对于累犯采用从重处罚原则，以解决其刑事责任所应遵循的基本立法精神。

3. 对于累犯从重处罚，必须根据其所实施的犯罪行为的性质、情节和社会危害程度，确定具体应判处的刑罚，应切忌毫无事实根据地对累犯一律判处法定最高刑的做法。

## 二、自首

### （一）自首制度的意义

自首，是指犯罪分子犯罪以后自动投案，如实供述自己的罪行的行为，或者被采取强制措施的犯罪嫌疑人、被告人和正在服刑的罪犯，如实供述司法机关还未掌握的本人其他罪行的行为。我国刑法规定的自首制度，是以惩办与宽大相结合的刑事政策为根据的一种刑罚裁量制度，表明我国刑法在报应的基础上追求刑罚的功利效果，即在惩罚犯罪的基础上，通过自首从宽原则的实施，获得有利于国家、社会的预防犯罪结果。

我国刑法设置的自首制度及所确立的对自首犯从宽处罚的原则，具有重要的意义。首先，它对于分化瓦解犯罪势力，感召犯罪分子主动投案，激励犯罪分子悔过自新，减少因犯罪造成的社会不安定因素，起着积极的作用。其次，它有利于迅速侦破刑事案件，及时惩治犯罪，提高刑事法律在打击和预防犯罪中的作用。再次，它是兼顾惩罚犯罪和教育改造罪犯的刑罚重要功能的刑罚裁量制度，使刑罚目的的实现过程在一定程度上因犯罪人的自动归案而拓展到犯罪行为实施之后、定罪量刑之前的阶段，促使罪犯的自我改造更早开始。

### （二）自首的种类及成立条件

根据我国《刑法》第67条规定，自首分为一般自首和特别自首两种。其中，一般自首，是指犯罪分子犯罪以后自动投案，如实供述自己罪行的行为。特别自首，亦称准自首，是指被采取强制措施的犯罪嫌疑人、被告人和正在服刑的罪犯，如实供述司法机关还未掌握的本人其他罪行的行为。根据刑法的规定，一般自首与特别自首的成立条件有所不同。

根据《刑法》第67条第1款的规定，成立一般自首必须具备以下条件：

1. 自动投案。所谓自动投案，是指犯罪分子在犯罪之后、归案之前，出于本人的意志而向有关机关或个人承认自己实施了犯罪，并自愿置于有关机关或个人的控制之下，等待进一步交代犯罪事实，并最终接受国家的审查和裁判的行为。对此，可从以下几个方面加以把握：

（1）投案行为必须发生在犯罪人尚未归案之前。这是对自动投案的时间限定。根据有关司法解释，自动投案，是指犯罪事实或者犯罪嫌疑人未被司法机关发觉，或者虽被发觉，但犯罪嫌疑人尚未受到讯问、未被采取强制措施时，主动、直接向公安机关、人民检察院或者人民法院投案。此外，犯罪嫌疑人向其所在单位、城乡基层组织或者其他有关负责人员投案的；犯罪嫌疑人因病、伤或者为了减轻犯罪后果，委托他人先代为投案，或者先以信电投案的；罪行尚未被司法机关发觉，仅因形迹可疑，被有关组织或者司法机关盘问、教育后，主动交代自己的罪行的；犯罪后逃跑，在被通缉、追捕过程中，主动投案的；经查实确已准备去投案，或者正在投案途中，被公安机关捕获的，应当视为自动投案。

（2）必须是基于犯罪分子本人的意志而自动归案。这是认定自动投案是否成立的关键条件。也即犯罪分子的归案，并不是违背犯罪分子本意的原因所造成的。把握犯罪分子归案行为的自动性，必须注意自动投案的动机是多种多样的，有的出于真诚悔罪，有的慑于法律的威严，有的为了争取宽大处理，有的潜逃在外生活无着，有的经亲友规劝而醒悟，等等。但不同的动机，并不影响归案行为的自动性。根据有关司法解释，并非出于犯罪嫌疑人主动，而是经亲友规劝、陪同投案的；公安机关通知犯罪嫌疑人的亲友，或者亲友主动报案后，将犯罪嫌疑人送去投案的，也应当视为自动投案。

（3）必须向有关机关或者个人承认自己实施了特定犯罪。此为自动投案的对象和具体性的条件。对此须从两方面加以把握：①自动投案，一般要求犯罪分子本人直接向公安机关、检察机关或者审判机关投案。犯罪分子向其所在单位、城乡基层组织或者其他有关负责人投案的，也应视为投案。②投案之后必须向有关机关、单位、组织或个人承认自己所犯特定之罪。即不能仅空泛地承认犯罪，而是必须承认自己实施了特定犯罪或承认某一特定犯罪系自己所为。

（4）必须自愿置于有关机关或个人的控制之下，等待进一步交代犯罪事实，接受国家司法机关的审查和裁判。此为自动投案的基本构成要素，也是自首成立的其他条件的前提。所谓审查，主要是指公安机关、检察机关和人民法院针对刑事案件而进行的审理、查证等诉讼活动；所谓裁判，是指人民法院在审查的基础上对犯罪人定罪量刑所作的判决或裁定。犯罪分子自动投案后，必须听候、接受司法机关的侦查、起诉和审判，不能逃避，才能最终成立自首。犯罪分子将自己的人身置于司法机关的现实控制之下，是其悔罪的具体表现，也是国家对其从宽处理的重要根据。犯罪人归案之后，无论在刑事诉讼的侦查阶段、起诉阶段，还是审判阶段逃避司法机关现实控制的，都是不接受国家审查、裁判的行为，不能成立自首。根据有关司法解释，犯罪嫌疑人自动投案后又逃跑的，不能认定为自首。在认定自动投案的这一重要内容时，需要注意三方面的问题：①犯罪人自动投案并供述罪行后又隐匿、脱逃的；或者自动投案并供述罪行后又推翻供述，意图逃避制裁；或者委托他人代为自首而本人拒不到案的；等等，都属于拒不接受国家审查和裁判的行为。②犯罪分子自动投案并如实供述罪行后，为自己进行辩护，或者提出上诉，或者补充或更正某些事实，这都是法律赋予的权利，应当允许，不能视为拒不接受国家审查和裁判。③在司法实践中，有的犯罪人匿名将赃物送至司法机关或原主处，或者用电话、书信等方式匿名向司法机关报案或指出赃物所在。此类行为并没有将自身置于司法机关的控制之下，没有接受国家审查和裁判的诚意，因而不能成立自首。但这种主动交出赃物的行为，是悔罪的表现之一，处理时可以考虑适当从宽。

2. 如实供述自己的罪行。犯罪分子自动投案之后，只有如实供述自己的罪行，才足以证明其悔罪服法，为司法机关追诉其所犯罪行提供客观根据，使追究犯罪人刑事责任的诉讼活动得以顺利进行。因此，如实地供述自己的罪行，是自首成立的基本条件。把握自首成立的这一条件，应注意以下几方面的问题：

（1）投案人所供述的必须是犯罪的事实。投案人因法律认识错误而交代违法行为或违反道德规范行为的事实，不构成自首。

（2）投案人所供述的必须是自己的犯罪事实，也即自己实施并应由本人承担刑事责任的罪行。投案人所供述的犯罪，既可以是投案人单独实施的，也可以是与他人共同实施的；既可以是一罪，也可以是数罪。根据有关司法解释，犯有数罪的犯罪嫌疑人仅如实供述所犯数罪中部分犯罪的，只对如实供述部分的犯罪行为，认定为自首。共同犯罪案件中的犯罪嫌疑人，除如实供述自己的罪行，还应当供述所知的同案犯的犯罪事实，主犯则应当供述所知其他同案犯的共同犯罪事实，才能认定为自首。

（3）投案人必须如实供述所犯罪行，即犯罪分子应按照实际情况彻底供述所实施的罪行。根据有关司法解释，如实供述自己的罪行，是指犯罪嫌疑人自动投案后，如实交代自己的主要犯罪事实。如果犯罪人在供述犯罪的过程中推诿罪责，保全自己，意图逃避裁；大包大揽，庇护同伙，意图包揽罪责；歪曲罪质，隐瞒情节，企图蒙混过关；掩盖真相，避重就轻，试图减轻罪责；等等，均属不如实供述自己的犯罪事实，不能成立自首。此外，根据有关司法解释，犯罪嫌疑人自动投案并如实供述自己的罪行后又翻供的，不能认定为自首，但在一审判决前又能如实供述的，应当认定为自首。

根据《刑法》第 67 条第 2 款的规定，成立特别自首，应当具备以下条件：

1. 成立特别自首的主体必须是被采取强制措施的犯罪嫌疑人、被告人和正在服刑的罪犯。其中，所谓强制措施，是指我国刑事诉讼法规定的拘传、拘留、取保候审、监视居住和逮捕。所谓正在服刑的罪犯，是指已经人民法院判决、正在执行所判刑罚的罪犯。除上述法律规定的三种人以外的犯罪分子，不能成立特别自首。

2. 必须如实供述司法机关还未掌握的本人其他罪行。这是成立特别自首的关键性条件。对此，应特别注意把握以下几点：

（1）所供述的必须是司法机关还未掌握的罪行，也即司法机关不了解的犯罪事实。

（2）所供述的必须是除司法机关已掌握的罪行以外的其他罪行，也即被采取强制措施的犯罪嫌疑人、被告人和正在服刑的罪犯，必须供述与司法机关已经掌握的罪行在性质或者罪名上不同或者相同的一定罪行。

（3）所供述的必须是本人的罪行，也即必须供述犯罪人本人实施的犯罪事实。

（4）所供述的罪行与司法机关已掌握的罪行在罪名上是否一致，其法律后果有所不同。根据有关司法解释，被采取强制措施的犯罪嫌疑人、被告人和正在服刑的罪犯，如实供述司法机关还未掌握的本人其他罪行的法律后果，分为两种：一是被采取强制措施的犯罪嫌疑人、被告人和正在服刑的罪犯，如实供述司法机关尚未掌握的罪行，与司法机关已掌握的或者判决确定的罪行属不同罪行的，以自首论。二是被采取强制措施的犯罪嫌疑人、被告人和正在服刑的罪犯，如实供述司法机关尚未掌握的罪行，与司法机关已掌握的或者判决确定的罪行属同种罪行的，可以酌情从轻处罚；如实供述的同种罪行较重的，一般应当从轻处罚。

判断犯罪人如实供述所犯罪行的行为是否构成特别自首，除上述两个必备条件以外，还应特别注意的是，根据有关司法解释，1997 年 9 月 30 日以前被采取强制措施的犯罪嫌疑人、被告人或者 1997 年 9 月 30 日以前犯罪，1997 年 10 月 1 日以后仍在服刑的罪犯，如实供述司法机关还未掌握的本人其他罪行的，适用修订后的《刑法》第 67 条第 2 款的规定。

（三）自首的认定

1. 共同犯罪自首的认定。正确认定共同犯罪人的自首，关键在于准确把握共同犯罪人自己的罪行的范围。根据我国刑法的规定，各种共同犯罪人自首时所要供述的自己的罪行的范围，与其在共同犯罪中所起的作用和具体分工是相适应的。

（1）主犯应供述的罪行的范围。主犯可分为首要分子和其他主犯。其中，首要分子必须供述的罪行，包括其组织、策划、指挥作用所及或支配下的全部罪行；其他主犯必须供述的罪行，包括在首要分子的组织、策划、指挥作用的支配下单独实施的犯罪行为，以及与其他共同犯罪人共同实施的犯罪行为。

（2）从犯应供述的罪行的范围。从犯分为次要的实行犯和帮助犯。次要的实行犯应供述的罪行，包括犯罪分子自己实施的犯罪，以及与自己共同实施犯罪的主犯和胁从犯的犯罪行为；帮助犯应供述的罪行，包括自己实施的犯罪帮助行为，以及自己所帮助的实行犯的行为。

（3）胁从犯应供述的罪行的范围，包括自己在被胁迫情况下实施的犯罪，以及所知道的胁迫自己犯罪的胁迫人所实施的犯罪行为。

（4）教唆犯应供述的罪行的范围，包括自己的教唆行为，以及所了解的被教唆人产生犯罪意图之后实施的犯罪行为。

总之，共同犯罪人在自首时供述的罪行，包括自己实施的犯罪，以及自己确实了解的、与自己的罪行密切相关的其他共同犯罪人的罪行。这是由共同犯罪的特性和自首的本质所决定的。

2. 数罪自首的认定。正确认定数罪的自首，关键在于判断犯罪人是否如实地供述了所犯数罪，并分别不同情况予以处理。（1）就一般自首而言，对于犯罪人自动投案后如实供述所犯全部数罪的，应认定为全案均成立自首。对于犯罪人自动投案后仅如实供述所犯全部数罪的一部分，而未供述其中另一部分犯罪的，应分别予以处理：若所犯数罪为异种数罪的，其所供述的犯罪成立自首，其未交代的犯罪不成立自首，即自首的效力仅及于如实供述之罪。若所犯数罪为同种数罪，则应根据犯罪人供述犯罪的程度，决定自首成立的范围。其中，犯罪人所供述的犯罪与未供述的犯罪在性质、情节、社会危害程度等方面大致相当的，只应认定所供述之罪成立自首，未供述之罪不成立自首，即自首的效力同样仅及于如实供述之罪。犯罪人确实由于主客观方面的原因，只如实供述了所犯数罪中的主要或基本罪行，应认定为全案成立自首，即自首的效力及于所犯全部罪行。（2）就特别自首而言，被司法机关依法采取强制措施的犯罪嫌疑人、被告人和正在服刑的罪犯，如实供述司法机关还未掌握的本人非同种罪行的，以自首论；如实供述司法机关还未掌握的本人同种罪行的，分别不同情况，可以酌情或者一般应当从轻处罚。

3. 过失犯罪自首的认定。过失犯罪的自首问题，关键涉及过失犯罪能否成立自首。在我国刑法学界，有人以过失犯罪的犯罪事实和犯罪人容易被发现为主要理由，主张刑法所规定的自首从宽制度不适用于过失犯罪，自首对于过失犯罪没有实际意义。我们认为，我国《刑法》第 67 条的规定，并未对可以成立自首的犯罪予以任何限制，也就是说，刑法分则规定的所有犯罪均未被排除在可以成立自首的犯罪之外。所以，行为人在实施过失犯罪之后，只要其行为符合自首成立的条件，就应认定为自首。

4. 自首与坦白的区分界限。准确区分自首与坦白的界限，是正确认定自首不可回避的问题。解决这一问题的关键，主要是如何界定坦白和如何把握坦白的特征。关于何为坦白，我国刑法学界存在多种不同的观点。我们认为，所谓坦白，是指犯罪分子被动归案之后，自己如实交代被指控的犯罪事实，并接受国家司法机关审查和裁判的行为。据此，自首与坦白存在着某些相同之处：（1）两者均以自己实施了犯罪行为为前提。（2）两者在犯罪人归案之后都是如实交代自己的犯罪事实。（3）两者的犯罪人都有接受国家司法机关审查和裁判的行为。（4）两者都是从宽处罚的情节。但是，自首与坦白也存在着明显的区别：（1）自首是犯罪人自动投案之后，主动如实供述自己犯罪事实的行为，或者被动归案以后，如实供述司法机关还未掌握的本人其他罪行的行为；而坦白则是犯罪人被动归案之后，如实交代自己所被指控的犯罪事实的行为。（2）自首与坦白所反映的犯罪人的人身危险性程度不同，自首犯的人身危险性相对较小，坦白者的人身危险性相对较大。（3）自首与坦白虽都是法定的从宽处罚情节，但刑法对两者的规定是有区别的。

5. 单位犯罪自首的认定。伴随实践中单位犯罪的增多，单位犯罪后自首的现象也随之增多。

关于认定单位犯罪自首，需注意的问题有以下几个：

（1）单位自首的认定标准。应在符合刑法关于自首规定的一般条件的基础上，认定单位自首尚须符合能够代表单位整体意志的人，基于单位的意志并以单位的名义如实交代单位所实施的主要罪行。

（2）单位的法定代表人、主管人员、其他直接责任人员在单位自首中的作用。由于单位是因自然人而存在的一种特殊组织形式，故讨论单位自首不能脱离与之相关的自然人的关系。单位的法定代表人、主管人员不论是否参与单位犯罪，基于其资格和决策的地位，均可以代表单位自首。至于其他直接责任人员，如经单位的授权进而代表单位的意志自首的，可认定为单位自首。

（3）以单位自首论的情形。实践中非典型自首的情形时有发生，认定是否符合单位自首的原则应参照自然人非典型自首的情形，例如代为先行投案、采取强制措施后的自动供述司法机关尚未掌握的单位犯罪罪行等。

**（四）自首犯的刑事责任**

我国《刑法》第67条第1款规定，对于自首的犯罪分子，可以从轻或者减轻处罚。其中，犯罪较轻的，可以免除处罚。根据有关司法解释，对于自首犯适用该规定，具体确定从轻、减轻还是免除处罚，应当根据犯罪轻重，并考虑自首的具体情节。据此，对于自首犯应分别不同情况予以从宽处罚：

1. 对于自首的犯罪分子，无论罪行轻重，均可以从轻处罚或者减轻处罚。但对于极少数罪行极其严重的犯罪分子，也可以不从轻或者减轻处罚。

2. 对于犯罪较轻的自首的犯罪分子，不仅可以从轻处罚或者减轻处罚，而且可以免除处罚。

至于犯罪的轻重，应当根据犯罪的事实、性质、情节和对于社会的危害程度予以综合评判。而自首的具体情节，则应综合考虑投案时间、投案动机、投案的客观条件、交代罪行的程度等多种因素，得出判定结论。

除上述要点外，解决自首犯的刑事责任，还应注意下列问题：

1. 对于犯有数罪，投案后仅如实供述一罪的，只对这一罪按自首从宽处罚。如果如实地供述主要罪行的，也可以对全案按自首处理。

2. 在共同犯罪案件中，对自首的，按自首处理；对未自首的，按未自首依法处理。

3. 对于被采取强制措施的犯罪嫌疑人、被告人和正在服刑的罪犯，如实供述司法机关还未掌握的本人非同种或者同种罪行的，应依照有关司法解释，分别不同情况予以论处。

《刑法修正案（八）》第8条对《刑法》第67条增加了第3款的规定，即"犯罪嫌疑人虽不具有前两款规定的自首情节，但是如实供述自己罪行的，可以从轻处罚；因其如实供述自己罪行，避免特别严重后果发生的，可以减轻处罚。"这是对坦白者从宽处罚的规定。

### 三、立功

#### （一）立功的概念和意义

所谓立功，是指犯罪分子揭发他人犯罪行为，查证属实，或者提供重要线索，从而得以侦破其他案件等行为。我国《刑法》第68条规定的立功制度是1997年修订刑法时新增设的一项制度，它是与自首制度、累犯制度、数罪并罚制度并列的一种重要的刑罚裁量制度。其存在的根据与自首制度相同或者基本一致。

我国刑法设置的立功制度及其所确立的对立功犯从宽处罚的原则，具有重要的意义。（1）它有利于犯罪分子以积极的态度协助司法机关工作，提高司法机关办理刑事案件的效率，其结果具有应予肯定的价值，有利于国家、有利于社会。（2）它对于瓦解犯罪势力，促使其他犯罪分子主动归案，减少因犯罪而造成的社会不安定因素，起着积极的作用。（3）它有助于通过对犯罪分子立功从宽的处罚结果，激励犯罪分子悔过自新、改过从善，进而较好地协调、发挥刑罚的惩罚犯罪和教育改造罪犯的重要功能。

#### （二）立功的种类及其表现形式

依据《刑法》第68条规定，我国刑法中的立功分为一般立功和重大立功两种。一般立功与重大立功的直接法律后果是两者依法受到的从宽处罚程度有所不同。

根据有关司法解释，一般立功表现是指具有下列情形：阻止他人实施犯罪活动的；检举、揭发监狱内外犯罪活动，或者提供重要的破案线索，经查证属实的；协助司法机关抓捕其他犯罪嫌疑人（包括同案犯）的；在生产、科研中进行技术革新，成绩突出的；在抢险救灾或者排除重大事故中表现突出的；对国家和社会有其他贡献的。此外，有关司法解释还明确指出，共同犯罪案件中的犯罪分子归案后，揭发同案犯共同犯罪事实的，可以酌情予以从轻处罚。

根据有关司法解释，重大立功表现是指具有下列情形：阻止他人实施重大犯罪活动的；检举监狱内外重大犯罪活动，经查证属实的；协助司法机关抓捕其他重大犯罪嫌疑人（包括同案犯）的；有发明创造或者重大技术革新的；在日常生产、生活中舍己救人的；在抗御自然灾害或者排除重大事故中，有特别突出表现的；对国家和社会有其他重大贡献的。重大犯罪、重大犯罪嫌疑人的标准，一般是指犯罪嫌疑人、被告人可能被判处无期徒刑以上刑罚或者案件在本省、自治区、直辖市或者全国范围内有较大影响等情形。据此，可以判定重大立功的表现形式。

确定犯罪分子的行为是否构成立功（包括一般立功和重大立功），除立功的表现形式外，还应特别注意的问题是，根据有关司法解释，1997 年 9 月 30 日以前犯罪的犯罪分子，有揭发他人犯罪行为，或者提供重要线索，从而得以侦破其他案件等立功表现的，适用《刑法》第 68 条的规定。

### （三）立功犯的刑事责任

根据我国《刑法》第 68 条规定，对于立功犯应分别依照以下不同情况予以从宽处罚：

1. 犯罪分子有一般立功表现的，可以从轻或者减轻处罚。

2. 犯罪分子有重大立功表现的，可以减轻或者免除处罚。

## 四、数罪并罚

### （一）数罪并罚的概念、特点和意义

1. 数罪并罚的概念。数罪并罚，是对一行为人所犯数罪合并处罚的制度。我国刑法中的数罪并罚，是指人民法院对一行为人在法定时间界限内所犯数罪分别定罪量刑后，按照法定的并罚原则及刑期计算方法决定其应执行的刑罚的制度。这种制度的实质在于，依循一定准则，解决或协调行为人所犯数罪的各个宣告刑（包括同一判决中的数个宣告刑或两个以上不同判决中的数个宣告刑）与执行刑之间的关系。

2. 数罪并罚的特点。根据我国刑法的规定，我国刑法中数罪并罚的特点，可以概括为以下三点：

（1）必须一行为人犯有数罪。此为适用数罪并罚的事实前提。所谓数罪，是指实质上的数罪或独立的数罪，其必须均系一行为人所为。亦即一行为人犯有一罪或非实质数罪，或者非共犯数行为人犯有数罪（各个行为人分别犯有一罪），均不在并罚之列。就犯罪的罪过形式和故意犯罪的形态而言，一行为人所犯数罪，既可是故意犯罪，也可是过失犯罪；既可以单独犯形式为之，也可以共犯形式为之；既可表现为犯罪的完成形态（犯罪既遂），也可表现为犯罪的未完成形态（犯罪预备、犯罪未遂和犯罪中止）。

（2）一行为人所犯的数罪必须发生于法定的时间界限之内。我国刑法以刑罚执行完毕以前所犯数罪作为适用并罚的最后时间界限，同时对于在不同的刑事法律关系发展阶段内所实施或发现的数罪，采用不同的并罚方法，这是我国刑法中罪责刑相适应原则、惩罚与教育相结合原则和有关刑事政策在刑罚适用制度中的具体体现。

（3）必须在对数罪分别定罪量刑的基础上，依照法定的并罚原则、并罚范围和并罚方法（刑期计算方式），决定执行的刑罚。这是适用数罪并罚的程序规则和实际操作准则。倘若违反，轻者会给刑事诉讼造成困难，或者发生执行刑的计算错误等；重者会致使罪责刑相适应等刑法基本原则遭受破坏，或者数罪并罚制度形同虚设。我国数罪并罚的这一特征的实现，由以下两个步骤或要素构成：一是必须对罪犯所犯数罪，依法逐一分别确定罪名并裁量、宣告刑罚。在此过程中，须特别注意依法确定不同阶段或法律条件下应予以并罚的数罪属性，即所并罚之数罪是仅指异种数罪，还是也包括同种数罪在内。二是应根据适用于不同刑罚种类及结构的法定并罚原则（即吸收原则、限制加重原则和并科原则），以及不同阶段或法律条件下合并处罚的方式（刑罚计算方法），将各数罪被判处的刑罚合并决定为应执行的刑罚。

3. 数罪并罚的意义。我国刑法中数罪并罚制度的意义，主要表现为：（1）便于审判人员科学地对犯罪分子判处适当的刑罚；（2）可以保证适用法律的准确性；（3）有利于保障被告人的合法权益；（4）有利于刑罚执行机关对犯罪分子执行刑罚和适用减刑或假释。

**（二）数罪并罚的原则**

所谓数罪并罚的原则，是指对一人所犯数罪合并处罚应依据的规则。其功能在于确定对于数罪如何实行并罚。数罪并罚的原则，是数罪并罚制度的核心和灵魂。它一方面体现着一国刑法所奉行的刑事政策的性质和特征，另一方面从根本上制约着该国数罪并罚制度的具体内容及适用效果。

1. 数罪并罚原则概述。综观中外的刑事立法例，各国所采用的数罪并罚原则，主要可归纳为如下四种：

（1）并科原则，亦称相加原则。是指将一人所犯数罪分别宣告的各罪刑罚绝对相加、合并执行的合并处罚规则。该原则在某种程度上实为报应刑主义或报应论刑罚思想的产物，其形似公允且持之有效，但实际弊端甚多。如对有期自由刑而言，采用绝对相加的方法决定执行的刑罚期限，往往超过犯罪人的生命极限，与无期徒刑的效果并无二致，已丧失有期徒刑的意义。再如，数罪中若有被判处死刑或无期徒刑者，则受刑种性质的限制，根本无法采用绝对相加的并科规则并予以执行，并且，逐一执行所判数个无期徒刑或死刑，也是极端荒诞之举。所以，并科原则作为单纯适用的数罪并罚原则，实际上既难以执行，且无必要，亦过于严酷，有悖于当代刑罚制度的基本原则和精神。故目前单纯采用并科原则的国家较少。

（2）吸收原则。是指对一人所犯数罪采用重罪吸收轻罪或者重罪刑吸收轻罪刑的合并处罚规则。换言之，它是由一人所犯数罪中法定刑最重的罪吸收其他较轻的罪，或者由最重的宣告刑吸收其他较轻的宣告刑，仅以最重罪的宣告刑或者已宣告的最重刑罚作为应执行刑罚的合并处罚规则。吸收原则虽然对于死刑、无期徒刑等刑种的并罚较为适宜，且适用颇为便利，但若适用于其他刑种（如有期自由刑、财产刑等），则弊端明显。其表现为：一是违背罪责刑相适应的刑法基本原则，有重罪轻罚之嫌。二是导致刑罚的个别威慑和一般威慑功能丧失，不利于刑罚的特殊预防和一般预防目的的实现。所以，此原则不便于普遍适用。目前单纯采用吸收原则的国家较少。

（3）限制加重原则，亦称限制并科原则。是指以一人所犯数罪中法定（应当判处）或已判处的最重刑罚为基础，再在一定限度之内对其予以加重作为执行刑罚的合并处罚规则。采用该原则的具体限制加重方法主要有两种类型：①以法定刑为准确定数罪中的最重犯罪（法定刑最重的犯罪），再就法定刑最重刑罚加重处罚并作为执行的刑罚。②在对数罪分别定罪量刑的基础上，以宣告刑为准确定其中最重的刑罚，再就宣告的最高刑罚加重处罚作为执行的刑罚。此类限制加重的通常做法是：在数刑中最高刑期以上、总和刑期以下，决定执行的刑罚；同时规定应执行的刑罚不能超过的最高限度。限制加重原则的特点是，克服了并科原则和吸收原则或失之于严酷且不便具体适用，或失之于宽纵而不足以惩罚犯罪的弊端，既使得数罪并罚制度贯彻了有罪必罚和罪责刑相适应的原则，又采取了较为灵活、合乎情理的合并处罚方式。故其确为数罪并罚原则的一大进步，但该原则并非完美无缺，仍具有一定局限性。它虽然可有效地适用于有期自由刑等刑种的合并处罚，却对于死刑、无期徒刑根本无法采用，因而当然不能作为普遍适用于各种刑罚的并罚原则，否则，便会产生以偏概全之弊。

（4）折中原则，亦称混合原则。是指对一人所犯数罪的合并处罚不单纯采用并科原则、吸收原则或限制加重原则，而是根据法定的刑罚性质及特点兼采并科原则、吸收原则或限制加重原则，以分别适用于不同刑种和宣告刑结构的合并处罚规则。换言之，它是指以上述一种原则为主、他种原则为辅，将其分别适用于不同刑种或刑罚结构的数罪合并处罚方法。鉴于上述三种原则各有得失、难以概全，目前除极少数国家单纯采用某一种原则外，世界上绝大多数国家采用折中的原则。这种综合兼采用多种原则的做法，能够使上述各原则得以合理取舍、扬长避短、趋利除弊、互为补充、便于适用，综合发挥统一的最优化功能。

2. 我国刑法中数罪并罚原则的特征。按照我国《刑法》第69条的规定，我国确立了以限制加重原则为主，以吸收原则和并科原则为补充的折中原则。我国刑法采用的数罪并罚原则，具有以下特征：

（1）全面兼采各种数罪并罚原则，包括吸收原则、限制加重原则、并科原则。

（2）所采用的各种原则均无普遍适用效力，每一原则仅适用于特定的刑种。即依据刑法的规定，吸收原则只适用于宣告刑有死刑和无期徒刑的情形；限制加重原则只适用于宣告刑有有期徒刑、拘役和管制三种有期自由刑并罚时；并科原则只适用于宣告刑中附加刑的情况。

（3）限制加重原则居于主导地位，吸收原则和并科原则处于辅助或次要地位。我国数罪并罚原则的这一特点，是由我国刑罚体系的特点和各个刑种的实际适用状况或程度所决定的。

（4）吸收原则和限制加重原则的适用效力互相排斥；并科原则的效力相对独立，不影响其他原则的适用。所谓吸收原则和限制加重原则适用效力相互排斥，是指对一罪犯的各个宣告刑决定应执行的刑罚时，只能根据宣告刑的实际状况或结构依法选择适用其中一种原则，即吸收原则和限制加重原则择一适用，而不得同时适用两种原则。所谓并科原则的适用效力相对独立，是指不论判决宣告的数个刑罚中的主刑种类如何以及所适用的并罚原则如何，只要数刑中有附加刑，就应适用并科原则。

3. 我国刑法中数罪并罚原则的基本适用规则。根据我国《刑法》第69条规定，折中原则中所包含的吸收原则、限制加重原则和并科原则的具体适用范围及基本适用规则如下：

（1）判决宣告的数个主刑中有数个死刑或最重刑为死刑的，采用吸收原则，仅应决定执行一个死刑，而不得决定执行两个以上的死刑或其他主刑。

（2）判决宣告的数个主刑中有数个无期徒刑或最重刑为无期徒刑的，采用吸收原则，只应决定执行一个无期徒刑，而不得决定执行两个以上的无期徒刑，或者将两个以上的无期徒刑合并升格执行死刑，或者决定执行其他主刑。

（3）判决宣告的数个主刑为有期自由刑即有期徒刑、拘役、管制的，采取限制加重原则合并处罚。根据《刑法修正案（八）》第10条修订后的《刑法》第69条规定，具体的限制加重规则为：①判决宣告的数个主刑均为有期徒刑的，应当在总和刑期以下，数刑中最高刑期以上，酌情决定执行的刑期。但是必须区分两种情况：一是有期徒刑总和刑期不满35年的，最高不能超过20年；二是总和刑期在35年以上的，最高不能超过25年。②判决宣告的数个主刑均为拘役的，应当在总和刑期以下，数刑中最高刑期以上，酌情决定执行的刑期；但是最高不能超过1年。③判决宣告的数个主刑均为管制的，应当在总和刑期以下，数刑中最高刑期以上，酌情决定执行的刑期；但是最高不能超过3年。可见，我国刑法所规定的限制加重原则的特点在于：一是采取双重的限制加重措施，即在数个同种有期自由刑的总和刑期未超过该种自由刑的法定最高期限时，受总和刑期的限制；在数个同种有期自由刑的总和刑期超过该种自由刑的法定最高期限时，受法定数罪并罚最高执行刑期的限制，即管制最高不能超过3年，拘役最高不能超过1年，有期徒刑最高不能超过20年或25年。二是合并处罚时决定执行的刑期或最低执行刑期，必须在所判数刑中的最高刑期以上，而且可以超过各种有期自由刑的法定最高期限，即管制可以超过2年，拘役可以超过6个月，有期徒刑可以超过 15 年。三是不得将同种有期自由刑合并升格成另一种或更重的有期自由刑或者无期徒刑，即不得将数个管制合并升格为拘役或有期徒刑，不得将数个拘役合并升格为有期徒刑或无期徒刑，不得将数个有期徒刑合并升格为无期徒刑等。

有关同种有期自由刑的合并处罚规则，由于我国《刑法》第 69 条作出了明确规定，故在理论上没有分歧主张，具体执行中也无困难。对于不同种有期自由刑如何合并处罚决定执行的刑期，《刑法修正案（九）》第 4 条对《刑法》第 69 条增加了第 2 款，即"数罪中有判处有期徒刑和拘役的，执行有期徒刑。数罪中有判处有期徒刑和管制，或者拘役和管制的，有期徒刑、拘役执行完毕后，管制仍须执行"。

（4）数罪中有判处附加刑的，采用并科原则，附加刑仍须执行，其中附加刑种类相同的，合并执行，种类不同的，分别执行。

### （三）刑法中适用数罪并罚原则的三种情况

根据《刑法》第 69 条、第 70 条、第 71 条的规定，不同法律条件下适用数罪并罚原则的具体规则分为以下三种：

1. 判决宣告以前一人犯数罪的合并处罚规则。《刑法》第 69 条的规定表明，我国刑法规定的数罪并罚原则及由此而决定的基本适用规则，是以判决宣告以前一人犯数罪的情形为标准确立的。因此，就基本内容而言，判决宣告以前一人犯数罪的合并处罚规则，与前述我国刑法中数罪并罚原则的基本适用规则完全一致，故不再赘述。

数罪依其性质或所触犯的罪名状况可以划分为两类：一类是同种数罪，指触犯同一罪名的数罪，即性质相同的数罪；另一种是异种数罪，指触犯不同罪名的数罪，即性质不同的数罪。对于异种数罪，以及判决宣告以后、刑罚尚未执行完毕以前发现的同种漏罪和再犯的同种新罪应当进行并罚，刑法学界和刑事审判机构对此认识一致，但是，对于判决宣告以前一人所犯的同种数罪是否应当进行合并处罚，刑法学界和刑事审判部门中存在着明显的分歧意见。概括而论，这些分歧意见基本分为三类：其一为一罚说。主张对一人所实施的同种数罪无须并罚，只需按一罪酌情从重处罚，即只需将同种数罪作为一罪的从重情节或者加重构成情节处罚。此为我国刑法理论的传统主张，也是刑事审判实践的一贯做法。其二为并罚说。作为与一罚说直接对立的观点，它主张，对于同种数罪应当毫无例外地实行并罚。其三为折中说。作为综合一罚说和并罚说而形成的观点，折中说认为，对于同种数罪是否应当实行并罚不能一概而论，而应当以能否达到罪责刑相适应为标准，决定对具体的同种数罪是否实行并罚，即当能够达到罪责刑相适应时，对于同种数罪无需并罚，相反，则应实行并罚。

我们认为，对于判决宣告以前一人所犯同种数罪，原则上无须并罚，只需在足以使实际处罚结果符合罪责刑相适应原则的特定犯罪的法定刑范围内作为一罪从重处罚。但是，当特定犯罪的法定刑过轻且难以使实际处罚结果达到罪责刑相适应标准时，在法律未明文禁止的条件下，可以有限制地对同种数罪适当进行并罚。

2. 刑罚执行期间发现漏罪的合并处罚规则。我国《刑法》第 70 条规定，判决宣告以后，刑法执行完毕以前，发现被判刑的犯罪分子在判决宣告以前还有其他罪没有判决的，应当对新发现的罪作出判决，把前后两个判决所判处的刑罚，依照本法第 69 条的规定，决定执行的刑罚。已经执行的刑期，应当计算在新判决决定的刑期以内。根据该条规定，刑罚执行期间发现漏罪的合并处罚规则，具有如下特征：

（1）必须在判决宣告以后，刑罚执行完毕以前发现漏罪，且漏罪是指被判刑的犯罪分子在判决宣告以前实施的并未判决的罪。其中，"判决宣告以后"，确切而言，应指判决业已宣告并发生法律效力之后。若漏罪被发现的时间不是在判决宣告以后至刑罚执行完毕以前的期限内，而是在刑罚执行完毕之后；或者所发现的罪行并非在判决宣告之前实施的，而是在刑罚执行期间实施的，则均不得适用该条规定的合并处罚规则。

（2）对于新发现的漏罪，无论其罪数如何（数罪应为异种数罪），或者与前罪之性质是否相同，都应当单独作出判决。这是此种法律条件下的合并处罚结果，可能重于判决宣告以前一人犯数罪的合并处罚结果的原因。

（3）应当把前后两个判决所判处的刑罚，即前罪所判处的刑罚与漏罪所判处的刑罚，按照相应的数罪并罚原则，决定执行的刑罚。此种法律条件下的合并处罚与判决宣告以前一人犯数罪的合并处罚不同的是，后者是将同一判决中的数个宣告刑合并而决定执行的刑罚，前者是将两个判决所判处的刑罚合并而决定执行的刑罚。

（4）在计算刑期时，应当将已经执行的刑期，计算在新判决决定的刑期之内。换言之，前一判决已经执行的刑期，应当从前后两个判决所判处的刑罚合并而决定执行的刑期中扣除。故该种计算刑期的方法，依特点可概括为"先并后减"。

除以上特征之外，在刑事审判实践中，适用《刑法》第 70 条所规定的合并处罚规则，还有如下问题须特别注意：

（1）在原判决认定犯罪人犯有数罪且予以合并处罚的法律条件下，所发现的漏罪与原判之数罪合并处罚的方法。对此，有两种不同的处理意见：一种意见认为，应当将对漏罪所判处的刑罚与原判决决定执行的刑罚，依照相应原则决定执行的刑罚。另一种意见认为，应当将对漏罪所判处的刑罚与原判决所认定的数罪的刑罚即数个宣告刑，依照相应原则决定执行的刑罚。我们认为，《刑法》第 70 条并未明确规定漏判之罪与原判之数罪合并处罚所须遵守的规则，后一种意见相对较为合理，可以采用。

（2）刑满释放后再犯罪并发现漏罪的合并处罚方法。有关司法解释指出，在处理被告人刑满释放后又犯罪的案件时，发现他在前罪判决宣告之前，或者在前罪判决的刑罚执行期间，犯有其他罪行，未经过处理，并且依照《刑法》总则第四章第八节的规定应当追诉的，如果漏罪与新罪分属于不同种罪，即应对漏罪与刑满释放后又犯的新罪分别定罪量刑，并依照《刑法》第 69 条的规定，实行数罪并罚；如果漏罪与新罪属于同一种罪，可以判处一罪从重处罚，不必实行数罪并罚。此种法律条件下发现漏罪的数罪并罚，与刑罚执行完毕以前发现漏罪的数罪并罚有所区别，主要表现为：①前者是在刑满释放后发现有漏罪；后者是在判决宣告之后，刑罚执行完毕以前发现有漏罪。②前者之漏罪包括前罪判决宣告以前和前罪判处的刑罚执行期间所犯罪行；后者之漏罪仅指判决宣告以前所犯罪行。③前者之漏罪与新罪性质各异时才实行数罪并罚，而若属于同种罪则可判处一罪从重处罚，不必实行数罪并罚；后者之漏罪无论与前罪是否属于同种罪，都应实行数罪并罚。④前者之数罪并罚应当依照《刑法》第 69 条的规定进行；后者之数罪并罚则应当适用《刑法》第 70 条规定的方法进行。

（3）在缓刑考验期限内发现漏判之罪的并罚方法。根据《刑法》第 77 条的规定，被宣告缓刑的犯罪分子，在缓刑考验期限内发现判决宣告以前还有其他罪没有判决的，应当撤销缓刑，对新发现的罪作出判决，把前罪和后罪所判处的刑罚，依照《刑法》第 69 条的规定，决定执行的刑罚。

（4）在假释考验期限内发现漏判之罪的并罚方法。根据《刑法》第86条的规定，在假释考验期限内，发现被假释的犯罪分子在判决宣告以前还有其他罪没有判决的，应当撤销假释，依照《刑法》第70条的规定实行数罪并罚。

3. 刑罚执行期间又犯新罪的合并处罚规则。我国《刑法》第71条规定，判决宣告以后，刑罚执行完毕以前，被判刑的犯罪分子又犯罪的，应当对新犯的罪作出判决，把前罪没有执行的刑罚和后罪所判处的刑罚，依照本法第69条的规定，决定执行的刑罚。根据该条规定，刑罚执行期间又犯新罪的合并处罚规则具有如下特点：

（1）必须在判决宣告以后，刑罚执行完毕以前，被判刑的犯罪分子又犯新罪，即在刑罚执行期间犯罪分子又实施了新的犯罪。其中，从严格意义或法条含义的逻辑关系上理解，判决宣告以后应指判决已经宣告并发生法律效力之后。

（2）对于犯罪分子所实施的新罪，无论其罪数如何（数罪应为异种数罪），或者与前罪之性质是否相同，都应当单独作出判决。

（3）应当把前罪没有执行的刑罚和后罪所判处的刑罚，依照刑法规定的相应原则，决定执行的刑罚。即首先应从前罪判决决定执行的刑罚中减去已经执行的刑罚，然后将前罪未执行的刑罚与后罪所判处的刑罚并罚。故该种计算刑期的方法，依特点可概括为"先减后并"。

我国《刑法》第71条规定的"先减后并"的刑期计算方法，较之《刑法》第70条规定的"先并后减"的刑期计算方法，在一定条件下，可能给予犯罪分子程度更重的惩罚。"先减后并"的刑期计算方法的这一特点，主要体现于有期自由刑（特别是有期徒刑）的并罚之中，并且主要表现为如下几方面：

1. 决定执行刑罚的最低限度可能提高，并因此而导致实际执行的刑期也随之相应提高。即在新罪所判处的刑期比前罪尚未执行的刑期长的条件下，决定执行刑罚的最低期限，较之依"先并后减"的方法决定执行刑罚的最低期限有所提高。例如，某罪犯前罪被判处有期徒刑10年，执行8年以后又犯新罪，被判处有期徒刑6年。若适用"先减后并"的方法并罚，应当在6年以上8年以下决定执行的刑罚，加上已执行的刑期8年，实际执行的刑期最低是14年最高为16年。而如采用"先并后减"的方法并罚，应当在10年以上16年以下决定执行的刑罚，实际执行的刑期最低只有10年最高为16年。前者的最低刑期比后者高4年，从而导致实际执行的刑期也随之相应提高。但是，在新罪所判处的刑期比前罪尚未执行的刑期短或者与其相等的条件下，则按"先减后并"方法并罚的最低实际执行刑期，并不比按"先并后减"方法决定的最低实际执行刑期长。

2. 实际执行的刑罚可能超过数罪并罚法定最高刑期的限制。即在前罪与新罪都被判处较长刑期的情况下，确切地说是在前罪与新罪被判处的有期自由刑的总和刑期超过数罪并罚法定最高刑期的限制时，采用"先减后并"的方法并罚，犯罪分子实际执行的刑期就可能超过数罪并罚法定有期自由刑最高刑期的限制。例如，某罪犯前罪被判处有期徒刑14年，执行10年以后又犯新罪，被判处有期徒刑10年。若采用《刑法》第71条规定的"先减后并"方法并罚，应当在10年以上14年以下决定执行的刑罚，加上已执行的刑期10年，实际执行的刑期最低是20年最高为24年。如按照《刑法》第70条规定的"先并后减"方法并罚，则实际执行的刑期绝对不可能超过20年。

3. 犯罪分子在刑罚执行期间又犯新罪的时间早晚程度，与数罪并罚时决定执行刑罚的最低期限，以及实际执行的刑期的最低限度成反比关系。即犯罪分子在刑罚执行期间所犯新罪的时间距离前罪所判刑罚执行完毕的期限越近，或者犯罪分子再犯新罪时前罪所判刑罚的残余刑期越少，数罪并罚时决定执行刑罚的最低期限，以及实际执行的刑期的最低限度就越高。

综上所述，《刑法》第71条所规定的"先减后并"的刑期计算方法，具有两点明显的功能：（1）能够通过给予再犯新罪者更为严厉的惩罚，为实现我国适用刑罚的基本目的创造新的法律条件，为贯彻我国刑法罪责刑相适应的原则提供制度保障。（2）可以随刑罚执行期限的推移而不断提高对再犯新罪者的制裁程度，从而对受刑人构成一种以再犯新罪为条件的相对逐渐强化的威慑力量，以利于维护监所秩序和巩固改造教育成果，提高行刑活动的效能。

在刑事审判实践中适用《刑法》第71条规定的方法进行数罪并罚，还有以下几方面的问题应予以重视：

1. 判决宣告以后，刑罚执行完毕以前，被判刑的犯罪分子又犯数个新罪的合并处罚方法。对此，刑法界存在分歧意见。一种观点认为，应当首先对数个新罪分别定罪量刑，而后将判决所宣告的数个刑罚即数个宣告刑与前罪未执行的刑罚并罚。另一种观点主张，应当首先对数个新罪分别定罪量刑并实行并罚，然后将决定执行的刑罚与前罪未执行的刑罚再进行并罚。我们认为，该问题的合理解决，应以符合《刑法》第71条所确定的对再犯新罪者从严惩处的立法精神为标准。据此，把新犯数罪的各个宣告刑与前罪未执行的刑罚进行并罚的方法，不仅可以使总和刑期居于相对较高的水平，而且一般也不会使数刑中最高刑期因此而降至低于剩余刑期的程度，从而保障前述"先减后并"方法的特征能够得以体现。相反，后种观点所主张的方法，则有可能因降低总和刑期和数刑中最高刑期而导致实际执行的刑期也随之相应减少。

2. 判决宣告以后，刑罚还没有执行完毕以前，被判刑的犯罪分子不仅犯有新罪，而且被发现有漏判罪行的合并处罚方法。此为同时涉及"先并后减"和"先减后并"的数罪并罚问题。刑法学界有人主张，应当首先对漏判之罪和新犯之罪分别定罪量刑，然后将其与前一判决或前罪未执行的刑罚进行并罚。这实际是采用《刑法》第71条规定的"先减后并"的数罪并罚方法，虽简单易行，但却明显违背法律规定。我们认为，对于依法既应适用"先并后减"方法又应采用"先减后并"方法予以并罚的数罪，无论是只采用"先并后减"方法进行并罚，还是单纯适用"先减后并"方法进行并罚，都违背刑法规定，且有枉纵犯罪之弊。对于此类数罪的合并处罚，应采取分别判决、顺应并罚的方法，即在对漏判之罪和新犯之罪分别定罪量刑的基础上，对漏罪和新罪分别适用"先并后减"和"先减后并"的方法作出判决，并按照漏罪在先、新罪在后的顺序进行两次数罪并罚，所得结果即为整个数罪并罚的结果。

3. 在缓刑考验期限内又犯新罪的合并处罚方法。根据《刑法》第77条的规定，被宣告缓刑的犯罪分子，在缓刑考验期限内又犯新罪的，应当撤销缓刑，对新犯的罪作出判决，把前罪和后罪所判处的刑罚，依照《刑法》第69条的规定，决定执行的刑罚。

4. 在假释考验期限内再犯新罪的合并处罚方法。根据《刑法》第86条的规定，被假释的犯罪分子，在假释考验期内又犯新罪的，应当撤销假释，依照《刑法》第71条的规定实行数罪并罚。

## 五、缓刑

### （一）缓刑的概念

我国刑法所规定的缓刑，属于刑罚暂缓执行，即对原判刑罚附条件不执行的一种刑罚制度。它是指人民法院对于被判处拘役、3年以下有期徒刑的犯罪分子，符合法定条件，认为暂缓执行原判刑罚，确实不致再危害社会的，规定一定的考验期，暂缓其刑罚的执行，若犯罪分子在考验期内没有发生法定撤销缓刑的情形，原判刑罚就不再执行的制度。此为我国刑法中的一般缓刑制度。

缓刑不是刑种，而是刑罚具体运用的一种制度，是刑罚裁量制度的基本内容之一。宣告缓刑必须以判处刑罚为先决条件。缓刑不能脱离原判刑罚的基础而独立存在。若犯罪人未被判处拘役、有期徒刑，就不能判处缓刑。缓刑的基本特征为：判处刑罚，同时宣告暂缓执行，但又在一定时期内保持执行所判刑罚的可能性。

缓刑与免予刑事处罚不同。免予刑事处罚，是人民法院对已经构成犯罪的被告人作出有罪判决，但根据案件的具体情况，认为不需要判处刑罚，因而宣告免予刑事处罚，即只定罪不判刑。所以，被宣告免予刑事处罚的犯罪分子，不存在曾经被判过刑罚和仍有执行刑罚的可能性的问题。而缓刑则是在人民法院对犯罪分子作出有罪判决并判处刑罚的基础上，宣告暂缓执行刑罚，但同时保持执行刑罚的可能性。如果犯罪分子在缓刑考验期再犯新罪或者被发现漏罪，违反法律、法规及有关规定或人民法院的禁止令且情节严重，就要撤销缓刑，执行原判刑罚；即使犯罪分子在缓刑考验期内未再犯新罪，或者未被发现漏罪，或者未违反法律、法规及有关规定，也属于被判处过刑罚者。

缓刑与监外执行不同。其区别主要为：（1）性质不同。缓刑是附条件暂缓执行原判刑罚的制度；而监外执行是刑罚执行过程中的具体执行场所的问题，它并非不执行原判刑罚，只是对所判刑罚暂时予以监外执行。（2）适用对象不同。缓刑只适用于被判处拘役、3年以下有期徒刑的犯罪分子；监外执行可以适用于被判处拘役、有期徒刑的犯罪分子。（3）适用条件不同。缓刑的适用，以犯罪分子的犯罪情节、悔罪表现和没有再犯罪危险、适用缓刑不会对所居住社区产生重大不良影响为基本条件；监外执行的适用，必须以犯罪分子患有严重疾病需要保外就医，以及怀孕或者正在哺乳自己的婴儿等不宜收监执行的特殊情形为条件。（4）适用的方法不同。缓刑应在判处刑罚的同时予以宣告，并应依法确定缓刑的考验期。而监外执行是在判决确定以后适用的一种变通执行刑罚的方法，在宣告判决和刑罚执行过程中均可适用，且不需要确定考验期。此外，适用监外执行的过程中，一旦在监外执行的法定条件不复存在时，即便罪犯在监外未再犯新罪等，如果刑期未满，仍应收监执行。（5）适用的依据不同。适用缓刑的依据是刑法的有关规定；适用监外执行的依据是我国刑事诉讼法的有关规定。

缓刑与死刑缓期执行不同。其主要区别为：（1）适用前提不同。缓刑的适用，以犯罪分子被判处拘役、3年以下有期徒刑为前提。死刑缓期执行的适用，以犯罪分子被处死刑为前提。（2）执行方法不同。对于被宣告缓刑的犯罪分子不予关押，在缓刑考验期内依法实行社区矫正。对于被宣告死刑缓期执行的罪犯，必须予以关押，并实行劳动改造。（3）考验期限不同。缓刑的考验期，必须依所判刑种和刑期而确定，所判刑种和刑期的差别决定了其具有不同的法定考验期。死刑缓期执行的法定期限为2年。（4）法律后果不同。缓刑的法律后果，依犯罪分子在考验期内是否发生法定情形而分别为：原判的刑罚不再执行，或者撤销缓刑，把前罪与后罪所判处的刑罚，按照数罪并罚的原则处理，或者收监执行原判刑罚。死刑缓期执行的法律后果为：一是在2年缓刑执行期间故意犯罪的，执行死刑，无须等到2年期满，但应由最高人民法院核准；二是在2年期间无故意犯罪的，2年期满后减为无期徒刑；

三是死刑缓期执行期间无故意犯罪且有重大立功表现的，2年期满后，减为25年有期徒刑。

## （二）缓刑的意义

我国刑法中的缓刑制度，是惩办与宽大相结合、惩罚与教育改造相结合政策的重要表现，也是依靠专门机关与人民群众相结合的同犯罪作斗争的方针在刑罚具体运用中的体现。对犯罪人适用缓刑的重要意义，主要表现为：有利于教育改造犯罪分子、有利于贯彻少捕的政策、有利于社会安定团结。我们认为，除此之外，缓刑制度的意义还表现为以下几个方面：

1. 缓刑有助于避免短期自由刑的弊端，可以最优化地发挥刑罚的功能。缓刑的具体适用，能够使犯罪分子在感受到刑罚的威慑力，畏惧暂缓执行的刑罚可能被实际执行的条件下，在不被关押、由特定机关予以考察的过程中，更自觉地检点行为、改恶从善、争取光明的前程。从而避免了被实际执行短期自由刑所带来的与社会隔绝、重返社会困难、罪犯间交叉感染等诸项弊端，并能较好地实现惩罚与教育改造犯罪人的刑罚功能。

2. 缓刑有助于更好地实现刑罚的目的。刑罚的重要目的之一，是预防犯罪人重新犯罪。实现刑罚目的的途径，主要是对犯罪人判处并执行刑罚。但基于刑罚个别化的原则，对某些符合法定条件的犯罪人，在判处刑罚并保持执行可能性的条件下，暂缓刑罚的执行，同样是实现刑罚目的不可忽视的途径之一。而且，这种主要取决于犯罪人的主观努力，在以自律为主的社会生活中获得的特殊预防效果，较之将犯罪收押于监禁设施内执行刑罚，在以他律为主的监禁生活中获得的特殊预防效果，相对更为可靠。

3. 缓刑是实现刑罚社会化的重要制度保障。被宣告缓刑的犯罪分子不脱离家庭和所从事的工作，可以使其不致因犯罪而影响履行自身负有的家庭和社会义务。由于依法对其实行社区矫正，所以被宣告缓刑者避免了因实际执行刑罚而带来的各种不利影响，在不脱离社会的条件下，既感受到法律的威严，又亲身体会到法律和社会的宽容，从而较自觉地完成改造任务，收到实际执行刑罚之效，并避免了因实际执行刑罚而带来的种种不良影响。

## （三）缓刑的适用条件

缓刑是附条件暂缓刑罚执行的制度，故其适用必须符合一定的条件。我国刑法规定的一般缓刑的适用条件由《刑法修正案（八）》第11条、第12条修订后的《刑法》第72条、第74条所规定，即适用一般缓刑必须具备下列条件：

1. 犯罪分子被判处拘役或者3年以下有期徒刑的刑罚。缓刑的附条件不执行原判刑罚的特点，决定了缓刑的适用对象只能是罪行较轻的犯罪分子。而罪行的轻重是与犯罪人被判处的刑罚轻重相适应的。我国刑法之所以将缓刑的适用对象规定为被判处拘役或3年以下有期徒刑的犯罪分子，就是因为这些犯罪分子的罪行较轻，社会危害性较小。相反，被判处3年以上有期徒刑的犯罪分子，因其罪行较重，社会危害性较大，而未被列为适用缓刑的对象。至于罪行相对更轻的被判处管制的犯罪分子，由于管制刑的特点即对犯罪人不予关押，仅限制其一定自由，故无适用缓刑之必要。所谓3年以下有期徒刑，是指宣告刑而不是指法定刑。犯罪分子所犯之罪的法定刑虽然是3年以上有期徒刑，但他具有减轻处罚的情节，宣告刑为3年以下有期徒刑的，也可以适用缓刑。对于一人犯数罪，犯罪人被数罪并罚的条件下能否适用缓刑的问题，刑法学界存在不同的认识。我们认为，犯罪人实施数罪，被适用数罪并罚，决定执行的刑罚后，如果符合缓刑的条件，仍可宣告缓刑。

2. 犯罪分子还必须同时符合四个法定条件：一是犯罪情节较轻；二是有悔罪表现；三是没有再犯罪的危险；四是宣告缓刑对所居住社区没有重大不良影响。这是适用缓刑的根本条件。也即有些犯罪分子虽然被判处拘役或 3 年以下有期徒刑，但是不符合上述四个法定条件的，不能宣告缓刑。但必须注意的是，由于犯罪人尚未适用缓刑，因而没有再犯罪的危险、对所居住社区没有重大不良影响只能是审判人员的一种推测或预先判断，这种推测或判断的根据是犯罪情节和悔罪表现。可参照相关司法解释理解。

对于符合上述条件的犯罪分子，可以宣告缓刑，对于其中不满 18 周岁的人、怀孕的妇女、已满 75 周岁的人，应当宣告缓刑。

3. 犯罪分子不是累犯和犯罪集团的首要分子。累犯屡教不改、主观恶性较深，有再犯之虞；犯罪集团的首要分子起组织、策划、指挥犯罪的作用，承担集团所犯全部罪行的责任。适用缓刑难以防止其再犯新罪，同时会对所居住社区有重大不良影响。

**（四）缓刑的考验期限**

缓刑考验期限，是指对被宣告缓刑的犯罪分子进行考察的一定期间。缓刑的考验期限，是缓刑制度的重要组成部分，设立考验期限的目的，在于考察被宣告缓刑人是否接受改造、弃旧图新，以使缓刑制度发挥积极的效用。法院在宣告缓刑时，可以根据犯罪情况，同时禁止犯罪分子在缓刑考验期内从事特定活动，进入特定区域、场所，接触特定的人。法院在宣告缓刑的同时，应当确定适当的考验期限。

我国《刑法》第 73 条规定："拘役的缓刑考验期限为原判刑期以上一年以下，但是不能少于二个月。有期徒刑的缓刑考验期限为原判刑期以上五年以下，但是不能少于一年。"根据这一规定，在确定考验期限时应注意以下几点：（1）缓刑考验期限的长短应以原判刑罚的长短为前提。可以等于或适当长于原判刑期，但以不超过原判刑期一倍为宜，也不能短于原判刑期。过长或过短都不能充分发挥缓刑的作用。（2）在确定具体的缓刑考验期限时，应注意原则性与灵活性相结合，根据犯罪情节和犯罪分子个人的具体情况，在法律规定的范围内决定适当的考验期限。

根据《刑法》第 73 条第 3 款的规定，缓刑的考验期限，从判决确定之日起计算。所谓判决确定之日，即判决发生法律效力之日。判决以前先行羁押的日期，不能折抵缓刑考验期。

**（五）缓刑考验期限内的考察**

缓刑考验期限内的考察，主要涉及以下内容：

1. 被宣告缓刑者应当遵守的行为规定。根据我国《刑法》第 75 条的规定，被宣告缓刑的犯罪分子应当遵守下列规定：（1）遵守法律、行政法规，服从监督；（2）按照考察机关的规定报告自己的活动情况；（3）遵守考察机关关于会客的规定；（4）离开所居住的市、县或者迁居，应当报经考察机关批准。

2. 缓刑的实施机关。《刑法》第 76 条规定：对被宣告缓刑的犯罪分子，在缓刑考验期限内，依法实行社区矫正。根据 2012 年 1 月 10 日最高人民法院、最高人民检察院、公安部、司法部制定的《社区矫正实施办法》第 2 条的规定，司法行政机关负责指导管理、组织实施社区矫正工作。该办法第 3 条规定，县级司法行政机关社区矫正机构对社区矫正人员进行监督管理和教育帮助。司法所承担社区矫正日常工作。社会工作者和志愿者在社区矫正机构的组织指导下参加社区矫正工作。有关部门、村（居）委会、社区矫正人员所在单位、就读学校、家庭成员或者监护人、保证人等协助社区矫正机构进行社区矫正。

3. 缓刑考察的内容。根据我国《刑法》第 76 条规定，缓刑考察的内容，就是考察被宣告缓刑的犯罪分子，在缓刑考验期限内，是否具有《刑法》第 77 条规定的情形，即是否再犯新罪或者发现漏罪，以及是否违反法律、行政法规或者国务院有关部门关于缓刑的监督管理规定，或者违反法院判决中的禁止令，且情节严重的。若没有发生第77条规定的情形，缓刑考验期满，原判的刑罚就不再执行，并公开予以宣告。

### （六）缓刑的法律后果

根据《刑法》第76条、第77条规定，一般缓刑的法律后果有以下三种：

1. 被宣告缓刑的犯罪分子，在缓刑考验期限内，没有《刑法》第77条规定的情形，缓刑考验期满，原判的刑罚就不再执行，并公开予以宣告。

2. 被宣告缓刑的犯罪分子，在缓刑考验期限内犯新罪或者发现判决宣告以前还有其他罪没有判决的，应当撤销缓刑，对新犯的罪或者新发现的罪作出判决，把前罪和后罪所判处的刑罚，依照《刑法》第69条的规定，决定执行的刑罚。新犯之罪和漏判之罪，不受犯罪性质、种类、轻重以及应当判处的刑种、刑期的限制。

3. 被宣告缓刑的犯罪分子，在缓刑考验期限内，违反法律、行政法规及国务院有关部门关于缓刑的监督管理规定，或者违反法院判决中的禁止令，情节严重的，应当撤销缓刑，执行原判刑罚。具体可参见《社区矫正实施办法》第25条的规定。

根据有关司法解释，对被宣告缓刑的犯罪分子，一般不适用减刑。如果在缓刑考验期间有重大立功表现的，可以参照《刑法》第78条的规定，予以减刑，同时相应地缩减其缓刑考验期限。减刑后实际执行的刑期不能少于原判刑期的二分之一，相应缩减的缓刑考验期限不能低于减刑后实际执行的刑期。判处拘役的缓刑考验期限不能少于2个月，判处有期徒刑的缓刑考验期限不能少于1年。

此外，根据《刑法》第72条第2款的规定，缓刑的效力不及于附加刑，即被宣告缓刑的犯罪分子，如果被判处附加刑，附加刑仍须执行。因而，无论缓刑是否撤销，所判处的附加刑均须执行。

### （七）战时缓刑的概念、适用条件及法律后果

我国刑法除规定了一般缓刑制度外，还规定了特殊缓刑制度，即战时缓刑制度。我国《刑法》第449条规定的战时缓刑制度，是对我国刑法中一般缓刑制度的重要补充，它与一般缓刑制度共同构成了我国刑法中缓刑制度的整体。根据该条规定，我国刑法中的战时缓刑，是指在战时对被判处3年以下有期徒刑没有现实危险的犯罪军人，暂缓其刑罚执行，允许其戴罪立功，确有立功表现时，可以撤销原判刑罚，不以犯罪论处的制度。

战时缓刑的适用条件是：

（1）适用的时间必须是在战时。故在和平时期或非战时条件下，不能适用此种特殊缓刑。所谓战时，依据《刑法》第451条的规定，是指国家宣布进入战争状态、部队受领作战任务或者遭敌突然袭击时。部队执行戒严任务或者处置突发性暴力事件时，以战时论。

（2）适用的对象只能是被判处3年以下有期徒刑（依立法精神应含被判处拘役）的犯罪军人。不是犯罪的军人，或者虽是犯罪的军人，但被判处的刑罚为3年以上有期徒刑，均不能适用战时缓刑。至于构成累犯的犯罪军人能否适用战时缓刑，法律未作明确规定。但是，《刑法》第74条"对于累犯和犯罪集团的首要分子，不适用缓刑"的立法内容，应当同样适用于战时缓刑。

（3）适用战时缓刑的基本根据，是在战争条件下宣告缓刑没有现实危险。这是战时缓刑最关键的适用条件。即使是被判处3年以下有期徒刑的犯罪军人，若被判断为适用缓刑具有

现实危险，也不能宣告缓刑。因为，战时缓刑的适用，是将犯罪军人继续留在部队，并在战时状态下执行军事任务，若宣告缓刑具有现实的危险，则会在战时状态下危害国家的军事利益，其后果不堪设想。至于宣告缓刑是否有现实危险，则应根据犯罪军人所犯罪行的性质、情节、危害程度，以及犯罪军人的悔罪表现和一贯表现作出综合评判。

战时缓刑的法律后果为：适用战时缓刑的犯罪军人在确有立功表现的条件下，原判刑罚可予撤销，不以犯罪论处，即罪与刑可以同时消灭。

# 第十一章　刑罚执行制度

## 第一节　减　刑

### 一、减刑概述

根据《刑法》第78条的规定，减刑，是对被判处管制、拘役、有期徒刑或者无期徒刑的犯罪分子，因其在刑罚执行期间认真遵守监规，接受教育改造，确有悔改或者立功表现，而适当减轻其原判刑罚的制度。所谓减轻原判刑罚，既可以是将较重的刑种减为较轻的刑种，也可以是将较长的刑期减为较短的刑期。

减刑是在我国长期改造罪犯的实践中建立并逐步完善的一种刑罚执行制度。将减刑作为一种刑罚执行制度规定于刑法之中，是我国刑事立法的创举。减刑制度充分体现了惩办与宽大相结合、惩罚与教育相结合的刑事政策，对于鼓励犯罪分子加速改造，化消极因素为积极因素，实现刑罚的目的，具有积极的作用。

减刑与改判不同。改判是原判决在认定事实或者适用法律上确有错误时，依照第二审程序或者审判监督程序，撤销原判决，重新判决。它主要是刑事诉讼程序问题，是对原判决错误的纠正。减刑则是在肯定原判决的基础上，根据犯罪分子在刑罚执行期间的表现，按照法定条件和程序，将原判刑罚予以适当减轻。它是一种刑罚执行制度。

减刑与减轻处罚不同。减轻处罚是人民法院根据犯罪分子所具有的法定或者酌定减轻处罚情节，依法在法定刑以下判处刑罚。它属于刑罚裁量情节及其适用规则问题，其适用对象为判决确定前的未决犯。减刑则是在判决确定以后的刑罚执行期间，对正在服刑的犯罪分子，依法对原判刑罚予以适当减轻。它是一种刑罚执行制度，其适用对象为判决确定以后的已决犯。

这里需要强调的是，死刑缓期执行期满后减为无期徒刑或者有期徒刑，属于广义减刑的范畴，但它是依照法律的特别规定而适用的一种特殊的减刑制度，是死刑缓期执行制度的组成部分，不属于《刑法》第78条规定的减刑。此外，根据《刑法》第57条第2款的规定，在死刑缓期执行减为有期徒刑或者无期徒刑减为有期徒刑之时，应当把附加剥夺政治权利的刑期改为3年以上10年以下，这是因主刑种类的改变而引起的附加刑的相应改轻；根据《刑法》第53条的规定，判处罚金后由于遭遇不能抗拒的灾祸缴纳确实有困难的，可以酌情减少或者免除，这是罚金缴纳方式中的变通措施，它们都不属于《刑法》第78条规定的减刑。

### 二、减刑的条件

根据《刑法》第78条的规定，减刑分为可以减刑和应当减刑两种。可以减刑与应当减刑的对象条件和限度条件相同，只是实质条件有所区别。对于犯罪分子适用减刑，必须符合下列条件：

**（一）对象条件**

减刑的对象条件，是指减刑只适用于被判处管制、拘役、有期徒刑、无期徒刑的犯罪分子。它表明减刑的范围，仅受刑罚种类的限制，而不受刑期长短和犯罪性质的限制。只要是被判处上述四种刑罚之一的犯罪分子，无论其犯罪行为是故意犯罪还是过失犯罪，是重罪还是轻罪，是危害国家安全罪还是其他刑事犯罪，如果具备了法定的减刑条件，都可以减刑。被判处死刑立即执行的犯罪分子不能适用减刑。死刑缓期执行的减刑，随主刑刑种的性质改变而引起的附加刑的相应改变，以及罚金刑的酌情减少或者免除，均不属于《刑法》第 78 条规定的减刑制度的范围。

**（二）实质条件**

减刑的实质条件，因减刑的种类不同而有所区别。

1. 可以减刑的实质条件，是犯罪分子在刑罚执行期间认真遵守监规，接受教育改造，确有悔改表现，或者有立功表现。根据 2012 年 1 月 17 日的司法解释，同时具备以下四个方面情形的，应当认为是确有悔改表现：（1）认罪悔罪；（2）认真遵守法律法规及监规，接受教育改造；（3）积极参加思想、文化、职业技术教育；（4）积极参加劳动，努力完成劳动任务。有下列情形之一的，应当认为是确有立功表现：（1）阻止他人实施犯罪活动的；（2）检举、揭发监狱内外犯罪活动，或者提供重要的破案线索，经查证属实的；（3）协助司法机关抓捕其他犯罪嫌疑人（包括同案犯）的；（4）在生产、科研中进行技术革新，成绩突出的；（5）在抢险救灾或者排除重大事故中表现突出的；（6）对国家和社会有其他贡献的。

2. 应当减刑的实质条件，是犯罪分子在刑罚执行期间有重大立功表现。根据 2012 年 1 月 17 日的司法解释，重大立功表现指：（1）阻止他人实施重大犯罪活动的；（2）检举监狱内外重大犯罪活动，经查证属实的；（3）协助司法机关抓捕其他重大犯罪嫌疑人（包括同案犯）的；（4）有发明创造或者重大技术革新的；（5）在日常生产、生活中舍己救人的；（6）在抗御自然灾害或者排除重大事故中，有突出表现的；（7）对国家和社会有其他重大贡献的。

3. 把握适用减刑的实质条件，根据有关司法解释，还须特别注意以下问题：一是对减刑时未成年罪犯的减刑，在掌握标准上可以比照成年罪犯依法适当从宽。未成年罪犯能认罪悔罪，遵守法律法规及监规，积极参加学习、劳动的，应视为确有悔改表现。二是对罪行严重的危害国家安全的罪犯，犯罪集团的首要分子、主犯和累犯的减刑，应当严格掌握。对确属应当减刑的，主要根据其改造的表现，同时考虑原判决的情况，作出相应决定。三是对老年和身体有残疾（不含自伤致残）、患严重疾病罪犯的减刑，应当主要注重悔罪的实际表现。

**（三）限度条件**

减刑的限度，是指犯罪分子经过减刑以后，应当实际执行的最低刑期。根据《刑法》第 78 条的规定，减刑的限度为：减刑以后实际执行的刑期，判处管制、拘役、有期徒刑的，不能少于原判刑期的 1/2；判处无期徒刑的，不能少于 13 年；对于限制减刑的死刑缓期 2 年执行的罪犯减为无期徒刑后又被减刑的，其实际执行的刑期不能少于 25 年（不含死刑缓期执行的 2 年），缓期执行期满依法减为 25 年有期徒刑后又被减刑的，其实际执行的刑期不能少于 20 年（不含死刑缓期执行的 2 年）。所谓实际执行的刑期，是指判决执行后犯罪分子实际服刑的时间。如果判决前先行羁押的，羁押期应当计入实际执行的刑期之内。

与减刑的限度密切相关的，是减刑的幅度、减刑的起始时间和间隔时间问题。对此，有关司法解释作出了相应规定。

减刑的幅度，是指犯罪分子每一次被适用减刑可以减轻的刑期。根据 2012 年 1 月 17 日发布的最高人民法院《关于办理减刑、假释案件具体应用法律若干问题的规定》，对被判处有期徒刑的罪犯在刑罚执行期间，符合减刑条件的减刑幅度为：如果确有悔改表现的，或者有立功表现的，一般一次减刑不超过 1 年有期徒刑；如果确有悔改表现并有立功表现，或者有重大立功表现的，一般一次减刑不超过 2 年有期徒刑。被判处有期徒刑的罪犯减刑时，对附加剥夺政治权利的刑期可以酌减。酌减后剥夺政治权利的期限，最短不得少于 1 年。被判处无期徒刑的罪犯在刑罚执行期间，确有悔改表现的，或者有立功表现的，一般可以减为 20 年以上 22 年以下有期徒刑；有重大立功表现的，可以减为 15 年以上 20 年以下有期徒刑。对未成年罪犯减刑的幅度，可以适当放宽。

减刑的起始时间，是指犯罪分子可以被初次适用减刑的最低服刑刑期。减刑的间隔时间，是指犯罪分子前后两次适用减刑的间隔时间。根据最高人民法院《关于办理减刑、假释案件具体应用法律若干问题的规定》，被判处有期徒刑的罪犯的减刑起始时间和间隔时间为：被判处 5 年以上有期徒刑的罪犯，一般执行 1 年半以上方可减刑；两次减刑之间一般应当间隔 1 年以上。被判处不满 5 年有期徒刑的罪犯，可以比照上述规定，适当缩短起始和间隔时间。确有重大立功表现的，可以不受上述减刑起始时间和间隔时间的限制。被判处无期徒刑的罪犯在执行期间，如果确有悔改表现的，或者有立功表现的，服刑 2 年以后，可以减刑。被判处 10 年以上有期徒刑、无期徒刑的罪犯在刑罚执行期间又犯罪，被判处有期徒刑以下刑罚的，自新罪判决确定之日起在 2 年之内一般不予减刑；新罪判处无期徒刑的，自新罪判决确定之日起 3 年内一般不予减刑。减刑的起始时间要适当延长。对未成年罪犯减刑的间隔时间，可以相应缩短。

对于死刑缓期执行罪犯减为无期徒刑后的再减刑以及被限制减刑的死缓罪犯减为无期徒刑或减为 25 年有期徒刑后的再减刑，参见最高人民法院《关于办理减刑、假释案件具体应用法律若干问题的规定》第 9、10 条的规定，应注意的是：一是死缓犯在 2 年缓期执行期间抗拒改造，尚未构成犯罪的，此后减刑时可适当从严；二是被限制减刑的死缓犯被依法减为无期徒刑或 25 年有期徒刑的，再减刑时在减刑的起始时间、间隔时间和减刑幅度上从严掌握。

### 三、减刑后的刑期计算

减刑后刑期的计算方法，因原判刑罚的种类不同而有所区别：对于原判管制、拘役、有期徒刑的，减刑后的刑期自原判决执行之日起算；原判刑期已经执行的部分，应计入减刑以后的刑期之内。原判为无期徒刑并被减为有期徒刑的，刑期自裁定减刑之日起算；已经执行的刑期，不计入减为有期徒刑以后的刑期之内。无期徒刑减为有期徒刑之后，再次减刑的，其刑期的计算，则应按照有期徒刑罪犯减刑的方法计算，即应当从前次裁定减为有期徒刑之日算起。对于曾被依法适用减刑，后因原判决有错误，经再审后改判为较轻刑罚的，原来的减刑仍然有效，所减刑期，应从改判的刑期中扣除。罪犯被裁定减刑后，因发现漏罪或者又犯新罪而依法进行数罪并罚时，经减刑裁定减去的刑期不计入已经执行的刑期。在此后对因漏罪数罪并罚的罪犯依法减刑，决定减刑的频次、幅度时，应当对其原经减刑裁定减去的刑期予以考虑。

### 四、减刑的程序

根据《刑法》第 79 条的规定，对于犯罪分子的减刑，由执行机关向中级以上人民法院提出减刑建议书。人民法院应当组成合议庭进行审理，对确有悔改或者立功事实的，裁定予以减刑。非经法定程序不得减刑。《刑事诉讼法》第 262 条第 2 款、第 263 条对减刑的程序作了规定。最高人民法院于 2014 年 4 月 23 日公布并于同年 6 月 1 日起施行的《关于减刑、假释案件审理程序的规定》确保减刑案件审理的合法、公正。

## 第二节 假 释

### 一、假释概述

我国刑法规定的假释，是对被判处有期徒刑、无期徒刑的犯罪分子，在执行一定刑期之后，因其认真遵守监规，接受教育改造，确有悔改表现，没有再犯罪危险的，而附条件地将其予以提前释放的制度。

假释制度体现了惩办与宽大相结合、惩罚与教育相结合的刑事政策，对于实现我国刑法的任务和目的，促进犯罪分子改过自新，具有积极的作用。

假释与释放不同。虽然两者都在形式上解除监禁，恢复受押人的人身自由，但在性质上是有区别的。假释是有条件地提前释放，还存在着收监执行余刑的可能；而释放，无论是宣告无罪释放、刑罚执行完毕释放，还是赦免释放，都是无条件释放，不存在再执行的问题。

假释与减刑不同。两者虽然都是刑罚执行制度，且适用前提有相同之处，但仍在许多方面不同：（1）适用范围不同。假释只适用于被判处无期徒刑和有期徒刑的犯罪分子；减刑适用于被判处管制、拘役、有期徒刑、无期徒刑的犯罪分子。（2）适用次数不同。假释只能宣告一次；而减刑不受次数的限制，可以减刑一次，也可减刑数次。（3）法律后果不同。假释附有考验期，如果发生法定情形，就撤销假释；减刑没有考验期，即使犯罪分子再犯新罪，已减的刑期也不恢复。（4）适用方法不同。对被假释人当即解除监禁，予以附条件释放；对被减刑人则要视其减刑后是否有余刑，才能决定是否释放，有未执行完的刑期的，仍需在监狱继续执行。

假释与缓刑不同。两者虽有许多相同点，都是有条件地不执行原判刑罚，都有一定的考验期，都以发生法定情形为撤销条件，但仍有许多明显的区别：（1）适用范围不同。假释适用于被判处无期徒刑和有期徒刑的犯罪分子；缓刑只适用于被判处拘役和 3 年以下有期徒刑的犯罪分子。（2）适用时间不同。假释是在刑罚执行过程中，根据犯罪分子的表现，以裁定作出的；缓刑则是在判决的同时宣告的。（3）适用根据不同。适用假释的根据，是犯罪分子在刑罚执行中的表现以及假释后没有再犯罪危险的可能性；适用缓刑的根据，是犯罪分子的犯罪情节、悔罪表现、没有再犯罪的危险、宣告缓刑对所居住社区没有重大不良影响的可能性。（4）不执行的刑期不同。假释必须先执行原判刑期的一部分，而对尚未执行完的刑期，附条件不执行；缓刑是对原判决的全部刑期有条件地不执行。

假释与监外执行不同：（1）适用对象不同。假释只适用于被判处无期徒刑和有期徒刑的罪犯；监外执行则适用于被判处有期徒刑和拘役的罪犯。（2）适用条件不同。假释适用于执行了一定刑期，认真遵守监规，接受教育改造，确有悔改表现，没有再犯罪危险的犯罪分子；监外执行适用于因法定特殊情况不宜在监狱内执行的犯罪分子。（3）收监条件不同。假释只有在假释考验期内发生法定情形，才能撤销；监外执行则在监外执行的法定条件消失，且刑期未满的情况下收监执行。（4）期间计算不同。假释犯若被撤销假释，其假释的期间，不能计入原判执行的刑期之内。监外执行的期间，无论是否收监执行，均计入原判执行的刑期之内。

**二、假释的条件**

根据《刑法》第 81 条规定，对犯罪分子适用假释，必须符合下列条件：

**（一）对象条件**

假释是对犯罪分子附条件地提前释放，并在一定时期内保持继续执行未执行的部分刑罚的可能性。正是基于假释的这一基本特点，决定了假释只能适用于被判处有期徒刑、无期徒刑的犯罪分子。其他种类的刑罚，或因性质决定而不存在假释可能（死刑立即执行），或因执行方式决定而不能直接适用假释（死刑缓期执行），或因刑期较短而不具有适用假释的实际意义（拘役），或因仅在监外执行、限制部分自由而没有必要适用假释（管制）。根据有关司法解释，对死缓犯减为无期徒刑或者有期徒刑后，符合假释条件的，可以适用假释。

**（二）限制条件**

只有执行一定的刑罚，才能比较准确地考察、判断犯罪分子是否认真遵守监规，接受教育改造，确有悔改表现，没有再犯罪的危险，以保证假释的效果；而且只有如此，才能保持判决的稳定性和法律的严肃性。根据《刑法》第 81 条第 1 款的规定和有关司法解释，被判处有期徒刑的犯罪分子，执行原判刑期 1/2 以上，被判处无期徒刑的犯罪分子，实际执行 13 年以上，才可以适用假释。罪犯减刑后又假释的间隔时间，一般为 1 年；对一次减刑 2 年或 3 年刑期后又适用假释的，其间隔时间不能少于 2 年。对判处有期徒刑的罪犯假释，执行原判刑期 1/2 以上的起始时间，应当从判决执行之日起计算，判决执行以前先行羁押的，羁押一日折抵刑期一日。

为了使适用假释有必要的灵活性，我国《刑法》第 81 条规定："如果有特殊情况，经最高人民法院核准，可以不受上述执行刑期的限制。"根据有关司法解释，所谓特殊情况是指与国家、社会利益有重要关系的情况。

此外，根据《刑法》第 81 条第 2 款的规定，适用假释的限制条件还包括另一重要内容，即对累犯以及因故意杀人、强奸、抢劫、绑架、放火、爆炸、投放危险物质或者有组织的暴力性犯罪被判处 10 年以上有期徒刑、无期徒刑的犯罪分子，不得假释。根据《关于办理减刑、假释案件具体应用法律若干问题的规定》第 18 条第 2 款的规定，因上述情形和犯罪被判处死刑缓期执行的罪犯，被减为无期徒刑、有期徒刑后，也不得假释。但是，根据有关司法解释，对于在 1997 年 9 月 30 日以前犯罪、1997 年 10 月 1 日以后仍在服刑的上述犯罪分子，适用修订前的《刑法》第 73 条的规定，可以假释。

**（三）实质条件**

假释的实质条件，是指被适用假释的犯罪分子，必须认真遵守监规，接受教育改造，确有悔改表现，没有再犯罪危险。犯罪分子只有在符合前述对象条件和限制条件的基础上，同时符合实质条件，才可以被适用假释。根据有关司法解释，所谓确有悔罪表现，是指同时具备以下四个方面情形：（1）认罪悔罪；（2）认真遵守法律法规及监规；（3）积极参加思想、文化、职业技术教育；（4）积极参加劳动，努力完成劳动任务。所谓没有再犯罪的危险，是指除符合《刑法》第81条规定的情形外，还应根据犯罪的具体情节，原判刑罚情况，在刑罚执行中的一贯表现，罪犯的年龄、身体状况、性格特征，假释后生活来源以及监管条件等综合考虑。

此外，把握适用假释的实质条件，根据有关司法解释，应特别注意以下问题：一是对减刑时未成年的罪犯的假释，在掌握标准上可以比照成年罪犯依法适当从宽。未成年罪犯能认罪悔罪，遵守监规，积极参加学习、劳动的，即可视为确有悔改表现。符合其他法定条件的，可以假释。二是对年老和身体有残疾（不含自伤致残）、患有严重疾病的罪犯的假释，应当主要注重悔罪的实际表现。假释后生活确有着落，除法律和司法解释规定不得假释的情形外，可以依法假释。三是对罪行严重的危害国家安全的罪犯，犯罪集团的首要分子、主犯的假释，应当严格掌握。对确属应当假释的，主要根据其改造的表现，同时也要考虑原判决的情况，作出相应的决定。

《刑法修正案（八）》第16条对《刑法》第81条增订了第3款，即对犯罪分子决定假释时，应当考虑其假释后对所居住社区的影响。《关于办理减刑、假释案件具体应用法律若干问题的规定》第24条第2款规定，执行机关提请假释的，应当附有社区矫正机构关于罪犯假释后对所居住社区影响的调查评估报告。它将作为人民法院作出最终裁定假释与否的重要参考。

### 三、假释的考验期及其考察

假释是附条件地提前释放，因而需要设立一定的考验期限，以便对假释罪犯继续进行监督改造。我国《刑法》第83条规定："有期徒刑的假释考验期限，为没有执行完毕的刑期；无期徒刑的假释考验期限为十年。假释考验期限，从假释之日起计算。"根据有关司法解释，被假释的罪犯，除有特殊情况，一般不得减刑，其假释的考验期也不能缩短。

根据《刑法》第84条规定，被宣告假释的犯罪分子，应当遵守下列规定：（1）遵守法律、行政法规，服从监督；（2）按照监督机关的规定报告自己的活动情况；（3）遵守监督机关关于会客的规定；（4）离开所居住的市、县或者迁居，应当报经监督机关批准。

根据《刑法》第85条规定，被假释的犯罪分子，在假释考验期限内，依法实行社区矫正。

根据《刑法》第85条规定，对于被假释的犯罪分子的考察，主要是考察其在假释考验期限内是否具有《刑法》第86条规定的情形，即是否再犯新罪或者发现漏罪，以及是否违反法律、行政法规或者国务院有关部门关于假释的监督管理规定。如果没有《刑法》第86条规定的情形，假释考验期满，就认为原判刑罚已经执行完毕，并公开予以宣告。如果有《刑法》第86条规定的情形，则撤销假释，依照数罪并罚的规定实行数罪并罚，或者收监执行未执行完毕的刑罚。

### 四、假释的法律后果

根据《刑法》第85条、第86条的规定，假释可能会出现以下法律结果：

1. 被假释的犯罪分子，在假释考验期限内没有《刑法》第86条规定的情形，即没有再犯新罪或者发现漏罪，或者没有违反法律、行政法规及国务院有关部门关于假释的监督管理规定，假释考验期满，就认为原判刑罚已经执行完毕，并公开予以宣告。

2. 被假释的犯罪分子，在假释考验期限内再犯新罪应当撤销假释，依照《刑法》第 71 条的规定实行数罪并罚。

3. 在假释考验期限内，发现被假释的犯罪分子在判决宣告以前还有其他罪没有判决的，应当撤销假释，依照《刑法》第 70 条的规定实行数罪并罚。

4. 被假释的犯罪分子，在假释考验期限内，有违反法律、行政法规或者国务院有关部门关于假释的监督管理规定的行为，尚未构成新的犯罪的，应当依照法定程序撤销假释，收监执行未执行完毕的刑罚。参见《社区矫正实施办法》第 25 条的规定。

犯罪分子被假释后，原判有附加刑的，附加刑仍须继续执行。原判有附加剥夺政治权利的，附加剥夺政治权利的刑期从假释之日起计算。

### 五、假释的程序

根据《刑法》第 82 条、第 79 条的规定，对于犯罪分子的假释，由执行机关向中级以上人民法院提出假释建议书。人民法院应当组成合议庭进行审理，对符合法定假释条件的，裁定予以假释。非经法定程序不得假释。《刑事诉讼法》第 262 条第 2 款、第 263 条对假释的程序作了规定。最高人民法院于 2014 年 4 月 23 日公布并于同年 6 月 1 日起施行的《关于减刑、假释案件审理程序的规定》确保假释案件审理的合法、公正。

# 第十二章　刑罚消灭制度

## 第一节　刑罚消灭概述

### 一、刑罚消灭的概念

刑罚消灭，是指针对特定犯罪人的刑罚权因法定事由而归于消灭。（1）刑罚消灭以犯罪的成立为前提，无犯罪即无刑罚，无刑罚也就不存在刑罚的消灭。（2）刑罚消灭是针对特定犯罪人的刑罚权归于消灭。刑罚权是国家对犯罪人适用刑罚，借以惩罚犯罪人的权力，它包括制刑权、求刑权、量刑权和行刑权四个方面。制刑权是国家创制刑罚的权力，属于国家刑事立法权的一部分；求刑权也称起诉权，是请求对犯罪人予以刑罚惩罚的权力，它主要表现为公诉形式，在个别情况下也表现为自诉形式；量刑权是国家审判机关裁量并决定刑罚的权力；行刑权是国家对犯罪人执行刑罚的权力。刑罚消灭，是指求刑权、量刑权和行刑权的消灭，至于刑罚权中的制刑权，作为立法权的组成部分，对特定的犯罪人而言，是在任何情况下都不可能消灭的。

### 二、刑罚消灭的法定原因

刑罚消灭，必须以一定的法定事由为前提。就各国刑事立法例而言，导致刑罚消灭的法定原因大致有以下几种情况：

1. 刑罚执行完毕。刑罚执行完毕后，因再无执行的理由，其行刑权便归于消灭。

2. 缓刑考验期满。被宣告缓刑的犯罪人，在缓刑考验期限内没有法定撤销缓刑的情形，缓刑考验期满后，原判刑罚不再执行，行刑权便归于消灭。

3. 假释考验期满。被假释的犯罪人，在假释考验期限内没有法定撤销假释的情形，假释考验期满，即视为刑罚执行完毕，行刑权归于消灭。

4. 犯罪人死亡。如果犯罪人起诉前死亡，求刑权消灭；如果犯罪人在判决确定前死亡，量刑权消灭；如果犯罪人在刑罚执行过程中死亡，行刑权一般也归于消灭。

5. 超过时效期限。犯罪发生后，司法机关超过追诉时效而未追诉，求刑权归于消灭；刑罚宣告后，超过行刑时效而未执行，行刑权归于消灭。

6. 赦免。赦免包括大赦和特赦，实行赦免可以导致行刑权的消灭。

我国的刑罚消灭制度，是指法律所规定的各种因不同事由而导致刑罚消灭的制度。它的具体内容较为分散。其中，因刑罚执行完毕而导致的刑罚消灭，主要属于监狱学研究的问题；因犯罪人死亡而导致的刑罚消灭，一般属于刑事诉讼法学研究的范围；至于因缓刑和假释考验期满而导致的刑罚消灭，尽管属于刑罚学研究的范围，但因为分别与缓刑制度和假释制度联系紧密，故而通常为缓刑制度和假释制度所包容。所以，本章刑罚消灭所涉及的内容，只是我国刑罚消灭制度中的一部分，即时效和赦免制度。

# 第二节　时　效

## 一、时效的概念和意义

### （一）时效的概念、种类

时效，是指经过一定的期限，对犯罪不得追诉或者对所判刑罚不得执行的一项制度。时效分为追诉时效和行刑时效两种。追诉时效，是指依法对犯罪分子追究刑事责任的有效期限。在法定的期限内，司法机关有权追究犯罪分子的刑事责任；超过这个期限，除法定最高刑为无期徒刑、死刑的，经最高人民检察院特别核准必须追诉的以外，都不得再追究犯罪分子的刑事责任；已经追究的，应当撤销案件，或者不起诉，或者终止审理。行刑时效，是指法律规定对被判处刑罚的犯罪分子执行刑罚的有效期限。判处刑罚而未执行，超过法定执行期限，刑罚就不得再执行。

我国刑法只规定了追诉时效，而未规定行刑时效。这是因为新中国成立以来审判机关判处刑罚而未予执行的现象未曾发生过，规定行刑时效没有现实意义。相反，不规定行刑时效，更有利于同犯罪作斗争。如果犯罪分子在判决宣告以后、刑罚开始执行以前逃跑或者由于其他原因而导致刑罚不能执行，司法机关在任何时候都有权将其缉拿归案，执行原判的刑罚。

### （二）时效的意义

我国刑法设立时效（即追诉时效）制度，具有以下主要意义：

1. 有利于实现刑罚的目的。对犯罪分子适用刑罚的目的在于预防犯罪。如果犯罪分子在犯罪后经过一定时期没有受到追诉并且没有再犯罪，就说明他已经改恶从善，成为无害于社会的人。若这时再对他进行追诉，从特殊预防的角度来看，已无必要。从一般预防的角度来看，对犯罪惩办越快，警戒社会上不稳定分子的作用越大。如果在犯罪行为对社会的危害性已经消失的情况下，再对犯罪分子进行追诉，就很难收到适用刑罚的效果。

2. 有利于司法机关集中打击现行犯罪。现行犯罪直接危害着社会主义现代化建设和人民群众的生命、财产安全，因此，打击现行犯罪，历来是司法机关的头等重要任务。而历史上的案件随着时间的推移和环境的变迁，各种证据可能散失，某些反映案件事实情况的材料不易搜集，一些了解案情的人也因死亡或下落不明或记忆不清，不能准确地提供案件的有关情况。所有这些都给侦查、起诉和审判工作带来很大困难。刑法规定时效制度，就可以使司法机关摆脱难以查清而又现实意义不大的陈年老案的拖累，集中力量办理现行案件。

3. 有利于社会安定团结。在刑事案件中，有一部分是人民群众之间发生的轻微犯罪案件。其社会危害性较小，而且经过相当长时间没有提起诉讼，有的经过调解或因时过境迁，被害人和犯罪人之间的宿怨已经消释，重归于好，规定时效制度，就可以稳定这种社会关系。否则，就可能使人民内部已经稳定的和睦关系再度陷于紧张，不利于人民内部的安定团结。

总之，我国刑法规定的时效制度，不仅不会放纵犯罪，而且可以更为有效地惩罚犯罪；不仅不会削弱法律的严肃性，而且能够增强法律的严肃性。所以，时效制度是从国家利益和人民利益出发，强化与犯罪有效斗争的制度。

## 二、追诉期限

追诉时效期限的长短，应当与犯罪的社会危害性程度、刑罚的轻重相适应。《刑法》第

87 条规定，犯罪经过下列期限不再追诉：（1）法定最高刑为不满 5 年有期徒刑的，经过 5 年；（2）法定最高刑为 5 年以上不满 10 年有期徒刑的，经过 10 年；（3）法定最高刑为 10 年以上有期徒刑的，经过 15 年；（4）法定最高刑为无期徒刑、死刑的，经过 20 年。如果 20 年以后认为必须追诉的，须报请最高人民检察院核准。

根据有关司法解释，《刑法》第 87 条按照罪责刑相适应的原则，将追诉期限分别规定为长短不同的四档，因此，根据所犯罪行的轻重，应当分别适用刑法规定的不同条款或相应的量刑幅度，按其法定最高刑来计算追诉期限。具体而言，应分别按以下三种情况，具体计算追诉期限：

1. 如果所犯罪行的刑罚，分别规定有几条或几款时，即按其罪行应当适用的条或款的法定最高刑计算。

2. 如果是同一条文中，有几个量刑幅度时，即按其罪行应当适用的量刑幅度的法定最高刑计算。

3. 如果只有单一的量刑幅度时，即按此条的法定最高刑计算。

虽然案件尚未开庭审判，但是，经过认真审查案卷材料和必要的核实案情，在基本事实查清的情况下，已可估量刑期，计算追诉期限。

根据最高人民法院、最高人民检察院《关于不再追诉去台人员在中华人民共和国成立前的犯罪行为的公告》和《关于不再追诉去台人员在中华人民共和国成立后当地人民政权建立前的犯罪行为的公告》，对去台人员过去所犯罪行是否追诉，应分别不同情况办理。

已过追诉期限的案件，不再追究犯罪分子的刑事责任，但是，对其非法所得或者因犯罪造成的经济损失，仍应按照《刑法》第 64 条和第 37 条规定的精神处理。

关于追诉期限的起算，我国《刑法》第 89 条第 1 款规定："追诉期限从犯罪之日起计算；犯罪行为有连续或者继续状态的，从犯罪行为终了之日起计算。"所谓犯罪之日，应理解为犯罪成立之日。具体而言，对行为犯应从犯罪行为完成之日起计算；对举动犯应从犯罪行为实施之日起计算；对结果犯应从犯罪结果发生之日起计算；对结果加重犯应从加重结果发生之日起计算；对预备犯、未遂犯、中止犯，应分别从犯罪预备、犯罪未遂、犯罪中止成立之日起计算。所谓犯罪行为有连续或者继续状态的，是指连续犯和继续犯，其追诉期限从犯罪行为终了之日起计算。

为了防止犯罪分子利用时效制度逃避法律制裁，我国刑法规定了时效中断和时效延长。

所谓时效中断，是指在追诉期限内，因发生法定事由而使已经过了的时效期间归于无效，法定事由消失后重新计算追诉期限的制度。关于时效中断，《刑法》第 89 条第 2 款规定："在追诉期限以内又犯罪的，前罪追诉的期限从犯后罪之日起计算。"即只要犯罪分子在追诉期限内又犯罪，不论新罪的性质和刑罚轻重如何，前罪所经过的时效期间均归于无效，前罪的追诉期限从犯新罪之日起重新计算。

所谓时效延长，是指在追诉期限内，因发生法定事由而使追究犯罪人的刑事责任不受追诉期限限制的制度。关于时效延长，《刑法》第 88 条第 1 款规定："在人民检察院、公安机关、国家安全机关立案侦查或者在人民法院受理案件以后，逃避侦查或者审判的，不受追诉期限的限制。"第 88 条第 2 款规定："被害人在追诉期限内提出控告，人民法院、人民检察院、公安机关应当立案而不予立案的，不受追诉期限的限制。"也就是说，在司法机关立案侦查或者受理案件以后，犯罪分子逃避侦查或者审判的，或者被害人在追诉期限内提出控告，司法机关应当立案而不予立案的，不受追诉期限的限制，无论逃避状态持续多久，也无论应当立案而不予立案的状态持续多久，都可以对犯罪分子进行追诉。

## 第三节　赦　免

### 一、赦免的概念

赦免，是国家对于犯罪分子宣告免予追诉或者免除执行刑罚的全部或者部分的法律制度。

赦免分为大赦和特赦两种。大赦，是指国家对不特定的多数犯罪分子的赦免。其效力及于罪与刑两个方面，即对宣布大赦的犯罪，不再认为是犯罪，对实施此类犯罪者，不再认为是犯罪分子，因而也不再追究其刑事责任。已受罪刑宣告的，宣告归于无效；已受追诉而未受罪刑宣告的，追诉归于无效。特赦，是指国家对特定的犯罪分子的赦免，即对于受罪刑宣告的特定犯罪分子免除其刑罚的全部或部分的执行。这种赦免只赦其刑，不赦其罪。一般而言，大赦与特赦的主要区别是：（1）大赦是赦免一定种类或不特定种类的犯罪，其对象是不特定的犯罪人；特赦是赦免特定的犯罪人。（2）大赦既可实行于法院判决之后，也可实行于法院判决之前；特赦只能实行于法院判决之后。（3）大赦既可赦其罪，又可赦其刑；特赦只能赦其刑。（4）大赦后再犯罪不构成累犯；特赦后再犯罪的，如果符合累犯条件，则构成累犯。

大赦、特赦通常由国家元首或最高权力机关以命令的形式宣布。这种命令称为大赦令、特赦令。大赦、特赦完毕，命令便自然失效。

### 二、我国的特赦制度

我国1954年《宪法》规定了大赦和特赦，但在实践中并没有适用过大赦。1978年《宪法》和1982年《宪法》都只规定特赦，没有规定大赦。因此，《刑法》第65条、第66条所说的赦免，都是指特赦减免。根据现行《宪法》第67条、第80条的规定，特赦由全国人民代表大会常务委员会决定，由国家主席发布特赦令。

自1959年至1975年，我国先后实行了7次特赦。从这7次实行特赦的情况来看，我国的特赦具有以下特点：

1. 特赦是以一类或几类犯罪分子为对象，而不是适用于个别的犯罪分子。除1959年第一次特赦是对战争罪犯、反革命罪犯和普通刑事罪犯实行外，其余6次都是对战争罪犯实行。

2. 特赦是对经过一定时期的关押改造，确已改恶从善的犯罪分子实行。

3. 特赦是根据犯罪分子的罪行轻重和悔改表现，区别对待，或者免除其刑罚尚未执行的部分，予以释放，或者减轻其原判的刑罚，而不是免除其全部刑罚。

4. 特赦是由全国人大常委会决定，由中华人民共和国主席发布特赦令，再由最高人民法院和高级人民法院予以执行，而不是由犯罪分子本人及其家属或者其他公民提出申请而实行。

# 第十三章　刑法各论概述

## 第一节　刑法各论的研究对象和体系

### 一、刑法各论的研究对象

刑法各论是我国刑法学的重要组成部分。它主要以刑法分则为研究对象。刑法分则作为刑法各论的研究对象，其具体研究内容不外乎是立法规定的具体类罪、种罪的罪名，以及种罪的罪状法定刑。此外，还要根据国家立法机关对刑法分则具体罪名所作的立法解释，以及司法机关对适用刑法分则条文所作的司法解释进行研究。刑法各论以刑法总论所阐述的犯罪与刑罚的一般原理为指导，通过对刑法分则立法规范和关于分则的立法解释、司法解释的研究，结合丰富的刑法个案，揭示各种具体犯罪的构成特征，准确划清罪与非罪，此罪与彼罪的具体界限，合理确定对各种犯罪的处罚，并从中总结出认定犯罪和刑罚裁量的一般规律。

### 二、刑法分则与刑法总则的关系

在研究刑法分则时，必须以刑法总则的原理、原则作为指导。具体地说，研究刑法分则时，必须正确理解刑法分则与刑法总则的密切关系。

刑法总则规定了刑法的任务、基本原则、适用范围、犯罪的概念、构成犯罪的一般要件、刑事责任、共同犯罪、刑罚的种类、刑罚具体运用制度等内容。刑法分则规定了各种具体犯罪的罪状、罪名和应当判处的刑罚种类、量刑幅度。

刑法总则与刑法分则虽在内容上规定不同，但是这些内容是密切联系的，即总则对犯罪和刑罚的一般原理、原则作了抽象规定，分则对犯罪及其刑罚作了具体规定。总则的基本内容是从分则的具体规定内容中抽象和概括出来的，对分则具有指导作用；而分则的基本内容则是把总则规定的原理、原则具体化，例如将总则规定的区分罪与非罪的总标准，区分此罪与彼种罪的界限，刑罚适用的原则规定加以具体落实。就总则与分则两者的关系而言，总则指导分则的运用和研究，在解释和适用分则条文时，不能违反总则的规定；分则在刑法体系中占据重要地位，使总则关于犯罪与刑罚的规定具体化。

### 三、刑法各论的体系

刑法各论的体系，指刑法分则所规定的各类犯罪以及各类犯罪中所包含的各种具体犯罪，按照一定次序排列而构建的理论系统。

#### （一）刑法分则的犯罪分类

由于各国刑法中关于犯罪分类的标准不同，故形成了不同的刑法分则体系。在各国立法例中，常见的有大类制和小类制划分法。"二分法"属典型的大类制犯罪分类法。也有的将犯罪细化为若干类，属于小类制划分。

我国刑法从我国的犯罪实际情况出发，在分则中采取大类制方式，将犯罪划为分10类：

危害国家安全罪；危害公共安全罪；破坏社会主义市场经济秩序罪；侵犯公民人身权利、民主权利罪；侵犯财产罪；妨害社会管理秩序罪；危害国防利益罪；贪污贿赂罪；渎职罪；军人违反职责罪。其中，对破坏社会主义市场经济秩序罪和妨害社会管理秩序罪采用细分为若干小类的结构模式，如对破坏社会主义市场经济秩序罪又细分为8类罪，对妨害社会管理秩序罪细分为9类罪，这是根据这两大类罪的实际情况和特点而设定。

**（二）刑法分则的犯罪分类及其排列的依据**

各国刑法分则对犯罪的分类依据标准不尽相同，如有的以犯罪客体为标准进行分类；有的以犯罪对象为标准进行分类；有的以犯罪行为为标准进行分类；等等。我国刑法分则将犯罪划分为10大类的主要依据标准是犯罪的同类客体。例如，把放火罪，决水罪，爆炸罪，破坏交通工具罪，劫持航空器罪，非法制造、买卖、运输、邮寄、储存枪支、弹药、爆炸物罪，重大责任事故罪等具体犯罪划分为一类，即危害公共安全罪，这些罪所共同侵犯的客体是社会的公共安全。

依照同类客体对犯罪进行分类是我国刑法分则体系确立的基础，是我国刑法各论理论体系的研究基础。

我国刑法分则对10大类犯罪进行排列的依据主要是以各类犯罪的危害程度轻重为序。在10类犯罪的排列中，基本上根据其社会危害性大小，由重到轻依次排列。危害国家安全罪置放于各类犯罪之首位，排在刑法分则的第一类犯罪中，就是因为该类犯罪侵犯的是国家安全，故其社会危害程度最严重。危害公共安全罪排列在第二位，即列于危害国家安全罪之后，其涉及不特定多数人的生命、健康权利和重大公私财产，社会危害性也是十分严重的，所以仅次于危害国家安全罪排列。说是基本以社会危害性大小由重到轻为序排列，是从总体上分析而言，而不是绝对地说后一类罪中的任何一种具体罪其社会危害性都小于前一类罪中的每一种具体罪。例如，排列在第三类的破坏社会主义市场经济秩序罪中的虚假广告罪、非法经营罪其社会危害程度显然轻于排在第四类侵犯公民人身权利、民主权利罪中的故意杀人罪、强奸罪等犯罪。

**（三）各类犯罪中的具体犯罪的排列依据**

各类犯罪中的具体犯罪的排列依据是以其社会危害性的大小由重到轻排列为主，兼顾罪与罪之间的内在联系。例如，侵犯公民人身权利、民主权利罪中，基本上按照侵犯公民的人身权利、民主权利和婚姻家庭制度三个层次的犯罪进行排列，显然侵犯公民人身权利罪的社会危害性最大。在侵犯公民人身权利罪中，剥夺公民生命权利的故意杀人罪排在损害公民身体健康权利的故意伤害罪之前，这是因为故意杀人罪的社会危害性显然大于故意伤害罪。兼顾罪与罪之间的内在联系在侵犯公民人身权利罪中也有体现，如过失致人死亡罪从社会危害性来看，显然小于故意伤害罪，但是其排列顺序却是过失致人死亡罪在前，故意伤害罪在后，这里考虑到故意杀人罪与过失致人死亡罪都是非法剥夺公民生命权利的犯罪，二罪之间有内在联系。

## 第二节　罪状、罪名、法定刑

**一、刑法分则条文的基本结构**

刑法分则条文的基本结构，由罪状和法定刑构成。罪名则是根据罪状内容，对某种犯罪的本质特征的科学概括。例如，我国《刑法》第 216 条规定："假冒他人专利，情节严重的，处三年以下有期徒刑或者拘役，并处或者单处罚金。"该条的前一部分，即"假冒他人专利，情节严重的"为罪状；后一部分，即"处三年以下有期徒刑或者拘役，并处或者单处罚金"为法定刑。该罪的罪名"假冒专利罪"是根据罪状内容，对该罪本质特征的科学概括而得出的。

### 二、罪状

**（一）罪状的概念**

罪状是指刑法分则条文对犯罪特征的描述。

**（二）罪状的种类**

根据对罪状描述方式的不同，一般可以分为以下几种罪状：

1. 简单罪状，即在刑法分则条文中只简单地描述具体犯罪的基本特征。例如，《刑法》第 232 条规定："故意杀人的，处……"故意杀人即是简单罪状。之所以简单描述该犯罪的基本特征，是因为该犯罪的特征是人们易于理解和把握的，没有必要在法律条文中作具体描述。简单罪状形式在我国刑法分则条文中只占少数。

2. 叙明罪状，即在刑法分则条文中详尽描述具体犯罪的基本特征。例如，《刑法》第 163 条规定："公司、企业或者其他单位的工作人员利用职务上的便利，索取他人财物或者非法收受他人财物，为他人谋取利益，数额较大的，处……"在该条文中详尽描述了非国家工作人员受贿罪的主体是公司、企业、其他单位的工作人员；客观方面是利用职务上的便利，索取或者非法收受他人财物，为他人谋取利益，数额较大；而且反映出主观方面是故意。这种罪状形式，详述了犯罪的基本情况，有助于人们认识该种犯罪，便于司法工作人员正确认定犯罪，区分此罪与相近犯罪的界限。我国刑法分则条文的绝大多数采用叙明罪状形式。

3. 空白罪状，即在刑法分则条文中不直接叙明犯罪的特征，而只是指出该犯罪行为所违反的其他法律、法规。例如，《刑法》第 332 条规定："违反国境卫生检疫规定，引起检疫传染病传播或者有严重传播危险的，处……"该条规定的是妨害国境卫生检疫罪，没有详细描述如何妨害国境卫生检疫，需要参照国境卫生检疫法规的有关规定，确定该罪的基本特征。空白罪状形式，对简化刑法分则条文，沟通刑法与有关法律、法规的关系，有促进作用。

4. 空白罪状与叙明罪状并存形式。修订后的我国刑法分则中增加了许多新的犯罪，空白罪状与叙明罪状并存描述犯罪特征的条文占了不少的数目。例如，《刑法》第 230 条规定："违反进出口商品检验法的规定，逃避商品检验，将必须经商检机构检验的进口商品未报经检验而擅自销售、使用，或者将必须经商检机构检验的出口商品未报经检验合格而擅自出口，情节严重的，处……"本条的违反进出口商品检验法的规定，属于空白罪状；其他的描述，具有叙明罪状的典型特征，两者并存于该条文之中。采用空白罪状与叙明罪状并存形式是从某些犯罪的特点出发，兼取空白罪状与叙明罪状的优点，利于正确认定这些犯罪。

5. 引证罪状，即引用刑法分则的其他条款来说明某种犯罪的特征。例如《刑法》第 253 条第 2 款规定："犯前款罪而窃取财物的，依照本法第二百六十四条的规定定罪从重处罚。"在这里，前款罪是指私自开拆、隐匿、毁弃邮件、电报罪，犯前款罪而窃取财物时，构成第 264 条规定的盗窃罪并从重处罚。但是，在第 253 条第 2 款中并未叙明盗窃罪的特征，它需要引用第 264 条的罪状来说明。采用引证罪状方式，是为了避免条款间文字上的重复。

### 三、罪名

#### (一) 罪名的概念

罪名，指犯罪的名称。罪名是对犯罪的本质特征的科学概括。

罪名通常指某种具体的罪名，如故意杀人罪、抢劫罪、妨害公务罪，等等。还有时对某类罪也谓之类罪名名称，如危害公共安全罪、侵犯财产罪、渎职罪，等等。根据罪刑法定原则，在具体的法律条文中只是对具体某种罪的规定，所以我们讲正确定罪，是指给某种具体罪确定其罪名。

如何确定罪名？应掌握以下原则：

1. 确定罪名应当合法、准确、简明。合法，是指确定罪名时必须严格按照刑法分则的规定，不能离开刑法规范的内容滥定罪名。准确，是指确定的罪名必须全面、正确地反映该种犯罪的本质特征，而不是随意地确立罪名。准确建立在科学的基础之上，科学必须表现出确立的罪名能够本质地体现该种罪的特点。简明，是指对罪名的文字表达应言简意赅，便于记忆、理解、适用。

2. 确定罪名应当以罪状为基础并反映出罪名与罪状的密切关系。在下述五种罪状中，确定罪名时应当注意：

(1) 在简单罪状中，罪名一般与罪状相同。例如，《刑法》第 233 条应定为过失致人死亡罪，与罪状过失致人死亡相同。

(2) 在叙明罪状中，应当根据该种犯罪构成区别于其他犯罪构成的主要特征来确定罪名：根据犯罪行为确定罪名，这在叙明罪状中居多数；根据犯罪对象确定罪名，这在叙明罪状中也不乏例证；根据犯罪主体确立罪名，这在叙明罪状中也是存在的；根据犯罪主观要件确定罪名，这在叙明罪状中也有例证。

(3) 在空白罪状中，一般是根据对有关法律、法规的违反在条文中点出罪名。例如，《刑法》第 345 条第 2 款应定为滥伐林木罪，其根据是罪状中写明的"违反森林法的规定，滥伐森林或者其他林木，数量较大的……"这在条文中已点明滥伐林木罪的罪名，不必另定罪名。

(4) 在空白罪状与叙明罪状并存的形式中，根据违反的有关法律、法规，并结合对罪状的详尽描述总结概括出有关罪名。例如，《刑法》第 343 条第 1 款应定为非法采矿罪，其根据就是罪状中载明的"违反矿产资源法的规定"（空白罪状）和对非法采矿行为的详尽描述（叙明罪状）："未取得采矿许可证擅自采矿的，擅自进入国家规划矿区、对国民经济具有重要价值的矿区和他人矿区范围采矿的，擅自开采国家规定实行保护性开采的特定矿种，经责令停止开采后拒不停止开采，造成矿产资源破坏的……"概括出最反映该罪本质特征的罪名——非法采矿罪。

(5) 在引证罪状中，所引证的另一罪状的罪名，即是该条款所规定的罪名。例如，《刑法》第 185 条第 2 款规定："国有商业银行、证券交易所、期货交易所、证券公司、期货经纪公司、保险公司或者其他国有金融机构的工作人员和国有商业银行、证券交易所、期货交易所、证券公司、期货经纪公司、保险公司或其他国有金融机构委派到前款规定中的非国有金融机构从事公务的人员有前款行为的，依照本法第三百八十四条的规定定罪处罚。"这里引用的是《刑法》第 384 条规定的挪用公款罪，则本条款即《刑法》第 185 条第 2 款的罪名也就是挪用公款罪。

**（二）选择罪名和单一罪名**

我国刑法分则中的大部分罪名是单一罪名。所谓单一罪名是指所包含的犯罪构成的具体内容单一，只能反映一个犯罪行为，不能分拆使用的罪名。例如，盗窃罪、故意伤害罪等就是仅表示一个具体犯罪行为，不能对其进行分解。行为触犯单一罪名的只能构成一罪。所谓选择罪名是指所包含的犯罪构成的具体内容复杂，反映出多种犯罪行为，既可概括使用，也可分拆使用的罪名。在我国刑法分则规定的选择罪名大致有以下几种情形：

1. 因多种行为形成的选择罪名。例如组织、领导、参加恐怖组织罪，包含了三种行为，可以分拆成多个罪名。

2. 因多个对象形成的选择罪名。例如拐卖妇女、儿童罪，包含了二种对象，可以分拆成两个罪名。

3. 因同时具有多种行为和多种对象形成的选择罪名。例如，非法持有、私藏枪支、弹药罪，包含了两种行为与两种对象，可以分拆成多个罪名。

选择罪名的适用比较灵活，当行为人只实施其中一个行为或侵害到一种对象时，只定一个罪名，例如非法持有枪支罪、拐卖儿童罪等；当行为人实施两种以上行为或侵害到两种以上对象时，仍只定一个罪名，不实行数罪并罚，例如拐卖妇女、儿童罪，非法持有、私藏、枪支罪等。

**四、法定刑**

**（一）法定刑的概念**

法定刑是刑法分则条文的重要组成部分，它是指刑法分则条文对具体犯罪所规定的量刑标准。量刑标准，包括适用刑罚的种类（即刑种）和量刑幅度（即刑度）。法定刑是法院在正确认定犯罪后对犯罪分子判刑的法律依据。因此，研究法定刑对量刑得当具有重要意义。

**（二）法定刑的种类**

根据刑事立法实践和刑法理论，法定刑大致可分为绝对确定的法定刑、绝对不确定的法定刑和相对确定的法定刑三类。

1. 绝对确定的法定刑，即在刑法条文中对某种犯罪只规定单一的刑种或刑度。这种类型的法定刑，未赋予法官根据案件的具体情况对犯罪人选择轻重适当的刑罚的权力，不利于针对犯罪人的具体情况实现刑罚个别化，也就不利于收到良好的刑罚效果。所以，各国刑法已很少采用。

2. 绝对不确定的法定刑，即在刑法条文中不具体规定某种犯罪的具体刑种和刑度，而是笼统规定应追究刑事责任，依法制裁等，具体如何处罚完全由法官决定。这种类型的法定刑，赋予法官过于广泛的裁量刑罚的权力，易于造成量刑的不平衡，不利于适用法律的统一。所以，各国刑法也基本不采用。

3. 相对确定的法定刑，即在刑法条文中对某种犯罪规定一定的刑种和刑度，并明确规定出最高刑和最低刑。我国现行刑法采用这种相对确定法定刑的模式，世界各国刑法中也普遍采用这种形式。这种类型的法定刑，既规定了统一的量刑标准，有明确的限度，又给予法官一定的刑罚裁量权，可根据案件的具体情况，裁量轻重适当的刑罚，有利于实现刑罚的统一和刑罚个别化。

### （三）相对确定法定刑在我国刑法分则条文中的具体规定方式

1. 明确规定法定刑的最高限度，其最低限度为刑法总则所规定。例如，《刑法》第 429 条规定拒不救援友邻部队罪的法定刑是 5 年以下有期徒刑。

2. 明确规定法定刑的最低限度，其最高限度为刑法总则所规定。例如《刑法》第 188 条规定的违规出具金融票证罪情节特别严重的法定刑是 5 年以上有期徒刑。

3. 明确规定出一种刑罚的最低和最高限度。例如，《刑法》第 353 条第 2 款规定的强迫他人吸毒罪的法定刑是 3 年以上 10 年以下有期徒刑，并处罚金。

4. 明确规定两种以上主刑（主刑中还可规定一定的幅度）或者同时还规定附加刑（附加刑中还可规定一定的幅度），供法官裁量刑罚时选择适用，这种方式又称选择法定刑。例如，《刑法》第 170 条规定的伪造货币罪的法定刑主刑种有 3 种，即有期徒刑、无期徒刑和死刑，其中有期徒刑还分两个幅度，即 3 年以上 10 年以下有期徒刑和 10 年以上有期徒刑。附加刑种有 2 种，即罚金、没收财产，其中罚金刑还有一定的幅度，即并处 5 万元以上 50 万元以下罚金。选择法定刑方式在我国刑法分则条文中占绝大多数。

5. 在刑法分则某些条款中未明确规定法定刑，而是明确规定援引分则其他条款的法定刑处罚，这又简称为援引法定刑。例如，《刑法》第 386 条规定的受贿罪的处罚是"……依照本法第三百八十三条的规定处罚。索贿的从重处罚"。即对受贿罪未明确规定法定刑，而是援引《刑法》第 383 条贪污罪的法定刑处罚。

### （四）宣告刑的概念及宣告刑与法定刑的关系

宣告刑，是指国家审判机关对具体犯罪案件中的犯罪人依法判处并宣告应当实际执行的刑罚。宣告刑与法定刑不同，但是两者关系密切，法定刑是宣告刑的基本依据，宣告刑是法定刑的实际运用。宣告刑在对法定刑的实际运用过程中，侧重考虑具体犯罪案件及犯罪人的特殊性。审判机关在对犯罪人判处刑罚时，除了具备法定的减轻情节或者符合《刑法》第 63 条第 2 款的规定外，不得随意突破法定刑判处，只能严格限制在法定刑之内宣告对犯罪人实际执行的刑罚。

# 第十四章　危害国家安全罪

## 第一节　危害国家安全罪概述

### 一、危害国家安全罪的概念

危害国家安全罪，是指故意危害中华人民共和国的主权、领土完整和安全，分裂国家，颠覆国家政权，推翻社会主义制度的行为。

### 二、危害国家安全罪的共同特征

1. 侵犯客体是国家的安全，即中华人民共和国的国家安全。这里的国家安全是指中华人民共和国的主权、领土完整与安全，国家的统一，人民民主专政的国家政权及社会主义制度的安全。一个国家的安全为该国的生存、运行和发展提供了坚强的政治基础和物质基础，是该国各民族的根本利益之所在。所以，任何一个国家都视捍卫国家的主权独立、领土完整与安全，国家的团结统一，国家的政权和制度的稳固为首要任务。危害中华人民共和国国家的安全，既包括对中华人民共和国宪法确立的中华人民共和国国体——人民民主专政的社会主义国家的危害，也包括对中华人民共和国赖以存在的主权独立、领土完整与安全的危害。

2. 犯罪客观方面表现为实施危害中华人民共和国国家安全的行为。危害中华人民共和国国家安全的行为，是指对国家的安全造成了损害或者威胁，具体是指《刑法》第102条至第112条规定的各种危害我国的主权、领土完整与安全，分裂国家，颠覆国家的政权，推翻社会主义制度的行为，如背叛国家，分裂国家，武装叛乱、暴乱，颠覆国家政权，叛逃，间谍，资敌等行为。

凡刑法规定的危害国家安全的行为则是惩罚该类犯罪的法律标准。有无危害国家安全的行为，是区分危害国家安全罪与非罪或危害国家安全罪与其他犯罪的重要依据。对于只有危害国家安全的犯意表示，而没有实施危害国家安全的行为的，不能认定为危害国家安全罪。对于刑法没有规定的，不能单凭言论认定为危害国家安全罪。

危害国家安全的行为不要求达到一定的结果程度是本类犯罪在客观方面的一大特点。实施背叛国家、分裂国家、武装暴乱、叛乱等行为就构成危害国家安全罪的既遂，因为实施这些行为已然对国家的安全造成了损害或威胁。

3. 犯罪主体是自然人，且多数犯罪为一般主体，仅有少数犯罪的主体为特殊主体，如背叛国家罪、叛逃罪。

4. 主观方面表现为故意的心理状态。其中，绝大多数表现为直接故意，即行为人认识到自己的背叛国家、分裂国家、武装暴乱、颠覆国家政权等行为会危害到国家的安全，仍然追求危害国家安全结果的发生，出于一种希望的态度。极个别的罪可能由直接故意构成，也可能由间接故意构成，如为境外窃取、刺探、收买、非法提供国家秘密、情报罪。

## 第二节　本章要求掌握的犯罪

### 一、分裂国家罪

**（一）分裂国家罪的概念**

分裂国家罪，是指组织、策划、实施分裂国家、破坏国家统一的行为。

**（二）分裂国家罪的构成特征**

1. 侵犯客体是国家的统一。中国是一个统一的多民族国家，这在宪法和反分裂国家法中均有明确规定。为了维护国家的统一，必须坚决打击分裂国家的活动。

2. 客观方面表现为组织、策划、实施分裂国家、破坏国家统一的行为。"分裂国家"，指将统一的国家分成几个部分，建立中央政府之外的政府，对抗中央，割据一方并自立为独立国家，谋取国际上的承认。"破坏国家统一"，指采取种种方式阻挠、破坏国家的统一活动进程，意图实现独立。具体行为方式有组织、策划、实施三种，按照法律规定，行为人只要实施了上述三种行为之一分裂国家、破坏国家统一的，就构成本罪。行为人既组织、策划，又实施分裂国家的犯罪活动的，也只以一罪论处，不实行并罚。

3. 犯罪主体为一般主体，包括境内外公民。

4. 主观方面表现为直接故意。

**（三）分裂国家罪的认定**

对分裂国家罪的犯罪形态应予正确认定。分裂国家罪有组织、策划、实施三种行为，每一种行为都是独立实行行为，只要实施三种行为之一即成立分裂国家罪的既遂。注意不要将组织、策划两种行为理解为实施行为的预备行为或共同犯罪中的共犯行为，因为法律已将组织、策划、实施分别规定为独立实行行为。

**（四）分裂国家罪的法定刑**

我国《刑法》第103条第1款、第113条和第56条规定，犯分裂国家罪的，对首要分子或者罪行重大的，处无期徒刑或10年以上有期徒刑；对积极参加的，处3年以上10年以下有期徒刑；对其他参加的，处3年以下有期徒刑、拘役、管制或者剥夺政治权利。对国家和人民危害特别严重，情节特别恶劣的，可以判处死刑。犯本罪，可以并处没收财产，应当附加剥夺政治权利。根据《刑法》第106条的规定，与境外机构、组织、个人相勾结犯本罪的，从重处罚。

### 二、煽动分裂国家罪

**（一）煽动分裂国家罪的概念**

煽动分裂国家罪，是指煽动分裂国家、破坏国家统一的行为。

**（二）煽动分裂国家罪的构成特征**

本罪侵犯的客体、犯罪主体、主观方面同分裂国家罪。

客观方面表现为煽动分裂国家、破坏国家统一的行为。"煽动"，是指向不特定人或者多数人以语言、文字、图像等方式进行鼓动、宣传。煽动的内容是分裂国家、破坏国家统一。行为人明知出版物中载有煽动分裂国家、破坏国家统一的内容而予以出版、印刷、复制、发行、传播的，或者组织、利用邪教组织煽动分裂国家、破坏国家统一的，或者利用突发传染病疫情等灾害，制造、传播谣言煽动分裂国家、破坏国家统一的，使用互联网煽动分裂国家、破坏国家统一的，都应以本罪论处。

### （三）煽动分裂国家罪的认定

注意本罪是行为犯，即只要实施了分裂国家、破坏国家统一的煽动行为，就构成本罪的既遂。煽动行为不以公然实施为必要；被煽动人是否实施分裂国家、破坏国家统一的行为，也不影响本罪的成立。

本罪是独立构成的煽动分裂国家的犯罪，不同于前述分裂国家罪中的组织行为、策划行为，后者为分裂国家的犯罪。

### （四）煽动分裂国家罪的法定刑

我国《刑法》第103条第2款、第113条第2款和第56条规定，犯煽动分裂国家罪的，处5年以下有期徒刑、拘役、管制或者剥夺政治权利；首要分子或者罪行重大的，处5年以上有期徒刑。犯本罪，可以并处没收财产，应当附加剥夺政治权利。根据《刑法》第106条的规定，与境外机构、组织、个人相勾结犯本罪的，从重处罚。

### 三、叛逃罪

#### （一）叛逃罪的概念

叛逃罪，是指国家机关工作人员或者掌握国家秘密的国家工作人员在履行公务期间，擅离岗位，叛逃境外或者在境外叛逃的行为。

#### （二）叛逃罪的构成特征

1. 侵犯客体是国家利益和安全。

2. 客观方面表现为在履行公务期间，擅离岗位，叛逃境外或者在境外叛逃的行为。"履行公务期间"，指在职的国家机关工作人员或掌握国家秘密的国家工作人员在执行公务期间，如被派往境外访问期间，我国驻外使领馆的外交人员在执行使领馆的职务期间，等等。"擅离岗位"，指违反规定私自离开岗位的行为。"叛逃境外"，指同境外的机构、组织、个人联络，由境内逃往境外的行为；逃往外国驻华使领馆的，亦属叛逃境外的行为。"在境外叛逃"，指国家机关工作人员或者掌握国家秘密的国家工作人员在境外擅自不归国，或者擅自脱离在国外期间的岗位，投靠境外机构、组织的行为。

3. 犯罪主体为特殊主体。一类是国家机关工作人员，含在国家权力机关、行政机关、司法机关、监察机关、军事机关中从事公务的人员；另一类是掌握国家秘密的国家工作人员，含掌握国家秘密的国有公司、企业、事业单位、人民团体中从事公务的人员，被国家机关、国有公司、企业、事业单位、人民团体委派到非国有公司、企业、事业单位、社会团体从事公务的人员，以及其他依照法律从事公务的人员。国家工作人员的范围广于国家机关工作人员，但在本罪的主体中作了限制，即掌握国家秘密的国家工作人员。

4. 主观方面表现为直接故意。

#### （三）叛逃罪的认定

1. 划清本罪与非罪行为的界限。

本罪属行为犯，只要有叛逃行为，不必有实质危害国家安全结果的发生，即可成立本罪，但仍受《刑法》第13条犯罪定义中"但书"的限定，即"情节显著较微危害不大的，不认为是犯罪"。

2. 划清本罪与其他相关犯罪的界限。

（1）划清本罪与投敌叛变罪的界限。两罪主要区别在于：一是本罪为特殊主体，后罪为一般主体即具有中华人民共和国国籍的人；二是行为发生的时间不同，本罪要求履行公务期间，后罪无时间的限定；三是逃至方向要求不同，本罪的叛逃方向是境外任何一个国家即可，后罪要求行为人投奔敌国或敌方。

（2）划清本罪与间谍罪的界限。二罪的区别见间谍罪的认定第二点中"区分间谍罪与叛逃罪的界限"。

**（四）叛逃罪的法定刑**

依照我国《刑法》第109条第1款的规定，犯叛逃罪的，处5年以下有期徒刑、拘役、管制或者剥夺政治权利；情节严重的，处5年以上10年以下有期徒刑。

本条第2款规定，掌握国家秘密的国家工作人员犯本罪的，依照前款规定从重处罚。

依照《刑法》第113条第2款的规定，犯本罪的，可以并处没收财产。

### 四、间谍罪

**（一）间谍罪的概念**

间谍罪，是指境外机构、组织、个人实施或者指使、资助他人实施的，或者境内机构、组织、个人与境外机构、组织、个人相勾结实施的危害中华人民共和国国家安全的间谍行为。

**（二）间谍罪的构成特征**

1. 侵犯客体是中华人民共和国的国家安全。间谍活动会危害国家的主权、领土完整和安全，也会危害国家的政权和社会主义制度。根据间谍犯罪活动的不同内容，危害国家安全的某一部分或者整体。

2. 客观方面表现为实施了间谍行为，见2014年11月1日起施行的《中华人民共和国反间谍法》规定的五个方面的行为：（1）间谍组织及其代理人实施或者指使、资助他人实施，或者境内外机构、组织、个人与其相勾结实施的危害中华人民共和国国家安全的活动；（2）参加间谍组织或者接受间谍组织及其代理人的任务；（3）间谍组织及其代理人以外的其他境外机构、组织、个人实施或者指使、资助他人实施，或者境内机构、组织、个人与其相勾结实施的窃取、刺探、收买或者非法提供国家秘密或者情报，或者策动、引诱、收买国家工作人员叛变的活动；（4）为敌人指示攻击目标；（5）进行其他间谍活动。间谍组织，是指境外或者渗透于我国境内的专门窃取、刺探我国国家秘密或情报，或者进行其他危害我国国家安全活动的组织。参加间谍组织，是指经过一定的手续，加入间谍组织，成为其内部成员。注意，只要参加了间谍组织，即使尚未从事间谍活动，也成立本罪。接受间谍组织及其代理人的任务，是指虽未参加间谍组织但接受间谍组织以及间谍组织的代理人下达的任务，包括接受窃取、刺探国家秘密或情报的任务，也包括接受进行其他危害国家安全活动的任务。为敌人指示攻击目标，是指以各种手段为敌人指引攻击我方目标的活动，攻击是否得逞不影响本罪的成立。策动、引诱、收买国家工作人员叛变的活动也是常见的间谍行为。具备上述五种间谍行为之一的，即成立间谍罪，同时实施这几种行为的，也只构成间谍罪一罪，而不实行并罚。

3. 犯罪主体包含机构、组织、个人。

4. 主观方面表现为直接故意，即明知是间谍组织而有意参加，明知是间谍任务而有意接受，明知对方是敌人而向其指示攻击目标，追求危害国家安全的结果发生。

### （三）间谍罪的认定

1. 划清间谍罪与非罪行为的界限。对被胁迫或因受欺骗被拉进间谍组织并未实行危害国家安全的犯罪活动和在间谍组织中从事一般勤杂事务并不知晓该组织性质的不能认定为间谍罪。这里区别罪与非罪的关键是看行为人在主观上是否故意进行间谍活动，故意分别由故意参加间谍组织、故意接受间谍任务、故意为敌人指示攻击目标构成。

2. 划清间谍罪与有关犯罪的界限：（1）区分间谍罪与叛逃罪的界限。叛逃罪系国家机关工作人员及掌握国家秘密的国家工作人员的叛逃行为，叛逃后参加间谍组织的或者接受间谍组织任务的，应以间谍罪与叛逃罪两罪实行并罚。仅有叛逃行为而无间谍行为的，仍成立一个叛逃罪。国家机关工作人员及掌握国家秘密的国家工作人员实施间谍行为，而不具有叛逃性质的，只成立一个间谍罪。（2）区分间谍罪与为境外窃取、刺探、收买、非法提供国家秘密、情报罪的界限（见为境外窃取、刺探、收买、非法提供国家秘密、情报罪的认定）。

### （四）间谍罪的法定刑

我国《刑法》第 110 条、第 113 条和第 56 条规定，犯本罪，危害国家安全的，处 10 年以上有期徒刑或者无期徒刑；情节较轻的，处 3 年以上 10 年以下有期徒刑。对国家和人民危害特别严重，情节特别恶劣的，可以判处死刑。犯本罪可以并处没收财产，应当附加剥夺政治权利。

### 五、为境外窃取、刺探、收买、非法提供国家秘密、情报罪

#### （一）为境外窃取、刺探、收买、非法提供国家秘密、情报罪的概念

为境外窃取、刺探、收买、非法提供国家秘密、情报罪，是指为境外的机构、组织、人员窃取、刺探、收买、非法提供国家秘密或者情报的行为。

#### （二）为境外窃取、刺探、收买、非法提供国家秘密、情报罪的构成特征

1. 侵犯客体是国家的安全与利益，即危害到中华人民共和国的主权、领土完整与安全、政权、社会制度等方面的安全与利益。

2. 客观方面表现为为境外的机构、组织、人员窃取、刺探、收买、非法提供国家秘密或者情报的行为。境外的机构、组织、人员，是指中华人民共和国国（边）境外的国家或者地区的政府机构、军事机构、经贸组织、文教单位、科研机关、政党、社会团体、宗教组织以及上述机构、组织以外的个人，包括这些机构、组织在中国境内的分支机构、组织、派驻人员。国家秘密，是指《中华人民共和国保守国家秘密法》所规定的关系到国家的安全和利益，经法定程序确定，在一定时间内只限一定范围的人员知悉的事项。国家秘密分为绝密、机密、秘密三种。情报，是指国家秘密以外的关系国家安全与利益，尚未公开或者依照有关规定不应公开的事项。本罪的行为方式有窃取、刺探、收买、非法提供四种。窃取，是指以各种形式来盗窃国家秘密或情报。刺探，即以各种手段探知国家秘密或情报。收买，即以金钱、财物或其他物质利益换取国家秘密或情报。非法提供，即掌握国家秘密或情报的人，违反法律规定，将国家秘密或情报出售、提交、告知境外的机构、组织、个人。通过互联网将国家秘密或者情报非法发送给境外的机构、组织、个人的，属于非法提供。通过窃取、刺探、收买三种行为实际获得了国家秘密或者情报的成立本罪的既遂；非法提供行为以将国家秘密或者情报提供给境外机构、组织、个人为本罪的既遂标准。行为人只要实施了上述四种行为之一的，即构成本罪；实施了两种以上行为的，仍为一罪，不实行并罚。

3. 犯罪主体是一般主体。中国公民以及非中国公民均可以成为本罪的主体。

4. 主观方面表现为故意，即行为人明知是国家秘密或情报，明知对方是境外机构、组织、个人，而故意向其非法提供或实施窃取、刺探、收买行为，希望或放任危害国家安全的结果发生。误以为对方是境内机构、组织、个人而非法提供国家秘密的，应认定为故意泄露国家机密罪。

根据最高人民法院《关于审理为境外窃取、刺探、收买、非法提供国家秘密、情报案件具体应用法律若干问题的解释》之规定：行为人知道或者应当知道没有标明密级的事项关系国家安全和利益，而为境外窃取、刺探、收买、非法提供的，依照《刑法》第111条的规定以为境外窃取、刺探、收买、非法提供国家秘密、情报罪定罪处罚。对于没有认识到是国家秘密即将其提供给境外机构、组织、个人的，应认定为过失泄露国家秘密罪。

**（三）为境外窃取、刺探、收买、非法提供国家秘密、情报罪的认定**

1. 划清为境外窃取、刺探、收买、非法提供国家秘密、情报罪与非罪行为的界限：（1）对于不涉及国家安全利益的情况、资料、信息，即不属于国家秘密、情报的情况、资料、信息，虽向境外机构、组织、个人提供，但不构成本罪，因为并不危害国家的安全。（2）根据《中华人民共和国保守国家秘密法》第30条规定，机关、单位对外交往与合作中需要提供国家秘密事项，或者任用、聘用的境外人员因工作需要知悉国家秘密的，应当报国务院有关主管部门或者省、自治区、直辖市人民政府有关主管部门批准，并与对方签订保密协议。上述行为是合法行为，不构成本罪。

2. 划清为境外窃取、刺探、收买、非法提供国家秘密、情报罪与间谍罪的界限。两者的区别主要表现在：（1）主观上明知对方为间谍组织而为其窃取、刺探、收买、非法提供国家秘密、情报的，构成间谍罪，而不构成本罪。本罪中的境外机构、组织、个人是非间谍性质的。（2）本罪在客观上仅限于窃取、刺探、收买、非法提供国家秘密、情报，而间谍罪除了针对国家秘密、情报外，还有参加间谍组织、为敌人指示攻击目标或接受间谍组织及其代理人的其他派遣，危害国家安全的行为，以及策动、引诱、收买国家工作人员叛变等行为。

**（四）为境外窃取、刺探、收买、非法提供国家秘密、情报罪的法定刑**

我国《刑法》第111条、第113条和第56条规定，犯为境外窃取、刺探、收买、非法提供国家秘密、情报罪的，处5年以上10年以下有期徒刑。情节特别严重的，处10年以上有期徒刑或者无期徒刑。情节较轻的，处5年以下有期徒刑、拘役、管制或者剥夺政治权利。依第113条规定，对国家和人民危害特别严重、情节特别恶劣的，可以判处死刑。犯本罪可以并处没收财产，应当附加剥夺政治权利。

# 第十五章　危害公共安全罪

## 第一节　危害公共安全罪概述

### 一、危害公共安全罪的概念

危害公共安全罪，是指故意或者过失地实施危害不特定的多数人的生命、健康和重大公私财产安全的行为。

### 二、危害公共安全罪的共同特征

1. 侵犯客体是社会的公共安全，即不特定多数人的生命、健康和重大公私财产安全。不特定性是本类罪侵犯客体的基本特征。不特定性意在表明危害公共安全的行为的对象具有广泛性和不确定性，不限于特定的个人或财产，行为具有造成不特定的众多人员伤亡或重大公私财产广泛损害的性质。如果行为人实施的危害行为侵犯的目标不是不特定的多数人的生命、健康或者重大公私财产的安全，而是某一个或某几个特定的个人的生命、健康或者特定的公私财产的安全，则只能以侵犯公民人身权利罪或侵犯财产罪论处。

2. 客观方面表现为实施了危害公共安全的行为。危害公共安全行为的表现形式大多数是积极的作为，如放火、爆炸、投放危险物质、劫持航空器等；少数犯罪的行为形式也可以表现为消极的不作为，如失火罪等大多数过失危害公共安全的犯罪。由行为的危害性质所决定，危害公共安全的行为既包括已经造成实际损害结果的行为（实害犯），也包括虽然尚未造成实际损害结果，但却足以危害不特定多数人生命、健康或者重大公私财产安全的行为（危险犯），如破坏交通工具罪、破坏交通设施罪。但过失危害公共安全的行为，则必须造成法定的实际损害结果，才能构成犯罪。

3. 犯罪主体多数是一般主体。凡年满16周岁具有刑事责任能力的自然人都可以成为本罪主体，但是，已满14周岁不满16周岁的未成年人犯放火、爆炸、投放危险物质罪的，也应当负刑事责任。少数犯罪主体则是特殊主体，行为人必须具有法定的特殊身份或者从事特定业务，才能成为犯罪主体。危害公共安全的犯罪主体一般是自然人，但少数犯罪的主体可以是单位，如非法制造、买卖、运输、邮寄、储存枪支、弹药、爆炸物罪，自然人和单位都可以成为本罪的主体。个别犯罪的主体则只能是单位，如违规制造、销售枪支罪，犯罪主体必须是依法被指定、确定的枪支制造企业或销售企业。

4. 主观方面既可以表现为故意，也可以表现为过失。本类犯罪中过失犯罪占据一定的比例。

## 第二节　本章要求掌握的犯罪

### 一、放火罪

#### （一）放火罪的概念

放火罪，是指故意放火焚烧公私财产，危害公共安全的行为。

## （二）放火罪的构成特征

1. 侵犯客体是公共安全，侵犯对象是关系公共安全的公私财产。所谓关系公共安全的公私财产，是指财产一旦被放火焚烧，可能危及公共安全。如果公私财产与公共安全无关，一旦被焚烧不致危及不特定的多数人的生命、健康或者重大公私财产的安全，则不能成为本罪侵犯的对象。关系公共安全的公私财产包括行为人本人拥有的财产。如果行为人放火焚烧自己或者家庭使用的房屋或者其他财物，足以危害公共安全的，同样构成放火罪。

2. 客观方面表现为实施了危害或者足以危害公共安全的放火行为。放火行为既可以以作为的方式实施，如用引火物点燃公私财产，制造火灾；也可以以不作为的方式实施，但以不作为方式构成的放火罪必须以行为人负有防止火灾发生的特定义务为前提。如工厂、厂矿、林场负责消防安全的职工发现火灾隐患或火情，故意不采取措施排除火灾隐患或火情，致使火灾发生，公私财产遭受重大损失的，即可以构成本罪。本罪是危险犯，实施放火焚烧财产，足以危害公共安全的行为即构成犯罪。

3. 犯罪主体是一般主体，凡达到刑事责任年龄具有刑事责任能力的自然人都可以成为本罪的主体。鉴于本罪具有严重的社会危害性，根据《刑法》第17条第2款之规定，已满14周岁不满16周岁的未成年人也可以成为本罪的主体。

4. 主观方面表现为故意，即明知自己的放火行为可能造成危害公共安全的严重后果，而希望或者放任这种结果的发生。

## （三）放火罪的认定

1. 划清放火罪既遂与未遂的界限。放火罪是危险犯，指行为人着手实施了放火的行为，并已将放火的对象物点燃，且具有造成严重后果的危险性。如果还没有将放火的对象物点燃或者刚刚点燃还未能脱离引火物独立燃烧，则不能认为是放火罪的既遂。对象物尚未点燃，即因行为人意志以外的原因而停止放火行为的，构成放火罪的未遂。完成放火行为后火灾是否实际发生、是否造成危害公共安全的严重后果，对确定放火罪的既遂与未遂的界限没有影响。

2. 划清放火罪与失火罪的界限。区别的关键在于行为人对火灾后果的心理态度。如果行为人明知自己的行为可能导致火灾发生，并且希望或者有意识地放任火灾发生的，就构成放火罪。如果行为人应当预见自己的行为可能导致火灾发生，因为疏忽大意而没有预见，或者虽然已经预见但轻信能够避免以致造成火灾的，则为失火罪。此外，失火罪为结果犯，失火行为必须造成人身伤亡或者公私财产重大损失的严重后果，才能构成犯罪。

3. 区分放火罪与以放火方法实施的其他犯罪的界限：（1）放火罪与故意毁坏财物罪的界限。如果以放火方法故意损毁公私财物，没有危及公共安全的，只能以故意毁坏财物罪论处。如果放火损毁公私财物的行为已经危及或者足以危及公共安全的，则应当以放火罪论处。（2）放火罪与破坏交通工具等罪的界限。如果以纵火焚烧的方法破坏交通工具、交通设施、电力设备、易燃易爆设备、电视电信设施，其行为具有放火罪和破坏交通工具等罪的特征的，鉴于破坏交通工具等罪的破坏方法已经包含了放火方法，且破坏交通工具等罪对象是法定的，故对此情况应当按破坏交通工具等罪论处，而不再定放火罪。（3）放火罪与故意杀人罪、故意伤害罪的界限。行为人企图以放火的方法烧死或者烧伤特定的个人的，如果其放火行为不足以危及公共安全，则应当以故意杀人罪或故意伤害罪论处。如果其放火行为足以危害公共安全的，其行为则应当按放火罪论处。

**（四）放火罪的法定刑**

我国《刑法》第 114 条、第 115 条规定，犯放火罪，尚未造成严重后果的，处 3 年以上 10 年以下有期徒刑；致人重伤、死亡或者使公私财产遭受重大损失的，处 10 年以上有期徒刑、无期徒刑或者死刑。

## 二、爆炸罪

**（一）爆炸罪的概念**

爆炸罪是指故意针对不特定的多数人或者重大公私财产实施爆炸，危害公共安全的行为。

**（二）爆炸罪的构成特征**

1. 侵犯客体是社会公共安全。

2. 客观方面表现为实施了用爆炸的方法杀伤不特定的多数人、毁坏重大公私财产，危害公共安全的行为。具体说来，首先，行为人必须实施了故意引爆弹药、爆炸物以及其他易爆物品、引爆装置或者利用技术手段故意导致机器、锅炉等爆炸的行为。这种行为可以是以作为方式进行的，如故意安放定时炸弹进行爆炸，也可以是以不作为方式进行的，如锅炉工故意不给锅炉加水致使锅炉发生爆炸。其次，爆炸行为必须针对不特定多数人或者重大公私财产进行，足以危害公共安全。

3. 犯罪主体是一般主体。已满 14 周岁不满 16 周岁的人实施爆炸行为，构成犯罪的，也应当负刑事责任。

4. 主观方面表现为故意，即明知自己的行为可能会发生爆炸的结果，危害公共安全，并且希望或者放任这种结果发生。

**（三）爆炸罪的认定**

1. 划清爆炸罪与以爆炸的方法实施的针对特定个人或者公私财产的犯罪的界限。区分的关键是爆炸行为是否危害公共安全。如果爆炸行为指向的是特定的个人或者特定的公私财产，行为人有意识地将爆炸限制在特定的不危及公共安全的范围内，客观上也未发生危害公共安全的实际结果的，则应当根据案件的具体情况分别以故意杀人罪、故意伤害罪或者故意毁坏财物罪论处。但是，如果爆炸行为虽然主观上指向的是特定的个人或者公私财物，但是爆炸发生在公共场合，实际危害了不特定的多数人的生命、健康和重大公私财产的安全的，则仍然应当按爆炸罪论处。

2. 划清爆炸罪与用爆炸的方法破坏特定设备的犯罪的界限。用爆炸的方法故意破坏交通工具、交通设备、电力设备、煤气设备、易燃易爆设备或者通信设备的行为，也具有危害公共安全的性质，因而符合爆炸罪的特征，但是，由于刑法已经将用爆炸的方法故意破坏这些特定设备的行为另行规定为独立的罪名，因此，不宜再以爆炸罪论处。

**（四）爆炸罪的法定刑**

我国《刑法》第 114 条、第 115 条规定，犯爆炸罪，尚未造成严重后果的，处 3 年以上 10 年以下有期徒刑；致人重伤、死亡或者使公私财产遭受重大损失的，处 10 年以上有期徒刑、无期徒刑或者死刑。

### 三、投放危险物质罪

**(一) 投放危险物质罪的概念**

投放危险物质罪，是指故意投放毒害性、放射性、传染病病原体等物质，危害公共安全的行为。

**(二) 投放危险物质罪的构成特征**

1. 侵犯客体是公共安全，即不特定多数人的生命、健康和重大公私财产安全。

2. 客观方面表现为行为人实施了投放毒害性、放射性、传染病病原体等物质，危害公共安全的行为。所谓"投放毒害性、放射性、传染病病原体等物质"，是指向公共饮用的水源、出售的食品、饮料或者牲畜、禽类的饮水池、饲料等物品中投放毒害性、放射性、传染病病原体等物质的行为。所谓"毒害性物质"，是指能对人体或者动物产生毒害作用的有毒物质，包括化学性有毒物质（如砒霜、鼠药、氰化物等），生物性有毒物质（如野蘑菇等植物性有毒物质、河豚等动物性有毒物质）和微生物类有毒物质（如肉毒杆菌等）。所谓"放射性物质"，是指含铀、镭、钴等放射性元素，可能对人、动物及环境产生严重辐射危害的物质，包括能够产生裂变反应或者聚合反应的核材料。所谓"传染病病原体"，是指能够通过在人体或者动物体内适当的环境中繁殖从而使人类或者动物感染传染病，甚至造成传染病扩散的细菌、霉菌、毒种、病毒，如霍乱弧菌、天花病毒、艾滋病毒、炭疽菌、肝炎病毒、结核杆菌、SARS病毒、高致病性禽流感病毒等。这些危险物质极具杀伤力和破坏力，一旦被滥用就会严重危害不特定多人的生命健康和重大财产安全。本罪是危险犯，不论投放危险物质行为的具体方式怎样，也不论使用何种危险物质，只要投放危险物质的行为足以危害不特定多数人的生命健康和重大公私财产安全，或者足以严重污染环境，就构成本罪既遂，而不要求发生实际的危害结果。

3. 犯罪主体是一般主体。根据《刑法》第17条的规定，已满14周岁不满16周岁的人犯本罪的，应当负刑事责任。

4. 主观方面表现为故意。既可以出于直接故意，也可以出于间接故意。至于行为人出于何种动机，不影响本罪的成立。

**(三) 投放危险物质罪的认定**

1. 投放危险物质罪与以投放危险物质的方法实施的故意杀人罪、故意毁坏财物罪的界限。区分的关键是看行为人实施的投放危险物质的行为是否足以危及公共安全。如果行为人用投放危险物质的方法杀害特定的人，如将毒物投放于被害人所喝的饮料中，不危及公共安全的，就构成故意杀人罪；如果行为人投放危险物质的行为虽然针对特定的个人，但已经危及公共安全的，如行为人为杀害被害人而将毒物投放于被害人取饮用水的公用水井中，就构成投放危险物质罪。

2. 投放危险物质罪与污染环境罪的界限。二者虽然在危害后果方面相似，但是却有着本质的区别：（1）侵害的客体不同。投放危险物质罪侵害的是公共安全；污染环境罪侵害的是国家对环境保护和污染防治的管理活动。（2）客观方面表现不同。投放危险物质罪表现为将毒害性、放射性、传染病病原体等危险物质投放于公共的饮用水、出售的食品等特定物品中的行为，而且只要该行为足以危害公共安全，就构成犯罪既遂；而污染环境罪则表现为违反国家规定，排放、倾倒或者处置含有放射性的废物、含传染病病原体的废物、有毒物质或者其他有害物质的行为，严重污染环境。（3）犯罪主体不同。投放危险物质罪只能以自然人为主体；而污染环境罪的主体既可以是自然人也可以是单位。（4）主观方面不同。投放危险物质罪只能出于故意，即行为人明知自己的行为会危害公共安全，希望或者放任该结果发生；而污染环境罪只能出于过失，即行为人对所造成的污染环境的危害结果，既不希望，也不放任，而是应当预见却因疏忽大意而没有预见或者虽然预见却轻信能够避免，以致发生的。

### （四）投放危险物质罪的法定刑

根据《刑法》第 114 条、第 115 条第 1 款的规定，犯投放危险物质罪，尚未造成严重后果的，处 3 年以上 10 年以下有期徒刑；致人重伤、死亡或者使公私财产遭受重大损失的，处 10 年以上有期徒刑、无期徒刑或者死刑。

## 四、以危险方法危害公共安全罪

### （一）以危险方法危害公共安全罪的概念

以危险方法危害公共安全罪，是指使用与放火、投放危险物质、决水、爆炸方法的危险性相当的其他危险方法，危害公共安全的行为。

### （二）以危险方法危害公共安全罪的构成特征

1. 侵犯客体是公共安全，即不特定的多数人的生命、健康或者重大公私财产的安全。

2. 客观方面表现为使用与放火、投放危险物质、决水、爆炸方法的危险性相当的其他危险的方法，危害公共安全的行为。根据司法实践，以其他危险方法危害公共安全的形式主要有以驾车撞人的危险方法危害公共安全、以私设电网的危险方法危害公共安全、以向人群开枪射击的危险方法危害公共安全、以传播病毒或泄露放射性物质的危险方法危害公共安全等。不管危险方法的具体形式如何，其危险性必须与放火、投放危险物质、决水、爆炸方法的危险性大体相当。凡危险性不相当，不足以危害公共安全的，不能认定为其他危险方法。

3. 犯罪主体是一般主体，凡达到刑事责任年龄具有刑事责任能力的自然人都可以成为本罪的主体。

4. 主观方面表现为，明知自己的行为可能导致危害公共安全的严重后果，并且希望或者有意识地放任这种结果发生。

### （三）以危险方法危害公共安全罪的认定

对以其他危险方法危害公共安全的行为如何定罪，司法实践和理论研究都存在不同看法。有的主张不论具体使用的危险方法如何，统一定为"以其他危险方法危害公共安全罪"；有的则主张根据行为人具体使用的危险方法确定罪名，不宜笼统地以"其他危险方法"确定罪名。考虑到如果以行为人具体使用的危险方法确定罪名，将使本罪罪名处于不确定状态，最高人民法院 1997 年 12 月 9 日发布的《关于执行〈中华人民共和国刑法〉确定罪名的规定》的司法解释明确规定，行为人以其他危险方法危害公共安全的行为，应当一律以"以危险方法危害公共安全罪"定罪。

在认定以危险方法危害公共安全罪的时候，要注意区分以危险方法危害公共安全罪既遂与未遂的界限。区分的关键和放火罪、爆炸罪、投放危险物质罪既遂与未遂的区分标准是一样的。还要注意区分以危险方法危害公共安全罪与使用危险方法实施故意杀人、故意伤害、故意毁坏财物等其他犯罪的界限。区分的关键在于行为人在使用危险方法时是否危及公共安全，凡是危及公共安全的，以以危险方法危害公共安全罪定罪处罚；没有危及公共安全的，分别以故意杀人罪、故意伤害罪、故意毁坏财物罪定罪处罚。

### （四）以危险方法危害公共安全罪的法定刑

我国《刑法》第114条、第115条规定，犯以危险方法危害公共安全罪，尚未造成严重后果的，处3年以上10年以下有期徒刑；致人重伤、死亡或者使公私财产遭受重大损失的，处10年以上有期徒刑、无期徒刑或者死刑。

## 五、破坏交通工具罪

### （一）破坏交通工具罪的概念

破坏交通工具罪，是指破坏火车、汽车、电车、船只、航空器，足以使火车、汽车、电车、船只、航空器发生颠覆、毁坏危险，尚未造成严重后果或者已经造成严重后果的行为。

### （二）破坏交通工具罪的构成特征

1. 侵犯客体是交通运输安全，犯罪对象只限于正在使用中的火车、汽车、电车、船只或航空器。火车、汽车、电车、船只、航空器一般具有运载量大、速度快的特点，破坏这些交通工具，往往会造成多人的伤亡或者公私财产的重大损失，从而危害公共安全。本罪的犯罪对象不包括三轮车、自行车、马车等非机动车和摩托车、拖拉机等机动车。颠覆、毁坏这些交通工具，虽然也会造成人员伤亡或公私财产损失，但不足以危害公共安全。但如果被破坏的拖拉机在某些偏远或者农村地区是被用作交通运输的工具，破坏拖拉机的行为足以危害交通运输安全的，则拖拉机也可以成为本罪的犯罪对象。破坏其他交通工具不足以危害公共安全的，如果造成的人员伤亡或者财产损失，构成犯罪的，可以分别按故意杀人罪、故意伤害罪或者故意毁坏财物罪论处。本罪的犯罪对象还必须是正在使用中的交通工具。所谓正在使用中的交通工具，包括正在运行、航行中的交通工具，也包括临时停放在车库、路边、码头、机场上的已经投入交通运输，随时都可能开动的交通工具。如果破坏的是没有交付使用的正在制造、维修或者储存中的交通工具，则不能构成本罪。破坏没有投入运输的交通工具造成财产损失的，可以按故意毁坏财物罪论处。

2. 客观方面表现为破坏火车、汽车、电车、船只、航空器，足以使火车、汽车、电车、船只、航空器发生颠覆、毁坏危险，尚未造成严重后果或者已经造成严重后果的行为。所谓颠覆，是指火车出轨、车辆翻车、船只沉没、航空器坠落。所谓毁坏，是指使交通工具严重受损或者完全报废，不能继续安全运行。破坏行为只有足以使交通工具发生颠覆、毁坏危险的，才能构成犯罪。所谓足以发生颠覆、毁坏危险，是指就破坏行为的性质、破坏的方法、破坏的部位等因素加以综合判断，具有发生颠覆、毁坏的现实可能。通常只有破坏正在使用中的交通工具的重要部位和部件，如操作驾驶系统、制动刹车系统，才可能使交通工具发生颠覆、毁坏危险。虽然实施了破坏交通工具的行为，但不足以使交通工具发生颠覆、毁坏危险的，如仅仅拆除车辆、船只的门窗、座椅或者其他辅助设施，或者盗窃车辆轮胎致使车辆无法运行的，对交通运输安全均不构成危险，因而不能以本罪论处。根据刑法规定，只要行为人破坏交通工具的行为足以使交通工具发生颠覆、毁坏危险，不论是否实际造成严重后果，均构成本罪。

3. 犯罪主体是一般主体，即凡达到刑事责任年龄具有刑事责任能力的自然人都可以成为本罪的主体。

4. 主观方面表现为故意，即明知自己的行为可能会使交通工具发生颠覆、毁坏危险而希望或者有意识地放任这种结果发生。

### （三）破坏交通工具罪的认定

1. 划清使用爆炸、放火的方法破坏交通工具的爆炸罪、放火罪与破坏交通工具罪的界限。爆炸罪、放火罪和破坏交通工具罪一样，都是危害公共安全的犯罪行为。其区别在于：放火罪、爆炸罪的犯罪对象是不特定多数人的人身和重大公私财产。破坏交通工具罪的犯罪对象只限于正在使用中的火车、汽车、电车、船只、航空器等交通工具。刑法对破坏交通工具罪的犯罪对象作了特别明文规定，这一规定相对于爆炸罪、放火罪的规定具有特别法的性质。根据特别法优于普通法的原理，行为人采用爆炸、放火等方法破坏正在使用中的交通工具，只要足以使交通工具发生颠覆、毁坏危险，因而危害公共安全的，应当一律以破坏交通工具罪论处。只有采用爆炸、放火等方法破坏尚未交付使用的交通工具，危害公共安全的，才能以爆炸罪、放火罪论处。

2. 划清破坏交通工具罪与盗窃罪、故意毁坏财物罪的界限。行为人出于贪财动机的破坏交通工具罪与盗窃罪都具有秘密窃取的行为形式，易于混淆。区别的关键在于犯罪对象与侵犯客体不同。破坏交通工具罪的犯罪对象必须是正在使用中的交通工具，侵犯客体是交通运输安全。盗窃罪的犯罪对象为一般公私财产，侵犯客体是公私财产所有权。因此，如果行为人盗窃正在使用中的交通工具的重要部件、设施，足以使交通工具发生颠覆、毁坏危险，危害公共安全的，应当以破坏交通工具罪论处。如果行为人盗窃的不是正在使用中的交通工具，或者盗窃的仅仅是正在使用中的交通工具附属设备，不影响交通运输安全的，则不能以破坏交通工具罪论处。符合盗窃罪特征的，可以按盗窃罪论处。故意毁坏财物罪的犯罪对象与犯罪客体和盗窃罪相同。如果行为人故意毁坏正在使用中的交通工具，足以使交通工具发生颠覆、毁坏危险，因而危害交通运输安全的，应当以破坏交通工具罪论处。如果行为人故意毁坏的不是正在使用中的交通工具，或者仅仅是正在使用的交通工具的附属设备，不影响交通运输安全的，则不能以破坏交通工具罪论处。符合故意毁坏财物罪特征的，可以按故意毁坏财物罪论处。

3. 划清破坏交通工具罪既遂与未遂的界限。根据刑法规定，行为人破坏交通工具，只要足以使交通工具发生颠覆、毁坏危险的，无论是否造成严重后果，均构成犯罪的既遂。因此，是否造成严重后果不是划分破坏交通工具罪既遂与未遂的标准。本罪属于危险犯，构成本罪既遂的标准应当是行为人的破坏行为造成交通工具发生颠覆、毁坏的现实危险。一般说来，行为人实施完毕破坏交通工具行为，就会产生这种现实危险。破坏行为实行终了因而也就成为判断既遂与未遂的重要标志。但也应当注意破坏行为虽已实行终了却不足以使交通工具发生颠覆、毁坏危险的情况和破坏行为虽未实行终了却足以使交通工具发生颠覆、毁坏危险的例外情况。在这两种情况下，就不能以行为实行终了为标准判断犯罪的既遂与未遂。在前一种情况下，破坏行为虽已实行终了，但危险没有发生，应当认定为犯罪未遂；在后一种情况下，破坏行为虽未实行终了，但危险已经发生，应当认定为犯罪既遂。此外，如果行为人虽已着手实施破坏行为，但尚未达到足以使交通工具发生颠覆、毁坏危险即因意志以外原因而停止的，当然也构成犯罪的未遂。

### （四）破坏交通工具罪的法定刑

我国《刑法》第 116 条、第 119 条第 1 款规定，犯破坏交通工具罪，尚未造成严重后果的，处 3 年以上 10 年以下有期徒刑。造成严重后果的，处 10 年以上有期徒刑、无期徒刑或者死刑。

### 六、破坏交通设施罪

#### (一) 破坏交通设施罪的概念

破坏交通设施罪，是指故意破坏轨道、桥梁、隧道、公路、机场、航道、灯塔、标志或者进行其他破坏活动，足以使火车、汽车、电车、船只、航空器发生倾覆、毁坏危险或者造成严重后果的行为。

#### (二) 破坏交通设施罪的构成特征

1. 侵犯客体是交通运输安全。犯罪对象是正在使用中的轨道、桥梁、隧道、公路、机场、航道、灯塔、标志或者其他交通设施。

2. 犯罪客观方面表现为破坏交通设施，足以使火车、汽车、电车、船只、航空器发生倾覆、毁坏危险或者造成严重后果的行为。首先，行为人必须实施了破坏轨道、桥梁、隧道、公路、机场、航道、灯塔、标志的行为或者进行了其他破坏活动，如拆卸铁轨、毁坏公路、机场、改变航道、熄灭灯塔灯光，或者在铁轨上放置障碍物等。其次，破坏交通设施的行为必须足以使火车、汽车、电车、船只、航空器发生倾覆、毁坏危险或者已经实际造成严重后果。如果虽然实施了破坏交通设施的行为，但还显然不足以使上述交通工具发生倾覆、毁坏的现实危险的，则不能构成本罪。

3. 犯罪主体是一般主体，凡年满16周岁具有刑事责任能力的自然人都可以成为本罪的主体。

4. 犯罪主观方面表现为故意，即明知自己的行为可能会使火车、汽车、电车、船只、航空器发生倾覆、毁坏的危险或者可能实际造成倾覆、毁坏的结果，并且希望或者放任这种危险或结果发生。

#### (三) 破坏交通设施罪的认定

划清本罪与破坏交通工具罪的界限。交通设施是从事交通运输的基础物质条件。破坏交通设施往往会导致交通工具倾覆、毁坏的严重后果。破坏交通工具往往也会损毁交通设施。如何区分破坏交通设施罪和破坏交通工具罪，应当视破坏行为的直接指向而定。如果破坏行为直接指向的是正在使用中的交通设施，对交通设施的破坏间接造成了交通工具倾覆、毁坏的后果的，则应当以破坏交通设施罪论处。如果破坏行为直接指向的是正在使用中的交通工具，交通工具的倾覆、毁坏间接造成了交通设施损毁的后果的，则应当以破坏交通工具罪论处。

#### (四) 破坏交通设施罪的法定刑

我国《刑法》第117条、第119条规定，犯破坏交通设施罪，尚未造成严重后果的，处3年以上10年以下有期徒刑；造成严重后果的，处10年以上有期徒刑、无期徒刑或者死刑。

### 七、组织、领导、参加恐怖组织罪

#### (一) 组织、领导、参加恐怖组织罪的概念

组织、领导、参加恐怖组织罪，是指为制造社会恐慌、危害公共安全或者胁迫国家机关、国际组织，组织、纠集他人，策划、实施造成或意图造成人员伤亡、重大财产损失、公共设施损坏、社会秩序混乱的行为。

**（二）组织、领导、参加恐怖组织罪的构成特征**

1. 侵犯客体是社会公共安全，即不特定的多数人的生命、健康或重大公私财产的安全。以暗杀、绑架、爆炸、劫机为主要内容的恐怖活动是受国际社会广泛谴责和严厉打击的国际犯罪行为，恐怖活动组织则是以从事杀人、伤害、绑架、爆炸等严重暴力犯罪为主要活动内容的犯罪集团，具有很大的社会危害性。目前，国际范围的恐怖主义组织及恐怖犯罪活动已经成为国际社会的一大公害，对包括我国在内的国际社会的政治、经济、社会秩序和人民的生命财产安全构成了严重威胁。迄今为止，恐怖犯罪组织和恐怖犯罪活动对我国影响尚不严重，但也出现了境外恐怖主义组织在境内扩充人员或进行恐怖活动的迹象，国内也出现了以实施恐怖活动为主要内容的恐怖活动组织。为严厉打击恐怖犯罪活动，保护人民群众的生命财产安全和社会稳定，国际社会制定了有关打击恐怖组织、恐怖活动的国际公约，我国是参加国。为履行我国作为国际公约的重要成员应当履行的国际义务，加强打击恐怖活动的国际刑事司法协助，我国刑法设立了组织、领导、参加恐怖组织罪，并规定了严厉的刑罚。

2. 客观方面表现为组织、领导、积极参加或者参加恐怖活动组织的行为。所谓组织，是指为首策划、鼓动、教唆、召集、引诱多人成立专门或者主要从事恐怖犯罪活动团体的行为。所谓积极参加，是指多次参加恐怖活动组织的活动、态度积极，或者虽然偶尔参加恐怖组织的活动，但在其中起主要作用的行为。所谓参加，是指除组织、领导、积极参加恐怖组织以外的其他参与恐怖组织活动的行为。本罪的客观要件属于选择性要件，只要行为人的行为符合组织、领导、积极参加或者参加恐怖活动组织的行为之一的，即构成本罪。

3. 犯罪主体是一般主体，凡达到法定刑事责任年龄的具有刑事责任能力的自然人都可以成为本罪的主体。

4. 主观方面表现为故意，即明知是以从事恐怖活动为主要内容的恐怖活动组织而故意组织、领导、积极参加或者参加。"明知"含确实的"明知"或者应当"明知"。如果不知是以从事恐怖活动为主要内容的恐怖活动组织而参加，在发现其恐怖组织性质后立即退出该组织的，不能以本罪论处。如果虽然开始时不知是恐怖活动组织，但在发现其恐怖活动组织性质后仍然不退出的，则应当以本罪论处。

**（三）组织、领导、参加恐怖组织罪的认定**

1. 准确界定恐怖活动组织的性质。恐怖活动组织是专门或主要以从事暗杀、绑架、爆炸等严重暴力犯罪为活动内容的犯罪组织。恐怖活动组织是一种特殊的犯罪集团。认定恐怖活动组织，从组织结构上讲，应当符合犯罪集团的一般特征，即恐怖活动组织首先必须是三人以上为共同实施犯罪而组成的较为固定的犯罪组织。临时纠集的犯罪团伙不能认为是恐怖活动组织。从组织目标和行为内容上讲，恐怖活动组织一般具有意图制造社会恐慌、危害公共安全的目的，并在此目的指导下，专门或者主要从事杀人、伤害、绑架、爆炸、放火、劫持、恐吓、投放危险物质等严重暴力犯罪行为。不以上述严重暴力犯罪为主要活动内容的犯罪集团不能认为是恐怖活动组织。准确地界定恐怖活动组织的性质是正确认定本罪的关键。

2. 划清一罪与数罪的界限。恐怖活动组织具有极大的社会危害性，因此，刑法规定，只要行为人具有组织、领导或者参加恐怖活动组织的行为，就构成犯罪。本罪的构成并不要求行为人在组织、领导或参加恐怖活动组织后还必须具体实施一定恐怖犯罪行为。如果行为人在组织、领导或参加恐怖活动组织后，具体实施了杀人、绑架、爆炸等犯罪行为的，应当将所实施的具体犯罪行为和组织、领导、参加恐怖组织罪实行数罪并罚。

### （四）组织、领导、参加恐怖组织罪的法定刑

《刑法修正案（九）》第 5 条修订后的《刑法》第 120 条规定，犯组织、领导、参加恐怖组织罪，对组织、领导恐怖活动组织的，处 10 年以上有期徒刑或者无期徒刑，并处没收财产；对积极参加的，处 3 年以上 10 年以下有期徒刑，并处罚金；对其他参加的，处 3 年以下有期徒刑、拘役、管制或者剥夺政治权利，可以并处罚金。犯组织、领导、参加恐怖组织罪并实施杀人、爆炸、绑架等犯罪的，依照数罪并罚的规定处罚。

### 八、劫持航空器罪

#### （一）劫持航空器罪的概念

劫持航空器罪，是指以暴力、胁迫或者其他方法劫持航空器的行为。

#### （二）劫持航空器罪的构成特征

1. 侵犯客体是航空运输安全，即不特定的多数旅客、机组人员的生命健康以及航空器及其运载物品的安全。犯罪对象是正在使用中的民用航空器，如飞机、飞艇等，军用航空器不是本罪的犯罪对象。根据有关反劫机的国际公约规定，所谓"正在使用中"包括三种状态：一是指从航空器装载完毕、机舱外部各门均已关闭时起，至打开任一机舱门为止的期间的任何时间；二是指航空器被迫降落后，主管当局接收该机及所载人员和财产前的任何时间；三是处于待飞状态的航空器。如果行为人劫持的不是上述正在使用中的航空器，如劫持正在装配或者正在维修中的航空器的，则不会直接危害航空运输安全，因而不能以本罪论处。

2. 客观方面表现为以暴力、胁迫或者其他方法劫持航空器的行为。所谓暴力，是指行为人对机上人员特别是机组人员实施捆绑、殴打、伤害甚至杀害，迫使航空器改变航向或者直接控制航空器。所谓胁迫，是指行为人以爆炸航空器、杀害人质相威胁，迫使机组人员改变航向或者直接控制航空器。所谓其他方法，是指以暴力、胁迫以外的其他任何方法迫使机组人员改变航向或者直接控制航空器，如用麻醉剂使机组人员处于不能反抗或不知反抗的状态后控制航空器。机组人员利用驾驶航空器的便利条件，直接驾机外逃的，也可以视为其他方法。所谓劫持，就是使用上述方法非法改变航向或者强行控制航空器的行为。根据刑法的规定，本罪属于行为犯。行为人只要实施完毕以暴力、胁迫或者其他方法劫持航空器的行为，即构成犯罪既遂。是否造成严重后果不影响本罪的构成。

3. 犯罪主体是一般主体，凡达到法定刑事责任年龄、具有刑事责任能力的自然人，不论是中国人还是外国人，均可以成为本罪的主体。

4. 主观方面表现为故意，即行为人明知自己劫持航空器的行为会造成危害航空运输安全的严重后果，并且希望或者有意识地放任这种结果的发生。其犯罪动机是多种多样的，有的可能是为了逃避刑事制裁而外逃，有的可能是出于某种政治目的，有的可能是为了制造事端、引起注意。犯罪动机不同，不影响本罪的构成。

#### （三）劫持航空器罪的认定

1. 划清劫持航空器罪与以飞机为破坏对象的破坏交通工具罪的界限。劫持航空器特别是以暴力方法劫持航空器的犯罪行为，往往也会使航空器遭到毁坏，客观上与以飞机为破坏对象的破坏交通工具罪比较相似。区分这两种罪的关键在于把握行为人的犯罪目的和客观表现。劫持航空器罪的犯罪目的和客观表现是非法强行改变航空器的航向或者强行控制航空

器，而破坏交通工具罪的犯罪目的和客观表现则是将作为交通工具的飞机从物理性能上加以毁坏。因此，行为人以对航空器进行破坏的方法迫使航空器改变航向或者强行控制航空器的，应当以劫持航空器罪论处。行为人单纯以毁坏航空器为目的对正在使用中的航空器进行破坏的，则应当定破坏交通工具罪。

2. 划清劫持航空器罪一罪与数罪的界限。如果行为人以杀人、伤害或者故意损毁航空器的方法劫持航空器，因而致人死亡、重伤或者使航空器遭受严重毁坏的，其杀人行为、伤害行为、故意损毁航空器的行为不过是刑法规定的劫持航空器的犯罪方法行为，应当作为方法行为被作为目的行为的劫持航空器罪吸收，不宜与劫持航空器罪实行数罪并罚。但是，如果在劫持并控制航空器之后滥杀无辜或者强奸妇女的，则应当对滥杀无辜或强奸妇女等犯罪行为单独定罪，与劫持航空器罪实行数罪并罚。

3. 区分劫持航空器罪既遂与未遂的界限。劫持航空器罪是行为犯，只要行为人以暴力、胁迫或者其他方法实施了劫持航空器的行为，并将航空器置于自己的控制之下，即构成既遂。行为人已经着手实施劫持航空器的行为，由于意志以外的原因未能完成劫持行为并控制航空器的，则为犯罪未遂。至于行为人的犯罪目的是否达到、有没有造成危害结果，则与确定犯罪行为的既遂与未遂无关。

**（四）劫持航空器罪的法定刑**

我国《刑法》第121条规定，犯劫持航空器罪的，处10年以上有期徒刑或者无期徒刑；致人重伤、死亡或者使航空器遭受严重破坏的，处死刑。

### 九、非法制造、买卖、运输、邮寄、储存枪支、弹药、爆炸物罪

**（一）非法制造、买卖、运输、邮寄、储存枪支、弹药、爆炸物罪的概念**

非法制造、买卖、运输、邮寄、储存枪支、弹药、爆炸物罪，是指违反国家有关枪支、弹药、爆炸物管理的法律规定，非法制造、买卖、运输、邮寄、储存枪支、弹药、爆炸物的行为。

**（二）非法制造、买卖、运输、邮寄、储存枪支、弹药、爆炸物罪的构成特征**

1. 侵犯客体是社会公共安全，即不特定多数人的生命、健康和重大公私财产的安全。犯罪对象是枪支、弹药和爆炸物。所谓枪支，是指《中华人民共和国枪支管理法》所规定的以火药或者压缩气体等为动力，利用管状器具发射金属弹丸或者其他物质，足以致人伤亡或者丧失知觉的各种枪支，包括军用步枪、手枪、冲锋枪、机枪、民用的射击运动枪支、狩猎枪支、保护野生动物用的猎枪和麻醉注射枪。所谓弹药，是指上述枪支所使用的子弹、火药等。所谓爆炸物，是指具有爆破性并对人体具有杀伤性的物品，包括军用爆炸物和民用爆炸物。军用爆炸物主要是指手榴弹、地雷、炸弹、爆破筒、导弹等爆炸物。民用爆炸物的范围，根据《中华人民共和国民用爆炸物品管理条例》的规定，包括三类：一是爆破器材，如各类炸药、雷管、导火索、导爆索、非电导爆系统、起爆药、起爆剂等；二是黑火药、烟火剂、民用信号弹和烟花爆竹；三是公安部门认为需要管理的其他爆炸物品。非法制造、买卖、运输、邮寄、储存上述枪支、弹药、爆炸物的，即构成本罪。但一般认为，非法制造、买卖、运输、邮寄或者储存烟花爆竹等娱乐性物品的，不能成立本罪。

2. 客观方面表现为违反国家有关枪支、弹药、爆炸物管理的法律规定，实施了非法制造、买卖、运输、邮寄、储存枪支、弹药、爆炸物的行为之一。所谓非法制造，是指违反法

律规定，以各种方法生产、制造枪支、弹药、爆炸物的行为。所谓非法买卖，是指违反国家法律规定，购买或者出售枪支、弹药、爆炸物的行为。所谓非法运输，是指违反国家法律规定，利用各种交通工具运送枪支、弹药、爆炸物的行为。所谓非法邮寄，是指违反国家法律规定，在邮件中夹寄枪支、弹药、爆炸物的行为。所谓非法储存，是指违反国家法律规定，私自保留、存放枪支、弹药、爆炸物的行为。本罪属于选择性罪名，其中既有犯罪行为的选择，又有犯罪对象的选择，只要行为人针对枪支、弹药、爆炸物三种犯罪对象之一实施了非法制造、买卖、运输、邮寄或者储存行为之一的，即构成本罪。但是，如果行为人同时针对枪支、弹药、爆炸物三种犯罪对象实施了两种以上的行为的，也只能以本罪一罪论处。

3. 犯罪主体是一般主体，凡达到刑事责任年龄、具有刑事责任能力的自然人都可以成为本罪的主体。此外，单位也可以成为本罪的主体。

4. 主观方面表现为故意，即明知是国家禁止非法制造、买卖、运输、邮寄、储存的枪支、弹药、爆炸物而故意非法制造、买卖、运输、邮寄、储存。如果因误解、无知或者被蒙骗等原因而实施了上述行为的，不能构成本罪。

**（三）非法制造、买卖、运输、邮寄、储存枪支、弹药、爆炸物罪的认定**

1. 划清本罪与盗窃、抢夺枪支、弹药、爆炸物罪及抢劫枪支、弹药、爆炸物罪的界限。这三种犯罪的侵犯客体和犯罪对象不完全相同，其主要区别在于：（1）客观方面表现不同。本罪表现为实施非法制造、买卖、运输、邮寄、储存枪支、弹药、爆炸物的行为之一，而后两罪则表现为实施了盗窃、抢夺枪支、弹药、爆炸物行为之一或者实施了抢劫行为。（2）犯罪主体不同。本罪主体除自然人外，还包括单位，而后两罪的犯罪主体则只能是自然人。

2. 划清本罪与非法持有、私藏枪支、弹药罪的界限。行为人因非法储存枪支、弹药、爆炸物而构成本罪的，与非法持有、私藏枪支、弹药罪极易混淆。其主要区别在于：（1）犯罪对象的范围不同。本罪的犯罪对象包括枪支、弹药、爆炸物，而非法持有、私藏枪支、弹药罪的对象则仅限于枪支、弹药。（2）客观方面的表现不同。本罪一般是违反国家法律规定，私自储存数量较大的枪支、弹药、爆炸物，而非法持有、私藏枪支、弹药罪则一般是不具备配枪资格而非法携带、持有枪支或者私自收藏少量枪支、弹药。（3）犯罪主体的范围不同。本罪的主体包括自然人和单位，而非法持有、私藏枪支、弹药罪的主体则只限于自然人。

3. 划清本罪与非法出租、出借枪支罪的界限。主要区别在于：（1）犯罪对象不同。本罪的犯罪对象包括枪支、弹药、爆炸物，而后罪的犯罪对象则仅限于枪支。（2）客观方面表现不同。本罪表现为非法制造、买卖、运输、邮寄、储存枪支、弹药、爆炸物的行为，而非法出租、出借枪支罪则表现为非法出租或者非法出借枪支的行为之一。（3）犯罪主体不同。本罪的主体是一般主体，自然人和单位都可以成为本罪主体。而非法出租、出借枪支罪的犯罪主体则是特殊主体，即必须是依法配备公务用枪或者依法配置民用枪支的人员或单位。

**（四）非法制造、买卖、运输、邮寄、储存枪支、弹药、爆炸物罪的法定刑**

我国《刑法》第125条规定，犯非法制造、买卖、运输、邮寄、储存枪支、弹药、爆炸物罪的，处3年以上10年以下有期徒刑；情节严重的，处10年以上有期徒刑、无期徒刑或者死刑。单位犯本罪的，对单位判处罚金，并对其直接负责的主管人员和其他直接责任人员，处3年以上10年以下有期徒刑；情节严重的，处10年以上有期徒刑、无期徒刑或者死刑。

### 十、违规制造、销售枪支罪

**（一）违规制造、销售枪支罪的概念**

违规制造、销售枪支罪，是指依法被指定、确定的枪支制造、销售企业，违反枪支管理规定，擅自制造、销售枪支的行为。

**（二）违规制造、销售枪支罪的构成特征**

1. 侵犯客体是国家对枪支的管理制度。犯罪对象为枪支。

2. 客观方面表现为违反枪支管理的法律、法规的规定，制造、销售枪支的行为。其行为表现有以下三种情况：一是以非法销售为目的，超过限额或者不按照规定的品种制造、配售枪支；二是以非法销售为目的，制造无号、重号、假号的枪支；三是非法销售枪支或者在境内销售为出口制造的枪支。

3. 犯罪主体是特殊主体，即依法被指定、确定的枪支制造企业、销售企业。

4. 主观方面表现为故意。对违规制造枪支的要求具备非法销售的法定目的。

**（三）违规制造、销售枪支罪的认定**

1. 划清罪与非罪的界限。对依法被指定、确定的枪支制造企业来说，如果超过限额或者不按照规定的品种制造了枪支或者制造了无号、重号、假号的枪支，但并非用于非法销售的目的，不应以犯罪论处。对于实践中非法销售枪支数量较少或获利不大的，也不应以犯罪论处。

2. 划清本罪与非法制造、买卖、运输、邮寄、储存枪支、弹药、爆炸物罪的界限。主要区别在于：（1）犯罪对象不同。非法制造、买卖、运输、邮寄、储存枪支、弹药、爆炸物罪的犯罪对象包括枪支、弹药、爆炸物；而本罪的犯罪对象则仅限于枪支。（2）客观方面表现不同。非法制造、买卖、运输、邮寄、储存枪支、弹药、爆炸物罪表现为具有非法制造、买卖、运输、邮寄、储存枪支、弹药、爆炸物的行为之一；而本罪则表现为超过限额或者不按规定的品种制造、配售枪支，制造无号、重号、假号的枪支，非法销售枪支或在境内销售为出口制造枪支的行为之一。（3）犯罪主体不同。非法制造、买卖、运输、邮寄、储存枪支、弹药、爆炸物罪的主体是一般主体，自然人和单位都可以构成；而本罪的犯罪主体则是特殊主体，且只能是单位，即必须是依法被指定、确定的枪支制造企业、销售企业。（4）主观故意的内容不同。非法制造、买卖、运输、邮寄、储存枪支、弹药、爆炸物罪在主观上无法定目的的要求；而本罪有非法销售的目的要求。

**（四）违规制造、销售枪支罪的法定刑**

《刑法》第126条规定，犯违规制造、销售枪支罪的，对单位判处罚金，并对其直接负责的主管人员和其他责任人员，处5年以下有期徒刑；情节严重的，处5年以上10年以下有期徒刑；情节特别严重的，处10年以上有期徒刑或者无期徒刑。

### 十一、非法持有、私藏枪支、弹药罪

**（一）非法持有、私藏枪支、弹药罪的概念**

非法持有、私藏枪支、弹药罪，是指违反法律规定，持有、私藏枪支、弹药的行为。

**（二）非法持有、私藏枪支、弹药罪的构成特征**

1. 侵犯的客体是国家对枪支、弹药的管理制度。犯罪对象为枪支、弹药。

2. 客观方面表现为违反枪支、弹药管理的法律、法规的规定，持有、私藏枪支、弹药的行为。"非法持有"，是指不符合配备、配置枪支、弹药条件的人员，违反枪支管理法律、

法规的规定，擅自持有枪支、弹药的行为。"私藏"，是指依法配备、配置枪支、弹药的人员，在配备、配置枪支、弹药的条件消除后，违反枪支管理法律、法规的规定，私自藏匿配备、配置的枪支、弹药且拒不交出的行为。

3. 犯罪主体是一般主体。

4. 主观方面表现为故意，即明知不能私自持有、藏匿枪支、弹药，而持有、私藏的。

**（三）非法持有、私藏枪支、弹药罪的认定**

1. 划清罪与非罪的界限。实践中发生的依法配置枪支的人员（如猎人）未及时按规定领取配备枪支（如猎枪）许可证，经指明又补领了许可证的，应属情节显著轻微、危害不大的持有、私藏枪支行为，不以犯罪论处。对这种情况可以进行必要的治安处罚。

2. 本罪的犯罪形态。按照《刑法》第 128 条第 1 款的规定，本罪属于行为犯，即故意违反枪支管理规定，非法持有、私藏枪支、弹药的行为，就构成本罪的既遂。

**（四）非法持有、私藏枪支、弹药罪的法定刑**

我国《刑法》第 128 条第 1 款规定，犯非法持有、私藏枪支弹药罪的，处 3 年以下有期徒刑、拘役或者管制；情节严重的，处 3 年以上 7 年以下有期徒刑。（请参照最高人民法院《关于审理非法制造、买卖、运输枪支、弹药、爆炸物等刑事案件具体应用法律若干问题的解释》理解）

**十二、交通肇事罪**

**（一）交通肇事罪的概念**

交通肇事罪，是指违反交通运输管理法规，因而发生重大事故，致人重伤、死亡或者使公私财产遭受重大损失的行为。

**（二）交通肇事罪的构成特征**

1. 侵犯客体是交通运输安全。所谓交通运输主要是指以电车、汽车、船只等交通工具进行公路和水路交通运输。破坏交通运输安全，一般就是指使用上述交通工具进行交通运输，发生重大事故，危害不特定的多数人的生命、健康或者重大公私财产的安全。但是，如果使用自行车、三轮车、人力车、畜力车、残疾人专用车等非机动车进行交通运输，发生重大事故，致人伤亡的，也可以构成本罪。

2. 客观方面表现为违反交通运输管理法规，因而发生重大事故，致人重伤、死亡或者使公私财产遭受重大损失的行为。（1）本罪的构成以违反交通运输管理法规为前提条件。所谓违反交通运输管理法规，是指违反为保障交通运输安全和交通运输秩序而制定的各种交通管理法律、法规和规章，如《公路法》《道路交通管理条例》《高速公路交通管理办法》《机动车驾驶证管理办法》《铁路道口通行规定》《内河避碰规则》《渡口守则》等。这些法律、法规和规章规定了从事交通运输的人员应当遵守的各项规章制度，如禁止酒后驾驶，禁止闯红灯，禁止超速、超载和强行超车，禁止无证驾驶，禁止驾驶存在安全隐患或应当报废的机动车等。这些规定是交通运输安全的基本保证。违反这些规定，就可能发生交通事故，影响交通运输安全。本罪的行为方式可以是作为，如超速、超载或者强行超车等，也可以是不作为，如对刹车系统有故障的机动车不及时进行修理，致使刹车失灵，机动车失去控制，造成重大事故。行为人没有违反交通运输管理法规就不能构成本罪。（2）违反交通运输管理法规的行为，还必须发生了重大事故，致人重伤、死亡或者使公私财产遭受重大损失。尽管有违反交通运输管理法规的行为，但没发生重大事故，没有致人重伤、死亡或者使公私财产遭受重大损失的，不能构成本罪。

3. 犯罪主体是一般主体，实践中主要是从事交通运输的人员，具体包括驾驶汽车、电车、船只从事公路和水路运输的驾驶人员以及对上述交通工具的运输安全负有保障职责的其他人员。非交通运输人员违反交通运输管理法规，造成重大交通事故，后果严重的，也应当按本罪论处。

4. 主观方面表现为过失，即行为人明知自己的行为会发生危害社会的结果，因为疏忽大意而没有预见，或者虽然已经预见但轻信能够避免。尽管过失的具体表现形式不同，行为人对危害结果发生的心理态度却是一致的，即都不希望危害结果发生。至于行为人对违反交通管理法规的行为，可能是出于故意。

**（三）交通肇事罪的认定**

1. 划清罪与非罪的界限。首先，要区分交通肇事罪与一般交通肇事行为的界限。区别的关键在于是否发生了重大事故，致人重伤、死亡或者使公私财产遭受重大损失。如果虽然有违反交通管理法规的行为，但没有致人重伤、死亡或者使公私财产遭受重大损失的，则为一般交通肇事行为。其次，要区分交通肇事罪与因其他原因造成的重大交通事故的界限。造成交通事故的原因往往很复杂，其中，既可能有人为的原因，也可能有来自自然或技术的原因。来自人为的原因，可能完全是行为人方面的原因，也可能是被害人或者第三人方面的原因，甚至可能是行为人、被害人和第三人方面的原因。如果造成重大交通肇事事故的原因主要是自然或技术方面的不可预见、不可控制、不可抗拒的原因，或者主要是被害人、第三人方面的原因，虽然造成致人死亡、重伤或者公私财产重大损失的严重后果，也不应对行为人以交通肇事罪论处。如果造成重大交通肇事事故的原因完全是行为人违反交通管理法规，则应当按交通肇事罪论处。如果造成重大交通肇事事故的原因主要是行为人违反交通管理法规，被害人或第三人方面也存在过错的，仍然应当对行为人以交通肇事罪论处，但是应当根据案件具体情况减轻其责任。

2. 划清交通肇事罪与利用交通工具实施的其他犯罪的界限。如果行为人利用交通工具杀害特定的个人，如开车撞死自己的仇人，应当按故意杀人罪论处。如果出于泄愤报复或者其他反社会动机，驾驶汽车等交通工具在街道或者其他公共场所横冲直撞，制造事端，造成不特定的多人死伤或者重大公私财产损失的，应当按以危险方法危害公共安全罪论处。

3. 划清交通肇事罪一罪与数罪的界限。如果行为人在交通肇事后逃逸的，一般只能作为交通肇事罪的从重处罚情节，按交通肇事罪一罪从重处罚。根据最高人民法院《关于审理交通肇事刑事案件具体应用法律若干问题的解释》，行为人在交通肇事后为了逃避法律追究，将被害人带离事故现场后隐藏或者遗弃，致使被害人无法得到救助而死亡或者严重残疾的，应当分别依照《刑法》第232条、第234条第2款的规定，以故意杀人罪或者故意伤害罪定罪处罚。但是，如果行为人在交通肇事后，为了杀人灭口，而又故意将伤者撞死或者在交通肇事后明知被害人受伤，仍然驾车挂带被车钩住的被害人逃跑，致使被害人死亡的，其行为另行构成故意杀人罪或故意伤害（致死）罪，应当和交通肇事罪进行数罪并罚。

4. 交通肇事罪是否存在共犯形态。《关于审理交通肇事刑事案件具体应用法律若干问题的解释》第5条第2款规定，交通肇事后，单位主管人员、机动车辆所有人、承包人或者乘车人指使肇事人逃逸，致使被害人因得不到救助而死亡的，以交通肇事罪的共犯论处。这一解释是否符合共犯原理，值得研究，但司法实践中按上述解释操作。根据我国刑法总则规定共同犯罪为共同故意犯罪，显然交通肇事罪为过失犯罪，如何出现交通肇事罪的共犯？如案情属于《解释》第6条的情形，以故意杀人罪或故意伤害罪定罪处罚，则存在共犯问题，因后两罪为故意犯罪。

5. 交通肇事罪与危险驾驶罪的关联。《刑法》第133条之一规定的危险驾驶罪是行为犯，仅处拘役刑和并处罚金。如因危险驾驶导致重大交通事故，造成人员重伤、死亡或使公私财产遭受重大损失，同时构成交通肇事罪，则应以交通肇事罪定罪处罚。

**（四）交通肇事罪的法定刑**

我国《刑法》第133条规定，犯交通肇事罪，致人重伤、死亡或者使公私财产遭受重大损失的，处3年以下有期徒刑或者拘役。交通运输肇事后逃逸或者有其他特别恶劣情节的，处3年以上7年以下有期徒刑。因逃逸致人死亡的，处7年以上有期徒刑。（请参照最高人民法院《关于审理交通肇事刑事案件具体应用法律若干问题的解释》理解）

**十三、危险驾驶罪**

**（一）危险驾驶罪的概念**

危险驾驶罪，是指违反道路交通安全管理法规，在道路上驾驶机动车实施危险驾驶的行为。

**（二）危险驾驶罪的构成特征**

1. 侵犯客体是交通运输的正常秩序和道路交通安全。

2. 客观方面表现为违反道路交通安全管理法规，在道路上驾驶机动车实施刑法规定的危险驾驶行为。首先，必须具有违反道路交通安全管理法规的行为。其次，必须有危险驾驶行为。根据《刑法修正案（九）》第8条对《刑法》第133条之一修订后的规定，危险驾驶行为是指在道路上驾驶机动车，有下列四种情形之一的行为：（1）追逐竞驶，情节恶劣的；（2）醉酒驾驶机动车的；（3）从事校车业务或者旅客运输，严重超过额定乘员载客，或者严重超过规定时速行驶的；（4）违反危险化学品安全管理规定运输危险化学品，危及公共安全的。一是"追逐竞驶"，即所谓的"飙车"行为。"情节恶劣"，应从追逐竞驶的超速情况和可能造成的危害后果等方面进行认定。二是在道路上醉酒驾驶机动车的行为。醉酒驾车的标准，根据国家质量监督检验检疫总局2004年5月31日发布的《车辆驾驶人员血液、呼气酒精含量阈值与检验》的规定，车辆驾驶人员每100毫升血液中酒精含量大于或等于80毫克为醉酒驾车。三是从事接送学生的校车业务或旅客运输业务，严重超员超载或者超速行驶的。四是从事运输危险化学品业务过程中违反危险化学品安全管理规定，危及公共安全。本罪是抽象危险犯，即上述危险驾驶的四种行为均对道路交通安全造成威胁，但法律规定的某种危害结果的危险状态并未发生。只要行为人具有上述四种具体行为之一即成立犯罪。

3. 犯罪主体是一般主体，即任何在道路上驾驶机动车的人。《刑法修正案（九）》第8条第2款对《刑法》第133条之一进行修订后，增加了两种人，即从事校车业务或者旅客运输、违规运输危险化学品的机动车所有人、管理人为本罪的犯罪主体。

4. 主观方面表现为故意。

**（三）危险驾驶罪的认定**

关于危险驾驶又构成其他犯罪的法律适用，主要涉及如何处理本罪与交通肇事罪、以危险方法危害公共安全罪、非法运输危险物质罪等罪名的关系。这里主要指以下几种情形：一是本罪与交通肇事罪的关系，如行为人醉酒驾驶或者追逐竞驶，造成人员伤亡或公私财产重大损失，符合《刑法》第133条交通肇事罪构成要件的，根据《刑法》第133条之一第3款规定的原则，应当依照《刑法》第133条的规定以交通肇事罪定罪处罚，而行为人醉酒驾驶或者追逐竞驶的行为，将会被作为从重处罚的量刑情节予以考虑。二是本罪与以危险方法危害公共安全罪的关系。本罪是抽象危险犯，而后者是具体危险犯。应按照最高人民法院2009年9月11日发布的《关于印发醉酒驾车犯罪法律适用问题指导意见及相关典型案例的通知》的精神，准确认定、处理。三是本罪与非法运输危险物质罪的关系。本罪中行为之一是违规运输危险化学品危及公共安全，尚未发生危害公共安全的实害结果，而后者则包含了实际发生危害公共安全的结果。总之，危险驾驶构成犯罪，又同时构成上述其他犯罪，具有竞合关系的，属想象数罪，不实行并罚。

**（四）危险驾驶罪的法定刑**

《刑法》第133条之一第1款规定，犯本罪的，处拘役，并处罚金。本条第3款规定，有前两款行为，同时构成其他犯罪的，依照处罚较重的规定定罪处罚。

### 十四、重大责任事故罪

**（一）重大责任事故罪的概念**

重大责任事故罪，是指在生产、作业中违反有关安全管理的规定，因而发生重大伤亡事故或者造成其他严重后果的行为。

**（二）重大责任事故罪的构成特征**

1. 侵犯客体是生产、作业的安全。

2. 客观方面表现为在生产、作业中违反有关安全管理的规定，因而发生重大伤亡事故或者造成其他严重后果的行为。根据《刑法修正案（六）》第1条之规定：（1）本罪的构成以行为人实施违反有关安全管理的规定为前提条件。"违反有关安全管理的规定"，是指行为人违反与保障生产、作业安全有关的管理规定，含保障生产、作业安全的基本法律、法规以及生产作业中的具体操作规程、劳动纪律规定、劳动保护规定等。行为人在生产、作业中违反上述安全规定酿成重大事故。（2）必须是在生产、作业过程中实施了违反安全管理规定的行为。如果不是在生产、作业过程中实施违反安全管理规定的行为，因而引发重大事故的，不能以本罪论处。（3）本罪是结果犯，只有当违反安全管理规定的行为造成了重大伤亡事故或者造成了其他严重后果的，才能以本罪论处。参照有关司法解释，所谓造成重大伤亡事故，是指致1人以上死亡或者致3人以上重伤。所谓严重后果，是指：造成直接经济损失100万元以上的；其他造成严重后果或者重大安全故事的。在生产、作业过程中虽然实施了违反规章制度的行为，造成了重大安全隐患，但由于及时发现隐患并有效排除，没有实际造成人员伤亡或者其他严重后果的，不能以本罪论处。

3. 犯罪主体是一般主体。参照有关司法解释，本罪的主体包括对生产、作业负有组织、指挥或者管理职责的负责人、管理人员、实际控制人、投资人等人员，以及直接从事生产、作业的人员。

4. 主观方面表现为过失，即应当知道自己违反安全管理规定生产、作业的行为可能会造成重大伤亡事故或者其他严重后果，但因为疏忽大意而没有预见；或者虽然已经预见，但轻信能够避免，因而造成重大事故。无论是疏忽大意的过失还是过于自信的过失，行为人都不希望发生重大伤亡事故或者其他严重后果，但其对违反安全管理规定的行为则往往是出于故意，即明知故犯。

### （三）重大责任事故罪的认定

1. 划清罪与非罪的界限。具体包括：（1）重大责任事故罪与自然事故的界限。自然事故是由不可预见或者不可抗拒的自然力的作用而引起的事故，如雷击引起火灾、洪水冲毁堤坝引起洪涝灾害等。自然事故尽管可能引起重大人员伤亡或者公私财产重大损失，但不存在人的主观过失和违章操作行为，故不能以犯罪论处。（2）重大责任事故罪与技术事故的界限。技术事故是由于技术条件或者设备条件的限制而不可避免地发生的事故。完全或主要因技术条件或设备条件限制而造成重大人员伤亡或者公私财产重大损失的，不能以犯罪论处。虽然存在技术或设备条件的限制，但是如果谨慎地运用现有的技术条件和设备条件，本来可以避免发生事故，因疏忽大意而未能避免的，则仍然可以构成重大责任事故罪。（3）重大责任事故罪与一般责任事故的界限。区别的关键在于违反规章制度的行为是否造成了重大伤亡事故或者其他严重后果。如果造成了重大伤亡事故或者其他严重后果，就可以以重大责任事故罪论处。如果只是造成一般的损害或者不太严重的后果的，则为一般责任事故，不能以犯罪论处。

2. 划清重大责任事故罪与失火罪、过失决水罪、过失投放危险物质罪、过失以危险方法危害公共安全罪的界限。这些犯罪客观上都可能危害公共安全，主观上都是出于过失。其区别在于发生的场合不同。重大责任事故罪必须发生在生产、作业过程中，与生产、作业活动具有直接关系，因而危害的是作为公共安全组成部分的各类企业、事业单位、经营体的生产、作业安全。其他犯罪一般发生在日常社会生活中，与生产、作业没有直接关系，犯罪客体涉及公共安全的许多方面。

3. 划清重大责任事故罪与重大飞行事故罪、铁路运营安全事故罪、交通肇事罪、重大劳动安全事故罪、危险物品肇事罪、工程重大安全事故罪、教育设施重大安全事故罪、消防责任事故罪的界限。这些犯罪分别涉及航空运输、铁路运输、公路和水路运输、劳动保护、危险物品的管理、建筑工程质量、教育设施和消防等方面的生产、作业安全，都造成了重大伤亡或者其他严重后果，主观上都有过失，具有与重大责任事故罪相同的犯罪本质，实质上是重大责任事故罪的特殊犯罪形式。根据特别法优于普通法的基本原则，在重大责任事故罪与这些犯罪发生竞合的情况下，应当以刑法特别规定的适用于特定领域的重大责任事故犯罪论处。只有在不能适用这些具体罪名的情况下，才能对那些违反规章制度造成重大伤亡或者其他严重后果的行为，以重大责任事故罪论处。

### （四）重大责任事故罪的法定刑

《刑法修正案（六）》第1条第1款规定，犯重大责任事故罪，因而发生重大伤亡事故或者造成其他严重后果的，处3年以下有期徒刑或者拘役；情节特别恶劣的，处3年以上7年以下有期徒刑。情节特别恶劣，参照有关司法解释，是指：严重违反安全生产管理规定，造成3人以上死亡或者10人以上重伤，负事故主要责任的；造成直接经济损失500万元以上，负事故主要责任的；其他造成特别严重后果、特别恶劣的情节或者后果特别严重的情形。请参照最高人民法院、最高人民检察院2015年12月14日发布的《关于办理危害生产安全刑事案件适用法律若干问题的解释》，该解释第12条还规定了从重处罚的7种情形。

以行贿方式逃避安全生产监督管理，或者非法、违法生产作业，导致发生重大生产安全故事，具有上述司法解释第12条第1款第（五）项规定情形（该项内容为：采取弄虚作假、行贿等手段，故意逃避、阻挠负有安全监督管理职责的部门实施监督检查的），依照数罪并罚的规定处罚。

犯有本罪行为，在安全事故发生后积极组织、参与事故抢救，或者积极配合调查、主动赔偿损失的，可以酌情从轻处罚。

### 十五、强令违章冒险作业罪

#### （一）强令违章冒险作业罪的概念

强令违章冒险作业罪，是指强令他人违章冒险作业，因而发生重大伤亡事故或者造成其他严重后果的行为。

#### （二）强令违章冒险作业罪的构成特征

1. 侵犯客体是作业的安全。正常的作业安全秩序既是作业人员及现场其他人员的生命、健康安全的保障，也是公私财产安全的保障。实践中发生强令他人违章作业的行为，对正常的作业安全秩序构成破坏，也就发生危害不特定多人生命、健康和公私财产安全的重大事故，危害公共安全。

2. 客观方面表现为强令他人违章冒险作业，因而发生重大伤亡事故或者造成其他严重后果的行为。"强令他人违章冒险作业"，是指明知存在事故隐患，继续作业存在危险，仍然违反有关安全管理的规定，实施下列四种行为之一的：一是利用组织、指挥、管理职权，强制他人违章作业的；二是采取威逼、胁迫、恐吓等手段，强制他人违章作业的；三是故意掩盖事故隐患，组织他人违章作业的；四是其他强令他人违章作业的行为。本罪是结果犯，对重大伤亡事故或者造成其他严重后果的理解同重大责任事故罪。

3. 犯罪主体为一般主体，包括对生产、作业负有组织、指挥或者管理职责的负责人、管理人员、实际控制人、投资人等人员。

4. 主观方面表现为过失。实践中多为过于自信的过失，即负责管理施工、作业等工作的有关人员，明知自己的决定违反安全作业的规章制度，可能会导致安全事故的发生，但却心存侥幸，自认为不会出事，从而强令他人违章冒险作业。

#### （三）强令违章冒险作业罪的认定

1. 划清罪与非罪的界限。区分的关键在于强令他人违章冒险作业是否造成了重大伤亡事故或者其他严重后果。

2. 划清强令违章冒险作业罪与重大责任事故罪的界限。《刑法修正案（六）》第1条第2款单独规定了不同于该条第1款重大责任事故罪的罪状和法定刑，从而独立成为一个罪名即强令违章冒险作业罪。该罪在犯罪主体的范围、客观行为表现等方面均不同于重大责任事故罪，其危害更严重，故法定刑设定重于重大责任事故罪，这体现了罪责刑相适应的原则。

#### （四）强令违章冒险作业罪的法定刑

《刑法修正案（六）》第1条第2款规定，犯强令违章冒险作业罪，因而发生重大伤亡事故或者造成其他严重后果的，处5年以下有期徒刑或者拘役；情节特别恶劣的，处5年以上有期徒刑。对"情节特别恶劣"的理解同重大责任事故罪。请参照最高人民法院、最高人民检察院《关于办理危害生产安全刑事案件适用法律若干问题的解释》，该解释第12条还规定了从重处罚的七种情形。以行贿方式强令他人违章冒险作业，具有上述所列从重处罚七种情形第五种的，依照数罪并罚的规定处罚。

# 第十六章 破坏社会主义市场经济秩序罪

## 第一节 破坏社会主义市场经济秩序罪概述

### 一、破坏社会主义市场经济秩序罪的概念

破坏社会主义市场经济秩序罪，是指违反国家市场经济管理法规，破坏市场经济秩序，使社会主义市场经济遭受严重损害的行为。

### 二、破坏社会主义市场经济秩序罪的共同特征

1. 侵犯客体是我国的经济秩序。刑法规范本类犯罪旨在保护我国业已初建和继续完善的社会主义市场经济秩序。市场经济是竞争经济，公平正当的自由竞争是市场经济的本质特征。竞争需要自由、平等、公正、诚实信用，没有自由、平等、公正、诚实信用，市场经济就缺乏活力和良好的市场秩序。自由、平等、公正、诚实信用的市场经济秩序在建立和维护的同时遇到与之对抗的不法经济行为是不可避免的。国家通过法律（包括刑法在内）对其进行规制，以保证市场经济秩序的井然有序，从而保障市场经济的强劲活力是十分必要的。刑法将破坏经济秩序的严重不法经济行为规定为犯罪是理所当然的。刑法分则第三章比较全面科学地规范了各种破坏经济秩序的犯罪行为，从而为我国社会主义市场经济秩序的建立和维护提供了法律上的可靠保障。

2. 客观方面表现为违反国家的市场经济管理法规，破坏市场经济秩序，严重损害社会主义市场经济的行为。

违反国家的市场经济管理法规是本类犯罪在客观方面成立的前提。按照刑法分则第三章的规定，生产、销售伪劣商品罪的客观方面违反了《中华人民共和国食品安全法》《中华人民共和国药品管理法》《中华人民共和国产品质量法》《中华人民共和国标准化法》等产品质量管理法规；走私罪的客观方面违反了《中华人民共和国海关法》等海关法规；妨害对公司、企业的管理秩序罪的客观方面违反了《中华人民共和国公司法》等公司、企业管理法规；破坏金融管理秩序罪的客观方面违反了《中华人民共和国商业银行法》《中华人民共和国票据法》《中华人民共和国证券法》等金融管理法规；金融诈骗罪虽突出了其诈骗手段的特点，但该类罪违反国家的银行法规也是显而易见的；危害税收征管罪的客观方面违反了《中华人民共和国税收征收管理法》《中华人民共和国增值税暂行条例》等税收征管的法规；侵犯知识产权罪的客观方面违反了《中华人民共和国商标法》《中华人民共和国专利法》《中华人民共和国著作权法》等知识产权的法律规定；扰乱市场经济秩序罪的客观方面违反了《中华人民共和国反不正当竞争法》《中华人民共和国广告法》等规范市场正当竞争秩序的法规。在司法实践中，能否正确地认定某种行为是否构成了刑法分则第三章规定的破坏社会主义市场经济秩序罪，熟知具体的经济管理法规是十分重要的一个环节，它是确定罪与非罪、此种犯罪与彼种犯罪的法律标准。

破坏市场经济秩序的行为或行为造成一定的结果、达到一定的程度是本类犯罪在客观方面须具备的要素。因此，本罪既包含行为犯（如生产、销售假药罪，生产、销售有毒、有害食品罪），也包含结果犯，至于造成何种结果、达到何种程度才应以犯罪论处，刑法分则第三章大体有如下几种规定：

（1）以数额大小作为标准。这里可分为以下几种情况：①以具体数额为依据。②以具体数额加相关数额的比例为依据。③以抽象的数额较大或数额巨大为依据。为了方便司法操作和执法的统一，立法上的抽象规定还须司法上作出解释，即以具体数额或数额幅度为数额较大、数额巨大的标准。在区分破坏经济秩序类罪和一般经济违法行为的界限中，数额的大小常常起到重要作用，这是因为数额能形象、具体、客观地显现出某些行为的社会危害程度。

（2）以后果状况作为标准。这里可分为以下几种情况：①以足以发生某种后果为依据（刑法理论上称"危险犯"）。②以发生某种后果为依据（刑法理论上称"实害犯"）。③以抽象的后果严重为依据（刑法理论上称"实害犯"）。以上三种后果状况既包含了危险犯，也包含了实害犯，但都是法律规定构成有关犯罪的结果要件。

（3）以情节严重作为标准。在刑法分则第三章的部分犯罪中，对构成犯罪的结果程度仅要求实施某种行为，达到情节严重即成立犯罪。此外，在本章的有关犯罪中，将严重情节与数额大小、后果状况并列为成立某种犯罪的结果要件。关于情节严重作为某些犯罪成立的条件，立法上表现为笼统的规定方式时，应理解为数额、后果等因素均含在内；立法上表现为与数额、后果并列的规定方式时，应理解为除去数额、后果因素的其他内容。

本类犯罪中少数罪的客观要件只规定实施某些行为即成立犯罪，这在刑法理论上称做行为犯，从本章规定的某些犯罪看，均属性质严重的破坏市场经济秩序罪。这说明我国刑法对于那些针对我国社会主义市场经济秩序构成严重侵害的行为实行坚决干预的原则，予以严厉禁止，不考虑是否发生了某种结果。因为这些行为的本身已具有严重的社会危害性。

对于上述第二点、第三点，一般来说它们是确定罪与非罪、此种犯罪与彼种犯罪的法定的事实标准。

3. 犯罪主体是个人或单位。本类犯罪主体的一个显著特征是绝大多数犯罪的主体均可由单位构成。在本类罪中仅属纯正的单位犯罪就有多个，例如，《刑法》第161条规定的违规披露、不披露重要信息罪的主体是依法负有信息披露义务的公司、企业，第162条规定的妨害清算罪、第162条之二规定的虚假破产罪的主体是公司、企业，第185条之一第1款规定的背信运用受托财产罪的主体是商业银行、证券交易所、证券公司、期货经纪公司、保险公司或其他金融机构，第185条之一第2款规定的违法运用资金罪的主体是社会保障基金管理机构、住房公积金管理机构、保险公司、保险资产管理公司、证券投资基金管理公司，第190条规定的逃汇罪的主体是公司、企业或其他单位。

个人作为犯罪主体分两种情况，一是一般主体即可构成，如伪造货币罪、信用卡诈骗罪等诸多破坏经济秩序的犯罪；二是特殊主体构成的破坏经济秩序罪，如《刑法》第163条规定的非国家工作人员受贿罪的主体限定为公司、企业或其他单位人员，第165条规定的非法经营同类营业罪的主体只能是国有公司、企业的董事、经理，第171条第2款规定的金融工作人员购买假币、以假币换取货币罪的主体限定为银行或者其他金融机构的工作人员，由特殊主体构成的具体罪相对来说是少数。

4. 犯罪主观方面表现为多由故意构成，并且一般具有非法牟利之目的。在故意犯罪中，法律规定有些犯罪必须具有特定目的方可成立，如以非法占有为目的、以营利为目的等。本类犯罪中存在少数罪的主观心理状态为过失的情况，比如，《刑法》第167条规定的签订、履行合同失职被骗罪、第229条第3款规定的出具证明文件重大失实罪等。

## 第二节　本章要求掌握的犯罪

### 一、生产、销售伪劣产品罪

#### （一）生产、销售伪劣产品罪的概念

生产、销售伪劣产品罪，是指生产者、销售者在产品中掺杂、掺假，以假充真，以次充好或者以不合格产品冒充合格产品，销售金额达5万元以上的行为。

#### （二）生产、销售伪劣产品罪的构成特征

1. 侵犯客体是国家对普通产品质量的管理制度。普通产品是指除刑法另有规定的药品、食品、医用器材、涉及人身和财产安全的电器等产品，农药、兽药、化肥、种子、化妆品等产品以外的产品。国家对产品质量的管理制度是指国家通过法律、行政法规等规范产品生产的标准，产品出厂或销售过程中的质量监督检查内容，生产者、销售者的产品质量责任和义务、损害赔偿、法律责任等制度。生产、销售伪劣产品罪侵犯了国家对产品质量的上述管理制度，生产、销售不符合产品质量标准的伪劣产品扰乱产品质量监督管理秩序，侵犯广大消费者的合法权益。

2. 客观方面表现为生产者、销售者违反国家的产品质量管理法律、法规，生产、销售伪劣产品的行为。违反产品质量管理法律、法规一般是指违反《中华人民共和国产品质量法》《中华人民共和国标准化法》《中华人民共和国计量法》《工业产品质量责任条例》以及有关省、自治区、直辖市制定的关于产品质量的地方性法规、规章、有关行业标准规则等。关于伪劣产品的界定标准，在上述产品质量法规中有规定。本罪在客观方面的行为表现主要是在产品中掺杂、掺假，以假充真，以次充好，以不合格产品冒充合格产品。根据最高人民法院、最高人民检察院《关于办理生产、销售伪劣商品刑事案件具体应用法律若干问题的解释》第1条的规定：（1）在产品中掺杂、掺假，是指在产品中掺入杂质或者异物，致使产品质量不符合国家法律、法规或者产品明示质量标准规定的质量要求，降低、失去应有使用性能的行为。（2）以假充真，是指以不具有某种使用性能的产品冒充具有该种使用性能的产品的行为。（3）以次充好，是指以低等级、低档次产品冒充高等级、高档次产品，或者以残次、废旧零配件组合、拼装后冒充正品或者新产品的行为。（4）不合格产品，是指不符合《中华人民共和国产品质量法》第26条第2款规定的质量要求的产品。根据法律规定的精神，上述四种行为属选择行为，即行为人具有上述四种行为之一的就构成生产、销售伪劣产品罪。行为人如果同时具有上述两种行为或两种以上行为的，也应视为一个生产、销售伪劣产品罪，不实行数罪并罚。生产、销售伪劣产品的金额达到5万元以上是构成生产、销售伪劣产品罪在客观上所要求的内容。

3. 犯罪主体是个人和单位，表现为产品的生产者和销售者两类人。生产者即产品的制造者（含产品的加工者），销售者即产品的批量或零散经销售卖者（含产品的直销者）。至于生产者、销售者是否具有合法的生产许可证或者营业执照不影响本罪的成立。

4. 主观方面表现为故意，一般具有非法牟利的目的。行为人的故意表现为在生产领域

内有意制造伪劣产品。在销售领域内分两种情况：一是在销售产品中故意掺杂、掺假；二是明知是伪劣产品而售卖。

**（三）生产、销售伪劣产品罪的认定**

1. 划清生产、销售伪劣产品罪与非罪行为的界限。关键是从行为人主观上是否故意和客观方面的结果来考虑。当行为人故意制造、销售伪劣产品，销售金额达到法律规定的 5 万元以上时，即成立犯罪；销售金额不满 5 万元的制售伪劣产品的行为一般属违法行为，可由工商行政管理部门依法给予行政处罚。对于实践中发生的仅仅查处到伪劣产品本身，而难以甚至根本无法查清伪劣产品的销售金额的案件，根据《关于办理生产、销售伪劣商品刑事案件具体应用法律若干问题的解释》，"伪劣产品尚未销售，货值金额达到刑法规定的销售金额 3 倍以上的，以生产、销售伪劣产品罪（未遂）定罪处罚"。

2. 划清生产、销售伪劣产品罪与其他犯罪的界限。这主要是指生产、销售伪劣产品罪与生产、销售假药、不符合卫生标准的食品或有毒、有害、不符合标准的医疗器材、不符合卫生标准的化妆品等生产、销售特定的伪劣商品犯罪的界限，它们的区别主要是犯罪对象，即伪劣产品种类的不同。如前所述，本罪生产、销售的是普通物品，生产、销售假药罪等犯罪生产、销售的是特定物品。根据《刑法》第 140 条、第 149 条的规定，生产、销售伪劣产品罪与生产、销售假药罪等第 141 条、148 条规定的犯罪之间存在法条竞合关系，即第 140 条属于普通法，第 141 条至第 148 条属于特别法。在法条竞合的情况下，特别法应当优于普通法适用，这是处理特别法与普通法关系的基本原则，也是《刑法》第 149 条第 1 款规定之基本精神。但第 149 条第 2 款同时又规定，生产、销售本节第 141 条至第 148 条所列产品，构成各该条规定的犯罪，同时又构成本节第 140 条规定的犯罪的，依照处刑较重的规定定罪处罚。这一规定体现了择重而处的精神，应属特别法优于普通法适用原则的例外规定。

根据最高人民法院、最高人民检察院《关于办理危害食品安全刑事案件适用法律若干问题的解释》第 10 条的规定，生产、销售不符合食品安全标准的食品添加剂，用于食品的包装材料、容器、洗涤剂、消毒剂，或者用于食品生产经营的工具、设备等，构成犯罪的，以本罪定罪处罚。

**（四）生产、销售伪劣产品罪的法定刑**

我国《刑法》第 140 条规定，犯生产、销售伪劣产品罪，销售金额 5 万元以上不满 20 万元的，处 2 年以下有期徒刑或者拘役，并处或者单处销售金额 50％以上 2 倍以下罚金；销售金额 20 万元以上不满 50 万元的，处 2 年以上 7 年以下有期徒刑，并处销售金额 50％以上 2 倍以下罚金；销售金额 50 万元以上不满 200 万元的，处 7 年以上有期徒刑，并处销售金额 50％以上 2 倍以下罚金；销售金额 200 万元以上的，处 15 年有期徒刑或者无期徒刑，并处销售金额 50％以上 2 倍以下罚金或者没收财产。

我国《刑法》第 150 条规定，单位犯本罪的，对单位判处罚金，并对其直接负责的主管人员和其他直接责任人员，依照第 140 条的规定处罚。

**二、生产、销售假药罪**

**（一）生产、销售假药罪的概念**

生产、销售假药罪，是指生产者、销售者违反国家药品管理法规，生产、销售假药的行为。

**（二）生产、销售假药罪的构成特征**

1. 侵犯客体是复杂客体，既侵犯了国家对药品的管理制度，又侵犯了不特定多数人的身体健康权利。药品，是指用于预防、治疗、诊断人的疾病，有目的地调节人的生理机能并规定有适应证、用法和用量的物质。国家制定了一系列关于药品管理的法律和法规，建立了一套保证药品质量、增进药品疗效、保障用药安全的完整管理制度。

生产、销售假药的行为构成对国家关于药品管理制度的侵犯，并同时危害公众的身体健康。

2. 客观方面表现为生产者、销售者违反国家的药品管理法律、法规，生产、销售假药的行为。《刑法修正案（八）》第 23 条将《刑法》第 141 条第 1 款规定的生产、销售假药罪修改为行为犯，构成该罪不需要有"足以严重危害人体健康"的危险发生。违反药品管理的法律、法规主要是指违反《中华人民共和国药品管理法》以及为贯彻该法而制定的《中华人民共和国药品管理法实施办法》《药品生产质量管理规范》等法律、法规。上述法律和法规中就药品成分、药品标准、药品生产工艺规程、药品经营条件、药品监督等药品生产、经营和管理的内容作了明确规定。《刑法》第 141 条 2 款规定："本条所称假药，是指依照《中华人民共和国药品管理法》的规定属于假药和按假药处理的药品、非药品。"

根据 2014 年 11 月 18 日"两高"发布的《关于办理危害药品安全刑事案件适用法律若干问题的解释》第 6 条第 1 款的规定，实施下列 3 种行为之一的，应认定为"生产"：（1）合成、精制、提取、储存、加工炮制药品原料的行为；（2）将药品原料、辅料、包装材料制成成品过程中，进行配料、混合、制剂、储存、包装的行为；（3）印制包装材料、标签、说明书的行为。销售假药的行为是指一切有偿提供假药的行为。上述司法解释第 6 条第 2 款规定，医疗机构、医疗机构工作人员明知是假药而有偿提供给他人使用，或者为出售而购买、储存的行为，应认定为"销售"。生产、销售假药是两种行为，可以分别实施，也可以既生产假药又销售假药，同时存在两种行为。按照法律关于本罪的客观行为规定，只要具备其中一种行为即符合该罪的客观要求。如果行为人同时具有上述两种行为，仍视为一个生产、销售假药罪，不实行数罪并罚。而生产、销售假药对人体健康造成严重危害或者有其他严重情节的则属结果加重犯，对其处以较重的刑罚。

3. 犯罪主体为个人和单位，表现为假药的生产者和销售者两类人。生产者即药品的制造、加工、采集、收集者，销售者即药品的有偿提供者，如医疗机构。

4. 主观方面表现为故意，一般是出于营利的目的。当然，生产者、销售者是否出于营利目的并不影响本罪的成立。行为人的主观故意表现为在生产领域内有意制造假药，即认识到假药足以危害人体健康而对此持希望或放任的态度。医疗机构知道或者应当知道是假药而使用或者销售，以销售假药罪追究刑事责任。

**（三）生产、销售假药罪的认定**

1. 划清生产、销售假药罪与生产、销售伪劣商品类犯罪中其他罪的界限。（1）对于同时构成生产、销售假药罪和生产、销售伪劣产品罪的，根据《刑法》第 149 条第 2 款规定的精神，应按处罚较重的生产、销售假药罪定罪处罚。这符合前述法条竞合的适用原则。（2）生产、销售假药罪与生产、销售劣药罪的区别界限：①犯罪对象不同：一个是假药，一个是劣药。②犯罪形态不同：生产、销售假药罪是行为犯，而生产、销售劣药罪是实害犯，即对人体健康造成严重危害的方构成犯罪。

2. 生产、销售假药案件中，以共同犯罪论处的认定。根据上述司法解释第 8 条的规定，明知他人生产、销售假药，有下列 4 种情形之一的，以共同犯罪论处：（1）提供资金、贷款、账号、发票、证明、许可证件的；（2）提供生产、经营场所、设备或者运输、储存、保管、邮寄、网络销售渠道等便利条件的；（3）提供生产技术或者原料、辅料、包装材料、标签、说明书的；（4）提供广告宣传等帮助行为的。

3. 生产、销售假药案件中，涉及相关犯罪的认定处罚。根据上述司法解释第 7 条、第 10 条的规定：（1）违反国家药品管理法律法规，未取得或者使用伪造、变造的药品经营许可证，非法经营药品，情节严重的，以非法经营罪论处；（2）以提供给他人生产、销售药品为目的，违反国家规定，生产、销售不符合药用要求的非药品原料、辅料，情节严重的，以非法经营罪论处；（3）实施符合（2）的行为，同时又构成生产、销售伪劣产品罪、以危险方法危害公共安全罪等犯罪的，依照处罚较重的规定定罪处罚；（4）实施生产、销售假药犯罪，同时构成生产、销售伪劣产品、侵犯知识产权、非法经营、非法行医、非法采供血等犯罪的，依照处罚较重的规定定罪处罚。

**（四）生产、销售假药罪的法定刑**

《刑法修正案（八）》第 23 条修订后的《刑法》第 141 条规定，个人犯生产、销售假药罪的，处 3 年以下有期徒刑或者拘役，并处罚金；生产、销售假药对人体健康造成严重危害或者有其他严重情节的，处 3 年以上 10 年以下有期徒刑，并处罚金；生产、销售假药，致人死亡或者有其他特别严重情节的，处 10 年以上有期徒刑、无期徒刑或者死刑，并处罚金或者没收财产。

根据《刑法》第 150 条的规定，单位犯生产、销售假药罪的，对单位判处罚金，并对其直接负责的主管人员和其他直接责任人员，按个人犯生产、销售假药罪的法定刑处罚。

### 三、生产、销售有毒、有害食品罪

**（一）生产、销售有毒、有害食品罪的概念**

生产、销售有毒、有害食品罪，是指生产者、销售者故意在生产、销售的食品中掺入有毒、有害的非食品原料或者销售明知掺有有毒、有害的非食品原料的食品的行为。

**（二）生产、销售有毒、有害食品罪的构成特征**

1. 侵犯的客体是国家对食品安全的管理制度和广大消费者的生命、健康安全。

2. 客观方面表现为在生产、销售的食品中掺入有毒、有害的非食品原料或者销售明知掺有有毒、有害的非食品原料的食品的行为。所谓有毒、有害的非食品原料，根据《关于办理危害食品安全刑事案件适用法律若干问题的解释》第 20 条的规定，是指下列物质：（1）法律、法规禁止在食品生产经营活动中添加、使用的物质；（2）国务院有关部门公布的《食品中可能违法添加的非食品物质名单》《保健食品中可能非法添加的物质名单》上的物质；（3）国务院有关部门公告禁止使用的农药、兽药以及其他有毒、有害物质；（4）其他危害人体健康的物质。目前一些案件中反映出来的食品中含工业酒精、三聚氰胺、瘦肉精、地沟油等均属在生产、销售的食品中掺入了有毒、有害的非食品原料。本罪是行为犯。根据上述司法解释第 9 条的规定，下列行为亦应以本罪定罪处罚：（1）在食品加工、销售、运输、贮存等过程中，掺入有毒、有害的非食品原料，或者使用有毒、有害的非食品原料加工食品的。（2）在食用农产品种植、养殖、销售、运输、贮存等过程中，使用禁用农药、兽药等禁用物质或者其他有毒、有害物质的。（3）在保健食品或者其他食品中非法添加国家禁用药物等有毒、有害物质的。根据上述司法解释第 14 条，明知他人生产、销售有毒、有害食品，而有下列情形之一的，以本罪的共犯论处：提供资金、贷款、账号、发票、证明、许可证件的；提供生产、经营场所或者运输、贮存、保管、邮寄、网络销售渠道等便利条件的；提供生产技术或者食品原料、食品添加剂、食品相关产品的；提供广告等宣传的。

如果上述行为对人体健康造成严重危害或者有其他严重情节，甚至致人死亡或者有其他特别严重情节的，是结果加重犯，要分别处以更重的刑罚。

3. 犯罪主体是个人和单位。

4. 主观方面表现为故意。注意认定生产、销售有毒、有害食品罪时，须查明行为人主观上必须是"明知"。

### （三）生产、销售有毒、有害食品罪的认定

1. 以提供给他人生产、销售食品为目的，违反国家规定，生产、销售国家禁止用于食品生产、销售的非食品原料，情节严重的，不定本罪，而以非法经营罪定罪处罚。

2. 划清本罪与生产、销售不符合安全标准的食品罪的界限。区别主要表现在客观方面：（1）本罪是行为犯；而生产、销售不符合安全标准的食品罪是危险犯。（2）本罪在食品中掺入的是有毒、有害的非食品原料；生产、销售不符合安全标准的食品罪在食品中含有的原料一定是食品原料，只是不符合国家食品安全的标准（如腐败变质、污染、营养成分严重缺失等）。

3. 划清本罪与投放危险物质罪的界限。两罪的主要区别之处在于：（1）本罪发生在食品的生产、销售过程中；投放危险物质罪则不具有这样的特点，针对的是不特定人的生命、健康安全。（2）本罪的目的在于获取非法利益，但并不追求他人伤亡的危害结果发生，而投放危险物质罪的目的就是对他人的生命、健康造成危害，追求他人伤亡结果的发生。（3）如果行为人在生产、销售食品过程中，因疏忽大意或过于自信的过失而在食品中掺入了有毒、有害的非食品原料，造成了严重的后果，则应认定为过失投放危险物质罪。本罪和投放危险物质罪在主观罪过上均要求为故意。

### （四）生产、销售有毒、有害食品罪的法定刑

依据《刑法》第 144 条的规定，犯生产、销售有毒、有害食品罪，处 5 年以下有期徒刑，并处罚金；对人体健康造成严重危害或者有其他严重情节的，处 5 年以上 10 年以下有期徒刑，并处罚金；致人死亡或者有其他特别严重情节的，处 10 年以上有期徒刑、无期徒刑或者死刑，并处罚金或者没收财产。"对人体健康造成严重危害""其他严重情节""致人死亡或者有其他特别严重情节"包含的内容，参见《关于办理危害食品安全刑事案件适用法律若干问题的解释》第 5~7 条的规定。

根据上述司法解释第 17 条的规定，犯本罪，一般应当依法判处生产、销售金额二倍以上的罚金。

根据上述司法解释第 12、13 条的规定，生产、销售有毒、有害食品，构成本罪，同时又构成其他犯罪的，依照处罚较重的规定定罪处罚。

## 四、走私普通货物、物品罪

### （一）走私普通货物、物品罪的概念

走私普通货物、物品罪，是指违反海关法规，逃避海关监管，非法运输、携带、邮寄国

家禁止进出口的武器、弹药、核材料、假币、珍贵动物及其制品、珍稀植物及其制品、淫秽物品、毒品以及国家禁止出口的文物、金银和其他贵重金属以外的货物、物品进出境，偷逃应缴纳关税额较大或者一年内曾因走私被给予二次行政处罚后又走私的行为。

**（二）走私普通货物、物品罪的构成特征**

1. 侵犯客体是国家对普通货物、物品进出口的监督管理制度和关税征管制度。违反海关的监管、查验制度，偷逃应缴纳关税是走私普通货物、物品罪的特点。

2. 客观方面表现为行为人违反海关法规，逃避海关监管，走私普通货物、物品，偷逃应缴税数额较大的或者虽未达到税额较大但一年内因走私受到二次行政处罚后又走私的。根据"两高"2014 年 8 月 12 日公布的《关于办理走私刑事案件适用法律若干问题的解释》第 16 条的规定，走私普通货物、物品个人"偷逃应缴税额较大"指的是在 10 万元以上不满 50 万元的情形；单位"偷逃应缴税额较大"指的是在 20 万元以上不满 100 万元的情形。普通货物、物品，是指《刑法》第 151 条规定的武器、弹药、核材料、假币、文物、贵重金属、珍贵动物及其制品、珍稀植物及其制品，第 152 条规定的淫秽物品以及第 347 条规定的毒品以外的其他货物、物品，包括限制进出口的货物、物品在内。此外，下列行为还构成走私普通货物、物品罪或以走私普通货物、物品罪论处：（1）未经海关许可并且未补缴应缴税额，擅自将批准进口的来料加工、来件装配、补偿贸易的原材料、零件、制成品、设备等保税货物，在境内销售牟利的；（2）未经海关许可并且未补缴应缴税额，擅自将特定减税、免税进口的货物、物品，在境内销售牟利的；（3）直接向走私人非法收购走私进口的其他货物、物品，数额较大的；（4）在内海、领海、界河、界湖运输、收购、贩卖国家限制进出口货物、物品，数额较大，没有合法证明的。

3. 犯罪主体是个人和单位。

4. 主观方面表现为直接故意，具有偷逃关税的目的。

与走私普通货物、物品罪的罪犯通谋，为其提供贷款、资金、账号、发票、证明，或者为其提供运输、保管、邮寄或者其他方便的，以走私普通货物、物品罪的共犯论处。

**（三）走私普通货物、物品罪的认定**

1. 划清走私普通货物、物品罪与一般走私行为的界限。根据《刑法》第 153 条的规定，两者区别的关键是走私普通货物、物品偷逃应缴关税税款额是否达到较大或者是多次走私。未达数额较大的按照一般走私行为处理，达到数额较大的构成走私普通货物、物品罪；多次走私，指一年内因走私受过二次行政处罚后又走私的。未达数额较大但符合多次走私规定的，以走私罪论处。

2. 区分走私普通货物、物品罪与其他有关走私罪的界限。两者区别的关键是走私对象的不同。走私武器、弹药等特殊性质的物品分别构成不同的走私罪，走私除特殊性质物品以外的普通货物、物品的构成本罪。根据上述司法解释第 22 条的规定，在走私的普通货物、物品中藏匿枪支、弹药等特殊性质的物品，构成数罪的，实行数罪并罚。

**（四）走私普通货物、物品罪的法定刑**

《刑法》第 153 条规定，个人犯走私普通货物、物品罪，偷逃应缴税额较大或者一年内曾因走私被给予二次行政处罚后又走私的，处 3 年以下有期徒刑或者拘役，并处偷逃应缴税额 1 倍以上 5 倍以下罚金；偷逃应缴税额巨大或者有其他严重情节的，处 3 年以上 10 年以下有期徒刑，并处偷逃应缴税额 1 倍以上 5 倍以下罚金；偷逃应缴税额特别巨大或者有其他特别严重情节的，处 10 年以上有期徒刑或者无期徒刑，并处偷逃应缴税额 1 倍以上 5 倍以下罚金或者没收财产。单位犯走私普通货物、物品罪，对单位判处罚金，并对其直接负责的主管人员和其他直接责任人员，处 3 年以下有期徒刑或者拘役；情节严重的，处 3 年以上 10 年以下有期徒刑；情节特别严重的，处 10 年以上有期徒刑。

对多次走私未经处理的，按照累计走私货物、物品的偷逃应缴税款额处理。武装掩护走私的，按照《刑法》第 151 条第 1 款的规定从重处罚。

以暴力、威胁方法抗拒缉私的，以走私普通货物、物品罪和妨害公务罪实行数罪并罚。

### 五、非国家工作人员受贿罪

#### （一）非国家工作人员受贿罪的概念

非国家工作人员受贿罪，是指公司、企业或者其他单位的工作人员利用职务上的便利，索取他人财物或者非法收受他人财物，为他人谋取利益，数额较大的行为。

#### （二）非国家工作人员受贿罪的构成特征

1. 侵犯的客体是国家对公司、企业以及非国有事业单位、其他组织的工作人员职务活动的管理制度。在市场经济的运行机制中，公司、企业以及事业单位、其他组织，后者如教育、科研、医疗、体育、出版等单位，扮演着十分重要的角色。这些单位的工作人员通过自己合法的职务活动，使公司、企业、事业单位等在市场经济体制中的角色得以正常而出色的发挥。因此，有关法律对这些单位的工作人员的职务活动作了规范，建立起一套明确的管理制度。相关人员受贿罪则是对这套管理制度的直接侵犯，从而产生公司、企业、事业单位等管理层的腐败，危害公司、企业、事业单位的根本利益，破坏正常的社会主义市场公平竞争的交易秩序。

2. 客观方面表现为利用职务上的便利，索取他人财物或非法收受他人财物，为他人谋取利益，数额较大的行为。利用职务上的便利是本罪在客观方面的重要因素，是指公司、企业以及事业单位、其他组织的工作人员利用本人组织、领导、监督、管理等职权以及利用与上述职权有关的便利条件。索取他人财物是指利用组织、领导、监督、管理等职务上的便利，主动向有求于行为人职务行为的请托人索要财物。非法收受他人财物是指利用组织、领导、监督、管理等职务上的便利，为请托人办事，接受请托人主动送给的财物。为他人谋取利益是指行为人索要或收受他人财物，利用职务之便为他人或允诺为他人实现某种利益。该利益是合法还是非法，该利益是否已谋取到，均不影响本罪的成立。数额较大是指接受贿赂即财物的数额较大。接受了数额较大的贿赂，则构成该罪的既遂。《刑法修正案（六）》第 7 条修改了《刑法》第 163 条第 2 款的规定，公司、企业或者其他单位的工作人员在经济往来中，利用职务上的便利，违反国家规定，收受各种名义的回扣、手续费，归个人所有的，以非国家工作人员受贿罪处罚。

3. 犯罪主体是特殊主体，即非国家工作人员，也就是公司、企业或者其他单位的工作人员。公司、企业的工作人员是指在公司、企业中从事领导、组织、管理工作的人员，如公司的董事、监事以及公司、企业的经理、厂长、财会人员以及其他受公司、企业聘用从事管理事务的人员。"其他单位的人员"包括非国有事业单位或者其他组织的工作人员，如教育、科研、医疗、体育、出版等单位的从事组织、领导以及履行监督、管理职责的人员。在国有公司、企业、国有其他单位中从事公务的人员和国有公司、企业、国有其他单位委派到非国有公司、企业以及其他单位从事公务的人员利用职务上的便利受贿的，不成立非国家工作人员受贿罪，而应依照《刑法》第385条、第386条的受贿罪处罚。

4. 主观方面表现为故意，即公司、企业、其他单位人员故意利用其职务之便接受或索取贿赂，为他人谋取利益。

### （三）非国家工作人员受贿罪的认定

1. 划清非国家工作人员受贿罪与非罪行为的界限。（1）按照《刑法》第163条的规定，构成非国家工作人员受贿罪必须是受贿数额较大的，不足较大数额的按一般受贿行为处理。数额较大的具体界限，根据最高人民法院1995年12月25日的《关于办理违反公司法受贿、侵占、挪用等刑事案件适用法律若干问题的解释》的规定，索取或者收受贿赂5 000元至20 000元的，属于数额较大。（2）公司、企业、其他单位人员在法律、政策许可的范围内，通过自己的劳动换取合理报酬的，不属于利用职务上的便利受贿，因而是合法行为而不是犯罪。（3）公司、企业、其他单位人员接受亲朋好友的一般礼节性馈赠，而没有利用职务上的便利为亲朋好友谋取利益的，不成立非国家工作人员受贿罪。上述（2）（3）两点说明，区分非国家工作人员受贿罪与合法行为的界限，关键是看行为人获得的财物是否属于利用职务上的便利为他人谋利益而取得。（4）区分以收受回扣、手续费为特点的非国家工作人员受贿罪与正当业务行为的界限。在正常的市场交易行为中，取得符合《中华人民共和国反不正当竞争法》规定的折扣、佣金是正当业务行为；而违反国家规定，收受各种名义的回扣、手续费，为个人所有的，应认定为非国家工作人员受贿罪。

2. 划清非国家工作人员受贿罪与受贿罪的界限。两罪区分的关键在于犯罪主体的不同：本罪的主体是非国家工作人员，即公司、企业、其他单位人员；受贿罪的主体是国家工作人员以及以国家工作人员论的国有公司、企业、其他单位中从事公务的人员和国有公司、企业、国有其他单位委派到非国有公司、企业、其他单位从事业务的人员。

### （四）非国家工作人员受贿罪的法定刑

我国《刑法》第163条规定，犯非国家工作人员受贿罪，受贿数额较大的，处5年以下有期徒刑或者拘役；受贿数额巨大的，处5年以上有期徒刑，可以并处没收财产。（请参照最高人民法院《关于办理违反公司法受贿、侵占、挪用等刑事案件适用法律若干问题的解释》进行理解）

## 六、伪造货币罪

### （一）伪造货币罪的概念

伪造货币罪，是指违反国家货币管理法规，仿照真货币的形状、色彩、图案等特征，使用各种方法非法制造出假货币，冒充真货币的行为。

### （二）伪造货币罪的构成特征

1. 侵犯客体是国家对货币的管理制度，具体指破坏货币的公共信用和侵害货币的发行权。伪造货币罪，其恶果是破坏货币的公共信用及货币的币值稳定，对经济交易的安全直接构成严重危害。货币是本罪侵害的对象，包括人民币和外币。根据最高人民法院《关于审理伪造货币等案件具体应用法律若干问题的解释（二）》第4条的规定，以中国人民银行发行的普通纪念币和贵金属纪念币为对象非法制造纪念币，以伪造货币罪认定。

2. 客观方面表现为伪造货币的行为。伪造是指没有货币发行权的人，仿照真货币的图案、形状、色彩等特征制造假币，以假充真。伪造的方法多种多样，如手描、拓印、机器印制、影印、复印以及高科技印制手段。

3. 犯罪主体是一般主体，即个人。

4. 主观方面表现为故意，即行为人明知自己不具有货币发行权，而有意伪造货币。

**（三）伪造货币罪的认定**

1. 伪造货币构成犯罪的数额标准问题。刑法虽未规定数额，但仍需遵循《刑法》第13条"情节显著轻微，危害不大的，不认为是犯罪"的"但书"规定。最高人民法院2000年9月14日发布的《关于审理伪造货币等案件具体应用法律若干问题的解释》规定，伪造货币的总面额在2 000元以上不满3 000元或者币量在200张（枚）以上不足3 000张（枚）的，应依法追究刑事责任。

2. 伪造货币并出售或者运输的，伪造货币并持有或者使用的定罪处罚问题。伪造货币并出售或者运输的，伪造货币并持有或者使用的定罪处罚，按照《刑法》第171条第3款的规定，行为人伪造货币并出售或者伪造货币并运输的，不能认定为数罪进行并罚处理，而应按一个伪造货币罪定罪从重处罚。对于本人伪造货币后而持有，其持有行为不单独成立犯罪，而是包含在伪造货币行为之中，自应以一个伪造货币罪定罪处罚。对于本人伪造货币后而使用的，符合行为人为牟利而伪造货币的同一个犯意，其使用自己伪造的货币也应按照一个伪造货币罪处罚。持有、使用伪造的货币单独成立犯罪必须是没有证据证明是自己伪造的货币，即明知是他人伪造的货币而有意识占有的状态或者使用的行为。

根据最高人民法院《关于审理伪造货币等案件具体应用法律若干问题的解释（二）》第2条的规定，同时采用伪造和变造手段，制造真伪拼凑货币的行为，以伪造货币罪定罪处罚。第5条规定，以使用为目的，伪造停止流通的货币，或者使用伪造的停止流通的货币的，以诈骗罪定罪处罚。

**（四）伪造货币罪的法定刑**

《刑法修正案（九）》第11条对《刑法》第170条修订后规定，犯伪造货币罪，处3年以上10年以下有期徒刑，并处罚金；犯伪造货币罪，有下列三种情形之一的，处10年以上有期徒刑或者无期徒刑，并处罚金或者没收财产：（1）伪造货币集团的首要分子，即指在伪造货币集团中起组织、策划、指挥作用的犯罪分子；（2）伪造货币数额特别巨大，根据司法解释是指伪造货币的总面额在3万元以上的；（3）有其他特别严重的情节，即指伪造的方法具有特别严重的危害性，如金融、财务人员利用工作之便伪造货币数额巨大的，伪造后在市场流通影响很坏的，暴力抗拒查处的，有伪造货币劣迹甚至是累犯的，等等。

## 七、骗取贷款、票据承兑、金融票证罪

**（一）骗取贷款、票据承兑、金融票证罪的概念**

骗取贷款、票据承兑、金融票证罪，是指以虚构事实或者隐瞒真相的欺骗手段取得银行或者其他金融机构贷款、票据承兑、信用证、保函等，给银行或者其他金融机构造成重大损失或者有其他严重情节的行为。

**（二）骗取贷款、票据承兑、金融票证罪的构成特征**

1. 侵犯的客体是金融秩序与安全。该罪在于以欺骗手段取得银行等金融机构的信用与贷款，使金融资产运行处于无法收回的风险之中，并扰乱正常的金融管理秩序，危及金融安全。

2. 客观方面表现为以欺骗手段取得银行或者其他金融机构贷款、票据承兑、信用证、保函等，给银行或者其他金融机构造成重大损失或者有其他严重情节的行为。该行为的手段是欺骗，所指对象是银行等金融机构的金融资产，即以虚构事实、隐瞒真相的方式骗取银行的贷款和信用。如谎报贷款用途、编造或夸大偿还能力等，从银行等金融机构获得贷款或骗取银行开具以金融机构信用为基础的票据承兑、信用证、保函等。由于欺骗导致银行或其他金融机构的金融资产无法收回，从而造成了银行等金融机构的重大损失是本罪在客观方面的表现。当然具有"其他严重情节"也是本罪在客观上的表现，如骗取手段恶劣，多次骗取金融资产、使巨额金融资产处于无法收回的巨大风险之中，曾因欺骗金融机构受处罚后又欺骗金融机构的情形等。

3. 犯罪主体是一般主体，包含自然人和单位。

4. 主观方面表现为故意。单位犯本罪的，主观罪过既包含了具有非法占有金融资产的目的，也包含不具有非法占有金融资产的目的的情形。自然人犯本罪的，主观罪过仅指不具有非法占有目的的情形，这一点是本罪与以非法占有为目的的贷款诈骗罪的主要区别点，如果有充分、确实的证据认定或者推定行为人具有非法占有金融资产的目的而骗取了银行等金融机构的贷款，应以贷款诈骗罪论处；反之，如果没有充分、确实的证据能够证明行为人具有非法占有的目的，则可以骗取贷款罪论处。

**（三）骗取贷款、票据承兑、金融票证罪的认定**

1. 划清罪与非罪的界限。本罪的成立，要求必须是给银行或者其他金融机构造成重大损失或者有其他严重情节，如果行为人的欺骗行为并未造成重大损失，也不具有其他严重情节的，则不构成犯罪。

2. 本罪为选择性罪名，包含了骗取贷款、票据承兑、金融票证三种行为。当行为人实施了其中一种行为时，即可构成本罪；当行为人实施了其中两种以上的行为时，仍成立本罪一罪，不实行数罪并罚。

**（四）骗取贷款、票据承兑、金融票证罪的法定刑**

依据《刑法修正案（六）》第10条增订的《刑法》第175条之一的规定，自然人犯骗取贷款、票据承兑、金融票证罪，处3年以下有期徒刑或者拘役，并处或者单处罚金；给银行或者其他金融机构造成特别重大损失或者有其他特别严重情节的，处3年以上7年以下有期徒刑，并处罚金。

单位犯骗取贷款、票据承兑、金融票证罪，对单位判处罚金，并对其直接负责的主管人员和其他直接负责人员，依照自然人犯本罪的规定处罚。

**八、非法吸收公众存款罪**

**（一）非法吸收公众存款罪的概念**

非法吸收公众存款罪，是指违反国家金融管理法律规定，向社会公众（包括单位和个人）吸收或者变相吸收资金，扰乱金融秩序的行为。

**（二）非法吸收公众存款罪的构成特征**

1. 侵犯的客体是国家的金融管理秩序。

2. 客观方面表现为非法吸收或者变相吸收公众存款的行为。根据《关于审理非法集资刑事案件具体应用法律若干问题的解释》，同时具备以下四个条件的应认定为"非法吸收公众存款或者变相吸收公众存款"的行为：（1）未经有关部门依法批准或者借用合法经营的形式吸收资金；（2）通过媒体、推介会、传单、手机短信等途径向社会公开宣传；（3）承诺在一定期限内以货币、实物、股权等方式还本付息或者给付回报；（4）向社会公众即社会不特定对象吸收资金。上述四个条件涉及"非法吸收""变相吸收""向社会公开宣传""社会公众"等关键术语。"非法吸收"，指未经中国人民银行依法批准，以存款的形式向社会公众吸收资金，出具凭证，承诺在一定期限内还本付息的活动。"变相吸收"，指不以存款的名义而是借用合法经营的形式等向社会公众吸收资金，从而达到吸收公众存款的目的的行为。例如以投资入股、委托理财、代种植、租种植、联合种植等方式非法向社会公众吸收资金，承诺一定期限内以货币、实物、股权等方式给付回报。"向社会公开宣传"，指以各种途径向社会公众传播吸收资金的信息，以及明知吸收资金的信息向社会公众扩散而予以放任等情形。"社会公众"，指社会不特定对象。但在"针对特定对象吸收资金"的行为中有两种情形应当认定为向社会公众吸收资金：一是在向亲友或单位内部人员吸收资金的过程中，明知亲友或单位内部人员向不特定对象吸收资金而予以放任的；二是以吸收资金为目的，将社会人员吸收为单位内部人员，并向其吸收资金的。

3. 犯罪主体是一般主体，包括自然人和单位。

4. 主观方面表现为故意，包括直接故意和间接故意。例如不具有销售商品或提供服务、发行股票或债券、募集基金、销售保险等活动的真实内容而以各种相应的虚假方式非法吸收资金的，其直接故意的主观心理十分明显。在放任特定对象向社会不特定对象吸收资金的情形下则属间接故意。

**（三）非法吸收公众存款罪的认定**

1. 划清罪与非罪的界限。未向社会公开宣传，在亲友或者单位内部针对特定对象吸收资金的，不属于非法吸收公众存款或变相吸收公众存款的行为，因而也不成立本罪。刑法条文对本罪的成立虽未作任何情节的限制，但依《刑法》第13条"但书"的规定，非法吸收公众存款行为情节显著轻微危害不大的，不作为犯罪处理。根据《关于审理非法集资刑事案件具体应用法律若干问题的解释》，具有下列四种情形之一的，作为犯罪追究刑事责任：（1）个人非法吸收或变相吸收公众存款达20万元以上的，单位非法吸收或变相吸收公众存款达100万元以上的；（2）个人非法吸收或变相吸收公众存款对象30人以上的，单位非法吸收或变相吸收公众存款对象150人以上的；（3）个人非法吸收或变相吸收公众存款，给存款人造成直接经济损失数额达10万元以上的，单位非法吸收或变相吸收公众存款，给存款人造成直接经济损失达50万元以上的；（4）造成恶劣社会影响或者其他严重后果的。

为他人向社会公众非法吸收资金提供帮助，从中收取代理费、好处费、返点费、佣金、提成等费用，构成非法集资共同犯罪的，应当依法追究刑事责任。

2. 划清本罪与有关犯罪的界限。

在实践中，行为人非法吸收或变相吸收公众存款的活动，往往伴随虚假广告宣传，非法经营，欺诈发行股票或债券，擅自发行股票、公司企业债券，集资诈骗，组织、领导传销活动等犯罪行为，应从行为具体侵犯的客体、是否具有非法占有被害人财产的目的等方面加以区分，认定行为人构成相应的犯罪，如虚假广告罪，非法经营罪，欺诈发行股票、债券罪，擅自发行股票、公司、企业债券罪，集资诈骗罪，组织、领导传销活动罪等，而不以本罪论处。

**（四）非法吸收公众存款罪的法定刑**

依据《刑法》第176的规定，自然人犯非法吸收公众存款罪，处3年以下有期徒刑或者拘役，并处或者单处2万元以上20万元以下罚金；数额巨大或者有其他严重情节的，处3年以上10年以下有期徒刑，并处5万元以上50万元以下罚金。

单位犯非法吸收公众存款罪，对单位判处罚金，并对其直接负责的主管人员和其他直接责任人员，依照自然人犯本罪的规定处罚。

关于"数额巨大""其他严重情节"在相关司法解释中有规定。

关于该类案件的行政认定与处罚同司法认定与处罚的关系，见相关司法解释的规定。

**九、妨害信用卡管理罪**

**（一）妨害信用卡管理罪的概念**

妨害信用卡管理罪，是指持有、运输伪造的信用卡或者数量较大的伪造的空白信用卡，非法持有数量较大的他人信用卡，使用虚假的身份证明骗领信用卡，或者出售、购买、为他人提供伪造的信用卡或者以虚假的身份证明骗领信用卡的行为。

**（二）妨害信用卡管理罪的构成特征**

1. 侵犯的客体是国家的信用卡管理秩序。

2. 客观方面表现为妨害信用卡管理秩序的行为。具体包括四种情形：（1）明知是伪造的信用卡而持有、运输的，或者明知是伪造的空白信用卡而持有、运输，数量较大的；（2）非法持有他人信用卡，数量较大的；（3）使用虚假的身份证明骗领信用卡的；（4）出售、购买、为他人提供伪造的信用卡或者以虚假的身份证明骗领信用卡的。按照法律规定，行为人只要实施上述行为之一的，就构成本罪；实施两种以上行为的，只构成一罪，不实行并罚。

3. 犯罪主体是一般主体。单位不能成为本罪的主体。

4. 主观方面表现为故意，"明知"应包含确切知道和推定其应当知道的含义。

**（三）妨害信用卡管理罪的认定**

1. 划清罪与非罪的界限。对于持有、运输伪造的空白信用卡以及非法持有他人信用卡的两种行为，数量较大的才成立本罪，未达较大数量的不成立犯罪。对于伪造的信用卡、伪造的空白信用卡持有、运输的，只有主观上是明知的才构成犯罪，不能证明是确切知道或推定其应当知道的，则不成立犯罪。

2. 注意本罪为选择性罪名，既包含妨害行为（持有、运输、出售、购买、非法提供、骗领）的选择，也包含对象（伪造的信用卡、他人信用卡）的选择，行为人只要实施一种行为侵害一种对象即可以成立本罪；行为人实施了两种以上行为，侵害两种对象的，仍为一罪，不实行并罚。

3. 划清本罪与有关信用卡类犯罪的界限。信用卡类犯罪十分复杂，妨害信用卡管理的犯罪行为与伪造信用卡行为的伪造金融票证罪、信用卡诈骗罪往往紧密联系。在这种情况下，涉及吸收犯、想象竞合犯、牵连犯，注意针对具体情况仔细区分。

**（四）妨害信用卡管理罪的法定刑**

依《刑法修正案（五）》第1条增订的《刑法》第177条之一的第1款规定，犯妨害信用卡管理罪，处3年以下有期徒刑或者拘役，并处或者单处1万元以上10万元以下罚金；数量巨大或者有其他严重情节的，处3年以上10年以下有期徒刑，并处2万元以上20万元以下罚金。

### 十、窃取、收买、非法提供信用卡信息罪

#### （一）窃取、收买、非法提供信用卡信息罪的概念

窃取、收买、非法提供信用卡信息罪，是指窃取、收买、非法提供他人信用卡信息资料的行为。

#### （二）窃取、收买、非法提供信用卡信息罪的构成特征

1. 侵犯客体是信用卡管理秩序。犯罪对象是信用卡信息资料。

2. 客观方面表现为窃取、收买或者非法提供他人信用卡信息资料。所谓窃取，是指在持卡人不知情的情况下，获取持卡人的账号、密码等信用卡的信息资料。目前常见的窃取方式有直接偷窥信息资料、以蒙骗手段获得信息资料等。所谓收买，是指以金钱或财物向持有持卡人信用卡信息资料者交换获得持卡人的信用卡信息资料。所谓非法提供，是指持有持卡人信息资料者违反规定，未经持卡人同意而向他人提供持卡人信用卡信息资料。行为人具有窃取、收买、非法提供行为之一的，即符合本罪的客观要件。

3. 犯罪主体是一般主体。

4. 主观方面表现为故意。

#### （三）窃取、收买、非法提供信用卡信息罪的认定

1. 划清罪与非罪的界限。关键是看行为人窃取、收买、非法提供的信息资料是不是信用卡资料。信用卡信息资料是发卡银行在发卡时使用专用设备写入信用卡磁条中的，作为POS 机、ATM 机等终端机识别合法用户的数据，是一组有关发卡行代码、持卡人账户、账号、密码等内容的加密电子数据。一般的电话号码、家庭地址、职业状况等个人信息资料不属于信用卡信息资料，窃取、收买、非法提供这类信息资料情节并不严重的属于民事侵权行为，不以犯罪论处；窃取、收买、非法提供公民个人信息资料且情节严重的，根据《刑法修正案（七）》第 7 条增订的第 253 条之一的规定，成立非法获取公民个人信息罪和非法提供公民个人信息罪。

2. 划清本罪与有关信用卡类犯罪的界限。窃取、收买、非法提供信用卡信息资料的行为，实质上是伪造信用卡行为的伪造金融票证罪、信用卡诈骗罪的预备行为，为有效遏止和防范信用卡诈骗犯罪活动，立法上将其独立成罪。当这几类犯罪行为交织发生时，应仔细区分犯罪行为停止在何种阶段，即窃取、收买、非法提供他人信用卡信息资料的当时或之后，但利用这些信息资料伪造他人信用卡之前案发，则成立本罪与伪造金融票证罪的预备罪的想象竞合犯，按从一重处断原则，应以本罪论处；当用窃取、收买、非法提供的他人信用卡信息伪造了信用卡之后案发，则成立本罪与伪造金融票证罪的牵连犯，根据从一重处断原则，应以伪造金融票证罪论处；当用窃取、收买、非法提供的他人信用卡信息伪造了信用卡并实施了信用卡诈骗后案发，则成立本罪与伪造金融票证罪、信用卡诈骗罪三罪的牵连犯，根据从一重处断原则，应以信用卡诈骗罪论处。

#### （四）窃取、收买、非法提供信用卡信息罪的法定刑

依《刑法修正案（五）》第 1 条增订的《刑法》第 177 条之一的第 2 款规定，犯窃取、收买、非法提供信用卡信息罪的法定刑同妨害信用卡管理罪。本条第 3 款规定，银行或者其他金融机构的工作人员利用职务上的便利犯本罪的，从重处罚。

十一、内幕交易、泄露内幕信息罪

(一) 内幕交易、泄露内幕信息罪的概念

内幕交易、泄露内幕信息罪，是指证券、期货交易内幕信息的知情人员或者非法获取证券、期货交易内幕信息的人员，在涉及证券、期货的发行、交易或者其他对证券、期货交易价格有重大影响的信息尚未公开前，买入或者卖出该证券，或者从事与该内幕信息有关的期货交易，或者泄露该信息，或者明示、暗示他人从事上述交易活动，情节严重的行为。

(二) 内幕交易、泄露内幕信息罪的构成特征

1. 侵犯的客体是证券、期货市场的客观性、公正性，投资大众的利益，投资人对证券、期货市场信息的平等知情权。证券、期货市场的客观性、公正性是通过股票指数反映出来的。股票指数是股价波动的反映，股价是由众多的投资者根据各个上市公司的经营业绩、发展前景作出的市场评价，是众多人根据市场规律的选择，因此具有客观性。为保证股票指数的客观、准确，证券、期货法律规定上市公司、交易所以及有关管理部门应及时、有效地公布有可能影响股价的重大信息，让证券、期货市场自身迅速吸收消化，从而在股价指数的变动上客观、公正地反映出来。内幕交易、泄露内幕信息、明示、暗示他人从事交易活动的行为影响下的股票指数是不真实的、不客观的、不公正的。投资大众的利益受证券、期货市场经营好坏的直接影响，内幕交易、泄露内幕信息、明示、暗示他人从事交易活动的行为引起股价不正常地上涨或下跌，广大投资者盲目地跟随股价波动进行证券、期货交易，其渔利者是内幕人员，而广大投资者的利益受损失。证券、期货市场信息的平等知情权是市场经济的公平竞争规则在证券、期货市场中的充分体现。参与证券、期货市场的竞争者享有平等的权利。而内幕人员往往拥有其他投资人无可比拟的股市信息的优越条件，允许其进行内幕交易、泄露内幕信息或明示、暗示其亲属、朋友、关系户从事内幕交易活动，则势必滥用股东和国家交给的权力，致使其他投资人处于显然不平等的地位。

2. 客观方面表现为行为人实行内幕交易，或者泄露内幕信息，或明示、暗示他人从事内幕交易活动，情节严重的行为。内幕交易指内幕人员利用尚未公开（即在内幕信息敏感期内）的内幕消息在证券市场上买卖证券的行为或者从事与内幕信息有关的证券、期货交易行为，包括知悉内幕消息继而利用该内幕消息从事证券、期货交易的行为过程。仅仅知悉内幕消息并未利用去从事证券或期货交易活动的，不构成犯罪。泄露内幕信息指违反法律关于禁止利用和扩散内幕消息的规定，将知悉的内幕消息透露给其他人，使其利用内幕信息进行内幕交易。具体表现为：在涉及证券的发行、证券、期货的交易或其他对证券、期货的价格有重大影响的信息尚未公开前，买入或者卖出该证券，或者从事与内幕信息有关的期货交易，或者泄露该信息，情节严重。内幕信息指证券、期货交易活动中，涉及公司的经营、财务或者对该公司证券、期货的市场价格有重大影响的尚未公开的信息。明示、暗示他人从事内幕交易活动，指内幕人员以直接或间接的方式示意他人利用上市公司的涉及证券、期货的内幕信息进行交易活动从中获利的行为。情节严重指证券交易成交额在 50 万元以上的；期货交易占用保证金数额在 30 万元以上的；获利或者避免损失数额在 15 万元以上的；内幕交易行为 3 次以上的；具有其他严重情节的。

3. 犯罪主体为特殊主体，即内幕人员，包括证券、期货交易内幕信息的知情人员和非法获取证券、期货交易内幕信息的人员。参见最高人民法院、最高人民检察院《关于办理内

幕交易、泄露内幕信息刑事案件具体应用法律若干问题的解释》第1、2条的规定。

4. 主观方面表现为故意。其主观故意的内容是：（1）行为人认识到所利用的消息来自内部，并且尚未公开。（2）行为人认识到证券、期货交易行为是利用了内幕消息。（3）行为人实施内幕交易行为是希望获利的目的实现，即追求获得利益或避免损失结果的发生。泄露内幕信息是故意的，如因过失而泄露则不构成本罪，但获悉内幕信息并利用此信息进行证券、期货交易的构成本罪。

### （三）内幕交易、泄露内幕信息罪的认定

1. 划清内幕交易、泄露内幕信息罪与非罪行为的界限。这里含两种情形：（1）情节是否严重是区分罪与非罪的关键。情节严重已如本罪客观要件所述。未达情节严重者不成立本罪，应按证券、期货交易法规进行行政处罚。（2）内幕交易行为构成的犯罪必须是由知悉内幕信息、利用内幕信息，并进行证券、期货交易一系列行为组成，仅仅知悉内幕信息的不构成犯罪。

2. 内幕交易、泄露内幕信息罪罪名的正确认定。本罪是选择性罪名。行为人如果同时具有客观表现中的三种行为且情节严重的，则只以一个内幕交易、泄露内幕信息罪定罪，不实行数罪并罚。

### （四）内幕交易、泄露内幕信息罪的法定刑

根据《刑法修正案（一）》和《刑法修正案（七）》对《刑法》第180条第1款的修改，个人犯内幕交易、泄露内幕信息罪，情节严重的，处5年以下有期徒刑或者拘役，并处或者单处违法所得1倍以上5倍以下罚金；情节特别严重的，处5年以上10年以下有期徒刑，并处违法所得1倍以上5倍以下罚金。可参见最高人民法院、最高人民检察院《关于办理内幕交易、泄露内幕信息刑事案件具体应用法律若干问题的解释》第7条的规定。

单位犯内幕交易、泄露内幕信息罪，对单位判处罚金，并对其直接负责的主管人员和其他直接责任人员，处5年以下有期徒刑或者拘役。

## 十二、利用未公开信息交易罪

### （一）利用未公开信息交易罪的概念

利用未公开信息交易罪，是指证券交易所、期货交易所、证券公司、期货经纪公司、基金管理公司、商业银行、保险公司等金融机构的从业人员以及有关监管部门或者行业协会的工作人员，利用因职务便利获取的内幕信息以外的其他未公开的信息，违反规定，从事与该信息相关的证券、期货交易活动，或者明示、暗示他人从事相关交易活动，情节严重的行为。

### （二）利用未公开信息交易罪的构成特征

1. 侵犯客体是金融管理秩序和投资者的合法权益。本罪针对近年来资产管理机构的从业人员"偷食"金融产品上涨盈利，即"老鼠仓"行为而设立。"老鼠仓"行为严重破坏金融管理秩序，损害金融产品交易市场的公平、公正和公开，严重损害投资者的利益和金融行业的信誉，同时也损害从业人员所在单位的利益，有必要用刑法规制。

2. 客观方面表现为行为人实施了利用职务便利获取的内幕信息以外的其他未公开的信息，违反规定，从事与该信息相关的证券、期货交易活动，或者明示、暗示他人从事相关交易活动，情节严重的行为。"内幕信息以外的其他未公开的信息"，主要是指资产管理机构、

代客投资理财机构即将用客户资金投资购买某个证券、期货等金融产品的决策信息，这类信息因不属于法律规定的"内幕信息"，也没有要求必须公开。"违反规定，从事与该信息相关的证券、期货交易活动"，指违反证券投资基金法等法律、行政法规所规定的禁止基金等资产管理机构的从业人员从事损害客户利益的交易等行为，以及证监会发布的禁止资产管理机构的从业人员从事违背受托义务的交易活动等行为。具体表现为，该从业人员在用客户资金买入证券或者其衍生品、期货或者期权合约等金融产品前，自己先行买入，或者在卖出前，自己先行卖出等行为，这种行为俗称从业人员自建"老鼠仓"。"明示、暗示他人从事相关交易活动"，指行为人在自建"老鼠仓"的同时，常常以直接或者间接方式示意他人也同时建仓。"情节严重"，指多次建"老鼠仓"的；建仓非法获利数额巨大的；或因建仓致使客户资产遭受严重损失的等情形。

3. 犯罪主体是特殊主体，即证券交易所、期货交易所、证券公司、期货经纪公司、基金管理公司、商业银行、保险公司等金融机构的从业人员以及有关监管部门或者行业协会的工作人员。单位不构成本罪。

4. 主观方面表现为故意，建"老鼠仓"是为了非法获利。

**（三）利用未公开信息交易罪的认定**

1. 划清利用未公开信息交易罪与非罪行为的界限。关键看建"老鼠仓"行为是否达到情节严重。情节严重已如本罪客观要件所述。未达情节严重者不构成犯罪，应按证券投资基金法、行政法规以及证监会发布的相关规定处理。

2. 划清利用未公开信息交易罪与内幕交易、泄露内幕信息罪的界限。二罪的主要区别有两点：一是信息内容的不同。内幕信息主要是围绕上市公司本身的信息；而"老鼠仓"所利用的信息一般属于资产管理机构、代客投资理财机构内部的商业秘密，是内幕信息以外的其他未公开信息。二是侵犯的利益不同。内幕交易行为侵犯的主要是不特定的社会公众投资者和股民的合法权益，而"老鼠仓"交易行为主要是损害资产管理机构的客户的利益。

**（四）利用未公开信息交易罪的法定刑**

根据《刑法修正案（七）》第2条增订的《刑法》第180条第4款的规定，犯利用未公开信息交易罪的，其法定刑同自然人犯内幕交易、泄露内幕信息罪的规定。

### 十三、洗钱罪

**（一）洗钱罪的概念**

洗钱罪，是指明知是毒品犯罪、黑社会性质的组织犯罪、恐怖活动犯罪、走私犯罪、贪污贿赂犯罪、破坏金融管理秩序犯罪、金融诈骗犯罪的违法所得及其产生的收益，而采用掩饰、隐瞒其来源和性质的方法，从而使其"合法化"的行为。

**（二）洗钱罪的构成特征**

1. 侵犯客体是国家关于金融活动的管理制度和社会治安管理秩序。正常的金融业务活动禁止因犯罪而获得的利益通过金融活动"合法化"，洗钱行为通过金融机构进行则直接侵犯国家有关金融活动的管理制度。因洗钱活动是伴随毒品犯罪、黑社会性质的组织犯罪、恐怖活动犯罪、走私犯罪、贪污贿赂犯罪、破坏金融管理秩序犯罪、金融诈骗犯罪，其主要危害在于刺激、促进以攫取财产为目的的犯罪的发生，不利于惩治和预防犯罪，故对社会治安管理秩序构成破坏。

2. 客观方面表现为行为人故意采用各种手段使毒品犯罪、黑社会性质的组织犯罪、恐怖活动犯罪、走私犯罪、贪污贿赂犯罪、破坏金融管理秩序犯罪、金融诈骗犯罪的违法所得及其产生的收益转换为"合法财产"的行为。根据《刑法》第191条的规定，洗钱罪的上游犯罪限定在毒品犯罪、黑社会性质的组织犯罪、恐怖活动犯罪、走私犯罪、贪污贿赂犯罪、破坏金融管理秩序犯罪、金融诈骗犯罪的范围内。毒品犯罪指刑法分则第六章第七节规定的各种毒品犯罪。黑社会性质的组织犯罪指刑法分则第六章第一节内规定的各种有关黑社会性质的组织犯罪。恐怖活动犯罪指刑法分则第二章、《刑法修正案（三）》规定的有关犯罪。走私犯罪指刑法分则第三章第二节规定的各种走私犯罪。贪污贿赂犯罪指《刑法》分则第八章规定的各种具体犯罪。破坏金融管理秩序犯罪、金融诈骗犯罪指《刑法》分则第三章第四节、第五节及《刑法修正案（五）》、《刑法修正案（六）》规定的各种具体犯罪。《刑法修正案（六）》第16条对洗钱行为采取列举式规定，即具有下列五种行为之一的，成立洗钱罪：（1）提供资金账户的；（2）协助将财产转换为现金、金融票据、有价证券的；（3）通过转账或者其他结算方式协助资金转移的；（4）协助将资金汇往境外的；（5）以其他方法掩饰、隐瞒犯罪的违法所得及其收益的来源和性质的。违法所得及其产生的收益指财产和财产之外的其他经济利益。

3. 犯罪主体是个人和单位。单位多指能够进行洗钱活动的银行、其他金融机构以及公司、企业等。

4. 主观方面表现为故意，即行为人明知是毒品犯罪、黑社会性质的组织犯罪、恐怖活动犯罪、走私犯罪、贪污贿赂犯罪、破坏金融管理秩序犯罪、金融诈骗犯罪的违法所得及其产生的收益，为掩饰、隐瞒其来源和性质而故意实施洗钱的活动。而如果行为人不知是上述犯罪获得的"赃钱""黑钱"，而提供了资金账户等，不构成洗钱罪。

**（三）洗钱罪的认定**

1. 划清洗钱罪与非罪行为的界限。主要有两种情况：（1）对毒品犯罪、黑社会性质的组织犯罪、恐怖活动犯罪、走私犯罪、贪污贿赂犯罪、破坏金融管理秩序犯罪、金融诈骗犯罪之外的犯罪的违法所得及其产生的收益通过金融机构的业务活动等实施转换行为的，按一般违法行为处理，不成立洗钱罪；（2）虽然客观上对毒品犯罪、黑社会性质的组织犯罪、恐怖活动犯罪、走私犯罪、贪污贿赂犯罪、破坏金融管理秩序犯罪、金融诈骗犯罪的违法所得及其产生的收益进行了"清洗"活动，但因主观上不知是上述犯罪的违法所得及其产生的收益的，不构成洗钱罪。

2. 划清洗钱罪与走私犯罪、黑社会性质的组织犯罪、恐怖活动犯罪、毒品犯罪、贪污贿赂犯罪、破坏金融管理秩序犯罪、金融诈骗犯罪的共犯的界限。如果事先与上述七类犯罪的有关犯罪分子通谋，对其违法所得及其产生的收益进行"清洗"使之"合法化"的，则洗钱者与上述有关犯罪分子构成有关罪的共犯，如走私武器、弹药罪的共犯，走私毒品罪的共犯等，不单独成立洗钱罪。

3. 划清洗钱罪与窝藏、包庇罪，掩饰、隐瞒犯罪所得、犯罪所得收益罪的界限。后两种罪规定在刑法分则第六章第二节中，洗钱罪符合了犯罪分子的洗钱目的——防护犯罪的收益不被没收，可以自由使用"清洗"过的犯罪收益。这样，使犯罪收益者不被法律制裁，既包庇了走私犯罪、黑社会性质的组织犯罪、恐怖活动犯罪、毒品犯罪、贪污贿赂犯罪、破坏金融管理秩序犯罪、金融诈骗犯罪的犯罪分子，也窝藏、转移了上述犯罪的"赃钱"，但法律特别规定为这种行为属洗钱罪，不再定一般的窝藏、包庇罪或掩饰、隐瞒犯罪所得、犯罪所得收益罪。

**（四）洗钱罪的法定刑**

依《刑法》第 191 条，个人犯洗钱罪，处 5 年以下有期徒刑或者拘役，并处或者单处洗钱数额 5％以上 20％以下罚金；情节严重的，处 5 年以上 10 年以下有期徒刑，并处洗钱数额 5％以上 20％以下罚金。

单位犯洗钱罪，对单位判处罚金，并对其直接负责的主管人员和其他直接责任人员，处 5 年以下有期徒刑或者拘役；情节严重的，处 5 年以上 10 年以下有期徒刑。

### 十四、集资诈骗罪

**（一）集资诈骗罪的概念**

集资诈骗罪，是指以非法占有为目的，使用诈骗方法非法集资，数额较大的行为。

**（二）集资诈骗罪的构成特征**

1. 侵犯客体是出资人的财产所有权和国家对金融活动的管理秩序。出资人的财产所有权包括公共财产的所有权和公民私人财产的所有权。此罪还构成对金融管理秩序的侵犯。因为依法筹集资金是金融机构的主要职责，该罪以诈骗的方法进行非法集资，自然构成对正常金融活动秩序的扰乱和破坏。

2. 客观方面表现为行为人使用诈骗方法非法集资，数额较大的行为。非法集资指单位或个人，未经有关机关批准，向社会公众募集资金的行为。使用诈骗方法指虚构或隐瞒资金用途、编造投资计划、捏造良好的经济效益、虚设高回报率为诱饵，或者用其他欺诈方法，以使出资人上当受骗。根据最高人民法院《关于审理非法集资刑事案件具体应用法律若干问题的解释》第 4 条、第 2 条的规定，以非法占有为目的，具体实施下列十一种行为之一的，以集资诈骗罪定罪处罚。这十一种行为是：（1）不具有房产销售的真实内容或者不以房产销售为主要目的，以返本销售、售后包租、约定回购、销售房产份额等方式非法吸收资金的；（2）以转让林权并代为管护等方式非法吸收资金的；（3）以代种植（养殖）、租种植（养殖）、联合种植（养殖）等方式非法吸收资金的；（4）不具有销售商品、提供服务的真实内容或者不以销售商品、提供服务为主要目的，以商品回购、寄存代售等方式非法吸收资金的；（5）不具有发行股票、债券的真实内容，以虚假转让股权、发售虚构债券等方式非法吸收资金的；（6）不具有募集基金的真实内容，以假借境外基金、发售虚构基金等方式非法吸收资金的；（7）不具有销售保险的真实内容，以假冒保险公司、伪造保险单据等方式非法吸收资金的；（8）以投资入股的方式非法吸收资金的；（9）以委托理财的方式非法吸收资金的；（10）利用民间"会""社"等组织非法吸收资金的；（11）其他非法吸收资金的行为。非法集资数额较大，是本罪成立的条件。

3. 犯罪主体是个人和单位。明知他人从事集资诈骗犯罪活动，为其提供广告等宣传的，以集资诈骗罪的共犯论处。

4. 主观方面表现为故意，并具有非法占有出资人财产的目的。根据《关于审理非法集资刑事案件具体应用法律若干问题的解释》第 4 条的规定，具有下列八种情形之一的，可以认定为"以非法占有为目的"，即：（1）集资后不用于生产经营活动或者用于生产经营活动与筹集资金规模明显不成比例，致使集资款不能返还的；（2）肆意挥霍集资款，致使集资款不能返还的；（3）携带集资款逃匿的；（4）将集资款用于违法犯罪活动的；（5）抽逃、转移资金、隐匿资产，逃避返还资金的；（6）隐匿、销毁账目，或者搞假破产、假倒闭，逃避返还资金的；（7）拒不交代资金去向，逃避返还资金的；（8）其他可以认定非法占有目的的情形。该《解释》还规定，对于集资诈骗罪中的非法占有目的，应区分不同情况进行认定：（1）行为人部分非法集资行为具有非法占有目的的，对该部分非法集资行为所涉集资款以集资诈骗罪定罪处罚；（2）非法集资共同犯罪中部分行为人具有非法占有目的，其他行为人没有非法占有集资款的共同故意和行为的，对具有非法占有目的的行为人以集资诈骗罪定罪处罚。

**（三）集资诈骗罪的认定**

1. 划清集资诈骗罪与非罪行为的界限：（1）划清本罪与集资纠纷的界限。实践中，有的单位为了发展生产或兴办公益事业，采用集资方式筹集资金，但因种种原因没有按照集资时的约定或承诺返还出资人的资金，或者出资人没有得到集资方式许诺的高回报率，遂引起纠纷，如查明集资者没有非法占有集资款的目的，虽然集资中有不妥之处，但不能以集资诈骗罪论处，仍应按一般的集资纠纷处理。（2）划清本罪与集资诈骗行为的界限。区别的关键是集资诈骗数额是否较大。根据《关于审理非法集资刑事案件具体应用法律若干问题的解释》，个人集资诈骗数额达 10 万元以上，单位集资诈骗数额达 50 万元以上的，应当认定为"数额较大"。

2. 划清集资诈骗罪与非法吸收公众存款罪的界限。本罪与非法吸收公众存款罪在直接目的、侵犯客体等方面有明显区别。本罪具有非法占有集资款的目的，侵犯客体是出资人的财产所有权和金融管理秩序，这些都是与非法吸收公众存款罪所不同的。

**（四）集资诈骗罪的法定刑**

我国《刑法》第 192 条规定，个人犯集资诈骗罪，数额较大的，处 5 年以下有期徒刑或者拘役，并处 2 万元以上 20 万元以下罚金；数额巨大或者有其他严重情节的，处 5 年以上 10 年以下有期徒刑，并处 5 万元以上 50 万元以下罚金；数额特别巨大或者有其他特别严重情节的，处 10 年以上有期徒刑或者无期徒刑，并处 5 万元以上 50 万元以下罚金或者没收财产。

《刑法》第 200 条规定，单位犯集资诈骗罪，对单位判处罚金，并对其直接负责的主管人员和其他直接责任人员，处 5 年以下有期徒刑或拘役；数额巨大或者有其他严重情节的，处 5 年以上 10 年以下有期徒刑；数额特别巨大或者有其他特别严重情节的，处 10 年以上有期徒刑或者无期徒刑。

根据《关于审理非法集资刑事案件具体应用法律若干问题的解释》第 5 条第 3 款的规定，集资诈骗的数额以行为人实际骗取的数额计算，案发前已归还的数额应予扣除。

**十五、贷款诈骗罪**

**（一）贷款诈骗罪的概念**

贷款诈骗罪，是指借款人以非法占有为目的，用虚构事实或者隐瞒真相的方法，骗取银行或者其他金融机构的贷款，数额较大的行为。

**（二）贷款诈骗罪的构成特征**

1. 侵犯客体是国家对银行贷款或者其他金融机构贷款的管理制度以及财产所有权。犯罪对象是银行或者其他金融机构的贷款。

2. 客观方面表现为用虚构事实或者隐瞒真相的方法，骗取银行或者其他金融机构的贷款，数额较大的行为。"其他金融机构"，主要是指银行以外的信托投资公司、信用社、担保公司、小额贷款公司等具有信贷业务的非银行金融机构。《刑法》第193条规定了五种具体的行为方式：（1）编造引进资金、项目等虚假理由。例如编造引入外资需要配套资金支持的虚假理由骗贷，或者捏造根本不存在的能产生良好经济效益或社会效益的投资项目骗贷，或者严重偏离事实夸大项目投资进行骗贷，等等。（2）使用虚假的经济合同。例如伪造、变造出口合同或其他经济合同，使用它们去骗贷。（3）使用虚假的证明文件。虚假的证明文件主要指伪造的或者变造的银行存款证明、公司或者金融机构的担保函、划款证明等向银行或者其他金融机构申请贷款所需的证明文件。（4）使用虚假的产权证明作担保或者超出抵押物价值重复担保。这是指使用伪造、变造的房屋、设备等不动产，或者虚假的汽车、游艇等动产所有权的各种证明文件作担保骗贷；或者超出抵押物价值重复担保骗贷。（5）以其他方法诈骗贷款。这是指上述四种方式以外的骗贷行为，如以假币为抵押贷款；伪造单位公章、印鉴骗贷等。上述行为方式具备其中之一的，即符合了本罪的客观行为表现，具有两种以上行为方式的，仍成立一罪。本罪要求数额较大方成立犯罪，依相关司法解释数额较大是指个人骗贷达1万元以上的。

3. 犯罪主体为一般主体，仅限自然人，单位不能成为本罪主体。

4. 主观方面表现为故意，必须具有非法占有银行或其他金融机构贷款的目的。

**（三）贷款诈骗罪的认定**

1. 划清贷款诈骗罪与非罪行为的界限。一是主观上是否具有非法占有贷款的目的，如仅贷款时使用了欺骗手段，但贷款到期后能够偿还的，不构成本罪。二是骗贷数额未达到较大的，不作为犯罪处理。对上述两种情况，可依据违反金融管理的具体规定处理。

2. 严格区分贷款诈骗罪与贷款纠纷的界限。实践中常常遇到如下三种情况，不能以贷款诈骗罪论处：一是合法贷款后未按规定的用途使用贷款，到期没有归还贷款的；二是确有证据证明行为人不具有非法占有目的，因不具备贷款条件而采用欺骗手段获取了贷款，案发时有能力履行还贷义务的；三是确有证据证明行为人不具有非法占有目的，因不具备贷款条件而采用欺骗手段获取了贷款，案发时不能还贷是意志外的原因所致，如遇经营不善、被骗、市场风险等。该三种情况按贷款纠纷处理。

3. 单位不能成为贷款诈骗罪的主体。实践中，对于单位十分明显地以非法占有为目的，利用签订、履行借款合同诈骗银行或者其他金融机构的贷款，符合《刑法》第224条规定的合同诈骗罪构成要件的，应当以合同诈骗罪论处。

**（四）贷款诈骗罪的法定刑**

我国《刑法》第193条规定，犯贷款诈骗罪，处5年以下有期徒刑或者拘役，并处2万元以上20万元以下罚金；数额巨大或者有其他严重情节的，处5年以上10年以下有期徒刑，并处5万元以上50万元以下罚金；数额巨大或者有其他特别严重情节的，处10年以上有期徒刑或者无期徒刑，并处5万元以上50万元以下罚金或者没收财产。（请参照最高人民法院《关于审理诈骗案件具体应用法律的若干问题的解释》进行理解）

**十六、信用卡诈骗罪**

**（一）信用卡诈骗罪的概念**

信用卡诈骗罪，是指以非法占有为目的，进行信用卡诈骗活动，骗取数额较大的财物的行为。

**（二）信用卡诈骗罪的构成特征**

1. 侵犯客体是国家的金融管理制度和公私财产的所有权。

2. 客观方面表现为违反信用卡管理法规，进行信用卡诈骗活动，骗取数额较大财物的行为。刑法规定的"信用卡"，是指由商业银行或者其他金融机构发行的具有消费支付、信用贷款、转账结算、存取现金等全部功能或者部分功能的电子支付卡。信用卡诈骗行为的表现方式有以下四种：（1）使用伪造的信用卡，或者使用以虚假的身份证明骗领的信用卡的，即用不真实的信用卡进行消费、购物、提取现金等行为。（2）使用作废的信用卡，即使用已超过有效使用期限的信用卡或使用已挂失而开放的信用卡等行为。（3）冒用他人信用卡，包括拾得他人信用卡并使用的；窃取他人信用卡并使用的；窃取、收买、骗取或者以其他方式获取他人信用卡信息资料，并通过互联网、通讯终端等使用的；其他冒用他人信用卡的情形。（4）恶意透支，指持卡人以非法占有为目的，超过规定限额或者规定期限透支，并且经发卡银行两次催收后超过3个月仍不归还的行为。行为人具有上述四种行为方式之一，骗取数额较大的财物，成立信用卡诈骗罪。根据相关司法解释，实施了前3种行为，诈骗数额在5 000元以上的，属于数额较大；恶意透支，数额在1万元以上不满10万元的，属于数额较大。

3. 犯罪的主体是一般主体。单位不能成为本罪的主体。

4. 主观方面表现为故意，并具有非法占有他人财物的目的。有以下情形之一的，应认定为"以非法占有为目的"：（1）明知没有还款能力而大量透支，无法归还的；（2）肆意挥霍透支的资金，无法归还的；（3）透支后逃匿、改变联系方式，逃避银行催收的；（4）抽逃、转移资金，隐匿财产，逃避还款的；（5）使用透支的资金进行违法犯罪活动的；（6）其他方法占有资金，拒不归还的行为。

**（三）信用卡诈骗罪的认定**

1. 划清信用卡诈骗罪与非罪行为的界限：（1）划清本罪与误用他人信用卡、经持卡人允许使用信用卡的界限，后者所列行为因行为人不具有不法占有的目的，没有使用欺诈手段，故不是犯罪。也要区分恶意透支与善意透支。（2）划清本罪与使用信用卡骗取数额较少财物的界限。后者因未达数额较大而属一般违法行为，不构成信用卡诈骗罪。

2. 划清信用卡诈骗罪与伪造信用卡、盗窃信用卡构成的犯罪的界限。根据《刑法》第177条规定，伪造信用卡的行为构成伪造、变造金融票证罪。行为人若为使用信用卡进行诈骗活动而伪造信用卡的，应构成牵连犯，即目的罪为信用卡诈骗罪，手段罪为伪造、变造金融票证罪，从一重处断，因两罪法定刑相同，按目的罪信用卡诈骗罪处断为宜。根据《刑法》第196条第3款规定，盗窃信用卡并使用的，以盗窃罪论处。

**（四）信用卡诈骗罪的法定刑**

我国《刑法》第196条第1款规定，犯信用卡诈骗罪，数额较大的，处5年以下有期徒刑或者拘役，并处2万元以上20万元以下罚金；数额巨大或者有其他严重情节的，处5年以上10年以下有期徒刑，并处5万元以上50万元以下的罚金；数额特别巨大或者有其他特别严重情节的，处10年以上有期徒刑或者无期徒刑，并处5万元以上50万元以下罚金或者没收财产。（请参照最高人民法院《关于审理诈骗案件具体应用法律的若干问题的解释》以及最高人民法院、最高人民检察院《关于办理妨害信用卡管理刑事案件具体应用法律若干问题的解释》进行理解）。

### 十七、保险诈骗罪

#### （一）保险诈骗罪的概念

保险诈骗罪，是指违反保险法规，以非法占有为目的，进行保险诈骗活动，数额较大的行为。

#### （二）保险诈骗罪的构成特征

1. 侵犯客体是国家的保险制度和保险人的财产所有权。《中华人民共和国保险法》规范了我国的保险活动，健全了国家有关保险活动的管理和制度。违法犯罪分子利用保险活动，骗取保险金，直接侵犯了国家关于保险的管理和制度，同时侵犯了保险人的财产所有权。保险人，是指与投保人订立保险合同，并承担赔偿或者给付保险金责任的保险公司。现阶段在我国保险人的财产所有权主要是公共财产的所有权。

2. 客观方面表现为违反保险法规，采取虚构保险标的、保险事故或者制造保险事故等方法，骗取较大数额保险金的行为。保险金是指按照保险法规，投保人根据合同约定，向保险人支付保险费，待发生合同约定内的事故后获得的一定赔偿。保险诈骗的行为方式有以下五种：（1）财产投保人故意虚构保险标的，骗取保险金的。保险标的是指作为保险对象的物质财富及其有关利益、人的生命、健康或有关利益。故意虚构保险标的是指在与保险人订立保险合同时，故意捏造根本不存在的保险对象，以为日后编造保险事故，骗取保险金。（2）投保人、被保险人或者受益人对发生的保险事故编造虚假的原因或者夸大损失的程度，骗取保险金的。保险合同约定保险人只对因保险责任范围内的原因引起的保险事故承担赔偿责任，投保人、被保险人或受益人隐瞒发生保险事故的真实原因或者将非保险责任范围内的原因谎称为保险责任范围内的原因以便骗取保险金；对确已发生保险事故造成损失的，则故意夸大损失的程度以便骗取额外的保险金。（3）投保人、被保险人或者受益人编造未曾发生的保险事故，骗取保险金的。（4）投保人、被保险人故意造成财产损失的保险事故，骗取保险金的。这是指在保险合同期内，人为地制造保险事故，造成财产损失，以便骗取保险金。（5）投保人、受益人故意造成被保险人死亡、伤残或者疾病，骗取保险金的。这是指在人身保险中，为骗取保险金，制造赔偿条件，故意采用不法手段，造成被保险人的伤亡或疾病。行为人具备上述五种行为方式之一，骗取保险金数额较大的，构成保险诈骗罪。参照最高人民法院《关于审理诈骗案件具体应用法律的若干问题的解释》，个人进行保险诈骗数额在10 000元以上的，属于"数额较大"。

3. 犯罪主体为个人和单位，具体指投保人、被保险人、受益人。投保人是指与保险人订立保险合同，并按照保险合同负有支付保险费义务的人。被保险人是指其财产或者人身受保险合同保障，享有保险金请求权的人，投保人本人或者投保人指定的享有保险金请求权的人，可以是被保险人。受益人是指人身保险合同中由被保险人或者投保人指定的享有保险金请求权的人，投保人、被保险人可以是受益人。保险事故的鉴定人、证明人、财产评估人故意提供虚假证明文件，为他人诈骗提供条件的，以保险诈骗的共犯论处。

4. 主观方面表现为故意，并具有非法占有保险金之目的。过失不构成本罪。

#### （三）保险诈骗罪的认定

1. 划清保险诈骗罪与非罪行为的界限。关键在于骗取保险金的数额是否达到了较大，未达较大数额，可按一般的违反保险法的行为处理，达到较大数额构成保险诈骗罪。

2. 认定保险诈骗罪中涉及有关犯罪的问题。实施保险诈骗活动，故意以纵火、杀人、伤害、传播传染病、虐待、遗弃等行为方式制造财产损失、被保险人死亡、伤残、疾病的结果，骗取保险金的，依照《刑法》第198条第2款规定，按数罪并罚处罚，如放火罪与保险诈骗罪并罚，故意杀人罪与保险诈骗罪并罚，故意伤害罪与保险诈骗罪并罚，等等。

### （四）保险诈骗罪的法定刑

我国《刑法》第198条第1款规定，个人犯保险诈骗罪，数额较大的，处5年以下有期徒刑或者拘役，并处1万元以上10万元以下罚金；数额巨大或者有其他严重情节的，处5年以上10年以下有期徒刑，并处2万元以上20万元以下罚金；数额特别巨大或者有其他特别严重情节的，处10年以上有期徒刑，并处2万元以上20万元以下罚金或者没收财产。

《刑法》第198条第3款规定，单位犯保险诈骗罪，对单位判处罚金，并对其直接负责的主管人员和其他直接责任人员，处5年以下有期徒刑或者拘役；数额巨大或者有其他严重情节的，处5年以上10年以下有期徒刑；数额特别巨大或者有其他特别严重情节的，处10年以上有期徒刑。

## 十八、逃税罪

### （一）逃税罪的概念

逃税罪是指纳税人采取欺骗、隐瞒手段进行虚假纳税申报或者不申报，逃避缴纳税款，数额较大且达一定比例标准的行为以及扣缴义务人采用上述手段不缴或少缴已扣、已收税款，数额较大的行为。

### （二）逃税罪的构成特征

1. 侵犯客体是国家的税收征管制度。一方面，国家通过制定一系列税收征管的法律、法规，保障正常的税收收入，即国家的正常财政收入，这是国家控制宏观经济，使社会各方面有效运行和发展的基础；另一方面，依法征税直接体现了国家保护公平竞争的市场秩序。逃税罪违反了国家的税收征管法律法规，破坏了正常的税收征管秩序，使国家税收遭受损失。

2. 客观方面表现为纳税人采取欺骗、隐瞒手段进行虚假纳税申报或者不申报，逃避缴纳税款数额较大并且占应纳税额10％以上的行为以及扣缴义务人采用上述手段不缴或者少缴已扣、已收税款数额较大的行为。《刑法修正案（七）》第3条对逃避缴纳税款的手段采用了概括性规定，即纳税人采用欺骗、隐瞒手段进行虚假纳税申报或者不申报，这些手段中既可能包含2002年《最高人民法院关于审理偷税抗税刑事案件具体应用法律若干问题的解释》中的情况，也适应实践中逃税可能出现的各种复杂情况。《刑法修正案（七）》对"逃避缴纳税款数额较大"的具体数额标准不再作立法具体规定，由司法机关根据复杂的实际情况作司法解释并作适时调整。多次逃税数额较大未经处理的，按累计数额计算。对初次逃税，经税务机关依法下达追缴通知后，补缴应纳税款，缴纳滞纳金，已受行政处罚的，不予追究刑事责任；但是，5年内因逃税受过刑事处罚或者被税务机关给予二次处罚的除外。

3. 犯罪主体是特殊主体，即纳税人、扣缴义务人，包括个人和单位。纳税人，即纳税义务人，是指按照税收征管的一系列法律规定，有义务向国家纳税的个人和企事业单位。扣缴义务人，是指根据税收征管法律的规定，负有代扣代缴义务的单位和个人，具体包括代扣代缴义务人和代收代缴义务人。

4. 主观方面表现为故意，并具有逃避履行纳税义务，谋取非法利益的目的。因过失造成欠税、漏税的行为，不构成逃税罪。

**（三）逃税罪的认定**

划清逃税罪与非罪行为的界限：（1）符合税收征管法律、法规的避税行为，既不是违法行为，也不是犯罪行为，不构成逃税罪。（2）因无意识漏税或因过失造成漏税，因不具有逃税罪要求的主观特征——故意，也没有采用逃税的各种行为手段，所以不构成逃税罪，应按税务机关规定及时补税以及进行必要的行政处罚。（3）虽系故意逃税行为，但情节未达到逃税罪要求的法定情节，如数额、比例标准等情节未达法定要求的，不构成逃税罪，应按一般违反税法的行为，给予行政处罚。

**（四）逃税罪的法定刑**

依照《刑法修正案（七）》第3条对《刑法》第201条修改后的规定，个人犯逃税罪，逃避缴纳税款数额较大并且占应纳税额10%以上的，处3年以下有期徒刑或者拘役，并处罚金；数额巨大并且占应纳税额30%以上的，处3年以上7年以下有期徒刑，并处罚金。对逃税罪的初犯不予追究刑事责任。这是指纳税人逃避缴纳税款已达到逃税罪要求的数额、比例，即已构成逃税罪初犯的特别规定。符合这种情况需满足三个条件：一是税务机关依法下达追缴通知后，补缴应纳税款；二是缴纳滞纳金；三是已受到税务机关的行政处罚。但5年内因逃避缴纳税款受过刑事处罚或者被税务机关给予二次以上行政处罚的不免除刑事责任。

《刑法》第211条规定，单位犯逃税罪，对单位判处罚金，并对其直接负责的主管人员和其他直接责任人员，依照个人犯罪的规定处罚。

**十九、抗税罪**

**（一）抗税罪的概念**

抗税罪，是指纳税人以暴力、威胁方法拒不缴纳税款的行为。

**（二）抗税罪的构成特征**

1. 侵犯客体是复杂客体，既破坏了国家对税收的管理秩序，又侵犯了依法征税的税务人员的人身权利。

2. 客观方面表现为采用暴力、威胁方法拒不缴纳税款的行为。被侵害的对象是依法征管税收的税务工作人员。暴力方法，是指对税务人员的身体实行强制和对税务机关的暴力冲击，如暴力围攻、殴打、捆绑、禁闭税务人员，公开抗拒纳税，或者对税务机关打砸、冲击、公然抗拒纳税。威胁方法，是指对税务人员的精神实行强制，如以杀害、伤害、威胁税务人员本人或以杀害、伤害税务人员的家属来威胁税务人员，使之因受恫吓无法履行正常的征税职责，行为人从而达到抗拒纳税之目的。构成抗税罪无法定情节的规定，是因为其暴力、威胁行为本身的严重性，足以构成犯罪。

3. 犯罪主体为纳税人中的个人，单位不构成抗税罪。

4. 主观方面表现为故意，目的在于抗拒缴纳税款。

**（三）抗税罪的认定**

1. 划清抗税罪与非罪行为的界限。实践中发生纳税人对征管税收的税务人员谩骂、推搡、软磨硬泡以达到拖欠税款的目的，不构成抗税罪。这里区分罪与非罪的关键是看纳税人是否采用暴力、威胁手段抗拒纳税，对于行为未达到暴力、威胁程度，情节轻微的，不应以抗税罪论处。

2. 划清抗税罪与因在抗税行为中使用暴力手段导致其他犯罪发生的界限。因为抗税罪行为手段的特殊性，即暴力危及税务人员的生命、身体健康，如果在暴力抗税中故意致税务人员重伤、死亡的，应当按照犯罪性质发生了转化的情况认定，如构成故意杀人罪、故意伤害罪，按照转化后的犯罪定性处罚。如果在暴力抗税中因过失致税务人员重伤、死亡的，可依情节严重的抗税罪论处，过失罪中不存在转化罪问题。

**（四）抗税罪的法定刑**

我国《刑法》第 202 条规定，犯抗税罪，处 3 年以下有期徒刑或者拘役，并处拒缴税款 1 倍以上 5 倍以下罚金；情节严重的，处 3 年以上 7 年以下有期徒刑，并处拒缴税款 1 倍以上 5 倍以下罚金。

**二十、虚开增值税专用发票、用于骗取出口退税、抵扣税款发票罪**

**（一）虚开增值税专用发票、用于骗取出口退税、抵扣税款发票罪的概念**

虚开增值税专用发票、用于骗取出口退税、抵扣税款发票罪，是指违反国家发票管理、增值税征管的法规，实施虚假开具增值税专用发票或者虚开用于骗取出口退税、抵扣税款的其他发票的行为。

**（二）虚开增值税专用发票、用于骗取出口退税、抵扣税款发票罪的构成特征**

1. 侵犯客体是国家关于增值税专用发票和其他专用发票的管理制度。20 世纪 90 年代以来，我国先后颁行了《发票管理办法》、《增值税暂行条例》，修订《税收征收管理法》，增加了增值税专用发票管理内容，对发票的印制、领购、使用、保管、检查及处罚等各个环节均作出了明确的规定，构成了我国增值税专用发票的完整制度。此外，关于出口退税、抵扣税款的其他发票的管理，国家也有一套制度。本罪直接侵犯国家增值税专用发票和其他专用发票的管理制度。

2. 客观方面表现为虚开增值税专用发票或者虚开用于骗取出口退税、抵扣税款的其他发票的行为。本罪实际上是两种行为：一是虚假开具增值税专用发票；二是虚假开具用于骗取出口退税、抵扣税款的其他发票。增值税专用发票，是指以商品或者劳动增值额为征税对象，并具有直接抵扣税款功能的专门用于增值税的收付款凭证。用于骗取出口退税、抵扣税款的其他发票是指除增值税专用发票以外的普通发票中，具有同增值税专用发票相同的功能的，可以用于骗取出口退税、抵扣税款的发票。虚开行为是指没有货物销售或者没有提供应税劳务而开具上述发票或者虽有货物销售或者提供了应税劳务但开具内容不实的上述发票。虚开的具体行为方式，按《刑法》第 205 条第 4 款的规定，包括为他人虚开、为自己虚开、让他人为自己虚开、介绍他人虚开四种。行为人具备上述四种行为之一的，即成立本罪。

3. 犯罪主体是个人和单位。

4. 主观方面表现为故意，对国家税款流失持故意心理态度，谋取非法利益。

**（三）虚开增值税专用发票、用于骗取出口退税、抵扣税款发票罪的认定**

划清本罪与逃税罪、骗取出口退税罪的界限。在虚开增值税专用发票、用于骗取出口退税款、抵扣税款的其他发票的行为中，只限虚假开具上述发票的行为，不包含逃税骗取出口退税的行为。如系同一个行为人，为逃税骗取出口退税，而虚开用于骗取出口退税、抵扣税款发票的，构成本罪与逃税罪、骗取出口退税罪的按牵连犯，应从一重处断。根据《刑法》第205条第2款规定，虚开增值税专用发票或用于骗取国家出口退款、抵扣税款的其他发票，骗取国家税款，数额特别巨大，情节特别严重，给国家利益造成特别重大损失的，直接定本罪予以最严厉处罚。

**（四）虚开增值税专用发票、用于骗取出口退税、抵扣税款发票罪的法定刑**

我国《刑法修正案（八）》第32条修订后的《刑法》第205条规定，个人犯虚开增值税专用发票、用于骗取出口退税、抵扣税款发票罪，处3年以下有期徒刑或者拘役，并处2万元以上20万元以下罚金；虚开的税款数额较大或者有其他严重情节的，处3年以上10年以下有期徒刑，并处5万元以上50万元以下罚金；虚开的税款数额巨大或者有其他特别严重情节的，处10年以上有期徒刑或者无期徒刑，并处5万元以上50万元以下罚金或者没收财产。

单位犯虚开增值税专用发票、用于骗取出口退税、抵扣税款发票罪，对单位判处罚金，对其直接负责的主管人员和其他直接责任人员，处3年以下有期徒刑或者拘役；虚开发票骗取税款数额较大或者有其他严重情节的，处3年以上10年以下有期徒刑；虚开发票骗取税款数额巨大或者有其他特别严重情节的，处10年以上有期徒刑或者无期徒刑。

**二十一、假冒注册商标罪**

**（一）假冒注册商标罪的概念**

假冒注册商标罪，是指违反国家商标管理法规，未经注册商标所有人许可，在同一种商品上使用与其注册商标相同的商标，情节严重的行为。

**（二）假冒注册商标罪的构成特征**

1. 侵犯客体是他人的注册商标专用权和国家的商标管理制度。20世纪80年代初，《中华人民共和国商标法》制定。我国1985年加入了《保护工业产权巴黎公约》，1989年成为《商标国际注册马德里协定》的成员，1995年9月1日向世界知识产权组织递交了中国加入《关于商标国际注册马德里协定议定书》的通知书，承担保护商标专用权的国际义务。1993年2月22日，我国立法机关通过了《关于修改〈中华人民共和国商标法〉的决定》。2001年10月27日全国人大常委会对《中华人民共和国商标法》进行了第二次修正。2013年全国人大常委会对《中华人民共和国商标法》进行了第三次修正并于2014年5月1日起施行。上述法律和公约对保护注册商标专用权和国家对商标注册、使用、管理和保护作了规定。注册商标专用权，是指商标所有人对其注册的商标享有专门使用和独立拥有并禁止他人擅自使用的权利。商标专用权的保护范围包含商品商标、服务商标、集体商标、证明商标。国家商标法规定，由商标局核准注册商标，侵犯注册商标专用权由工商行政管理部门负责，由于严重侵权构成犯罪的追究刑事责任。

2. 客观方面表现为违反国家商标管理法规，未经注册商标所有人许可而擅自使用其注册商标，情节严重的行为。违反商标管理法是本罪成立的前提，假冒他人注册商标的行为是对注册商标专用权的侵害。假冒行为，是指未经注册商标所有人许可，在同一种商品上使用与其注册商标相同的商标。最高人民法院、最高人民检察院、公安部《关于办理侵犯知识产权刑事案件适用法律若干问题的意见》第5条指出，名称相同的商品以及名称不同但指同一事物的商品，可以认定为"同一种商品"。这里的"名称"，指《商标注册用商品和服务国际分类》中规定的商品名称。"名称不同但指同一事物的商品",是指在功能、用途、主要原料、消费对象、销售渠道等方面相同或者基本相同,相关公众一般认为是同一种事物的商品。认定"同一种商品",应当在权利人注册商标核定使用的商品和行为人实际生产销售的商品之间进行比较。"相同的商标",是指与被假冒的注册商标完全相同,或者与被假冒的注册商标在视觉上基本无差别、足以对公众产生误导的商标。上述《意见》第6条指出,具备下列四种情形之一的,可以认定为"与其注册商标相同的商标"(1)改变注册商标的字体、字母大小写或者文字横竖排列,与注册商标之间仅有细微差别的;(2)改变注册商标的文字、字母、数字等之间的间距,不影响注册商标显著特征的;(3)改变注册商标颜色的;(4)其他与注册商标在视觉上基本无差别,足以对公众产生误导的商标。"使用",是指将注册商标或者假冒的注册商标用于商品、商品包装或者容器以及产品说明书、商品交易书,或者将注册商标或者假冒的注册商标用于广告宣传、展览以及其他商业活动等行为。假冒行为达到情节严重的构成犯罪,情节严重的具体标准依2004年12月22日起施行的最高人民法院、最高人民检察院《关于办理侵犯知识产权刑事案件具体应用法律若干问题的解释》第1条第1款确定。

3. 犯罪主体是个人和单位。

4. 主观方面表现为故意。实践中多具有营利或谋取非法利益的目的。

### (三)假冒注册商标罪的认定

划清假冒注册商标罪与非罪行为的界限:(1)被假冒的商标必须是经国家商标局注册的商标。未经注册的商标不受法律保护,不享有商标专用权,他人冒用的不构成犯罪。(2)一般的商标侵权行为不构成犯罪,只有当假冒他人注册商标的行为达到情节严重时才成立本罪。区别界限的关键在于:(1)限定在假冒范围,即未经注册商标所有人同意而擅自使用的;(2)情节严重的假冒行为。对于情节轻微的假冒行为,按一般商标侵权行为处理。

### (四)假冒注册商标罪的法定刑

《刑法》第213条规定,个人犯假冒注册商标罪,处3年以下有期徒刑或者拘役,并处或者单处罚金;情节特别严重的,处3年以上7年以下有期徒刑,并处罚金。关于何为情节特别严重的,请参见《关于办理侵犯知识产权刑事案件具体应用法律若干问题的解释》第1条第2款。

《刑法》第220条规定,单位犯假冒注册商标罪,对单位判处罚金,并对其直接负责的主管人员和其他直接责任人员依照个人犯该罪的规定处罚。按"两高"上述司法解释第15条之规定,单位犯本罪的按相应个人犯罪的定罪量刑标准的3倍定罪量刑。

上述《意见》第16条指出,行为人实施侵犯知识产权犯罪,同时构成生产、销售伪劣商品犯罪的,依照侵犯知识产权犯罪与生产、销售伪劣商品犯罪中处罚较重的规定定罪处罚。

## 二十二、侵犯著作权罪

### (一)侵犯著作权罪的概念

侵犯著作权罪,是指以营利为目的,侵犯他人著作权,违法所得数额较大或者有其他严重情节的行为。

### (二)侵犯著作权罪的构成特征

1. 侵犯客体是著作权人的著作权和国家关于著作权的管理制度。1990年9月7日我国立法机关通过了《中华人民共和国著作权法》，并于 1991 年 6 月 1 日起施行，2001 年、2010 年两次对著作权法予以修改。于 1992 年和 1993 年先后加入《伯尔尼保护文学和艺术品公约》、《世界版权公约》、《保护录音制作者防止未经许可复制其录音制品公约》等国际著作权公约，并与美国签订了《中美关于保护知识产权的谅解备忘录》。我国关于著作权保护的法律已趋于完备并与国际接轨。对于侵犯著作权的行为，除追究行为人民事责任、行政责任以外，情节严重者追究刑事责任，关于追究刑事责任的法律规定主要是在刑事法律规定中反映出来。

2. 客观方面表现为侵犯著作权的违法所得数额较大或者有其他严重情节的行为。《刑法》第 217 条规定了四种侵犯著作权的行为：（1）未经著作权人许可，复制发行其文字作品、音乐、电影、电视、录像作品、计算机软件及其他作品的；（2）出版他人享有专有出版权的图书的；（3）未经录音录像制作者许可，复制发行其制作的录音录像的；（4）制作、出售假冒他人署名的美术作品的。行为人只要具备上述四种行为之一的，即符合侵犯著作权罪客观方面的特征。其中，"未经著作权人许可"，是指没有得到著作权人授权或者伪造、涂改著作权人授权许可文件或者超出授权许可范围的情形。复制发行行为指以印刷、复印、临摹、拓印、录音、录像、翻拍方式将作品制作成一份或多份，向社会公众进行出售、出租的行为。通过信息网络向公众传播他人文字作品、音乐、电影、电视、录像作品、计算机软件及其他作品的行为，应当视为本条规定的"复制发行"。出版行为指对图书出版者已依法享有的在合同约定期限内享有的专有出版权进行侵犯，盗版出书获利。制作、出售行为指制作的美术作品冒充他人署名或对冒充的美术作品进行售卖的行为。侵犯他人著作权违法所得数额较大或者有其他严重情节时方构成侵犯著作权罪。违法所得数额较大和其他严重情节，依据最高人民法院、最高人民检察院《关于办理侵犯知识产权刑事案件具体应用法律若干问题的解释》的第 5 条、"两高"《关于办理侵犯知识产权刑事案件具体应用法律若干问题的解释（二）》第 1 条以及"两高"及公安部发布的《关于办理侵犯知识产权刑事案件适用法律若干问题的意见》第 13 条的规定确定。

3. 犯罪主体是个人和单位。

4. 主观方面是故意，并且具有营利目的。根据《关于办理侵犯知识产权刑事案件适用法律若干问题的意见》第 10 条，具有下列四种情形之一的，可以认定为"以营利为目的"：（1）以在他人作品中刊登收费广告、捆绑第三方作品等方式直接或间接收取费用的；（2）通过信息网络传播他人作品，或者利用他人上传的侵权作品，在网站或者网页上提供刊登收费广告服务，直接或间接收取费用的；（3）以会员制方式通过信息网络传播他人作品，收取会员注册费或者其他费用的；（4）其他利用他人作品牟利的情形。

**（三）侵犯著作权罪的认定**

划清侵犯著作权罪与非罪行为的界限，主要根据以下两点：一是行为人实施了侵犯著作权的行为，但违法所得数额未达较大或者不具有其他严重情节的，按一般的侵权行为追究其民事责任，而不以侵犯著作权罪论处。只有当侵权行为违法所得数额较大时或具有其他严重情节时才成立犯罪。二是行为人在客观上虽有侵犯著作权的行为，但主观上不具有营利目的的，不构成犯罪，应按《中华人民共和国著作权法》规定的法律责任处理。

**（四）侵犯著作权罪的法定刑**

《刑法》第 217 条规定，个人犯侵犯著作权罪，处 3 年以下有期徒刑或者拘役，并处或者单处罚金；违法所得数额巨大或者有其他特别严重情节的，处 3 年以上 7 年以下有期徒刑，并处罚金。"违法所得数额巨大"和"有其他特别严重情节"见《关于办理侵犯知识产权刑事案件具体应用法律若干问题的解释》第 5 条第 2 款的规定。

《刑法》第 220 条规定，单位犯侵犯著作权罪，对单位判处罚金，并对其直接负责的主管人员和其他直接责任人员，依照个人犯该罪的规定处罚。按《关于办理侵犯知识产权刑事案件具体应用法律若干问题的解释》第 15 条之规定，单位犯本罪的按相应个人犯罪的定罪量刑标准的 3 倍定罪量刑。

### 二十三、销售侵权复制品罪

#### （一）销售侵权复制品罪的概念

销售侵权复制品罪，是指以营利为目的，销售明知是《刑法》第 217 条规定的侵权复制品，违法所得数额巨大的行为。

#### （二）销售侵权复制品罪的构成特征

1. 侵犯客体是著作权人的著作权和著作权管理制度。

2. 客观方面表现为明知是《刑法》第 217 条规定的侵权复制品而进行销售的行为。例如销售明知是盗版的文字作品、音像作品、计算机软件及其他作品。违法所得数额巨大的构成犯罪，根据《关于办理侵犯知识产权刑事案件具体应用法律若干问题的解释》第 6 条之规定，违法所得数额在 10 万元以上的属于巨大。

3. 犯罪主体是个人和单位。

4. 主观方面表现为故意，即明知是侵权复制品而予以销售，并具有营利的目的。

#### （三）销售侵权复制品罪的认定

1. 划清销售侵权复制品罪与非罪行为的界限。主要把握客观上是否达到违法所得数额巨大的法定要求；主观上是否"明知"，即根据案件事实、证据综合判断明知的存在，"以营利为目的"是主观方面必备的要件。

2. 划清一罪与数罪的界限。实施《刑法》第 217 条的侵犯著作权罪，又销售该侵权复制品，构成犯罪的，应当以侵犯著作权罪一罪论处。实施侵犯著作权罪，又销售明知是他人的侵权复制品，构成犯罪的，应当以侵犯著作权罪和销售侵权复制品罪二罪实行并罚。

#### （四）销售侵权复制品罪的法定刑

《刑法》第 218 条规定，犯销售侵权复制品罪的，处 3 年以下有期徒刑或者拘役，并处或者单处罚金。

《刑法》第 220 条规定，单位犯销售侵权复制品罪，对单位判处罚金，并对其直接负责的主管人员和其他直接责任人员，依照个人犯该罪的规定处罚。按《关于办理侵犯知识产权刑事案件具体应用法律若干问题的解释》第 15 条规定，单位犯本罪的按相应个人犯罪的定罪量刑标准的 3 倍定罪量刑。

### 二十四、侵犯商业秘密罪

#### （一）侵犯商业秘密罪的概念

侵犯商业秘密罪，是指违反反不正当竞争法等规范商业秘密的法律规定，侵犯商业秘密，给商业秘密的权利人造成重大损失的行为。

**（二）侵犯商业秘密罪的构成特征**

1. 侵犯客体是商业秘密的权利人对商业秘密的专有权和国家对商业秘密的管理制度。商业秘密，是指不为公众所知悉，能为权利人带来经济效益，具有实用性并经权利人采取保密措施的技术信息和经营信息，是一种无形资产。《中华人民共和国反不正当竞争法》（以下简称《反不正当竞争法》）第 10 条规定了经营者侵犯商业秘密的三种行为，《刑法》第 219 条对这三种行为给商业秘密的权利人造成重大损失的作为犯罪予以打击，从而有效地保护了商业秘密，维护了权利人的合法权益和国家对商业秘密的管理制度。

2. 客观方面表现为违反《反不正当竞争法》第 10 条的规定，侵犯商业秘密，给权利人造成重大损失的行为。权利人，是指商业秘密的所有人和经商业秘密所有人许可的商业秘密使用人。侵犯商业秘密的具体行为有以下三种：（1）以盗窃、利诱、胁迫或者其他不正当手段获取权利人的商业秘密的。预谋获取权利人的商业秘密的人是权利人的竞争对手，通过获取商业秘密对权利人的生产经营构成直接威胁；还有其他经营者，通过获取商业秘密高价出售给权利人的竞争对手，同样给权利人造成威胁。预谋获取的手段通常有盗窃、利诱、胁迫等非法手段，其他不正当竞争手段指上述手段以外的刺探、收买等不法手段。（2）披露、使用或者允许他人使用以前项手段获取的权利人的商业秘密。当通过非法手段获取商业秘密后，又进行披露、使用或者允许他人使用的也构成侵犯商业秘密罪。披露，是指将商业秘密公布于众或告知权利人的竞争对手。使用，是指将自己获取的商业秘密直接使用于生产、经营之中。允许他人使用，是指将自己获取的商业秘密让他人使用，有偿或无偿不限。（3）违反约定或者违反权利人有关保守商业秘密的要求，披露、使用或者允许他人使用其所掌握的商业秘密的。对于商业秘密，在经营贸易往来中往往需要对方了解，因此在签订合同时，须告知对方有关的商业秘密，但关于商业秘密一般都签有保密条款进行约定，只需要了解，不允许使用，不允许对外泄露，对方负责保密义务。对违约或违反权利人要求，对商业秘密实施披露、使用或允许他人使用的，构成侵犯商业秘密罪。上述三种行为的共同特点是违背商业秘密权利人的意志，侵犯了权利人的合法权益。行为人只要实施上述三种行为之一的，即符合侵犯商业秘密罪的客观要件。实施上述行为，只有当给权利人造成重大损失时，才构成犯罪。根据《关于办理侵犯知识产权刑事案件具体应用法律若干问题的解释》第 7 条第 1 款之规定，给商业秘密权利人造成损失数额在 50 万元以上的，属于"给商业秘密的权利人造成重大损失"。《刑法》第 219 条规定，明知或者应知是通过上述三种行为获取的商业秘密，仍去获取、进行披露、使用该商业秘密的，以侵犯商业秘密罪论处。

3. 犯罪主体是个人和单位，包括商业秘密权利人的竞争对手、第三者、有保密义务的个人和单位。

4. 主观方面表现为故意，含直接故意和间接故意。具体表现在认识因素上分明知和应知两种情况：（1）明知，是指行为人确已认识到自己的行为侵犯权利人的商业秘密或者确已认识到是他人通过非法手段获取的商业秘密。（2）应知，是指行为人应当认识到自己的行为侵犯权利人的商业秘密或者是他人通过非法手段获取的商业秘密。在意志因素上有希望和放任两种情形。至于侵犯商业秘密的动机则有各种，但不影响本罪的成立。

**（三）侵犯商业秘密罪的认定**

划清侵犯商业秘密罪与非罪行为的界限。《反不正当竞争法》第 10 条列举了侵犯商业秘密的三种行为，如果未造成权利人重大损失后果的，则属于一般的违法行为，由监督检查部门按《反不正当竞争法》第 25 条规定，责令停止违法行为，根据情节给予 1 万元以上 20 万元以下罚款处理。如果造成权利人重大损失的，以侵犯商业秘密罪追究刑事责任。

### （四）侵犯商业秘密罪的法定刑

《刑法》第 219 条规定，个人犯侵犯商业秘密罪，处 3 年以下有期徒刑或者拘役，并处或者单处罚金；造成特别严重后果的，处 3 年以上 7 年以下有期徒刑，并处罚金。"造成特别严重后果"，按《关于办理侵犯知识产权刑事案件具体应用法律若干问题的解释》第 7 条第 2 款之规定，是指给商业秘密权利人造成损失数额在 250 万元以上的情况。

《刑法》第 220 条规定，单位犯侵犯商业秘密罪，对单位判处罚金，并对其直接负责的主管人员和其他直接责任人员，依照个人犯该罪的规定处罚。按上述司法解释第 15 条之规定，单位犯本罪的按相应个人犯罪的定罪量刑标准的 3 倍定罪量刑。

## 二十五、合同诈骗罪

### （一）合同诈骗罪的概念

合同诈骗罪，是指以非法占有为目的，在签订、履行合同过程中，骗取对方当事人财物，数额较大的行为。

### （二）合同诈骗罪的构成特征

1. 侵犯客体是国家对合同的管理制度、诚实信用的市场经济秩序和合同当事人的财产所有权。根据《中华人民共和国合同法》第 42 条、第 127 条规定的精神，订立虚假合同或利用合同危害国家利益、社会公共利益，构成犯罪的，依法追究刑事责任。合同诈骗行为，则是违反合同法之规定，扰乱了市场经济秩序，侵犯了合同当事人的财产所有权，诈骗数额较大的，以合同诈骗罪追究刑事责任。

2. 客观方面表现为在签订、履行合同的过程中，骗取合同一方当事人的财物，数额较大的行为。《刑法》第 224 条规定了几种合同诈骗行为方式：（1）以虚构的单位或者冒用他人名义签订合同的；（2）以伪造、变造、作废的票据或者其他虚假的产权证明作担保的；（3）没有实际履行能力，以先履行小额合同或者部分履行合同的方法，诱骗对方当事人继续签订和履行合同的；（4）收受对方当事人给付的货物、货款、预付款或者担保财产后逃匿的；（5）以其他方法骗取对方当事人财物的。行为人只要实施上述几种行为方式之一，骗取合同当事人数额较大的财物的，即构成合同诈骗罪。数额较大的标准有赖司法解释作出规定。

3. 犯罪主体为个人和单位。

4. 主观方面是故意，并且具有非法占有合同当事人财物的目的。

### （三）合同诈骗罪的认定

1. 划清合同诈骗罪与非罪行为的界限：（1）划清合同诈骗罪与合同纠纷的界限。合同纠纷，是指当事人双方对合同履行的情况和不履行的后果产生的争议。造成合同纠纷的原因主要有：因合同订立引起的纠纷，因合同履行发生纠纷，因合同变更和解除而产生的纠纷。处理合同纠纷一般通过和解或者调解、仲裁、民事诉讼的方式，合同当事人一方或双方有违反合同责任的，追究其民事责任。只有对利用合同进行违法犯罪活动的，才依法分别追究其行政责任和刑事责任。合同诈骗罪是典型的利用签订、履行合同的方式实行骗取合同一方当事人财物的行为，与合同纠纷的性质根本不同。（2）区分合同诈骗罪与合同欺诈行为的界限。采取欺诈手段签订的合同为无效合同，在合同履行过程中因弄虚作假不符合规定的，属于合同欺诈行为。一般的合同欺诈行为，骗取对方当事人财物数额未达较大时，不构成犯罪，依据合同法规定追究其民事责任，不追究刑事责任。合同诈骗罪的成立，关键是利用合同诈骗的财物达到数额较大。

2. 划清合同诈骗罪与诈骗罪的界限。两罪在侵犯他人的财产所有权，主观上具有非法占有的目的、使用欺诈手段等方面有相同之处。但区分的关键是合同诈骗罪采用特定的利用签订、履行合同手段进行诈骗，不是泛指的诈骗手段，因此，合同诈骗罪在侵害客体方面也具有了复杂性，即除侵犯他人的财产所有权外，还同时侵犯合同管理制度和诚实信用的市场经济秩序。

### （四）合同诈骗罪的法定刑

《刑法》第224条规定，个人犯合同诈骗罪，数额较大的，处3年以下有期徒刑或者拘役，并处或者单处罚金；数额巨大的或者有其他严重情节的，处3年以上10年以下有期徒刑，并处罚金；数额特别巨大或者有其他特别严重情节的，处10年以上有期徒刑或者无期徒刑，并处罚金或者没收财产。

《刑法》第231条规定，单位犯合同诈骗罪，对单位判处罚金，并对直接负责的主管人员和其他直接责任人员，依照个人犯该罪的规定处罚。

## 二十六、组织、领导传销活动罪

### （一）组织、领导传销活动罪的概念

组织、领导传销活动罪，是指组织、领导以推销商品、提供服务等经营活动为名，要求参加者以缴纳费用或者购买商品、服务等方式获得加入资格，并按照一定顺序组成层级，直接或者间接以发展人员的数量作为计酬或者返利依据，引诱、胁迫参加者继续发展他人参加，骗取财物，扰乱经济社会秩序的传销活动的行为。

### （二）组织、领导传销活动罪的构成特征

1. 侵犯客体是正常的经济社会秩序。社会上存在的以"拉人头"、收取"入门费"等方式组织的传销活动，骗取财物是其本质，具有扰乱经济社会秩序的多重危害性。例如，它瓦解以亲情、友情、诚信维系的社会伦理体系，破坏社会稳定基础；侵害公私财产，破坏社会主义市场经济秩序和金融管理秩序；引发社会治安案件乃至刑事案件，侵犯公民人身权利，破坏社会治安秩序；甚至容易导致群体事件的发生，影响社会稳定和谐。鉴于此类传销活动严重扰乱经济社会秩序的危害性，在刑法中对组织、领导传销活动的犯罪单独进行规制，更有利于打击组织传销的犯罪。

2. 客观方面表现为组织、领导传销活动的行为。根据《刑法修正案（七）》新增加的《刑法》第224条之一的规定，该行为的具体表现由以下几方面的内容组成：一是"以推销商品、提供服务等经营活动为名，要求参加者以缴纳费用或者购买商品、服务等方式获得加入资格"，这是传销组织诱骗成员取得传销资格惯用的一种引诱方式和必经的程序。这里的所谓推销商品、提供服务只是传销组织用以哄骗群众加入的道具，而收取"入会费"或"入门费"才是组织者、领导者的真正目的。这里所说的"要求参加者以缴纳费用或者购买商品、服务方式获得加入资格"，揭示了直接以缴纳入会费用即可获得传销资格和以购买商品、服务等伪装方式间接提交入门费方可获得传销资格的两种途径。其实质是加入传销组织必须先交钱。二是"按照一定顺序组成层级"，这是传销的组织结构特点。在传销组织中，一般

以加入的顺序、发展人员的多少或者"业绩"的大小分成不同的层级，下级必须服从上级，等级森严。不同级别的人员不允许往来，传销人员只知道自己的上线，上下级之间单线联系，组织者、领导者往往是幕后策划、遥控指挥。传销组织内部封闭、结构严密。三是"直接或者间接以发展人员的数量作为计酬或者返利依据，引诱、胁迫参加者继续发展他人参加"，这是传销组织计酬方式特点。以发展人数的多少，在传销组织中分成不同的等级，通过提成或者淘汰等方式建立了强烈的激励和惩罚机制。引诱、胁迫参加者继续发展他人参加，是传销组织在发展过程中经常运用的手段。传销组织对于参与进来的人员全程、全方位地进行控制，残酷惩罚中途反悔者，诱惑、迫使参加者继续发展新成员，以使人员链和资金链不致断裂，从而使传销组织得以维系，使一定级别的上线获得不同的报酬。四是骗取财物，扰乱经济社会秩序，这是传销组织进行活动的本质和危害，也是组织、领导传销活动造成的必然结果。

3. 犯罪主体是特殊主体，即传销活动的组织者、领导者。这里说的传销活动的组织者、领导者，是指在传销活动中起组织、领导作用的发起人、决策人、操纵人，以及在传销活动中担负策划、指挥、布置、协调等重要职责或者在传销活动实施中起关键作用的人员。

4. 主观方面表现为故意。

**（三）组织、领导传销活动罪的认定**

1. 划清组织、领导传销活动罪与非罪行为的界限。其一，刑法设立该罪重点打击的是传销活动的组织者、领导者。一般的传销参与人员既是违法者，又是受害者，其参与传销活动的行为不构成犯罪，可给予行政处罚和教育。其二，对于本罪中的拉人头传销与商品经营直销活动中的多层次计酬之间应加以区别。虽然二者都采用多层次计酬的方式，但二者有很大不同：一是从是否缴纳入门费上区别；二是从产品销售是否实际存在，商品定价是否基本合理，有无退货保障等方面进行区别；三是从人员的收入来源上看，是否从产品的销售业绩中获得收入；四是从组织存在和维系的条件来看，是否取决于产品销售业绩和利润上进行区分。对于拉人头传销的非法传销组织必须予以取缔，其组织者、领导者的行为以犯罪论处；而对于多层次计酬中的直销活动不能认定为犯罪活动。

2. 划清组织、领导传销活动罪与非法经营罪的界限。对于以"拉人头"、收取"入门费"等方式组织的传销活动，因既没有商品，也不提供服务，不存在真实的交易标的，实际上不存在经营活动，所以难以适用非法经营罪进行惩处。而《刑法》第225条规定的非法经营罪的具体行为表现不能涵盖上述传销活动。

**（四）组织、领导传销活动罪的法定刑**

依照《刑法修正案（七）》第4条新增设的《刑法》第224条之一的规定，犯组织、领导传销活动罪，处5年以下有期徒刑或者拘役，并处罚金；情节严重的，处5年以上有期徒刑，并处罚金。

**二十七、非法经营罪**

**（一）非法经营罪的概念**

非法经营罪，是指违反国家规定，非法经营，扰乱市场秩序，情节严重的行为。

**（二）非法经营罪的构成特征**

1. 侵犯客体是国家依法管理市场的秩序。为了促进社会主义市场经济的健康发展，国家从宏观管理角度，制定了有关规范市场交易秩序的法律、行政法规。对有些物品实行专营、专卖或限制买卖，如通过《中华人民共和国烟草专卖法》对卷烟实行专卖经营。通过《中华人民共和国对外贸易法》禁止买卖进出口许可证、进出口原产地证明，还通过其他有关法律、行政法规规定了禁止买卖经营许可证、批准文件等。非法经营则是对上述市场秩序的扰乱，情节严重的追究刑事责任。

2. 客观方面表现为违反国家规定，非法经营，情节严重的行为。违反国家有关法律、行政法规的规定是本罪成立的前提。《刑法》第225条和《刑法修正案（一）》第8条以及《刑法修正案（七）》第5条规定，有下列非法经营行为之一的，成立非法经营罪：（1）未经许可经营法律、行政法规规定的专营、专卖物品或者其他限制买卖的物品。专营、专卖物品，是指国家法律、行政法规仅允许特定单位或特定部门经营、买卖的物品，如军工产品、火药产品、麻醉药品、贵重金属、烟酒等国家垄断经营的物品。其他限制买卖的产品，是指国家法律、行政法规限制自由流通的物品，如化肥、种子、农药、兽药等重要生产资料或者药品等关系公众生命健康的物品。（2）买卖进出口许可证、进出口原产地证明以及其他法律、行政法规规定的经营许可证或者批准文件。进出口许可证、进出口原产地证明，是指国务院对外经济贸易部门及其授权机构签发的允许进出口配额批件、证明进出口货物原产地的有效凭证。其他法律、行政法规规定的经营许可证或者批准文件，是指前述专营、专卖物品或其他限制买卖物品的经营许可证件和批准文件。（3）未经国家有关主管部门批准，非法经营证券、期货、保险业务的，或者非法从事资金支付结算业务的。非法从事资金支付结算业务指"地下钱庄"非法秘密从事只有商业银行才能开展的通过银行账户的资金转移实现收付的行为。（4）其他严重扰乱市场秩序的非法经营行为，指除（1）、（2）、（3）以外的国家禁止的非法经营行为，如哄抬物价行为、压价倾销行为、牟取暴利行为等。根据"两高"2013年9月10日起施行的《关于办理利用信息网络实施诽谤等刑事案件适用法律若干问题的解释》第7条，违反国家规定，以营利为目的，通过信息网络有偿提供删除信息服务，或者明知是虚假信息，通过信息网络有偿提供发布信息等服务，扰乱市场秩序，具有下列情形之一的，属于非法经营行为"情节严重"，以非法经营罪定罪处罚：个人非法经营数额在5万元以上或者违法所得数额在2万元以上的；单位非法经营数额在15万元以上或者违法所得数额在5万元以上的。行为人具有上述四种行为之一，扰乱市场秩序，情节严重的，构成非法经营罪。情节严重一般应以较大的非法经营数额和非法获利额为基础并综合考虑其他情节，如屡次受工商行政管理部门处罚仍不悔改、造成市场秩序严重混乱、造成恶劣影响，等等。

3. 犯罪主体为个人和单位。

4. 主观方面表现为故意，一般具有谋取非法经济利益的目的。

**（三）非法经营罪的认定**

1. 划清非法经营罪与非罪行为的界限。一般的扰乱市场秩序行为，情节未达严重程度，按一般违法行为，由工商行政管理部门或其他行政机构处理。只有非法经营行为达到情节严重的程度，才构成非法经营罪。

2. 划清非法经营罪与非法经营同类营业罪的界限。《刑法》第165条规定非法经营同类营业罪，虽在行为上有非法经营的特点，但是该罪限定为国有公司、企业的董事、经理利用职务之便采取为自己或他人经营与自己所任职公司、企业同类的营业这一经营方式，侵害的是国家对公司、企业的管理制度，在犯罪主体、侵犯客体、行为特征等主要方面均不同于非法经营罪。

### （四）非法经营罪的法定刑

《刑法》第225条规定，个人犯非法经营罪，处5年以下有期徒刑或者拘役，并处或者单处违法所得1倍以上5倍以下罚金；情节特别严重的，处5年以上有期徒刑，并处违法所得1倍以上5倍以下罚金或者没收财产。

《刑法》第231条规定，单位犯非法经营罪，对单位判处罚金，并对其直接负责的主管人员和其他直接责任人员，依照个人犯非法经营罪的规定处罚。

# 第十七章　侵犯公民人身权利、民主权利罪

## 第一节　侵犯公民人身权利、民主权利罪概述

### 一、侵犯公民人身权利、民主权利罪的概念

侵犯公民人身权利、民主权利罪，是指侵犯公民人身和与人身直接有关的权利，非法剥夺或妨碍公民自由行使依法享有的管理国家事务和参加社会政治活动权利，以及妨害公民婚姻、家庭权利的行为。

### 二、侵犯公民人身权利、民主权利罪的共同特征

1. 侵犯客体是公民的人身权利与民主权利。公民的人身权利，是指法律所规定的与公民的人身密不可分的权利，具体包括生命权、健康权、人身自由权、性权利、人格权、名誉权以及与人身直接相关的住宅安宁权等。公民的民主权利，是指法律规定公民享有的参加国家管理以及社会政治生活的权利，具体包括选举权与被选举权、批评权、控告权、申诉权、宗教信仰权与信仰自由、少数民族保持本民族风俗与习惯的权利等。从广义上讲，公民婚姻家庭属于公民人身权利和民主权利的一部分，1997 年修订后的《刑法》将原《刑法》分则第七章"妨害婚姻家庭罪"归入本类犯罪之中。

2. 客观方面表现为侵犯公民人身权利、民主权利的行为，具体表现为杀害、伤害、组织出卖人体器官、强奸、猥亵、绑架、拐卖、侮辱、诽谤、刑讯逼供、暴力取证、诬告陷害、打击报复、破坏选举、暴力干涉婚姻自由、虐待、遗弃，等等。

3. 犯罪主体多数是一般主体即自然人，少数犯罪主体是特殊主体即国家机关工作人员、司法工作人员、邮政工作人员等，强迫劳动罪等个别犯罪可以由单位构成。

4. 主观方面除过失致人死亡罪、过失致人重伤罪外，其他犯罪都是由故意构成。

## 第二节　本章要求掌握的犯罪

### 一、故意杀人罪

**（一）故意杀人罪的概念**

故意杀人罪，是指故意非法剥夺他人生命的行为。

**（二）故意杀人罪的构成特征**

1. 侵犯客体是他人的生命权利。任何人的生命都受到法律的保护。人的生命自何时开始到何时结束，西方法学中存在着很大的争论。我国刑法学界一般认为，人的生命自胎儿分离出母体并能够独立呼吸时开始，自大脑停止活动时结束。

2. 客观方面表现为非法剥夺他人生命的行为。除法院依法判决某人死刑并执行该判决以及为了防卫任何人的非法暴力行为、为了执行合法逮捕或者防止合法拘禁的人脱逃、为了

镇压暴力或叛乱，而绝对必要使用武力从而剥夺他人的生命外，不得故意剥夺任何人的生命，否则，即构成非法。杀人行为的行为方式一般表现为作为，有时也表现为不作为。杀人的方法和手段多种多样，但不影响故意杀人罪的成立，可作为量刑情节加以考虑。本罪的行为对象是他人，因此自己剥夺自己生命的自杀行为，不符合故意杀人罪的构成，不能认定为故意杀人罪。在我国，自杀行为不是犯罪。胎儿和尸体均不属于故意杀人罪构成的行为对象。在我国，堕胎不是犯罪。毁坏尸体的行为，也不构成故意杀人罪，但可以构成侮辱尸体罪。但是，误以尸体为活人而加以杀害的，属于对象不能犯的未遂。根据五部委 2014 年 4 月 22 日起执行的《关于依法惩处涉医违法犯罪维护正常医疗秩序的意见》第 2 条第 1 项，故意杀害医务人员构成故意杀人罪，依照刑法的规定追究刑事责任。

3. 犯罪主体是一般主体，凡年满 14 周岁并具有刑事责任能力的自然人，均可以构成本罪的主体。

4. 犯罪主观方面表现为故意，包括直接故意和间接故意。杀人的动机各种各样，如出于泄愤、报复、图财、奸情、激情、义愤，等等，动机不影响故意杀人罪的成立，可在量刑时予以适当考虑。

### （三）故意杀人罪的认定

1. 划清故意杀人罪与因危害公共安全导致他人死亡的犯罪的界限。故意杀人罪是非法剥夺他人生命的行为，放火、决水、爆炸、投放危险物质等危害公共安全罪也会产生被害人死亡的结果，但两者的犯罪构成特征有以下区别：（1）前者所侵犯客体是人的生命，表现为某个或某几个人的生命；后者所侵犯客体是公共安全，表现为不特定的众多人的生命、健康和重大公私财产的安全。（2）前者的客观方面表现为非法剥夺他人生命的行为，包括放火、决水、爆炸、投放危险物质等一切可以用来杀人的行为；后者的客观方面表现为危害公共安全的行为，而且只能是法定的放火、决水、爆炸、投放危险物质等行为。（3）前者的主观方面是杀人的故意，行为人明知自己的行为会造成某个人或某几个人的死亡而希望或者追求他人死亡结果的发生；后者主观方面是危害公共安全的故意，行为人明知自己的行为会造成不特定众多人的生命、健康或重大公私财产的损失而希望或者放任这一危害结果的发生。因此，故意杀人罪表现为对人的生命的侵犯，危害公共安全罪表现为对公共安全的危害。但在有的情况下，例如，行为人以放火、决水、爆炸、投放危险物质、破坏交通工具、破坏交通设备等方式杀人，行为人的行为既构成故意杀人罪又构成危害公共安全罪，形成想象竞合的情况，应按照从一重罪处断原则加以解决。

2. 关于自杀案件的认定与处理。自杀是自愿结束自己生命的行为，除少数国家外，大多数国家并未将此行为规定为犯罪。但是造成自杀的原因较为复杂，在某些情况下有的人应对他人的自杀负责。审判实践中，对于涉及自杀问题的案件，一般分别以下情况区别对待：（1）以暴力、威胁的方法逼迫他人自杀的，或者以相约自杀的方式欺骗他人自杀而本人并不自杀的，实质上是借助于被害人之手完成故意杀人的行为，符合故意杀人罪的构成，应以故意杀人罪论处。（2）诱骗、帮助未满 14 周岁的人或者丧失辨认或控制能力的人自杀的，实质上也是借助于被害人之手完成故意杀人的行为，符合故意杀人罪的构成，应以故意杀人罪论处。（3）实施刑法规定的作为或不作为而造成他人自杀身亡的，他人自杀身亡的情况应作为一个定罪或者量刑的情节，结合其他案件情节加以综合考虑。例如，侮辱、诽谤他人，造成他人自杀的案件，他人自杀或者自杀身亡的情节，应作为一个严重情节，在定罪时加以考虑。强奸妇女引起被害妇女自杀或者自杀身亡的，被害妇女自杀或者自杀身亡的情节，应在量刑时加以考虑。（4）教唆、帮助意志完全自由的人自杀的，即他人本无自杀之意思而故意诱发他人产生自杀之意而自杀，他人已有自杀之意思而在精神上加以鼓励使其坚定自杀意图或者在客观上提供便利使其自杀意图得以实现的情形，不以犯罪论。

3. 安乐死在我国目前仍属非法。任何人应患有不治之症、濒临死亡的人或者其亲属的请求，为免除其所遭受的极端痛苦而无痛苦地致其死亡的，应以故意杀人罪论。一般属于故意杀人情节较轻的情形。

**（四）故意杀人罪的法定刑**

我国《刑法》第232条规定，犯故意杀人罪的，处死刑、无期徒刑或者10年以上有期徒刑；情节较轻的，处3年以上10年以下有期徒刑。

## 二、过失致人死亡罪

**（一）过失致人死亡罪的概念**

过失致人死亡罪，是指过失致人死亡的行为。

**（二）过失致人死亡罪的构成特征**

1. 侵犯客体是他人的生命权利。

2. 犯罪主体是一般主体。

3. 客观方面表现为因过失致使他人死亡的行为。致人死亡，是指行为人的过失行为与被害人的死亡结果之间有因果关系，这是行为人负刑事责任的客观基础。

4. 主观方面表现为过失。

**（三）过失致人死亡罪的认定**

1. 过失致人死亡罪与故意杀人罪的界限。两者区别的关键点在于主观方面不同，前者是过失，后者是故意。审判实践中，过于自信过失致人死亡和间接故意杀人，在客观上都造成了他人死亡结果的发生，有时难以区分。两者的区别主要有两点：（1）行为人对他人死亡结果发生的认识程度不同。前者表现为行为人预见到自己的行为可能造成他人死亡结果的发生，行为人所认识的他人死亡结果发生的可能性较低；后者表现为行为人明知自己的行为可能造成他人死亡结果的发生，行为人所认识的他人死亡结果发生的可能性较高。（2）行为人对他人死亡结果发生的态度不同。前者表现为行为人轻信能够避免他人死亡结果的发生，他人死亡结果的发生违背了其本意；后者表现为行为人放任他人死亡结果的发生，危害结果的发生并不违背其本意，也就是说，行为人容忍他人死亡结果的发生。审判实践中，要根据整个案件事实来判断行为人主观态度是轻信还是放任，轻信态度总是表现为行为人凭借相当的主客观条件而产生，放任态度则无此特点。

2. 过失致人死亡罪与因意外事件致人死亡的界限。两者区别的关键是行为人能否预见自己的行为可能致人死亡和行为人能否防止他人死亡结果的发生。根据行为本身的危险程度、行为人的智力水平、经验以及客观环境条件，行为人能够预见或者能够防止他人死亡结果发生的，应以过失致人死亡罪论处，否则应按意外事件处理。

3. 过失致人死亡罪与刑法另有规定的致人死亡的过失犯罪的界限。我国《刑法》第233条规定："本法另有规定的，依照规定。"这是指刑法规定以他人死亡作为法定犯罪构成要件或者要件之一的过失犯罪，如犯失火罪、过失决水罪、过失爆炸罪、过失投放危险物质罪、交通肇事罪、重大责任事故罪等过失犯罪致人死亡的，应分别依照有关条文定罪量刑，不以过失杀人罪论处。因为在这种情况下过失杀人罪的法条与其他过失犯罪的法条之间形成法条竞合关系，依照《刑法》第233条的规定，应按照特别法优于普通法的原则处理。

**（四）过失致人死亡罪的法定刑**

我国《刑法》第233条规定，犯过失致人死亡罪的，处3年以上7年以下有期徒刑；情节较轻的，处3年以下有期徒刑。本法另有规定的，依照规定。

### 三、故意伤害罪

**（一）故意伤害罪的概念**

故意伤害罪，是指故意非法损害他人身体健康的行为。

**（二）故意伤害罪的构成特征**

1. 侵犯客体是他人的身体健康权利。

2. 客观方面表现为非法损害他人身体健康的行为。具体来说，非法损害他人身体健康的行为具有以下三个特征：（1）伤害行为必须是非法的。因执行职务、执行命令、正当防卫、紧急避险等合法行为造成他人伤害的，是合法行为，当然不构成犯罪。（2）伤害的对象只能是他人，故意伤害自己身体的一般不构成犯罪。但是，如果现役军人在战时为了逃避履行军事义务而自伤身体的，构成战时自伤罪；如果是为了诬告陷害而自伤自己身体的，应以诬告陷害罪论处。（3）伤害行为必须是损害他人身体健康的行为，即损害他人身体组织的完整性和人体器官正常功能的行为。伤害行为所造成的结果包括肉体伤害和精神伤害、内伤和外伤、重伤和轻伤以及伤害致死。其中，轻伤、重伤和伤害致死是法定的三种伤害结果，直接影响故意伤害罪的轻重程度进而影响到其量刑幅度。轻伤是故意伤害罪基本犯罪构成的必要要件。所谓轻伤，是指物理、化学及生物等各种外界原因作用于人体，造成人体组织、器官的一定程度的损害或者部分功能障碍，尚未构成重伤亦不属于轻微伤害的损伤。审判实践中，损伤程度的评定应当由鉴定人依据司法机关关于重伤、轻伤的鉴定标准依法进行。（参见1990年3月发布的《人体重伤鉴定标准》和1990年7月1日起施行的《人体轻伤鉴定标准》）。根据五部委2014年4月22日起执行的《关于依法惩处涉医违法犯罪维护正常医疗秩序的意见》第2条第1项，故意伤害医务人员造成轻伤以上严重后果的，构成故意伤害罪，依照刑法的规定追究刑事责任。

3. 犯罪主体是一般主体，但年满14周岁并具有刑事责任能力的人应对故意伤害致人重伤或者死亡的犯罪负刑事责任。

4. 主观方面表现为故意，即行为人明知自己的行为会造成他人重伤或者轻伤结果的发生而希望或者放任这种结果的发生。在直接故意的情况下，行为人对于自己行为可能或者必然造成的伤害结果是重伤还是轻伤甚至具体怎样的伤害情况有着清楚的认识；在间接故意的情况下，行为人认识到自己的行为会给他人造成伤害，但是造成何种程度的伤害（是重伤还是轻伤）并不一定有明确的认识，因此行为人的行为造成轻伤的以轻伤害论，造成重伤的以重伤害论，没有造成轻伤或者重伤的，不以犯罪论。

**（三）故意伤害罪的认定**

1. 划清罪与非罪的界限。行为人没有重伤或者轻伤他人的故意，亦无抗税、强迫交易、侮辱、刑讯逼供、逼取证人证言、虐待被监管人、干涉他人婚姻自由、虐待、抢劫、妨碍公务、妨害作证等犯罪故意，而殴打他人造成他人暂时性肉体痛苦或轻微伤害的，不以犯罪论。但是，随意殴打他人，情节恶劣的，以寻衅滋事罪论处。

2. 划清故意伤害罪与故意杀人罪的界限。应当注意故意伤害罪与故意杀人罪，特别是故意伤害致死与故意杀人既遂、故意伤害与杀人未遂之间的区别。两者之间的主要区别是犯罪故意的内容不同。故意伤害罪的故意只有伤害他人身体健康的内容，而没有剥夺他人生命的内容，他人死亡是由于过失所致；故意杀人罪则具有剥夺他人生命的内容，仅造成他人伤害而没有造成他人死亡的，则是由于行为人意志以外的原因所致。要正确地判断行为人的故意内容是伤害故意还是杀人故意，必须查明犯罪的起因、经过和结果，犯罪的手段、工具，打击部位和强度，犯罪的时间、地点、环境与条件，犯罪人犯罪前后的表现，犯罪人与被害人之间的关系等案件事实，全面分析，综合判断。审判实践中，对于经常发生的无故寻衅，不计后果，动辄用刀子捅人的突发性案件，行为人的犯罪故意内容往往是不确定的，犯罪行为无论是造成轻伤害、重伤害还是死亡结果，均在行为人的故意之中，因此应以行为实际造成的结果定罪，造成轻伤或者重伤结果的，以（间接）故意伤害论处，造成死亡结果发生的，以（间接）故意杀人罪论处。

3. 划清故意伤害（致死）罪与过失致人死亡罪的界限。两者区分的关键是要查明行为人是否有伤害的故意，无论是故意伤害罪还是过失致人死亡罪，行为人对于死亡结果的发生均出于过失，但是故意伤害罪的行为人只有伤害的故意而无杀人的故意，而过失致人死亡罪既无杀人的故意，也无伤害的故意。行为人基于轻伤或者重伤他人的故意而过失地造成他人死亡的，以故意伤害（致死）罪论处；行为人并无伤害、杀害他人的故意而过失地造成他人死亡结果发生的，以过失致人死亡罪论处。没有伤害故意的一般殴打行为造成他人死亡的，行为人主观上有过失的，应当以过失致人死亡罪论处，没有过失的按意外事件处理。行为人以一般殴打行为作为暴力手段实施抗税、强迫交易、侮辱、妨害公务等犯罪，过失造成被害人死亡的，既构成抗税罪、强迫交易罪、侮辱罪、妨害公务罪等犯罪，又构成过失致人死亡罪，应按想象竞合犯原则处理。

4. 划清故意伤害罪与包含伤害要件的其他犯罪的界限。我国《刑法》第234条规定："本法另有规定的，依照规定。"这是指行为人在实施其他故意犯罪的过程中，故意伤害他人，刑法其他条文另有规定的，应依照各有关条文定罪量刑，不以故意伤害罪论。例如，犯强奸、抢劫、拐卖妇女等犯罪致人死亡的，应依照各相关条文定罪量刑，不以故意伤害罪论处。但是，犯非法拘禁罪使用暴力致人伤残的，犯刑讯逼供罪或暴力取证罪致人伤残的，犯虐待被监管人罪致人伤残的，犯聚众斗殴罪致人重伤的等情况，应当以故意伤害罪论处。

**（四）故意伤害罪的法定刑**

我国《刑法》第234条规定，犯故意伤害罪的，处3年以下有期徒刑、拘役或者管制；致人重伤的，处3年以上10年以下有期徒刑；致人死亡的或者以特别残忍手段致人重伤造成严重残疾的，处10年以上有期徒刑、无期徒刑或者死刑。本法另有规定的，依照规定。

**四、组织出卖人体器官罪**

**（一）组织出卖人体器官罪的概念**

组织出卖人体器官罪，是指违反国家有关规定，组织他人出卖人体器官的行为。

（二）组织出卖人体器官罪的构成特征

1. 侵犯客体是他人的生命、健康权利。

2. 客观方面表现为违反国务院《人体器官移植条例》及卫生部《关于规范活体器官移植的若干规定》等有关规定，组织他人出卖人体器官的行为。"人体器官"，如心脏、肺脏、肝脏、肾脏、胰腺等器官。"组织"，是指对提供人体器官的人实施的领导、策划、指挥、招募、雇用、控制等行为。"出卖"，是指将人体器官作价售卖的行为。"他人"，指人体器官的供体，即人体器官的捐献者，实则是受害人。

3. 犯罪主体是一般主体。

4. 主观方面表现为直接故意。行为人明知是组织他人出卖人体器官而依然去实施。"明知"包含确切地知道和可能知道。实践中行为人一般具有营利的目的。

（三）组织出卖人体器官罪的认定

1. 划清罪与非罪的界限。

本罪的行为是组织他人出卖人体器官的行为，应受刑事惩罚；而违反国务院《人体器官移植条例》的其他多种行为，属于违法行为，应按《条例》规定的行政处罚或者行政处理手段解决。

2. 划清本罪与其他相关犯罪的界限。

（1）划清本罪与故意伤害罪、故意杀人罪的界限。对于未经本人同意摘取其器官，或者摘取不满18周岁的人的器官，或者强迫、欺骗他人捐献器官的，依照故意伤害罪、故意杀人罪定罪处罚。本罪是组织具有完全行为能力人自主决定出卖人体器官的行为。

（2）划清本罪与盗窃、侮辱尸体罪的界限。违背本人生前意愿摘取其尸体器官，或者本人生前未表示同意，违反国家规定，违背其近亲属意愿摘取其尸体器官的，依照盗窃、侮辱尸体罪定罪处罚。本罪是组织他人自主决定出卖其人体器官的行为。

（四）组织出卖人体器官罪的法定刑

《刑法修正案（八）》第37条增设的《刑法》第234条之一第1款规定，犯组织出卖人体器官罪的，处5年以下有期徒刑，并处罚金；情节严重的，处5年以上有期徒刑，并处罚金或者没收财产。"情节严重"是本罪的加重处罚情节，实践中一般指多次（3次以上）组织，组织多人（3人以上），因组织出卖人体器官获利数额较大，组织出卖人体器官造成严重后果的，等等。


五、强奸罪

（一）强奸罪的概念

强奸罪，是指违背妇女意志，以暴力、胁迫或者其他手段，强行与其发生性交，或者同不满14周岁的幼女发生性关系的行为。

（二）强奸罪的构成特征

1. 侵犯客体是妇女性的不可侵犯的权利或者幼女的身心健康。妇女性的不可侵犯权是妇女人身自由权的一部分，即妇女按照自己的自由意志决定是否发生和与何人发生性行为的权利。侵害对象包括年满18周岁的成年妇女、已满14周岁不满18周岁的少女以及不满14周岁的幼女。

2. 客观方面表现为以暴力、胁迫或者其他手段强奸妇女的行为。行为人的行为是否构成强奸，应同时从以下两个方面进行判断：

（1）性交行为违背妇女意志，这是强奸行为的内在属性。违背妇女意志可以从以下三个方面进行把握：①性交行为违背妇女意志，是指性交当时未取得妇女的同意，这是违背妇女意志的内涵。性交当时得到妇女同意，事后妇女因其他原因反悔的，不属于违背妇女意志。②性交行为违背妇女意志，是指行为人在主观上认识到自己的行为违背妇女的意志，而且客观上也确实违背了妇女的意志，这是违背妇女意志的外延。行为人本想违背妇女意志，强行与其性交，但实际上并未违背妇女意志的，不构成强奸罪。③性交行为违背妇女意志，一般应当排除丈夫违背妻子意志强行与妻子性交的情形，这是对违背妇女意志的必要限制。行为人误以妻子为他女而加以强奸的，仍构成犯罪，属于对象不能犯的未遂。

（2）性交行为被强行进行，这是强奸行为的外在属性。所谓性交行为被强行进行，是指行为人采取暴力、胁迫或者其他手段，使被害妇女不能抗拒、不敢抗拒、不知抗拒，从而违背妇女意志，强行与妇女性交的。所谓暴力手段，是指犯罪分子直接对被害妇女采用殴打、捆绑、卡脖子、按倒等危害人身安全或者人身自由，使被害妇女不能抗拒的手段。所谓胁迫手段，是指犯罪分子对被害妇女威胁、恫吓，从而达到精神上的强制，使被害妇女不敢抗拒的手段。例如，手持凶器威吓，扬言行凶报复、揭发隐私、加害亲属等相威胁，利用封建迷信进行恐吓、欺骗，利用教养关系、从属关系、职权以及孤立无援的环境条件，进行挟制、迫害等，使妇女忍辱屈从，不敢抗拒。所谓其他手段，是指利用暴力、胁迫以外的，使被害妇女不知抗拒或者无法抗拒的手段。例如，利用妇女患重病、熟睡之机，进行奸淫；以醉酒、药物麻醉，以及利用或者假冒治病，利用催眠术使妇女不知反抗等方法对妇女进行奸淫。

强奸行为的上述内在属性和外在属性，必须同时具备，缺一不可。依照有关司法解释和司法实践经验，审判实践中，应当注意以下三点：①行为人明知是精神病患者或者程度严重的痴呆者而与其发生性行为的，不管犯罪分子采取何种手段，都应以强奸罪论处。与间歇性精神病患者在未发病期间发生性交行为，妇女本人同意的，不构成强奸罪。②在认定是否违背妇女意志时，不能以被害妇女作风好坏来划分。强行与作风不好的妇女发生性行为的，也应定强奸罪。③认定强奸罪不能以被害妇女是否有反抗表示作为必要条件。对被害妇女未作反抗表示或者反抗表示不明显的，要具体分析、加以区别。

奸淫幼女是一种特殊形式的强奸罪，一般来说不论行为人采用什么手段，也不论被害幼女是否同意或者是否抗拒，只要与幼女发生性行为，就构成犯罪。

3. 犯罪主体是特殊主体，即年满 14 周岁并具有刑事责任能力的男子。妇女单独不能成为强奸罪的主体，但可以成为强奸罪的共犯或者间接实行犯。

4. 主观方面表现为强行奸淫妇女的故意。即行为人明知自己的行为违背妇女的意志而强行与妇女性交。根据 2003 年 1 月 17 日最高人民法院的批复，行为人明知是不满 14 周岁的幼女而与其发生性关系，不论幼女是否自愿，均应以强奸罪从重处罚。

**（三）强奸罪的认定**

1. 划清强奸罪与男女在恋爱过程中自愿发生的不正当性行为的界限。未婚男女在恋爱过程中发生性行为，属道德领域内的问题，不能用刑事方法解决。在恋爱期间，男方采取强制手段与女方发生性交，女方当时并未告发，但后来男女双方感情破裂，女方告发男方强奸的，不宜认定为强奸罪。

2. 划清强奸罪与通奸行为的界限。通奸，是指双方或者一方有配偶的男女，自愿发生的不正当性交行为。通奸与强奸有着本质的区别，本不难区分，但在审判实践中，应当注意以下几方面的问题：（1）有的妇女与人通奸，一旦翻脸，关系恶化，或者事情败露怕丢面子，或者为推卸责任、嫁祸于人等情况，把通奸说成强奸的，不能定为强奸罪。在办案中，对于所谓半推半就的问题，要对双方平时的关系如何，性行为在什么环境和情况下发生的，事情发生后女方的态度怎样，又在什么情况下告发等事实和情节，认真审查清楚，作全面的分析，不是确系违背妇女意志的，一般不宜按强奸罪论处。如果确系违背妇女意志的，以强奸罪惩处。（2）第一次性行为违背妇女意志，但事后并未告发，后来女方又多次自愿与该男子发生性行为的，一般不宜以强奸罪论处。（3）犯罪分子强奸妇女后，对被害妇女实施精神上的威胁，迫使其继续忍辱屈从的，应以强奸罪论处。（4）男女双方先通奸，后来女方不愿意继续通奸，而男方纠缠不休，并以暴力或者以破坏名誉等进行胁迫，强行与其发生性行为的，以强奸罪论处。

3. 求奸未成与强奸未遂的界限。求奸未成，是指行为人以不正当的请求与女方发生性行为，而未获女方同意的情形。虽然求奸者主观上意图与女方发生性行为，客观上往往也有拉衣扯裤、拥抱猥亵等行为，但求奸者主观上无强行奸淫的故意，客观上无强行性交的行为，一旦妇女坚决拒绝，便即停手，不能以强奸罪论处。而强奸罪未遂则是指行为人已经着手实施强奸行为，但由于意志以外的原因，强行性交的行为没有完成。

**（四）强奸罪的法定刑**

我国《刑法》第236条规定，犯强奸罪的，处3年以上10年以下有期徒刑。奸淫不满14周岁的幼女的，以强奸论，从重处罚。有下列情形之一的，处10年以上有期徒刑、无期徒刑或者死刑：（1）强奸妇女、奸淫幼女情节恶劣的。情节恶劣，是指下列四种情节以外的，有其他恶劣情节者，如动机卑鄙、手段残酷、多次强奸妇女、奸淫幼女等。（2）强奸妇女、奸淫幼女多人的。多人，当指三人以上。（3）在公共场所当众强奸妇女。当众，是指能为三个以上的不特定的人所见所闻的情形。（4）两人以上轮奸的。轮奸，是指两个以上的男子对同一妇女在同一时间内进行强奸。（5）致使被害人重伤、死亡或者造成其他严重后果的。致被害人重伤、死亡，是指强奸妇女、奸淫幼女导致被害人性器官严重损伤，或者其他严重伤害，甚至当场死亡或者经抢救无效死亡。

**六、强制猥亵、侮辱罪**

**（一）强制猥亵、侮辱罪的概念**

强制猥亵、侮辱罪，是指违背他人意志，以暴力、胁迫或者其他方法强制猥亵他人或者侮辱妇女的行为。

**（二）强制猥亵、侮辱罪的构成特征**

1. 侵犯客体是他人的人格、尊严和人身自由权利。本罪中强制猥亵的犯罪对象是他人，包含男人和女人。年满18周岁的成年女性对已满14周岁不满18周岁的少女进行侮辱通常划入猥亵他人之中。对不满14周岁的幼女进行侮辱属于猥亵不满14周岁的幼女的，以猥亵儿童罪定罪处罚。

2. 客观方面表现为行为人违背他人意志，以暴力、胁迫或者其他方法使他人处于不能抗拒、不敢抗拒或者不知抗拒的状态而强制猥亵他人或侮辱妇女行为。所谓暴力，是指对他人的人身施加外力打击或强制，如殴打、捆绑、强拉强拽等。所谓胁迫，是指以实施杀害、伤害或揭发隐私等行为进行恫吓、威胁。所谓其他方法，是指暴力、胁迫方法以外的使他人不能反抗或不知反抗的方法，如用酒灌醉、用药物麻醉、乘他人熟睡或者患重病等。所谓猥亵，是指对他人实施奸淫行为以外的、能够使行为人自己或同伴得到性欲上的刺激、兴奋或者满足的有伤风化的性侵行为。所谓侮辱，是指对妇女实施使其倍感难堪、羞辱的淫秽下流行为。猥亵他人、侮辱妇女的行为方式多种多样，如对受害人强行搂抱、亲吻、舔吮、抠摸妇女，强行脱光衣服，涂抹污物，故意显露生殖器等性侵行为。

3. 犯罪主体是一般主体。

4. 主观方面是直接故意，但不是以奸淫为目的。其动机通常是寻求性刺激。

**（三）强制猥亵、侮辱罪的认定**

1. 强制猥亵、侮辱罪与非罪的界限。主要是指强制猥亵、侮辱罪与一般猥亵、侮辱的违法行为的界限。区别的关键就是看行为人是否使用了强制性手段和方法，以及这种强制性是否达到了犯罪的程度。如果行为人实施猥亵、侮辱行为并未使用暴力、胁迫或其他使他人处于不能抗拒、不敢抗拒或者不知抗拒状态的强制性手段，就不能以犯罪论处；或者即使使用了强制性手段，但是情节显著轻微危害不大的，也不能以犯罪论处。

2. 强制猥亵、侮辱罪与强奸罪（未遂）的界限。以妇女为侵害的对象进行强制猥亵、侮辱时，与强奸罪使用的犯罪手段基本一致，具体行为的表现方式也有较多相似之处，因而在强奸未遂的情况下往往容易将二者混淆。二者的区别主要表现在以下几方面：（1）主观故意的内容不同。强奸罪是以与妇女发生性交行为为目的；强制猥亵、侮辱妇女的犯罪则不是以与妇女发生性交行为为目的。这是区分二者的关键所在。（2）客观方面的行为不完全相同。强制猥亵、侮辱妇女的犯罪是对妇女实施性交行为以外的猥亵、侮辱等性侵行为，没有与妇女发生性交的行为；强奸罪则是对妇女实施性交行为，即使由于行为人自身原因而致性交行为未能完成，也应认定为强奸罪（未遂）。（3）犯罪主体的范围不完全相同。强制猥亵、侮辱妇女的犯罪的实行犯既可以是男子，也可以是妇女；强奸罪目的行为（即与妇女的性交行为）的实行犯则只能是男子。

**（四）强制猥亵、侮辱罪的法定刑**

《刑法修正案（九）》第13条对《刑法》第237条修订后规定，犯强制猥亵、侮辱罪的，处5年以下有期徒刑或者拘役；聚众或者在公共场所当众犯本罪的，或者有其他恶劣情节的，处5年以上有期徒刑。

根据司法解释，对已满14周岁的未成年男性实施猥亵，造成被害人轻伤以上后果，符合《刑法》第234条或者第232条规定的，以故意伤害罪或者故意杀人罪和强制猥亵罪的想象竞合犯从一重罪处理。

**七、猥亵儿童罪**

**（一）猥亵儿童罪的概念**

猥亵儿童罪，是指猥亵不满14周岁儿童的行为。

**（二）猥亵儿童罪的构成特征**

1. 侵犯客体是儿童的人格尊严和身心健康。侵犯对象必须是不满14周岁的男女儿童。

2. 客观方面表现为猥亵儿童的行为。猥亵包括采用殴打、捆绑等强制手段，也包括采用欺骗、引诱等非强制手段，对儿童进行鸡奸、让儿童为其手淫、强行亲吻、搂抱、抠摸儿童的身体敏感部位等性侵行为。

3. 犯罪主体为一般主体，即年满 16 周岁并具备刑事责任能力的男性或女性自然人。

4. 主观方面是直接故意。

**（三）猥亵儿童罪的认定**

1. 猥亵儿童罪与强制猥亵、侮辱罪的界限。两罪的主要区分是侵犯对象的年龄不同，本罪侵犯的对象是未满 14 周岁的男女儿童，而强制猥亵、侮辱罪侵犯的是已满 14 周岁的男性或女性自然人。

2. 猥亵儿童罪与相关犯罪的认定处理问题。在实施猥亵儿童犯罪行为时，造成儿童轻伤以上后果，符合《刑法》第 234 条或者第 232 条的规定，构成故意伤害罪或故意杀人罪的，依照处罚较重的规定定罪处罚。

**（四）猥亵儿童罪的法定刑**

依照我国《刑法》第 237 条第 3 款规定，犯猥亵儿童罪的，依照强制猥亵、侮辱罪的法定刑规定从重处罚。

### 八、非法拘禁罪

**（一）非法拘禁罪的概念**

非法拘禁罪，是指非法拘禁他人或者以其他方法非法剥夺他人人身自由的行为。

**（二）非法拘禁罪的构成特征**

1. 侵犯客体是他人的人身自由权利。

2. 客观方面表现为非法对被害人的身体进行强制，使被害人失去人身行动自由的行为。

3. 犯罪主体是一般主体。

4. 主观方面表现为故意。行为人的动机多种多样，如为了报复、为了索取债务等，但是行为人为了出卖他人、为了勒索财物、为了绑架他人作为人质的，不构成本罪。

**（三）非法拘禁罪的认定**

1. 非法拘禁罪是持续犯，非法剥夺他人人身自由的行为是一种持续行为，即该行为在一定时间内处于继续状态，具有不间断性。行为人只要实施了非法剥夺他人人身自由的行为即构成犯罪，行为持续时间的长短不影响本罪的成立，但是应当作为量刑的情节加以考虑。当然，非法拘禁时间很短，情节轻微危害不大的，不以犯罪论。根据五部委 2014 年 4 月 22 日起执行的《关于依法惩处涉医违法犯罪维护正常医疗秩序的意见》第 2 条第 3 项的规定，以不准离开工作场所等方式非法限制医务人员人身自由构成犯罪的，以非法拘禁罪定罪处罚。

2. 非法拘禁罪的转化。依照我国《刑法》第 238 条的规定，使用暴力犯非法拘禁罪，致人伤残、死亡的，应以故意伤害罪、故意杀人罪论处。非法拘禁罪转化为故意伤害罪、故意杀人罪，应当具备两个条件：（1）行为人必须是以暴力方法犯非法拘禁罪，即行为人的行为具备非法拘禁罪的基本构成，而且客观上以暴力为手段，主观上行为人也认识到自己以暴力为手段实施非法拘禁的行为。（2）客观上必须造成被害人重伤、死亡结果的发生，至于行为人主观上对于重伤、死亡结果的发生是故意还是过失，法律没有明确规定。对此可作两种理解：一种理解是，无论行为人主观上对重伤、死亡结果的发生是故意还是过失，只要行为人故意使用暴力犯非法拘禁，致人重伤、死亡的，就应当以故意伤害罪、故意杀人罪论处。另一种理解是，行为人对重伤、死亡结果的发生具有过失，而不是故意的心理态度。这两种理解似乎都有一定的道理，但又都有一定的问题。如果按照第一种理解，就会形成这样的结论，行为人故意犯某罪，过失地造成一种严重的危害结果，则转化为一种更重的故意犯罪。这样理解似有客观归罪之嫌。如果按照第二种理解，则立法者关于非法拘禁罪转化的规定实无必要，因为如果行为人以暴力方法犯非法拘禁罪，故意地造成被害人死亡结果发生的，无论立法者是否作出特别规定，都应当以故意杀人罪论处。所以，按照第二种理解，体现不出立法者对故意以暴力方法犯非法拘禁罪致人重伤、死亡，从严惩处的立法意图。如果相对多一些地从刑事政策的角度考虑，我们倾向于第一种理解。

**（四）非法拘禁罪的法定刑**

我国《刑法》第 238 条规定，犯非法拘禁罪的，处 3 年以下有期徒刑、拘役、管制或者剥夺政治权利；具有殴打、侮辱情节的，从重处罚。犯本罪致人重伤的，处 3 年以上 10 年以下有期徒刑；致人死亡的，处 10 年以上有期徒刑。国家机关工作人员利用职权犯本罪的，从重处罚。

## 九、绑架罪

**（一）绑架罪的概念**

绑架罪，是指以勒索财物为目的绑架他人，或者绑架他人作为人质，或者以勒索财物为目的偷盗婴幼儿的行为。

**（二）绑架罪的构成特征**

1. 侵犯客体是他人的人身权利。

2. 客观方面表现为绑架他人或者偷盗婴幼儿的行为。所谓绑架，是指用暴力、胁迫、麻醉或者其他强制性手段将他人劫持，置于自己的控制之下，使其失去行动自由的行为。偷盗婴幼儿，是指采取不为婴幼儿父母、监护人、保姆等看护人知晓的秘密方式偷盗不满 1 周岁的婴儿或者 1 周岁以上 6 周岁以下的幼儿的行为。

3. 犯罪主体是一般主体。

4. 主观方面是故意，并以勒索财物或者劫持他人作为人质为目的。

**（三）绑架罪的认定**

1. 划清绑架罪与非法拘禁罪的界限。两者在主体、客体和客观方面等方面都基本相同，主观方面也都是故意，但故意的内容有所不同，区分的关键是前者既以剥夺他人人身自由为目的，又以勒索财物或者劫持他人作为人质为法定的目的，后者的主观方面也以非法剥夺他人人身自由为目的，但是并不具有勒索他人财物和绑架他人作为人质的目的。行为人为了索取债务而采取绑架的方式非法剥夺他人人身自由的，构成非法拘禁罪，不构成绑架罪。

2. 绑架罪既遂与未遂的认定。行为人以勒索财物为目的的劫持他人并把他人置于自己的控制之下的，或者将他人置于自己控制之下作为人质的，或者以勒索财物为目的完成偷盗婴幼儿的行为的，即构成既遂，行为人勒索财物的目的或者其他非法目的是否达到，不影响本罪既遂的成立。行为人实施了偷盗婴幼儿的行为但未能完成偷盗行为，或者完成偷盗行为但未能造成婴幼儿的父母、监护人或者其他合法之看护人失去对婴幼儿之监护的，属于未遂。

**（四）绑架罪的法定刑**

根据《刑法修正案（九）》第 14 条修改后的我国《刑法》第 239 条规定，犯绑架罪的，处 10 年以上有期徒刑或者无期徒刑，并处罚金或者没收财产；情节较轻的，处 5 年以上 10 年以下有期徒刑，并处罚金；杀害被绑架人的，或者故意伤害被绑架人，致人重伤、死亡的，处无期徒刑或者死刑，并处没收财产。

以勒索财物为目的偷盗婴幼儿的，依照前述规定处罚。

### 十、拐卖妇女、儿童罪

#### （一）拐卖妇女、儿童罪的概念

拐卖妇女、儿童罪，是指以出卖为目的，拐骗、绑架、收买、贩卖、接送、中转妇女、儿童的行为。

#### （二）拐卖妇女、儿童罪的构成特征

1. 侵犯客体是妇女、儿童的人身自由权利。

2. 客观方面表现为拐卖妇女、儿童的行为，即拐骗、绑架、收买、贩卖、接送或者中转年满 14 周岁的妇女或者未满 14 周岁的儿童的行为。拐卖已满 14 周岁的男子的行为，不构成本罪，可以非法拘禁罪论处。

3. 犯罪主体是一般主体。

4. 主观方面表现为直接故意，并以出卖为目的。

#### （三）拐卖妇女、儿童罪的认定

1. 认定是否出卖是本罪成立的关键要素。根据司法解释，下列情形应认定为本罪：（1）以出卖为目的强抢儿童，或者捡拾儿童后予以出卖的；（2）以抚养为目的偷盗婴幼儿或者拐骗儿童，之后予以出卖的；（3）以非法获利为目的，出卖亲生子女的；（4）医疗机构、社会福利机构等单位的工作人员以非法获利为目的，将所诊疗、护理、抚养的儿童贩卖给他人的。

2. 划清拐卖妇女罪与介绍婚姻借以索取财物的界限。以为男女双方作为婚姻介绍人而向其中一方或者双方索取财物的，并未实施拐骗、绑架、收买、贩卖、接送、中转等行为，也不是以出卖为目的，没有侵害到妇女的人身自由权利，不构成犯罪。

3. 划清拐卖妇女、儿童罪与绑架罪的界限。两者的主要区别在于，犯罪目的不同，前者以出卖为目的；后者以勒索财物或者扣押人质为目的。犯罪对象不同，前者仅仅限于妇女、儿童；后者的对象可以是任何人。

#### （四）拐卖妇女、儿童罪的法定刑

我国《刑法》第 240 条规定，犯拐卖妇女、儿童罪的，处 5 年以上 10 年以下有期徒刑，并处罚金；有下列情节之一的，处 10 年以上有期徒刑或者无期徒刑，并处罚金或者没收财产；情节特别严重的，处死刑，并处没收财产：

（1）拐卖妇女、儿童集团的首要分子；

（2）拐卖妇女、儿童三人以上的；

（3）奸淫被拐卖的妇女；

（4）诱骗、强迫被拐卖的妇女卖淫或者将被拐卖的妇女卖给他人迫使其卖淫的；

（5）以出卖为目的，使用暴力、胁迫或者麻醉方法绑架妇女、儿童的；

（6）以出卖为目的，偷盗婴幼儿的；

（7）造成被拐卖的妇女、儿童或者其亲属重伤、死亡或者其他严重后果的；

（8）将妇女、儿童卖往境外的。

上述 8 项情节中的第 3 项情节，是指行为人在拐卖妇女的过程中，与被害妇女（包括幼女）发生性交行为，不论行为人是否使用了暴力、胁迫等强制手段，也不论被害妇女是否有反抗表示。第 7 项情节，不包括故意伤害、杀人的情形，行为人对被害人进行故意重伤、杀害的，应将故意伤害罪、故意杀人罪与拐卖妇女、儿童罪实行数罪并罚。此外，根据司法解释，猥亵、侮辱受害人构成其他犯罪的，依照本罪与构成的罪实行数罪并罚；组织、教唆受害人实施其他犯罪的，按数罪并罚原则处罚。

### 十一、收买被拐卖的妇女、儿童罪

#### （一）收买被拐卖的妇女、儿童罪的概念

收买被拐卖的妇女、儿童罪，是指不以出卖为目的，收买被拐卖的妇女、儿童的行为。

#### （二）收买被拐卖的妇女、儿童罪的构成特征

1. 侵犯客体是被拐卖妇女、儿童的人身自由权利和人格尊严。犯罪对象是被拐卖的妇女、儿童。

2. 客观方面表现为以金钱或其他财物收买被拐卖的妇女或者儿童，并对被拐卖人实施人身控制的行为。

3. 犯罪主体是一般主体。

4. 主观方面表现为直接故意，即明知是被拐卖的妇女、儿童而予以收买。过失不构成犯罪。实践中多出于买来做妻子或子女的动机，不具有再出卖的目的。

#### （三）收买被拐卖的妇女、儿童罪的认定

1. 划清收买被拐卖的妇女、儿童罪与拐卖妇女、儿童罪的界限。关键是查明行为人收买被拐卖妇女、儿童的目的，若是不以出卖为目的的收买行为则成立本罪；若将收买来的妇女、儿童进行出卖的，则构成拐卖妇女、儿童罪。

2. 划清一罪与数罪的界限。一种情况是强行与收买来的被拐卖的妇女发生性关系的，依照本罪与强奸罪实行数罪并罚。另一种情况是，对收买来的被拐卖妇女、儿童进行非法剥夺、限制人身自由或者有伤害、侮辱犯罪行为的，依照本罪与非法拘禁罪或者故意伤害罪、侮辱罪实行数罪并罚。根据司法解释，犯本罪又阻碍解救受害人的，组织、诱骗、强迫受害人实施其他犯罪的，造成受害人及其亲属重伤、死亡以及其他严重后果的，实行数罪并罚。

#### （四）收买被拐卖的妇女、儿童罪的法定刑

我国《刑法》第 241 条第 1 款规定，犯收买被拐卖的妇女、儿童罪的，处 3 年以下有期徒刑、拘役或者管制。

《刑法修正案（九）》第 15 条对《刑法》第 241 条第 6 款修订后规定，犯本罪，对被买儿童没有虐待行为，不阻碍对其进行解救的，可以从轻处罚；按照被买妇女的意愿，不阻碍其返回原居住地的，可以从轻或者减轻处罚。

### 十二、雇用童工从事危重劳动罪

#### （一）雇用童工从事危重劳动罪的概念

雇用童工从事危重劳动罪，是指违反劳动管理法规，雇用未满 16 周岁的未成年人从事超强度体力劳动，或者高空、井下作业，或者在爆炸性、易燃性、放射性、毒害性等危险环

境下从事劳动，情节严重的行为。

**（二）雇用童工从事危重劳动罪的构成特征**

1. 侵犯客体是未成年人的身心健康。犯罪对象是童工。"童工"，是指未满16周岁，与单位或者个人发生劳动关系，从事有经济收入的劳动或者从事个体劳动的少年儿童。

2. 客观方面表现为违反劳动管理法规，雇用未满16周岁的未成年人从事超强度体力劳动，或者高空、井下作业，或者在爆炸性、易燃性、放射性、毒害性等危险环境下从事劳动，情节严重的行为。违反劳动管理法规，是指违反《中华人民共和国劳动法》及其他劳动行政法规，这是本罪构成的前提条件。本罪在客观方面有三种具体表现形式：（1）雇用童工从事"超强度体力劳动"，是指使童工从事国家禁止的《体力劳动强度分级》国家标准中第四级体力劳动强度的作业。（2）雇用童工从事"高空、井下作业"，是指使童工从事国家禁止的《高处作业分级》国家标准中第二级以上的高处作业和矿山井下作业。（3）雇用童工"在爆炸性、易燃性、放射性、毒害性等危险环境下"从事劳动，具体指使童工在具有爆炸性能、能够引起爆炸的各种用于爆破、杀伤的物质的环境下从事劳动；指使童工在具有各种极易引起燃烧的化学物品、液剂的环境下从事劳动；指使童工在具有含有放射性能的化学元素或其他物质的环境下从事劳动，该物质对人体或牲畜能够造成严重损害；指使童工在具有含有能致人死亡的毒性的有机物或者无机物的环境下从事劳动。行为人只要具有雇用童工从事上述三种形式的危重劳动中的一种即符合本罪的客观要件。

按照法律规定，雇用童工从事危重劳动的行为，必须达到情节严重的程度才能构成犯罪。"情节严重"一般是指雇用多名童工或多次非法雇用童工或长时间非法雇用童工从事法律禁止的危重劳动；还指因从事法律禁止的危重劳动造成严重后果，影响未满16周岁未成年人的身心健康和正常发育等。

3. 犯罪主体既可以是单位，也可以是自然人。按照法律规定，单位犯该罪，只追究"直接责任人员"（含直接负责的主管人员和其他直接责任人员）的刑事责任。

4. 主观方面表现为故意，包括直接故意和间接故意。

**（三）雇用童工从事危重劳动罪的认定**

1. 划清非法雇用童工与合法招用童工的界限。法律禁止使用童工，但是法律允许文艺、体育单位经未成年人的父母或其他监护人的同意招用不满16周岁的专业文艺工作者、运动员，并保障其身心健康和接受义务教育的权利。

2. 划清雇用童工从事危重劳动罪与非罪行为的界限。这里，情节是否严重应该是区分本罪与一般违反劳动管理法规行为的界限。

**（四）雇用童工从事危重劳动罪的法定刑**

我国《刑法修正案（四）》第4条新增加的《刑法》第244条之一第1款规定，犯雇用童工从事危重劳动罪的，处3年以下有期徒刑或者拘役，并处罚金；情节特别严重的，处3年以上7年以下有期徒刑，并处罚金。

第2款规定，有前款行为，造成事故，又构成其他犯罪的，依照数罪并罚的规定处罚。

**十三、诬告陷害罪**

**（一）诬告陷害罪的概念**

诬告陷害罪，是指捏造事实诬告陷害他人，意图使他人受刑事追究，情节严重的行为。

## （二）诬告陷害罪的构成特征

1. 侵犯客体是公民的人身权利和国家司法机关的正常活动。这里所说的对公民人身权利的侵犯，具体表现为对公民人身自由的一种威胁或者实际损害。

2. 客观方面表现为捏造他人犯罪的事实，并向国家机关或者有关单位与人员告发，或者采取其他足以引起司法机关追究活动的行为。具体说包括以下三点：（1）诬告陷害必须有捏造犯罪事实的行为。所谓捏造，是指完全虚构犯罪事实。至于行为人是否也捏造了有罪证据，不影响本罪的成立。如果行为人捏造的事实只是一般违法行为、不道德行为或者其他错误事实则不构成本罪。（2）诬告陷害行为必须向有关机关或者人员告发，或者采用了足以引起司法机关追究活动的方法。告发的具体形式多种多样，可以是直接告发，也可以是间接告发，可以是口头告发，也可以是书面告发，可以是署名告发，也可以是匿名告发。（3）诬告陷害行为必须指向特定的人。也就是说，构成本罪必须有特定的对象，如果没有特定的诬告陷害对象，而只是虚报案情，没有明示或者暗示是谁作案的，不构成本罪。诬告陷害行为，情节严重的，才构成犯罪，否则不构成犯罪。

3. 犯罪主体是一般主体。

4. 主观方面表现为故意，并具有使他人受到刑事追究的目的。

### （三）诬告陷害罪的认定

划清诬告与错告、检举失实的界限。诬告行为的行为人具有诬告陷害他人的故意，并以使他人受到刑事追究为目的，客观上具有捏造他人犯罪事实并告发的行为；错告或者检举失实的行为人没有诬告陷害他人的故意和意图使他人受刑事追究的目的，行为人认为自己所告发的事实是真实的而不是虚伪的。因此，诬告陷害他人情节严重的，以犯罪论。不是有意诬陷，而是错告，或者检举失实的，不以诬告陷害罪论。

### （四）诬告陷害罪的法定刑

我国《刑法》第 243 条规定，犯诬告陷害罪的，处 3 年以下有期徒刑、拘役或者管制；造成严重后果的，处 3 年以上 10 年以下有期徒刑。国家机关工作人员犯本罪的，从重处罚。

## 十四、侮辱罪

### （一）侮辱罪的概念

侮辱罪，是指使用暴力或者其他方法，公然贬低他人人格，败坏他人名誉，情节严重的行为。

### （二）侮辱罪的构成特征

1. 侵犯客体是他人的人格、名誉。

2. 客观方面表现为以暴力或者其他方法公然侮辱他人，损害他人人格和名誉的行为。（1）侮辱行为必须采取暴力或者其他方法进行。实践中，侮辱行为的方法主要包括暴力、言词、文字图画三种方法。暴力方法，是指用人身强制方法对他人进行侮辱，如强迫被害人吃屎喝尿、扒光被害人的衣服当众羞辱、强迫被害人做一些侮辱性动作等。言词方法，主要是指使用言辞对被害人进行诋毁、辱骂、嘲笑，使被害人受辱。文字图画的方法，是指以书面文字或者图画的方法损害他人人格与名誉，如书写、张贴、散发、邮寄、传阅有损他人人格与名誉的大字报、小字报、漫画、标语、信件等。（2）侮辱行为必须公然进行。所谓公然进行，是指侮辱行为在众多人在场的情况下进行，即能为众多人所见所闻的条件下进行，至于侮辱行为有多少人知悉，被害人是否在场，均不影响本罪的成立。（3）侮辱行为必须针对特定的人进行。特定的人可以是一人，也可以是多人。大庭广众之下进行无特定对象的谩骂，不构成犯罪，如果行为人尽管没有指名道姓地进行侮辱行为，但是其他人可以知道行为人所侮辱对象的，亦构成犯罪。根据五部委 2014 年 4 月 22 日起执行的《关于依法惩处涉医违法犯罪维护正常医疗秩序的意见》第 2 条第 4 项的规定，采取暴力或者其他方法公然侮辱医务人员情节严重的，构成侮辱罪。

3. 犯罪主体是一般主体。

4. 主观方面表现为故意，并具有损害他人人格、名誉的目的。

**（三）侮辱罪的认定**

侮辱行为，必须是情节严重的，才构成犯罪，否则不构成犯罪。所谓情节严重，法律没有具体规定，审判实践中一般是指手段恶劣的，后果严重的，造成严重的社会影响或者政治影响的，严重危害社会或者国家利益的，等等。

**（四）侮辱罪的法定刑**

我国《刑法》第 246 条第 1 款规定，犯侮辱罪的，处 3 年以下有期徒刑、拘役、管制或者剥夺政治权利。

第 2 款规定，犯本罪，告诉的才处理，但是严重危害社会秩序和国家利益的除外。

《刑法修正案（九）》第 16 条对《刑法》第 246 条增订了第 3 款的规定，通过信息网络实施第 1 款规定的行为，被害人向人民法院告诉，但提供证据确有困难的，人民法院可以要求公安机关提供协助。

**十五、诽谤罪**

**（一）诽谤罪的概念**

诽谤罪，是指捏造并散布虚构的事实，损害他人人格与名誉，情节严重的行为。

**（二）诽谤罪的构成特征**

1. 侵犯客体是他人的人格与名誉。

2. 客观方面表现为捏造并散布某种虚构的事实，损害他人人格与名誉的行为。（1）诽谤必须以捏造事实的方法进行。所谓捏造事实，是指无中生有，凭空虚构事实。（2）诽谤必须散布其所捏造的事实。所谓散布，是指用口头、文字的方式将其捏造的虚假事实散布出去，让众多的人知道。（3）诽谤行为必须针对特定的人进行，这一点与侮辱罪相同。根据"两高" 2013 年 9 月 10 日起施行的《关于办理利用信息网络实施诽谤等刑事案件适用法律若干问题的解释》第 1 条的规定，具有下列情形之一的应认定为"捏造事实诽谤他人"：一是捏造损害他人名誉的事实，在信息网络上散布，或者组织、指使人员在信息网络上散布的；二是将信息网络上涉及他人的原始信息内容篡改为损害他人名誉的事实，在信息网络上散布，或者组织、指使人员在信息网络上散布的。明知是捏造的损害他人名誉的事实，在信息网络上散布，情节恶劣的，以"捏造事实诽谤他人"论。诽谤行为，情节严重的，才能构成犯罪。根据上述司法解释第 2 条的规定，利用信息网络诽谤他人，情节严重的有四种情形。

3. 犯罪主体是一般主体。

4. 主观方面表现为故意，并以损害他人人格、名誉为目的。

**（三）诽谤罪的认定**

1. 划清诽谤罪与非罪的界限。诽谤行为，情节严重的，才能构成犯罪。

2. 划清侮辱罪与诽谤罪的界限。侮辱罪与诽谤罪在犯罪主体、侵犯客体、主观方面都有相同或者相似之处，两者的区别关键有以下两点：（1）行为手段不同。侮辱罪的行为方式可以是口头、文字图画的形式，也可以是暴力的方式；诽谤罪的行为方式只能是口头或者文字图画的方式，而不可能是暴力的方式。（2）行为方式不同。侮辱罪可以不用具体事实，也可以用具体真实的被害人的隐私来损害被害人的人格和名誉，但不可能使用捏造并散布事实的方法；诽谤罪则必须捏造事实，并以公然散布这一事实为必要。

3. 划清诽谤罪与诬告陷害罪的界限。两者的共同点都表现为捏造事实，而且诽谤罪也可能捏造犯罪事实。两者的主要区别在于：（1）犯罪客体不同。诬告陷害罪的犯罪客体是公民的人身权利和国家司法机关的正常活动；诽谤罪的犯罪客体是他人的人格与名誉。（2）犯罪客观方面不同。诬告陷害罪在客观上表现为捏造犯罪事实，并且向国家机关或者其他有关部门单位告发或者采用了足以引起司法机关追究活动的行为；诽谤罪则表现为捏造损害他人人格、名誉的事实，并向他人散布，但并没有向国家机关或者有关部门单位告发。（3）犯罪主观方面不同。诬告陷害罪目的在于使他人受到刑事追究；诽谤罪目的在于损害他人人格、名誉，而不是为了使他人受到刑事追究。

**（四）诽谤罪的法定刑**

诽谤罪的法定刑规定同侮辱罪。

**十六、刑讯逼供罪**

**（一）刑讯逼供罪的概念**

刑讯逼供罪，是指司法工作人员对犯罪嫌疑人、被告人实行刑讯逼供的行为。

**（二）刑讯逼供罪的构成特征**

1. 侵犯客体是公民的人身权利和司法机关的正常活动。

2. 客观方面表现为对犯罪嫌疑人、被告人使用肉刑或者变相使用肉刑，逼取口供的行为。肉刑，是指对犯罪嫌疑人、被告人的肉体实施暴力打击，如殴打、吊打、捆绑以及其他方法折磨人的肉体。变相肉刑，是指对犯罪嫌疑人、被告人使用非暴力的摧残和折磨，如冻、饿、晒、车轮战等。

3. 犯罪主体是特殊主体，即司法工作人员。

4. 主观方面表现为故意，目的在于逼取口供。行为人的动机一般是为了迅速破案，也有的是为了显示自己的权势或者挟嫌报复，动机不同不影响本罪的构成。

**（三）刑讯逼供罪的认定**

我国《刑法》规定，行为人的行为具备刑讯逼供罪的基本犯罪构成，而且致人伤残、死亡的，刑讯逼供罪则转化为故意伤害罪、故意杀人罪，应依照故意伤害罪、故意杀人罪从重处罚。

**（四）刑讯逼供罪的法定刑**

我国《刑法》第247条规定，犯刑讯逼供罪的，处3年以下有期徒刑或者拘役。

**十七、侵犯公民个人信息罪**

**（一）侵犯公民个人信息罪的概念**

侵犯公民个人信息罪，是指违反国家有关规定，向他人出售或者提供公民个人信息，窃取或者以其他方法非法获取公民个人信息，情节严重的行为。

（二）侵犯公民个人信息罪的构成特征

1. 侵犯的客体是公民个人信息的安全和自由。

2. 客观方面表现为违反国家有关规定，侵犯公民个人信息，情节严重的行为。"违反国家有关规定"，是指违反法律、行政法规、部门规章有关公民个人信息保护的规定。"公民个人信息"，是指以电子或者其他方式记录的能够单独或者与其他信息结合识别特定自然人身份或者反映特定自然人活动情况的各种信息，包括姓名、身份证号码、通信通讯联系方式、住址、账号密码、财产状况、行踪轨迹等。行为表现方式有如下几种：一是出售公民个人信息，即将公民个人信息进行售卖的行为。二是提供公民个人信息，既包括违反国家关于保护公民个人信息的规定，向特定人提供公民个人信息，以及通过信息网络或者其他途径发布公民个人信息的行为；也包括未经被收集者同意，将合法收集的公民个人信息向他人提供的行为，但是经过处理无法识别特定个人且不能复原的除外。三是窃取公民个人信息，即采用秘密的或不为人知的方法取得他人个人信息的行为。四是以其他方法非法获取公民个人信息，指违反国家有关规定，通过购买、收受、交换等方式获取公民个人信息，或者在履行职责、提供服务的过程中收集公民个人信息的行为。侵犯公民个人信息，达到"情节严重"程度的构成犯罪。根据 2017 年 6 月 1 日起施行的最高人民法院、最高人民检察院《关于办理侵犯公民个人信息刑事案件适用法律若干问题的解释》（本罪中以下称《司法解释》），具有第 5 条第 1 款所列举十种情形之一的，以及第 6 条所列举三种情形之一的，应当认定为"情节严重"。

3. 犯罪主体是一般主体，包括年满 16 周岁且具有刑事责任能力的自然人和单位。

4. 主观方面表现为故意，包括直接故意和间接故意。从司法实践看，犯罪动机一般表现为牟利，但动机如何并不影响犯罪的成立。

（三）侵犯公民个人信息罪的认定

1. 划清罪与非罪的界限。关键把握两点：其一，行为是否"违反国家有关规定"；其二，行为是否达到"情节严重"的程度。

2. 划清本罪与相关犯罪的界限。（1）根据《司法解释》第 8 条的规定，设立用于实施非法获取、出售或者提供公民个人信息违法犯罪活动的网站、通讯群组，情节严重的，应当依照《刑法》第 287 条之一的规定，以非法利用信息网络罪定罪处罚；同时构成侵犯公民个人信息罪的，依照侵犯公民个人信息罪定罪处罚。（2）根据《司法解释》第 9 条的规定，网络服务提供者拒不履行法律、行政法规规定的信息网络安全管理义务，经监管部门责令采取改正措施而拒不改正，致使用户的公民个人信息泄露，造成严重后果的，应当依照《刑法》第 286 条之一的规定，以拒不履行信息网络安全管理义务罪定罪处罚。

（四）侵犯公民个人信息罪的法定刑

根据《刑法修正案（九）》第 17 条修订后的《刑法》第 253 条之一第 1 款的规定，犯侵犯公民个人信息罪的，处 3 年以下有期徒刑或者拘役，并处或者单处罚金；情节特别严重的，处 3 年以上 7 年以下有期徒刑，并处罚金。这里的"情节特别严重"，是指具有《司法解释》第 5 条第 2 款所列举的四种情形之一的。

《刑法》第 253 条之一第 2 款规定，违反国家有关规定，将在履行职责或者提供服务过程中获得的公民个人信息，出售或者提供给他人的，依照前款的规定从重处罚。

根据《刑法》第253条之一的第4款规定，单位犯本罪的，对单位判处罚金，并对其直接负责的主管人员和其他直接责任人员，依照自然人犯罪的规定处罚。

### 十八、报复陷害罪

#### （一）报复陷害罪的概念

报复陷害罪，是指国家机关工作人员滥用职权、假公济私，对控告人、申诉人、批评人、举报人实行报复陷害的行为。

#### （二）报复陷害罪的构成特征

1. 侵犯客体是公民的民主权利，即控告权、申诉权、批评监督权和国家机关的正常活动。

2. 客观方面表现为滥用职权、假公济私，对控告人、申诉人、批评人、举报人实行报复陷害的行为。

3. 犯罪主体是特殊主体，即国家机关工作人员。

4. 主观方面表现为故意。

#### （三）报复陷害罪的认定

划清报复陷害罪与诬告陷害罪的界限。两者的主要区别是：（1）犯罪客体不同。报复陷害罪的犯罪客体是公民的民主权利即公民的控告权、申诉权、批评监督权和国家机关的正常活动；诬告陷害罪的犯罪客体是公民的人身权利和国家司法机关的正常活动。（2）犯罪对象不同。报复陷害罪的对象是控告人、申诉人、批评人、举报人；诬告陷害罪的对象可以是任何公民。（3）犯罪行为方式不同。报复陷害罪表现为滥用职权、假公济私，对控告人、申诉人、批评人、举报人实行报复陷害的行为；诬告陷害罪表现为捏造他人犯罪的事实，并向国家机关或者有关单位与人员告发，或者采取其他足以引起司法机关追究活动的行为。（4）犯罪主体不同。报复陷害罪的主体是特殊主体，即国家机关工作人员；诬告陷害罪的主体是一般主体，可以是任何达到刑事责任年龄并具有刑事责任能力的自然人。（5）犯罪目的不同。报复陷害罪的犯罪目的是报复；诬告陷害罪的目的是使他人受到刑事追究。

#### （四）报复陷害罪的法定刑

我国《刑法》第254条规定，犯报复陷害罪的，处2年以下有期徒刑或者拘役；情节严重的，处2年以上7年以下有期徒刑。

### 十九、破坏选举罪

#### （一）破坏选举罪的概念

破坏选举罪，是指在选举各级人民代表大会代表和国家机关领导人员时，以暴力、威胁、欺骗、贿赂、伪造选举文件、虚报选举票数等手段破坏选举或者妨碍选民和代表自由行使选举权和被选举权，情节严重的行为。

#### （二）破坏选举罪的构成特征

1. 侵犯客体是公民的民主权利，即选举权与被选举权和国家的选举制度。

2. 客观方面表现为在选举各级人民代表大会代表和国家机关领导人员时，以暴力、威胁、欺骗、贿赂、伪造选举文件、虚报选举票数等手段破坏选举或者妨碍选民和代表自由行使选举权和被选举权，情节严重的行为。

3. 犯罪主体是一般主体。

4. 主观方面表现为直接故意，并具有破坏选举的目的。

**（三）破坏选举罪的认定**

在认定破坏选举罪时需要注意，破坏选举的行为，必须是情节严重的，才构成犯罪，否则不构成犯罪。"情节严重"，一般指手段恶劣、后果严重或者造成很坏社会影响等情形。

**（四）破坏选举罪的法定刑**

我国《刑法》第256条规定，犯破坏选举罪的，处3年以下有期徒刑、拘役或者剥夺政治权利。

### 二十、暴力干涉婚姻自由罪

**（一）暴力干涉婚姻自由罪的概念**

暴力干涉婚姻自由罪，是指以暴力手段，干涉他人婚姻和结婚离婚自由的行为。

**（二）暴力干涉婚姻自由罪的构成特征**

1. 侵犯客体是他人的婚姻自由。婚姻自由是我国宪法赋予公民的一项基本民主权利，是我国婚姻法的一项基本原则。婚姻自由含结婚自由和离婚自由。

2. 客观方面表现为暴力干涉他人婚姻自由的行为。"暴力"是指对他人的人身实施捆绑、殴打、禁闭、强抢等打击和强制的行为。暴力干涉婚姻自由的表现形式常见的有：强迫被干涉者与自己结婚或离婚；强迫被干涉者与他人结婚或离婚或者不准被干涉者与他人结婚或离婚。

3. 犯罪主体主要有父母、子女、兄弟姐妹、配偶、族人、奸夫、情妇、干部等，多见于父母干涉子女的婚姻自由或子女干涉父母再婚的自由。

4. 主观方面表现为直接故意。

**（三）暴力干涉婚姻自由罪的认定**

1. 划清暴力干涉婚姻自由罪与非罪行为的界限。关键在于行为人是否使用了暴力手段干涉他人的婚姻自由。未使用暴力手段的，如仅以赶出家门、断绝关系等相威胁的，不构成暴力干涉婚姻自由罪。

2. 按照刑法的规定，对于以暴力干涉他人婚姻自由，没有引起被害人死亡的，"告诉的才处理"。

**（四）暴力干涉婚姻自由罪的法定刑**

我国《刑法》第257条规定，犯暴力干涉婚姻自由罪的，处2年以下有期徒刑或者拘役；致使被害人死亡的，处2年以上7年以下有期徒刑。

### 二十一、重婚罪

**（一）重婚罪的概念**

重婚罪，是指有配偶而重婚或者明知他人有配偶而与之结婚的行为。

**（二）重婚罪的构成特征**

1. 侵犯客体是一夫一妻的婚姻制度。

2. 客观方面表现为有配偶者即已婚者又与他人结婚，或者无配偶者明知他人有配偶而与之结婚。第一种情况是已结婚者，在双方的婚姻关系没有依法解除或者在对方没有死亡的时候，又与他人登记结婚的行为；第二种情况是自己虽然没有结婚，但明知对方已经结婚而与其登记结婚的行为。根据最高人民法院的批复，有配偶的人与他人以夫妻名义同居生活的，或者明知他人有配偶而与之以夫妻名义同居生活的，以重婚罪论处。

3. 犯罪主体是特殊主体，即已经有配偶的人即已婚者，或者是虽无配偶但是明知对方有配偶而与之结婚的人。

4. 主观方面表现为故意，过失者不构成本罪。审判实践中，行为人重婚的动机多种多样，但不影响本罪的成立。

### （三）重婚罪的认定

审判实践中，因遭受自然灾害外流谋生而重婚的；因配偶长期外出下落不明，造成家庭生活严重困难，又与他人结婚的；因强迫、包办婚姻或者因婚后受虐待外逃重婚的；被拐卖后再婚的，由于行为人主观上缺乏国家和社会期待其作出合法行为的可能性，不应以犯罪论处。

### （四）重婚罪的法定刑

我国《刑法》第 258 条规定，犯重婚罪的，处 2 年以下有期徒刑或者拘役。

## 二十二、虐待罪

### （一）虐待罪的概念

虐待罪，是指虐待家庭成员，情节恶劣的行为。

### （二）虐待罪的构成特征

1. 侵犯客体是共同生活的家庭成员在家庭生活中的平等权利与被害人的人身权利。

2. 客观方面表现为对共同生活的家庭成员经常以打骂、捆绑、冻饿、有病不给治、强迫超体力劳作、限制自由等方式，从肉体上或者精神上摧残、折磨的行为。

3. 犯罪主体是特殊主体，即共同生活的家庭成员。本罪的主体与被害人之间存在着亲属关系，如父母、夫妻、子女（包括继父母、养子女）、祖父母、兄弟姐妹等，非家庭成员之间发生的虐待行为不构成本罪。

4. 主观方面表现为故意。

### （三）虐待罪的认定

虐待家庭成员的行为，情节恶劣的，才构成犯罪，否则不构成犯罪。审判实践中，应当根据虐待的手段、虐待持续的时间、虐待造成的后果、虐待的动机以及被害人的具体情况等进行全面分析。一般来说，虐待动机特别卑鄙的，虐待手段特别残忍的，长期虐待家庭成员屡教不改的，虐待因年老、年幼、患重病或者残疾无独立生活能力的人等，被认为是情节恶劣。

### （四）虐待罪的法定刑

我国《刑法》第 260 条规定，犯虐待罪的，处 2 年以下有期徒刑、拘役或者管制，但告诉的才处理；犯本罪致使被害人重伤、死亡的，处 2 年以上 7 年以下有期徒刑。

这里的致使被害人重伤、死亡，是指过失致使被害人重伤、死亡或者致使被害人自杀的情形。

《刑法修正案（九）》第 18 条对第 260 条进行了修订，增加了"告诉的才处理，但被害人没有能力告诉，或者因受到强制、威吓无法告诉的除外"。

### 二十三、虐待被监护、看护人罪

#### (一) 虐待被监护、看护人罪的概念

虐待被监护、看护人罪，是指对未成年人、老年人、患病的人、残疾人等负有监护、看护职责的人虐待被监护、看护的人，情节恶劣的行为。

#### (二) 虐待被监护、看护人罪的构成特征

1. 侵犯客体是被监护、看护人员的身心健康权利与监护、看护职责。本罪侵犯的对象是未成年人、老年人、患病的人、残疾人等被监护、看护的人。

2. 客观方面表现为对被监护、看护的人实施虐待，情节恶劣的行为。"虐待"指经常地、一贯地对被监护、看护人进行捆绑、殴打、冻饿等肉体折磨或侮辱、谩骂、限制人身自由等精神摧残的行为。"情节恶劣"表现为虐待行为持续时间较长，虐待手段凶残，多次虐待或者虐待多人，虐待行为造成严重后果等情形。具备上述情形之一的即可认定为"情节恶劣"。

3. 犯罪主体是特殊主体，即必须是对未成年人、老年人、患病的人、残疾人等负有监护、看护职责的人，包括自然人和单位。实践中通常表现为幼儿园教师、养老机构工作人员、精神病院的医生等。

4. 主观方面表现为直接故意，即行为人已经预见到自己的虐待行为会造成被监护、看护人肉体上的或精神上的痛苦，依然故意为之。

#### (三) 虐待被监护、看护人罪的认定

1. 划清本罪与非罪行为的界限。

本罪要求虐待行为须达恶劣的情节，偶尔打骂或偶尔的体罚行为不成立犯罪，可依该违法行为触犯的行政处罚法律法规解决。

2. 划清本罪与相关犯罪的界限。

(1) 划清本罪与虐待罪的界限。两罪的区别主要在于犯罪对象不同，本罪的犯罪对象为家庭成员以外的其他被监护、看护的人，如果虐待的对象是家庭成员的，则成立虐待罪。

(2) 划清本罪与故意伤害罪、故意杀人罪的界限。一种是对被监护、看护的人虽未虐待，但进行暴力伤害或者杀害的，直接认定为故意伤害罪或者故意杀人罪。另一种是因对被监护、看护的人员实施虐待行为致其伤残或者死亡，视案件具体情况认定为故意伤害罪或者故意杀人罪。

#### (四) 虐待被监护、看护人罪的法定刑

《刑法修正案（九）》第19条增设的《刑法》第260条之一规定，犯虐待被监护、看护人罪的，处3年以下有期徒刑或者拘役。单位犯本罪的，对单位判处罚金，并对其直接负责的主管人员和其他直接责任人员，依照自然人犯罪的法定刑处罚。犯本罪，同时构成其他犯罪的，依照处罚较重的规定定罪处罚。

### 二十四、遗弃罪

#### (一) 遗弃罪的概念

遗弃罪，是指对于年老、年幼、患病或者其他没有独立生活能力的人，负有扶养义务而拒绝扶养，情节恶劣的行为。

#### (二) 遗弃罪的构成特征

1. 侵犯客体是家庭成员之间相互扶养的权利义务关系。

2. 客观方面表现为对于年老、年幼、患病或者其他没有独立生活能力的人，负有扶养义务而拒绝扶养的行为。拒绝扶养，是指拒不履行法定扶养义务的，如离被扶养人而去，将被扶养人赶走或者置于自己不能扶养的场所，不向被扶养人提供物质帮助和必要的照料等。遗弃行为，是一种典型的不作为。遗弃罪只能由不作为的行为方式构成，是一种典型的纯正不作为犯。

3. 犯罪主体是特殊主体，即对被遗弃者负有法律上的扶养义务而且有扶养能力的人。

4. 主观方面表现为故意。

**（三）遗弃罪的认定**

认定本罪时需要注意，遗弃行为，情节恶劣的才构成犯罪，否则不构成犯罪。情节是否恶劣需要根据行为的手段、后果、行为人的动机等因素综合评价。

**（四）遗弃罪的法定刑**

我国《刑法》第 261 条规定，犯遗弃罪的，处 5 年以下有期徒刑、拘役或者管制。

# 第十八章　侵犯财产罪

## 第一节　侵犯财产罪概述

### 一、侵犯财产罪的概念

侵犯财产罪，是指故意非法占有、挪用公私财物，或者故意破坏生产经营、毁坏公私财物的犯罪行为。

### 二、侵犯财产罪的共同特征

1. 侵犯客体是公共财产和公民私人财产所有权。财产所有权，是指财产所有人对自己的财产享有占有、使用、收益和处分的权利。占有权、使用权、收益权和处分权，是所有权的四项基本权能。多数侵犯财产的犯罪侵犯了四项权能的全部，也有的犯罪只是侵犯了四项权能中的某些权能。我国《刑法》第91条的规定，公共财产是指下列财产：（1）国有财产；（2）劳动群众集体所有的财产；（3）用于扶贫和其他公益事业的社会捐助或者专项基金的财产。在国家机关、国有公司、企业、集体企业和人民团体管理、使用或者运输中的私人财产，以公共财产论。我国《刑法》第92条规定，公民私人所有的财产是指下列财产：（1）公民的合法收入、储蓄、房屋和其他生活资料；（2）依法归个人、家庭所有的生产资料；（3）个体户和私营企业的合法财产；（4）依法归个人所有的股份、股票、债券和其他财产。

2. 客观方面表现为非法占有、挪用或者毁坏公私财物的行为。这类犯罪按照行为方式的不同，可以区分为占有型犯罪、挪用型犯罪、毁坏型犯罪三类。占有型犯罪行为有抢劫、盗窃、诈骗、抢夺、聚众哄抢、侵占、敲诈勒索等，挪用型犯罪行为有挪用资金、挪用特定款物等，毁坏型犯罪行为有故意毁坏财物、破坏生产经营等。

3. 犯罪主体只能是自然人，既有一般主体，也有特殊主体。单位不能成为本类犯罪的主体。

4. 主观方面表现为故意，过失不能构成这类犯罪。

## 第二节　本章要求掌握的犯罪

### 一、抢劫罪

#### （一）抢劫罪的概念

抢劫罪，是指以非法占有为目的，当场使用暴力、胁迫或者其他方法，强行劫取财物的行为。

#### （二）抢劫罪的构成特征

1. 侵犯客体为复杂客体，即不仅侵犯财产所有权，同时也侵害他人的人身权利。这是本罪不同于其他侵犯财产罪的重要特征。由于行为人的目的是劫取财物，侵犯他人人身权利只是行为人实现这一目的所使用的手段，所以，立法者将其归入侵犯财产罪一章中。

2. 客观方面表现为行为人对公私财物的所有人、保管人、看护人或者持有人当场使用暴力、胁迫或者其他方法，迫使其立即交出财物或者立即将财物抢走的行为。

这里的暴力，是指行为人对被害人的身体实行打击或强制。较为常见的有殴打、捆绑、禁闭、伤害，直至杀害。暴力通常针对财物所有人、保管人、看护人或者持有人实施，有时也可能针对在场的上述人的亲友；暴力的强度并不要求必须达到危及他人的健康和生命，只要达到使被害人身体受到强制，处于不能反抗或者不敢反抗的状态即可，暴力是用来排除被害人的反抗从而劫取财物的手段。根据"两高"2013 年 11 月 18 日起施行的《关于办理抢夺刑事案件适用法律若干问题的解释》第 6 条的规定，驾驶机动车、非机动车夺取他人财物，具有下列三种情形之一的，应当以抢劫罪定罪处罚：一是夺取他人财物时因被害人不放手而强行夺取的；二是驾驶车辆逼挤、撞击或者强行逼倒他人夺取财物的；三是明知会致人伤亡仍然强行夺取并放任造成财物持有人轻伤以上后果的。

这里的胁迫，是指行为人对被害人以立即实施暴力相威胁，实行精神强制，使被害人恐惧而不敢反抗，被迫当场交出财物或任财物被劫走。胁迫一般是针对财物所有人、保管人、看护人或者持有人，有时也可能针对在场的上述人的亲友实施。胁迫的方式是多种多样的，可以是语言，也可以是动作。胁迫的内容是以立即实施暴力相威胁，如果被害人不从，胁迫随即转为暴力行为。

这里的其他方法，是指行为人实施暴力、胁迫方法以外的其他使被害人不知反抗或不能反抗的方法。例如，用药物麻醉，用酒灌醉，使用催眠术或用毒药毒昏等，致使被害人处于不知反抗或不能反抗的状态。如果行为人利用被害人熟睡、醉酒、昏迷等状态而秘密窃取其财物的，因行为人并未实施侵犯他人人身权利的手段行为，不属于以其他方法实施的抢劫罪。如果是采取秘密窃取的方法，窃取财物数额较大或者多次窃取，则构成盗窃罪。不管是暴力、胁迫或者其他方法，都必须是在非法占有财物时的当场使用，才能构成抢劫罪。如果行为人当场并未使用暴力、胁迫或其他方法，便顺利地获取了财物，不能以抢劫罪论处。

3. 犯罪主体是一般主体。凡年满 14 周岁并具有刑事责任能力的自然人，均可以构成抢劫罪的主体。

4. 主观方面表现为故意，并且具有非法占有公私财物的目的。所谓非法占有公私财物，是指行为人意图永远地非法排除公私财物所有权。

**（三）抢劫罪的认定**

1. 划清罪与非罪的界限。（1）要划清情节显著轻微、危害不大的抢劫行为与抢劫罪的界限。由于抢劫罪是一种侵犯财产的严重犯罪，所以法律上对抢劫财物的数额、情节没有作出限定。但这不意味着在认定抢劫罪时不需要考虑抢劫的数额、情节和对社会的危害程度。实践中，对于强索少量财物、抢吃少量食品等情节显著轻微、危害不大的行为，根据《刑法》第 13 条但书规定，就不应以抢劫罪论处。（2）要划清民事纠纷中强拿或者扣留对方财物与抢劫罪的界限。在借贷等民事纠纷中，强行拿走或者扣留对方财物，用以抵债抵物，或者借以偿还债务的，虽然其行为手段具有不正当性，但因无非法占有他人财物的目的，不构成抢劫罪。

2. 划清抢劫罪与故意伤害、故意杀人罪的界限。（1）在抢劫过程中，使用暴力或者其他方法致人重伤、死亡的，不以故意伤害罪或者故意杀人罪论处，也不以抢劫罪和故意伤害罪或者故意杀人罪数罪并罚，应以抢劫罪定罪处刑。（2）如果出于复仇或者其他个人目的而伤害或者杀死被害人后，乘机将其财物拿走的，不以抢劫罪论处。因为行为人所实施的伤害或者杀人不是作为取得财物的直接手段，而是为了复仇或者出于其他个人目的，非法占有财物的意图是在伤害或者杀人之后才产生的，所以构成两个独立的犯罪，即故意伤害罪或者故意杀人罪和盗窃罪，实行数罪并罚。（3）在抢劫行为完成之后，行为人出于灭口或者其他目的而杀死被害人的，应定抢劫罪和故意杀人罪，实行数罪并罚。

3. 划清抢劫罪与绑架罪的界限。两者的主要区别在于：（1）犯罪客体不尽相同。抢劫罪是复杂客体，同时侵犯了公私财产所有权和公民人身权利，主要侵犯的客体为财产所有权，因而归入侵犯财产罪；绑架罪侵犯的客体是单一客体即人身权利，但以勒索财物为目的的绑架罪也同时侵犯了财产权利和人身权利，其与抢劫罪的不同之处在于，以勒索财物为目的的绑架罪主要侵犯的客体为公民的人身权利，因而绑架罪归入侵犯公民人身权利、民主权利罪。（2）客观行为方式有所不同。抢劫罪是以暴力、胁迫或其他方法施加于被害人，当场强行劫取财物的行为；绑架罪是将人掳走限制其自由后，以杀害、重伤或长期禁闭被害人，威胁被害人家属或有关人员，迫使其在一定限期内交出索取的财物或提出非法要求。（3）犯罪目的不完全相同。抢劫罪以非法占有他人财物为目的，而绑架罪则以勒索财物或者劫持他人作人质为目的。

4. 正确理解《刑法》第 269 条关于盗窃、诈骗、抢夺罪转化为抢劫罪的规定。《刑法》第 269 条规定，"犯盗窃、诈骗、抢夺罪，为窝藏赃物、抗拒抓捕或者毁灭罪证而当场使用暴力或者以暴力相威胁的"，依照抢劫罪定罪处罚。理论上也称这一规定为准抢劫罪的规定。适用这一规定必须同时具备以下三个条件：（1）行为人必须实施了盗窃、诈骗、抢夺任何一种犯罪行为，这是适用本条的前提。实施的上列行为虽未达到数额较大，但是，如果当场使用暴力或者以暴力相威胁，情节严重的，仍可以按照抢劫罪论处。（2）行为人的目的是窝藏赃物、抗拒抓捕或者毁灭罪证。窝藏赃物，是指为防护已到手的赃物不被追回；抗拒抓捕，是指抗拒公安机关或者任何公民，特别是失主的抓捕、扭送；毁灭罪证，是指毁灭作案现场上遗留的痕迹、物品等以免被采取成为罪证。如果出于其他目的，不能构成抢劫罪。（3）行为人必须是当场使用暴力或者以暴力相威胁。所谓当场，是指犯罪分子实施犯罪的现场，或者刚一离现场就被人发觉追捕的过程。如果在盗窃、诈骗、抢夺犯罪完成以后隔了一段时间，在其他地方被发现，当对其抓捕时，犯罪分子行凶抗拒，不适用本条。其暴力行为构成犯罪的，应实行数罪并罚。所谓使用暴力或者以暴力相威胁，是指犯罪分子对抓捕他的人实施殴打、伤害等足以危及身体健康和生命安全的行为，或者以立即实施这种行为相威胁。如果使用暴力或者以暴力相威胁，情节不严重、危害不大或者没有伤害意图，只是为了挣脱抓捕而冲撞他人的，可以不认为是使用暴力的情况，而仍然以原来的犯罪论处。

**（四）抢劫罪的法定刑**

我国《刑法》第 263 条规定，犯抢劫罪的，处 3 年以上 10 年以下有期徒刑，并处罚金；有下列情形之一的，处 10 年以上有期徒刑、无期徒刑或者死刑，并处罚金或者没收财产：（1）入户抢劫的；（2）在公共交通工具上抢劫的；（3）抢劫银行或者其他金融机构的；（4）多次抢劫或者抢劫数额巨大的；（5）抢劫致人重伤、死亡的；（6）冒充军警人员抢劫的；（7）持枪抢劫的；（8）抢劫军用物资或者抢险、救灾、救济物资的。（参照最高人民法院《关于审理抢劫案件具体应用法律若干问题的解释》）

二、盗窃罪

（一）盗窃罪的概念

盗窃罪，是指以非法占有为目的，盗窃公私财物数额较大的或者多次盗窃、入户盗窃、携带凶器盗窃、扒窃的行为。

（二）盗窃罪的构成特征

1. 侵犯的客体是公私财产所有权。

2. 客观方面表现为秘密窃取数额较大的公私财物或者多次盗窃、入户盗窃、携带凶器盗窃、扒窃的行为。所谓秘密窃取，是指犯罪分子采取主观上自认为不会被财物所有人、管理人、持有人发觉的方法，将公私财物据为己有。盗窃行为的对象是公私财物，一般是动产，与不动产可以分离的附着物，也能成为盗窃的对象。公私财物既包括有形物，也包括电力、煤气、天然气等具有经济价值的无形物。《刑法修正案（八）》将盗窃罪的客观行为表现加以细化规定，只要具备其中之一的即符合该罪的客观要件。根据"两高"2013年4月发布的《关于办理盗窃刑事案件适用法律若干问题的解释》：（1）盗窃公私财物"数额较大"，指的是财物价值1 000～3 000元以上；但是有下列八种情形之一的，"数额较大"的标准可以按上述标准的百分之五十确定：①曾因盗窃受过刑事处罚的；②一年内曾因盗窃受过行政处罚的；③组织、控制未成年人盗窃的；④自然灾害、事故灾害、社会安全事件期间，在事件发生地盗窃的；⑤盗窃残疾人、孤寡老人、丧失劳动能力人的财物的；⑥在医院盗窃病人或者其亲友财物的；⑦盗窃救灾、抢险、防汛、优抚、扶贫、移民、救济款物的；⑧因盗窃造成严重后果的。盗窃国有馆藏一般文物的，应认定为"数额较大"。（2）"多次盗窃"指的是二年内盗窃三次以上的。（3）"入户盗窃"指的是非法进入供他人生活，与外界相对隔离的住所盗窃的。（4）"携带凶器盗窃"指的是携带枪支、爆炸物、管制刀具等国家禁止个人携带的器械盗窃，或者为了实施违法犯罪携带其他足以危害他人人身安全的器械盗窃。（5）"扒窃"指的是在公共场所或者公共交通工具上盗窃他人随身携带的财物。（6）盗窃未遂，具有下列情形之一的，应成立犯罪追究刑事责任：①以数额巨大的财物为盗窃目标的；②以珍贵文物为盗窃目标的；③其他情节严重的情形。

3. 犯罪主体是一般主体，凡年满16周岁并且具有刑事责任能力的自然人，都可以构成盗窃罪。单位组织、指使盗窃，符合《刑法》第264条及上述司法解释有关规定的，以盗窃罪追究组织者、指使者、直接实施者的刑事责任。

4. 主观方面表现为直接故意，并且具有非法占有公私财物的目的。如果误把公共财物或他人财物当做自己的财物拿走的，或者将债务人的财物拿做抵押的，由于行为人不具有非法占有的目的，故不能以盗窃罪论处。对于窃取的财物，是据为己有，还是赠送他人、转交给集体，均不影响盗窃罪的成立。

（三）盗窃罪的认定

1. 划清盗窃罪与一般盗窃行为的界限。一般盗窃行为，是指盗窃少量公私财物或偶尔有盗窃行为，违反治安管理法规的一般违法行为。区分盗窃罪与一般盗窃行为的界限，关键要把握：盗窃财物的数额是否达到了数额较大的标准；行为是否符合了法定的盗窃罪的客观行为表现，即多次盗窃、入户盗窃、携带凶器盗窃、扒窃等。行为人的盗窃行为符合上述任何一种形态，一般即可以定为盗窃罪；否则，应视为一般盗窃行为。盗窃公私财物数额较大，但行为人认罪、悔罪、退赃、退赔，且具有下列情形之一，情节轻微的，可以不起诉或者免予刑事处罚；必要时，由有关部门予以行政处罚：（1）具有法定从宽处罚情节的；（2）没有参与分赃或者获赃较少且不是主犯的；（3）被害人谅解的；（4）其他情节轻微，危害不大的。

2.偷拿家庭成员或者近亲属的财物同在社会上盗窃作案的区别。社会上的盗窃行为，符合刑法规定的数额、次数等行为标准即构成犯罪。偷拿家庭成员或者近亲属的财物，获得谅解的，一般可以不认为是犯罪；追究刑事责任的，应当酌情从宽。所谓近亲属，按照《刑事诉讼法》的规定，是指夫、妻、父、母、子、女、同胞兄弟姐妹。偷窃近亲属的财物，应包括偷窃已分居生活的近亲属的财物。偷窃家庭成员的财物，既包括偷窃共同生活的近亲属的财物，也包括偷窃共同生活的其他非近亲属的财物。

3.划清盗窃罪既遂与未遂的界限。划分盗窃罪既遂与未遂的标准，目前有接触说、转移说、藏匿说、损失说、失控说、控制说、失控加控制说等。我国刑法学界多采用后三种观点。失控说主张，凡是盗窃行为使财产所有人、保管人、持有人等丧失了对财物的控制的，即为盗窃既遂，反之为盗窃未遂。控制说主张，凡是盗窃犯已实际控制财物的，即为盗窃既遂，反之为盗窃未遂。失控加控制说则主张，凡被盗财物已脱离财物所有人、保管人或者持有人等的控制并且已实际置于行为人控制之下的，即为盗窃既遂，反之为盗窃未遂。最后一种观点具有较大的合理性。因为犯罪既遂就是犯罪的完成，盗窃者的目的是非法占有财物，财物既然已经脱离所有人、保管人、持有人的控制而为盗窃分子所实际控制，非法占有财物的目的即已实现，公私财物所有权已经遭受损失，犯罪即告完成。但这种观点也有一定的缺陷，即无法完全解释盗窃无形财物的情形。对于无形财物来说，由于其自身的特点决定，在其被盗后，所有人、管理人、看护人、持有人并未完全失去控制，但权利已实际遭受损害，不能认为是盗窃未遂。因此，对于盗窃一般财物的，以失控加控制说为标准较为适宜，对于盗窃无形财物等特殊财物的，则以控制说为标准较为适宜。

4.盗窃数额的认定。涉及外币、电力、燃气、自来水、通信线路、电信码号、有价支付凭证、有价证券、有价票证等不同形式的财物种类，其计价方式请参见上述司法解释第4条、第5条的规定。

5.盗窃公私财物并造成财物损毁的处理原则。（1）采用破坏性手段盗窃公私财物，造成其他财物损毁的，以盗窃罪从重处罚；同时构成盗窃罪和其他犯罪的，择一重罪从重处罚。（2）实施盗窃犯罪后，为掩盖罪行或者报复等，故意毁坏其他财物构成犯罪的，以盗窃罪和构成的其他犯罪数罪并罚。（3）盗窃行为未构成犯罪，但毁损财物构成其他犯罪的，以其他犯罪定罪处罚。

6.盗窃罪与盗窃枪支、弹药、爆炸物罪的界限。后者的对象是特定的，前者的对象是不特定的。盗窃他人财物，在所偷来的财物中意外地发现有枪支、弹药或者毒品等特殊物品的，由于行为人并无盗窃这些特殊物品的故意，仍应以盗窃罪论处。但是，如果行为人又利用枪支、弹药等特殊物品进行其他犯罪活动的，应分别定罪，并与盗窃罪数罪并罚。

7.划清盗窃罪与偷开机动车辆而构成其他犯罪的界限。（1）偷开机动车，导致车辆丢失的，以盗窃罪定罪处罚。（2）为盗窃其他财物，偷开机动车作为犯罪工具使用后非法占有车辆，或者将车辆遗弃导致丢失的，被盗车辆的价值计入盗窃数额。（3）为实施其他犯罪，偷开机动车作为犯罪工具使用后非法占有车辆，或将车辆遗弃导致丢失的，以盗窃罪和其他犯罪数罪并罚；将车辆送回原处未造成丢失的，按照其所实施的其他犯罪从重处罚。

### （四）盗窃罪的法定刑

《刑法》第264条规定，盗窃公私财物数额较大的或者多次盗窃、入户盗窃、携带凶器盗窃、扒窃的，处3年以下有期徒刑、拘役或者管制，并处或者单处罚金；数额巨大或者有其他严重情节的，处3年以上10年以下有期徒刑，并处罚金；数额特别巨大或者有其他特别严重情节的，处10年以上有期徒刑或者无期徒刑，并处罚金或者没收财产。对"数额巨大""其他严重情节""数额特别巨大""其他特别严重情节"的理解，请参见2013年4月《关于办理盗窃刑事案件适用法律若干问题的解释》第1条、第6条、第9条的规定，关于犯盗窃罪被判罚金的规定见该解释第14条。

## 三、诈骗罪

### （一）诈骗罪的概念

诈骗罪，是指以非法占有为目的，用虚构事实或者隐瞒真相的方法，骗取数额较大的公私财物的行为。

### （二）诈骗罪的构成特征

1. 侵犯客体是公私财产所有权。

2. 客观方面表现为使用虚构事实或者隐瞒真相的方法，骗取数额较大的公私财物的行为。虚构事实，是指捏造不存在的事实，骗取受害人的信任。隐瞒真相，是指对受害人掩盖客观存在的某种事实，使之产生错误认识。犯罪分子使用虚构事实或者隐瞒真相的方法，使公私财物所有人、管理人、持有人产生错觉，信以为真，似乎是"自愿地"将公私财物交给犯罪分子。数额较大，指诈骗公私财物3000元至1万元以上的。立法机关2014年4月24日通过了对《刑法》第266条的解释：以欺诈、伪造证明材料或者其他手段骗取养老、医疗、工伤、失业、生育等社会保险金或者其他社会保障待遇的，属于《刑法》第266条规定的诈骗公私财物的行为。

3. 犯罪主体是一般主体。

4. 主观方面表现为故意，并且具有非法占有公私财物的目的。

### （三）诈骗罪的认定

1. 划清以借贷为名、行诈骗之实的犯罪与正常的借贷行为之间的界限。区别的关键是看行为人是否具有非法占有的目的，以非法占有为目的的是诈骗罪，不以非法占有为目的的则不构成犯罪。进一步讲，正常的借贷关系不具有非法占有的目的，债务人因客观原因不能按期偿还，不能视为诈骗。但是，如果行为人以借贷为名骗取钱款，事后挥霍殆尽，又百般掩饰、敷衍，久拖不还，应视为行为人以非法占有为目的，以诈骗罪论处。

2. 划清诈骗罪与以诈骗手段破坏社会主义市场经济秩序之犯罪的界限。我国刑法分则第三章规定的、以欺骗方法破坏社会主义市场经济秩序的犯罪主要有：集资诈骗罪（《刑法》第192条）、贷款诈骗罪（《刑法》第193条）、票据诈骗罪（《刑法》第194条第1款）、金融凭证诈骗罪（《刑法》第194条第2款）、信用证诈骗罪（《刑法》第195条）、信用卡诈骗罪（《刑法》第196条）、有价证券诈骗罪（《刑法》第197条）、保险诈骗罪（《刑法》第198条）、骗取出口退税罪（《刑法》第204条第1款）、合同诈骗罪（《刑法》第224条）等。这十种新型的诈骗犯罪是从原诈骗罪中分离出来的，与诈骗罪形成普通法与特别法的法条竞合关系。《刑法》第266条规定："本法另有规定的，依照规定。"就是说，凡是符合上述新型诈骗犯罪特征的，按上述犯罪定罪处罚。诈骗罪与这些新型诈骗犯罪相区别的关键在于：（1）犯罪客体不同。诈骗罪侵犯的是简单客体，即公私财产所有权。新型诈骗犯罪侵犯的是复杂客体，除侵犯公私财产所有权外，还侵犯了金融管理秩序，国家对税收、合同的管理制度，因而立法者将这些新型诈骗犯罪从侵犯财产罪分离出来，归入第三章破坏社会主义市场经济秩序罪中。（2）犯罪客观方面不同。诈骗罪表现为虚构事实、隐瞒真相，骗取公私财物，欺骗手法多种多样，法律上没有限制；而这些新型诈骗犯罪则具体表现为在某一特定领域内以特定的欺骗方法进行诈骗活动，例如，信用卡诈骗罪是使用伪造、变造的信用卡或者作废的信用卡等手段进行诈骗活动，合同诈骗罪是行为人在履行合同过程中以虚假的单位或者冒用他人名义签订合同等手段进行诈骗活动。（3）犯罪主体不同。诈骗罪的主体只能是自然人；新型诈骗犯罪除贷款诈骗罪、信用卡诈骗罪的主体只能是自然人外，其他八种新型犯罪，犯罪主体既可以是自然人，也可以是单位。

3. 划清诈骗罪与盗窃罪的界限。在一般情况下，两者不难区分，但在行为人实施犯罪活动中既使用了欺骗的手段，又使用了秘密窃取的手段的情况下，则存在一定的困难。两者相区别的关键在于，行为人是如何从财物所有人、管理人、持有人的控制之下取得财物的，如果欺骗的手段不是对被害人产生实际的心理影响而使被害人仿佛是"自愿"地交出财物，而是从被害人的直接控制之下秘密地窃取财物，则应当以盗窃罪论处，反之，则应当以诈骗罪论处。例如，行为人在车站、码头等公共场所，以"调包"的形式窃取他人财物的，尽管有欺骗性手段，但是非法获得财物起主要作用的是秘密窃取，欺骗手段仅起次要作用，故应以盗窃罪论处。

**（四）诈骗罪的法定刑**

我国《刑法》第 266 条规定，诈骗公私财物，数额较大的，处 3 年以下有期徒刑、拘役或者管制，并处或者单处罚金；数额巨大或者有其他严重情节的，处 3 年以上 10 年以下有期徒刑，并处罚金；数额特别巨大或者有其他特别严重情节的，处 10 年以上有期徒刑或者无期徒刑，并处罚金或者没收财产。本法另有规定的，依照规定。（参照最高人民法院《关于审理诈骗案件具体应用法律若干问题的解释》）。

**四、抢夺罪**

**（一）抢夺罪的概念**

抢夺罪，是指以非法占有为目的，公然夺取数额较大的或者多次抢夺公私财物的行为。

**（二）抢夺罪的构成特征**

1. 侵犯客体是公私财物的所有权。犯罪对象是公私财物，只能是动产，不动产不能成为抢夺罪的对象。抢夺特定财物，如枪支、弹药、爆炸物或公文、证件、印章，应按照刑法有关规定论处，不构成本罪。

2. 客观方面表现为公然夺取公私财物的行为。所谓公然夺取，是指当着财物所有人、保管人、看护人、持有人的面或者在上述被害人可以立即发现的情况下，乘其不备，公开夺取财物，行为人在夺取财物时并没有使用暴力和以暴力相威胁。审判实践中，抢夺行为一般是乘人不备，突然把财物夺走，但也有在被害人有所觉察但防卫能力丧失的情况下（如患病、醉酒）把财物夺走。关于构成抢夺罪"数额较大"的标准参见"两高"2013 年 11 月 18日起施行的《关于办理抢夺刑事案件适用法律若干问题的解释》第 1 条、第 2 条的规定。对于虽未达到抢夺数额较大，但属于多次抢夺的，也符合了抢夺罪的客观行为要件。

3. 犯罪主体是一般主体。

4. 主观方面表现为是直接故意，并且以非法占有财物为目的。

**（三）抢夺罪的认定**

我国《刑法》267条第2款规定，携带凶器抢夺的，不管行为人是否实际使用或者以凶器相威胁，均以抢劫罪论处。

**（四）抢夺罪的法定刑**

《刑法修正案（九）》第20条修订后的《刑法》第267条规定，抢夺公私财物，数额较大的，或者多次抢夺的，处3年以下有期徒刑、拘役或者管制，并处或者单处罚金；数额巨大或者有其他严重情节的，处3年以上10年以下有期徒刑，并处罚金；数额特别巨大或者有其他特别严重情节的，处10年以上有期徒刑或者无期徒刑，并处罚金或者没收财产。（参照"两高"2013年11月18日起施行的《关于办理抢夺刑事案件适用法律若干问题的解释》的第1~4条的规定）。

**五、侵占罪**

**（一）侵占罪的概念**

侵占罪，是指以非法占有为目的，将代为保管的他人财物或者将他人的遗忘物、埋藏物非法占为己有，数额较大拒不退还或者拒不交出的行为。

**（二）侵占罪的构成特征**

1. 侵犯客体为公私财产所有权。侵占罪的对象既包括私人所有财物，也包括公共财物。

2. 客观方面表现为非法占有代为保管的他人财物或者将他人的遗忘物、埋藏物非法占为己有，数额较大拒不退还或者拒不交出的行为。所谓代为保管的他人财物，是指基于他人的委托代为保管的财物或者根据事实上的管理而被认为是合法持有的财物。所谓他人的遗忘物，是指所有人或持有人因一时疏忽遗忘于某特定地点或场所但知道该地点或场所的财物。所谓埋藏物，是指个人埋藏于某一地点的财物或者归国家所有的所有人不确切的埋藏物。侵占罪的犯罪对象限于行为人代为保管的他人财物、行为人持有的他人的遗忘物或者埋藏物。不是行为人代为保管的他人财物或者他人的遗忘物、埋藏物，不能成为侵占罪的对象。遗失物是失主丢失之物，一般不知失落何处，难以找回，它与忘记取走的遗忘物是不同的。因此，行为人持有的遗失物，不能成为侵占罪的对象。侵占行为是以非暴力的手段将他人财物非法占为己有的行为，其社会危害程度一般较轻，因此，只有侵占财物的数额较大的，才能构成犯罪，至于数额较大的具体标准，最高司法机关尚无明确解释。所谓拒不退还或拒不交出，是指行为人将财物非法占有后，当财物所有人发现并要求其退还或交出时，仍不退还或交出。

3. 犯罪主体是一般主体。

4. 主观方面表现为故意，并以非法占有为目的。

**（三）侵占罪的认定**

侵占罪与盗窃罪的界限。两者在许多方面相似，区别的关键是：（1）犯罪故意产生的时间不同。侵占罪的行为人在持有公私财物之后才产生犯罪故意，即产生了非法占有公私财物的目的；而盗窃罪的行为人是在没有占有财物之前就产生了非法占有他人财物的目的。（2）犯罪对象不尽相同。侵占罪对象是行为人业已持有的公私财物，公私财物已经在行为人的控制之下；盗窃罪的对象则是他人所有、管理、持有的公私财物，公私财物在被害人的控制之下。（3）客观方面不尽相同。侵占罪客观方面表现为侵占行为，即将自己已经控制下的公私财物非法占有；盗窃罪客观方面表现为秘密窃取行为，行为人采取自以为不会被财物的所有人、保管人、看护人、持有人等发觉的方法窃取其财物。

### （四）侵占罪的法定刑

我国《刑法》第270条规定，犯侵占罪的，处2年以下有期徒刑、拘役或者罚金；数额巨大或者有其他严重情节的，处2年以上5年以下有期徒刑，并处罚金。

犯本罪，告诉的才处理。

## 六、职务侵占罪

### （一）职务侵占罪的概念

职务侵占罪，是指公司、企业或者其他单位的人员，利用职务上的便利，将本单位财物非法占有，数额较大的行为。

### （二）职务侵占罪的构成特征

1. 侵犯客体是公司、企业或者其他单位的财产所有权。犯罪对象是行为人所属的公司、企业或者其他单位的财物，包括动产和不动产，有形财产和无形财产。这里的公司，是指依据《中华人民共和国公司法》的规定成立的有限责任公司或者股份有限公司。这里的企业，是指依法成立，具有法人资格的经济组织，其经济性质与公司相同，但财产所有权构成方式不尽相同。企业具体包括以下经济组织：（1）集体所有制企业；（2）私营企业；（3）中外合资、中外合作企业；（4）外资企业；（5）外国公司在我国境内设立的分支机构。以上各种形式的企业，只要没有采取有限责任公司或者股份有限公司形式的，都属于本条规定的企业。这里的其他单位，是指公司、企业以外的群众团体、管理公益事业的单位、群众自治组织，如学校、医院、社团等。在公司、企业或者其他单位管理、使用或运输中的私人财产以单位财产论处。

2. 客观方面表现为利用职务上便利，将本单位财物非法占为己有，数额较大的行为。利用职务上的便利，是指行为人利用自己在本单位所具有的一定职务，即主管、管理、经手本单位财物的便利条件。如公司的经理在一定范围内有调用、处置单位财产的权力，企业的会计有管理财务的职责，出纳有经手、管理钱财的职责等。不是利用职务之便，而是利用工作之便，侵占本单位财物的行为，不构成本罪。非法占为己有，是指行为人将自己主管、管理、经手的本单位财物非法占有，排斥本单位对于此项财产的所有权。非法占有的方式通常表现为侵吞、盗窃、骗取等非法手段。例如，为本单位采购货物时，抽出一部分回扣占为己有；在与他人签订合同时，双方恶意串通，将抬高的差价私分；利用职权，巧立名目，私分公司、企业财物；以发奖金为名，非法占有公私企业财物。

3. 犯罪主体是特殊主体，即公司、企业或者其他单位的人员。但是，国有公司、企业或者其他国有单位中从事公务的人员和国有公司、企业或者其他国有单位委派到非国有公司、企业以及其他单位从事公务的人员不能成为本罪的主体。

4. 主观方面表现为直接故意，并以非法占有为目的。

### （三）职务侵占罪的认定

1. 划清职务侵占罪与侵占罪的界限。两者的主要区别是：（1）犯罪客观行为方式不同。

职务侵占罪表现为利用职务上的便利，将本单位的财物非法占有；侵占罪表现为将他人的财物占为己有，其占有与职务上的便利无关。(2) 犯罪行为对象不同。职务侵占罪的对象是行为人所在之公司、企业等单位的财物；侵占罪的对象则是行为人代为保管的他人财物、行为人拾得的他人遗忘物或者发掘的埋藏物。(3) 犯罪主体不同。职务侵占罪的主体是特殊主体即公司、企业或者其他单位的人员；侵占罪的主体是一般主体。

2. 划清职务侵占罪与盗窃罪、诈骗罪的界限。职务侵占罪和盗窃罪、诈骗罪同属于侵犯财产罪，都侵犯了公私财物的所有权，都是以非法占有他人财物为目的，行为方式上，职务侵占罪与盗窃罪、诈骗罪一样，有时也表现以盗窃、诈骗的手段非法占有他人财物。它们的主要区别是：(1) 犯罪客观行为方式不同。职务侵占罪的行为方式有两个特点，一是行为人利用职务上的便利，二是行为人采取多种非法手段占有他人财物，既有盗窃、诈骗手段，也有侵占和其他手段。盗窃罪、诈骗罪的行为人没有利用职务之便，而且在非法占有他人财物的手段上仅限于窃取或诈骗。如果采取其他非法手段，则不能以盗窃罪或诈骗罪论处。(2) 犯罪对象范围不同。职务侵占罪的犯罪对象只限行为人所在单位的财物，盗窃罪、诈骗罪的犯罪对象没有任何限制。(3) 犯罪主体不同。职务侵占罪的主体为公司、企业或者其他单位的人员，是特殊主体，盗窃罪、诈骗罪为一般主体。

**(四) 职务侵占罪的法定刑**

我国《刑法》第 271 条规定，犯职务侵占罪的，处 5 年以下有期徒刑或者拘役；数额巨大的，处 5 年以上有期徒刑，可以并处没收财产。

**七、挪用资金罪**

**(一) 挪用资金罪的概念**

挪用资金罪，是指公司、企业或者其他单位的工作人员，利用职务上的便利，挪用本单位资金归个人使用或者借贷给他人，数额较大、超过 3 个月未还的，或者虽未超过 3 个月，但数额较大、进行营利活动的，或者进行非法活动的行为。

**(二) 挪用资金罪的构成特征**

1. 侵犯客体是公司、企业或者其他单位的资金使用权。犯罪对象是行为人所在单位的资金。主要是指单位的处于货币形态的财产，如人民币、外币以及股票、支票、国库券、债券等有价证券，不包括单位的物资设备和处于实物形态的财产。

2. 客观方面表现为利用职务上的便利，挪用本单位资金归个人使用或者借贷给他人的行为。具体包括：(1) 实施了挪用本单位资金的行为，即行为人未经合法批准手续而擅自将本单位资金挪作他用。挪用资金的行为多数情况下是秘密进行的，但也有的是半公开，甚至是公开进行的。(2) 挪用本单位资金的行为是利用职务上的便利实施的，即行为人利用其主管、管理、经手本单位资金的便利。实践中，一般是单位或公司的董事、经理、厂长、会计、出纳等才有此职权。(3) 挪用单位资金归个人使用或者借贷给他人。挪用单位资金归个人使用或者借贷给他人，包括以下三种情况：①挪用资金归个人使用或者借贷给他人，数额较大，超过 3 个月未归还的。②挪用资金虽未超过 3 个月，但数额较大、进行营利性活动的。③挪用资金用于非法活动的。

3. 犯罪主体是特殊主体，即公司、企业或者其他单位的工作人员。受国家机关、国有公司、企业、事业单位、人民团体委托，管理、经营国有财产的非国家工作人员，也可以成为本罪的主体。国有公司、企业或者其他国有单位中从事公务的人员和国有公司、企业或者其他国有单位委派到非国有公司、企业或者其他单位从事公务的人员不能构成本罪。

4. 主观方面表现为故意，并且具有挪用资金归个人使用或者借贷给他人的目的。

### （三）挪用资金罪的认定

1. 划清挪用资金罪与非罪的界限。在区分罪与非罪的界限时，特别需要注意区分以下两个方面的界限：（1）挪用资金罪与合法借贷行为的界限。合法借贷是经过一定的正当手续形成债权债务关系的行为，属于合法行为；而挪用资金罪是一种犯罪行为。（2）挪用资金罪与一般挪用行为的界限。挪用本单位资金归个人使用或者借贷给他人，数额较小，并未进行非法活动的，不构成犯罪；构成挪用资金罪，必须是数额较大，或者用挪用的资金进行非法活动。

2. 划清挪用资金罪与职务侵占罪的界限。两者的主要区别是：（1）犯罪客体不尽相同。两种犯罪虽然都侵犯了财物的所有权，但挪用资金罪侵犯了所有权的一部分，即侵犯了资金的使用权和收益权，但未侵犯处置权；职务侵占罪则侵犯了财物所有权的全部权能。（2）犯罪行为对象不尽相同。挪用资金罪的对象是本单位资金，职务侵占罪的对象则是本单位财物，外延广于资金。（3）犯罪故意内容不同。挪用资金罪的故意内容只是暂时挪用资金，准备日后归还；而职务侵占罪的故意内容则是将财物非法占有，完全不打算归还。

### （四）挪用资金罪的法定刑

我国《刑法》第 272 条规定，犯挪用资金罪的，处 3 年以下有期徒刑或者拘役；挪用本单位资金数额巨大的，或者数额较大不退还的，处 3 年以上 10 年以下有期徒刑。

国有公司、企业或者其他国有单位中从事公务的人员和国有公司、企业或者其他国有单位委派到非国有公司、企业以及其他单位从事公务的人员有前款行为的，依照本法第 384 条的规定定罪处罚。

## 八、敲诈勒索罪

### （一）敲诈勒索罪的概念

敲诈勒索罪，是指以非法占有为目的，对公私财物的所有人、管理人实施威胁或者要挟的方法，强行索取数额较大的公私财物或者多次敲诈勒索的行为。

### （二）敲诈勒索罪的构成特征

1. 侵犯的客体是复杂客体，既侵犯了公私财产所有权，又侵犯了公民的人身权利或者其他权益。

2. 客观方面表现为对公私财物的所有人、管理人实施威胁或者要挟，迫使其当场或者限期交出数额较大的公私财物或者多次进行敲诈勒索的行为。使用威胁和要挟的方法，即精神强制的方法，以此方法，使被害人在心理上产生恐惧或压力，然后向被害人强行索取财物。威胁、要挟的方法多种多样，可以是面对被害人直接使用，也可以是通过第三者或者用书信等方式发出；可以是明示，也可以是暗示。威胁、要挟的内容通常有：以将对被害人及其亲友的人身实施暴力相威胁、要挟；以将毁坏被害人人格、名誉相威胁、要挟；以将毁坏被害人贵重财物相威胁、要挟；以揭发被害人的隐私相威胁、要挟；以栽赃陷害相威胁、要挟；等等。一般来说，威胁、要挟的内容的实现不具有当场性，而是扬言在以后某个时间付诸实施。至于行为人取得财物的时间，可以是当场，也可以是在其规定的限期以内。

根据"两高"2013 年 4 月 23 日发布的《关于办理敲诈勒索刑事案件适用法律若干问题

的解释》第 2 条的规定："数额较大"指财物价值 2 000 元～5 000 元以上的。对于具有下列七种情形之一的，"数额较大"的标准可以按照上述标准的百分之五十确定：（1）曾因敲诈勒索受过刑事处分的；（2）一年内曾因敲诈勒索受过行政处罚的；（3）对未成年人、残疾人、老年人或丧失劳动能力人敲诈勒索的；（4）以实施放火、爆炸等危害公共安全犯罪或者故意杀人、绑架等严重侵犯公民人身权利犯罪相威胁敲诈勒索的；（5）以黑恶势力名义敲诈勒索的；（6）利用或者冒充国家机关工作人员、军人、新闻工作者等特殊身份敲诈勒索的；（7）造成其他严重后果的。根据该司法解释第 3 条的规定，"多次敲诈勒索"是指二年内敲诈勒索三次以上的。

明知他人实施敲诈勒索犯罪，为其提供信用卡、手机卡、通信工具、通讯传输通道、网络技术支持等帮助的，以共同犯罪论处。

根据"两高"2013 年 9 月 10 日起施行的《关于办理利用信息网络实施诽谤等刑事案件适用法律若干问题的解释》第 6 条的规定，以在信息网络上发布、删除等方式处理网络信息为由，威胁、要挟他人，索取公私财物，数额较大，或者多次实施上述行为的，以敲诈勒索罪定罪处罚。

根据五部委 2014 年 4 月 22 日起执行的《关于依法惩处涉医违法犯罪维护正常医疗秩序的意见》第 2 条第 6 项的规定，以受他人委托处理医疗纠纷为名实施敲诈勒索行为构成犯罪的，依照刑法的规定追究刑事责任。

3. 犯罪主体为一般主体。

4. 主观方面表现为故意，并且具有非法占有公私财物的目的。如果行为人为了追回自己合法的债务而对债务人使用了威胁手段，由于其不具有非法占有的目的，不能构成本罪。

**（三）敲诈勒索罪的认定**

1. 划清本罪与非罪行为的界限。（1）是否达到敲诈勒索数额较大或多次敲诈勒索是区分罪与非罪的基本标准。（2）敲诈近亲属的财物，获得谅解的，一般不认为是犯罪。（3）被害人对敲诈勒索的发生存在过错，且案件情节显著轻微危害不大的，不认为是犯罪。

2. 划清敲诈勒索罪与抢劫罪的界限。两个犯罪有许多相似之处：侵犯的客体均为复杂客体，除侵犯了财产所有权外，还侵犯了被害人的人身权利；犯罪主体均为一般主体；主观方面以非法占有公私财物为目的。两者相区别的关键在于犯罪客观方面，具体表现为：（1）行为内容不同。抢劫罪以当场实施暴力、暴力相威胁为其行为内容；敲诈勒索罪仅限于威胁，不当场实施暴力，而且威胁的内容不只是暴力，还包括非暴力威胁。（2）犯罪行为方式不同。抢劫罪的威胁当着被害人的面实施，一般是用言语或动作来表示；敲诈勒索罪的威胁可以是当着被害人的面，也可以是通过第三者来实现，可以用口头的方式来表示，也可通过书信的方式来表示。（3）非法取得财物的时间不同。抢劫罪是当场取得财物；而敲诈勒索罪可以是当场，也可以是在实施威胁、要挟之后取得他人财物。行为人以暴力相威胁迫使被害人限期交出财物的行为，不应定为抢劫罪，而应当以敲诈勒索罪论处。（4）构成犯罪的数额标准不同。抢劫行为有较大的社会危害性，法律不要求其劫取财物的数额必须达到数额较大才构成犯罪；敲诈勒索行为的社会危害性相对较小，刑法规定以数额较大作为构成敲诈勒索罪的必要要件。

2. 划清敲诈勒索罪与诈骗罪的界限。两者的犯罪主体都属一般主体，犯罪主观方面都是直接故意，并具有非法占有公私财物的目的。主要区别在于犯罪的客体和犯罪的客观方面不同。（1）敲诈勒索的犯罪客体是复杂客体，侵犯了公私财产所有权和公民的人身权利；诈骗罪的犯罪客体是公私财产所有权，是单一客体。（2）在犯罪客观方面，敲诈勒索罪以威胁、要挟的方法，造成被害人心理上的恐惧从而迫使被害人交出财物；诈骗罪则是用虚构事实或隐瞒事实真相的欺诈手段，使被害人信以为真，从而"自愿地交出财物"。

### （四）敲诈勒索罪的法定刑

《刑法》第274条规定，犯敲诈勒索罪的，处3年以下有期徒刑、拘役或者管制，并处或者单处罚金；数额巨大或者有其他严重情节的，处3年以上10年以下有期徒刑，并处罚金；数额特别巨大或者有其他特别严重情节的，处10年以上有期徒刑，并处罚金。对这里的"数额巨大"、"其他严重情节"、"数额特别巨大"、"其他特别严重情节"的理解，请参见《关于办理敲诈勒索刑事案件适用法律若干问题的解释》的规定。

### 九、故意毁坏财物罪

#### （一）故意毁坏财物罪的概念

故意毁坏财物罪，是指故意毁灭或者损坏公私财物，数额较大或者情节严重的行为。

#### （二）故意毁坏财物罪的构成特征

1. 侵犯客体是公私财产所有权。侵犯的对象是各种公私财物，包括动产和不动产。但是，故意毁坏某些特定财物，刑法已另作罪名规定的，则不能成为本罪对象。对于这些特定财物的故意损毁，应按照刑法的有关规定定罪处罚。

2. 客观方面表现为行为人实施了毁灭或损坏公私财物，数额较大或者情节严重的行为。所谓毁灭，是指公私财物完全丧失价值与效用；所谓损坏，是指公私财物部分丧失价值与效用。毁灭与损坏的方式多种多样。如果采用放火、爆炸等危险方法毁坏财产，危害公共安全，不能以故意毁坏财物罪定罪，而应以危害公共安全罪论处。根据五部委2014年4月22日起执行的《关于依法惩处涉医违法犯罪维护正常医疗秩序的意见》第2条第1项的规定，在医疗机构内任意毁坏财物情节严重的，构成故意毁坏财物罪。

3. 犯罪主体为一般主体。

4. 主观方面表现为故意，包括直接故意和间接故意。毁坏财物的动机，有的出于泄愤报复，有的为了嫉妒他人，有的因为对领导不满，有的由于私欲未能满足等。过失不能构成本罪。

#### （三）故意毁坏财物罪的认定

划清故意毁坏财物罪与盗窃罪及毁坏财物而构成其他犯罪的界限。实施盗窃犯罪造成公私财物严重毁损的，以盗窃罪从重处罚；同时构成其他犯罪的，择一重罪从重处罚；盗窃数额较小，但是故意毁坏公私财物，数额较大或者情节严重的，应以故意毁坏财物罪论处。为掩盖盗窃罪行或者出于报复等动机故意破坏公私财物的，应以盗窃罪和其他罪实行并罚。

#### （四）故意毁坏财物罪的法定刑

我国《刑法》第275条规定，犯故意毁坏财物罪的，处3年以下有期徒刑、拘役或者罚金；数额巨大或者有其他特别严重情节的，处3年以上7年以下有期徒刑。

### 十、破坏生产经营罪

#### （一）破坏生产经营罪的概念

破坏生产经营罪，是指出于泄愤报复或者其他个人目的，毁坏机器设备、残害耕畜或者以其他方法破坏生产经营的行为。

**（二）破坏生产经营罪的构成特征**

1. 侵犯客体是国家、集体或者个人生产经营的正常活动和公私财产利益。

2. 客观方面表现为实施毁坏机器设备、残害耕畜或者以其他方法破坏生产经营的行为。破坏行为必须发生在生产经营中，含生产、流通、交易、分配各个环节中的各种正常经营活动。破坏方法，多见于对正在使用的机器设备进行毁坏以及残害耕畜。"其他方法"是指除毁坏机器设备、残害耕畜以外的破坏生产经营的其他任何方法，如切断电源，搞坏供应链条，颠倒生产操作程序，毁坏种子、幼苗，等等。

本罪是行为犯，即一旦实施上述破坏行为，一般就认定成立本罪。

3. 犯罪主体为一般主体。

4. 主观方面表现为直接故意，并且具备法定的泄愤报复目的或者其他个人目的。

**（三）破坏生产经营罪的认定**

1. 划法本罪与非罪行为的界限。

本罪虽为行为犯，但仍受《刑法》第13条"但书"规定的限制，即"情节显著较微危害不大的，不认为是犯罪"。对于破坏生产经营的行为，根据2008年6月25日最高人民检察院、公安部《关于公安机关管辖的刑事案件立案追诉标准的规定（一）》第34条的规定，涉嫌下列情形之一的，应予立案追诉：造成公私财物损失5 000元以上的；破坏生产经营3次以上的；纠集3人以上公然破坏生产经营的；其他破坏生产经营应予追究刑事责任的情形。

2. 划清本罪与其他相关犯罪的界限。

（1）划清本罪与故意毁坏财物罪的界限。二者的区别在于本罪的破坏行为发生在生产经营活动中，毁坏的是正在用于生产经营活动的设备、工具；而后罪破坏的财物包含的范围广泛。

（2）划清本罪与放火罪、爆炸罪、决水罪、投放危险物质罪的界限。以破坏生产经营活动为目的，使用放火、爆炸、决水、投放危险物质等方法实施破坏活动的，如危及公共安全，则构成牵连犯，以重罪论处，即应以后几种危害公共安全的犯罪论处。

（3）划清本罪与生产、销售伪劣农药、兽药、化肥、种子罪的界限。司法实践中，行为人出于牟利目的，向农户推销、售卖假农药、假兽药、假化肥、假种子的案件，一般认定为销售伪劣农药、兽药、化肥、种子罪。对出于泄愤的个人目的，故意以向农户出售伪劣农药、兽药、化肥、种子的方法破坏生产经营，致使生产遭受特别重大损失的，构成了破坏生产经营罪与生产、销售伪劣农药、兽药、化肥、种子罪的想象竞合关系，应遵循从重定罪处罚的原则处理，仍应认定为生产、销售伪劣农药、兽药、化肥、种子罪，处7年以上有期徒刑或者无期徒刑，并处销售金额50%以上2倍以下罚金或没收财产。

**（四）破坏生产经营罪的法定刑**

我国《刑法》第276条规定，犯破坏生产经营罪的，处3年以下有期徒刑、拘役或者管制；情节严重的，处3年以上7年以下有期徒刑。

# 第十九章　妨害社会管理秩序罪

## 第一节　妨害社会管理秩序罪概述

### 一、妨害社会管理秩序罪的概念

妨害社会管理秩序罪，是指妨害国家机关对社会的管理活动，破坏社会正常秩序，情节严重的行为。

### 二、妨害社会管理秩序罪的共同特征

1. 侵犯客体是社会管理秩序。社会管理秩序有广义与狭义之分。广义的社会管理秩序，包括生产秩序、工作秩序、教学科研秩序和人民群众的正常生活秩序。这些秩序是由国家各职能机关依法对社会各个方面进行管理活动而形成的。我国刑法按照对犯罪的科学分类，将不宜列入刑法分则其他各章的各种破坏社会秩序的犯罪，都归于本章，所以，本类犯罪所侵犯的同类客体，是狭义的社会管理秩序，特指刑法分则其他各章规定之罪所侵犯的同类客体以外的社会管理秩序。

2. 客观方面表现为妨害国家机关对社会依法实行管理活动，破坏社会正常秩序，情节严重的行为。它包括妨害国家行政机关、司法机关以及各种社会事务机关的管理活动，如公共秩序的管理、国（边）境的管理、文物管理、公共卫生管理、环境资源管理、毒品管理、文化娱乐物品管理等。其妨害管理的行为多种多样，具体表现为本章所规定的各种犯罪行为。

3. 犯罪的主体多数是一般主体，也有少数是特殊主体；多数犯罪的主体只限于自然人，少数犯罪既可以由自然人构成，也可以由单位构成；还有个别犯罪的主体只能是单位，如非法采集、供应血液、制作、供应血液制品罪。

4. 主观方面绝大多数表现为故意，个别犯罪表现为过失。在故意犯罪中，有的还要求具有特定的犯罪目的，如倒卖文物罪、赌博罪等；有的还要求具有是非颠倒、荣辱混淆的流氓动机，如聚众斗殴罪、寻衅滋事罪。

## 第二节　本章要求掌握的犯罪

### 一、妨害公务罪

#### （一）妨害公务罪的概念

妨害公务罪，是指以暴力、威胁方法阻碍国家机关工作人员依法执行职务，阻碍人民代表大会代表依法执行代表职务，阻碍红十字会工作人员依法履行职责的行为，或者故意阻碍国家安全机关、公安机关依法执行国家安全工作任务，未使用暴力、威胁方法，造成严重后果的行为。

## （二）妨害公务罪的构成特征

1. 侵犯客体是国家机关工作人员依法执行职务的活动。侵犯的对象是正在依法执行职务、履行职责的国家机关工作人员、人大代表、红十字会工作人员以及公安机关、国家安全机关的工作人员。刑法所保护的是合法的职务活动，对于违法执行职务的行为，公民有正当防卫的权利。但是国家机关工作人员执行职务的手续在形式上有细枝末节缺陷的，不属于违法执行职务。

2. 客观方面表现为以暴力、威胁的方法阻碍国家机关工作人员、人大代表依法执行职务；或者在自然灾害或在突发事件中，以暴力、威胁方法阻碍红十字会工作人员依法履行职责；或者虽未使用暴力、威胁的方法，但故意阻碍国家安全机关、公安机关工作人员依法执行国家安全工作任务，造成严重后果的行为。所谓暴力，是指对正在依法执行职务的国家机关工作人员、人大代表和正在依法履行职责的红十字会工作人员实行打击或者人身强制，例如殴打、绑架、伤害、禁闭等。这里的暴力不包括故意致人重伤或者杀死的行为，如果以重伤或者杀死的方法阻碍执行职务的，属于牵连犯，应择一重罪处断，即以故意伤害罪（重伤）或故意杀人罪论处。所谓威胁，是指进行精神强制，如以杀害、伤害、毁坏财产、破坏名誉等相恐吓，迫使国家机关工作人员、人大代表、红十字会工作人员无法执行职务或者履行职责。以暴力、威胁方法阻碍红十字会工作人员依法履行职责，还必须是发生在自然灾害或突发事件中，否则不能以本罪论处。对于故意阻碍国家安全机关、公安机关工作人员依法执行国家安全工作任务的，即使没有采取暴力、威胁的方法，只要造成了严重的后果，也构成本罪。也就是说，在这种情形下，不以采取暴力、威胁的方法作为构成本罪的手段要件。所谓造成严重后果，通常是指使国家安全工作任务受挫，未能及时制止、侦破危害国家安全的犯罪致使国家安全遭受损害的；致使严重危害国家安全的犯罪分子漏网、脱逃的等。

3. 犯罪主体是一般主体。

4. 主观方面表现为故意，即明知是国家机关工作人员、人大代表、红十字会工作人员以及国家安全机关、公安机关工作人员正在依法执行职务，而以暴力、威胁或者其他方法阻碍，希望其停止执行职务或者改变执行的职务。

## （三）妨害公务罪的认定

1. 划清罪与非罪的界限。人民群众因提出的合理要求不能被满足，对政策不理解或者因执行职务者态度生硬而与国家机关工作人员发生了争吵、顶撞、纠缠，不宜按犯罪论处。

2. 划清本罪与其他罪的界限。妨害公务罪发生在前述四类人员依法执行职务期间，如果不是发生在这一特定的时间，而是在上述人员依法执行职务之后对其实施的报复行为，根据具体情况，构成什么罪就按什么罪处罚。

## （四）妨害公务罪的法定刑

我国《刑法》第 277 条第 1 款规定，犯妨害公务罪的，处 3 年以下有期徒刑、拘役、管制或者罚金。

《刑法修正案（九）》第 21 条对《刑法》第 277 条增加第 5 款规定，暴力袭击正在依法执行职务的人民警察的，依照第 1 款的规定从重处罚。

## 二、伪造、变造、买卖国家机关公文、证件、印章罪

### （一）伪造、变造、买卖国家机关公文、证件、印章罪的概念

伪造、变造、买卖国家机关公文、证件、印章罪，是指非法制作、买卖国家机关公文、

证件、印章的行为。

**（二）伪造、变造、买卖国家机关公文、证件、印章罪的构成特征**

1. 侵犯客体是国家机关的正常管理活动和信誉。侵犯的对象仅限于国家机关的公文、证件、印章。公文、证件、印章是国家机关行使职权的符号和标志。所谓国家机关，是指各级国家权力机关、党政机关、司法机关、军事机关。所谓公文，是指国家机关在其职权范围内，以其名义制作的用以指示工作、处理问题或者联系事务的各种书面文件，如决定、命令、决议、指示、通知、报告、信函、电文等。所谓证件，是指国家机关制作颁发的用以证明身份、权利义务关系或者有关事实的凭证，主要包括证件、证书等，如工作证、户口迁移证、营业执照、结婚证等。所谓印章，是指国家机关刻制的以文字（刻有某一具体国家机关名称）、图记形式表明与该国家机关具有主体同一性的公章或者具有某种特殊用途的专用章。用于国家机关公务活动的私人印鉴、图章也应视为公务印章。公文、证件、印章是国家机关行使职权的符号和标志。国家机关中使用的与其职权无关的印章（如收发室的印章等），不属于公务印章。

2. 客观方面表现为伪造、变造、买卖国家机关公文、证件、印章的行为。所谓伪造，是指无制作权的人，冒用名义，非法制作不真实的公文、证件、印章的行为。伪造国家机关公文、证件、印章罪成立的前提，是该公文、证件、印章有真实的机关存在。如果虚构机关之名伪造公文、证件、印章的，则不构成本罪。所谓变造，是指对真实的国家公文、证件、印章进行涂改、涂抹、拼接等，使其变更原来真实内容的行为。所谓买卖，是指用金钱去交换公文、证件、印章的行为，可以是非法购买，也可以是非法销售。

3. 犯罪主体为一般主体。

4. 主观方面为故意。尽管行为人的犯罪动机多种多样（如牟利、为实施其他违法犯罪活动做准备等），但并不影响本罪的成立。

**（三）伪造、变造、买卖国家机关公文、证件、印章罪的认定**

1. 划清罪与非罪的界限。对此应特别注意本罪的对象仅限于国家机关的公文、证件、印章，若行为人实施伪造私人文书、印章的行为，则不构成本罪。行为人变造、买卖公司、企业、事业单位、人民团体公文、证件、印章的行为，不构成本罪。

2. 划清本罪与近似犯罪的界限。我国《刑法》除规定了本罪之外，还规定了伪造公司、企业、事业单位、人民团体印章罪（《刑法》第 280 条第 2 款），伪造居民身份证件罪（见《刑法修正案（九）》第 22 条修订后的《刑法》第 280 条第 3 款），伪造武装部队公文、证件、印章罪（《刑法》第 375 条第 1 款）等。本罪与这些犯罪区分的关键，是犯罪对象的不同。

3. 划清本罪与所牵连犯罪的界限。行为人实施伪造、变造、买卖国家机关公文、证件、印章的行为，除构成本罪外，往往牵连构成其他犯罪，如诈骗罪、招摇撞骗罪等，即本罪为方法（或手段）行为构成之罪，诈骗罪、招摇撞骗罪等为目的行为构成之罪，两者形成方法行为与目的行为的牵连犯。对此，应按照牵连犯的处理原则予以认定和处罚。

**（四）伪造、变造、买卖国家机关公文、证件、印章罪的法定刑**

《刑法修正案（九）》第 22 条修订后的《刑法》第 280 条第 1 款规定，犯伪造、变造、买卖国家机关公文、证件、印章罪的，处 3 年以下有期徒刑、拘役、管制或者剥夺政治权利，并处罚金；情节严重的，处 3 年以上 10 年以下有期徒刑，并处罚金。

### 三、招摇撞骗罪

**（一）招摇撞骗罪的概念**

招摇撞骗罪，是指以谋取非法利益为目的，冒充国家机关工作人员招摇撞骗的行为。

**（二）招摇撞骗罪的构成特征**

1. 侵犯的客体是国家机关的威信及其正常活动，同时也损害公共利益或公民的合法权益。

2. 客观方面表现为冒充国家机关工作人员进行招摇撞骗的行为。所谓冒充国家机关工作人员，是指冒充国家机关中依法从事公务的人员的身份或职位。有三种情况：（1）非国家机关工作人员冒充国家机关工作人员。（2）国家机关的下级工作人员冒充上级工作人员。（3）此种部门的国家机关工作人员冒充彼种部门的国家机关工作人员。所谓招摇撞骗，是指利用人们对国家机关工作人员的信任，假冒国家机关工作人员的身份并到处炫耀，寻找机会骗取非法利益，如骗取金钱、待遇、地位、荣誉或者玩弄女性等。冒充国家机关工作人员与进行招摇撞骗这两种行为必须同时具备并且存在有机联系。

3. 犯罪主体只限于自然人一般主体。

4. 主观方面表现为故意，其目的是骗取某种非法利益。

**（三）招摇撞骗罪的认定**

1. 划清罪与非罪的界限。如果行为人主观上没有谋取某种非法利益的目的，虽然实施了冒充国家工作人员的行为，但只是为了抬高自己，满足个人虚荣心，对此不应以犯罪论处。

2. 划清本罪与诈骗罪的界限。两罪的主要区别是：本罪限于以冒充国家机关工作人员的方式骗取包括财产在内的各种利益；而诈骗罪则不限定以冒充国家机关工作人员的方式骗取财物。如果行为人以冒充国家机关工作人员的特定方式招摇撞骗，骗取了包括财产在内的各种利益，应以招摇撞骗罪论处。如果所骗取的财物数额特别巨大，应按处理想象竞合犯的原则，择一重罪处断，即应按诈骗罪论处。

**（四）招摇撞骗罪的法定刑**

《刑法》第279条规定，犯招摇撞骗罪的，处3年以下有期徒刑、拘役、管制或者剥夺政治权利；情节严重的，处3年以上10年以下有期徒刑。冒充人民警察招摇撞骗的，依照前款的规定从重处罚。

### 四、伪造、变造、买卖身份证件罪

**（一）伪造、变造、买卖身份证件罪的概念**

伪造、变造、买卖身份证件罪，是指伪造、变造、买卖居民身份证、护照、社会保障卡、驾驶证等依法可以用于证明身份的证件的行为。

**（二）伪造、变造、买卖身份证件罪的构成特征**

1. 侵犯客体是国家对依法可以用于证明身份的证件的管理制度。

2. 客观方面表现为伪造、变造、买卖身份证件的行为。伪造指无权制作证明居民身份的证件的人，冒用名义，非法制作不真实的用于证明身份的证件的行为。变造指对真实的身份证件进行涂改、挖补、涂抹、拼接等，使其变更原来真实内容的行为。买卖指用金钱去购买或销售身份证件的行为。介绍买卖的行为人应属买卖身份证件罪的共犯。关于居民身份证件的范围，《刑法修正案（九）》第22条将《刑法》第280条第3款的规定作了扩大修订，包含了居民身份证、护照、社会保障卡、驾驶证，此外还应包括依法制作、具有普遍证明力的其他身份证件，如港澳通行证、港澳台胞回乡证、户口本等。

3. 犯罪主体为一般主体，即年满 16 周岁，具有刑事责任能力的自然人。

4. 主观方面为直接故意，即明知属于可以用于证明身份的证件，仍然伪造、变造或者买卖。

**（三）伪造、变造、买卖身份证件罪的认定**

1. 划清罪与非罪的界限。一是行为人尽管有伪造、变造、买卖身份证件的行为，但遵从《刑法》第 13 条"但书"的规定，情节显著轻微、危害不大的不认为是犯罪；二是伪造、变造、买卖没有法律依据，非由统一权威机关制发，不能在社会上广泛使用的证件，不能成立本罪。例如伪造、变造、买卖某机关、学校、小区发放的安全门禁卡、停车证、用餐卡等不能成立犯罪。

2. 划清本罪与相关犯罪的界限。一是买卖虚假身份证件的行为，根据 1998 年 12 月 29 日全国人大常委会《关于惩治骗购外汇、逃汇和非法买卖外汇犯罪的决定》第 2 条规定的精神，应当以买卖身份证件罪定罪处罚。二是行为人伪造、变造了身份证件后使用或者盗用他人的身份证件的，构成本罪与使用虚假身份证件、盗用身份证件罪的竞合，应依照处罚较重的规定定罪处罚。三是行为人为了诈骗等其他犯罪行为，而伪造、变造、买卖身份证件后使用的，构成本罪与使用虚假身份证件、盗用身份证件罪以及诈骗犯罪等目的罪的竞合，以处罚重的犯罪定罪处罚。

**（四）伪造、变造、买卖身份证件罪的法定刑**

依据《刑法修正案（九）》第 22 条修订后的《刑法》第 280 条第 3 款的规定，犯伪造、变造、买卖身份证件罪的，处 3 年以下有期徒刑、拘役、管制或者剥夺政治权利，并处罚金；情节严重的，处 3 年以上 7 年以下有期徒刑，并处罚金。

**五、非法获取国家秘密罪**

**（一）非法获取国家秘密罪的概念**

非法获取国家秘密罪，是指以窃取、刺探、收买方法，非法获取国家秘密的行为。

**（二）非法获取国家秘密罪的构成特征**

1. 侵犯客体是国家的保密制度。

2. 客观方面表现为窃取、刺探、收买国家秘密的行为。"国家秘密"，是指依照《中华人民共和国保密法》及有关保密的法规之规定，基于国家安全和利益的考虑，在一定的时间内仅限一定范围的人员知悉的事项。"窃取"，是指暗中偷窃国家秘密。"刺探"，是指暗中打听国家秘密；"收买"指使用金钱、权力、美色等方式交换、诱惑取得国家秘密。

3. 犯罪主体是一般主体。

4. 主观方面表现为故意。

**（三）非法获取国家秘密罪的认定**

1. 划清本罪与间谍罪的界限。二罪主要有以下三方面区别：一是侵犯客体不同。间谍罪危害国家安全；本罪侵犯国家的保密制度。二是客观行为表现不同。间谍罪的行为内容复杂，获取国家情报只是其非法职能之一；本罪仅限以窃取、刺探、收买方法获取国家秘密的行为。三是主观目的不同。间谍罪是将国家情报提供给危害国家安全的外国间谍机构；本罪不具有危害国家安全的目的。

2. 划清本罪与为境外窃取、刺探、收买、非法提供国家秘密、情报罪的界限。二罪主要有以下三方面区别：一是侵犯客体、对象不同。为境外窃取、刺探、收买、非法提供国家秘密、情报罪危害国家安全，对象包含国家秘密以及不属于国家秘密的情报；本罪侵犯国家的保密制度，对象仅限国家秘密。二是客观行为表现不同。为境外窃取、刺探、收买、非法提供国家秘密、情报罪是指将获取的国家秘密、情报提供给国外的组织机构和个人；本罪是指将获取的国家秘密提供给国内的组织机构和个人。三是主观目的不同。为境外窃取、刺探、收买、非法提供国家秘密、情报罪一般要求行为人有危害国家安全的目的；本罪不要求行为人有特定目的。

**（四）非法获取国家秘密罪的法定刑**

《刑法》第 282 条第 1 款规定，犯非法获取国家秘密罪，处 3 年以下有期徒刑、拘役、管制或者剥夺政治权利；情节严重的；处 3 年以上 7 年以下有期徒刑。

### 六、投放虚假危险物质罪

**（一）投放虚假危险物质罪的概念**

投放虚假危险物质罪，是指投放虚假的爆炸性、毒害性、放射性、传染病病原体等物质，严重扰乱社会秩序的行为。

**（二）投放虚假危险物质罪的构成特征**

1. 侵犯的客体是社会管理秩序。

2. 客观方面表现为投放了虚假的爆炸性、毒害性、放射性、传染病病原体等物质，严重扰乱社会秩序的行为。行为人用上述物质，向机关、团体、企事业单位、公共场所、公共交通工具或者个人进行投放，造成公众心理恐慌，致使社会秩序混乱。

3. 犯罪主体是一般主体。

4. 主观方面表现为故意。至于因何种目的并不影响犯罪的成立。

**（三）投放虚假危险物质罪的认定**

划清该罪与投放危险物质罪的界限。行为人如果投放了真实的爆炸性、毒害性、放射性、传染病病原体等物质，危害的是社会公共安全，应认定为投放危险物质罪。而投放非真实的危险物质，引起公众极度恐慌，扰乱的是社会秩序，成立本罪，因此，二者在侵犯客体、客观方面均有区别。

**（四）投放虚假危险物质罪的法定刑**

《刑法》第 291 条之一的第 1 款规定，犯投放虚假危险物质罪，处 5 年以下有期徒刑、拘役或管制；造成严重后果的，处 5 年以上有期徒刑。

### 七、编造、故意传播虚假恐怖信息罪

**（一）编造、故意传播虚假恐怖信息罪的概念**

编造、故意传播虚假恐怖信息罪，是指编造爆炸威胁、生化威胁、放射威胁等恐怖信息，或者明知是编造的恐怖信息而故意传播，严重扰乱社会秩序的行为。例如，编造与突发性传染病疫情等灾害有关的恐怖信息，或者明知是编造的此类恐怖信息，而故意传播，严重扰乱社会秩序的。

**（二）编造、故意传播虚假恐怖信息罪的构成特征**

1. 侵犯的客体是社会管理秩序。即制造恐怖气氛，引起社会秩序混乱。

2. 客观方面表现为故意编造虚假恐怖信息的行为和故意传播编造的虚假恐怖信息的行为。行为人只要具备上述行为之一，严重扰乱了社会秩序的，即符合本罪的成立条件。

3. 犯罪主体是一般主体。

4. 主观方面表现为故意，即编造并不存在的虚假的恐怖信息或明知是虚假恐怖信息而有意传播。至于行为人出于何种目的，并不影响犯罪的成立。

### （三）编造、故意传播虚假恐怖信息罪的认定

划清本罪与非罪的界限。实践中行为人因不明真相，误传某个虚假恐怖信息的，经查证确属无故意罪过存在，则不成立犯罪。

### （四）编造、故意传播虚假恐怖信息罪的法定刑

《刑法》第 291 条之一的第 1 款规定，犯编造、故意传播虚假恐怖信息罪的，其法定刑同投放虚假危险物质罪。

## 八、组织考试作弊罪

### （一）组织考试作弊罪的概念

组织考试作弊罪，是指在法律规定的国家考试中，组织作弊、为组织考试作弊提供帮助的行为。

### （二）组织考试作弊罪的构成特征

1. 侵犯的客体是国家的公平、公正的考试制度。

2. 客观方面表现为在法律规定的国家考试中组织作弊的行为。要正确理解本罪的客观方面：(1)"法律规定的国家考试"，仅限于全国人民代表大会及其常务委员会制定的法律中规定的考试，考试既可以由国家一级统一组织实施，也可以由地方根据法律规定组织实施。(2)组织作弊行为，指的是针对考试作弊的高度团伙化和产业化犯罪活动中的领导、策划、指挥等组织行为。(3)为他人组织作弊提供作弊器材或者其他帮助的行为，如使用信息技术手段传递考试答案的行为等。

3. 犯罪主体为一般主体，即年满 16 周岁、具有刑事责任能力的自然人。

4. 主观方面表现为直接故意。实践中多出于牟利的目的，但是否牟利并非构成组织考试作弊罪的必备要素。

### （三）组织考试作弊罪的认定

1. 划清本罪与非罪的界限。一是注意考试范围的把握。成立本罪仅限于"法律规定的国家考试"，不包括其他考试，如就业、入职、培训、结业、学期统考、外语水平认证、驾驶机动车、职业技术资格等考试。二是只有考试的组织者才成为犯罪主体，其他人的行为不成立犯罪。

2. 划清本罪与相关犯罪的界限。在考试作弊行为中，向他人非法出售或者提供试题、答案的，独立构成非法出售、提供试题、答案罪，而不属于本罪的范畴。

### （四）组织考试作弊罪的法定刑

依据《刑法修正案（九）》第 25 条新增设的《刑法》第 284 条之一的第 1、2 款的规定，犯组织考试作弊罪的，处 3 年以下有期徒刑或者拘役，并处或者单处罚金；情节严重的，处 3 年以上 7 年以下有期徒刑，并处罚金。"情节严重"一般是根据组织考试作弊的人次、组织形式、手段、社会危害程度、行为导致的后果等因素来认定。

## 九、代替考试罪

### （一）代替考试罪的概念

代替考试罪，是指代替他人或者让他人代替自己参加法律规定的国家考试的行为。

### （二）代替考试罪的构成特征

1. 侵犯的客体同组织考试作弊罪。

2. 客观方面表现为实施了替考的行为。替考行为包含行为人代替考生考试和考生让替考者代替自己考试两种情形。注意替考的考试仍是法律规定的国家考试。

3. 犯罪主体为一般主体，即年满16周岁具有刑事责任能力的自然人。

4. 主观方面为故意。实践中行为人代替考生考试往往出于牟利目的，但是否牟利并不影响本罪的主观要件的成立。

### （三）代替考试罪的认定

1. 划清本罪与非罪行为的界限。本罪虽是行为犯，但在具体认定案件时仍须遵循《刑法》第13条"但书"的规定，即情节显著轻微危害不大的，不认为是犯罪。

2. 划清本罪与其他考试作弊犯罪的界限。本罪与组织考试作弊犯及非法出售、提供试题、答案罪均属于考试作弊犯罪类型，其主要区别是客观行为的具体表现不同。

### （四）代替考试罪的法定刑

依据《刑法修正案（九）》第25条新增设的《刑法》第284条之一的第4款的规定，犯代替考试罪的，处拘役或者管制，并处或者单处罚金。

## 十、拒不履行信息网络安全管理义务罪

### （一）拒不履行信息网络安全管理义务罪的概念

拒不履行信息网络安全管理义务罪，是指网络服务提供者不履行法律、行政法规规定的信息网络安全管理义务，经监管部门责令采取改正措施而拒不改正，情节严重的行为。

### （二）拒不履行信息网络安全管理义务罪的构成特征

1. 侵犯的客体是信息网络安全管理秩序。

2. 客观方面表现为行为人不履行法律、行政法规规定的信息网络安全管理义务，经监管部门责令采取改正措施而拒不改正，具备下列四种法定情形之一的行为：（1）致使违法信息大量传播的；（2）致使用户信息泄露，造成严重后果的；（3）致使刑事案件证据灭失，情节严重的；（4）有其他严重情节的。上述四种情形属于该行为情节严重的具体内容。该行为中首先包含了网络提供者应依法履行信息网络安全管理义务而不去履行；二是包含了有关监管部门责令其采取改正措施而拒不改正；三是导致了信息网络安全事故的发生即上述四种法定情形之一的存在。

3. 犯罪主体为特殊主体即网络服务提供者。具体来说，可以是年满16周岁、具备刑事责任能力的自然人，也可以是单位。

4. 主观方面为故意。这具体表现为拒不履行信息网络安全管理义务，明知应履行而不履行，经责令改正后仍不改正。

### （三）拒不履行信息网络安全管理义务罪的认定

1. 划清本罪与非罪行为的界限。主要区别是行为人是否具备了法定的四种情形之一，这是本罪与一般行政违法行为的界限。

2. 划清本罪与相关犯罪的界限。本罪涉及互联网这一信息交换平台，情况复杂，违法犯罪者常常将互联网当作工具来利用。本罪常常与利用互联网实施的其他犯罪发生竞合，对此法律规定应择重而处。

**（四）拒不履行信息网络安全管理义务罪的法定刑**

依据《刑法修正案（九）》第 28 条新增设的《刑法》第 286 条之一的规定，个人犯拒不履行信息网络安全管理义务罪的，处 3 年以下有期徒刑、拘役或者管制，并处或者单处罚金。

单位犯本罪的，对单位判处罚金，并对其直接负责的主管人员和其他直接责任人员，依照上述自然人犯罪的规定处罚。

犯本罪，同时构成其他犯罪的，依照处罚较重的规定定罪处罚。

### 十一、帮助信息网络犯罪活动罪

**（一）帮助信息网络犯罪活动罪的概念**

帮助信息网络犯罪活动罪，是指明知他人利用信息网络实施犯罪，为其犯罪提供互联网接入、服务器托管、网络存储、通讯传输等技术支持，或者提供广告推广、支付结算等帮助，情节严重的行为。

**（二）帮助信息网络犯罪活动罪的构成特征**

1. 侵犯的客体是复杂客体，既侵犯了正常的信息网络管理秩序，又帮助网络诈骗等其他犯罪得以实施，侵害了他人的人身、财产等合法权益。

2. 客观方面表现为帮助他人利用信息网络实施犯罪活动的行为。实践中网络犯罪的分工细化形成利益链条是网络犯罪泛滥的主要原因，将该利益链条中的帮助行为独立定罪势在必行。这些帮助行为表现：为利用信息网络的犯罪提供互联网接入、服务器托管、网络存储、通讯传输等技术支持，或者提供广告推广、支付结算等帮助，情节严重的行为。具体来说：（1）为建设网站和接入互联网所需提供互联网接入、服务器托管、网络存储空间、通讯传输通道等帮助行为；（2）为推广网站扩大犯罪活动范围所需投放广告的行为；（3）实施网络犯罪交易所需的资金结算帮助行为；（4）因应网络犯罪的技术特性，为网络犯罪提供技术支持和作案工具的帮助行为。

3. 犯罪主体为一般主体，即年满 16 周岁、具有刑事责任能力的自然人和单位。

4. 主观方面为故意，即明知他人利用信息网络实施犯罪活动而为其提供帮助的。实践中网络犯罪帮助行为往往是网络犯罪中获利最大的环节，但本罪的成立并不要求以获利为目的。

**（三）帮助信息网络犯罪活动罪的认定**

1. 划清本罪与非罪行为的界限。成立本罪需满足两个条件：一是主观上必须以明知他人利用计算机网络实施犯罪活动为前提，不明知他人实施信息网络犯罪而进行了帮助的不成立犯罪；二是客观上须达到情节严重的程度。

2. 划清本罪与相关犯罪的界限。本罪是信息网络犯罪活动中的帮助行为，故与其他犯罪分工合作、密切关联，因此本罪既不以某信息网络犯罪的共犯论处，也不实施数罪并罚，在同时构成其他犯罪时，依照处罚较重的规定定罪处罚。

**（四）帮助信息网络犯罪活动罪的法定刑**

依据《刑法修正案（九）》第 29 条新增设的《刑法》第 287 条之二的规定，个人犯帮助信息网络犯罪活动罪的，处3年以下有期徒刑或者拘役，并处或者单处罚金。

单位犯本罪的，对单位判处罚金，并对其直接负责的主管人员和其他直接责任人员，依照上述自然人的规定处罚。

犯本罪，同时构成其他犯罪的，依照处罚较重的规定定罪处罚。

### 十二、聚众斗殴罪

**（一）聚众斗殴罪的概念**

聚众斗殴罪，是指聚集多人进行斗殴的行为。

**（二）聚众斗殴罪的构成特征**

1. 侵犯客体是公共秩序。

2. 客观方面表现为首要分子聚集众多的人实施斗殴行为。斗殴方式有持械的，也有徒手的。众人殴斗破坏了公共秩序。

3. 犯罪主体是一般主体，即聚众斗殴的首要分子和其他积极参加者。

4. 主观方面表现为故意。

**（三）聚众斗殴罪的认定**

1. 划清罪与非罪的界限。一是实践中常遇有打群架行为，如果未使用器械，或未造成人员伤亡、财产损失等后果，可以按照《刑法》第13条"但书"的规定不认为是犯罪。二是对于一般参与到聚众斗殴中的人员不以犯罪论处，而首要分子和其他积极参加者构成本罪。

2. 划清本罪与故意伤害罪、故意杀人罪的界限。《刑法》第292条第2款规定，聚众斗殴，致人重伤、死亡的，以故意伤害罪、故意杀人罪论处。

**（四）聚众斗殴罪的法定刑**

《刑法》第292条规定，犯聚众斗殴罪，对首要分子和其他积极参加者，判处3年以下有期徒刑、拘役或管制。有下列情形之一，对首要分子和其他积极参加者，处3年以上10年以下有期徒刑：一是多次聚众斗殴的；二是聚众斗殴人数多，规模大，社会影响恶劣的；三是在公共场所或者交通要道聚众斗殴，造成社会秩序严重混乱的；四是持械聚众斗殴的。

### 十三、寻衅滋事罪

**（一）寻衅滋事罪的概念**

寻衅滋事罪，是指肆意挑衅，无事生非，起哄闹事，进行扰乱破坏，情节恶劣的行为。

**（二）寻衅滋事罪的构成特征**

1. 侵犯客体是公共秩序。

2. 客观方面表现为寻衅滋事的行为。具体表现为下列行为之一：（1）随意殴打他人，情节恶劣的。（2）追逐、拦截、辱骂、恐吓他人，情节恶劣的。（3）强拿硬要或者任意毁损、占用公私财物，情节严重的。（4）在公共场所起哄闹事，造成公共场所秩序严重混乱的。

3. 犯罪主体是一般主体。

4. 主观方面表现为故意，基于蔑视法纪、显示威风、寻求精神刺激或者发泄等卑劣下流的动机。

**（三）寻衅滋事罪的认定**

1. 划清罪与非罪的界限。根据《刑法》第 293 条规定，寻衅滋事必须是"情节恶劣"或"情节严重"的才能构成犯罪。情节恶劣，是指多次随意殴打他人取乐或者殴打他人致伤，结伙、持械追逐、拦截、辱骂、恐吓他人造成恶劣影响或者严重后果的。情节严重，是指多次强拿硬要或者损毁、占用公私财物，或者强拿硬要、毁损、占用公私财物数额较大的，或在公共场所起哄闹事，造成公共场所秩序严重混乱的，等等。如果行为人寻衅滋事尚未达到情节恶劣或情节严重的程度不能认为是犯罪。

2. 划清本罪与故意伤害罪的界限。两罪的主要区别是：（1）犯罪动机不同。本罪是基于打人取乐发泄或者显示威风、无端寻衅之动机，而后罪则往往产生于一定的事由或恩怨。（2）行为对象不同。本罪的行为对象是不特定的，而后罪则往往是特定事情的关系人。因寻衅滋事致人轻伤的，仍应按寻衅滋事罪论处，致人重伤、死亡的，则应按故意伤害罪或故意杀人罪论处。

3. 本罪与抢劫罪的区别。这两罪的主要区别是，本罪的行为人在大庭广众之下要威风，占便宜，其并不在意财物的价值，也不顾忌被害人、群众知悉或告发；而后罪行为人则以非法占有为目的，劫夺被害人有价值或所有的财物，并且尽量避免被害人辨认或他人知悉。

**（四）寻衅滋事罪的法定刑**

《刑法》第 293 条第 1 款规定，犯寻衅滋事罪的，处 5 年以下有期徒刑、拘役或管制。第 2 款规定，纠集他人多次实施前款行为，严重破坏社会秩序的，处 5 年以上 10 年以下有期徒刑，可以并处罚金。

## 十四、组织、领导、参加黑社会性质组织罪

**（一）组织、领导、参加黑社会性质组织罪的概念**

组织、领导、参加黑社会性质组织罪，是指组织、领导或者参加以暴力、威胁或者其他手段，有组织地进行违法犯罪活动，称霸一方，为非作歹，欺压、残害群众，严重破坏经济、社会生活秩序的黑社会性质组织的行为。

**（二）组织、领导、参加黑社会性质组织罪的构成特征**

1. 侵犯客体是经济、社会生活秩序。

2. 客观方面表现为组织、领导、参加黑社会性质组织的行为。所谓黑社会性质的组织，根据《刑法》第 294 条，应当同时具备以下特征：（1）形成较稳定的犯罪组织，人数较多，有明确的组织者、领导者，骨干成员基本固定；（2）有组织地通过违法犯罪活动或者其他手段获取经济利益，具有一定的经济实力，以支持该组织的活动；（3）以暴力、威胁或者其他手段，有组织地多次进行违法犯罪活动，为非作恶，欺压、残害群众；（4）通过实施违法犯罪活动，或者利用国家工作人员的包庇或者纵容，称霸一方，在一定区域或者行业内，形成非法控制或者重大影响，严重破坏经济、社会生活秩序。所谓组织，是指倡导、发起、组建。所谓领导，是指指挥、率领、引导。所谓参加，是指积极参加，即明知是黑社会性质组织，仍然积极加入的行为。

3. 犯罪主体为一般主体，即组织者、领导者、积极参加者、其他参加者。

4. 主观方面表现为故意，即明知是黑社会性质组织而决意组织、领导、积极参加或

参加。

**（三）组织、领导、参加黑社会性质组织罪的认定**

1. 划清罪与非罪的界限。如果行为人不明真相、受骗而参加，了解真相后又主动退出的不能以犯罪论处。刑法对组织者、领导者、积极参加者和其他参加者规定了不同的法定刑量刑档次。

2. 划清本罪与一般刑事犯罪集团的界限。黑社会性质组织具有违法犯罪行为多样性、犯罪组织严密、犯罪手段强制性、犯罪活动区域性、社会危害严重性的特点。这些特点是一般犯罪集团所不具备的，若不具备上述特点就不能以本罪认定，而应按一般的犯罪集团处理。

**（四）组织、领导、参加黑社会性质组织罪的法定刑**

《刑法》第294条第1款规定，犯组织、领导、参加黑社会性质组织罪的，对组织者、领导者，处7年以上有期徒刑，并处没收财产；积极参加者，处3年以上7年以下有期徒刑，可以并处罚金或者没收财产；其他参加者处3年以下有期徒刑、拘役、管制或者剥夺政治权利，可以并处罚金。本条第4款还规定，犯本罪又有其他犯罪行为的，依照数罪并罚的规定进行处罚。

**十五、赌博罪**

**（一）赌博罪的概念**

赌博罪，是指以营利为目的，聚众赌博或者以赌博为业的行为。

**（二）赌博罪的构成特征**

1. 侵犯客体是社会管理秩序和社会风尚。

2. 客观方面表现为聚众赌博或者以赌博为业的行为。根据司法解释，"聚众赌博"指：一是组织三人以上赌博且符合下面三种情形之一的：（1）抽头渔利数额累计达到5 000元以上的；（2）赌资数额累计达到5万元以上的；（3）参赌人数累计达到20人以上的。二是组织我国公民10人以上赴境外赌博，从中收取回扣、介绍费的。"以赌博为业"，指以赌博为常业，即以赌博所得为其生活或者挥霍的主要来源的行为。行为人实施上述两种行为之一的，即可构成本罪。

3. 犯罪主体为一般主体。根据司法解释，我国公民在我国领域外周边地区聚众赌博、开设赌场，以吸引我国公民为主要客源的亦可构成赌博罪；明知他人实施赌博犯罪活动，而为其提供资金、计算机网络、通讯、费用结算等直接帮助的，以赌博罪的共犯论处。

4. 主观方面表现为故意并且以营利为目的。不以营利为目的，进行带有少量财物输赢的娱乐活动，以及提供棋牌室等娱乐场所只收取正常的场所和服务费用的经营行为等，不以赌博罪论处。

**（三）赌博罪的认定**

1. 划清本罪与非罪行为的界限。行为人主观上是否以营利为目的是划清本罪与群众纯娱乐性活动的关键。对虽以营利为目的，但不符合聚众赌博、开设赌场、以赌博为业的客观行为要件，仅仅为赌博提供条件或者参与赌博赌资较大的，属于一般违法行为，按《中华人民共和国治安管理处罚法》第70条给予治安处罚。

2. 划清本罪与相关犯罪的界限。一是未经国家批准擅自发行、销售彩票，构成犯罪的，以非法经营罪定罪处罚，而不以赌博罪论处；二是通过赌博或者为国家工作人员赌博提供资金的形式实施行贿、受贿行为，构成犯罪的，以行贿罪或受贿罪定罪处罚，而不以赌博罪论处；三是对于设欺骗性质的"赌局"，直接通过控制输赢结果来骗取数额较大的钱财的行为，应定诈骗罪，而不以赌博罪论处。

### （四）赌博罪的法定刑

《刑法修正案（六）》第18条将《刑法》第303条修改为两款，其中第1款规定：以营利为目的，聚众赌博或者以赌博为业的，处3年以下有期徒刑、拘役或者管制，并处罚金。

根据司法解释，犯赌博罪有以下三种情形之一的，从重处罚：一是具有国家工作人员身份的；二是组织国家工作人员赴境外赌博的；三是组织未成年人参与赌博，或者开设赌场吸引未成年人参与赌博的。（请参照最高人民法院、最高人民检察院《关于办理赌博刑事案件具体应用法律若干问题的解释》进行理解）

## 十六、伪证罪

### （一）伪证罪的概念

伪证罪，是指在刑事诉讼中，证人、鉴定人、记录人、翻译人对与案件有重要关系的情节，故意作虚假证明、鉴定、记录、翻译，意图陷害他人或者隐匿罪证的行为。

### （二）伪证罪的构成特征

1. 侵犯客体主要是司法机关的正常刑事诉讼活动。

2. 客观方面表现为在刑事诉讼中，对与案件有重要关系的情节作虚假的证明、鉴定、记录、翻译。伪证罪的伪证行为具有虚假性、关联性和时间性的基本特征。所谓虚假性，是指行为人必须实施了虚假的证明、鉴定、记录、翻译行为。所谓关联性，是指虚假的证明、鉴定、记录、翻译的内容，必须和与案件有重要关系的情节有联系。这里的与案件有重要关系的情节，是指足以使无罪的人受到刑事处罚或者使轻罪重罚的情节，或者是使犯罪分子逃避刑事处罚或者重罪轻判的情节。所谓时间性，是指伪证的行为必须是发生在刑事诉讼的立案、侦查、起诉、审判的过程中。

3. 犯罪主体是特殊主体，即刑事诉讼中的证人、鉴定人、记录人、翻译人。

4. 主观方面表现为故意，即有意作虚假的证明、鉴定、记录、翻译，并有陷害他人或者隐匿罪证的目的。

### （三）伪证罪的认定

1. 划清罪与非罪的界限。如果证人记忆错误，鉴定人、记录人、翻译人业务水平不高，或因粗心大意而发生的错误，只要他们在主观上不是出于故意，没有陷害他人或为他人开脱罪责的目的，不能以犯罪论处。

2. 划清本罪与诬告陷害罪的界限。两罪在主观方面、客观方面都有相同之处，其区别主要表现为：（1）行为对象不完全相同。本罪的行为对象主要是人犯；而后罪的行为对象是任何公民。（2）行为方式不同。本罪是对与案件有重要关系的重要情节作伪证；而后罪则是捏造整个犯罪事实。（3）犯罪主体不同。本罪是特殊主体，只限于证人、鉴定人、记录人、翻译人；而后罪则是一般主体。（4）行为内容不同。本罪的行为内容包括陷害他人或包庇犯罪；而后罪则只是陷害他人。（5）行为实施的时间不同。本罪是发生在立案以后的刑事诉讼过程中；而后罪则发生在立案侦查之前。

### （四）伪证罪的法定刑

《刑法》第 305 条规定，犯伪证罪的，处 3 年以下有期徒刑或者拘役；情节严重的，处 3 年以上 7 年以下有期徒刑。

## 十七、妨害作证罪

### （一）妨害作证罪的概念

妨害作证罪，是指以暴力、威胁、贿买等方法阻止证人作证或者指使他人作伪证的行为。

### （二）妨害作证罪的构成特征

1. 侵犯客体是司法机关的正常诉讼活动。这里包含公安机关对刑事案件的侦查活动，检察机关对刑事案件的侦查、起诉活动，审判机关对刑事、民事、行政等案件的审判活动。

2. 客观方面表现为对诉讼活动中的证人作证行为实施妨害的行为。"诉讼活动中"包含了在诉讼过程中和诉讼过程之外。妨害作证的行为分为两类：一类是以暴力、威胁、贿买等方法阻止证人作证；另一类是指使、贿买、胁迫他人作伪证。"暴力"指使用殴打、绑架等人身强制的方法，使证人不敢、不能去作证或逼使他人去作伪证。"威胁"指以杀害、伤害证人及其近亲属、毁坏其财产、揭露其隐私等方法相威胁，迫使证人不敢、不愿作证或者逼使他人去作伪证。"贿买"指以金钱、财物或其他利益收买、诱使证人不作证或作伪证。"等"指除了暴力、威胁、贿买以外的其他阻止证人作证或者让其作伪证的方法，如唆使等。

3. 犯罪主体为一般主体。在司法实践中主要是与案件有利害关系的人。

4. 主观方面表现为故意。即意图通过种种非法手段使证人不敢作证、不能作证、不愿作证，或者使证人或其他人作伪证。

### （三）妨害作证罪的认定

1. 划清本罪与非法拘禁罪、绑架罪、故意伤害罪、故意杀人罪的界限。使用暴力手段阻止他人作证，非法剥夺他人的人身自由，致人重伤、死亡的，既构成了妨害作证罪，又构成了非法拘禁罪、绑架罪、故意伤害罪、故意杀人罪，应当按照处理想象竞合犯的原则，按其中较重的罪定罪处罚。

2. 划清本罪与伪证罪的界限。伪证罪发生在刑事诉讼活动中，犯罪主体除证人外还有鉴定人、记录人、翻译人。本罪发生在证人作证的各种诉讼活动中。二罪交集之处在于指使证人在刑事诉讼活动中作伪证即教唆伪证行为，本应成立伪证罪的共犯，但因刑法已将指使证人作伪证单独规定为妨害作证罪，故指使证人在刑事诉讼中作伪证的行为不再定伪证罪。

3. 划清本罪与辩护人、诉讼代理人毁灭证据、伪造证据、妨害作证罪的界限。二罪的交集之处在于发生在刑事诉讼阶段的辩护人、诉讼代理人毁灭证据、伪造证据、妨害作证的，依照《刑法》第 306 条第 1 款的规定，以后罪论处；如果发生在刑事案件的非诉讼阶段或者民事、行政案件中，上述行为则以本罪论处，有的也可构成帮助毁灭、伪造证据罪。

### （四）妨害作证罪的法定刑

依据《刑法》第 307 条第 1 款的规定，犯妨害作证罪的，处 3 年以下有期徒刑或者拘役；情节严重的，处 3 年以上 7 年以下有期徒刑。

该条第 3 款规定，司法工作人员犯该罪的，从重处罚。

### 十八、虚假诉讼罪

#### (一) 虚假诉讼罪的概念

虚假诉讼罪，是指以捏造的事实提起民事诉讼，妨害司法秩序或者严重侵害他人合法权益的行为。

#### (二) 虚假诉讼罪的构成特征

1. 侵犯的客体是正常的司法秩序和利益相关人的合法权益。

2. 客观方面表现为以捏造的事实提起民事诉讼，妨害司法秩序或者严重侵犯他人合法权益的行为。实践中主要在房产、追索劳动报酬、借贷、离婚等民事纠纷及相关执行案件中，捏造事实提起民事诉讼。常表现出多样的虚假诉讼形式，如为骗取人民法院判决、裁定或者调解书，从而非法占有他人财物；为逃避履行给付义务而进行诉讼诈骗，以转移资产或者参与分配；离婚案件中一方当事人为多分夫妻共同财产，采用诉讼诈骗手段骗取人民法院判决、裁定、调解书，以转移夫妻共同财产，等等。

3. 犯罪主体为一般主体，即年满16周岁具有刑事责任能力的自然人和单位。

4. 主观方面表现为直接故意。通常以谋取不正当利益为目的进行恶意诉讼，但本罪的成立并不要求该目的必须存在。

#### (三) 虚假诉讼罪的认定

1. 划清本罪与非罪行为的界限。一是本罪的入罪范围仅限于民事诉讼，而不含其他诉讼类型。二是本罪成立的法定要件虽未设情节严重、后果严重等内容，但仍须遵循《刑法》第13条"但书"的规定，情节显著轻微危害不大的不认为是犯罪。

2. 划清本罪与相关犯罪的界限。一是本罪以捏造事实提起民事诉讼为成立要件，仅在诉讼过程中伪造证据、妨害作证的行为不成立本罪，符合妨害作证罪要件的应成立妨害作证罪。二是虚假诉讼中，非法占有他人财产或者逃避合法债务，又构成其他犯罪的，依照处罚较重的规定从重处罚。

#### (四) 虚假诉讼罪的法定刑

依据《刑法修正案 (九)》第35条新增设的《刑法》第307条之一的规定，个人犯虚假诉讼罪的处3年以下有期徒刑、拘役或者管制，并处或者单处罚金；情节严重的，处3年以上7年以下有期徒刑，并处罚金。

单位犯本罪的，对单位判处罚金，并对其直接负责的主管人员和其他直接责任人员，依照上述自然人犯罪的规定处罚。

犯本罪，非法占有他人财产或者逃避合法债务，又构成其他犯罪的，依照处罚较重的规定定罪从重处罚。

司法工作人员利用职权，与他人共同实施上述犯罪行为的，从重处罚；同时构成其他犯罪的，依照处罚较重的规定定罪从重处罚。


### 十九、扰乱法庭秩序罪

#### (一) 扰乱法庭秩序罪的概念

扰乱法庭秩序罪，是指采用聚众哄闹，冲击法庭，侵害司法工作人员或者诉讼参与人人身权利，严重毁坏法庭设施、诉讼文书、证据等方式扰乱法庭秩序的行为。

**（二）扰乱法庭秩序罪的构成特征**

1. 侵犯的客体是国家的正常审判秩序和司法权威。

2. 客观方面表现为法定的四种扰乱法庭秩序的行为。《刑法修正案（九）》第 37 条修订了《刑法》第 309 条的规定，作出了细化规定：一是聚众哄闹、冲击法庭的；二是殴打司法工作人员或者诉讼参与人的；三是侮辱、诽谤、威胁司法工作人员或者诉讼参与人，不听法庭制止，严重扰乱法庭秩序的；四是有毁坏法庭设施，抢夺、损毁诉讼文书、证据等扰乱法庭秩序行为，情节严重的。只要有上述四种情形之一即符合了扰乱法庭秩序罪的客观要件。

3. 犯罪主体为一般主体，即年满 16 周岁、具有刑事责任能力的自然人。

4. 主观方面表现为故意。

**（三）扰乱法庭秩序罪的认定**

1. 划清本罪与非罪行为的界限。成立犯罪必须具有上述法定的四种情形之一，即新列举出的扰乱行为，且情形之三、之四要求情节达到严重程度。实践中对于其他扰乱法庭秩序的种种表现不应随便入罪。

2. 划清本罪与有关犯罪的界限。实践中对于发生在法庭之外的杀害、伤害法官等行为，按所构成的犯罪论处，不定本罪。对于扰乱审判秩序，同时构成其他犯罪的，应当按处罚较重的犯罪定罪处罚。

**（四）扰乱法庭秩序罪的法定刑**

《刑法》第 309 条规定，犯扰乱法庭秩序罪的，处 3 年以下有期徒刑、拘役、管制或者罚金。

**二十、窝藏、包庇罪**

**（一）窝藏、包庇罪的概念**

窝藏、包庇罪，是指明知是犯罪的人而为其提供隐藏处所、财物，帮助其逃匿或者作假证明包庇的行为。

**（二）窝藏、包庇罪的构成特征**

1. 侵犯客体是司法机关追诉、制裁犯罪分子的正常活动。

2. 客观方面表现为窝藏或者包庇犯罪分子的行为。窝藏犯罪分子的行为，有以下三种情况：（1）为犯罪分子提供隐藏处所。（2）提供财物，资助或协助犯罪人逃匿。（3）为犯罪分子提供交通工具，指示行动路线或逃匿方向等。包庇犯罪分子的行为，是指向司法机关作虚假证明，即以非证人的身份向司法机关提供虚假的证明材料为犯罪分子掩盖罪行或减轻罪责。窝藏与包庇的行为只要具备其一，便可以构成本罪。

3. 犯罪主体是一般主体。

4. 主观方面表现为故意，即行为人明知是犯罪的人而予以窝藏、包庇。明知的内容仅以对象可能是犯罪的人为限，并不要求确知其犯罪的性质和危害程度。

**（三）窝藏、包庇罪的认定**

1. 划清本罪与一般知情不举的行为界限。知情不举是指明知是犯罪分子而不检举告发的行为。由于知情不举者没有实施窝藏、包庇犯罪分子的行为，加之我国刑法未将一般知情不举的行为规定为犯罪，因此，对知情不举的行为，不能认为是犯罪。

2. 划清包庇罪与伪证罪的界限。两者在提供虚假证明这一点相似，两者的主要区别是：

（1）犯罪主体不同。本罪的主体是一般主体；后者的主体是特殊主体，即只能是刑事诉讼中的证人、鉴定人、记录人和翻译人。（2）犯罪的场合不同。本罪可以发生在刑事诉讼之前、之中和之后；而后罪则只能发生在刑事诉讼之中。（3）包庇的对象不同。本罪包庇的对象包括已决犯和未决犯；而伪证罪的对象只能是未决犯。（4）犯罪目的不同。本罪的目的是使犯罪分子逃避法律制裁；而后罪的目的既包括隐匿罪证，使犯罪分子逃避法律制裁，也包括陷害他人使无罪者受到刑事追究。

3. 划清本罪与事前有通谋的共同犯罪的界限。若行为人事前有事后予以窝藏、包庇的通谋，说明行为人有共同犯罪的故意，行为人在共同犯罪中窝藏或作虚假证明来掩盖罪行的，不能以本罪论处，而应以共同犯罪论处。

**（四）窝藏、包庇罪的法定刑**

《刑法》第310条规定，犯窝藏、包庇罪的，处3年以下有期徒刑、拘役或者管制；情节严重的，处3年以上10年以下有期徒刑。

## 二十一、掩饰、隐瞒犯罪所得、犯罪所得收益罪

**（一）掩饰、隐瞒犯罪所得、犯罪所得收益罪的概念**

掩饰、隐瞒犯罪所得、犯罪所得收益罪，是指明知是犯罪所得及其产生的收益而予以窝藏、转移、收购、代为销售或者以其他方法掩饰、隐瞒的行为。

**（二）掩饰、隐瞒犯罪所得、犯罪所得收益罪的构成特征**

1. 侵犯的客体是司法机关追究刑事犯罪的正常活动。行为对象是犯罪所得及因犯罪所得产生的收益。

2. 客观方面表现为窝藏、转移、收购、代为销售或者以其他方法掩饰、隐瞒犯罪所得及其产生的收益的行为。窝藏，是指为犯罪分子提供隐藏犯罪所得及其产生的收益的场所的行为。该场所是隐蔽的或公开的，不影响本罪的成立。转移，是指将他人实施犯罪所得及其产生的收益由一个地方搬运到另一个地方。收购，是指有偿取得赃物后，予以出卖或自用的行为。代为销售，是指帮助或者代理犯罪分子销售所得赃物。掩饰、隐瞒，是指除了上述四种行为以外的其他方法，如提供资金账户，协助将财产转为现金、金融票据、有价证券等，通过转账方式协助资金转移，汇往境外。本罪是选择性罪名，行为人只要实施了其中一种行为，即可构成相应的犯罪，实施了其中几种行为，也不能实行数罪并罚，只能按本罪论处。

3. 犯罪主体是一般主体，单位可以成立本罪。

4. 主观方面表现为故意，即行为人明知是犯罪所得及其产生的收益而予以窝藏、转移、收购、代为销售或者以其他方法掩饰、隐瞒。

**（三）掩饰、隐瞒犯罪所得、犯罪所得收益罪的认定**

1. 划清罪与非罪的界限。对于一时贪图便宜，对来路不明的物品加以收买的；偶尔窝藏、转移或代为销售少量赃物的，都不宜以犯罪论处。此外，犯罪分子将本人犯罪所得赃物自行窝藏、转移的，属于其原先犯罪行为的事后不可罚行为，不单独构成本罪。

2. 划清本罪与窝藏罪的界限。本罪中的窝赃行为与窝藏罪有些相似，两罪的主要区别是：（1）行为对象不同。本罪窝藏的是犯罪所得的赃物及其产生的收益；而后者窝藏的则是实施犯罪的人。（2）故意的内容不同。本罪故意的内容是为了赃物及其产生的收益不被司法

机关发觉，从而继续非法占有赃物及其产生的收益；而后者是帮助犯罪分子逃匿，使其逍遥法外。

**（四）掩饰、隐瞒犯罪所得、犯罪所得收益罪的法定刑**

修改后的《刑法》第 312 条第 1 款规定，犯掩饰、隐瞒犯罪所得、犯罪所得收益罪的，处 3 年以下有期徒刑、拘役或者管制，并处或者单处罚金；情节严重的，处 3 年以上 7 年以下有期徒刑，并处罚金。

《刑法修正案（七）》第 10 条在《刑法》第 312 条中增加一款作为第 2 款：单位犯前款罪的，对单位判处罚金，并对其直接负责的主管人员和其他直接责任人员，依照前款的规定处罚。

**二十二、拒不执行判决、裁定罪**

**（一）拒不执行判决、裁定罪的概念**

拒不执行判决、裁定罪，是指对人民法院的判决、裁定有能力执行而拒不执行、情节严重的行为。

**（二）拒不执行判决、裁定罪的构成特征**

1. 侵犯客体是人民法院裁判的权威性。

2. 客观方面表现为对人民法院的判决、裁定有能力执行而拒不执行，情节严重的行为。"人民法院的判决、裁定"，是指人民法院依法作出的具有执行内容并已发生法律效力的判决、裁定。人民法院为依法执行支付令、生效的调解书、仲裁裁决、公证债权文书等所作的裁定属于该条规定的裁定。所谓有能力执行，是指根据查实的证据，证明负有执行人民法院判决、裁定义务的人有可供执行的财产或者具有履行特定义务的能力。如果行为人确实没有可供执行的财产，或者丧失履行特定义务的能力，不能以犯罪论处。所谓拒不履行，是指行为人采取各种手段拒绝履行人民法院判决、裁定中所确定的义务。

3. 犯罪主体是特殊主体，指负有执行人民法院判决、裁定义务的当事人。单位可以成为本罪主体。

4. 主观方面表现为故意，即对已生效的判决、裁定，有义务、有能力履行，而拒不履行。

**（三）拒不执行判决、裁定罪的认定**

1. 划清罪与非罪的界限。根据《刑法》第 313 条的规定，拒不执行判决、裁定的行为，只有情节严重才能构成犯罪。根据全国人大常委会 2002 年 8 月 29 日通过的立法解释，所谓"有能力执行而拒不执行，情节严重"的情形有 5 种：（1）被执行人隐藏、转移、故意毁损财产，或者无偿转让财产、以明显不合理的低价转让财产，致使判决、裁定无法执行的；（2）担保人或者被执行人隐藏、转移、故意毁损或者转让已向人民法院提供担保的财产，致使判决、裁定无法执行的；（3）协助执行义务人接到人民法院执行通知书后，拒不协助执行，致使判决、裁定无法执行的；（4）被执行人、担保人、协助执行义务人与国家机关工作人员通谋，利用国家机关工作人员的职权妨害执行，致使判决、裁定无法执行的；（5）其他有能力执行而拒不执行，情节严重的情形。如果拒不执行判决、裁定但情节轻微的，不能以犯罪论处。如果行为人因没有能力执行判决、裁定而未能执行的，也不能以犯罪论处。

2. 划清本罪与故意杀人罪或故意伤害罪的界限。行为人在暴力抗拒执行人民法院判决、裁定中，杀害、重伤执行人员的，应择一重罪处断，即按故意杀人罪或故意伤害罪论处。

**（四）拒不执行判决、裁定罪的法定刑**

《刑法修正案（九）》第 39 条修订后的《刑法》第 313 条规定，犯拒不执行判决、裁定罪的，处 3 年以下有期徒刑、拘役或者罚金；情节特别严重的，处 3 年以上 7 年以下有期徒刑，并处罚金。

单位犯前款罪的，对单位判处罚金，并对其直接负责的主管人员和其他直接责任人员，依照前款的规定处罚。

## 二十三、脱逃罪

**（一）脱逃罪的概念**

脱逃罪，是指依法被关押的罪犯、被告人、犯罪嫌疑人逃脱司法机关的羁押和监管的行为。

**（二）脱逃罪的构成特征**

1. 侵犯客体是国家监管机关的正常监管秩序。

2. 客观方面表现为从羁押场所脱逃的行为。所谓脱逃，是指行为人逃离司法机关的监管场所，如从监狱、看守所逃跑或在押解途中逃跑。脱逃的方法多种多样，有的乘机秘密逃走，有的公开逃跑；有的使用暴力，有的未使用暴力；有的单独逃走，有的结伙逃走。

3. 犯罪主体是特殊主体，即限于依法被拘留、逮捕、关押的罪犯、被告人、犯罪嫌疑人。

4. 主观方面表现为故意，脱逃的目的是逃避羁押和刑罚的执行。

**（三）脱逃罪的认定**

1. 划清罪与非罪的界限。对错拘、错捕、错判而被关押的无辜者逃离监管场所或者摆脱人身羁押的行为，不能以犯罪论处。对无罪者进行的拘留、逮捕和判刑，是对其人身权利的侵犯，无罪者有权根据《中华人民共和国国家赔偿法》的规定获得国家赔偿。

2. 划清本罪与故意杀人罪、故意伤害罪的界限。行为人使用暴力逃跑，如果其暴力手段造成监管人员死亡或重伤，应按牵连犯的处理原则，择一重罪处断，即以故意杀人罪或者故意伤害罪论处。

**（四）脱逃罪的法定刑**

《刑法》第 316 条第 1 款规定，犯脱逃罪的，处 5 年以下有期徒刑或者拘役。

## 二十四、组织他人偷越国（边）境罪

**（一）组织他人偷越国（边）境罪的概念**

组织他人偷越国（边）境罪，是指违反国家出入境管理法规，非法组织他人偷越国（边）境的行为。

**（二）组织他人偷越国（边）境罪的构成特征**

1. 侵犯客体是国家对国（边）境的正常管理秩序。"国境"，是指我国与外国的国界；"边境"，是指我国大陆与香港、澳门、台湾地区的交界。

2. 客观方面表现为非法组织他人偷越国（边）境的行为。关于出入国（边）境，我国颁布了《公民出境入境管理法》和《外国人入境出境管理法》以及这两部法的实施细则。依据《关于办理妨害国（边）境管理刑事案件应用法律若干问题的解释》，"组织他人偷越国

（边）境"是指领导、策划、指挥他人偷越国（边）境或者在首要分子指挥下，实施拉拢、引诱、介绍他人偷越国（边）境等行为。"偷越国（边）境"的行为有如下五种情形：（1）没有出入境证件出入国（边）境或者逃避接受边防检查的；（2）使用伪造、变造、无效的出入境证件出入国（边）境的；（3）使用他人出入境证件出入国（边）境的；（4）使用以虚假的出入境事由、隐瞒真实身份、冒用他人身份证件等方式骗取的出入境证件出入国（边）境的；（5）采用其他方式非法出入国（边）境的。具备上述情形之一的即是偷越国（边）境行为。

3. 犯罪主体为一般主体，包括中国人和外国人。

4. 主观方面表现为故意，实践中一般具有牟利目的。

**（三）组织他人偷越国（边）境罪的认定**

划清本罪与其他相关犯罪的界限。第一种是对表现为"介绍"他人偷越国（边）境的行为的认定。如果是在首要分子指挥下，实施介绍他人偷越国（边）境行为的，成立本罪的共犯，应以组织他人偷越国（边）境罪论处；如果不是在首要分子指挥下实施介绍行为，被介绍人偷越国（边）境行为符合上述司法解释规定情形之一的，介绍人与被介绍人成立偷越国（边）境罪的共同犯罪，不以本罪论处，构成偷越国（边）境罪。第二种是对明知他人组织偷越国（边）境而为其提供证件使用的行为的认定。该提供证件行为实际上是组织他人偷越国（边）境的共犯行为，但《刑法》第319条单独规定了骗取出境证件罪，就不能再以本罪论处；如果同时还实施了其他组织行为，则应以组织他人偷越国（边）境罪论处。

**（四）组织他人偷越国（边）境罪的法定刑**

依据《刑法》第318条的规定，犯组织他人偷越国（边）境罪的，处2年以上7年以下有期徒刑，并处罚金。有下列情形之一的，处7年以上有期徒刑或者无期徒刑，并处罚金或者没收财产：（1）组织他人偷越国（边）境集团的首要分子；（2）多次组织他人偷越国（边）境或者组织他人偷越国（边）境人数众多的；（3）造成被组织人重伤、死亡的；（4）剥夺或者限制被组织人人身自由的；（5）以暴力、威胁方法抗拒检查的；（6）违法所得数额巨大的；（7）有其他特别严重情节的。

犯前款罪，对被组织人有杀害、伤害、强奸、拐卖等犯罪行为，或者对检查人员有杀害、伤害等犯罪行为的，依照数额并罚的规定处罚。

**二十五、医疗事故罪**

**（一）医疗事故罪的概念**

医疗事故罪，是指医务人员由于严重不负责任，造成就诊人死亡或者严重损害就诊人身体健康的行为。

**（二）医疗事故罪的构成特征**

1. 侵犯客体是国家对医疗工作的管理秩序和就诊人的生命、健康权利和医疗单位的正常活动。

2. 客观方面表现为对医疗护理工作严重不负责任，致使就诊人死亡或健康受到严重损害的行为。具体表现为：首先，在医疗护理工作中严重不负责任，即在医疗、护理工作中违反规章制度和诊疗、护理常规。其次，致使就诊人死亡或健康受到严重损害。所谓"致使就诊人健康受到严重损害"，是指造成就诊人残疾、组织器官损伤、丧失劳动能力等严重后果。

再次，行为人严重不负责任与致使就诊人死亡或健康受到严重损害之间存在着因果关系，否则不认为是犯罪。

3. 犯罪主体是特殊主体，主要是医务人员，包括医疗防疫人员、药剂人员、护理人员、其他专业技术人员。

4. 主观方面表现为过失，即行为人对造成就诊人死亡或严重损害就诊人身体健康的后果存在疏忽大意的过失或过于自信的过失。至于是否有意违反规章制度，不影响本罪的构成。

### （三）医疗事故罪的认定

1. 划清本罪与非罪的界限。对于医疗过程中发生差错，若损害结果轻微，不能以犯罪论处。在医疗、护理过程中，由于就诊人病情或特殊体质而发生了医务人员难以防范和预料的后果的，应视为意外事故，不能以犯罪论处。对于医务人员因医疗技术水平不高、缺乏经验等造成的事故，由于并非是医务人员的责任心不强、违反规章制度造成的，也不构成犯罪。

2. 划清本罪与非法进行节育手术罪的界限。关键是看行为人是否具有医生的执业资格。有医生执业资格，因严重不负责任致人重伤、死亡的，构成本罪。

### （四）医疗事故罪的法定刑

《刑法》第 335 条规定，犯医疗事故罪的，处 3 年以下有期徒刑或者拘役。


## 二十六、非法行医罪

### （一）非法行医罪的概念

非法行医罪，是指未取得行医资格的人非法行医，情节严重的行为。

### （二）非法行医罪的构成特征

1. 侵犯客体是国家对医疗工作的管理秩序和就诊人的生命安全和健康权利。

2. 客观方面表现为非法行医，情节严重的行为，即无医生执业资格从事营利性的诊治活动，如冒充医生在医疗单位从业、挂牌行医、在药店坐堂看病等。

3. 犯罪主体为未取得医生执业资格的自然人。

4. 主观方面为直接故意，即行为人明知无医生执业资格，为了牟利而非法行医。其对非法行医造成的危害结果则是出于过失或间接故意。

### （三）非法行医罪的认定

1. 划清罪与非罪的界限。根据刑法规定，非法行医必须情节严重的才构成犯罪。所谓"情节严重"，是指多次被取缔后仍非法行医的；因非法行医造成就诊人身体健康受损害的；非法行医获利巨大的；从事危险性较大的诊疗活动的；等等。非法行医情节轻微的，不能构成犯罪。

2. 划清本罪与医疗事故罪的界限。两罪的区别是：（1）主体不同。本罪行为人无医生执业资格，而后罪行为人则有医生执业资格。（2）主观方面不同。本罪是故意，后罪是过失。（3）客观方面不同。本罪限于非法的诊治活动，后罪是从事合法的诊疗、护理活动。

### （四）非法行医罪的法定刑

《刑法》第 336 条规定，犯非法行医罪的，处 3 年以下有期徒刑、拘役或管制，并处或者单处罚金；严重损害就诊人身体健康的，处 3 年以上 10 年以下有期徒刑，并处罚金；造成就诊人死亡的，处 10 年以上有期徒刑，并处罚金。

### 二十七、污染环境罪

#### （一）污染环境罪的概念

污染环境罪，是指违反国家规定，排放、倾倒或者处置有放射性的废物、含传染病病原体的废物、有毒物质或者其他有害物质，严重污染环境的行为。

#### （二）污染环境罪的构成特征

1. 侵犯客体是国家环境保护和污染防治制度。本罪的行为对象是有毒、有害物质，即列入国家危险废物名录，或者根据国家规定的危险废物标准，认定为具有爆炸性、自燃性、易燃性、毒性、腐蚀性、传染性特性之一的固体废物、液态废物和置于容器内的废气。

2. 客观方面表现为违反国家规定，实施了严重污染环境的行为。违反国家规定，是指违反国家有关保护环境、防治污染的法律规定。违反国家规定是构成本罪的前提条件。实施了环境污染行为，是指违反国家规定，排放、倾倒或者处置有放射性废物、含传染病病原体的废物、有毒物质或者其他有害物质的行为。所谓严重污染环境，在"两高"2013年《关于办理环境污染刑事案件适用法律若干问题的解释》第1条列了14种情形，只要具备其中一种情形的，即应认定为"严重污染环境"。

3. 犯罪主体既包括自然人，也包括单位。

4. 主观方面表现为过失，既包括过于自信的过失，也包括疏忽大意的过失。

#### （三）污染环境罪的认定

划清本罪与危险物品肇事罪的界限。两罪的主要区别是：（1）行为对象不同。本罪的行为对象是危险废物；而后者是危险品。（2）发生的场合不同。本罪是在排放、处理废物过程中发生的；后者是在危险品的生产、使用、运输管理过程中发生的。（3）侵犯的客体不同。本罪侵犯的是国家环境保护和环境污染防治的管理制度；而后者侵犯的是社会公共安全。

#### （四）污染环境罪的法定刑

《刑法》第338条规定，犯污染环境罪的，处3年以下有期徒刑或者拘役，并处或者单处罚金；后果特别严重的，处3年以上7年以下有期徒刑，并处罚金。这里的"后果特别严重"，请参照"两高"2013年《关于办理环境污染刑事案件适用法律若干问题的解释》第3条所列的11种情形。《刑法》第346条规定，单位犯本罪的，对单位判处罚金，对其直接负责的主管人员和其他直接责任人员依照第338条的规定处罚。

### 二十八、走私、贩卖、运输、制造毒品罪

#### （一）走私、贩卖、运输、制造毒品罪的概念

走私、贩卖、运输、制造毒品罪，是指明知是毒品而故意实施走私、贩卖、运输、制造的行为。

#### （二）走私、贩卖、运输、制造毒品罪的构成特征

1. 侵犯客体是国家对毒品的管理制度和公民的身心健康。行为对象是毒品。所谓毒品，是指鸦片、海洛因、甲基苯丙胺（冰毒）、吗啡、大麻、可卡因以及国家规定管制的其他能使人形成瘾癖的麻醉药品和精神药品。

2. 客观方面表现为走私、贩卖、运输、制造毒品的行为。走私毒品，是指违反海关法规而将毒品运输、携带、邮寄进出国（边）境或者直接向走私人非法收购走私进出口的毒品的行为。在内海、领海运输、收购、贩卖毒品的，以走私毒品罪论处。贩卖毒品，是指明知

是毒品而非法销售，或者以贩卖为目的而非法收买毒品的行为。对于居间介绍买卖毒品的，无论是否获利，均以贩卖毒品罪的共犯论处。运输毒品，是指明知是毒品而采用携带、邮寄、利用他人或者使用交通工具等方法非法运送的行为。制造毒品，是指非法用毒品原植物直接提炼或用化学方法加工、配制毒品的行为。本罪是选择性罪名，凡实施了上述行为之一的，即以该行为确定罪名；如实施两种以上的行为，即以数行为确立一个罪名，如贩卖、运输毒品罪，不实行数罪并罚。

3. 犯罪主体是一般主体，自然人和单位均可构成。已满 14 周岁的人对贩卖毒品罪负刑事责任。

4. 主观方面表现为故意，即行为人明知是毒品而故意走私、制造、贩卖、运输。如果不是明知，而是被别人利用或受蒙蔽而实施上述行为的，不构成犯罪。

### （三）走私、贩卖、运输、制造毒品罪的认定

1. 划清罪与非罪的界限。行为人只要实施了走私、贩卖、运输、制造毒品的行为，不论毒品的数量多少，一律构成犯罪。但是，如果确属情节显著轻微，危害不大的，依照《刑法》第 13 条但书的规定，不以犯罪论处。根据《刑法》第 347 条第 7 款规定，对多次走私、贩卖、制造、运输毒品，未经处理的，毒品数量累计计算。第 357 条第 2 款规定，毒品的数量以查证属实的走私、贩卖、运输、制造、非法持有毒品的数量计算，不以纯度折算。（参照最高人民法院《关于审理毒品案件定罪量刑标准有关问题的解释》）。

2. 划清本罪与诈骗罪的界限。对于将假毒品冒充真毒品，诱骗他人上当而购买的，其行为符合诈骗罪的构成，应以诈骗罪论处。对于不知是假毒品，而误认为是真毒品进行走私、贩卖、运输、制造的，属于对象认识错误，不影响本罪的成立，但应以未遂处理。如果行为人在非毒品中掺入毒品贩卖，只要贩卖物中含有毒品，均应按贩卖毒品罪论处。

### （四）走私、贩卖、运输、制造毒品罪的法定刑

《刑法》第 347 条第 2、3、4 款规定，犯走私、贩卖、运输、制造毒品罪的，处 3 年以下有期徒刑、拘役或者管制，并处罚金；犯严重走私、贩卖、运输、制造毒品罪的，处 3 年以上 7 年以下有期徒刑，并处罚金；犯特别严重走私、贩卖、运输、制造毒品罪的，处 7 年以上有期徒刑，并处罚金；犯最严重走私、贩卖、运输、制造毒品罪的，处 15 年有期徒刑、无期徒刑或者死刑，并处没收财产。

单位犯上述走私、贩卖、运输、制造毒品罪的，对单位判处罚金，并对直接负责的主管人员和其他直接责任人员按走私、贩卖、运输、制造毒品罪的法定刑处罚。

利用、教唆未成年人走私、贩卖、运输、制造毒品，或者向未成年人出售毒品的，从重处罚。

根据《刑法》第 356 条规定，因走私、贩卖、运输、制造、非法持有毒品被判过刑，又犯本罪的，从重处罚。

## 二十九、非法持有毒品罪

### （一）非法持有毒品罪的概念

非法持有毒品罪，是指违反国家毒品管理法规，非法持有毒品且数量较大的行为。

### （二）非法持有毒品罪的构成特征

1. 侵犯客体是国家对毒品的管理制度和公民的身心健康。行为对象是毒品。

2. 客观方面表现为非法持有毒品数量较大的行为。非法，是指违反我国《麻醉药品管理办法》《精神药品管理办法》中有关规定。持有，是指占有、携带、藏有或者以其他方式持有毒品的行为。至于所持有毒品的来源是购买、受赠或者祖传，不影响本罪的成立。所谓数量较大，是指非法持有鸦片 200 克以上，海洛因或者甲基苯丙胺 10 克以上或其他毒品数量较大的。对毒品的数量以查证属实的数量计算，不以纯度折算。

3. 犯罪主体为自然人一般主体。

4. 主观方面表现为故意，即行为人明知是毒品而非法持有。过失不构成本罪。

### （三）非法持有毒品罪的认定

划清本罪与走私、贩卖、运输、制造毒品罪的界限。如果有证据证明非法持有毒品是为了进行走私、制造、贩卖、运输毒品犯罪的，应以走私、贩卖、运输、制造毒品罪论处；根据查获的证据，不能认定非法持有较大数量毒品是为了走私、贩卖、运输、制造、窝藏毒品犯罪的，构成本罪。

### （四）非法持有毒品罪的法定刑

《刑法》第 348 条规定，犯非法持有毒品罪的，处 3 年以下有期徒刑、拘役或管制，并处罚金；犯严重非法持有毒品罪的，处 3 年以上 7 年以下有期徒刑，并处罚金；非法持有鸦片 1 000 克以上，海洛因或甲基苯丙胺 50 克以上或者其他毒品数量大的，处 7 年以上有期徒刑或者无期徒刑，并处罚金。第 356 条规定，因走私、贩卖、运输、制造、非法持有毒品罪被判过刑，又犯本罪的，从重处罚。

## 三十、组织卖淫罪

### （一）组织卖淫罪的概念

组织卖淫罪，是指以招募、雇用、纠集、强迫、引诱、容留等手段，控制多人从事卖淫的行为。

### （二）组织卖淫罪的构成特征

1. 侵犯客体是社会道德风尚和社会治安管理秩序。

2. 客观方面表现为组织多人卖淫的行为。组织多人卖淫，是指以招募、雇用、引诱、容留等手段，控制 3 个或 3 个以上女人或男人从事卖淫活动。通常表现为两种形式：（1）没有固定的卖淫场所，行为人通过掌握控制的卖淫人员，有组织地进行卖淫。（2）设置卖淫场所或变相的卖淫场所，控制一些卖淫人员在该场所内卖淫。

3. 犯罪主体只能是卖淫活动的组织者，可以是一人，也可以是数人。

4. 主观方面是故意，一般是以营利为目的，也可以是出于其他目的。

### （三）组织卖淫罪的认定

正确认定一罪与数罪问题。在组织他人卖淫的犯罪活动中，对被组织卖淫的人有强迫、引诱、容留、介绍卖淫行为，不实行数罪并罚，因为这些行为是组织他人卖淫的手段和行为的组成部分，不能独立成罪。但是，如果对被组织者以外的其他人实施上述行为的，则应分别定罪，实行数罪并罚。

### （四）组织卖淫罪的法定刑

《刑法修正案（九）》第 42 条修订后的《刑法》第 358 条规定，犯组织卖淫罪的，处 5 年以上 10 年以下有期徒刑，并处罚金；组织他人卖淫情节严重的，处 10 年以上有期徒刑或者无期徒刑，并处罚金或者没收财产。组织未成年人卖淫的，依照上述规定从重处罚。犯本罪并有杀害、伤害、强奸、绑架等犯罪行为的，实行数罪并罚。第361条规定，旅馆业、饮食服务业、文化娱乐业、出租汽车业等单位的人员，利用本单位的条件，组织他人卖淫的，依照个人犯本罪处罚，所列单位的主要负责人犯本罪的从重处罚。

### 三十一、强迫卖淫罪

#### （一）强迫卖淫罪的概念

强迫卖淫罪，是指以暴力、胁迫或者其他强制手段，迫使他人卖淫的行为。

#### （二）强迫卖淫罪的构成特征

1. 侵犯客体是他人的人身权利和社会道德风尚及社会治安管理秩序。

2. 客观方面表现为强迫他人卖淫的行为。"强迫卖淫"，指违背他人意志，采用强制手段，迫使受害者卖淫。强制手段有：对他人的人身采用暴力；对他人采用暴力威胁、精神胁迫；除暴力和胁迫以外的其他强制被害人的方法。"他人"即强迫卖淫的对象，包括妇女、幼女、男子。

3. 犯罪主体是一般主体。

4. 主观方面是故意。

#### （三）强迫卖淫罪的认定

划清本罪与组织卖淫罪的界限。二罪的区别表现在三个方面：一是侵犯的客体不同。组织卖淫罪侵犯的是社会道德风尚及社会治安管理秩序；而本罪除侵犯社会道德风尚及社会治安管理秩序外，还包括他人的人身权利。二是实施行为的内容不同。组织卖淫的行为，是指以招募、雇用、引诱、容留的手段，控制多人从事卖淫活动，不违背受害人意志；而本罪是采用强迫手段，违背卖淫者的意志。三是故意的内容不同。组织卖淫罪的行为人主观上具有组织多人的故意；而本罪的行为人在主观上则具有强迫的故意。

#### （四）强迫卖淫罪的法定刑

《刑法》第358条规定，犯强迫卖淫罪的，处罚同组织卖淫罪。

### 三十二、传播性病罪

#### （一）传播性病罪的概念

传播性病罪，是指明知自己患有梅毒、淋病等严重性病而进行卖淫嫖娼的行为。

#### （二）传播性病罪的构成特征

1. 侵犯客体是复杂客体，即破坏了社会治安管理秩序和危害了他人的身体健康。

2. 客观方面表现为行为人在患有严重性病的情况下实施卖淫嫖娼的行为。至于实际是否已造成他人染上性病的结果，不影响本罪的成立。

3. 犯罪主体为特殊主体，即已满16周岁，具有刑事责任能力，且患有梅毒、淋病等严重性病的人。包含中国公民和外国人。

4. 主观方面表现为故意，即明知自己患有严重性病而仍然进行卖淫或嫖娼的。具有下列情形之一的，可以认定为"明知"：（1）有证据证明曾到医院就医，被诊断为患有严重性病的；（2）根据本人的知识和经验，能够知道自己患有严重性病的；（3）通过其他方法能够证明被告人是"明知"的。

**（三）传播性病罪的认定**

1. 划清传播性病罪与非罪行为的界限。关键是看严重性病的传播途径，如果是行为人通过卖淫或嫖娼的途径传播严重性病的，则符合了传播性病罪的客观行为特征。如果行为人通过其他方式，如正常的婚恋关系或通奸等将性病传染给他人，或将病菌通过衣物、洗浴工具等传染给他人的，不构成本罪。

2. 传播性病与有关犯罪行为的关系。实践中，遇有组织、强迫、引诱、容留、介绍明知是有严重性病的人进行卖淫的案件，应按照组织、强迫、引诱、容留、介绍卖淫罪一罪认定，并按照情节严重的法定刑档次处罚。

**（四）传播性病罪的法定刑**

我国《刑法》第360条第1款规定，犯传播性病罪，处5年以下有期徒刑、拘役或者管制，并处罚金。

**三十三、制作、复制、出版、贩卖、传播淫秽物品牟利罪**

**（一）制作、复制、出版、贩卖、传播淫秽物品牟利罪的概念**

制作、复制、出版、贩卖、传播淫秽物品牟利罪，是指以牟利为目的，制作、复制、出版、贩卖、传播淫秽物品的行为。

**（二）制作、复制、出版、贩卖、传播淫秽物品牟利罪的构成特征**

1. 侵犯客体是国家对文化娱乐制品的管理制度和良好的社会风尚。所谓淫秽物品，根据《刑法》第367条之规定，是指具体描绘性行为或者露骨宣扬色情的诲淫性的书刊、影片、录像带、录音带、图片及其他淫秽物品。

2. 客观方面表现为制作、复制、出版、贩卖、传播淫秽物品的行为。本罪属选择性罪名。制作、复制、出版、贩卖、传播分属五种行为，行为人只要实施其中一种行为即成立本罪（以该行为确定罪名，如贩卖淫秽物品罪）。行为人实施其中二种以上行为的，应将所实施的行为并列为一个罪名（如制作、贩卖淫秽物品罪），不实行数罪并罚。根据2000年12月28日全国人大常委会通过的《关于维护互联网安全的决定》第3条第5项，在互联网上建立淫秽网站、网页，提供淫秽站点链接服务，或者传播淫秽书刊、影片、音像、图片的，亦属本法条规定之行为。

3. 犯罪主体是个人和单位。

4. 主观方面是故意，且必须具有牟利的目的。

**（三）制作、复制、出版、贩卖、传播淫秽物品牟利罪的认定**

注意划清本罪与非罪行为的界限。主要涉及如下三点：（1）正确鉴定淫秽物品。有关人体生理、医学知识的科学著作不是淫秽物品。包含有色情内容的有艺术价值的文学、艺术作品不视为淫秽物品。（2）情节显著轻微、危害不大的制作、复制等行为，不以犯罪论处，判断根据见1998年12月23日起施行的最高人民法院《关于审理非法出版物刑事案件具体应用法律若干问题的解释》第8条规定的数量或数额标准。（3）主观上是否明知并是否具有牟利目的也是区分罪与非罪的根据。

**（四）制作、复制、出版、贩卖、传播淫秽物品牟利罪的法定刑**

《刑法》第363条规定，犯本罪的，处3年以下有期徒刑、拘役或者管制，并处罚金；情节严重的，处3年以上10年以下有期徒刑，并处罚金；情节特别严重的，处10年以上有期徒刑或者无期徒刑,并处罚金或者没收财产。如何掌握"情节严重"、"情节特别严重",请参见最高人民法院《关于审理非法出版物刑事案件具体应用法律若干问题的解释》第8条第2、3款。

《刑法》第366条规定,单位犯本罪的,对单位判处罚金,并对其直接负责的主管人员和其他直接责任人员,依照第363条个人犯本罪的规定处罚。

### 三十四、传播淫秽物品罪

**(一) 传播淫秽物品罪的概念**

传播淫秽物品罪,是指不以牟利为目的,传播淫秽的书刊、影片、音像、图片或其他淫秽物品,情节严重的行为。

**(二) 传播淫秽物品罪的构成特征**

1. 侵犯客体是社会治安管理秩序和良好的社会风尚。

2. 客观方面表现为出借、播放、展示、赠送、散发、交换、讲解等传播行为。传播包含公开或秘密在公众中或公开场所实施的行为。根据2000年12月28日全国人大常委会通过的《关于维护互联网安全的决定》第3条第5项,在互联网上传播淫秽书刊、影片、音像、图片的,亦属本法条规定之行为。

3. 犯罪主体是个人和单位。

4. 主观方面是故意,但不具有牟利的目的。

**(三) 传播淫秽物品罪的认定**

1. 划清传播淫秽物品罪与非罪行为的界限。发生在亲友、家庭成员之间或其他小范围、观看人数少的场合传看、传抄淫秽物品的现象,应不属于情节严重的行为,不构成本罪。"情节严重"的构成犯罪,其判断依据是1998年12月23日起施行的最高人民法院《关于审理非法出版物刑事案件具体应用法律若干问题的解释》第10条规定的向他人传播淫秽物品达300至600人次以上或者造成恶劣社会影响的情形。

2. 划清本罪与以牟利为目的实施的传播淫秽物品罪的界限。二者区别主要是看有无牟利目的,另外从法律规定看"情节严重"是本罪成立的必备要素,以牟利为目的传播淫秽物品罪在法条里未作此规定。

**(四) 传播淫秽物品罪的法定刑**

《刑法》第364条规定,犯传播淫秽物品罪的,处2年以下有期徒刑、拘役或者管制。

《刑法》第366条规定,单位犯传播淫秽物品罪的,对单位判处罚金,并对其直接负责的主管人员和其他直接责任人员,依照第364条个人犯本罪的规定处罚。

# 第二十章　贪污贿赂罪

## 第一节　贪污贿赂罪概述

### 一、贪污贿赂罪的概念

贪污贿赂罪，是指国家工作人员利用职务上的便利，非法占有、使用公共财物，索取、收受贿赂或者取得其他非法利益，破坏职务的廉洁性的行为。贪污贿赂罪，是以贪污罪、贿赂罪为中心构成的一类犯罪，此外还有相关的行贿、介绍贿赂等犯罪。

### 二、贪污贿赂罪的共同特征

1. 侵犯客体是国家工作人员公务行为的廉洁性，多数犯罪同时也侵犯了公共财产或国有资产的所有权。少数犯罪还侵犯了公民私人财产以及其他单位的财产所有权。本类犯罪的本质就在于以公权牟取私利，具有渎职性与贪利性犯罪的双重特点。

2. 客观方面表现为贪污、挪用公款、受贿、行贿、介绍贿赂、巨额财产来源不明、隐瞒境外存款不报、私分国有财产等行为。

3. 犯罪主体多属特殊主体，即国家工作人员和国家机关、国有公司、企业、事业单位、人民团体；少数犯罪如行贿罪、介绍贿赂罪等，由一般主体构成。（参照 2000 年 4 月 28 日全国人大常委会通过的《关于〈中华人民共和国刑法〉第九十三条第二款的解释》）

4. 主观方面表现为故意，过失不构成本类犯罪。

## 第二节　本章要求掌握的犯罪

### 一、贪污罪

#### （一）贪污罪的概念

贪污罪，是指国家工作人员利用职务上的便利，侵吞、窃取、骗取或者以其他手段非法占有公共财物的行为。

#### （二）贪污罪的构成特征

1. 侵犯客体是复杂客体，即国家工作人员职务行为的廉洁性和公共财产的所有权。国家工作人员在职务活动中背离职责贪污公共财产，直接侵犯了国家工作人员职务行为的廉洁性。国家工作人员利用职务之便，将公共财物非法占有，直接侵犯了公共财产的所有权。犯罪侵犯的对象是公共财产。依照《刑法》第 91 条的规定，下列财产属于公共财产：（1）国有财产；（2）劳动群众集体所有的财产；（3）用于扶贫和其他公益事业的社会捐助或者专项基金的财产。在国家机关、国有公司、企业、集体企业和人民团体管理、使用或者运输中的私人财产，以公共财产论。

2. 客观方面表现为利用职务上的便利，侵吞、窃取、骗取或者以其他手段非法占有公共财物的行为。所谓利用职务之便，是指行为人利用本人职务范围内的权力和地位形成的有利条件，具体表现为主管、保管、支配、供用或经手等便利条件。利用因工作关系熟悉作案环境、凭工作人员身份便于接近作案目标等与职务无关的便利条件，不属于利用职务之便。所谓侵吞，是指行为人利用职务上的便利，将自己控制之下的公共财物非法占有，如将自己保管、使用的公共财物加以扣留，应交而隐匿不交，应支付而不支付，收款不入账或非法转卖或者私自赠与他人，非法占有或私自用掉其所追缴的赃款赃物和罚没款物，甚至将自己控制下的国家机关、国有公司、企事业单位等用于行贿的款物非法据为己有，等等。所谓窃取，是指行为人利用职务之便，将自己合法主管、管理、经手的公共财物，以秘密窃取的方法非法占有的行为，即通常所说的监守自盗。如国有商店的售货员窃取自己经管的货物、货款，银行柜台营业员盗窃自己经管的存款等。所谓骗取，是指行为人利用职务上的便利，以虚构事实或隐瞒真相的欺骗手段，非法占有公共财物的行为，如涂改单据、账目，谎报开支，冒领差旅费、医疗费、工资、补贴等；谎报亏损，非法占有公款；虚构或隐瞒事实，冒领款物；等等。所谓其他手段，是指侵吞、窃取、骗取以外的其他利用职务上的便利，非法占有公共财物的行为。《刑法》第394条规定，国家工作人员在国内公务活动或者对外交往中接受礼物，依照国家规定应当交公而不交公，数额较大的，以贪污罪定罪处罚。这是国家工作人员利用职务之便，侵吞公共财物的一种特殊形式，应当以贪污罪论处。

个人贪污数额较大或有其他较重情节的，即构成犯罪。对多次贪污未经处理的，按照累计贪污数额处罚。多次贪污未经处理，是指贪污行为未被发现或者虽经发现，但未给予刑事处罚或任何行政纪律处分。累计贪污数额时，应依刑法有关追诉时效的规定执行，在追诉时效期限内的贪污数额应累计计算。

3. 犯罪主体是特殊主体，即国家工作人员以及受委托管理、经营国有财产的人员。依据《刑法》第93条的规定，国家工作人员是指国家机关中从事公务的人员，国有公司、企业、事业单位、人民团体中从事公务的人员和国家机关、国有公司、企业、事业单位委派到非国有公司、企业、事业单位、社会团体从事公务的人员，以及其他依照法律从事公务的人员。依据《刑法》第382条的规定，受国家机关、国有公司、企业、事业单位、人民团体委托管理、经营国有财产的人员，视为其他依照法律从事公务的人员，以国家工作人员论，可以成为本罪的主体。国家工作人员以外的其他人与上述国家工作人员勾结，伙同贪污的，以共犯论处。

4. 主观方面表现为故意，并且具有非法占有公共财物的目的。

（三）贪污罪的认定

1. 划清贪污罪与非罪的界限。依据贪污罪的构成特征，贪污数额较大或情节较重是区分贪污罪与非罪的界限。

2. 划清贪污罪与盗窃罪、诈骗罪、侵占罪的界限。这四种犯罪都是以非法占有财产为目的的犯罪，行为形态也有相同之处。它们的主要区别是：（1）犯罪客观方面有所不同。贪污罪中窃取、骗取公共财物的行为是利用职务上的便利实施的；盗窃罪、诈骗罪、侵占罪则没有这一条件。例如，某国有独资公司的业务人员，利用其在流水线上可以流动查看生产状况的条件，假装去卫生间，盗窃车间里的产品藏匿在卫生间内，等到下班时再从卫生间中偷偷地取走，将价值5万余元的产品据为己有。本案中，行为人的犯罪手段是盗窃，但是行为人的主体身份是国家工作人员，利用其职务上的便利，盗窃国家财产，构成贪污罪，而不是盗窃罪。（2）犯罪客体与对象有所不同。贪污罪的客体是公共财产的所有权和职务行为廉洁性，行为对象仅限于公共财物；盗窃罪、诈骗罪、侵占罪的客体是公私财产，行为对象是公私财物。（3）犯罪主体不同。贪污罪是特殊主体，即国家工作人员；盗窃罪、诈骗罪、侵占罪是一般主体，即自然人。

3. 划清贪污罪与职务侵占罪的界限。贪污罪与职务侵占罪主观上都是以非法占有为目的，客观行为也有相似之处。它们的主要区别是：（1）犯罪客体不同。贪污罪的客体是职务行为廉洁性和公共财产所有权；职务侵占罪的客体是职务行为廉洁性和本单位财产的所有权。（2）犯罪主体不同。贪污罪的主体是特殊主体，即国家工作人员；职务侵占罪的主体是特殊主体，即公司、企业或者其他单位的人员，但不包括国有公司、企业或者其他国有单位中从事公务的人员和国有公司、企业或者其他国有单位委派到非国有公司、企业以及其他单位从事公务的人员。

**（四）贪污罪的法定刑**

《刑法修正案（九）》第 44 条修订后的《刑法》第 383 条第 1 款规定，犯贪污罪的，根据情节轻重，作出不同的处罚规定：（1）贪污数额较大或者有其他较重情节的，处 3 年以下有期徒刑或者拘役，并处罚金。（2）贪污数额巨大或者有其他严重情节的，处 3 年以上 10 年以下有期徒刑，并处罚金或者没收财产。（3）贪污数额特别巨大或者有其他特别严重情节的，处 10 年以上有期徒刑或者无期徒刑，并处罚金或者没收财产；数额特别巨大，并使国家和人民利益遭受特别重大损失的，处无期徒刑或者死刑，并处没收财产。

对多次贪污未经处理的，按照累计贪污数额处罚。

犯第 1 款罪，在提起公诉前如实供述自己罪行、真诚悔罪、积极退赃，避免、减少损害结果的发生，有上述第 1 种情形的，可以从轻、减轻或者免除处罚；有上述第 2 种、第 3 种情形的，可以从轻处罚。

犯第 1 款罪，有上述第 3 种情形被判处死刑缓期执行的，人民法院根据犯罪情节等情况可以同时决定在其死刑缓期执行二年期满依法减为无期徒刑后，终身监禁，不得减刑、假释。

在司法实践中关于"数额""情节"的把握见最高人民法院和最高人民检察院于 2016 年 4 月 18 日公布施行的《关于办理贪污贿赂刑事案件适用法律若干问题的解释》的规定。

**二、挪用公款罪**

**（一）挪用公款罪的概念**

挪用公款罪，是指国家工作人员利用职务上的便利，挪用公款归个人使用，进行非法活动的，或者挪用公款数额较大、进行营利活动的，或者挪用公款数额较大、超过 3 个月未还的行为。

**（二）挪用公款罪的构成特征**

1. 侵犯客体是复杂客体，即国家工作人员职务行为的廉洁性、国家财经管理制度以及公款使用收益权。

2. 客观方面表现为利用职务之便挪用公款归个人使用，进行非法活动，或者挪用公款数额较大、进行营利活动，或者挪用公款数额较大、超过 3 个月未还的行为。所谓利用职务之便，是指利用主管、经手、管理公共财物的便利。挪用公款归个人使用，根据全国人大常委会 2002 年 4 月 28 日的立法解释，是指"有下列情形之一的，属于挪用公款'归个人使用'：（一）将公款供本人、亲友或者其他自然人使用的；（二）以个人名义将公款供其他单位使用的；（三）个人决定以单位名义将公款供其他单位使用，谋取个人利益的"。可以构成犯罪的挪用公款行为，有以下三种不同情况：

（1）挪用公款归个人使用，进行走私、嫖娼、赌博、非法经营等违法犯罪活动的，以犯罪论。根据"两高"2016 年 4 月 18 日起施行的司法解释，这种挪用公款的行为，数额在 3 万元以上的应追究刑事责任。

（2）挪用公款数额较大，归个人进行营利活动的，以犯罪论。进行营利活动，通常是指进行经商、办企业等经营性活动，至于经营性活动是否获利，不影响本罪的成立。挪用公款为个人进行营利活动做准备，如用作私有公司、企业的资信证明，以取得工商登记等，属于挪用公款用于营利活动。这种挪用公款行为构成犯罪，不受挪用时间限制，但受挪用数额的限制。根据"两高"2016 年 4 月 18 日起施行的司法解释，挪用公款 5 万元以上的，视为数额较大的起点。

（3）挪用公款归个人使用，数额较大，超过 3 个月未还的，以犯罪论。这里的未还，是指案发前即被司法机关、主管部门或者有关单位发现前未还。根据"两高"2016 年 4 月 18 日起施行的司法解释，挪用公款数额较大是指 5 万元以上的。

3. 犯罪主体是特殊主体，即国家工作人员。

4. 主观方面表现为故意，并以归个人使用为目的。为本人和其他人谋取利益，不论是否已实际谋取到，都属于为私利。挪用人违反财经管理制度，未经合法审批手续，将公款擅自借给其他单位使用，应认定为"以个人名义"。

**（三）挪用公款罪的认定**

1. 划清挪用公款罪与挪用特定款物罪的界限。两者的主要区别是：（1）主体不同。挪用公款罪的主体是国家工作人员；挪用特定款物罪的主体是经手、经办、管理特定款物的人员，而不一定是国家工作人员。（2）客体不同。挪用公款罪的客体是国家工作人员职务行为的廉洁性、国家财经管理制度以及公款使用权；挪用特定款物罪的客体是国家对特定款物专款专用的财经管理制度以及国家和人民群众的利益。（3）主观方面不同。二者都是故意，但挪用公款罪以挪用公款归个人使用为目的，即挪作私用；挪用特定款物罪的目的则是为了其他公用，即挪作他用。如果行为人挪用特定款物归个人使用，应以挪用公款罪从重处罚。这是二者最重要的区别之一。（4）行为对象不同。挪用公款罪的行为对象是公款，包括特定款物在内。挪用特定款物罪的行为对象仅限于特定款物，即救灾、抢险、防汛、优抚、扶贫、移民、救济款物。这是二者的另一个重要区别。（5）客观方面成立犯罪的条件有所不同。挪用公款罪将挪用公款行为分为三种情况，并分别规定了不同的构成犯罪的客观要件；而挪用特定款物罪则在客观上要求致使国家和人民群众利益遭受重大损害的结果发生，否则不构成犯罪。

2. 划清挪用公款罪与挪用资金罪的界限。两者的主要区别是：（1）主体不同。挪用资金罪的主体是特殊主体，即公司、企业或者其他单位的工作人员；挪用公款罪的主体也是特殊主体，但属于国家工作人员。（2）客体不同。挪用公款罪的对象是公款，客体是公共财产，具体表现为公款的使用权；挪用资金罪的客体是公司、企业或者其他单位资金的使用权，行为对象是本单位的资金。二者的客体都侵犯了职务行为的廉洁性，但挪用公款罪侵犯的是国家工作人员职务行为廉洁性，而挪用资金罪侵犯的是普通受雇用人员即非国家工作人员职务行为廉洁性。

3. 划清挪用公款罪与贪污罪的界限。二者的主要区别是：（1）犯罪目的不同。挪用公款罪以非法占用为目的，即暂时地挪用公款归个人使用；贪污罪以非法占有为目的，即意图永远地非法占有公共财物。行为人挪用公款后，犯罪目的由非法占用转化为非法占有的，如挪用公款后，携带公款潜逃的；挥霍公款，致使公款不能退还的；使用公款进行违法犯罪活动，致使公款不能退还的；等等，应以贪污罪论处。（2）行为对象不同。挪用公款罪的对象仅限于公款；贪污罪的对象是公共财物，既包括公款，也包括公物。（3）客体不同。挪用公款罪侵犯的是公款使用权；贪污罪侵犯的是公共财物所有权。（4）客观方面行为手段不同。挪用公款罪的行为手段是擅自私用公款，实际案件中行为人一般没有涂改、销毁、伪造账簿的非法行为；贪污罪的行为手段是侵吞、窃取、骗取等非法手段，实际案件中行为人往往有涂改、销毁、伪造账簿的非法行为。（5）主体范围不完全相同。挪用公款罪只限于国家工作人员；贪污罪除国家工作人员外，还包括受国家机关、国有公司、企事业单位、人民团体、委托管理、经营国有财产的人员。

**（四）挪用公款罪的法定刑**

我国《刑法》第 384 条规定，犯挪用公款罪的，处 5 年以下有期徒刑或者拘役；情节严重的，处 5 年以上有期徒刑。挪用公款数额巨大不退还的，处 10 年以上有期徒刑或者无期徒刑。挪用用于救灾、抢险、防汛、优抚、扶贫、移民、救济款物归个人使用的，从重处罚。

所谓不退还，是指行为人主观上想还但因为客观原因在一审判决前还不了的情况，如大部分款项借给他人而无法追回，挪用公款进行营利活动造成重大亏损而无法返还等。如果行为人主观上就是不想还，意图将挪用的公款据为己有的，行为的性质就发生了变化，应以贪污罪论处。

"数额""情节"在司法实践中的把握见"两高"2016 年 4 月 18 日的司法解释。

**三、受贿罪**

**（一）受贿罪的概念**

受贿罪，是指国家工作人员利用职务上的便利，索取他人财物，或者非法收受他人财物，为他人谋取利益的行为。

**（二）受贿罪的构成特征**

1. 侵犯客体是国家工作人员职务行为廉洁性。受贿罪的实质在于以公权交换私利。

2. 客观方面表现为利用职务上的便利，索取他人财物或者非法收受他人财物，为他人谋取利益的行为。利用职务上的便利，是指利用本人职务范围内的权力，即自己职务上主管、分管、负责某项公共事务的职权所形成的便利条件。本罪的行为对象是他人财物，这里的财物应当作适当的扩大解释，不仅指有形的可以用金钱计量的钱物，也包括无形的可以用金钱计量的物质性利益，如债权的设立、债务的免除以及其他形式的物质性利益，但不包括诸如提升职务、迁移户口、升学就业、提供女色等非物质性不正当利益。本罪客观方面的受贿行为包括两种不同的基本形式：（1）利用职务之便，索取他人财物。国家工作人员利用职务上的便利，以明示或者暗示的方式主动向他人索要财物的行为，就属于这种形式，即通常所说的索贿。索贿不是一个独立的罪名，但由于它所具有的主动性和勒索性，因而比一般收受贿赂的行为具有更为严重的社会危害性。所以，索贿构成犯罪的，并不以为他人谋取利益为必要条件，即无论索贿者是否意图为他人谋取利益或者实际上为他人谋取了利益，只要利用职务之便向他人索贿的，就应当以受贿罪论处。（2）利用职务之便，非法收受他人财物，为他人谋取利益。非法收受他人财物，是指在行贿人主动行贿的情况下，行为人非法地收受他人财物的情况。在索贿的情况下，行贿人交付贿赂是被动的，是被索要的结果。在非法收受贿赂的情况下，行贿人交付贿赂是自愿的、主动的，受贿人有被行贿人收买的特点。因此，利用职务之便非法收受他人财物，要有为他人谋取利益的要件，才构成受贿罪。所谓为他人谋取利益，是指行为人意图为他人谋取利益，或者承诺为他人谋取利益，或者实际上已经为他人谋取了利益。至于行为人是为他人谋取正当利益还是不正当利益，是合法利益还是非法利益，不影响本罪的成立。此外，根据《刑法》第385条2款和第388条的规定，国家工作人员在经济往来中私自收受回扣、手续费归个人所有以及斡旋受贿（指国家工作人员利用本人职权或者地位形成的便利条件，通过其他国家工作人员职务上的行为，为请托人谋取不正当利益，索取或者收受请托人财物的行为），也是受贿罪。受贿行为与贪污行为一样，是一种严重侵害国家工作人员职务廉洁性并妨害国家机关、国有单位正常活动的犯罪行为。个人受贿数额较大或有其他较重情节的，一律以受贿罪论处。

3. 犯罪主体是特殊主体，即国家工作人员。

4. 主观方面表现为故意。

**（三）受贿罪的认定**

1. 划清受贿行为与接受馈赠的界限。两者性质不同，其主要区别是：受贿是谋私利的犯罪行为；馈赠是亲友或一般同志之间联络情谊的表现，是无条件的赠与，是合法的民事行为。受贿是利用职务上的便利进行，客观上往往采取隐蔽的、不正常的方式进行；馈赠是正常的礼尚往来行为，没有利用职务之便的情况，而且都是以公开的、正常的方式进行。但如果借接受馈赠之名，行受贿之实，则应以受贿罪追究责任。

2. 划清受贿与获取合理报酬的界限。国家工作人员在法律、政策和行政纪律允许的范围内，或者利用业余时间、休假时间，用自己的劳动为他人临时进行某项工作或提供某项服务，而获得合理劳动报酬，不属受贿行为。如果是违反国家的法律和政策，利用职务之便为他人谋取利益而从中收受贿赂的行为，属受贿行为。

3. 划清受贿罪与一般受贿行为的界限。根据刑法规定，受贿行为构成犯罪的数额、情节标准与贪污罪相同，即受贿数额较大或者情节较重的，应构成受贿罪。

4. 划清受贿罪与诈骗罪、敲诈勒索罪的界限。国家工作人员以利用职务上的便利收受贿赂从而为他人谋取利益为名，骗取他人数额较大的财物，但并没有而且也不打算利用职务之便为他人谋取利益的，不构成受贿罪，应以诈骗罪论处。国家工作人员利用职务上的便利，勒索有求于己的人的财物，属于索贿行为，应以受贿罪论处。国家工作人员以要挟、威胁的方式勒索他人财物，但并没有利用职务之便的，应以敲诈勒索罪论处，而不构成受贿罪。

5. 划清受贿罪与非国家工作人员受贿罪的界限。两罪在主观方面、客观方面都有许多相似之处，主要区别是：（1）主体不同。受贿罪的主体是国家工作人员；非国家工作人员受贿罪的主体是公司、企业、其他单位的工作人员。国有公司、企业中从事公务的人员和国有公司、企业委派到非国有公司、企业从事公务的人员受贿的，以受贿罪论，不构成非国家工作人员受贿罪。（2）客体有所不同。受贿罪的客体是国家工作人员职务行为廉洁性；非国家工作人员受贿罪的客体是国家对公司、企业、其他单位工作人员职务活动的管理制度。

6. 划清受贿罪与贪污罪的界限。受贿罪与贪污罪都是国家工作人员利用职务之便实施的牟利犯罪，都具有渎职性与贪利性的双重特色。其主要区别是：（1）犯罪主体的范围有所不同。受贿罪仅限国家工作人员，贪污罪还包括受委托管理、经营国有财产的人员。（2）犯罪目的的内容不同。贪污罪在主观上以非法占有自己主管、管理、经手的公共财物为目的；受贿罪在主观上则表现为以非法占有他人或者其他单位的公私财物为目的。（3）行为对象不同。贪污罪的行为对象是公共财物；受贿罪的对象既包括公共财物，也包括公民私有的财物。（4）行为方式不同。贪污罪使用侵吞、窃取、骗取等方法，非法占有自己主管、管理、经手的公共财物；受贿罪则是利用职务之便向他人索取财物，或者非法收受他人财物，为他人谋取利益。

7. 对发生在经济往来中的受贿问题的认识。《刑法》第 385 条第 2 款规定："国家工作人员在经济往来中，违反国家规定，收受各种名义的回扣、手续费，归个人所有的，以受贿论处。"这是受贿罪的特别犯罪构成，与受贿罪基本犯罪构成相比，具有以下三个特点：（1）发生在经济往来中。这里的经济往来，是指国家经济管理活动以及国家工作人员直接参与到销售、购买商品或者提供、接受服务等交易活动中。如果不是发生在经济往来中，不能适用本条款。（2）违反国家规定，收受各种名义的回扣、手续费。国家工作人员基于其职务参与经济往来之中，违反国家规定，收受各种名义的回扣、手续费，必定利用职务上的便利，并且以为他人谋取利益为目的或者实际上已经为他人谋取了利益。但本条款的规定表示，国家工作人员是否利用职务之便及为他人谋取利益，不影响本条款的适用，控诉机关无需加以证明。国家工作人员在经济往来中，账外暗中收取各种名义的回扣、手续费的，以受贿论。（3）将收受的回扣、手续费归个人所有。这里的归个人所有，是指个人账外暗中据为己有。如果国家工作人员收受了回扣、手续费之后，入账上交本单位，而没有归个人所有的，不构成犯罪。如果是单位在经济往来中，账外暗中收受各种名义的回扣、手续费的，则属于单位受贿。

8. 对斡旋受贿行为的认识。《刑法》第 388 条规定："国家工作人员利用本人职权或者地位形成的便利条件，通过其他国家工作人员职务上的行为，为请托人谋取不正当利益，索取请托人财物或者收受请托人财物的，以受贿论处。"这是斡旋受贿行为构成受贿罪的情况，有以下三个特点：（1）客观方面表现为行为人利用本人职权或者地位形成的便利条件，通过其他国家工作人员职务上的行为，而不是直接利用自己职务范围内的权力。实践中，行为人利用本人职权或地位形成的便利条件，表现为行为人利用自己的职权或者地位形成的对其他国家工作人员的制约关系，从而通过其他国家工作人员职务上的行为，为请托人谋取不正当利益。这种制约关系一般表现为上下级之间的领导与被领导关系即纵向的制约关系，或者表现为不同部门或者单位之间的国家工作人员之间在执行职务过程中所存在的横向的制约关系。（2）斡旋受贿行为构成犯罪，要求在行为人为请托人谋取不正当利益的情况下才能构成；而受贿罪基本构成只要求行为人为他人谋取利益即可，至于是正当利益还是不正当利益不影响犯罪的成立。（3）无论是索贿行为还是非法收受贿赂的行为，斡旋受贿构成犯罪的，均要求具有为请托人谋取不正当利益的要件。受贿罪的基本犯罪构成则不同，在受贿罪基本犯罪构成中，索贿行为无需具有为他人谋取利益或者谋取不正当利益的要件，即可构成犯罪；非法收受贿赂的行为要求必须具有为他人谋取利益（既包括不正当利益，也包括正当利益）的要件，才可能构成犯罪。

### （四）受贿罪的法定刑

依据《刑法》第 386 条规定，受贿罪的处罚与贪污罪相同。索贿的从重处罚。

## 四、利用影响力受贿罪

### （一）利用影响力受贿罪的概念

利用影响力受贿罪，是指国家工作人员的近亲属、其他关系密切的人，通过该国家工作人员职务上的行为或影响力索取、收受请托人的财物，或者离职国家工作人员及其近亲属、关系密切的人通过该离职国家工作人员的影响力索取、收受请托人财物，数额较大或有其他较重情节的行为。

### （二）利用影响力受贿罪的构成特征

1. 侵犯客体同受贿罪。在一些新的腐败案件中，一些国家工作人员的配偶、子女、其他关系密切人打着该国家工作人员的旗号为请托人办事谋取不正当利益，收受请托人财物；一些已经离职的国家工作人员或其近亲属及关系密切的人利用其在职时的影响力，通过其他国家工作人员的职务行为为请托人谋取不正当利益，自己从中索取或收受财物。这种行为对国家工作人员职务行为廉洁性的侵害，在本质上与受贿罪并无二致，只是侵害的程度不同而已，故有必要用刑法规制。

2. 客观方面表现为行为人利用影响力与请托人交易财物，数额较大或情节较重的行为。利用影响力交易财物的行为分两种：一种是国家工作人员的近亲属或者与该国家工作人员关系密切的人，通过该国家工作人员职务上的行为，或者利用该国家工作人员职权或者地位形成的便利条件，通过其他国家工作人员职务上的行为，为请托人谋取不正当利益，索取或收受请托人财物；另一种是离职的国家工作人员或者其近亲属以及其他与其关系密切的人，利用该离职的国家工作人员原职权或者地位形成的便利条件，通过其他国家工作人员职务上的行为，为请托人谋取不正当利益，索取或收受请托人财物。无论是哪种利用影响力交易的行为，均表现出利用国家工作人员的职权交易请托人财物的特点。成立犯罪要求该交易行为达到数额较大或具有其他较重的情节，至于数额较大或其他较重情节的标准，则需司法解释作出规定，利用影响力受贿的只要具备数额较大和其他较重情节之一即可构成本罪。

3. 犯罪主体是特殊主体，包括国家工作人员的近亲属、其他关系密切的人，离职国家工作人员及其近亲属、其他关系密切人。"离职国家工作人员"指已离退休或因其他原因离开国家工作人员岗位已不具备国家工作人员身份的人。"近亲属"指现职国家工作人员、离职国家工作人员的配偶、子女等具有血缘、亲属关系的民事家庭法意义上的人。"其他关系密切人"指在现职国家工作人员、离职国家工作人员身边工作的人以及其他有特殊关系的人，如因特别情感关系形成的"情人"、同学、战友等关系人，因共同经济利益关系形成的密切关系人；因共同情趣形成的酒友、牌友等密切关系人。将上述人员规定为本罪的主体符合中国贿赂腐败犯罪的实际状况，也符合我国已批准加入的《联合国反腐败公约》第 18 条将"公职人员或者其他任何人为其本人或他人直接或间接索取或者收受任何不正当好处，以作为该公职人员或者该其他人员滥用本人的实际影响力或者被认为具有的影响力，从缔约国的行政部门或者公共机构获得任何不正当好处的条件"规定为犯罪的规定。

4. 主观方面表现为故意。

**(三) 利用影响力受贿罪的认定**

1. 划清本罪与非罪行为的界限。关键看受贿数额是否达到较大或是否具有其他较重情节。

2. 划清本罪与受贿罪的界限。二罪在犯罪主体和客观方面不同。受贿罪的主体是现职国家工作人员；本罪的主体是现职国家工作人员的近亲属及其他关系密切之人、离职国家工作人员、近亲属及其他关系密切之人。受贿罪在客观方面表现为利用本人的职务之便索贿或收受贿赂；本罪在客观方面表现为利用与国家工作人员、离职国家工作人员的密切关系形成的影响力索贿或收受贿赂。

**(四) 利用影响力受贿罪的法定刑**

《刑法修正案 (七)》第13条增订的《刑法》第388条之一规定，犯利用影响力受贿罪的，处3年以下有期徒刑或者拘役，并处罚金；数额巨大或者有其他严重情节的，处3年以上7年以下有期徒刑，并处罚金；数额特别巨大或者有其他特别严重情节的，处7年以上有期徒刑，并处罚金或者没收财产。数额巨大、数额特别巨大或其他严重情节、其他特别严重情节的标准见"两高"2016年4月18日起施行的司法解释的第10条第1款的规定。

## 五、行贿罪

**(一) 行贿罪的概念**

行贿罪，是指为谋取不正当利益，给予国家工作人员以财物的行为。

**(二) 行贿罪的构成特征**

1. 侵犯客体是国家工作人员职务行为的廉洁性。

2. 客观方面表现为给予国家工作人员以财物的行为。根据"两高"2016年4月18日起实施的司法解释，行贿数额3万元以上的，应追究刑事责任。行贿数额在1万元以上不满3万元，具有该解释第7条第2款列举的六种情形之一的，也成立行贿罪。

3. 犯罪主体是自然人一般主体。

4. 主观方面表现为故意，并且具有谋取不正当利益的目的。根据《关于办理行贿刑事案件具体应用法律若干问题的解释》，"谋取不正当利益"是指行贿人谋取的利益违反法律、法规、规章、政策规定，或要求国家工作人员违反法律、法规、规章、政策、行业规范的规定，为自己提供帮助或方便条件。违反公平、公正原则，在经济、组织人事管理活动中，谋取竞争优势的，应当认定为"谋取不正当利益"。

**(三) 行贿罪的认定**

行贿行为只限于主动行为，如果是被勒索而给予国家工作人员以财物，没有获得不正当利益的，不是行贿，不构成犯罪。

**(四) 行贿罪的法定刑**

《刑法修正案 (九)》第45条修正订的《刑法》第390条规定，犯行贿罪的，处5年以下有期徒刑或者拘役，并处罚金；因行贿谋取不正当利益，情节严重的，或者使国家利益遭受重大损失的，处5年以上10年以下有期徒刑，并处罚金；情节特别严重的，或者使国家利益遭受特别重大损失的，处10年以上有期徒刑或者无期徒刑，并处罚金或者没收财产。

行贿人在被追诉前主动交代行贿行为的，可以从轻处罚或者减轻处罚。其中，犯罪较轻的，对侦破重大案件起关键作用的，或者有重大立功表现的，可以减轻或者免除处罚。

司法实践中，对"情节严重""情节特别严重"的把握见"两高"2016 年 4 月 18 日起施行的解释的第 8、9 条。

### 六、对有影响力的人行贿罪

#### (一) 对有影响力的人行贿罪的概念

对有影响力的人行贿罪，是指为谋取不正当利益，向国家工作人员的近亲属或者其他与该国家工作人员关系密切的人行贿，或者向离职的国家工作人员或者其近亲属及其他与其关系密切的人行贿的行为。

#### (二) 对有影响力的人行贿罪的构成特征

1. 侵犯客体同行贿罪。

2. 客观方面表现为向有影响力的人行贿的行为。"有影响力的人"是指行贿对象，包含下列五种人员：(1) 国家工作人员的近亲属。具体指与国家工作人员有血缘关系或者婚姻关系的亲属，包括夫、妻、父、母、子、女、同胞兄弟姐妹、祖父母、外祖父母、孙子女、外孙子女。(2) 其他与该国家工作人员关系密切的人，是指在国家工作人员近亲属之外，与其有密切关系的人，如同学、战友、老乡、同事，或者有某种共同利益关系的人，或者与其关系非常密切，交往不同于一般关系，对其具有足够的影响力的人。(3) 离职的国家工作人员，是指曾经是国家工作人员，但目前已离开国家工作人员的工作岗位，如离休、退休、辞职、辞退等情形的曾经具有国家工作人员的身份、仍具有足够的影响力的人。(4) 离职的国家工作人员的近亲属，是指与离职的国家工作人员有血缘关系或者婚姻关系的亲属（范围同第一种情形）。(5) 其他与离职国家工作人员关系密切的人，这是指在离职的国家工作人员近亲属之外，其他与其有密切关系的人，如同学、战友、老乡、老领导、老部下，或者有某种共同利益关系的人，或者与其关系非常密切，交往不同于一般关系，对其具有足够的影响力的人。

具体行贿行为方式同行贿罪。

3. 犯罪主体是一般主体，包括年满 16 周岁、具有刑事责任能力的自然人和单位。

4. 主观方面表现为故意，并且具有谋取不正当利益的目的。

#### (三) 对有影响力的人行贿罪的认定

1. 划清本罪与非罪行为的界限。主要是看是否具有谋取不正当利益的目的。"谋取不正当利益"，是指行贿人谋取的利益违反法律、法规、规章、政策规定，或者要求行贿对象违反法律、法规、规章、政策、行业规范的规定，为自己提供帮助或者方便条件。违背公平、公正原则，在经济、组织、人事管理等活动中，谋取竞争优势的，应认定为"谋取不正当利益"。

2. 划清本罪与相关犯罪的界限。本罪与行贿罪的区别主要在于行贿的对象不同；本罪与单位行贿罪的区别主要是本罪主体中已包含单位、不再独立成罪。

#### (四) 对有影响力的人行贿罪的法定刑

依据《刑法修正案（九）》第 46 条新增设的《刑法》第 390 条之一的规定，个人犯对有影响力的人行贿罪的，处 3 年以下有期徒刑或者拘役，并处罚金；情节严重的，或者使国家利益遭受重大损失的，处 3 年以上 7 年以下有期徒刑，并处罚金；情节特别严重的，或者使国家利益遭受特别重大损失的，处 7 年以上 10 年以下有期徒刑，并处罚金。

单位犯本罪的，对单位判处罚金，并对其直接负责的主管人员和其他直接责任人员，处 3 年以下有期徒刑或者拘役，并处罚金。

对有影响力的人行贿罪的定罪量刑适用标准，参照"两高"2016年4月18日起施行的《关于办理贪污贿赂刑事案件适用法律若干问题的解释》的第10条第2、3款的规定。

### 七、巨额财产来源不明罪

#### （一）巨额财产来源不明罪的概念

巨额财产来源不明罪，或称非法所得罪，是指国家工作人员的财产或者支出明显超过合法收入，差额巨大，而本人又不能说明其来源合法的行为。

#### （二）巨额财产来源不明罪的构成特征

1. 侵犯客体是复杂客体，即国家的廉政建设制度和公私财产的所有权。

2. 客观方面表现为行为人持有的财产或者支出的财产明显超过合法收入，差额巨大，而本人又不能说明其来源是合法的行为。这里的财产，是指国家工作人员所拥有的房屋、交通工具、存款、现金、生活用品等私人财产。支出，是指国家工作人员的各种开支、消费。合法收入，是指按法律规定应属于国家工作人员合法拥有的工资、奖金、津贴、遗产继承，等等。不能说明巨额财产合法来源的行为在行为形态上表现出的是持有形式与不作为形式的复合形态。

3. 犯罪主体是特殊主体，即国家工作人员。

4. 主观方面表现为直接故意。行为人明知自己的财产或支出明显超过合法收入，差额巨大，其财产或者支出的来源是非法的，当司法机关责令其说明来源时，因主观上不愿意而拒绝加以说明，从而不能说明其来源是合法的。因此，本罪的罪过形式只能是直接故意。

#### （三）巨额财产来源不明罪的认定

国家工作人员拥有的明显超过合法收入的财产或支出，无论是以何种方式取得，只要行为人不能举出证据证明其来源是合法的，即构成本罪。当然，如果能够查明财产来源的合法性，不能以犯罪论；如果能够查明财产确系贪污、受贿等犯罪所得，应以贪污罪、受贿罪等犯罪追究刑事责任。

#### （四）巨额财产来源不明罪的法定刑

《刑法修正案（七）》第14条修订后的我国《刑法》第395条第1款规定，犯巨额财产来源不明罪的，处5年以下有期徒刑或者拘役；差额特别巨大的，处5年以上10年以下有期徒刑。财产的差额部分予以追缴。

# 第二十一章 渎职罪

## 第一节 渎职罪概述

### 一、渎职罪的概念

渎职罪，是指国家机关工作人员在公务活动中滥用职权、玩忽职守、徇私舞弊，妨害国家管理活动，致使公共财产或者国家与人民的利益遭受重大损失的行为。

### 二、渎职罪的共同特征

1. 侵犯客体是国家机关的正常活动。国家机关的正常活动，是指各级国家机关依法行使国家管理职权的正常活动，如各级行政部门、司法部门的正常管理活动。

2. 客观方面表现为行为人实施了滥用职权、玩忽职守等行为致使公共财产、国家和人民利益遭受重大损失的行为。滥用职权，是指国家机关工作人员不依法行使职权而任意扩大自己的职务权限。玩忽职守，是指国家机关工作人员不按规程或规章行使职权或者疏于职守。渎职的行为表现是多种多样的，但归纳起来有两种，一种是作为的渎职行为，即职责规定不允许实施而积极地实施的行为；另一种是不作为的渎职行为，即消极地不作为，职责要求必须作为而不去实施的行为。在本类罪中，不作为的渎职较多。应当指出，渎职行为都是对社会有危害的行为，但其危害程度相差很大，对于情节显著轻微危害不大的，不能以犯罪论处，只有对给国家、人民利益或公共财产造成重大损失的行为才能以犯罪论处。

3. 犯罪主体，除个别犯罪外，都是特殊主体，即国家机关工作人员。这里的国家机关工作人员，特指《刑法》第93条第1款规定的"国家机关中从事公务的人员"，不包括该条第2款规定的以国家工作人员论的人员，即"国有公司、企业、事业单位、人民团体中从事公务的人员和国家机关、国有公司、企业、事业单位委派到非国有公司、企业、事业单位、社会团体从事公务的人员，以及其他依照法律从事公务的人员"。

2002年12月28日全国人大常委会关于渎职罪主体适用的立法解释规定，在依照法律、法规规定行使国家行政管理职权的组织中从事公务的人员，或者在受国家机关委托代表国家机关行使职权的组织中从事公务的人员，或者虽未列入国家机关人员编制但在国家机关中从事公务的人员，在代表国家机关行使职权时，有渎职行为，构成犯罪的，依照刑法关于渎职罪的规定追究刑事责任。

根据《刑法》第398条第2款的规定，本类罪中只有故意泄露国家秘密罪和过失泄露国家秘密罪的主体是一般主体。

4. 主观方面既有故意也有过失。典型的故意通常具有徇私舞弊的动机；而典型的过失则具有对职责马虎草率、漫不经心或者自以为是、恣意妄为，严重不负责任的心理。所谓故意、过失，是指行为人对其渎职行为所造成损害结果的心理态度。

## 第二节  本章要求掌握的犯罪

### 一、滥用职权罪

#### （一）滥用职权罪的概念

滥用职权罪，是指国家机关工作人员违反法律规定的权限和程序，滥用职权，致使公共财产、国家和人民利益遭受重大损失的行为。

#### （二）滥用职权罪的构成特征

1. 侵犯客体是国家机关的正常管理活动。

2. 客观方面表现为违反法律规定的权限和程序，滥用职权，致使公共财产、国家和人民利益遭受重大损失的行为。违反法律规定滥用职权是指不正当行使职权和超越职权，这里"职权"指法律、法规、规章具体规定的职务的范围和权力。"滥用职权"既包含超越限度或没有限度地运用职权的作为，也包含随意放弃义务，不积极行使职权的不作为。"致使公共财产、国家和人民利益遭受重大损失"是该罪在客观方面要求须具有的危害后果。根据最高人民法院、最高人民检察院《关于办理渎职刑事案件适用法律若干问题的解释（一）》的规定，是指具有下列情形之一：（1）造成死亡1人以上，或者重伤3人以上，或者轻伤9人以上的，或者重伤2人、轻伤3人以上，或者重伤1人、轻伤6人以上的；（2）造成经济损失30万元以上的；（3）造成恶劣社会影响的；（4）其他致使公共财产、国家和人民利益遭受重大损失的情形。滥用职权必须与上述危害结果之间存在刑法上的因果关系。

3. 犯罪主体为特殊主体，即国家机关工作人员以及2002年12月28日全国人大常委会立法解释中的人员。根据上述司法解释，以"集体研究"形式实施渎职犯罪，应依法追究负有责任人员的刑事责任；而对于具体执行人员，可视具体情节决定是否追究刑事责任和应当判处的刑罚。

4. 主观方面表现为故意。学术界有主张是过失和间接故意并存的观点。

#### （三）滥用职权罪的认定

划清本罪与非罪行为的界限。主要区别看是否给公共财产、国家和人民利益造成重大损失。

#### （四）滥用职权罪的法定刑

我国《刑法》第397条第1款规定，犯滥用职权罪的，处3年以下有期徒刑或者拘役；情节特别严重的，处3年以上7年以下有期徒刑。"情节特别严重"通常从死伤人数、直接经济损失数额、社会影响的恶劣程度等方面综合考虑。

### 二、玩忽职守罪

#### （一）玩忽职守罪的概念

玩忽职守罪，是指国家机关工作人员玩忽职守，致使公共财产、国家和人民利益遭受重大损失的行为。

#### （二）玩忽职守罪的构成特征

1. 侵犯客体是国家机关的正常管理活动。

2. 客观方面表现为行为人严重不负责任，工作中草率马虎，不履行或者不正确履行职务，致使公共财产、国家和人民利益遭受重大损失。"不履行职务"包含擅离职守和未履行职守；"不正确履行职务"指应该而且能够履行职务，但因不严肃认真导致错误地履行职务。玩忽职守罪的具体表现形式多种多样。所谓致使公共财产、国家和人民利益遭受重大损失，参见《关于办理渎职刑事案件适用法律若干问题的解释（一）》。

3. 犯罪主体为特殊主体，即国家机关工作人员以及 2002 年 12 月 28 日全国人大常委会立法解释中的人员。同时参见《关于办理渎职刑事案件适用法律若干问题的解释（一）》。

4. 主观方面表现为过失，即行为人应当预见自己玩忽职守的行为可能致使公共财产、国家和人民利益遭受重大损失或者已经预见而轻信能够避免，以致这种重大损失发生的严重不负责任的心理态度。行为人玩忽职守的行为本身常常是故意的，但对损害结果，则是过失的。

### （三）玩忽职守罪的认定

1. 划清罪与非罪的界限。是否给公共财产、国家和人民利益造成重大损失是区分玩忽职守罪与一般玩忽职守行为的主要标准。玩忽职守造成重大损失的，构成本罪；未造成重大损失的，属于一般玩忽职守的行为，不能以犯罪论处。

2. 划清本罪与滥用职权罪的界限。本罪与滥用职权罪都是《刑法》第397条所规定的犯罪，两罪侵犯的客体相同，犯罪主体均为国家机关工作人员，结果要件都要求致使公共财产、国家和人民利益遭受重大损失。两罪的主要区别是：（1）行为方式不同。本罪主要表现为以不作为的方式，不履行职责或者怠于履行职责；而滥用职权罪则主要表现为以作为的方式超越权限，处理无权处理的事务或者不顾职责的程序和宗旨随心所欲地处理事务。（2）主观方面不同。本罪的主观方面为过失；而滥用职权罪的主观方面是故意。

3. 划清本罪与危害公共安全罪中的有关事故罪的界限。从广义上讲本罪是以造成重大损失为要件，也属于一种责任事故型犯罪，但与其他责任事故型犯罪不同，它是公务型责任事故。刑法分则第二章所规定的有关责任事故罪，如重大飞行事故罪、铁路运营安全事故罪、重大责任事故罪、重大劳动安全事故罪等，由于这些犯罪客观上有失职的行为且造成重大损失，主观上均为过失，因此容易与本罪混淆。本罪与上述事故型犯罪的主要区别是：（1）侵犯的客体不同。本罪侵犯的客体是国家机关的正常管理活动；而后者侵犯的客体则是公共安全。（2）发生的场合不同。本罪发生在国家机关的公务活动过程中；而后者一般发生在生产、作业等业务活动中。（3）犯罪主体不同。本罪的主体只能是国家机关工作人员；而后者的主体一般为厂矿企业、事业单位的职工或者工作人员。

4. 划清本罪与签订、履行合同失职罪，国有公司、企业、事业单位人员失职罪，国有公司、企业、事业单位人员滥用职权罪的界限。其主要区别是：（1）渎职的性质不同。本罪为公务职权；后者为国有公司、企业、事业单位的经营、管理权。（2）犯罪主体不同。本罪的主体是国家机关工作人员；而后者的主体为国有公司、企业、事业单位直接负责的主管人员。

### （四）玩忽职守罪的法定刑

我国《刑法》第397条第1款规定，犯玩忽职守罪的，处3年以下有期徒刑或者拘役；情节特别严重的，处3年以上7年以下有期徒刑。

## 三、故意泄露国家秘密罪

### （一）故意泄露国家秘密罪的概念

故意泄露国家秘密罪，是指国家机关工作人员或非国家机关工作人员违反保守国家秘密法的规定，故意泄露国家秘密，情节严重的行为。

**（二）故意泄露国家秘密罪的构成特征**

1. 侵犯客体是国家的保密制度。所谓保密制度，是指我国现行有效的保守国家秘密的法律、法规所形成的法律制度。本罪的行为对象是国家秘密。所谓国家秘密，是指国家法律、法规所规定的禁止泄露的有关国家安全、政治、经济、军事等各种利益的信息，这些信息在一定时间内只限于特定范围的人员知悉。根据《中华人民共和国保守国家秘密法》第8条的规定，以下事项为国家秘密：（1）国家事务的重大决策中的秘密事项；（2）国防建设和武装力量活动中的秘密事项；（3）外交和外事活动中的秘密事项；（4）国民经济和社会发展中的秘密事项；（5）科学技术的秘密事项；（6）维护国家安全活动和追查刑事犯罪中的秘密事项；（7）其他经国家保密工作部门确定应当保守的国家秘密事项。根据《中华人民共和国保守国家秘密法》第9条规定，国家秘密分为绝密、机密和秘密三个等级。绝密是指最重要的国家秘密，一旦泄露会使国家安全、利益遭受特别严重的损失。机密是指重要的国家秘密，一旦泄露会使国家安全和利益遭受损害。秘密是指一般的国家秘密，泄露会使国家的安全和利益遭受损害。本罪的国家秘密包括了绝密、机密和秘密。

2. 客观方面表现为违反保守国家秘密法的规定，泄露国家秘密情节严重的行为。所谓泄露，是指行为人把自己掌握的或知道的国家秘密泄露给不应知悉的人。泄露的方式可以是口头泄露，也可以是书面泄露，可以用实物文体的方法泄露，也可以用密写、影印、摄影、复制等方式书面泄露，不论何种方式，均不影响本罪的成立。

构成本罪，必须是泄露国家秘密情节严重的。所谓情节严重，是指为了谋取私利或者出于个人目的而故意泄露国家秘密的；为了利用国家秘密进行非法活动而故意泄露国家秘密的；使用先进技术或者卑劣手段故意泄露国家秘密的；在特定时期，如战时，国家政治、经济政策重大调整时期故意泄露国家秘密的；多次故意泄露国家秘密的；故意泄露国家秘密引起严重后果或重大损失的；等等。

3. 犯罪主体一般是国家机关工作人员，但是根据《刑法》第398条第2款的规定，非国家机关工作人员也可以构成本罪。这里对非国家机关工作人员应作广义的理解，即指一切知悉或者了解国家秘密的非国家机关工作人员。

4. 主观方面表现为故意，即行为人明知是国家秘密而故意泄露的。至于行为人出于何种目的和动机，不影响犯罪的成立，但若出于危害国家安全的目的，而将国家秘密提供给境外的机构、组织或人员，则应按《刑法》第111条的规定定罪处罚。

**（三）故意泄露国家秘密罪的认定**

1. 划清本罪与非法提供国家秘密、情报罪的界限。两罪的主要区别是：（1）侵犯的客体不同。本罪侵犯的客体是国家的保密制度；非法提供国家秘密、情报罪的客体是国家安全。（2）犯罪对象不同。本罪泄露的是各种秘密级别的国家秘密；而后者的犯罪对象包括国家秘密和情报。（3）犯罪主体不同。本罪的主体一般是有权知悉国家秘密的国家机关工作人员；而后者则为一般主体。（4）罪与非罪的标准不同。本罪必须情节严重才构成犯罪；而后者则无此要求。

2. 划清本罪与侵犯商业秘密罪的界限。两罪的主要区别是：（1）侵犯的客体不同。本罪侵犯的客体是国家的保密制度，关系国家安全和利益；侵犯商业秘密罪的客体是他人的商业秘密专有权和国家对商业秘密的管理制度。（2）行为对象不同。本罪的行为对象是保守国家秘密法规定的国家秘密；而后罪侵犯的对象仅限于商业秘密。（3）犯罪主体不同。本罪的主体主要是国家机关工作人员；而后者的主体则为一般主体。对于国家机关工作人员将自己知悉的属于国家秘密范畴内的商业秘密泄露出去的，属于想象竞合犯的情况，应按择一重罪处断的原则处理。

**（四）故意泄露国家秘密罪的法定刑**

我国《刑法》第398条规定，犯故意泄露国家秘密罪的，处3年以下有期徒刑或拘役；情节特别严重的，处3年以上7年以下有期徒刑。对非国家机关工作人员犯故意泄露国家秘密罪的，依照前述规定酌情处罚。

## 四、徇私枉法罪

**（一）徇私枉法罪的概念**

徇私枉法罪，是指司法工作人员徇私枉法、徇情枉法，在刑事诉讼中，对明知是无罪的人而使其受到追诉，对明知是有罪的人而故意包庇使其不受追诉，或者在刑事审判活动中故意违背事实和法律作枉法裁判的行为。

**（二）徇私枉法罪的构成特征**

1. 侵犯客体是国家司法机关正常活动与国家的司法公正。

2. 客观方面表现为利用司法职务上的便利，违背事实和法律，在追诉或者刑事审判活动中实施了下列枉法行为：（1）对明知无罪的人而使其受到追诉。所谓无罪的人，既包括未实施任何违法行为的人，也包括实施了违法行为但尚不构成犯罪的人。使无罪的人受到追诉，是指对明知无罪的人而故意予以立案侦查，用刑事强制措施限制其人身自由，提起公诉、进行审判等。（2）对明知有罪的人而故意包庇不使其受到追诉。即指对有确凿事实证明其实施犯罪的人，采取伪造、隐匿、毁灭证据或其他隐瞒事实、违背法律的手段，故意包庇使其不受侦查、起诉或审判。故意包庇不使其受追诉的犯罪事实可以是全部犯罪事实，也可以是部分犯罪事实或情节。对于故意违背事实真相，违法变更强制措施，或者虽然采取强制措施，但实际放任不管，致使人犯逃避刑事追诉的，也视为枉法包庇的情形。（3）在刑事审判活动中故意违背事实和法律作枉法裁判。所谓枉法裁判，是指行为人故意对有罪者作出无罪判决，对无罪者作出有罪判决，或者重罪轻判，轻罪重判。

3. 犯罪主体是特殊主体，即司法工作人员。所谓司法工作人员，根据《刑法》第94条的规定，是指有侦查、检察、审判、监管职责的工作人员。根据最高人民检察院1996年6月4日发布的《关于办理徇私舞弊犯罪案件适用法律若干问题的解释》，司法机关专业技术人员在办案中故意提供虚假材料和意见，或者故意作虚假鉴定，严重影响刑事追诉活动的，也可构成本罪。

4. 主观方面表现为故意，即出于私情、私利有意枉法追诉、包庇、裁判。徇私、徇情的动机多种多样。如果不是故意，不是有徇私、徇情的动机，则不能构成本罪。

**（三）徇私枉法罪的认定**

1. 划清本罪与帮助毁灭、伪造证据罪的界限。两罪的主要区别是：（1）侵犯的客体不同。本罪侵犯的客体是司法机关的正常活动与司法公正；而后者侵犯的是社会管理秩序中的司法秩序。（2）客观方面表现不同。本罪在枉法追诉包庇、裁判过程中必须利用司法职权；而后者无此限制。（3）犯罪主体不同。本罪是特殊主体，限于司法工作人员；而后者主体无此限制。

2. 划清本罪与伪证罪的界限。两罪的主要区别是：（1）侵犯的客体不同。本罪侵犯的客体是司法机关的正常活动与司法公正；而后罪侵犯的是社会管理秩序中的司法秩序。（2）客观方面不同。本罪限于利用司法职务之便；而后罪的实施者中的证人、翻译人并无利用司法职务之便的行为特征。（3）犯罪主体不同。本罪的主体限于司法工作人员；而后罪的主体则为证人、鉴定人、翻译人和记录人。

3. 本罪与受贿罪的联系和区别。根据《刑法修正案（四）》的规定，司法工作人员因受贿而枉法追诉、裁判的，应择一重罪处断，不实行数罪并罚。

**（四）徇私枉法罪的法定刑**

我国《刑法》第399条规定，犯徇私枉法罪的，处5年以下有期徒刑或者拘役；情节严重的，处5年以上10年以下有期徒刑；情节特别严重的，处10年以上有期徒刑。

**五、民事、行政枉法裁判罪**

**（一）民事、行政枉法裁判罪的概念**

民事、行政枉法裁判罪，是指司法工作人员在民事、行政审判活动中故意违背事实和法律作枉法裁判，情节严重的行为。

**（二）民事、行政枉法裁判罪的构成特征**

1. 侵犯客体是人民法院的正常审判活动与审判公正。

2. 客观方面表现为在民事、行政审判活动中作出违背事实和法律的判决、裁判的行为。所谓民事、行政审判活动，是指人民法院依照民事诉讼法、行政诉讼法受理的，在公民之间、法人之间、其他组织之间以及他们之间因财产关系和人身关系提起的诉讼。包括民事案件、行政案件、经济纠纷案件，海商、海事案件的司法审判活动。所谓违背事实和法律的判决、裁定，是指依照事实和法律本应判决当事人胜诉或败诉的，行为人却故意颠倒黑白地判决该当事人败诉或者胜诉，或者对本应承担较重民事、行政责任的当事人违法判定减轻其责任，对本应承担较轻民事、行政责任的当事人违法判定加重其责任，或者有充分的事由和证据应予立案而有意裁定不予立案的，等等。

根据《刑法》第399条第2款之规定，在民事、行政审判活动中枉法裁判情节严重的，才能构成犯罪。关于情节严重，目前尚无立法与司法解释，一般认为下列情况，应属于情节严重：（1）枉法裁判造成国家或公民利益重大损失的；（2）枉法裁判造成恶劣的社会影响的；（3）多次枉法裁判的。

3. 犯罪主体是特殊主体，限于在民事、行政诉讼活动中负有审判职责的人员。

4. 主观方面表现为故意，即行为人明知案件的事实或应当适用的法律而故意地违背事实和法律作枉法裁判。如果行为人过失地作出不公正判决或者因为业务水平不高而作出错误判决，都不能以犯罪论处。

**（三）民事、行政枉法裁判罪的认定**

1. 划清本罪与徇私枉法罪的界限。两者均有徇私的动机和枉法判断的行为，有些相似，两者的主要区别是：（1）行为所指的对象不同。本罪是针对民事、行政诉讼的当事人；后罪则针对的是刑事案件的被告人或犯罪嫌疑人和一般公民。（2）行为发生的场合不同。本罪发生在民事诉讼、行政诉讼的审判活动中；而后罪限于发生在刑事诉讼活动中。（3）构成犯罪的条件不同。本罪以情节严重为要件；而后罪则无此要件的限定。

2. 正确处理本罪与受贿罪的关系。根据《刑法修正案（四）》的规定，司法工作人员贪赃枉法，同时又构成受贿罪的，依照处罚较重的规定定罪处罚。因此，对司法工作人员贪赃而枉法裁判，犯民事、行政枉法裁判罪和受贿罪的，应择一重罪定罪判刑，不实行数罪并罚。

**（四）民事、行政枉法裁判罪的法定刑**

我国《刑法》第399条规定，犯民事、行政枉法裁判罪的，处5年以下有期徒刑或者拘役；情节特别严重的，处5年以上10年以下有期徒刑。

**六、执行判决、裁定失职罪**

**（一）执行判决、裁定失职罪的概念**

执行判决、裁定失职罪，是指人民法院从事执行工作的人员，在执行生效判决、裁定活动中，严重不负责任，致使当事人或者其他人的利益遭受重大损失的行为。

**（二）执行判决、裁定失职罪的构成特征**

1. 侵犯客体是人民法院正常的执行活动。犯罪对象是"判决、裁定"。根据全国人大常委会《关于〈中华人民共和国刑法〉第三百一十三条的解释》，《刑法》第313条规定的"人民法院的判决、裁定"，是指人民法院作出的具有执行内容并已发生法律效力的判决、裁定。人民法院为依法执行支付令、生效的调解书、仲裁裁决、公证债权文书等所作的裁定属于该条规定的裁定。

2. 客观方面表现为在执行判决、裁定活动中，严重不负责任，不依法采取诉讼保全措施、不履行法定执行职责，致使当事人或者他人的利益遭受重大损失的行为。"执行"是审判活动的继续，由人民法院的执行机构依照法定程序行使执行权，以实现当事人的实体权利。具体说，就是人民法院的执行工作人员按照法定程序，对已经发生法律效力的判决、裁定，在具有义务的一方当事人拒不履行义务时，强制其履行义务，保证实现判决、裁定内容的活动。"严重不负责任"，指的是对依法应当采取诉讼保全措施的而不采取，对依法应当采取强制执行措施的而不采取，不履行法定执行职责的行为。由于执行工作人员的严重不负责任，对依法应当采取诉讼保全措施或者强制执行措施而不采取，致使当事人或者其他人的利益遭受重大损失的，应当追究执行工作人员的刑事责任。这里的"当事人"，是指案件中的原告、被告、第三人；"其他人"是指本案件当事人以外的第三人，又称"案外人"。当然，执行工作人员的严重不负责任与当事人或者其他人的利益遭受重大损失之间还必须存在刑法上的因果关系。

3. 犯罪主体为特殊主体，限于司法工作人员。这里实际是指在人民法院从事执行工作的人员（执行员）。

4. 主观方面表现为过失，即行为人应当预见到在执行判决、裁定的活动中因为自己的失职行为会使当事人或者其他人的利益遭受重大损失，却因疏忽大意而没有预见或过于自信导致了危害后果的发生。

**（三）执行判决、裁定失职罪的认定**

1. 划清罪与非罪的界限。这主要从两方面考虑：一是看行为人的行为是否使当事人或其他人的利益遭受了"重大损失"，重大损失应当理解为重大的财产利益的直接损失。对于未造成重大损失后果的不构成犯罪。二是看行为人在主观上有无过失，如因执行人员以外的各种因素导致执行难，不属于行为人的过失，则不成立犯罪。

2. 划清本罪与徇私枉法罪和民事、行政枉法裁判罪的界限。一是侵犯的客体有不同：本罪侵犯的是人民法院正常的执行活动，后二罪侵犯的是国家司法机关正常的侦查、检察、审判活动。二是犯罪主体不同：本罪限司法工作人员中的执行工作人员，后二罪是指在刑事诉讼活动中的侦查、检察、审判人员或者在民事、行政诉讼活动中的审判人员。三是客观方面的表现有不同：本罪表现为在执行活动中严重不负责任的行为，后二罪表现为在刑事诉讼中枉法追诉、枉法裁判的行为或者在民事、行政审判活动中作枉法裁判的行为。四是主观罪过不同：本罪由过失构成，后二罪由故意构成。

### （四）执行判决、裁定失职罪的法定刑

我国《刑法》第 399 条第 3 款规定，犯执行判决、裁定失职罪的，处 5 年以下有期徒刑或者拘役；致使当事人或者其他人的利益遭受特别重大损失的，处 5 年以上 10 年以下有期徒刑。

依照《刑法》第 399 条第 4 款的规定，执行工作人员收受贿赂，有本款行为的，同时又构成本法第 385 条规定的受贿罪的，依照处罚较重的规定定罪处罚。

## 七、执行判决、裁定滥用职权罪

### （一）执行判决、裁定滥用职权罪的概念

执行判决、裁定滥用职权罪，是指人民法院从事执行工作的人员，在执行生效判决、裁定活动中，滥用职权，致使当事人或者其他人的利益遭受重大损失的行为。

### （二）执行判决、裁定滥用职权罪的构成特征

1. 侵犯客体同执行判决、裁定失职罪。

2. 客观方面表现为在执行判决、裁定活动中滥用职权，违反法律规定的条件和程序，采取诉讼保全措施、强制执行措施，致使当事人或者其他人的利益遭受重大损失的行为。所谓滥用职权，指执行工作人员在执行判决、裁定活动中，违反法律规定的权限和程序，超越职权范围行使手中的权力的行为。当滥用职权的行为与造成当事人或者其他人的利益的重大损失之间存在刑法上的因果关系时，才构成犯罪。

3. 犯罪主体同执行判决、裁定失职罪。

4. 主观方面一般表现为过失，即行为人对滥用职权的行为往往是故意的，而对损害结果的发生往往是过失的。但也不排除故意的存在。

### （三）执行判决、裁定滥用职权罪的认定

1. 关于对本罪罪过的认定。我国刑法理论界对《刑法》第 397 条第 1 款规定的滥用职权罪在主观方面的罪过形式有不同的看法，即有"过失说"、"故意说"、"过失、间接故意并存说"或"间接故意、过失并存说"三种观点。本书中所持的观点，在认定执行判决、裁定滥用职权罪时，认为行为人的故意滥用其职权的行为，如同交通肇事罪中的故意违章一样，但对其因滥用职权致使当事人或者其他人的利益遭受重大损失的危害结果一般持过失的心理态度，但是也不能完全排除行为人故意滥用职权时对危害结果的发生持放任的态度，此时行为人的罪过形式就是间接故意。

2. 划清罪与非罪的界限。这里主要是看，行为人在执行判决、裁定活动中滥用职权是否造成了当事人或者其他人的利益遭受重大损失的结果。

### （四）执行判决、裁定滥用职权罪的法定刑

我国《刑法》第 399 条第 3 款规定，犯执行判决、裁定滥用职权罪的，处 5 年以下有期徒刑或者拘役；致使当事人或者他人的利益遭受特别重大损失的，处 5 年以上 10 年以下有期徒刑。

依照《刑法》第 399 条第 4 款的规定，执行工作人员收受贿赂，有本款行为的，同时又构成本法第 385 条规定的受贿罪的，依照处罚较重的规定定罪处罚。

## 八、私放在押人员罪

### （一）私放在押人员罪的概念

私放在押人员罪，是指司法工作人员利用职务上的便利，私自将被关押的犯罪嫌疑人、被告人或罪犯放走，使其逃离监管的行为。

### （二）私放在押人员罪的构成特征

1. 侵犯客体是国家司法机关对犯罪嫌疑人、被告人或罪犯的监管制度。

2. 客观方面表现为利用职务上的便利，私自将被关押的犯罪嫌疑人、被告人或罪犯放走的行为。所谓利用职务上的便利，一般是指利用监管被关押人员职务上的便利。私自将被关押的犯罪嫌疑人、被告人和罪犯放走的行为方式多种多样，有的私自从关押场所或者押解途中将被关押人放走；有的授意他人将被关押人放走；有的伪造、变造或者涂改有关法律文书，使被关押人员获得释放；有的违反监规，私自将被关押人提出关押场所或指使被关押人外出，致使其脱离监管的；等等。如果释放的不是犯罪嫌疑人、被告人或者罪犯，而是劳教人员或被行政拘留、司法拘留的人员，则不构成本罪。

3. 犯罪主体为特殊主体，限于司法工作人员，即国家安全机关、公安机关、检察机关、审判机关、狱政管理机关的工作人员及执行监所看守任务的武警人员。

4. 主观方面表现为故意，即行为人明知在押的是犯罪嫌疑人、被告人、罪犯而故意将其放走。

### （三）私放在押人员罪的认定

划清本罪与脱逃罪的界限。本罪的成立要求行为人利用了职务便利或者职权，如果行为人没有利用职务便利或职权，而是利用自己熟悉监所地理环境等条件，帮助犯罪嫌疑人、被告人、罪犯脱逃的，应以脱逃罪的共犯论处，而不能以本罪论处。

### （四）私放在押人员罪的法定刑

我国《刑法》第 400 条第 1 款规定，犯私放在押人员罪的，处 5 年以下有期徒刑或者拘役；情节严重的，处 5 年以上 10 年以下有期徒刑；情节特别严重的，处 10 年以上有期徒刑。

## 九、食品监管渎职罪

### （一）食品监管渎职罪的概念

食品监管渎职罪，是指负有食品安全监督管理职责的国家机关工作人员，滥用职权或者玩忽职守，导致发生重大食品安全事故或者造成其他严重后果的行为。

### （二）食品监管渎职罪的构成特征

1. 侵犯的客体是国家机关对食品安全的正常监管活动。

2. 客观方面表现为滥用食品安全管理的职权或者对食品安全管理严重不负责任，即滥用

职权或者玩忽职守，导致发生重大食品安全事故或造成其他的严重后果。这里的"滥用职权"，包含两种情况：一是超越食品监管的职权，违法决定、处理无权决定、处理的食品监管事项；二是在其食品监管的职权范围内不正确行使职权或者违反食品监管的职权规定来处理有关事项。而"玩忽职守"，是指在食品监管工作中严重不负责任，马虎草率，不履行其应当履行的食品安全监管职责或者不正确履行（指未严肃认真履行甚至是错误地履行）其食品安全监管职责。食品监管渎职罪的客观方面还要求因滥用职权或玩忽职守的行为造成了法定的结果，即发生了重大食品安全事故或者造成其他严重后果。所谓重大食品安全事故有必要通过司法解释来界定，如考虑食品中毒、食源性疾病、食物污染等因素引起的对人体健康有危害的食品安全事故。所谓其他严重后果是指虽未发生重大食品安全事故，但因食品安全监管的问题，造成极其恶劣的事态出现，如造成本地区、本部门、本行业工作瘫痪，严重影响国家法律法规的正常实施，社会正常秩序严重受损；社会影响极度恶劣；严重损害国家声誉等。

3. 犯罪主体为特殊主体，即政府有关职能部门中负有食品安全监督管理职责的国家机关工作人员。因食品从源头到人们食用会涉及种植、生产、储藏、运输、销售等多个环节，因此其安全性在每个环节必须受到严格监管，这多个环节会涉及政府的多个职能部门，如农业、商务、科技、物流运输、环保、卫生、工商、质检等监督管理部门。在上述各部门中负有食品安全监督管理职责的国家机关工作人员均可以构成本罪的主体。

4. 主观方面表现为故意或过失。最高司法机关曾对《刑法》第397条第1款的规定，确定为滥用职权罪和玩忽职守罪，前者为故意犯罪，后者为过失犯罪。而食品监管渎职罪中则包含了行为人滥用职权导致发生重大食品安全事故或者造成其他严重后果的行为以及玩忽职守导致发生重大食品安全事故或者造成其他严重后果的行为，同样的道理，前者为故意犯罪，后者为过失犯罪。故本罪的主观方面包含了故意和过失两种罪过。当然，如果将罪名确定为两个，即食品监管滥用职权罪和食品监管玩忽职守罪应当更科学。

**（三）食品监管渎职罪的认定**

1. 划清罪与非罪的界限。是否导致发生重大食品安全事故或者造成其他严重后果是区分本罪与非罪行为的主要标准。

2. 涉及本罪与有关犯罪的定罪处罚问题。（1）根据"两高"2013年5月2日司法解释第16条的规定有如下三种情况：一是负有食品安全监管职责的国家机关工作人员，滥用职权或者玩忽职守，导致发生重大食品安全事故或者造成其他严重后果，同时构成本罪和徇私舞弊不移交刑事案件罪、商检徇私舞弊罪、动植物检疫徇私舞弊罪、放纵制售伪劣商品犯罪行为罪的，依照处罚较重的规定定罪处罚。二是负有食品安全监管职责的国家机关工作人员滥用职权或者玩忽职守，不构成本罪，但构成上述第一种情况的其他渎职犯罪的，依照该其他犯罪定罪处罚。三是负有食品安全监管职责的国家机关工作人员与他人共谋，利用其职务行为帮助他人实施危害食品安全犯罪行为，同时构成渎职犯罪和危害食品安全犯罪的，依照处罚较重的规定定罪处罚。（2）行为人犯本罪并同时收受贿赂构成犯罪的，应当以食品监管渎职罪与受贿罪实行数罪并罚。

**（四）食品监管渎职罪的法定刑**

《刑法修正案（八）》第49条第1款增设《刑法》第408条之一规定，犯食品监管渎职罪，处5年以下有期徒刑或者拘役；造成特别严重后果的，处5年以上10年以下有期徒刑。徇私舞弊犯本罪的，从重处罚。

### 十、放纵制售伪劣商品犯罪行为罪

**（一）放纵制售伪劣商品犯罪行为罪的概念**

放纵制售伪劣商品犯罪行为罪，是指对生产、销售伪劣商品犯罪行为负有追究责任的国家机关工作人员，徇私舞弊，不履行法律规定的追究职责，情节严重的行为。

**（二）放纵制售伪劣商品犯罪行为罪的构成特征**

1. 侵犯的客体是国家对制售伪劣商品犯罪行为的查处追诉活动。

2. 客观方面表现为对于生产、销售伪劣商品的犯罪行为，而徇私舞弊，不履行法律规定的追究职责，情节严重的行为。根据司法解释，情节严重是指有下列四种情形之一的：（1）放纵生产、销售假药或者有毒、有害食品犯罪行为的；（2）放纵依法可能判处 2 年有期徒刑以上刑罚的生产、销售伪劣商品犯罪行为的；（3）对三个以上有生产、销售伪劣商品犯罪行为的单位或者个人不履行追究职责的；（4）致使国家和人民利益遭受重大损失或者造成恶劣影响的。

3. 犯罪主体为特殊主体，即对生产、销售伪劣商品犯罪行为负有追究责任的国家机关工作人员。

4. 主观方面表现为故意。行为人主观上出于徇私、徇情的动机，不履行法律规定的查处、追究制售伪劣商品犯罪行为的职责。

**（三）放纵制售伪劣商品犯罪行为罪的认定**

1. 划清本罪与非罪的界限。关键是看行为人的放纵行为是否达到情节严重的程度。

2. 划清本罪与有关犯罪的界限。一是本罪与徇私枉法罪的区别。两罪在犯罪主体、犯罪的客观方面均有不同：本罪的主体范围包括相关的国家行政机关的工作人员和司法工作人员，而徇私枉法罪的主体仅限于司法工作人员；本罪在客观方面是对于制售伪劣商品犯罪行为不履行查处、追究职责，是不作为的表现形式，而徇私枉法罪在客观方面表现为对明知是有罪的人而伪造、隐匿、毁弃证据，故意包庇使其不受追诉，是作为的表现形式。二是本罪与徇私舞弊不移交刑事案件罪的区别。两罪在犯罪主体、犯罪客观方面的表现均有不同：本罪的主体仅限于有负有追究制售伪劣商品犯罪行为职责的行政机关的工作人员和司法人员，而徇私舞弊不移交刑事案件罪的主体是指行政执法人员（负有侦查犯罪职责的公安机关的工作人员除外，因此时成立的是徇私枉法罪）；本罪的客观方面表现是不履行法律规定的查处追究制售伪劣商品犯罪行为的职责，而徇私舞弊不移交刑事案件罪则表现为行为人发现自己查处的行政违法人员的行为已构成犯罪，依据有关法律规定应当移交司法机关追究刑事责任，但是没有移交，只作行政处罚了事。三是本罪与食品监管渎职罪的区别。两罪在侵犯客体、犯罪主体、犯罪客观方面、主观方面均有不同：本罪侵犯客体是国家对犯罪行为的追诉活动，而食品监管渎职罪侵犯客体是国家机关对食品安全的正常监管活动；本罪的主体包含行政机关工作人员和司法工作人员，而食品监管渎职罪的主体仅限于负有食品安全监督管理职责的国家行政机关的工作人员；本罪在客观方面表现为针对制售伪劣商品犯罪的行为不履行追究职责，而食品监管渎职罪则是滥用食品安全监管职权或对食品安全的监管职责玩忽职守；本罪的主观方面仅限于故意，而食品监管渎职罪的主观方面包含故意和过失。

**（四）放纵制售伪劣商品犯罪行为罪的法定刑**

我国《刑法》第 414 条规定，犯放纵制售伪劣商品犯罪行为罪的，处 5 年以下有期徒刑或者拘役。

# 第二部分　民法学

# 第一章　绪　论

## 第一节　民法概述

### 一、民法的概念

民法，是调整平等主体在从事民事活动中发生的人身关系和财产关系的法律规范的总和。《中华人民共和国民法通则》（简称《民法通则》）明确规定：中华人民共和国民法调整平等主体的公民之间、法人之间以及公民和法人之间的财产关系和人身关系。

《民法通则》施行30余年以来，主体观念与权利意识已经深入人心，人身关系不再成为财产关系的附庸，而成为民法最重要的调整对象。为了回应人文关怀的社会诉求，《民法总则》调整了"财产关系"和"人身关系"的顺序，在第2条规定："民法调整平等主体的自然人、法人和非法人组织之间的人身关系和财产关系。"

民法具有如下特征：

1. 民法所调整的人身关系和财产关系是与一定社会的市场经济发展的要求相适应的。民法是调整市场经济关系的最基本的法律规则。从本质上讲，民法就是把一定社会的市场经济发展的客观要求直接上升为法律规范。民法的基本功能在于为个人和团体确认并保障基本的人身、人格及财产权利，为市场经济活动提供一般规则及行为规范，并对受侵害的权利和利益提供救济。民事主体及人格权的设定，旨在保障人格的尊严及各项人格利益，同时确立民事法律关系当事人的资格；物权乃市场交易的前提和结果，物权法确定财产的归属及物权变动；债法规范财产的流转；合同法是交易的规则；民事责任制度，则对当事人违反约定或法定义务的行为科以法律上的强制后果。

2. 民法调整的是平等地位的法律关系主体之间的人身关系和财产关系。法律关系主体地位的平等性，是民法的私法属性的本质体现，也是民法与行政法、劳动法等公法或其他法律部门相区别的重要标志之一。民法调整社会关系的最大特点在于，民事主体在民法上地位平等，意思自治。经济生活和家庭生活中一切民事权利义务关系的设立、变更和消灭，原则上均由平等的当事人通过协商确定。

3. 民法是调整民事主体间发生的人身关系和财产关系的法律规范的总和。所谓财产关系，是指人们在生产、分配、交换和消费过程中形成的具有经济内容的关系；所谓人身关系，是指基于一定的人格和身份产生的法律关系，体现人们精神和道德上利益的社会关系。

## 二、民法的性质

1. 民法是私法。关于公法与私法的划分标准存在三种理论：利益说、意思说和主体说。依据民法的调整对象，民法属于私法。民法调整私人之间的利益关系，即平等主体之间的关系。国家作为特殊民事主体参与民事关系。把民法纳入私法范畴，有利于明确当事人权利的性质，落实当事人的意思自治，尽可能减少国家干预，培养和提升公民的私权意识和社会的平等观念。

2. 民法是调整市场经济关系的基本法。民法规范内容中的财产关系是市场经济中的核心法律关系。从民法的发展历史来看，民法的发展历程与商品经济或市场经济息息相关。从其规范的内容来看，民法调整的财产关系包括财产归属关系和财产流通关系，并因此形成了物权、债权为主的民事财产法体系。

3. 民法是调整市民社会关系的基本法。市民社会是指与政治国家相对应的社会基础，强调在非国家公权力的干预下形成的社会和经济安排、规则和制度。民法作为调整市民社会关系的基本法，旨在维护个人的私权利，保障个人权利的行使，维护市民社会的正常秩序。

4. 民法是权利法。民法围绕私权展开，并由此构建相关的规范体系。确认和保障私权是民法基本的职能。以私权为基本逻辑起点，民法在保障个人私权不受国家和他人侵害的同时，也为权利的行使设定了边界。通过对权利的救济制度的设置，民法确认私权并为其提供保障。

5. 民法是实体法。民法作为权利法，以规定民事主体之间的实体性的权利以及与此相对应的实体性的义务为主要内容。在构建规范体系时，民法既是民事主体的行为规范，又是裁判机关的裁判规范。在为民事主体确立基本的行为规则，为社会交易提供基本的交易规则的同时，民法也为裁判者设定了正确处理民事纠纷的裁判规则。

## 三、民法的渊源

民法的渊源，即民法的法律渊源（简称法源），是指民事法律规范借以表现的具体形式。在制定法上，它主要体现为各个国家机关根据其权限范围所制定的规范性文件；而在制定法之外，还包括习惯、判例、法理等。

### （一）宪法

宪法是国家的根本法，具有最高的法律效力。宪法中作为民事法律所依据的原则的规定、关于财产所有制和所有权的规定、关于公民基本权利和义务的规定等，都是调整民事关系的重要法律规范，也是《民法通则》和各种单行民事法规必须遵循的法律依据。另外，法院在民事审判中缺乏实体法依据时，也可依一定的原则和方法援引宪法为依据进行法律解释或适用。

### （二）民事法律

民事法律是由全国人民代表大会及其常委会制定和颁布的民事立法文件，是我国民法的主要表现形式。其中，《中华人民共和国民法通则》在民事法律中具有特别重要的意义，在民法典制定并颁布之前，是我国的民事基本法。此后，全国人民代表大会及其常委会先后颁行了《中华人民共和国合同法》（1999 年）、《中华人民共和国物权法》（2007 年）、《中华人民共和国侵权责任法》（2009 年）等。

### （三）国务院制定发布的民事法规

国务院是最高国家行政机关，它可以根据宪法、法律和全国人民代表大会常务委员会的授权，制定、批准和发布法规、决议和命令，其中有关民事部分的法规、决议和命令，是民法的重要表现形式，其效力次于宪法和民事法律。

### （四）国务院各部委制定的规范性文件中的民事规范

国务院各部委依据法律、行政法规所制定的规范性文件，又称为行政规章，并不属于立法，但在司法审判活动中，行政规章应当作为裁判的重要参考。

### （五）地方性法规、自治法规和经济特区、特别行政区法规中的民事规范

地方各级人民代表大会、地方各级人民政府、民族自治区的自治机关以及经济特区在宪法、法律规定的权限内可以制定、发布决议、命令、地方性法规、自治条例、单行条例。这些法规不能与法律和行政法规相抵触，而且只在制定者所管辖的区域生效。根据《香港特别行政区基本法》和《澳门特别行政区基本法》规定，港、澳两地的法律制度基本不变。两地的原有法规中有大量的民事法律规范，这些民法规范只适用于各该特别行政区。

### （六）最高人民法院的指导性文件

最高人民法院是我国的最高审判机关，依法享有监督地方各级人民法院和各专门人民法院的审判工作的职权。为了在审判工作中正确贯彻执行法律，可以在总结审判实践经验的基础上发布司法解释性文件，其中民事部分对各级人民法院处理民事案件具有拘束力。

### （七）国家认可的习惯

习惯作为民法的法源在我国是受限制的，只有经国家认可的习惯，才具有民法渊源的意义。《民法总则》第 10 条规定，处理民事纠纷，应当依照法律；法律没有规定的，可以适用习惯，但是不得违背公序良俗。某一惯例上升为习惯，学理上认为需满足以下条件：（1）该惯例在一定领域内反复实施；（2）该惯例被特定领域内的主体普遍确认具有法的效力；（3）该惯例不违反公序良俗。民法的渊源包括习惯，但法律另有规定的除外。比如《民法总则》第 116 条规定："物权的种类和内容，由法律规定。"此处的法律应不包括作为民法渊源的习惯。

另外，我国传统上属于大陆法系，目前尚不承认判例的地位。但从我国的司法实践来看，建立判例制度有助于法官在裁判中正确适用法律，也有助于填补由于目前立法规定较为原则、抽象所造成的法律漏洞。

## 四、民法的解释

法律须经解释方得适用。广义的民法解释包括了对法律行为的解释和对民法本身的解释。狭义的民法解释则仅指对民法规范的解释，其方法主要包括文义解释、体系解释、目的解释、历史解释、合宪解释、比较法解释等。民法在适用上需要解释的原因主要在于，法律规则乃是对复杂的社会现象进行归纳、总结而作出的一般的、抽象的规定，因此人们对规则的含义常常有可能从不同的角度进行理解；而法官在将抽象的规则运用于具体案件的时候，也要对法律规则的内涵及适用的范围根据自身的理解作出判断，这实际上就是一种对法律的解释。此外，由于法律关系的纷繁，立法技术的复杂，可能导致法律适用中出现拟制性法条、引用性法条或法条竞合的现象，在这种情况下，必须运用解释学的方法，梳理法条的内在结构和逻辑关系，以确定法律适用的大前提。总之，民法的解释，既为法律的理解及适用所必不可少，也是弥补法律漏洞的实际需要。

### 五、民法的适用

民法的适用有两种含义，其一是指法官在裁判中正确运用法律以及法律解释、利益衡量等法律方法审理民事案件的活动；其二是指民法的适用范围，即民法对什么人、在什么地方和在什么时间发生效力。此处所谓民法的适用，仅指民法的适用范围。

#### （一）民法在时间上的适用范围

民法在时间上的适用范围，是指民事法律规范在时间上所具有的法律效力。一般来说，民法的效力自实施之日起发生，至废止之日停止。法律规范何时开始实施，可以由法律规范本身规定，也可以由制定法律的机关以命令或决议方式予以规定。

民事法律规范对其实施以前发生的民事关系有无溯及既往的效力，是民法的时间效力的一个重要问题。法律是否溯及既往，是指新的法律颁布实施后，对其生效之前发生的事件和行为是否适用。如果适用，即具有溯及力；如果不适用，即不具有溯及力。一般的原则是新法没有溯及既往的效力，除法律另有规定的以外，新公布实施的民事法规一般只适用于该法规生效后所发生的民事关系。

#### （二）民法在空间上的适用范围

民法在空间上的适用范围，是指民事法律规范在地域上所具有的效力。一般的原则是，民事法律规范的效力及于制定该民事法规的机关所管辖的区域。由于制定、颁布民事法规的机关不同，民事法规适用的空间范围也不同，这大体上有两种情况：（1）凡属全国人民代表大会及其常务委员会，国务院及其所属各委、部、局、署、办等中央机关制定并颁布的民事法规，适用于中华人民共和国的领土、领空、领海以及根据国际法、国际惯例应当视为我国领域的一切领域。（2）凡属地方各级政权机关根据各自的权限所颁布的民事法规，只在该政权机关管辖区域内发生效力，在其他区域不发生效力。

#### （三）民法对人的适用范围

民法对人的适用范围，指民法对之发生约束力的人的范围。换言之，就是民事法律规范对于哪些人具有法律效力。《民法通则》第8条规定：在中华人民共和国领域内的民事活动，适用中华人民共和国法律，法律另有规定的除外。本法关于公民的规定，适用于在中华人民共和国领域内的外国人、无国籍人，法律另有规定的除外。据此，在我国领域内有中国国籍的自然人，依据我国法律设立的中国法人及其他民事主体，相互之间的民事法律关系，均适用我国民法。在我国领域内的外国人、无国籍人在我国领域内的民事法律关系，一般适用我国法律，但法律另有规定的除外。

《民法通则》第8章初步规定了涉外民事关系的法律适用。为了明确涉外民事关系的法律适用，合理解决涉外民事争议，维护当事人的合法权益，我国于2010年10月28日通过《涉外民事关系法律适用法》，并于2011年4月1日施行。该法第51条规定："《中华人民共和国民法通则》第一百四十六条、第一百四十七条，《中华人民共和国继承法》第三十六条，与本法的规定不一致的，适用本法。"

## 第二节　民法的调整对象

民法有自己特定的调整对象，即平等的民事主体之间的人身关系和财产关系。这是民法作为一个独立的法律部门得以存在和发展的客观依据。

## 一、民法调整的人身关系

民法调整的人身关系，是指民事主体之间发生的以人格关系和身份关系为主要内容的权利义务关系。这种人身关系具有如下特点：

1. 从内容方面来看，民法调整的人身关系主要是指人格关系和身份关系。其中，人格关系是指因民事主体之间为实现人格利益而发生的社会关系。人格利益是民事主体的生命、身体、健康、姓名、名称、肖像、名誉、隐私等利益，在法律上体现为人格权，如生命权、身体健康权、姓名权、肖像权、名誉权、隐私权等。身份关系是指民事主体之间因彼此存在的身份利益而发生的社会关系。身份利益是指民事主体之间因婚姻、血缘和法律拟制而形成的利益，在法律上体现为配偶权、亲权、监护权等。

2. 从人身关系与财产关系的相互联系来看，人身关系与财产关系是密切相关的。尽管人身关系本身并无直接的财产内容，但某些人身关系是特定财产关系发生的前提条件，如亲属之间的身份权是亲属之间取得财产继承权的法定条件。此外，对人身权的侵害会直接给民事主体带来一定的财产损失，受害人有权通过法定程序和适用民法规范追究侵权行为人的财产责任。

## 二、民法调整的财产关系

民法调整的财产关系，是指平等的民事主体在从事民事活动的过程中所发生的以财产所有和财产流转为主要内容的权利和义务关系。这种财产关系具有如下特点：

1. 从主体方面来看，民法所调整的财产关系的主体在法律地位上具有平等性。这是由商品经济活动的平等性所决定的。

2. 从内容方面来看，民法所调整的财产关系主要包括财产所有和财产流转关系。财产所有关系是指民事主体因对财产的占有、使用、收益和处分而发生的社会关系；财产流转关系则是指民事主体因对财产进行交换而发生的社会关系。其中，财产所有关系是财产流转关系发生的前提和民事主体追求的直接后果；而财产流转关系则又是实现财产所有关系的基本方法。

3. 从利益实现方面来看，民法调整的财产关系主要体现等价有偿的基本要求。这是因为，商品经济活动要求民事主体在进行商品生产和商品交换的过程中，要取得对方的财产，必须支付相应的对价，从而使全社会物质资料的再生产和扩大再生产成为可能。

# 第三节　民法的基本原则

## 一、民法基本原则的概念和功能

民法的基本原则，是民法及其经济基础的本质和特征的集中体现，是高度抽象的、最一般的民事法律行为规范和价值判断准则。

民法基本原则的意义具体体现在：

1. 民法的基本原则是民事立法的准则。民法的基本原则，蕴涵着民法调控社会生活所欲实现的目标，所欲达到的理想，是我国民法所调整的社会关系本质特征的集中反映，集中体现了民法区别于其他法律，尤其作为私法区别于公法的特征。它贯穿于整个民事立法，确定了民事立法的基本价值取向，是制定具体民法制度和规范的基础。

2. 民法的基本原则是民事主体进行民事活动的基本准则。民事主体进行各项民事活动，不仅要遵循具体的民法规范，还要遵循民法的基本原则。在现行法上对于民事主体的民事活动欠缺相应的民法规范进行调整时，民事主体应依民法基本原则的要求进行民事活动。

3. 民法的基本原则是法院解释法律、补充法律漏洞的基本依据。民法的基本原则是法院对民事法律、法规进行解释的基本依据。法院在审理民事案件时，须对所应适用的法律条文进行解释，以阐明法律规范的含义，确定特定法律规范的构成要件和法律效果。法院在对法律条文进行解释时，如有两种相反的含义，应采用其中符合民法基本原则的含义。无论采用何种解释方法，其解释结果均不能违反民法基本原则。

如果法院在审理案件时，在现行法上未能获得据以作出裁判的依据，这就表明在现行法上存在法律漏洞。此时，法院应依据民法的基本原则对法律漏洞予以补充。

4. 民法的基本原则是解释、研究民法的出发点。学者在对民法进行解释、研究时，应以民法的基本原则作为出发点，无论何种学说，如果违背了民法的基本原则，就不是妥当的学说。

民法基本原则的功能主要表现为以下三个方面：

1. 指导功能。民法基本原则贯穿整个民事立法、司法以及民事主体享有权利、负担义务的全过程，成为民事立法、民事司法以及民事行为的纲领。

2. 约束功能。民法基本原则作为一般的价值判断标准，对民法立法、民事行为和民事司法具有约束力，上述行为均不得违背民法的基本原则。

3. 补充功能。民法基本原则具有漏洞补缺和法的再造的功能。但在穷尽具体的民事规范以前，不能直接适用民法的基本原则，以避免向基本原则逃逸的现象发生。

## 二、平等原则

《民法通则》第 3 条规定，民事主体在民事活动中的地位平等。平等原则是其他原则的基础。主体之间的平等构成了市民社会和市场经济的前提。平等原则是由民法的基本性质和其调整对象决定的，其也是市场经济最本质的特征。

平等原则具体表现在以下三个方面：

1. 公民的民事权利能力一律平等。在民事权利能力方面，任何人均不因种族、民族、性别、经济和社会地位而有所差别。

2. 法律适用平等。在参与民事法律关系时，不同主体适用同一法律规范，不同主体均处于平等地位。

3. 民法对权利予以平等保护。平等原则还体现为对权利的保护平等。民事主体的权利受到损害时，民法提供平等的保护和救济手段，不因当事人事实上的差异而有所差异。

## 三、自愿原则

根据《民法通则》第 4 条规定，民事活动应当遵循自愿原则。《民法总则》第 5 条规定，民事主体从事民事活动当遵循自愿原则。自愿原则的基本内容是：当事人在进行民事活动时应当充分自由地表达自己的真实意志，按照自己的意愿依法设立、变更、终止民事权利义务关系；禁止任何组织或个人非法干涉民事主体依法表达其自由意志或非法阻碍其实现民事权利。

### 四、公平原则

公平原则也是由商业经济活动中的道德规范上升为民法准则的，我国《民法通则》中规定的公平原则，其基本要求是：民事主体应当本着公平的观念进行民事活动，正当行使民事权利和履行民事义务；兼顾他人利益和社会公平利益；司法机关审理民事案件时应当在依法的同时做到公平合理，在法律无明确规定时应按公正、合理的精神处理民事纠纷。

### 五、诚实信用原则

诚实信用是商品经济活动的一项重要道德规范，我国《民法通则》将诚实信用上升为法律规范，在第 4 条中规定民事活动应当遵循诚实信用原则。《民法总则》在第 7 条单独规范了诚信原则。按照这项原则的要求，民事主体进行民事活动、建立民事法律关系时，必须将有关的事项和真实情况如实告知对方，禁止隐瞒或欺骗对方当事人；建立民事法律关系后，双方当事人应当恪守信用，认真履行各自的民事义务；发生损害时双方当事人都应当及时采取补救措施，避免或减少给对方造成的损失。此外，诚信原则作为民法基本原则，具有适用于全部民法领域的效力，对当事人的民事活动起着指导作用，确立了当事人以善意方式行使权利、履行义务的行为规则；如果当事人行使权利违背诚信原则，即构成权利滥用，权利行使行为也将不发生法律上效力。

《民法总则》第 86 条规定："营利法人从事经营活动，应当遵守商业道德，维护交易安全，接受政府和社会的监督，承担社会责任。"这一规定确立了维护交易安全规则。维护交易安全是诚信原则的内容，除非法律特别规定，包括营利法人在内的民事主体均需承担该项义务。

### 六、禁止权利滥用原则（合法原则）

禁止权利滥用原则，是指民事主体在进行民事活动中必须正确行使民事权利，不得损害他人利益和社会公共利益。我国民法一方面鼓励权利人正当地行使权利，另一方面又为权利行使划定了明确的界限，禁止行使权利超越这些界限而侵害他人及社会。按照我国《民法通则》第 6 条和第 7 条的规定，民事活动必须遵守法律，法律没有规定的，应当遵守国家政策。民事活动应当尊重社会公德，不得损害社会公共利益，扰乱社会经济秩序。《民法总则》第 8 条规定，民事主体从事民事活动，不得违反法律，不得违背公序良俗，这一规定进一步确立了合法原则在民事领域的适用。民事活动不得违反法律，主要是指不得违反强制性法律规定，依据《民法总则》第 153 条的规定，违反法律、行政法规的强制性规定的民事法律行为原则上应为无效。

### 七、公序良俗原则

所谓公序良俗就是公共秩序和善良风俗，是现代民法的一项重要原则。我国《民法通则》第 7 条规定，民事活动应当尊重社会公德，不得损害社会公共利益，不得扰乱社会经济秩序。在现代市场经济社会，公序良俗原则有着维护国家社会一般利益及一般道德观念的重要功能。公序良俗的规定，在性质上为一般条款。其作用在于弥补强行性和禁止性规定之不足，以禁止现行法上未作禁止规定的事项。另一方面，公序良俗原则的作用还在于限制私法自治原则，对意思自治进行必要的限制，从而协调个人利益与社会公共利益、国家利益之间的冲突，维护正常的社会经济和生活秩序。人民法院在司法审判实践中，遇到立法当时未能预见到的一些扰乱社会秩序、有违社会公德的行为，而又缺乏相应的禁止性规定时，可援用公序良俗原则认定该行为无效。

### 八、绿色原则

《民法总则》第 9 条规定：民事主体从事民事活动，应当有利于节约资源，保护生态环境。绿色原则的确立旨在倡导民事主体选择低能耗、环境友好的生产及生活方式，实现国家节约资源、保护环境、绿色发展的治理理念。

# 第二章　民事法律关系

## 第一节　民事法律关系概述

### 一、民事法律关系的概念和特征

#### (一) 民事法律关系的概念

民事法律关系，是由民事法律规范所调整的社会关系，也就是由民事法律规范所确认和保护的社会关系。

人是社会的人。在社会生活中，人（包括自然人、法人和其他组织）为了满足自身的各种需要，必须从事一定的社会活动，并因此在相互之间发生各种关系。为了使社会关系的确立和发展符合统治阶级的意志，统治阶级通过运用各种法律为人们的活动确立一定的标准，人们按照这样的标准而形成的社会关系就是法律关系。调整社会关系的法律不同，由此而形成的法律关系的性质也就不同。由民法所调整的社会关系就是民事法律关系。

民事法律关系和民法密切联系。民法是民事法律关系形成的法律前提，民事法律关系是民法所调整的结果，是由民法所派生出来的现象。具体而言，民法确认了民事主体的权利和义务，但这种权利和义务是抽象的，只具有可能性，并不表明主体已经享有了某种权利或应承担某种义务。而在民事法律关系中，主体的权利义务是具体的。

#### (二) 民事法律关系的特征

民事法律关系作为法律关系的一种，有着法律关系的一般特征，如它是人和人的关系，是体现国家意志的社会关系等，同时它也有自己的具体特征。

1. 民事法律关系是主体之间的民事权利和民事义务关系。民法调整一定的人身关系和财产关系，赋予当事人以民事权利和民事义务，在民事法律关系产生以后，民事法律规范所确定的抽象的民事权利和民事义务便落实为约束当事人行为的具体的民事权利和民事义务。以民事权利和民事义务为内容，正是民事法律关系与其他法律关系的重要区别。

2. 民事法律关系是平等主体之间的关系。民法调整平等主体之间的财产关系和人身关系，这就决定了参加民事法律关系的主体地位平等，彼此相互独立，互不隶属。即使国家作为特殊的民事主体参加民事法律关系时，其与其他主体的地位也是平等的。同时，由于主体地位平等，决定了其权利义务一般也是对等的，一方在享受权利的同时，也要承担相应的义务。

3. 民事法律关系的保障措施具有补偿性和财产性。在民事法律关系的保障手段上，民事责任以财产补偿为主要内容，惩罚性和非财产性责任不是主要的民事责任形式。

### 二、民事法律关系的分类

民事法律关系按不同的标准可区分为如下不同类型：

#### (一) 财产法律关系和人身法律关系

民法以人身关系和财产关系为其调整对象，民事法律关系也因此分为人身法律关系和财产法律关系或人身权关系和财产权关系。这是民事法律关系最基本的分类。

人身法律关系是指民事主体之间因人格和身份而形成的民事法律关系。如因人的姓名、肖像、名誉、隐私而发生的关系，因发明、发现以及创作出科学、文学、艺术作品而发生的、具有身份性质的关系等，都属于人身法律关系。

财产法律关系是与财产有关的民事法律关系，具体而言，它是民事主体之间因财产的归属和流转而形成的、具有直接物质利益内容的民事法律关系。如财产所有权关系、租赁关系、借贷关系、买卖关系等都属于财产法律关系。

人身法律关系不具有直接的物质利益内容，这是它与财产法律关系的基本区别。但这并不是说人身法律关系与物质利益完全没有关系。比如名誉权，如果能够得到保护，就可能给权利人带来一定的物质利益；反之，如果名誉权受到侵害，就可能给权利人造成损害。除此之外，人身法律关系和财产法律关系还有以下区别：

1. 两类关系中的权利性质不同。在人身法律关系中，权利人所享有的权利是人格权或身份权，这些权利与权利主体的人身密不可分，权利人一般不能将其转让给他人。在财产法律关系中，权利人所享有的权利是财产权利，通常权利人可以依其意志转让。

2. 对这两类关系的保护方法不同。在人身法律关系受到侵害时，对加害人主要适用非财产性质的责任，如要求加害人赔礼道歉、消除影响等；如果给权利人造成了物质利益损害，也可对加害人适用财产性质的责任，主要是损害赔偿，但这种责任形式并不是保护人身法律关系的主要方法。在财产法律关系受到侵害时，对加害人主要适用财产性质的责任，如要求加害人返还原物、赔偿损失、支付违约金等。

### （二）绝对法律关系和相对法律关系

根据民事法律关系的义务主体的范围，民事法律关系可以分为绝对法律关系和相对法律关系，也可称之为一般法律关系和具体法律关系。

绝对法律关系，是指在权利人之外，一切不特定人均为义务人的民事法律关系。在这类法律关系中，权利人行使和实现其权利并不需要义务人的协助，义务人所承担的义务一般表现为消极不作为义务，即不实施任何妨碍权利人行使和实现其权利的行为。相对法律关系，是指与权利人相对应的义务人具体、特定的民事法律关系。在这类法律关系中，权利人实现其权利必须有具体的义务人协助，并且义务人只是特定的一人或数人，其所承担的义务一般是实施某种积极的行为。

区分绝对法律关系和相对法律关系的意义，有利于确定民事法律关系的义务人的范围及义务人的义务性质，从而更好地适用民法规范。

### （三）物权关系和债权关系

根据权利人权利的实现方式，财产法律关系又可分为物权关系和债权关系，这也是上述绝对法律关系和相对法律关系在财产法律关系中的具体体现。

物权关系是指权利人可以直接支配物，而不需要义务人实施某种积极行为予以配合的民事法律关系。在物权关系中，义务人为权利人之外的一切不特定人，其义务一般为不实施阻碍权利人行使其权利的行为，因此，物权是一种绝对法律关系。所有权关系以及其他物权的关系都是物权关系。债权关系，是指权利人的权利必须由义务人的一定行为相配合，才能行使和实现的民事法律关系。在债权关系中，义务人可以为一人也可以为数人，但总是特定的，义务人的行为通常是积极的行为，当然也可以是消极不作为。因此，债权关系属于相对法律关系。

将财产法律关系具体区分为物权关系和债权关系，有助于明确物权和债权的不同特点。也正是因为如此，民法中建立了物权法和债权法这两大财产法律制度。

## 第二节　民事法律关系的要素

民事法律关系的要素是指构成民事法律关系的必要因素或必要条件。任何民事法律关系都是由几项要素构成，否则民事法律关系便不存在，而且，民事法律关系的要素发生变化，民事法律关系也会随之变更。

民事法律关系包括主体、内容和客体三个要素。

### 一、民事法律关系的主体

民事法律关系的主体，也称为民事权利义务的主体或简称为民事主体，是指参加民事法律关系，享受民事权利并承担民事义务的人。民事法律关系的主体并不等同于民法中所谓的"人"。民法中的人，是得到法律的承认，能够以自己的名义参与民事法律关系的客观存在。也就是说，作为民法中的人有两个基本要件：（1）客观存在；（2）为法律所承认。比如某一组织，只有在法律承认其能参与民事法律关系时，它才是民法中的人。而民事法律关系的主体是相对于具体的民事法律关系而言的，即存在于某一民事法律关系中的人才是民事法律关系的主体。因此，民法中的人只是有成为民事法律关系主体的可能性，他只有参与到具体的民事法律关系中才能成为民事法律关系的主体。在我国，依据《民法总则》规定，能够成为民事法律关系主体的人包括公民（自然人）、个体工商户、农村承包经营户、营利法人、非营利法人、特别法人和非法人组织等。国家作为整体，在一些特定情形下也能成为民事法律关系的主体。

民事法律关系作为人与人之间的社会关系，总是要有多方主体参加的。只有一方主体存在，就不可能发生社会关系，也不可能形成法律关系。因此，在民事法律关系中总是存在相互对应的多个主体，其中，享有权利的一方是权利主体，承担义务的一方是义务主体。权利主体和义务主体是相对而言的。虽然在某些民事法律关系中（例如赠与等），一方只享有权利，另一方只承担义务，权利主体和义务主体也因此而分别为某一方，但在大多数民事法律关系中，双方当事人都享有权利并承担义务，此时，某一方当事人既是权利主体，又是义务主体。例如，在买卖关系中，买方享有请求支付出卖物的权利，同时又负有支付价款的义务，他既是权利主体，也是义务主体；卖方负有交付出卖物的义务，同时又享有请求支付价款的权利，他同样也既是权利主体，又是义务主体。

民事法律关系的一方主体并非总是只有一人，也即民事法律关系的一方主体有单一主体和多数主体之分。例如，在债权关系中，债权人和债务人一方都既可以是一个人，也可以是多个人。如果债权人或债务人为多个人，则他们同时作为债权人或债务人一方享有权利或承担义务。

民事法律关系的主体有特定主体和不特定主体之分。如前所述，在相对法律关系中，每一方主体都是特定的，但在绝对法律关系中，承担义务一方，即义务主体是不特定的任何人。由此也可以看出，只有义务主体才有特定或不特定之分，任何法律关系中的权利主体总是特定的。

## 二、民事法律关系的内容

民事法律关系的内容是指民事主体所享有的权利和承担的义务，即民事权利和民事义务。这种权利义务内容是民法调整的社会关系在法律上的直接表现。任何个人和组织作为民事主体，参与民事法律关系，必然要享受民事权利、承担民事义务。

民事法律关系中的权利和义务是相互对立、相互联系在一起的，并统一地归依到特定民事主体。在任何一个民事法律关系中，权利和义务都是一致的，权利的内容要通过相应的义务表现，而义务的内容则由相应的权利限定。当事人一方享有权利，必然有另一方负有相应的义务，并且权利和义务往往是同时产生、变更和消灭的。

## 三、民事法律关系的客体

民事法律关系的客体是指民事权利和民事义务所指向的对象。民事权利和民事义务如果没有具体的对象，就将成为无法落实、毫无意义的东西。

关于民事法律关系的客体，在理论界有不同的看法。有人认为客体是物，也有人认为客体是物和行为。目前的通说认为，民事法律关系的客体是指"体现一定物质利益的行为"。如买卖关系中的客体是交付买卖标的物的行为；运输关系中的客体是安全、及时送达运输标的物的行为。即使是在所有权关系中，其客体也不是所有物本身，而是占有、使用、收益和处分所有物的行为。近年来，学术界也有观点将民事法律关系的客体进一步细化为物、行为、智力成果和人身利益。

# 第三节  民事权利、民事义务与民事责任

## 一、民事权利的概念和特征

民事权利，是指法律赋予民事主体所享有的、为实现某种利益而为一定行为或不为一定行为的可能性。具体而言，它包括三个方面的可能性：（1）权利人直接享有某种利益，或者实施一定的行为的可能性。（2）权利人请求义务人为一定行为或不为一定行为的可能性。（3）在权利受到侵犯时，请求有关国家机关予以保护的可能性。从性质上看，民事权利都体现着一定的利益，但它并不是生活中的一切利益，只有那些为法律所确认和保护的利益才体现为权利。能得到法律的确认和保护的利益必然和整个社会的利益相一致。对社会不利，不符合社会利益的个体利益，法律是不会保护的。

## 二、民事权利的分类

民事权利按其内容、性质，可以依据不同标准作出不同的分类。常见的有如下几种类型：

1. 人身权和财产权

人身权是指以权利人的特定人身或人格利益为内容的权利，包括人格权和身份权。财产权是指以财产利益为内容，直接体现某种物质利益的权利，如物权、债权、继承权等。

2. 支配权、请求权、抗辩权、形成权

支配权是指直接支配特定物并排斥他人干涉的权利，如物权。请求权是指请求他人为一

定行为或不为一定行为的权利，债权是最典型的请求权。抗辩权是指对抗请求权的权利，如合同履行中的不安抗辩权等。形成权是指当事人一方可以以自己的行为使法律关系发生变化的权利，如撤销权、追认权等。

3. 绝对权和相对权

绝对权是指义务人不确定，权利人无须通过义务人实施一定行为即可实现的权利，如所有权、人格权等。由于绝对权的权利人可以向一切人主张权利，可以对抗除自己以外的任何人，因此又称为对世权。相对权是指义务人为特定人，权利人必须通过义务人实施一定行为才能实现的权利。债权是典型的相对权。由于相对权对抗的是特定的义务人，因此又被称为对人权。

4. 主权利和从权利

主权利是指在相互关联着的两个民事权利中可以独立存在的权利；从权利是以主权利的存在为其存在前提的权利。如债权与担保债权的抵押权，前者是主权利，后者是从权利。这是以权利的相互关系为标准进行的划分。二者的区分意义在于：主权利移转或消灭时，从权利也随之移转或消灭。

5. 既得权和期待权

既得权是指成立要件已全部具备的权利，如物权、债权等。期待权则是指权利的成立要件尚未完全具备，处于向既得权过渡阶段、将来有可能完全具备的权利。如在采用所有权保留作为担保方式的分期付款买卖中，当事人经常约定尽管出卖人先将标的物交付于买受人，但在买受人尚未支付完全部价款以前，出卖人仍保留标的物的所有权，此时买受人仅取得所有权的期待权。认可期待权为独立的民事权利类型，是社会经济生活提出的要求，期待权在转让或设定权利负担时，通常可以参照适用相关既得权的规则。

### 三、民事权利的保护

民事主体在其权利受到侵害时，可以获得各种救济，主要体现为法律上确认并保护权利的各种措施。民事权利的保护措施按其性质可以区分为自我保护和国家保护两大类。

1. 民事权利的自我保护

民事权利的自我保护，是指权利人自己采取各种合法手段来保护自己的权利不受侵害，又称私力救济，如法律允许的自助行为、正当防卫行为等。

权利主体自己采取合法的方式保护其权利，是法律赋予权利本身的属性。同时，采取自我保护手段也受到法律的严格限制，权利主体只能以法律许可的方式在法律允许的限度内保护自己的权利。

2. 民事权利的国家保护

民事权利的国家保护，是指权利受到侵害时，经由特定的程序获得国家机关的救济，又称公力救济。任何民事主体在其民事权利受到他人侵害时，都有权向人民法院提起诉讼，请求保护。

由于民事权利的种类不同，受侵害的情形有别，当事人通过人民法院提起诉讼请求的目的和要求也就不同。以当事人得以提起的民事诉讼请求而言，包括确认之诉、给付之诉、形成之诉三类。民事实体法中也会分别规定权利受到侵害时得以提出保护的请求权依据，如物权法中规定确认权利、返还原物等各种物上请求权。

#### 四、民事义务的概念和特征

通说认为，义务是指主体须为给付的约束。在民事法律关系中，民事义务是与民事权利相对应的，义务人为满足权利人的利益而必须为或不为一定行为的约束。民事义务通常可由民事法律予以确定，但也可以通过当事人之间的约定予以确定。民事义务确立了民事主体的行为范围，在该范围内，义务人为或者不为一定行为，可以满足权利人实现权利或者保障权利能够实现的需要。民事义务体现在个人利益和社会利益的统一，在主体履行民事义务的同时，也维护了社会秩序。与民事权利强调民事主体的行为可能性不同，民事义务体现主体行为的必要性。

民事义务的特征包括：

1. 义务人应当依据法律的规定，或者当事人双方之间的约定，忠实地履行义务，以便满足权利人的需要。

2. 民事义务的范围由法律确定或者由当事人约定，民事主体不必承担超出法律规定或者约定范围的义务。

3. 义务人履行义务的行为受到法律的约束。无论是法定的还是约定，民事义务均受到国家强制力的约束。义务人不履行义务的，依法应当承担法律责任。

#### 五、民事义务的分类

民事义务与民事权利相对应，因此可以与民事权利的分类相对应。除此之外，民事义务还有独立的分类，按照不同的标准可做如下分类：

1. 法定义务与约定义务。这是以民事义务的来源为标准进行的分类。法定义务是指依据民事法律的规定，义务主体应当承担的义务；约定义务是指基于当事人的约定，义务人应当承担的义务。同时，约定义务不得违反法律或行政法规的强制性规定。

2. 作为义务和不作为义务。依据当事人履行义务的内容的方式不同，民事义务可以分为作为义务和不作为义务。作为义务又称积极义务，是指义务人应当为一定行为的义务，包括给付价款、交付不动产、排除妨害、消除危险等。不作为义务又称消极义务，是指当事人采取不作为或者容忍他人行为的方式，履行自己的义务，如相邻不动产之间的容忍义务。

## 第四节　民事责任

#### 一、民事责任的概念和特征

民事责任，是指民事主体因为违反法律规定或者当事人之间约定的义务而应当承担的民事法律后果。法律责任是指当事人因为违反法律的规定，或者当事人之间的特别约定而应承担的不利法律后果，包括刑事责任、行政责任和民事责任。

民事责任的特征包括：

1. 民事责任是民事法律关系一方对另一方承担的不利法律后果。

2. 民事责任以补偿性为主，旨在填补当事人遭受的损害，或者使当事人的权利恢复完满状态。在特定情形下，法律也承认惩罚性的民事责任。

3. 民事责任具有多样性。其既包括以过错作为构成要件的过错责任，也包括无须以过错作为构成要件的无过错责任。

4. 基于民事责任的产生依据，民事责任的内容既可能由法律强制规定，也可以由双方当事人协商确定，如违约责任。

### 二、民事责任的分类

民事责任按照不同的标准可以做如下分类：

1. 财产责任和非财产责任。依据民事责任的具体内容，民事责任可以为分为：以一定的财产为内容的责任，即财产责任，例如损害赔偿责任等；不具有财产内容的责任，即非财产责任，如赔礼道歉、消除影响等。

2. 违约责任、侵权责任和其他责任。依据民事责任产生的原因不同，可以分为违约责任、侵权责任和其他责任。违约责任，是指因违反双方当事人在合同中约定的义务而产生的责任。侵权责任，是指行为人因侵害他人的合法财产权益或者人身权益而承担的责任。其他民事责任，是指违约责任与侵权责任之外的民事责任，主要包括基于不当得利和无因管理产生的责任以及缔约过失责任等。在上述分类中，不同责任的构成要件和具体的承担方式均有所不同。

3. 无限责任和有限责任。依据当事人承担民事责任的责任财产的范围，民事责任可以分为无限责任和有限责任。无限责任，是指责任主体以自己的全部财产承担责任。例如，合伙企业中，普通合伙人对合伙企业的债务承担无限连带责任。有限责任，是指责任主体以其特定的、有限的财产承担责任。例如，在有限责任公司中，股东以其出资额为限对公司的债务承担有限责任。

4. 单独责任和共同责任。依据民事主体之间承担责任的方式，可以将民事责任划分为单独责任和共同责任。单独责任，是指民事主体独立承担民事责任。共同责任，是指两个以上的民事主体共同承担责任。在共同责任中，依据民事主体在责任承担中的不同关系，又可以分为按份责任、连带责任和补充责任。

## 第五节　民事法律事实

### 一、民事法律事实的概念

民事法律事实，是法律所规定的、能够引起民事法律关系产生、变更和消灭的客观现象。如上所述，民事法律关系是因民事法律规范的调整而在主体之间形成的权利义务关系，但民事法律规范本身并不能在主体之间直接形成民事法律关系，也不能改变或消灭某一法律关系。民事法律关系的产生、变更和消灭需要具备三个基本的条件：民事法律规范、民事主体和民事法律事实。其中，民事法律规范和民事主体是民事法律关系产生的抽象条件，而民事法律事实则是民事法律关系产生的具体条件。只有在一定的法律事实发生后，民事法律关系才能产生，并因一定的法律事实的发生而变更或消灭。

法律事实出现时，产生如下法律后果：

1. 民事法律关系的产生。民事法律关系的产生，就是民事主体取得权利或承担义务的状态。例如，签订了买卖合同，买方有请求卖方交付出卖物的权利和支付价款的义务，卖方有请求买方支付价款的权利和向买方交付出卖物的义务。正是由于一定的法律事实的发生，才使得民事法律所规定的抽象的权利义务，转化为当事人实际享有的权利和承担的义务。

2. 民事法律关系的变更。民事法律关系的变更，就是已存在的民事法律关系的要素变化的状态，包括民事法律关系的主体变更、内容变更和客体变更。例如，由于法人的合并和分立，导致债的关系中的主体发生变更。

民事法律关系的变更实际上形成了新的民事法律关系，因此，民事法律关系的变更也可以看做是民事法律关系的相对消灭。

3. 民事法律关系的消灭。民事法律关系的消灭，就是主体之间的权利义务不再存在的状态，也称为民事法律关系的绝对消灭。民事法律关系的消灭有两种情形：一是一定法律事实的出现导致某一法律关系的消灭，并且在当事人之间不会因此而产生其他民事法律关系，例如，所有物被消费，所有权关系因此被消灭。二是一定法律事实的出现导致某一法律关系的消灭，同时在当事人之间因此而产生其他民事法律关系，例如，所有物被他人毁灭，所有权关系消灭，同时原所有权人和侵害人之间产生债的关系。

民事法律关系的产生、变更和消灭，有时只需要以一个法律事实为根据，有时需要以两个或两个以上的法律事实的相互结合为根据。例如，遗嘱继承法律关系，就需要立遗嘱的行为和遗嘱人死亡这两个法律事实才能够发生。这种引起民事法律关系的产生、变更或消灭的两个以上的法律事实的总和，叫做民事法律关系的事实构成。此时，只有在事实构成具备的情况下，才能引起民事法律关系的产生、变更和消灭。

### 二、民事法律事实的分类

根据客观事实是否与主体的意志有关，法律事实可以分为事件和行为两大类。

事件，又称为自然事实，是指与主体的意志无关，能够引起民事法律后果的客观现象。例如，人的死亡、物的灭失、时间的经过，都属于事件，它们一旦发生就能够引起婚姻关系、所有权关系的消灭及权利能力的减弱等。

行为是指受主体意志支配、能够引起民事法律后果的活动。按其是否符合法律的要求，行为可以分为合法行为和不合法行为。

合法行为是指符合或不违反民事法律规范、能够引起民事法律后果的行为。民事法律行为是民事主体基于意思表示，旨在发生、变更或终止民事权利和民事义务的合法行为。其特征是当事人有意识地要建立或变更、消灭民事法律关系，并要通过一定的行为将内心的意思表达出来，它是合法行为，是表示行为的一种。但表示行为还包括不合法的表示行为，如无效的民事法律行为。

不合法行为是指不符合法律要求或违反法律规定的行为，包括违约行为、侵权行为、不履行法定义务的行为等。这些行为一旦发生，就会引起法律的否定性评价，行为人应依法承担相应的民事责任，并在行为人和受害人或其他人之间形成民事责任关系。上述不合法的表示行为也是不合法行为，这些行为不仅不能达到当事人的预期效果，而且还可能会引起一定责任关系的产生。

法律行为之外还有事实行为。所谓事实行为，是指行为人主观上不一定具有发生、变更或消灭正常民事法律关系的意思，但客观上能够引起这种后果的行为。如因创作而发生著作权关系。

# 第三章　自然人

## 第一节　自然人的民事权利能力

### 一、民事权利能力的概念和法律特征

民事权利能力，是民事法律赋予民事主体从事民事活动，从而享受民事权利和承担民事义务的资格。

民事权利能力与民事权利是既有联系又有区别的两个不同的概念，比较两者，可以清楚地认识与理解民事权利能力的基本法律特征：

1. 民事权利能力是法律赋予民事主体享有民事权利和承担民事义务的一种可能性，还没有为民事主体带来实际利益。民事主体是否实际参加了民事法律关系，均不影响其享有这种资格。民事权利是民事主体参加到具体的民事法律关系后，才能实际享有的。

2. 民事权利能力包括民事主体取得民事权利和承担民事义务的资格。民事权利仅指民事主体在具体的民事法律关系中实际取得利益的可能性，如物权、债权、知识产权等，其中并不包含民事义务。

3. 民事权利能力的内容和范围由法律加以规定，与民事主体的个人意志没有直接关系。民事权利是民事主体在法律允许的范围内按其意愿实际参加民事活动时取得的，它直接反映着民事主体的个人意志。

4. 民事权利能力与民事主体人身的存在是不可分离的，民事主体不能转让或放弃，他人也无权限制或剥夺这种民事权利能力。民事权利则不同，除法律另有规定外，民事主体既可以依法转让或放弃某项民事权利，也可以依法被限制行使或被剥夺其原享有的某项民事权利。

### 二、自然人民事权利能力的开始

对自然人的民事权利能力从何时开始，世界各国的民事立法有不同的规定，但归纳起来主要有两类：第一类是从自然人出生时开始；第二类是规定从受孕时开始。

我国民法关于自然人民事权利能力的开始时间，规定在《民法通则》第9条中。该条规定：自然人从出生时起到死亡时止，具有民事权利能力，依法享有民事权利，承担民事义务。根据该条规定，我国自然人的民事权利能力始于出生，终于死亡，自然人享有民事权利能力的时间与其生命的存续时间是完全一致的。

对自然人出生时间的确认依据，1988年1月26日最高人民法院《关于贯彻执行〈中华人民共和国民法通则〉若干问题的意见（试行）》第1条规定：自然人的民事权利能力自出生时开始。出生的时间以户籍证明为准；没有户籍证明的，以医院出具的出生证明为准。没有医院证明的，参照其他有关证明认定。这一司法解释，对解决在审判实践中遇到的自然人的出生时间问题如何准确认定是具有重要意义的。《民法总则》第13条及第15条分别规定：

"自然人从出生时起到死亡时止，具有民事权利能力，依法享有民事权利，承担民事义务。""自然人的出生时间和死亡时间，以出生证明、死亡证明记载的时间为准；没有出生证明、死亡证明的，以户籍登记或者其他有效身份登记记载的时间为准。有其他证据足以推翻以上记载时间的，以该证据证明的时间为准。"上述规定显然已经对最高人民法院《关于贯彻执行〈中华人民共和国民法通则〉若干问题的意见（试行）》的规定进行了变更。

根据自然人的民事权利能力始于出生的法律准则，尚未出生的胎儿还不具备民事权利能力，不能享受民事权利、承担民事义务。但是，按照生理规律，胎儿将来必定要出生。为了保护胎儿的利益，我国继承法规定：遗产分割时，应当保留胎儿的继承份额。该份额原则上应按法定继承的遗产分配原则确定。如果胎儿出生时为死体，则该保留的份额由被继承人的继承人再分割。《民法总则》第16条规定："涉及遗产继承、接受赠与等胎儿利益保护的，胎儿视为具有民事权利能力。但是胎儿娩出时为死体的，其民事权利能力自始不存在。"

法律上之所以规定保护胎儿的利益，实质上是为未来的民事主体的利益采取的预先保护措施，而这种预先保护措施必须以胎儿活体出生为必要条件。

### 三、自然人民事权利能力的终止

我国民法规定，自然人死亡是自然人民事权利能力终止的法定事由。自然人死亡后，就不再有从事民事活动、参加民事法律关系的可能性和必要性，不必再保留其民事权利能力。自然人死亡的方式有自然死亡与宣告死亡两种。无论何种方式，只要自然人死亡的事实发生，其民事权利能力便终止。

为了解决相互有继承关系的几个自然人在同一事件中死亡而无法确定其死亡先后时间的问题，法律上有必要设立自然人死亡时间的推定制度。《中华人民共和国继承法》公布施行后，最高人民法院曾对此作出司法解释：相互有继承关系的几个人在同一事件中死亡，如不能确定死亡先后时间的，推定没有继承人的人先死亡。死亡人各自都有继承人的，如几个死亡人辈分不同，推定长辈先死亡；几个死亡人辈分相同，推定同时死亡，彼此不发生继承，由他们各自的继承人分别继承。

## 第二节　自然人的民事行为能力

### 一、自然人民事行为能力的概念和法律特征

自然人的民事行为能力，是指法律确认的自然人通过自己的行为从事民事活动，参加民事法律关系，取得民事权利和承担民事义务的能力。民事行为能力，既包括民事主体实施合法的民事行为，并取得民事权利和承担民事义务的能力，也包括民事主体因实施违法行为而承担相应民事责任的能力。自然人的民事行为能力具有如下法律特征：

1. 民事行为能力由国家法律加以确认。这是国家法律维护自然人的合法权益和保障社会的正常秩序的需要。自然人是否具有独立从事民事活动的能力，不取决于自然人的主观意愿。

2. 民事行为能力与自然人的年龄和智力状态直接相联系。只有达到一定年龄，智力状态正常的自然人，才能正确地理解其行为的社会意义，独立完成某一民事行为，取得民事权利，承担民事义务。因此，法律对不同年龄和智力状态的自然人规定不同的民事行为能力。

3. 民事行为能力非依法定条件和程序不受限制或取消。由于民事行为能力是国家法律赋予自然人从事民事活动的资格，因此，除非法律规定的应当限制或取消自然人民事行为能力的情形出现，否则，任何个人和组织均不得限制或取消自然人的民事行为能力。

**二、自然人民事行为能力的分类**

我国《民法通则》根据自然人的年龄、智力状态等因素，把自然人的民事行为能力分为完全民事行为能力、限制民事行为能力和无民事行为能力三类。

**（一）完全民事行为能力**

完全民事行为能力，是指法律赋予达到一定年龄和智力状态正常的自然人通过自己的独立行为进行民事活动的能力。《民法总则》第17条、第18条及《民法通则》第11条规定，18周岁以上的自然人是成年人，具有完全民事行为能力，可以独立进行民事活动，是完全民事行为能力人。16周岁以上不满18周岁的自然人，以自己的劳动收入为主要生活来源的，视为完全民事行为能力人。对上述法律规定，应从两个方面来理解：

1. 年满18周岁的自然人为成年人，法律赋予其完全民事行为能力的资格，可以独立地进行各种民事活动，属于完全民事行为能力人。

2. 年满16周岁而不满18周岁的自然人，如果已经参加了各种形式的社会劳动，并可以其劳动收入作为主要生活来源，表明他们已经能够判断自己行为的社会后果，具备了独立处理个人事务和独立承担民事责任的条件，这部分自然人视为完全民事行为能力人。至于何种状况才属于"以自己的劳动收入为主要生活来源"，最高人民法院《关于贯彻执行〈中华人民共和国民法通则〉若干问题的意见（试行）》第2条规定：16周岁以上不满18周岁的自然人，能够以自己的劳动取得收入，并能维持当地群众一般生活水平的，可以认定为以自己的劳动收入为主要生活来源的完全民事行为能力人。

**（二）限制民事行为能力**

限制民事行为能力，又称为不完全民事行为能力或部分民事行为能力，是指法律赋予那些已经达到一定年龄但尚未成年和虽已成年但精神不健全，不能完全辨认自己行为后果的自然人所享有的可以从事与自己的年龄、智力和精神健康状况相适应的民事活动的能力。对享有限制民事行为能力的自然人，可称为限制民事行为能力人。

根据《民法总则》第19条和第22条的规定，限制民事行为能力人可分为两种：

1. 8周岁以上的未成年人是限制民事行为能力人，实施民事法律行为由其法定代理人代理或者经其法定代理人同意、追认，但是可以独立实施纯获利益的民事法律行为或者与其年龄、智力相适应的民事法律行为。

2. 不能完全辨认自己行为的成年人是限制民事行为能力人，实施民事法律行为由其法定代理人代理或者经其法定代理人同意、追认。但是可以独立实施纯获利益的民事法律行为或者与其智力、精神健康状况相适应的民事法律行为。

此外，我国《合同法》对限制民事行为能力人订立合同的能力也作了规定。其中第47条规定：限制民事行为能力人订立的合同，经法定代理人追认后，该合同有效，但纯获利益的合同或者与其年龄、智力、精神健康状况相适应而订立的合同，不必经法定代理人追认。

**（三）无民事行为能力**

无民事行为能力，是指完全不具有以自己的行为从事民事活动以取得民事权利和承担民事义务的资格。对无民事行为能力的公民，可称为无民事行为能力人。

《民法总则》规定了两种无民事行为能力人：（1）不满 8 周岁的未成年人是无民事行为能力人，由他的法定代理人代理民事活动。（2）不能辨认自己行为的成年人是无民事行为能力人，由他的法定代理人代理民事活动。

### 三、自然人欠缺民事行为能力的宣告

在社会实际生活中，自然人的民事行为能力由于受其年龄、智力和精神健康状态等因素的影响，因而是具有可变性的。为此，《民法总则》第 24 条第 1 款规定，不能辨认或者不能完全辨认自己行为的成年人，其利害关系人或者有关组织，可以向人民法院申请认定该成年人为无民事行为能力人或者限制民事行为能力人。

需要说明的是，因应相关国际条约的规定以及人格尊严意识的高涨，《民法总则》在概念上摒弃"精神病人"的立法概念，同时为了应对人口老龄化的挑战，根据国内外实践引入成年监护制度，这也充分反映了民法的人文关怀。

## 第三节　监　护

### 一、监护的概念、作用和分类

民法的监护，是为了监督和保护无民事行为能力人和限制民事行为能力人的合法权益而设置的一项民事法律制度。行使监督和保护责任的人称为监护人，受到监督和保护的无民事行为能力人和限制民事行为能力人称为被监护人。

监护制度具有如下作用：

1. 监护制度使无民事行为能力和限制民事行为能力的自然人的民事权利能够得到真正实现。自然人的民事权利能力如果没有民事行为能力作为实现条件，便不能给自然人带来任何实际的民事权益。因此，自然人的民事行为能力如何，实际上对自然人民事权利能力的实现有着直接影响。监护制度赋予监护人代理被监护人进行民事活动的权利，解决了无民事行为能力人和限制民事行为能力人在民事行为能力方面的困难，从而使自然人的民事权利能力得以顺利实现。

2. 监护制度使无民事行为能力和限制民事行为能力的自然人的民事行为能力得到弥补。由于无民事行为能力人和限制民事行为能力人不具备从事民事活动的条件，不能独立进行民事活动，而监护制度则通过监护人的代理行为进行民事活动，弥补了无民事行为能力人和限制民事行为能力人在民事行为能力上的缺陷，以使其合法的民事权益得到有效的保护。

3. 监护制度有利于稳定社会的正常秩序。由于无民事行为能力人和限制民事行为能力人缺乏对自身行为的社会后果和法律意义的正确认识，其所实施的行为，可能会给他人的合法权益造成损害，从而影响社会的正常秩序。监护制度要求监护人对无民事行为能力人和限制民事行为能力人加以监督和管束，以防止他们实施违法行为，从而有利于社会秩序的稳定。

监护的类型包括法定监护、指定监护和遗嘱监护。所谓法定监护，是指监护人由法律直接规定。指定监护，是指监护人由法院指定。父或母生前以遗嘱形式为自然人确立监护人的，为遗嘱监护。另外，我国最高人民法院《关于贯彻执行〈中华人民共和国民法通则〉若干问题的意见（试行）》第 15 条还规定了以协议确定监护人的方式。《民法总则》第 33 条针

对成年人设定了新的意定监护制度。

## 二、监护人的设定

### （一）未成年人的监护人

根据《民法通则》第 16 条的规定，为未成年人设定监护人必须符合下列法律要求：

1. 为未成年人设定法定监护人。未成年人的法定监护人为有监护能力的未成年人的父母、祖父母、外祖父母、兄、姐。上述法定监护人，顺序在先者排斥顺序在后者。未成年人的法定监护人需要具备承担监督和保护被监护人的人身及财产等合法权益的法律职责的行为能力，即监护能力。认定监护能力的有无，依照最高人民法院《关于贯彻执行〈中华人民共和国民法通则〉若干问题的意见（试行）》第 11 条规定：应当根据监护人的身体健康状况、经济条件，以及与被监护人在生活上的联系状况等因素确定。

2. 为未成年人指定监护人。《民法通则》规定，只有未成年人的近亲属，才有资格作为未成年人的指定监护人。关系密切的其他亲属、朋友愿意承担监护责任，经未成年人的父、母所在单位或者未成年人住所地的居民委员会、村民委员会同意的，也可以担任监护人。关于近亲属的范围，最高人民法院《关于贯彻执行〈中华人民共和国民法通则〉若干问题的意见（试行）》第 12 条规定：《民法通则》中规定的近亲属，包括配偶、父母、子女、兄弟姐妹、祖父母、外祖父母、孙子女、外孙子女。为未成年人指定监护人的组织和机关依次分别为：未成年人的父亲或母亲的所在单位；未成年人住所地的居民委员会或者村民委员会；人民法院。按照民法规定，对监护权有争议的，未成年人父母的所在单位首先行使指定权；如果未成年人的父母没有单位，或者该单位不予以指定或者不适宜由其指定时，由未成年人住所地的居民委员会或村民委员会指定监护人；当未成年人的近亲属对有关组织的指定不服而提起诉讼时，人民法院可以依法定程序和法定条件，以判决方式为未成年人指定监护人。

### （二）无民事行为能力及限制民事行为能力成年人的监护人

《民法总则》第 21 条规定："不能辨认自己行为的成年人为无民事行为能力人，由其法定代理人代理实施民事法律行为。"《民法总则》第 22 条规定："不能完全辨认自己行为的成年人为限制民事行为能力人，实施民事法律行为由其法定代理人代理或者经其法定代理人同意、追认，但是可以独立实施纯获利益的民事法律行为或者与其智力、精神健康状况相适应的民事法律行为。"

根据《民法总则》第 28 条的规定，为无民事行为能力或者限制民事行为能力的成年人设定监护人，应当符合以下法律要求：

1. 为无民事行为能力或限制民事行为能力的成年人设定法定监护人。可以担任无民事行为能力或限制民事行为能力的成年人的法定监护人的，依次为：（1）配偶；（2）父母、子女；（3）其他近亲属；（4）其他愿意担任监护人的个人或者组织，但是须经被监护人住所地的居民委员会、村民委员会或者民政部门同意。

2. 为无民事行为能力或限制民事行为能力的成年人指定监护人。对监护人的确定有争议的，由被监护人住所地的居民委员会、村民委员会或者民政部门指定监护人，有关当事人对指定不服的，可以向人民法院申请指定监护人；有关当事人也可以直接向人民法院申请指定监护人。在指定监护人前，被监护人的人身权利、财产权利以及其他合法权益处于无人保护状态的，由被监护人住所地的居民委员会、村民委员会、法律规定的有关组织或者民政部门担任临时监护人。因此，《民法总则》确立了成年监护制度。

### （三）针对成年人的意定监护制度

《民法总则》第33条确立了意定监护制度，该条规定："具有完全民事行为能力的成年人，可以与其近亲属、其他愿意担任监护人的个人或者组织事先协商，以书面形式确定自己的监护人。协商确定的监护人在该成年人丧失或者部分丧失民事行为能力时，履行监护职责。"因此，完全民事行为能力人可以与其他具有监护资格的人事先达成监护合意，于自己丧失全部或部分行为能力时，由监护人履行监护职责。

### 三、监护人的职责

根据《民法通则》及有关司法解释的规定，监护人应承担的职责是：

1. 保护被监护人的身体健康。
2. 照顾被监护人的生活。
3. 管理和保护被监护人的财产。
4. 代理被监护人进行民事活动。
5. 对被监护人进行管束和教育。
6. 代理被监护人进行诉讼。
7. 承担因不履行监护职责致使被监护人实施侵权行为而给他人造成损害的赔偿责任。

监护人依法行使监护的权利，受法律保护。对监护人依法行使监护权利的，任何组织或个人均无权干涉。如果监护人的合法监护权利遭到不法侵害，监护人有权向人民法院提起诉讼，请求给予必要的法律保护，排除侵害。

### 四、监护的终止

监护因一定的事实发生，也因一定的法律事实而终止。主要可因下列原因而终止：

1. 被监护人获得了完全民事行为能力，这属于监护的自然撤销。是指设定监护的客观情况已经消失，从而导致监护的存在已经没有必要，监护便随之终止。一旦未成年人随着年龄的增长而成为成年人，无法辨认自己行为的成年人因治愈已经恢复正常精神状态，他们已经取得或恢复了完全民事行为能力，在此种情况下，原先设定的监护对他们来说就没有必要了，因而自然撤销。

2. 诉讼撤销。监护人不履行监护职责或侵害了被监护人的合法权益，被监护人的利害关系人或有关单位可以向人民法院提出申请，依法撤销原来设定的监护人。《民法通则》第18条第3款规定，监护人不履行监护职责或者侵害被监护人的合法权益的，应当承担责任；给被监护人造成财产损失的，应当赔偿损失。人民法院可以根据有关人员或者有关单位的申请，撤销监护人的资格。撤销原监护人的监护资格时，人民法院还应依法另行指定监护人。

3. 监护人丧失行为能力。监护关系以监护人有行为能力为条件，一旦监护人丧失行为能力，监护自然亦告终止。

4. 监护人以正当理由辞去指定监护。

## 第四节　宣告失踪和宣告死亡

### 一、宣告失踪

宣告失踪，是指经利害关系人的申请，由法院依照法定条件和程序，宣告下落不明满一定期限的自然人为失踪人的民事法律制度。

**（一）宣告失踪的条件和程序**

我国《民法通则》具体规定了以下宣告失踪的条件和程序：

1. 宣告失踪条件。（1）自然人离开其住所下落不明。所谓"下落不明"，是指自然人离开最后居住地后没有音信的状况。（2）自然人下落不明的状况超过 2 年期限。下落不明的起算时间，从自然人音信消失之当日起算。如果自然人在战争期间下落不明的，应当从战争结束之日起算。

2. 宣告失踪的程序。（1）由利害关系人提出申请。申请宣告失踪的利害关系人，包括被申请宣告失踪人的配偶、父母、子女、兄弟姐妹、祖父母、外祖父母、孙子女、外孙子女以及被申请宣告失踪人的债权人、合伙人等其他与被申请宣告失踪人有民事权利义务关系的人。（2）人民法院依照民事诉讼程序宣告失踪。人民法院审理宣告失踪案件，应当查清被申请宣告失踪人的财产，指定财产管理人或者采取诉讼保全措施，发出寻找失踪人的公告。公告期间为 3 个月，期间届满，人民法院根据被申请宣告失踪人的失踪事实是否得到确认，作出宣告失踪的判决或终结审理的裁定。如果判决宣告为失踪人，应当同时指定失踪人的财产代管人。

**（二）宣告失踪的后果**

根据《民法通则》第 21 条规定，宣告失踪的后果是：失踪人的财产由他的配偶、父母、成年子女或者关系密切的其他亲属、朋友代管。代管有争议的，没有以上规定的人或者以上规定的人无能力代管的，由人民法院指定的人代管。失踪人所欠的税款、债务和应付的其他费用，由代管人从失踪人的财产中支付。

**（三）宣告失踪判决的撤销**

依照《民法通则》的规定，被宣告失踪的人重新出现或者确知他的下落，经本人或者利害关系人申请，人民法院应当撤销对他的失踪宣告。

### 二、宣告死亡

宣告死亡，是指经利害关系人申请，由法院依照法律规定的条件和程序，判决宣告下落不明满一定期限的自然人死亡的民事法律制度。

**（一）宣告死亡的条件和程序**

我国《民法通则》对宣告死亡的条件和程序规定如下：

1. 宣告死亡必须具备的条件。（1）自然人离开其住所地或最后居住地下落不明，杳无音信，不知生死。（2）自然人离开其住所地或最后居住地下落不明的事实状态超过了法定期间。该法定期间有三种情况：一是在一般情况下离开其住所地或最后居住地下落不明满 4 年；二是因意外事故下落不明，从事故发生之日起满 2 年；三是在战争期间下落不明，从战争结束之日起满 4 年。

2. 宣告死亡的程序。（1）由利害关系人向人民法院提出申请，以宣告某自然人死亡。有资格提出申请的利害关系人的范围和顺序是：①配偶；②父母、子女；③兄弟姐妹、祖父母、外祖父母、孙子女、外孙子女；④与被申请宣告死亡的人有其他民事权利义务关系的人。（2）人民法院受理宣告失踪人死亡案件后，应当发出寻找失踪人的公告，公告期间为1年。公告期间届满，人民法院根据被宣告失踪人死亡的事实是否得到确认，作出终结审理的裁定或者宣告死亡的判决。

关于宣告失踪与宣告死亡的关系，按照我国《民法通则》的规定，宣告失踪不是宣告死亡的必经程序。在自然人下落不明又符合申请宣告死亡的条件下，利害关系人可以不经过申请宣告失踪而直接申请宣告死亡。如果利害关系人只申请宣告失踪的，应当宣告失踪；但同一顺序的利害关系人，有的申请宣告死亡，有的不同意宣告死亡，则应宣告死亡。

**（二）宣告死亡的结果**

自然人被宣告死亡的，应发生与自然人自然死亡同样的法律后果，即被宣告死亡的自然人丧失作为民事主体的资格，其民事权利能力和民事行为能力终止；其原先参加的民事法律关系归于变更或消灭；其婚姻关系自然解除；其个人合法财产作为遗产按继承程序处理。有民事行为能力人在他地仍然生存的，在被宣告死亡期间实施的民事法律行为仍然有效。

**（三）宣告死亡判决的撤销**

我国《民法通则》中规定被宣告死亡的人重新出现或者确知他没有死亡，经本人或者利害关系人申请，人民法院应当撤销对他的死亡宣告。依照《民法通则》和有关的司法解释，自然人的死亡宣告被撤销的，产生如下法律后果：

1. 人民法院撤销死亡宣告后，如果被宣告死亡人的配偶尚未再婚，其夫妻关系从撤销死亡宣告之日起自行恢复；如果其配偶再婚后又离婚或再婚后配偶又死亡的，则夫妻关系不能自行恢复，要恢复夫妻关系，需办理复婚手续。《民法总则》第51条规定，被宣告死亡的人的婚姻关系，自死亡宣告之日起消灭。死亡宣告被撤销的，婚姻关系自撤销死亡宣告之日起自行恢复，但是其配偶再婚或者向婚姻登记机关书面声明不愿意恢复的除外。因此，配偶如果向婚姻登记机关书面声明不愿恢复婚姻关系，则婚姻关系不再因死亡宣告被撤销而自动恢复。

2. 被宣告死亡的人在被宣告死亡期间，其子女被他人依法收养，被宣告死亡的人在死亡宣告被撤销后，仅以未经本人同意而主张收养关系无效的，一般不应准许，但收养人和被收养人同意的除外。

3. 被撤销死亡宣告的人有权请求返还财产。但原物已被第三人合法取得的，第三人可不予以退还。依照继承法取得他的财产的自然人或者组织，应当返还原物；如果原物已经不存在，则应给予适当补偿。

4. 利害关系人隐瞒真实情况使他人被宣告死亡而取得其财产的，除应返还原物及孳息外，还应对给他人造成的损失予以赔偿。

# 第五节　个体工商户、农村承包经营户

**一、个体工商户的概念和法律特征**

**（一）个体工商户的概念**

根据我国《民法通则》的规定，公民在法律允许的范围内，依法经核准登记，从事工商业经营的，为个体工商户。《民法总则》第 54 条规定："自然人从事工商业经营，经依法登记，为个体工商户。"

### （二）个体工商户的法律特征

1. 个体工商户是个体经济的一种法律形式。由于个体工商户是以公民个人财产或家庭财产为经营资本的，财产所有者与经营者和劳动者不分离，其性质因此属于个体经济的范畴。

2. 个体工商户的生产经营范围只限于工商业。个体工商户可以从事的经营范围是工业、手工业、建筑业、交通运输业、商业、饮食业、服务业、修理业等行业。

3. 个体工商户必须依法核准登记。个体工商户并不是公民个人或家庭的简单重复，而需要具备一定条件并履行一定的法律程序才能取得该种主体资格。

4. 个体工商户对外以户的名义独立进行民事活动。个体工商户无论是由公民个人经营还是家庭经营，对外均以在工商行政管理机关登记注册的户的名义独立进行民事活动，取得民事权利，承担民事义务。

5. 个体工商户须在法律允许的范围内从事生产经营活动。个体工商户只能在法律允许个体经营的行业范围内，依照工商行政管理机关核准登记的生产经营方式、项目、范围进行生产经营活动。在生产经营活动中，必须遵守国家的法律、法令的规定。

6. 对外承担责任的特殊性。《民法总则》第 56 条第 1 款规定，个体工商户的债务，个人经营的，以个人财产承担；家庭经营的，以家庭财产承担；无法区分的，以家庭财产承担。

## 二、农村承包经营户的概念和法律特征

### （一）农村承包经营户的概念

根据《民法通则》第 27 条规定，农村集体经济组织的成员，在法律允许的范围内，按照承包合同规定从事商品经营的，为农村承包经营户。《民法总则》第 55 条规定："农村集体经济组织的成员，依法取得农村土地承包经营权，从事家庭承包经营的，为农村承包经营户。"这明确要求农村承包经营户以依法取得农村土地承包经营权为前提。

### （二）农村承包经营户的法律特征

1. 农村承包经营户是我国农村劳动群众集体所有制经济的分散经营方式的法律形式。由于农村的土地等主要生产资料属于集体所有，承包经营者则是农村集体经济组织的成员，因而农村承包经营户并不属于个体经济范畴，而是农村集体经济组织的一种生产经营方式的法律表现。

2. 农村承包经营户从事的是商品经营活动。农村承包经营户进行生产经营，主要是以商品交换为目的，将所收获的农、林、牧、副、渔等业的产品作为商品投入市场而满足社会的需要，而不是为了满足家庭消费需要。

3. 农村承包经营户按照与集体组织订立的承包合同从事经营活动。从农村承包经营户的角度来看，它必须按照与集体经济组织签订的承包合同规定的内容从事经营活动，否则须承担相应的法律责任。

4. 《民法总则》第 56 条第 2 款规定："农村承包经营户的债务，以从事农村土地承包经营的农户财产承担；事实上由农户部分成员经营的，以该部分成员的财产承担。"

# 第四章 法人与非法人组织

## 第一节 法人概述

### 一、法人的概念和特征

法人是一种享有民事主体资格的组织，它和自然人一样，同属于民事主体的范围，而且是民事主体中的重要组成部分。《民法通则》第 36 条、《民法总则》第 57 条规定：法人是具有民事权利能力和民事行为能力，依法独立享有民事权利和承担民事义务的组织。简单地讲，法人就是能够以自己的名义享有民事权利和承担民事义务的组织。当然，就法人本身而言，它不能被简单地认为只能享有民事权利和承担民事义务，或者说，它只是民事法律关系的主体。在行政法、刑法等法律中，法人可以成为行政法律关系、刑事法律关系的主体。但原始的、完整的法人制度是建立于民法之中的，我们在这里只是讨论法人作为民事主体的情况。

法人具有以下基本特征：

1. 法人是一种社会组织。法人是一种客观存在，但它和自然人不同的是，它不是作为有血有肉的生物体存在，而是作为组织体存在。虽然法人可能是由自然人组成，但自然人必须按一定的方式结合成一定的组织才能成为法人。组织性是法人能够成为民事主体的首要前提，也是其区别于自然人的重要特征。

2. 法人是依法成立的社会组织。法人并不是一般的社会组织，而应当是依法成立的社会组织。依法成立，是一定的社会组织能够成为民事主体的基本前提。依法成立不仅意味着法人的成立应当符合法律规定的程序要求，而且还意味着法人的成立应当符合法律规定的实质要件。唯有如此，一定的组织才能得到法律的承认而取得法律上的人格，才能称其为法人。

3. 法人是具有民事权利能力和民事行为能力的社会组织。法律对法人的承认，其目的在于使其能够作为民事主体参与民事法律关系，因此，法人具有民事权利能力和民事行为能力。法人具有民事权利能力和民事行为能力，表明法人能够享有民事权利和承担民事义务，能够独立地从事民事活动。具有民事权利能力和民事行为能力是法人的基本特征。

4. 法人是能够独立承担民事责任的社会组织。独立承担民事责任是否应当为法人的特征，各国法律有不同的规定。我国《民法通则》第 37 条以及《民法总则》第 57 条均明确规定法人应当能够独立承担民事责任，因此，独立承担民事责任也应当是法人的基本特征。法人的独立责任是指法人在违反义务而对外承担责任时，其责任范围应当以其所拥有或经营管理的财产为限，法人的成员和其他人不对此承担责任。独立责任不仅使得法人和其成员在人格上得以彻底分离，而且也是法人区别于其他社会组织，如合伙的重要特征。

## 二、法人的分类

### (一) 大陆法系国家法人的分类

1. 公法人和私法人。这是以划分公法和私法的理论作为根据而对法人所作的分类。但具体应当根据什么标准，又有不同的观点。一般认为，应当以法人设立的法律根据为标准进行分类，即凡是依公法设立的法人为公法人，如国家管理机关；凡是依私法设立的法人为私法人，如公司。但由于公法和私法本身的界限并不清楚，因此，公法人和私法人的区别也是不确定的。

2. 社团法人和财团法人。根据法人的内部结构的不同，私法人又分为社团法人和财团法人。但对于划分社团法人和财团法人的具体标准，也存在不同的观点。通常认为，社团法人是以人的存在为成立基础，并以章程作为活动依据的法人；财团法人是以捐助的财产为成立基础，并以捐助的目的和设立的章程为活动依据的法人。

3. 公益法人和营利法人。根据法人的成立目的的不同，社团法人又分为公益法人和营利法人。公益法人是以公共利益为目的的社团法人，如学校；营利法人是以营利为目的的社团法人，如公司。当然，公益法人在广义上还包括财团法人。

### (二) 英美法系国家法人的分类

英美法系国家并不把法人分为社团法人和财团法人，他们一般是根据法人资格的享有者是由若干成员组成的集体还是担任某一职务的特定人，而把法人分为集体法人和独体法人。集体法人是指由多数人组成、且可永久存在的集合体，如市政府、公司等，这种法人也称为合体法人。独体法人是指由担任特定职务的一人组成的法人，如英国的牧师、主教、英国国王等，这种法人也称为独任法人或单独法人。

### (三) 我国法人的分类

我国《民法通则》将法人分为两类：一是企业法人；二是机关、事业单位和社会团体法人，后者又称为非企业法人。这是根据法人设立的宗旨和所从事的活动的性质所进行的分类。

1. 企业法人

企业法人是以营利为目的的、独立从事商品生产和经营活动的经济组织，因此，企业法人相当于传统类中的营利法人。企业法人是现代社会生活中最重要的经济组织，它广泛分布于国民经济的各个部门、各个行业，并通过从事生产和经营活动而大量参与各种民事法律关系，因此，它也是最重要的民事主体之一。

依照《民法通则》第41条和其他法律的规定，我国的企业法人分为全民所有制企业法人、集体所有制企业法人、私营企业法人以及中外合资经营企业法人、中外合作经营企业法人和外资企业法人等。这主要是按照所有制和出资者的国籍的不同所进行的分类。随着现代企业制度的逐步建立，企业法人又主要被分为公司法人和非公司法人。

公司法人是按照公司法的要求设立和运作的企业法人，它包括股份有限公司和有限责任公司两种形式。其主要特征是，公司对投资者投资形成的财产享有独立的法人财产权；公司有完整、独立的和相互制约的组织机构，并由它们对公司进行治理；公司独立地承担财产责任，公司的投资者则在其出资范围内负有限责任；等等。非公司法人是指非依公司法设立的企业法人。如依据《中华人民共和国全民所有制工业企业法》设立的国有企业等。

2. 机关、事业单位和社会团体法人

(1) 机关法人。机关法人是指依法享有国家赋予的行政权力，以国家预算作为独立的活动经费，具有法人地位的中央和地方各级国家机关。机关法人相当于西方国家所谓的公法人，它们因行使职权的需要而享有相应的民事权利能力和民事行为能力，因而也是一种民事主体。

机关法人的基本特征是：①主要从事国家行政管理活动。机关代表国家从事各种行政管理工作时，它与有关社会组织或自然人之间是领导与被领导、监督与被监督的关系。这种关系是一种行政关系，而非民事关系。②具有相应的民事权利能力和民事行为能力。机关因行使职权的需要，可从事部分商品经济活动，如购置办公用品、租用房屋等，此时它与其他当事人处于平等的法律地位，他们之间的关系是民事法律关系。但是，机关不能进行与行使职权无关的商品经济活动，否则应视为超越法人的民事权利能力。③有独立的经费。机关法人的独立经费是由国家预算拨款而来，这是其参加民事活动的基础。④依照法律或行政命令成立，不需要进行核准登记程序，即可取得机关法人资格。

（2）事业单位法人。事业单位法人是指从事非营利性的、社会公益事业的各类法人，如从事文化、教育、卫生、体育、新闻、出版等公益事业的单位。事业单位法人的基本特征主要是：不以营利为目的，一般不参与商品生产和经营活动；有独立的经费或财产，能独立地承担民事责任；等等。事业单位法人依法不需要办理法人登记的，从成立之日起，即具有法人资格，其他经核准登记，方可取得法人资格。

（3）社会团体法人。社会团体法人是指由自然人或法人自愿组成，从事社会公益、文学艺术、学术研究、宗教等活动的各类法人。社会团体包括的范围十分广泛，如人民群众团体、社会公益团体、学术研究团体、文学艺术团体、宗教团体等。它们的基本特征是：由成员依法自愿结合组成；从事非营利性的活动；有独立的经费或财产，能独立地承担民事责任；等等。社会团体法人依法不需要办理法人登记的，从成立之日起，即具有法人资格，其他经核准登记，方可取得法人资格。

《民法总则》根据法人目的的不同，分别规定了营利法人与非营利法人。此外，《民法总则》也赋予部分承担公法职能及农村集体经济功能的组织法人地位，并作为特别法人予以规范。

## 第二节　法人的民事能力

### 一、法人的民事权利能力

和自然人一样，法人也具有民事权利能力，能够享受民事权利和承担民事义务。法人的民事权利能力就是指法人作为民事主体，享受民事权利、承担民事义务的资格。法人的民事权利能力是法人作为民事主体参加民事活动的前提，没有这种民事权利能力，它就不能参加民事活动。和自然人的民事权利能力一样，法人的民事权利能力不是自然能力，而是法律所赋予的一种资格。《民法通则》第36条、《民法总则》第57条明确了法人是具有民事权利能力的社会组织。

但法人毕竟不同于自然人，这表现在其民事权利能力上也有所不同。法人和自然人的民事权利能力相比，主要体现出以下特征：

1. 民事权利能力开始与消灭的情形不同。法人的民事权利能力，从法人成立时产生，到法人终止时消灭；而自然人的民事权利能力是从自然人的出生开始，到自然人死亡时消灭。

2. 民事权利能力的范围不同。专属自然人的某些民事权利能力的内容，如继承权利、接受扶养的权利等，法人不可能享有；而专属某些法人的民事权利能力的内容，如银行法人开展信贷业务的权利，自然人则不能享有。

3. 民事权利能力之间的差异程度不同。自然人的民事权利能力是普遍、一致和平等的，相互之间一般没有多大差别；而不同法人的民事权利能力都有局限性，并且相互差异很大。这是由于法人各自经营业务范围的不同，分别受到法律和自己章程的限制，其民事权利能力的具体内容当然各有区别。如机关法人和企业法人的权利能力就不相同，而各企业法人的权利能力也不相同，它们只能在其核准登记的经营范围内从事经营。

### 二、法人的民事行为能力

法人的民事行为能力，是指法人以自己的意思独立进行民事活动，取得民事权利并承担民事义务的能力。法人作为民事主体之一，除了具有民事权利能力之外，还必须有民事行为能力。国家赋予法人以民事行为能力，就是为了保证法人实现其民事权利能力。《民法通则》第 36 条、《民法总则》第 57 条肯定了法人具有民事行为能力。

和自然人的民事行为能力相比，法人的民事行为能力主要具有以下特点：（1）法人的行为能力和权利能力在发生和消灭的时间上具有一致性。是否具有行为能力，直接取决于主体是否具有意思能力。法人的意思由法人的机关作出，它不受年龄和智力因素的影响，因此，法人在成立时，即法人享有民事权利能力时即具有民事行为能力。这与自然人的民事行为能力不同。自然人虽然一出生就有一般的民事权利能力，但其民事行为能力受到年龄和智力的影响，具有民事权利能力的自然人不一定具有民事行为能力。（2）法人民事行为能力的范围不一致。民事主体只能在其民事权利能力范围内活动，即民事行为能力范围受民事权利能力范围的限制。由于不同法人的民事权利能力范围各不相同，因此，各法人的民事行为能力范围也不一致。而自然人的民事权利能力范围具有一致性，因此，自然人的民事行为能力范围也基本一致。（3）法人的民事行为能力由它的机关或工作人员来实现。法人作为组织体，其自身并不能直接从事民事活动，法人只能通过法人的机关或工作人员，如法定代表人来从事民事活动。同时，法人机关和工作人员代表法人所从事的活动就应认为是法人的行为，其法律后果由法人承担。

## 第三节  营利法人

### 一、营利法人的概念

《民法总则》第 76 条规定，以取得利润并分配给股东等出资人为目的成立的法人，为营利法人。"营利"是指以取得和分配利润为内容的行为，某法人是否是营利法人，应以该组织体的特定目的和设立及行为宗旨来认定。营利法人依据法定条件和程序设立，作为市场经济的基本单位，在从事民事行为时，应当遵守商业道德，维护交易安全，接受政府和社会的监督，承担社会责任。

营利法人可分为公司制营利法人、非公司制营利法人，前者如有限责任公司和股份有限公司，后者包括尚未转制的集体企业。

## 二、营利法人的机构

### （一）权力机构

《民法总则》第 80 条第 1 款规定：营利法人应当设权力机构。相较于营利法人的其他机构，权力机构可以通过决议或修改章程等方式，就有关营利法人的经营方针和投资计划对法人的执行机构发出指令。除法律另有规定外，权力机构还可根据民法自愿原则，在法律允许的范围内对职权的具体内容进行相应约定。

### （二）执行机构

《民法总则》第 81 条第 1 款规定：营利法人应当设执行机构。执行机构是营利法人从事经营活动及法人治理所固有的功能机构，董事会、执行董事以及章程规定的主要负责人为法人的执行机构，负责营利法人运作。其中作为执行机构的董事会由权力机构产生；在股东人数较少和规模较小的营利法人中，可以设立执行董事而不设立董事会，并由执行董事作为法人执行机构；未设董事会和执行董事的营利法人，则由章程规定的主要负责人为执行机构。

执行机构享有召集权力机构会议的权利，决定法人具体的经营计划和投资方案，决定内部管理机构的设置，以及享有权力机构通过章程赋予的其他职权。

营利法人的主要负责人是其法定代表人。《民法通则》第 38 条规定：依照法律或者法人组织章程规定，代表法人行使职权的负责人，是法人的法定代表人。在现行民事法中，法定代表人可以代表营利法人对外从事民事活动或进行诉讼。根据《民法总则》第 81 条第 3 款的规定，董事长、执行董事、经理或者法人章程规定的主要负责人是营利法人的法定代表人。

### （三）监督机构

《民法总则》第 82 条规定，营利法人设监事会或者监事等监督机构。监督机构依法检查法人财务，监督执行机构成员、高级管理人员的职务行为，章程也可在法人自治范围内赋予监督机构其他职权。

## 三、营利法人出资人的责任

法人的权利能力自法人成立时产生，具有独立于出资人的法律人格，因此《民法总则》第 60 条规定，法人以其全部财产独立承担民事责任。这意味着，出资人除承担出资义务外，并不承担法人的民事责任，出资人仅在出资范围内承担有限责任。这一原则受到以下情形的限制：

（1）营利法人未成立的，其法律后果应由出资人承担，若出资人为二人以上的，则出资人应承担连带责任；

（2）出资人滥用法人独立地位或逃避债务，严重损害法人债权人利益的，应当与营利法人承担连带责任。

出资人滥用权利，违反民法规定的诚实信用原则，其滥用行为往往也会侵害法人或其他出资人的权益，因此造成法人及其他出资人损害的，应当承担民事责任。

《民法总则》第 83 条第 2 款也规定了营利法人人格否认制度。法人人格否定作为一项例外制度，以营利法人具有独立人格为前提，仅在出资人为逃避债务，滥用法人独立责任及出资人有限责任并严重损害债权人利益时，才能在个案中认定出资人与法人承担连带责任。

## 第四节　非营利法人

### 一、非营利法人的概念

依据《民法总则》第87条规定，为公益目的或者其他非营利目成立，不向出资人、设立人或者会员分配所取得利润的法人，为非营利法人。公益是指公共利益。非营利不仅指法人的目的应当具有公益性或其他非营利性特征，还体现在法人所取得的利润不能向出资人、设立人或会员分配。

### 二、非营利法人的类型

非营利法人在类型上包括事业单位、社会团体、基金会及社会服务机构。此外，依法成立的宗教活动场所，申请法人登记后，可以取得捐助法人资格。

事业单位是指，国家为了公共利益目的，由国家机关举办或者其他组织利用国有资产举办的，从事教育、科技、文化、卫生等活动的社会服务组织。事业单位是目前我国最为广泛的一类非营利法人。

社会团体是指会员为实现共同意愿，自愿组成并依法成立的非营利性社会组织。协会、学会、商会等均属于社会团体。

基金会是指，利用自然人、法人或者其他组织捐赠的财产，以从事公益事业为目的，按照《基金会管理条例》的规定成立的非营利性法人。

社会服务机构是指，自然人、法人或者其他组织为了提供社会服务，主要利用非国有资产设立的非营利性法人，对应的是原依据《民办非企业单位登记管理暂行条例》登记的民办非企业单位，包括非以法人组织形式设立且其目的为非营利性的民办学校、民办医院、民办博物馆、民办养老院等。

## 第五节　特别法人

### 一、特别法人的概念

特别法人是除营利法人和非营利法人以外，具有特殊性的法人组织。该特殊性体现为，此类法人大部分享有行政职权，在设立、终止等方面与营利法人及非营利法人均有所不同，因此有特别规范的必要。

### 二、特别法人的类型

依据《民法总则》第96条规定，特别法人在类型上包括机关法人、农村集体经济组织法人、城镇农村的合作经济组织法人、基层群众性自治组织法人。

## 第六节　法人的成立、变更和终止

### 一、法人的成立

法人的成立，是指社会组织依照法律规定创设并取得法律上的人格。不同的民事主体取得法律上的人格的方式并不相同。自然人是通过出生这一事实而取得法律上的人格，而法人只能通过设立而取得法律上的人格。严格地讲，法人的设立和法人的成立是两个不同的概念，前者是创设法人的行为，后者是法人得以存在的事实状态。因此，法人的设立是法人成立的前提，法人的成立是法人设立的结果。法人的成立意味着法人设立的完成，但法人的设立并不必然导致法人的成立，当设立无效时，法人就不能成立。但在通常情况下，法人的设立不仅是指设立法人的行为本身，也指设立的结果，即法人的成立。

**（一）法人成立的原则**

世界各国对法人的成立都建有管理规范，且遵循一定的原则。这里的原则是指法人成立的基本依据及基本方式。关于法人的成立，不同国家和地区在不同历史阶段对不同类型的法人，甚至对同一类型的法人所采取的原则也不完全一致。概括起来，有如下几种：

1. 放任主义。放任主义也称自由设立主义，即法人的设立完全听凭当事人的自由，国家不加以干涉或限制。按此原则，成立法人不需要具备任何形式要件，只要具备法人的实质要件即可取得法人的资格。

2. 特许主义。特许主义是指法人的设立需要有专门的法令或国家的特别许可。在特许主义下成立的法人称为"特许法人"。

3. 行政许可主义。行政许可主义又称为核准主义，指法人设立时除了应符合法律规定的条件外，还要经过行政主管部门的批准。

4. 准则主义。准则主义也称为登记主义，指由法律规定法人的条件，法人设立时，如果其章程具备规定的要件，无须主管部门批准，就可以直接向登记机关登记，法人即告成立。

5. 严格准则主义。严格准则主义是指法人成立时，除了具备法律规定的要件外，还必须符合法律中明确规定的其他一些限制性条款。

6. 强制主义。强制主义也称为命令主义，是指国家对于法人的成立，实行强制设立，即在一定行业或一定条件下，必须设立某种法人。

我国对于不同类型的法人采取不同的成立原则。对于企业法人，传统上一律采用行政许可主义，但在《中华人民共和国公司法》等法律颁布后，开始区别对待，即对于有限责任公司、股份有限公司的设立主要采用严格准则主义，对于其他非公司法人的设立仍采用行政许可主义；对于机关法人的设立采用强制设立主义；对于事业单位法人和社会团体法人的设立，根据《民法通则》第50条第2款的规定，分别采用两种不同的原则：不需要办理法人登记的，其设立采用特许主义，需要办理法人登记的，因其一般要经过主管部门审查同意，其成立采用的是行政许可主义。

**（二）法人成立的条件**

《民法通则》第37条规定："法人应当具备下列条件：（一）依法成立；（二）有必要的财产或者经费；（三）有自己的名称、组织机构和场所；（四）能够独立承担民事责任。"《民法总则》第58条规定："法人应当依法成立。法人应当有自己的名称、组织机构、住所、财产或者经费。……须经有关机关批准的，依照其规定。"依据《民法总则》的规定，独立承担民事责任不再被认为是法人的成立条件，而是法人成立之后的法律后果。

1. 依法成立。依法成立是对法人成立的概括要求，就实质要件而言，依法成立主要是对法人组织合法性的要求，即法人组织的目的和宗旨要符合国家和社会公共利益的要求，并且其组织机构、设立方式、经营范围等要符合国家法律和政策的要求。

2. 有必要的财产或者经费。必要的财产或者经费，是法人从事民事活动的物质基础，是法人享有民事权利和承担民事义务的前提，也是其承担民事责任的财产保障。因此，法人在成立时应当具有必要的财产或者经费。因法人的种类规模不同，法律对法人的财产或经费的要求也不相同。一般而言，法律对企业法人财产数额有严格的要求，只有达到法定的最低财产数额，才能成立企业法人。但对于机关、事业单位、社会团体法人，法律一般不具体规定其应具有的经费数额。

3. 有自己的名称、组织机构和场所。法人有了自己的名称，才能成为特定化的组织。因此，名称也是法人设立的一个条件。由于法人是一个社会组织而不是单个的自然人，因而必须具备一定的组织机构，这是法人意志形成和实现的基础，也是法人独立享有民事权利和承担民事义务的保证。同时，法人要从事生产经营活动，就必须有自己固定的场所，尤其是要有自己的住所，这也是为了有利于国家有关部门对法人的监督和管理。

上述《民法通则》的规定将能够独立承担民事责任也作为法人的条件，但能够独立承担民事责任更主要地体现为法人成立后的特征。因此，不应当认为能够独立承担民事责任是法人成立的条件。《民法总则》继受了这一观点，并未将独立承担责任作为法人成立的要件。

以上条件是法人成立的一般的或基本的条件，对于不同类型的法人，应当按照有关法律的规定来确定其具体条件。

## 二、法人的变更

法人的变更是指法人在存续期间内所发生的法律人格、组织、宗旨等重大事项的变化。法人的变更是法人在存续期间经常发生的现象，其结果可能直接导致法人人格的消灭或法人民事权利能力和行为能力的改变，因此，法人的变更也是法人制度的一项重要内容，其中尤其以企业法人的变更最为重要，我们在这里也主要是对企业法人的变更加以考察。

1. 法人人格的变更

法人人格的变更又称为法人的改组，它包括法人的合并和分立。

法人的合并是指两个或两个以上的法人根据法律的规定或合同的约定变为一个法人的现象。具体而言，合并又分为两种形式：一是新设合并，即两个或两个以上的法人合并为一个新法人，同时原法人人格全部消灭，此时原法人的权利义务全部由新法人享有和承担；二是吸收合并，即一个或多个法人归入到一个现存的法人之中，被合并的法人人格消灭，存续的法人人格依然存在，此时被合并的法人的权利义务由存续的法人享有和承担。

法人的合并应当向登记机关办理有关登记手续并公告，按法律规定需要主管部门批准的，还要取得批准。

法人的分立是指一个法人分为两个或两个以上的法人的现象。法人分立的形式也有两种：一是创设式分立，即一个法人分成两个或两个以上的法人，原法人消灭；二是存续式分立，即原法人存续，并分出一部分财产设立新法人。几个法人分了一部分财产共同成立一个或几个新法人也属于存续式分立的情形。

法人的分立也要按规定办理相关手续。在法人分立后发生法人人格上的变化，同时在法人分立后，其权利义务由分立后的法人按照分立合同或有关规定享有和承担。

2. 法人组织形态的变更

法人组织形态的变更是在不消灭法人人格的前提下，法人从一种组织形态转为另一种组织形态的现象。法人组织形态的变更往往导致法人的责任形式、权利义务等变化，因此，各国对法人组织形态的变更多采取限制。比如各国公司法一般规定无限公司可以变更为两合公司，但不可变更为有限责任公司。

法人组织形态的变更也应当符合法律规定的程序。

3. 法人宗旨的变更

法人宗旨的变更也称为法人目的的变更，是指法人所从事事业发生变化的现象。在企业法人中，它主要是指企业经营范围的改变。法人宗旨的变更不会影响法人的人格，但它会直接导致法人民事权利能力和行为能力的改变。

另外，法人的变更还包括法人名称、住所、注册资金、法定代表人的改变等，这些变更都应当按法律规定办理有关手续。

### 三、法人的终止

法人的终止，也称法人的消灭，是指法人资格的消灭，即法人丧失民事主体资格，不再具有民事权利能力和民事行为能力的状态。广义的法人终止包括绝对终止和相对终止，前者指法人绝对地丧失民事主体资格，而且没有其他民事主体继受其权利义务的状态；后者指法人自身丧失民事主体资格，但其权利义务由其他民事主体继受的状态。在法人合并和分立中原有法人的消灭就是法人的相对终止。我们在这里所谈的法人终止主要是指法人的绝对终止。

法人终止的原因主要包括：（1）依法被撤销。它是指法院或法人的行政主管机关依法终止法人资格的情形。（2）自行解散。它是指法人在一定条件下自己决定终止其法人资格的情形，其原因一般有法人的目的事业已完成、法人机关决议解散、法人章程所预定的存续期限届满或解散事由发生等。（3）依法宣告破产。当企业法人出现不能清偿到期债务时，经该法人的法定代表人、主管部门或债权人等提出申请，由人民法院核实情况后宣告其破产。（4）其他原因。《民法总则》第68条更加凝练地规定，有下列原因之一并依法完成清算、注销登记的，法人终止：（1）法人解散；（2）法人被宣告破产；（3）法律规定的其他原因。

在上述原因发生后，法人其主体资格并不立即消灭，只有经过清算，法人主体资格才归于消灭。《民法通则》第40条规定，法人终止，应当依法进行清算，停止清算范围外的活动。清算是清理法人的财产，了结其作为当事人的法律关系，从而使法人最终消灭的程序。《民法通则》第47条规定，企业法人解散，应当成立清算组织，进行清算。企业法人被撤销、被宣告破产的，应当由主管部门或者人民法院组织有关机关和有关人员成立清算组织，进行清算。

# 第五章　非法人组织

## 第一节　非法人组织概述

### 一、非法人组织的概念和特征

非法人组织，又称非法人团体，指能够以自己的名义从事民事活动，但不具备法人的条件，没有取得法人资格的团体性组织。在大陆法系的德国和日本的立法例中，这类非法人组织被称为"无权利能力社团或财团"，对其地位及法律适用均有明确规定。在我国，《民法通则》所承认的权利主体仅限于自然人和法人。不过，我国《合同法》第2条明确承认自然人、法人之外的"其他组织"具有合同主体资格。另外，《合伙企业法》《个人独资企业法》等法律法规也分别对不同种类的非法人组织进行了规范。

《民法总则》第102条第1款规定，非法人组织是不具有法人资格，但是能够依法以自己的名义从事民事活动的组织。

所谓非法人组织具有如下法律特征：

1. 是具有一定目的的组织体。这是非法人组织区别于民事主体自然人的主要特征。非法人组织属于人的集合，由于法律对法人的成立条件有严格的限制，加之设立法人尚要经过各种法律程序，因此并非所有的人的集合均能获得法人资格，于是非法人组织在法律上遂有其存在空间。

2. 具有相对的独立性。非法人组织虽然不是法律上的民事主体，不具有完全的民事权利能力和民事行为能力，但也必须合法成立，有一定的组织机构和财产。其财产一般归非法人组织统一管理和使用，体现出鲜明的团体性；在有些国家，对非法人组织的债务采取补充连带主义的做法，也体现了其在承担民事责任上的相对独立性。另外，非法人组织还具有不同于成员个人利益的团体利益；可以以组织或团体的名义对外发生民事法律关系，并以其名义独立地起诉或应诉，具有诉讼能力。

3. 在权利能力和行为能力上具有特殊性。非法人组织是不同于自然人的社会组织体，因此，与自然人的人身不可分离的权利义务，非法人组织不能享有和承担。而且，非法人组织的权利能力受到法律、法令的限制，只能在法律、法令和核准登记的投资范围及经营活动范围内享有特定的权利能力。但《民法总则》"民事权利"一章广泛性地承认包括非法人组织在内的民事主体可享有物权、债权、知识产权、股权等民事权利，因此除非法律、行政法规对非法人组织的权利能力范围作出明确限制，非法人组织具有比较广泛的权利能力范围。

### 二、非法人组织的类型

非法人组织在学理上亦无统一或确定的分类标准，因此种类上较为繁杂，一般而言，常见的有以下几种：

1. 设立中的法人。设立中的法人不具有法人资格，不同于成立后的法人，但又与成立后的法人有着密切的联系。这种非法人的非法人组织有其特殊的法律地位，法律对其参与民事活动及其权利义务有着特别的规定。设立中的法人没有完全的民事行为能力和权利能力，只能进行与其设立行为相关的民事活动。

2. 非法人事业单位或社会团体。如各种未取得法人资格的学会、协会、研究会，学校的各种社团，等等。

3. 非法人企业。包括不具备法人资格的各种集体企业、乡镇企业、合伙企业、独资企业以及三资企业等。

4. 其他非法人经营体。即不登记为企业组织形态，而以营利为目的从事经营的组织体，如企业法人的分支机构等。按照学术上的见解，《民法通则》中所规定的个体工商户、农村承包经营户、个人合伙以及不具备法人资格的联营等，亦属非法人组织。

《民法总则》第102条第2款规定，非法人组织包括个人独资企业、合伙企业、不具有法人资格的专业服务机构等。其中专业服务机构为《民法总则》新增内容，是指应用专业知识，根据服务对象的需求在相应领域内提供专业服务的社会组织。

# 第二节　合伙企业

## 一、合伙企业的概念和类型

### （一）合伙企业的概念

合伙企业指的是依据《合伙企业法》而设立的在工商行政管理机关办理登记注册手续，并对外承担连带无限责任的营利性组织。合伙企业也要适用合伙的一般规则，如合伙人共同出资、共同经营、共享收益、共担风险，并对外承担无限连带责任等。但与合同型的个人合伙确实存在着一定的区别，主要表现在：（1）从性质上看，合伙企业具有字号、组织管理机构，具有较强的团体性，可以成为独立的民事主体。而个人合伙并不能成为独立的民事主体，在性质上不过是一种合同关系。（2）合伙企业的设立必须符合《合伙企业法》的规定，且必须办理登记手续。依据我国《合伙企业法》第9条，申请设立合伙企业，应当向企业登记机关提交登记申请书、合伙协议书、合伙人身份证明等文件。合伙企业的经营范围中有属于法律、行政法规规定在登记前须经审批的项目的，该项经营业务应当依法经过批准，并在登记时提交批准文件。个人合伙只要不违反法律的强制性规定和公序良俗，就可以在合伙合同生效以后成立合伙关系。（3）合伙企业为持续性合伙，具有一定的稳定性，其经营活动必须符合《合伙企业法》的规定，例如法律规定其应当建立商业账簿。而个人合伙大多是临时的、偶然性的合伙。一旦合伙事业目的完成，合伙即宣告结束。（4）合伙企业的解散必须依法实行清算，清算的程序必须符合合伙企业法的规定，清算结束以后，才能办理注销登记手续。

### （二）合伙企业的类型

在我国，合伙企业可以分为普通合伙和有限合伙。

普通合伙是指根据合伙协议，由普通合伙人组成的合伙。所有合伙人对外都要承担无限连带责任。以专业知识或专门技能为客户提供有偿服务的专业服务机构，可以设立为普通合伙企业。在此种合伙企业中，一个或数个合伙人在执业活动中因故意或重大过失造成合伙企业债务的，应当承担无限责任或无限连带责任，其他合伙人以其在合伙企业中的财产份额为限承担责任。

有限合伙指的是至少由一名普通合伙人和至少一名有限合伙人组成的合伙，其中的有限合伙人只向合伙出资并分享利润，但不参与有限合伙的经营，仅以出资为限对合伙承担清偿责任。

### 二、普通合伙企业

#### （一）普通合伙企业的设立条件

根据《合伙企业法》的规定，普通合伙企业的设立应当具备以下条件：（1）有二个以上合伙人，合伙人为自然人的，应当具有完全民事行为能力；（2）有书面合伙协议；（3）有合伙人认缴或者实际缴付的出资；（4）有合伙企业的名称和生产经营场所；（5）法律、行政法规规定的其他条件。合伙企业名称中应当标明"普通合伙"字样。

有限合伙企业的设立条件除上述条件外，还应当包括：除法律另有规定外，有限合伙企业由 2 个以上 50 个以下合伙人设立，且有限合伙企业至少应当有一个普通合伙人；国有独资公司、国有企业、上市公司以及公益性的事业单位、社会团体不得成为普通合伙人；有限合伙人不得以劳务出资，且应当按照合伙协议的约定按期足额缴纳出资；未按期足额缴纳的，应当承担补缴义务，并对其他合伙人承担违约责任；有限合伙企业名称中应当标明"有限合伙"字样。

#### （二）合伙企业的事务执行

合伙的一个重要特点是合伙人共同管理、共同经营。合伙是在合伙人协商一致基础上建立的联合体，所以合伙人对合伙的内部事务享有充分的民主权利。

依据《合伙企业法》的规定，在合伙企业中，各合伙人对执行合伙企业事务享有同等的权利，可以由全体合伙人共同执行合伙企业事务，也可以由合伙协议约定或者全体合伙人决定，委托一名或者数名合伙人执行合伙企业事务。执行合伙企业事务的合伙人，对外代表合伙企业，并应当定期向其他不参加执行事务的合伙人报告事务执行情况以及合伙企业的经营状况和财务状况。合伙企业委托一名或者数名合伙人执行合伙企业事务的，其他合伙人不再执行合伙企业事务。但不参加执行事务的合伙人有权监督执行事务的合伙人，检查其执行合伙企业事务的情况。被委托执行合伙企业事务的合伙人不按照合伙协议或者全体合伙人的决定执行事务的，其他合伙人可以决定撤销该委托。合伙人为了解合伙企业的经营状况和财务状况，有权查阅会计账簿等财务资料。合伙人依法或者按照合伙协议对合伙企业有关事项作出决议时，合伙协议未约定或约定不明确的，实行一人一票的表决方法，并经全体合伙人过半数通过。除合伙协议另有约定外，合伙企业的下列事务必须经全体合伙人同意：改变合伙企业的名称；改变合伙企业的经营范围、主要经营场所的地点；处分合伙企业的不动产；转让或者处分合伙企业的知识产权和其他财产权利；以合伙企业名义为他人提供担保；聘任合伙人以外的人担任合伙企业的经营管理人员。合伙协议约定或者经全体合伙人决定，合伙人分别执行合伙企业事务时，执行事务的合伙人可以对其他合伙人执行的事务提出异议。提出异议时，应暂停该项事务的执行。如果发生争议，可由全体合伙人依照约定或者法律规定共同决定。

#### （三）入伙与退伙

合伙企业的变更是指在合伙企业存续期间合伙人发生变动的情况，主要包括合伙人的入伙和退伙两种情形。

所谓入伙，是指合伙成立后，第三人加入合伙并取得合伙人的资格。第三人入伙应当以接受原合伙合同的基本内容为前提，并经全体合伙人的一致同意，签订入伙合同成为新的合伙人。《合伙企业法》第43条规定，新合伙人入伙时，除合伙协议另有约定外，应当经全体合伙人一致同意，并依法订立书面入伙协议。同时，该法第13条又规定：合伙企业登记事项发生变更的，执行合伙事务的合伙人应当于作出变更决定或者发生变更事由之日起15日内，向企业登记机关申请办理变更登记。新合伙人与其他合伙人通常享有一致的权利，承担同样的义务。如《合伙企业法》第44条第1款规定，入伙的新合伙人与原合伙人享有同等权利，承担同等责任。入伙协议另有约定的，从其约定。该条第2款则规定：新合伙人对入伙前合伙企业的债务承担无限连带责任。

所谓退伙，是指合伙人脱离合伙关系，丧失合伙人的资格。退伙包括声明退伙、法定退伙、开除退伙等。所谓声明退伙，是指基于合伙人的意思退伙。如《合伙企业法》第46条规定，合伙协议未约定合伙期限的，合伙人在不给合伙企业事务执行造成不利影响的情况下，可以退伙，但应当提前30日通知其他合伙人。所谓法定退伙，是指法律规定的条件满足，合伙人脱离合伙。如依据《合伙企业法》第48条的规定，作为合伙人的自然人死亡或者被依法宣告死亡；合伙人个人丧失偿债能力；作为合伙人的法人或者其他组织依法被吊销营业执照、责令关闭、撤销，或者被宣告破产；法律规定合伙人必须具有相关资格而丧失该资格；合伙人在合伙企业中的全部财产份额被人民法院强制执行，合伙人当然退伙。合伙人被依法认定为无民事行为能力人或者限制民事行为能力人的，经其他合伙人一致同意，可以依法转为有限合伙人，普通合伙企业依法转为有限合伙企业。其他合伙人未能一致同意的，该无民事行为能力或限制民事行为能力的合伙人退伙。开除退伙则是指当个别合伙人的行为危害了全体合伙人的合法权益时，其他合伙人通过协商将其强制清除出合伙的情况。依据《合伙企业法》第49条的规定，合伙人因未履行出资义务、因故意或者重大过失给合伙企业造成损失、因执行合伙企业事务时有不正当行为或者因合伙协议约定的其他事由，经其他合伙人一致同意，可以决议将其除名。对合伙人的除名决议应当书面通知被除名人。被除名人接到除名通知之日，除名生效。被除名人对除名决议有异议的，可以在接到除名通知之日起30日内，向人民法院起诉。合伙人退伙有书面协议约定的按协议处理，书面协议未约定的，原则上应当允许。合伙人退伙的，其他合伙人应当与该退伙人按照退伙时的合伙企业的财产状况进行结算，退还退伙人的财产份额。退伙时有未了结的合伙企业事务的，待了结后进行结算。普通合伙人的退伙人对基于其退伙前的原因发生的合伙企业债务，与其他合伙人承担无限连带责任。合伙人违反有关协议退伙、约定退伙以及声明退伙的规定，擅自退伙的，应当赔偿因此给合伙企业造成的损失。合伙企业登记事项因退伙而发生变更的，执行合伙事务的合伙人应当于作出变更决定或者发生变更事由之日起15日内，向企业登记机关办理有关登记手续。

### （四）合伙企业的责任承担

合伙企业应首先以其全部财产清偿债务。普通合伙企业不能清偿到期债务的，普通合伙人承担无限连带责任。所谓无限连带责任是指每个普通合伙人都负有用自己的全部财产清偿全部合伙债务的义务，而不受各合伙人对合伙财产的出资比例或合伙协议中约定的债务承担份额的限制。在内部关系上，偿还合伙债务超过自己应当承担数额的合伙人，有权向其他合伙人追偿。

### 三、有限合伙企业

#### （一）有限合伙企业的概念

有限合伙企业，是合伙的一种特殊形式。它由普通合伙人与有限合伙人组成，普通合伙人对合伙企业债务承担无限连带责任，有限合伙人以其认缴的出资为限对企业债务承担责任。它将公司法中的有限责任与合伙企业经营上的灵活性结合起来，实现了管理权和出资权的分离，既有利于企业的经营，又有利于资金的筹措。

#### （二）有限合伙企业的设立条件

有限合伙企业应由 2 人以上 50 人以下出资设立（法律另有规定除外），其中应至少有一名普通合伙人，企业名称中应标明"有限合伙企业"字样。合伙协议除需满足《合伙企业法》第 18 条规定的内容之外，还应载明：（1）普通合伙人和有限合伙人的姓名或者名称、住所；（2）执行事务合伙人应具备的条件和选择程序；（3）执行事务合伙人权限与违约处理办法；（4）执行事务合伙人的除名条件和更换程序；（5）有限合伙人入伙、退伙的条件、程序以及相关责任；（6）有限合伙人和普通合伙人相互转变程序。

有限合伙人可以用货币、实物、知识产权、土地使用权或者其他财产权利作价出资，但不得以劳务出资，登记事项中应当载明有限合伙人的姓名或者名称及认缴的出资数额。有限合伙人的出资应依协议约定按期足额缴纳，未按期足额缴纳应承担补缴义务，并对其他合伙人承担违约责任。

#### （三）有限合伙企业的事务执行

有限合伙企业中的普通合伙人对合伙中的事务享有管理和执行权责，执行事务合伙人可以要求在合伙协议中确定执行事务的报酬及报酬提取方式。但除合伙协议另有约定外，有限合伙企业不得将全部利润分配给部分合伙人。

因有限合伙人责任的有限性，法律对其执行合伙事务的资格也进行了一定的限制。有限合伙人不执行合伙事务，不得对外代表有限合伙企业，但以下行为并不视为对合伙事务的执行：（1）参与决定普通合伙人入伙、退伙；（2）对企业的经营管理提出建议；（3）参与选择承办有限合伙企业审计业务的会计师事务所；（4）获取经审计的有限合伙企业财务会计报告；（5）对涉及自身利益的情况，查阅有限合伙企业财务会计账簿等财务资料；（6）在有限合伙企业中的利益受到侵害时，向有责任的合伙人主张权利或者提起诉讼；（7）执行事务合伙人怠于行使权利时，督促其行使权利或者为了本企业的利益以自己的名义提起诉讼；（8）依法为本企业提供担保。

有限合伙人在执行合伙事务方面受限制的同时也享有一定的权利。除合伙协议约定之外，有限合伙人可以同有限合伙企业进行交易；可以自营或者同他人合作经营与本有限合伙企业相竞争的业务；可以将其在有限合伙企业中的财产份额出质；可以按照合伙协议的约定向合伙人以外的人转让其在有限合伙企业中的财产份额，但应当提前 30 日通知其他合伙人。在有限合伙人与第三人的交往过程中所产生的与企业无关的债务，当该有限合伙人自身财产不足以清偿时，该合伙人可以以其从有限合伙企业中分取的收益用于清偿；债权人也可以依法请求人民法院强制执行该合伙人在有限合伙企业中的财产份额用于清偿；人民法院强制执行有限合伙人的财产份额时，应当通知全体合伙人，在同等条件下，其他合伙人有优先购买权。

### （四）入伙与退伙

《合伙企业法》规定，新入伙的有限合伙人对入伙之前企业的债务，以出资为限承担责任。

有限合伙人相对于普通合伙人，所注重的不是人格资质，而是其出资财产，并且其仅以出资财产为限承担责任，并不涉及个人潜在的偿债能力问题，故而有限合伙人行为能力的得丧并不会对合伙企业的运营发生影响。因此，其个人偿债能力以及相关资格的丧失并不使其发生当然退伙，其他合伙人也不得以此为根据要求其退伙。根据《合伙企业法》，有限合伙人发生退伙的原因仅限于：（1）作为有限合伙人的自然人死亡或被依法宣告死亡；（2）作为有限合伙人的法人或其他组织依法被吊销营业执照、责令关闭、撤销或被宣告破产；（3）法律规定或者合伙协议约定合伙人必须具有相关资格而丧失该资格；（4）有限合伙人在合伙企业中的全部财产被人民法院强制执行。作为有限合伙人的自然人死亡或被依法宣告死亡，或作为有限合伙人的法人或其他组织终止后，其继承人或权利承受人可以依法取得该有限合伙人在有限合伙企业中的资格。

有限合伙人退伙后，对基于其退伙前的原因发生的有限合伙企业债务，以其退伙时从有限合伙企业中取回的财产承担责任。

依照《合伙企业法》相关规定，普通合伙人与有限合伙人可以互相转变。除合伙协议另有约定外，普通合伙人转变为有限合伙人，或有限合伙人转变为普通合伙人，应当经全体合伙人一致同意。有限合伙企业仅剩有限合伙人的，应当解散；仅剩普通合伙人的，应转为普通合伙企业。

### （五）有限合伙企业的责任承担

依据《合伙企业法》，有限合伙企业中的普通合伙人对企业所负债务承担无限连带责任；有限合伙人则以其认缴出资为限对合伙企业债务承担有限责任。有限合伙人转变为普通合伙人的，对其作为有限合伙人期间有限合伙企业发生的债务承担无限连带责任；普通合伙人转变为有限合伙人的，对其作为普通合伙人期间合伙企业发生的债务承担无限连带责任。

当有限合伙人与普通合伙人外在表征不明显时，法律亦作出保护不知情第三人的规定。根据《合伙企业法》第76条，第三人有理由相信有限合伙人为普通合伙人并与其交易的，该有限合伙人对该笔交易承担与普通合伙人同样的责任。有限合伙人未经授权以有限合伙企业名义与他人进行交易，给有限合伙企业或者其他合伙人造成损失的，该有限合伙人应当承担赔偿责任。

# 第六章 民事法律行为

## 第一节 民事法律行为概述

### 一、民事法律行为的概念

民事法律行为，亦称法律行为，是指民事主体通过意思表示设立、变更或者终止民事法律关系的行为。由此可见，民事法律行为具有引起民事法律关系产生、变更或者消灭的作用，是法律事实中行为的组成部分。

随着《民法总则》的出台，"民事法律行为"的概念已经发生了变化，在《民法总则》中，民事法律行为的概念相当于《民法通则》中"民事行为"的概念，不强调行为的合法性要件，而是指民事主体在民事活动领域内通过意思表示所实施的，能够产生一定民事法律后果的行为。

### 二、民事法律行为的特征

民事法律行为作为民事法律事实的一种，具有如下区别于其他各类民事法律事实的特征。

#### （一）民事法律行为以行为人的意思表示作为构成要素

意思表示是指行为人追求民事法律后果（民事法律关系的设立、变更或终止）的内心意思用一定的方式表示于外部的活动。比如，顾客在商店将其要购买某一商品的想法用口头方式告诉售货员就是意思表示。

意思表示是民事主体借助一定的表现方式表达其设立、变更或者终止民事权利和民事义务关系的内部意志的过程。它由民事主体主观上追求民事法律后果的内心意思和外部表示两部分构成。即行为人追求民事法律后果的内心意思必须通过一定的方式表达出来，才能为他人知晓。两者缺少其一均不是意思表示。

民事法律行为是人们有目的、有意识的行为，所以，意思表示是民事法律行为的必要组成部分。每种民事法律行为都必然存在意思表示。缺少民法所确认的意思表示的行为就不是民事法律行为。例如，邀请朋友吃饭是人有意识的行为，但它所表达的意思并非追求民事法律后果，不属于意思表示，故不构成民事法律行为。民事法律行为区别于另一类民事法律事实——事件，后者是与人的意志无关的客观现象。

意思表示是民事法律行为的构成要素，但并不等于民事法律行为。因为，不同的民事法律行为，其意思表示构成是不一样的，既可以由一种意思表示所构成，也可以是包含两种或多种意思表示。比如立遗嘱的行为只要有行为人一方的意思表示就能成立，而签订买卖合同的行为则需要买方和卖方的两种意思表示并且达成一致才能成立。

#### （二）民事法律行为能够实现行为人所预期的民事法律后果——设立、变更或终止民事法律关系

民事法律行为是一种目的性行为，即以设立、变更或终止民事法律关系为目的。这一目

的是行为人在实施民事法律行为之时所追求的预期后果。可见，民事法律行为的目的与实际产生的后果是一致的。这一特点使得民事法律行为区别于民事违法行为。因为，民事违法行为（如侵权行为）也含有依法产生的法律后果（如侵权行为人承担的损害赔偿民事责任）。但是，这种法律后果并不是行为人实施民事违法行为时所追求的后果，而是根据法律规定直接产生，并非以当事人的意思表示为根据。

通过上述民事法律行为的特征，我们可以看到民法规定民事法律行为制度的意义在于为社会公众设置了从事民事活动的行为模式，具体表现为民事法律规范规定了民事主体在参与民事活动时所应当具备的有效条件。行为人应当按照法定条件实施相应的行为，即构成民事法律行为，其法律效力为法律所确认和保护；反之，则不产生合法的效力。如果广大社会公众均按照法律规定的有效条件从事民事活动，就可以将每个人的行为均纳入合法的范围，民事立法调整的目的也就达到了。

## 第二节　民事法律行为的分类

民事法律行为，按不同标准可以进行不同分类。相应地，它们各自的构成要件、具体内容也是不同的。

### 一、单方民事法律行为和多方民事法律行为

这一分类的标准是民事法律行为所需的意思表示构成。其中多方民事法律行为除双方民事法律行为外，还有共同行为和决议行为。

#### （一）单方民事法律行为

单方民事法律行为是基于一方当事人的意思表示即可成立的民事法律行为。比如，立遗嘱、委托授权、放弃继承、追认无权代理等行为，都属于单方民事法律行为。只要有行为人的一方意思表示就依法成立，不需要征得他人的同意。

#### （二）双方民事法律行为

双方民事法律行为是基于双方当事人的意思表示一致而成立的民事法律行为。其特点是必须存在各方当事人各自的意思表示，但相互内容对应一致。仅有一方当事人的孤立意思表示，或者双方各自虽然都有意思表示，但彼此不能一致的，均不成立双方民事法律行为。各种签约行为、联营行为都属于双方民事法律行为。

除了法律另有规定以外，单方民事法律行为自行为人独立表达其意思时即可成立，而双方民事法律行为则自双方当事人意思表示一致时成立。

#### （三）共同行为

共同行为是两个以上当事人并行的意思表示达成一致才可成立的民事法律行为。如两人以上缔结的合伙协议，便属于共同行为。《民法总则》第134条第1款规定，民事法律行为可以基于双方或者多方的意思表示一致成立，也可以基于单方的意思表示成立，即包括共同行为。

#### （四）决议行为

决议行为是指多个主体在表达意思表示的基础上依据表决原则作出的决定。比如有限公司的股东会依据章程所作的股东会决议，即为此类决议行为。表决原则可以采取全体同意原

则，也可以采取多数决原则。无论主体是否参与表决，或者无论主体是否赞成决议内容，如果不存在决议瑕疵，则主体均应受决议约束。《民法总则》第134条第2款规定：法人、非法人组织依照法律或者章程规定的议事方式和表决程序作出决议的，该决议行为成立。

## 二、单务行为和双务行为

这一分类的标准是当事人之间民事权利和民事义务的构成。

### （一）单务民事法律行为

单务民事法律行为是指民事法律行为的一方当事人负有义务，而另一方当事人仅享有权利。比如，赠与行为中的赠与人负有交付赠与物的义务，而受赠人则享有请求赠与人给付赠与物的权利。

### （二）双务民事法律行为

双务民事法律行为是指民事法律行为的双方当事人均承担义务，也都享有权利。而且，彼此的权利和义务相互关联、互为条件，一方的义务就是另一方的权利。比如，买卖合同中出卖人和买受人的权利和义务就是相互对应的。

相比较而言，双务民事法律行为的当事人在行使权利和履行义务的过程中，适用《合同法》中关于同时履行抗辩权、不安抗辩权等规定。单务民事法律行为的履行无须适用这些具体制度。

## 三、有偿行为和无偿行为

这一分类的标准是民事法律行为的一方当事人承担义务是否要求对方给付对价。

### （一）有偿民事法律行为

有偿民事法律行为是一方当事人承担某项民事义务而要求对方当事人给付对价（报酬）的法律行为。买卖合同就是典型的有偿民事法律行为。

### （二）无偿民事法律行为

无偿民事法律行为指一方当事人承担某项民事义务而不要求对方当事人给予对价的法律行为。赠与行为就是无偿民事法律行为。

在社会生活实践中，大多数民事法律行为属于有偿民事法律行为，而存在于特定民事领域中的少数民事法律行为是无偿民事法律行为。相应地，民事立法对于有偿民事法律行为和无偿民事法律行为的调整规则不尽相同，尤其是当事人的民事法律行为依法所应承担的法律责任是不同的。在一般意义上，有偿民事法律行为当事人的法律责任重于无偿民事法律行为的当事人。比如，对于标的物的质量和权利所承担的瑕疵担保责任是买卖合同的出卖人必须承担的，而赠与合同中的赠与人一般不承担赠与物的瑕疵担保责任，赠与人故意不告知瑕疵的，才承担民事赔偿责任。

## 四、诺成性行为和实践性行为

这一分类的标准是民事法律行为的成立是否以交付实物为条件。

### （一）诺成性民事法律行为

诺成性民事法律行为是指仅以双方当事人意思表示一致即告成立的民事法律行为。大多数民事法律行为是诺成性的，如买卖、承揽、租赁等。

## （二）实践性民事法律行为

实践性民事法律行为是指不仅要求双方当事人意思表示一致，而且要交付实物才能成立的法律行为，又称要物民事法律行为，比如保管、自然人之间的借贷等行为。其中，交付实物的行为是此类民事法律行为成立的条件。

由此可见，诺成性民事法律行为与实践性民事法律行为的成立条件是不同的。前者自双方当事人意思表示一致时成立，而后者必须是在双方当事人意思表示一致，并且依法或依约定交付实物时才成立。应当注意，交付实物的行为在这两类民事法律行为中具有不同的法律意义，其在诺成性民事法律行为中只是民事法律行为成立之后的履行行为，而其在实践性民事法律行为中则是民事法律行为成立所需的条件。

### 五、要式行为和不要式行为

这一分类的标准是民事法律行为的成立是否必须采用特定形式。

#### （一）要式民事法律行为

要式民事法律行为是指必须采用某种特定的形式才能成立的民事法律行为。《民法通则》第 56 条规定："法律规定用特定形式的，应当依照法律规定。"比如，根据《担保法》的规定，保证合同、质押合同均应采用书面形式，而抵押合同不仅要用书面形式，而且要向法定登记机关办理抵押登记。

#### （二）不要式民事法律行为

不要式民事法律行为是指法律没有规定特定形式而允许当事人选择约定形式的民事法律行为。

随着我国社会主义市场经济的发展，不要式民事法律行为的适用范围日益普遍，而要式民事法律行为则只适用于特定的情况，只要法律没有对行为的形式直接规定必须采用特定的形式，就属于不要式民事法律行为，当事人可以协商确定采用书面形式（包括合同书、信件、数据电文等有形表现其行为内容的形式）、口头形式或者其他形式。

### 六、主行为和从行为

这一分类的标准是民事法律行为之间的相互依从关系。

主民事法律行为，是指不需要有其他法律行为的存在就可成立的法律行为。从民事法律行为，指从属于其他法律行为而存在的法律行为，从民事法律行为的成立和效力取决于主民事法律行为。

### 七、有因行为和无因行为

这是以民事法律行为与原因之间的关系为标准进行的划分。有因行为是指行为与原因不可分离的法律行为。无因行为是指行为与原因可以分离，不以原因为要素的法律行为，如票据行为。无因行为并非没有原因，而是指法律效力不受原因无效或者瑕疵的影响。区分两者的意义在于：有因行为的法律效力受原因关系影响，一旦原因关系不存在或者无效，将导致法律行为的无效；无因行为的法律效力不受原因存在与否及是否有瑕疵的影响。

### 八、负担行为和处分行为

根据民事法律行为产生效果的不同可以将法律行为分为负担行为和处分行为。负担行为，是指以让法律关系主体承担债权债务为内容的民事法律行为，也称为债权行为。处分行为，是指直接导致某种权利发生、变更或消灭的民事法律行为。处分行为包括物权行为和准物权行为。区分两者的意义在于：负担行为产生请求权；处分行为直接完成权利的转移。

## 第三节　意思表示

**一、意思表示的概念和特征**

意思表示是民事法律行为的核心要素，指将意欲发生一定私法上效果的意思表示于外部的行为。意思表示具有如下特征：

1. 表意人有使法律关系发生变动的意图。

2. 意思表示有一个意思由内到外的表示过程。单纯停留在内心的主观意思不是意思表示。

3. 意思表示因为符合生效要件的不同，其法律效力亦有不同。

**二、意思表示的形式**

意思表示的形式是民事主体为意思表示时，表意人所采用的方式。依我国法律的规定有以下三种形式：

**（一）口头形式**

口头形式是行为人通过言语表达其内心意思而成立的民事法律行为，如当事人之间当面交谈、电话联系等。口头形式是社会公众在社会生活中广泛应用的民事法律行为形式。其优点是快捷、迅速，但是，因其缺乏客观记载，在发生纠纷时难于取证。所以，口头形式大多用于即时清结的小额交易行为，而金额较大的、非即时清结的民事法律行为，则不宜采用口头形式。

**（二）书面形式**

书面形式是行为人以文字符号表达内心意思而成立的民事法律行为。书面形式的优点是通过文字符号将行为人实施民事法律行为的内容客观地记载于一定的载体上，成为确定当事人权利和义务的依据，有利于防止民事活动中的异议和便于民事纠纷的处理。根据《合同法》第11条的规定，民事法律行为的书面形式包括合同书、信件和各种数据电文（电报、电传、传真、电子数据交换和电子邮件）等可以有形地表现民事法律行为内容的形式。

除以上一般书面形式外，还有其他形式，主要表现为视听资料、公证、审核批准、登记等。

1. 视听资料，就是行为人通过录音、录像等所反映的声音和形象以及电子计算机所储存的资料表现民事法律行为内容的形式。最高人民法院《关于贯彻执行〈中华人民共和国民法通则〉若干问题的意见（试行）》第65条确认了视听资料为民事法律行为的形式之一。

2. 公证，就是由公证机关对民事法律行为的真实性和合法性予以审查并加以证明的方式。公证的作用仅仅是证明民事法律行为是真实的和合法的。当发生争议时，经过公证的民事法律行为具有最强的证据力。但是，公证本身并没有直接的法律强制力。同时，应当强调的是，我国法律对于公证一般实行自愿原则，除了法律规定或者当事人约定必须进行公证的以外，民事法律行为未经公证的，并不影响其法律效力。

3. 审核批准，就是指依法必须经有关主管机关审核批准才能成立的民事法律行为的形式。例如，根据《中外合资经营企业法》第 3 条的规定，中外合资经营企业的各方当事人所签订的合营合同必须经政府主管部门审查批准才能生效。

4. 登记，就是指依法必须向有关主管机关办理登记才能生效的形式。在我国，基于不动产的公示、公信原则，与不动产（如房屋、土地等）相关的民事法律行为一般都依法要办理登记。这是此类民事法律行为的必备形式。例如，根据《物权法》第 9 条的规定，不动产物权的设立、变更、转让和消灭，经依法登记，发生效力；未经登记，不发生效力，但法律另有规定的除外。

### （三）默示形式

默示形式是指不依赖语言或文字等明示形式，而通过某种事实即可推知行为人的意思表示成立的民事法律行为形式。行为人虽然并没有作出明示的意思表示，但根据法律的规定，可以认定行为人的某种客观事实状态就是表达同意进行民事活动的意思。

默示又可分为作为的默示和不作为的默示。前者指当事人通过有目的、有意义的积极行为将其内在意思表现于外部，使他人可以根据常识、交易习惯或相互间的默契，推知当事人已作某种意思表示，从而使法律行为成立。后者指既无语言表示又无行为表示的消极行为。在法律有特别规定的情况下，当事人不作为的默示即沉默也可被视为已构成意思表示，由此使法律行为成立。

法律对民事法律行为的默示形式是有严格限定的。只有在法律有明确规定的情况下才能认定行为人以默示的形式表示其意思。例如，《继承法》第 25 条规定：继承开始后，继承人放弃继承的，应当在遗产处理前，作出放弃继承的表示。没有表示的，视为接受继承。受遗赠人应当在知道受遗赠后 2 个月内，作出接受或者放弃受遗赠的表示。到期没有表示的，视为放弃受遗赠。

### 三、意思表示的生效和撤回

意思表示的生效即意思表示发生效力。意思表示只要符合特定的形式要件，即可发生效力。因此，意思表示即使生效，通常只发生形式上的拘束力。例如，要约生效只是发生承诺人有权对要约内容予以承诺的效果，而不能发生要约人期待的法律效果。

《民法总则》第 137 条规定了意思表示生效的一般规则，将意思表示区分为以对话方式作出的意思表示与以非对话方式作出的意思表示，配置不同的生效规则。以对话方式作出的意思表示，相对人知道其内容时生效。以非对话方式作出的意思表示，到达相对人时生效。针对非对话方式作出的采用数据电文形式的意思表示，《民法总则》第 137 条第 2 款修正了《合同法》的规则，规定：以非对话方式作出的采用数据电文形式的意思表示，相对人指定特定系统接收数据电文的，该数据电文进入该特定系统时生效；未指定特定系统的，相对人知道或者应当知道该数据电文进入其系统时生效。但当事人另有约定的，从其约定。

此外，《民法总则》第 138 条规定，无相对人的意思表示，表示完成时生效。法律另有规定的，依照其规定。对于法律规定以公告形式作出的意思表示，《民法总则》第 139 条规定自公告发布时生效。

意思表示的撤回是指，表示人作出意思表示后，到达相对人之前，有权宣布取消该表示。因此，如果意思表示已经到达相对人，可能业已生效，此时即使作出撤回的表示，也无法发生意思表示撤回的法律后果。《民法总则》第141条规定，撤回意思表示的通知应当在意思表示到达相对人前或者与意思表示同时到达相对人。《合同法》第17条也规定要约可以撤回，撤回要约的通知应当在要约到达受要约人之前或者与要约同时到达受要约人。

### 四、意思表示的解释

当事人对意思表示的内容可能存在不同的解读或争议时，有必要对意思表示进行解释。学理上对于无须受领的意思表示，在解释上重在探求行为人的内在意思；而对于须受领的意思表示，则重在解释表示人表达于外在的意思。

《民法总则》第142条也将意思表示区分为有相对人的意思表示与无相对人的意思表示。对于有相对人的意思表示，应当按照所使用的词句，结合相关条款、行为的性质和目的、习惯以及诚信原则，确定意思表示的含义；对于无相对人的意思表示，不能完全拘泥于所使用的词句进行解释，而应当结合相关条款、行为的性质和目的、习惯以及诚信原则，确定行为人的真实意思。

## 第四节　民事法律行为的成立和生效

### 一、民事法律行为的成立

民事法律行为的成立，是指在不做价值判断的前提下，符合了民事法律行为构成要素的客观情况。民事法律行为的成立要件可分为一般成立要件和特别成立要件。

1. 一般成立要件：（1）当事人；（2）意思表示；（3）标的。

2. 特别成立要件。民事法律行为的特别成立要件，是指成立某一具体的民事法律行为，除需要具备一般成立要件之外，还须具备的其他特殊事实要素。

### 二、民事法律行为的生效

民事法律行为的生效也就是民事法律行为应当具备的条件，根据《民法总则》第143条的规定，民事法律行为具备一定条件时有效，具体包括行为人合格、意思表示真实、内容合法和形式合法。前三项是民事法律行为的实质要件，第四项则是其形式要件。

#### （一）行为人具有相应的民事行为能力

行为人应当具有相应的民事行为能力，即行为人合格。民事主体在实施具体的民事法律行为时必须具有相应的民事行为能力。民事行为能力是否相应，则要以民事法律对公民、法人的民事行为能力的具体规定为标准来衡量。完全民事行为能力人从事各种民事法律行为均为合格；限制民事行为能力人在法律允许其独立进行民事活动的范围内，进行与其年龄、智力或者其精神健康状况相适应的民事活动就是合格的。法人具有独立的法人资格，并在自己经营的业务范围内从事民事活动，即为行为人合格。依法参与民事活动的非法人组织具有法律承认的资格始为合格。违反上述规定的就是行为人不合格，其实施的民事法律行为不能产生预期的法律效力。

#### （二）意思表示真实

意思表示真实就是说行为人表现于外部的表示与其内在的真实意志相一致。其要求有两点，一是内部意思与外部表示一致，二是出于行为人的自愿。只有行为人意思表示真实，才能保证其实施的民事法律行为产生的民事法律后果符合行为人预期的目的，合于其切身利益，有利于建立正常的社会经济秩序。如果行为人的外在表示与其内心真实意志不一致，则为意思表示不真实，不为法律确认和保护。

### （三）行为内容合法

根据《民法总则》的规定，行为内容合法是指不违反法律、行政法规的强制性规定，不违背公序良俗。具体到实际生活中，行为内容合法首先是指不得与法律、行政法规的强制性或禁止性规范相抵触。行为人的意思表示与任意性规范不一致时则不属于违法，因为任意性规范允许当事人协商确定。其次，行为内容合法还包括行为人实施的民事法律行为不得违背公序良俗。因为，公序良俗是对民事立法的重要补充，在法律没有明文规定时，就是衡量民事法律行为合法性的重要标准。

### （四）行为形式合法

民事法律行为的形式也就是行为人进行意思表示的形式。民事法律行为所采用形式的合法性因要式民事法律行为和不要式民事法律行为的区别而不同。根据《民法总则》第135条的规定，民事法律行为可以采用书面形式、口头形式或者其他形式；法律、行政法规规定或者当事人约定采用特定形式的，应当采用特定形式。

## 第五节　无效民事行为

### 一、无效民事法律行为的概念和特征

根据我国《民法通则》第58条第1款的规定，无效民事行为是指因欠缺民事法律行为的有效条件而不产生法律效力的民事法律行为。民法理论又称其为"绝对无效的民事法律行为"。

无效民事法律行为具有以下特点：

1. 无效民事法律行为的本质是其违法性。即由于行为人实施的民事法律行为不具备法律规定的各项有效条件而违法。判断无效民事法律行为的标准是法定的有效条件，故不同于因违反民事义务而构成的民事违法行为（违约行为和侵权行为）。

2. 无效民事法律行为是确定无效的。也就是说，该无效民事法律行为依法肯定是不产生法律效力的，不论当事人是否知道该民事法律行为无效和是否主张认定其无效，也不管该民事法律行为是否经过人民法院或者仲裁机关确认其无效。这一结果不因当事人的协商约定而改变，故区别于因当事人行使撤销权撤销其法律效力的可撤销的民事法律行为。

3. 无效民事法律行为自始不发生法律效力。无效民事法律行为作为确定无效的民事法律行为，其无效结果是自行为实施时起就形成的。《民法总则》第155条规定："无效的或者被撤销的民事法律行为自始没有法律约束力。"

### 二、无效民事法律行为的情形

民事法律规定的民事法律行为有效条件是认定无效民事法律行为的法律依据，相应地有四类无效民事法律行为，包括：因主体不合格而无效的民事行为、因意思表示不真实而无效的民事法律行为、因内容违法而无效的民事法律行为和因形式违法而无效的民事法律行为。具体来讲，根据《民法总则》第144条、第146条、第153条、第154条及《民法通则》第

58 条和《合同法》第 52 条的规定，无效民事法律行为表现为以下情形：

1. 无民事行为能力人实施的民事法律行为。无民事行为能力的公民不能正确认识其行为的法律意义，依法不能独立进行民事活动，只能由其法定代理人代为实施，因此，无民事行为能力的公民本人实施的民事行为，即构成因主体不合格而无效的民事法律行为。

2. 限制民事行为能力人依法不能独立实施的单方民事法律行为。限制民事行为能力的公民只能在法律允许其独立进行活动的范围内独立实施民事法律行为，而在法律禁止其独立进行活动的范围内，如果未征得其法定代理人同意即独立实施与其年龄、智力或精神健康状况不相适应的民事法律行为则构成主体不合格，属于无效的民事法律行为。如《继承法》第22 条规定，限制民事行为能力人订立的遗嘱无效。同时根据《合同法》第 47 条的规定，限制民事行为能力人订立的合同，经法定代理人追认后，该合同有效。可见限制民事行为能力人超出其行为能力签订的合同属于效力待定的合同，并非绝对无效。

3. 因欺诈而为的单方民事法律行为。根据《民法总则》第 148 条的规定，因欺诈而为的民事法律行为属于可撤销的民事法律行为。但根据《继承法》的规定，因欺诈而订立的遗嘱属于无效遗嘱。因此，因欺诈而为的单方民事法律行为无效。

4. 因胁迫而为的单方民事法律行为。与欺诈一样，因胁迫而为的民事法律行为原则上属于可撤销的民事法律行为，但因胁迫而为的单方民事法律行为无效。

5. 行为人与相对人恶意串通，损害他人合法权益的民事法律行为。恶意串通损害他人合法权益的民事法律行为是指当事人相互之间故意通谋实施的损害国家、集体或者第三人利益的民事法律行为。

6. 违反法律、行政法规的强制性规定的民事法律行为。这种民事法律行为是指行为人实施的民事法律行为违反了法律、行政法规的强制性规定，该强制性规定不导致该民事法律行为无效的除外。

7. 行为人与相对人以虚假的意思表示实施的民事法律行为。《民法总则》第 146 条规定：行为人与相对人以虚假的意思表示实施的民事法律行为无效。所谓虚假法律行为，是指表意人与相对人以虚假的意思表示合意来实施民事法律行为。因为各方当事人均缺乏真实的意思表示，因此这一类民事法律行为属于无效行为。如果当事人以虚假的意思表示隐藏另外一个民事法律行为的，隐藏的民事法律行为效力按照一般的民事法律行为制度处理。

**三、民事法律行为被确认无效或者被撤销的后果**

无效民事法律行为被确认无效或者被撤销后，均自行为开始起无效。并且，根据《民法总则》第 157 条、《民法通则》第 61 条和《合同法》第 58 条和第 59 条的规定，民事法律行为被确认无效或者被撤销后，还会产生下列法律后果：

**（一）返还财产**

由于民事法律行为无效，当事人从民事法律行为中取得的财产就失去了合法根据。所以，当事人应将其从该民事法律行为中取得的财产返还给对方，财产返还分为单方返还和双方返还。前者是有过错的一方将其从无效民事法律行为中所得财产返还给对方，而对方所得财产则不予以返还，依法另行处理。后者则是双方各自将其从无效民事法律行为中所得财产分别返还给对方。

### （二）赔偿损失

无效民事法律行为给当事人造成损失的，还相应地产生赔偿损失的后果。该后果的承担是与当事人的过错相联系的，应依据当事人的过错确认其赔偿责任。具体来讲，有过错的一方应当赔偿对方因此所受的损失；双方都有过错的，各方应当分别按其过错程度在全部损失中承担相应的赔偿责任。尤其应当注意《合同法》第42条规定的缔约过错责任，所谓缔约过错责任是指一方或双方当事人在缔结合同过程中，基于其主观过错而违反法定的缔约义务，致使所欲订立的合同未能成立或者无效，并给对方当事人造成损失所应依法承担的法律责任。由此可见，缔约过错责任是我国《合同法》对《民法通则》有关无效民事行为的一般化后果的具体化规定。而且依我国《合同法》规定，适用于缔约过错责任的责任方法主要是赔偿损失，即当事人因其缔约过错给对方造成损失的，应当承担损害赔偿责任（《合同法》第42条）。不过，追究缔约当事人的缔约过错责任，依《合同法》规定应具备以下条件：

1. 缔约当事人有违反法定缔约义务的行为。这是承担缔约过错责任的客观前提，此类违反缔约义务的行为可以是作为，也可以是不作为。具体表现为：（1）假借订立合同，恶意进行磋商。（2）故意隐瞒与订立合同有关的重要事实或者提供虚假情况。（3）其他违反诚实信用原则的行为。此外，当事人泄露或不正当使用在订立合同过程中知悉的商业秘密也属于违反缔约义务的行为。

2. 给对方当事人造成了损失。

3. 违反缔约义务的当事人主观上存在过错。这是当事人承担缔约过错责任的主观条件，依据《合同法》及有关法律的规定，过错包括故意和过失。例如，《保险法》第16条规定的投保人违反如实告知义务的行为就包括故意和过失的情况。

## 第六节　可撤销的民事法律行为

### 一、可撤销的民事法律行为的概念

可撤销的民事法律行为是指当事人依照法律规定针对欠缺有效条件而请求人民法院或者仲裁机关予以撤销的民事法律行为。可撤销的民事法律行为在民法理论上又叫作"相对无效的民事法律行为"。

### 二、可撤销的民事法律行为的情形及与无效民事法律行为的区别

可撤销的民事法律行为基于以下特点，区别于无效民事法律行为。

1. 可撤销的民事法律行为在当事人依法向人民法院或者仲裁机关提出请求之前是具有法律效力的，故区别于依法自始无效的无效民事法律行为。

2. 可撤销的民事法律行为因当事人依法行使撤销权而由人民法院或者仲裁机关依法裁判予以撤销其法律效力。但是，当事人未提出撤销请求，或者未依法行使撤销权的，则可撤销的民事法律行为的内容和效力均不发生改变。可见，在当事人依法行使撤销权之前，可撤销的民事法律行为处于有效状态，从而也不同于确定无效的无效民事法律行为。

根据我国《民法通则》及《合同法》，可撤销的民事法律行为具体表现为以下情形：

1. 因重大误解而为的民事法律行为。《民法总则》第147条规定：基于重大误解实施的民事法律行为，行为人有权请求人民法院或者仲裁机构予以撤销。因重大误解而为的民事法律行

为是指由于行为人在对行为的性质、对方当事人、标的物的品种、质量、规格和数量等的错误认识，使行为的后果与自己的意思相悖，并造成较大损失情况下而为的民事法律行为。

认定因重大误解而为的民事法律行为中的重大误解，应具备以下条件：

（1）行为人因为自己的过失对于所为的行为存在错误认识。应当注意的是，根据最高人民法院《关于贯彻执行〈中华人民共和国民法通则〉若干问题的意见（试行）》第71条的规定，行为人的重大误解必须是对于其所为民事法律行为的性质、内容和主体等方面的错误认识，而对于促使其从事民事法律行为的动机存在的错误认识则不构成重大误解。重大误解是由于行为人本人的过失发生的。因此，区别于因对方故意欺诈而为的民事行为，也排除了因第三人的错误而为的民事法律行为。

（2）行为人的重大误解与所为民事法律行为之间存在因果关系。即基于自己的错误认识而实施了与其真实意思相悖的民事法律行为。例如，公民甲自己误将一幅临摹某位名画家的作品当作该名画家的真迹而予以购买，当然与其真实意思完全相悖。

（3）行为人因重大误解所实施的民事法律行为给当事人造成了较大损失。为了保证商品交易的安全、稳定民事流转秩序，法律将当事人得以请求撤销的误解行为限制在重大的范围内。也就是说，必须是在因误解而为的民事法律行为已经或者将会给当事人造成较大损失的情况下，才构成可撤销的重大误解行为。

2. 因显失公平而为的民事法律行为。因显失公平而为的民事法律行为是指由于一方当事人在利用处于危困状态或缺乏判断能力等情形，致使双方的权利义务明显违反公平原则的情况下而为的民事法律行为。

认定因显失公平而为的民事法律行为中的显失公平，应当具备以下条件：

（1）一方当事人故意利用自己所处的政治、社会、经济等方面的优势或者利用对方没有经验。《民法总则》将《民法通则》规定的乘人之危而为的民事法律行为并入因显失公平而为的民事法律行为种类。

（2）双方在所为民事法律行为中的权利和义务不平等，明显地违反公平原则。这是判定是否构成显失公平的标准。也就是说，认定显失公平应着眼于双方当事人的权利和义务是否对等。实践中，具体的判定依据涉及双方权利义务的不平等是否违反了法律、行政法规及交易习惯。但是，法律将其严格把握在明显违反公平原则的限度内，因而不允许当事人任意以自己无经验或不了解行情为借口请求撤销所为的民事法律行为。

3. 因欺诈而为的民事法律行为。根据《民法总则》第148条的规定，一方以欺诈手段，使对方在违背真实意思的情况下实施的民事法律行为，受欺诈方有权请求人民法院或者仲裁机构予以撤销。另外，如果是第三人实施的欺诈行为，《民法总则》第149条规定了不同的法律效果：第三人实施欺诈行为，使一方在违背真实意思的情况下实施的民事法律行为，对方知道或者应当知道该欺诈行为的，受欺诈方有权请求人民法院或者仲裁机构予以撤销。可见，在对方不知道的情况下，第三人的欺诈不影响民事法律行为的效力。

认定民事法律行为中的欺诈，应当具备以下条件：

（1）欺诈方有欺诈的故意。

（2）欺诈方实施了欺诈行为。包括故意告知对方虚假情况（作为）或者故意隐瞒真实情况（不作为）。

（3）被欺诈方对于欺诈行为是不知情的。

（4）欺诈行为与被欺诈方实施的民事法律行为之间存在因果关系。即被欺诈方基于欺诈方所为的欺诈行为产生了错误认识而与欺诈方实施民事法律行为。

4. 因胁迫而为的民事法律行为。因胁迫而为的民事法律行为是指由于一方当事人或者第三人以给公民及其亲友的生命健康、荣誉、名誉、财产等造成损害，或者以给法人的荣誉、名誉、财产等造成损害为要挟，迫使对方作出违背真实意志的意思表示所为的民事法律行为。可见，因胁迫而为的民事法律行为是被胁迫方意思表示不真实情况下所为的民事法律行为。

认定民事法律行为中的胁迫，应当具备以下条件：

（1）胁迫方有胁迫的故意。

（2）胁迫方实施了胁迫行为，即正在发生或者在将来可能发生危害，并且足以使被胁迫方产生恐惧，害怕胁迫的发生。

（3）被胁迫方实施的民事法律行为与胁迫行为之间存在因果关系，就是说该被胁迫方因受胁迫而被迫作出违背真实意志的意思表示并实施相应的民事法律行为。

根据《民法总则》第150条的规定，一方或者第三人以胁迫手段，使对方在违背真实意思的情况下实施的民事法律行为，受胁迫方有权请求人民法院或者仲裁机构予以撤销。胁迫情形，无论是民事法律行为当事人实施还是第三人实施，均导致撤销的法律效果。

可撤销的民事法律行为的效力不同于无效民事法律行为，它自成立之时产生法律效力，对当事人具有法律约束力。但是，在当事人依法行使撤销权的情况下，该民事法律行为基于人民法院或者仲裁机关的裁判被撤销而丧失法律效力。法律行为一旦被撤销，其法律后果与无效民事法律行为一样，从行为开始时起无效。但是，被撤销的合同，不影响其中独立存在的有关解决争议方法的条款的效力（《合同法》第57条）。

所谓撤销权，是指民事法律行为的当事人依法享有的请求人民法院或者仲裁机关对于可撤销的民事法律行为予以撤销的权利。撤销权是一种形成权，具有消灭民事法律关系的作用。该项权利的归属因可撤销的民事法律行为的种类不同而有所区别。在因重大误解和显失公平而为的民事法律行为中，各方当事人均可以依法行使撤销权。但是，在因欺诈、胁迫而为的民事法律行为中，撤销权则只归属于受损害一方。为了督促当事人及时行使撤销权，避免可撤销的民事法律行为的法律效力长期处于或然状态，法律对于撤销权的消灭作了一系列的制度设计：首先，法律对于撤销权的行使规定了1年的除斥期间，《民法总则》第152条更是要求重大误解的当事人应当自知道或者应当知道撤销事由之日起3个月内行使撤销权。其次，撤销权可因当事人放弃而消灭。具有撤销权的当事人自知道撤销事由后明确表示或者以自己的行为放弃撤销权的，该权利即行消灭。最后，当事人自民事法律行为发生之日起5年内没有行使撤销权的，撤销权消灭。

## 第七节　效力待定的民事法律行为

### 一、效力待定的民事法律行为的概念和特征

效力待定的民事法律行为，是指民事法律行为成立后，是否能发生效力尚不能确定，有待于其他行为或事实使之确定的行为。效力待定的民事法律行为具有如下特点：第一，法律行为已经成立，但因缺乏处分权或缺乏行为能力而效力并不完备。第二，效力待定的民事法

律行为的效力既非完全无效，也非完全有效，而是处于一种不确定状态。第三，效力待定的民事法律行为是否发生法律效力尚不能确定，有待于其他行为或事实的发生。

### 二、效力待定的民事法律行为的情形

效力待定的民事法律行为主要包括以下情形：

1. 限制民事行为能力人作出的依法不能独立实施的签订合同行为。
2. 无代理权人因无权代理而订立的合同行为。
3. 自己代理或者双方代理情况下实施的民事法律行为。
4. 无处分权人从事的无权处分行为。

有关上述效力待定的民事法律行为的具体阐述，分别参见本书本部分第十七章中"合同的效力"一节以及第七章"代理"中的相关内容，兹不赘述。

### 三、效力待定的民事法律行为的法律后果

效力待定的民事法律行为的法律后果因为发生不同的法律事实而有不同：（1）真正的权利人行使追认权或者拒绝权，将使得效力待定的民事法律行为转化为有效的民事法律行为或无效民事法律行为。追认和拒绝都是单方面意思表示，无须相对人同意即可发生法律效力。（2）善意相对人行使撤销权。善意相对人在真正权利人行使追认权或者拒绝权之前，可以通过行使撤销权使效力待定的民事法律行为直接归于无效。（3）效力待定的民事法律行为可以因为特定事实的出现从而补正其法律效力。如无权处分行为中，一旦无权处分人事后获得了所有权或处分权，则原来的无权处分行为转化为有效的民事法律行为。

## 第八节　附条件和附期限的民事法律行为

在社会经济生活中，当事人基于其特殊的需求或者受特殊因素的制约，在实施民事法律行为过程中，约定某种客观情况作为所附条件或所附期限而影响其民事法律行为的效力，其中，约定条件的叫作附条件的民事法律行为，而约定期限的即为附期限的民事法律行为。

### 一、附条件的民事法律行为

#### （一）附条件的民事法律行为的概念

附条件的民事法律行为是指双方当事人在民事法律行为中设立一定的事由作为条件，以该条件的成就与否（是否发生）作为决定该民事法律行为效力产生或解除根据的民事法律行为。

附条件的民事法律行为是法律为了适应社会成员在生产或生活中的各种特殊需要而设立的一种特殊的民事法律行为。《民法总则》第158条规定：民事法律行为可以附条件，但是按照其性质不得附条件的除外。如形成权的行使旨在确立民事法律关系的形成、变动及消灭，原则上不宜附条件。

实例一：某农村承包经营户与某农业生产资料公司签订农用薄膜买卖合同，双方在该买卖合同中约定若自该买卖合同订立之日起2个月内发生寒流，买卖合同生效，双方依约履行，反之，则买卖合同不产生法律效力。可见，寒流发生的事实是该民事法律行为所附条

件，它的成立是合同产生效力的根据。

实例二：甲、乙双方签订有效期为 5 年的房屋租赁合同，但是在合同中约定如果甲在外地工作的儿子于该租赁合同有效期内调回本市工作，该租赁合同即行解除。那么，甲的儿子调回本市的事实就是所附条件，它的成立是合同效力解除的根据。

附条件的民事法律行为本身与其他民事法律行为一样，适用《民法总则》有关民事法律行为的各项规定，唯有其所附条件具有相应的法律特点，应当符合特殊的法律要求，故应当注意所附条件的特性和种类。

### （二）条件的法律特点

在附条件的民事法律行为中，所谓条件就是当事人所约定的，具有使民事法律行为的法律效力产生或者终止的客观情况。它属于法律事实的范畴。

当事人约定的客观情况只有符合相应的法律要求，才构成附条件的民事法律行为的所附条件，发挥其产生或终止民事法律行为效力的作用。

1. 条件应当是尚未发生的事实，即具有未来性。如果当事人约定的事实在实施民事法律行为时已经发生或者正在发生，则不构成民事法律行为的所附条件。

2. 条件应当是当事人在约定时不知道其将来是否发生，即具有或然性。如果当事人在约定之时确知其在将来必然发生或者必然不发生，则不是民事法律行为的所附条件。

3. 条件应当是当事人依其意志所选择的事实，即具有意定性。法律规定的条件不属于民事法律行为的所附条件。

4. 条件应当是符合法律要求的事实，即具有合法性。因此，当事人作为条件所约定的事实就不得违反法律规范的强制性规定，也不得有悖于社会公共利益和社会公德。最高人民法院《关于贯彻执行〈中华人民共和国民法通则〉若干问题的意见（试行)》第 75 条规定，附条件的民事法律行为所附条件违背法律规定的，应当认定该民事法律行为无效。

5. 条件应当是约定用于限制民事法律行为效力的事实，即具有特定的目的性。如果当事人约定的事实是为了其他目的，则不属于民事法律行为的所附条件。

### （三）条件的种类及法律效力

民事法律行为所附的条件可以进一步加以分类：

1. 按条件的作用，分为延缓条件和解除条件。前者的作用在于使民事法律行为产生效力，即民事法律行为在成立时暂不生效，而当所附条件成就时，才引起民事法律行为之法律效力的产生。具体来讲，上述实例一中双方当事人所签订的买卖合同就属于附延缓条件的民事法律行为。故该买卖合同在订立之时并不生效，只是在签订后约定的 2 个月内条件成就即寒流发生时买卖合同才生效，对当事人产生法律约束力。后者的作用则在于使民事法律行为解除效力，即民事法律行为自成立之时即行生效，而当所附条件成就时导致民事法律行为效力解除。上述实例二中所签订的房屋租赁合同就属于附解除条件的民事法律行为。该租赁合同在订立之时就生效，只是在合同约定的条件成就即出租人的儿子调回本市工作时，则租赁合同的法律效力随之解除。

应当注意的是，根据《合同法》第 45 条第 2 款规定，当事人不得为了自己的利益而不正当地阻止或者促成条件成就，否则，不正当阻止条件成就的，视为条件已成就，而不正当促成条件成就的，则视为条件不成就。

2. 按条件的内容，分为肯定条件和否定条件。凡是以约定事实的发生作为条件内容的，就是肯定条件；而凡是以约定事实的不发生作为条件内容的，就是否定条件。

## 二、附期限的民事法律行为

附期限的民事法律行为是指双方当事人在民事法律行为中约定一定的期限，以期限的到来决定其效力产生或者终止的民事法律行为。《民法总则》第160条规定，民事法律行为可以附期限，但是按照其性质不得附期限的除外。

与附条件的民事法律行为一样，附期限的民事法律行为的特殊之处就在于所附期限。

### (一) 期限的法律特点

民事法律行为所附期限必须符合法律的相应要求，具体包括：

1. 期限应当是在将来确定发生的，具有未来性。

2. 期限应当是双方当事人约定的，具有意定性。法律规定的期限不属于附期限的民事法律行为的所附期限。

3. 期限的目的应当是限制民事法律行为效力的产生或终止，具有特定的目的性。

### (二) 期限的分类

1. 按期限的作用分为始期和终期。始期是指当事人所附期限到来时民事法律行为发生效力，又叫作生效期限。即附生效期限的民事法律行为，在成立时暂不生效，但自所附期限到来时生效（《合同法》第46条）。终期则是当事人所附期限到来时民事法律行为终止效力，又叫作终止期限。即附终止期限的民事法律行为，在成立时即行生效，但自所附期限到来时失去效力（《合同法》第46条）。

2. 按期限的约定内容分为确定期限和不确定期限。当事人约定确切的具体时间（比如约定合同在6个月后生效或1年后终止效力）的，为确定期限。当事人约定不确切的时间（比如约定某人病愈之时生效或航程结束时终止效力）的，则为不确定期限。

# 第七章 代 理

## 第一节 代理概述

### 一、代理的概念

根据《民法通则》第 63 条的规定，代理是指代理人以被代理人（又称本人）的名义，在代理权限内与第三人（又称相对人）为法律行为，其法律后果直接由被代理人承受的民事法律制度。《民法总则》第 162 条规定：代理人在代理权限内，以被代理人名义实施的民事法律行为，对被代理人发生效力。其中，代他人实施民事法律行为的人，称为代理人；让他人以自己的名义代为民事法律行为，并承受法律后果的人，称为被代理人。例如，甲接受乙的委托，以乙的名义与丙签订合同，而在乙和丙之间形成债权债务关系。可见，代理活动涉及三方主体，其整体是代理法律关系，又包含着三部分内容：一是被代理人与代理人之间产生代理的基础法律关系，如委托合同；二是代理人与第三人所为的民事法律行为，称为代理行为；三是被代理人与第三人之间承受代理行为产生的法律后果，即基于代理行为而产生、变更或消灭的某种法律关系，如买卖合同（见图 7—1）。

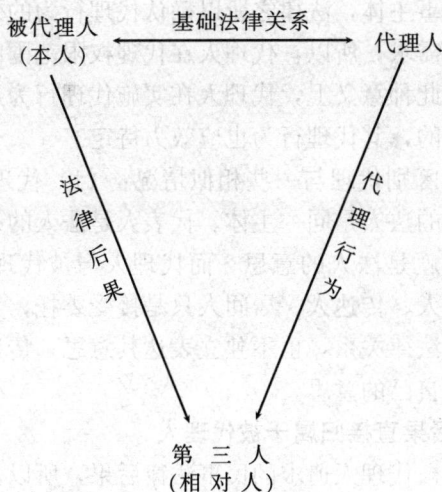

图 7—1　代理法律关系

### 二、代理的特征

从民法理论上讲，代理具有下列法律特征，使其区别于其他相近的民事法律制度。

#### （一）代理行为是能够引起民事法律后果的民事法律行为

通过代理人所为的代理行为，能够在被代理人与第三人之间产生、变更或消灭某种民事法律关系，如代订合同而建立了买卖关系、代为履行债务而消灭了债权债务关系，这表明代理行为具有法律上的意义，同样是以意思表示作为构成要素。因此，代理行为区别于事务性

335

的委托承办行为。诸如代为整理资料、校阅稿件、计算统计等行为，不能在委托人与第三人之间产生民事法律关系，不属于民法上的代理行为。

## （二）代理人一般应以被代理人的名义从事代理行为

我国《民法通则》第63条第2款规定："代理人在代理权限内，以被代理人的名义实施民事法律行为。"《民法总则》第162条进一步规定："代理人在代理权限内，以被代理人名义实施的民事法律行为，对被代理人发生效力。"在代理关系中，代理人是代替被代理人从事法律行为，以实现被代理人所追求的民事法律后果。显然，基于代理行为所产生的民事法律关系的主体应是被代理人，故代理人一般应用被代理人的名义从事代理行为。这一特征是区分代理行为与一般民事法律行为的标志，因为后者是行为人为实现自己追求的法律后果而以自己的名义实施的民事法律行为。同样，代理行为也基于这一特征区别于行纪关系。因为行纪人（如信托商店）是以自己的名义从事行纪业务活动。

但是，根据我国《合同法》第402条和第403条的规定，受托人以自己的名义，在委托人授权范围内与第三人订立的合同也对委托人产生约束力。由此可见，我国立法既在原则上确认显名代理，也在法定条件下承认隐名代理。

## （三）代理人在代理权限范围内独立为意思表示

这一特征有两方面含义：（1）代理人有权独立为意思表示。作为法律行为的特殊形式，代理行为也是以意思表示作为基本要素。所以，应当允许代理人根据当时当地的实际情况，独立地决定法律行为的内容和方式。这是维持民事流转秩序的必然要求。（2）为了切实保障被代理人的利益，法律要求代理人必须在代理权限范围内独立为意思表示。因为代理人与被代理人是彼此独立的两个民事主体，法律之所以确认代理行为的效力，目的在于借助代理人的行为实现被代理人的民事需求，所以，代理人在代理权限范围内作出的意思表示才符合被代理人的民事权益。正是在此种意义上，代理人在实施代理行为过程中超过代理权限范围所作出的意思表示就是不真实的，其代理行为也应效力待定。

依据这一特征，要注意区别代理与一些相似情况：（1）代理人区别于法人的法定代表人。法定代表人与其所代表的法人是同一主体。代表人是法人的组成部分，如厂长是企业的组成部分，其所表示的意思就是法人的意思。而代理人与被代理人则是两个独立的民事主体。（2）代理人区别于居间人、传达人。居间人只是接受委托，为双方当事人建立民事法律关系提供条件，并不参加该法律关系，也不独立表达其意思；传达人则限于原封不动地传递委托人的意思表示，不提出自己的意思。

## （四）代理行为的法律后果直接归属于被代理人

代理行为的目的是实现被代理人追求的民事法律后果，所以，代理人的代理行为在法律上视为被代理人的行为，其效力直接及于被代理人。《民法通则》第63条第2款规定："被代理人对代理人的代理行为，承担民事责任。"但代理的法律效果并非仅承担责任，而是包括权利义务在内的法律关系均由被代理人承受，因此《民法总则》第162条规定："代理人在代理权限内，以被代理人名义实施的民事法律行为，对被代理人发生效力。"可见，代理人是代理行为的实施者，而被代理人则是法律后果的承受者。这是民事代理制度得以适用的本质属性。在此，法律后果涉及代理行为产生的全部后果，包括代理行为所产生的民事权利和民事义务、代理人从事代理活动所支出的必要费用。至于代理人在代理活动中实施违法行为，被代理人知道而不表示反对的，亦应承担相应的民事责任。这一点使得代理有别于某些也涉及第三人的法律活动，比如，当事人以第三人作为受益人所签订的人身保险合同，其中，作为受益人的第三人只享有受益权——保险金给付请求权，而不承担义务和责任。

### 三、代理的适用范围

代理成为独立的民事法律制度，是近代资本主义商品经济高度发达的结果。由于奴隶社会、封建社会的经济关系是以自然经济为基础，商品交换的范围狭小，内容也很简单，代理没有广泛适用的可能。随着资本主义经济的产生和发展，社会化协作生产不断扩大，社会分工日益精细，商品交换关系越来越复杂。这样，社会成员往往受个人身体健康状况、知识才能及时间、地理的限制，难以亲自处理各种事务，而需要借助他人的活动来实现自己的经济需求。现代资本主义企业为了扩大世界市场，提高竞争和垄断能力，必然要委托管理人代为进行经营管理，也不可避免地通过各种经纪人、代理商、拍卖商进行活动。因此，代理适应资本主义经济的发展逐渐成为独立的民事法律制度。1804 年的《法国民法典》和 1900 年的《德国民法典》都相继规定了代理制度。

我国《民法总则》第七章及《民法通则》第四章第二节专门规定了代理制度，其内容包括代理的适用范围、代理种类、代理关系当事人的权利义务、代理关系的终止及无效代理等问题，成为调整我国民事领域中代理活动的法律依据。如此完善的规定，取决于代理制度在我国社会主义生活中的重要作用。一方面，它是法人扩大业务活动范围，加速商品流转，实现自身经济利益的有效方法。另一方面，这是公民行使民事权利，履行民事义务，满足物质文化生活需求的法律手段。此外，特定的代理关系（如法定代理），对巩固社会主义家庭关系，保护无行为能力人、限制行为能力人的人身和财产权益具有不可忽视的作用。

我国《民法通则》第 63 条第 1 款和第 3 款规定了代理制度的适用范围：公民、法人可以通过代理人进行民事法律行为（第 1 款）。所以，代理广泛适用于我国公民之间、法人之间及公民和法人之间。具体包括：(1) 代理为各种民事法律行为。诸如买卖、承揽、租赁、债务履行、接受继承等，公民、法人均可以委托代理人代为办理。(2) 代理为其他法律部门确认的法律行为，包括代办房屋产权登记、法人登记、商标注册、专利申请等行政行为，代为进行税务登记、交纳税款等财政行为，代理民事诉讼等。但是，并非一切法律行为都可以适用代理。《民法总则》第 161 条第 2 款对代理的适用范围作了限制性规定：依照法律规定、双方当事人约定或民事法律行为的性质，应当由本人亲自实施的民事法律行为，不得代理。具体表现在：

1. 具有人身性质的行为不得通过代理进行。比如立遗嘱、婚姻登记、收养子女等行为不得适用代理。

2. 法律规定或者双方当事人约定应当由特定人亲自为之的法律行为，不得适用代理。例如，某些与特定人身相关联的债务的履行，如特定的技术转让合同等。因为这些行为和债务，或者依法律规定，或者根据双方当事人的约定，应当由特定人亲自为之。如果通过代理人进行，就可能侵害有关当事人的合法权益。

## 第二节　代理的分类

### 一、委托代理、法定代理

代理关系是基于一定法律事实而产生的。我国《民法通则》根据产生代理关系的各种法律事实，规定了代理的分类，该法第 64 条第 1 款规定：代理包括委托代理、法定代理和指定代理。这一分类是以代理权产生原因的不同为标准。但《民法总则》第 163 条第 1 款未规定"指定代理"类型，仅规定："代理包括委托代理和法定代理。"

## （一）委托代理

它是根据被代理人的委托授权而产生的代理关系。相应地，被代理人又称为委托人，代理人又称为被委托人。委托代理一般建立在特定的基础法律关系之上，可以是劳动合同关系、合伙关系、工作职务关系，而多数是委托合同关系，即委托人和受托人约定，由受托人处理委托人事务的合同（《合同法》第 396 条）。正是在此种意义上称之为委托代理。同时，还必须经过被代理人向代理人授予代理权，委托代理关系才能确立。因为被代理人的授权意志是委托代理关系最终建立的关键，故又称其为意定代理。如甲公民委托律师代理民事诉讼，不仅要与律师事务所订立委托合同，还必须向律师交付授权委托书，该委托代理才得以成立。可见，委托代理赖以存在的基础法律关系一般是委托合同，而代理权的产生根据则是授权行为（见图 7—2）。所以，应当注意区别委托合同与授权行为（详见本章第三节）。

委托代理是公民、法人进行商品交换的重要手段之一，其适用范围最为广泛。

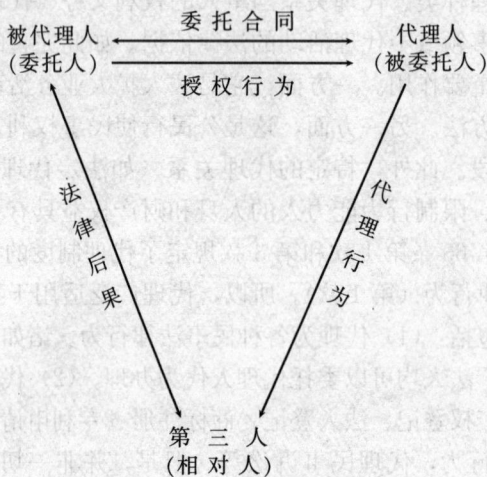

```
        委 托 合 同
被代理人 ←————————— 代理人
（委托人）—————————→（被委托人）
        授 权 行 为


法                    代
律                    理
后                    行
果                    为


        第 三 人
        （相 对 人）
```

**图 7—2 委托代理法律关系**

## （二）法定代理

它是根据法律的规定而直接产生的代理关系。出于调整社会关系的需要，法律规定某些社会关系必须适用特定的代理。当社会成员之间存在相应的社会关系时，便依法产生了相应的代理关系。法定代理主要是为保护无民事行为能力人和限制民事行为能力人的合法权益而设定的。例如《婚姻法》规定父母为未成年子女的法定代理人；夫妻的一方失去行为能力，另一方即为其法定代理人。而我国《民法通则》第 16 条和第 14 条则明文规定："未成年人的父母是未成年人的监护人"，"无民事行为能力人、限制民事行为能力人的监护人是他的法定代理人。"

## 二、本代理和再代理

再代理又称复代理，指代理人为了被代理人的利益，转托他人实施代理的行为。与此相对，由代理人亲自进行的代理，则为本代理。

再代理有如下特征：（1）再代理人是行使代理人权限的人，再代理人的权限不得超过原代理人的权限；（2）代理人以自己名义选任再代理人，代理人对再代理人有监督权及解任权；（3）再代理人不是原代理人的代理人，而是被代理人的代理人，其所为法律行为的后果直接由被代理人承担。

代理人转托他人再代理的权利被称为复任权。代理人复任权的享有因代理权发生的根据而不同：

### （一）委托代理人的复任权

根据《民法通则》第 68 条的规定，委托代理人为被代理人的利益需要转托他人代理的，应当事先取得被代理人的同意。事先没有取得被代理人同意的，应当在事后及时告诉被代理人，如果被代理人不同意，由代理人对自己所转托的人的行为负民事责任，但在紧急情况下，为了保护被代理人的利益转托他人代理的除外。《民法总则》第 169 条规定：转委托代理未经被代理人同意或者追认的，代理人应当对转委托的第三人的行为承担责任，但是在紧急情况下代理人为了维护被代理人的利益需要转委托第三人代理的除外。除了被代理人同意可以免除代理人的转委托责任外，被代理人的事后追认也可免除代理人责任。

### （二）法定代理人的复任权

法定代理人无条件地当然享有复任权。但法定代理人对再代理人的选任和监督应给予高度的注意。如果因再代理人的行为致被代理人受有损害，则代理人应对被代理人负损害赔偿责任。这种责任，不以代理人和再代理人主观上的过错为要件。但法定代理人在紧急情况下为保护被代理人的利益而行使复任权的，可酌情减轻或免除其责任。

## 三、显名代理和隐名代理

根据代理是否得以被代理人名义从事，可将代理分为显名代理和隐名代理。所谓显名代理，是指代理人所进行的代理行为，必须以被代理人本人的名义进行。所谓隐名代理，即代理人虽未以本人名义为法律行为，但实际上有代理的意思，且相对人明知或应当知道，从而在法律上亦发生代理的效果。

大陆法系国家民法传统上并不承认隐名代理，如果代理人以自己的名义为法律行为，则构成行纪；而民法制度上通常严格区分代理与行纪。不过，例外情况下，也承认隐名代理。如前所述，我国《民法通则》采取的是狭义代理概念，将代理限定于显名代理。但《合同法》第 402 条和第 403 条的规定在一定程度上承认了包括隐名代理在内的间接代理制度。

## 第三节　代　理　权

## 一、代理权的概念

代理权就是代理人得以被代理人的名义与第三人实施法律行为，为被代理人设定、变更或消灭民事法律关系的权利。

代理权是代理关系的核心内容。第一，它是代理关系存续的前提。代理关系自代理权产生之时始确立，并随着代理权的消灭而终止。第二，它是民事主体取得代理人资格，能以被代理人名义从事代理行为的法律依据。基于代理权的存在，法律才确认代理人所为代理行为的效力，被代理人才承担其法律后果。所以，代理人是否拥有代理权，不仅涉及被代理人、代理人的权益，也为代理行为所涉及的第三人所关心。

在代理关系中，代理权是代理人的基本权利。与其他民事权利一样，代理人行使代理权既受到法律的确认和保护，也要承担相应的法律责任。代理人必须在代理权限内行使代理权，不得滥用而损害被代理人或第三人的合法权益。

## 二、代理权的产生

代理权产生于授权行为，故授权行为是代理关系的组成部分。当然，在各种代理关系中，授权行为的表现形式各具特色，授权人也不相同。我国《民法通则》第 64 条第 2 款规定："委托代理人按照被代理人的委托行使代理权，法定代理人依照法律的规定行使代理权，指定代理人按照人民法院或者指定单位的指定行使代理权。"《民法总则》第 165 条规定："委托代理授权采用书面形式的，授权委托书应当载明代理人的姓名或者名称、代理事项、权限和期间，并由被代理人签名或者盖章。"可见，委托代理的授权人是被代理人，授权行为表现为授权委托书，委托代理人基于被代理人的委托授权而取得代理权。法定代理是由国家通过法律形式直接授予代理人以代理权，从而法定代理人依照法律规定取得代理权。

由此可见，代理关系是基于两类法律事实而产生的，一是特定的法律关系（如委托合同关系）或特定的社会关系（如亲属关系）；二是授权行为。在社会生活中，这两类法律事实或者同时完成（如国家立法规定某种社会关系适用法定代理，同时，法律也授权某些社会成员充任法定代理人），或者分别完成（如订立了委托合同，再另行授予委托书），应当注意将两者加以区别。其中，以委托代理关系赖以产生的委托合同与授权行为最具有典型意义。

从代理制度发展过程来讲，至 19 世纪中叶之前，对于产生委托代理关系的根据，委托合同与授权行为是不加以区别的，但面对现代社会经济生活的客观要求，民事立法已把授权行为与委托合同予以区分。具体到我国现行立法上，《民法通则》《民法总则》在"代理"章节中规定了授权问题，而《合同法》则专门规定了委托合同。

相比较而言，委托合同是双方民事法律行为，它基于委托人（被代理人）和受托人（代理人）双方意思表示一致而成立，其内容是约定由受托人处理委托人的事务。故委托合同仅对委托人和受托人双方具有法律约束力，却不涉及第三人。而授权行为则是单方民事法律行为，它依据授权人的独立意思表示就可以使代理人取得代理权。所以，授权行为是代理权产生的直接根据，其效力及于被代理人、代理人与第三人之间的权利义务关系，决定着代理行为是否有效。在实际生活中，第三人关心的是以他人名义与自己进行法律活动的代理人是否经过他人授权而拥有代理权，却无需考虑得以授权的前提是委托合同抑或其他基础法律关系。

## 三、代理权的行使

### （一）代理权行使的规则

为了确切实现代理适用的宗旨和目的，民事立法往往对于代理人行使代理权的行为提出了相应的法律规则，具体表现在：

1. 代理人应当在代理权限范围内行使代理权，不得进行无权代理。作为代理人身份标志的代理权，不论是产生于被代理人的授权，还是产生于法律规定或指定机关的指定，其权限范围均决定于被代理人的合法利益，因此，代理人在代理权限范围内行使代理权，实施代理行为，才符合代理制度的宗旨。因客观情况需要变更被代理人指示的，应当经被代理人同意（《合同法》第 399 条）。在没有代理权的情况下擅自以他人名义实施的行为、超越代理权限实施的行为和代理权终止后仍以他人名义实施的行为，均构成无权代理。这些行为经"被代理人"追认之下始转化为有权代理。而在"被代理人"不予以追认时，则不产生代理效力，根据《民法通则》第 66 条第 1 款的规定，应由行为人本人承担民事责任。《民法总则》第 171 条第 3 款进一步规定："行为人实施的行为未被追认的，善意相对人有权请求行为人履行债务或者就其受到的损害请求行为人赔偿，但是赔偿的范围不得超过被代理人追认时相对人所能获得的利益。"依据该规定，仅善意相对人可以主张无权代理人履行债务或赔偿损害，恶意相对人则没有此项请求权。此外，善意相对人所获赔偿的范围不应超过有权代理时所能获得的利益，可见善意相对人也只能在履行利益范围内求偿。

2. 代理人行使代理权应当维护被代理人的利益。由于代理人实施代理行为是为了被代理人的利益，排除因时间、空间或知识水平、健康状况等因素给被代理人带来的限制，扩大其参与市场经济活动的范围。所以，代理人应当本着这一目的行使代理权，为被代理人争取最有利的法律后果。代理人在代理过程中，不得与第三人串通损害被代理人的利益。否则，代理人应与第三人向被代理人承担连带的民事责任（《民法总则》第 164 条第 2 款、《民法通则》第 66 条第 3 款）。

3. 代理人行使代理权应当符合代理人的职责要求。衡量代理人是否在代理过程中履行了职责，其法律标准在于代理人是否以善良管理人的注意程度，与处理自己的事务一样的方法和标准处理代理事务。而且代理人在代理过程中和代理以后不得披露或不正当地使用被代理人的商业秘密，如果代理人不履行职责而给被代理人造成损害的，根据《民法通则》第 66 条第 2 款的规定，应当承担民事责任。

4. 代理人原则上应当亲自完成代理事务，不得擅自转委托。代理的适用是建立在被代理人与代理人之间彼此信任的基础之上的，故代理具有严格的人身属性。因此，代理人在一般情况下应当亲自处理代理事务，运用其能力和信用实现被代理人所追求的法律后果。只有在特殊情况下，代理人才能依法将代理权转委托给他人（再代理人），并且代理人应就其选任再代理人及转委托代理权的行为向被代理人负责。同时，这种转委托原则上是以被代理人的同意为条件，否则代理人应对其转委托的人的行为承担民事责任。应当注意的是，这一规则主要适用于委托代理，而对于法定代理人、指定代理人来讲，在有利于被代理人之利益的范围内，转委托他人处理代理事务则不受这种法律限制。

**（二）某些滥用代理权的行为**

滥用代理权的行为是指代理人违法行使代理权的情况，其认定条件包括：（1）代理人拥有代理权。（2）代理人在违反法律有关代理权行使的规则、要求的情况下行使代理权。（3）已经或者可能损害被代理人的利益。可见，滥用代理权的行为均是代理人利用合法身份之便从事有损被代理人合法权益的行为，根本违背了代理适用的宗旨和目的，故为法律所禁止。但《民法总则》第 168 条将自己代理与双方代理行为的效力定性为效力待定，是否有效取决于被代理人是否同意或追认，制度上更为合理。

滥用代理权的行为具体包括：

1. 自己代理。即代理人以被代理人的名义与自己为法律行为。如代理人乙以被代理人甲为卖方，以乙自己为买方，就甲委托代卖的房屋订立买卖合同。这时，代理人实际上同时具有民事法律关系双方当事人的身份，以一人的意志取代了双方意思表示一致，可能损害被代理人的合法权益（见图7—3）。

2. 双方代理。代理人同时代理双方当事人为同一项法律行为。如甲既作为卖方的代理人，又作为买方的代理人签订同一个买卖合同。由于代理人一身兼为双方的代理人，以一人的意志取代了双方意思表示一致，有可能损害被代理人的利益（见图7—4）。

3. 代理人与第三人恶意通谋而为的代理行为。因其结果是损害了被代理人的利益，故《民法通则》第66条第3款规定："代理人与第三人串通，损害被代理人的利益的，由代理人和第三人负连带责任。"

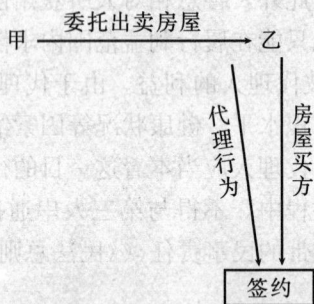

图 7—3　自己代理

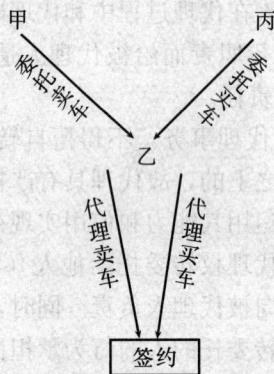

图 7—4　双方代理

## 第四节　无权代理

### 一、无权代理的概念

无权代理是指在没有代理权的情况下以他人名义实施的民事法律行为。可见，无权代理并非代理的种类，而只是徒具代理的表象却因其欠缺代理权而不产生代理效力的行为。《民法通则》及《民法总则》将无权代理概括为三种表现：

1. 未经授权的"代理"。民事主体未经他人授权，也没有法律的规定或国家主管机关的指定而擅自以他人名义所为的行为。

2. 代理权消灭后的"代理"。代理权基于被代理人的撤销、有效期限届满、代理事务已完成或附解除条件之代理中因条件成就而消灭后，原代理人仍以原被代理人的名义实施民事行为。

3. 超越代理权限的"代理"。超越代理权限的部分属于无权代理。

## 二、无权代理的效力

无权代理本身不具有法律效力。不过，这种状况在有关当事人依法行使权利加以处置之前尚处于或然状态。为了稳定社会经济关系，《民法通则》及《合同法》有关条款规定了有关当事人处置无权代理的各项权利及其法律后果。

### （一）本人的追认权和拒绝权

追认权是指本人对于他人没有代理权、超越代理权或者代理权终止后擅自以本人名义实施的无权代理行为承认其效力，同意承受其法律后果的权利。该权利实质上是对代理权的补授，属于形成权。根据《民法通则》第66条第1款及《民法总则》第171条第1款的规定，没有代理权、超越代理权或者代理权终止后的行为，只有经过被代理人的追认，被代理人才承担民事责任。可见，无权代理一经本人行使追认权予以追认即转变为有权代理，该行为自始产生的法律后果皆由本人承受。

应当注意的是，《民法通则》第66条第1款还规定："本人知道他人以本人名义实施民事行为而不作否认表示的，视为同意。"这是我国民事立法有关本人对于无权代理行使追认权适用沉默形式的法律根据。即本人应当在知道他人以本人名义实施民事法律行为以后的法律规定的期限或者合理期限内作出追认与否的表示。如果本人在此期限内未作否认表示（表现为未表示追认，也未表示拒绝）的，依法视为同意，相应地产生追认的法律效力。

拒绝权是指本人对于他人没有代理权、超越代理权或者代理权终止后擅自以本人名义实施的无权代理行为不予以追认的权利。本人拒绝追认，意味着本人不同意承受无权代理的法律后果。基于本人拒绝追认，无权代理的无效从或然状态转变成最终确定无效。即"未经追认的行为，由行为人承担民事责任"，无权代理行为自始发生的法律后果均对本人不产生法律效力。此外，根据《民法总则》第171条第2款及《合同法》第48条第2款的规定，在第三人发出催告后的1个月内，本人未作表示的，视为拒绝追认。

### （二）第三人的催告权和撤销权

在民事立法的平等原则的前提下，与被代理人的权利相对应，无权代理所涉及的第三人也享有催告权和撤回权。这是为了保护第三人的合法权益，以表现被代理人与第三人之间平等的民事法律地位。

催告权就是第三人告知被代理人在一定期限内就是否行使追认权予以明确答复的权利。根据《民法总则》第171条第2款及《合同法》第48条第2款的规定，第三人可以催告被代理人在1个月内予以追认。被代理人未作表示的，视为拒绝追认，从而产生无权代理的确定无效的法律后果。撤销权是指善意第三人在被代理人行使追认权之前，解除与无权代理人所为民事法律行为的权利。按照《民法总则》第171条第2款及《合同法》第48条第2款的规定，在无权代理被追认之前，善意第三人有撤销其与代理人所为民事法律行为的权利。而且第三人行使撤销权时，应当以通知的方式作出。第三人行使撤销权之后，被代理人就不得再行追认了。但是，恶意的第三人（知道对方没有代理权而与其从事民事法律行为的）依法丧失撤销权。

应当指出，被代理人和善意第三人对于无权代理行使上述权利都是单方民事法律行为，不必征得他人的同意。无权代理在被代理人或第三人行使上述权利后，从不确定状态进入确定状态（或转变为有权代理，或成为最终的无效行为）。在此种意义上，无权代理可称为相对无效代理。

对于确定无效的无权代理所产生的后果，由无权代理人自负责任。因此使被代理人和善意第三人遭受损失的，无权代理人要承担履行债务、损害赔偿等民事赔偿责任。但是，如果第三人知道对方无权代理还与其实施民事法律行为给他人造成损失的，由无权代理人与第三人负连带民事责任。

### 三、表见代理

表见代理是指没有代理权、超越代理权或者代理权终止后的无权代理人，以被代理人名义进行的民事法律行为在客观上使第三人相信其有代理权而实施的代理行为。

表见代理与无权代理的主要区别表现在：

1. 构成要件不同。尽管表见代理属于广义的无权代理，但其构成要件上不同于狭义的无权代理。狭义的无权代理是指代理人根本无代理权而从事代理行为，且其无权代理行为也不可能使相对人信赖其有代理权。而在表见代理的情况下，无权代理人所从事的无权代理行为，使善意相对人有正当理由相信其有代理权。

2. 法律效果不同。在狭义无权代理的情况下，本人享有追认权。狭义无权代理行为必须经过本人追认，才能对本人产生效力；否则，本人对该无权代理行为不承担责任。因此，无权代理行为能否发生效力根本上取决于本人是否追认，在本人没有正式追认之前，无权代理行为处于一种效力待定的状态。而一旦无权代理行为符合表见代理的要件，无须经过本人的追认就可以直接对本人发生效力。因此，表见代理不属于"效力待定的行为"。

表见代理也为我国法律所确认。《合同法》第49条规定："行为人没有代理权、超越代理权或者代理权终止后以被代理人名义订立合同，相对人有理由相信行为人有代理权的，该代理行为有效。"《民法总则》第172条规定："行为人没有代理权、超越代理权或者代理权终止后，仍然实施代理行为，相对人有理由相信行为人有代理权的，代理行为有效。"规定表见代理的意义在于维护代理制度的诚信基础，保护善意第三人的合法权益，建立正常的民事流转秩序。

根据上述表见代理的概念和立法规定，可知表见代理应具备以下构成条件：

1. 存在无权代理行为。

2. 第三人在客观上有理由相信无权代理人有代理权。

3. 第三人主观上是善意的且无过错。

表见代理有各种产生原因，主要包括以下几种：

1. 授予代理权的表示。此种表见代理表现为本人虽未曾授予行为人代理权，但有过向行为人授予代理权的行为表示，致使相对人相信行为人具有代理权。如本人以直接或者间接方式声明授予行为人代理权，但实际上并未授权。在这种情况下，该行为人以本人的名义与相对人为民事法律行为，有可能成立表见代理。

2. 知道他人以自己名义实施法律行为而不作否认表示。当无权代理人实施代理行为时，本人知道该无权代理人以本人的名义实施民事法律行为而不作否认表示的，则不必本人追认而直接由本人承担民事责任，成立表见代理。

3. 授权不明。如果委托书授权不明，使善意且无过错的相对人相信代理人资格、代理事项、代理权限和代理期间而与代理人实施民事法律行为，则产生表见代理。例如，被代理人向代理人授权时以口头方式规定了代理权的有效期限，但是该有效期限在书面的授权文件中却未予以记载。该有效期限届满后，第三人并不能从书面授权文件中得知代理权已终止而与其进行的民事法律行为的，就属于表见代理。

4. 代理权终止后的活动。代理期间届满、本人取消委托或代理事务完成后，如果因被代理人的过失，使善意相对人不知代理权已终止，仍认为行为人有代理权，则可构成表见代理。

5. 其他。如将具有代理权证明意义的文件（空白证明信、空白委托书、空白合同文本等）或印鉴交给他人，使他人得以凭借其以代理人身份实施民事活动；允许他人挂靠经营、以自己的名义从事活动；允许他人作为自己的分支机构进行活动，等等。

表见代理的法律后果在于，表见代理依法产生有权代理的法律效力，即无权代理人与第三人之间实施的民事法律行为对被代理人具有法律约束力，被代理人与第三人之间产生、变更或消灭相应的法律关系。

## 第五节　代理关系的终止

代理关系也基于一定法律事实而终止。当然，引起各种代理关系终止的法律事实不尽相同。不过，因代理关系产生的根据不同，则终止代理关系的原因也不尽相同。对此，《民法通则》予以了明确规定。

### 一、委托代理的终止

1. 代理期间届满或者代理事务完成。此时，被代理人所追求的目的已经实现，代理关系当然终止。

2. 被代理人取消委托或代理人辞去委托。在委托代理中，被代理人可撤销代理权，代理人可辞去代理权。这些都是单方民事法律行为。只要有一方当事人的意思表示，即产生终止代理关系的效力。但是，一方撤销或辞去代理权，应当事先通知对方，及时收回或交还代理证书。否则，应对由此给对方造成的财产损失承担赔偿责任。对于代理权撤销或辞去之前，代理人与第三人所为代理行为，被代理人不得以代理权撤销或辞去为由拒绝承担后果。

3. 被代理人或代理人死亡。代理关系建立在特定人身关系的基础上，被代理人死亡使民事主体资格消失，其生前授权已无继续存在的意义；而代理人死亡则使具有人身性质的代理权不复存在。这都构成代理关系终止的当然原因。但是，出于稳定社会经济秩序的要求，被代理人死亡后，委托代理人实施的代理行为则因以下情况而有效：（1）代理人不知道被代理人死亡。（2）被代理人的继承人均予以承认。（3）被代理人与代理人约定到代理事项完成时代理权终止。（4）在被代理人死亡前已经进行而在被代理人死亡后为了被代理人的继承人的利益继续完成的事项。

4. 代理人丧失民事行为能力。代理行为是法律行为的特殊形式，以代理人具有民事行为能力为条件，所以，代理人丧失行为能力就失去代他人为民事法律行为的资格，代理关系即行消灭。

5. 作为被代理人或代理人的法人终止。因其已失去民事主体资格，代理关系随之终止。不过，由于法人终止过程中需依法进行清算活动，则在此范围内业已建立的代理关系仍应当有效。

### 二、法定代理的终止

1. 被代理人取得或恢复完全民事行为能力。法定代理一般是为保护无民事行为能力人或限制民事行为能力人的合法权益而设立的，那么，当被代理人取得（如未成年子女已达成年年龄）或恢复民事行为能力（如无法辨认自己行为的成年人患者恢复健康）后，设定代理的原因已消失，则代理关系即告终止。

2. 被代理人与代理人之间的监护关系消灭。法定代理是以特定的社会关系为基础的，其中，被代理人与代理人之间存在的监护关系最为普遍。当这种关系消灭之时，如夫妻离婚、收养关系解除，则相应的代理关系也随之终止。

3. 被代理人或代理人死亡。这使代理关系因失去主体而消灭。但是，应当以另一方知道对方死亡为条件。代理人在不知被代理人死亡的情况下实施的代理行为，其法律后果应由被代理人的继承人承受。

4. 代理人丧失民事行为能力。这不符合代理制度对代理人的要求，因此应终止原有的代理关系。

# 第八章　诉讼时效与期间

## 第一节　诉讼时效

### 一、时效概述

时效，是指一定的事实状态在法定的期间持续存在，从而产生与该事实状态相适应的法律后果的制度。

时效制度具有如下特征：

1. 时效是法律事实。时效作为法律事实的一种，其效果直接引起权利的发生、变更或者消灭。

2. 时效是状态。时效以经过一定的期间为要素，与特定的事实状态共同构成法律事实。其与当事人的精神状态并无直接联系。时效直接引起一定的法律后果，不涉及当事人的主观意志。

3. 时效具有强制性。通说认为，时效规范属于强制性规范，当事人既不能排除其适用、也不能预先放弃其时效利益；同时，当事人也不能以协商一致的形式，延长或者缩短时效的期限。

时效分为诉讼时效和取得时效。其中，取得时效是指无权利人占有他人的财产持续经过法定期限，即可在法律上取得对该财产的权利的时效。我国《民法总则》与《民法通则》仅规定了诉讼时效，尚未承认取得时效。

### 二、诉讼时效的概念

诉讼时效，又称为消灭时效，是指权利主体在法定期间内不行使权利，以致该权利或源于该权利的请求权消灭的法律事实。

#### （一）诉讼时效的法律性质及意义

法律上关于诉讼时效的规定，属于法律的强制性规定，不允许当事人通过约定排除适用。《民法总则》第197条规定，诉讼时效的期间、计算方法以及中止、中断的事由由法律规定，当事人约定无效。当事人对诉讼时效利益的预先放弃无效。根据最高人民法院颁布的《关于审理民事案件适用诉讼时效制度若干问题的规定》第2条的规定，当事人违反法律规定，约定延长或者缩短诉讼时效期间、预先放弃时效利益的，人民法院不予认可。

诉讼时效制度作为一种民事法律制度，具有重要意义和作用。（1）维持既定法律秩序的稳定。权利人长期不行使权利，会导致权利不存在的表象，并使他人对这种事实状态基于合理的信赖而产生相应的预期，形成当事人间相应的稳定关系。如果允许权利人无论何时均得主张其权利，势必影响法律秩序的稳定，损害不特定第三人的信赖利益。而不特定第三人的信赖利益属于社会公共利益的组成部分。（2）避免义务人的举证困难。义务人主动或应权利人请求进行义务履行后，应获得义务履行的凭证。一旦权利人再次主张其权利或要求义务人承担义务不履行的民事责任，义务人得出示凭证进行抗辩。但要求义务人长期妥善保管凭证，对义务人过于苛刻。认可诉讼时效制度，可以发挥证据替代的功能。这样也有利于人民法院查明案件事实，正确处理纠纷。

### （二）诉讼时效期间届满的法律后果

就诉讼时效期间届满（或称"完成"）后的法律效果，存在不同的立法例。《日本民法典》持权利消灭说。依此说，诉讼时效期间的完成，使权利人不及时行使的权利本身消灭，义务人履行而权利人接受履行的，构成不当得利，权利人应予返还。《德国民法典》持抗辩权发生说。依此说，消灭时效的完成，并不使权利人不及时行使的权利归于消灭，但使义务人发生抗辩权，可以时效完成的抗辩对抗权利人的权利主张，而拒绝义务的履行。由于抗辩权同其他权利一样可以抛弃，义务人自愿履行义务的，法律不予过问，承认权利人的接受履行为合法。《法国民法典》持诉权消灭说。依此说，消灭时效的完成，并不使权利人不及时行使的权利消灭，而只使附着于权利之上的诉权消灭。时效完成后，权利人向法院起诉要求保护权利的，法院将以丧失诉权为由驳回起诉。由于无诉权的权利为自然权利，诉权消灭后，自然权利依然存在，权利人仍可不通过法院向义务人主张其自然权利，义务人也可自愿履行，法律不加干预。

关于诉讼时效期间届满后的法律效果，有如下观点：（1）胜诉权消灭说。依据《民法通则》第135条和第138条的规定，以及最高人民法院《关于适用〈中华人民共和国民事诉讼法〉若干问题的意见》第153条"当事人超过诉讼时效期间起诉的，人民法院应予受理。受理后查明无中止、中断、延长事由的，判决驳回其诉讼请求"，诉讼时效期间届满，发生胜诉权消灭的法律效果。这表明在我国原有民事立法上，诉讼时效期间届满，当事人并未丧失程序上的诉权，即起诉权。因此，当事人在诉讼时效期间届满后仍有权起诉，法院应当受理，而不能裁定驳回起诉。法院受理后，应依职权审查诉讼时效期间是否届满。法院经审查认定诉讼时效期间届满的，应以判决驳回原告的诉讼请求。（2）抗辩权发生说。考虑到诉讼时效期间届满时，义务人取得的时效利益属于私人利益，因此就诉讼时效期间是否届满，国家无主动干预的必要。最高人民法院《关于审理民事案件适用诉讼时效制度若干问题的规定》就诉讼时效期间届满后的法律效果，采抗辩权发生说。当事人未提出诉讼时效抗辩，人民法院不应对诉讼时效问题进行释明及主动适用诉讼时效的规定进行裁判。当事人在一审期间未提出诉讼时效抗辩，在二审期间提出的，人民法院不予支持，但其基于新的证据能够证明对方当事人的请求权已过诉讼时效期间的情形除外。当事人未按照前述规定提出诉讼时效抗辩，以诉讼时效期间届满为由申请再审或者提出再审抗辩的，人民法院不予支持。新颁布的《民法总则》和最高人民法院《关于适用〈中华人民共和国民事诉讼法〉的解释》也采取抗辩权发生说。依据《民法总则》第192条的规定，诉讼时效期间届满的，义务人可以提出不履行义务的抗辩。依据《关于适用〈中华人民共和国民事诉讼法〉的解释》第219条的规定，当事人超过诉讼时效期间起诉的，人民法院应予受理。受理后对方当事人提出诉讼时效抗辩，人民法院经审理认为抗辩事由成立的，判决驳回原告的诉讼请求。

依据《民法通则》第138条的规定，超过诉讼时效期间，当事人自愿履行的，不受诉讼时效限制。因此，于诉讼时效完成后，义务人自愿履行其义务的，权利人可受领其履行而不构成不当得利。义务人于履行后反悔的，不得诉请权利人返还其所得。依据《民法总则》第192条的规定，诉讼时效期间届满后，义务人同意履行的，不得以诉讼时效期间届满为由抗辩；义务人已自愿履行的，不得请求返还。对于义务人已同意履行，但尚未履行的情形，最高人民法院在 1997 年 4 月 16 日发布的（1997）4 号批复中指出，根据《民法通则》第 90 条的精神，对超过诉讼时效期间，当事人双方就原债务达成还款协议的，应当依法予以保护。

### 三、诉讼时效的适用范围

诉讼时效适用于债权关系——对违反合同约定的债务人或者侵权行为人享有的财产请求权。但是，根据最高人民法院《关于贯彻执行〈中华人民共和国民法通则〉若干问题的意见（试行）》的规定，未授权给公民、法人经营、管理的国家财产受到侵害的，不受诉讼时效期间的限制。法律、法规对于索赔时间和产品质量等提出异议的时间有特殊规定的，按特殊规定办理。此外，在人身关系范围内，对各种人身权的法律保护不受时效限制。例如，公民法人请求人民法院保护其姓名权、荣誉权、知识产权中的署名权等不受时效限制。根据最高人民法院《关于审理民事案件适用诉讼时效制度若干问题的规定》第 1 条，支付存款本金及利息请求权，兑付国债、金融债券以及向不特定对象发行的企业债券本息请求权和基于投资关系产生的缴付出资请求权等债权请求权，不适用诉讼时效。《民法总则》第 196 条明确规定，请求停止侵害、排除妨碍、消除危险，以及不动产物权和登记的动产物权的权利人请求返还财产等物权请求权不适用诉讼时效。这说明了诉讼时效适用于债权关系。此外，《民法总则》规定，请求支付抚养费、赡养费或者扶养费也不适用诉讼时效。

### 四、诉讼时效的类型

诉讼时效，按其时效期间的长短和适用范围不同，有相应的分类。根据我国《民法总则》与《民法通则》的规定，诉讼时效分为普通诉讼时效、特殊诉讼时效和最长诉讼时效。

#### （一）普通诉讼时效

普通诉讼时效，又称一般诉讼时效，是指在一般情况下普遍适用的诉讼时效。

普通诉讼时效的特点包括：（1）适用范围广泛。它不是专对某一类民事法律关系的特殊情况规定的，而是根据整个民事活动领域中的一般民事法律关系的共同性加以规定和适用的。（2）诉讼时效期间是统一的，并且相对于大多数特殊诉讼时效而言，时效期间是较长的。根据我国《民法通则》第 135 条的规定，普通诉讼时效的期间为 2 年。《民法总则》第 188 条则将普通诉讼时效的期间调整为 3 年。

#### （二）特殊诉讼时效

特殊诉讼时效是普通诉讼时效的对称。它是适用于法律规定的特定民事法律关系的诉讼时效。在我国，特殊诉讼时效主要指长期诉讼时效。

特殊诉讼时效的主要特点包括：（1）适用范围特定化，不具有普遍适用的意义。即特殊诉讼时效只在法律直接规定的情况下，适用于相应的民事法律关系。（2）特殊诉讼时效的适用效力优先于普通诉讼时效。凡是有特殊诉讼时效规定的民事法律关系，均要适用特殊诉讼时效。在没有特殊诉讼时效规定的情况下，才适用普通诉讼时效。（3）特殊诉讼时效期间不同于普通诉讼时效，并非统一的，而是针对具体民事活动的调整需要，分别规定了不同的诉讼时效期间。有些法律对于特定的民事活动规定了长于普通诉讼时效期间的时效，即为长期诉讼时效。比如，根据《合同法》第 129 条的规定，因国际货物买卖合同和技术进出口合同争议提起诉讼或者申请仲裁的诉讼时效期间为 4 年。

### （三）最长诉讼时效

最长诉讼时效是指对于各类民事权利予以保护的最长时效期间，它不同于其他各种诉讼时效的特点表现在：

1. 其适用范围广泛，涉及各类民事法律关系。

2. 其时效期间是 20 年。

3. 其适用前提是从权利被侵害之时开始计算，即使权利人不知道其权利被侵害，亦只在 20 年内获取法律保护。这不同于以权利人知道或应当知道权利被侵害作为适用前提的其他诉讼时效。

4. 其时效期间，可以适用有关延长的规定，而不适用中止、中断的规定。但是，其他各种诉讼时效则可以适用有关中止、中断和延长的规定。

### 五、诉讼时效期间的起算

由于诉讼时效的法律后果是使义务人可以援引时效规定对权利人的请求提出抗辩，故诉讼时效期间的开始时间就直接关系到权利人的切身权益。我国《民法通则》第 137 条明确规定了诉讼时效的起算时间是"从知道或者应当知道权利被侵害时起计算"。诉讼时效的适用是以权利人能够请求人民法院保护其权利为前提的。一般来讲，权利人在侵权行为发生之时便得知或应当知道其民事权利遭受侵害的事实，则自此即能够行使请求权。但是，在某些情况下，权利人在侵权行为实施之后的一段时间才知道其民事权利遭受侵害，那么，权利人只能从这时才能够行使请求权，所以，诉讼时效期间应从权利人知道或应当知道权利被侵害时起算。《民法总则》第 188 条明确规定了诉讼时效的起算时间是"自权利人知道或者应当知道权利受到损害以及义务人之日"，不仅要求权利人知道其利益受损，还要求权利人知道确切的义务人，才会发生时效起算的法律后果，规定上更为周延。

其具体根据包括：

1. 权利人实际上已经知道其民事权利被侵害及特定义务人。

2. 权利人应当知道其民事权利被侵害及特定义务人。这是一种法律上的推定。根据客观情况，权利人有知道的条件和可能的，就是应当知道，而不管当事人是否实际知道。例如，甲公司与乙厂签订了购销合同，乙厂未交货，而甲公司工作人员因疏忽而忘记了合同的存在，故实际也就不知债权被侵害。但因其是应当知道权利被侵害，所以，诉讼时效期间从乙厂违约之时开始计算。

由此可见，在尚未发生侵犯民事权利的事实和权利人不知或不应当知道权利被侵害事实的情况下，诉讼时效不得开始计算。前者因为未产生请求人民法院强制义务人履行义务的请求权，如尚未到履行期的债权债务关系，后者因为权利人不能行使请求权，如出差在外的公民不知家中财产遭受他人破坏。

不过，为防止侵权行为发生时间与权利人知道受侵害的时间相隔过长，影响诉讼时效发挥作用，《民法通则》第 137 条同时也加以限制性规定："从权利被侵害之日起超过二十年的，人民法院不予保护。"《民法总则》第 188 条也规定："但是自权利受到损害之日起超过二十年的，人民法院不予保护"。从而，权利被侵害之日就成为最长诉讼时效的起算根据。

将上述的诉讼时效起算原则运用到具体的民事法律关系中，具体的诉讼时效的起算时间按下列方法计算：

1. 侵权行为所生之债的诉讼时效，自权利人知道或应当知道权利被侵害事实和加害人之时开始计算。其中，人身损害赔偿的诉讼时效期间，伤势明显的，从受伤害之日起算；伤害当时未曾发现，后经检查确诊并能证明是由侵害引起的，从伤势确诊之日起算。

2. 约定履行期限的债，自履行期限届满之次日开始计算。因为债务人到履行期限届满而不履行债务时才发生侵害事实，而且债权人依据债的内容应当知道这一侵害事实，故自此时起就能够行使请求权。当事人约定同一债务分期履行的，诉讼时效从最后一期履行期限届满之日起计算。

3. 未约定履行期限的债，自权利人提出履行要求的次日或优惠期结束的次日开始计算。因为在此类债权债务关系中，债权人可随时要求履行。债务人不依债权人的要求予以履行的，即构成侵害事实，债权人得以行使请求权。如果法律或合同规定了优惠期，则债权人请求履行只引起优惠期的起算，则当优惠期结束，债务人仍不履行时，才产生请求权。但债务人在债权人第一次向其主张权利之时明确表示不履行义务的，诉讼时效期间从债务人明确表示不履行义务之日起计算。

4. 以不作为为义务内容的债，诉讼时效自债权人得知或应当知道债务人作为之时开始计算。因为不实施相应行为是债务人的义务，而侵害事实自债务人实施相应行为之时构成，债权人一旦知道或应当知道债务人违反不作为义务时即能行使请求权。

5. 撤销权人请求撤销合同的，受 1 年除斥期间的限制。合同被撤销后，返还财产、赔偿损失请求权的诉讼时效期间从合同被撤销之日起计算。

6. 无民事行为能力人或者限制民事行为能力人对其法定代理人的请求权的诉讼时效期间，自该法定代理终止之日起计算。

7. 未成年人遭受性侵害的损害赔偿请求权的诉讼时效期间，自受害人年满 18 周岁之日起计算。

### 六、诉讼时效期间的中止、中断和延长

诉讼时效一经开始，便向着完成的方向进行。但是，出于各种主、客观因素的影响，诉讼时效在进行过程中会发生某些特殊情况。其中，诉讼时效的中止和中断表现为阻碍诉讼时效在法定期间完成的情况，民法学上称为时效完成的障碍。而诉讼时效的延长则是基于某种情况，将已完成的时效期间依法加以适当延长。

#### (一) 诉讼时效的中止

1. 诉讼时效中止的概念。诉讼时效中止是指在诉讼时效进行期间，因发生法定事由阻碍权利人行使请求权，诉讼时效依法暂时停止进行，并在法定事由消失之日起继续进行的情况。又称为时效的暂停。对此，《民法通则》第 139 条规定："在诉讼时效期间的最后六个月内，因不可抗力或者其他障碍不能行使请求权的，诉讼时效中止。从中止时效的原因消除之日起，诉讼时效期间继续计算。"《民法总则》第 194 条规定，在诉讼时效期间的最后 6 个月内，因特定障碍不能行使请求权的，诉讼时效中止。自中止时效的原因消除之日起满 6 个月，诉讼时效期间届满。同时列举了障碍的具体种类。

2. 诉讼时效中止的适用条件。

(1) 诉讼时效的中止必须是因法定事由而发生。引起诉讼时效中止的事实是由法律直接规定的。这些法定事由包括两大类，一是不可抗力，如自然灾害、军事行动等，都是当事人

无法预见和克服的客观情况；二是其他阻碍权利人行使请求权的情况。根据《民法总则》的规定，在诉讼时效期间的最后 6 个月内，无民事行为能力人或者限制民事行为能力人没有法定代理人，或者法定代理人死亡、丧失民事行为能力、丧失代理权的；继承开始后未确定继承人或者遗产管理人的；权利人被义务人或者其他人控制的，可以认定为因其他障碍不能行使请求权，适用诉讼时效的中止。可见，上述两类中止诉讼时效的法定事由的共同属性在于不可预见、不能避免并不能克服的客观情况。它们的发生都是不以当事人意志为转移的，并且因此使得权利人无法行使请求权，如果正常计算时效期间无异于缩短了时效期间，致使权利人处于不利的地位。为此，应暂时停止时效的进行。

（2）法定事由发生在诉讼时效期间的最后 6 个月内，始产生中止诉讼时效的效力。可见，即使是上述法定事由也并不是发生在诉讼时效的任何阶段都能中止诉讼时效的。之所以如此规定，是因为法定事由发生在时效期间最后 6 个月内，待其消失后，诉讼时效期间或者临近届满，或者已经届满，因此中止诉讼时效成为保护权利人的请求权的必要手段。反之，这些事由发生在诉讼时效的其他阶段，在其消失后，权利人仍有充足时间行使请求权，故无中止时效的必要。

（3）诉讼时效中止之前已经经过的期间与中止时效的事由消失之后继续进行的期间合并计算，而中止的时间过程则不计入时效期间。为此，民法把时效中止视为诉讼时效完成的暂时性障碍。

**（二）诉讼时效的中断**

1. 诉讼时效中断的概念。诉讼时效中断是指已开始的诉讼时效因发生法定事由不再进行，并使已经经过的时效期间丧失效力。《民法通则》第 140 条确认了诉讼时效中断的情况和事由："诉讼时效因提起诉讼、当事人一方提出要求或者同意履行义务而中断。从中断时起，诉讼时效期间重新计算。"《民法总则》第 195 条确认了诉讼时效中断的情况和事由，并规定从中断、有关程序终结时起，诉讼时效期间重新计算。

2. 诉讼时效中断的适用条件。

（1）引起诉讼时效中断的事实是由法律直接规定的，其特点在于均是当事人有意识的行为，包括起诉、申请仲裁、权利人主张权利或者义务人同意履行义务的行为。这些法定事由只要在诉讼时效进行中出现即引起时效的中断（具体事由后述）。

（2）中断诉讼时效的法定事由发生在诉讼时效期间的任何阶段均产生中断的法律效力，而且诉讼时效中断的次数不受法律限制。也就是说，诉讼时效因权利人主张权利或者义务人同意履行义务而中断后，权利人在新的诉讼时效期间内，再次主张权利或者义务人再次同意履行义务的，可以认定为诉讼时效再次中断。

（3）从诉讼时效中断时起，诉讼时效期间重新起算。诉讼时效因法定事由而中断的，在法定事由发生之前已经经过的时效期间归于无效，与重新计算的时效期间没有关系。在此种意义上，民法学称诉讼时效中断为诉讼时效完成的根本性障碍。

3. 诉讼时效中断的法定事由。根据《民法通则》第 140 条的规定，中断诉讼时效的事由包括提起诉讼（起诉）、当事人一方提出要求（请求）或者同意履行义务（认诺）。《民法总则》第 195 条规定，中断诉讼时效的事由包括权利人向义务人提出履行请求（请求）、义务人同意履行义务（认诺）、权利人提起诉讼或者申请仲裁（起诉或仲裁）和与提起诉讼或者申请仲裁具有同等效力的其他情形。这些事由区别于中止诉讼时效的事由，都是依当事人主观意志而实施的行为。诉讼时效的目的是促使权利人行使请求权，消除权利义务关系的不稳定状态，因此诉讼时效进行的条件是权利人不行使权利。如果当事人通过实施这些行为，使权利义务关系重新明确，则诉讼时效已无继续计算的意义，当然应予以中断。

（1）起诉或申请仲裁等。即权利人依诉讼程序主张权利，请求人民法院或仲裁机构强制义务人履行义务。起诉行为是权利人通过人民法院向义务人行使权利的方式，故诉讼时效因此而中断，并从人民法院裁判生效之时重新起算。但是，对权利人的起诉，人民法院不予以受理或予以驳回，以及权利人起诉后自动撤回的，均不中断诉讼时效。根据最高人民法院相关司法解释的规定，申请仲裁、申请支付令、申请破产、申报破产债权、为主张权利而申请宣告失踪或死亡、申请强制执行、申请追加当事人或被通知参加诉讼等都属于起诉的范畴。另外，人民调解也属于起诉的范畴，具有中断诉讼时效的作用。即权利人向人民调解委员会或者有关单位提出保护民事权利的请求，从提出请求时起，诉讼时效中断。经调解达不成协议的，诉讼时效期间即重新起算；如果调解达成协议，义务人未按协议所定期限履行义务的，诉讼时效期间应从期限届满时重新起算。

（2）请求。这里指权利人直接向义务人作出请求履行义务的意思表示。这一行为是权利人在诉讼程序外向义务人行使请求权，改变了不行使请求权的状态，故应中断诉讼时效。不论权利人的请求采用何种方式，只要到达对方义务人本人或向债务保证人、债务人的代理人或者财产代管人主张权利的，均可以认定诉讼时效中断。

（3）认诺。即义务人在诉讼时效进行中直接向权利人作出同意履行义务的意思表示。基于义务人认诺所承担的义务，使双方当事人之间的权利义务关系重新得以明确，诉讼时效自此中断，并即时重新起算。认诺的方式有多种多样，包括部分清偿、请求延期给付、支付利息、提供履行担保等。但是，在诉讼时效完成之后的认诺、义务人向第三人表示的认诺等则不能中断诉讼时效。

**（三）诉讼时效的延长**

1. 诉讼时效延长的概念。诉讼时效延长是指人民法院查明权利人在诉讼时效期间确有法律规定之外的正当理由而未行使请求权的，适当延长已完成的诉讼时效期间。《民法通则》对于诉讼时效的延长也有明文规定，诉讼时效延长具有不同于诉讼时效中止和中断的特点，具体表现在：它是发生在诉讼时效届满之后，而不是在诉讼时效过程中；能够引起诉讼时效延长的事由，是由人民法院认定的；延长的期间，也是由人民法院依客观情况予以掌握。

2. 诉讼时效延长的适用条件。

（1）延长诉讼时效需经过权利人的申请。社会生活的复杂性决定了法律不可能将阻碍诉讼时效进行的情况全部地加以规定。当出现中止和中断诉讼时效的法定事由之外的事实即特殊情况，造成权利人逾期行使请求权时，有必要授权人民法院审查是否作为延长时效的事由，以弥补法律规定的不足。而所谓特殊情况则是指权利人由于障碍在法定诉讼时效期间不能行使请求权的情况。

（2）诉讼时效的延长适用于已经届满的诉讼时效。已完成的诉讼时效期间仍然有效力，而由人民法院决定适当延长一定的期间。

根据《民法总则》及《民法通则》的立法精神和司法机关的有关规定，普通诉讼时效和特殊诉讼时效，均适用中止、中断和延长，而最长诉讼时效则仅适用延长的规定，不适用中止和中断。

### 七、诉讼时效与除斥期间

所谓除斥期间，又称预定期间，是指某种权利的法定存续期间。权利人若在此期间内不行使权利，期间届满后，该项实体权利即告消灭。例如，《合同法》第55条规定，具有撤销权的当事人自知道或者应当知道撤销事由之日起1年内没有行使撤销权，或者具有撤销权的当事人知道撤销事由后明确表示或者以自己的行为放弃撤销权的，撤销权消灭。这里所规定的1年的期限，即为该项撤销权的除斥期间。

在民法上，仅有诉讼时效的制度，尚不足以稳定民事法律关系，比如诉讼时效可以中断和中止，在某些场合若不加以限制，法律关系便有无限期处于不确定状态之虞。所以民法上在时效期间之外对某种权利另行规定一个不变的存续期间。诉讼时效与除斥期间都是因时间的经过而引起权利变动，但是，诉讼时效的期间，是指一定事实状态即权利不行使的持续期间，它以该事实状态的发生为起算点；而除斥期间的期间是指一定权利的法定存续期间，原则上是以该权利的取得为起算点。

诉讼时效与除斥期间的区别表现在诸多方面。

1. 两者的法律后果不同。虽然诉讼时效和除斥期间的法律后果都表现为某种权利的消灭，但是，诉讼时效经过会导致义务人抗辩权的产生，使其能够对抗权利人的请求权；而除斥期间则消灭的是权利人享有的实体民事权利本身，如追认权、撤销权、解除权等。

2. 两者的期间不同。虽然诉讼时效和除斥期间都以一定事实状态存续一定时间为内容，但是，诉讼时效是可变期间，适用中止、中断或延长的规定；而除斥期间则一般是不变期间，不因任何事由而中止、中断或者延长。

3. 两者的适用依据不同。诉讼时效规定的是权利受害人请求法律保护的期限，仅适用于权利受到侵害的权利人不行使请求权的情况；而除斥期间规定的是权利人行使某项权利的期限，以权利人不行使该实体民事权利作为适用依据。

4. 两者的适用条件不同。诉讼时效是在当事人主张时，人民法院予以援用；而除斥期间则是由人民法院依职权予以援用，不论当事人是否主张。

5. 两者的起算时间不同。诉讼时效的起算始自权利人能够行使请求权（请求权产生之时），《民法通则》规定从权利人知道或者应当知道其权利被侵害时起算；而除斥期间则是自相应的实体权利成立之时起算。

## 第二节　期　间

### 一、期间的概念

期间是指民事法律关系产生、变更和终止的时间。

期间可表现为某个不可分割的时刻。如某年、某月、某日，称为期日；也可表现为从一定时刻到另一时刻的时间过程，如自某年某月某日起至某年某月某日止。

民法上的期间与一定的民事法律后果相联系，是民事法律关系产生、变更和终止的根据，故期间是一种法律事实。一般把期间列入事件的范畴。

在社会生活中，期间是民事流转正常进行的一个重要因素，依据期间，民事法律关系得以明确和稳定，并最终实现当事人的民事需求。期间也是权利人行使权利，义务人履行义务的根据。

## 二、期间的种类

期间广泛存在于各种民事活动中，根据其性质、产生根据、用途等不同，可作如下分类：

### （一）法定期间和意定期间

法定期间是法律规定的期间。又分为强制性期间和任意性期间。前者是不允许当事人协议变更的法定期间，后者则是允许当事人协议变更的法定期间。

意定期间是由当事人协商确定的期间。

### （二）一般期间和特殊期间

一般期间是适用于各种民事法律关系的期间。

特殊期间是有关特定民事法律关系的期间。

### （三）民事权利的行使期间和民事义务的履行期间

民事权利的行使期间是权利人行使其权利的期间。

民事义务的履行期间是义务人实施履行行为的期间。

## 三、期间的计算

由于期间在民事活动中具有重要意义，所以，《民法通则》第154条和第155条对期间的计算方法作出了统一规定。《民法总则》第十章在此基础上也对期间及其计算进行了规定。

### （一）计算单位

根据《民法总则》第200条及《民法通则》第154条第1款的规定，民法所称的期间一律按照公历年、月、日、小时计算。按日历连续计算的，一个月以30天计算，不论月大月小；一年均以365天计算，不分平年闰年。

### （二）期间的起算

根据《民法通则》第154条第2款的规定，凡规定按小时计算期间的，从规定的小时即时开始计算；规定按日、月或者年计算期间的，开始的当天不予以计算，而从次日零时开始计算。《民法总则》第201条规定，按照年、月、日计算期间的，开始的当日不计入，自下一日开始计算。按照小时计算期间的，自法律规定或者当事人约定的时间开始计算。

### （三）期间的终止

根据《民法总则》第202条、第203条及《民法通则》第154条第3款和第4款的规定，按照年、月计算期间的，到期月的对应日为期间的最后一日；没有对应日的，月末日为期间的最后一日。期间的最后一日是法定休假日的，以法定休假日结束的次日（第一个工作日）为期间的最后一日。

期间最后一日的截止时间为当天的24点。规定有业务时间的，则自停止业务活动的时间截止。

### （四）期间计算用语的语意

根据《民法通则》第155条的规定，民法所称的"以上""以下""以内""以前""届满"，如无特别说明，均包括本数在内。而所称"不满""超过""以外""以后"等，均不包括本数。《民法总则》第205条则规定，民法所称的"以上""以下""以内""届满"，包括本数；所称的"不满""超过""以外"，不包括本数。

### （五）期间规定为任意法

根据《民法总则》第204条规定，期间的计算方法依照本法的规定，但是法律另有规定或者当事人另有约定的除外。

# 第九章 人身权

## 第一节 人身权概述

### 一、人身权的概念和特征

#### （一）人身权的概念

人身权作为法律术语，人们经常在不同场合使用它。有时用它来表示人身权利，有时用它来表示人身权制度，有时也用它来表示人身权法律关系。然而这三个概念的内涵是不相同的。人身权是指民事主体依法享有的与其人身不可分离而又无直接财产内容的民事权利，如姓名权、荣誉权。人身权制度是指国家通过立法为人身权法律关系的产生、变更，人身权的内容以及人身权的实现和保护所确立的规则和准绳，如《民法通则》等法律中的有关上述内容的规定。这些法律规定的总和就构成我国人身权制度。人身权法律关系是指特定的主体与不特定的主体，因特定主体的人格与身体而发生一种社会关系，相互之间的自由将受到一定的约束，如在特定主体张某因其名誉与不特定主体李某、黄某的人身权法律关系中，李某和黄某在行使言论自由时就受到一定的约束，即不能散布可能造成损害张某名誉的言论。

人身权是民事主体的一项最基本的民事权利，它是其他民事权利存在的前提，是现代文明社会进步和发展不可缺少的条件。历史的实践表明，只有重视主体的人身权才能激起社会尊重人格的尊严和珍视人的价值的意识，才能唤起主体改造世界、创造世界的积极性。我国《民法通则》等有关法律对人身关系进行调整，对民事主体的人身利益进行保护，其目的就在于满足主体对人格尊严和自由保障的需要，以保证社会关系的协调有序发展。

#### （二）人身权的特征

人身权作为一种民事权利，与其他民事权利相比，其具有以下特征：

1. 人身权是一种没有财产内容、不直接体现财产权益的民事权利。人身权的这一特点是根据人身权的权利对象与其他权利的权利对象相比较而得出的。人身权的权利对象非常广泛，如有生命、健康；有姓名、肖像；还有名誉和荣誉。但无论哪一种，如将它和物权的权利对象、债的权利对象相比，我们将发现人身权的权利对象不具有物权权利对象那种对社会所具有的价值和使用价值，也不像债权权利对象那样能满足人们生活和生产的需要。人身权的权利对象通常与公民的道德情操、价值观念、思想意识相联系，权利行使的目的也主要是为满足个人的需要。由于人身权的权利对象不是民法理论上所说的物，不具有财产性质，所以，人身权是一种没有财产内容，不直接体现财产利益的民事权利。

2. 人身权虽无财产内容，但与权利主体的财产权有一定的联系。说人身权与权利主体的财产权有一定联系，是因为人身权的权利对象能使权利人的财产发生变动，如一个人拥有健康的身体，他可以为自己创造更多的财富，相反一个病残的身体则会限制他创造财富的能力。又如一个众口皆碑的名誉，它能为权利人带来许多机会，使其贸易兴隆、财源滚滚；相反，一个遭人唾弃的名誉，则会直接影响权利人的经营活动，最终会落得众叛亲离的地步。

所以，我们说人身权与财产权有着密切的联系，人身权往往是发生财产关系或为主体带来财产利益的依据或前提。

3. 人身权与权利主体的人身紧密联系，不可分离。人身权的权利对象与其他权利对象不同的另一个特点是，它的存在须以公民的身体和法人组织体为依附。如离开了这种依附体，人身权也就失去了其存在的意义。由于人身权权利对象的这一特点，决定了人身权以主体的存在而存在，除法人、合伙和个体工商户的名称权可以依法转让外，任何权利主体不得以任何形式转让其权利对象，如出售、赠与或继承。同样，当民事主体违反民事义务时，法律只能追究其民事责任，而不能任意剥夺或限制其人身权利的行使。

人身权除了具备"非财产性""联系性""不可分离性"三大特点外，就其权利性质而言，它是一种绝对权，其权利的法律效力及于一切人。社会上的不特定人都有不侵犯他人人身权利的义务。当人身权受到侵犯时，权利主体可以请求法院保护其权利，制裁侵权者。同时，它又是一种支配权。权利人对自己人身、人格利益可以直接支配，权利的实现无需他人协助。

### 二、人身权的种类

人身权是一个类概念，根据权利对象的属性，可以将人身权分为人格权和身份权。人格权是指以权利人自身的人身、人格利益为客体的民事权利。它表现的是主体的自然属性。人格权包括生命权、健康权、身体权、姓名权、自由权、名誉权、荣誉权、肖像权、名称权、隐私权（个人生活秘密权）、尊严权和信用权等。凡具有法律人格的自然人或社会组织都享有人格权。身份权是指基于权利人一定身份而享有的民事权利。它反映的是主体的社会属性。身份权包括亲属权、配偶权等。人格权与身份权虽然同属于人身权，但两者之间也存在诸多不同。首先，权利取得的方式不同。人格权是法律赋予每个公民、法人依法享有的一项不可侵犯的权利，该权利的取得，无需任何其他条件。身份权虽然是每个公民、法人都有可能取得的权利，但它却不是每个公民和法人都必然能享有的一项民事权利。因为权利人只有通过自己的行为，取得了一定的身份后，方能享有此权利。其次，主体范围不同。人格权是每个公民、法人都普遍享有的一项民事权利，而身份权则不是每个公民、法人都享有，而是因主体而异。再次，权利对象不同。人格权的对象是自然人和法人的自然属性，身份权则是主体的特定身份。最后，权利消灭的时间不同。人格权是因公民的死亡、法人的终止而消灭，身份权则根据主体身份的有无决定。如果权利主体的身份丧失，那么，基于其身份丧失的事实，其也就不再享有身份权。

## 第二节 人 格 权

### 一、人格权的概念和特征

人格权是公民和法人作为民事权利主体所享有的人格尊严不受侵犯的一种民事权利。这种权利为民事主体人身固有并为法律所承认，权利与主体之间具有不可分离的属性。人格权始于出生（或成立），终于死亡（或消灭），为公民终生享有或法人在存续时间享有。人格权是一种专有性的人身权利，未经权利主体的同意，任何人都不得侵犯和妨碍其权利或权利的行使，否则就要承担法律责任。

保护人格权，是我国《民法通则》对宪法原则的具体贯彻和体现。我国《宪法》规定

"中华人民共和国公民的人格尊严不受侵犯"。《民法通则》以宪法为指导，列举了公民和法人所享有的各项具体的人格权，并详细规定了保护措施，这对于健全社会主义的民主和法制，促进社会主义精神文明和物质文明的建设具有重要意义。

人格具有如下特征：

1. 人格权是民事主体与生俱来、"人之为人"的一种权利。

2. 人格权是经法律认可由民事主体所享有的。民事主体的人格权的种类和内容是经法律认可的，悼念权、亲吻权等未经法律认可的"权利"不属于人格权的范畴。

3. 人格权具有平等性。人格权是民事主体资格本身所要求的基本权利，民事主体享有无差别的人格权。

4. 人格权的客体是人格利益。所谓人格利益，是指民事主体维持其生存及个体人格独立、人格自由、人格尊严所必需的利益。

死者不具有权利能力，因此原则上死者并不享有人格权。但基于公序良俗维系的需要，国家例外承认对死者人格利益进行保护。如《最高人民法院关于确定民事侵权精神损害赔偿责任若干问题的解释》第3条规定，自然人死亡后，其近亲属因下列侵权行为遭受精神痛苦，向人民法院起诉请求赔偿精神损害的，人民法院应当依法予以受理：（1）以侮辱、诽谤、贬损、丑化或者违反社会公共利益、社会公德的其他方式，侵害死者姓名、肖像、名誉、荣誉；（2）非法披露、利用死者隐私，或者以违反社会公共利益、社会公德的其他方式侵害死者隐私；（3）非法利用、损害遗体、遗骨，或者以违反社会公共利益、社会公德的其他方式侵害遗体、遗骨。《民法总则》第185条也规定，侵害英雄烈士等的姓名、肖像、名誉、荣誉，损害社会公共利益的，应当承担民事责任。

## 二、具体人格权

### （一）生命权

生命权是自然人以其生命维持和安全利益为内容的人格权。法律上的生命与生物学意义上的生命不同。它是指能够独立呼吸并能进行新陈代谢的活的有机体，是人赖以存在的前提。生命的存在和生命权的享有，是每个公民的最高人身利益，也是行使其他民事权利的基础。如果生命终止，那么，任何其他权利都将失去意义。所以，民法以保护生命权为其主要目的。

生命权的内容，主要包括生命维护权、有限的生命利益支配权和司法保护请求权。

### （二）身体权

身体是指自然人的躯体，包括四肢、五官、毛发、指甲等。假肢、假牙如被置于肢体并成为肢体的一部分，亦应属于身体。身体与生命既相互联系，又有严格的区别。身体是人的生命得以存在的物质载体，没有身体也就没有生命，而生命是公民身体的活动能力，公民的身体只有在具有生命的前提下，才能成其为身体。法律上将其规定为两项独立的权利，就在于区分身体权是因创伤而受损、生命则因死亡而受损，两者泾渭分明，不容混淆。所以，身体权只是公民对其肢体、器官等组成部分依法享有以完整和支配利益为内容的人格权。

身体权的内容，主要包括保持身体完整权和身体合理支配权。

### （三）健康权

健康是指人体各种生理机能的正常运转，没有任何身心障碍。健康包括器质健康、功能健康、生理健康和心理健康。健康与生命也是既有联系又有区别的两个概念。他们的联系是健康以生命为前提；他们的区别在于生命并不等于健康。所以，健康权是公民以其整体功能利益为内容的人格权。

健康权的内容，主要包括健康维护权、劳动能力保持权和健康利益支配权。

### （四）姓名权

姓名包括姓氏和名字两个部分。它是每个人所固有的并同其他人区别开来的特定标志。公民只有以自己的姓名从事民事活动，才有可能使自己的行为与其他人的行为相区别从而为自己取得民事权利和设定民事义务，并在权利受到侵害或遭受妨害时请求相应的救济，所以，姓名权就是公民决定其姓名、使用其姓名和变更其姓名并要他人尊重自己姓名的权利，是以姓名利益为内容的人格权。

姓名权的内容，主要包括姓名的命名、使用、变更并排除他人的妨碍和侵害。

### （五）名称权

名称是法人和其他组织在参与民事活动时，为区别于其他组织而为自己确立的一个特定标志。法人的名称应能反映其营业性质、业务活动范围及其隶属关系。个体工商户、个人合伙的名称则是指他们在经营活动中所起的字号，用以与其自己的姓名相区别，也用于与其他字号相区别。名称权的取得与姓名权不同，根据我国法律和法规的规定，这种区别主要表现在以下三个方面：首先，企业法人、个体工商户、个人合伙只准登记使用一个名称。其次，在经营活动中不得使用假名和笔名。再次，在同一县、市行政区划内，名称不得重复登记，先登记者对后登记者有排他性。名称权是法人、个体工商户和个人合伙依据《民法通则》的规定而享有的一项人身权利，是以名称利益为内容的人格权。

名称权的内容，主要包括命名、使用、变更及依法转让并排除他人妨碍与侵害。

### （六）肖像权

肖像是指公民身体的外部表现，并通过传统美术和现代科学将人身体的外部表现在客观上再现，如通过摄像、画像、摄影、雕塑等。肖像反映的是肖像者的真实形象和个性特征，所以肖像与特定人的人格不可分离。由于人享有对自己身体的支配权，这也就自然决定了人对自己的肖像同样享有支配权。所以，肖像权是公民对自己的肖像享有利益并排斥他人侵犯的一种人身权利，是以公民的形象、特征利益为内容的人格权。但肖像与身体毕竟不同，因此，我国法律虽然规定肖像权为人格权，但在支配效力上作出了与身体权具有显著不同的规定，这种区别表现在：身体只允许身体权人独自支配，任何人未经身体权人同意，都不得使用和处分他人的身体；肖像则不同，肖像不像身体那样，其他人未经身体权人的同意绝对不得使用，而是其他人只有在以营利为目的的情况下，才须征得肖像权人的同意，除此之外，其他人只要不侵犯肖像权人的合法权益，为了一定的目的而使用他人肖像，如为了宣传报道，则无需征得肖像权人的同意。

肖像权的内容，主要包括形象的再现和肖像的使用以及排除妨碍和在一定范围内排除侵害。

### （七）名誉权

名誉是指社会或他人对特定公民、法人的品德、才干、信誉、商誉、资历、功绩等方面的评价的总和。名誉的好坏直接关系到民事主体的社会地位和个人的尊严，并可能对其参与民事活动以及其他社会活动的机会产生直接或间接的影响。由于名誉与民事主体的民事活动有着密切的联系，所以我国法律规定公民和法人享有名誉权。名誉权就是公民、法人依法所享有的，有关自己的社会评价而不受他人侵犯的一种人身权利，是公民和法人就其名誉利益为内容的人格权。说名誉权是人格权，是因为他与人的自然属性相联系，名誉是伴随自然人的出生而存在，伴随法人的成立而存在。一个婴儿出生后，虽然还不会说话，不会与别人沟通，但他却有了周围邻居对他的评价。比如这个小孩很机灵等，虽然这些评价并不一定正确、全面，但它却是客观存在的。所以，民法理论将名誉权归类于人格权。

名誉权的内容，主要指主体有权维护自己的名誉不受他人恶意贬毁和损害。

### (八) 隐私权

隐私，也称个人生活秘密，是指公民个人生活中不愿公开或为他人知悉的秘密。如个人私生活、个人的日记、生活习惯、财产状况。隐私权是指公民对自己个人生活权和以个人生活自由为内容，从根本上排斥他人干涉的一种人身权利，是公民就其个人秘密利益为内容的人格权。

隐私权一般认为始于 19 世纪末，20 世纪 70 年代以后，才逐步成为一项法定的民事权利，我国《民法通则》虽然没有明文规定公民享有隐私权，但《侵权责任法》第 2 条明确将隐私权纳入保护范围。侵害隐私权，应承担侵权责任。

关于为什么将公民的隐私确定为一项民事权利，学说上有多种解释，其中有一种解释值得重视。该解释认为，对个人隐私的保护有助于主体的个性的发展，而主体的个性又是整个社会发展的不可缺少的因素。如果个人隐私得不到有效保护，那么，主体个性的培育和发展就会受到制约，最终会导致社会进步缓慢，甚至停滞不前。

隐私权的内容，主要包括在法律范围内选择自己的生活方式，维护自己的生活秘密，排斥他人对自己生活秘密窥探和传播。

隐私权与名誉权既有联系又有区别。宣扬他人隐私的行为往往会造成对他人名誉的影响和损害，但隐私权毕竟为一项独立的民事权利，不能完全被名誉权所吸收和取代。他们之间的不同主要表现在：(1) 名誉权不仅公民享有，法人也享有，而隐私权的主体主要是公民。(2) 侵害名誉权的行为人散布的内容是虚构的、捏造的；而侵害隐私权的行为人散布、公开的内容却是真实的。因此，把握两者间的不同，对于区别什么是侵害名誉权，什么是侵害隐私权是十分必要的。

### (九) 荣誉权

荣誉是指特定的公民、法人从特定组织依法获得的积极的和肯定的评价。荣誉权就是指公民、法人依法享有的保持自己荣誉称号，非经法定程序不受剥夺的民事权利。荣誉虽然也是一种评价，但它不同于名誉，荣誉是对特定人的某一具体行为所作的一种评价。因此，它与特定人的特殊身份相联系，当这种身份被撤销了，权利也自然消失。如某游泳运动员在世界级大赛中获得第一名，于是，他获得了第一名的称号，但事后，经组委会调查，发现其在赛前服用了兴奋剂，于是宣布他的第一名无效，由于该运动员第一名身份的消失，其享有的荣誉权也自然消灭。

荣誉权是基于人在社会活动中担任着不同角色的特点而产生的一种人格权，如荣誉权可以因科学技术研究及技术进步而取得，可以因自己生产的产品优秀而取得，可以因自己对工作尽心尽职而取得。总之，荣誉权是具有严格的人身属性，与特定主体的人身不可分离。

荣誉权的内容，主要包括接受荣誉称号，接受奖励，排除他人妨碍和侵害。

### （十）个人信息权

随着信息社会的来临，个人信息数据具有丰富的人格意义内涵，成为现代信息社会下的重要人格法益。《民法总则》第 111 条规定：自然人的个人信息受法律保护。任何组织和个人需要获取他人个人信息的，应当依法取得并确保信息安全，不得非法收集、使用、加工、传输他人个人信息，不得非法买卖、提供或者公开他人个人信息。该条所规定的主体范围略窄，法人和其他组织同样应当享有信息权。

### （十一）婚姻自主权

《民法总则》第 110 条第 1 款规定，自然人享有生命权、身体权、健康权、姓名权、肖像权、名誉权、荣誉权、隐私权、婚姻自主权等权利。由此可见，婚姻自主权已作为一项重要的具体人格权，得到立法的重视和保护。婚姻自主权是公民自主决定其婚姻配偶，决定缔结或解除婚姻关系，对抗买卖、包办婚姻以及其他干涉婚姻自由的行为的权利。《侵权责任法》也将婚姻自主权作为一项重要的民事权益加以保护、防止侵害。婚姻自主权的内容，包括选择配偶的自主、结婚的自主、离婚的自主，以及对抗一切干涉婚姻自由的行为。

将婚姻自主权纳入具体人格权的保护范围是立法的进步。婚姻关系作为社会生活中最重要的私法关系之一，与身份权中的配偶权密切相关。婚姻关系的健康稳定关乎整个社会的发展，同时对于个人来讲，婚姻自由也是一般人格权中人格独立、人格自由、人格尊严的具体体现，必须将其列入《民法总则》中加以重点保护。

## 三、一般人格权

一般人格权，是指民事主体依法所享有的，以人格平等、人格独立、人格自由以及人格尊严等根本人格利益为内容的，并能够由此产生具体人格权的权利。

与具体人格权相比，一般人格权具有以下特征：

1. 权利主体的普遍性。一般人格权的主体包括自然人、法人及其他组织，这些主体均平等地享有一般人格权。

2. 权利客体的高度概括性和开放性。具体人格权只具有某个方面的人格利益，一般人格权的客体包括人格独立、人格平等、人格自由、人格尊严等具体人格权之外的、尚未或无法具体化的人格利益，具有高度概括性，实践中随着社会观念的发展，权利内涵不断丰富。

3. 所保护利益的根本性。人格独立、人格平等、人格自由和人格尊严都是民事主体之所以成为民事主体最根本的条件，并由此产生和规定具体人格权。

4. 权利内容的不确定性。一般人格权的内容涵盖具体人格利益之外民事主体应当享有的所有其他人格利益，无法事先确定，也不应当事先确定。

5. 权利的保障补充性。一般人格权可以解释和补充具体人格权，当受到侵害的人格利益不能为具体人格权所包含时，受害人可以依据一般人格权寻求法律救济。

## 第三节　身　份　权

### 一、身份权的概念和特征

身份权是公民和法人依一定行为或依相互之间的关系所发生的一种民事权利。身份权与主体的特定身份相联系，如夫妻关系，夫妻双方基于这一身份而彼此享有身份权。

身份权作为一种民事权利，它不仅为权利人的利益而设立，同时也为相对人的利益而设立，因此，权利人在行使法律赋予的各项身份权时，也必须履行相应的法定义务，正确行使身份权或保护身份权，这有利于建立正常的、和谐的人际关系。

身份权具有如下特征：

1. 身份权属于人身权，与平等的民事主体的人身利益紧密相连，而非身份等级利益。

2. 身份权不是民事主体所固有的权利，其必须以一定的社会关系为前提和基础，体现为一种地位或者资格等。

3. 身份权不具有直接的财产性，不直接体现财产内容。

## 二、身份权的类型

### （一）配偶权

配偶是婚姻关系的一个专门术语，是指依照法定程序确立起夫妻关系的男女。配偶权则是指在合法有效的婚姻关系存续期间，夫对妻或妻对夫的一种民事权利。

配偶权的内容很广泛，有各自参加工作、学习和活动的自由，有要求对方与己共同生活的权利，有要求对方对己保持忠诚的权利，当发生困难时有要求对方给予帮助的权利。配偶间的这些权利，都以配偶身份的存在为前提，一旦这一身份丧失，那么，这些权利也随之消失。

### （二）亲属权

亲属是指基于婚姻、血缘和收养所产生的社会关系。亲属权就是指父母与子女，祖父母与孙子女，外祖父母与外孙子女，兄弟姐妹之间的民事权利。在父母与成年子女之间，如一方患有精神病，他方享有监护权和抚养权；父母与子女之间互有请求抚养、赡养的权利。在祖（外）与孙（外）子女间，祖辈对父母已经死亡或父母已丧失抚养能力的未成年的孙（外）子女负有抚养和监护义务。同样，孙辈对子女已死亡或子女已丧失负担能力的祖（外）父母负有赡养义务。在兄弟姐妹之间，有负担能力的兄、姐对父母已亡或丧失了抚养能力的弟、妹，负有抚养的义务，反之也同样如此。亲属间的这些权利与义务以彼此间存在特殊身份为前提，所以，亲属权也属于身份权之范畴。

# 第十章　物权法概述

## 第一节　物 权 概 述

### 一、物权的概念和特征

#### (一) 物权的概念

物权，是指权利人依法对特定的物享有直接支配和排他的权利。《物权法》第 2 条第 3 款规定了上述定义。《民法总则》第 114 条第 2 款规定："物权是权利人依法对特定的物享有直接支配和排他的权利，包括所有权、用益物权和担保物权。"这一定义表明：

1. 物权是以物为权利客体的民事权利。民事权利的客体有物、行为、智力成果、人身利益等不同类型，物权的客体只能是物。作为物权客体的"物"，系指有体物，包括动产和不动产。各国物权法上也有以权利为物权客体的规定，《物权法》规定："本法所称物，包括不动产和动产。法律规定权利作为物权客体的，依照其规定。"《物权法》及《担保法》所规定的"权利质权"，即为其著例。

2. 物权是支配标的物并享受其利益的排他性权利。任何民事权利都是以一定的利益为内容的，但各种权利的利益实现方式并不完全相同。物权的最大特点在于，它是通过权利主体对标的物的直接支配而实现其利益的。所谓支配，是指物权人依据自己的意志独立地对于特定的动产或不动产予以占有、使用、收益、处分，任何人非经权利人的同意，不得侵害或加以干涉。例如，土地承包人可耕种其土地，抵押权人可依法处分抵押物，等等。至于"享受其利益"，主要包括两种情况：一是对标的物加以利用，实现其使用价值，从而满足生产或生活需要；二是就标的物的交换价值设为债务的担保，以确保债权的实现。物权的排他性，是指同一标的物上，不得同时并存性质两立的两种或两种以上的物权，例如同一物上不能同时设立两个所有权或用益物权。物权的排他性衍生出物权的优先权效力和追及效力。当物权与债权并存时，物权优先于债权；同一物上有数个物权并存时，先设立的物权优先于后设立的物权。物权的标的物，无论辗转何处，权利人均可追及于物之所在行使其权利，依法请求不法占有人返还。

#### (二) 物权的特征

物权的法律特征，可通过物权与债权的比较加以说明。

在采用德国民法体系的大陆法系国家，财产法被分为物权法与债权法，物权和债权为民法中两类最基本的财产权。作为财产法的两项基本制度，物权与债权之间存在着非常密切的联系。一方面，物权往往是债权成立的基础，因为物权是交易的基本法律形式，而市场交易的前提是交换双方各自享有用于交换的财产的所有权。另一方面，物权又往往是债权运动的结果。因为交易实际上就是所有权的交换，通过交换，当事人一方面失去其原有的所有权，另一方面又取得另一财物所有权，而这正是主张债权的效果和债权实现的标志。可见，物权和债权是交易过程中互为因果的两个法律现象，两者往往相互依存，共同反映市场经济活动的要求。但是，物权和债权毕竟是两类不同的财产权，反映着不同的财产关系，各有自己不同的法律特征。

1. 在权利性质上，物权为支配权，权利人无需借助于他人的行为就能行使其权利，并通过对标的物的直接管领和支配实现自己的利益。例如，所有权就是一种对物的完全支配权，权利人可以通过占有、使用、收益、处分标的物行使其所有权，满足自己的利益需要，而不需要他人的积极协助。而债权则是一种请求权，债权人不能直接支配债务人的行为，一般也不能直接支配债的标的物，而只能请求债务人为一定行为或不为一定行为，并借此满足自己的利益需要。离开债务人履行债务的行为，债权就无从实现。与此相应，物权是公开化的权利，而债权具有非公开性。物权设定时必须公示，而债权由于只是在特定的当事人之间存在，并不具有公示性，设立债权亦不需要公示。

2. 在权利效力范围上，物权为绝对权，债权为相对权。物权的义务主体是不特定的，即权利人之外的一切人，该一切人均负有不妨害物权人行使权利的义务（不作为义务），故物权又被称为"对世权"。债权则不然，债权作为一种请求权，只能向特定的义务主体（债务人）主张权利，即债权人只能请求特定的债务人为一定行为或不为一定行为，而不能向债务人以外的第三人主张债权。因此，特定债务人的存在是债权的成立要件。需要指出的是，债权作为法律上的权利，本身也具有不可侵害性，即债权人行使权利不受任何人的非法妨害，但此点并非债权自身的效力内容，而是债权作为一种法律上权利所固有的特征；债权若因第三人的妨害而无从实现，债权人可对该第三人提出侵权赔偿请求，但此种请求权已是另一债的关系（侵权之债）的内容。

3. 在权利客体上，物权的客体为物，而债权的客体是一种给付行为。物权是对物的支配权，物的存在是物权产生的基础，也是物权的唯一客体。物权的自身性质（支配性）决定了物权不能以行为、智力成果或人身利益为客体。而债权的客体，通说认为是给付，即债务人的特定行为，包括积极给付（以作为为内容的给付）和消极给付（以不作为为内容的给付）。给付也常以物为对象，该物被称为债权的标的物，它与作为物权客体的物也有不同。债权的标的物既可以是已确定数量和品种的种类物，即不特定物，也可以是于债权成立时尚未存在而于债务履行时可能存在之物，但法律禁止流通的物则不能成为债权的标的物。而物权的客体则必须是物权成立时既已存在的物，且必须是特定之物，并且不排除法律禁止流通之物。

4. 在权利效力上，物权具有优先力和追及力，而债权则无。物权的优先效力，意即当物权与债权同时存在于同一物之上时，物权具有优先于债权的效力，物权人得优先行使其权利，债权人唯有在物权人满足自己的权利要求后，方能主张其权利。物权的追及力，是指物权的标的物，无论辗转流向何处，权利人均可追及于物之所在行使其权利，依法请求不法占有人返还。而债权则无此效力。债权标的物的所有权在转移于债权人之前，如果债务人将其转让于第三人，债权人对该第三人无请求返还或者赔偿的权利。

5. 在权利的发生上，物权与债权也有所不同。物权的设定采取法定主义，当事人不得任意创设新的物权，也不得任意变更物权的内容；而债权（合同之债）的设定则采取任意主义，当事人只要不违反法律的强制性规定和社会公序良俗，均可依自己的自由意思设定债权，同时又可以依法自己决定债的内容和具体形式。

6. 在权利的保护方法上，物权的保护以恢复权利人对于物的支配为主要目的，故偏重于"物上请求权"的方法，如返还原物、排除妨害、防止妨害等，赔偿损失仅为其补充；而债权的保护则主要采取损害赔偿方法。

## 二、物权的分类

### （一）完全物权（自物权）与定限物权（他物权）

这是以物权支配力的范围为标准对物权进行的分类。完全物权是指权利人对标的物可以依法进行全面支配的物权。所谓全面支配，意味着支配范围的全面性和支配时间的无限性。符合这一特征的物权，只有所有权一种。因此，完全物权与所有权在内涵上是一致的。定限物权，是指权利人对标的物的支配被限定于某一特定方面或某一特定期间的物权，也称为限制物权。定限物权包含了所有权之外的各种物权形态，它是在所有权权能与所有人发生分离的基础上产生的、由非所有人对物享有的一定程度的支配权，故而又称为他物权，与此对应，所有权则被称为自物权。

### （二）用益物权与担保物权

这是从设立目的角度对定限物权的再分类。用益物权是指以标的物的使用和收益为目的而设立的定限物权，如传统民法中的地上权、地役权、永佃权等。担保物权是指为担保债权的实现而设立的定限物权，如抵押权、质权、留置权等。用益物权和担保物权虽然同属定限物权（他物权），但存在明显差别：（1）设置用益物权的目的在于对他人之物的使用、收益，即实现物的使用价值，而担保物权则在于物的交换价值，目的是以物的交换价值担保债权的实现。（2）用益物权多为具有独立性的主权利，其存在不必以其他权利为前提条件，而担保物权则具有从属性质，其存在以权利人对物之所有人或其关系人享有债权为前提。（3）用益物权的标的物主要为不动产，而担保物权则不然。（4）用益物权客体的价值形态如果发生变化，就会对权利人的使用、收益权产生直接影响，甚至导致权利消灭，而担保物权标的物的价值形态发生变化，并不影响担保物权的存在（担保物权以变形物为客体而继续存在）。

### （三）动产物权与不动产物权

这是根据物权的标的物性质所作的分类。传统民法理论认为不动产物权包括不动产所有权、地上权、地役权、永佃权、典权、抵押权等；动产物权则包括动产所有权、动产质权、留置权等。在各国法律上，不动产物权和动产物权被区别对待，从而使两者之间存在多方面的差异：（1）在取得方法方面，不动产物权比较单一，通常为继受取得；而动产物权则较为复杂，有多种原始取得方法。（2）在权利变动方面，不动产物权通常以登记为公示方法，而动产物权则以交付（占有）为公示方法。（3）在权利行使方面，由于不动产物权的行使与社会公共利益紧密相关，故受到较多的法律限制。（4）在争议管辖方面，不动产物权纠纷由不动产所在地裁判机构管辖，而动产则不尽然。

### （四）主物权与从物权

根据物权是否能够独立存在，可作此分类。不依赖于其他权利而独立存在的物权为主物权，如所有权、地上权、永佃权、典权；从属于其他权利并为其服务的物权为从物权，如地役权、抵押权、质权、留置权等。这种区分的目的，主要在于判断某一物权在特定条件下是否成立及其归属如何。

### （五）意定物权和法定物权

根据物权产生原因的不同，可以将物权分为意定物权和法定物权。

意定物权是指法律虽明确规定了该物权，但须基于当事人的意思和行为而产生的物权，如《物权法》规定的抵押权、质权等。法定物权是指基于法律的规定而直接产生的物权，如留置权等。区分意定物权和法定物权的意义在于二者的成立要件和所适用的法律不同，前者能否成立取决于当事人的意思表示和行为的效力以及法定设立要件是否具备，后者能否成立则取决于法律规定的权利成立要件是否具备。一般情形下，法定物权优先于意定物权。

## 第二节　物权法的基本原则

### 一、平等保护原则

《物权法》第3条第3款规定："国家实行社会主义市场经济，保障一切市场主体的平等法律地位和发展权利。"该条明确了我国物权法的平等保护原则。平等保护被认为是物权法最基本的原则，是制定《物权法》的基本指导思想，也是直接反映中国基本经济制度和社会主义市场经济的原则，是我国物权法具有中国特色的鲜明体现。

《物权法》之所以确立平等保护原则，是基于市场经济的内在要求。宪法规定："国家实行社会主义市场经济。"一方面，产权的构建是市场的基本规则，作为市场经济基础的产权制度，必须建立在平等保护的基础上。公平竞争、平等保护、优胜劣汰是市场经济的基本法则。交易本身就是以平等为前提，以平等为基础，市场经济天然要求平等。否认了平等保护，就等于否定了交易当事人的平等地位，否认了市场经济的性质。另一方面，平等保护是市场主体平等发展的条件。在市场经济条件下，财产保护的平等不仅仅为市场主体从事市场交易和公平交易创造了前提，而且也为各类所有制企业的共同发展提供了条件。在社会主义市场经济条件下，各种所有制经济形式的市场主体都在统一的市场上运作并发生相互关系，各种市场主体都处于平等地位，享有相同权利，遵守相同规则，承担相同责任。如果对各种市场主体不给予平等保护，解决纠纷的办法、承担的法律责任不一样，就不可能发展社会主义市场经济，也不可能坚持和完善社会主义基本经济制度。此外，平等保护也是市场经济繁荣和经济增长的动力与源泉。只有确认市场主体之间的平等，才能建立一个有效的激励机制，使市场经济的主体具有足够的动力参与市场经济活动，促进经济的繁荣与发展。

平等保护原则包括以下具体方面：（1）法律地位的平等。所有的市场主体在物权法中都具有平等的地位。（2）适用规则的平等。除了法律有特别规定的情形外，任何物权主体在取得、设定和变动物权时，都应当遵循共同的规则。（3）保护的平等。在发生物权冲突和纠纷时，对各类主体均应适用平等的规则予以解决；在物权受到侵害后，各种不同主体均应受到平等的法律保护。

### 二、物权客体特定原则

物权客体特定原则，又称一物一权原则，指的是物权的客体必须是特定的，一个特定物上只能存在一个所有权，一物之上不得并存两个相互冲突的物权。其内容包括：（1）物权的客体限于在经济上和功能上完整的、独立的一物，一物只能在整体上成立一个所有权，物的组成部分不能成立单个的所有权。（2）一物之上只能成立一个所有权，不能并存多项所有权。

该原则与以下情形并不矛盾：第一，多人对同一物共享一项物权。一物之上只能存在一个所有权，并非指只能存在一个所有权人，多人可以共享同一物的所有权及他物权，例如，共有、数人对同一物享有数个抵押权等情形。第二，一物之上可以并存内容互不冲突的多项物权，如所有权与他物权并存、用益物权与担保物权并存、担保物权与担保物权并存等。

### 三、物权法定原则

物权法定原则，是指物权的种类、内容、效力和公示方法等都应由法律明确规定，而不能由当事人通过合同任意设定。《物权法》第5条规定："物权的种类和内容，由法律规定。"

物权法定原则主要包括如下几方面内容：第一，物权种类必须由法律设定，不得由当事人随意创设。例如，当事人在其协议中不得明确规定约定的权利为物权，也不得设定与法定物权类型不相符合的物权。第二，物权的内容由法律规定。当事人不得创设与法定物权内容不符的物权内容，也不得基于其合意自由决定物权的内容。例如，法律规定以动产设立质权必须移转占有，当事人即不得设立不移转占有的动产质权，否则会因与现行法律规定不符而无效。第三，物权的效力必须由法律规定，不能由当事人通过协议加以设定。第四，物权的公示方法必须由法律规定，不得由当事人随意确定。

采纳物权法定主义原则的主要意义在于：首先，物权直接反映社会所有制关系，对社会经济关系影响重大，因而不能允许当事人随意创设。其次，物权是一种对物直接加以支配的权利，具有强烈的排他性，直接关系到第三人的利益和交易安全，因此不能允许当事人通过合同自由创设。再次，立法中坚持物权法定，可以对实际上已经存在的，包括由有关法律、法规、规章、司法解释等规定的各种具有物权性质的财产权进行整理，从而形成完整和谐的物权法体系。

关于违反物权法定原则的后果，应依以下情形而定：其一，如果法律明确规定了违反物权法定原则的效果，则依据该法律规定处理。其二，法律没有特别规定时，如果当事人的约定违反了法律的禁止性规定，应当认为其无效。应注意的是，如果设定物权的内容中，仅违反禁止性规定的部分无效，且该部分无效不影响其他部分的效力，则去除该部分后，其余部分依然有效。如果当事人创设物权的法律行为没有发生创设该物权的法律效果，但是符合其他法律行为的要件，则可在当事人之间产生该其他法律行为的效果。例如，合同内容如果没有违反某一个具体强行法的规定，就不能认定该合同无效，而只是不承认其创设物权的效力。

### 四、公示、公信原则

任何当事人设立、移转物权时，都会涉及第三人的利益，因此，物权的设立、移转必须具有从外部得以识别的表象，以利于保护第三人的利益，维护交易的安全和秩序，这就需要建立公示原则，将物权设立、移转的事实通过一定的公示方法向社会公开，从而使第三人知道物权变动的情况。所谓公示，就是将物权设立、移转的事实通过一定的方法向社会公开，从而使第三人知道物权变动的情况。

所谓公信，主要适用于不动产的交易，是指一旦当事人变更物权时依据法律的规定进行了公示，则即使依公示方法表现出来的物权事实上并不存在或有瑕疵，但对于信赖该物权的存在并已从事了物权交易的人，法律仍然承认其具有与该物权为真实时相同的法律效果，以保护交易安全。具体来说，公信原则表现为两方面的内容：其一，登记记载的权利人在法律上推定其为真正的权利人。其二，凡是信赖登记所记载的权利而与权利人所进行的交易，即使此项登记错误，登记所记载的权利人与实际的权利人不一致，法律仍然承认其具有与真实物权相同的法律效果。换言之，登记对任何第三人来讲都是正确的，这就是所谓权利的推定性规则。公信原则使交易当事人形成了一种对交易的合法性、对受让的标的物的不可追夺性的信赖与期待，从而为当事人快捷的交易形成了一种激励机制，为交易的安全确立了一种保障机制。

按照物权法定主义，物权的公示方法必须要由法律明确规定，不能由当事人随意创设。公示方法原则上应当采用不动产登记、动产交付的规则。《物权法》第6条规定，不动产物权的设立、变更、转让和消灭，应当依照法律规定登记。动产物权的设立和转让，应当依照法律规定交付。

公示原则与公信原则都是为维护交易安全而设定，通常相提并论，但其内容和功能并不完全相同。公示原则的作用在于确认依公示方法所取得的物权具有对抗第三人的效力。公信原则的功能则在于，即使在公示的内容是虚假或错误的情况下，第三人因信赖该公示的内容而从事交易，其从交易中所取得的权利仍应受到保护。

## 第三节　物权的变动

### 一、物权变动概述

物权的变动，即物权的设立、变更、转移和消灭。其中，引起物权发生、变更、转移或消灭的法律事实，可分为法律行为和法律行为以外的原因两大类。法律行为是物权变动最普遍和最重要的原因。作为物权变动原因的法律行为，既可以是单方法律行为，如消灭物权的抛弃行为，也可以是双方（或多方）法律行为，如通过买卖、互易、赠与等行为取得所有权，通过合同设定抵押权、质权、地役权等他物权。法律行为以外的物权变动原因，种类甚多。从物权的取得方面看，主要有：因人民法院、仲裁委员会的法律文书或者人民政府的征收决定等导致物权设立；因法律规定而取得物权（如留置权）；因继承而取得物权；因建造等事实而取得房屋所有权；等等。从物权的消灭方面看，主要有标的物灭失、法定期间届满、混同、司法裁判等。物权的设立、变更、转让和消灭，在公示方式上因标的物属性不同而异。依各国立法通例，不动产物权变动须通过登记予以公示，动产物权则以（占有）交付为公示方式。

### 二、物权变动的模式

物权变动的模式仅针对法律行为引起的物权变动，与非基于法律行为的物权变动无关。物权变动的立法模式主要有意思主义、形式主义和折衷主义三种。

意思主义是指仅需当事人的债权意思表示而无须其他要件，即足以产生物权变动的立法例。《法国民法典》采取了此立法模式。其特点是不区分债权发生的意思表示和物权变动的意思表示。形式主义是指发生物权变动时，除了债权合意外，还必须有物权变动的意思表示，并履行登记或交付的法定形式，方能产生物权变动效力的立法例。典型代表是《德国民法典》中的物权行为。其特点是区分债权行为与物权行为，且认为物权行为具有独立性与无因性。折衷主义以《瑞士民法典》《奥地利民法典》为代表，其做法介于意思主义与形式主义之间，指的是物权的变动除债权合意外，还需要履行登记或交付的法定形式。其特点是不承认物权行为，认为物权变动的原因是债权行为与登记或交付的结合。

民法学

我国立法确立的物权变动模式属于哪一种，现有的法律规定略显含糊，学界也存在争议。目前较为一致的看法是以债权形式主义为原则，以意思主义为补充。具体来说：第一，买卖、赠与、质押等债权合同并不足以引起物权变动，还须完成登记或交付等公示方法，方可发生物权变动的效力。其中，不动产须经登记，方可成立物权变动，一般动产须经交付成立物权变动，特殊动产经交付可发生物权变动，但未经登记不得对抗善意第三人。《物权法》同时规定土地承包经营权的变动、地役权的设立、动产抵押权的设定，自合同生效时生效，即意思主义的物权变动模式。第二，登记或交付是合同的履行行为，不能将之视为物权行为，未登记或交付并不发生物权效力，但并不影响债权合同的效力。如果债权合同不成立、无效、被撤销，则也不可能发生物权变动的效果。上述将债权合同效力与物权变动效果加以区分的规则，也通常被称为区分原则。

### 三、不动产物权的变动

不动产物权的变动非基于法律行为而发生，必须要有法定原因发生，如继承。作为法定原因的事实发生时，物权的变动即发生。

不动产物权的变动基于法律行为而发生，其基本规则以登记要件主义为原则、登记对抗主义为例外。所谓登记要件主义，是指当事人仅仅就不动产物权变动达成合意尚不能够发生物权变动的法律效果，相反，必须依法进行登记之后才能够使物权变动行为生效，即登记是物权变动生效的要件之一。所谓登记对抗主义，是指当事人之间达成物权变动的合意之后，不进行登记仍然可以发生不动产物权变动的法律效果；但在涉及善意第三人的情况下，未经登记不得对抗善意第三人。通常情形下，基于法律行为而发生的不动产物权变动采登记要件主义，只有在特殊情形下才采登记对抗主义，这些特殊情形包括：土地承包经营权的取得；地役权的设立等。不动产物权变动的时间点是将物权变动记载于不动产登记簿之时，而不是权属证书发放或者收回之日。

### 四、动产物权的变动

《物权法》第 23 条规定："动产物权的设立和转让，自交付时发生效力，但法律另有规定的除外。"交付分为现实交付和观念交付两种情况。所谓现实交付是指动产物权的出让人将动产的占有实际移转给受让人，由受让人直接占有该动产。简单地说，现实交付就是将物从一个人的控制之下转移到另一个人的控制之下，从而发生动产占有的实际移转，这是交付的一般情况。在采用现实交付之前，标的物通常处于出让人占有之下，出让人按照约定将标的物移转至受让人占有之下，视为交付。当然，直接交付行为并不一定完全由出让人亲自进行，出让人也可以委托其履行辅助人完成交付行为。

所谓观念交付，是指在特殊情况下，法律允许当事人通过特别的约定，采用变通的非现实交付的办法，来代替实际交付。允许观念交付有助于充分尊重当事人的意志，减少因实际交付所付出的交易费用，鼓励交易并使交易更为便捷。观念的交付主要采取三种方式：

1. 简易交付。《物权法》第 25 条规定："动产物权设立和转让前，权利人已经依法占有该动产的，物权自法律行为生效时发生效力。"本条是关于简易交付的规定。简易交付又称"无形交付"，即出让人在转让动产物权之前，受让人已通过委托、借贷、租赁、使用借贷等方式实际占有了该动产，则从移转标的物所有权的合同生效之时起，视为交付。换言之，双方当事人以动产物权转让的合意来代替对动产的现实交付。在简易交付时，转让人仅将自主占有的意思授予受让人，使受让人从他主占有变为自主占有，以代替现实的交付行为。据此，许多学者认为简易交付是一种纯粹观念的交付。

简易交付可以简化实际交付的过程，减少交易费用，我国合同法也承认这一方式。《合同法》第140条规定："标的物在订立合同之前已为买受人占有的，合同生效的时间为交付时间。"这一条款虽然是关于交付时间的规定，但实际上承认了标的物的简易交付。

2. 指示交付。所谓指示交付是指物权人在转让动产物权时，如果该动产已经由第三人占有，转让人可以将其对第三人的返还请求权转让给受让人，以代替物的实际交付。《物权法》第26条规定："动产物权设立和转让前，第三人依法占有该动产的，负有交付义务的人可以通过转让请求第三人返还原物的权利代替交付。"在学理上，指示交付又称为让与返还请求权或返还请求权的代位。此种交付规则的目的，是保障第三人对标的物占有的延长，从而进一步发挥物的使用效益。

3. 占有改定。所谓占有改定是指转让人和受让人在转让动产物权时，如果转让人希望继续占有该动产，当事人双方可以订立合同，特别约定由转让人继续占有该动产，而受让人因此取得对标的物的间接占有以代替标的物的实际交付。《物权法》第27条规定："动产物权转让时，双方又约定由出让人继续占有该动产的，物权自该约定生效时发生效力。"占有改定的目的是使转让人继续占有标的物，从而既符合物权移转的要求又能继续发挥物的效用。占有改定的适用范围主要是所有权转让。另外，对占有改定的方式，在适用上也有一些特别的限制，比如当事人不能以占有改定的方式来设定质权。

交付在意思主义物权变动模式和形式主义物权变动模式下有不同的效力，在意思主义物权变动模式下，交付只有对抗效力；在形式主义物权变动模式下，交付具有形成效力和对抗效力。所谓交付的形成效力，是指在形式主义立法的动产物权变动中，交付具有形成物权变动的效力。所谓交付的对抗效力，是指如果没有动产的交付，就不能对抗第三人。

## 第四节 不动产登记

### 一、不动产登记的概念

不动产登记是指不动产登记机构根据登记申请人的申请，依法将不动产权利归属和其他法定事项记载于不动产登记簿的行为。此处的不动产是指土地、海域，以及房屋、林木等定着物。

我国对不动产实行统一的登记制度。不动产登记由不动产所在地的登记机构办理。不动产物权的设立、变更、转让和消灭，依照法律规定应当登记的，自记载于不动产登记簿时发生效力。根据规定，下列不动产权利，可以办理不动产登记：(1) 集体土地所有权；(2) 房屋等建筑物、构筑物所有权；(3) 森林、林木所有权；(4) 耕地、林地、草地等土地承包经营权；(5) 建设用地使用权；(6) 宅基地使用权；(7) 海域使用权；(8) 地役权；(9) 抵押权；(10) 法律规定需要登记的其他不动产权利。

需要说明的是，不动产登记簿与权属证书不同。不动产登记簿是物权归属和内容的根据，由登记机构管理，具有权利推定的效力。将登记的事实录在登记簿之后，如果是权属登记，登记机构应该向登记权利人发放权属证书。不动产权属证书是权利人享有该不动产物权的证明。不动产权属证书记载的事项应与不动产登记簿一致；记载不一致的，除有证据证明不动产登记簿确有错误外，以不动产登记簿为准。但当事人有证据证明不动产登记簿的记载与真实权利状态不符、其为该不动产物权之真实权利人的，应依法确认其享有的物权。

### 二、不动产登记的类型

不动产登记的类型有：

1. 变动登记。这是指不动产物权登记就不动产物权的产生、变更、转让和消灭等事实进行的登记，包括首次登记、变更登记、转移登记、注销登记等。不动产首次登记，是指不动产权利第一次登记。未办理不动产首次登记的，不得办理不动产其他类型登记，但法律、行政法规另有规定的除外。变更登记是指在登记事项发生改变时进行的登记，如权利人的名称发生变更、不动产权利期限发生变化的，不动产权利人可以向不动产登记机构申请变更登记。转移登记发生在买卖、互换、赠与不动产时或者因继承、受遗赠导致不动产权利发生转移时，当事人可以向不动产登记机构申请。在不动产权利因不动产灭失、权利人放弃、不动产被依法征收等原因消灭时，当事人可以申请办理注销登记。

2. 预告登记。预告登记又称"预登记""预先登记"，是指为了保障不动产买卖中旨在取得物权的债权人能够依据合同的约定最终获得物权，在物权变动的条件满足之前，通过向登记机关申请而预先登记，强化债权的一项登记制度。预告登记不仅适用于期房买卖中的债权，而且对于旨在使抵押权等其他物权发生变动的债权都可以进行预告登记。

根据现行规定，有下列情形之一的，当事人可以约定申请不动产预告登记：（1）商品房等不动产预售的；（2）不动产买卖、抵押的；（3）预购商品房设定抵押权的；（4）法律、行政法规规定的其他情形。

预告登记的效力是：预告登记的功能在于强化债权，具有债权物权化效力。纳入预告登记的债权具有对世效力，以确保该债权实现，其实质是限制原权利人处分其权利。预告登记生效期间，未经预先登记的权利人书面同意，处分该不动产权利申请登记的，不动产登记机构应当不予办理。债权未消灭且自能够进行相应的不动产登记之日起三个月内，当事人申请不动产登记的，不动产登记机构应当按照预告登记事项办理相应的登记。但预告登记并不是终局性的最终物权登记，预告登记后，债权消灭或者自能够进行不动产登记之日起三个月内未申请登记的，预告登记失效。预告登记失效的法律后果是解除了登记簿上记载的物权人的处分限制，减弱了债权人依据其债权取得物权的保障，但并不意味着不动产买受人的本登记的登记请求权也同时失效。

3. 更正登记。所谓更正登记，是指在登记簿记载的内容具有错误的情况下，登记机关依据当事人的申请或者主动依据职权更改登记簿上所记载的内容。不动产登记簿记载的权利人书面同意更正或者有证据证明登记确有错误的，登记机构应当予以更正；但在错误登记之后已经办理了涉及不动产权利处分的登记、预告登记和查封登记的除外。不动产登记簿记载无误的，不动产登记机构不予更正，并书面通知申请人。需要注意的是，如果更正登记申请人具有合法的请求权，而登记机构违法拒绝更正登记，此时将发生登记机构不作为侵权问题，登记机构应当承担损害赔偿责任，对此当事人还可以提起行政诉讼。此外，请求办理不动产创设登记与更正登记的请求权不受诉讼时效的限制。

4. 异议登记。所谓异议登记，是指利害关系人通过举证初步证明，登记簿记载的不动产物权具有错误，但登记簿上记载的物权人就此不同意更正登记，并且登记机构也无法依据职权直接变更登记，为了平衡登记簿上的权利人与利害关系人的利益，在不动产登记簿上通过标注异议来暂时对登记簿的真实性做出初步质疑的制度。登记机构予以异议登记，申请人在异议登记之日起 15 日内未提交人民法院受理通知书、仲裁委员会受理通知书等提起诉讼、申请仲裁的材料的，异议登记失效。异议登记期间，不动产登记簿上记载的权利人以及第三人因处分权利申请登记的，不动产登记机构应当书面告知申请人该权利已经存在异议登记的有关事项。申请人申请继续办理的，应当予以办理，但申请人应当提供知悉异议登记存在并自担风险的书面承诺。异议登记不当，造成权利人损害的，权利人可以向申请人请求损害赔偿。

5. 涂销登记。所谓涂销登记，是指在物权完全灭失的情况下，涂销不动产登记簿上的相关登记内容。涂销登记包括绝对涂销登记和相对涂销登记，前者是指物权的标的完全灭失，如地震等自然灾害或者其他因素导致不动产灭失；后者是指不动产他物权发生消灭，如债权清偿导致担保物权消灭，期限性的用益物权期限届满等。涂销登记包括当事人申请涂销登记与公告涂销登记。当事人应当在物权消灭事由发生后的法定期间内办理涂销登记。当事人怠于办理涂销登记的，经过公告，登记机关依职权办理涂销登记。

### 三、不动产登记的效力

不动产登记是基于法律行为的不动产物权变动的公示方式，关于该公示产生何种效力以及欠缺该公示产生何种法律后果，《物权法》采取的是登记生效和登记对抗相结合的做法，其中，登记生效主义是原则，登记对抗主义是例外。具体来说，不动产登记的效力包括以下几个方面：（1）物权变动的效力。根据《物权法》的有关规定，不动产物权的设立、变更、转让和消灭，经依法登记，发生效力；未经登记，不发生效力，但法律另有规定的除外。登记为物权变动生效要件的情形主要有：因买卖、赠与、互易等行为发生不动产所有权变动的，建设用地使用权出让与转让的，不动产抵押权的设立等。登记为对抗要件的情形主要有：土地承包经营权人将土地承包经营权互换、转让的，未经登记，不得对抗善意第三人；地役权设立和转让时，未经登记，不得对抗善意第三人。（2）权利推定的效力。登记簿记载的权利人推定为法律上的权利人，登记权利人即推定为事实上的物权人，第三人只能依照特定程序提出异议，变更登记，重新确权。（3）善意保护的效力。信赖不动产登记簿上记载的物权，并据此进行物权交易的人，即使以后事实证明该登记记载的物权不存在或存有瑕疵，法律仍然承认并保护该物权交易，产生与真实物权交易相同的法律效果。

### 四、不动产登记错误的责任

不动产登记错误的原因既可能出自登记机构，也可能出自当事人。根据规定，因登记错误给当事人造成损害的，登记机构应当承担赔偿责任。因申请登记人恶意提供虚假材料并且造成他人损害的，如果登记机构已经尽到形式审查义务和例外情况下的实质审查义务，登记机构可以免责。例如，甲和乙恶意串通，处分甲从丙处非法取得的资产，通过转移资产的方式逃避丙的追索，由于登记机构无从得知甲和乙交易的真正目的，不承担登记所引起的损害责任。当然，由于乙并非善意交易相对人，该登记对于乙来说并无公信力。此外，在登记错误能够归责于其他第三人，但登记机构违反形式审查义务的情况下，其亦须承担赔偿责任，此后可以向造成登记错误的责任人追偿。

考虑到登记机构的主体性质，登记机构应当承担国家赔偿责任，而不是一般的民事赔偿责任。

## 第五节　物权的保护

物权的民法保护方法主要包括请求确认物权、请求返还原物、请求排除妨害或消除危险、请求恢复原状和请求赔偿损失。

### 一、确认物权

《物权法》第 33 条规定："因物权的归属、内容发生争议的，利害关系人可以请求确认权利。"根据这一规定，确认物权应符合以下条件：（1）物权的归属或内容发生争议。所谓争议，是指对特定标的物的所有权或他物权归属或权利内容存在不同主张，前者如甲、乙对同一房产均主张所有权，后者如抵押人与抵押权人就某项最高额抵押权所担保的债权范围持不同意见。（2）利害关系人请求确认。所谓利害关系人，通常为对标的物主张权利的人，也包括其利益因物权内容而受影响的人（如前例最高额抵押的后顺位抵押权人）。与物权的归属或内容无利害关系之人，无权提出确权请求。（3）有权机关确认权利。物权的确认属公权力范畴，只有相关行政机关（如政府土地管理机关）和人民法院有权受理和确认。

### 二、返还原物

物之所有权人或他物权人于其物被他人非法占有时，有权请求不法占有人返还原物，以恢复其对物的占有。《物权法》第 34 条规定："无权占有不动产或者动产的，权利人可以请求返还原物。"返还原物的请求权，是由所有权所派生的请求权并且是所有权效力的直接体现，只要他人无权占有或侵夺所有人的财产，所有人都可以通过行使该项请求权而恢复其所有权的圆满状态。不过，合法占有人可依据其合法占有权，拒绝所有人的请求。因此，所有人只能针对非法占有人提出返还原物，而不能要求合法占有人返还。至于占有人的占有为合法或非法，应根据所有人提出请求时占有人是否为有权占有来确定。

所有人行使所有物返还请求权，旨在要求相对人返还所有物，因而此种请求权行使的直接法律效力是所有物占有的移转，须以特定原物及其物权的现实存在为前提。如果原物已经灭失，返还原物在客观上已经不可能，权利人只能要求赔偿损失，而不能要求返还原物。如果原物虽然存在，但已经遭受毁损，则原物权利人可以根据其利益的需要，请求返还原物、赔偿损失以及修理、重作、更换等请求。除所有物的移转外，行使此项请求权还涉及孳息返还、赔偿损失及费用补偿等问题。

### 三、排除妨害、消除危险

《物权法》第 35 条规定："妨害物权或者可能妨害物权的，权利人可以请求排除妨害或者消除危险。"所谓妨害是指以非法的、不正当的行为或者设施对权利人的物或物权造成侵害或妨碍，现实地阻碍了特定的物的权利人行使权利。妨害乃是现实地造成了对他人权利的阻碍，所以在法律上不存在"可能"的情形，这是妨碍与危险的区别。所谓危险是指他人的行为或者设施可能对自己的占有物造成损害。危险的判断标准为：第一，危险必须是可以合理预见的，而不是主观臆测。对于危险应以一般社会生活观念为准则，结合具体情况加以判定。第二，危险必须是确实存在的且有对他人财产、人身造成损害的可能。危险的发生既可能构成未来的危险，也可能构成现实的妨害。所有人在行使消除危险的请求权时不必考虑行为人主观上是否具有故意或者过失。

在请求排除妨害的情况下，所有人一般没有丧失对所有物的占有；在请求返还原物的情况下，所有人已丧失了对所有物的占有。这是行使排除妨害请求权和返还原物请求权的不同。妨害必须是持续进行而不是短暂即逝或已经消失的，否则，尽管妨害行为已经做出，所有人也不能行使请求排除妨害的请求权，而只能请求侵害人承担侵权损害赔偿等责任。相对人的妨害，须以非法或不正当为前提，如果妨害有法定事由或者约定事由，权利人则有容忍的义务。

### 四、恢复原状

根据《物权法》第 36 条的规定，造成不动产或者动产毁损的，权利人可以请求修理、重作、更换或者恢复原状。按照《民法通则》第 117 条第 2 款和《侵权责任法》第 15 条，恢复原状也是一种独立的民事责任形式。

恢复原状请求权的行使，应具备以下条件：（1）被损坏之物必须存在修复的可能。至于修复可能性的判断，应根据社会一般观念，必要时参照有关专业标准确定。（2）恢复原状在经济上应当合理，若其费用超出原物价值，即不宜采取。但如果加害人为恶意或恢复原状对于物权人有特殊利益，则不应过分强调其经济上的合理性。

### 五、损害赔偿

物权人因他人侵害其物权而受到财产损失的，可依法请求侵害人赔偿损失。《物权法》第 37 条规定："侵害物权，造成权利人损害的，权利人可以请求损害赔偿，也可以请求承担其他民事责任。"该条确认了损害赔偿的物权请求权地位。此项请求权是基于损害赔偿之债产生的债权请求权，属于物权的债权保护方法，因而受消灭时效（诉讼时效）的规制。

# 第十一章  所有权

## 第一节  所有权概述

### 一、所有权的概念和特征

#### （一）所有权的概念

所有权是指权利人对自己的不动产或者动产依法享有的占有、使用、收益和处分的权利。所有权是一种根本性的基本权，是最为完整、充分的一类物权，也是最基本的物权形态。他物权制度（用益物权与担保物权）是由所有权制度派生出来的，因此物权编的分则基本上可以划分为两部分，即自物权（所有权）和他物权。

所有权与产权不同。严格说来，产权乃经济学上用词，在法学上大体对应于以财产利益为内容直接体现某种物质利益的权利，是与非财产权（人格权与身份权）相对应的概念。产权包含的内容较为广泛，凡是具有经济价值的权利都可以纳入其范畴。可见，产权是一个上位概念，所有权是一个下位概念。所有权是产权的一种。所有权和其他物权制度构成民法中一项相对独立的制度，统称为物权法，而产权并非单一权利，是民法中多项制度如物权法、债权法、知识产权法等的集合。

#### （二）所有权的特征

作为一种最全面的物权，所有权除具有物权的一般属性外，还具有如下特殊性质。

1. 全面性。所有权是所有人在法令限制范围内对所有物加以全面支配的权利。所谓全面支配，是指对标的物得为占有、使用、收益、处分等各种支配行为，而不受任何法令以外的限制。

所有权的全面支配性，是所有权最基本的法律特性，也是所有权区别于定限物权的根本标志。各种定限物权，无论是用益物权还是担保物权，都只是对标的物的某一方面或数方面的支配（如用益物权是对标的物使用价值的支配，担保物权是对标的物交换价值的支配），唯有所有权人对标的物的使用价值和交换价值享有全面的支配权。

所有权的全面支配性，决定了所有权处于全部定限物权之上，为一切定限物权的基础，所有权制度也因而成为物权制度的基石。

2. 整体性。整体性又称单一性，是指所有权并非占有、使用、收益、处分等各种权能简单相加，而是一个整体的权利，所有人对于标的物有统一的支配力。

所有权的整体性特征，决定了所有权本身不得在内容上或时间上加以分割，即不允许将一个完整的所有权割裂为两个或两个以上不完整的"所有权"。所有人在其所有权上设定用益物权或担保物权时，并非让与一部分所有权，而是创设一个新的独立的物权；在保留所有权买卖中，双方约定价金全部清偿前，出卖人保留所有权之整体，标的物所有权并不随每期价金的支付而发生转移。

3. 弹力性。弹力性又称归一性，是指所有权内容可自由伸展或限缩。例如，土地所有人于其土地上设立用益物权后，所有权即受到用益物权的束缚，所有人暂不能行使占有、使用或收益权，但一旦该用益物权消灭，则所有权自动恢复其圆满状态。所有权的弹力性，为所有权权能分离和定限物权的发达提供了可能性。

4. 排他性。排他性也称独占性，意指所有权是独占的支配权，非所有人不得对所有人的财产享有所有权。换言之，同一标的物上不得并存两个所有权。此即传统民法上的"一物一权"原则。由于所有人享有独占的支配权，从而决定了所有权与其各项权能的分离不论经过多长时间，都只是暂时的分离，他人不可能在原所有权尚未消灭的情况下取得标的物的所有权。

5. 恒久性。恒久性又称永久存续性，是指所有权不因时效而消灭，也不得预定其存续期间。所有权除因标的物灭失、取得时效、所有人抛弃及其他事由而消灭外，本质上可永久存续。因此，任何有关限定所有权存续期间或永久禁止所有物处分的约定，均属无效。

## 二、所有权的分类

根据不同标准，可以对所有权作不同的划分。

### (一) 不动产所有权与动产所有权

这是根据所有权客体的不同对所有权所作的分类。不动产所有权是指以不动产为客体的所有权，主要是指房屋和土地所有权。动产所有权是指以动产为客体的所有权。二者的主要区别在于：第一，物权变动的公示方法不同。基于法律行为的不动产所有权变动原则上以登记为生效要件，基于法律行为的动产所有权变动原则上以交付为生效要件。第二，先占、拾得遗失物等原始取得方式仅适用于动产所有权。第三，相邻关系以及建筑物区分所有权问题仅适用于不动产所有权。

### (二) 单一所有权与多数人所有权

这是根据所有权人数量的不同对所有权进行的分类。单一所有权是指所有权人为单独一个的所有权，多数人所有权是指所有权人为多数人的所有权。多数人所有即共有，其又分为共同共有权和按份共有权。须强调的是，共有权仍然是一个所有权，只是主体多数，而不是多个所有权的集合。

### (三) 国家所有权、集体所有权和私人所有权

这是根据生产资料所有制的不同形式对所有权进行的划分。国家所有权是指国家对国有财产享有的占有、使用、收益和处分的权利。在我国，有些特定财产专属于国家所有，任何单位和个人不能取得所有权，如城市土地、矿藏、水流、海域、无线电频谱资源、国防资产等。集体所有权是指劳动群众集体组织对集体财产享有的占有、使用、收益和处分的权利，其客体包括：(1) 法律规定属于集体所有的土地和森林、山岭、草原、荒地、滩涂；(2) 集体所有的建筑物、生产设施、农田水利设施；(3) 集体所有的教育、科学、文化、卫生、体育等设施；(4) 集体所有的其他不动产和动产。私人所有权是指公民个人依法对其私人所有的财产享有的占有、使用、收益和处分的权利。除了专属于国家的财产和集体所有的财产外，所有财产均可成为私人所有权的客体。

## 三、所有权的权能和限制

### (一) 所有权的权能

所有权的内容，又称所有权的权能，是指所有人为实现其对于所有物的独占利益，而于

法律规定的限度内可以采取的各种措施和手段。一般认为，所有权乃是所有人对于所有物为全面支配的权利。但是，这种支配权并非抽象的存在，而是通常表现为若干具体的存在形式。这些内容，即是所有权的权能。

依通说，所有权的权能包括积极权能和消极权能。

所有权的积极权能是指所有人为实现其所有权对于其所有物可以实施的各种行为。根据《物权法》的规定，所有权的积极权能有占有、使用、收益、处分四项。

1. 占有权能。即对所有物加以实际管领或控制的权利。占有是所有人支配其所有物的直观表现，也往往是所有人就其所有物享受物质或精神利益的先决条件，因而是所有权的一项重要权能。

所有权的占有权能既可以由所有人自己行使（所有人占有），也可以依所有人的意思或依法律规定交由他人行使（非所有人占有），如承租人依租赁合同占有出租人的财产，保管人依保管合同占有寄托人的财产，国有企业依法占有国家财产。在此种情况下，占有权与所有人发生分离，但其所有权并不消灭，相反，这却是所有人行使所有权的重要手段。

作为所有权权能的占有权与占有是两个不同概念。民法上的占有，是指主体对物的实际控制。占有本身只是一种事实，而不是权利。

2. 使用权能。是指在不毁损所有物或改变其性质的前提下，依照物的性能和用途加以利用的权利。

在大多数情况下，拥有所有权的目的，正是为了对物加以利用，因而使用权是所有权的重要权能。在法律规定的范围内，所有人可依其自身意志而使用所有物，但使用必须以占有为前提，当所有物的占有与所有人分离后，使用权能也就无法行使。与占有权能一样，根据所有人的意思或法律规定，使用权能可以转移给非所有人行使，如借用、租赁等，但最终应复归于所有人。从这一点看，使用权能仅适用于非消耗物，对消耗物的"使用"，实为处分。

3. 收益权能。即收取所有物所生利益的权利，是与使用权能有密切联系的所有权权能。

收益较为典型的表现形式是收取标的物之"孳息"，包括天然孳息和法定孳息。前者是指按标的物的自然性能而孳生之物，如树木果实、家畜繁殖物；后者指基于一定法律关系而发生的利益，如利息、租金。在通常情况下，收益是使用的结果，但使用权不能包括收益权。因为在许多情况下，所有人可以将使用权分离出去，而由自己保留收益权；非所有人则可能仅享有使用权，而不享有收益权，如使用借贷即属这种情况。

4. 处分权能。是指对所有物依法予以处置的权利。通说认为，处分包括事实上的处分和法律上的处分。前者是指通过事实行为对所有物加以处置，如消费、加工、改造、毁损等；后者是指通过法律行为改变所有物的法律状态，如租借、转让、设定他物权等。

处分权能是决定所有物命运的一项权能，最直接地反映了所有人对物的支配，故一向被认为是所有权内容的核心和拥有所有权的根本标志。正因为如此，处分权能通常只能由所有人自己行使，非所有人不得随意处分他人所有的财产。但在某些特殊情况下（尤其就资本所有权而言），处分权得由非所有人行使，例如，信托人处分信托财产、公司经营者处分股东财产、国有企业依法处分国有财产等。在此种情况下，处分权虽然与所有人分离，但其所有权并未消灭，因为尚有收益权作为所有权存在的标志。

所有权的消极权能，即排除他人干涉的权能。此项权能，是所有权绝对性的体现，也是实现所有权的各项积极权能的必要条件。

排除他人干涉的权能，体现于所有权的行使受他人非法干涉之时。若无非法干涉，则此项权能隐而不现，故名"消极权能"。排除干涉的方法，广义上包括请求侵权赔偿和行使物上请求权，后者如前所述包括返还原物请求权、排除妨害或消除危险请求权、恢复原状请求权等内容。其要件虽然相异，但目的均在于恢复所有人对其所有物的圆满支配状态。

**（二）所有权的限制**

自罗马法以来，所有权就一直被看成是对物的最完全的支配权，是物权的最高级形态。但这并不意味着所有权是一种绝对的、不受任何制约的权利。相反，所有权自古以来就受到一定的限制。在我国，国家、集体和公民个人财产所有权在受到法律充分保护的同时，也受到一定的限制。《物权法》第7条明文规定："物权的取得和行使，应当遵守法律，尊重社会公德，不得损害公共利益和他人合法权益。"此项规定就是对物权的绝对性和排他性的限制。

民法和其他一些相关法律、法规，基于社会公共利益、国家建设、相邻关系等方面的需要，对所有权的内容进行的必要限制主要体现在：（1）行使所有权不得违反法律规定。例如，法律禁止流通之物，所有人不得随意转让；所有人出租财产不得违法收取高额租金；所有人不得将其财产用于违法犯罪活动；等等。（2）行使所有权不得妨害他人的合法权益。例如，房屋所有人应本着有利生产、方便生活的原则，维护和照顾相邻方的合法利益，不得滥用权利，损害他方利益。（3）行使所有权时，必须注意保护环境、自然资源和生态平衡，不得破坏名胜古迹、风景区、游览区和自然保护区。（4）根据公共利益的需要，国家可以依法对集体土地实行征用，或将其他财产收归国有。《物权法》第42条第1款规定："为了公共利益的需要，依照法律规定的权限和程序可以征收集体所有的土地和单位、个人的房屋及其他不动产。"此条关于"为了公共利益的需要"方可依法从事征收行为的规定，即为所有权限制的典型情形。在物权法上，征收是物权变动的极为特殊情形。征收属于行政关系，不属于民事法律关系；但由于征收是所有权人丧失所有权的一种方式，所以是对所有权的限制，同时也是国家取得所有权的一种方式。

**四、所有权的取得**

**（一）所有权的原始取得**

所有权的原始取得，是指根据法律规定，最初取得财产的所有权或不依赖于原所有人的意志而取得所有权。一般认为所有权的原始取得方法主要有劳动生产、收取孳息、先占、添附（包括附合、混合和加工）、拾取遗失物、发现埋藏物及隐藏物、善意取得、时效取得等。此外，国有化和没收是国家所有权特有的取得方法。

1. 善意取得。善意取得又称即时取得，是指无权处分他人财产的占有人，在不法将其占有的他人财产让与第三人后，如果受让人在取得该财产时系出于善意，即取得该财产的所有权，原财产所有人不得要求受让人返还。此项制度起源于日耳曼法，因其具有强化占有的公信力、保护交易安全的功能而为近代各国民法所采纳。

由于善意取得的适用将产生所有权的转移，因此，各国法律都对善意取得规定了严格的条件。我国《物权法》第106条第1款规定："无处分权人将不动产或者动产转让给受让人的，所有权人有权追回；除法律另有规定外，符合下列情形的，受让人取得该不动产或者动产的所有权：（一）受让人受让该不动产或者动产时是善意的；（二）以合理的价格转让；（三）转让的不动产或者动产依照法律规定应当登记的已经登记，不需要登记的已经交付给受让人。"根据此项规定，适用善意取得应具备如下条件：

（1）受让人取得财产时为善意。在基于法律行为的物权变动中，善意和恶意的认知基础及法律意义，在于不同主体间的利益平衡，而在非基于法律行为的物权变动中，其认知基础和法律意义则在于抛开当事人个人的主观状态，依公意强力配置稀缺资源，以维护社会整体利益。基于法律行为的物权变动中，在占有交易物的情况下，不论是债权形式立法主义还是物权形式立法主义，都没有探讨第三人主观状态的法律意义。在非基于法律行为的物权变动中，当事人的恶意因素也不应予以法律考量。对于善意取得制度中的善意，有所谓"积极观念说"和"消极观念说"，前者要求受让人必须有将转让人视为所有人的观念；后者要求受让人不知也不应知转让人为无处分权人即可。在我国，学者们的理解基本一致，对于善意的判断采用消极的观念，即不知道或不应当知道他人为非所有人，即为善意。

在判断受让人善意时，应当采取推定善意的方法，即推定受让人为善意，而由主张其为恶意的原权利人提出证明。在原权利人举证以后，法官应当根据原权利人的举证以及受让人是否知道转让人为无权处分人、转让的价格、交易的场所和环境、转让人与受让人之间的关系等各种客观情况进行综合判断，以确定受让人在交易时是否具有善意。

（2）转让人为无权处分人。善意取得适用的前提是转让人无处分权而从事了法律上的处分行为。所谓法律上的处分主要是指通过买卖等使所有权发生转让或者将要发生转让。就无权处分与善意取得制度的关系而言，两者是密切联系在一起的。无权处分是善意取得的前提，而善意取得则主要适用于无权处分行为。

善意取得制度的根本目的在于保护交易安全，所谓交易应指合法的交易，违法的交易，其安全自然不可能受到法律的特别保护。所以，转让人和受让人之间的合同被宣告无效或被撤销情形下，不能发生善意取得的效果。更何况，在合同被宣告无效或被撤销后当事人负有返还的义务，如果受让人出于善意，因其负有返还的义务，不能发生善意取得的法律效果。因此，善意取得必须以转让人与受让人之间的转让合同合法有效为基本前提。不过，如果原所有人与转让人（占有人）之间的法律关系无效，则不应影响第三人（受让人）对所转让的财产的善意取得。

（3）以合理的价格有偿转让。善意取得制度意在保护交易安全，因而只有在受让人与转让人之间存在交易行为时，才存在善意取得问题。在确定善意取得要件时，必须要求受让人取得的财产是通过买卖、互易、债务清偿、出资等具有交换性质的行为实现的。如果是通过继承、遗赠等行为取得的，则不能产生善意取得的效力。因为继承人、受遗赠人只能从被继承人和遗赠人那里取得其个人的合法财产，不能通过继承和受遗赠而取得除被继承人和遗赠人以外的他人的财产。如果允许对这些财产适用善意取得制度，容易引起一些不必要的财产纠纷，妨碍继承和遗赠的正常进行。

对适用善意取得的财产，多数大陆法系国家法律将遗失物与盗赃物列为例外。其理论基础在于所谓"占有委托物"与"占有脱离物"的区分，即根据所有人丧失对物占有时的主观心理状态，将非所有人占有的物区分为占有委托物和占有脱离物。前者是基于所有人的真实意思，依租赁、保管等合同关系由承租人、保管人实际占有的物；后者是指非基于真正权利人的意思而丧失占有之物，如盗赃物、遗失物等。对前者适用善意取得制度，后者则作限制，仅在由拍卖、公共市场或经营同类物品的商人处购得情况下才对善意受让人进行保护。依照我国《物权法》第107条"所有权人或者其他权利人有权追回遗失物"的规定，有关遗失物的善意取得，只在例外情况下适用。

（4）善意取得的财产已发生物权变动。转让的财产依照法律规定应当登记的已经登记，不需要登记的已经交付给受让人。适用善意取得制度，必须发生占有的移转，亦即转让人向受让人实际交付了财产，受让人实际占有了该财产。只有通过交付，才能发生所有权的移转。如果双方仅仅只是达成了合意，而并没有发生标的物占有的移转，则不能发生善意取得的效果，双方当事人仍然只是一种债的关系。

善意取得的法律效果在于：（1）受让人取得标的物的所有权。善意取得制度的基本效果是受让人取得标的物的所有权，相应地原所有人的权利归于消灭。（2）受让财产上的原有权利消灭。《物权法》第108条规定："善意受让人取得动产后，该动产上的原有权利消灭，但善意受让人在受让时知道或者应当知道该权利的除外。"（3）让与人对原所有人负赔偿责任。原所有人因受让人善意取得其财产所有权而遭受损失时，法律对原权利人提供了一种债权上的救济，即权利人可以要求让与人承担违约责任、侵权责任或返还不当得利。（4）让与人与受让人之间的其他法律关系依其法律行为加以确定。善意受让人依据其与让与人之间的法律行为（如买卖、互易）所应负担的价金支付义务或其他义务，与非善意取得的情形并无二致，善意受让人不得拒绝履行。

2. 拾得遗失物。所谓遗失物，即所有人遗忘或失落于某处不为任何人占有的动产。所谓拾得，通说认为属于事实行为，以"发现"和"占有"为其主要构成要素。我国《民法通则》第79条第2款规定："拾得遗失物、漂流物或者失散的饲养动物，应当归还原主，因此而支付的费用由失主偿还。"这是视漂流物、失散的饲养动物与遗失物有相同的法律地位。《物权法》第109条规定："拾得遗失物，应当返还权利人。拾得人应当及时通知权利人领取，或者送交公安等有关部门。"

拾得遗失物的法律效果如下：

（1）通知、交存与招领义务。

根据《物权法》第109、110条规定，拾得人应当及时通知权利人领取，或者送交公安等有关部门；有关部门收到遗失物，知道权利人的，应当及时通知其领取；不知道的，应当及时发出招领公告。

（2）保管义务。

《物权法》第111条规定："拾得人在遗失物送交有关部门前，有关部门在遗失物被领取前，应当妥善保管遗失物。因故意或者重大过失致使遗失物毁损、灭失的，应当承担民事责任。"

（3）费用、赏金请求权。

《物权法》第112条规定："权利人领取遗失物时，应当向拾得人或者有关部门支付保管遗失物等支出的必要费用。权利人悬赏寻找遗失物的，领取遗失物时应当按照承诺履行义务。拾得人侵占遗失物的，无权请求保管遗失物等支出的费用，也无权请求权利人按照承诺履行义务。"

（4）无人认领遗失物的归属。

《物权法》第113条规定："遗失物自发布招领公告之日起六个月内无人认领的，归国家所有。"依此规定，在公告期届满后，即使查明了失主，失主也无权取回其遗失物。

关于拾得漂流物、发现埋藏物或隐藏物的法律适用，《物权法》第114条规定："拾得漂流物、发现埋藏物或者隐藏物的，参照拾得遗失物的有关规定。文物保护法等法律另有规定的，依照其规定。"

3. 孳息。所谓孳息，是相对于原物而存在的一种物权客体形态，意指由原物所孳生之物。孳息依其产生方式分为天然孳息与法定孳息。天然孳息，是指依原物的自然属性所孳生之物；法定孳息是指基于法律规定或者法律行为而产生的孳息，主要表现为原物的使用收益，如借贷所产生的利息。

《物权法》第116条规定："天然孳息，由所有权人取得；既有所有权人又有用益物权人的，由用益物权人取得。当事人另有约定的，按照约定。法定孳息，当事人有约定的，按照约定取得；没有约定或者约定不明的，按照交易习惯取得。"

4. 时效取得。时效取得，即取得时效制度，是指没有权利的人以一定的状态占有他人财产或行使他人财产权，经过法律规定的期间，便依法取得该财产所有权或其他财产权的制度，是物权取得的方式之一。

取得时效的构成要件如下：

（1）占有。占有为取得时效的必要要件，而且其占有必须为自主占有、和平占有、公然占有、持续占有。自主占有即以所有的意思而占有，从而将自己置于与所有人同样的地位，至于占有人是否为所有人，以及有无取得所有权的意思，在所不问。

（2）期间。一般情况下，期间起算点为占有人开始占有之时。此时的占有仅指无瑕疵占有。在占有合并的情况下，起算点为前占有人开始无瑕疵占有之时。

### （二）所有权的继受取得

继受取得，又称传来取得，是指通过某种法律行为从原所有人处取得对某项财产的所有权。这种方式以原所有人对该项财产的所有权为前提条件。继受取得的根据主要包括买卖、赠与、继承遗产、接受遗赠、互易等形式。

1. 买卖。是指民事主体双方达成协议，出卖人一方将出卖财产交给买受人一方所有，买受人接受此项财产并支付价款。通过买卖，由买受人取得了原属出卖人的财产所有权。

2. 赠与、互易。赠与人自愿将其财产无偿转移给受赠人，或一方以金钱之外的某种财产与他方的财产相互交换，也可导致所有权的移转。

3. 继承遗产。是指继承人按照法律的直接规定或者合法有效遗嘱的指定，取得被继承人死亡时遗留的个人合法财产。

4. 接受遗赠。自然人、集体组织或者国家作为受遗赠人，按照遗赠人生前所立的合法有效遗赠的指定，取得遗赠的财产。

5. 征收。国家为了公共利益的需要，依法定程序强制取得集体所有的土地和城市房屋及其他不动产的制度，被称为征收。征收是国家所有权的一种特殊取得方式。从物权法意义上说，征收就是国家依法定程序将集体所有的土地和城市房屋及其他不动产收归国家所有的制度。《物权法》第42条第1款规定："为了公共利益的需要，依照法律规定的权限和程序可以征收集体所有的土地和单位、个人的房屋及其他不动产。"

6. 其他合法原因。因其他合法原因，也可以取得或形成财产所有权，如参加合作经济组织的成员通过合股集资的方式组成合法经济组织，形成新的所有权形式。

### （三）所有权的消灭

所有权因一定的法律事实而取得，也可以因一定的法律事实而消灭。在民法理论上，所有权的消灭分为绝对消灭和相对消灭两种情况。所谓所有权的绝对消灭，是指因一定法律事实的发生，使所有权的客体不复存在，如所有人将其财产用于生产或消费及因自然灾害或人为因素导致财产的毁灭等，均属所有权的绝对消灭。所谓相对消灭，是指因一定法律事实的发生，导致原所有人丧失所有权，但原物依然存在，只是更换了新的所有人。引起所有权相对消灭的原因主要有以下几种：

1. 转让所有权。如通过买卖、互易、赠与等法律行为将财产转让他人。原所有人丧失其所有权，而受让人则取得该财产的所有权。

2. 抛弃所有权。民事权利的一个重要特征，就是具有一定的任意性。在法律规定的范围内，其权利是否行使，如何行使，往往取决于权利人的主观意愿。所有权也不例外。法律允许所有人抛弃其财产，这种抛弃行为事实上属于所有人处分其财产的单方行为，因而无须向特定人作出意思表示。所有人抛弃其财产后，即丧失对财产的所有权。但这种抛弃行为必须以不违法为前提，不得损害国家利益和社会公共利益，不得损害他人的合法权益，否则构成权利的滥用，如果由此给国家、集体和他人的利益造成损害的，必须承担相应的法律责任。

3. 国家机关依法采取强制措施。这里的国家机关既包括国家行政机关，也包括国家司法机关。这里的强制措施在性质上既可以是行政行为，也可以是司法行为。如国家因建设需要而对所有人的土地、房屋予以征用、拆迁及法院通过审判程序依法将当事人的财产收归国有或判归他人所有等，均可导致原所有人所有权的消灭。

4. 所有权主体消灭。所有权主体消灭是指作为所有人的自然人死亡、法人终止。自然人死亡后，其财产应由其合法继承人继承，无人继承又无人受遗赠的财产应归国家或被继承人生前所在的集体组织所有。法人终止后，应当依照法人章程和有关法律的规定，对法人财产进行清算，重新确定财产的归属。

# 第二节 共 有

## 一、共有的概念和特征

共有，是指某项财产同时属于两个或两个以上的人所有的民事法律关系。在这种法律关系中，两个或两个以上的所有权人称为共有人，其财产所有权又可称为共有权，共有权的客体称为共有财产。

共有和公有不同。"公有"一词具有双重含义，一是指社会经济制度，即公有制；二是指一种财产形式。共有可以是公有制在法律上的表现形式，也可以是个人或私人所有制在法律上的反映。就公有来说，其与共有在法律性质上也是不同的，这表现在：第一，共有财产的主体是多个共有人，而公有财产的主体是单一的，在我国为国家或集体组织。全民公有的财产属于国家所有，集体公有的财产则属于某一个集体组织所有。第二，公有财产是脱离个人的存在，既不能实际分割为个人所有，也不能由个人按照一定的份额享有财产权利。在法律上，任何个人都不能成为公有财产的权利主体。而在共有的情况下，特别是在自然人相互的共有关系中，财产往往并没有脱离共有人而存在。共有财产在归属上为共有人所有，是共有人的财产。所以，单个自然人退出或加入公有组织并不影响公有财产的完整性，但是，个人退出或加入共有组织（如合伙），必然会对共有财产发生影响。

《民法通则》第78条确认了两种共有形式，即按份共有和共同共有，这是我国现行法中两种基本的共有形式。《物权法》第93条规定："不动产或者动产可以由两个以上单位、个人共有。共有包括按份共有和共同共有。"

共有作为一种特殊的财产所有权关系，具有如下法律特征：

1. 共有的主体是两个或两个以上的公民或法人，即由各个民事主体对同一项财产共同拥有所有权。这是共有关系同其他财产所有权关系的重要区别，而其他财产所有权关系的主体则是单一的公民或法人。

2. 共有的客体即共有财产在性质上是统一的。在共有关系存续期间，共有人的所有权及于整个共有财产，而不是把共有财产分割为不同的部分由各个共有人分别行使所有权。

3. 共有的内容即共有人对共有财产享有的权利和承担的义务，受到全体共有人利益的制约和影响。例如，依照法律规定，按份共有关系中的按份共有人若出售在共有财产中的份额，不得损害其他共有人的利益；其他共有人在同等条件下，有优先购买所出售的份额的权利。

**二、按份共有**

**（一）按份共有的概念**

按份共有，是指两个或两个以上的共有人按照各自在共有财产中所占的份额，分别享有权利和分别承担义务的一种共有关系。我国《民法通则》第78条对按份共有关系作了明确规定："按份共有人按照各自的份额，对共有财产分享权利，分担义务。"《物权法》第94条也规定："按份共有人对共有的不动产或者动产按照其份额享有所有权。"

在按份共有中，各共有人对共有物享有不同的份额。各共有人的份额，又称应有份。根据《物权法》第104条，按份共有人对共有的不动产或者动产享有的份额，没有约定或者约定不明确的，按照出资额确定；不能确定出资额的，视为等额享有。

**（二）按份共有人的权利和义务**

1. 按份共有人的权利。

（1）共有财产属于全体共有人所有。因此，为了维护全体共有人的共同利益，应由全体共有人协商决定对共有财产的使用、收益和处分。

（2）按份共有人依据其在共有财产中所占的份额，分别享有对共有财产的占有、使用、收益和处分的权利。《物权法》第96条规定："共有人按照约定管理共有的不动产或者动产；没有约定或者约定不明确的，各共有人都有管理的权利和义务。"对于共有物的管理，各共有人均有参与权。所谓管理，是指对共有物的保存、改良和利用，如房屋修缮、出租等。

（3）按份共有人有权处分其在共有财产中的份额。《民法通则》第78条规定，按份共有财产的每个共有人有权要求将自己的份额分出或者转让。《物权法》第97条规定，处分共有的不动产或者动产以及对共有的不动产或者动产作重大修缮的，应当经占份额三分之二以上的按份共有人或者全体共同共有人同意，但共有人之间另有约定的除外。

（4）按份共有人对其他共有人出售其份额有优先购买权。为了使共有财产免受因某一按份共有人出售其份额而可能带来的损害，《民法通则》第78条规定，按份共有人在出售其共有份额时，其他共有人在同等条件下，有优先购买的权利。《物权法》第101条规定，按份共有人可以转让其享有的共有的不动产或者动产份额。其他共有人在同等条件下享有优先购买的权利。所谓同等条件，一般理解为转让人与第三人约定的转让条件相当，主要指价格条款，同时考虑支付方式等因素；若无具体的交易第三人，则应参照该份额的市场价格判定。

*2. 按份共有人的义务。*

按份共有人按照其在共有财产中所占的份额，分别对共有财产承担相应的义务。如果因共有财产在使用中造成对他人损害，对外应由每个按份共有人承担连带赔偿责任；对内则由其他按份共有人对已向债权人履行了全部赔偿责任的按份共有人分别承担各自应负的清偿责任。《物权法》第102条规定："因共有的不动产或者动产产生的债权债务，在对外关系上，共有人享有连带债权，承担连带债务，但法律另有规定或者第三人知道共有人不具有连带债权债务关系的除外；在共有人内部关系上，除共有人另有约定外，按份共有人按照份额享有债权、承担债务，共同共有人共同享有债权、承担债务。偿还债务超过自己应当承担份额的按份共有人，有权向其他共有人追偿。"

关于共有物的费用负担，《物权法》第98条规定，对共有物的管理费用以及其他负担，有约定的，按照约定；没有约定或者约定不明确的，按份共有人按其份额负担，共同共有人共同负担。


### 三、共同共有

#### （一）共同共有的概念

共同共有，是指两个或两个以上的共有人对某项共有财产不分份额地共同享有权利、共同承担义务的一种共有关系。我国《民法通则》第78条规定："共同共有人对共有财产享有权利，承担义务。"《物权法》第95条规定："共同共有人对共有的不动产或者动产共同享有所有权。"

共同共有具有以下法律特征：（1）共同共有的成立，以共同关系的存在为前提。所谓共同关系，是指数人因共同目的而结合所形成的作为共同共有基础的法律关系，如夫妻关系、家庭关系等。（2）共同共有是不分份额的共有。（3）共同共有人对共有物共同（平等）地享有权利、承担义务，而不是按比例分配。

在我国民法中，共同共有主要有以下几种类型：

1. 夫妻共同共有。我国《婚姻法》第17条规定："夫妻在婚姻关系存续期间所得的下列财产，归夫妻共同所有：（一）工资、奖金；（二）生产、经营的收益；（三）知识产权的收益；（四）继承或赠与所得的财产，但本法第十八条第三项规定的除外；（五）其他应当归共同所有的财产。"

2. 家庭共同共有。家庭共同共有即一定范围内的家庭成员共同共有。家庭共同共有的权利主体应当是对家庭共有财产的形成作过贡献的家庭成员，其客体应为家庭成员在共同生活期间取得并用于维持共同生活的劳动收入和其他合法所得。

3. 继承人共同共有。依继承法，继承开始时，继承人即取得遗产（不动产或动产）所有权。《物权法》第29条规定，因继承或者受遗赠取得物权的，自继承或者受遗赠开始时发生效力。在法定继承及未明确遗产份额的遗嘱继承中，若继承人为数人，则在遗产分割前在继承人之间形成共有关系。

### （二）共同共有人的权利和义务

共同共有人对共有财产享有平等的占有、使用权。对共有财产的收益，不是按比例分配，而是共同享用。对共有财产的处分，必须征得全体共有人的同意。在共同共有关系存续期间，部分共有人擅自处分共有财产的，一般认定无效。但第三人善意、有偿取得该财产的，应当维护第三人的合法权益，对其他共有人的损失，由擅自处分共有财产的人赔偿。根据法律规定或依据共有人之间的协议，可以由某个共有人代表或代理全体共有人处分共有财产。无权代表或代理的共有人擅自处分共有财产的，如果其他共有人明知而不提出异议，视为同意。

共同共有人对共有财产共同承担义务。因对共有财产进行维护、保管、改良等所支付的费用由各共有人平均分担。各共有人因经营共同事业对外发生债务或对第三人造成损害的，由全体共有人承担连带责任。

传统理论及实务上认为，共同共有关系存续期间，各共有人无权请求分割共有财产，部分共有人擅自划分份额并分割共有财产的，应认定为无效。《物权法》第99条规定："共有人约定不得分割共有的不动产或者动产，以维持共有关系的，应当依照约定，但共有人有重大理由需要分割的，可以请求分割；没有约定或者约定不明确的，按份共有人可以随时请求分割，共同共有人在共有的基础丧失或者有重大理由需要分割时可以请求分割。因分割对其他共有人造成损害的，应当给予补偿。"此条规定允许共同共有人在特殊情况下请求分割共有物，同时还要保持共有关系，这被认为是我国《物权法》在共有这一章规定的最大特点，与多数国家和地区的民法规定不同，也突破了传统民法的共有理论。

共同共有也可以因合同而产生，在合同确定了共有人之间的权利义务后，共有人应按合同的规定行使权利并承担义务。

共同共有因共同关系解除、共有物丧失等原因而消灭。

# 第三节　建筑物区分所有权

## 一、建筑物区分所有权的概念和特征

建筑物的区分所有，是对传统的单一所有和共有关系的突破，是物权法顺应现代社会多层住宅发展的情况而产生的新型物权形态。所谓建筑物区分所有权，是由专有部分所有权、共有部分的权利以及因共同关系而形成的成员权所组成的复合性的权利。《物权法》第70条规定，业主对建筑物内的住宅、经营性用房等专有部分享有所有权，对专有部分以外的共有部分享有共有和共同管理的权利。

与通常意义的不动产所有权相比，建筑物区分所有权具有下列特征：

1. 复合性。建筑物区分所有权是由许多不同的权利组合而成的。在建筑物区分所有权的三个组成部分中，建筑物区分所有人对专有部分的所有权占主导地位，没有建筑物区分所有人对专有部分的所有权就无法产生建筑物区分所有人对共有部分的共有权（其中又包括共同使用权与专有使用权）以及建筑物区分所有人的成员权；如果权利人丧失对专有部分的所有权，也就丧失了对共有部分的共有权及成员权；权利人对专有部分的所有权的权利范围决定了其对共有部分的共有权及成员权的权利范围；在建筑物区分所有权人进行权利登记时，也只需要对其专有部分所有权进行登记。

2. 整体性与不可分割性。建筑物区分所有权虽属多项权利的组合，是一个权利的集合体，但三种权利是紧密结合成为一个整体的，权利人不能对建筑物区分所有权进行分割行使、转让、抵押、继承或抛弃。

3. 权利主体身份的多样性与权利义务内容的复杂性。建筑物区分所有权人作为建筑物专有部分的所有权人，可以对其专有部分进行占有、使用、收益和处分，但这些权能又受到其他建筑物专有部分所有权人的制约，即权利人须负担不能危害其他人的利益的义务。作为共有权人，建筑物区分所有权人之间要适用物权法上关于共有的规则。而作为建筑物区分所有权人组织的成员，区分所有权人有权依法共同决定与建筑物的管理有关的重要事项，同时也要遵守基于团体关系而产生的各项义务。

### 二、建筑物区分所有权的内容

#### （一）所有权

所有权在建筑物区分所有权中往往被称为专有权，是指建筑物区分所有人对专属于自己的、在构造和使用上具有独立性的建筑物部分（专有部分）所享有的所有权。《物权法》第71条规定："业主对其建筑物专有部分享有占有、使用、收益和处分的权利。业主行使权利不得危及建筑物的安全，不得损害其他业主的合法权益。"

专有权的客体称为专有部分，是指具有构造上及使用上的独立性，并能够成为分别所有权客体的部分。专有部分通常是在将建筑物分割为各个不同部分的基础上形成的，专有部分是各个区分所有人所单独享有的所有权的客体，此项专有权与一般的单独所有权并无本质区分，所以，权利人可以行使完全的占有、使用、收益与处分权。

通说认为，构成专有部分，须具备两项条件：第一，构造上的独立性，又称"物理上的独立性"，指各区分所有部分有客观明确的事实区分。换言之，指一专有部分与另一专有部分须在建筑构造上能客观地区分其范围。第二，利用上的独立性，又称机能上的独立性，指各区分部分须与一般独立的建筑物相同，具有能满足一般生活目的之独立机能。通常，建筑物区分部分是否具有独立满足一般生活目的之独立机能，系依下述基准判定：一是单独使用，二是具有独立的经济效用。即一栋建筑物之区分部分须具有与一般建筑物同样的独立经济效用，始得为专有部分，否则不构成专有部分。

由于区分所有建筑物各专有部分在物理上相互连接，彼此具有共同的利益，区分所有权人在行使专有权时应受到一定的限制或承担一定的义务。业主的义务主要包括：（1）不得危及建筑物的安全、损害其他区分所有人的合法权益。（2）按照专有部分的本来用途加以使用。《物权法》第77条规定："业主不得违反法律、法规以及管理规约，将住宅改变为经营性用房。业主将住宅改变为经营性用房的，除遵守法律、法规以及管理规约外，应当经有利害关系的业主同意。"（3）区分所有人为了使用、修缮、改良其专有部分而必须使用其他区分所有人的专有部分时，其他区分所有人负有容忍的义务。

#### （二）共有权

建筑物区分所有权中的共有部分，是指区分所有人所拥有的单独所有部分以外的建筑物其他部分。对共有部分享有的权利，称为共有权，具体是指区分所有人依据法律、合同以及区分所有人之间的规约，对建筑物的共有部分、小区的公共场所和公共设施等所享有的财产权利。共有部分的范围主要包括建筑物的基本构造部分（如支柱、屋顶、外墙或地下室等），建筑物的共用部分及附属物（如楼梯、消防设备、走廊、水塔、自来水管等）。各区分所有人对共有部分享有的共有权利既可以是按份共有，也可以是共同共有。共有部分的范围以及权利和义务内容，在当事人之间不存在特别约定的情况下，应当依据法律和法规规定。《物权法》第73条规定："建筑区划内的道路，属于业主共有，但属于城镇公共道路的除外。建筑区划内的绿地，属于业主共有，但属于城镇公共绿地或者明示属于个人的除外。建筑区划内的其他公共场所、公用设施和物业服务用房，属于业主共有。"第74条第3款规定："占用业主共有的道路或其他场地用于停放汽车的车位，属于业主共有。"此外，《最高人民法院关于审理建筑物区分所有权纠纷案件具体应用法律若干问题的解释》第3条规定，除法律、行政法规规定的共有部分外，建筑区划内的以下部分，也应当认定为物权法第六章所称的共有部分：（1）建筑物的基础、承重结构、外墙、屋顶等基本结构部分，通道、楼梯、大堂等公共通行部分，消防、公共照明等附属设施、设备，避难层、设备层或者设备间等结构部分；（2）其他不属于业主专有部分，也不属于市政公用部分或者其他权利人所有的场所及设施等。建筑区划内的土地，依法由业主共同享有建设用地使用权，但属于业主专有的整栋建筑物的规划占地或者城镇公共道路、绿地占地除外。

区分所有人作为共有人对共有部分享有以下权利：（1）使用权，即区分所有人作为共有人对于共有部分得按照其用途予以使用，如使用电梯、走廊等；（2）受益权，即按照共有人之间的约定或共有持份取得因共有部分所产生的利益，如将共有场地出租所获取的租金；（3）改良权，即在不影响或不损害共有部分的固有性质的前提下对其进行修缮改良；（4）管理权，即共有人有权参与共有部分的管理事务，如参与订立规约、选任或解聘管理者的权利等。

区分所有人作为共有人的义务主要包括：（1）按共有部分本来的用途对其加以合理使用，不得有损害他人利益的行为；（2）不得擅自侵占共用部位和共用设施设备，不得擅自增加对共用设施设备运行有不利影响的自用设备，当自用设备的使用对共用设备运行为必须时，不得擅自减少自用设备；（3）不得擅自占用、挖掘建筑区划内的道路、场地，损害区分所有人的共同利益；（4）分摊共同费用和负担，如日常维修养护费用、自然损坏修缮费用；（5）不得将共有部分的应有份与专有部分分离而单独处分。

（三）成员权

也称管理权，是指区分所有人基于一栋建筑物的构造、权利归属及使用上的密切关系而形成的作为建筑物管理团体之一成员而享有的权利和承担的义务。各区分所有人可以依法成立一个自治性的管理团体组织，订立规约，管理日常事务，并解决因使用专有部分、共有部分而产生的纠纷。《物权法》第75条规定，业主可以设立业主大会，选举业主委员会。地方人民政府有关部门应当对设立业主大会和选举业主委员会给予指导和协助。如果各区分所有人成立了管理团体组织（通常为业主大会），那么各个区分所有人应为团体成员，从而享有成员权。《物权法》第76条规定，下列事项由业主共同决定：（1）制定和修改业主大会议事规则；（2）制定和修改建筑物及其附属设施的管理规约；（3）选举业主委员会或者更换业主委员会成员；（4）选聘和解聘物业服务企业或者其他管理人；（5）筹集和使用建筑物及其附属设施的维修基金；（6）改建、重建建筑物及其附属设施；（7）有关共有和共同管理权利的其他重大事项。决定前款第5项和第6项规定的事项，应当经专有部分占建筑物总面积三分之二以上的业主且占总人数三分之二以上的业主同意。决定前款其他事项，应当经专有部分占建筑物总面积过半数的业主且占总人数过半数的业主同意。

业主委员会是业主大会的执行机构，主要履行下列职责：（1）召集业主大会，报告物业管理的实施情况；（2）代表业主与业主大会选聘的物业管理机构签订物业服务合同；（3）及时了解业主和物业使用人的意见和建议，监督和协助物业管理机构履行物业服务合同；（4）监督业主规约的实施；（5）业主大会赋予的其他职责。为维护区分所有人共同权益，《物权法》第83条第2款还规定，业主大会和业主委员会，对任意弃置垃圾、排放污染物或者噪声、违反规定饲养动物、违章搭建、侵占通道、拒付物业费等损害他人合法权益的行为，有权依照法律、法规以及管理规约，要求行为人停止侵害、消除影响、排除妨害、赔偿损失。业主对侵害自己合法权益的行为，也可以依法向人民法院提起诉讼。

## 第四节　相邻关系

### 一、相邻关系的概念和特征

所谓相邻关系，是指相邻不动产的权利人，在行使对不动产的权利时，相互之间应当给予必要的便利或接受必要的限制所产生的权利义务关系。《物权法》第七章对相邻关系作了专门规定。

相邻关系是实践中普遍存在的民事关系，正确处理好相邻关系，对于保护相邻人的合法权益，合理使用社会财富，稳定社会正常秩序，具有十分重大的意义。《物权法》第84条规定，不动产的相邻权利人应当按照有利生产、方便生活、团结互助、公平合理的原则，正确处理相邻关系。第85条规定，法律、法规对处理相邻关系有规定的，依照其规定；法律、法规没有规定的，可以按照当地习惯。

相邻关系具有如下特征：

（1）从主体上看，相邻关系的主体是相互毗邻的不动产的所有权人或者使用权人。

（2）从客体上看，相邻关系的客体是所有人或使用人在行使不动产的所有权或者使用权的过程中所体现出来的财产利益和其他利益。

（3）从内容上看，相邻关系的一方相邻人有权要求他方提供必要的便利，他方则应当给予必要的便利。

相邻关系和地役权较易混淆，应注意两者的区别：

（1）产生方式不同。相邻关系是法律为了维护社会生活的正常秩序而对一方的所有权或使用权实施必要的限制而产生的。换言之，法律关于相邻关系的规定，是为了调和不动产所有权和使用权的冲突而设定的强制性规则，所以相邻关系所设立的都是法定的权利和法定的强制性的义务。而地役权必须要双方通过约定而产生，即使需役地和供役地之间是相邻的，需役地人行使权利必须要供役地人提供一定的便利，但并不一定享有地役权。地役权必须首先由需役地人和供役地人之间通过约定而设立。

与此相应，相邻权本质上是对所有权的限制和延伸，而不是一种独立的物权，因此只是在相邻的不动产所有人和使用人之间才能行使，而且只有在符合法律规定的情况下才能行使，不可能发生转让。相邻关系也不可能作为独立的物权对抗第三人，因此在法律上相邻关系不需要登记。但对地役权而言，则未经登记不得对抗第三人。

（2）内容上存在区别。根据相邻关系的规定，法律要求一方必须为另一方提供便利，这种便利实际上是他人为了使自己的权利得到正常的行使，或者使自己能够维护正常的生活和生产，从而对相邻的另一方提出了提供便利的最低要求。但是，地役权设定的目的并不是为了满足不动产权利行使过程中的最低要求，而是为了使自己的权利更好地得到行使，而对对方提出了更高的提供便利的要求，对对方的不动产将要作出较大的限制。这种便利的获得是为了使自身获得更大的权利和利益，而并不意味着不提供这种便利，自己的不动产权利就不能得到行使。

（3）相邻权的取得都是无偿的，而地役权的取得大都是有偿的。相邻权是法律强制一方必须为另一方提供必要的便利，另一方获得这种便利并不需要支付任何代价。但是地役权的取得大都需要支付一定的费用，当然，按照合同自由原则，如果供役地人放弃补偿的要求，也不应影响地役权设定的效力。

### 二、相邻关系的处理原则和依据

#### （一）有利生产、方便生活

资源的优化配置和有效利用，是当代社会市场经济活动的重要准则。在处理相邻关系纠纷时，必须遵循有利生产、方便生活的原则，使相邻关系的调整更符合社会的整体利益。

#### （二）团结互助、公平合理

相邻人之间应当本着互谅互让、团结互助的精神，协商解决各方因对各类不动产行使所有权或使用权而发生的相邻关系争议。协商不成的，可通过合法程序请求人民法院或行政管理机关依法解决。人民法院在审理相邻关系纠纷案件时，应当本着公平合理的原则，对相邻各方的纠纷作出正确的处理。

### 三、几种主要的相邻关系

#### （一）相邻不动产通行或利用关系

《物权法》第87条规定："不动产权利人对相邻权利人因通行等必须利用其土地的，应当提供必要的便利。"相邻一方必须在另一方使用的土地上通行的，应当予以准许。因此给相邻另一方造成损失的，通行一方应当给予适当补偿。相邻一方因施工临时占用他方使用的土地，占用的一方如果未按照双方约定的范围、用途和期限使用的，应当责令其及时清理现场，排除妨碍，恢复原状，赔偿损失。

对于一方所有的或者使用的建筑物范围内历史形成的必经通道，所有权人或者使用权人不得堵塞。因堵塞而影响他人生产、生活，他人要求排除妨碍或者恢复原状的，应当予以支持。但如果有条件另开通道的，也可以另开通道。《物权法》第88条规定："不动产权利人因建造、修缮建筑物以及铺设电线、电缆、水管、暖气和燃气管线等必须利用相邻土地、建筑物的，该土地、建筑物的权利人应当提供必要的便利。"第89条规定："建造建筑物，不得违反国家有关工程建设标准，妨碍相邻建筑物的通风、采光和日照。"

#### （二）相邻用水、排水关系

《物权法》第86条规定，不动产权利人应当为相邻权利人用水、排水提供必要的便利。对自然流水的利用，应当在不动产的相邻权利人之间合理分配。对自然流水的排放，应当尊重自然流向。

#### （三）相邻不可量物侵害防免关系

《物权法》第90条规定："不动产权利人不得违反国家规定弃置固体废物，排放大气污染物、水污染物、噪声、光、电磁波辐射等有害物质。"第 91 条规定："不动产权利人挖掘土地、建造建筑物、铺设管线以及安装设备等，不得危及相邻不动产的安全。"第 92 条规定："不动产权利人因用水、排水、通行、铺设管线等利用相邻不动产的，应当尽量避免对相邻的不动产权利人造成损害；造成损害的，应当给予赔偿。"

# 第十二章　用益物权

## 第一节　用益物权概述

### 一、用益物权的概念

用益物权之"用益"，顾名思义，就是指对物的使用、收益，以取得物的使用价值。我国《物权法》专设第三编为"用益物权"，第117条指出，用益物权人对他人所有的不动产或者动产，依法享有占有、使用和收益的权利。

### 二、用益物权的特征

用益物权的概念是相对于担保物权而言的。用益物权和担保物权，为近现代民法学就他物权所作的最基本的学理分类。两者同属于定限物权范畴，并具有支配权、绝对权的性质。但是，基于不同的立法本旨及规范目的，用益物权与担保物权存在重要差异。用益物权的基本法律特征，也可由两者的比较而得出：（1）用益物权的主旨在于权利人对他人之物的使用价值进行支配。用益物权是以占有和利用标的物之实体为目的的权利，主要就物的使用价值方面进行支配，因此又称为实体物权。（2）用益物权的权利内容为对于标的物的占有、使用、收益，不包括法律上的处分权。（3）用益物权为独立物权，而担保物权为从属物权。（4）用益物权的客体主要为不动产。因为动产一般以交付或占有为其公示方法，动产交付后的占有很难区分是所有权的占有还是用益物权或者担保物权的占有，因此传统民法一般将用益物权的客体限于不动产。《物权法》第117条的规定将用益物权的客体扩展为不动产和动产是立法的突破，《物权法》还具体规定了土地承包经营权、建设用地使用权、宅基地使用权和地役权四种用益物权，并未特别规定动产用益物权的类型。应当说，《物权法》第117条的规定为动产用益物权留有余地，为法律的发展提供了空间。

### 三、用益物权的种类

1911年清政府颁行的《大清民律草案》在我国法制史上第一次确立了用益物权，包括地上权、地役权、永佃权三项制度。南京国民政府1930年颁行的民法中，除再次规范了地上权、地役权、永佃权外，将典权这种源于中国传统法制和习俗的社会关系也纳入了用益物权的调整范围之中。中华人民共和国建立以后近40年，未建立用益物权的体系与种类，至20世纪80年代才逐步建立起了具有用益物权性质的法律制度。除《民法通则》规定了国有土地使用权、自然资源使用权、农村土地承包经营权等用益物权外，《土地管理法》《城市房地产管理法》《城镇国有土地使用权出让和转让暂行条例》《森林法》《草原法》《水法》等若干特别法也规定了相应的用益物权。

用益物权类型与各国的民族、历史传统、社会经济生活有着密切关联，具有强烈的固有法色彩和本土性。在中国现阶段，设计用益物权类型既要借鉴国际上已有立法例，也应当保持我国固有法中的物权类型，并从中国的现实经验和社会经济基础出发。为此，《物权法》自第十一章到第十四章规定了土地承包经营权、建设用地使用权、宅基地使用权和地役权四种用益物权。第122条和第123条规定了海域使用权、探矿权、采矿权、取水权和使用水域、滩涂从事养殖、捕捞的权利。对于海域使用权等权利，学界也有人称之为特许物权或准物权。

## 第二节　土地承包经营权

### 一、土地承包经营权的概念和特征

中国农村集体经济组织实行家庭承包经营为基础、统分结合的双层经营体制。农民集体所有和国家所有由农民集体使用的耕地、林地、草地以及其他用于农业的土地，依法实行土地承包经营制度。《物权法》将土地承包经营权纳入该法调整的范围，第125条明定：土地承包经营权人依法对其承包经营的耕地、林地、草地等享有占有、使用和收益的权利，有权从事种植业、林业、畜牧业等农业生产。

土地承包经营权的特征，表现在以下三个方面：

1. 土地承包经营权的主体。土地承包经营权人原则上应是本集体经济组织的成员，本集体经济组织成员以外的组织或个人取得土地承包经营权受到十分严格的限制。同时，土地承包以农户为单位，而不是以农民个人为单位，农户人口的增减一般对土地承包经营权不发生影响。

2. 土地承包经营权的客体。首先，土地承包经营权的客体为农用地。所谓农用地，是指直接用于农业生产的土地，包括耕地、林地、草地等。其次，土地承包经营权的客体为一般集体所有的土地，国家所有的农用地实行承包经营的，参照物权法的有关规定。

3. 土地承包经营权的内容。土地承包经营权的权能自然包括占有、使用、收益诸方面，但土地承包经营权人对土地进行占有、使用、收益的基本方式是从事种植业、林业、畜牧业等农业生产活动。

### 二、土地承包经营权的设立

农村土地的承包经营权不是依照法律规定的申请、审批程序以及国家机关的授权产生，而是通过订立承包合同的方式确立的。这是承包经营权与国有自然资源的使用经营权的区别。《物权法》第127条第1款规定，土地承包经营权自土地承包经营权合同生效时设立。承包合同一般是书面形式，发包人是国家有关管理部门和集体组织，承包人是集体组织或自然人。承包合同成立以后，承包人即依照合同的规定享有承包经营权。某个集体经济组织在依法取得对国家所有的土地以及自然资源的使用权后，也可以通过与自然人或其他集体组织订立承包合同的方式，使该自然人或其他集体组织享有对国有土地和其他自然资源的承包经营权。《物权法》第127条第2款规定，县级以上地方人民政府应当向土地承包经营权人发放土地承包经营权证、林权证、草原使用权证，并登记造册，确认土地承包经营权。《物权法》第127条的规定对土地承包经营权实际上采取了意思主义物权变动模式。即土地承包经营权的设立，只需发包方和承包方达成意思表示上的一致即可，法律不要求该项物权的设立以登记为要件。将土地承包经营权的设立作为登记要件主义的例外情况作出规定，主要是考虑到我国农村的实际，若采用登记要件主义，土地承包经营权不经登记不具有物权效力，不符合我国农村的实际情况，不利于维护农民的合法权益。

### 三、土地承包经营权的内容

土地承包经营权人享有土地的使用、收益权，生产经营自主权，流转权以及物上请求权。其义务则包括：维持土地的农业用途；保护和合理利用土地；不得将耕地抛荒，未经依法批准，不得将承包地用于非农建设等。

发包方的主要权利是：（1）监督土地承包经营权人依照承包合同约定的用途合理利用和保护土地；（2）制止土地承包经营权人损害承包地和农业资源的行为；（3）土地承包经营权人转让、抵押承包地应征得发包方的同意；（4）依法撤销土地承包经营权，收回承包地；（5）土地承包经营权合同约定承包费的，发包方有权收取承包费。发包方同时承担的主要义务包括：（1）不得非法变更、解除承包合同，不得擅自收回、调整承包地；（2）不得干涉承包方依法进行正常的生产经营活动；（3）依照承包合同的约定为承包方提供生产、技术、信息等服务。

关于土地承包经营权的流转，《物权法》第128条规定，土地承包经营权人依照农村土地承包法的规定，有权将土地承包经营权采取转包、互换、转让等方式流转。流转的期限不得超过承包期的剩余期限。未经依法批准，不得将承包地用于非农建设。第133条规定，通过招标、拍卖、公开协商等方式承包荒地等农村土地，依照农村土地承包法等法律和国务院的有关规定，其土地承包经营权可以转让、入股、抵押或者以其他方式流转。

## 第三节　建设用地使用权

### 一、建设用地使用权的概念和特征

我国基于土地的不同用途，将土地分为农用地、建设用地和未利用地。建设用地是指为建造建筑物、构筑物的土地，包括城乡住宅和公共设施用地、工矿用地、交通水利设施用地、旅游用地、军事设施用地等。建设用地使用权，是指以建造建筑物、构筑物及其附属设施为目的，对国有土地进行占有、使用和收益的权利。根据物权法，建设用地使用权的主体为建设用地使用权人，客体为国家所有的土地。

建设用地使用权的特征体现在以下三个方面：

1. 建设用地使用权的客体是国有土地。作为建设用地使用权客体的土地，不仅限于地表，而且包括地上或地下。《物权法》第136条规定，建设用地使用权可以在土地的地表、地上或者地下分别设立。此项规定表明，物权法没有将空间利用权设立为一种独立的用益物权种类，而是在建设用地使用权中确立了土地地表之外的上下空间可以独立成为建设用地使用权的客体范围。

2. 建设用地使用权的目的是为自己建造建筑物、构筑物及其附属设施。

3. 作为一种用益物权，建设用地使用权的内容是对土地进行占有、使用和收益。

### 二、建设用地使用权的设立

《物权法》第137条第1款规定，设立建设用地使用权，可以采取出让或者划拨等方式。据此，出让与划拨是设立建设用地使用权的两种基本方式。

《物权法》第139条规定，设立建设用地使用权的，应当向登记机构申请建设用地使用权登记，建设用地使用权自登记时设立。登记机构应当向建设用地使用权人发放建设用地使用权证书。这一规定，进一步明确了登记是建设用地使用权的成立要件。

1. 出让。建设用地使用权的出让是指国家在国有土地上为受让人创设建设用地使用权，受让人向国家支付出让金的行为。

出让的方式主要有四种：协议出让；拍卖出让；招标出让；挂牌出让。《物权法》第137条第2款规定，工业、商业、旅游、娱乐和商品住宅等经营性用地以及同一土地有两个以上意向用地者的，应当采取招标、拍卖等公开竞价的方式出让。

根据《物权法》第138条的规定，采取拍卖、招标、协议等出让方式设立建设用地使用权的，当事人应当采取书面形式订立建设用地使用权出让合同。

2. 划拨。建设用地使用权的划拨是指国家无偿在国有土地上为土地使用人创设建设用地使用权的行为。《物权法》第137条第3款明确规定，严格限制以划拨方式设立建设用地使用权。采取划拨方式的，应当遵守法律、行政法规关于土地用途的规定。

较之于通过出让取得的建设用地使用权，通过划拨取得的建设用地使用权有其自身的特点：（1）无期限性。我国法律对建设用地使用权的出让规定了最高年限，但就建设用地使用权的划拨而言并没有最高年限的限制。（2）限制流通性。通过出让方式取得的建设用地使用权，权利人原则上可自由处分，如出售、互换、出资、赠与、抵押等，而通过划拨方式取得的建设用地使用权原则上不得直接进入市场进行交易。

### 三、建设用地使用权的内容

作为一种独立的用益物权种类，建设用地使用权的设立，旨在实现对土地使用价值的利用，故而权利人具有全面的权利处分权能。《物权法》第143条规定，建设用地使用权人有权将建设用地使用权转让、互换、出资、赠与或者抵押，但法律另有规定的除外。至于建设用地使用权人的义务，首先，依据《物权法》第141条，建设用地使用权人应当依照法律规定以及合同约定支付出让金等费用。其次，依据《物权法》第140条，建设用地使用权人应当合理利用土地，不得改变土地用途；需要改变土地用途的，应当依法经有关行政主管部门批准。另外，按照我国现行法律，建设用地使用权人应当受到城市规划等公法的限制。

《城市房地产管理法》第32条规定，房地产转让、抵押时，房屋的所有权和该房屋占用范围内的土地使用权同时转让、抵押。《城镇国有土地使用权出让和转让暂行条例》第23条规定，土地使用权转让时，其地上建筑物、其他附着物所有权随之转让。同法第24条规定，土地使用者转让地上建筑物、其他附着物所有权时，其使用范围内的土地使用权随之转让，但地上建筑物、其他附着物作为动产转让的除外。《物权法》重申了这一规则，并将其范围进一步扩大为各种法律上的处分，包括转让、赠与、出资、抵押等。《物权法》第146条规定，建设用地使用权转让、互换、出资或者赠与的，附着于该土地上的建筑物、构筑物及其附属设施一并处分。第147条规定，建筑物、构筑物及其附属设施转让、互换、出资或者赠与的，该建筑物、构筑物及其附属设施占用范围内的建设用地使用权一并处分。由此可见，现行法律建立了土地使用权处分时，地上房屋等建筑物及附着物一并处分，反之亦然的处分原则，且没有将土地和房屋划分主次。这就是通常所说的"房随地走"和"地随房走"的不动产权利一体化原则在法律法规中的具体体现。

关于建设用地使用权期间届满后地上物的处理，《物权法》第149条规定，住宅建设用地使用权期间届满的，自动续期。非住宅建设用地使用权期间届满后的续期，依照法律规定办理。该土地上的房屋及其他不动产的归属，有约定的，按照约定；没有约定或者约定不明确的，依照法律、行政法规的规定办理。

# 第四节　宅基地使用权

## 一、宅基地使用权的概念和特征

宅基地使用权为我国特有的一种用益物权形式，是中华人民共和国成立以来在中国土地政策基础上形成的一个固有制度，是指以建造自己的住房及其附属设施为目的，对集体所有的土地进行占有和使用的权利。

宅基地使用权的特征体现在以下几个方面：

1. 宅基地使用权的主体限于农村集体经济组织成员。宅基地使用权尽管是一种财产权利，但是具有身份属性，特定的宅基地仅限于本集体经济组织特定的成员享有使用权，农村集体经济组织以外的人员不能申请并取得宅基地使用权。正因为如此，其自由转让一直受到政策及法律上的限制。

2. 宅基地使用权的客体是集体所有的土地，城镇居民享有的利用国有土地建造住房的权利属于建设用地使用权的范畴。

3. 宅基地使用权人有权在规划给个人的宅基地上建造房屋和其他建筑物，种植树木。宅基地上的附属物，如房屋、树木、厂棚、猪圈、厕所等永远归使用权人所有，将房屋出卖后，宅基地的使用权随之转移给新房主；但是宅基地的所有权仍然归国家或集体所有。农村村民出卖、出租房屋的，不得再申请宅基地。村民迁居并拆除房屋后腾出的宅基地，由集体组织收回，统一安排使用。

## 二、宅基地使用权的设立

关于宅基地使用权的设立，物权法未作具体规定，而是规定适用《土地管理法》等法律和国家有关规定。《土地管理法》第 62 条规定，农村村民一户只能拥有一处宅基地，其宅基地的面积不得超过省、自治区、直辖市规定的标准。农村村民建住宅，应当符合乡（镇）土地利用总体规划，并尽量使用原有的宅基地和村内空闲地。农村村民住宅用地，经乡（镇）人民政府审核，由县级人民政府批准；其中，涉及占用农用地的，依照本法第 44 条的规定办理审批手续。农村村民出卖、出租住房后，再申请宅基地的，不予批准。

宅基地使用权具有较强的福利性质，本集体的农户取得宅基地使用权无须向土地所有人支付地租。

## 三、宅基地使用权的内容

宅基地使用权人的权利主要包括以下两个方面：（1）占有、使用权。宅基地使用权人有权利用宅基地建造房屋及其附属设施，对宅基地上建造的房屋和附属设施享有所有权。（2）出租权。如果尚未建造住房，宅基地使用权人不得单独将宅基地出租给他人；建造住房后，宅基地使用权人可以将房屋连同宅基地出租给他人。

宅基地使用权人的义务主要是按照规定的用途使用宅基地。宅基地的用途是建造村民的住宅，宅基地使用权人不得擅自将宅基地挪作他用。

关于宅基地使用权的消灭和重新分配，《物权法》第 154 条规定，宅基地因自然灾害等原因灭失的，宅基地使用权消灭。对失去宅基地的村民，应当重新分配宅基地。宅基地重新分配，应当包括两大类情况：一是上述第 154 条规定的因自然灾害导致宅基地灭失的情况；二是因集体经济组织收回宅基地或者国家征用而使农户失去宅基地。已经登记的宅基地使用权转让或者消灭的，应当及时办理变更登记或者注销登记。

## 第五节 地 役 权

### 一、地役权的概念和特征

地役权，是指利用他人土地以便有效地使用或经营自己土地的权利。《物权法》正式确立了地役权法律制度。《物权法》第 156 条规定，地役权人有权按照合同约定，利用他人的不动产，以提高自己的不动产的效益。其中"他人的不动产"为"供役地"，"自己的不动产"为"需役地"。

地役权具有如下法律特征：（1）地役权为利用他人土地的物权。虽然立法例上有以建筑物为标的物设定地役权的规定，但此为个别立法例。（2）地役权系为需役地之便宜而存在的物权。此为地役权区别于人役权的特征所在。地役权，为以供役地供需役地便宜之用的权利。而人役权，则是专为特定人而非特定土地的利益而存在的权利。换言之，地役权所提供的便宜的直接对象是"地"，而人役权所提供便宜的直接对象是"人"。（3）地役权具有从属性和不可分性。地役权的从属性表现为两方面：一方面，地役权不得与需役地相分离单独转让，需役地的所有人或使用人不能自己保留需役地的所有权或使用权而将地役权转让给他人，也不能将需役地的所有权转让他人，而自己仅保留地役权，或将需役地的所有权、使用权与地役权分别转让给他人。另一方面，地役权不得与需役地的所有权或使用权相分离，作为其他权利的标的，例如不得单独将地役权作为抵押的标的。我国《物权法》第 164 条明确规定：地役权不得单独转让。土地承包经营权、建设用地使用权等转让的，地役权一并转让，但合同另有约定的除外。第 165 条规定，地役权不得单独抵押。土地承包经营权、建设用地使用权等抵押的，在实现抵押权时，地役权一并转让。所谓地役权的不可分性，是指地役权存在于需役地和供役地的全部，不能分割为各个部分或仅仅以一部分而单独存在。例如，需役地为共有的，各共有人不能仅就自己的应有部分取得地役权；各共有人无从就其应有部分，使已存在的地役权部分地消灭；地役权设定后，需役地或供役地成为共有时，地役权并非分割由需役地各共有人分别享有，也并非由供役地共有人分别负担。地役权的不可分性实际上是其从属性的延伸。《物权法》第 166 条规定，需役地以及需役地上的土地承包经营权、建设用地使用权部分转让时，转让部分涉及地役权的，受让人同时享有地役权。第 167 条规定，供役地以及供役地上的土地承包经营权、建设用地使用权部分转让时，转让部分涉及地役权的，地役权对受让人具有约束力。

### 二、地役权的设立

根据《物权法》第 158 条的规定，设立地役权只能采取合同的方式，既不存在法定地役权，也不得以单方行为（如遗嘱）设立地役权。

地役权合同一般应包括下列条款：合同主体；供役地和需役地；利用目的和方法；利用

期限；费用及其支付方式；解决争议的办法。《物权法》第161条规定，地役权的期限由当事人约定，但不得超过土地承包经营权、建设用地使用权等用益物权的剩余期限。

作为一种独立的用益物权，地役权具备对抗第三人的效力，关系到第三人的利益，因此必须通过登记予以公示，从而发生物权效力。《物权法》第158条规定，地役权自地役权合同生效时设立。当事人要求登记的，可以向登记机构申请地役权登记；未经登记，不得对抗善意第三人。可见，地役权合同一旦生效，地役权即产生，办理登记只是对抗要件。

### 三、地役权的内容

1. 地役权人的权利和义务。地役权人的权利包括：（1）利用供役地的权利；（2）从事必要附随行为的权利；（3）取回工作物的权利；（4）物上请求权；（5）相邻权。地役权人的义务有以下各项：（1）尽量选择对供役地损害最小的地点及方法行使其权利；（2）依约定支付费用；（3）维持工作物以及允许供役地权利人使用工作物。

2. 供役地权利人的权利和义务。供役地权利人的权利包括：（1）在不妨碍地役权行使的范围内，供役地权利人可以行使其对供役地的所有权或使用权；（2）在不妨碍地役权行使的范围内，供役地权利人有权使用地役权人在供役地上设置的工作物；（3）地役权如果是有偿设定，供役地权利人有权要求地役权人支付费用。供役地权利人的义务包括：（1）容忍义务和不作为义务；（2）供役地权利人在不妨碍地役权行使的范围内使用地役权人在供役地上设置的工作物时，应依据其受益的程度向地役权人支付一定的费用。

在发生特定的事由或者出现法定的情形时，地役权当事人可以撤销地役权，使既存的地役权归于消灭。根据《物权法》第168条，地役权人有下列情形之一的，供役地权利人有权解除地役权合同，地役权消灭：（1）违反法律规定或者合同约定，滥用地役权；（2）有偿利用供役地，约定的付款期间届满后在合理期限内经两次催告未支付费用。

# 第十三章　担保物权

## 第一节　担保物权概述

### 一、担保物权的概念和特征

担保物权是以担保债权为目的，即以确保债务的履行行为目的的定限物权。《物权法》第 170 条规定，担保物权人在债务人不履行到期债务或者发生当事人约定的实现担保物权的情形，依法享有就担保财产优先受偿的权利，但法律另有规定的除外。基于担保物权在担保债权的实现、保障金融安全、促进商品流通和资金融通方面的功能，各国法律都十分重视担保物权制度的构建，我国物权法也不例外。《物权法》第四编为"担保物权"，以四章共计 71 个条文比较系统科学地规定担保物权，其篇幅占整部物权法近三分之一。

担保物权具有以下主要法律特征：

1. 担保物权以确保债务得到清偿为目的。担保物权的基本法律意义在于，为债权人在其原有的债权请求权之外又增加了一项物权请求权。债权人享有双重请求权，是担保物权法律关系的基本特征。但是，债权人所享有的这两个请求权具有本质的不同，除其目的、内容、效力和权利行使方式上的区别之外，在权利人实现其权利时最重要的区别在于，这两种请求权会产生两种不同的权利实现方式，而担保物权实际上是利用了物权请求权的优先权特点来保障特殊债权人的权利实现的。因此，担保物权的成立，以债权的存在和有效成立为基础，直接目的在于保证债务的清偿，使得债权人对于担保标的物享有优先受偿的权利，从而加强和补充债权的效力。正因为担保物权系以优先支配担保物之交换价值为内容，以确保债务之清偿为目的，故学者称之为价值权。地上权、永佃权、地役权等用益物权，系以支配标的物之使用价值，占有标的物为内容，以利用标的物为目的，属于利用权。

基于其价值权的特质，担保物权因而拥有附从性、不可分性及物上代位性。例如，《物权法》第 174 条规定，担保期间，担保财产毁损、灭失或者被征收等，担保物权人可以就获得的保险金、赔偿金或者补偿金等优先受偿。被担保债权的履行期未届满的，也可以提存该保险金、赔偿金或者补偿金等。此项规定即为担保物权物上代位性的体现。

2. 担保物权是成立于他人特定物或者权利上的权利。在我国，一般认为担保物权的标的物应当为债权人以外的他人所有的特定财产或者权利。传统理论认为，担保物权的标的物应当特定，不得泛就债务人或者第三人现在所有或将来可取得之任何物或权利，设定担保物权。但伴随经济发展，对担保标的物特定性的认识已有转变，仅以担保物权将来实行之际，标的物有特定的可能，而于实行时，确已特定即为已足，不须于担保物权成立之时即已特定，比如英美法上的浮动担保。另外，由于担保物权是以标的物的交换价值实现担保目的，因此，标的物原则上应当具有可让与性。

3. 担保物权是以取得担保标的物的交换价值为实质内容。一般而言，物权以对标的物的占有、使用、收益或者处分为目的，但是担保物权是以标的物的交换价值确保债权受偿为直接目的。虽然质权或者留置权尚有对标的物的占有、支配，但占有、支配标的物并非质权或者留置权的目的，而是质权或者留置权发生效力的基础；抵押权不以占有标的物为内容，也不具有物权直接支配标的物的作用。

4. 担保物权为具有担保作用的定限物权。依权利人对于标的物的支配范围为标准，物权可以分为所有权与定限物权。定限物权，为于一定范围内对物予以支配的所有权以外的其他物权。因担保物权只是对标的物的交换价值或占有权能予以支配，故属于定限物权。《物权法》第171条第1款关于"债权人在借贷、买卖等民事活动中，为保障实现其债权，需要担保的，可以依照本法和其他法律的规定设立担保物权"的规定，以不完全列举与抽象概括相结合的方式明确了担保物权的适用范围，即适用于民事活动中产生的债权债务关系。

### 二、担保物权的分类

#### （一）法定担保物权和意定担保物权

担保物权的种类，各国不同。依担保物权成立的方式，可分为：

1. 法定担保物权，即因法律的规定而当然发生的担保物权，如留置权、先取特权等。

2. 意定担保物权，即基于当事人的合意而成立的担保物权，如抵押权、质权等。

#### （二）典型担保和非典型担保

物权法以物权法定为原则，若以担保物权种类是否为民法所明文规定为标准，又可将其分为典型担保和非典型担保。据此，抵押权、质权、留置权属典型担保；而基于社会交易实践自发产生，仅为判例、学说等所承认的担保形式，则为非典型担保，常见的有让与担保、所有权保留等。

### 三、担保物权的消灭

担保物权的消灭，是指担保物权的支配效力因法律规定的某种事由出现而终止，担保物权不再发生效力。根据《物权法》第177条规定，担保物权消灭的情形包括：（1）主债权消灭。担保物权的目的在于担保主债权，具有从属于主债权的性质，如果主债权已经消灭，担保物权也就没有存在的必要。（2）担保物权实现。在担保物权实现的条件具备时，即债务人不及时清偿债务或者其他情形，债权人可以从担保物的价值变现中优先获得清偿，从而导致担保物权消灭。（3）债权人放弃担保物权。担保物权人为主债权人，其享有权利的同时也可以抛弃权利。债权人放弃担保物权，导致担保物权消灭。（4）法律规定担保物权消灭的其他情形。

## 第二节　抵　押　权

### 一、抵押权的概念和特征

抵押权，是债权人对于债务人或者第三人不移转占有而供作担保的财产，在债务人不履行到期债务或当事人约定的条件成就时就该物优先受偿的权利。

抵押权作为担保物权的一种，除具有物权的一般属性外，还有其自身特性：

1. 从属性。抵押权的从属性是指抵押权从属于其所担保的债权，具体表现在以下几方面：（1）成立上的从属性。抵押权成立上的从属性，是指抵押权的成立以债权有效存在为前提，当抵押权所担保的债权不成立、无效或被撤销之时，抵押权也不会存在。（2）移转上的从属性。移转上（或处分上）的从属性，是指抵押权须附随于其所担保的债权，不能单独让与或成为其他债权的担保（《物权法》第192条）。(3) 消灭上的从属性。抵押权所担保的债权，如因清偿、提存、免除、混同等原因而全部消灭时，抵押权也随之消灭。

2. 不可分性。抵押权的不可分性，是指抵押权设定后不因抵押物、被担保债权及债务的分割或让与而受影响，主要表现为：(1) 抵押权人得就抵押物的全部行使其权利，抵押物如被分割或让与其一部分，抵押权不受影响，抵押权人仍得就全部债权对全部抵押物行使抵押权；(2) 抵押物一部分灭失时，其未灭失部分仍应作为全部债权的担保；(3) 抵押权所担保债权被分割或者让与一部分时，抵押权不因此而受影响，分割或让与后的债权人对抵押物的全部行使抵押权；(4) 债权一部分受清偿时，不产生抵押权部分消灭的效力，债权人仍得就其剩余债权对抵押物的全部行使抵押权；(5) 债务分割时，抵押权也不受影响，仍以抵押物的全部担保数人的债务。不过，抵押权的不可分性并不是强制性规范，当事人经过特别约定可以加以排除。

3. 物上代位性。抵押权的物上代位性，是指当抵押物因意外原因或者第三人的行为灭失、毁损而获得赔偿金时，该赔偿金成为抵押权标的物的代替物，抵押权人有权就该项赔偿金行使抵押权。《物权法》第174条规定，担保期间，担保财产毁损、灭失或者被征收等，担保物权人可以就获得的保险金、赔偿金或者补偿金等优先受偿。被担保债权的履行期未届满的，也可以提存该保险金、赔偿金或者补偿金等。

## 二、抵押权的设立

1. 抵押财产。根据我国《物权法》的规定，对抵押物的范围，可从"可抵押财产"和"不得抵押财产"两方面予以界定。

(1) 可抵押财产。《物权法》第180条第1款规定，债务人或者第三人有权处分的下列财产可以抵押：①建筑物和其他土地附着物；②建设用地使用权；③以招标、拍卖、公开协商等方式取得的荒地等土地承包经营权；④生产设备、原材料、半成品、产品；⑤正在建造的建筑物、船舶、航空器；⑥交通运输工具；⑦法律、行政法规未禁止抵押的其他财产。根据这一规定，可抵押财产在我国涵盖了不动产、动产和财产权利等几种财产形态。

(2) 不可抵押的财产。为了维护社会主义公有制和社会公共利益，我国《担保法》和《物权法》在规定可抵押的财产的同时，规定下列财产不得抵押（《担保法》第37条，《物权法》第184条）：土地所有权；耕地、宅基地、自留地、自留山等集体所有的土地使用权，但法律规定可以抵押的除外；学校、幼儿园、医院等以公益为目的的事业单位、社会团体的教育设施、医疗卫生设施和其他社会公益设施；所有权、使用权不明或者有争议的财产；依法被查封、扣押、监管的财产；法律、行政法规规定不得抵押的其他财产。

2. 抵押合同。依据《物权法》第185条，设立抵押权，当事人应当采取书面形式订立抵押合同。抵押合同一般包括下列条款：被担保债权的种类和数额；债务人履行债务的期限；抵押财产的名称、数量、质量、状况、所在地、所有权归属或者使用权归属；担保的范围等。

《担保法》第40条及《物权法》第186条均规定，抵押权人在债务履行期届满前，不得与抵押人约定债务人不履行到期债务时抵押财产归债权人所有。这一规定，确立了"禁止流押契约（条款）"的规则。

3. 抵押登记。所谓抵押登记，是指特定登记机关根据当事人的申请，将抵押的有关情况记载于特定簿册中的行为。《物权法》除于第二章对不动产登记的效力作了一般性规定外，在"抵押权"一章中对抵押登记的效力作了进一步规定，具体可区分为以下两种情形：

（1）登记为抵押权的成立要件。《物权法》第187条规定，以本法第180条第1款第1项至第3项规定的财产或者第5项规定的正在建造的建筑物抵押的，应当办理抵押登记，抵押权自登记时设立。

（2）登记为抵押权的对抗要件。《物权法》第188条规定，以本法第180条第1款第4项、第6项规定的财产或者第5项规定的正在建造的船舶、飞行器抵押的，抵押权自抵押合同生效时设立；未经登记，不得对抗善意第三人。第189条规定，企业、个体工商户、农业生产经营者以本法第181条规定的动产抵押的，应当向抵押人住所地的工商行政管理部门办理登记。抵押权自抵押合同生效时设立；未经登记，不得对抗善意第三人。依照本法第181条规定抵押，办理登记的，不得对抗正常经营活动中已支付合理价款并取得抵押财产的买受人。上述规定，明确了动产抵押"登记对抗"规则的适用范围及其例外情形。

关于登记机关，因抵押财产的不同类别而不同：以无地上定着物的国有土地使用权（建设用地使用权）抵押的，登记机关为核发土地使用权证书的土地管理部门；以城市房地产或者乡（镇）、村企业的厂房等建筑物抵押的，登记机关为县级以上人民政府规定的部门；县级以上人民政府对登记部门未作规定，当事人在土地管理部门或者房产管理部门办理了抵押物登记手续的，可以确认其登记的效力；以林木抵押的，登记机关为县级以上林业主管部门；以船舶、航空器、机动车抵押的，登记机关为交通运输工具的登记部门；企业、个体工商户、农业生产经营者以其动产抵押的，登记机关为抵押人住所地的工商行政管理部门。

### 三、抵押权的效力

1. 抵押权的担保范围。

抵押担保的范围包括主债权及利息、违约金、损害赔偿金和实现抵押权的费用。抵押合同另有约定的，按照约定。我国担保法及物权法规定的担保的债权范围，较各国法规定的范围为大，除主债权、利息等外，尚包括违约金、损害赔偿金、保管担保财产和实现担保物权的费用。

2. 抵押权效力所及标的物的范围。

抵押权效力所及标的物的范围，亦即抵押权人于实行抵押权时可以依法予以变价并优先受偿的标的物（财产）的范围。现代各国民法普遍主张，抵押权的效力不仅及于原抵押物，而且及于抵押物的从物、添附物、孳息和代位物。《物权法》第197条规定，债务人不履行到期债务或者发生当事人约定的实现抵押权的情形，致使抵押财产被人民法院依法扣押的，自扣押之日起抵押权人有权收取该抵押财产的天然孳息或者法定孳息，但抵押权人未通知应当清偿法定孳息的义务人的除外。

3. 抵押权对抵押权人的效力。

抵押权对抵押权人的效力，亦即抵押权人享有的权利，主要体现在以下几个方面。

（1）抵押权保全权。《担保法》第51条第1款前段规定，抵押人的行为足以使抵押物价值减少的，抵押权人有权要求抵押人停止其行为。《物权法》第193条首句规定，抵押人的行为足以使抵押财产价值减少的，抵押权人有权要求抵押人停止其行为。

《担保法》第51条第1款后段规定，抵押物价值减少时，抵押权人有权要求抵押人恢复抵押物的价值，或者提供与减少的价值相当的担保。《物权法》第193条后段（第2、3句）规定，抵押财产价值减少的，抵押权人有权要求恢复抵押财产的价值，或者提供与减少的价值相应的担保。抵押人不恢复抵押财产的价值也不提供担保的，抵押权人有权要求债务人提前清偿债务。

（2）抵押权处分权。《物权法》第192条规定，抵押权不得与债权分离而单独转让或者作为其他债权的担保。债权转让的，担保该债权的抵押权一并转让，但法律另有规定或者当事人另有约定的除外。

抵押权的抛弃，是指抵押权人放弃其就抵押物优先受偿的担保利益，可分为绝对抛弃和相对抛弃。绝对抛弃是指抵押权人为一切债权人的利益而抛弃其抵押权，实际上是抵押人与抵押权人解除抵押合同，抵押权人成为普通债权人，对抵押物不再享有优先受偿权。相对抛弃是指在债务人除抵押权人之外尚有两个以上无担保债权人的情况下，抵押权人仅为特定债权人的利益抛弃抵押权。我国《物权法》第194条规定，抵押权人可以放弃抵押权，但未区分绝对抛弃与相对抛弃。

为防止债权人与债务人恶意串通损害其他物上担保人的利益，最高人民法院《关于适用〈中华人民共和国担保法〉若干问题的解释》（简称《担保法解释》）第75条第1款规定，同一债权有两个以上抵押人的，债权人放弃债务人提供的抵押担保的，其他抵押人可以请求人民法院减轻或者免除其应当承担的担保责任。

抵押权的顺序，是指同一抵押物上存在数个抵押权并形成重叠关系（即抵押物的价值不足以使各抵押权人同时充分受偿）时，各抵押权人优先受偿的先后次序。抵押权顺序的处分，即抵押权人对这种顺序利益的处分，包括转让、抛弃和变更，《物权法》第194条第1款对抵押权顺序的抛弃和变更作了规定。

（3）优先受偿权。根据《物权法》第195条第1款，抵押权人于债务人不履行到期债务或者发生当事人约定的实现抵押权事由时，有权以抵押物的价款优先受偿。优先受偿权是抵押权人享有的最根本的权利，主要体现在以下几个方面：一般情况下，抵押权人优先于普通债权人受清偿；抵押物被查封、被执行时，抵押权优先于执行权；抵押人被宣告破产时，抵押权优先于一切债权，抵押财产不列入破产财产；先顺位抵押权人得就抵押物的价款优先于后顺位抵押权人受清偿。

抵押权人的主要义务是在实现抵押权时严格依据法定和约定的方式及程序，不得损害抵押人和其他人的利益。

4. 抵押权对抵押人的效力。

抵押权设定后，抵押人对抵押物仍享有所有权且占有抵押物，因此对抵押物仍享有使用、收益、处分权。在抵押法律关系中，抵押人应享有如下权利：

（1）对抵押物的占有权。抵押设定以后，除法律和合同另有约定以外，抵押人有权继续占有抵押物，并有权取得抵押物的孳息。

（2）对抵押物的处分权。抵押设定以后，抵押人并不丧失对抵押物的所有权，抵押人有权将抵押物转让给他人。但是对于在抵押期间抵押人转让抵押物的后果以及相关处理，《担保法》上规定并不明确，实务上曾存在不同理解。《物权法》第191条规定，抵押期间，抵押人经抵押权人同意转让抵押财产的，应当将转让所得的价款向抵押权人提前清偿债权或者提存。转让的价款超过债权数额的部分归抵押人所有，不足部分由债务人清偿。抵押期间，抵押人未经抵押权人同意，不得转让抵押财产，但受让人代为清偿债务消灭抵押权的除外。

（3）对抵押物设定多项抵押的权利。

（4）对抵押物的出租权。抵押权设定以后，由于抵押物仍然归抵押人所有，因此抵押人有权将抵押物出租给他人使用。但抵押人将已出租的财产抵押后，应当书面告知承租人，原租赁合同继续有效。《物权法》第190条规定，订立抵押合同前抵押财产已出租的，原租赁关系不受该抵押权的影响。抵押权设立后抵押财产出租的，该租赁关系不得对抗已登记的抵押权。

抵押人的主要义务是妥善保管抵押物。在抵押期间，由于抵押人继续占有抵押物，因此抵押人应当负保管抵押的义务，并应采取各种必要的措施以防止抵押物的毁损灭失和价值减少。因抵押人的行为造成抵押物价值减少时，抵押人有义务恢复抵押物的价值，或者提供与减少的价值相当的担保。在抵押期间，抵押人转让抵押物时应当遵循诚信原则。转让抵押物的价款应当符合抵押物实际价值，且因转让所获得的价款应用来清偿所担保的债权。

### 四、抵押权的顺位

一物之上存在两个以上抵押权的，在实现抵押权时，须确定各个抵押权所具有的优先受偿的先后顺序，即抵押权的顺位。根据《物权法》规定，同一抵押财产上存在数个抵押权的，各抵押权的顺位是：（1）以不动产抵押的，由于登记为抵押权的设立条件，故按照登记的先后顺序清偿；顺序相同的，按照债权比例清偿。未登记的不享有抵押权，所以也不存在顺位问题。（2）以动产抵押的，由于动产抵押实行登记对抗主义，故抵押权已登记的先于未登记的受偿。已经登记的按照登记的先后顺序清偿；顺序相同的，按照债权比例清偿。抵押权未登记的，按照债权比例清偿。

抵押权人既可以放弃抵押权的顺位，也可以与其他抵押权人协议互换彼此的抵押权顺位。但该协议未经其他抵押权人书面同意，不得对其他抵押权人产生不利影响。

### 五、抵押权的实现

抵押权的实现必须具备如下条件：（1）债务人的债务已到清偿期。（2）债务人未履行债务。债务人未履行债务包括债务人拒绝履行、迟延履行和不适当履行。如果债务人到期已履行了债务，或者虽未履行，但依照法律和合同的规定应免除责任的，则主债权人不得行使抵押权，否则抵押人有权提出抗辩。（3）存在合法有效的抵押。抵押权的实现是以抵押权合法有效的存在为前提的。如果抵押所担保的主合同被宣告无效或撤销，则抵押合同也应相应被宣告无效，抵押权自然不能有效成立，抵押权人也不得行使抵押权。

抵押权的实现方式主要包括三种，即以抵押物折价、拍卖和变卖。

所谓折价，即以物抵债，是指在双方协议的基础上，抵押人以抵押财产折价，以该价款偿还债务，抵押权人取得抵押财产的所有权。根据《物权法》第198条，如果抵押财产所折价款超过其所担保的债权数额，超过部分归抵押人所有；若所折价款不足以清偿所担保债权，则不足部分转为普通债权由债务人清偿。

抵押物折价的法律后果，是债权人取得抵押财产的所有权，而其债权则在折价范围内全部或部分消灭。如果折价抵偿后仍有剩余债务，则由债务人继续清偿，抵押人不再负担保责任；如果所折价款高于债权数额，则超出部分归抵押人所有。

拍卖是指于特定场所公开地以竞争方式出卖抵押物的行为，是抵押权实现的最普遍的方法。拍卖完成后，抵押物卖得价金扣除拍卖费用后即由抵押权人受偿，如有剩余再返还于抵押人；如卖得价金不足以清偿抵押权人的债权，抵押权人有权请求债务人以其他财产清偿。

变卖是指以一般买卖形式出卖抵押物以使债权受偿的方式。根据《物权法》第198条，抵押财产变卖后，其价款超过债权数额的部分归抵押人所有，不足部分由债务人清偿。

**六、特殊抵押**

1. 最高额抵押。

为担保债务的履行，债务人或者第三人对一定期间内将要连续发生的债权提供担保的，债务人不履行到期债务或者发生当事人约定的实现抵押权的情形，抵押权人有权在最高债权额限度内就该担保财产优先受偿。此项制度，即最高额抵押。

最高额抵押权"最高限额"的确定（一般称之为最高额抵押的决算）直接决定着抵押权人得优先受偿的价值额，而且直接影响到利害关系人的权益。"最高限额"可以基于当事人约定的原因而确定，也可基于法律规定的原因而确定，一般有以下几种：

（1）决算期届至。如果最高额抵押合同中约定了决算期，则决算期届至时，最高额抵押权所担保的债权额即自行确定。

（2）当事人请求。此种请求通常有两种情况：一是法定期间的确定请求，也就是依法律规定的某一期间的完成，债权得由当事人请求确定。《物权法》第206条第2项规定，没有约定确定债权期间或者约定不明确，抵押权人或者抵押人自最高额抵押权设立之日起满2年后请求确定债权。二是于有特定事由时，当事人可以请求确定。如我国台湾地区民法物权修正案第881条之十规定，债权人拒绝发生债权，债务人可以请求确定。

（3）新的债权不可能再发生。如果最高额抵押权所担保的债权已没有发生的可能性，则构成最高额抵押权确定的原因。

（4）担保债权范围变更而原债权不继续发生。

（5）抵押财产被查封、扣押，债务人、抵押人被宣布破产或者被撤销。

2. 动产浮动抵押。

动产浮动抵押是指以法律规定的动产作为一财产整体设立的动产抵押权。其特征有：(1) 设定动产浮动抵押的主体即抵押人限于企业、个体工商户、农业生产经营者。(2) 抵押财产限于抵押人的动产以及将来所有的动产。(3) 抵押动产特定化之前可以自由转让。需要注意，在动产浮动抵押中，抵押权自抵押合同生效时设立；未经登记，不得对抗善意第三人。设立动产浮动抵押的，不得对抗正常经营活动中已支付合理价款并取得抵押财产的买受人。

3. 共同抵押。同一债权由两个以上抵押人共同担保的，为共同抵押。共同抵押分为按份共同抵押和连带共同抵押。在设定抵押时抵押人分别或共同与债权人约定数个抵押人各自仅对特定的债权份额承担担保责任的，为按份共同抵押。在按份共同抵押中，债权人只能按照约定的份额行使抵押权，抵押人承担了担保责任后只能向债务人追偿，不能向其他按份共同抵押人追偿。在设定抵押时抵押人未与债权人约定债权人行使抵押权的顺序与份额的，为连带共同抵押。在连带共同抵押中，债权人行使抵押权不受顺序与份额的限制，抵押权人可以就其中任何一项抵押财产行使抵押权，也可以就所有的抵押财产同时行使抵押权。抵押人承担担保责任之后，追偿顺序没有限制，既可以向债务人全额追偿，也可以直接按照内部份额比例向其他连带共同抵押人追偿。

### 七、抵押权的消灭

《物权法》第 177 条规定，有下列情形之一的，担保物权消灭：（1）主债权消灭；（2）担保物权实现；（3）债权人放弃担保物权；（4）法律规定担保物权消灭的其他情形。抵押权的消灭，也适用这一规定。

## 第三节  质  权

### 一、质权的概念和特征

质权，是指债务人或第三人将动产或一定的财产权利移交给债权人作为担保，当债务人不履行到期债务或发生当事人约定的事由时，债权人可就该动产或财产权利优先受偿的权利。其中，以动产出质的为动产质权，以财产权利出质的为权利质权。

质权具有物权性、担保性、从属性及优先性等特征，这些属性与抵押权并无不同。但是，作为一种独立的担保物权制度，质权与抵押权存在很大差异，其主要差别有下述四点：

1. 成立与生效要件不同。抵押权成立的设定契约为诺成性契约，无须抵押人将抵押物交付债权人占有即能成立。依近现代多数国家民法，抵押权之成立须经登记，此登记为抵押权成立的生效要件。与此不同，质权的成立与生效则以移转质物之占有于债权人为必要。概言之，将质物移转于债权人占有，既是质权的成立要件，也为质权的生效要件。《物权法》第 212 条规定，质权自出质人交付质押财产时设立。

2. 标的物不同。抵押权的标的物为不动产、不动产用益物权与动产，而质权的标的物则为除不动产和不动产用益物权以外的其他财产。抵押权与质权的标的物于动产上存在交叉。于动产上成立的担保物权究为抵押权或质权，以债权人是否占有标的物而为区别。由于严格区分物权和债权、动产和不动产，迄今为止，大陆法系国家很少有民法典对动产抵押予以明文规定，一般都只是将其作为非典型担保的一种形式加以对待。从各国立法动向来看，当代担保物权的发展重心在于动产担保，抵押物的范围在不断地扩大，动产抵押也是一种新的发展趋势。

3. 担保作用不同。抵押权由其本质所决定，系以优先受偿效力为其担保作用。而质权除以优先受偿效力为其担保作用外，还具有留置效力。

4. 实行方式不同。按照多数国家民法，抵押权人于债务人不履行债务而实行其抵押权时，一般须申请法院拍卖抵押物，以清偿自己的债务。而于质权，质权人于债权已届清偿期而未获清偿时，可径依市价变卖质物、订立契约取得质物所有权，或以其他方式处分质物。

### 二、动产质权

#### （一）动产质权的概念

动产质权即以动产为客体的质权。《物权法》第 208 条第 1 款规定，为担保债务的履行，债务人或者第三人将其动产出质给债权人占有的，债务人不履行到期债务或者发生当事人约定的实现质权的情形，债权人有权就该动产优先受偿。

与其他担保物权相比，动产质权的特点有三：其一，动产质权的标的物是动产，此点有别于权利质权；其二，动产质权的公示方法为占有，具有留置效力，此点有别于包括动产抵押在内的抵押权；其三，动产质权是意定物权，确切地说，是约定物权，此点有别于留置权等法定担保物权。

### （二）动产质权的设定和所担保的债权范围

设定动产质权，出质人和质权人应当以书面形式订立质权合同。我国物权法尚不承认法定质权。质权合同的内容应当包括如下条款：（1）被担保债权的种类和数额；（2）债务人履行债务的期限；（3）质押财产的名称、数量、质量、状况；（4）质权担保的范围；（5）质押财产交付的时间；（6）当事人认为需要认定的其他事项。如果质权合同不完全具备上述条款，当事人可以在事后进行补正，但不能径直宣告合同无效。根据现行法律规定，出质人和质权人在合同中不得约定在债务履行期届满质权人未受清偿时，质物的所有权转移为质权人所有。

动产质权的设定不仅要订立书面的质权合同，还必须移转动产的占有。也就是说，动产质权的成立，必须以标的物的占有移转于质权人，才能发生效力。

质权担保的范围包括主债权及利息、违约金、损害赔偿金、质物保管费用和实现质权的费用。质权合同另有约定的，按照约定。

### （三）出质人和质权人的权利和义务

动产出质以后，出质人虽然将质物的占有权已经移转给质权人，但是在法律上并没有丧失对质物的所有权，因此仍然有权处分其已经出质的财产，例如将质物转让他人或者赠予他人，但出质人行使对质物的处分权，不应当影响原有的质权，质权人仍然对该质物享有质权。此外，出质人也可以与质权人在合同中特别约定，由出质人继续享有对质物的收益权。但合同中没有特别约定，出质人不应当享有此项权利。出质人的主要义务，主要是不得妨害质权人享有并行使对质物的权利。

质权人的权利主要包括如下几项：

1. 对质物的占有和留置权。在质权设定以后，质权人有权占有出质人的出质财产。在主债务没有被清偿以前，质权人有权留置质物，即使质物的所有权已经由出质人转让给他人，质权人仍然享有留置权，并有权拒绝任何第三人提出的交付质物的要求。

2. 收取质物的孳息。如果在质押合同中当事人没有特别约定质物的孳息由出质人或第三人收取，则质权人有权收取质物所生的孳息。所谓孳息，包括天然孳息和法律孳息。根据《担保法》第 68 条，质权人有权收取质物所生的孳息，但孳息应当首先充抵收取孳息的费用。

3. 转质权。转质包括承诺转质和责任转质两种情况。所谓承诺转质，是指质权人取得出质人的同意，为担保自己的债务的履行，而将质物移转占有给第三人，并在质物上设立新质权的行为，质权人在转质时取得了出质人的同意，意味着出质人已将质物质押的处分权利授予了原质权人。所以，尽管我国《担保法》未明文规定承诺转质，只要法律未予禁止，应承认承诺转质的效果。

所谓责任转质是指在质权存续期间，质权人未经出质人同意，而以自己的责任将质物转质给第三人，从而设立新的质权。如上所述，我国《担保法》未规定转质，《物权法》第217条规定，质权人在质权存续期间，未经出质人同意转质，造成质押财产毁损、灭失的，应当向出质人承担赔偿责任。此项表述，仅就质权人在质权存续期间未经出质人同意转质而造成质押财产毁损、灭失的后果进行了规制。

4. 预行拍卖和变卖质物权。依据《物权法》第216条，因不能归责于质权人的事由可能使质押财产毁损或者价值明显减少，足以危害质权人权利的，质权人有权要求出质人提供相应的担保；出质人不提供的，质权人可以拍卖、变卖质押财产，并与出质人通过协议将拍卖、变卖所得的价款提前清偿债务或者提存。

5. 优先受偿权。质权人有权就质物卖得的价金，优先受偿。从而实现其债权。

质权人的主要义务是妥善保管质物。《担保法》第69条第1款规定，质权人负有妥善保管质物的义务。因保管不善致使质物灭失或者毁损的，质权人应当承担民事责任。此处所指的妥善保管系指质权人应以善良管理人的注意保管质物。如果质权人未尽此种注意，致出质人受损害的，应负赔偿责任。

债务履行期届满债务人履行债务的，或者出质人提前清偿所担保的债权的，质权人应当返还质物。因为一旦债务人届期履行其债务，而使质权人的债权获得满足，债权消灭，质权也应当相应而消灭，质权人没有任何理由继续占有质物。

### （四）动产质权的实现

动产质权的实现，是指质权人在债务人到期不履行债务时，而对通过折价、拍卖和变卖方式所获得的价款优先受偿。根据《物权法》第219条第2款和《担保法》第71条第2、3款的规定，债务人不履行到期债务或者发生当事人约定的实现质权的情形，质权人可以与出质人协议以质押财产折价，也可以就拍卖、变卖质押财产所得的价款优先受偿。质押财产折价或者变卖的，应当参照市场价格。

质押财产折价或者拍卖、变卖后，其价款超过债权数额的部分归出质人所有，不足部分由债务人清偿。此时，未受清偿的债权成为普通债权。

### 三、权利质权

#### （一）权利质权的概念

权利质权是指以可转让的权利为标的物的质权。《担保法》将权利质押与动产质押共同规定在质押中，仅就权利质押（权）作了一些特殊规定，而并未对权利质权的一般问题作出规定，是基于对权利质押与动产质押的相似性的考虑。《物权法》则是在第十七章"质权"第一节"动产质权"之后，于第二节规定"权利质权"。

权利质权与动产质权是质权的两种基本形态，具有诸多共同属性，二者的区别主要是：（1）客体不同。动产质权的客体为动产，权利质权的客体为财产权利，这也是二者最基本的区别。（2）公示方法不同。动产质权以移转动产的占有为公示方法，权利质权的公示方法是移转权利凭证的占有（如票据质押）或登记（如专利权质押）。（3）效力不同。动产质权具有留置效力，质权人可以通过对动产的占有迫使债务人履行债务。而在一般情况下，权利质权人并未现实占有出质人的财产，权利质权（尤其是以登记为公示方法的权利质权）没有留置效力。

#### （二）有价证券质权

以票据等有价证券设定质权，必须要出质人与质权人之间订立质押合同，但仅凭当事人之间的质押协议，仍不能使质押生效。根据《物权法》第224条、《担保法》第76条的规定，以汇票、支票、本票、债券、存款单、仓单、提单出质的，当事人应当订立书面合同。质权自权利凭证交付质权人时设立；没有权利凭证的，质权自有关部门办理出质登记时设立。

有价证券的兑现日期或提货日期与主债权的清偿日期不一致时，应按下列规则处理：（1）依据《物权法》第225条，有价证券的兑现日期或者提货日期先于主债权到期的，质权人可以兑现或者提货，并与出质人通过协议将兑现的价款或者提取的货物提前清偿债务或者提存；（2）有价证券的兑现日期或者提货日期后于主债权到期的，质权人要么将有价证券变价（如拍卖）从中优先受偿，要么等到有价证券的兑现日期或者提货日期到来时兑现款项或者提取货物以受偿。

### （三）基金份额质权与股权质权

依《物权法》第223条，可以转让的基金份额、股权可以出质。第226条第1款规定，以基金份额、股权出质的，当事人应当订立书面合同。以基金份额、证券登记结算机构登记的股权出质的，质权自证券登记结算机构办理出质登记时发生效力。以其他股权出质的，质权自工商管理部门办理出质登记时发生效力。

基金份额、股权出质后，不得转让，但经出质人与质权人协商同意的除外。出质人转让基金份额、股权所得的价款，应当向质权人提前清偿债权或者提存。

### （四）知识产权质权

可以转让的注册商标专用权、专利权、著作权等知识产权中的财产权，可以质押。由于知识产权实际上是财产权和人身权的结合所产生的权利，因此设定质押的知识产权仅限于可以转让的财产权，而不包括任何人身权。以知识产权中的人身权设定质权是无效的。

《物权法》第227条第1款规定，以注册商标专用权、专利权、著作权等知识产权中的财产权出质的，当事人应当订立书面合同。质权自有关主管部门办理出质登记时设立。可见，以知识产权设定质押的，出质人和质权人之间要订立书面质权合同，而且要办理出质登记，才能满足此类质权生效的条件。

知识产权出质后，出质人对知识产权的处分权受到了限制。《物权法》第227条第2款规定，知识产权中的财产权出质后，出质人不得转让或者许可他人使用，但经出质人与质权人协商同意的除外。出质人转让或者许可他人使用出质的知识产权中的财产权所得的价款，应当向质权人提前清偿债务或者提存。

### （五）应收账款质权

《物权法》第223条第6项以及第228条允许以应收账款设定权利质权。应收账款，是指因销售商品或提供劳务而应向购货单位或顾客收取的款项。按照我国会计准则的规定，同时满足商品已经发出和收到货款两个条件时，应确认收入，此时若未收到现金，即应确认应收账款。应收账款实质是一般债权，是许多企业的一项重要资产，《物权法》认可应收账款质押，有利于企业融资。

设立应收账款质权，双方当事人应签署书面质押合同，质权自信贷征信机构办理出质登记时设立（《物权法》第228条第1款）。倘若存在债权证书（如欠条、还款协议），除当事人签署书面质押合同外，出质人还应将债权证书交付给质权人。不过，在此情形下，交付是否为质权成立要件，仍值得探讨。出质人或质权人还应将设立质押的事实通知应收账款的付款人，否则该质权不得对抗付款人。

根据《物权法》第228条第2款，应收账款出质后，不得转让，但经出质人与质权人协商同意的除外。出质人转让应收账款所得的价款，应当向质权人提前清偿债务或者提存。

## 第四节　留置权

### 一、留置权的概念和特征

留置权，是指债务人不履行到期债务时，债权人得留置其已经合法占有的债务人的动产，并在一定条件下就该动产优先受偿的权利。

留置权具有以下法律特征：

1. 留置权为担保物权。在我国，留置权是三种典型的担保物权之一，与抵押权、质权鼎足而立，具有物权性、价值性、担保性等担保物权共同的属性。

2. 留置权为法定担保物权。留置权依据法律的直接规定当然产生，而不是由当事人通过合同设立。不过，留置权的法定性并不等于"不可排除性"，根据《物权法》第232条，当事人特别约定对标的物不得留置的，应从其约定。

3. 留置权为动产物权。留置权的客体以动产为限，不得留置不动产或者财产权利。

4. 留置权为占有担保物权。担保物权有占有担保物权与非占有担保物权之分，留置权与动产质权一样，为占有担保物权，以占有标的物为成立和存续的要件。

5. 留置权为二次效力的担保物权。留置权效力可分为两个层次：其一是留置；其二是优先受偿。留置权人留置债务人的财产后，尚不能立即行使优先受偿权，而是应给予债务人一个履行债务的宽限期，宽限期届满后，债务人仍不履行债务的，留置权人方可将留置财产变价，并从中优先得到清偿。

### 二、留置权的成立

债务人不履行到期债务，债权人可以留置已经合法占有的债务人的动产，并有权就该动产优先受偿。学理上一般将留置权的成立要件区分为积极要件与消极要件。

留置权成立的积极要件包括以下各项：

1. 债权人已经合法占有债务人的动产。债权人合法占有债务人的动产，是留置权成立的必备条件，这也是物权公示原则的一项基本要求。

2. 债务人不履行到期债务。如果在债权尚未到期时允许债权人使行留置权，则意味着债权人可以随意扣留他人的财产，无异于强迫债务人提前履行债务，这显然是不合法的。如果债务人已经履行了到期债务，留置权自然也没有存在的必要。只有在债权已届清偿期以后，债务人未按规定的期限履行义务，债权人才能留置债务人交给其占有的财产，在此之前债权人无权留置。

3. 留置财产与债权属于同一法律关系。《物权法》第231条规定，债权人留置的动产，应当与债权属于同一法律关系，但企业之间留置的除外。

留置权成立的消极要件包括：

1. 留置不得违反法律的禁止性规定。根据《物权法》第232条，法律明确规定不得留置的动产，不得留置。

2. 留置不得违背当事人之间的约定。《物权法》第232条规定，当事人约定不得留置的动产，不得留置。

3. 留置不得超过相应的比例。《物权法》第233条规定，留置财产为可分物的，留置财产的价值应相当于债务的金额。如果债权人占有的债务人的动产为数个物，留置财产的价值应与债务的金额相当。反之，如果债务人占有的动产为不可分物，那么即便其价值显著超过了债权的数额，债权人也有权予以留置。

4. 留置不得违反公序良俗。

### 三、留置权的效力

1. 留置权所担保债权的范围。留置权所担保的债权的范围与动产质权相似，包括主债权及利息、违约金、损害赔偿金、保管留置物的费用和实现留置权的费用。

2. 留置权标的物的范围。留置权标的物的范围也与动产质权相仿，包括被留置动产、留置物的从物、孳息以及其代位物。

3. 留置权对留置权人的效力。留置权发生以后，留置权人享有如下的权利：

（1）对留置标的物的占有权。当其留置物被第三人侵夺时，留置权人有权通过占有物返还之诉请求返还。

（2）留置物孳息收取权。《物权法》第235条规定，留置权人有权收取留置财产的孳息。留置权人在占有留置物期间内，享有收取留置物的孳息的权利。如果孳息是金钱，则可直接以其充抵债务；如果孳息是其他财产，留置权人享有变价权，并可以以其折价或变价，优先受偿。当然留置权人对留置物的孳息应以善良管理人的注意进行妥善的管理，如果没有尽到这种注意义务，给债务人造成损失的应当承担赔偿责任。

（3）必要使用权。从原则上说留置权人对留置物不享有使用权，但是在特殊情况下，出于保管留置物的需要留置权人可适当地使用留置物，例如为了防止留置的汽车生锈进行适度的使用，留置权人只能在具有保管上的必要时才能使用，而不能以获得收益为目的的使用留置物，否则将构成侵权行为。此外经债务人同意，留置权人也有权使用留置物。

（4）拍卖、变卖权。留置权人在留置债务人的财产后，债务人逾期仍不履行债务的，债权人可以与债务人协议以留置物折价，也可以依法拍卖、变卖留置物。

（5）优先受偿权。留置权人有权就留置财产的价值优先受偿。这是保障留置权人债权实现的根本手段。如果留置权人仅仅只能留置债务人的财产，而不能对该财产进行变价，并对变价后的财产价值优先受偿，留置权人的债权仍然不能实现。所以优先受偿权是留置权作为担保物权的主要特征。

留置权人的主要义务是妥善保管留置物，留置权人在保管过程中，应当以善良保管人的注意保管留置物。因保管不善致使留置物灭失或毁损的，留置权人应当承担民事责任。留置权人是否尽到了注意义务，是判断其是否有过错的标准。如未尽到注意义务，则表明其具有过错，并对其造成的损失承担赔偿责任。

留置权人在占有留置物期间内，不得擅自使用和利用留置物，不得为获取收益而使用留置物，更不得非法处分留置物（如非法转让留置物，或未经所有人同意在留置物之上设置抵押和质押）。如果因为债务人履行债务等原因而导致留置权消灭，留置权人应当及时返还留置物。

债务人的主要权利是，在留置物被留置以后债务人并不丧失对留置物的所有权。当然在留置权成立以后，债务人对留置物的权利要受到很多的限制。如不能直接行使对留置物的占有、使用、收益的权利，也不能将该财产出质等。债务人的主要义务是在留置权发生后，不得干扰、阻碍留置权人行使留置权，并应偿付因留置物而支出的必要的费用。

### 四、留置权的实现

《物权法》第 236 条第 1 款规定，留置权人与债务人应当约定留置财产后的债务履行期间；没有约定或者约定不明确的，留置权人应当给债务人两个月以上履行债务的期间，但鲜活易腐等不易保管的动产除外。债务人逾期未履行的，留置权人可以与债务人协议以留置财产折价，也可以就拍卖、变卖留置财产所得的价款优先受偿。可见，留置权人实现留置权的条件是债务人在宽限期届满后仍然未履行其债务。

与动产质权一样，留置权的实现方法也是折价、拍卖、变卖三种。按照《物权法》第 238 条，留置财产折价或者拍卖、变卖后，其价款超过债权数额的部分归债务人所有，不足部分由债务人清偿。

### 五、留置权的消灭

留置权是一种担保物权，因而担保物权的一般消灭原因，如混同、主债权消灭、担保物权实现、债权人放弃担保物权等均适用于留置权。此外，《物权法》第 240 条还规定了留置权的特殊消灭事由，即：留置权人对留置财产丧失占有或者留置权人接受债务人另行提供担保的，留置权消灭。

# 第十四章　占　有

### 一、占有的概念

占有，是指占有人对不动产或者动产的实际控制。尽管占有是主体对物事实上的控制状态，但并非在法律上没有意义。物权法之所以要确认占有制度，一方面是因为占有常常形成一种法律关系。占有人因占有可能取得占有权甚至是所有权，即使不能形成权利的占有，在法律上也可获得保护，例如拾得人对遗失物的占有、对漂流物的占有都可以获得法律的保护。另一方面，确认和保护占有对维护占有秩序和财产安全，具有重要的意义。占有本身可以成为物权的一项权能，也是动产物权移转的外在表现。占有与物权的关系主要体现为以下方面：

1. 占有与物权的保护。占有制度具有保护占有的机能，即民法上之占有具有保护对物的事实支配以实现其维护社会秩序与和平之社会作用。

2. 占有与善意取得。善意取得是法律为交易安全而赋予占有以公信力，故善意取得是与占有紧密联系在一起的。如出让人为占有人，则善意取得人取得动产所有权，动产之取得人信任占有有如不动产的取得人应信任登记，占有保障了所有权的推定。因此，善意取得系来自交易安全的保护与占有之公信力上，而占有之公信力系来源于占有的表彰机能。

3. 占有与时效取得。时效取得的实际意义是为了向占有提供保障，使无权占有人确定地享有他人财产的所有权，恢复处于相分离的权利与事实，旨在建立一种新的法律秩序，促进社会财产的利用。取得时效以占有他人的物为适用的基本要件。在采纳间接占有概念以后，取得时效制度也可以适用于间接占有的情况。例如，如果占有人以在他人土地上建造建筑物或其他工作物或栽种竹木为目的而使用他人土地，可以根据取得时效的规定取得地上权。[①]

4. 占有与先占取得。先占是以所有的意思占有无主动产而取得其所有权的法律事实。先占取得是基于占有的事实而发生的一种推定，即每一个物都应该有法律上的所有人。除此之外，占有与拾得遗失物及发现埋藏物也有密切关系，对遗失物、埋藏物、拾得行为与发现人取得所有权的要件的设计和认定，均涉及占有。

与大陆法系国家普遍将占有保护设立为物权法上的制度不同，我国民法中原来只是将"占有"视为所有权或他物权的一项权能而存在，更未从立法上确立占有制度。《物权法》在起草过程中借鉴了大陆法系国家的占有制度，将财产归属与财产利用相区别，确立了以调整占有人与非占有人之间因财产的占有利用而发生的财产关系为范围的占有制度（第五编），与所有权（第二编）和他物权（第三、四编）一起构成《物权法》体系，弥补了我国物权立法上的缺陷。

---

① 参见王泽鉴：《民法物权》第二册《用益物权·占有》，30 页，北京，中国政法大学出版社，2001。

## 二、占有的分类

对于占有，民法理论和司法实践中通常作如下分类，以区别占有的不同形态，赋予不同的法律效果：

1. 所有人占有与非所有人占有。所有人占有是指所有人在行使所有权过程中占有属于自己的财产。非所有人占有是指所有人以外的人占有所有人的财产。这种占有是以他人的所有权存在为前提的，如果非所有人的占有没有合法的根据，则不能形成合法的占有权。

2. 合法占有与非法占有。这是对非所有人占有的再分类。所谓合法占有，是指依据法律规定或所有人的意志而由非所有人对所有人的财产加以占有，例如，保管人依据保管合同占有寄托人的财产。非法占有是指没有法律根据，也没有取得所有人的同意而占有他人的财产，例如，小偷占有赃物，某人挪用公款、公物等。非法占有违背了法律的规定和所有人的意志，因而构成对他人的所有权的侵犯。

3. 善意占有与恶意占有。这是对非法占有的进一步分类。善意占有是指非法占有人在占有某项财产时，不知道或不应当知道其占有为非法。恶意占有是指非法占有人在占有某项财产时，已经知道或应当知道其占有为非法。区分善意占有和恶意占有在民法上的主要意义是：第一，当所有人的财产由占有人非法转让给第三人时，如果第三人占有该项财产出于善意，就可以依法取得对该财产的所有权；第二，在不当得利的返还上，善意占有人一般只返还现存的利益，对于已经灭失的利益不负返还的责任，而恶意占有人则对已经灭失的利益应负赔偿的责任；第三，在返还原物及其孳息时，善意占有人可请求所有人返还其为保管、保存占有物所支出的必要费用。而恶意占有人在返还财产时，无权请求所有人偿付其支出的费用。

4. 直接占有与间接占有。在所有人和非所有人之间，因法律行为而转移占有以后，原所有人为物的间接占有人，合法占有人为物的直接占有人。区分直接占有和间接占有的意义，主要在于确定动产所有权的转移。一般来说，动产所有权的转移，必须是直接占有的转移，新的所有人只有在直接占有动产以后，才享有所有权。

## 三、占有的效力

占有的性质虽为一种事实状态而非权利，但为了维护社会秩序，合理解决当事人之间的权利义务关系，法律仍赋予占有一定的法律效力。主要有：（1）权利推定效力。所谓占有的权利推定效力，是指如果占有人在占有物上行使权利，在没有相反证据的情况下，则推定动产占有人为合法的动产物权人。此种推定效力给占有人在诉讼上带来很大的优势，使其免予相关的举证责任。（2）权利取得效力。权利取得效力是指占有人在符合法定要件的情况下可以取得本权。具体包括两种情形：一是善意取得所有权或者他物权，二是因占有时效的完成而取得所有权或者他物权。我国法律至今尚无关于占有时效的一般规定。（3）保护效力。保护效力体现为占有人无论是否为有权占有，均可以对抗他人的侵犯，具体可以分为自力救济和占有保护请求权两种方式。前者包括占有防御权和取回权，即在遭受占有侵害时直接实施自我救济；后者体现为占有人以向侵害人行使请求权的方式保护占有，必要时可以诉请公权力机关。

## 四、占有的保护

占有作为一种事实状态，不是权利，更不是物权。但是，占有体现了一定的财产秩序，占有的状态也构成一种社会生活秩序，法律同样须予保护。因此，物权法赋予占有人以自力救济权和基于占有的请求权以制止侵害占有的行为，在上述手段仍未能回复占有时占有人还可以提起占有回复之诉。

占有人的自力救济权包括占有防御权、占有取回权等。基于占有而发生的请求权则包括：

1. 占有物返还请求权。这是指占有人在其占有物被他人侵夺以后，可依法请求侵夺人返还占有物。《物权法》第245条第1款规定，占有的不动产或动产被侵占的，占有人有权请求返还原物。其构成要件是：第一，必须存在侵夺占有物的事实。第二，请求权人必须为占有人，包括直接占有人和间接占有人。占有辅助人一般不得行使该请求权。第三，必须针对侵夺占有的行为人提出该项请求。应注意的是，此种请求权在性质上并不是不当得利的返还请求权，而是一种独立的请求权。《物权法》第245条第2款规定，占有人返还原物的请求权，自侵占发生之日起1年内未行使的，该请求权消灭。

2. 排除占有妨害和消除危险的请求权。这是指占有人在其占有受到他人妨害时，有权请求他人除去妨害。当占有虽未被现实地妨害，但存在妨害的危险时，占有人有权要求消除该危险。《物权法》第245条第1款规定，对妨害占有的行为，占有人有权请求排除妨害或者消除危险。其构成要件是：（1）必须存在着妨害行为或有妨害的危险。妨害是指采用侵夺以外的方法而妨碍占有人对占有物的管领和控制。危险指占有人的占有有可能遭受他人的妨害。占有人可否行使消除危险的请求权，必须根据一般社会观念和当时情势加以判断，而不能单凭占有人的主观臆断确定。（2）请求权人必须是占有人。（3）必须向妨害人提出请求。不管是对直接实施妨害行为的人，还是对间接造成他人占有妨害的人，占有人均可以向其提出请求。占有人请求妨害人排除妨害或消除危险时，也有权请求侵害人负担排除妨害的费用。

3. 占有的损害赔偿请求权。《物权法》第245条第1款规定，因侵占或者妨害造成损害的，占有人有权请求损害赔偿。

# 第十五章 知识产权

## 第一节 知识产权概述

### 一、知识产权的概念和特征

知识产权是指创造性智力成果的完成人或工商业标志的所有人依法所享有的权利的总称。

知识产权与一般财产权利相比，具有下列特征。

1. 专有性。

知识产权的权利人对其智力成果和工商业标志享有独占使用的权利，任何其他人未经许可不得加以使用，该权利专属于权利人享有。虽然一般财产权利也具有专有性，例如，所有权人对其所有物享有排他性的支配权，但只能针对这一特定的所有物。知识产权的专有性表现在权利人对整个客体的支配权，例如，发明专利的专利权人有权禁止任何人未经许可，以营利为目的制造、使用、销售、许诺销售、进口落入其专利保护范围的产品。

2. 地域性。

知识产权只在授予该权利的国家范围内有效，在其他国家并不获得保护，除非在该其他国家依照其法律规定获得知识产权。而一般财产权利并不因跨越国境而无效。

3. 时间性。

知识产权只在特定的时间内获得保护，期限届满后权利即告终止。而一般财产权并不存在时间的限制，往往与权利客体共存亡。

4. 客体的无形性。

知识产权的客体是无形的智力成果，智力成果不具有物质形态，可以附着在不同的物质载体上。客体的无形性导致了消费上的非竞争性、利用上的无限可能性。这个特征是知识产权区别于其他民事权利的根本所在。

### 二、知识产权的范围

根据《民法总则》第 123 条的规定，知识产权的客体包括作品、发明创造、商标、地理标志、商业秘密、集成电路布图设计、植物新品种以及法律规定的其他客体。著作权（也称版权）、专利权和商标权有专节介绍，此处专就商业秘密和不正当竞争作适当介绍。

商业秘密是指不为公众知悉、能为权利人带来经济利益、具有实用性并经权利人采取保密措施的技术信息和经营信息。技术信息和经营信息包括设计、程序、产品配方、制作工艺、制作方法、管理诀窍、客户名单、货源情报、产销策略、招投标中的标底及标书内容等信息。商业秘密具有秘密性、新颖性、实用性和经济价值性。秘密性是商业秘密的核心要件。商业秘密一旦泄露，不论其泄露方式是否合法，都不再受到保护。

《反不当竞争法》第 9 条规定，经营者不得实施下列侵犯商业秘密的行为：

（1）以盗窃、贿赂、欺诈、胁迫或者其他不正当手段获取权利人的商业秘密；

（2）披露、使用或者允许他人使用以前项手段获取的权利人的商业秘密；

（3）违反约定或者违反权利人有关保守商业秘密的要求，披露、使用或者允许他人使用其所掌握的商业秘密。

第三人明知或者应知商业秘密权利人的员工、前员工或者其他单位、个人实施前款所列违法行为，仍获取、披露、使用或者允许他人使用该商业秘密的，视为侵犯商业秘密。

对于侵犯商业秘密的行为，可采用两种救济途径，一是民事救济即损害赔偿，一是行政救济即停止违法行为、罚款。

## 第二节　著作权

### 一、著作权的概念和特征

著作权，亦称版权，是指作者或者其他权利人对文学、艺术和科学作品依法享有的各项专有权利。著作权属于民事权利，是知识产权的组成部分。著作权是一种对世权，属于绝对权。

著作权具有知识产权的共同特征，同时还具有自己的特点，著作权专有的特点有两个：(1) 权利内容的双重性。著作权包括人身权与财产权两个方面的内容。(2) 权利自动产生。著作权基于作品创作完成这一事实自动产生，不需要发表，也无须任何部门审批。

### 二、著作权的主体

1. 作者。《著作权法》第 11 条规定："著作权属于作者，本法另有规定的除外。"因此，在一般情况，著作权的主体是作者。

作者是创作作品的公民。所谓创作，是指直接产生文学、艺术和科学作品的智力活动。为他人创作进行组织工作，提供咨询意见、物质条件，或者进行其他辅助活动，均不能理解为是创作。

由法人或者非法人单位主持，代表法人或者非法人单位意志创作，并由法人或者非法人单位承担责任的作品，法人或者非法人单位视为作者，享有该作品的著作权。

如无相反的证明，在作品上署名的公民、法人或者其他组织，推定为作者。

2. 作者以外的人。作者以外的人，在特定情况下也可以成为著作权人。(1) 在某些特殊的职务作品中，单位是著作权人。根据《著作权法》第 16 条的规定，职务作品是公民为完成法人或者非法人单位工作任务所创作的作品，一般情况下，职务作品的著作权由作者享有。但是，在下列两种情况下的职务作品，除作者享有署名权外，著作权的其他权利均由法人或者非法人单位享有：①主要是利用法人或者非法人单位的物质技术条件创作，并由法人或者非法人单位承担责任的工程设计图、产品设计图、计算机软件、地图等职务作品。②法律、行政法规或者合同约定著作权由法人或者非法人单位享有的职务作品。(2) 委托创作中委托人可以通过合同约定成为作品的著作权人。根据《著作权法》第 17 条的规定，受委托创作的作品，著作权的归属由委托人和受托人通过合同约定，合同未作明确约定或者没有订立合同的著作权属于受托人。因此，尽管委托人并非该作品的作者，但只要合同约定，也可以成为著作权人。

3. 特殊情况下著作权的归属。（1）改编、翻译、注释、整理已有作品而产生的作品，其著作权由改编、翻译、注释、整理人享有，但行使著作权时不得侵犯原作品的著作权。（2）两人以上合作创作的作品，著作权由合作作者共同享有。合作作品可以分割使用的，作者对各自创作的部分可以单独享有著作权，但是行使著作权时不得侵犯合作作品整体的著作权。（3）汇编作品由汇编人享有著作权，但行使著作权时，不得侵犯原作品的著作权。（4）电影作品和以类似摄制电影的方法创作的作品，著作权由制片人享有，导演、编剧、作词、作曲、摄影等作者享有署名权以及根据合同获得相应报酬的权利。此类作品中的剧本、音乐等可以单独使用的作品的作者有权单独行使其著作权。（5）享有著作权的公民死亡后，其作品的著作财产权在法律规定的保护期内依照继承法的规定转移给合法继承人或受遗赠人，署名权、修改权和保护作品完整权由继承人或受遗赠人保护。（6）美术等作品原件所有权转移的，其著作权仍由作者享有，原件所有权的转移不视为作品著作权的转移，但美术作品原件的展览权由原件所有人享有。（7）作者身份不明的作品，作品原件的合法持有人享有署名权以外的其他著作权。（8）享有著作权的法人或非法人单位变更、终止后，其作品的使用权和获得报酬权在法律规定的保护期内，由承受其权利义务的法人或者非法人单位享有；没有承受者的，由国家享有。

**三、著作权的客体**

1. 作品的概念。作品是指文学、艺术和科学领域内具有独创性并能以某种有形形式复制的智力创作成果。

2. 作品的范围。根据《著作权法》的规定，可以成为著作权客体的作品包括以下列形式创作的文学、艺术、自然科学、社会科学、工程技术等作品。（1）文字作品，即小说、诗词、散文、论文等以文字形式表现的作品。（2）口述作品，即即兴的演说、授课、法庭辩论等以口头语言创作的作品。（3）音乐、戏剧、曲艺、舞蹈作品。音乐作品指交响乐、歌曲等能够演唱或者演奏的带词或者不带词的作品；戏剧作品指话剧、歌剧、地方戏曲等供舞台演出的作品；曲艺作品指相声、快书、大鼓、评书等以说唱为主要表演形式的作品；舞蹈作品指通过连续的动作、姿势、表情等表现思想情感的作品。（4）杂技艺术作品，是指杂技、魔术、马戏等通过形体动作和技巧表现的作品。（5）美术作品，是指绘画、书法、雕塑等以线条、色彩或者其他方式构成的有审美意义的平面或者立体的造型艺术作品。（6）建筑作品，是指以建筑物或者构筑物形式表现的有审美意义的作品。（7）摄影作品，是指借助器械在感光材料或者其他介质上记录客观物体形象的艺术作品。（8）电影作品和以类似摄制电影的方法创作的作品，是指摄制在一定介质上，由一系列有伴音或者无伴音的画面组成，并且借助适当装置放映或者以其他方式传播的作品。（9）图形作品，是指为施工、生产绘制的工程设计图、产品设计图，以及反映地理现象、说明事物原理或者结构的地图、示意图等作品。（10）模型作品，是指为展示、试验或者观测等用途，根据物体的形状和结构，按照一定比例制成的立体作品。（11）计算机软件。

3. 不受著作权法保护的对象。

下列各项不适用著作权法保护：法律、法规，国家机关的决议、决定、命令和其他具有立法、行政、司法性质的文件及其官方正式译文；时事新闻；历法、通用数表、通用表格和公式。

#### 四、著作权的内容

1. 著作人身权。（1）发表权。发表权是指著作权人或经著作权人许可将作品向不特定的人公开的权利。任何作品的发表权只能行使一次，而且需要和其他著作财产权一起行使，通常是不能转移的。作者生前未发表的作品，如果作者未明确表示不发表，在作者死亡后50年内，其发表权可以由继承人或者受遗赠人行使。（2）署名权。署名权是作者为表明其身份、在作品上署名的权利。作者既可以署真名，也可以署笔名、别名，还可以不署名。（3）修改权。修改权是作者修改或者授权他人修改作品的权利。但是，在某些情况下修改权不能对抗物权，行使修改权尚需要征得物权所有人的许可。此外，报社、杂志社可以未经作者许可对作品做文字性的修改、删节，对内容的修改需要取得作者许可。（4）保护作品完整权。保护作品完整权是指作者保护其作品不受歪曲、篡改的权利。作品被歪曲、篡改，必然损害作品的完整性，并对作者的声誉造成损害。因此，保护作品完整权是作者的一项重要人身权利。

2. 著作财产权。（1）使用权。使用权是著作权人对作品以各种方式进行使用的权利。包括：①复制权，即以印刷、复印、拓印、录音、录像、翻录、翻拍等方式将作品制作一份或者多份的权利；②发行权，即以出售或者赠与方式向公众提供作品的原件或者复制件的权利；③出租权，即有偿许可他人临时使用电影作品和以类似摄制电影的方法创作的作品、计算机软件的权利，计算机软件不是出租的主要标的的除外；④展览权，即公开陈列美术作品、摄影作品的原件或者复制件的权利；⑤表演权，即公开表演作品，以及用各种手段公开播送作品的表演的权利；⑥放映权，即通过放映机、幻灯机等技术设备公开再现美术、摄影、电影和以类似摄制电影的方法创作的作品等的权利；⑦广播权，即以无线方式公开广播或者传播作品，以有线传播或者转播的方式向公众传播广播的作品，以及通过扩音器或者其他传送符号、声音、图像的类似工具向公众传播广播的作品的权利；⑧信息网络传播权，即以有线或者无线方式向公众提供作品，使公众可以在其个人选定的时间和地点获得作品的权利；⑨摄制权，即以摄制电影或者以类似摄制电影的方法将作品固定在载体上的权利；⑩改编权，即改变作品，创作出具有独创性的新作品的权利；⑪翻译权，即将作品从一种语言文字转换成另一种语言文字的权利；⑫汇编权，即将作品或者作品的片段通过选择或者编排，汇集成新作品的权利；⑬应当由著作权人享有的其他权利。（2）许可使用权。许可使用权是指著作权人许可他人使用其作品的权利。《著作权法》第24条规定："使用他人作品应当同著作权人订立许可使用合同，本法规定可以不经许可的除外。"这一规定实际上从另一个角度规定了著作权人的许可使用权。（3）获得报酬权。获得报酬权是指著作权人通过自己使用作品或者许可他人使用作品而获得报酬的权利。

3. 著作权的保护期。（1）著作权的取得。著作权自作品完成创作之日起产生，并受法律的保护。这是著作权与专利权、商标权的重要区别之一，后者权利的取得必须履行法定的申请程序，而著作权则是自作品完成之日自动产生与取得。（2）著作权的保护期。①著作人身权中的署名权、修改权、保护作品完整权的保护期不受限制。②著作人身权中的发表权、著作财产权：公民的作品权利保护期为作者终生及其死亡后50年，截止于作者死亡后第50年的12月31日；如果是合作作品，截止于最后死亡的作者死亡后第50年的12月31日。

法人和其他组织视为作者的作品、法人和其他组织享有除署名权以外的其他权利的职务作品、电影作品和以类似摄制电影的方法创作的作品、摄影作品的权利保护期为 50 年，截止于作品首次发表后第 50 年的 12 月 31 日，但作品自创作完成后 50 年内未发表的，不再受保护。

计算机软件著作权的保护期与普通文字作品的保护期一致，公民创作的，保护期为作者终生及其死后 50 年，法人或者其他组织享有除署名权以外的著作权的计算机软件，保护期为 50 年。

4. 著作权的限制。（1）合理使用。《著作权法》第 22 条的规定，在下列各种情况下使用作品，可以不经著作权人的许可，不向其支付报酬，但应当指明作者的姓名、作品名称，并且不得侵犯著作权人的其他权利：①为个人学习、研究或者欣赏，使用他人已经发表的作品；②为介绍、评论某一作品或者说明某一问题，在作品中适当引用他人已经发表的作品；③为报道时事新闻，在报纸、期刊、广播电台、电视台等媒体中不可避免地再现或者引用已经发表的作品；④报纸、期刊、广播电台、电视台等媒体刊登或者播放其他报纸、期刊、广播电台、电视台等媒体已经发表的关于政治、经济、宗教问题的时事性文章，但作者声明不许刊登、播放的除外；⑤报纸、期刊、广播电台、电视台等媒体刊登或者播放在公众集会上发表的讲话，但作者声明不许刊登、播放的除外；⑥为学校课堂教学或者科学研究，翻译或者少量复制已经发表的作品，供教学或者科研人员使用，但不得出版发行；⑦国家机关为执行公务在合理范围内使用已经发表的作品；⑧图书馆、档案馆、纪念馆、博物馆、美术馆等为陈列或者保存版本的需要，复制本馆收藏的作品；⑨免费表演已经发表的作品，该表演未向公众收取费用，也未向表演者支付报酬；⑩对设置或者陈列在室外公共场所的艺术作品进行临摹、绘画、摄影、录像；⑪将中国公民、法人或者其他组织已经发表的以汉语言文字创作的作品翻译成少数民族语言文字作品在国内出版发行；⑫将已经发表的作品改成盲文出版。艺术作品的临摹人、绘画人、摄影人、录像人，可以对其成果以合理的方式和范围再行使用，不构成侵权。对著作权人的上述十二项合理使用的限制，同样适用于出版者、表演者、录音录像制作者和广播电台、电视台等主体享有的权利的限制。（2）法定许可。法定许可是指根据法律的规定，使用他人作品可以不经著作权人许可但应向其支付报酬的一种制度。根据《著作权法》的规定，法定许可主要有下列情形：①为实施九年制义务教育和国家教育规划而编写出版教科书，除作者事先声明不许使用外，可以不经著作权人许可，在教科书中汇编已经发表的作品片段或者短小的文字作品、音乐作品或者单幅的美术作品、摄影作品；②作品被报社、期刊社刊登后，除著作权人声明不得转载、摘编的外，其他报刊可以转载或者作为文摘、资料刊登；③录音制作者使用他人已经合法录制为录音制品的音乐作品制作录音制品，著作权人声明不许使用的除外；④广播电台、电视台播放他人已经发表的作品；⑤广播电台、电视台播放已经出版的录音制品。

**五、邻接权**

1. 邻接权的概念。邻接权的原意是与著作权相邻的权利，其确切含义应是作品传播者所享有的权利。在我国《著作权法》中，邻接权包括出版者权、表演者权、录制者权和广播电视组织权。

2. 邻接权的内容。（1）出版者权。出版者权是指图书、报刊的出版者对其出版的图书、报刊所享有的权利。根据《著作权法》的规定，这些权利包括：①在出版合同约定的期间内享有专有出版权，他人不得出版该作品。②经作者许可，可以对作品修改、删节，但报社、杂志社对作品的文字性修改、删节无须经作者同意。③对其出版的图书、报纸、杂志的版式、装帧设计享有专有使用权。（2）表演者权。根据《著作权法》及《著作权法实施条例》的规定，表演者享有下列权利：①表明表演者身份；②保护表演形象不受歪曲；③许可他人从现场直播和公开传送其现场表演，并获得报酬；④许可他人录音录像，并获得报酬；⑤许可他人复制、发行录有其表演的录音录像制品，并获得报酬；⑥许可他人通过信息网络向公众传播其表演，并获得报酬。被许可人以前款第③项至第⑥项规定的方式使用作品，还应当取得著作权人许可，并支付报酬。表演者表明身份的权利和保护表演形象不受歪曲的权利的保护期不受时间限制，其他四项权利的保护期为 50 年，截止于该表演发生后第 50 年的 12月 31 日。（3）录制者权。录制者权，是指录音、录像制作者对其制作的录音录像制品所享有的权利。根据《著作权法》的规定，其内容主要是许可他人复制、发行、出租、通过信息网络向公众传播并获得报酬的权利。该权利的保护期为 50 年。（4）广播电视组织权。广播电视组织权是指广播电台、电视台对其播放的广播电视节目所享有的权利。广播电台、电视台有权禁止未经其许可的下列行为：将其播放的广播、电视转播；将其播放的广播、电视录制在音像载体上以及复制音像载体。广播电视组织者的这些权利的保护期为 50 年。

### 六、合理使用和法定许可

#### （一）合理使用

合理使用，是指著作权人以外的民事主体，在法定的条件下可以不经著作权人许可而使用作品，即行使依法属于著作权人有权行使的权利，并且不向著作权人支付报酬。但是，使用人应当指明作者姓名、作品名称，并且不得侵犯著作权人依照《著作权法》享有的其他权利。

依照《著作权法》规定，合理使用主要包括以下 12 种情形：（1）为个人学习、研究或者欣赏，使用他人已经发表的作品；（2）为介绍、评论某一作品或者说明某一问题，在作品中适当引用他人已经发表的作品；（3）为报道时事新闻，在报纸、期刊、广播电台、电视台等媒体中不可避免地再现或者引用已经发表的作品；（4）报纸、期刊、广播电台、电视台等媒体刊登或者播放其他报纸、期刊、广播电台、电视台等媒体已经发表的关于政治、经济、宗教问题的时事性文章，但作者声明不许刊登、播放的除外；（5）报纸、期刊、广播电台、电视台等媒体刊登或者播放在公众集会上发表的讲话，但作者声明不许刊登、播放的除外；（6）为学校课堂教学或者科学研究，翻译或者少量复制已经发表的作品，供教学或者科研人员使用，但不得出版发行；（7）国家机关为执行公务在合理范围内使用已经发表的作品；（8）图书馆、档案馆、纪念馆、博物馆、美术馆等为陈列或者保存版本的需要，复制本馆收藏的作品；（9）免费表演已经发表的作品，该表演未向公众收取费用，也未向表演者支付报酬；（10）对设置或者陈列在室外公共场所的艺术作品进行临摹、绘画、摄影、录像；（11）将中国公民、法人或者其他组织已经发表的以汉语言文字创作的作品翻译成少数民族语言文字作品在国内出版发行；（12）将已经发表的作品改成盲文出版。前述 12 项权利限制同样适用于邻接权。

### （二）法定许可

著作权的法定许可是指依照法律的明文规定，不经著作权人同意而有偿使用他人已经发表的作品的行为。法定许可是除了合理使用外对著作权的又一限制。

法定许可的情形主要有：

（1）为实施九年制义务教育和国家教育规划而编写出版教科书，除作者事先声明不许使用的外，可以不经著作权人许可，在教科书中汇编已经发表的作品片段或者短小的文字作品、音乐作品或者单幅的美术作品、摄影作品，但应当按照规定支付报酬，指明作者姓名、作品名称，并且不得侵犯著作权人依照著作权法享有的其他权利。

（2）作品刊登后，除著作权人声明不得转载、摘编的外，其他报刊可以转载或者作为文摘、资料刊登，但应当按照规定向著作权人支付报酬。

（3）录音制作者使用他人已经合法录制为录音制品的音乐作品制作录音制品，可以不经著作权人许可，但应当按照规定支付报酬。著作权人声明不许使用的不得使用。

（4）广播电台、电视台播放他人已发表的作品，可以不经著作权人许可，但应当支付报酬。

（5）广播电台、电视台播放已经出版的录音制品，可以不经著作权人许可，但应当支付报酬。当事人另有约定的除外。

### 七、著作权的保护

1. 侵犯著作权的行为。《著作权法》规定了两类侵犯著作权的行为，第一类行为是纯粹的民事侵权行为（规定在该法第47条），第二类行为不仅是民事侵权行为而且也损害了社会公共利益与经济秩序（规定在该法第48条）。

第一类侵权行为有：（1）未经著作权人许可，发表其作品的；（2）未经合作作者许可，将与他人合作创作的作品当做自己单独创作的作品发表的；（3）没有参加创作，为谋取个人名利，在他人作品上署名的；（4）歪曲、篡改他人作品的；（5）剽窃他人作品的；（6）未经著作权人许可，以展览、摄制电影和以类似摄制电影的方法使用作品，或者以改编、翻译、注释等方式使用作品的，法律另有规定的除外；（7）使用他人作品，应当支付报酬而未支付的；（8）未经电影作品和以类似摄制电影的方法创作的作品、计算机软件、录音录像制品的著作权人或者与著作权有关的权利人许可，出租其作品或者录音录像制品的，法律另有规定的除外；（9）未经出版者许可，使用其出版的图书、期刊的版式设计的；（10）未经表演者许可，从现场直播或者公开传送其现场表演，或者录制其表演的；（11）其他侵犯著作权以及与著作权有关的权益的行为。

第二类侵权行为有：（1）未经著作权人许可，复制、发行、表演、放映、广播、汇编、通过信息网络向公众传播其作品的，法律另有规定的除外；（2）出版他人享有专有出版权的图书的；（3）未经表演者许可，复制、发行录有其表演的录音录像制品，或者通过信息网络向公众传播其表演的，法律另有规定的除外；（4）未经录音录像制作者许可，复制、发行、通过信息网络向公众传播其制作的录音录像制品的，法律另有规定的除外；（5）未经许可，播放或者复制广播、电视的，法律另有规定的除外；（6）未经著作权人或者与著作权有关的权利人许可，故意避开或者破坏权利人为其作品、录音录像制品等采取的保护著作权或者与著作权有关的权利的技术措施的，法律、行政法规另有规定的除外；（7）未经著作权人或者与著作权有关的权利人许可，故意删除或者改变作品、录音录像制品等的权利管理电子信息的，法律、行政法规另有规定的除外；（8）制作、出售假冒他人署名的作品的。

2. 侵犯著作权行为的法律责任。（1）民事责任。对于上述第一类侵权行为应根据情况承担停止侵害、消除影响、公开赔礼道歉和赔偿损失等民事责任。（2）行政和刑事法律责任。对于第二类侵权行为应根据情况，承担停止侵害、消除影响、赔礼道歉、赔偿损失等民事责任；同时损害公共利益的，可以由著作权行政管理部门责令停止侵权行为，没收违法所得，没收、销毁侵权复制品，并处罚款；情节严重的，著作权行政管理部门还可以没收主要用于制作侵权复制品的材料、工具、设备等；构成犯罪的，依法追究刑事责任。

### 八、著作权的转让

著作权的转让，是指著作权人将著作权的一部或全部财产权转移给其他民事主体所有的民事法律行为。著作权转让是著作财产权的转让，对于发表权、署名权、修改权、保护作品完整权四种人身性权利，不能通过转让合同进行转让。

1. 著作权转让合同的形式与内容。《著作权法》第25条规定，著作权转让属于要式法律行为，转让双方应当订立书面合同。权利转让合同包括下列主要内容：（1）作品的名称；（2）转让的权利种类、地域范围；（3）转让价金；（4）交付转让价金的日期和方式；（5）违约责任；（6）双方认为需要约定的其他内容。

2. 受转让人权利的限制。（1）许可使用合同和转让合同中著作权人未明确许可、转让的权利，未经著作权人同意，另一方当事人不得行使。即受让人享有的权利以合同明确约定为限，合同未明确约定的权利推定为未转让。（2）依据《著作权法》，受让人受让作品著作财产权后，在行使权利时，不能侵害转让人对该作品的著作人身权。

## 第三节　专利权

### 一、专利权的概念和特征

专利权，是指发明创造的发明人、设计人或其他权利人在特定期限内依法享有的对某项发明创造的专有权利。

专利权除具有客体无形性、时间性、地域性和专有性等知识产权的共同特征，还具有以下特征：（1）公开性。公开性是指只有将相关发明创造予以公开才有可能获得授权。（2）行政授予性。行政授予性是指专利权并非自动产生，必须经专利行政部门授予才能取得。

### 二、专利权的主体

1. 发明人或设计人。根据《中华人民共和国专利法》及《中华人民共和国专利法实施细则》（以下分别简称《专利法》《专利法实施细则》）的规定，在非职务发明创造的情形下，发明创造的专利申请权归发明人或设计人享有，该申请被批准后，专利权也由其享有。发明人或设计人是指对发明创造的实质性特点作出创造性贡献的人。在发明创造活动中只负责组织工作的人、为物质条件的利用提供方便的人或者从事其他辅助工作的人，不属于发明人或设计人。发明人或者设计人只能是自然人。

2. 发明创造的发明人或设计人所属单位。在职务发明创造的情形下，发明创造的专利申请权属于发明人或设计人的所属单位，在申请被批准后，专利权也归该单位所有。所谓职务发明创造，是指执行本单位的任务或者主要是利用本单位的物质技术条件完成的发明创造。具体来说，它包括下列几种情形：在本职工作中作出的发明创造；履行本单位交付的本职工作之外的任务所作出的发明创造；退职、退休或者调动工作后 1 年内作出的、与其在原单位承担的本职工作或者原单位分配的任务有关的发明创造；主要利用本单位的资金、设备、零部件、原材料或者不对外公开的技术资料等完成的发明创造。

3. 其他情况下的专利权主体。（1）共同发明创造中的专利权主体。两个以上的人共同完成发明创造的，其专利申请权的归属依据其协议约定，如协议未约定的，则归各方共有。当该专利申请被批准后，专利权归申请人享有。当然，如果从事发明创造的人符合职务发明创造的条件，则有关专利申请权及专利权的归属适用有关职务发明创造的规定。（2）委托发明创造中的专利权主体。一方委托他方从事研究、设计所完成的发明创造，其专利申请权的归属依据双方的协议约定，如协议未约定的，则归完成发明创造的一方（即受托方）享有。当该专利申请被批准后，专利权归申请人享有。当专利权归受托方享有时，委托方对该专利技术享有免费实施的权利。（3）权利受让人。根据《专利法》的规定，专利申请权可以转让。因此，在获得专利权之前，申请人可以将其专利申请权转让给他人，则该受让人将依法取得专利申请权，从而在申请被批准后成为专利权人。（4）外国人。在中国境内没有经常居所或者营业所的外国人（包括自然人和企业及其他组织）可以在我国申请专利成为专利权的主体，但必须符合一定的条件，即其所属国与中国签订了有关申请专利的双边协议或者共同参加了有关国际条约，或者符合互惠原则即其所属国法律承认我国国民在该国亦享有专利法上的同等待遇。此类外国人在我国申请专利和办理其他专利事务，应委托依法设立的专利代理机构办理。在中国境内有经常居所或者营业所的外国人享有国民待遇。

### 三、专利权的客体

专利权的客体是指根据《专利法》的规定能够授予专利权的各种对象，具体来说，是符合下列各项要求的发明创造。

1. 发明创造。能成为专利权客体的首先必须是发明创造，包括发明、实用新型和外观设计三种。

发明，是指对产品、方法或其改进所作出的新的技术方案。因此，发明既可以是产品发明，也可以是方法发明，还可以是对已有产品或方法进行改进而作出的发明。实用新型，是指对产品的形状、构造或者其结合所提出的适于实用的新的技术方案。因此，实用新型的范围有一定的限制，即只能针对具有一定形状和构造的产品，方法、液体类及粉末状的产品不属于实用新型的范围。外观设计，是指对产品的形状、图案或其结合以及色彩与形状、图案的结合所作出的富有美感并适于工业上应用的新设计。

2. 合法的发明创造。发明创造只有合法，才能由国家授予特定主体以独占使用权并给予强制性的保护，这是专利法律制度的必然要求。《专利法》规定，对违反国家法律、社会公德或者妨害公共利益的发明创造不授予专利权。

3. 属于专利授权范围。根据《专利法》的规定，下列七项内容不属于专利授权的范围：科学发现；智力活动的规则和方法；疾病的诊断和治疗方法；动物和植物品种；用原子核变换方法获得的物质；对平面印刷品的图案、色彩或者两者的结合作出的主要起标识作用的设计；对违反法律、行政法规的规定获取或者利用遗传资源，并依赖该遗传资源完成的发明创造。需要指出的是，虽然动物和植物品种不能获得专利，但动物和植物品种的生产方法可以获得专利。

### 四、专利权的内容

在国务院专利行政部门授予专利权后，专利申请人在法律上成为专利权人，享有《专利法》所规定的各项权利。(1) 独占实施权。专利权人有权独占实施其享有专利权的发明创造，并获得利益。具体实施方式包括制造、使用、许诺销售、销售和进口专利产品，使用专利方法。(2) 禁止权。专利权人有权禁止任何其他人实施其专利技术。具体而言，产品专利的专利权人有权禁止他人制造、使用、许诺销售、销售、进口其专利产品，方法专利的专利权人有权禁止他人使用其专利方法以及使用、许诺销售、销售或进口依照其专利方法直接获得的产品，外观设计专利权人有权禁止他人制造、许诺销售、销售或进口其外观设计专利产品。(3) 标记权。专利权人有权在其专利产品或者该产品包装上标明专利标记和专利号。(4) 许可权。专利权人有权许可他人实施其专利，并收取实施许可费。在专利实施许可中，双方当事人应订立合同，并在合同生效之日起 3 个月内向国务院专利行政部门备案。(5) 转让权。《专利法》第 10 条规定："专利申请权和专利权可以转让。"因此，专利权人有权转让其专利权。转让专利申请权或专利权，双方应订立书面合同，向国务院专利行政部门登记，由国务院专利行政部门予以公告。专利申请权或者专利权的转让自登记之日起生效。中国单位或者个人向外国人转让专利申请权或者专利权的，应当依照有关法律、行政法规的规定办理手续。

### 五、专利权的取得

#### (一) 授予专利权的实体条件

属于上述专利权客体的发明创造，还必须符合《专利法》规定的实体条件和程序条件方能真正获得专利法的保护。

1. 发明和实用新型的条件。根据《专利法》的规定，授予专利权的发明和实用新型必须具备新颖性、创造性和实用性。

(1) 新颖性。新颖性，是指在申请日以前没有同样的发明或者实用新型在国内外出版物上公开发表过、公开使用过或者以其他方式为公众所知，也没有任何单位或个人就同样的发明或者实用新型在申请日以前向国务院专利行政部门提出过申请并且记载在申请日以后公布的专利申请文件或者公告的专利文件中。由此可见，发明创造是否具备新颖性，关键在于其是否已经被公开过从而成为现有技术，对此应注意：①公开的时间标准以申请日为界，即凡是在申请日以前已经公开的技术（称为现有技术）均不具有新颖性，申请日以后包括申请日当天的公开不影响其新颖性。②公开的地域标准采用世界性标准。无论是出版物公开、使用公开还是其他公开方式，都采用世界新颖性标准。③不存在抵触申请，也即在申请日前没有同样的发明或实用新型由任何单位或者个人提出过申请并且记载在申请日后公布的专利申请文件或者公告的专利文件中。

但是，根据《专利法》的规定，某些特殊情形下的公开并不导致该发明创造丧失新颖性，这就是丧失新颖性的例外。这种例外包括三种情况：①在中国政府主办或者承认的国际展览会上首次展出的。②在规定的学术会议或者技术会议上首次发表的。③他人未经申请人同意而泄露其内容的。发生上述情形后，申请人必须在 6 个月内向国务院专利行政部门提出申请。

（2）创造性。创造性是指同申请日以前已有的技术相比，该发明有突出的实质性特点和显著的进步，该实用新型有实质性特点和进步。在理解创造性时，要注意把握下列三点：①《专利法》对发明和实用新型的创造性要求是不同的，对发明的要求高于实用新型。②创造性判断的标准是现有技术即申请日以前已有的技术。③创造性的实质就是发明创造的非显而易见性，从而具有一定的创造难度。具体来说，就是与现有技术相比，在技术上有不同程度的本质性区别特征并且有所改进。

（3）实用性。实用性，是指该发明或者实用新型能够制造或者使用，并且能够产生积极效果。实用性的条件要求该发明创造在工业上具有可重复性和批量生产的可能或者使用的可能，并且与现有技术相比能够对经济、技术或者社会的发展产生积极的效果。

2. 外观设计的条件。授予外观设计的实体条件是，授予专利权的外观设计，应当不属于现有设计，也没有任何单位或者个人就同样的外观设计在申请日以前向国务院专利行政部门提出过申请，并记载在申请日以后公告的专利文件中。授予专利权的外观设计与现有设计或者现有设计特征的组合相比，应当具有明显区别，且不得与他人在申请日以前已经取得的合法权利相冲突。现有设计是指申请日以前在国内外为公众所知的设计。当然，《专利法》规定的三种不丧失新颖性的情况同样适用于外观设计专利。

**（二）授予专利权的程序条件**

1. 专利申请。

（1）提交专利申请文件。申请发明或者实用新型专利的，其申请文件为请求书、说明书及其摘要和权利要求书。①请求书是申请人向国务院专利行政部门表示请求授予专利权的愿望的文件，记载有关发明或者实用新型的名称、发明人或者设计人的姓名、申请人的姓名或者名称与地址等事项。②说明书是一份技术文件，记载有关发明创造的具体内容。《专利法》要求申请人在说明书中应对其发明创造作清楚、完整的说明，以使这一技术领域的普通专家阅读以后都能够实现这一发明创造。必要时，说明书应当有附图。③权利要求书是一份法律文件，记载申请人要求保护的范围。权利要求书应当以说明书为依据，总结发明创造的技术特征进而提出权利要求。④摘要是说明书的摘要，简要说明发明创造的技术要点，以利于技术信息的查阅与传播，本身不具有法律效力。申请外观设计专利的，其申请文件为请求书以及该外观设计的图片或者照片等文件。

在提交专利申请文件时，还应遵守《专利法》关于专利申请主题单一性原则的要求，即一件发明或者实用新型专利申请应当限于一项发明或者实用新型，一件外观设计专利申请应当限于一种产品所使用的一项外观设计。但是，属于一个总的发明构思的两项以上的发明或者实用新型可以作为一件申请提出，用于同一类别并且成套出售或者使用的产品的两项以上的外观设计可以作为一件申请提出。

（2）确定申请日。专利申请人在填写并提交符合《专利法》要求的上述申请文件后，国务院专利行政部门即予以确定申请日。申请日在专利制度中具有重要的作用，直接影响甚至决定申请人能否获得专利权及今后专利权的保护问题。具体来说，申请日的作用体现在：①是审查新颖性、创造性或独创性的时间标准。②在特定情况下是决定专利权获得者的依据。《专利法》实行先申请原则，即两个以上的申请人分别就同样的发明创造申请专利的，专利权授予最先申请的人。而申请的先后就是以申请日的先后为判断标准的。③是《专利法》众多重要期间的起算点，如发明专利申请公布的时间、请求实质审查的时间、专利权期的时间等。《专利法》规定，国务院专利行政部门收到专利申请文件之日为申请日。如果申请文件是邮寄的，以寄出的邮戳日为申请日。

（3）优先权。《专利法》规定，申请人自发明或者实用新型在外国第一次提出专利申请之日起12个月内，或者自外观设计在外国第一次提出专利申请之日起6个月内，又在中国就相同主题提出专利申请的，依照该外国同中国签订的协议或者共同参加的国际条约，或者依照相互承认优先权的原则，可以享有优先权。这就是外国优先权制度，其法律意义在于将该申请人在外国第一次提出专利申请之日（称为优先权日）作为在我国申请专利的申请日对待（专利权起算点等情况除外）。申请人自发明或者实用新型在中国第一次提出专利申请之日起12个月内，又向国务院专利行政部门就相同主题提出专利申请的，可以享有优先权。这就是本国优先权制度，其法律意义同外国优先权制度。

（4）专利申请的修改与撤回。申请人可以对其专利申请文件进行修改，但对发明和实用新型专利申请文件的修改不得超出原说明书和权利要求书记载的范围，对外观设计专利申请文件的修改不得超出原图片或者照片表示的范围。申请人也可以在被授予专利权之前随时撤回其专利申请。

2. 专利申请的审查。

（1）实用新型和外观设计专利申请的审查。我国对实用新型和外观设计专利申请采用初审登记制，即只要经过初步审查，未发现驳回理由的，国务院专利行政部门就授予其专利权。初步审查的内容主要包括下列几项：①申请文件的形式审查，即申请文件是否齐全、是否符合规定的格式。②合法性审查，如外国申请人是否符合法律规定的条件等。③明显的实质性缺陷审查，如是否属于违法的发明创造、是否属于专利授权范围等。国务院专利行政部门经过初步审查，如果发现不符合《专利法》的规定，应将审查意见通知申请人，要求其在指定期限内陈述意见或者补正。申请人期满未答复的，其申请被视为撤回。申请人陈述意见或者补正后，国务院专利行政部门仍然认为不符合《专利法》规定的，应当予以驳回。

（2）发明专利申请的审查。我国对发明专利申请实行"早期公开，延迟审查"的制度，其审查程序包括初步审查、早期公布和实质审查几个步骤。初步审查的内容与实用新型和外观设计初步审查的内容相同。国务院专利行政部门对发明专利申请经过初步审查后认为符合《专利法》要求的，自申请日起满18个月即行公布，将申请文件全文发表。国务院专利行政部门可以根据申请人的请求早日公布其申请。自申请日起3年内，国务院专利行政部门根据申请人随时提出的请求，对其申请进行实质审查。申请人无正当理由逾期不请求审查的，该申请即被视为撤回。国务院专利行政部门认为必要的时候，也可以自行对发明专利申请进行实质审查。实质审查的主要内容就是该发明的新颖性、创造性和实用性。

国务院专利行政部门经过实质审查后，认为该申请不符合法律规定的，应当通知申请人要求其在指定的期限内陈述意见或者对申请进行修改，申请人无正当理由逾期不答复的，该申请即被视为撤回。申请人陈述意见或者进行修改后，国务院专利行政部门仍然认为不符合法律规定的，则予以驳回。

（3）复审。申请人对国务院专利行政部门驳回其专利申请的决定不服的，可以自收到通知之日起3个月内向专利复审委员会请求复审。发明专利申请人对专利复审委员会的复审决定不服的，可以自收到通知之日起3个月内向人民法院起诉。

3. 专利权的授予。

对于经过实质审查没有发现驳回理由的发明专利申请，以及经过初步审查没有发现驳回理由的实用新型和外观设计专利申请，国务院专利行政部门作出授予专利权的决定，发给相应的专利证书，并予以登记和公告。

### 六、专利权的期限、无效与终止

1. 专利权的期限。专利权的期限，是指专利权受到法律保护的时间。根据《专利法》的规定，发明专利的期限为 20 年，实用新型和外观设计专利权的期限为 10 年，均自申请日起计算。

2. 专利权的无效。自国务院专利行政部门公告授予专利权之日起，任何单位或者个人认为该专利权的授予不符合《专利法》有关规定的，都可以请求专利复审委员会宣告该专利权无效。根据《专利法实施细则》的规定，请求宣告专利权无效的理由除了发明创造不符合新颖性、创造性、实用性的要求外，还可以是不符合与授予专利权有关的其他条件。有关当事人对专利复审委员会宣告发明专利权无效或者维持发明专利权的决定不服的，可以在收到通知之日起 3 个月内向人民法院起诉。宣告无效的专利权视为自始即不存在。宣告专利权无效的决定，对在宣告专利权无效之前人民法院作出并已执行的专利侵权的判决、裁定，已经履行或者强制执行的专利侵权纠纷处理决定，以及已经履行的专利实施许可合同和专利权转让合同，不具有追溯力。但是，因专利权人的恶意给他人造成的损失，应当给予赔偿。如果专利权人或者专利权转让人不向被许可实施专利的人或者专利权受让人返还使用费或者专利权转让费，明显违反公平原则，专利权人或者专利权转让人应当向被许可实施专利权的人或者专利权受让人返还全部或者部分专利使用费或者专利权转让费。

3. 专利权的终止。专利权的终止是指专利权自行失去法律效力，其事由包括：（1）期限届满。（2）专利权人没有按照规定缴纳年费。（3）专利权人以书面声明放弃其专利权。专利权终止，由国务院专利行政部门登记和公告。

### 七、专利权的强制许可和不视为专利权的行为

1. 专利权的强制许可

强制许可，相对于自愿许可而言，是指在第三人请求的情况下，国家主管部门可以不经专利权人的同意而许可该第三人利用专利权人的发明创造。但强制许可的实施人必须向专利权人支付合理的使用费用。我国《专利法》将强制许可分为三类：

（1）为防止专利权滥用和垄断行为的专利权强制许可。依据我国《专利法》有关规定，主要有两种情形：专利权人自专利权被授予之日起满三年，且自提出专利申请之日起满四年，无正当理由未实施或者未充分实施其专利的；专利权人行使专利权的行为被依法认定为垄断行为，为消除或者减少该行为对竞争产生的不利影响的。

（2）为保护公共利益的专利权强制许可。在国家出现紧急状态或者非常情况时，或者为了公共利益的目的，国务院专利行政部门可以给予实施发明专利或者实用新型专利的强制许可。另外，为了公共健康目的，对取得专利权的药品，国务院专利行政部门可以给予制造并将其出口到符合中华人民共和国参加的有关国际条约规定的国家或者地区的强制许可。

（3）从属专利的强制许可。《专利法》第51条规定，一项取得专利权的发明或者实用新

型比前已经取得专利权的发明或者实用新型具有显著经济意义的重大技术进步，其实施又有赖于前一发明或者实用新型的实施的，国务院专利行政部门根据后一专利权人的申请，可以给予实施前一发明或者实用新型的强制许可。

国务院专利行政部门作出的给予实施强制许可的决定，应当及时通知专利权人，并予以登记和公告。给予实施强制许可的决定，应当根据强制许可的理由规定实施的范围和时间。强制许可的理由消除并不再发生时，国务院专利行政部门应当根据专利权人的请求，经审查后作出终止实施强制许可的决定。取得实施强制许可的单位或者个人不享有独占的实施权，并且无权允许他人实施。

2. 不视为侵犯专利权的行为

不视为侵犯专利权实际上是法律规定的对专利权的限制。在法定情形下，行为人虽然未经专利权人许可而实施了权利人的专利，但不作为侵犯专利权处理。依据我国《专利法》的规定，主要有以下五类：

（1）专利权人权利用尽后的使用。专利产品或者依照专利方法直接获得的产品，由专利权人或者经其许可的单位、个人售出后，使用、许诺销售、销售、进口该产品的，不视为侵犯专利权。

（2）先用权原则。行为人在专利申请日前已经制造相同产品、使用相同方法或者已经做好制造、使用的必要准备，并且仅在原有范围内继续制造、使用的，不视为侵犯专利权。

（3）临时通过中国领陆、领水、领空的外国运输工具，依照其所属国同中国签订的协议或者共同参加的国际条约，或者依照互惠原则，为运输工具自身需要而在其装置和设备中使用有关专利的，不视为侵犯专利权。

（4）专为科学研究和实验而使用有关专利。

（5）为提供行政审批所需要的信息，制造、使用、进口专利药品或者专利医疗器械的，以及专门为其制造、进口专利药品或者专利医疗器械的，不视为侵犯专利权。

## 八、专利权的保护

1. 专利权的保护范围。根据《专利法》的规定，发明或者实用新型专利权的保护范围以其权利要求的内容为准，说明书和附图可用于解释权利要求。外观设计专利权的保护范围以表示在图片或者照片中的该外观设计专利产品为准。

2. 侵犯专利权的行为。专利侵权行为分为直接侵权行为和间接侵权行为两类。（1）直接侵权行为。是指直接由行为人实施的侵犯他人专利权的行为，其表现形式包括：①制造发明、实用新型、外观设计专利产品的行为；②使用发明、实用新型专利产品的行为；③许诺销售发明、实用新型、外观设计专利产品的行为；④销售发明、实用新型或外观设计专利产品的行为；⑤进口发明、实用新型、外观设计专利产品的行为；⑥使用专利方法以及使用、许诺销售、销售、进口依照该专利方法直接获得的产品的行为；⑦假冒他人专利的行为。为生产经营目的使用、许诺销售或者销售不知道是未经专利权人许可而制造并售出的专利产品或者依照专利方法直接获得的产品，能证明其产品合法来源的，仍然属于侵犯专利权的行为，需要停止侵害但不承担赔偿责任。（2）间接侵权行为。是指行为人本身的行为并不直接构成对专利权的侵害，但实施了诱导、怂恿、教唆、帮助他人侵害专利权的行为。这种侵权行为通常是为直接侵权行为制造条件，常见的表现形式有：行为人销售专利产品的零部件、专门用于实施专利产品的模具或者用于实施专利方法的机械设备；行为人未经专利权人授权或者委托，擅自转让其专利技术的行为等。实务中，通常根据《民法通则》第 130 条的规定，将间接侵权行为认定为共同侵权。

3. 侵犯专利权行为的法律责任。（1）民事责任。侵犯专利权行为的民事责任主要是停止侵害和赔偿损失。赔偿损失的数额按照权利人因被侵权遭受的实际损失确定；实际损失难以确定的，可以按照侵权人因侵权获得的利益确定。权利人的损失或者侵权人获得的利益难以确定的，参照该专利许可使用费的倍数合理确定。赔偿数额还应当包括权利人为制止侵权行为所支付的合理开支。权利人的损失、侵权人获得的利益和专利许可使用费均难以确定的，人民法院可以根据专利权的类型、侵权行为的性质和情节等因素，确定给予 1 万元以上 100 万元以下的赔偿。（2）刑事责任。假冒他人专利，情节严重的，构成假冒专利罪，依法应承担刑事责任。

## 第四节　商　标　权

### 一、商标权概述

商标权，是指商标注册人对其注册商标享有的专有使用权。

1. 商标的概念。商标，是指商品的生产经营者或服务的提供者为了将其商品或服务与他人相区别而使用的标记，此种标记包括文字、图形、字母、数字、三维标志、颜色组合和声音等，以及上述要素的组合。

2. 商标的作用。商标可以区分不同生产者和经营者的商品或服务，有助于消费者识别；商标可以指示不同生产者和经营者的商品或服务的质量，有助于企业提高产品或者服务质量；商标还有利于维护消费者利益；在对外贸易中通过树立商标声誉，可以加强我国商品或服务的国际竞争力。

3. 商标的种类。商标可以按不同的标准，划分为不同的种类。（1）按商标的构成要素划分。根据商标不同的构成要素，可以分为文字商标、图形商标、组合商标、颜色商标、立体商标、非形象商标等。文字商标是仅由文字组成的商标，文字既可以是汉字、少数民族文字，也可以是外文字、数字。图形商标是仅由图形组成的商标。组合商标是指由文字、图形组合而成的商标，也是现代社会采用最为广泛的商标种类。立体商标是指以三维标志作为标记的商标。非形象商标是指以音响、气味等通过听觉、嗅觉才能感知的商标，对于非形象商标，法律中明确规定予以保护的是声音商标。（2）按商标的使用者划分。根据商标的不同使用者，可以分为制造商标、销售商标、服务商标、集体商标。制造商标是指商品制造者所使用的商标。销售商标是指商品销售者使用的商标。服务商标是指金融、运输等服务业经营者为将自己提供的服务项目与他人的服务项目相区别而使用的商标。《商标法》第 4 条第 2 款规定，本法有关商品商标的规定，适用于服务商标。因此，本书中有关商标的内容均适用于服务商标。集体商标是指以团体、协会或其他组织名义注册，供该组织成员在商事活动中使用，以表明其成员资格的商标。（3）按照商标的特殊性质划分。按照商标的特殊性质，可以分为证明商标、防御商标、联合商标和驰名商标。证明商标又称为保证商标，是指由对某种商品或者服务具有监督能力的组织所控制，而由该组织以外的单位或者个人使用于其商品或者服务，用以证明该商品或者服务的原产地、原料、制造方法、质量或者其他特定品质的商标。防御商标是指同一所有人将与其注册商标相同的商标在非类似商品上分别申请注册并经核准的商标,其目的是防止他人在不同类别的商品上使用其商标。联合商标是指同一商标所有人将近似于其主商标并使用于与主商标指定的商品相同或者类似商品上的若干商标申请注册而形成的系列商标,以保护其主商标不被他人仿冒。驰名商标是指为相关公众广为知晓并享有较高声誉的商标。驰名商标既可以是注册商标,也可以是未注册商标。在我国,商标局、商标评审委员会和人民法院都有权根据处理案件的需要,对驰名商标作出认定。

### 二、商标权的取得

商标注册是商标申请人为了取得商标专用权,将其使用或准备使用的商标,依照法律规定的条件、原则和程序,向商标局提出注册申请,经商标局审核予以注册的各项法律行为的总称。在我国,商标只有经过注册才能受到商标法的保护,商标所有人才能享有商标专用权。

1. 商标注册的原则。(1)诚实信用原则。申请注册和使用商标,应当遵循诚实信用原则。商标使用人应当对其使用商标的商品质量负责。(2)自愿注册为主、强制注册为辅的原则。商标所有人是否将其商标予以注册,完全由其自由决定,法律并不作强行规定。未注册商标虽然可以在市场上使用,但并不受商标法保护,其所有人不享有该商标的专用权。但是,根据相关法律的规定,烟草制品必须使用注册商标。(3)申请在先原则。两个或者两个以上的商标注册申请人,在同一种商品或者类似商品上,以相同或者近似的商标申请注册的,初步审定并公告申请在先的商标;同一天申请的,初步审定并公告使用在先的商标,驳回其他人的申请,不予公告。(4)优先权原则。在实行申请在先原则的情形下,申请日期的确定具有很重要的意义。申请日期一般以商标局收到申请文件的日期为准。申请人享有优先权的,优先权日为申请日。商标法规定了可以享有优先权的两种情况:其一,商标注册申请人自其商标在外国第一次提出注册申请之日起 6 个月内,又在中国就相同商品以同一商标提出商标注册申请的,依照该外国同中国签订的协议或者共同参加的国际条约,或者按照相互承认优先权的原则,可以享有优先权;其二,商标在中国政府主办的或者承认的国际展览会展出的商品上首次使用的,自该商品展出之日起 6 个月内,该商标的注册申请人可以享有优先权。(5)一件商标一份申请原则。商标注册申请人应当按规定的商品分类表填报使用商标的商品类别和商品名称,提出注册申请。商标注册申请人可以通过一份申请就多个类别的商品申请注册同一商标。注册商标需要在核定使用范围之外的商品上取得商标专用权的,应当另行提出注册申请。

2. 商标注册的实体条件。(1)商标的必备条件。商标的必备条件包括两项:第一,应当具备法定的构成要素。任何能够将自然人、法人或者其他组织的商品与他人的商品区别开来的标志,包括文字、图形、字母、数字、三维标志、颜色组合和声音等,以及上述要素的组合,均可以作为商标申请注册。视觉不能感知的声音可以申请商标注册,但气味等其他不具有可视性的标志不能在我国申请商标注册。第二,商标应当具有显著特征。商标的显著特征可以通过两种途径获得:一是标志本身固有的显著特征,如立意新颖、设计独特的商标;二是通过使用获得显著特征,如直接叙述商品质量等特点的叙述性标志经过使用取得显著特征,并便于识别的,可以作为第二含义商标注册。(2)商标的禁止条件。商标的禁止条件,也称商标的消极条件,是指注册商标的标记不应当具有的情形,包括:①不得侵犯他人的在先权利或合法利益。主要内容有:第一,不得在相同或类似商品上使用与已注册或申请在先的商标相同或近似的商标；第二，就相同或者类似商品申请注册的商标是复制、摹仿或者翻译他人未在中国注册的驰名商标，容易导致混淆的，不予注册并禁止使用；第三，就不相同或者不相类似商品申请注册的商标是复制、摹仿或者翻译他人已经在中国注册的驰名商标，误导公众，致使该驰名商标注册人的利益可能受到损害的，不予注册并禁止使用；第四，未经授权，代理人或者代表人以自己的名义将被代理人或者被代表人的商标进行注册，被代理人或者被代表人提出异议的，不予注册并禁止使用；就同一种商品或者类似商品申请注册的商标与他人在先使用的未注册商标相同或者近似，申请人与该他人具有《商标法》第15条第1款规定以外的合同、业务往来关系或者其他关系而明知该他人商标存在，该他人提出异议的，不予注册；第五，不得侵犯他人的其他在先权利，如外观设计专利权、著作权、姓名权，肖像权、商号权、特殊标志专用权、奥林匹克标志专有权、知名商品特有名称和包装、装潢专用权等。②不得违反商标法禁止注册或使用某些标志的条款。《商标法》第10、11、12、16条主要从以下两方面作出了规定：禁止作为商标注册使用的标志包括：第一，同中华人民共和国的国家名称、国旗、国徽、国歌、军旗、军徽、军歌、勋章等相同或者近似的，以及同中央国家机关的名称、标志、所在地特定地点的名称或者标志性建筑物的名称、图形相同的；第二，同外国的国家名称、国旗、国徽、军旗等相同或者近似的，但经该国政府同意的除外；第三，同政府间国际组织的名称、旗帜、徽记等相同或者近似的，但经该组织同意或者不易误导公众的除外；第四，与表明实施控制、予以保证的官方标志、检验印记相同或者近似的，但经授权的除外；第五，同"红十字""红新月"的名称、标志相同或者近似的；第六，带有民族歧视性的；第七，带有欺骗性，容易使公众对商品的质量等特点或者产地产生误认的；第八，有害于社会主义道德风尚或者有其他不良影响的；第九，县级以上行政区划的地名或者公众知晓的外国地名，但该地名具有其他含义或者作为集体商标、证明商标组成部分的除外，已经注册的使用地名的商标继续有效；第十，商标中有商品的地理标志，而该商品并非来源于该标志所标示的地区，误导公众的，不予注册并禁止使用，但是，已经善意取得注册的继续有效。禁止作为商标注册但可以作为未注册商标或其他标志使用的标志包括：第一，仅有本商品的通用名称、图形、型号的；仅直接表示商品的质量、主要原料、功能、用途、重量、数量及其他特点的；其他缺乏显著特征的。前述所列标志经过使用取得显著特征，并便于识别的，可以作为商标注册。第二，以三维标志申请注册商标的，仅由商品自身的性质产生的形状、为获得技术效果而需有的商品形状或者使商品具有实质性价值的形状，不得注册。

3. 商标注册的程序条件。（1）申请人提交申请文件。需要取得商标专用权的自然人、法人或者其他组织应提交规定的申请文件。外国人或外国企业也可以在中国申请商标注册，但应当按照其所属国和中国签订的协议或者共同参加的国际条约办理，或者按对等原则办理，并且应当委托国家认可的组织代理。这些申请文件包括申请书、商标图样和其他有关文件。（2）初步审定与公告。商标局在收到申请文件后，首先对该申请进行形式审查。形式审查的内容包括：商标申请人的申请资格和申请程序；商标的申请日期；是否符合一件商标一份申请原则；商标申请的有关书件、商标图样是否送齐以及申请注册费用是否缴纳等。经形式审查申请手续齐备且按规定填写的，编定申请号发给受理通知书。形式审查后，商标局还将进行实质审查，其内容即为申请注册的商标是否符合法律规定的实体条件，如是否具备法定要素、是否具备显著性、是否违反商标禁用条款、是否与其他商标混同等。经过实质审查，申请注册的商标如果不符合商标法规定，商标局驳回其申请，不予以公告；如符合商标法规定，商标局予以初步审定，并予以公告。（3）异议。对初步审定公告的商标，自公告之日起 3 个月内，在先权利人、利害关系人可以向商标局提出异议。异议的理由是该初步审定的商标违反商标法的规定。如果异议经商标局调查核实并裁定成立，则该初步审定的商标不予以注册。（4）复审。商标申请人对商标局驳回申请、不予以注册的决定不服的，异议申请的有关当事人对商标局关于异议的裁定不服的，均可以在收到通知之日起 15 日内向商标评审委员会申请复审，由商标评审委员会作出决定。当事人对商标评审委员会的决定不服的，可以自收到通知之日起 30 日内向人民法院起诉。（5）核准注册。初步审定并公告的商标在异议期内没有人提出异议或者经裁定异议不成立的，商标局予以核准注册，发给商标注册证，并予以公告。自此，商标所有人始享有商标专用权。

### 三、商标权的内容

商标权包括专有使用权、禁止权、转让权和许可使用权等内容。其中专有使用权是指注册商标所有人对其商标的排他性使用的权利，禁止权是指注册商标所有人有权禁止任何人未经其许可使用其注册商标。

1. 商标权的期限与续展。（1）期限。根据商标法的规定，商标权的有效期为 10 年，自核准注册之日起计算。（2）续展。商标权有效期满，需要继续使用该注册商标的，商标所有人应当在期满前 12 个月内申请续展注册。在此期间未能提出申请的，可以在期满后 6 个月内申请续展。每次续展注册的有效期为 10 年且续展次数不受限制。续展注册经核准后，由商标局予以公告。

2. 商标权的转让。转让注册商标的，转让人和受让人应当共同向商标局提出申请，有关申请手续由受让人办理，受让人应符合商标法关于注册商标申请人的规定。转让申请经商标局核准后予以公告。在转让注册商标中，商标注册人对其在同一种商品上注册的近似的商标，或者在类似商品上注册的相同或者近似的商标，应当一并转让。对于可能产生误认、混淆或者其他不良影响的转让，商标局不予以核准。受让人应当保证使用该注册商标的商品的质量。

3. 商标权的使用许可。商标所有人可以通过签订商标使用许可合同，许可他人使用其注册商标。许可人即商标所有人应当监督被许可人使用其注册商标的商品的质量。被许可人应当保证使用该注册商标的商品的质量，并且必须在使用该注册商标的商品上标明被许可人的名称和商品产地。商标使用许可合同应当报商标局备案，商标使用许可未经备案不得对抗善意第三人。

4. 标示权。商标注册人使用注册商标，有权标明"注册商标"字样或者注册标记。在商品上不便标明的，可以在商品包装或者说明书以及其他附着物上标明。

5. 禁止权。商标禁止权是商标权人依法享有的禁止他人不经过自己的许可而使用注册商标和与之相近似的商标的权利。根据《商标法》第 57 条的规定，注册商标权人有权禁止他人未经许可在同一种商品上使用与其注册商标相同或者近似的商标，或者在类似商品上使用与其注册商标相同或近似的商标。商标禁止权的范围比商标专用权的范围广。

6. 商标权的变更。注册商标需要变更注册人的名义、地址或者其他注册事项的，应当提出变更申请。

## 四、商标权的争议、无效与终止

1. 商标权的争议。商标权的争议，又称注册商标的争议，是指两个或两个以上的注册商标之间发生的商标权的争执，通常是注册在先的商标对注册在后的商标所提出。在注册商标的争议中，争议人必须是商标注册人，争议的两个注册商标存在相同或者近似的可能，其被核定使用的商品必须是同一种或类似商品，而且在被争议商标核准注册之日起5年内向商标评审委员会申请裁定。

2. 商标权的无效。商标权的无效，是指注册商标因不符合商标法的规定而由商标局或商标评审委员会宣告商标无效的法律制度。(1) 商标权无效的原因。①已经注册的商标违反商标注册的实体条件和以欺骗手段取得商标注册的。具体情形包括：已经注册的商标违反商标法关于绝对禁止注册标志的规定；已经注册的商标违反商标法关于相对禁止注册标志的规定；已经注册的商标违反商标法关于三维标志禁止注册的规定，即以三维标志申请注册商标的，仅由商品自身的性质产生的形状、为获得技术效果而需有的商品形状或者使商品具有实质性价值的形状，不得注册；以欺骗手段或者其他不正当手段取得注册的。②已经注册的商标违反在先权利的。具体情形包括：就相同或者类似商品申请注册的商标是复制、摹仿或者翻译他人未在中国注册的驰名商标，容易导致混淆的；就不相同或者不相类似商品申请注册的商标是复制、摹仿或者翻译他人已经在中国注册的驰名商标，误导公众，致使该驰名商标注册人的利益可能受到损害的；未经授权，代理人或者代表人以自己的名义将被代理人或者被代表人的商标进行注册，被代理人或者被代表人提出异议的。(2) 商标权无效的宣告。①已经注册的商标，违反《商标法》第10条、第11条、第12条规定的，或者是以欺骗手段或者其他不正当手段取得注册的，由商标局宣告该注册商标无效；其他单位或者个人可以请求商标评审委员会宣告该注册商标无效。②已经注册的商标，违反《商标法》第13条第2、3款、第15条、第16条第1款、第30条、第31条、第32条规定的，自商标注册之日起5年内，在先权利人或者利害关系人可以请求商标评审委员会宣告该注册商标无效。对恶意注册的，驰名商标所有人不受5年的时间限制。(3) 商标权无效的法律后果。商标权被宣告无效的，由商标局予以公告，该注册商标专用权视为自始即不存在。注册商标被宣告无效的，自宣告无效之日起1年内，商标局对与该商标相同或者近似的商标注册申请，不予核准。宣告注册商标无效的决定或者裁定，对宣告无效前人民法院作出并已执行的商标侵权案件的判决、裁定、调解书和工商行政管理部门作出并已执行的商标侵权案件的处理决定以及已经履行的商标转让或者使用许可合同不具有追溯力。但是，因商标注册人的恶意给他人造成的损失，应当给予赔偿。

3. 商标权的终止。商标权的终止，也称注册商标的终止，是指注册商标所有人在法律规定的原因发生时，其享有的商标权归于消灭而不复存在。商标权可因注册商标被商标局注销或撤销而终止。(1) 注销。注册商标存在下列情形之一的，由商标局予以注销：①注册商标有效期届满，而且宽展期已过，商标所有人仍未提出续展申请的，或者提出续展申请而未获批准的，商标权自有效期届满之日终止。②商标注册人申请注销其注册商标或者注销其商标在部分指定商品上的注册的，该注册商标专用权或者该注册商标专用权在该部分指定商品上的效力自商标局收到其注销申请之日起终止。③商标注册人死亡或者终止，自死亡或者终止之日起1年期满，该注册商标没有办理转移手续的，任何人可以向商标局申请注销该注册商标。提出注销申请的，应当提交有关该商标注册人死亡或者终止的证据。注册商标因商标注册人死亡或者终止而被注销的，该注册商标专用权自商标注册人死亡或者终止之日起终止。（2）撤销。商标权的撤销，是指商标所有人由于违反商标法律规定使用或不使用商标而由商标局终止其商标权的法律行为。商标权被撤销的主要情形包括：①商标注册人在使用注册商标的过程中，自行改变注册商标、注册人名义、地址或者其他注册事项的，责令限期改正，期满不改正的；②注册商标成为其核定使用的商品的通用名称或者没有正当理由连续3年不使用的，任何单位或者个人可以向商标局申请撤销该注册商标；③其他导致商标被撤销的情形。商标权被撤销的法律后果表现在：①注册商标被撤销的，自撤销之日起1年内，商标局对与该商标相同或近似的商标申请注册，不予核准。②当事人不服商标撤销决定的，可以申请复审，对复审决定不服的，可以向人民法院起诉。③被撤销的注册商标，由商标局予以公告，该注册商标专用权自公告之日起终止。

商标权终止后，该商标不再受到商标法的保护。但是，自注册商标终止之日起1年内，商标局对与该商标相同或者近似的商标，不予以注册，以避免市场上的商品混淆。因连续3年停止使用而被撤销的商标除外。

### 五、商标权的保护

1. 商标权的保护范围。根据商标法的规定，注册商标的专用权，以核准注册的商标和核定使用的商品为限。但是，商标权的保护范围，不仅包括专用权的范围，还包括禁止权的范围，因此还及于类似商品和近似商标。

2. 商标侵权行为。根据商标法的规定，商标侵权行为包括下列情形：（1）未经商标注册人的许可，在同一种商品上使用与其注册商标相同的商标的。（2）未经商标注册人的许可，在同一种商品上使用与其注册商标近似的商标，或者在类似商品上使用与其注册商标相同或者近似的商标，容易导致混淆的。（3）销售侵犯注册商标专用权的商品的。（4）伪造、擅自制造他人注册商标标识或者销售伪造、擅自制造的注册商标标识的。（5）未经商标注册人同意，更换其注册商标并将该更换商标的商品又投入市场的。（6）故意为侵犯他人商标专用权行为提供便利条件，帮助他人实施侵犯商标专用权行为的。（7）给他人的注册商标专用权造成其他损害的：①将与他人注册商标相同或者相近似的文字作为企业的字号在相同或者类似商品上突出使用，容易使相关公众产生误认的；②复制、摹仿、翻译他人注册的驰名商标或其主要部分在不相同或者不相类似商品上作为商标使用，误导公众，致使该驰名商标注册人的利益可能受到损害的；③将与他人注册商标相同或者相近似的文字注册为域名，并且通过该域名进行相关商品交易的电子商务，容易使相关公众产生误认的。根据法律的规定，正当使用行为不视为侵权。正当使用行为包括：（1）注册商标中含有的本商品的通用名称、图形、型号，或者直接表示商品的质量、主要原料、功能、用途、重量、数量及其他特点，或者含有的地名，注册商标专用权人无权禁止他人正当使用；（2）三维标志注册商标中含有的商品自身的性质产生的形状、为获得技术效果而需有的商品形状或者使商品具有实质性价值的形状，注册商标专用权人无权禁止他人正当使用；（3）商标注册人申请商标注册前，他人已经在同一种商品或者类似商品上先于商标注册人使用与注册商标相同或者近似并有一定影响的商标的，注册商标专用权人无权禁止该使用人在原使用范围内继续使用该商标，但可以要求其附加适当区别标识。上述正当使用行为不能作为商标侵权行为查处。

3. 商标侵权行为的法律责任。（1）民事责任。商标侵权人承担的民事责任主要是停止侵害和赔偿损失。赔偿额为侵权人在侵权期间因侵权行为所获得的利益或者被侵权人在被侵权期间所受到的损失。侵权人所得利益或被侵权人所受损失难以确定的，应当参照该商标许可使用费的倍数合理确定。对恶意侵犯商标专用权，情节严重的，可以在按照上述方法确定数额的 1 倍以上 3 倍以下确定赔偿数额。赔偿数额应当包括权利人为制止侵权行为所支付的合理开支。如果被侵权人因被侵权所受到的实际损失、侵权人因侵权所获得的利益、注册商标许可使用费难以确定的，由人民法院根据侵权行为的情节判决给予 300 万元以下的赔偿。但对于销售不知道是侵犯注册商标专用权的商品，能证明该商品是自己合法取得并说明提供者的，不承担赔偿责任。（2）行政责任。对于商标侵权行为，工商行政管理机关可以根据具体情况进行处罚，追究侵权人的行政责任。这些处罚措施包括：责令立即停止销售；收缴并销毁侵权商标标识；消除现存商品上的侵权商标；收缴专门用于商标侵权的模具、印版和其他作案工具；采取上述措施不足以制止侵权行为或者侵权商标与商品难以分离的，责令并监督立即销毁侵权物品。工商行政管理机关认定侵权行为成立，违法经营额 5 万元以上的，可以处违法经营额 5 倍以下的罚款，没有违法经营额或者违法经营额不足 5 万元的，可以处 25 万元以下的罚款。对 5 年内实施两次以上商标侵权行为或者有其他严重情节的，应当从重处罚。销售不知道是侵犯注册商标专用权的商品，能证明该商品是自己合法取得并说明提供者的，由工商行政管理部门责令停止销售。（3）刑事责任。未经商标注册人许可，在同一种商品上使用与其注册商标相同的商标，伪造、擅自制造他人注册商标标识或者销售伪造、擅自制造的注册商标标识，销售明知是假冒注册商标的商品，构成犯罪的，依照刑法的规定追究刑事责任。

# 第十六章 债权概述

## 第一节 债 的 概 述

### 一、债的概念

债是特定人之间请求为特定行为的民事法律关系。债的关系又可称为债权债务关系，具有主体、内容和客体三要素。在该种民事法律关系中，债权人享有的权利即为债权。《民法总则》第118条对债权给出了定义：债权是因合同、侵权行为、无因管理、不当得利以及法律的其他规定，权利人请求特定义务人为或者不为一定行为的权利。

#### （一）债的主体

债的主体指参与债的法律关系的当事人。其中，有权请求他方为特定行为的是权利主体，称为债权人；有义务实施此特定行为以满足债权人利益的是义务主体，称为债务人。债是债权人与债务人之间的民事法律关系。

在一个债的关系中，债权人或债务人既可以是单一主体，也可以是多数主体，但不论是单一主体还是多数主体，债权人和债务人都必须是特定的。双方主体特定，是债的一个基本特征。基于这一特征，债原则上只对特定的当事人有效，对于债权人、债务人以外的第三人不发生效力。债权人只能要求债务人履行义务，债务人也只对债权人负有义务。这是债的相对性。只有在法律有规定的情况下，债才对第三人发生效力，如《合同法》第73条、第74条关于代位权、撤销权的规定。

#### （二）债的内容

债的内容是债权、债务。债权是债权人请求债务人为特定行为的权利。债权为请求权，而非支配权。在债的关系中，债权人有权要求债务人为一定行为或不为一定行为，但不能直接支配债务人应给付的标的物，更不能支配债务人的行为，债权人只能通过请求债务人履行一定的义务，交付标的物或完成一定工作，才能实现自己的权利。债务是债务人根据债的关系的规定为特定行为的义务。债务人依其所负义务，必须作出或不得作出一定行为。债务对债务人具有法律拘束力，债务人如不履行义务，债权人有权请求法院强制其履行，债务人则应承担不履行债务的法律责任。

在债的关系中，债权与债务总是相对应的。例如，就交付标的物而言，对于债权人来说是债权，即债权人有权请求债务人交付标的物；对债务人而言则是债务，债务人负有交付标的物给债权人的义务。在简单的债的关系中，只是一方享有债权，另一方承担债务，如借用；但在复杂的债的关系中，双方当事人往往互有债权、互负债务，如买卖等。

#### （三）债的客体

债的客体是债权债务共同指向的对象，习惯上又可称为债的标的。通说认为债的客体是债权债务所确定的特定行为，又称给付，包括作为和不作为。因为债权人享有请求债务人为特定行为的权利，债务人则负有为此特定行为的义务，债权和债务共同指向的对象即是特定行为。例如，在买卖关系中，买方有请求卖方交付标的物的权利，卖方则负有相应的交付货物的义务，交付货物的特定行为即是买卖关系的客体。在这里，货物只是交付的对象，在民法学上称为标的物。

作为债的客体的给付，应具备三个条件：一是合法，即不为法律所禁止，以违法行为为客体者无效；二是可能，给付行为须为可能，以不可能之行为为给付者不发生效力；三是确定，给付行为须确定，以不确定之行为为债的标的，债权债务的内容就无法确定。

### 二、债的种类

根据不同的分类标准，可以将债划分为不同的类别。常见的债的种类有以下几种：

#### （一）合同之债和非合同之债

根据债的发生根据，债可分为合同之债和非合同之债。基于当事人之间订立的合同而发生的债，为合同之债。合同之债是最常见和最重要的一种债。其特点在于：第一，它由双方当事人的法律行为引起；第二，它依双方当事人的意思表示一致而成立；第三，合同债中的债权债务相互对应；第四，合同债具有任意性。

非合同之债又可称为法定之债，是指根据法律的规定，因某一法律事实的发生，在特定当事人之间产生的债权债务关系。非合同之债包括侵权损害之债、不当得利之债和无因管理之债。

#### （二）特定物之债和种类物之债

特定物之债，是指以特定物为标的物的债。这种债的标的物在债发生时就已存在，已经特定，独具特征而不能为他物所替代。种类物之债，是指以种类物为标的物的债。种类物具有可替代性。但种类物可经当事人的约定或指定而成为特定物，种类物之债即因此特定化，成为特定物之债。

这种分类的法律意义在于：对于特定物之债，债务人应以交付债所规定的特定物履行债务；在法律规定或当事人约定的情况下，物的所有权可以在债成立时转移；如特定物在交付前毁损灭失，债务人可以免负交付原物的义务，但如有过错，应负赔偿责任。对于种类物之债，债务人应以交付符合债所要求的种类物履行义务，一般不发生履行不能；物的所有权自标的物交付时转移；如种类物在交付前毁损灭失，除特殊情况外，债务人不能免除交付实物的义务。

#### （三）单一之债和多数人之债

单一之债是指债权人、债务人各为一人的债。多数人之债是指债权人、债务人一方或双方是多数人的债。这种分类的法律意义在于：单一之债与多数人之债的复杂程度不同。前者债的关系单纯而明确；后者债的关系一般比较复杂，不仅有债权人和债务人双方之间的权利义务关系，而且多数债权人或多数债务人内部也存在着权利义务关系。正确地确定单一之债和多数人之债，有利于确定参加债的关系的每一个当事人的具体权利义务。

#### （四）按份之债和连带之债

这是对多数人之债的进一步分类。根据多数债权人或多数债务人之间对债权或债务的承受情况，可将债分为按份之债和连带之债。

按份之债，是指几个债权人或债务人各自按一定份额（等份或不等份）享有债权或承担债务的债。如果债权人为多数，每个债权人只就自己的债权份额享有请求清偿的权利，是按份债权。按份债权人无权就整个债权受偿。如果债务人为多数，每个债务人仅对自己的债务份额承担清偿的义务，是按份债务。按份债务人不负清偿全部债务的义务。在按份之债中，各按份债权人在其享有的份额债权得到实现时，即可单独退出债的关系。按份债权人之间、按份债务人之间均无牵连。

连带之债，是指债的多数主体之间有连带权利义务关系的债。连带关系是指债的多数主体之间互相牵连，任何一个债权人或债务人不得单独退出债的关系，只有全部债得到实现时，全体债权人或债务人才一并退出债的关系。多数债权人中的任何一人均得请求债务人履行全部债务的，称为连带债权；若债务人之间有连带关系，即多数债务人中的任何一人均负有全部给付的债务，称为连带债务。

在连带之债中，既有债权人和债务人之间的关系，又有连带债权人或连带债务人之间的关系。前者为连带之债的外部效力，后者为连带之债的内部效力。当一个或部分债务人履行了全部债务，或者一个或部分债权人受领了全部债务时，原债即消灭，新的权利义务关系随之在多数人内部之间发生。若属连带债权，接受履行的原债权人成为新的债务人，负有偿付其他连带债权人（新的债权人）各自应得份额的义务。若属连带债务，履行全部债务的债务人成为新的债权人，享有请求其他连带债务人（新的债务人）偿付各自承担份额的权利。上述过程表明，连带之债因履行而消灭的同时，可转变为一方内部的按份之债。

连带之债以连带债务为主要研究对象。连带债务是一种法定之债，须以法律有规定为前提。

### （五）简单之债和选择之债

根据债的给付是否可由当事人选择，债可以分为简单之债和选择之债。债的给付只有一种，当事人无可选择的债，是简单之债。在数种给付中，当事人可以从中选择一种的债，是选择之债。选择权属于债权人的，是选择债权；选择权属于债务人的，是选择债务。有选择的规定而未指明选择权归属的，一般认定为选择债务。

选择之债的发生，或由当事人约定，或为法律规定。作为选择之债的数种给付标的，或为特定物，或为不特定物，也可以是作为或不作为，并可任意组合。除给付标的外，给付的时间、地点、方式以及不适当履行的补偿方式也可经选择而确定。

选择之债既然存在数种给付，便须经特定后才能履行。选择之债一经选择确定，便转化为简单之债。由于不可归责于双方当事人的事由使供选择的给付只有一种可以履行时，选择之债也因此转化为简单之债。如果选择之债规定的数种给付都成为不能履行，选择之债因此消灭或转化为损害赔偿之债。

### （六）主债和从债

除上述分类外，债还可以按其他标准分为主债和从债、货币之债和劳务之债等。

根据两个债之间的关系，债可分为主债和从债。

主债是指能够独立存在的债。从债是指从属于主债，其效力受主债影响的债。主债与从债是相互对应的，没有主债，不发生从债；没有从债，也就无所谓主债。从债对主债起着担保作用，因之，从债随主债的存在而存在，随主债的消灭而消灭。在一般情况下，主债是从债的存在前提，从债的不成立和无效并不影响主债的不成立和无效。但是，对于一些必须有担保及以担保为成立前提的合同，从债的存在则是主债成立的条件。

## 第二节  债的发生、变更和消灭

债是一种民事法律关系，基于一定的法律事实而发生、变更和消灭。

### 一、债的发生根据

债的关系因以下法律事实而发生：

#### （一）合同

合同又称契约，是指当事人之间设立、变更、终止民事法律关系的协议，因而它是债发生的根据，而且是最普遍的根据。任何一个民事合同的有效成立，都在当事人之间发生债的关系。合同中规定的当事人的权利义务，就是债的关系中的债权和债务。

#### （二）侵权行为

侵权行为是指不法侵害他人的财产权和人身权的行为。因侵权行为在有关的当事人之间产生特定的民事法律关系，即损害赔偿之债，其中受害人是债权人，享有请求行为人赔偿损失的权利；行为人是债务人，负有赔偿受害人损失的义务。侵权行为作为债的发生根据，其复杂性和广泛性仅次于合同之债。

#### （三）无因管理

无因管理是指没有法定的或者约定的义务，为避免他人利益受损失而管理他人事务的行为。管理他人事务的人称为管理人，受管理事务的人称为本人。管理人与本人之间因无因管理的行为而产生权利义务关系，管理人有权要求本人偿还因管理事务所支付的必要费用，受益人负有偿还这种费用的义务。

#### （四）不当得利

不当得利是指无法律或合同上的原因而取得利益，致他人受损害的事实。根据不当得利的法律规定，受害人有权请求受益人返还其所得的利益，受益人有义务返还这种利益，由此构成债的关系。

以上所述，是最为普遍或比较典型的几种债的发生根据，除此之外，债还可以因其他法律事实而发生。例如，拾得遗失物会在拾得人与遗失物的所有人之间产生债权债务关系；因防止、制止他人合法权益受侵害而实施救助行为，会在因实施行为受损害的受损人与受益人间产生债权债务关系；因遗赠会在受赠人与遗嘱执行人间产生债权债务关系；因缔约过失，会在缔约当事人间产生债权债务关系。

### 二、债的变更

狭义的债的变更仅指债内容的变更，广义的债的变更则包括债的内容变更和主体变更两种情形。

#### （一）债的内容变更

债的内容变更，即狭义的债的变更，是指在不改变债的主体的情况下，对债的内容所作的变更。例如，标的物的变更、数量的变更、履行时间或地点的变更，均属债的内容变更。

债的内容变更与债的更改不同。债的更改使当事人之间的旧债关系归于消灭，并发生新债的关系；债的内容变更并不消灭原有债的关系，只是内容发生变更而已。

债的内容变更必须具备以下条件：(1) 当事人之间原已存在债的关系。如果当事人之间原无债的关系，而依法律规定或依合同约定成立债的关系，则为债的发生，而非变更。(2) 当事人之间原有债的关系和变更后债的关系均为有效。无效合同或经撤销后无效的合同，自合同订立时起无效，虽然发生返还财产问题，但不属于变更问题。变更后的债的关系如被确认无效或经撤销而无效，亦不发生变更原有债的内容的效力。例如，当事人之间原有债的关系合法成立，经协商以法律禁止流通物代替原有债的标的物，变更后债的关系因违反法律的强制性规定而无效，不发生变更原有债的效力。

债的内容变更一般包括：(1) 标的种类的变更，如变更标的物。(2) 标的数量之增减。(3) 标的物品质、规格之变更。(4) 债的性质之变更，如变租赁为买卖。(5) 履行期限之变更。(6) 履行地点之变更。(7) 履行方式之变更，如变更贷款结算方式。(8) 违约责任条款之变更。

债的内容变更方式一般有三种：(1) 依法律规定而变更。例如，依破产法的规定，企业被宣告破产的，不得单独对个别债权人清偿，破产企业与债权人之间债的关系纳入破产债权，按比例清算，原有债的标的物和数量都发生变更。(2) 依法院的裁判或仲裁裁决而变更。如《民法通则》第 108 条规定，债务人暂时无力偿还债务的，人民法院可以判决分期偿还。(3) 依当事人协议而变更。《合同法》第 77 条规定："当事人协商一致，可以变更合同。"但法律、行政法规规定变更合同应当办理批准、登记手续的，应办理相关变更手续。协议变更是债的内容变更的基本方法。

债的内容变更的，当事人应按变更后债的内容履行。债依合同而变更的，当事人如违反合同的规定，应承担相应违约责任。

### (二) 债的主体变更

债的主体变更，指债务人或债权人的变更，究其实质是发生债权或债务的转移。依《合同法》的规定，可以分为三种情形：

1. 债权转让。债权转让，又称债权让与，指不改变债的内容，债权人将其债权全部或部分转移给第三人享有。引起债权转让的事由包括法律规定（如被继承人生前享有的债权因继承而转移给继承人）和法律行为（如遗嘱人以遗嘱方式将债权转让给继承人或受遗赠人）。其中，通过合同方式转让债权是最常见的方式。

债权转让合同是债权人与第三人达成的转让债权的协议。债权转让合同的当事人是债权人和第三人，只要债权人与第三人达成债权转让协议，具备法律行为的有效条件，即可成立，债权的转让无须债务人同意。根据《合同法》第 80 条的规定，发生债权转让时，债权人应当通知债务人；未经通知，对债务人不发生效力，债务人按债的规定向债权人履行义务的，债权人不得拒绝受领。

债权属于财产权，原则上均可以转让，但依《合同法》第 79 条规定，下列债权不得转让：一是根据合同性质不得转让的债权不得转让。在通常情况下，基于当事人之间相互信任关系的合同债权（如演出合同中演出公司对演员享有的债权）不得转让，以特定人的身份为基础的债权（如扶养请求权）也不得转让。二是当事人约定不得转让的债权不得转让。三是依法律规定不得转让的债权不得转让。如企业被宣告破产后，破产企业不得将其债权转让给第三人，以免损害其债权人的利益。

债权转让的效力表现在两个方面：一是对内效力。债权人将债权转让给第三人的，即脱离债的关系，第三人受让债权而成为债的关系的当事人，即新债权人。发生债权转让时，依附于主债权的从权利（如担保权利、利息债权、违约金权利以及损害赔偿请求权等）除专属于债权人自身的以外，也一并转移给受让人。二是对外效力。债权转让后，债务人应就所转让的债权向受让人履行债务，受让人亦有权请求债务人向其履行义务。但债务人对债权人享有的抗辩权（如时效抗辩）可以对抗受让人。

2. 债务转移。债务转移，又称债务承担，指不改变债的内容而发生债务人的变更。引起债务承担的事由有法律规定（如继承）和法律行为。最为常见的是通过当事人之间的协议转移债务。债务承担包括免责的债务承担和并存的债务承担两种情形。

（1）免责的债务承担，是指债务人经债权人同意，将其债务部分或全部转移给第三人负担。《合同法》第84条规定："债务人将合同的义务全部或者部分转移给第三人的，应当经债权人同意。"

免责的债务承担，成立方式有两种：一是第三人与债权人达成协议，由第三人承担债务人之债务。由于合同的一方当事人是债权人，这种方式本身就体现了债权人的同意。二是债务人与第三人达成协议，由第三人承担债务人的债务。这种承担方式须经债权人的承认，才能发生债务承担的效力。

免责的债务承担的效力表现在，原债务人脱离债的关系，不再对所转移的债务承担责任（免责）；第三人则成为新的债务人，对所承受的债务负责。与主债务有关的从债务，除专属于原债务人自身的以外，也随主债务转移给新债务人承担。同时，原债务人对债权人享有的抗辩权，新债务人亦可以之对抗债权人。

（2）并存的债务承担，是指债务人不脱离债的关系，第三人又加入债的关系，与债务人共同承担债务。严格说来，这并非债的主体变更，而是增加债务人的人数，由于第三人的加入，债务人增加，成为多数债务人的债。第三人加入后，与债务人之间成立连带关系，对同一债务负连带责任。债权人可以请求债务人履行义务，也可以径直向第三人请求履行义务。

在并存的债务承担中，由于原债务人没有脱离债的关系，对债权人的利益不会发生影响，因而原则上无须债权人的同意，只要债务人或第三人通知债权人即可发生效力。

3. 债权债务的概括转移。债权债务的概括转移，是指当事人享有的债权和承担的债务一并转移于第三人享有和承担。发生债权债务一并转移的情况有：（1）继承。依继承法规定，继承开始后，被继承人的遗产（包括债权、债务）由继承人继承，继承人以继承遗产的实际价值为限对被继承人的债务负责（有限继承）。（2）企业合并。《民法通则》第44条规定："企业法人分立、合并，它的权利和义务由变更后的法人享有和承担。"（3）合同承受。《合同法》第88条规定："当事人一方经对方同意，可以将自己在合同中的权利和义务一并转让给第三人。"

### 三、债的消灭

债是一种民事法律关系，既会基于一定的法律事实而发生、变更，也会由于一定的法律事实而消灭。债消灭意味着当事人之间的债权债务关系终止，债在客观上不复存在。

债消灭的效力，除债权债务终止外，从属于主债的权利义务，如担保权利，支付违约金、利息的义务等，也随之消灭。同时，债消灭后，债权人应将负债字据返还债务人。

引起债消灭的原因主要有以下六种：

## （一）债的履行

债务人履行债务，债权人接受履行，债的目的实现，债也就归于消灭。履行是债消灭的最主要、也是最常见的原因。当事人履行债务，应当按照债的规定，如债务人未按照债的规定履行债务，债权人未予以及时受领，都不足以构成法律意义上的履行，不发生债消灭的效力。

## （二）债的解除

解除是合同之债消灭的原因之一。解除是指合同有效成立之后，因当事人一方的意思表示或双方的协议，使合同的债权债务归于消灭的行为。一经解除，当事人之间基于合同而产生的权利义务归于终止。合同解除须双方协议或具备解除的条件，未经协议，也不具备合同解除条件，当事人一方擅自解除合同的，其行为构成违约，不发生合同终止的效力。

## （三）债的抵销

抵销，是指二人互负债务，各以其债权充当债务之履行，而使其债务与对方的债务在对等额内相互消灭。抵销避免了双方当事人互为实际履行债务的麻烦，节省了履行费用。

依《合同法》第 99 条和第 100 条之规定，抵销分为法定抵销和约定抵销。

1. 法定抵销，是指二人互负到期债务，且该债务的标的物种类、品质相同的，任何一方可以自己的债务与对方的债务抵销。

法定抵销须具备下列条件：（1）须二人互负债务，互享债权。双方互享债权，须为合法，任何一方之债务不合法（如赌债），不得主张抵销。（2）须双方债务种类相同，即债的标的物种类相同、品质相同。种类不同的债务，不得单方主张抵销。（3）须双方债务均到履行期，债务先到期的一方不得主张以其债务与他方后到期的债务抵销。但债务后到期的一方放弃其期限利益，应允许其主张抵销。（4）须双方债务均非不得抵销之债务。依法律规定或者依债之性质不得抵销的，不得主张抵销。前者如行为人因故意实施侵权行为而发生的损害赔偿之债，不得与受害人对自己所负之债务抵销；后者如支付退休金、抚养费、抚恤金等与对方当事人的人身不可分离的义务，不得主张抵销。

具备上述条件时，双方均有抵销权。抵销权为形成权，主张抵销的行为为单方法律行为，只要一方的意思表示即可成立。依《合同法》第 99 条第 2 款之规定，当事人主张抵销的，应当通知对方，通知自到达对方时生效。但抵销不得附条件或附期限。

抵销的效力表现在，双方互负债务数额相同的，互负债务均归于消灭；双方的债务数额不等的，数额小的一方的债务消灭，数额大的一方的债务仅部分消灭，未被抵销的部分债务仍存在，债务人应当履行。

2. 约定抵销。约定抵销，又称合意抵销，指当事人双方约定，使自己所负债务与对方之债务抵销。当事人就双方之债务互为抵销而订立的合同，称为抵销合同。对于双方所负债务，标的物种类、品质不相同的，只能通过约定抵销，单方不得主张抵销。对于双方所负债务种类相同，具备法定抵销条件的债务，既可以单方主张抵销，也可以双方约定抵销。约定抵销与法定抵销具有相同的法律效力。

## （四）债的提存

提存，是指由于债权人的原因而无法交付标的物时，债务人将该标的物提交给提存机关以消灭债务的法律制度。债的履行不仅是债务人的事，也是债权人的事。当债务人按照规定履行债务时，债权人应当及时受领。如果由于债权人的原因致使债务人无法履行债务，债务人虽然不承担迟延责任，但仍不能摆脱债务的约束，债务人为债务提供的担保也不能消灭。

在这种情况下，债务人可以将标的物提存，以消灭所承担的债务。

依《合同法》第101条的规定，提存的原因有以下几种：（1）债权人无正当理由拒绝受领。（2）债权人下落不明。（3）债权人死亡未确定继承人或者丧失行为能力未确定监护人。（4）法律规定的其他情形。

债务人将标的物提存，应按照规定向提存机关提存。提存的标的，为债务人应当交付的标的物。标的物不适合于提存或者提存费用过高的，债务人依法可以拍卖或变卖标的物，将所得价款提存。提存机关对债务人的提存申请经审查符合提存条件的，予以接受。除债权人下落不明外，债务人于提存后应当及时通知债权人或债权人的继承人、监护人。

提存的效力表现在，标的物提存后，债务人的债务归于消灭，其从属债务也归于消灭；提存的标的物的毁损灭失的风险由债权人承担；提存期间标的物的孳息归债权人所有，提存费用也由债权人负担；提存后，债权人可以随时向提存机关领取提存物。依《合同法》第104条第2款规定，债权人领取提存物的权利，自提存之日起在法律规定期限内不行使而消灭，提存物在扣除提存费用后为国家所有。但债权人对债务人负有到期债务的，在债权人未履行债务或提供担保之前，提存机关根据债务人的要求应拒绝债权人领取。

**（五）债的免除**

免除是指债权人抛弃债权，从而消灭债的关系的单方行为。债权人向债务人作出免除其债务的意思表示的，债的关系消灭。《合同法》第105条规定："债权人免除债务人部分或者全部债务的，合同的权利义务部分或者全部终止。"债权人的意思表示应向债务人作出，口头形式或书面形式均可。免除的意思表示一经作出，即发生效力，债权人不得撤回。

**（六）债的混同**

混同是指债权和债务同归于一人的事实。当债权和债务同归于一人时，他既是债权人又是债务人，没有自己对自己履行债务的必要，债的关系归于消灭。

引起混同的原因有：（1）企业合并，合并前的两个企业之间的债权债务因同归于合并后的企业而消灭。（2）继承，继承人与被继承人之间的债权债务因继承而归于继承人，引起混同消灭。（3）债权人与债务人之间因转让债权或转移债务引起债权债务发生混同而消灭。

发生混同的事实时，债归于绝对的消灭，从属的权利义务也归于消灭，但涉及第三人利益的债权债务，不因混同而消灭。

## 第三节　无因管理

### 一、无因管理的概念

无因管理，是指没有法定或约定的义务为避免他人利益受损失而管理他人事务的行为。管理他人事务的一方为管理人，其事务受人管理的一方为本人。无因管理事实发生后，管理人与本人之间产生了一定的权利义务关系，即无因管理之债。管理人有权请求本人补偿其代为管理事务支出的费用，是债权人；本人则有向管理人偿还该项费用的义务，是债务人。

法律确认无因管理制度，对于保护国家、集体和公民的财产权益，避免、减少损害发生，发扬助人为乐的社会主义道德风尚，促进社会主义精神文明建设，具有重要意义。

### 二、无因管理的构成要件

#### (一) 须为他人管理事务

为他人管理事务是无因管理的构成要件之一。在确认"为他人管理事务"这一事实时，应注意以下特点。首先，他人事务须为特定人的事务，而非公益事业。管理公益性质的事务如主动打扫公共场所卫生不能构成无因管理。其次，必须在客观上为他人管理事务。如果把自己的事务误认为是他人事务进行管理，即使主观上有为他人的意愿，也不构成无因管理。如果他人事务与自己事务混杂在一起加以管理，则属于他人的部分可以构成无因管理。再次，无因管理不限于单纯的管理行为，也包括为他人提供服务。

#### (二) 须有为他人谋利益的意思

管理人管理他人事务的目的是为他人谋利益，这是构成无因管理的要件之一。为他人谋利益的意思，可以从管理行为的动机和效果来衡量。从动机看，管理人应出于为他人谋利益的目的而为管理行为；从效果看，由于管理行为所取得的利益应最终归本人所有。符合这一要求，即使管理人有所误解，也不影响无因管理的成立，只是作为本人的当事人不同而已。如果管理人和本人都可以从管理行为中受益，可就本人受益部分成立无因管理。违反这一要件，则不仅不能成立无因管理，而且可能因其性质构成不当得利甚至侵权行为。所谓利益，既包括因管理行为使本人取得某种权益而直接受益，也包括使本人得以避免或减少损失而间接受益；既可以是事实上的利益，也可以同时是法律上的利益。无因管理不同于委托代理，管理人为他人谋利益的意思无需表示，无因管理即可成立。

#### (三) 须无法律上的根据

无法律上的根据，即没有法律上的义务，包括没有法定义务和约定义务，是无因管理成立的一个要件，如果管理事务的人接受委托负有合同规定的义务，或依法应承担法定的义务，则属于有法律上的根据，由此实施的行为不能构成无因管理。无因管理和委托代理的区别主要在于管理他人的事务有无法律上的根据。因此，无因管理经本人追认后即具有委托代理的性质，当事人的权利义务关系可以适用有关委托合同的规定。

### 三、无因管理之债的效力

《民法通则》第93条规定："没有法定的或者约定的义务，为避免他人利益受损失进行管理或者服务的，有权要求受益人偿付由此而支付的必要费用。"《民法总则》第121条规定："没有法定的或者约定的义务，为避免他人利益受损失而进行管理的人，有权请求受益人偿还由此支出的必要费用。"因此，无因管理一经成立，当事人之间即发生债权债务关系，管理人享有请求偿还因管理事务所支出的必要费用的权利；本人负有偿付该项费用的义务。这是处理无因管理之债的基本原则。

所谓必要费用，包括为管理本人事务直接支出的费用，为本人谋利益而负担的债务，以及在管理活动中受到的直接损失。具体数额则应根据实际情况而定，但以不超过本人所受利益范围为限。无因管理是管理人为本人谋利益而实施的道德行为，而本人又是直接受益人，因此，为本人取得利益所支出的必要费用应由本人负担。管理人除得请求补偿必要费用外，不得向本人索取报酬或编造名义变相索取报酬。否则就失去了无因管理成立的依据和存在的意义。

管理人既然是善意地为他人谋利益，在管理活动中有必要持认真负责的态度，在本人受领之前继续管理事务，务求达到有利于他人的预期目的。例如，管理人应依照本人显而易见或可以推定的意思而为管理行为，应注意采取适当的管理方法，节约费用，避免损失，应注意将管理情况及由管理所得的利益及时通知和交付本人等。这些注意事项与管理人为他人谋利益的目的相一致，也和管理人所享有的请求权相适应，因此也是管理人应尽的义务。应当指出，就本人而言，除在管理人确有恶意或有重大过失的特殊情况下可以提出异议以外，不得任意以有违本人意志或有损本人利益为借口，拒不履行其应尽的义务。同时，本人有义务及时受领。

## 第四节　不当得利

### 一、不当得利的概念

不当得利，是指无法律上或合同上的根据，使他人财产受到损失而自己获得利益。

不当得利的产生没有合法的根据，所以，虽然属既成事实，也不能受到法律保护，并随这一事实的出现在当事人之间形成的民事权利义务关系，为不当得利之债。因不当得利而财产受到损害的一方是债权人，有权请求对方返还利益；因不当得利而获得财产利益的一方是债务人，负有返还其所得利益的义务。

### 二、不当得利的构成要件和类型

#### （一）须一方获得利益

一方确定获得利益是不当得利成立的一个要件。如果一方使他方的财产利益受到损害，而自己未从中获得任何利益，即使依法应负损害赔偿的责任，也不构成不当得利之债。因此，一方受益是不当得利之债区别于其他债的标志之一。

一方获得利益，一般是受益人不适当地取得一定的财产。但是，有时也可能是受益人应履行的义务被不适当地免除而从中受益。上述两种情况，当事人一方所获利益均为不当得利。

#### （二）须他方受到损害

他方确实受到损害是不当得利成立的另一要件。如果一方虽然获得利益，他方并不因此受到损失，则不构成不当得利。

他方受到损害，包括积极的损失和消极的损失。前者是指因一方受益使他方现有财产减少，后者指应得利益没有得到。

#### （三）获得利益与受到损害之间须有直接因果关系

不当得利的一方之所以得利正是由于他方受到损害，也就是同一事实引起两方面的结果，即一方受益、他方受损。一方得以受益的原因是由于他方受到了损害，两者之间有直接因果关系。得利益和受损害之间的这种直接因果关系是不当得利之债的一个要件。

#### （四）获得利益没有法律上的根据

不当得利获利一方受益没有合法的原因和根据，是不当得利之债成立的又一个要件。如果一方受益，他方受损害有法律上的根据，当事人的权利和义务就理所当然地受到法律的认可和保护，当然不是不当得利。

所谓无合法的原因，包括无法律上的根据和无合同上的原因。这有两种情况，一般是受益人获得利益的当时没有合法原因，如债务人对已经清偿的债务再行付款，原债权人在受领时就产生不当得利；但是，有时也可能是受益的当时有法律上的根据，而后来这种根据由于一定的事实不复存在致使受益人继续受益变成没有合法根据。例如，一方以质物提交对方作为履行合同的担保，当合同完全履行后质权就不存在，如果原质权人仍继续占有该物，就产生不当得利。无论是自始无法律上的根据，或者是以后丧失了法律上的根据，都可以构成不当得利。

不当得利从获利发生的原因来看，可以分为因一方当事人的给付发生的不当得利和非因给付发生的不当得利，故不当得利可以分为以下两类：（1）因给付而发生的不当得利。给付本是债务人以消灭债务为目的的履行债务行为，但在该目的或者原因欠缺或者丧失时，另一方因该给付所取得的利益就没有合法依据。典型情形为非债清偿，即给付一方为履行义务向对方给付，但该给付义务事实上自始就不存在。这种情形的不当得利在各国立法上存在例外。我国虽没有规定，但在理论上同样认可。在下列情形下，给付当事人一方在没有给付义务时而为给付并不构成不当得利：第一，履行道德义务而为给付；第二，为履行未到期债务而清偿；第三，明知无债务而清偿；第四，因不法原因而为给付，但不法原因仅存于受领人一方时，不阻却不当得利的发生。（2）非因给付而发生的不当得利。如果受益人获得的利益并非基于受损人的给付行为，即利益的发生与受损人的意思无关，即属于非因给付发生的不当得利。此类不当得利主要包括：第一，基于受益人的行为发生的不当得利，此类行为既可以是事实行为，也可以是法律行为。第二，基于受损人的行为发生的不当得利。第三，基于第三人行为发生的不当得利。第四，基于自然事件发生的不当得利。如甲鱼塘的鱼游进乙鱼塘。第五，基于法律规定而发生的不当得利，如因添附发生的不当得利。

### 三、不当得利之债的效力

《民法通则》第 92 条规定："没有合法根据，取得不当利益，造成他人损失的，应当将取得的不当利益返还受损失的人。"《民法总则》第 122 条规定："因他人没有法律根据，取得不当利益，受损失的人有权请求其返还不当利益。"不当得利一经成立，当事人之间即发生债权债务关系，受损害一方享有请求返还其利益的权利，受益人负有返还其所受利益的义务。返还利益，包括返还原物、原物所生的孳息和利用原物所取得的其他利益。这是对不当得利之债的处理原则，也是不当得利之债效力的体现。

但是，不当得利之债与侵权行为之债不同。从性质上看，不当得利法律事实的出现，往往是受损害一方自己的过错造成的，而不是由于不当得利人的违法行为。在某些情况下，得利人主观上也不一定有过错，甚至根本没有过错。因此，对不当得利之债的处理，除规定受益人应返还其所得利益以保护受损害人的合法权益原则外，还可以根据具体情况，特别是受益人的主观心理状态来确定其应负责任的大小，进一步确定其返还利益的范围。

1. 受益人是善意的，即受益人在得利时并不知道无法律上的根据而予以接受，其返还利益的范围以利益的存在部分为限；如果利益已不存在，则可以不负返还的责任。所谓尚存部分，不应该只限于原物或原物的固有形态，如形态已改变，其财产价值仍存在或可代偿，仍属于尚存部分。

2. 受益人是恶意的，即受益人取得利益时明知没有合法根据而仍然加以接受，则应负全部返还的责任。即使由于意外原因，该项利益已不存在，受益人仍负全部返还的义务。

3. 受益人在受益时不知情，以后又知情则可以知情的时间为界，此前此后分别按不知情和知情决定其应负返还责任的范围。

法律作出上述规定的理由是，受损害人的合法权益应当受到保护，但不当得利往往是由受损害人所造成，因此，在一定条件下，受损害的人应承担一定责任；受益人因不知情而受利益，本身并无过错，但已造成他人损害，因此，应在一定范围内承担责任；受益人知情，仍置他人损害于不顾，自应承担全部责任。这种因情循理、区别对待的处理方法，有助于防止不当得利发生，有利于维护法律的严肃性和公正性。

# 第十七章　合同法总论

## 第一节　合同概述

### 一、合同的概念和特征

合同是当事人之间设立、变更、终止民事权利义务关系的协议。广义的合同包括所有当事人之间达成的有关民事权利义务关系的协议，既包括财产关系方面的协议，也包括身份关系方面的协议。依《合同法》第2条的规定，当事人之间有关婚姻、收养、监护等身份关系方面的协议，适用其他法律规定，不适用合同法的规定。因此，合同法上的合同并非指广义的合同，它不包括有关身份关系的协议，仅指财产关系方面的协议。

合同具有以下法律特征：

1. 合同是一种协议，属于多方民事法律行为。当事人通过协议设立、变更或终止一定的民事法律关系，是一个合意的过程，不仅要求当事人有意思表示，而且还要求各方的意思表示一致。因此，合同属于民事法律行为，而且是多方民事法律行为。作为民事法律行为，合同须具备民事法律行为的有效条件才能成立，这就是行为人要有相应的民事行为能力，意思表示真实，不违背法律或者社会公共利益。

2. 合同的目的是设立、变更或终止一定的民事法律关系。在当事人之间既可以通过合同设立一定的债权债务关系，如订立买卖合同，建立买卖关系；也可以通过协议使相互间原有的民事法律关系发生变更或终止，如通过协议解除原有的买卖关系。合同作为债的发生根据之一，依合同所设立、变更或终止的民事法律关系应理解为债权债务关系。

3. 合同的当事人地位平等。合同的当事人包括自然人（公民）、法人以及其他组织（指合伙企业、企业分支机构等非法人组织），他们都是平等的民事主体，法律地位平等。《合同法》第3条明文规定："合同当事人的法律地位平等，一方不得将自己的意志强加给另一方。"即是合同这一特征的体现。

合同的本质是商品交换的法律形式。在市场经济条件下，合同联系着生产、交换、分配与消费，是最基本的社会纽带之一，合同法也是市场经济社会最基本的法律。

### 二、合同的分类

依据不同的标准，可以将合同分成不同的种类。

#### （一）有名合同和无名合同

由法律明文规定并赋予一定名称的合同是有名合同，又称典型合同。法律上没有明文规定的合同是无名合同，又称非典型合同。《合同法》规定的买卖合同、赠与合同、借款合同、租赁合同等，其他法律规定的，如保险合同、海上货物运输合同等，均为有名合同。区分有名合同与无名合同的意义在于法律适用上的不同，有名合同适用法律上的专门规定，无名合同，依《合同法》第124条规定，适用《合同法》总则的规定，并可参照法律关于有名合同的最相类似的规定。

### （二）要式合同和不要式合同

法律规定或当事人约定应具备特定形式的合同是要式合同，反之为不要式合同。根据《合同法》第 10 条规定，当事人订立合同，可以采取口头、书面或其他形式，法律规定或当事人约定应当采用书面形式的，应当采用书面形式。但未采用书面形式，合同并非当然无效。《合同法》第 36 条规定："法律、行政法规规定或者当事人约定采用书面形式订立合同，当事人未采用书面形式但一方已经履行主要义务，对方接受的，该合同成立。"

### （三）单务合同和双务合同

单务合同是指合同关系中一方只承担义务、另一方只享有权利的合同，如赠与、借用等。双务合同是指双方当事人互有债权、互负债务的合同，如买卖、运输、承揽等。在双务合同中，当事人的权利义务互相对应，互为对价，如卖方的交货义务与买方的付款义务相对应，并成对价关系。基于权利义务相对应的这一特点，双务合同具有特殊的效力：一是双务合同一方不能履行时，他方享有解除权；二是法律赋予双务合同当事人在合同履行中以抗辩权，包括同时履行抗辩权和不安抗辩权（《合同法》第 66 条至第 69 条）。单务合同则不具备上述效力。

### （四）为自己利益订立的合同和为第三人利益订立的合同

为自己利益订立的合同，是指订约当事人自己享有合同权利和直接取得利益的合同。合同订立后，当事人依合同规定享有权利，同时履行合同规定的义务。当事人订立合同通常是为了自己的利益，但在某些情况下，一方当事人为第三人的利益订立合同，约定他方向第三人为给付，从而赋予第三人对债务人的独立请求权。为第三人利益的合同，就是指订约的当事人一方不得为自己，而是为第三人设定权利，使其获得利益的合同。人身保险或财产保险的投保人指明受益人的保险合同，就是典型的为第三人利益而订立的合同。

为第三人利益的合同只能使第三人获得利益，原则上不能使第三人承担任何义务，故订立此种合同一般不必征得第三人的同意。合同当事人为订约的双方，第三人可直接向债务人请求给付。债务人则有向第三人为给付的义务。为第三人利益的合同具有如下效力：（1）对第三人的效力。合同成立后，第三人即可取得债权。第三人对此种合同利益，既可以接受，也有权拒绝。如表示不愿受益，应视为自始未取得权利；如有受益表示，其权利即应确定，当事人不得变更或撤销合同。如第三人拒绝接受，合同仍然有效，合同当事人自己享有合同权利，或者依法由其继承人享有权利。（2）对债权人的效力。债权人有权请求债务人向第三人为给付。如债务人不履行，有权请求赔偿损失；但因涉及第三人利益，除依法律规定或特别约定外，原则上不得解除合同。（3）对债务人的效力。债务人根据合同，对第三人负有给付的义务。

### （五）主合同和从合同

主合同是指不依赖其他合同而能独立存在的合同。从合同是指必须以其他合同的存在才能成立的合同，抵押合同、保证合同等属于从合同。主合同变更或消灭，从合同原则上也随之变更或消灭。而从合同的变更或消灭原则上并不影响主合同的效力。

### 三、合同法的基本原则

合同法的基本原则，是指制定和执行合同法的总的指导思想，以及调整合同关系应遵循的基本准则。合同法的基本原则除了民法共同倡导的平等原则、意思自治原则和诚实信用原则外，也有一些自己特有的原则，如合同严守原则和鼓励交易原则。

1. 合同严守原则。合同严守原则，是指依法成立的合同在当事人之间具有法律拘束力，当事人不得擅自变更或者解除合同。除法定或者约定的免责事由外，任何一方当事人不履行合同义务或者履行合同义务不符合约定时，都要承担违约责任。

2. 鼓励交易原则。合同是生产性的，合同的履行可以增加社会财富。鼓励交易原则，是指合同法以鼓励交易实现为目标，通过各种制度设计降低当事人的交易成本，促进当事人通过合同实现交易目标。鼓励交易原则在合同法中的具体体现有：减少合同成立的条件以尽可能使得合同成立；减少无效合同种类；就单方的合同解除设定严格条件。

## 第二节　合同的成立

### 一、合同的成立要件

合同的成立与合同的生效是不同的概念，因此不能以合同生效的要件来代替合同的成立要件。具体而言，合同的成立要件有如下几点：

第一，订约主体存在双方或多方当事人。所谓订约主体是指实际订立合同的人，既可以是合同当事人，也可以是合同当事人的代理人。

第二，订约当事人对主要条款达成合意。合同成立的根本标志在于当事人意思表示一致，即达成合意。当然，合意的内容并不意味着对合同的每一项条款都必须达成一致意见。当事人就合同的主要条款达成合意，合同即可成立。

第三，合同的成立应具备要约和承诺阶段。

以上只是合同的一般成立要件。实际上由于合同的性质和内容不同，因此许多合同还可能具有其特定的成立要件。例如，对实践合同来说，应以实际交付物作为其成立要件；而对于要式合同来说，则应履行一定的方式才能成立。

### 二、合同订立的一般程序

#### （一）要约

要约是当事人一方向对方发出的希望与对方订立合同的意思表示。发出要约的一方称要约人，接收要约的一方称受要约人。

要约应具备以下条件：（1）要约须是特定的当事人的意思表示。要约的目的是订立合同，要约必须使受要约人明白是谁发的要约，受要约人方可作出承诺，这就要求要约人必须是特定的合同当事人，只有特定当事人作出的意思表示，才可能构成要约。（2）要约须向特定的受要约人发出。要约是要约人希望与他人订立合同的意思表示。在一般情况下，要约人不可能与所有的人订立合同，对相对人会有所选择。当要约人向特定的受要约人发出要约时，即意味着他对相对人作出了选择。这样，在相对人作出承诺时，合同才能成立。因此，只有要约人向特定的受要约人作出的意思表示，才可能构成要约。悬赏广告、标价出售的商品，虽然是向不特定人作出的，但可以构成一项要约。（3）要约须具有缔约目的，表明经受要约人承诺即受要约的约束。要约人发出要约的目的是与受要约人订立合同，只有表明了经受要约人承诺即受其意思表示的约束的意思，当受要约人承诺时，才能成立合同。一方当事人向对方作出意思表示，但不是为了与对方订立合同，不构成要约，最多只是一项要约邀请。（4）要约的内容须具体确定，具备足以使合同成立的主要条款。要约的内容如不能具体确定，不具备合同的主要条款，即使对方表示接受，也不能具体确定当事人的权利义务，合同也就无法成立。

要约与要约邀请不同。要约邀请，又称要约引诱，是指当事人向他人作出的希望他方向自己发出要约的意思表示。要约邀请既可以向特定人发出，也可以向不特定的人发出。要约邀请的目的不是与对方订立合同，而是希望对方向自己发出要约，内容无须具体明确。根据《合同法》第15条的规定，寄送价目表、拍卖公告、招标公告、招股说明书、商业广告等，属于要约邀请，但商业广告的内容符合要约条件（订立合同的目的、内容具体确定）的，视为要约。

民法学

要约具有法律效力。其表现为：（1）要约一经生效，要约人即受该要约的约束，在要约的有效期间，要约人不得擅自撤销要约或对要约的内容加以限制、变更和扩张。要约的撤销是要约在要约生效之后承诺之前，使要约失去效力的意思表示。《合同法》第18条规定："要约可以撤销。撤销要约的通知应当在受要约人发出承诺通知之前到达受要约人。"但依该法第19条规定，要约规定了承诺期限或以其他方式明示要约不得撤销，或者受要约人有理由认为要约不可撤销，并已为履行合同作了准备工作的，要约人不得撤销要约。（2）对于受要约人来说，要约生效后，即取得承诺以成立合同的权利。

要约自到达受要约人时生效。要约以口头方式发出的，自受要约人了解时发生效力；以书面方式发出的，自送达受要约人时发生效力。采取数据电文形式发出要约的，收件人指定特定系统接收数据电文的，该数据电文进入该特定系统的时间，视为到达时间；未指定特定系统的，该数据电文进入收件人的任何系统的首次时间，视为到达时间。在要约生效之前，要约人可以撤回要约，以阻止要约发生效力。但撤回的通知应在要约到达受要约人之前或与要约同时到达受要约人。

在下列情况下，要约失效：（1）要约被拒绝。受要约人拒绝要约的通知到达要约人时，要约失效。（2）要约人依法撤销要约。（3）承诺期限届满，受要约人未作出承诺。（4）受要约人对要约的内容作出实质性变更。受要约人对要约的内容作出实质性变更的，不构成一项承诺，只能构成新要约。要约人原先发出的要约因此失效，要约人不再受其要约的约束。

### （二）承诺

承诺是受要约人同意要约的意思表示。要约经受要约人承诺，表明当事人之间达成协议，合同即告成立。

承诺应具备以下条件：（1）承诺须由受要约人作出。依要约的效力，只有受要约人才有获得承诺以成立合同的权利，因此，只有受要约人才具有承诺的资格，只有受要约人同意要约才能使合同成立。第三人不具备承诺的能力，即使其同意要约，也不能使合同成立。（2）承诺须向要约人作出。承诺是对要约的同意，据此以成立合同，只有向要约人作出，才能确认要约人与受要约人之间达成协议，达到缔约的目的。向非要约人作出的同意表示，不能构成承诺。（3）承诺的内容须与要约的内容一致。内容一致即表明当事人之间达成协议，合同成立。依《合同法》第30条、第31条规定，受要约人对要约的内容作出实质性变更的，不构成承诺，而是新要约。有关合同标的、数量、质量、价款或者报酬、履行期限、履行地点和方式、违约责任和解决争议方法等的变更，是对要约的内容的实质性变更。承诺对要约的内容作出非实质性变更的，除了要约人及时表示反对或者要约表明承诺不得对要约作任何变更的以外，该承诺有效。（4）承诺须在承诺期限内到达。承诺的期限由要约确定，受要约人作出承诺，应当在规定的承诺期限内作出。要约没有确定承诺期限的，如要约是以对话方式作出，承诺应当即时作出；如要约是以非对话方式作出，承诺应当在合理期限内作出。受要约人超过承诺期限作出的承诺，为新要约，不发生承诺的效力。但依《合同法》第28条规定，受要约人超过承诺期限作出的承诺，要约人及时通知受要约人确认该承诺有效的，该承诺成立。受要约人在承诺期限内发出承诺，依通常情形能及时到达要约人，但因其他原因（如邮件未能及时送达）致承诺超过期限到达要约人的，除要约人及时通知受要约人不予以接受外，该承诺有效。

承诺应以通知的方式作出，但根据交易习惯或者要约的要求，也可以行为的方式作出。以通知的方式作出的，承诺自通知到达要约人时生效。采用数据电文形式订立合同时，收件人指定特定系统接收数据电文的，该数据电文进入该特定系统的时间，视为到达时间；未指定特定系统的，该数据电文进入收件人的任何系统的首次时间，视为到达时间。根据交易习惯或要约的要求以行为作出的，承诺自行为人作出该行为时生效。例如，在悬赏广告中，受要约人作出悬赏广告所要求的特定行为时，承诺生效，合同成立。

在承诺生效前，受要约人可以撤回承诺，以阻止承诺发生法律效力，但承诺人撤回承诺的通知应当在承诺到达要约人之前或与承诺通知同时到达要约人。

### 三、格式条款

1. 格式条款的概念和特征。

格式条款是当事人为了重复使用而预先拟定，并在订立合同时未与对方协商的条款。采用格式条款订立合同，被广泛适用于水、电、煤气、铁路、公路、航空、海运、电信、邮政、保险等公用事业和垄断行业。采用格式条款订立合同，一方面降低交易成本，使交易更为快捷，另一方面，因双方经济地位的悬殊也可能会带来显失公平的结果。因此，需要对格式条款作必要的法律规制。

格式条款具有以下法律特征：（1）由当事人一方为重复使用而预先拟定。格式条款一般由一方当事人预先拟定，拟定时并未征求当事人的意见。拟定格式条款的一方通常是固定提供某种商品和服务的公用事业单位、企业和有关的社会团体。（2）格式条款的内容具有定型化的特定。订立合同时不与对方协商合同的条款，相对人"要么接受，要么走开"，即相对人对合同的内容只能完全接受或者拒绝，而不能修改、变更合同的内容。（3）订约双方当事人地位未必平等。一般情况下，格式条款双方当事人地位有较大差别，提供格式条款的一方在经济实力方面往往占有较大优势，相对人不参与合同条款的制定，不能就合同条款讨价还价，在合同关系中处于附从地位。

2. 对格式条款的规制。

《合同法》第39条至第41条对采用格式条款订立合同作了特别规定。

（1）提供格式条款的一方应当遵循公平原则确定当事人之间的权利和义务，并采取合理方式提请对方注意免除或者限制其责任的条款，按照对方的要求，对该条款予以说明。提供格式条款一方对已尽合理提示及说明义务承担举证责任。

（2）格式条款具有免除提供格式条款一方责任、加重对方责任、排除对方主要权利的，该条款无效。

（3）对格式条款的理解发生争议的，应当按照通常理解予以解释。对格式条款有两种以上解释的，应当作出不利于提供格式条款一方的解释。格式条款和非格式条款不一致的，应当采用非格式条款。

特殊合同需要经过审核和批准的，还需要办理审核和批准手续，方能成立。

### 四、合同成立的时间、地点

合同成立的时间和地点具有法律意义。在多数情况下，合同成立与生效是一致的，合同成立之时就是当事人受合同约束之时。合同成立的地点则关系到管辖法院的选择和涉外合同的法律适用。

原则上，承诺生效时合同成立，承诺生效的时间和地点也就是合同成立的时间和地点。在确定合同成立的时间和地点问题上，《合同法》还规定了以下特殊的规则：（1）采用合同书形式订立合同的，合同自双方当事人签字或盖章时成立，双方当事人签字或盖章的地点即为合同成立的地点。（2）采用合同书形式订立合同，在签字盖章之前，当事人一方已经履行主要义务，对方接受的，合同成立。对方接受履行的时间和地点为合同成立的时间和地点。（3）采用信件、数据电文等形式订立合同时，当事人可以在合同成立之前要求签订确认书，签订确认书时合同成立。采用数据电文形式订立合同的，收件人的主营业地为合同成立的地点；没有主营业地的，其经常居住地为合同成立的地点；当事人对此另有约定的，依其约定。

### 五、缔约过失责任

缔约过失责任，是指当事人一方因于缔约之际具有过错，导致合同不成立、无效或被撤销，而对他方承担的损害赔偿责任。《合同法》第 42 条规定："当事人在订立合同过程中有下列情形之一，给对方造成损失的，应当承担损害赔偿责任：（一）假借订立合同，恶意进行磋商；（二）故意隐瞒与订立合同有关的重要事实或者提供虚假情况；（三）有其他违背诚实信用原则的行为。"此外，《合同法》第 58 条关于无效合同和合同被撤销后有过错一方应赔偿他方损失的规定，也体现了缔约过失责任。

缔约过失责任的实质是当事人在订立合同时违背了诚实信用原则，使缔约过失的行为人承担损害赔偿责任，是诚实信用原则的体现。

缔约过失责任的构成条件包括：（1）须存在合同不成立、无效或被撤销的事实。如合同已成立，未被确认无效或未被撤销，纵有一方过失致他方受损失的事实，亦应按违约责任处理，而不属于缔约过失责任。（2）须当事人一方有过失，即对合同不成立、无效或被撤销具有主观过错。如假借订立合同、恶意进行磋商，故意隐瞒事实或提供虚假情况，违反合同法规定擅自撤销要约，均为过错之行为。如果无过错，即使存在合同不成立等情形，亦不发生缔约过失责任。例如，对于重大误解的合同，如双方当事人均无过错，虽然导致合同被撤销，亦不发生赔偿责任。（3）须他方遭受损失，即他方由于合同不成立、无效或被撤销而遭受财产损失，包括直接损失和间接损失。如无损失发生，即无赔偿之必要。（4）须他方所受损失与一方之过失行为之间有因果关系，即他方所受损失是由于行为人之过错造成。

具备缔约过失责任构成条件时，有过错一方应赔偿他方所受损失，如双方都有过错的，应按过错程度各自对他方承担责任。赔偿范围包括直接损失和间接损失，直接损失一般包括：（1）缔约费用，如为订立合同而支出的邮电通讯费用、赴对方处进行考察支出的合理费用。（2）准备履行合同而支出的合理费用。间接损失为受害人丧失与第三人另订合同的机会所造成的损失。

## 第三节　合同的内容和形式

### 一、合同的内容

合同的内容是指合同当事人在合同中约定的权利义务，具体表现为合同条款。根据合同法规定，合同的内容由当事人约定，一般包括以下条款：当事人的名称或者姓名和住所；标的；数量；质量；价款或者报酬；履行期限、地点和方式；违约责任；解决争议的方法等。

### 二、合同的形式

合同的形式，实际上就是意思表示的形式。关于意思表示的形式在"法律行为"一章已经有了详细说明，此处不赘。

## 第四节　合同的效力

### 一、合同效力概述

#### （一）合同效力的概念

合同效力，是指依法成立的合同所产生的法律后果。《合同法》第8条规定："依法成立的合同，对当事人具有法律约束力。当事人应当按照约定履行自己的义务，不得擅自变更或者解除合同。依法成立的合同，受法律保护。"

具体说来，合同的效力表现在以下三个方面：

1. 依法成立的合同在当事人之间设定一定的权利、义务关系。债权人有权请求债务人为或不为一定行为，债务人则负有为或不为一定行为的义务。依《合同法》第6条规定，当事人行使权利或履行义务，都应遵守诚实信用原则，不得违反义务，亦不得滥用权利。

2. 依法成立的合同对当事人具有法律拘束力。合同当事人受合同的约束，不得为与合同的权利义务相违背的行为，不得擅自变更或解除合同。当事人一方违反合同，擅自变更或解除合同的，应依法承担违约责任。

3. 依法成立的合同，当事人一方违反合同，不履行所承担的义务，只要有履行的可能（包括法律上的可能和事实上的可能），对方有权请求人民法院的国家强制力强制违约方履行合同。

#### （二）合同的成立与生效

《合同法》第44条规定："依法成立的合同，自成立时生效。法律、行政法规规定应当办理批准、登记等手续生效的，依照其规定。"因此，在一般情况下，合同成立的时间即是合同生效的时间。但某些法律、行政法规对合同生效有特别规定，要求办理审批、登记手续的，合同须经批准或办理登记手续才能发生效力。例如，中外合资经营企业合同、中外合作经营企业合同，依法律规定，须经外贸部门批准，才能发生法律效力。

附条件或附期限的合同，自条件成熟时或期限届满时发生效力。

### （三）合同的有效条件

判定合同是否有效的依据是合同是否符合民事法律行为的有效条件。《民法通则》第55条规定了民事法律行为的有效条件，即行为人具有相应的民事行为能力、意思表示真实、内容不违反法律或者社会公共利益。合同具备以上有效条件的，依法成立，具有法律效力。合同不具备以上有效条件的，其效力即受影响。影响合同效力的因素有欺诈、胁迫、违背法律规定、重大误解、显失公平、恶意串通、无权代理、无权处分、不具有相应的行为能力等。

但是，并非不具备上述民事法律行为有效条件的合同均为无效合同。由于现实生活中不具备上述有效条件的合同的情况千差万别，法律上根据其程度不同，从鼓励合同交易、促进交易的原则出发，将这类合同区分为三种：一是无效合同；二是可变更、可撤销的合同；三是效力待定的合同。

除了无效合同，可变更、可撤销合同和效力待定合同之外，《合同法》及相关司法解释还对下列两类合同的效力作出了规定：（1）法人或者其他组织的法定代表人、负责人超越权限订立的合同，除相对人知道或者应当知道其超越权限的以外，该代表行为有效（《合同法》第50条）。（2）当事人超越经营范围订立合同，人民法院不因此认定合同无效。但违反国家限制经营、特许经营以及法律、行政法规禁止经营规定的除外。（最高人民法院《关于适用〈中华人民共和国合同法〉若干问题的解释（一）》第10条）

### 二、无效合同

无效合同是指虽然已经成立，但因违反法律、行政法规的强制性规定或损害社会公共利益而不能发生合同应有效力的合同。由于《民法总则》对民事法律行为无效的理由进行了限缩，因此《合同法》关于无效合同的规定应当作相应调整。无效民事法律行为的具体情形参见本书第六章"民事法律行为"部分的阐述。

### 三、可撤销合同

可撤销的合同又称为相对无效的合同，是指因意思表示不真实等原因，享有撤销权的当事人有权予以撤销进而使其无效的合同。可撤销的合同包括：因重大误解订立的合同；在订立合同时显失公平的合同；一方以欺诈手段，使对方在违背真实意思的情况下订立的合同；一方或者第三方以胁迫手段使对方在违背真实意思的情况下订立的合同。

### 四、效力待定合同

效力待定的合同，是指由于存在影响合同效力的因素，这些合同的效力在合同订立之时尚不能确定，须依法律规定的具体情况确定其效力。这类合同包括以下几种：

1. 限制民事行为能力人所订立的合同。限制民事行为能力人虽然不具有完全行为能力，但有一定的行为能力。限制民事行为能力人在其行为能力范围内订立的合同，即与其年龄、智力、精神健康状况相适应而订立的合同，依法可以成立。超出其行为能力而订立的合同，事先征得其法定代理人同意的，依法可以成立。事先未征得其法定代理人同意的，依《合同法》第47条规定，经法定代理人追认后，有效成立。既未事先征得法定代理人的同意，又未得到法定代理人事后追认，限制民事行为能力人超越其行为能力而订立的合同无效。至于限制民事行为能力人订立的纯获利益、不负担义务的合同，依《合同法》第47条规定，无须法定代理人的追认亦可有效成立。

对于限制民事行为能力人未经法定代理人事先同意，超越其行为能力而订立的合同，相对人享有催告权。《合同法》第47条第2款规定："相对人可以催告法定代理人在一个月内予以追认。法定代理人未作表示的，视为拒绝追认。合同被追认之前，善意相对人有撤销的权利。撤销应当以通知的方式作出。"追认的意思表示自到达相对人时生效。一旦生效，合同溯及成立时起生效。

2. 无权代理所订立的合同，但表见代理除外。如行为人没有代理权或者超越代理权或者代理权终止后以被代理人的名义订立合同，即构成无权代理，因无权代理所订立的合同为效力待定合同，但因表见代理所订立的合同为有效合同（《合同法》第49条）。

根据《合同法》第48条规定，无权代理订立的合同的效力表现在以下几个方面：

（1）无权代理人订立的合同，原则上对被代理人不发生效力，由无权代理人承担责任。因此，对于无权代理人订立的合同，被代理人既不承担义务，亦不享有权利。

（2）无权代理人订立的合同，如经被代理人追认，代理行为有效，合同可以依法成立。这是因为，无权代理人订立的合同，对于被代理人并非都不利。在对被代理人有利的情况下，被代理人予以追认，使其依法成立，既符合被代理人的利益，又促进了交易的完成，有利于社会经济的发展。追认与否是被代理人的权利，即追认权。被代理人予以追认的，该合同对被代理人发生效力；不予追认的，该合同对被代理人不发生效力，由行为人自己负责。被代理人的追认应以明示方式作出。被代理人已经开始履行合同义务的，视为对合同的追认。

（3）对于相对人来说，则享有催告权。相对人可以催告被代理人在1个月内予以追认，被代理人未作表示的视为拒绝追认。合同被追认之前，善意相对人有撤销合同的权利。撤销应以通知的方式作出。合同被撤销后，被代理人才予以追认的，不发生追认的效力。

3. 无处分权人处分他人财产所订立的合同。行为人处分自己的财产，或者虽然非自己的财产但经财产所有权人授权而处分该财产，其处分行为依法成立，所订立的合同有效。如无处分权而处分了他人的财产，其行为本质上属于侵害他人财产权的行为，所订立的合同不能有效成立。这是为了保护财产所有权人之权益。但是，依《合同法》第51条规定，无处分权人处分他人财产，经权利人追认或者无处分权人订立合同后取得处分权的，合同有效。可见《合同法》第51条将无处分权人处分他人财产所订立的合同规定为效力待定合同。但是，最高人民法院《关于审理买卖合同纠纷案件适用法律问题的解释》对《合同法》第51条规定进行了修正，使无权处分的买卖合同成为有效合同。最高人民法院《关于审理买卖合同纠纷案件适用法律问题的解释》第3条规定，当事人一方以出卖人在缔约时对标的物没有所有权或者处分权为由主张合同无效的，人民法院不予支持。出卖人因未取得所有权或者处分权致使标的物所有权不能转移，买受人要求出卖人承担违约责任或者要求解除合同并主张损害赔偿的，人民法院应予支持。

4. 自己代理、双方代理情况下订立的合同。根据《民法总则》第168条的规定，代理人不得以被代理人的名义与自己实施民事法律行为，但是被代理人同意或者追认的除外。代理人不得以被代理人的名义与自己同时代理的其他人实施民事法律行为，但是被代理的双方同意或者追认的除外。可见在自己代理、双方代理情形，代理人所为的民事法律行为并非无效，而是效力待定，需要等待被代理人的追认。

# 第五节　合同的履行

## 一、合同履行的原则

合同履行，是指合同当事人按照合同的约定或法律的规定实施一定的行为。如交付标的物，完成工作，提供劳务或支付价款等，符合合同约定或法律规定的，均为合同的履行。

合同履行的原则是当事人履行合同时应遵守的准则。根据《合同法》第 60 条规定，合同的履行原则有两项：全面履行原则和诚实信用原则。

全面履行原则要求合同当事人应当按照合同的约定全面履行自己的义务。也就是说，合同如何约定，当事人就应当如何履行义务，当事人一方履行义务时，应向谁履行，标的及数量、质量如何，履行的时间、地点和方式如何，均应符合合同的约定。当事人不履行合同义务或者履行合同义务不符合约定的，均构成违约行为，应依法承担违约责任。

诚实信用作为合同履行的一项原则，是指当事人在履行合同时，应当遵守诚实信用原则，根据合同的性质、目的和交易习惯，履行通知、协助、保密等义务。这些义务称为附随义务，是当事人履行合同时应承担的法定义务。例如，债务人交付大宗货物时，应预先通知债权人，不应搞"突然袭击"；债务人按合同规定交付货物，债权人无正当理由不得拒绝受领；合同履行中涉及对方商业秘密的，应予以保守秘密，不得向第三人泄露等，都是诚实信用原则的要求。

全面履行原则要求当事人按照合同的约定全面履行义务，如果当事人就某些条款没有约定，应当遵循以下规则：就质量、价款或者报酬、履行地点等内容没有约定或者约定不明确的，可以协议补充；不能达成补充协议的，按照合同有关条款或者交易习惯确定。仍不能确定的，适用下列规定：（1）质量要求不明确的，按照国家标准、行业标准履行；没有国家标准、行业标准的，按照通常标准或者符合合同目的的特定标准履行。（2）价款或者报酬不明确的，按照订立合同时履行地的市场价格履行；依法应当执行政府定价或者政府指导价的，按照规定履行。（3）履行地点不明确，给付货币的，在接受货币一方所在地履行；交付不动产的，在不动产所在地履行；其他标的，在履行义务一方所在地履行。（4）履行期限不明确的，债务人可以随时履行，债权人也可以随时要求履行，但应当给对方必要的准备时间。（5）履行方式不明确的，按照有利于实现合同目的的方式履行。（6）履行费用的负担不明确的，由履行义务一方负担。

## 二、双务合同履行中的抗辩权

### （一）同时履行抗辩权

同时履行抗辩权，是指在双务合同中，一方当事人在他方当事人未履行对价义务而请求其履行时，有拒绝履行自己义务的权利。《合同法》第 66 条规定："当事人互负债务，没有先后履行顺序的，应当同时履行。一方在对方履行之前有权拒绝其履行要求。一方在对方履行债务不符合约定时，有权拒绝其相应的履行要求。"

同时履行抗辩权是法律赋予双务合同当事人的权利，目的在于保护双务合同的当事人避免因自己履行了债务而对方未为对待给付而受到损害。其成立须具备以下条件：（1）须当事人双方基于同一合同互负对价的债务。即双方当事人所负的债务基于同一个合同而产生，且双方互负的债务之间具有对价性。虽然双方都负有债务但不是基于同一合同，或者双方所负债务虽然基于同一合同但相互间没有对价性，均不发生同时履行抗辩权。（2）主张同时履行抗辩权的当事人须无先履行之义务。（3）须对方当事人未履行其债务或未适当履行其债务。如对方当事人已按合同约定履行了债务，即不得拒绝履行自己承担的债务。

同时履行抗辩权属延期抗辩权，而非永久抗辩权。其效力在于，当对方当事人未履行或不适当履行对价义务时，有拒绝履行自己债务的权利，由此导致合同的迟延履行，责任应由对方当事人承担。当事人一方主张同时履行抗辩权后，如对方履行了其债务，同时履行抗辩权即归于消灭，主张同时履行抗辩一方应恢复履行自己的义务。

### （二）先履行抗辩权

先履行抗辩权，是指当事人互负债务，有先后履行顺序的，先履行一方未履行或履行债务不符合约定的，后履行一方有拒绝其履行要求的权利。《合同法》第67条规定：当事人互负债务，有先后履行顺序，先履行一方未履行的，后履行一方有权拒绝其履行要求。先履行一方履行债务不符合约定的，后履行一方有权拒绝其相应的履行要求。传统合同法有同时履行抗辩权和不安抗辩权的规定，但没有先履行抗辩权的概念，我国合同法首次对此作了明确规定。

先履行抗辩权适用于合同履行有先后顺序的情形，先履行一方未履行合同约定，后履行一方可以行使先履行抗辩权，其目的是为了更好地保护后履行一方当事人的权利。先履行抗辩权的成立须符合以下条件：（1）须合同双方当事人互负债务。（2）两个债务之间有先后履行顺序。先后履行的顺序可以是当事人约定的，也可以是法律规定的。（3）先履行一方未履行或履行债务不符合约定。先履行一方未履行，即在合同约定的履行期届至或届满时，先履行一方未履行合同义务；履行债务不符合约定，是指不履行以外的其他违约行为，包括迟延履行、不适当履行、部分履行等情形。

先履行抗辩权的行使，并不导致对方当事人请求权的消灭，而是阻止对方请求权的行使，因此属于延期的抗辩权。后履行一方行使先履行抗辩权，可以产生一时中止履行自己债务的效力，以对抗先履行一方的履行请求。在先履行一方采取了补救措施，履行或适当履行了合同债务，先履行抗辩权消灭，后履行一方须履行其债务。此外，先履行抗辩权的行使不影响后履行一方向对方主张违约责任。

### （三）不安抗辩权

不安抗辩权，是指在双务合同中，应先履行债务的一方发现后履行一方有财产状况恶化等情形，可能危及其债权时，在后履行方未履行其债务或提供担保前，有拒绝先履行自己债务的权利。《合同法》第68条第1款规定："应当先履行债务的当事人，有确切证据证明对方有下列情形之一的，可以中止履行：（一）经营状况严重恶化；（二）转移资产、抽逃资金，以逃避债务；（三）丧失商业信誉；（四）有丧失或者可能丧失履行债务能力的其他情形。"

不安抗辩权是法律赋予双务合同中先履行债务一方当事人的权利，目的在于保护先履行方当事人的债权避免因自己先履行而对方无能力履行而受到损害。其成立须具备以下条件：（1）主张不安抗辩权的一方须有先履行之义务，如无先履行之义务，在对方因无履行能力而未履行债务时，则可适用同时履行抗辩权，而非不安抗辩权。不安抗辩权只适用于有先履行之义务的双务合同。（2）须对方于合同成立后有财产状况恶化等情形，包括经营状况严重恶化、转移财产、抽逃资金以逃避债务、丧失商业信誉及丧失或可能丧失履行债务能力的其他情形。如无发生财产状况恶化等情形，自不影响其履约能力，先履行方不得主张不安抗辩权。（3）须对方财产状况恶化导致其丧失或可能丧失履约能力。如对方财产减少但不影响其履约能力，不得主张不安抗辩权。（4）须对方未履行债务或未提供担保。如对方提出同时履行或为其债务提供担保时，债权人的债权已有保障，亦不得主张不安抗辩权。

不安抗辩权亦属延期抗辩权，其效力表现在，先履行方在对方财产状况恶化，可能危及其债权时，有权中止履行自己之债务，由此导致迟延，先履行方不承担责任。依《合同法》第 69 条规定，当事人主张不安抗辩权时，应及时通知对方；对方提供适当担保时，应当恢复履行。中止履行时，对方在合理期限内未恢复履行能力并且未提供适当担保的，主张不安抗辩权一方有权解除合同。

### 三、合同的保全

合同的保全，是指债权人为防止债务人的财产不当减少，致使其债权实现遭受困难而采取的保全债务人责任财产的法律制度。包括代位权和撤销权制度。其中，债权人代债务人之位，以自己的名义向第三人行使债务人的权利的制度，为代位权制度；债权人请求法院撤销债务人与第三人的法律行为的制度，为撤销权制度。

撤销权与代位权都是法定的权利，且必须附随于债权而存在，但两者又有区别：代位权针对的是债务人不行使债权的消极行为，通过行使代位权旨在保持债务人的财产。而撤销权针对的是债务人不当处分财产的积极行为，行使撤销权旨在恢复债务人的财产。

合同的保全是合同相对性原则的例外。根据相对性原则，合同之债主要在合同当事人之间产生法律效力，然而在特殊情况下，因债务人怠于行使到期债权，或与第三人实施一定的行为致使债务人用于承担责任的财产减少或不增加，从而使债权人的债权难以实现时，法律为保护债权人的债权，允许债权人享有并行使代位权或撤销权，这两种权利的行使都会对第三人产生效力，可以看作是合同相对性原则的例外。

#### （一）代位权

代位权，是指债权人为保全自己的债权，而以自己的名义代债务人行使其到期债权的权利。《合同法》第 73 条规定："因债务人怠于行使其到期债权，对债权人造成损害的，债权人可以向人民法院请求以自己的名义代位行使债务人的债权，但该债权专属于债务人自身的除外。"

代位权是债权人享有的法定权利，其成立条件有：（1）须债务人对第三人享有到期债权。如债务人对第三人不享有债权或享有的债权未到期，均不发生代位权。（2）须债务人对第三人享有的债权非专属于债务人自身，专属于债务人的债权不得代位行使。例如，债务人享有对第三人的扶养请求权，领取救济金、抚恤金的权利，债权人不得代位行使。（3）须债务人怠于行使权利。债务人可以行使而不行使，即为怠于行使权利。债务人已积极行使其权利，债权人即无代位行使之必要。（4）须债务人怠于行使其债权对债权人造成损害。这通常表现为，债务人既无力履行对债权人的债务，又怠于行使对第三人享有的债权，从而危及债权人债权的实现。（5）债务人的债务已到期，债务人陷于迟延。如债务尚未到期，债权人不得请求债务人履行，更不得代位行使债务人之债权。

具备上述条件，债权人即可行使代位权，以自己的名义请求第三人向债务人履行债务。代位权行使的方式，在各国立法和实务界上存在诉讼和径行两种方式，我国《合同法》第73条第1款明确规定，债权人行使代位权，须通过诉讼方式行使。代位权行使的范围以债权人的债权为限。如代位行使的权利超出债权人债权的范围，应分割行使。不能分割行使的，可代位行使全部权利。

行使代位权的效力表现在：（1）对第三人，债权人有权请求第三人履行其对债务人所负的债务，但第三人对债务人享有的抗辩权（如同时履行抗辩权、时效抗辩权），均可对抗债权人。（2）对债务人，其处分该权利受到限制，债务人不得抛弃或转让其对第三人的债权。（3）对债权人，行使代位权所产生的利益归属于债务人，行使代位权的债权人与其他债权人处于相同的法律地位，对此利益不享有优先受偿权。债权人行使代位权而支出的费用，可以请求债务人偿还。

**（二）撤销权**

撤销权，是指债权人对于债务人有害于债权的财产处分行为，有请求法院予以撤销的权利。《合同法》第74条规定："因债务人放弃其到期债权或者无偿转让财产，对债权人造成损害的，债权人可以请求人民法院撤销债务人的行为。债务人以明显不合理的低价转让财产，对债权人造成损害，并且受让人知道该情形的，债权人也可以请求人民法院撤销债务人的行为。"

撤销权必须具备以下条件：（1）须债务人有财产处分行为。撤销权行使的目的是撤销债务人实施的有害债权的财产处分行为，如无债务人处分财产的行为，撤销权就失去了对象。债务人的财产处分行为包括债务人减少其财产或者增加其财产负担的行为。前者如将财产赠与他人或以明显不合理的低价出售，放弃对他人的债权；后者如为第三人提供财产担保。（2）须债务人之财产处分行为危害到债权。债务人虽处分其财产，但仍有清偿能力的，债权人不得主张撤销权。（3）债务人的财产处分行为须发生在债权成立之后。在债权成立之前，债务人的财产处分行为并无危害债权的可能，因此，债权人对债权成立之前债务人之行为，不得主张撤销权。（4）债务人以明显不合理的低价转让财产，侵害债权的，债权人能证明受让人知情时，享有撤销权，否则不得主张撤销权。

撤销权的行使须通过诉讼程序，即债权人主张撤销权的，应向人民法院提起诉讼，请求法院撤销。债权人行使撤销权的范围，以其债权为限。依《合同法》第75条规定，撤销权应自债权人知道或应当知道撤销事由之日起1年内行使，超过此期间的，撤销权消灭；自债务人的行为发生之日起5年内没有撤销的，撤销权也归于消灭。

经债权人请求，法院依法撤销债务人的行为后，债务人的财产处分行为自始无效，第三人因该行为取得的财产应当返还债务人；第三人因该行为而免除的债务应当恢复履行。对于第三人返还的财产或履行债务的利益，债权人不享有优先权。债权人行使撤销权的必要费用，可以请求债务人偿还。

## 第六节　合同的担保

### 一、合同担保概述

合同的担保是指对于已经成立的合同关系，为促进债务人履行债务，确保债权人实现其债权的法律制度。合同担保方式为保证、抵押、质押、留置和定金。

合同的担保依据不同的标准可分为不同的种类。依产生方式的不同，合同担保可分为约定担保与法定担保。约定担保是指必须当事人双方约定明确后方产生担保权利义务关系的担保，包括保证、抵押、质押和定金四种担保形式。法定担保是指根据法律的规定，在一定条件下直接产生担保权利义务关系，而不必由当事人双方约定的担保，是指留置这种担保形式。依担保财产的不同，合同担保可分为人的担保与物的担保。人的担保，是指在债务人的全部财产之外，又附加了其他有关人的一般财产作债权实现的总担保，其形式主要为保证。物的担保，是以债务人或其他人的特定财产作为抵偿债权的标的，在债务人不履行其债务时，债权人可以将该财产变价并从中优先受清偿，其方式主要有抵押、质押、留置、定金。在定金担保中，由于标的物为金钱，而金钱是一种特殊的物，因此，从本质上说，定金属于物的担保的一种特殊形态。

担保这一法律制度的基本特征是它的从属性和补充性。从属性，是指相对于所担保的主合同债权而言，担保属于从权利义务关系。担保以主合同的存在为前提，随着主合同效力的变化而变化。根据《担保法》第5条规定，除了担保合同有特别约定外，主合同无效，担保合同也无效。补充性，是指合同的担保一经设立，即在当事人之间的债权债务关系基础上，补充了某种担保法律关系，为债权的实现提供了法律的保障。在债权因债务人的履行而得到实现时，债权人无须通过行使担保的权利实现其债权。只有债权人的债权由于债务人不履行债务而不能实现时，债权人才通过行使担保的权利来实现其债权。

### 二、保证

#### （一）保证的概念

保证，是指保证人和债权人约定，当债务人不履行债务时，保证人按照约定履行债务或者承担责任的行为。

#### （二）保证的特征

作为一种担保方式，保证具有以下特征：

1. 保证是合同当事人以外的第三人担保债务人履行债务的担保方式，保证人是合同以外的第三人。保证人须具有代偿能力，即具有债务人不履行债务时代为履行的能力。我国《担保法》规定，国家机关，除经国务院批准为外国政府和国际经济组织贷款进行转贷外，不得为保证人；学校、幼儿园、医院等以公益为目的的事业单位、社会团体，不得为保证人；企业的分支机构未经法人书面授权的，也不得为保证人。

2. 保证是以保证人的信用为基础的担保方式，属于人的担保。债权人并不要求保证人提供财产作为担保，债权人之所以接受保证，是基于对保证人的代偿能力的信任。

3. 保证具有从属性和补充性。从属性，是指保证以所担保的主合同债务的合法有效存在为前提，主合同债务无效或变更、消灭，保证也随之无效或变更、消灭。补充性，是指保证人只在主债务人不履行债务时才承担保证责任。因此，当主债务到期但未出现主债务人不履行债务的情况下，债权人不得请求保证人代为履行。

#### （三）保证的设定

保证依保证合同而设立。保证合同是保证人与债权人达成的关于保证人担保债务人履行债务的协议。《担保法》第13条、第15条规定，保证合同应采取书面形式，保证合同的内容应包括：（1）被保证的主债权种类、数额。（2）债务人履行债务的期限。（3）保证的方式。（4）保证担保的范围。（5）保证的期间。（6）双方认为需要约定的其他事项。

保证合同属于从合同，除须具备主合同的有效成立前提条件外，保证合同本身还须具备合同的有效条件才能成立。

在通常情况下，保证合同所担保的债权须为特定的单个主合同债权。根据《担保法》第14条的规定，保证人也可以与债权人协议，在最高债权额限度内就一定期间连续发生的借款合同或者某项商品交易合同订立一个保证合同。例如，保证人与某银行达成协议，约定保证人为甲向银行连续借款提供担保，甲向银行的借款每次期限3个月，最高限额为100万元，保证人的保证期限为1年。这种最高债权额限度内的连续发生的债务保证，避免了每一次借款保证人与债权人之间都要订立一次保证合同的麻烦。

### （四）保证的方式

保证方式分为一般保证与连带保证，当事人可以在保证合同中约定保证方式。根据《担保法》第19条的规定，当事人对保证方式没有约定或约定不明确的，为连带保证。

在一般保证时，保证人只有在债务人不能履行债务时才承担保证责任。因此，只有在主合同纠纷经审判或者仲裁，并就债务人的财产依法申请强制执行，债务人确实无力偿还债务时，保证人才承担保证责任。在一般情况下，如主合同纠纷未经审判或仲裁，未依法对债务人的财产强制执行，债权人请求保证人代为履行债务的，一般保证的保证人有权拒绝。一般保证人的这种权利称为先索抗辩权或先诉抗辩权。

在连带保证时，保证人对债务承担连带保证责任。当债务人不履行到期债务时，保证人应承担代为履行的责任，债权人有权直接要求保证人在其保证范围内承担保证责任。因此，在连带保证时，保证人不享有一般保证的保证人的先诉抗辩权。

### （五）保证期间

保证期间是债权人要求保证人承担保证责任的权利存续期间，亦即保证人承担保证责任的期间。保证期间可以由当事人约定。保证合同约定保证人承担保证责任直至主债务本息还清时为止的等类似内容的，视为约定不明，保证期间为主债务履行期间届满之日起二年。

一般保证的保证人与债权人未约定保证期间或约定的保证期间早于或等于主债务履行期限的，保证期间为主债务履行期届满之日起六个月。在合同约定的保证期间和法律规定的保证期间，债权人未对债务人提起诉讼或者申请仲裁的，保证人免除保证责任；债权人已提起诉讼或者申请仲裁的，保证期间适用诉讼时效中断的规定。一般保证的债权人在保证期间届满前对债务人提起诉讼或者申请仲裁的，从判决或者仲裁裁决生效之日起，开始计算保证合同的诉讼时效。

连带责任保证的保证人与债权人未约定保证期间的，债权人有权自主债务履行期届满之日起六个月内要求保证人承担保证责任。在合同约定的保证期间和前述规定的保证期间，债权人未要求保证人承担保证责任的，保证人免除保证责任。连带责任保证的债权人在保证期间届满前要求保证人承担保证责任的，从债权人要求保证人承担保证责任之日起，开始计算保证合同的诉讼时效。

主合同对主债务履行期限没有约定或者约定不明的，保证期间自债权人要求债务人履行义务的宽限期届满之日起计算。保证期间不因任何事由发生中断、中止、延长的法律后果。

一般保证中，主债务诉讼时效中断，保证债务诉讼时效中断；连带责任保证中，主债务诉讼时效中断，保证债务诉讼时效不中断。一般保证和连带责任保证中，主债务诉讼时效中止的，保证债务的诉讼时效同时中止。

### （六）保证的效力

保证合同为从合同，保证人在债务人不能履行（一般保证）或不履行（连带保证）到期债务时承担责任。因此，当债务人不能履行或不履行债务时，债权人有权请求保证人在保证范围内承担保证责任。保证范围，是指保证人所担保的债务，一般包括主债务、利息、违约金、损害赔偿金和债权人实现债权的费用。当事人可以在保证合同中对保证人的担保责任范围加以约定，如无约定或约定不明确的，保证人应对全部债务承担责任。

根据《担保法》第 25 条、第 26 条的规定，债权人请求保证人承担保证责任的，应在保证期间行使其权利，否则保证人免除责任。在一般保证时，债权人须在合同约定的保证期间（如未约定，保证期间为主债务履行期届满之日起 6 个月）对债务人提起诉讼或仲裁，否则保证人免除保证责任。在连带保证时，债权人须在合同约定的保证期间（合同未约定的，保证期间为债务履行期届满之日起 6 个月）要求保证人承担保证责任，否则保证人免除责任。

保证人对债权人承担保证责任后，取得代位求偿权，即保证人有权以自己的名义，在其代为履行债务的限度内，代位行使债权人的权利，向债务人追偿。

### 三、定金

#### （一）定金的概念

定金，是指为担保合同的履行，当事人一方在订立合同时或合同订立后履行前支付给对方一定数额的金钱。

#### （二）定金的特征

1. 定金担保是合同当事人一方向对方给付定金担保债权实现的担保方式。

2. 定金是双方当事人的相互担保，具有双向性。在定金担保中，债务人履行债务后，定金应当抵作价款或者收回；给付定金的一方不履行约定的债务的，无权要求返还定金；收受定金的一方不履行约定的债务的，应当双倍返还定金。

3. 定金担保属于金钱担保。

#### （三）定金的种类

定金的种类主要有：（1）成约定金，即作为合同成立要件的定金。在存在成约定金的情况下，因定金的交付，合同才成立。（2）证约定金，即作为当事人之间存在合同关系的证明的定金。证约定金不是合同的成立要件，仅以证明合同成立为目的。（3）解约定金，即作为保留解除合同权利的代价的定金。在解约定金中，交付定金的当事人可以抛弃定金以解除合同，而接受定金的当事人也可以双倍返还定金来解除合同。（4）违约定金，即作为违反合同责任的定金。在违约定金中，交付定金的当事人若不履行债务，接受定金的当事人可以没收定金。

#### （四）定金的效力

我国现行法上的定金兼有证约定金和违约定金的性质。定金是合同成立的证据，具有证据的性质和作用。同时，交付定金的一方不履行合同，无权请求返还定金；接受定金的一方当事人不履行合同，必须双倍返还定金，符合违约定金的基本要求。当然，我国关于定金的现行法律规范系任意性规范，在合同实践中当然允许当事人特别约定其他性质的定金，例如成约定金、解约定金。

定金的成立必须有定金合同。定金合同是要式合同，应当以书面形式约定。定金合同是实践合同。定金合同不仅需要当事人双方的意思表示一致，而且需要现实交付定金，定金合同从实际交付定金之日起生效。定金的数额由当事人约定，但不得超过主合同标的额的20%。

在实践中，应当注意定金和预付款的联系和区别。在当事人按照合同履行各自义务时，一方所支付的定金可以抵冲货款，此时的定金具有预付款的作用。但是，定金是合同履行的担保方式，当事人一方如违反合同，应当承担定金责任。预付款则不具有担保合同履行的作用，当事人违反合同并不承担失去预付款或者双倍返还预付款的责任，而是依法承担违约金或赔偿损失的责任。

## 第七节　合同的解除

### 一、合同的解除概述

合同的解除，是合同有效成立后，因当事人一方或双方的意思表示，使合同关系归于消灭的行为。合同解除是合同之债终止的事由之一。合同解除具有以下特征：

1. 合同的解除以有效成立的合同为前提。解除的合同须为有效成立的合同，无效的合同不存在解除问题。可撤销的合同，经当事人主张撤销后，自始无效，亦不属于解除。

2. 合同解除须具备法定条件或约定的条件。合同有效成立，即具有法律约束力，非依法律规定，当事人不得擅自解除合同。根据《合同法》的规定，合同的解除有法定解除和约定解除，两者的条件不同。

3. 合同的解除要有解除的行为。除双方协议解除外，具备合同解除的法定条件时，合同还不能自动解除，须经有解除权的当事人作出解除合同的意思表示，才能解除合同。

4. 合同的解除具有溯及力。合同解除后，可以恢复原状的，当事人可以要求恢复原状，返还财产，合同关系溯及成立之时消灭。这是解除不同于免除、抵销、混同等合同终止事由之处。

### 二、合同解除的条件

合同解除的条件，也就是解除权发生的原因。只有在具备合同解除条件时，合同当事人才享有解除权。

合同解除的条件因约定解除和法定解除而有区别。

约定解除，是指当事人双方约定以解除合同。依《合同法》第93条规定，约定解除有两种情形：一是当事人双方协商一致，解除合同。合同成立后，当事人协商一致解除合同的，自当事人解除合同的协议生效时起合同解除；二是双方当事人约定了一方解除合同的条件，当解除条件成就时，享有解除权的一方可以解除合同。合同自解除权人作出解除的意思表示时起解除，解除权人未行使解除权的或解除权消灭的，合同不解除。

法定解除，是指具备法定解除条件时，当事人一方依法解除合同。《合同法》第94条规定了法定解除的条件：（1）因不可抗力致使不能实现合同目的。（2）在履行期限届满前，当事人一方明确表示或以自己的行为表明不履行主要债务，即预期违约。（3）当事人一方迟延履行主要债务，经催告后在合理期限内仍未履行。（4）当事人一方迟延履行债务或有其他违约行为致使不能实现合同目的，即根本违约。（5）法律规定的其他情形。如不具备上述条件之一的，当事人不得解除合同。

### 三、合同解除的效力

合同解除的效力，是合同关系的终止。根据《合同法》第 97 条规定，合同解除具有溯及力。合同解除后，尚未履行的，终止履行；已经履行的，根据情况可以恢复原状的，当事人可以要求恢复原状，合同的解除溯及合同成立时发生效力。当事人还可以要求赔偿损失。

## 第八节　违约责任

### 一、违约责任概述

#### （一）违约责任的概念

违约责任，又称为违反合同的民事责任，是指合同当事人不履行或者不完全履行合同所约定的义务以及法定的义务而依法应当承担的民事责任。违约责任属于合同责任的核心类型，除此之外，合同责任还包括缔约过失责任等。

#### （二）违约责任的特征

违约责任属于民事责任的一种，与侵权责任一并构成民事责任的主要内容。与刑事责任以及行政责任不同，民事责任发生于平等的民事主体之间，以补偿性为目的，通常不具有惩罚性。违约责任的特征具体体现为如下几点：

（1）违约责任以违反合同义务为前提，体现为当事人违反合同义务的结果。因此，违约责任以成立并生效的合同为前提，否则只可能发生缔约过失责任。合同义务既包括当事人之间基于合同自由所具体约定的义务内容，也包括基于法律直接规定而产生的法定义务；前者多体现为主履行义务和从履行义务，后者多体现为附随义务。

（2）违约责任具有财产补偿性。作为民事责任的一种，违约责任的目的在于填补合同一方当事人因另外一方的违约行为所遭受的损害。由于合同体现为财产流转的法律制度，因此，违约损害大都为财产损害。在法律许可范围内当事人可以事先约定具有惩罚性的解约金、罚金或者法律直接规定惩罚性赔偿，如消费者权益保护法中的"假一赔一"规则，除此之外，违约责任以填补实际损害为目的。

（3）违约责任具有相对性，即违约责任仅发生于特定合同当事人之间，体现了合同相对性原则。在债务人利用第三人作为履行辅助人的情况下，由于债权人利用第三人履行自己本应承担的合同义务，则其应当就该第三人的违约行为承担违约责任。换言之，作为履行辅助人的第三人的违约行为视为债务人本人的违约行为。此外，因其他第三人的原因造成违约的，债务人仍应对债权人负违约责任。

（4）违约责任具有一定的任意性，即法律允许当事人事先对违约责任作出约定。但此种约定受到一定范围和程度的限制，如当事人约定的违约金低于或者过分高于违约所造成的实际损失的，当事人可以请求法院或者仲裁机构予以增加或者适当减少。

## 二、违约责任的归责原则

根据《合同法》第 107 条的规定，我国针对违约责任采取严格责任原则，即无过错责任原则。无过错的违约责任有利于保护债权人的利益，防止债务人以各种理由逃避违约责任。当然，严格责任并非表明债务人无免责事由，在不可归责于债务人的一些情况下，如不可抗力、情势变更等，债务人有权要求免除履行合同的义务。需注意的是，合同法在一些具体合同类型中也承认过错责任，如承运合同中，旅客自带物品毁损、灭失时承运人负担过错损害赔偿责任。此外，合同法在个别条文中规定了过错推定责任，如因保管不善造成保管物毁损、灭失时，无偿保管人的过错推定损害赔偿责任。

## 三、违约责任的构成要件及免责事由

构成违约责任，要求具备如下要件：（1）当事人之间存在有效的合同。（2）合同当事人客观上有违约行为。违约行为具有表现为不履行和不适当履行两种情况，其中不履行又可以分为实际不履行和预期违约行为。（3）不存在法定的或者约定的免责事由。

免责事由是指法律规定或者当事人约定的免除或限制违约人本应承担的民事责任的事由。法定的免责事由主要为不可抗力。除此之外，合同法的分则部分还针对具体合同规定了具体的免责事由，比如运输合同中"货物的自然性质或者合理耗损""债权人过错"等。

### （一）免责条款

免责条款是当事人约定的用以免除或限制其未来合同责任的条款。它具有以下特点：（1）免责条款是合同的组成部分；（2）免责条款必须是明示的；（3）免责条款必须在责任发生前约定；（4）免责条款的目的在于限制或者免除当事人未来的民事责任。

免责条款无效的情形主要有：（1）一方以欺诈、胁迫等手段订立的；（2）恶意损害国家、集体或者第三人利益的；（3）以合法形式掩盖非法目的的；（4）损害社会公共利益的；（5）免除或限制因造成对方人身伤害而应承担的民事责任的；（6）免除或限制因故意或者重大过失造成对方财产损失而应承担的民事责任的；（7）提供格式条款的一方利用格式条款免除自身责任的；（8）其他违反法律、行政法规的强制性规定的。

### （二）不可抗力

不可抗力是指不能预见、不能避免并不能克服的客观情况，主要包括：（1）自然灾害，如台风、洪水、冰雹；（2）政府行为，如征收、征用；（3）社会异常事件，如罢工、骚乱、战争。

在不可抗力的适用上，有以下问题值得注意：

（1）合同中是否约定不可抗力条款，不影响直接援用相关法律规定。不可抗力条款是法定免责条款，约定不可抗力的范围如小于法定范围，当事人仍可援用法律规定主张免责；如大于法定范围，超出部分应视为另外成立了免责条款。

不可抗力作为免责事由具有强制性，当事人不得约定将不可抗力排除在免责事由之外。

（2）因不可抗力不能履行合同的，根据不可抗力的影响，部分或者全部免除责任，但法律另有规定的除外。这里的例外情况主要有：①金钱债务的迟延责任不得因不可抗力而免除；②迟延履行期间发生的不可抗力不具有免责效力。

（3）民法通则和合同法均未将意外事件作为免责条件。因此，多数学者主张意外事件不应该作为免责事由。

#### 四、违约责任的承担方式

当事人一方违约的，应当承担违约责任，根据合同法的规定，违约责任的承担方式主要包括：

1. 继续履行。继续履行，亦称为实际履行。作为一种违约后的补救方式，继续履行是指在一方违反合同时，另一方有权要求其依据合同的规定履行义务。《合同法》第 109 条和第 110 条针对金钱债务和非金钱债务两种情况中的继续履行问题分别作出了规定。继续履行作为一种违约后的补救方式，可以与违约金、损害赔偿和定金责任并用。一般来说，在金钱债务中，当事人一方不支付价款或报酬的，另一方有权要求其继续履行，违约的一方不得以任何理由拒绝履行。在非金钱债务中，如果依据法律和合同性质不能继续履行，则违约方也可以拒绝非违约方的继续履行的要求。当事人不能请求继续履行的情况包括：（1）法律上不能继续履行。（2）依据合同的性质不能履行。某些基于人身依赖关系而产生的合同，如委托合同、信托合同、合伙合同等，具有严格的人身性质，如果强制债务人履行这些合同义务，则与合同的根本性质相违背。（3）债务的标的不适于强制履行或者履行费用过高。（4）债权人在合理期限内未要求履行。

2. 采取补救措施。补救措施是指继续履行、赔偿损失、支付违约金等之外的其他补救方法。如恢复原状、修理、重作、更换、退货、减少价款或者报酬。采取补救措施后对方还有其他损失的，违约方还应对损失予以赔偿。

3. 赔偿损失。违约方因不履行或不完全履行合同义务而给对方造成损失，依法和依据合同规定应承担赔偿损失的责任。我国的损害赔偿采用完全赔偿原则，即因违约方违约使受害人遭受的全部损失都应当由违约方承担。完全赔偿原则要求违约方赔偿受害人的实际损失和可得利益损失，使受害人实现合同履行情况时的状态。当然，完全赔偿原则不意味着各种损害都能够得到赔偿。在违约责任中，对于因一方违约而造成的人身伤害或死亡以及精神损害，原则上不应当赔偿。

4. 支付违约金。违约金是指由当事人通过协商预先确定的，在违约发生后作出的独立于履行行为以外的给付。违约金主要由双方通过合同约定，从性质上看，违约金具有从合同的性质，它以主合同的存在为必要条件，当主合同不成立、无效或被撤销时，约定的违约金条款也不能生效。主合同消灭，约定的违约金责任也消灭。违约金责任是为了担保债务的履行而存在的，违约金的支付独立于债务的履行，因此违约金责任可以与继续履行并存。违约金的约定虽然属于当事人所享有的合同自由的范围，但这种自由不是绝对的，而是受限制的。《合同法》第 114 条第 2 款规定，约定的违约金低于造成的损失的，当事人可以请求人民法院或者仲裁机构予以增加；约定的违约金过分高于造成的损失的，当事人可以请求人民法院或者仲裁机构予以适当减少。当事人约定的违约金超过造成损失的百分之三十的，一般可以认定为"过分高于造成的损失"。当事人主张增减违约金的请求，既可以通过反诉的方式提出，也可以以抗辩的方式提出。

5. 定金责任。定金责任的内容，在"债的担保"部分已作详细介绍，此处不赘。

#### 五、侵权责任与违约责任的竞合

民事责任竞合，是指某个违反民事义务的行为，符合两个或两个以上的民事责任构成件，两种责任既不能相互吸收，又不能同时并处，只能选择承担其中一项责任的情况。民事责任的竞合主要有侵权责任与违约责任的竞合。

违约责任与侵权责任都是民事责任，以违反义务为前提，以填补一方当事人的损害为目的，在责任人不主动履行义务时，将面临以国家强制力为保障的强制执行。

违约责任与侵权责任的不同之处表现在：（1）违约责任以当事人之间存在合同关系为前提，体现为违反合同约定义务和其他法定义务；而侵权责任不需要当事人之间存在合同关系，以违反了保护他人民事权益的法定义务为前提。（2）违约责任是侵犯债权人的债权产生的民事责任，侵权责任是侵犯受法律保护的民事权益所产生的民事责任。（3）违约责任导致可期待的履行利益的损害，而侵权责任导致固有利益的损害。（4）违约责任主要适用无过错责任原则，侵权责任的归责原则包括过错责任和无过错责任以及例外情况下的公平责任。（5）违约责任是一种纯粹的物质性的责任形式，侵权责任不仅可以是物质性的责任，也可以是非物质性的责任，即精神损害赔偿责任。

在侵权责任与违约责任发生竞合时，由受害人选择追究加害人的何种责任。选择追究加害人的何种责任，对于受害人来说意义重大，因为侵权责任与违约责任的构成、责任形式、责任范围、诉讼时效、诉讼管辖、举证责任均有差异，受害人选择不同的责任形式会产生不同的法律后果。但立法也应当逐步消除因不同请求权基础给当事人救济所带来的差异。

## 第九节　合同的解释

### 一、合同解释概述

合同解释是指阐明合同条款及相关资料的含义，以探明当事人的真实意思，从而确定合同当事人之间的权利义务。合同解释的主要对象是合同条款。包括发生争议的合同条款和文字、当事人遗漏的合同条款、与交易有关的环境因素（如口头陈述、交易前的谈判活动和交易过程）等。

### 二、合同的解释规则

《合同法》第 125 条确定了合同解释的一般规则：当事人对合同条款的理解有争议的，应当按照合同所使用的词句、合同的有关条款、合同的目的、交易习惯以及诚实信用原则，确定该条款的真实意思。这条规定中确立了文义解释、整体解释、目的解释、习惯解释、诚信解释等合同解释规则。另外，《合同法》第 41 条确立了格式条款的特殊解释规则。《合同法》第 61 条、62 条则是对合同漏洞的填补规则，同样也属于合同解释的范畴。

# 第十八章　合同法分论

## 第一节　转移财产权的合同

**一、买卖合同**

1. 买卖合同的概念、特征和种类。（1）买卖合同的概念。买卖合同是出卖人转移标的物的所有权于买受人，买受人支付价款的合同。买卖合同是转移财产所有权的最常见和最基本的合同。买卖合同的当事人是出卖人和买受人。交付标的物的一方称为出卖人，取得标的物、支付价款的一方称为买受人。（2）买卖合同的特征。①买卖合同是转移财产所有权的合同。买卖合同是以转移财产所有权为目的的，转移所有权就使它和另外一些也要交付标的物的合同如租赁合同、保管合同区别开来。并且买受人要取得财产所有权必须以买受人支付价款为对价，这是买卖合同区别于赠与合同及易货合同的特征。②买卖合同是双务、有偿合同。双务、有偿是指买卖双方互负一定的义务，出卖人必须向买受人转移财产所有权，买受人必须向出卖人支付价款，买受人不能无偿取得财产的所有权。③买卖合同是诺成合同。买卖合同当事人之间意思表示一致合同即告成立，并不以实物的交付为成立要件。交付标的物是合同的履行行为，并不决定合同的成立。④买卖合同是不要式合同。买卖合同的形式由双方当事人自行决定，既可以采用口头形式，也可以采用书面形式。如法律、行政法规规定采用书面形式的，应当采用书面形式。（3）买卖合同的种类。买卖合同依不同的标准可进行不同的分类。依标的物交付时间的不同，可分为即时买卖合同和非即时买卖合同；依适用法律规定的不同，可分为一般买卖合同和特殊买卖合同；依标的物自身性质不同，可分为种类物买卖合同和特定物买卖合同；依付款时间不同，可分为现金买卖合同、赊购买卖合同、预约买卖合同和分期付款买卖合同；依成交方式的不同，可分为自由买卖合同和竞争买卖合同；依标的物的性质可分为动产买卖合同和不动产买卖合同。我国《合同法》规定的特殊买卖合同有以下几种：①分期付款买卖（第167条）。②凭样品买卖（第168条、第169条）。③试用买卖（第170条、第171条）。④招标、投标买卖（第172条）。⑤拍卖（第173条）。另外，易货合同适用买卖合同的有关规定。

2. 买卖合同当事人的权利和义务。（1）出卖人的权利和义务。①向买受人交付标的物并转移标的物的所有权。这是出卖人的基本义务。出卖人应当按照合同约定的数量、期限、地点、包装方式向买受人交付标的物或者交付提取标的物的单证，并转移标的物所有权。同时还应按照约定或者交易习惯交付其他有关单证和资料，如产品合格证、质量保证书、使用说明书、产品检验书和产品进出口检疫证书等。出卖人不交付标的物或者交付不符合约定的，要承担违约责任。出卖人应当按照约定的期限交付标的物。约定交付期间的，出卖人可以在该交付期间内的任何时间交付。当事人没有约定标的物的交付期限或者约定不明确的，依《合同法》第61条的规定，由当事人协议补充，重新确定履行的时间；达不成协议的，债务人可以随时履行，债权人也可以随时要求履行，但应当给予对方必要的准备时间。出卖

469

人应当按照约定的地点交付标的物。当事人没有约定交付地点或者约定不明确，给付货币的，在接受货币一方所在地履行；交付不动产的，在不动产所在地履行；其他标的，在履行义务一方所在地履行。标的物需要运输的，出卖人应当将标的物交付给第一承运人以运交给买受人；标的物不需要运输的，出卖人和买受人订立合同时知道标的物在某一地点的，出卖人应当在该地点交付标的物；不知道标的物在某一地点的，应当在出卖人订立合同时的营业地交付标的物。出卖人应当按照约定的包装方式交付标的物。对包装方式没有约定或者约定不明确的，依照合同法的有关规定仍不能确定的，应当按照通用的方式包装，没有通用方式的应当采取足以保护标的物的包装方式。出卖人交付标的物的方式有现实交付和拟制交付两种，后者又可分为简易交付、占有改定和指示交付三种。②出卖人应当按照约定的质量要求交付标的物。出卖人提供有关标的物质量说明的，交付的标的物应当符合该说明的质量要求。合同中没有约定质量标准或者约定不明确的，当事人可以协商决定。如果协商不成的，出卖人应当按照国家标准或者行业标准交付标的物。没有国家标准、行业标准的，应当按照通常标准或者符合合同目的的特定标准履行。合同法规定，交付的标的物不符合质量要求的，出卖人应按照约定承担违约责任。如没有约定或者约定不明确又不能确定的，受损害方根据标的物的性质以及损失的大小，可以合理选择要求对方承担修理、更换、重作、退货、减少价款等违约责任。如果标的物质量不符合质量要求致使不能实现合同目的，买受人可以拒绝接受标的物或者解除合同。因标的物的主物不符合约定而解除合同的，解除合同的效力及于从物。标的物为数物，其中一物不符合约定的，买受人可以就该物解除合同，但如该物与他物分离使标的物的价值显受损害的，当事人可以就数物解除合同。另外，出卖人应按照合同约定的数量交付标的物。如出卖人多交标的物的，买受人可以接收或者拒绝接收多交的部分。买受人接收多交部分的，按照合同的价格支付价款；买受人拒绝接收多交部分的，应当及时通知出卖人。③权利瑕疵担保责任。指出卖人就标的物负有的保证第三人不得向买受人主张权利的责任。权利瑕疵主要表现为：标的物的所有权为第三人所有或与第三人共有；标的物上设定了限制物权；第三人对标的物的出卖享有撤销权。合同法规定，出卖人就交付的标的物，负有保证第三人不得向买受人主张任何权利的义务，但法律另有规定的除外。因此，出卖的标的物应当属于出卖人所有或者出卖人有权处分。如买受人在订立合同时知道或者应当知道第三人对买卖的标的物享有权利的，出卖人不承担权利瑕疵担保责任。买受人有确凿证据证明第三人可能就标的物主张权利的，可以中止支付相应的价款，但出卖人提供适当担保的除外。（2）买受人的权利和义务。①支付价款的义务。买受人应当按照约定的数额、时间和地点支付价款，这是买受人的主要义务。买受人应按照约定的数额支付价款。对价款没有约定或者约定不明确的，双方应当协商解决。协商不成的，应当按照订立合同时履行地的市场价格履行；依法应当执行政府定价或者政府指导价的，按照规定履行。买受人逾期付款的，要承担违约责任，执行政府定价或者政府指导价的，遇价格涨时，按照新价格执行；遇价格下降时，按照原价格执行。分期付款的买受人未支付到期价款的金额达到全部价款的1/5的，出卖人可以要求买受人支付全部价款或者解除合同。买受人应当按照约定的时间支付价款。对支付时间没有约定或者约定不明确，当事人可以依法协商确定支付价款的时间。双方不能达成协议的，买受人应当在收到标的物或者提取标的物单证的同时支付。买受人应当按照约定的地点支付价款。对支付地点没有约定或者约定不明确，依合同法的有关规定仍不能确定的，买受人应当在出卖人的营业地支付，但约定支付价款标的物或者交付提取标的物单证为条件的，在交付标的物或者交付提取标的物单证的所在地支付。②检验和接受标的物的义务。买受人收到标的物时应当在约定的检验期间内检验。没有约定检验期间的，应当及时检验。当事人约定检验期间的，买受人应当在检验期间内将标的物的数量或者质量不符合约定的情形通知出卖人。买受人怠于通知的，视为标的物数量或者质量符合约定。当事人没有约定检验期间的，买受人应当在发现或者应当发现标的物的数量或者质量不符合约定的合理期间内通知出卖人。买受人在合理期间内未通知或者自标的物收到之日起2年内未通知出卖人的，视为标的物的数量或者质量符合约定，但对标的物有质量保证期的，适用质量保证期，不适用该2年的规定。如出卖人知道或者应当知道提供的标的物不符合约定的，买受人不受上述规定的通知时间的限制。买受人应按约定的时间、地点和方式接受标的物。因买受人拒绝接受或者迟延接受而给出卖人造成损失的，买受人应当承担违约责任。因买受人不按照合同约定接受标的物，因而发生的一切标的物的风险由买受人负担。

3. 标的物所有权的转移与风险责任的负担。（1）标的物所有权的转移。标的物所有权何时转移是买卖合同的一个核心问题，它关系到风险责任的承担、保险利益的归属以及买卖双方能够采取何种救济措施。合同法规定，标的物的所有权自标的物交付时起转移，但法律另有规定或者当事人另有约定的除外。交付就是由出卖人将标的物交给买受人占有。交付包括现实交付和拟制交付。标的物的所有权自标的物交付时起转移，这是一般原则。但也有例外：一是法律另有规定的。例如，依照《中华人民共和国城市房地产管理法》第35条的规定，房地产转让时，当事人应当依法办理权属登记。只有在房地产管理部门办理权属登记手续后，标的物即房屋的所有权才发生转移。二是当事人另有约定的。当事人可以在买卖合同中约定买受人未履行支付价款或者其他义务的，标的物的所有权属于出卖人。只有在买受人按约定履行支付价款或其他约定义务时，标的物所有权才发生转移。（2）风险负担。风险负担是指买卖合同订立后，标的物非因当事人双方的故意或过失而毁损、灭失时由谁承担损失的问题。依照《合同法》的规定，买卖合同的风险责任负担有以下几种情况：①标的物毁损、灭失的风险，在标的物交付之前由出卖人承担，交付之后由买受人承担，但法律另有规定或者当事人另有约定的除外。②因买受人的原因致使标的物不能按照约定的期限交付的，买受人应当自违反约定之日起承担标的物毁损、灭失的风险。③出卖人出卖交由承运人运输的在途标的物，除当事人另有约定的以外，毁损、灭失的风险自合同成立时起由买受人承担。④当事人没有约定交付地点或者约定不明确，标的物需要运输的，出卖人将标的物交付给第一承运人后，标的物毁损、灭失的风险由买受人承担。⑤出卖人按照约定将标的物置于交付地点，或者依照合同法的有关规定，在标的物不需要运输，出卖人和买受人订立合同时知道标的物在某一地点的，出卖人应当在该地点交付标的物；不知道标的物在某一地点的，应当在出卖人订立合同时的营业地交付标的物。买受人违反约定没有收取的，标的物毁损、灭失的风险自违反约定之日起由买受人承担。⑥出卖人按照约定未交付有关标的物的单证和资料的，不影响标的物毁损、灭失风险的转移。⑦因标的物质量不符合质量要求，致使不能实现合同目的的，买受人可以拒绝接受标的物或者解除合同。买受人拒绝接受标的物或者解除合同的，标的物毁损、灭失的风险由出卖人承担。⑧标的物毁损、灭失的风险由买受人承担的，不影响因出卖人履行债务不符合约定，买受人要求其承担违约责任的权利。

4. 特种买卖合同。（1）分期付款买卖。指在合同订立后，出卖人即将标的物转移给买受人占有、使用，买受人按照合同约定分期向出卖人支付价款。这种买卖的特殊性在于买受人不是一次性付清全部价款，而是按照约定期限分批支付价款。在分期付款买卖中，出卖人解除合同的条件是，当买受人未支付到期价款的金额达到全部价款的1/5的，出卖人可以要求买受人支付全部价款或者解除合同。出卖人解除合同的，可以向买受人要求支付该标的物的使用费。（2）凭样品买卖。指出卖人交付的标的物必须与当事人指定的样品具有同一品质的买卖。其特殊性在于，当事人是以样品的方式来确定合同的，而不是以合同来约定。关于凭样品买卖的效力，合同法规定，凭样品买卖的当事人应当封存样品，并可以对样品质量予以说明。出卖人交付的标的物应当与样品及其说明的质量相同。如凭样品买卖中，买受人不知道样品有隐蔽瑕疵的，即使交付的标的物与样品相同，出卖人交付的标的物的质量仍然应当符合合同种类物的通常标准。（3）试用买卖。又称试验买卖，实际上是附停止条件的买卖，即在试用人经试用后认可试用品才购买。试用的认可是买卖合同的生效条件。试用买卖的当事人可以约定标的物的试用期。对试用期间没有约定或者约定不明确的，可以协议补充，协议不成的，依合同有关条款确定，仍不能确定的，由出卖人确定。试用买卖的买受人在试用期间内既可以购买标的物，也可以拒绝购买。试用期间届满，买受人对是否购买标的物未作表示的，视为购买。（4）招标投标买卖。指招标人公布买卖标的物的出卖条件，投标人参加投标竞买，招标人选定中标人的一种买卖方式。招标投标买卖的当事人的权利和义务以及招标投标程序等，依照有关法律、行政法规的规定。（5）拍卖。指以竞价的方式将标的物出卖给出价最高的买方的买卖。其特殊性在于买卖的成交方式。拍卖合同当事人的权利、义务以及拍卖程序等，应当依照拍卖法等有关法律和行政法规的规定。（6）易货交易。指当事人双方以金钱以外的财物相互交换即以物换物的一种交易方式。互易合同与买卖合同极为相似，因此，当事人约定易货交易，转移标的物的所有权的，参照买卖合同的有关规定。

### 二、供用电、水、气、热力合同

1. 供用电合同的概念、特征和种类。（1）供用电合同的概念。供用电合同是供电人向用电人供电，用电人支付电费的合同。鉴于供用水、气、热力合同与供用电合同有许多共同点，因此，供用水、供用气、供用热力合同，参照供用电合同的有关规定。相关的主要法律规范有：《中华人民共和国电力法》、《电力设施保护条例》、《电力供应与使用条例》、《供电营业规则》、《中华人民共和国水法》和《城市供水条例》等。（2）供用电合同的特征。①供用电合同是一种有严格计划性的合同。有关法规规定国家对电力供应和使用，实行计划用电的原则。②主体的特殊性。供用电合同的主体是供电人和用电人，供电人是指供电企业或者依法取得供电营业资格的非法人单位。受委托供电的营业网点和营业所不是合同的当事人。③供用电合同在本质上属于一种特殊类型的买卖合同。其特殊性在于：首先，由于电力的供应和使用是连续的，因而合同的履行方式处于一种持续状态，是持续供应合同；其次，电力的价格实行统一定价的原则；再次，由于电的不断使用同时就是电的消费，所以，供用电合同不发生其他买卖合同中交货和退货的问题；最后，供用电合同是格式合同。供用电合同的内容包括供电的方式、质量、时间，用电容量、地址、性质，计量方式，电费的结算方式，供用电设施的维护责任等条款。（3）供用电合同的种类。供用电合同主要有两种，一种是工农业和其他生产经营用电合同，另一种是生活消费用电合同。

2. 双方当事人的权利和义务。（1）供电人的权利和义务。①安全供电。供电人应当按照国家规定的供电质量标准和约定安全供电。未按照国家规定的供电质量标准和约定安全供电，造成用电人损失的，应当承担损害赔偿责任。②需要中断供电时应通知用电人。供电人因供电设施计划检修、临时检修、依法限电或者用电人违法用电等原因，需要中断供电时，应当按照国家有关规定事先通知用电人。未事先通知用电人中断供电，造成用电人损失的，应当承担损害赔偿责任。③及时抢修。因自然灾害等原因断电，供电人应当按照国家有关规定及时抢修。未及时抢修，造成用电人损失的，应当承担损害赔偿责任。（2）用电人的权利和义务。①用电人应当按照国家有关规定和当事人的约定及时交付电费。用电人逾期不交付电费的，应当按照约定支付违约金。经催告用电人在合理期限内仍不交付电费和违约金的，供电人可以按照国家规定的程序中止供电。②安全用电。用电人应当按照国家有关规定和当事人的约定安全用电。用电人未按照国家有关规定和当事人的约定安全用电，造成供电人损失的，应当承担损害赔偿责任。

### 三、赠与合同

1. 赠与合同的概念、特征和种类。（1）赠与合同的概念。赠与合同是赠与人将自己的财产无偿地给予受赠人，受赠人表示接受赠与的合同。在赠与合同中，将自己的财产无偿转让给他人所有的当事人称为赠与人，受领财产所有权的当事人称为受赠人。（2）赠与合同的法律特征。①赠与是一种合意，是双方法律行为。须有双方当事人意思表示一致才能成立。②赠与合同是转移财产所有权的合同。赠与的结果是发生财产所有权的转移，这是赠与合同与买卖合同、互易合同的相同之处，也是其与租赁合同的区别所在。③赠与合同为单务、无偿合同。赠与合同中仅赠与人负有将其财产所有权转移于受赠人的义务，而受赠人不负担任何义务；即使在附义务的赠与当中，受赠人履行所附的义务也并非赠与人履行的义务的对价，不是向赠与人为给付的履行行为。因此，赠与合同为单务合同，赠与人并不享有双务合同当事人所享有的同时履行抗辩权。赠与合同的受赠人取得赠与标的物不需要付任何代价。因此，赠与合同是无偿合同。赠与合同的单务性、无偿性是其与买卖、互易合同等的主要区别，也决定了限制民事行为能力人也可以单独接受赠与而不必由其法定代理人加以追认。④赠与合同为诺成合同。合同法的规定表明赠与合同是一种诺成合同，自双方当事人意思表示一致，即受赠人表示接受该赠与时成立和生效。但由于赠与是一种不要求对价的无偿合同，故合同法又规定了赠与人的撤销权以平衡双方当事人的利益。（3）赠与合同的种类。赠与依不同标准可分为一般赠与和特殊赠与、财产须登记的赠与和财产不须登记的赠与、现实赠与和非现实赠与、附负担的赠与和无条件的赠与等。

2. 赠与合同当事人的权利和义务。（1）赠与人的权利和义务。①给付赠与财产的义务。②撤销赠与的权利。根据《合同法》的规定，赠与合同的撤销，可分为任意撤销和法定撤销两种。关于任意撤销，赠与人在赠与财产的权利转移之前可以撤销赠与。但具有救灾、扶贫等社会公益、道德义务性质的赠与合同或者经过公证的赠与合同，不适用上述规定。关于法定撤销，赠与人在下列情形下可以撤销赠与：受赠人严重侵害赠与人或者赠与人的近亲属；受赠人对赠与人有扶养义务而不履行；受赠人不履行赠与合同约定的义务。赠与人的撤销权，自知道或者应当知道撤销原因之日起 1 年内行使。另外，因受赠人的违法行为致使赠与人死亡或者丧失民事行为能力的，赠与人的继承人或者法定代理人可以撤销赠与。赠与人的继承人或者法定代理人的撤销权，自知道或者应当知道撤销原因之日起 6 个月内行使。撤销权人撤销赠与的，可以向受赠人要求返还赠与的财产。③损害赔偿责任。因赠与人的故意或者重大过失致使赠与的财产毁损、灭失的，赠与人应当承担损害赔偿责任。④瑕疵担保责任。一般的赠与合同，当赠与的财产有瑕疵的，赠与人不承担责任，这是由赠与合同的单务性所决定的。而附义务的赠与，赠与的财产有瑕疵的，赠与人在附义务的限度内承担与出卖人相同的责任。如赠与人故意不告知瑕疵或者保证无瑕疵，造成受赠人损失的，应当承担损害赔偿责任。⑤履行赠与义务的免除。由于赠与合同是无偿的财产转让合同，赠与人不能得到对价，所以在赠与的财产交付之前，赠与人的经济状况显著恶化，严重影响其生产经营或者家庭的，可以不再履行赠与义务。这是赠与人赠与义务的法定免除，不同于赠与的撤销。至于赠与合同是否具有救灾、扶贫等社会公益、道德义务性质，不影响赠与人赠与义务的免除。（2）受赠人的权利和义务。①接受赠与财产的权利。对于动产，于交付时其权利转移给受赠人所有。如赠与的财产依法需要办理登记等手续的，应当办理有关手续才能生效。②请求赠与人履行赠与合同的权利。合同法规定，具有救灾、扶贫等社会公益、道德义务性质的赠与合同或者经公证的赠与合同，赠与人不交付赠与的财产，受赠人可以要求交付。可见，赠与合同的受赠人，请求赠与人交付赠与财产的权利只适用于上述规定的特定赠与合同，其他的赠与合同则不适用。③履行赠与所附负担的义务。赠与合同可以附义务，这种义务不是赠与财产的对价，而是应当履行且可以请求履行的法律义务。受赠人接受赠与财产后，应当按照约定履行义务。受赠人不履行赠与合同约定的义务，赠与人可以撤销赠与。④请求损害赔偿的权利。因赠与人故意或者重大过失致使赠与财产毁损、灭失的，赠与人应当承担损害赔偿责任，受赠人享有与此相适应的权利。这种权利限于受赠人可以请求交付赠与财产的赠与合同类型，即具有救灾、扶贫等社会公益、道德义务性质的赠与合同或者经过公证的赠与合同。其他性质的赠与合同，受赠人无权请求损害赔偿。关于受赠人对赠与财产的瑕疵的损害赔偿请求权，可以分为三种情形：一般赠与的财产有瑕疵的，赠与人不承担责任；附义务的赠与，赠与的财产有瑕疵的，赠与人在附义务的限度内承担与出卖人相同的责任；赠与人故意不告知瑕疵或者保证无瑕疵，造成受赠人损失的，应当承担损害赔偿责任。

### 四、借款合同

1. 借款合同的概念、特征和种类。（1）借款合同的概念。借款合同是借款人向贷款人借款，到期返还借款并支付利息的合同。交付借款的一方称为贷款人，接受借款到期返还借款并支付利息的一方称为借款人。（2）借款合同的法律特征。①借款合同是转让货币所有权的合同。合同生效后，借款人取得货币的所有权，借款人可以处分所取得的货币。②借款合同是以货币为标的的消费借贷合同。借款合同一般分为使用借贷和消费借贷两种，其中使用借贷是指无偿地将物品或者金钱借给一方使用的合同，又可以称为借用合同。消费借贷是指有偿地将物品或者金钱交给一方使用的合同，消费借贷被称为借贷合同。借贷合同按照其标的物的性质可分为金钱借贷和实物借贷两种。合同法上的借款合同仅指消费借贷中的借钱内容。借款合同的标的是作为种类物的金钱，借款合同到期后，借款人向贷款人返还同等种类数量的货币。③借款合同原则上为有偿合同，也可以为无偿合同。除自然人之间借款合同可以不约定利息外，银行借款合同一律约定利息，因此，借款合同既可以是有偿合同，也可以是无偿合同。④借款合同既可以是诺成合同，也可以是实践合同。银行借款合同为诺成合同，自贷款人与借款人达成合意时生效；自然人之间的借款合同为实践性合同，自贷款人提供借款时生效。（3）借款合同的种类。依照不同的标准，借款合同可以分为不同的类别。依贷款人的不同，可以分为银行借款合同和民间借款合同；按借款的用途可以分为生活借款合同和生产借款合同；按借款有无特殊性可以分为一般借款合同和特别借款合同；按照借款人是否承担支付利息的义务可以分为有偿借款合同和无偿借款合同；依资金的来源不同可以分为委托借款合同和自营借款合同。

2. 借款合同的订立和内容。关于合同的形式，借款合同采用书面形式，但自然人之间借款另有约定的除外。借款合同的内容包括借款种类、币种、用途、数额、利率、期限和还款方式等条款。借款合同自合同成立时生效，但自然人之间的借款合同自贷款人提供借款时生效。订立借款合同，贷款人可以要求借款人提供担保，担保依照《担保法》的规定。

借款合同是有偿合同，借款人应当支付利息，但自然人之间的借款可以是无息的，自然人之间的借款合同对支付利息没有约定或者约定不明确的，视为不支付利息。为了防止高利贷，合同法对借款的利息问题作了规定：一是借款的利息不得预先在本金中扣除。利息预先在本金中扣除的，应当按照实际借款数额返还借款并计算利息。二是关于利率，合同法规定，办理贷款业务的金融机构贷款的利率，应当按照中国人民银行规定的贷款利率的上、下限确定。自然人之间的借款合同约定支付利息的，借款的利率不得违反国家有关限制借款利率的规定。1991年最高人民法院《关于人民法院审理借贷案件的若干规定》中明确规定民间借贷可以适当高于银行的利率，各地人民法院可以根据本地区的实际情况具体掌握，但最高不得超过银行同类贷款利率的4倍（包含利率本数）。超过此限度的，超出部分的利息不予以保护。因此，在没有新规定的情况下，自然人之间借款利率的确定不得超过银行同类贷款利率的4倍。

3. 借款合同当事人的权利和义务。（1）贷款人的权利和义务。①收取利息的权利。②要求提供担保的权利。借款担保可以选择采用保证、抵押和质押三种形式，不可以用定金作为借款的担保。③收回借款的权利。④监督借款使用的权利。⑤提供贷款的义务。贷款人应当按照约定的日期、数额提供借款。未按照约定的日期、数额提供借款，造成借款人损失的，应当赔偿损失。⑥保管担保物的义务。（2）借款人的权利和义务。①接受借款的权利。②提前还款的权利。③申请展期的权利。借款人可以在还款期限届满之前向借款人申请展期。贷款人同意的，可以展期。④接受监督的义务。订立借款合同，借款人应当按照贷款人的要求，提供与借款有关的业务活动和财务状况的真实情况。在使用借款期间，借款人应当按照约定向贷款人定期提供有关财务会计报表等资料。⑤按约定使用借款的义务。借款人应当按照约定的日期、数额收取借款，按照约定的借款用途使用借款。借款人未按照约定的日期、数额收取借款的，应当按照约定的日期、数额支付利息。未按约定的借款用途使用借款的，贷款人可以停止发放贷款、提前收回借款或者解除合同。⑥支付利息的义务。借款人应当按照约定的期限支付利息。对支付利息的期限没有约定或者约定不明确的，双方可以补充协议，协议不成的，借款期间不满1年的，应当在返还借款时一并支付；借款时间达1年以上的，应当在每届满1年时支付，剩余期间不满1年的，应当在返还借款时一并支付。⑦返还借款的义务。借款人应当按照约定的期限返还借款。未按照约定的期限返还借款的，应当按照约定或者国家有关规定支付逾期利息。

### 五、租赁合同

1. 租赁合同的概念、特征和种类。（1）租赁合同的概念。租赁合同是出租人将租赁物交付承租人使用、收益，承租人支付租金的合同。在租赁合同中，将自己的财产交付另一方当事人使用的一方称为出租人，包括所有权人、财产权人和使用人等；使用财产并支付租金的一方称为承租人。租赁物是指租赁合同双方当事人权利义务所共同指向的对象，一般为有体物、非消耗物和特定物。（2）租赁合同的法律特征。①租赁合同是转移财产使用权的合同。租赁合同只是将租赁物的使用权转让给承租人，而租赁物的所有权或处分权仍属于出租人。租赁合同的这一特征区别于买卖合同和赠与合同。②租赁合同是双务、有偿、诺成合同。在租赁合同中，出租人按照合同约定交付租赁物，转移租赁财产的使用收益权于承租人是其主要义务，承租人应按照合同约定或法律规定支付租金，这是租赁合同与其他无偿转让财产使用权合同的主要区别，也体现了租赁合同双务、有偿的性质。租赁合同自当事人双方达成协议时成立，而不以租赁物的实际交付为要件，故租赁合同为诺成合同。③租赁合同的标的物为有体物、非消耗物和特定物。租赁物必须是有形的财产，无形的财产不能作为租赁的标的物，这是与租赁合同中承租人占有、使用租赁的特征相联系的。消耗物不能作为租赁合同的标的物，非消耗物是指能够多次使用而不改变其形态和基本价值的物，能够满足租赁物的要求。租赁合同只能以特定物为标的物，没有标的物的特定，承租人就无法占有、使用标的物。④租赁合同具有期限性。租赁合同必须规定一定的期限，当事人不能订立无期限的租赁合同，这一特征是与其为转移使用权的合同分不开的。⑤租赁合同在当事人之间既引起债权债务法律关系，又引起物权法律关系。这种物权性质的法律关系表现在以下两个方面：一是在租赁合同存续期间，出租方不得将该租赁物再出租给第三人，即就同一物上只能设立一个租赁权；二是出租人在租赁合同存续期间出售租赁物的行为不影响租赁合同的效力，承租人与买受人之间的租赁关系自买卖成立后继续生效，即买卖不击破租赁。另外，承租人享有先买权，即出租人出卖其租赁物时，在同等条件下，承租人有优先购买的权利。（3）租赁合同的种类。根据租赁合同的标的物为动产或不动产，租赁合同可以分为动产租赁合同和不动产租赁合同；根据法律对租赁合同有无特别规定，租赁合同可以分为一般租赁合同和特别租赁合同；根据租赁合同是否有期限，租赁合同可以分为定期租赁合同和不定期租赁合同；根据当事人成立租赁合同的目的，租赁合同可以分为使用租赁合同和用益租赁合同。必须指出的是，在现实经济生活中，还有许多带有租赁形式的交易行为，如土地使用权的出让和转让、土地使用权的出租、农村的土地承包经营、企业承包租赁经营等，合同法规定的租赁合同不能适用于上述租赁经营活动。

2. 租赁合同的订立、形式、期限和内容。合同法对租赁合同的内容、期限和形式作了规定。租赁合同的内容包括租赁物的名称、数量、用途、租赁期限、租金及支付期限和方式、租赁物维修等条款。租赁期限不得超过 20 年，超过 20 年的，超过部分无效。租赁期间届满，当事人可以续订租赁合同，但约定的租赁期限自续订之日起不得超过 20 年。租赁期限达 6 个月以上的，应当采用书面形式。当事人未采用书面形式的，视为不定期租赁。当事人对租赁期限没有约定或者约定不明确，依法仍不能确定的，视为不定期租赁，当事人可以随时解除合同，但出租人解除合同应当在合理期限之前通知承租人。租赁期间届满，承租人继续使用租赁物，出租人没有提出异议的，原租赁合同继续有效，但租赁期限为不定期。合同法对使用租赁物收益的归属，租赁物所有权发生变动和转租等问题作了规定。①在租赁期间因占有、使用租赁物获得的收益，归承租人所有，但当事人另有约定的除外。②租赁物在租赁期间发生所有权变动的，不影响租赁合同的效力。出租人出卖租赁房屋的，应当在出卖之前的合理期限内通知承租人，承租人享有以同等条件优先购买的权利。承租人在房屋租赁期间死亡的，与其生前共同居住的人可以按照原租赁合同租赁该房屋。③关于转租问题。承租人经出租人同意，可以将租赁物转租给第三人。承租人转租的，承租人与出租人之间的租赁合同继续有效，第三人对租赁物造成损失的，承租人应当赔偿损失。承租人未经出租人同意转租的，出租人可以解除合同。

3. 租赁合同当事人的权利和义务。（1）出租人的权利和义务。①收取租金的权利。②处分租赁物的权利。租赁物在租赁期间发生所有权变动的，不影响租赁合同的效力。③将租赁物移交承租人使用、收益。出租人应当按照约定将租赁物交付承租人，并在租赁期间保持租赁物符合约定的用途。租赁物危及承租人安全或者健康的，即使承租人订立合同时明知该租赁物质量不合格，承租人仍然可以随时解除合同。因第三人主张权利，致使承租人不能对租赁物使用、收益的，承租人可以要求减少租金或者不支付租金。第三人主张权利的，承租人应当及时通知出租人。因不可归责于承租人的事由，致使租赁物部分或者全部毁损、灭失的，承租人可以要求减少租金或者不支付租金；因租赁物部分或者全部毁损、灭失，致使不能实现合同目的的，承租人可以解除合同。④维修义务。出租人应当履行租赁物的维修义务，但当事人另有约定的除外。承租人在租赁物需要维修时可以要求出租人在合理期限内维修。出租人未履行义务的，承租人可以自行维修，维修费用由出租人负担。因维修租赁物影响承租人使用的，应当相应减少租金或者延长租期。（2）承租人的权利和义务。①承租人享有对租赁物的占有、使用和收益的权利。②支付租金的义务。承租人应当按照约定的期限支付租金。对支付期限没有约定或者约定不明确的，可以协议补充，仍不能确定的，租赁期间不满1年的，应当在租赁期间届满时支付；租赁期间达1年以上的，应当在每届满1年时支付，剩余期间不满1年的，应当在租赁期间届满时支付。承租人无正当理由未支付或者迟延支付的，出租人可以要求承租人在合理期限内支付。承租人逾期不支付的，出租人可以解除合同。③按约定使用租赁物的义务。承租人应当按照约定的方法使用租赁物。对租赁物的使用方法没有约定或者约定不明确的，可以协议补充，仍不能确定的，应当按照租赁物的性质使用。承租人按照约定的方法或者租赁物的性质使用租赁物，致使租赁物受到损耗的，不承担损害赔偿责任。承租人未按照约定的方法或者租赁物的性质使用租赁物，致使租赁物受到损失的，出租人可以解除合同并要求赔偿损失。④保管租赁物的义务。承租人应当妥善保管租赁物，因保管不善造成租赁物毁损、灭失的，应当承担损害赔偿责任。⑤对租赁物不得擅自改变或转租。承租人经出租人同意，可以对租赁物进行改善或者增设他物。承租人未经出租人同意，对租赁物进行改善或者增设他物，出租人可以要求承租人恢复原状或者赔偿损失。承租人经出租人同意，可以将租赁物转租给第三人。承租人转租的，承租人与出租人之间的租赁合同继续有效，第三人对租赁物造成损失的，承租人应当赔偿损失。承租人未经出租人同意转租的，出租人可以解除合同。⑥返还租赁物的义务。租赁期间届满，承租人应当返还租赁物。返还的租赁物应当符合按照约定或者租赁物的性质使用后的状态。

**六、融资租赁合同**

1. 融资租赁合同的概念、特征和种类。（1）融资租赁合同的概念。融资租赁合同是出租人根据承租人对出卖人、租赁物的选择，向出卖人购买租赁物，提供给承租人使用，承租人支付租金的合同。融资租赁合同涉及两个合同：买卖合同和租赁合同，既融资又融物。涉及三方当事人：出租人（买受人）、承租人、供货商（出卖人）。它既不同于买卖合同，也不同于传统的租赁合同，是一种独立的合同形式。（2）融资租赁合同的法律特征。①出租人须根据承租人对出卖人和租赁物的选择出资购买租赁物，这是融资租赁合同不同于租赁合同的一个重要特点。②出资人须将购买的租赁物交付承租人使用、收益，这是融资租赁合同中出租人的买卖行为不同于一般买卖合同之处。③承租人须向出租人支付约定的租金，但租金并不是使用租赁物的代价，实际上是承租人分期对出租人购买租赁物的价金的本息和出租人应获取的利润等费用的偿还，是融资的代价。④融资租赁合同主体具有特殊性。其中出租人只能是专营融资租赁业务的租赁公司，而不能是其他自然人和法人；承租人一般应为法人，而不能是自然人。⑤租赁物交付方式的特殊性。在融资租赁合同中，出租人无须亲自交付租赁物给承租人，而是由出卖人将标的物直接交付给承租人。⑥瑕疵担保责任特殊。在融资租赁合同中，由于出租人是按照承租人的选择购买租赁物，并且租赁物直接由承租人验收。因此，出租人一般不对标的物的瑕疵承担担保责任，除非承租人是依赖出租人的技能确定租赁物或者出租人干预选择租赁物。⑦合同期满后租赁物的归属具有特殊性。承租人可以选择返还或者留购或者续租方式。⑧对第三人责任的特殊性。在融资租赁合同中，承租人占有租赁物期间，租赁物造成第三人的人身伤害或者财产损害的，出租人不承担责任。⑨融资租赁合同为诺成、双务、有偿和要式的合同。合同法规定，融资租赁合同应当采用书面形式。融资租赁合同的内容包括租赁物的名称、数量、规格、技术性能、检验方法、租赁期限、租金构成及其支付期限和方式、币种、租赁期间届满租赁物的归属等条款。（3）融资租赁合同的种类。在实践中，融资租赁合同有以下几种类型：①回租租赁合同。指承租人将自己所有的物件卖给出租人，同时与出租人订立融资租赁合同，再将该物件租回使用的一种租赁形式。在回租情况下，出卖人同时也是承租人，买受人同时也是出租人。②转租租赁合同。指按合同约定，承租人将自己租人的租赁物转租给新承租人使用的一种租赁形式。在转租方式下，承租人同时也是出租人。③卖主租赁合同。指生产设备的厂商或其经销商为了推销其产品，不采用销售的方式，而是用设备租赁的形式，将设备租赁给承租人使用，而由承租人交付租金的合同。在卖主租赁合同中，出租人即是出卖人本人。④杠杆租赁合同。又称代偿租赁合同或衡平租赁合同，指出租人只出租租赁物金额的一部分，租赁物的其余部分金额则以该租赁物作抵押，向金融机构贷款解决的一种租赁方式。这种方式在法律上至少涉及三个方面的关系人，即出租人、贷款人和承租人。在杠杆租赁合同中，金融机构提供的贷款是一种无追索权的贷款，这是由于贷款人享有出租设备的抵押权。

2. 融资租赁合同当事人的权利和义务。（1）出租人的权利和义务。①在租赁期间享有租赁物的所有权。合同法规定，出租人享有租赁物的所有权。承租人破产的，租赁物不属于破产财产。②收取租金。融资租赁合同的租金，除当事人另有约定的以外，应当根据购买租赁物的大部分或者全部成本以及出租人的合理利润确定。③购买租赁物。出租人根据承租人对出卖人、租赁物的选择订立的买卖合同，未经承租人同意，出租人不得变更与承租人有关的合同内容。④交付租赁物的义务。出租人根据承租人对出卖人、租赁物的选择订立的买卖合同，出卖人应当按照约定向承租人交付标的物，承租人享有与受领标的物有关的买受人的权利。以上规定说明，在融资租赁合同中，出租人对租赁物的交付一般只是观念上的交付，只要承租人自出卖人取得租赁物，出租人的交付义务即履行完毕。⑤协助索赔义务。出卖人、出租人、承租人可以约定，出卖人不履行买卖合同义务的，由承租人行使索赔的权利。承租人行使索赔权利的，出租人应当协助。⑥保证承租人对租赁物的占有和使用。（2）承租人的权利和义务。①选择出卖人和租赁物的权利。②请求交付租赁物的权利。③索赔的权利。合同法规定，租赁物不符合约定或者不符合使用目的的，出租人不承担责任，但承租人依赖出租人的技能确定租赁物或者出租人干预选择租赁物的除外。④在租赁期间对租赁物的独占使用收益权。⑤在租赁期届满时对租赁物归属的选择权。合同法规定，出租人和承租人可以约定租赁期间届满租赁物的归属。对租赁物的归属没有约定或者约定不明确的，可以补充协议，不能达成补充协议，按照合同有关条款也不能确定的，租赁物的所有权归出租人。⑥接受租赁物的义务。⑦妥善保管、使用和维修租赁物的义务。合同法规定，承租人应当妥善保管、使用租赁物。承租人应当履行占有租赁物期间的维修义务。承租人占有租赁物期间，租赁物造成第三人的人身伤害或者财产损害的，出租人不承担责任。⑧返还租赁物的义务。⑨支付租金的义务。承租人应当按照约定支付租金。承租人经催告后在合理期限内仍不支付租金的，出租人既可以要求支付全部租金，也可以解除合同，收回租赁物。当事人约定租赁期间届满租赁物归承租人所有，承租人已经支付大部分租金，但无力支付剩余租金，出租人因此解除合同收回租赁物的，收回的租赁物的价值超过承租人欠付的租金以及其他费用的，承租人可以要求部分返还。

## 第二节　完成工作交付成果的合同

### 一、承揽合同

1. 承揽合同的概念、特征和种类。（1）承揽合同的概念。承揽合同是承揽人按照定作人的要求完成工作，交付工作成果，定作人给付报酬的合同。承揽人是完成工作交付工作成果的人；定作人是接受承揽人的工作成果并支付报酬的人。承揽合同的内容包括承揽的标的、数量、质量、报酬、承揽方式、材料的提供、履行期限、验收标准和方法等条款。（2）承揽合同的法律特征。①承揽合同是以一定的工作完成为目的。承揽合同的标的是定作人要求承揽人完成并交付的工作成果，而不是劳务，这与直接以提供劳务为标的的合同如雇用合同有着重要的区别。虽然承揽人为了完成工作必须付出劳务，但这只是实现合同目的的手段，而非合同目的的本身。即使承揽人付出了劳务，如果没有完成工作成果，也不能取得报酬。②承揽合同的标的具有特殊性。承揽合同的标的是定作人所要求并由承揽人所完成的工作成果，其必须具有特定性。它在市场上不能买到，并在合同成立时不存在。如果该标的在合同成立时已存在或定作人可以在市场上买到，那么，定作人就无需通过订立承揽合同来实现目的。满足人们生产、生活的特定需要正是承揽合同的意义所在。③承揽合同的承揽人应以自己的风险独立完成工作。由于承揽合同是交付工作成果的合同，所以承揽人在完成工作成果过程中，因不可抗力等不可归责于双方当事人的原因致使工作成果无法实现或标的物遭受意外毁损、灭失，承揽人应当自己承担风险损失，而不能要求定作人对其已经付出的劳务给付报酬。④承揽合同中承揽人的义务具有不可让与性。承揽人必须依靠自己的技术和设备，通过自己的独立劳动来完成定作人要求的工作，而不能将其主要工作转移给他人来完成。⑤承揽合同为双务、有偿、诺成和不要式合同。承揽合同的上述特征，使其和其他相类似合同如买卖合同、劳动合同、委托合同以及一般提供劳务的合同区别开来。（3）承揽合同的种类。①按承揽合同订立原因的不同，承揽合同可以分为原承揽合同和次承揽合同。②依材料来源的不同，承揽合同可以分为一般承揽合同和特殊承揽合同。③依承揽工作内容的不同，承揽合同可以分为加工合同、定作合同、修理合同、复制合同、测绘测试合同、检验合同、改造改建合同、印刷合同、翻译合同、设计合同、房屋修缮合同、摄影合同、鉴定合同和装裱合同等。

2. 承揽合同当事人的权利和义务。（1）承揽人的权利和义务。①获得报酬的权利。②留置权利。定作人未向承揽人支付报酬或者材料费等价款的，承揽人对完成的工作成果享有留置权，但当事人另有约定的除外。③亲自完成工作的义务。承揽人应当以自己的设备、技术和劳力，完成主要工作，但当事人另有约定的除外。承揽人将其承揽的主要工作交由第三人完成的，应当就该第三人完成的工作成果向定作人负责；未经定作人同意的，定作人也可以解除合同。承揽人可以将其承揽的辅助工作交由第三人完成。承揽人将其承揽的辅助工作交由第三人完成的，应当就该第三人完成的工作成果向定作人负责。共同承揽人对定作人承担连带责任，但当事人另有约定的除外。④交付工作成果的义务。承揽人完成工作时，应当向定作人交付工作成果，并提交必要的技术资料和有关质量证明。定作人应当验收该工作成果。⑤瑕疵担保义务。承揽人交付的工作成果不符合质量要求的，定作人可以要求承揽人承担修理、重作、减少报酬、赔偿损失等违约责任。⑥接受定作人监督、检验的义务。承揽人在工作期间，应当接受定作人必要的监督检验。定作人不得因监督检验妨碍承揽人的正常工作。⑦保管义务。承揽人应当妥善保管定作人提供的材料以及完成的工作成果，因保管不善造成毁损、灭失的，应当承担损害赔偿责任。⑧按约定使用符合标准的材料。承揽人提供材料的，承揽人应当按照约定选用材料，并接受定作人检验。定作人提供材料的，定作人应当按照约定提供材料。承揽人对定作人提供的材料，应当及时检验，出现不符合约定时，应当及时通知定作人更换、补充或者采取其他补救措施。承揽人不得擅自更换定作人提供的材料，不得更换不需要修理的零部件。⑨保密义务。承揽人应当按照定作人的要求保守秘密，未经定作人许可，不得留存复制品或者技术资料。（2）定作人的权利和义务。①支付报酬和材料费的义务。定作人应当按照约定的期限支付报酬。对支付报酬的期限没有约定或者约定不明确的，可以协议补充，仍不能确定的，定作人应当在承揽人交付工作成果时交付；工作成果部分交付的，定作人应当相应支付报酬。②按约定提供材料、图纸和技术要求。定作人提供材料的，应当按照约定提供材料。定作人提供的图纸或者技术要求不合理的，承揽人应当及时通知定作人，因定作人怠于答复等原因造成承揽人损失的，应当赔偿损失。定作人中途变更承揽工作的要求，造成承揽人损失的，应当赔偿损失。③协助的义务。承揽工作需要定作人协助的，定作人有协助的义务。定作人不履行协助义务致使承揽工作不能完成的，承揽人可以催告定作人在合理期限内履行义务，并可以顺延履行期限；定作人逾期不履行的，承揽人可以解除合同。④监督、检验承揽人工作的权利。⑤请求交付工作成果的权利。⑥解除合同的权利。在承揽合同中，定作人不仅可以在一定条件下解除合同，也可以随时解除合同。但造成承揽人损失的，应当赔偿损失。定作人所享有的这种随时解除合同的权利，是由承揽合同的特定性所决定的。

**二、建设工程合同**

1. 建设工程合同的概念、特征和种类。（1）建设工程合同的概念。建设工程合同是承包人进行工程建设，发包人支付价款的合同。在建设工程合同中，委托他人进行勘察、设计、施工工作并支付报酬的一方称为发包人，通常也称为业主。承包人即实施建设工程的勘察、设计、施工等业务的单位，包括对建设工程实行总承包的单位和承包分包工程的单位。（2）建设工程合同的法律特征。建设工程合同原为承揽合同的一种，因此，具有承揽合同所包含的法律特征，建设工程合同没有规定的内容，则适用承揽合同的有关规定。由于完成建设工程项目的承揽关系和传统的承揽合同有着重要的区别，建设工程合同具有以下法律特征：①合同主体的限制性。发包人只能是经过批准建设工程的法人，承包人只能是具有从事勘察、设计、施工任务资格的法人。②合同标的的特殊性。合同标的仅限于基本建设工程。③国家管理的特殊性。④合同的订立具有严格的程序和遵循一定的计划。⑤建设工程合同为要式合同。合同法规定，建设工程合同应当采用书面形式。（3）建设工程合同的种类。建设工程合同依发生方式的不同可以分为总包合同、分包合同和转包合同；依合同内容可以分为工程勘察合同、工程设计合同（包括初步设计合同和施工设计合同）、施工合同（包括建筑合同和安装合同）。

2. 建设工程合同的订立和主要条款。合同法规定，建设工程的招标、投标活动，应当依照有关法律的规定公开、公平、公正进行。国家重大建设工程合同，应当按照国家规定的程序和国家批准的投资计划、可行性研究报告等文件订立。建设工程实行监督的，发包人应当与监理人采用书面形式订立委托监理合同。发包人与监理人的权利和义务以及法律责任，应当依照委托合同以及其他有关法律、行政法规的规定。

关于建设工程合同的总包、分包和转包。合同法规定，发包人可以与总承包人订立建设工程合同，也可以分别与勘察人、设计人、施工人订立勘察、设计、施工承包合同。发包人不得将应当由一个承包人完成的建设工程肢解成若干部分发包给几个承包人。总承包人或者勘察、设计、施工承包人经发包人同意，可以将自己承包的部分工作交由第三人完成。第三人就其完成的工作成果与总承包人或者勘察、设计、施工承包人向发包人承担连带责任。承包人不得将其承包的全部建设工程转包给第三人或者将其承包的全部建设工程肢解以后以分包的名义分别转包给第三人。禁止承包人将工程分包给不具备相应资质条件的单位。禁止分包单位将其承包的工程再分包。建设工程主体结构的施工必须由承包人自行完成。

根据合同法的规定，勘察、设计合同的内容包括提交有关基础资料和文件（包括概预算）的期限、质量要求、费用以及其他协作条件等条款。施工合同的内容包括工程范围、建设工期、中间交工工程的开工和竣工时间、工程质量、工程造价、技术资料交付时间、材料和设备供应责任、拨款和结算、竣工验收、质量保修范围和质量保证期、双方相互协作等条款。

3. 勘察设计合同当事人的权利和义务。（1）发包人的权利和义务。①发包人对其提供的技术要求和资料应负瑕疵担保责任。因发包人变更计划，提供的资料不准确，或者未按照期限提供必需的勘察、设计工作条件而造成勘察、设计的返工、停工或者修改设计，发包人应当按照勘察人、设计人实际消耗的工作时增付费用。②为承包人提供必要的协助条件。③向承包人支付勘察费、设计费。④维护勘察设计成果。（2）承包人的权利和义务。①按照合同约定按期完成勘察、设计工作，并向发包人提交工作成果。②对勘察、设计成果承担瑕疵担保责任。因勘察、设计的质量不符合要求或者未按照期限提交勘察、设计文件拖延工期，造成发包人损失的，勘察人、设计人应当继续完善勘察、设计，减收或者免收勘察、设计费并赔偿损失。

4. 施工合同当事人的权利和义务。（1）发包人的权利和义务。①做好施工前的准备工作。②按约定向承包人提供各种材料和设备。发包人未按照约定的时间和要求提供原材料、设备、场地、资金、技术资料的，承包人可以顺延工程日期，并有权要求赔偿停工、窝工等损失。③及时处置施工中的有关问题，组织工程竣工验收。发包人在不妨碍承包人正常作业的情况下，可以随时对作业进度、质量进行检查。因发包人的原因致使工程中途停建、缓建的，发包人应当采取措施弥补或者减少损失，赔偿承包人因此造成的停工、窝工、倒运、机械设备调迁、材料和构件积压等损失和实际费用。在建设工程竣工后，发包人应当根据施工图纸及说明书、国家颁发的施工验收规范和质量检验标准及时进行验收。建设工程竣工经验收合格后，方可交付使用；未经验收或者验收不合格的，不得交付使用。④接受合格工程并支付工程价款。发包人在工程建设完成后，对竣工验收合格的，应当按照约定支付价款并接收建设工程。发包人未按照约定支付价款的，承包人可以催告发包人在期限内支付价款。发包人逾期不支付的，除按照建设工程的性质不宜折价、拍卖的以外，承包人可以与发包人协议将该工程折价，也可以申请人民法院将该工程依法拍卖。建设工程的价款就该工程折价或者拍卖的价款优先受偿。（2）承包人的权利和义务。①做好施工前准备工作，按时开工，确保工程质量。②接受发包方对作业进度和质量的检查和监督。隐蔽工程在隐蔽以前，承包人应当通知发包人检查。发包人没有及时检查的，承包人可以顺延工程日期，并有权要求赔偿停工、窝工等损失。③如期按质完工并交付工程。④对建设工程承担瑕疵担保责任。因施工人的原因致使建设工程质量不符合约定的，发包人有权要求施工人在合理期限内无偿修理或者返工、改建。经过修理或者返工、改建后，造成逾期交付的，施工人应当承担违约责任。⑤损害赔偿责任。因承包人的原因致使建设工程在合理使用期限内造成人身和财产损害的，承包人应当承担损害赔偿责任。

## 第三节 提供劳务的合同

### 一、运输合同

1. 运输合同的概念、特征和种类。（1）运输合同的概念。运输合同是承运人将旅客或者货物从起运地点运输到约定地点，旅客、托运人或者收货人支付票款或者运输费用的合同。在运输合同中，将物品或旅客运送到约定地点的人称为承运人；从承运人处接收物品的人称为收货人。（2）运输合同的特征。①运输合同的标的是承运人的运送行为，而不是货物或旅客。②运输合同是双务、有偿合同。承运人应当在约定期间或者合理期间内将旅客、货物安全运输到约定地点。承运人应当按照约定的或者通常的运输路线将旅客、货物运输到约定地点。旅客、托运人或者收货人应当支付票款或者运输费用。承运人未按照约定路线或者通常路线运输增加票款或者运输费用的，旅客、托运人或者收货人可以拒绝支付增加部分的票款或者运输费用。③运输合同一般为诺成合同。客运合同自承运人向旅客交付客票时成立，而货运合同一般是以托运人交付货物作为承运人履行合同义务的条件而非合同成立的条件。④运输合同一般为标准合同，即一般以客票、货运单、提单的形式出现。⑤运输合同多为强制性合同。合同法规定，从事公共运输的承运人不得拒绝旅客、托运人通常、合理的运输要求。（3）运输合同的种类。按照运输对象的不同，可以分为旅客运输合同和货物运输合同；根据运输方式的不同，可以分为公路运输合同、水上运输合同、铁路运输合同、管道运输合同和航空运输合同；根据是否具有两个以上的承运人，可以分为单一运输合同和联合运输合同。如果是两个以上不同交通工具运输的，又成为多式联运合同。

2. 客运合同当事人的权利和义务。客运合同自承运人向旅客交付客票时成立，但当事人另有约定或者另有交易习惯的除外。(1) 旅客的权利和义务。①支付票款的义务。旅客应当持有效客票乘运。旅客无票乘运、超程乘运、越级乘运或者持失效客票乘运的，应当补交票款，承运人可以按照规定加收票款。旅客不交付票款的，承运人可以拒绝运输。②退票的权利。旅客因自己的原因不能按照客票记载的时间乘坐的，应当在约定的时间内办理退票或者变更手续。逾期办理的，承运人可以不退票款，并不再承担运输义务。③携带行李要符合规定。旅客在运输中应当按照约定的限量携带行李。超过限量携带行李的，应当办理托运手续。旅客不得随身携带或者在行李中夹带易燃、易爆、有毒、有腐蚀性、有放射性以及有可能危及运输工具上人身和财产安全的危险物品或者其他违禁物品。旅客违反以上规定的，承运人可以将违禁物品卸下、销毁或者送交有关部门。旅客坚持携带或者夹带违禁物品的，承运人应当拒绝运输。(2) 承运人的权利和义务。①完成运送任务。承运人应当按照客票载明的时间和班次运输旅客。承运人迟延运输的，应当根据旅客的要求安排改乘其他班次或者退票。承运人擅自变更运输工具而降低服务标准，应当根据旅客的要求退票或者减收票款；提高服务标准的，不应当加收票款。②告知义务。承运人应当向旅客及时告知有关不能正常运输的重要事由和安全运输应当注意的事项。③安全运送和救助义务。承运人在运输过程中，应当尽力救助患有急病、分娩、遇险的旅客。承运人应当对运输过程中旅客的伤亡承担损害赔偿责任，但伤亡是旅客自身健康原因造成的或者承运人证明伤亡是旅客故意、重大过失造成的除外。上述规定适用于按照规定免票、持优待票或者经承运人许可搭乘的无票乘客。在运输过程中旅客自带物品毁损、灭失，承运人有过错的，应当承担损害赔偿责任。旅客托运的行李毁损、灭失的，适用货物运输的有关规定。

3. 货运合同当事人的权利和义务。(1) 托运人的权利和义务。①如实报告托运货物的情况。托运人办理货物运输，应当向承运人准确表明收货人的名称或者姓名或者凭指示的收货人，货物的名称、性质、重量、数量、收货地点等有关货物运输的必要情况。因托运人申报不实或者遗漏重要情况，造成承运人损失的，托运人应当承担损害赔偿责任。②保证托运货物安全的义务。托运人托运易燃、易爆、有毒、有腐蚀性、有放射性等危险物品的，应当按照国家有关危险物品运输的规定对危险物品妥善包装，作出危险物标志和标签，并将有关危险物品的名称、性质和防范措施的书面材料提交承运人。托运人违反以上规定的，承运人不仅可以拒绝运输，还可以采取相应措施以避免损失的发生，因此产生的费用由托运人承担。③办理必要的手续。货物运输需要办理审批、检验等手续的，托运人应当办理。④按照约定的方式包装货物。对包装方式没有约定或者约定不明确的，可以协议补充，不能达成补充协议的，按照合同有关条款或者习惯确定。仍不能确定的，应当按照通用的方式包装，没有通用方式的，应当采取足以保护标的物的包装方式。托运人违反以上规定的，承运人可以拒绝运输。⑤中止、变更运输的责任。在承运人将货物交付收货人之前，托运人可以要求承运人中止运输、返还货物、变更到达地或者将货物交给其他收货人，但应当赔偿承运人因此受到的损失。⑥及时提货并检验的义务。货物运输到达后，承运人知道收货人的，应当及时通知收货人，收货人应当及时提货。收货人逾期提货的，应当向承运人支付保管费等费用。收货人提货时应当按照约定的期限检验货物。对检验货物的期限没有约定或者约定不明确，依照协商办法仍不能确定的，应当在合理期限内检验货物。收货人在约定的期限或者合理期限内对货物的数量、毁损等未提出异议的，视为承运人已经按照运输单证的记载交付的初步证据。对收货人不明或者收货人拒绝受领货物的，承运人可以提存货物。⑦支付运费的义务。托运人应当支付运费，托运人不支付运费、保管费以及其他运输费用的，承运人对相应的运输货物享有留置权，但当事人另有约定的除外。货物在运输过程中因不可抗力灭失而未收取运费的，承运人不得要求支付运费；已收取运费的，托运人可以要求返还。（2）承运人的权利和义务。①完成运送货物的义务。②通知收货人收货的义务。③货物毁损、灭失赔偿责任。承运人对运输过程中货物的毁损、灭失承担损害赔偿责任，但承运人证明货物的毁损、灭失是因不可抗力、货物本身的自然性质或者合理损耗以及托运人、收货人的过错造成的，不承担损害赔偿责任。货物的毁损、灭失的赔偿额，当事人有约定的，按照其约定；没有约定或者约定不明确的，可以协议补充；协议不成的，按照合同有关条款或者习惯确定；仍不能确定的，按照交付或者应当交付时货物到达地的市场价格计算。法律、行政法规对赔偿额的计算方法和赔偿限额另有规定的，依照其规定。④同一运输方式联运的责任。两个以上承运人以同一运输方式联运的，与托运人订立合同的承运人应当对全程运输承担责任。损失发生在某一运输区段的，与托运人订立合同的承运人和该区段的承运人承担连带责任。（3）收货人的权利和义务。①收货人应当及时提货。②支付运费及其他运输费用。③索赔的权利。

4. 多式联运合同当事人的权利和义务。多式联运经营人不同于一般承运人的权利义务有：（1）多式联运经营人负责履行或者组织履行多式联运合同。（2）多式联运经营人可以与参加多式联运的各区段承运人就多式联运合同的各区段运输约定相互之间的责任，但该约定不影响多式联运经营人对全程运输承担的义务。（3）多式联运经营人收到托运人交付的货物时，应当签发多式联运单据。按照托运人的要求，多式联运单据既可以是可转让单据，也可以是不可转让单据。（4）因托运人托运货物时的过错造成多式联运经营人损失的，即使托运人已经转让多式联运单据，托运人仍然应当承担损害赔偿责任。（5）货物的毁损、灭失发生于多式联运的某一运输区段的，多式联运经营人的赔偿责任和责任限额，适用调整该区段运输方式的有关法律规定。货物毁损、灭失发生的运输区段不能确定的，依照有关规定承担损害赔偿责任。

### 二、保管合同

1. 保管合同的概念和特征。保管合同是保管人保管寄存人交付的保管物，并返还该物的合同。在保管合同中，保管物品并负有返还义务的一方是保管人，也称寄受人；交付物品请求保管的一方是寄存人，也称寄托人；保管的物品称为保管物，也称为寄托物。

保管合同的主要特征在于以保管物品作为订立合同的直接目的，其他合同如租赁、借用、承揽、运输等合同中，也存在一方当事人保管的义务，但这种义务并不是合同的主要义务，而是一种从给付义务或者附随义务。另外，保管合同还具有要物性、非要式性、有偿和无偿的可择性，以及保管物范围的广泛性等特征。

2. 保管合同当事人的权利和义务。（1）保管人的权利和义务。①妥善保管义务。保管人应当妥善保管保管物。当事人可以约定保管场所或者方法。除紧急情况或者为了维护寄存人利益的以外，不得擅自改变保管场所或者方法。在保管期间，因保管人保管不善造成保管物毁损、灭失的，保管人应当承担损害赔偿责任，但保管是无偿的且保管人证明自己没有重大过失的，不承担损害赔偿责任。②专属保管义务。保管人不得将保管物转交第三人保管，但当事人另有约定的除外。保管人违反上述规定，将保管物转交第三人保管，对保管物造成损失的，应当承担损害赔偿责任。③不得使用保管物的义务。保管人不得使用或者许可第三人使用保管物，但当事人另有约定的除外。④第三人主张权利时的通知义务。第三人对保管物主张权利的，除依法对保管物采取保全或者执行的以外，保管人应当履行向寄存人返还保管物的义务。第三人对保管人提起诉讼或者对保管物申请扣押的，保管人应当及时通知寄存人。⑤返还义务。保管合同自保管物交付时成立，但当事人另有约定的除外。寄存人向保管人交付保管物的，保管人应当给付保管凭证，但另有交易习惯的除外。保管期间届满或者寄存人提前领取保管物的，保管人应当将原物及其孳息归还寄存人。保管人保管货币的，可以返还相同种类、数量的货币。保管其他可替代物的，可以按照约定返还相同种类、品质、数量的物品。（2）寄存人的权利和义务。①损害赔偿的义务。寄存人交付的保管物有瑕疵或者按照保管物的性质需要采取特殊保管措施的，寄存人应当将有关情况告知保管人。寄存人未告知，致使保管物受损失的，保管人不承担损害赔偿责任；保管人因此受损失的，除保管人知道或者应当知道并且未采取补救措施的以外，寄存人应当承担损害赔偿责任。②贵重物品的声明义务。寄存人寄存货币、有价证券或者其他贵重物品的，应当向保管人声明，由保管人验收或者封存。寄存人未声明的，该物品毁损、灭失后，保管人可以按照一般物品予以赔偿。③领取保管物的权利。寄存人可以随时领取保管物。当事人对保管期间没有约定或者约定不明确的，保管人无特别事由，不得要求寄存人提前领取保管物。④支付保管费的义务。寄存人应当按照约定向保管人支付保管费。当事人对保管费没有约定或者约定不明确，依照协商办法仍不能确定的，保管是无偿的。有偿的保管合同，寄存人应当按照约定的期限向保管人支付保管费。当事人对支付期限没有约定或者约定不明确，依照协商办法仍不能确定的，应当在领取保管物的同时支付。寄存人未按照约定支付保管费以及其他费用的，保管人对保管物享有留置权，但当事人另有约定的除外。

### 三、仓储合同

1. 仓储合同的概念和特征。（1）仓储合同的概念。仓储合同是保管人储存存货人交付的仓储物，存货人支付仓储费的合同。在仓储合同中，保管人是以收受报酬为目的而为他人储存与保管物品的营业人，也称仓管人、仓库营业人。将仓储物交付保管人储存的一方当事人为存货人。存货人交由保管人储存的物品称为仓储物。（2）仓储合同的法律特征。仓储合同是一种特殊的保管合同。因此，除了对仓储合同有特殊的要求以外，适用保管合同的有关规定。①保管人必须是具有仓库营业资质的人，这是仓储合同在主体上的重要特征。②标的物仅为动产。③仓储合同为诺成合同。仓储合同自成立时起生效。④仓储合同为不要式合同。⑤仓储合同是有偿合同。⑥在仓储合同中，存货人主张仓储物已交付或提取仓储物均须以仓单为凭证。

2. 仓储合同当事人的权利和义务。（1）保管人的权利和义务。①验收的义务。保管人应当按照约定对入库仓储物进行验收。保管人经验收发现入库仓储物与约定不符合的，应当及时通知存货人。保管人经验收后，发生仓储物的品种、数量、质量不符合约定的，保管人应当承担损害赔偿责任。②允许检查及抽样的义务。保管人根据存货人或者仓单持有人的要求，应当同意其检查仓储物或者提取样品。③给付仓单的义务。存货人交付仓储物的，保管人应当给付仓单。保管人应当在仓单上签字或者盖章。仓单包括下列事项：存货人的名称或者姓名、住所；仓储物的品种、数量、质量、包装、件数和标记；仓储物的损耗标准；储存场所；储存时间；仓储费；仓储物已经办理保险的，其保险金额、期间以及保险人的名称；填发人、填发地和填发日期。仓单是提取仓储物的凭证。存货人或者仓单持有人在仓单上背书并经保管人签字或者盖章的，可以转让提取仓储物的权利。④仓储物损坏的通知义务。保管人对入库仓储物发现有变质或者其他损坏的，应当及时通知存货人或者仓单持有人。保管人对入库仓储物发现有变质或其他损坏，危及其他仓储物的安全和正常保管的，应当催告存货人或者仓单持有人作出必要的处置。因情况紧急，保管人可以作出必要的处置，但事后应当将该情况及时通知存货人或者仓单持有人。⑤损害赔偿责任。储存期间，因保管人保管不善造成仓储物毁损、灭失的，保管人应当承担损害赔偿责任。因仓储物的性质、包装不符合约定或者超过有效储存期造成仓储物变质、损坏的，保管人不承担损害赔偿责任。（2）存货人的权利和义务。①危险物品的声明义务。储存易燃、易爆、有毒、有腐蚀性、有放射性等危险物品或者易变质物品，存货人应当说明该物品的性质，提供有关材料。存货人违反上述规定的，保管人不仅可以拒收仓储物，也可以采取相应措施以避免损失的发生，因此产生的费用由存货人承担。保管人储存易燃、易爆、有毒、有腐蚀性、有放射性等危险物品的，应当具备相应的保管条件。②仓储物的提取。当事人对储存期间没有约定或者约定不明确的，存货人或者仓单持有人可以随时提取仓储物，但应当给予保管人必要的准备时间。储存期间届满，存货人或仓单持有人不提取仓储物的，保管人可以催告其在合理期限内提取，逾期不提取的，保管人可以提存仓储物。③支付仓储费。储存期间届满，存货人或者仓单持有人应当凭仓单提取仓储物。存货人或者仓单持有人逾期提取的，应当加收仓储费；提前提取的，不减收仓储费。

### 四、委托合同

1. 委托合同的概念、特征和种类。（1）委托合同的概念。委托合同是委托人和受托人约定，由受托人处理委托人事务的合同。委托合同又称委任合同。在委托合同关系中，委托他人为自己处理事务的人称委托人，接受委托的人称受托人。（2）委托合同的特征。①委托合同的标的是劳务。②委托合同是诺成、非要式和双务合同。③委托合同既可以是有偿的，也可以是无偿的。④委托合同建立在委托人与受托人相互信任的基础上，以由受托人处理委托人事务为目的，属于典型的提供劳务的合同。与其他提供劳务的合同如雇用合同、承揽合同相比，委托合同特色较少，因而包容性更强。所以，当不能判定某一提供劳务合同是不是雇用合同或承揽合同时，通常使其适用于委托合同的规定。另外，合同法上关于委托的规定，对于公法上的委托关系不适用。（3）委托合同的种类。按委托人是否支付报酬，可以分为有偿的委托合同和无偿的委托合同；按受托人的权限范围，可以分为特别委托合同和概括委托合同；按委托发生的原因不同，可以分为一般委托合同和转委托合同；依委托合同中主体人数不同，可以分为单一委托合同和共同委托合同。

2. 委托合同当事人的权利和义务。（1）受托人的权利和义务。①处理委托事务的权利。

②请求支付费用的权利。③请求支付报酬的权利。④请求赔偿损失的权利。受托人处理委托事务时，因不可归责于自己的事由受到损失的，可以向委托人要求赔偿损失。委托人经受托人同意，可以在受托人之外委托第三人处理委托事务。因此给受托人造成损失的，受托人可以向委托人要求赔偿损失。⑤两个以上的受托人共同处理委托事务的，对委托人承担连带责任。⑥处理委托事务的义务。受托人应当按照委托人的指示处理委托事务。需要变更委托人指示的，应当经委托人同意；因情况紧急，难以和委托人取得联系的，受托人应当妥善处理委托事务，但事后应当将该情况及时报告委托人。受托人应当亲自处理委托事务。经委托人同意，受托人可以转委托。转委托经同意的，委托人可以就委托事务直接指示转委托的第三人，受托人仅就第三人的选任及其对第三人的指示承担责任。转委托未经同意的，受托人应当对转委托的第三人的行为承担责任，但在紧急情况下受托人为维护委托人的需要转委托的除外。⑦报告义务。受托人应当按照委托人的要求，报告委托事务的处理情况。委托合同终止时，受托人应当报告委托事务的结果。⑧披露义务。受托人以自己的名义，在委托人的授权范围内与第三人订立的合同，第三人在订立合同时知道受托人与委托人之间的代理关系，该合同直接约束委托人和第三人，但有确切证据证明，该合同只约束受托人和第三人的除外。受托人以自己的名义与第三人订立合同时，第三人不知道受托人与委托人之间的代理关系的，受托人因第三人的原因对委托人不履行义务，受托人应当向委托人披露第三人，委托人因此可以行使受托人对第三人的权利，但第三人与受托人订立合同时如果知道该委托人就不会订立合同的除外。受托人因委托人的原因对第三人不履行义务，受托人应当向第三人披露委托人。第三人因此可以选择委托人或者受托人作为相对人主张其权利，但第三人不得变更选定的相对人。委托人行使受托人对第三人的权利的，第三人可以向委托人主张其对受托人的抗辩。第三人选定委托人作为其相对人的，委托人可以向第三人主张其对受托人的抗辩以及受托人对第三人的抗辩。⑨转移财产的义务。受托人处理委托事务取得的财产，应当转交给委托人。(2) 委托人的权利和义务。①预付费用的义务。委托人应当预付处理委托事务的费用。受托人为处理委托事务垫付的必要费用，委托人应当偿还该费用及其利息。②支付报酬的义务。受托人完成委托事务的，委托人应当向其支付报酬。因不可归责于受托人的事由，委托合同解除或者委托事务不能完成的，委托人应当向受托人支付相应的报酬。当事人另有约定的，按照其约定。③要求赔偿损失的权利。有偿的委托合同，因受托人的过错给委托人造成损失的，委托人可以要求赔偿损失。无偿的委托合同，因受托人的故意或者重大过失给委托人造成损失的，委托人可以要求赔偿损失。受托人超越权限给委托人造成损失的，应当赔偿损失。

3. 关于委托合同的解除和终止。(1) 委托人或者受托人可以随时解除委托合同。因解除合同给对方造成损失的，除不可归责于该当事人的事由以外，应当赔偿损失。(2) 委托人或者受托人死亡、丧失民事行为能力或者破产的，委托合同终止，但当事人另有约定或者根据委托事务的性质不宜终止的除外。(3) 因委托人死亡、丧失民事行为能力或者破产，致使委托合同终止将损害委托人利益的，在委托人的继承人、法定代理人或者清算组织承受委托事务之前，受托人应当继续处理委托事务。(4) 因受托人死亡、丧失民事行为能力或者破产，致使委托合同终止的，受托人的继承人、法定代理人或者清算组织应当及时通知委托人。因委托合同终止将损害委托人利益的，在委托人作出善后处理之前，受托人的继承人、法定代理人或者清算组织应当采取必要措施。

### 五、行纪合同

1. 行纪合同的概念和特征。（1）行纪合同的概念。行纪合同是行纪人以自己的名义为委托人从事贸易活动，委托人支付报酬的合同。其中，委托人是委托他人从事贸易活动的人；行纪人是接受委托从事贸易活动的人。行纪合同也称为信托合同。（2）行纪合同的特征。行纪合同为有偿、双务、诺成和不要式合同，其标的为从事贸易活动。行纪合同与委托合同的主要区别是：①行纪人一般以行纪为业。②委托事务范围不同，行纪人受托从事的事项为贸易活动。③行纪人只能以自己的名义进行活动，因而其与第三人订立的合同不能对委托人直接发生效力。④行纪合同只能是有偿合同。⑤费用负担不同。除了当事人另有约定外，行纪人处理委托事务支出的费用，由行纪人负担。

2. 行纪合同当事人的权利和义务。（1）行纪人的权利和义务。①请求支付报酬权利和留置权。行纪人完成或者部分完成委托事务的，委托人应当向其支付相应的报酬。委托人逾期不支付报酬的，行纪人对委托物享有留置权，但当事人另有约定的除外。②介入权。行纪人卖出或者买入具有市场定价的商品，除委托人有相反意思表示的以外，行纪人自己可以作为买受人或者出卖人。行纪人有上述情形的，仍然可以要求委托人支付报酬。③提存权。行纪人按照约定买入委托物，委托人应当及时受领。经行纪人催告，委托人无正当理由拒绝受领的，行纪人可依照有关规定提存委托物。委托物不能卖出或者委托人撤回出卖，经行纪人催告，委托人不取回或者不处分该物的，行纪人可以依照有关规定提存委托物。④处分权。委托物交付给行纪人时有瑕疵或者容易腐烂、变质的，经委托人同意，行纪人可以处分该物；和委托人不能及时取得联系的，行纪人可以合理处分。⑤处理委托事务的义务。行纪人低于委托人指定的价格卖出或者高于委托人指定的价格买入的，应当经委托人同意。未经委托人同意，行纪人补偿其差额的，该买卖对委托人发生效力。行纪人高于委托人指定的价格卖出或者低于委托人指定的价格买入的，可以按照约定增加报酬。没有约定或者约定不明确，依照合同法的有关规定仍不能确定的，该利益属于委托人。委托人对价格有特别指示的，行纪人不得违背该指示卖出或者买入。⑥行纪人处理委托事务支出的费用，由行纪人负担，但当事人另有约定的除外。⑦以自己的名义处理委托事务的义务。行纪人与第三人订立合同的，行纪人对该合同直接享有权利、承担义务。第三人不履行义务致使委托人受到损害的，行纪人应当承担损害赔偿责任，但行纪人与委托人另有约定的除外。⑧保管义务。行纪人占有委托物的，应当妥善保管委托物。（2）委托人的权利和义务。①及时受领买入的委托物。②不能卖出或撤回出卖的，要取回委托物。③支付报酬的义务。

### 六、居间合同

1. 居间合同的概念、特征和种类。（1）居间合同的概念。居间合同是居间人向委托人报告订立合同的机会或者提供订立合同的媒介服务，委托人支付报酬的合同。在居间合同中，接受委托报告订立合同机会或者提供交易媒介的一方为居间人，给付报酬的一方为委托人。（2）居间合同的特征。①居间合同是双务、有偿、诺成和不要式合同。②居间合同是以促使一合同成立为目的的合同。③居间人的权利实现具有不确定性。④居间人不以他人名义或以自己名义代为订约，此与委托合同中的受托人、行纪合同中的行纪人均有所不同，但应允许居间人兼为代理人。（3）居间合同的种类。根据居间人所委托而进行的居间活动的内容，居间合同可以分为指示居间合同和媒介居间合同；根据调整居间活动的法律规范的不同，居间合同可以分为一般居间合同和特殊居间合同；根据居间人的身份和居间活动的性质，居间合同可以分为民事居间合同和商事居间合同。

2. 居间合同当事人的权利和义务。（1）居间人的权利和义务。①请求支付报酬的权利。②请求支付费用的权利。居间人未促成合同成立的，不得请求支付报酬，但可以要求委托人支付从事居间活动支出的必要费用。③如实报告的义务。居间人应当就有关订立合同的事项向委托人如实报告。居间人故意隐瞒与订立合同有关的重要事实或者提供虚假情况，损害委托人利益的，不得要求支付报酬并应当承担损害赔偿责任。④保密义务。⑤居间人促成合同成立的，居间活动的费用，由居间人负担。（2）委托人的权利和义务。主要是支付报酬的义务。居间人促成合同成立的，委托人应当按照约定支付报酬。对居间人的报酬没有约定或者约定不明确的，可以补充协议，协议不成仍不能确定的，根据居间人的劳务合理确定。因居间人提供订立合同的媒介服务而促成合同成立的，由该合同的当事人平均负担居间人的报酬。

## 第四节　技术合同

### 一、技术合同

1. 技术合同的概念和特征。技术合同是当事人就技术开发、转让、咨询或者服务订立的确立相互之间权利和义务的合同。技术合同包括技术开发合同、技术转让合同、技术咨询和技术服务合同。

技术合同具有以下特征：（1）技术合同的标的是技术成果。（2）技术合同是双务、有偿合同。（3）技术合同的履行具有特殊性。（4）技术合同受到多项法律的调整。

2. 技术合同的订立和主要内容。订立技术合同应当有利于科学技术的进步，加速科学技术成果的转化、应用和推广。技术合同的内容由当事人约定，一般包括以下条款：（1）项目名称。（2）标的内容、范围和要求。（3）履行的计划、进度、期限、地点、地域和方式。（4）技术情报和资料的保密。（5）风险责任的承担。（6）技术成果的归属和收益的分成办法。（7）验收标准和方法。（8）价款、报酬或者使用费及其支付方式。（9）违约金或者损失赔偿的计算方法。（10）解决争议的方法。（11）名词和术语的解释。与履行合同有关的技术背景资料、可行性论证和技术评价报告、项目任务书和计划书、技术标准、技术规范、原始设计和工艺文件，以及其他技术文档，按照当事人的约定可以作为合同的组成部分。技术合同涉及专利的，应当注明发明创造的名称、专利申请人和专利权人、申请日期、申请号、专利号以及专利权的有效期限。

3. 关于职务技术成果和非职务技术成果中财产权利的归属，以及技术成果精神权利的归属。职务技术成果是指执行法人或者其他组织的工作任务，或者主要是利用法人或者其他组织的物质技术条件所完成的技术成果。职务技术成果的使用权、转让权属于法人或者其他组织的，法人或者其他组织可以就该项职务技术成果订立技术合同。法人或者其他组织应当从使用和转让该项职务技术成果所取得的收益中提取一定比例，对完成该项职务技术成果的个人给予奖励或者报酬。法人或者其他组织订立技术转让职务技术成果时，职务技术成果的完成人享有以同等条件优先受让的权利。非职务技术成果的使用权、转让权属于完成技术成果的个人，完成技术成果的个人可以就该项非职务技术成果订立技术合同。完成技术成果的个人有在有关技术成果文件上写明自己是技术成果完成者的权利和取得荣誉证书、奖励的权利。

4. 无效技术合同的特别规定。非法垄断技术、妨碍技术进步或者侵害他人技术成果的技术合同无效。

### 二、技术开发合同

技术开发合同是指当事人之间就新技术、新产品、新工艺或者新材料及其系统的研究开发所订立的合同。技术开发合同应当采用书面形式。技术开发合同包括委托开发合同和合作开发合同。委托开发合同的委托人应当按照约定支付研究开发经费和报酬，提供技术资料、原始数据，完成协作事项，接受研究开发成果。委托开发合同的研究开发人应当按照约定制定和实施研究开发计划，合理使用研究开发经费，按期完成研究开发工作，交付研究开发成果，提供有关的技术资料和必要的技术指导，帮助委托人掌握研究开发成果。

合作开发合同的当事人应当按照约定进行投资，包括以技术进行投资，分工参与研究开发工作，协作配合研究开发工作。

### 三、技术转让合同

技术转让合同包括专利权转让、专利申请权转让、技术秘密转让和专利实施许可合同。技术转让合同应当采用书面形式。技术转让合同可以约定让与人和受让人实施专利或者使用技术秘密的范围，但不得限制技术竞争和技术发展。让与人应当保证自己是所提供的技术的合法拥有者，并保证所提供的技术完整、无误、有效，能够达到约定的目标。受让人应当按照约定的范围和期限，对尚未公开的秘密部分，承担保密义务。

专利实施许可合同的让与人应当按照约定许可受让人实施专利，交付实施专利有关的技术资料，提供必要的技术指导。受让人应当按照约定实施专利，不得许可约定以外的第三人实施该专利，并按照约定支付使用费。

技术秘密转让合同的让与人应当按照约定提供技术资料，进行技术指导，保证技术的实用性、可靠性，承担保密义务。受让人应当按照约定使用技术，支付使用费，承担保密义务。

### 四、技术咨询合同和技术服务合同

技术咨询合同包括就特定技术项目提供可行性论证、技术预测、专题技术调查、分析评价报告等合同。技术咨询合同的委托人应当按照约定阐明咨询的问题，提供技术背景材料及有关技术资料、数据，接受受托人的工作成果，支付报酬。受托人应当按照约定的期限完成咨询报告或者解答问题，提出的咨询报告应当达到约定的要求。

技术服务合同是指当事人一方以技术知识为另一方解决特定技术问题所订立的合同，不包括建设工程合同和承揽合同。技术服务合同的委托人应当按照约定提供工作条件，完成配合事项，接受工作成果并支付报酬。受托人应当按照约定完成服务项目，解决技术问题，保证工作质量，并传授解决技术问题的知识。关于技术中介合同、技术培训合同，法律、行政法规另有规定的，依照其规定。

# 第十九章　婚姻家庭法

## 第一节　婚姻家庭法概述

### 一、婚姻家庭法的概念及调整对象

婚姻家庭法，是调整婚姻家庭关系的发生和终止，以及由此所产生的一定亲属之间的人身关系和财产关系的法律规范的总和。

婚姻家庭法的调整对象为婚姻家庭关系。对此，可以从两个方面来把握。

1. 从调整对象的范围来看，婚姻家庭法既调整婚姻关系，又调整家庭关系；既包括婚姻家庭关系发生、变更和终止的过程，又包括在此过程中所形成的主体之间的权利和义务。婚姻关系因结婚而成立，因一方死亡或离婚而终止。关于结婚的条件和程序、夫妻间的权利和义务，离婚的条件、程序以及离婚后子女抚养、财产分割等问题，都属于婚姻关系的内容。家庭关系基于结婚、出生、法律拟制等原因而发生，又因离婚、家庭成员死亡、拟制血亲关系解除等原因而消灭。关于确认家庭成员之间的亲属身份，规定家庭成员之间的权利义务及其产生、变更和终止等，均属于家庭关系的内容，由婚姻家庭法调整。

2. 从调整对象的性质来看，婚姻家庭法既有婚姻家庭方面的人身关系，又有婚姻家庭方面的财产关系。人身关系存在于特定的具有亲属身份的主体之间，如夫妻关系、父母子女关系等。财产关系基于人身关系而产生，如夫妻共同财产关系，亲属间的扶养、赡养、抚养关系，亲属间的继承关系等。其中人身关系占主导地位，财产关系以人身关系为前提，居于从属地位。所以，婚姻家庭法在性质上应定位为身份法而非财产法。

### 二、婚姻家庭法的基本原则

#### （一）婚姻自由

婚姻自由是宪法赋予公民的一项基本权利。包括结婚自由和离婚自由。婚姻自由是指男女双方有权依法决定自己的婚姻，既不受对方的强迫，也不受第三人的干涉。婚姻法明确规定，禁止包办、买卖婚姻和其他干涉婚姻自由的行为。

#### （二）一夫一妻

一夫一妻，指的是一男一女结合为配偶的婚姻形式。婚姻法严格维护一夫一妻制度，任何人只能有一个配偶，禁止重婚以及其他破坏一夫一妻制度的行为。任何一夫多妻或一妻多夫的结合，都是同爱情的专一性和排他性不相容的。婚姻家庭法为贯彻执行一夫一妻原则提供了有效的法律保障，如：违反一夫一妻制的结婚不予登记；重婚不具有婚姻的法律效力，并须依法追究刑事责任等。

#### （三）男女平等

作为婚姻法的基本原则之一，男女平等专指婚姻家庭主体的法律地位、权利的享有和义务的承担均不受性别不同的影响。我国现行婚姻法为贯彻男女平等原则，作出了一系列有关夫妻之间或者父母双方在人身、财产上都有"平等"的权利义务的规定，如："夫妻在家庭中地位平等"；"夫妻双方都有各用自己姓名的权利"；"夫妻双方都有参加生产、工作、学习和社会活动的自由，一方不得对他方加以限制或干涉"；"夫妻对共同所有的财产，有平等的处理权"；"夫妻有互相扶养的义务"，"夫妻有相互继承遗产的权利"；"子女可以随父姓，可以随母姓"；"父母有保护和教育未成年子女的权利和义务。在未成年子女对国家、集体或他人造成损害时，父母有承担民事责任的义务"。

### （四）保护妇女、儿童和老人的合法权益

妇女是不同于男子的社会群体，具有自身的种种特点，肩负着社会生产和人类自身生产的两副重担，对其权益，在立法上应当有针对性地采取某些特殊的保护措施。同时，以婚姻为基础的家庭担负着赡老育幼的重要职能。敬老爱幼，是中华民族的传统美德，应当在社会主义制度下发扬光大。现行婚姻法规定：女方在怀孕期间、分娩后一年内或中止妊娠6个月内，男方不得提出离婚；离婚后，哺乳期间的子女，以随哺乳的母亲抚养为原则；离婚时，夫妻的共同财产由双方协议处理；协议不成时，由人民法院根据财产的具体情况，依据照顾女方和子女权益的原则判决；父母对子女有抚养教育的义务；子女对父母有赡养扶助的义务；有负担能力的孙子女、外孙子女，对于子女已经死亡的祖父母、外祖父母，有赡养的义务。婚姻法还明确规定，禁止家庭成员间的虐待和遗弃，禁止溺婴和其他残害婴儿的行为。

### （五）计划生育

实行计划生育是我国的基本国策之一。婚姻家庭制度同生育制度有着密切的内在联系，婚姻家庭是人口再生产的社会形式。婚姻双方是共同的生育主体，家庭是人口再生产的基本单位，宏观上的社会人口再生产，在微观上是通过婚姻家庭中的生育行为实现的。因此，我国的婚姻家庭法以实行计划生育为其基本原则之一，婚姻法规定，夫妻双方都有实行计划生育的义务，这是从家庭方面保障计划生育工作的实施。

## 第二节 亲属制度

### 一、亲属的概念、特征与分类

亲属是自然人之间基于婚姻、血缘和法律拟制而发生的身份关系。

法律意义上的亲属具有以下特征：

1. 亲属的身份和称谓具有固定性。除法律另有规定外，不得任意变更或解除。

2. 亲属作为法律规范的社会关系，即法律关系，具有身份和财产的双重性。其中身份性是前提和基础，财产性是身份性的结果和表现。

3. 亲属关系只能产生于特定的民事法律事实。法律关系必然以一定的法律事实为前提，亲属关系产生的法律事实包括三个方面：缔结婚姻；自然人的出生；基于收养等民事法律行为对身份关系的拟制。

4. 亲属具有相应的法定权利和义务。亲属间的权利义务关系在身份上和财产上均有体现。亲属关系担当着重要的社会职能，因而法律赋予亲属一定的权利义务，以维持共同生活秩序。

亲属关系可以从不同的角度进行分类，现代亲属关系可以分为以下几种：

1. 配偶。配偶即夫妻，配偶关系即夫妻关系。配偶在亲属关系中居于重要的核心地位，是血亲和姻亲产生的源泉和基础。

2. 血亲。指有血缘联系的亲属，又分为自然血亲和拟制血亲。

（1）自然血亲。指出自同一祖先，因出生而自然形成的具有真实血缘联系的亲属。如父母与子女、兄弟姐妹、祖孙、伯叔与侄子女、舅姨与外甥子女等，不分父系、母系，无论是婚生或非婚生，也无论是全血缘（同父同母）或半血缘（同父异母、同母异父），都属自然血亲。

（2）拟制血亲。是指本来无血缘关系而由法律确认其与自然血亲具有同等权利义务的亲属。我国婚姻法确认的拟制血亲有两类：一是养父母与养子女以及养子女与养父母的其他近亲属；二是在事实上形成了扶养教育关系的继父母与继子女。

3. 姻亲。是指以婚姻为中介而产生的亲属，但配偶除外。男女结婚后，一方与对方亲属之间即发生姻亲关系。姻亲一般分为三类：（1）血亲的配偶，如儿媳、女婿、姐妹夫、姑父、舅母、姨父、伯母等；（2）配偶的血亲，如公婆、岳父母、夫的兄弟姐妹、妻的兄弟姐妹等；（3）配偶的血亲的配偶，如妯娌、连襟等。

### 二、亲系与亲等

#### （一）亲系

亲系是指亲属间的联络系统。亲属以婚姻、血缘为基础，除配偶外，一切亲属都有一定的亲系可循。主要有以下的划分：

1. 直系血亲和旁系血亲

直系血亲是指彼此之间有直接血缘联系的亲属。包括己身所从出的血亲和己身所出的血亲，前者如父母、祖父母、外祖父母、曾祖父母、外曾祖父母、高祖父母和外高祖父母等；后者如子女、孙子女、外孙子女、曾孙子女、外曾孙子女、玄孙子女和外玄孙子女等。直系血亲除自然直系血亲外，还包括法律拟制的直系血亲，如养父母与养子女、养祖父母与养孙子女等。

旁系血亲是指彼此之间具有间接血缘联系的亲属，如兄弟姐妹、侄子女、伯、叔、姑、舅、姨、表兄弟姐妹等。

2. 直系姻亲和旁系姻亲

直系姻亲包括己身直系血亲的配偶和配偶的直系血亲，前者如儿媳、女婿、孙媳、孙女婿等，后者如公婆、岳父母等。

旁系姻亲包括三类：旁系血亲的配偶，如嫂、弟媳等；配偶的旁系血亲，如妻的兄弟姐妹等；配偶的旁系血亲的配偶，如妯娌、连襟等。

#### （二）亲等

亲等，是计算亲属关系亲疏远近的基本单位。亲等数小的，表示亲属关系亲近，亲等数大的，表示亲属关系疏远。我国婚姻法以"代"来表明亲属关系的亲疏远近。

计算亲属的代数分为直系血亲和旁系血亲两个方面。

直系血亲的计算：从己身开始，己身为一代，往上或往下数。如从己身往上数父母为二代，祖父母、外父母为三代；往下数，子女为二代，孙子女、外孙子女为三代，以此类推。

旁系血亲的计算：首先找出同源直系血亲，按直系血亲的计算法，从己身往上数至同源直系血亲，记下世代数；再从同源直系血亲往下数至要计算的旁系血亲，记下世代数。如果两边的世代数相同，则用一边的世代数定代数。如果两边的世代数不同，则取世代数大的一边定代数。例如，计算兄弟姐妹的代数，首先找出同源直系血亲父母，己身为一世代，往上数至父母为二世代；再从父母为一世代，往下数至兄弟姐妹是二世代。因此，兄弟姐妹之间是二代的旁系血亲。

### 三、亲属关系的发生与终止

亲属关系的发生与终止皆产生于一定原因。由于亲属的种类不同，其发生和终止的原因也不同。

1. 配偶关系。配偶关系因男女双方结婚而发生，因配偶一方死亡，或者夫妻离婚而终止。

2. 血亲关系。

（1）自然血亲关系的发生与终止。出生时自然血亲关系产生，死亡时自然血亲关系终止。

（2）拟制血亲关系的发生与终止。不同的拟制血亲，其发生与终止原因不同：

①收养关系。养父母和养子女这种拟制血亲因收养关系成立而发生。收养关系成立后，收养人与被收养人之间即发生父母子女关系，同时被收养人与收养人其他近亲属也发生拟制血亲关系。

一方死亡或者收养关系解除时，收养人及其近亲属与被收养人的拟制血亲关系终止。

②有抚养关系的继父母与继子女。这种拟制血亲关系发生要求两个条件同时具备：一是，继子女的生父（母）与继母（父）之间的婚姻关系发生；二是，继子女与继父母之间形成抚养教育关系。

这种拟制血亲关系的终止原因有三种：继父母或继子女一方死亡；双方当事人协议解除；生父（母）与继母（父）离婚，并且继子女未成年，由生父母带走而继父母终止抚养。

（3）姻亲关系的发生与终止。姻亲关系因婚姻成立而发生。对姻亲关系是否因离婚或配偶一方死亡而终止，我国婚姻法未作规定，但《继承法》第12条规定，丧偶儿媳对公婆、丧偶女婿对岳父母，尽了主要赡养义务的，作为第一顺序继承人。从其立法精神看这种姻亲关系不因配偶一方死亡而终止。

## 第三节　结婚制度

### 一、结婚的实质要件

结婚即婚姻的成立，是指男女双方按照法律规定的条件和程序，确立夫妻关系的法律行为。

婚姻成立的实质要件，是指婚姻当事人以及双方之间的关系，必须符合法律规定的结婚条件，包括结婚必须具备的条件和结婚禁止的条件。依据我国婚姻法的规定，结婚的必备条件有三项：（1）结婚必须男女双方完全自愿；（2）结婚当事人必须达到法定婚龄，即男子不得早于22周岁，女子不得早于20周岁；（3）必须符合一夫一妻制的规定，即任何人不得同时有两个或两个以上的配偶。结婚的禁止条件有两个：（1）直系血亲和三代以内的旁系血亲禁止结婚；（2）患有医学上认为不应当结婚的疾病的人禁止结婚。

### 二、结婚的形式要件

婚姻成立的形式要件，是指婚姻成立的方式或程序必须符合法律规定的条件。我国结婚实行登记制，即结婚必须履行的程序是结婚登记。《婚姻法》第8条规定："要求结婚的男女双方必须亲自到婚姻登记机关进行结婚登记。符合本法规定的，予以登记，发给结婚证。取得结婚证，即确立夫妻关系。未办理结婚登记的，应当补办登记。"由此可见，结婚登记是我国婚姻成立的法定程序，是合法婚姻成立的唯一形式要件。

对于现实生活中大量存在的事实婚姻，即未履行结婚登记而公开以夫妻名义共同生活的男女，根据婚姻法的规定，未办理结婚登记的，应当补办登记。如果未办理结婚登记，起诉到人民法院要求离婚的，根据最高人民法院《关于适用〈中华人民共和国婚姻法〉若干问题的解释（一）》（简称《婚姻法解释（一）》）第5条规定，应作以下区别对待：（1）1994年2月1日民政部《婚姻登记管理条例》公布实施以前，男女双方已经符合结婚实质要件的，按事实婚姻处理。（2）1994年2月1日民政部《婚姻登记管理条例》公布实施以后，男女双方符合结婚实质要件的，人民法院应当告知其在案件受理前补办结婚登记；未补办结婚登记的，按解除同居关系处理。

### 三、无效婚姻

无效婚姻，亦称违法婚姻，即不具有法律效力的婚姻，是指男女两性的结合因违反了法律规定的结婚要件而不具有法律效力的一种婚姻形式。

根据我国《婚姻法》第10条的规定，有下列情形之一的，婚姻无效：（1）重婚的；（2）有禁止结婚的亲属关系的；（3）婚前患有医学上认为不应当结婚的疾病，婚后尚未治愈的；（4）未到法定婚龄的。

《婚姻法解释（一）》第7条规定，有权依据《婚姻法》第10条规定向人民法院就已办理结婚登记的婚姻申请宣告婚姻无效的主体，包括婚姻当事人及利害关系人。利害关系人包括：（1）以重婚为由申请宣告婚姻无效的，为当事人的近亲属及基层组织。（2）以未到法定婚龄为由申请宣告婚姻无效的，为未达法定婚龄者的近亲属。（3）以有禁止结婚的亲属关系为由申请宣告婚姻无效的，为当事人的近亲属。（4）以婚前患有医学上认为不应当结婚的疾病，婚后尚未治愈为由申请宣告婚姻无效的，为与患病者共同生活的近亲属。第8条规定，当事人依据《婚姻法》第10条规定向人民法院申请宣告婚姻无效的，申请时，法定的无效婚姻情形已经消失的，人民法院不予支持。

《婚姻法解释（一）》和最高人民法院《关于适用〈中华人民共和国婚姻法〉若干问题的解释（二）》（简称《婚姻法解释（二）》）对人民法院审理无效婚姻也作了明确规定。人民法院审理宣告婚姻无效案件，对婚姻效力的审理不适用调解，应当依法作出判决；有关婚姻效力的判决一经作出，即发生法律效力。涉及财产分割和子女抚养的，可以调解。调解达成协议的，另行制作调解书。对财产分割和子女抚养问题的判决不服的，当事人可以上诉。法院就同一婚姻关系分别受理了离婚和申请宣告婚姻无效案件的，对于离婚案件的审理，应当待申请宣告婚姻无效案件作出判决后进行。婚姻关系被宣告无效后，涉及财产分割和子女抚养的，应当继续审理。

确认婚姻无效，是法律对当事人的配偶身份的否定，它使以婚姻为名的违法结合不具有合法婚姻的效力，根据婚姻法的规定，无效婚姻，自始无效。无效婚姻产生以下法律后果：当事人不具有夫妻的权利和义务。同居期间所得的财产，由当事人协议处理；协议不成时，由人民法院根据照顾无过错方的原则判决。对重婚导致的婚姻无效的财产处理，不得侵害合法婚姻当事人的财产权益。当事人所生的子女，适用婚姻法有关父母子女的规定。

### 四、可撤销婚姻

可撤销婚姻，是指已成立的婚姻关系，因欠缺婚姻合意，依法享有撤销权的一方当事人可以向婚姻登记机关或人民法院申请撤销的婚姻。

依据《婚姻法》第 11 条的规定，因胁迫结婚的，受胁迫的一方可以向婚姻登记机关或人民法院请求撤销该婚姻。因此，婚姻撤销的事由是因胁迫而结婚。这里的胁迫是指行为人以给另一方当事人或者其近亲属的生命、身体健康、名誉、财产等方面造成损害为要挟，迫使另一方当事人违背真实意愿结婚的情况。因受胁迫而请求撤销婚姻的，只能是受胁迫一方的婚姻关系当事人本人。行使婚姻撤销权的机构是婚姻登记机关或人民法院。

受胁迫的一方撤销婚姻的请求，应当自结婚登记之日起一年内提出。被非法限制人身自由的当事人请求撤销婚姻的，应当自恢复人身自由之日起一年内提出。这里所说的"一年"，不适用诉讼时效中止、中断或者延长的规定。

被人民法院或婚姻登记机关撤销婚姻关系的，其法律后果与确认婚姻无效相同。

## 第四节　夫妻关系

夫妻关系是指夫妻在法律上的权利和义务关系，包括夫妻间的人身关系和财产关系两方面。其中夫妻人身关系决定着夫妻财产关系，夫妻财产关系从属于夫妻人身关系。

### 一、夫妻人身关系

夫妻人身关系，是指与夫妻身份相联系的不具有经济内容的权利义务关系。我国婚姻法规定的夫妻人身关系主要包括以下几方面内容：

1. 夫妻的姓名权。《婚姻法》第 14 条规定，夫妻双方都有各用自己姓名的权利。

2. 夫妻人身自由权。已婚夫妻在法定范围内，享有依照自身意志独立参加社会活动、从事社会职业、进行社会交往的权利。《婚姻法》第 15 条规定，夫妻双方都有参加生产、工作、学习和社会活动的自由，一方不得对他方加以限制或干涉。

3. 夫妻的计划生育义务。《婚姻法》第 16 条规定，夫妻双方都有实行计划生育的义务。

### 二、夫妻财产关系

夫妻财产关系，是指夫妻之间因夫妻身份引起的直接体现一定经济内容的财产方面的权利义务关系。它包括以下三方面内容：

1. 夫妻财产制

夫妻财产制，是指调整夫妻的婚前财产和婚后财产的归属、使用、收益、处分以及夫妻对外债务的承担、离婚时财产分割等夫妻财产法律问题的制度。我国婚姻法确立的夫妻财产制有两种形式：

（1）法定财产制。即在夫妻对婚前、婚后财产未订立约定、约定不明确或约定无效情况下，依据我国婚姻法所适用的夫妻财产制。我国现行法定财产制包括两种类型：

①婚后所得共同制。我国婚姻法上的夫妻共同财产采取的是婚后所得共同制，即在夫妻关系存续期间，夫妻双方所得的财产，归双方共同共有，但法定个人财产除外。《婚姻法》第 17 条规定婚姻关系存续期间所得的以下财产归夫妻共同所有：第一，工资、奖金；第二，生产、经营的收益；第三，知识产权的收益；第四，继承或赠与所得的财产，但遗嘱或赠与合同中确定只归夫或妻一方的财产除外；第五，其他应当归共同所有的财产。根据《婚姻法解释（二）》，"其他应当归共同所有的财产"包括：第一，一方以个人财产投资取得的收益；第二，男女双方实际取得或者应当取得的住房补贴、住房公积金；第三，男女双方实际取得或者应当取得的养老保险金、破产安置补偿费。由一方婚前承租、婚后用共同财产购买的房屋，房屋权属证书登记在一方名下的，应当认定为夫妻共同财产。最高人民法院《关于适用〈中华人民共和国婚姻法〉若干问题的解释（三）》（简称《婚姻法解释（三）》）规定，夫妻一方个人财产在婚后产生的收益，除孳息和自然增值外，应认定为夫妻共同财产。

另外，《婚姻法》第 17 条规定，夫妻对共同所有的财产，有平等的处理权。夫妻应平等协商，共同管理使用，任何一方不得非法剥夺他方对夫妻共有财产的所有权。根据《婚姻法解释（一）》，"有平等的处理权"应当理解为：第一，夫或妻在处理夫妻共同财产上的权利是平等的。因日常生活需要而处理夫妻共同财产的，任何一方均有权决定。第二，夫或妻非因日常生活需要对夫妻共同财产做重要处理决定，夫妻双方应当平等协商，取得一致意见。他人有理由相信其为夫妻双方共同意思表示的，另一方不得以不同意或不知道为由对抗善意第三人。

②夫妻个人特有财产制。夫妻个人特有财产，是指夫妻在婚前或婚姻关系存续期间所得的财产，依法属于夫妻一方个人所有的财产。依据《婚姻法》第 18 条规定，下列情形下为夫妻一方个人财产：第一，一方的婚前财产；第二，一方因身体受到伤害获得的医疗费、残疾人生活补助费等费用；第三，遗嘱或赠与合同中确定只归夫或妻一方的财产；第四，一方专用的生活用品；第五，其他应当归一方的财产。《婚姻法解释（二）》规定，军人的伤亡保险金、伤残补助金、医药生活补助费属于个人财产。

《婚姻法解释（三）》规定，婚后由一方父母出资为子女购买的不动产，产权登记在出资人子女名下的，可按照《婚姻法》第 18 条第（三）项的规定，视为只对自己子女一方的赠与，该不动产应认定为夫妻一方的个人财产。

婚姻法规定为夫妻一方所有的财产，不因婚姻关系的延续而转化为夫妻共同财产，但当事人另有约定的除外。

（2）约定财产制。即婚姻双方通过协议方式对婚前或者婚后财产的归属、占有、使用、收益、处分等作出约定的一种财产制度。其效力要高于法定财产制。

①约定的条件和时间。夫妻进行财产约定，必须双方是完全民事行为能力人，必须由双方亲自订立，不得由他人代理，约定必须体现双方真实意志。婚姻法没有限定夫妻财产约定的时间，可以在婚前，也可以在婚后。

②约定的范围及方式。《婚姻法》第 19 条规定，夫妻可以约定婚姻关系存续期间所得的财产以及婚前财产归各自所有、共同所有或部分各自所有、部分共同所有。约定应当采用书

面形式。没有约定或约定不明确的，适用法定财产制的规定。

③约定的效力。对内的效力体现在，夫妻对婚姻关系存续期间所得的财产以及婚前财产的约定，对双方具有约束力。对外的效力体现在，夫妻对婚姻关系存续期间所得的财产约定归各自所有的，夫或妻一方对外所负的债务，第三人知道该约定的，以夫或妻一方所有的财产清偿。

**2. 夫妻之间的扶养关系**

《婚姻法》第20条规定，夫妻有互相扶养的义务。一方不履行扶养义务时，需要扶养的一方，有要求对方付给扶养费的权利。

**3. 夫妻的相互继承关系**

婚姻关系成立以后，夫妻双方相互成为对方遗产的法定继承人，而且是第一顺位法定继承人。婚姻法规定，夫妻有相互继承遗产的权利，父母和子女有相互继承遗产的权利。

# 第五节　离婚制度

**一、离婚制度概述**

**(一) 离婚概念和特征**

离婚，又称婚姻的解除，是指夫妻一方或者双方依照法律规定通过协议或诉讼的方式解除婚姻关系，终止夫妻间权利义务的法律行为。

离婚具有下列法律特征：(1) 离婚主体具有特定性。婚姻关系是具有人身属性的法律关系，要解除这种人身关系，原则上必须是婚姻关系当事人才能够为意思表示。(2) 离婚以有效婚姻关系的存在为前提。(3) 离婚必须在夫妻双方生存期间进行。(4) 离婚是要式行为，离婚的程序具有法定性。

**(二) 离婚与宣告婚姻无效、撤销婚姻的区别**

离婚与宣告婚姻无效、撤销婚姻一样，都会导致婚姻关系的消灭，但是三者之间存在明显区别：

1. 三者发生的原因不同。离婚、宣告婚姻无效和撤销婚姻的原因都是由法律规定的，但是法律为三者规定了不同的原因，如离婚的前提是感情确已破裂，撤销婚姻的理由是胁迫，宣告婚姻无效的理由则有多种情况。另外，宣告婚姻无效、撤销婚姻的原因在婚姻缔结时就已经存在，而离婚的原因虽然可以在结婚时存在，但是也可以发生在结婚后。

2. 三者的法律效果不同。三者虽然都是以终止婚姻关系为目的，但离婚以合法婚姻为对象，不否定婚姻效力。宣告婚姻无效、撤销婚姻则是以婚姻关系本身存在瑕疵为前提，其目的是否认婚姻的效力。

3. 三者的请求权人不同。离婚的请求权人仅限于婚姻关系当事人；撤销婚姻只能由受胁迫一方当事人提出；请求宣告婚姻无效既可以由当事人提出，也可以由特定的利害关系人提出。

4. 三者的权利行使期限不同。离婚可以在婚姻关系存续期间的任何时候提出，没有期限限制；只要有无效事由存在，宣告婚姻无效也可以一直主张，不受期限限制；撤销婚姻则有1年的除斥期间限制。

5. 三者对当事人是否生存要求不同。离婚的前提要求配偶生存；而宣告婚姻无效与撤销婚姻这两种情况，即使当事人一方死亡，仍然可以主张。

6. 三者在法律效果的溯及力上不同。离婚没有溯及力，即离婚前的婚姻关系不因离婚而消灭；但宣告婚姻无效和撤销婚姻具有溯及力，使得婚姻关系自始不受法律保护。

### 二、登记离婚

登记离婚是指夫妻双方自愿离婚，并就离婚的事项达成协议，向婚姻登记机关申请离婚登记，从而解除婚姻关系。登记离婚的程序，由婚姻登记管理机关代表国家依法对双方自愿的离婚行为进行审核，凡符合离婚条件的，给予登记，发给离婚证；当事人取得离婚证，即解除婚姻关系。《婚姻法》第 31 条规定，男女双方自愿离婚的，准予离婚。双方必须到婚姻登记机关申请离婚。婚姻登记机关查明双方确实是自愿并对子女和财产问题已有适当处理时，发给离婚证。

### 三、诉讼离婚

诉讼离婚是指夫妻一方向人民法院提起诉讼，由人民法院依诉讼程序审理后，调解或判决解除婚姻关系。

《婚姻法》第 32 条规定，男女一方要求离婚的，可由有关部门进行调解或直接向人民法院提出离婚诉讼。所谓有关部门予以调解在法学上称为诉讼外调解，又称为诉讼前的调解，是指在当事人所在单位、群众团体、基层人民调解组织、居民委员会或村民委员会、司法调解中心、基层法律服务所、婚姻登记机关等部门主持下，依据法律、法规和社会公德，说服、帮助当事人在自主自愿的基础上，就维持或解除婚姻关系以及子女和财产问题达成协议。

人民法院审理离婚案件，首先应该予以调解。无论是经有关部门调解无效而提出的离婚诉讼，还是男女一方直接向人民法院提出的离婚诉讼，均由人民法院依法审理。人民法院审理离婚案件应首先进行调解。调解是必经程序。除了特殊情况人民法院无法调解的以外，人民法院不得未经调解而直接作出判决。

在离婚案件调解无效的情况下，人民法院应当以事实为根据，以法定离婚理由为依据加以判决。如夫妻感情确已破裂，应准予离婚。如果夫妻感情尚未完全破裂，应判决不准离婚。应注意的是，对于一审判决准予离婚的，人民法院在宣告离婚判决时，必须告知当事人在判决发生法律效力前不得另行结婚。当事人不服一审不准离婚的判决而上诉的，第二审人民法院认为应当判决离婚的，可以根据当事人自愿的原则，与子女抚养、财产问题一并调解；调解不成的，发回重审。

根据《婚姻法》第 32 条的规定，我国的法定离婚理由是夫妻感情确已破裂。依据本条第 3 款的规定，认定夫妻感情确已破裂的表征有：（1）重婚或有配偶者与他人同居的；（2）实施家庭暴力或虐待、遗弃家庭成员的；（3）有赌博、吸毒等恶习屡教不改的；（4）因感情不和分居满二年的；（5）其他导致夫妻感情破裂的情形。

在离婚诉讼中，法律对现役军人和女方予以特殊保护。《婚姻法》第 33 条规定，现役军人的配偶要求离婚，须得军人同意，但军人一方有重大过错的除外。第 34 条规定，女方在怀孕期间、分娩后一年内或中止妊娠后六个月内，男方不得提出离婚。女方提出离婚的，或人民法院认为确有必要受理男方离婚请求的，不在此限。

#### 四、离婚的法律后果

##### （一）离婚在当事人身份方面的后果

离婚解除了当事人之间的夫妻身份，因夫妻身份而确定的权利义务关系随之消灭：（1）共同生活的权利义务解除。（2）相互扶养的权利义务终止。（3）法定继承人的资格丧失。（4）排除不得再婚的限制。

##### （二）离婚在当事人财产方面的后果

离婚不仅解除了夫妻之间的身份关系，也终止了夫妻之间的财产关系，产生夫妻共同财产与个人财产的认定和分割、债务的定性和清偿、对生活困难一方的经济帮助等法律后果。

###### 1. 夫妻共同财产的分割

《婚姻法》第39条规定，离婚时，夫妻的共同财产由双方协议处理；协议不成时，由人民法院根据财产的具体情况，照顾子女和女方权益的原则判决。

对于夫妻共同财产中的房屋，根据《婚姻法解释（二）》，双方对夫妻共同财产中的房屋价值及归属无法达成协议时，人民法院按以下情形分别处理：（1）双方均主张房屋所有权并且同意竞价取得的，应当准许。（2）一方主张房屋所有权的，由评估机构按市场价格对房屋作出评估，取得房屋所有权的一方应当给予另一方相应的补偿。（3）双方均不主张房屋所有权的，根据当事人的申请拍卖房屋，就所得价款进行分割。离婚时双方对尚未取得所有权或者尚未取得完全所有权的房屋有争议且协商不成的，人民法院不宜判决房屋所有权的归属，应当根据实际情况判决由当事人使用。当事人结婚前，父母为双方购置房屋出资的，该出资应当认定为对自己子女的个人赠与，但父母明确表示赠与双方的除外。当事人结婚后，父母为双方购置房屋出资的，该出资应当认定为对夫妻双方的赠与，但父母明确表示赠与一方的除外。

夫妻双方分割共同财产中的股票、债券、投资基金份额等有价证券以及未上市股份有限公司股份时，协商不成或者按市价分配有困难的，人民法院可以根据数量按比例分配。

由双方协议处理是指由夫妻双方对于共同财产如何分割协商解决。协议可以在人民法院调解过程中进行，也可以在其他时间地点进行。协议的内容应记载在离婚调解书上。《婚姻法》第39条规定，协议不成时，由人民法院根据财产的具体情况，照顾子女和女方权益的原则判决。

夫妻书面约定婚姻关系存续期间所得的财产归各自所有，一方因抚育子女、照料老人、协助另一方工作等付出较多义务的，离婚时有权向另一方请求补偿，另一方应当予以补偿。享有补偿请求权是对夫妻所从事的家务劳动应该予以正确评价的必然要求，也是夫妻对隐性共同财产享有分割请求权的必然要求。

###### 2. 夫妻共同债务的清偿

关于离婚时的债务，婚姻法规定，离婚时，原为夫妻共同生活所负的债务，应当共同偿还。共同财产不足清偿的，或财产归各自所有的，由双方协议清偿；协议不成时，由人民法院判决。为共同生活所负的债务也即夫妻共同债务，是指夫妻为维持家庭的共同生活和进行共同生产、经营活动所负的债务。为夫妻共同生活所负的债务，包括因购置生活用品、修建或购置住房所负的债务，履行抚养教育和赡养义务、治疗疾病所负的债务，从事双方同意的文化教育、文娱体育活动所负的债务，以及其他在日常生活中发生的应当由夫妻双方负担的债务。为夫妻共同生产、经营所负的债务，包括双方共同从事工商业或在农村承包经营所负的债务，购买生产资料所负的债务，共同从事投资或者其他金融活动所负的债务，在以上的经营活动中所应缴纳的税收，经双方同意由一方经营且其收入用于共同生活所负债务等。

对于夫妻关系存续期间以一方名义所负的债务，《婚姻法解释（二）》规定，债权人就婚姻关系存续期间夫妻一方以个人名义所负债务主张权利的，应当按夫妻共同债务处理。但夫妻一方能够证明债权人与债务人明确约定为个人债务，或者能够证明属于《婚姻法》第 19 条第 3 款规定情形的除外。《婚姻法》第 19 条规定，夫妻对婚姻关系存续期间所得的财产约定归各自所有的，夫或妻一方对外所负的债务，第三人知道该约定的，以夫或妻一方所有的财产清偿。

夫妻共同债务的清偿顺序为：首先用夫妻共同财产清偿。夫妻共同财产不足时，以各自法定个人所有或约定个人所有的财产予以清偿，以保护债权人的利益。如果没有夫妻个人财产或个人财产不足时，方可以承诺日后清偿。

### （三）离婚在父母子女关系方面的后果

父母与子女间的关系不因父母离婚而消除。因为父母子女之间的权利义务是基于血缘、收养或者抚养教育而产生，离婚只是解除夫妻之间的权利义务关系，而不能影响父母子女之间的权利义务。而且这也是保护儿童合法权益的基本原则的必然要求。离婚后，子女无论由父方或母方抚养，仍是父母双方的子女。

离婚后父母对子女仍有抚养教育的权利和义务。父母双方无论是否与子女共同生活，都可以抚养教育自己的子女，不受任何人的限制或干涉。父母双方无论是否与子女共同生活，都必须抚养教育子女，不得以任何理由加以推卸或懈怠。

离婚后，哺乳期内的子女，以随哺乳的母亲抚养为原则。哺乳期后的子女，如双方因抚养问题发生争执不能达成协议时，由人民法院根据子女的权益和双方的具体情况判决。

离婚后，一方抚养子女的，另一方应负担必要的生活费和教育费的一部或全部，负担费用的多少和期限的长短，由双方协议；协议不成时，由人民法院判决。关于子女生活费和教育费的协议或判决，不妨碍子女在必要时向父母任何一方提出超过协议或判决原定数额的合理要求。

《婚姻法》第 38 条还专门规定了探望权。离婚后，不直接抚养子女的父或母，有探望子女的权利，另一方有协助的义务。行使探望权的方式、时间由当事人协议；协议不成时，由人民法院判决。有探望的权利是指探望权人可以探望子女也可以不探望子女，任何人不得限制或干涉。但不得滥用自己的权利。探望既包括见面，如直接见面、短期的共同生活在一起，也包括交往，如互通书信、互通电话等。父或母探望子女，不利于子女身心健康的，如不直接抚养子女一方是无民事行为能力人或者限制民事行为能力人；不直接抚养子女一方患有重病，不适合行使探望权；或者行使探望权的一方当事人对子女有侵权行为或者犯罪行为，严重损害未成年子女利益的，人民法院依法可以中止探望权，待中止的事由消失后，再恢复探望的权利。

### （四）离婚时的救济方式

1. 离婚时对生活困难一方的经济帮助。《婚姻法》第 42 条规定，离婚时，如一方生活困难，另一方应从其住房等个人财产中给予适当帮助。具体办法由双方协议；协议不成时，由人民法院判决。所谓一方生活困难是指夫妻一方取回的个人财产、分得的共同财产、获得的补偿金、有合理预期的劳动收入和其他收入等金钱或生活用品等，不足以维持最近时期的生活。离婚时对生活困难的一方提供经济帮助，不同于婚姻关系存续期间的扶养义务。它不是扶养义务的延续，而是解除婚姻关系时的一种善后措施。

2. 离婚损害赔偿请求权

《婚姻法》第46条规定，有下列情形之一，导致离婚的，无过错方有权请求赔偿：（1）重婚的；（2）有配偶者与他人同居的；（3）实施家庭暴力的；（4）虐待、遗弃家庭成员的。

关于离婚损害赔偿请求权的行使，婚姻法及司法解释作了进一步规定：（1）承担《婚姻法》第46条规定的损害赔偿责任的主体，为离婚诉讼当事人中无过错方的配偶。人民法院判决不准离婚的案件，对于当事人基于《婚姻法》第46条提出的损害赔偿请求，不予支持。在婚姻关系存续期间，当事人不起诉离婚而单独依据该条规定提起损害赔偿请求的，人民法院不予受理。（2）人民法院受理离婚案件时，应当将《婚姻法》第46条等规定中当事人的有关权利义务，书面告知当事人。在适用《婚姻法》第46条时，应当区分以下不同情况：①符合《婚姻法》第46条规定的无过错方作为原告基于该条规定向人民法院提起损害赔偿请求的，必须在离婚诉讼的同时提出。②符合《婚姻法》第46条规定的无过错方作为被告的离婚诉讼案件，如果被告不同意离婚也不基于该条规定提起损害赔偿请求的，可以在离婚后一年内就此单独提起诉讼。③无过错方作为被告的离婚诉讼案件，一审时被告未基于《婚姻法》第46条规定提出损害赔偿请求，二审期间提出的，人民法院应当进行调解，调解不成的，告知当事人在离婚后一年内另行起诉。（3）当事人在婚姻登记机关办理离婚登记手续后，以《婚姻法》第46条规定为由向人民法院提出损害赔偿请求的，人民法院应当受理。但当事人在协议离婚时已经明确表示放弃该项请求，或者在办理离婚登记手续一年后提出的，不予支持。（4）《婚姻法》第46条规定的"损害赔偿"，包括物质损害赔偿和精神损害赔偿。涉及精神损害赔偿的，适用最高人民法院《关于确定民事侵权精神损害赔偿责任若干问题的解释》的有关规定。

## 第六节　收养制度

### 一、收养的概念和特征

收养，是指自然人依照法律规定的程序和条件，将他人的子女作为自己子女，使收养人和被收养人之间确定法律拟制的父母子女关系。它是基于法律行为而产生的法律关系。

收养具有以下法律特征：（1）收养是一种法律行为。（2）收养是一种身份行为。收养是建立拟制父母子女关系的身份行为。当然这种拟制关系可以解除。（3）收养是要式法律行为。收养关系的成立必须办理收养登记。

### 二、收养关系的成立

收养关系的成立需要符合法定的实质条件和形式条件。

**（一）实质条件**

成立收养，应当具备如下实质条件：

1. 被收养人的条件

被收养人应当是不满14周岁的未成年人，且符合下列三种情形之一：（1）丧失父母的孤儿；（2）查不到生父母的弃婴和儿童；（3）生父母有特殊困难无力扶养的子女。

但收养三代以内同辈旁系血亲的子女时，可不受被收养人不满 14 周岁，其生父母有特殊困难无力抚养的限制。

2. 收养人的条件

收养人应当具备下列条件：（1）无子女，包括没有亲生子女、养子女。（2）有抚养、教育被收养人的能力。（3）未患有医学上认为不应当收养子女的疾病。（4）年满 30 周岁。（5）收养人只能收养一名子女。（6）其他条件，例如，有配偶者收养子女须夫妻共同收养，无配偶的男性收养女性的，收养人与被收养人的年龄应当相差 40 周岁以上。

无配偶的男性收养三代以内同辈旁系血亲的女性，不受年龄应相差 40 周岁以上的限制。华侨收养三代以内同辈旁系血亲的子女，不受收养人须无子女的限制。收养孤儿、烈属儿童或社会福利机构查找不到生父母的弃婴和儿童的，不受收养人无子女和收养一名的限制。收养继子女时，继父或者继母经继子女的生父母同意，可以收养成继子女，一般不受限制。

3. 送养人。下列公民、组织可以做送养人：孤儿的监护人，社会福利机构，有特殊困难无力抚养子女的生父母。有特殊困难无力抚养子女的生父母送养子女的，须双方共同送养。生父母一方不明或者查找不到的才可以单方送养。此外，配偶一方死亡，另一方送养未成年子女的，死亡一方的父母有优先抚养的权利，即此种情形下的送养须先征求死亡一方父母的意见。

4. 收养当事人间有收养的合意

收养年满 10 周岁以上的当事人的，还应当征得被收养人的同意。

**（二）收养关系的形式要件**

收养除有当事人的收养协议以外，还应当到县级以上人民政府的民政部门办理收养登记。收养关系自登记之日起成立。

### 三、收养关系的法律效力

自收养关系成立之日起，养父母与养子女间的权利义务关系，适用法律关于父母子女关系的规定；养子女与养父母的近亲属间的权利义务关系，适用法律关于子女与父母的近亲属关系的规定。

养子女与生父母及其他近亲属间的权利义务关系，因收养关系的成立而消除。

### 四、收养关系的解除

收养关系的解除分为协议解除和诉讼解除。协议解除的条件包括：双方当事人有解除收养的合意；当事人有完全民事行为能力；夫妻共同收养的，须夫妻共同解除收养关系。解除收养关系应到收养人的户籍所在地的民政部门办理解除手续。收养人在被收养人成年以前不得解除收养关系，但收养人、送养人双方协议解除除外。

收养关系解除后，经养父母抚养的成年养子女对缺乏劳动能力又无生活来源的养父母应当给付生活费。因养子女成年后虐待、遗弃养父母而解除收养关系的，养父母可以要求养子女补偿收养期间支出的生活费和教育费。除养父母因虐待、遗弃养子女而解除收养关系的以外，生父母要求解除收养关系的，养父母可以要求生父母适当补偿收养期间支出的生活费和教育费。但养父母要求解除收养关系的，一般不予补偿。

## 第七节　父母子女关系

父母子女是血亲关系中最近的直系血亲，是家庭法律关系的核心。父母子女关系，具体到法律上，就是指父母和子女之间的权利义务关系。婚姻法就父母子女关系有具体的规定，主要包括下列四项内容：

### 一、父母对子女的抚养义务

子女未成年或者不具备独立生活能力时，父母有抚养义务。如果父母没有履行抚养义务，未成年或者不具备独立生活能力的子女，有要求父母给付抚养费的权利。

### 二、父母对未成年子女有保护、教育的权利和义务

子女未成年时，父母作为监护人，有监督、保护和教育的权利及义务。如果未成年子女对他人造成损害，父母作为监护人要承担民事责任。

### 三、子女对父母有赡养扶助的义务

子女有对父母的赡养和扶助义务，子女不履行此项义务时，无劳动能力或生活困难的父母，有要求子女给付赡养费的权利。

### 四、父母子女间有相互继承遗产的权利

父母和子女互为第一顺序继承人，相互间有继承遗产的权利。

父母子女的权利义务关系，不仅适用于父母与婚生子女之间，也适用于父母与非婚生子女之间、养父母与养子女之间以及有抚养关系的继父母与继子女之间。

## 第八节　扶养制度

### 一、扶养的概念

扶养有广义和狭义之分。广义的扶养没有辈分的区别，一定范围内亲属间相互供养和扶助的权利义务关系都可以包含在内，它包括赡养、抚养和狭义的扶养。狭义的扶养，仅指平辈亲属间相互供养和扶助的权利义务关系。

目前世界上多数国家是在广义上使用扶养这个概念，我国法律根据语境的不同，广义和狭义均有使用。

### 二、我国现行的扶养制度

1. 夫妻之间的扶养

《婚姻法》第 20 条规定，夫妻有相互扶养的义务。一方不履行扶养义务时，需要扶养的一方，有要求对方付给扶养费的权利。

夫妻之间的扶养关系具有以下特征：

（1）夫妻之间的扶养关系以经济上相互扶养、生活上相互扶助为内容，这种扶养关系是婚姻或家庭共同体得以存续的基本保障。

（2）夫妻之间的扶养关系既是双方的权利，也是双方的义务。不履行扶养义务的行为在法律上构成侵权。

（3）夫妻间的扶养义务是法定义务，同时具有强制性。

（4）夫妻间的扶养关系从婚姻关系成立时产生，至婚姻关系终止时消灭。

2. 父母子女间的扶养

父母子女间的扶养内容见本章第七节。

3. 祖孙间的扶养

婚姻法规定，有负担能力的祖父母、外祖父母、对于父母已经死亡或父母无力抚养的未成年的孙子女、外子孙女，有抚养的义务。有负担能力的孙子女、外孙子女，对于子女已经死亡或子女无力赡养的祖父母、外祖父母、有赡养的义务。

上述规定，不仅适用于自然血亲的祖父母、外祖父母与孙子女、外孙子女之间，也同样适用于养祖父母、养外祖父母与养孙子女、养外孙子女，以及有抚养关系的继祖父母、继外祖父母与继孙子女、继外孙子女。

祖孙间的扶养是有条件的。就祖父母、外祖父母对孙子女、外孙子女承担抚养义务而言，要求孙子女、外孙子女为未成年人且孙子女、外孙子的父母已经死亡或父母无力抚养，同样要求祖父母、外祖父母有负担能力。就孙子女、外孙子女对祖父母、外祖父母承担赡养义务而言，要求祖父母、外祖父母需要赡养且其子女已经死亡或无力赡养，同时孙子女、外孙子女已经成年且有负担能力。

4. 兄弟姐妹之间的扶养

婚姻法规定，有负担能力的兄、姐，对于父母死亡或父母无力抚养的未成年的弟、妹，有扶养的义务。由兄、姐扶养长大的有负担能力的弟、妹，对于缺乏劳动能力又缺乏生活来源的兄、姐，有扶养的义务。

上述规定，不仅适用于同父同母的兄弟姐妹，也适用于同父异母或同母异父的兄弟姐妹、养兄弟姐妹、有扶养关系的继兄弟姐妹。

兄弟姐妹之间的扶养义务同样应当具备一定的条件。就兄、姐对弟、妹负担扶养义务而言，要求弟、妹未成年且父母已经死亡或者无力抚养，同时兄、姐有负担能力。就弟、妹对兄、姐负担扶养义务而言，要求兄、姐缺乏劳动能力又缺乏生活来源；同时弟、妹是由兄、姐扶养长大且有负担能力。

# 第二十章 继 承 法

## 第一节 继承法概述

### 一、继承的概念和特征

#### (一) 继承的概念

继承，是指将死者生前所有的、于死亡时遗留的个人合法财产，依法转移给他人所有的法律制度。继承是因自然人死亡而发生的法律现象，如果自然人不死亡，则不发生继承；继承是处理死者财产的法律制度，如果自然人死亡而没有留下遗产，也不会发生继承，继承是以私有财产的存在为前提；继承是继承人接受被继承人财产的法律制度，但并非因自然人死亡而发生的财产转移都属于继承，如因遗赠、遗赠扶养协议而发生的财产转移，就不属于继承。

#### (二) 继承的特征

继承有以下特征：（1）继承的发生以被继承人死亡为前提；（2）继承的主体是与被继承人有特殊身份关系的自然人；（3）继承的客体是被继承人死亡时遗留的个人合法财产；（4）继承是由继承人无偿取得被继承人的财产。

#### (三) 继承的分类

从不同的角度，可以将继承作不同的分类。继承的主要分类有：

1. 法定继承与遗嘱继承。这是依据继承人继承遗产的根据的不同，对继承所作的分类。继承人依照法律的直接规定继承被继承人的遗产的，为法定继承；继承人依照被继承人生前所立的合法有效的遗嘱继承被继承人的遗产的，为遗嘱继承。

2. 本位继承与代位继承。这是依据继承人参与继承时的地位的不同，对继承所作的分类。继承人基于自己的地位、以自己的继承顺序继承遗产的，为本位继承，如配偶、父母、子女作为第一顺序的法定继承人时继承遗产的，均为本位继承。代位继承是指在直接应继承遗产的人不能继承时，由其直系晚辈血亲代其地位继承。我国继承法明确规定，当被继承人的子女先于被继承人死亡时，由被继承人子女的晚辈直系血亲代位继承。

### 二、继承权

#### (一) 继承权的概念和特征

继承权，是指继承人依法享有的取得被继承人遗产的权利。继承权是公民享有的权利，继承权的权利主体只能是公民，不能是法人、其他社会组织或者国家。法人、其他社会组织、国家有时也会接受遗产，但其接受遗产不是基于继承权，而是基于受遗赠权取得财产，或者基于法律的直接规定接受既无人继承又无人受遗赠的遗产。继承权是基于近亲属的身份关系而发生的财产权，其在民事权利中属于绝对权，具有排他性。

#### (二) 继承权的发生根据

继承权的发生根据有两种：一是法律的直接规定；二是合法有效的遗嘱的指定。

### （三）继承权的接受与行使

继承权的接受是指享有继承权的继承人参与继承，接受被继承人遗产的意思表示。《继承法》第 25 条规定，继承开始后，继承人放弃继承的，应当在遗产处理前，作出放弃继承的表示。没有表示的，视为接受继承。

继承权的行使，是指继承人实现自己的继承权。继承人行使继承权，必须具有相应的行为能力。完全民事行为能力人可以自己行使继承权；无民事行为能力人的继承权由他的法定代理人代为行使；限制民事行为能力人的继承权由他的法定代理人代为行使，或者征得法定代理人同意后行使。

### （四）继承权的丧失

继承权的丧失，又称继承权的剥夺，是指在法律规定的情形发生时，依法取消继承人继承被继承人遗产的资格。按照我国继承法的规定，继承权丧失的情形有：

1. 故意杀害被继承人的。继承人故意杀害被继承人，是对被继承人实施的犯罪行为，只要继承人实施了这一行为，无论其杀害行为的动机如何，也无论既遂、未遂，继承人均丧失继承权。但继承人过失杀害被继承人的，继承人并不因此丧失继承权。

2. 为争夺遗产而杀害其他继承人的。在此种情形下，继承人丧失继承权必须具备两个条件：一是继承人杀害的对象为其他继承人，包括法定继承人和遗嘱继承人；二是须继承人主观上有杀害的故意，这里的故意包括直接故意和间接故意，并且此故意只局限于为争夺遗产而杀害其他继承人，如果继承人故意杀害其他继承人并非为了争夺遗产，而是为了其他的目的，则继承人并不丧失继承权。继承人为争夺遗产杀害其他继承人时，无论是既遂或未遂，继承人均丧失继承权。

3. 遗弃被继承人或者虐待被继承人情节严重的。继承人遗弃被继承人，是指继承人对于没有劳动能力又没有生活来源和没有独立生活能力的被继承人拒不履行扶养义务。继承人遗弃被继承人的，丧失继承权，而不论其是否被追究刑事责任。但是，继承人遗弃被继承人，以后确有悔改表现，并且被继承人生前又表示宽恕的，可以不确认其丧失继承权。

虐待被继承人，是指继承人在被继承人生前对其进行精神上或肉体上的摧残、折磨。虐待被继承人情节严重的，丧失继承权，而不问其是否被追究刑事责任。情节是否严重，可以从实施虐待行为的时间、手段、后果和社会影响等方面来认定。如果继承人虐待被继承人虽然情节严重，但其以后确有悔改表现，并且被继承人生前又表示宽恕的，可以不确认其丧失继承权。

继承人遗弃被继承人，或者虐待被继承人情节严重的，丧失继承权；但继承人以后确有悔改表现，被继承人又表示宽恕的，可以不确认其丧失继承权。继承人不丧失继承权须"确有悔改表现"和"被继承人表示宽恕"两项条件同时具备。如果继承人有悔改表现，被继承人不宽恕，或者虽然被继承人表示宽恕而继承人无悔改表现的，继承人均丧失继承权。

4. 伪造、篡改或者销毁遗嘱，情节严重的。遗嘱是被继承人生前对于自己财产所作的处分，体现了被继承人真实的意思表示。伪造遗嘱是继承人以被继承人的名义制作假遗嘱；篡改遗嘱是继承人擅自改变被继承人所立遗嘱的内容；销毁遗嘱是继承人将被继承人所立的遗嘱毁灭。伪造、篡改或者销毁遗嘱，情节严重的，丧失继承权。继承人伪造、篡改或者销毁遗嘱，侵害了缺乏劳动能力又没有生活来源的继承人的利益，并造成其生活困难的，应当认定其行为情节严重。

### （五）继承权的放弃

继承权的放弃，是继承人在继承开始后作出的放弃继承被继承人遗产的意思表示。我国《继承法》第 25 条规定："继承开始后，继承人放弃继承的，应当在遗产处理前，作出放弃继承的表示。没有表示的，视为接受继承。"继承人放弃继承的表示，可以以口头或书面的方式向其他继承人作出。以口头方式表示放弃继承的须本人承认，或有其他充分证据证明；如果本人不承认，又没有其他充分的证据加以证明的，则不能认定继承人放弃继承权。在遗产处理前或在诉讼进行中，继承人对放弃继承翻悔的，由人民法院根据其提出的具体理由决定是否承认；在遗产处理后，继承人对放弃继承翻悔的，不予以承认。

### （六）继承权的保护

当继承人的继承权受到侵害时，继承人可以请求人民法院通过诉讼程序予以保护，从而恢复其继承权利。依照我国《继承法》的规定，继承权纠纷提起诉讼的期限为 2 年，自继承人知道或者应当知道其权利被侵犯之日起计算。但是，自继承开始之日起超过 20 年的，不得再提起诉讼。

## 三、我国继承法的基本原则

### （一）保护公民的财产继承权原则

我国《宪法》第 13 条规定："国家依照法律规定保护公民的私有财产权和继承权。"《中华人民共和国继承法》（以下简称《继承法》）第 1 条也开宗明义地指出："……为保护公民的私有财产的继承权，制定本法。"可见，保护公民的个人合法所有财产的继承权是我国继承制度的基本原则。保护公民的私有财产的继承权有两个方面的含义：一是法律确认公民的私有财产继承权，保护其不受非法侵害；二是当公民的继承权受到侵害时，法律予以救济，以国家强制力加以保护。

### （二）继承权平等原则

继承权平等原则是社会主义民主、平等观念在继承制度中的反映，其表现在多个方面，主要包括继承权男女平等、非婚生子女与婚生子女的继承权平等、养子女与亲生子女的继承权平等、同一顺序的继承人继承权平等几个方面。

1. 继承权男女平等。对于被继承人而言，其不分性别地享有于生前以遗嘱的方式处分自己遗产的权利；对于继承人而言，继承人的范围、继承顺序、遗产的分配、代位继承等均不受性别的影响。

2. 非婚生子女与婚生子女的继承权平等。《中华人民共和国婚姻法》第 25 条明确规定："非婚生子女享有与婚生子女同等的权利，任何人不得加以危害和歧视。"在继承问题上也是如此，子女的继承权并不会因其为婚生或非婚生而有所不同，非婚生子女与婚生子女享有平等的继承权。

3. 养子女与亲生子女的继承权平等。收养关系成立后，养子女与亲生子女之间，在亲属关系中的法律地位是平等的，养子女与养父母之间如同亲生子女与父母之间一样，有相互继承遗产的权利；养兄弟姐妹之间如同亲生兄弟姐妹之间一样，有平等的继承权；在代位继承中，养子女的晚辈直系血亲与亲生子女的晚辈直系血亲一样，享有平等的代位继承权。

4. 同一顺序的继承人继承权平等。当同一顺序的继承人有数人时，继承人之间无论男女、长幼、职业及社会地位如何，其继承遗产的权利一律平等。当然，继承权的平等，并不意味着分割遗产时必须平分。

### （三）养老育幼原则

养老育幼是我国社会主义家庭的职能，也是家庭成员的一项义务。我国继承法在许多方面都体现了养老育幼原则。如在分配遗产时，对生活有特殊困难的缺乏劳动能力的继承人予以照顾，对于有扶养能力和扶养条件而不尽扶养义务的继承人，应当不分或少分遗产；再如，被继承人生前立遗嘱时，遗嘱也应当为缺乏劳动能力又没有生活来源的继承人保留必要的遗产份额等。

### （四）互谅互让、和睦团结的原则

互谅互让、和睦团结既是社会主义家庭关系和道德风尚的要求，也是我国继承制度的一项原则。《继承法》第15条规定："继承人应当本着互谅互让、和睦团结的精神，协商处理继承问题。"比如，在法定继承中，各继承人的继承份额一般均等，但如果继承人经协商同意也可以不均等；继承人也可以就遗产的具体分割问题协商处理等。

### （五）权利义务相一致原则

权利义务相一致原则，在我国继承法中有诸多体现。比如，在分配遗产时，对被继承人尽了主要扶养义务的人，可以多分，而对于有扶养能力和条件、不尽扶养义务的继承人，可以不分或少分；再如，丧偶儿媳对公婆、丧偶女婿对岳父母尽了主要赡养义务的，可以作为第一顺序的法定继承人继承遗产。

## 第二节　法定继承

### 一、法定继承的概念和特征

法定继承，是指按照法律规定的继承人范围、继承顺序、遗产分配原则进行继承的继承方式。

法定继承具有以下特征：

1. 法定继承中，继承人与被继承人之间具有特定的身份关系，法定继承正是法律依据继承人与被继承人之间的亲属关系的亲疏远近而规定的。

2. 法定继承中，继承人的范围、继承的顺序、遗产的分配原则都是由法律直接规定的，并且具有强行性。

3. 法定继承是遗嘱继承的补充。法定继承与遗嘱继承虽然为并行的继承方式，但在效力上，法定继承的效力低于遗嘱继承，遗嘱继承的效力优于法定继承，因而继承开始后，有遗嘱时应先适用遗嘱继承，不适用遗嘱继承时才适用法定继承。

### 二、法定继承的适用情形

我国《继承法》第5条规定："继承开始后，按照法定继承办理；有遗嘱的，按照遗嘱继承或者遗赠办理；有遗赠扶养协议的，按照协议办理。"因此，继承开始后，有遗赠扶养协议的，应先执行遗赠扶养协议；没有遗赠扶养协议或者协议无效而有遗嘱时，按照遗嘱的内容办理；没有遗嘱或者遗嘱无效时，才适用法定继承。此外，按照《继承法》第27条的规定，有下列情形时，遗产中的有关部分按照法定继承处理：

1. 遗嘱继承人放弃继承，或受遗赠人放弃受遗赠的。

2. 遗嘱继承人丧失继承权的。

3. 遗嘱继承人、受遗赠人先于遗嘱人死亡的。

4. 遗嘱无效部分所涉及的遗产。

5. 遗嘱未处分的遗产。

### 三、法定继承人的范围和继承顺序

#### (一) 法定继承人的范围

按照我国《继承法》第 10 条、第 11 条、第 12 条的规定，法定继承人包括：配偶、子女及其代位继承中的晚辈直系血亲、父母、兄弟姐妹、祖父母、外祖父母，以及对公婆、岳父母尽了主要赡养义务的丧偶儿媳或丧偶女婿。

1. 配偶。具有合法婚姻关系的男女互为配偶，配偶为法定继承人。如果原来与被继承人之间有婚姻关系，但在被继承人死亡时婚姻关系已经解除的，则不再是被继承人的配偶，不享有继承权。婚姻关系的解除须经法定程序，离婚诉讼中的男女以及离婚判决尚未生效的男女仍为配偶，相互仍然有遗产继承权。对于未办理结婚登记而以夫妻名义同居生活的男女，我国有条件地承认事实婚姻，因而构成事实婚姻的，相互之间为法定继承人；不符合事实婚姻的为非法同居，男女双方不具有配偶的身份，不是法定继承人。区分事实婚姻与非法同居的界限是：(1) 于 1986 年 3 月 15 日《婚姻登记办法》(现已失效) 施行之前，未办理结婚登记即以夫妻名义同居生活，群众也认为是夫妻关系的，如果一方死亡时，双方均符合结婚的法定条件的，则为事实婚姻关系。(2) 于 1986 年 3 月 15 日《婚姻登记办法》实施后，1994 年 2 月 1 日民政部《婚姻登记管理条例》(现已失效) 实施以前，男女双方已经符合结婚实质要件的，按事实婚姻处理。(3) 自 1994 年 2 月 1 日民政部的《婚姻登记管理条例》施行之日起，未办理结婚登记手续而以夫妻名义同居生活的，同居时男女双方符合结婚实质要件的，起诉离婚时，人民法院应当告知其在案件受理前补办结婚登记；未补办结婚登记的，按解除同居关系处理。

此外，在 1950 年婚姻法实施前已经存在、以后又未解除的一夫多妻关系，均承认其配偶关系，夫有权继承妻、妾的遗产，妻、妾也有权继承夫的遗产。

2. 子女。子女是与被继承人最近的直系晚辈亲属。这里的子女包括婚生子女、非婚生子女、养子女和有扶养关系的继子女。

非婚生子女享有与婚生子女同样的权利，都为法定继承人。

养子女是基于合法有效的收养关系而与养父母形成父母子女关系的子女。收养关系成立后，养子女与生父母间的权利义务关系终止，与养父母间的权利义务关系产生，因而养子女与生子女一样为法定继承人。养子女对养父母尽了赡养义务，同时又对生父母尽义务较多时，其除可以继承养父母的遗产外，还可以依《继承法》第 14 条的规定分得生父母的适当遗产。

继子女是指夫与前妻或妻与前夫的子女。继父母和受其抚养教育的继子女间的权利义务，适用生父母与生子女间权利义务的规定。继子女作为法定继承人的前提是继父母与继子女间有扶养关系，没有扶养关系的不能作为法定继承人。由于父母子女间的关系，不因父母离婚而消除，所以，继子女继承了继父母的遗产的，不影响其继承生父母的遗产。

胎儿不是法律上的权利主体，不能享有继承权，但在遗产分割时，应当保留胎儿的继承份额；胎儿出生时是死体的，保留的份额按照法定继承办理，如果胎儿出生后死亡的，保留的份额由其继承人继承。

3. 父母。父母是与被继承人最近的直系长辈亲属。这里的父母包括亲生父母、养父母和有扶养关系的继父母。

4. 兄弟姐妹。兄弟姐妹是与被继承人最近的旁系血亲。这里的兄弟姐妹包括：同父母的兄弟姐妹、同父异母或同母异父的兄弟姐妹、养兄弟姐妹和有扶养关系的继兄弟姐妹。

5. 祖父母、外祖父母。祖父母、外祖父母是除父母以外的与被继承人最近的直系长辈亲属。继承法中的祖父母、外祖父母包括亲祖父母、亲外祖父母、养祖父母、养外祖父母、有扶养关系的继祖父母和有扶养关系的继外祖父母。

6. 丧偶儿媳、女婿。丧偶儿媳对公婆、丧偶女婿对岳父母尽了主要赡养义务的，无论其是否再婚，都享有继承公婆、岳父母的遗产的权利。认定是否尽了主要赡养义务，要看是否确实在生活上提供了主要经济来源或者是否在劳务等方面给予了主要扶助。如果丧偶儿媳或丧偶女婿只是尽了一般性的义务，则不能作为法定继承人，只能按照《继承法》第14条的规定，分得适当的遗产。

**（二）法定继承人的继承顺序**

法定继承人的继承顺序，是指继承开始后，各个法定继承人继承被继承人遗产的先后次序。依照我国《继承法》第10条的规定，遗产按照下列顺序继承：第一顺序有配偶、子女、父母，第二顺序有兄弟姐妹、祖父母、外祖父母。丧偶儿媳对公婆、丧偶女婿对岳父母尽了主要赡养义务的，作为第一顺序的继承人。继承开始后，由第一顺序继承人继承，第二顺序继承人不继承，没有第一顺序继承人继承的，或者第一顺序继承人放弃继承权或丧失继承权的，由第二顺序继承人继承。

**四、代位继承与转继承**

**（一）代位继承**

1. 代位继承的概念。代位继承是法定继承的一种特殊情况，是指在被继承人的子女先于被继承人死亡的情况下，由被继承人的子女的晚辈直系血亲代替该先死亡的子女继承被继承人的遗产的法律制度。

2. 代位继承的成立条件。代位继承的成立，必须同时具备以下条件：

（1）代位继承必须有两个死亡事实，即被继承人和被继承人的子女（被代位继承人）死亡的事实，而且要求被代位继承人先于被继承人死亡。

（2）代位继承人必须是被继承人的子女的晚辈直系血亲，包括自然血亲和拟制血亲。

（3）须被代位继承人未丧失继承权，继承人丧失继承权的，其晚辈直系血亲不得代位继承。

（4）代位继承只适用于法定继承，不适用于遗嘱继承。遗嘱继承人先于被继承人死亡的，遗嘱无效，遗嘱继承人的子女不得依遗嘱代位继承。

3. 代位继承的适用。代位继承中的代位继承人仅限于被继承人的子女的晚辈直系血亲，此处的"子女"、"晚辈直系血亲"，既可以是被继承人的生子女的生子女，也可以是被继承人的养子女、已形成扶养关系的继子女的生子女和被继承人生子女的养子女、被继承人的养子女的养子女，以及与被继承人已形成扶养关系的继子女的养子女，他们都可以代位继承。代位继承不受辈数的限制，被继承人的孙子女、外孙子女、曾孙子女、外曾孙子女都可以代位继承。当然，亲等近者排斥亲等远者，被继承人有孙子女、外孙子女的，曾孙子女、外曾孙子女不得代位继承。代位继承人一般只能继承他的父亲或者母亲有权继承的遗产份额。

代位继承以被代位继承人未丧失继承权为前提，如果继承人丧失继承权，其晚辈直系血亲不能代位继承，但若该代位继承人缺乏劳动能力又没有生活来源，或对被继承人尽赡养义务较多时，可以适当分得遗产。这时从性质上看，其已不是代位继承人，而是依照《继承法》第 14 条的规定，属于可以分得适当遗产的人。

### （二）转继承

1. 转继承的概念。被继承人死亡后、遗产分割前，未放弃继承权的继承人也死亡的，其应得的遗产份额转由他的继承人继承的，为转继承。

2. 转继承的成立条件。转继承的发生，必须具备以下条件：

（1）必须要有两个死亡的事实，即被继承人死亡和被继承人的继承人死亡，并要求继承人后于被继承人死亡。

（2）当继承人死亡时，被继承人的遗产尚未分割。

（3）必须继承人未丧失继承权，也未放弃继承权。

### （三）代位继承与转继承的区别

1. 继承人死亡的时间不同。代位继承是继承人先于被继承人死亡，而转继承是继承人后于被继承人死亡。

2. 继承发生的根据不同。代位继承是基于继承人先于被继承人死亡的事实而发生，是一个间接的继承；转继承则是基于继承人后于被继承人死亡的事实而发生，是两个相连的直接继承，后一个继承是前一个继承的继续。

3. 继承适用的范围不同。代位继承只适用于法定继承，而转继承则不仅适用于法定继承，还适用于遗嘱继承。

4. 继承的主体不同。代位继承人必须是被继承人的子女的晚辈直系血亲，而转继承人既可以是被继承人的法定继承人，也可以是他的遗嘱继承人。

### 五、法定继承的遗产分配

### （一）同一顺序继承人的遗产分配原则

《继承法》第 13 条规定："同一顺序继承人继承遗产的份额，一般应当均等。"这是遗产分割的基本原则。当然，一般均等原则并不排斥当事人自行协商的不均等。此外，我国继承法还规定了以下可以多分、少分以及不分的特殊情形：

1. 对生活有特殊困难的缺乏劳动能力的继承人，分配遗产时，应当予以照顾。照顾的前提是生活有特殊困难又缺乏劳动能力，如果只具备一个条件，则不应予以照顾。

2. 对被继承人尽了主要扶养义务或者与被继承人共同生活的继承人，分配遗产时，可以多分。所谓尽了主要扶养义务，是指对被继承人生活方面承担了主要义务，或者担负主要生活费用。

3. 有扶养能力和扶养条件的继承人，不尽扶养义务的，分配遗产时，应当不分或者少分。

### （二）对继承人以外的人的遗产分配

对继承人以外的依靠被继承人扶养的缺乏劳动能力又没有生活来源的人，或者继承人以外的对被继承人扶养较多的人，可以分给他们适当的遗产。这些人不是法定继承人，没有继承权，仅仅是"分给"遗产，而不是继承遗产，这些人被称做是可以分得遗产的人。可以分得遗产的人，在其依法取得被继承人遗产的权利受到侵犯时，本人有权以独立的诉讼主体的资格向人民法院提起诉讼。但在遗产分割时，已知而未提出请求的，人民法院一般不予以受理；不知而未提出请求，在 2 年内起诉的，人民法院应予以受理。

## 第三节　遗嘱继承

### 一、遗嘱继承

#### (一) 遗嘱继承的概念

遗嘱继承，是指于继承开始后，继承人按照被继承人的合法有效的遗嘱继承被继承人遗产的法律制度。遗嘱继承是与法定继承相对应的一种继承方式。在遗嘱继承中，生前立有遗嘱的被继承人，为遗嘱人或立遗嘱人；依照遗嘱的指定享有遗产继承权的人，为遗嘱继承人。

#### (二) 遗嘱继承的特征

遗嘱继承有以下特征：（1）被继承人生前立有合法有效的遗嘱；（2）遗嘱继承直接体现被继承人的遗愿；（3）遗嘱继承人和法定继承人的范围相同，但遗嘱继承不受法定继承顺序和应继份额的限制；（4）遗嘱继承的效力优于法定继承。

#### (三) 遗嘱继承的适用条件

遗嘱继承的适用是有条件的。在同时具备以下条件时，才能适用遗嘱继承：

1. 没有遗赠扶养协议。由于遗赠扶养协议优于遗嘱适用，只有在没有遗赠扶养协议，或者虽有遗赠扶养协议但遗产中尚有协议未涉及的部分时，才能按遗嘱进行继承。

2. 被继承人立有合法有效的遗嘱。

3. 遗嘱继承人既未丧失继承权，也未放弃继承权。

### 二、遗嘱

#### (一) 遗嘱的概念

遗嘱是公民生前依法处分自己的财产和安排有关事务，并于死后生效的单方民事法律行为。

#### (二) 遗嘱的特征

1. 遗嘱是单方的民事法律行为。遗嘱人设立遗嘱不需要征得他人的同意，只要有遗嘱人单方面的意思表示，遗嘱即可以成立，并且遗嘱人在设立遗嘱后还可以依法随时变更或撤销遗嘱。

2. 遗嘱是死后生效的法律行为。遗嘱人死亡，是遗嘱生效的前提。

3. 遗嘱是要式民事法律行为。遗嘱必须采取法律规定的方式进行，否则遗嘱不发生法律效力。

4. 遗嘱是遗嘱人独立的法律行为。遗嘱必须由遗嘱人自己作出，不能由他人代理；即使在代书遗嘱的情况下，遗嘱的内容仍要反映遗嘱人处理自己遗产的愿望与要求。

#### (三) 遗嘱的形式

公民立遗嘱必须采取法律规定的形式。我国继承法规定了以下五种遗嘱形式：

1. 公证遗嘱。公证遗嘱，是指由公证机关公证的遗嘱。公民立遗嘱，可以到公证机关进行公证。经过公证的遗嘱，其真实性、合法性得到了证明，在审判中审判人员可以直接采证。

2. 自书遗嘱。自书遗嘱，是指立遗嘱人生前自己书写的遗嘱。自书遗嘱必须由遗嘱人亲自书写、签名，并注明年、月、日。公民在遗书中涉及死后个人财产处分的内容，确为死者真实意思的表示，有本人签名并注明了年、月、日，又无相反证据的，也可以按自书遗嘱对待。

3. 代书遗嘱。代书遗嘱，是指由他人代为书写的遗嘱。代书遗嘱须由遗嘱人口授遗嘱内容，由一见证人代书。依照继承法的规定，代书遗嘱应当由两个以上的见证人在场见证，由其中一人代书，注明年、月、日，并由代书人、其他见证人和遗嘱人签名。

4. 录音遗嘱。录音遗嘱，是指遗嘱人通过录音设备设立的遗嘱。以录音形式设立遗嘱，应当有两个以上的见证人在场见证，在遗嘱人录制完遗嘱后，见证人应当将自己的见证证明录制在音像磁带上，将磁带封存，并由见证人共同签名，注明年、月、日。

5. 口头遗嘱。口头遗嘱，是指遗嘱人在危急情况下口头表述的而不以任何方式记载的遗嘱。所谓危急情况，一般是指遗嘱人生命垂危、在战争中或者发生意外灾害，随时都有生命危险，来不及或没有条件以其他方式设立遗嘱的情况。遗嘱人设立口头遗嘱，应当有两个以上的见证人在场见证，见证人应记录遗嘱人口授的遗嘱内容，并由记录人、见证人签名，注明年、月、日；见证人无法当场记录的，应于事后补记，并于记录上共同签名，注明年、月、日，以保证见证内容的真实可靠。在危急情况解除后，遗嘱人能够用书面或者录音形式立遗嘱的，所立口头遗嘱无效。

在上述五种形式的遗嘱形式中，代书遗嘱、录音遗嘱、口头遗嘱都必须有两个以上的见证人在场见证。遗嘱见证人是证明遗嘱真实性的第三人，其证明的真伪直接关系着遗嘱的效力，关系着遗产的处理，因而，法律对遗嘱见证人有特别的要求。遗嘱见证人必须具有完全的民事行为能力，并与继承人、受遗赠人没有利害关系。我国继承法规定了下列人员不得作为遗嘱见证人：一是无民事行为能力人、限制民事行为能力人；二是继承人、受遗赠人；三是与继承人、受遗赠人有利害关系的人，包括继承人、受遗赠人的近亲属以及继承人、受遗赠人的债权人和债务人、共同经营的合伙人。

**（四）遗嘱的有效要件**

1. 立遗嘱人在设立遗嘱时必须具有遗嘱能力。即立遗嘱人在设立遗嘱时必须是完全民事行为能力人，无民事行为能力人或者限制民事行为能力人所立的遗嘱无效。无行为能力人所立的遗嘱，即使本人后来有了行为能力，仍属无效遗嘱；遗嘱人立遗嘱时有行为能力，后来丧失了行为能力，不影响遗嘱的效力。

患有聋、哑、盲等生理疾病，并不患有精神病的人，既不是无民事行为能力人，也不是限制民事行为能力人，而是完全民事行为能力人，具有立遗嘱的能力。

2. 遗嘱必须是遗嘱人的真实意思。遗嘱必须反映立遗嘱人处理自己财产的真实意思，受胁迫、欺骗所立的遗嘱无效；伪造的遗嘱无效；遗嘱被篡改的，篡改的内容无效。

3. 遗嘱必须为缺乏劳动能力又没有生活来源的继承人保留必要的遗产份额。遗嘱不得取消缺乏劳动能力又没有生活来源的继承人的继承权，应当为他们保留必要的遗产份额。继承人是否缺乏劳动能力又没有生活来源，应按遗嘱生效时该继承人的具体情况确定，而不能以立遗嘱时该继承人的情况确定。遗嘱人未保留缺乏劳动能力又没有生活来源的继承人的遗产份额，在遗产处理时，应当为该继承人留下必要的遗产，所剩余的部分，才可以参照遗嘱确定的分配原则处理。

4. 遗嘱只能处分被继承人个人的财产。遗嘱人设立遗嘱时，只能就属于他个人所有的财产进行处分，不得处分他人的财产。立遗嘱人以遗嘱处分属于国家、集体或者他人所有的财产的，遗嘱全部无效或者部分无效。

**（五）遗嘱的无效情形**

根据继承法及相关司法解释的规定，以下情形所立的遗嘱无效：

1. 无行为能力人或者限制行为能力人所立的遗嘱无效。

2. 遗嘱必须表示遗嘱人的真实意思，受胁迫、欺骗所立的遗嘱无效。

3. 伪造的遗嘱无效。

4. 遗嘱被篡改的，篡改的内容无效。

5. 遗嘱人以遗嘱处分了属于国家、集体或他人所有的财产，遗嘱的这部分，应认定无效。

**（六）遗嘱的撤销和变更**

由于遗嘱体现被继承人的意志，因而，理应允许立遗嘱人在设立遗嘱后，将其撤销或变更。撤销遗嘱，是把已经作成的遗嘱通过一定的方式，使其全部失去效力；变更遗嘱，是改变所立遗嘱的部分内容，使遗嘱部分失去效力。

依照我国继承法的规定，撤销或变更遗嘱主要有两种形式：一种是明示的形式，即立遗嘱人明确表示撤销或变更遗嘱。明示撤销、变更遗嘱，必须按照继承法规定的程序和要求来进行，如变更公证遗嘱，必须以公证的方式进行，自书、代书、录音、口头遗嘱不得撤销、变更公证遗嘱；以自书遗嘱撤销、变更除公证遗嘱以外的遗嘱时，必须由立遗嘱人亲笔书写、签名，注明年、月、日；以代书遗嘱撤销、变更除公证遗嘱以外的遗嘱时，应当有两个以上的见证人在场见证等。另一种是推定的形式，即基于遗嘱人的行为推定遗嘱撤销或变更。遗嘱人立有数份遗嘱，内容相抵触的，如果其中有公证遗嘱的，以最后所立公证遗嘱为准；如果没有公证遗嘱的，以最后所立的遗嘱为准。遗嘱人生前的行为与遗嘱的意思表示相反，而使遗嘱处分的财产在继承开始前灭失、部分灭失或所有权转移、部分转移的，遗嘱视为被撤销或部分被撤销。

## 第四节　遗赠和遗赠扶养协议

**一、遗赠**

**（一）遗赠的概念**

《继承法》第16条规定："公民可以立遗嘱将个人财产赠给国家、集体或者法定继承人以外的人。"遗赠，就是遗赠人用遗嘱的方式，将财产无偿赠与国家、集体或法定继承人以外的人，并于立遗嘱人死亡后发生法律效力的民事法律行为。

**（二）遗赠的特征**

遗赠具有以下特征：

1. 遗赠是一种要式法律行为，遗赠必须采取遗嘱的五种方式之一。

2. 遗赠是单方法律行为，遗赠人不需要征得任何人的同意，只要遗赠人用遗嘱表明了遗赠的意思，在遗赠人死亡后，就发生法律效力。

3. 遗赠人行使遗赠权不得违反法律的规定，如不得以遗赠方式逃避其应当承担的法定义务，遗赠还必须为缺乏劳动能力又没有生活来源的法定继承人保留必要的遗产份额。

4. 遗赠的标的仅仅是财产上的权利，不能是遗赠人财产中的义务。但遗赠可以附义务，如果受赠人无正当理由不履行义务，经受益人或其他继承人请求，人民法院可以取消他接受遗赠的权利，由提出请求的继承人或受益人履行义务，接受遗产。

5. 遗赠是遗赠人死亡后发生法律效力的行为。

6. 接受遗赠的权利人具有不可替代性。如果受遗赠人先于遗赠人死亡时，则该遗赠无效。但是，如果继承开始后，受遗赠人已经明确表示接受遗赠，则虽然其在遗产分割前死亡，他接受遗赠的权利可以转移给他的继承人。

### （三）遗赠与遗嘱继承的区别

1. 受遗赠人和遗嘱继承人的范围不同。受遗赠人既可以是法定继承人以外的公民，也可以是国家、集体；而遗嘱继承人只能是法定继承人中的一人或数人。

2. 受遗赠权与遗嘱继承权客体的范围不同。受遗赠权的客体只是遗产中的权利，不包括义务，因而受遗赠人只享受遗产中的权利，不负担遗产中的义务。而遗嘱继承权的客体是遗产，既包括财产权利，也包括财产义务。

3. 受遗赠权与遗嘱继承权的行使方式不同。受遗赠人接受遗赠的，应于法定期间内作出接受遗赠的意思表示，《继承法》第 25 条规定："受遗赠人应当在知道受遗赠后两个月内，作出接受或者放弃受遗赠的表示。到期没有表示的，视为放弃受遗赠。"而在遗嘱继承中，遗嘱继承人在继承开始后到遗产分割前，没有明确表示放弃继承的，视为接受继承。

### 二、遗赠扶养协议

#### （一）遗赠扶养协议的概念

遗赠扶养协议，是遗赠人与扶养人签订的、由扶养人承担遗赠人生养死葬的义务，遗赠人将自己的合法财产的一部分或全部于其死后转移给扶养人所有的协议。我国《继承法》第 31 条规定："公民可以与扶养人签订遗赠扶养协议。按照协议，扶养人承担该公民生养死葬的义务，享有受遗赠的权利。公民可以与集体所有制组织签订遗赠扶养协议。按照协议，集体所有制组织承担该公民生养死葬的义务，享有受遗赠的权利。"

#### （二）遗赠扶养协议的特征

遗赠扶养协议具有以下法律特征：

1. 遗赠扶养协议是一种双方的、诺成性的法律行为。遗赠扶养协议必须要有遗赠人和扶养人双方意思表示一致才能成立；遗赠扶养协议在双方意思表示一致时即发生法律效力。

2. 遗赠扶养协议是双务的、有偿的法律行为。协议的双方当事人都负有一定的义务，只不过双方履行义务的时间不同：扶养人应自协议生效之日起履行义务，在遗赠人死亡时实现权利；遗赠人应自协议生效之日起享受权利，于死亡后将财产转移给扶养人。遗赠扶养协议是有偿的法律行为，双方所享有的权利、所承担的义务是相对应的，但不是等价的。

3. 遗赠扶养协议是继承法规定的多种遗产转移方式中优先适用的一种方式。被继承人生前与他人订有遗赠扶养协议，同时又立有遗嘱的，继承开始后，如果遗赠扶养协议与遗嘱没有抵触，遗产分别按协议和遗嘱处理；如果有抵触，按协议处理，与协议抵触的遗嘱全部或部分无效。

4. 遗赠扶养协议的双方当事人中，遗赠人为公民，扶养人既可以是公民，也可以是集体所有制组织。当扶养人为公民时，遗赠人与扶养人之间不能存在法定的扶养关系。

### （三）遗赠扶养协议的效力

遗赠扶养协议实质是双务合同，双方当事人的权利义务具有对应性。从履行义务的角度看，一方面，扶养人应对遗赠人履行生养死葬的义务，另一方面，遗赠人应当将协议约定的财产遗赠给扶养人。协议订立后，扶养人或集体组织无正当理由不履行协议，致协议解除的，不能享有受遗赠的权利，其已经支付的供养费用一般不予以补偿；遗赠人无正当理由不履行协议，致协议解除的，应偿还扶养人或集体组织已支付的供养费用。

### （四）遗赠扶养协议与遗赠的区别

1. 遗赠扶养协议是双方的法律行为，只有在遗赠方和扶养方双方自愿协商一致的基础上才能成立。遗赠是单方法律行为，不仅可以单方面订立遗嘱，而且还可以随时变更遗嘱的内容，或者撤销原遗嘱，另立新遗嘱。

2. 遗赠扶养协议是有偿的，体现了权利义务相一致的原则。而遗赠是赠与行为，不以受遗赠人为其尽扶养义务为条件。

3. 遗赠扶养协议不仅有遗赠财产的内容，而且还包括扶养的内容。而遗赠只是遗赠财产，没有扶养的内容。

4. 遗赠扶养协议从协议成立之日起开始发生法律效力，而遗赠是从遗赠人死亡之日起发生法律效力。

## 第五节　继承的开始与遗产的处理

### 一、继承的开始

继承从被继承人死亡时开始。被继承人死亡包括自然死亡和宣告死亡两种。自然死亡的，以医学上公认的死亡确定标准确定死亡时间；宣告死亡的，以判决宣告之日为死亡时间。被继承人死亡的时间即是继承开始的时间。

相互有继承关系的几个人在同一事件中死亡，如不能确定死亡先后时间的，推定没有继承人的人先死亡。死亡人各自都有继承人的，如几个死亡人辈分不同，推定长辈先死亡；几个死亡人辈分相同，推定同时死亡，彼此不发生继承，由他们各自的继承人分别继承。

确定继承开始的时间，对于遗产的处理有着重大的意义：

1. 遗产的范围由此确定。自被继承人死亡时起，其生前个人所有的财产即转化为遗产，遗产的范围和数额自此确定，遗产中的消极财产——债务也以被继承人死亡时所负债务为限。

2. 继承人的范围由此确定。只有在继承开始时与被继承人有近亲属关系的人才能享有继承权；只有在被继承人死亡时，才能确定哪些人丧失了继承权，从而确定哪些人为继承人。

3. 继承人的遗产继承期待权自此变为既得权。在遗产分割之前，全体继承人对于被继承人所遗留的遗产共同享有所有权。

4. 遗嘱的效力由此确定。在继承开始之前，遗嘱尚不生效，遗嘱人可以变更或撤销遗嘱；继承开始后，遗嘱如果符合法律规定的形式要件和实质要件，即发生法律效力并具有执行力。在被继承人死亡时，如果遗嘱没有为缺乏劳动能力又没有生活来源的人保留必要的遗产份额，则遗嘱无效或部分无效。

5. 确定继承人的应继份额。确定每个继承人的应继份额，不是以遗产分割的时间为准，而是按照继承开始时确定的遗产总额来计算的。并且在分配遗产时，还要根据继承人的具体情况，多分、少分或者不分。

6. 继承、遗赠的接受和放弃溯及到这一时间。继承开始后，继承人、受遗赠人表示接受或放弃继承、受遗赠的，追溯到继承开始时。

7. 确定 20 年最长时效的起算点。依照继承法的规定，继承人的继承权受到侵害的，继承人可以请求人民法院予以保护，但自继承开始之日起超过 20 年的，不得再提起诉讼。

## 二、遗产

### （一）遗产的概念和特征

遗产是公民死亡时遗留的个人合法财产。其具有以下特征：

1. 遗产是公民死亡时留下的财产，具有特定的时间性。

2. 遗产是公民遗留的个人财产，并且须为依照《继承法》的规定能够转移给他人所有的财产，具有范围上的限定性。

3. 遗产是公民遗留的合法财产，具有合法性。

4. 遗产是公民遗留的财产，包括财产权利和财产义务，因而遗产在内容上具有财产性。

### （二）遗产的范围

依照《继承法》的规定，以下财产属于遗产：

1. 公民的收入，包括公民的工资、奖金、从事合法经营的收入以及接受赠与、继承等所得的财产。

2. 公民的房屋、储蓄和生活用品。

3. 公民的林木、牲畜和家禽。

4. 公民的文物、图书资料。

5. 法律允许公民所有的生产资料。

6. 公民享有的著作权、专利权中的财产权利。

7. 公民的其他合法财产，包括有价证券以及某些担保物权，如抵押权、质押权、留置权等。

被继承人的人身权利如肖像权、名誉权，以及与被继承人人身有关的和专属性的债权、债务，不能作为遗产继承。个人承包应得的收益，属于遗产，可以继承；但承包经营权不能作为遗产继承；个人承包，依照法律允许继承人继续承包的，依照承包合同办理。

## 三、遗产的分割

### （一）遗产的确定

遗产是公民死亡时遗留的个人合法财产。在确定哪些财产是遗产时，应注意不能将遗产与他人的财产相混淆。

1. 不能将遗产与夫妻共同财产相混淆。夫妻共同财产是夫妻在婚姻关系存续期间所得的财产，但双方另有约定的除外。在分割遗产时，首先应当将夫妻共同所有的财产的一半分出为配偶所有，其余的为被继承人的遗产。

2. 不能将遗产与家庭共同财产相混淆。在家庭成员中，如果除夫妻之外还有其他家庭成员的，如子女、父母、兄弟姐妹等，则不仅存在夫妻共同财产，还会存在家庭共同财产。遗产在家庭共同财产之中的，遗产分割时，应当先分出他人的财产。既不能把其他家庭成员的个人财产作为被继承人的遗产，也不能把被继承人的遗产当做其他家庭成员的个人财产。

3. 不能将遗产与其他共有财产相混淆。财产共有关系，除夫妻共有、家庭共有外，还包括其他形式的共有财产，如合伙共有等。合伙经营积累的财产，归合伙人共有。当合伙人之一死亡时，应将被继承人在合伙中的财产份额分出，作为遗产进行分割。不能将其他合伙人的财产也作为遗产进行分割。合伙人的资格不能继承，继承人要加入合伙关系、成为合伙人之一，仍须经其他合伙人同意。

### （二）遗产的分割原则

遗产分割，是继承人之间，按照各继承人的应继份额分配遗产的行为。遗产分割时，应坚持以下原则：

1. 先遗嘱继承后法定继承原则。由于遗嘱继承、遗赠的效力优于法定继承，因而在有遗嘱的情况下，应先适用遗嘱继承和遗赠，即按照遗嘱的指定，分割遗产；遗产有剩余时，才适用法定继承。

2. 保留胎儿的继承份额原则。我国继承法对胎儿的利益特别加以保护。遗产分割时，应当保留胎儿的继承份额；没有保留的，应从继承人所继承的遗产中扣回。

3. 互谅互让、协商分割原则。继承人应当本着互谅互让、和睦团结的精神，协商处理继承问题。遗产分割的时间、办法和份额，可以由继承人协商确定。

4. 物尽其用原则。在遗产分割时，应当从有利于生产、方便生活的基点出发，注意充分发挥遗产的实际效用。最高人民法院《关于贯彻执行〈中华人民共和国继承法〉若干问题的意见》第58条指出：人民法院在分割遗产中的房屋、生产资料和特定职业所需要的财产时，应依据有利于发挥其使用效益和继承人的实际需要，兼顾各继承人的利益进行处理。这也说明，分割遗产时，应坚持物尽其用的原则，满足继承人的生产、生活需要，充分发挥物的实际效用。

### 四、被继承人债务的清偿

#### （一）被继承人债务的确定

被继承人债务是指被继承人所欠的债务，包括被继承人生前个人依法应当缴纳的税款和完全用于个人生活需要所欠的债务。

在确定遗产债务时，应将遗产债务与家庭共同债务区分开来，不能将家庭共同债务当做遗产债务。还应将遗产债务与以被继承人个人名义所欠的债务区分开来，以被继承人个人名义所欠的债务并不一定都是遗产债务，以被继承人的名义为有劳动能力的继承人的生活需要或其他需要所欠的债务，实质上是继承人的个人债务；以被继承人的名义，用于家庭生活需要而欠的债务，实质上是家庭共同债务；被继承人因继承人不尽扶养义务、迫于生活需要所欠下的债务，实质上属于有法定扶养义务人的个人债务。上述债务均不属于遗产债务。

### (二) 被继承人债务的清偿原则

被继承人债务的清偿原则主要有：

1. 限定继承原则。继承遗产应当清偿被继承人依法应当缴纳的税款和债务，缴纳税款和清偿债务以他的遗产实际价值为限；超过遗产实际价值的部分，继承人自愿偿还的不在此限。继承人放弃继承的，对被继承人依法应当缴纳的税款和债务可以不负偿还责任。继承人对被继承人的遗产债务不负无限清偿责任，仅以继承的遗产的实际价值负有限的清偿责任。

2. 保留必留份额原则。在清偿遗产债务时，即使遗产的实际价值不足以清偿债务，也应当为缺乏劳动能力又没有生活来源的继承人保留适当的遗产份额，以满足其基本生活需要。

3. 清偿债务优于执行遗赠原则。《继承法》第 34 条规定："执行遗赠不得妨碍清偿遗赠人依法应当缴纳的税款和债务。"按照这一规定，在遗赠和清偿债务的顺序上，以清偿债务为优先。只有在清偿债务后，还有剩余遗产时，才能执行遗赠。

### (三) 被继承人债务的清偿办法

清偿债务的程序和方法一般是，继承开始后，首先应以被继承人的遗产缴纳其生前应缴纳的税款和清偿其生前所欠的个人债务，之后继承人才就余下的遗产进行继承。

在遗产已被分割而未清偿遗产债务的情况下，如果既有法定继承又有遗嘱继承、遗赠的，首先由法定继承人用其所得遗产清偿债务，不足清偿时，剩余的债务由遗嘱继承人和受遗赠人按比例用所得遗产偿还；如果只有遗嘱继承和遗赠的，则由遗嘱继承人和受遗赠人按比例用所得遗产清偿遗产债务。

# 第二十一章 侵权责任法

## 第一节 侵权责任的概念

### 一、侵权责任的概念

所谓侵权责任是指行为人因过错或者依据法律规定不论是否具有过错，侵害他人人身或者财产权益致使他人遭受损害，所应承担的损害赔偿等民事责任。我国侵权责任法采取"大"侵权责任，即在具有侵害他人人身、财产权益现实危险之时，亦可产生预防性救济责任，如停止侵害、排除妨害、消除危险等。

### 二、侵权责任的特征

侵权责任具有如下特征：

（1）侵权责任属于民事责任，与违约责任一道构成民事责任的主要内容。（2）侵权责任以违反不侵害他人人身和财产权益的消极不作为的法定义务为前提，因此其所侵害的民事权益多为绝对权。（3）侵权责任以损害赔偿为主要方式，包括财产性赔偿和非财产性赔偿。

违约责任与侵权责任都是民事责任，以填补一方当事人的损害为目的，在责任人不主动履行义务时，都将面临以国家强制力为保障的强制执行。

违约责任与侵权责任的不同之处表现在：（1）违约责任以当事人之间存在合同关系为前提，体现为违反合同约定义务及其他法定义务；而侵权责任不需要当事人之间存在合同关系，以违反了保护他人民事权益的法定义务为前提。（2）违约责任是侵害债权人的债权产生的民事责任，而侵权责任是侵害受法律保护的民事权益所产生的民事责任。（3）违约责任通常导致可期待的履行利益的损害，而侵权责任导致固有利益的损害。（4）违约责任主要适用无过错责任原则，侵权责任的归责原则包括过错责任和无过错责任以及例外情况下的公平责任。

在侵权责任与违约责任发生竞合时，由于侵权责任与违约责任的构成、责任形式、责任范围、诉讼时效、诉讼管辖、举证责任均有差异，受害人选择不同的责任形式会产生不同的法律后果，但立法也应当逐步消除因不同请求权基础给当事人救济所带来的差异。

### 三、侵权责任的分类

依据不同的标准，侵权责任可以分为不同类型。

1. 自己责任和替代责任

以侵权责任是否由行为人自己承担为标准，侵权责任可分为自己责任和替代责任。自己责任，是指侵权责任由加害行为人自己承担的责任形式。这种责任形态的责任人与加害人是一致的。替代责任，是指侵权责任由与加害行为人有特定关系的人承担，或由与致人损害的物件具有管领关系的人承担的责任形式。这种责任形态的责任人与加害人并非同一人，与致害物也并无直接联系。替代责任有两种情形，一种是为他人行为承担责任，该替代责任产生的前提是，替代责任人与加害行为人之间存在监护、隶属、雇用等特定关系。另一种是为致害物承担责任，该替代责任产生的前提是，责任人与致害物之间存在所有、占有、管理等管领关系，所以为致害物承担责任的主体是致害物的所有人、管理人或使用人。

2. 单方责任和双方责任

以侵权责任是否由侵权法律关系中的一方承担为标准，侵权责任可分为单方责任和双方责任。单方责任，顾名思义，是由加害行为人一方承担责任的责任形式；双方责任则是指对侵权行为所发生的后果，加害行为人和受害人都要承担责任的责任形式。

3. 单独责任和共同责任

以侵权责任承担者是否为一人为标准，侵权责任可分为单独责任和共同责任。单独责任，是指加害行为人为单独一人，由该加害行为人承担侵权责任的责任形式。共同责任，是指加害行为人为二人或二人以上的数人，由该数人对同一损害后果共同承担侵权责任的责任形式。由于加害行为人是复数，侵权责任需要在数个加害人之间进行分配，所以共同责任又进一步被分为连带责任、按份责任和补充责任。

4. 连带责任、按份责任和补充责任

这是以数个责任主体对被侵权一方承担侵权责任的情况为标准所做的划分。

连带责任，是指数个责任主体作为一个整体对损害共同承担责任，其中的任何一个责任主体都有义务对全部损害承担侵权责任；在责任主体之一（或者部分人）对全部损害承担了侵权责任之后，他有权向未承担责任的其他责任主体追偿，请求偿付其应当承担的赔偿份额。从被侵权人一方的请求权角度来看，其既可以向全部责任主体主张权利，请求他们承担全部侵权责任，也可以向部分责任主体主张权利，请求他（或他们）承担全部侵权责任。一旦责任主体中的一人（或者部分人）承担了全部侵权责任，被侵权人一方就不得再向其他责任主体提出请求；反之，如果被侵权人一方的请求没有得到实现或者没有完全得到实现，则其可以向其他责任主体请求承担剩余的侵权责任或全部侵权责任。

在侵权责任法领域，连带责任主要适用于以下情形：（1）实施共同侵权行为；（2）教唆、帮助他人实施侵权行为；（3）实施共同危险行为；（4）叠加的数人侵权行为，即二人以上分别实施侵权行为造成同一损害，每个人的侵权行为都足以造成全部损害的，行为人承担连带责任；（5）法律直接规定数个责任主体承担连带责任的其他情形。

按份责任，是指在数个责任主体承担共同责任的情形下，每一个责任主体只对其应当承担的责任份额负清偿义务，不与其他责任主体发生连带关系的侵权责任。任何一个责任主体在承担了自己份额的侵权责任后，即从侵权责任法律关系中解脱出来；从被侵权人一方来看，其只能分别向各责任主体主张不同份额的侵权责任，这些主张的总和等于其全部损害。《侵权责任法》第12条规定："二人以上分别实施侵权行为造成同一损害，能够确定责任大小的，各自承担相应的责任；难以确定责任大小的，平均承担责任。"

补充责任，主要发生在一个侵权行为造成的损害事实产生了两个相重合的侵权责任请求权时，于此情形，法律规定被侵权人必须按照先后顺序行使请求权，只有排在后位的责任主体有过错的，才能请求排在后位的责任主体承担侵权责任，排在后位的责任主体所承担的侵权责任就是补充责任。我国《侵权责任法》明确规定了承担补充责任的情形，如第34条规定："用人单位的工作人员因执行工作任务造成他人损害的，由用人单位承担侵权责任。劳务派遣期间，被派遣的工作人员因执行工作任务造成他人损害的，由接受劳务派遣的用工单位承担侵权责任；劳务派遣单位有过错的，承担相应的补充责任。"第37条规定："宾馆、商场、银行、车站、娱乐场所等公共场所的管理人或者群众性活动的组织者，未尽到安全保障义务，造成他人损害的，应当承担侵权责任。因第三人的行为造成他人损害的，由第三人承担侵权责任；管理人或者组织者未尽到安全保障义务的，承担相应的补充责任。"承担补充责任者只是承担与其过错相适应的责任，而不是缺多少补多少。

## 第二节　侵权责任的归责原则

### 一、侵权责任归责的概念

侵权责任的归责一般称为归责原则，是指在确认民事责任成立时所依据的正当性理由以及其他构成要件，即为什么受害人可以要求加害人承担损害赔偿以及其他责任方式的原则。侵权责任的归责原则是认定民事责任的核心，决定着责任成立的构成要件、举证责任负担、免责事由等重要内容，其中归责事由又决定了不同的归责原则。

### 二、过错责任原则

1. 一般过错责任

过错责任原则是指行为人只有在具有过错的情况下才对自己的行为或者其他原因导致的后果承担侵权责任，体现了矫正正义。虽然过错是行为人决定其行动的一种故意或过失的心理状态，但判断过错通常需要借助于行为人外在的行为。过错分为故意和过失。故意体现为行为人明知并主动追求或者放任其行为造成损害的主观心理状态，即直接故意和间接故意；过失可分为主观过失和客观过失，前者以行为人在具体案件中所具有的各种个人条件为判断标准，而后者以客观理性人为标准。我国目前趋向于采取客观过失。过错表明了行为人主观上道德的应受非难性或谴责性，是对行为人行为的否定评价；而过错责任的客观化反映了侵权责任法对社会信赖利益的保护要求。

需注意的是：（1）在一般过错责任下，受害人负担证明加害人具有过错的证明义务。（2）现代侵权责任法中，故意责任的地位在下降；而随着风险社会中事故频繁发生，导致过失责任的地位日益重要。（3）加害人过错的程度在一定程度上对其赔偿责任的范围产生影响，如精神损害赔偿，以及只有在明知的情况下，才能要求产品生产者或者销售者承担惩罚性赔偿责任。（4）如果受害人对于损害的发生也有过错，则构成过错相抵，依法可以减轻加害人的民事责任。

2. 过错推定责任

过错推定责任是过错责任的一种特殊形态，体现了对行为人的责任加重。过错推定责任是指在法律规定的情况下，因行为人的行为或者其他原因致他人遭受损害，则推定其具有过错，但能证明自己没有过错的除外。对此需注意的是：（1）过错推定责任仍以过错作为承担责任的基础，因而它不是一项独立的归责原则，而仅是过错责任原则的一种特殊形态。（2）在过错推定责任的情况下，对过错的认定实行举证责任倒置。受害人只需证明加害人实施了加害行为、造成了损害后果，且加害行为与损害后果间存在因果关系，即可推定加害人具有过错。加害人为了免除其责任，承担证明自己无过错的证明义务。（3）过错推定责任不能任意运用，只有在法律有明确规定的情况下才可适用。我国侵权责任法中，过错推定责任主要适用于如下情况：第一，无民事行为能力人在幼儿园、学校或者其他教育机构学习、生活期间受到人身损害的案件。第二，在机动车与非机动车驾驶人、行人之间发生交通事故时，采取过错推定责任原则。第三，违反法律、行政法规、规章以及其他有关诊疗规范的规定，隐匿或者拒绝提供与纠纷有关的病历资料，伪造、篡改或者销毁病历资料情况下的特殊医疗侵权案件。第四，动物园动物侵权案件。第五，物件致人损害责任。此外，通说认为，针对违反安全保障义务亦采过错推定。

### 三、无过错责任原则

#### 1. 无过错责任

无过错责任原则，是指一方当事人致使另外一方当事人遭受损害，无论其主观上是否具有过错，根据法律规定仍应承担责任的归责原则。无过错责任原则更多地体现了分配正义。无过错责任原则作为一种独立的归责原则在民法中得到广泛承认，体现了在现代社会中分配风险、追求实质公平正义的需要。

需注意的是：（1）无过错责任原则的适用必须有法律的明确规定，不能随意扩大适用。（2）无过错责任的成立不考虑行为人是否具有过错，加害人亦不能通过证明自己无过错而免责，但原告应证明损害事实及因果关系。当然，加害人的主观过错仍可能对责任承担产生一定的影响。（3）在出现某些法定免责事由时，如不可抗力、受害人故意等，加害人可全部或部分被免除民事责任。

#### 2. 特殊情况下的公平责任

所谓公平责任是指双方当事人对损害结果的发生都没有过错，但如果受害人的损失得不到补偿又显失公平的情况下，由法院根据具体情况和公平的观念，要求当事人分担损害后果。公平责任并不是与过错责任、无过错责任并列的一种归责原则，而是为了充分平衡当事人之间的利益、处理例外情况的一种特殊衡平处理手段。

需注意的是：（1）如果可以适用过错责任（包括过错推定责任）、无过错责任就不能适用公平责任；（2）当事人如何分担责任，由法官根据个案的具体情况，尤其需要考虑损害事实以及各方当事人的经济能力进行综合衡量，力求公平。

可能适用公平责任原则的情形主要有：（1）因紧急避险造成他人损失的，如果险情是由自然原因引起，行为人采取的措施又无不当，则行为人不承担民事责任。受害人要求补偿的，受益人应当给予适当补偿。（2）当事人对造成损害均无过错，但一方是在为对方的利益或者为共同利益进行活动的过程中受到损害的，对方或者受益人应当给予一定的补偿。（3）在见义勇为等为保护他人而使自己遭受损害的情况下，如果加害人逃逸或者无力赔偿，受害人有权要求受益人给予必要的补偿。（4）行为人就其暂时没有意识或者失去控制没有过错而致人损害的行为，给予受害人适当补偿。

## 第三节　一般侵权责任的构成要件

### 一、加害行为

加害行为是指行为人实施的，导致被侵权人民事权益受损的行为。加害行为是任何侵权责任都必须具备的要件，当然也是一般侵权责任的构成要件之一。加害行为包括作为和不作为。作为的加害行为，是指实施积极的侵害行为，导致他人权益受损。不作为的加害行为，是指应该作为而没有作为，导致他人权益受损。不作为加害行为的前提是行为人负有特定的作为义务。这种特定的作为义务不是一般的道德义务，而是法律所要求的具体义务，如安全保障义务。

### 二、损害事实

所谓损害事实是指行为人侵害他人的民事权益造成后者遭受各种形态的不利益。我国侵权责任法采取"大损害"概念，包括现实的损害以及对权益的现实威胁，即加害事由导致法律所保护的民事权益遭受不利益或者不利益之虞（遭受威胁或者妨害）。

1. 损害事实以侵害民事权益为前提。

侵权责任法所保护的权益具有如下特征：（1）侵权责任法保护的对象是民事权益，在公法所规定的权益如选举权遭受侵害的情况下，无法获得侵权责任法的救济，而应当依据其他法律，如选举法、刑法等主张救济。（2）侵权责任法的保护对象——民事权益可以分为绝对权和利益，其中绝对权包括人身权（人格权和身份权）、物权（所有权、用益物权和担保物权）、知识产权、继承权和股权等。在例外情况下，债权也可以构成侵权责任法的保护对象。利益包括占有、人格与财产利益（包括死者人格利益）以及纯粹经济利益等。侵权责任法针对不同的保护对象，提供了不同程度的保护机制，依据权益的顺位（从生命权到纯粹经济利益），呈现了一个从严格到宽松的动态保护体系。

2. 损害的基本类型

可以依据不同的标准将损害划分为不同的类型：

（1）物质性损害与精神性损害，这是最基本的类型。物质性损害是指受害人遭受财产利益的减损，包括直接损害和间接损害。精神性损害是指自然人因遭受精神痛苦、不安等所导致的非物质性损害。物质性损害所引起的损害赔偿具有直接填补性、可计算性等特征，而精神损害赔偿（即精神损害赔偿金或者抚慰金）具有间接性（通过金钱达到抚慰功能）、不可客观计算性等特征。在侵权责任法中，只有造成严重的精神损害，受害人才能够要求精神损害赔偿（《侵权责任法》第22条）。

（2）财产损害和人身损害，这是损害的另外一种重要类型划分。财产损害是指加害人侵害了受害人的物质性利益，如毁损他人财物。财产损害赔偿的范围应是受害人遭受的全部物质性损失，既包括直接损失（现有财产的减少），也包括间接损失（可得利益的丧失）。在特殊情况下，被损害财产若是具有特定纪念意义的物，也可以引起精神损害赔偿。

人身损害是指加害人侵害了受害人的各种人身权益所导致的各种损失，其损害后果既包括物质性损害也包括精神性损害。物质性损害赔偿包括支付医疗费、护理费、交通费、营养费、康复费以及误工减少的收入。此外，造成残疾的，还需要支付残疾生活辅助费和残疾赔偿金；造成死亡的，应当支付丧葬费和死亡赔偿金。因同一侵权行为如重大工矿灾难、交通事故等造成多人死亡的，可以以相同数额确定死亡赔偿金。

### 三、因果关系

1. 因果关系概述

侵权责任法中的因果关系是指加害事由与侵害结果之间的客观联系，即在特定加害事由与侵害后果之间具有关联。无论是过错责任还是无过错责任，只有在加害事由与侵害后果之间存在因果关系时，行为人方可能承担相应的民事责任。

侵权责任法上的因果关系可以划分为责任成立的因果关系和责任承担的因果关系，前者是指加害行为与损害之间具有因果关系，是责任成立的前提；后者是指受侵害的法益与损害、尤其是扩大的结果损害之间的因果关系，用以判断初次损害与扩大损害的因果关系，用于最终确定损害赔偿的范围。

2. 判断因果关系的主要理论

因果关系包括一因一果的简单因果关系和复杂因果关系。在简单因果关系中，判断因果关系的基本方法是"条件理论"。在积极作为的侵权情况下，采剔除法，即假设加害事由未发生，如不发生侵害后果，则二者具有因果关系，反之则否；而在消极不作为的侵权情况下，采增加法，假设责任人积极作为，如可以避免侵害后果的发生，则认定存在因果关系。因为条件往往只是损害发生的偶然性条件，而不是必然原因，所以在一些情况下该理论过于宽泛，导致无法区分条件与原因。

相当因果关系是判断责任成立的主要因果关系理论。所谓相当因果关系，是指作为原因被考察的事件是否一般会加大或便利了出现后果的客观可能性，即在具体案件中，依据侵害原因是否具有引发侵害后果的高度盖然性来认定因果关系。

复杂因果关系体现为多因多果和多因一果等特殊形态。其中重要的形态包括：（1）替代因果关系，即两个以上的原因都足以导致整个损害后果的发生，但无法查明究竟是哪个具体加害事由导致损害后果的发生，典型情况为共同危险行为。（2）竞合因果关系，即两个以上的原因同时足以造成同一损害后果的发生。（3）假设因果关系，即两个以上的加害事由先后足以导致同一损害后果的发生。此外，在产品责任中，因多个企业生产同一产品导致众多消费者遭受人身损害的情况下，依据各自产品的市场份额——客观抽象的原因力，要求各个加害企业承担按份责任，该理论被称为"市场份额理论"。

需要指出的是，侵权责任法中的因果关系并不仅仅是自然科学上的客观因果关系，其往往还与其他构成要件相互作用，具有浓厚主观价值判断的色彩。

### 四、主观过错

过错体现为侵害他人受法律保护的权益的行为所反映出的主观状态。在侵权责任法中，过错并非简单体现为行为人单纯的心理主观状态，相反，必须透过行为人所实施的行为而作出进一步的分析。过错是一个抽象的概念，分为故意和过失。过错体现了行为具有违法性，即违反了法律保护民事主体权益的规范性要求。

1. 故意。所谓故意是指知晓并希望或者放任不法侵害结果的发生的主观心理状态；前者构成直接故意，后者构成间接故意。间接故意与重大过失的最本质区分体现在：前者明知但仍放任损害后果的发生，而后者情况下，行为人希望能够防止损害后果的发生。

2. 过失。过失是对行为的判断，而不单纯是行为人的心理状态。以外在的行为作为过失判断的基础，并不否认过失行为同样具有主观性，只是此种主观性需要通过外在的人的活动体现出来。过失存在主观过失和客观过失两种判断标准。

所谓主观过失是指，从主观伦理价值的角度出发，判断行为人精神层面是否具有缺乏意志控制的能力。判断主观过失的标准与行为人主观上是否可以预见到侵害具有直接关联。依据主观过失的观点，即使法律或者当时的情况采用客观的注意义务判断标准，在行为人未尽到此种注意义务时，只有当其主观上能够预见到行为的结果，才能够认定行为人具有过失。由此可见，主观过失理论也并非全部否定客观化，而只是在具体个案中更加注重行为人的主观智识和精神状态。但主观过失在实践中面临实证的困难，因为主观过失具有浓厚的主观心理色彩，而在频繁的社会交往中，无法洞察行为人的内心世界，而且每个具体行为人的个人禀赋千差万别，如果每个个案都要求仔细排查当事人的特殊禀赋，显然无法满足司法实践的需要。

所谓客观过失是指行为人违反了社会交往中一个理性人应尽的注意义务。客观过失立足于保护社会交往信赖利益价值，通过理性人在特定案件下的注意义务的提炼，为社会中的行为人提供了可资事前判断的行为指南。在具体案件中，依据客观的注意义务标准判断行为人是否尽到了此种义务，低于此种标准即具有过失，并且不考虑行为人个人的主观因素，如年龄、经验等。依据违反注意义务的程度，过失可以分为重大过失、一般过失和轻微过失，此种划分不仅对于责任认定具有意义，如专家责任建立在违反高度注意义务的轻微过失基础上，对于责任减免也具有重大意义。

## 第四节　侵权责任的承担方式

### 一、侵权责任方式及其适用

《民法通则》第 134 条规定的民事责任形式有十种，除了支付违约金与修理、重作、更换适用于违约责任外，其他方式均可适用于侵权责任。《侵权责任法》第 15 条沿用了此种立法模式，规定了八种具体的责任承担方式。

侵权责任法的目的在于以损害赔偿的方式保护各种民事权益，在权益保护与行为自由之间划定一个明确的界限。由于损害赔偿具有一定程度的滞后性，因此，预防损害也是现代侵权法的重要功能。随着各种恶性侵权案件的不断发生，惩罚功能也是我国侵权责任法的重要目的之一，如产品责任中的惩罚性赔偿。

总体而言，侵权责任承担方式可以分为如下两大类：

1. 损害赔偿。损害赔偿是侵权责任最重要的承担方式。侵权责任法的核心目的就在于填补受害人的损害。

（1）损害赔偿的原则。

侵权损害赔偿采取完全赔偿原则，即责任人应当向受害人作出赔偿并达到假设受害人未遭受损害的应有状态。同时，受害人所获赔偿也不得超出其遭受损害的范围，即禁止不当得利。为了惩罚责任人，我国侵权责任法在产品责任中承认了惩罚性赔偿，作为完全赔偿原则的例外。

（2）损害赔偿的方式。

损害赔偿的方式包括金钱赔偿和恢复原状两种基本方式。此外，在难以计算具体损害时，可以基于侵权人的获益确定损害赔偿的具体范围，即以不当得利返还替代损害赔偿。

①金钱赔偿。所谓金钱赔偿是指责任人以支付货币的手段填补受害人所遭受的损害，财产损失按照损失发生时的市场价格或者其他方式计算，精神损害依据加害人的主观状态、加害手段等因素加以确定。当事人之间可以协商损害赔偿的具体支付方式，没有具体约定或者

无法协商一致的，原则上采取一次性支付；一次性支付确有困难的，可以分期支付，但应当提供相应的担保。

②恢复原状。恢复原状作为具体的损害赔偿方式，是指加害人承担赔偿受害人至其固有利益恢复到应有状态的责任，即达到法律上等同性质、经济上同等价值的状态。此时需要考虑到受害人自身利益可能发生的变化，而不是机械地恢复原有状态。

恢复原状的具体方式包括如下几种：

第一，返还财产。当侵权人没有合法依据，将他人财产据为己有时，受害人有权要求其返还财产。返还财产的救济方式与物权法中的返还原物请求权的功能一致，但构成要件不同，而且侵权责任法中的返还财产的救济范围不限于返还原物，还包括因原物毁损所产生的替代物以及因丧失物的使用利益所导致的损害。

第二，物理性的恢复原状。侵权责任法中所列举的恢复原状属于狭义上的物理性恢复原状，是指侵权行为致使他人的财产遭到损坏或形状改变，受害人有权要求加害人对受损财产进行修复或采取其他措施，使其恢复到原有状态。在一些情况下，也可以由受害人本人或者委托第三人采取必要的措施，使其恢复到原来状态，此时责任人需要支付必要的费用。恢复原状应在被损害的财产有恢复的可能且有恢复的必要、并且经济上可行时才予以适用。

通常而言，金钱赔偿适用的范围最广，但当事人就赔偿的具体数额往往不能达成一致，而且金钱赔偿并不具有直接填补损害的功能。恢复原状能直接填补损害，因此，在一些情况下，对于损害的财产能恢复原状的，应当尽量恢复原状，只有难以恢复时，才要求予以赔偿。当然，恢复原状的费用，应由加害人承担。

针对精神损害赔偿，恢复原状的赔偿方式具体体现为消除影响、恢复名誉。自然人的姓名权、肖像权、名誉权、荣誉权或者法人的名称权、名誉权、荣誉权受到侵害的，有权要求消除影响、恢复名誉。所谓消除影响，是指侵权行为人因其侵权行为在一定范围内对受害人的人格权造成了不良影响，应该予以消除。所谓恢复名誉，是指侵权人因其侵权行为导致被害人人格评价降低的，应该使受害人的人格利益恢复至受侵害前的状态。消除影响、恢复名誉一般都是通过在报刊、杂志、大众传媒上刊登更正声明和赔礼道歉声明的方式实现。

此外，也可以采取赔礼道歉的责任方式。所谓赔礼道歉是指侵权行为人通过向受害人承认错误、表达歉意、请求原谅的方式弥补受害人心理上的创伤。赔礼道歉适用于侵害自然人的姓名权、肖像权、名誉权、荣誉权及侵害法人的名称权、名誉权、荣誉权的情况。由于无法对赔礼道歉的责任方式强制执行，在实践中，赔礼道歉的责任方式大多体现为在各种媒体上以加害人的名义公布道歉书，相关费用由责任人承担。

③特殊情况下的不当得利返还。不当得利与侵权损害赔偿具有不同的要件，其功能也存在较大的差异。侵权责任与不当得利之债有时会产生竞合，例如对他人的财产进行无权处分获得利益。当侵权责任与不当得利之债竞合时，受害者有权选择追究加害人的何种责任。不当得利行为与侵权行为的不同之处表现在：第一，不当得利往往由于一方错误给付或者侵权所致，因此不当得利人主观上不一定有过错，不当得利的正当性是基于财产流转的衡平思想。而侵权行为的归责原则包括过错责任和无过错责任，体现了矫正正义和分配正义。第二，不当得利表现为要求得利人返还所获利益，返还范围受到得利人的主观状态的影响，如善意得利人仅仅返还现存利益，而恶意得利人不仅需要返还所得利益（无论是否现存），而

且还需要返还孳息等。侵权行为所引起的损害赔偿采取填补受害人损失的计算方式，以受害人实际遭受的损害为计算标准。

在一些特殊情况下，被侵权人的损害难以确定，如媒体恶意侵害他人隐私以提高自己的发行量或者浏览量，为了充分保护受害人的利益，可以按照侵权人获得的利益计算具体损害赔偿范围（《侵权责任法》第20条）。

2. 预防性救济。预防性救济包括停止侵害、排除妨碍、消除危险。损害赔偿具有事后救济的特征，但从法律的经济分析出发，事先预防更能够及时防止现实损害发生，从而增进整个社会利益。不同于损害赔偿，预防性救济请求权的构成要件不以发生现实损害为前提，只要权益遭受现实的威胁或者妨害即足矣，并且危险来源不限于人的行为，自然事件亦可。需要特别指出的是，预防性救济不以行为人具有过错为前提。因实施预防性救济所导致的合理费用，应当由引发各种危险以及妨害的行为人承担。预防性救济的方式主要包括：

（1）停止侵害。

当侵权行为人实施的侵权行为仍然处于继续状态时，受害人可以依法要求加害人停止侵害人身或财产权利的行为。停止侵害可以及时制止侵权行为，防止侵害后果的继续扩大。

（2）排除妨碍。

当侵权行为人实施的侵权行为使受害人的财产权利、人身权利无法正常行使时，受害人有权请求排除妨碍。该妨碍应当是实际存在的不法妨碍。

（3）消除危险。

当行为人的行为对他人的人身、财产安全造成了现实威胁，或存在对他人人身、财产造成损害的危险时，处于危险中的人有权要求行为人采取措施消除危险。消除危险可以事先阻止损害的发生，从而更有效地保护他人的合法权益。

上述侵权责任方式可以单独适用也可以合并适用。同时，因为停止侵害、排除妨碍、消除危险这三种责任方式的特殊性，法院在诉讼中可以根据当事人的申请或者依职权先行作出裁定。


**二、财产损害赔偿**

所谓财产损害赔偿是指行为人侵害他人的财产权益所产生的损害赔偿责任。财产损害赔偿保护的民事权益包括物权、知识产权、股权、继承权以及其他财产性利益。侵害财产权益的形态主要包括侵占与毁损财产权益。财产损害赔偿的范围原则上应当依据损失发生时的市场价格加以计算，即采取客观计算标准。但在财产权益对权利人具有特殊性，如具有特定的精神利益时，可以采取其他方式计算，即应当考虑到财产权益对于特定权利人的主观价值。


**三、人身损害赔偿**

所谓人身损害赔偿是指行为人侵害他人的人身权益所产生的损害赔偿责任。人身损害赔偿保护的民事权益包括各种人格权，如生命权、身体权、健康权，以及身份权，如监护权、亲权等；此外还包括各种人格利益。人身损害实际上包括物质性损害和精神性损害两个部分。此处仅列举物质性损害部分。

依据损害的不同程度，可以将人身损害所导致的物质性赔偿分为如下两种：

1. 造成人身伤害的损害赔偿

造成人身伤害的赔偿范围包括：医疗费、误工费、护理费、交通费、住院伙食补助费、营养费。造成人身残疾的，应赔偿残疾赔偿金。依据现行法的规定，应根据被侵权人丧失劳动能力程度或者伤残等级，按照受诉法院所在地上一年度城镇居民人均可支配收入或者农村居民人均纯收入标准，自定残日起按 20 年计算；但年满 60 周岁的，年龄每增加 1 岁减少 1 年；75 周岁以上的，按 5 年计算。此外，侵权人还应当支付残疾辅助器具费。此外，还需赔偿丧失扶养来源的被扶养人的生活费。

2. 造成死亡的损害赔偿。

侵权行为致使他人死亡的，除了应当赔偿因抢救治疗所支出的医疗费、护理费、交通费、住院伙食补助费、营养费等，侵权人应当支付死亡赔偿金。死亡赔偿金按照受诉法院所在地上一年度城镇居民人均可支配收入或者农村居民人均纯收入标准，按 20 年计算。但 60 周岁以上的，年龄每增加一岁减少一年；75 周岁以上的，按 5 年计算。2010 年最高人民法院《关于适用〈中华人民共和国侵权责任法〉若干问题的通知》第 4 条规定："人民法院适用侵权责任法审理民事纠纷案件，如受害人有被扶养人的，应当依据《最高人民法院关于审理人身损害赔偿案件适用法律若干问题的解释》第二十八条的规定，将被扶养人生活费计入残疾赔偿金或死亡赔偿金。"此外，因同一侵权行为造成多人死亡的，可以以相同数额确定死亡赔偿金，以避免同命不同价的不良后果。

由于受害人已经死亡，因此请求权主体为死者的近亲属。支付死者生前医疗费、丧葬费等合理费用的人，有权请求侵权人赔偿费用，但侵权人已经支付的除外。

值得注意的是，侵害他人人身权益造成财产损失难以确定，而侵权人因此获得利益的，按照其获得的利益赔偿；侵权人因此获得的利益难以确定，被侵权人和侵权人就赔偿数额协商不一致，向人民法院提起诉讼的，由人民法院根据实际情况确定赔偿数额。

### 四、精神损害赔偿

所谓精神损害是指行为人侵害他人的人身权益（或者在特殊情况下侵害财产权益）给受害人所造成的精神上的痛苦、不安等非物质性损害。精神损害具有非客观性，因此，我国侵权责任法规定，只有在造成严重精神损害时，方可主张精神损害赔偿，以避免精神损害赔偿泛滥。精神损害属于自然人个人主观感受，无法以金钱的方式直接量化，但精神赔偿金可以间接抚慰受害人，因此，精神损害赔偿具有间接损害填补性。计算精神损害赔偿的范围，应当考虑到如下因素：侵权人的过错程度；侵害的手段、场合、行为方式等具体情节；侵权行为所造成的后果；侵权人的获利情况；侵权人承担责任的经济能力；受诉法院所在地平均生活水平等。从计算因素来看，精神损害赔偿还具有一定的惩罚性。

法院受理精神损害赔偿诉讼的情况包括：第一，自然人因生命权、健康权、身体权、姓名权、肖像权、名誉权、荣誉权、人格尊严权、人身自由权遭受非法侵害，向人民法院起诉请求赔偿精神损害的。第二，违反社会公共利益、社会公德侵害他人人格利益，受害人以侵权为由向人民法院起诉请求赔偿精神损害的。第三，非法使被监护人脱离监护，导致亲子关系或者近亲属间的亲属关系遭受严重损害，监护人向人民法院起诉请求赔偿精神损害的。第四，自然人死亡后，他人以侮辱、诽谤、贬损、丑化或者违反社会公共利益、社会公德的其他方式，侵害死者姓名、肖像、名誉、荣誉，或者非法披露、利用死者隐私，或者以违反社会公共利益、社会公德的其他方式侵害死者隐私，或者非法利用、损害遗体、遗骨，或者以违反社会公共利益、社会公德的其他方式侵害遗体、遗骨的，其近亲属可以向人民法院起诉请求赔偿精神损害。第五，具有人格象征意义的特定纪念物品，因侵权行为而永久性灭失或者毁损，物品所有人以侵权为由，向人民法院起诉请求赔偿精神损害的。

法人或者其他组织以人格权利遭受侵害为由，向法院起诉请求赔偿精神损害的，法院不予受理。

## 第五节　侵权责任的抗辩事由

侵权责任的抗辩事由，是指加害人针对受害人提出的民事赔偿请求，提出合理原因，要求免除或减轻其赔偿责任的事实。根据抗辩事由的性质可以分为正当理由与外来原因。

### 一、正当理由

所谓正当理由，是指加害人虽实施了对受害人构成损失的行为，但其行为是正当、合法的。正当理由包括以下五种：

1. 依法执行职务的行为。负有一定职责的工作人员，为了维护社会公共利益和公民的合法权益，在执行职务时不可避免地对他人的财产或人身造成伤害的，不构成侵权行为。依法执行职务的行为必须具备以下几个条件：①执行职务的权限来自法律规定或法律的授权。拥有一定职权的人，如果没有法律规定或合法授权，造成他人的人身或财产损害的，应认定为滥用职权行为，不能免责。②执行职务的行为不应超过必要的限度。

2. 正当防卫行为。这是指根据法律规定，为了保护公共利益、自身或他人的合法利益，对于正在进行非法侵害的人给予适当的还击，以排除或减轻违法行为可能造成的损害。正当防卫行为是合法行为，因正当防卫造成损害的，不承担民事责任。正当防卫的构成应具备以下几个条件：①防卫的目的是为了保护自己或他人的合法利益或社会公共利益。②防卫的条件是侵害行为正在实施。对于可能实施但尚未实施的侵害行为，以及已经实施完毕的侵害行为予以还击，属于假想防卫、事后防卫，均不适用正当防卫。③防卫的行为只能针对加害人。如果加害行为来自动物，对动物进行反击构成紧急避险。④正当防卫不应超过必要的限度。正当防卫超过必要的限度，造成不应有的损害的，应当承担适当的民事责任。但判断防卫是否过当时，需要考虑到具体案件中的现实情况，而不能过于严苛要求防卫人。

3. 紧急避险行为。所谓紧急避险，是指在危险情况下，为了使社会公共利益、自身或他人合法权益免受更大的损害，在迫不得已的情况下采取的致他人或本人损害的行为。紧急避险行为应具备以下几个条件：①必须有正在发生的危险，且该危险威胁到本人、他人的利益或社会公共利益。②除了采取紧急避险的方式外，没有其他可以排除危险的方式。③紧急避险行为不应超过必要的限度。所谓必要的限度，一般是指紧急避险损害的利益应小于被保护的利益。

因紧急避险造成损害的，由引起险情发生的人承担民事责任。如果危险是由自然原因引起的，紧急避险人不承担民事责任或者依据公平原则承担适当的民事责任。因紧急避险采取措施不当或者超过必要的限度，造成不应有的损害的，紧急避险人应当承担适当的民事责任。

4. 私力救济。所谓私力救济是指民事主体在遭受侵害时，如不立即采取合适的救济手段，而仅仅等待公力救济，将导致自己的权益最终无法获得保护。虽然在现代民主法治社会中，公力救济是最基本的核心救济手段，但考虑到公力救济具有一定程度上的滞后性，不能满足特殊情况下的救济需求，私力救济在现代社会仍然具有重要作用。私力救济的构成要件包括：①当事人正在遭受侵害或者侵害行为刚刚结束。②由于受害人无法及时获得公力救济，如果个人不采取救济措施，将导致个人权益极有可能在将来无法获得保障。③个人采取救济措施，不得超出必要的限度。原则上首先针对加害人的财产采取扣押或者其他救济方式，只有在必要时，才可以针对加害人的人身施加必要的手段。

5. 受害人同意的行为。所谓受害人同意的行为，是指受害人事先明确表示愿意自行承担某种损害结果，而且不违反法律和社会公共利益的行为。这种行为的构成要件包括：①有同意承担损害后果的意思表示，并且受害人具有作出此种表示的相应行为能力，其意思表示必须真实、合法、有效。②意思表示应采取明示的方式。③受害人同意的损害后果，不应违背社会公共利益、公序良俗以及法律的强行性规定。④受害人的同意应当在损害发生前作出。损害发生后受害人同意免除加害人的责任，只是一种责任的事后免除方式，不同于受害人同意的行为。医疗损害责任中大量涉及患者知情权前提下的受害人同意抗辩事由。

**二、外来原因**

外来原因，是指损害的发生不是加害人的行为造成的，而是加害人之外的其他原因造成的。根据外来原因的不同，又分为：

1. 不可抗力。指不能预见、不能避免并不能克服的客观情况，既包括自然现象，如地震、洪水、台风、火山爆发等，也包括某些社会现象，如战争、暴乱等。因不可抗力造成他人损害的，不承担民事责任，但法律另有规定的除外，如不可抗力不能成为民用航空器致害责任的抗辩事由。

2. 受害人的过错。即受害人对损害结果的发生存在过错。受害人的过错，既包括受害人的故意，也包括受害人的重大过失或一般过失。如果加害人并无过错，损害结果完全系受害人的行为引起，免除加害人的责任。如果加害人与受害人都存在过错，那么应认定为过错相抵，加害人与受害人双方各自根据其过错程度承担相应的责任。

3. 第三人的过错。即加害人与受害人之外的第三人，对造成受害人的损害具有过错。在此第三人是加害人和受害人之外的第三人，且其与加害人之间不存在共同过错。

第三人的过错根据其构成，又可分为：①第三人的完全过错。即受害人所遭受的损害完全是由第三人造成的，受害人与加害人均无过错。加害人因此可以免责。②第三人与受害人的共同过错。在此情况下，受害人与第三人构成混合过错，各自承担相应的责任，加害人的责任则被免除。③第三人与加害人共同造成损害。在此情况下，虽然加害人与第三人共同造成了对受害人的损害，但只是一种偶然结合的相互作用，双方不是出于共同的故意也非共同的过失，因此不构成共同侵权。双方不承担连带责任，加害人只是可以免除因第三人行为引起的部分责任。

# 第六节　多数人侵权

**一、共同侵权行为**

共同侵权行为是指两个或两个以上的行为人，基于共同的故意或过失，共同实施损害他人人身或财产的行为。共同侵权行为表现出如下的特征：

（1）共同加害行为的加害主体必须为两人或两人以上。（2）共同加害行为要求行为人之间原则上具有事前意思联络，即具有共同的过错。共同过错是共同侵权行为的主观要件，其中共同故意侵权是主要形态，在特殊情况下体现为共同过失。此外，在无事前意思联络的情况下，如果各个侵害行为直接结合发生同一损害后果的，可以构成共同侵权；但如果二人以上分别实施的数个行为间接结合发生同一损害后果的，不构成共同侵权，应当根据过失大小或者原因力比例各自承担相应的赔偿责任。（3）共同加害行为造成的损害结果是同一的。共同加害人的行为应该彼此联系，造成统一的损害后果。（4）共同加害的行为是造成损害结果的共同原因，在外部无法将此种损害后果依据原因力或者加害人的过错按份归责于各个加害人。

共同侵权的法律后果体现为共同加害行为人对外向受害人承担连带责任，此后在内部关系上，根据侵权原因的不同及行为对损害结果发生的作用大小，在其内部进行责任分配。

在实践中，教唆、帮助他人实施侵权行为是一种较为典型的共同侵权。所谓教唆，是指通过语言或行为，怂恿、利诱他人实施侵权行为。教唆行为是加害行为得以发生的主导原因，必然是行为人出于故意的行为。所谓帮助，是指通过提供工具、给予鼓励的方式，协助他人完成加害行为。帮助行为是侵权行为得以完成的辅助原因，行为人可以是出于故意，也可以是基于过失。无论是教唆行为还是帮助行为，均构成共同加害行为。需注意的是：（1）教唆、帮助他人实施侵权行为的人，为共同侵权人，应当承担连带民事责任；（2）教唆、帮助无民事行为能力人、限制民事行为能力人实施侵权行为的人，为侵权人，应当由其个人承担单独民事责任，但该无民事行为能力人、限制民事行为能力人的监护人未尽到监护责任的，应当承担相应的责任。

### 二、共同危险行为

共同危险行为，是指两个或两个以上的行为人，共同实施可能导致他人权利受损的危险行为，造成了损害后果，但不能准确判定谁为加害人的情况。

共同危险行为具有如下特点：（1）共同危险行为的实施主体为两人或两人以上。（2）共同危险行为的行为人有共同的过失。共同危险行为人只是由于未尽注意义务而使他人权利处于危险之中，并且最终导致对他人的损害。因此如果存在共同故意则构成共同加害行为，若存在单独故意则构成一般侵权行为。（3）共同危险行为中的每个行为都单独具有足以导致他人权益受损的危险。（4）共同危险行为中无法确定谁为真正的实际加害人。共同危险行为的损害结果只是由共同行为人中的某人行为所致，但又不能确定谁为加害人。根据侵权责任法的规定，共同危险的行为人只能通过证明真正加害人的方式免责，不能通过证明自己不是加害人的方式免责。（5）虽然不能确定真正的加害人，但共同危险行为人的行为具有不可分性，他们的共同过失将其行为联结成一个整体，共同成为损害后果发生的原因。

共同危险行为的法律后果与真正意义上的共同侵权行为一致，由各个潜在加害人对外向受害人承担连带责任。在内部，除了能够证明自己的危险行为不可能致人损害之外，各个共同危险人承担按份责任。

### 三、无意思联络的多数人侵权

无意思联络的多数人侵权是指多个行为人之间事先并无主观意思通谋，而是因彼此单独的加害行为相互结合而导致同一损害后果的发生。无意思联络的多数人侵权又可以分为聚合因果关系下无意思联络的多数人侵权和累积因果关系下无意思联络的多数人侵权。如果是聚合因果关系下的无意思联络，即二人以上分别实施侵权行为造成同一损害，每个人的侵权行为都足以造成全部损害的，行为人承担连带责任。如果是累积因果关系下的无意思联络，即二人以上分别实施侵权行为造成同一损害，能够确定责任大小的，各自承担相应的责任；难以确定责任大小的，平均承担赔偿责任。

## 第七节　各类侵权责任

在我国侵权责任法中，采取了一般条款与具体列举的立法模式，其中一般条款较为抽象地规定了过错责任（第 6 条）和无过错责任（第 7 条），而在其他部分，还就各种具体的侵权形态作出了相对较为详细的规定。各种具体的侵权形态包括一般过错责任、过错推定责任以及无过错责任。在案件具体处理层面，有关各种具体侵权形态的规定在适用上具有优先性。只有当缺乏具体特殊规定时，才转而适用一般条款的规定。

### 一、监护人责任

无民事行为能力人、限制民事行为能力人造成他人损害的，其本人不承担侵权责任，而是由监护人承担民事责任。监护人尽了监护责任的，可以适当减轻他的民事责任。有财产的无民事行为能力人、限制民事行为能力人造成他人损害的，从本人财产中支付赔偿费用。不足部分，由监护人适当赔偿，但单位担任监护人的除外。

无民事行为能力人与限制民事行为能力人致害行为的构成要件包括：（1）被监护人实施了侵害行为；（2）造成了他人人身或财产损害；（3）侵害行为与损害后果之间存在因果关系；（4）被监护人与责任承担人间存在监护关系。

需注意的是：（1）侵权行为发生时行为人不满 18 周岁，在诉讼时已满 18 周岁，并有经济能力的，应当承担民事责任。行为人没有经济能力的，应当由原监护人承担民事责任。（2）如果无民事行为能力人、限制民事行为能力人有财产的，应从其财产中支付赔偿费用，但是由单位担任监护人的除外。（3）即使监护人尽了监护责任，也不能免除其赔偿责任，但可以适当减轻其责任。（4）夫妻离婚后，未成年子女侵害他人权益的，同该子女共同生活的一方应当承担民事责任。如果与子女共同生活方独立承担民事责任确有困难的，未与该子女共同生活的一方应共同承担民事责任。（5）被监护人造成他人损害的，如果监护人不明确，法律规定由顺序在前的有监护能力的人承担民事责任。

### 二、用人单位责任

现代社会中，因社会分工引起各种用工现象日益普遍，用人单位责任成为一种重要的侵权形态。用人单位承担无过错责任，具体责任构成要件如下：

（1）直接侵权人为用人单位的工作人员，二者之间存在用工关系。

（2）用人单位的工作人员在执行职务行为时造成他人损害。认定职务行为采取外观主义，即只要工作人员的活动与履行用人单位授权或者指示范围内的工作具有内在联系，即可认定为职务行为。

（3）用人单位就工作人员的侵权行为所导致的损害承担无过错责任。如果工作人员故意或者重大过失致人损害，应当与用人单位对外向受害人承担连带责任。用人单位承担全部责任后，可以向工作人员追偿。如果采取劳务派遣的用工方式，由接受劳务派遣的用工单位承担侵权责任，但劳务派遣单位有过错的，应当承担相应的补充责任。

### 三、个人之间因劳务产生的侵权责任

如果个人之间形成劳务关系，提供劳务一方因劳务造成他人损害的，由接受劳务一方承担侵权责任。提供劳务一方因劳务自己受到损害的，根据双方各自的过错承担相应的责任。

### 四、网络侵权责任

随着网络的日益普及，利用网络侵害他人民事权益的侵权案件也日益增多。依据《侵权责任法》第36条的规定，基于具体加害人以及违反注意义务的差异，网络侵权责任分为如下两种：

（1）网络用户责任。网络用户责任是指网络使用者利用网络侵害他人民事权益的侵权责任。其构成要件为：第一，网络用户利用网络实施各种侵害行为，如非法披露他人隐私、盗窃他人信息数据等；第二，网络用户存在故意或者过失，在实践中通常体现为违反与互联网相关的各种法律、法规所规定的义务；第三，给他人造成了损害；第四，所实施的侵害行为与损害后果之间具有因果联系。

（2）网络服务商责任。网络服务商责任分为如下两种：

第一，经被侵权人"提示"所发生的连带责任。网络用户利用网络服务实施加害行为，被侵权人及时通知网络服务商，要求其采取删除、屏蔽、断开链接等必要措施，网络服务商在接到通知后未及时采取必要措施的，网络服务商就因未及时采取各种必要措施给被侵权人造成的扩大损害（而不是全部损害）与该网络用户承担连带责任。上述原则被称为"安全港"原则。

第二，"知道"网络用户实施侵权的连带责任。在网络服务商知道网络用户利用其网络服务侵害他人民事权益即主观上存在故意的情况下，网络服务商未采取必要的措施，其怠于采取必要措施给被侵权人造成损害的，应当与该网络用户承担连带责任。

### 五、违反安全保障义务的侵权责任

随着现代社会中人与人的交往日益频繁，社会成员的行为往往对他人的民事权益产生较大的影响，因此应当承担保障他人人身和财产安全的注意义务，如果未采取必要的安全保障义务，将会给他人造成各种损害。因此，违反安全保障义务的侵权责任是现代侵权法中的一种重要侵权形态。

违反安全保障义务的构成要件为：（1）提供各种经营活动、组织活动以及其他社会交往活动的民事主体，如宾馆、商场、银行、车站、娱乐场所等公共场所的管理人或者群众性活动的组织者，未尽到对社会交往中的其他成员民事权益的安全保障义务。（2）上述违反安全保障义务的行为给他人造成了损害。（3）在违反安全保障注意义务与损害之间具有因果联系。需要注意的是，针对违反安全保障义务的侵权责任采取过错推定原则，即只要在宾馆等各种主体提供服务或者组织活动空间范围内，进入该空间的其他民事主体受到了损害，则推定该保障义务人具有过错，由其承担尽到安全保障义务的免责证明义务，否则其必须承担侵权责任。

违反安全保障义务的责任方式具有如下两种：（1）直接责任。宾馆、商场、银行、车站、娱乐场所等公共场所的管理人或者群众性活动的组织者，自己未尽到安全保障义务，造成他人损害的，由其直接承担责任。（2）补充责任。在第三人实施加害行为造成他人损害的情况下，由加害人本人首先承担侵权责任。但如果无法找到直接侵权人或者其无赔偿能力，且上述各种管理人或者组织者未尽到安全保障义务的，则其在违反安全保障注意义务的范围内承当相应的补充责任。

### 六、学校、幼儿园等教育机构的责任

《侵权责任法》第38、39、40条就教育机构中无民事行为能力人、限制民事行为能力人受到人身损害时的责任承担，区分不同情况作了规定：（1）无民事行为能力人在幼儿园、学校或者其他教育机构学习、生活期间受到人身损害的，幼儿园、学校或者其他教育机构应当承担责任，但能够证明尽到教育、管理职责的，不承担责任。（2）限制民事行为能力人在学校或者其他教育机构学习、生活期间受到人身损害，学校或者其他教育机构未尽到教育、管理职责的，应当承担责任。（3）无民事行为能力人或者限制民事行为能力人在幼儿园、学校或者其他教育机构学习、生活期间，受到幼儿园、学校或者其他教育机构以外的人员人身损害的，由侵权人承担侵权责任；幼儿园、学校或者其他教育机构未尽到管理职责的，承担相应的补充责任。

掌握此类型的特殊侵权行为时，应当把握几点：（1）明确导致人身损害的原因，是由于教育机构还是第三人造成的。如果是第三人造成的，教育机构只是在未尽管理职责的范围内承担相应的补充赔偿责任。即原则上先由第三人承担责任，不足部分才会考虑教育机构的与其过错相应的责任。教育机构承担责任以后，可以向第三人追偿。（2）如果损害是由教育机构造成的，则要区分受到人身伤害的主体是无民事行为能力人还是限制民事行为能力人。如果是无民事行为能力人，教育机构的责任采用过错推定原则；如果是限制民事行为能力人，教育机构的责任采用过错归责原则。

### 七、产品责任

产品责任指因产品质量未达到消费者的合理期待，造成他人财产、人身损害的，产品制造者、销售者应当依法承担法律后果的侵权责任。

产品责任的构成要件包括：（1）生产或销售了不符合产品质量要求的产品，即产品违反了消费者合理的期待，存在危及人身、财产安全的不合理的危险，或者产品不符合保障人体健康和人身、财产安全的国家标准、行业标准。（2）不合格产品造成了他人财产、人身损害。这里所指的他人财产，是指缺陷产品以外的财产，至于缺陷产品自身的损害，购买者可以根据消费者权益保护法、合同法的规定要求销售者承担违约责任，而非产品责任。遭受人身损害的受害者，既可以是购买产品的消费者本人也可以是消费者之外的第三人。（3）产品缺陷与损害事实间存在因果关系。

产品缺陷致人损害的，产品制造者承担无过错责任，产品销售者承担过错责任。同时根据侵权责任法的规定，产品销售者对外不能以自己无过错作为免责事由。就受害人而言，既可以选择向产品的生产者要求赔偿，也可以选择向产品的销售者要求赔偿。在内部关系中，承担赔偿责任的生产者或者销售者有权向真正引发产品缺陷的另一方进行追偿。

此外，在产品流通领域还存在运输者和仓储者。因运输者、仓储者等第三人的过错使产品存在缺陷，造成他人损害的，运输者、仓储者不直接向产品的购买者承担责任，而是由产品的生产者、销售者向受害者赔偿，之后生产者、销售者向有过错的运输者、仓储者进行追偿。

产品责任的免责事由有：（1）未将产品投入流通的；（2）产品投入流通时，引起损害的缺陷尚不存在的；（3）将产品投入流通时的科学技术水平尚不能发现缺陷存在的。

产品侵权的责任形态不仅包括损害赔偿，在缺陷产品危及人身安全时，消费者有权要求生产者、销售者承担排除妨碍、消除危险等侵权责任。如果产品投入流通领域后发现存在缺陷，生产者、销售者应当及时采取警示、召回等补救措施。未及时采取补救措施或者补救措施不力造成损害的，亦应当承担侵权责任。

此外，产品责任中还具有惩罚性赔偿的特殊规定，其构成要件为：（1）生产者、销售者明知产品存在缺陷，仍然将产品投入流通领域，即主观上存在故意。（2）给消费者造成死亡或者健康严重损害的后果。（3）在责任承担上，为了防止随意扩大惩罚性数额，被侵权人只能要求"相应的"惩罚性赔偿。

### 八、机动车交通事故责任

机动车交通事故责任是一种特殊的过失责任，故意利用机动车致人损害的，适用故意侵权责任。依据发生事故的不同主体，可以将机动车交通事故责任分为如下两种基本类型：

（1）机动车与机动车之间采取过错责任，依据机动车驾驶人彼此的过错认定各自的责任，在实践中，交警出具的"交通事故鉴定书"成为认定交通事故责任的关键证据。

（2）机动车与非机动车驾驶人之间发生交通事故的，首先在第三者强制责任保险范围内，由保险公司承担无过错的强制责任保险理赔责任。其次，针对机动车驾驶人采取过错推定原则，但有证据证明非机动车驾驶人、行人有过错的，根据过错程度适当减轻机动车一方的赔偿责任；机动车一方没有过错的，承担不超过百分之十的赔偿责任。但非机动车驾驶人、行人故意造成交通事故的，机动车一方不承担赔偿责任。

根据侵权责任法的规定，机动车责任主体的认定采取"保有人原则"，即谁控制机动车行驶就由谁承担侵权责任，如租赁、借用情况下，机动车使用人为责任主体；在转让并交付但未办理登记的情况下，受让人为责任主体。以买卖等方式转让拼装与报废车的，由转让人与受让人承担连带责任。盗窃、抢劫或者抢夺机动车造成交通事故造成损害的，由盗窃人、抢劫人或者抢夺人承担赔偿责任。

### 九、环境污染责任

环境是指影响人类生存和发展的各种天然的和经过人工改造的自然因素的总体，包括大气、河流、海洋、土地、矿藏、森林、草原、野生生物、自然遗迹、人文遗迹、自然保护区、风景名胜区、城市和乡村等。环境责任保护的权益不仅仅包括一般意义上的民事权益，而且包括生态环境法益。

污染环境造成他人损害的，污染者应当依法承担无过错的民事责任，即使排污符合国家标准，也不能就此免责。无过错的环境责任的构成要件包括：（1）存在污染环境的行为。如将废气、废水、废渣、粉尘排放到大气、河流或土地中，或以噪声、恶臭危害人们正常健康的生活等。（2）存在污染环境造成损害的事实。（3）污染行为与损害事实之间存在因果关系。由于环境污染的特殊性，受害人因技术条件所限，往往难以证明因果关系的存在，因而法律规定因果关系证明推定原则，即只要证明企业已经违法排放了污染物质，受害人的人身或财产已遭受或正在遭受损害，即推定排污行为与损害后果间有因果关系，除非行为人证明损害不可能由其排污行为所致。

环境污染致人损害的免责事由有：（1）完全由于不可抗拒的自然灾害，并经及时采取合理措施，仍然不能避免造成环境污染损害的；（2）污染损害是由受害人自己的故意造成的。

需要注意的是，在因第三人的过错污染环境造成损害的情况下，受害人可以选择要求污染者或者第三人承担法律责任。污染者赔偿后有权向第三人追偿。

### 十、高度危险责任

高度危险责任是指行为人从事高度危险活动或者保有高度危险物致人损害所引发的侵权责任。由于在高度危险作业中，在现有的技术水平、设备条件下，即使作业者已尽小心谨慎的注意义务，仍然难以避免给他人的人身、财产造成损失，而行为人又从该危险活动中获益，所以依据"风险与收益一致"的原则，由行为人承担无过错责任。由于无过错的高度危险责任在一些情况下对行为人过于严苛，所以法律在一些特殊情况下规定了行为人承担赔偿的最高限额，如民用航空事故、铁路事故的最高赔偿限额。

高度危险责任的构成要件包括：（1）存在高度危险作业，主要包括如下两种：第一，高度危险活动，如民用核设施、民用航空器以及其他高空、高压、地下挖掘或者其他高速轨道运输工具等。第二，保有高度危险物，包括易燃、易爆、剧毒、放射性物质等。保有高度危险物体现为占有（包括非法占有）、使用、遗失、抛弃等行为。（2）存在损害事实。高度危险作业造成了受害人的人身或财产损失。（3）危险作业行为与损害事实间存在因果关系，即应当证明损害事实是由该危险作业引起。

高度危险责任由高度危险作业人承担无过错责任。在高度危险活动中，具体由企业经营者承担侵权责任，如民用核电站、民用航空公司、铁路公司等。在高度危险物责任中，所有人遗失、抛弃高度危险物造成他人损害的，由所有人承担责任；管理人未尽到管理义务的，由管理人承担侵权责任，但所有人对选任、监督和指导管理人有过错的，与管理人承担连带责任。非法占有高度危险物，如盗窃、抢夺、非法无权占有等，致人损害的，由非法占有人承担侵权责任，但所有人、管理人不能证明对防止他人非法占有尽到高度注意义务的，与非法占有人承担连带责任。

法律为不同类型的高度危险作业规定了不同的免责或者减轻责任的事由。例如，针对民用核设施、民用航空器事故责任的抗辩事由原则上限于受害人故意，不可抗力原则上不能免责，但战争可以成为民用核设施责任的抗辩事由。而针对高度危险物责任，受害人故意、不可抗力是高度危险物占有人、使用人责任的免责事由，此外，被侵权人对损害的发生具有重大过失的，可以构成减轻责任的抗辩事由。在高度危险作业致人损害的侵权诉讼中，由加害人就受害人故意造成损害的事实承担举证责任。

### 十一、饲养动物损害责任

饲养动物损害责任是指因饲养的动物致人损害所引起的侵权责任。其构成要件包括：

（1）致害动物是饲养的动物。如果不是人工饲养的动物，即野生动物，则不适用此种责任。但遗弃、逃逸的饲养动物在此期间造成他人损害的，原动物饲养人或者管理人仍然要承担侵权责任。（2）饲养的动物对他人造成了损害。饲养的动物对他人的损害包括人身损害或财产损害。需注意的是，动物的致害行为是动物基于本能的行为，无论是其自主加害还是受刺激加害均构成加害行为。如果动物饲养人或者管理人故意唆使动物致人损害，按照一般侵权行为处理，而不是饲养动物致人损害的责任。（3）动物的加害行为与损害事实间有因果关系。

饲养的动物致人损害的，饲养人或者管理人承担无过错责任，即只要发生了饲养动物致人损害的后果，饲养人或管理人就应当承担民事责任。这一方面是因为饲养人或者管理人是饲养动物风险的引致者，其应当承担动物致人损害的风险；另一方面，即使饲养人或管理人了解其饲养的动物的习性并尽到谨慎的看护义务，也不能完全避免动物不致人损害，毕竟饲养的动物始终存在突然致人损害的危险。因此，如果令饲养人或者管理人仅仅承担过错责任，显然对受害人不公平。

需要注意的是，针对动物园饲养的动物致人损害的责任，侵权责任法采取过错推定责任，即在动物园动物致人损害的情况下，如果动物园能够证明自己尽到了管理职责的，不需要承担侵权责任。

因第三人的过错导致动物致损的受害人有权选择第三人或者动物饲养人、管理人承担责任，动物饲养人、管理人在赔偿之后，有权向第三人追偿。如甲故意挑逗乙喂养的狗，致使丙被狗咬伤，丙可以选择要求甲或者乙承担赔偿责任，乙承担责任后有权向甲追偿。

饲养的动物致人损害的抗辩事由主要体现为受害人的故意或者重大过失。在此情况下造成损害的，饲养人或者管理人可以不承担责任或者减轻责任。例如，如甲故意进入乙的庭院挑逗乙喂养的狗被咬伤，应视作是甲自己过错引起，可以完全免除乙的民事责任；如果乙违反管理规定，将其饲养的狗放置在公共道路上，甲挑逗该狗导致被咬伤，则应当仅仅减轻乙的责任，而不能完全免责。对于禁止饲养的烈性犬等危险动物，动物饲养人或管理人承担严格的无过错责任，且不享有抗辩事由。

### 十二、物件损害责任

物件损害责任是指建筑物、堆放物、林木以及各种施工中发生坍塌、物品坠落致人损害所引起的侵权责任。

物件损害责任的构成要件包括：

1. 物件存在瑕疵。如建筑物、构筑物或者其他设施及其搁置物、悬挂物发生脱落、坠落，堆放物倒塌，林木折断，正在挖坑、修缮安装地下设施等施工的公共场所或者道路上没有设置明显标志和采取安全措施等。

2. 因物件瑕疵致人损害，此种损害包括人身损害和财产损害。

3. 物件瑕疵与损害后果之间具有因果联系。如屋顶的广告牌安置不稳坠落，砸伤了行人。

4. 物件所有人或者管理人的主观过错。物件损害民事责任的归责原则有多种情形，要根据具体情况分析：（1）一般的物件损害民事责任归责原则采取过错推定，如建筑物、构筑物或者其他设施及其搁置物、悬挂物发生脱落、坠落，林木折断、地下设施施工致人损害等类型。（2）建筑物、构筑物或者其他设施倒塌致人损害的情况下，归责原则采用无过错原则。即建筑物的建设单位与施工单位共同承担连带责任，不能以自己没有过错免责。（3）公平责任。从建筑物中抛掷物品致害情形，如果能够找到具体侵权人，由具体侵权人承担责任。如果不能找到具体侵权人的，则可能加害的建筑物使用人予以补偿。当然如果建筑物使用人能够证明自己不是侵权人的不承担责任。（4）一般过错归责。地面施工致人损害的，侵权责任法就施工人的责任采用的是一般的过错归责原则。

# 下 编

# 综合课

# 第一部分 法理学

# 第一章 绪 论

## 第一节 法学的概念与法学流派

### 一、法学的含义

法学是现代社会科学知识体系中的重要门类。在我国，通常认为，法学是以法律现象为研究对象的一种专门学问，一门人文社会科学。

人类历史上的不同时期和不同学派对于法学的概念有不同理解。如在中国古代，法学被称为"刑名法术之学"或"律学"，主要研究运用法律的技术问题。

在现代社会中，作为法学研究对象的法律现象是一种非常广泛的社会现象，凡与法律的运作有关的问题和现象（如法律行为、法律关系、法律规则、法律意识以及与其相关的各种条件和因素）都属于法律现象的范畴。作为一门系统化的学问和科学，法学的研究视野广阔，它对法律现象进行全方位的研究，既要考察法的产生、发展过程及其规律性，又要比较研究各种不同法律制度的特点、异同和相互关系；既要研究法律自身运作的机制和规律性，又要研究法与其他社会现象的关系；既要研究现实的法律规则和制度，又要研究法的目的、功能、价值和作用效果。

法学，也被称为法律科学，是一门科学。现代知识体系通常被划分为自然科学、社会科学以及人文科学。它们分别是由有关自然的、有关社会的、有关人文的知识所构成的科学门类。在我国法学界，法学通常被认为一种社会科学，也是一种人文科学。法律现象既属于社会现象，也是一种人文现象。研究法学，既需要运用社会科学方法，也不能忽视人文的方法。理解法学，既要有科学精神，也要有人文关怀。法学的社会科学性质体现在，要将法律视为一种社会规范、社会实践，在社会各种相关因素的相互联系、相互作用背景中理解法律，理解法律背后的社会因素、社会发展的规律性等等。法学的人文属性则体现在，法律是一种体现生活的意义和人的价值追求的规则，法律不但指引人们的外在行为，也为人的生活提供精神指引，给外在行为赋予内在的意义。

由于法律现象的广泛性，以及人们对法律现象认识的深入和研究的日益专门化，法学内部逐渐形成了不同的分支学科。法学学科中的相关知识逐步形成了日益庞大的法学知识体系。所谓法学体系，就是由法学内部各不相同但又相互联系的分支学科所构成的学科体系或知识系统。如何对法学体系进行分科，学术界并无完全统一的认识。从有利于认识法学体系内部不同"知识群"的角度来看，目前常用的分类方式有如下几种：

一是从认识论的角度，可以将法学分为理论法学和应用法学。前者研究法的基本概念、原理和规律，如法哲学、法的一般理论、法律历史等；后者研究现实的国际和国内法律制度，包括法律的形式、内容以及法律的制定、实施、解释和适用的状况。需要注意的是，理论法学和应用法学的分类具有相对性，对具体法律问题的研究可以上升为一般性认识，同样，抽象的法学理论研究也必须植根于具体法律现象才有意义。

二是从法律部门划分的角度，可以把法学分为宪法学、民法学、行政法学、刑法学、诉讼法学等等。

三是从法律的形成和运作的角度，法学可以分为立法学、法律解释学、司法学、法律社会学等。

四是从法学与其他相关学科的关系的角度，法学可以分为法学的内部学科（如国内部门法学、国际法学、外国法学等）以及法学的边缘学科（如法哲学、法社会学、法经济学、法人类学、法医学、司法鉴定学等）。

### 二、法学的产生和发展

法学是研究法律现象的科学，社会有了法律现象，就有了关于这些现象的思想、观点。但法学作为一门独立的学科则出现较晚。法学的产生需要具备一定的社会条件：首先，要有法律现象的材料的一定积累；其次，要有专门从事研究法律现象的法学家阶层。恩格斯在《论住宅问题》中谈到法学的产生时指出，随着立法进一步发展为复杂和广泛的整体，出现了新的社会分工的必要性：一个职业法学家阶层形成起来了，同时也就产生了法学。

在中国，法学在春秋战国时期就有了相当的发展，出现了多种学派。其中有主张社会治理应当主要依靠法律、主张"以法治国"和"严刑峻法"的法家学说，也有主张社会治理应当主要依靠道德感化、主张"德主刑辅"的儒家学说。秦始皇统一中国后，以商鞅、韩非的"明法审令""事皆决于法"的思想为指导。到西汉汉武帝采纳董仲舒的"罢黜百家，独尊儒术"的思想后，法学便成为儒家经学的奴婢。从此在两千多年的封建社会中，儒家的法律思想一直占着统治地位，但也吸收了法家思想中某些合理的成分，实行所谓"儒法交融""内儒外法""隆礼重法"。清末及此后的民国时期，在法学领域中，一方面仍保留着封建的法律思想，另一方面西方资产阶级的法律思想和法律制度逐步引入。

在西方，法学最早源于古希腊。后来随着社会的发展，到古罗马共和国时期，法学已发展成为一门独立的学科，出现了法学派别，编写了权威性的法学著作，如盖尤斯的《法学阶梯》等。中世纪的西欧，在思想领域中，基督教神学占统治地位，法学成为神学的一个分支。在12世纪至16世纪出现了以研究和恢复罗马法为核心的新的法学，主要是意大利的注释法学派。这为后世欧洲法律制度的蓬勃兴旺奠定了知识基础。17世纪至18世纪资产阶级革命时期，代表新兴的资产阶级政治、经济要求的思想家们提出了许多重要的法律思想、理论和学说。其中的自然法学、自由主义法学等理论为欧洲新兴的民族国家的建构起到了重要的理论支撑作用。到了19世纪至20世纪，为适应由自由资本主义发展到垄断资本主义的需要，出现了许多资产阶级法学流派，阐发了大量的新的法律理论，其中如自然法学派、社会法学派、分析实证主义法学派和新自然法学派等都具有广泛的影响。

马克思主义法学产生以前，法学领域一直为剥削阶级思想家、法学家所垄断。尽管他们也为法学研究积累了大量资料，在政治文明、法律文化方面积累了许多有益的成果，提供了不少可供借鉴的、有价值的、合理的理论主张，但由于他们的阶级地位和时代的局限性，他们不可能真正科学地阐明法的本质及其产生、发展的规律性。

### 三、现代西方法学的主要流派

在现代和当代西方，法学流派众多，立论基础各异，各有所长，也各有现实的问题意识。各个法学流派的理论，是西方人探索法律真理的足迹，都具有一定的理论价值，对于我们认识和理解复杂的法律现象以及现代社会，具有高度的启发性。

在西方法学流派中，自然法学派、分析法学派和社会法学派大致是影响较大、占主流地位的法学流派。这三个法学派别，也被称为三大法学流派。这三大法学流派，也分别代表了认识法律现象的三种方法，三种视角。自然法学主要运用政治哲学理念的抽象理论思维方法，注重对法理念、法本质、法价值的分析；分析法学流派重视运用规范分析的实证方法，重视对法律规范及其体系的分析；社会法学派重视运用社会学的实证方法，重视对法的社会效果、影响法的社会因素的分析。

#### （一）自然法学派

自然法学派的历史悠久，可谓是集中体现了西方法律的文化基因。在古希腊和古罗马时期就已经形成丰富的传统自然法理论，古罗马法学家西塞罗（公元前 106 年—公元前 43 年）有关自然法的论述广为人知。中世纪的托马斯·阿奎那（约 1225 年—1274 年）在其神学体系中阐发了神学的自然法理论。近代以来，十七八世纪的古典自然法学产生了巨大的理论和社会影响。近代启蒙时期的自然法学的主要代表人物是几位重要的政治学家和法学家，其中包括霍布斯（1588 年—1679 年）、洛克（1632 年—1704 年）、孟德斯鸠（1632 年—1704 年）和卢梭（1712 年—1778 年）等。自然法学家的思想各异，从其总体基调上看，自然法学体现了自然法神圣、自然权利至上与国家源于社会契约等人本主义法律观；崇尚人人生而自由和平等，体现了自由主义的政治观；主张法是人的理性、自然正义的体现，自然法是普遍的、永恒的至高法律，高于人定法，人定法只有符合自然法才是真正的法律，主张"恶法（律）非法"。20 世纪以来，形成了当代的新自然法学，主要分为世俗的新自然法学以及神学的自然法。神学新自然法的代表人物是马里旦（1882 年—1973 年）等。世俗的新自然法学代表人物则有富勒、罗尔斯、德沃金和菲尼斯等。

#### （二）分析法学派

分析法学派产生于 19 世纪，到 20 世纪后半叶，形成了精致复杂的法学理论。分析法学以实证主义哲学为基础，反对形而上学的思辨方式和寻求终极原理的做法，更注重运用形式逻辑分析、规范分析、体系分析等方法研究作为社会事实（现实存在）的法律制度；认为在法律与道德之间没有必然的联系，反对自然法的"恶法非法"理论，主张"恶法（律）亦法"；它试图将法律正义等价值问题并不应属于法理学的科学研究范围，法理学的任务应当限定在分析和剖析实在法律制度的范围内。早期代表人物有边沁（1748 年—1832 年）、奥斯丁（1790 年—1859 年）。20 世纪分析法学的代表人物则有凯尔森、哈特、拉兹等。

#### （三）社会法学派

社会法学派起源于 19 世纪后半期的德国，在 20 世纪的西方国家如德国、美国、法国、英国等中都有一些重要的社会法学学者。社会法学，在较为宽泛的意义上也被称为法社会学、法律的社会分析理论。社会法学派在德国的主要代表人物是艾尔利希。在美国，系统地阐述这一学派观点的是霍姆斯和庞德。法律现实主义（其代表性学者如卢埃林等）也可以看作是社会法学流派的一个分支。社会法学派强调研究"现实的法"、"行动中的法"、社会生活中的"活法"；研究法律现实和法律实践的各个方面，而反对分析法学派、法律形式主义仅仅局限于对法律进行形式逻辑上的研究；他们对于法律的来源、性质和作用的论述，着重于宣扬法的社会性，法受制约于各种社会因素。

当然，在当代西方还有不少其他法学流派。其中，影响较大的有19世纪的历史法学派、哲理法学派；20世纪的经济分析法学派、女权主义法学派、批判法学派等。其中，一些法学流派注重批判以自由主义法学观为核心的现代性立场，形成了后现代的法学思潮，诸如批判法学、女权主义法学、法与文学运动等都具有所谓的后现代批判气质。

### 四、马克思主义法学

马克思主义法学是以马克思主义为指导，研究法律现象的学科的总称。它的产生是法学史上划时代的根本变革。

马克思主义法学产生于19世纪40年代。它是在马克思、恩格斯创建唯物史观的基本原理，分析、揭露剥削阶级特别是资产阶级的法律制度的过程中，并在批判继承以往的法学和社会法律文化的基础上形成的。马克思主义的产生给整个社会科学领域，其中包括法学，带来了革命性的变革。有了马克思主义的指导，才使法学走上了真正的科学发展的道路。

马克思主义法学是一种不断发展着的理论，它的发展与国际社会主义运动的历史进程，与社会主义国家的丰富实践和探索等有着密切联系。在马克思主义的经典作家之后，列宁、斯大林、毛泽东、邓小平等马克思主义理论家都对马克思主义法学的发展做出了重大贡献。马克思主义法学在当代的最新发展就是，在中国的社会主义建设实践中形成和不断丰富发展的中国特色社会主义法学。

马克思主义法学总结了无产阶级革命斗争和社会主义建设的实际经验，批判地继承了人类历史上法律思想文化中一切积极的因素，第一次科学地揭示了法的本质，阐明了法律现象产生和发展的基本规律。马克思主义法学既有鲜明的党性，也有深刻的科学性。马克思主义法学的党性和科学性是一致的。它反映无产阶级及其领导下的广大人民的要求，以辩证唯物主义和历史唯物主义为根本遵循、为世界观和方法论，第一次科学地阐明了法的本质及其最基本的发展规律，从而使得法学的科学品质真正得以展示出来。

马克思主义法学与剥削阶级法学的主要区别大致如下：

1. 指导思想不同。剥削阶级法学尽管形形色色，流派繁多，但大都是以唯心史观为指导，所以它们都不可能对法的本质和发展规律作出真正科学的回答。而马克思主义法学运用辩证唯物主义和历史唯物主义的立场和方法，揭示了法与经济关系（尤其是生产关系）的内在关联，在经济基础与上层建筑的框架下而得以科学认识法的本源、本质、功能和发展规律。因此，马克思主义法学以历史唯物主义为理论基础和理论指导，这使得科学地认识法律现象成为可能。

2. 阶级基础不同。马克思主义法学是无产阶级和广大人民群众的权利和法律要求的体现，它公开申明自己是为无产阶级和广大人民群众的根本利益服务的，它的内容中凝结了无产阶级和广大人民群众反对剥削制度和进行社会主义革命和建设的丰富经验。而剥削阶级法学往往试图掩饰法学的阶级倾向性、法律的阶级本质，将法律视为超越阶级的"公共意志"、"人的理性"；它们反映着剥削阶级的权利观和法律要求，就其本质而言，都是为剥削阶级、剥削制度辩护的法学，是欺骗劳动人民的治理工具。

3. 对阶级性与科学性之间关系的认识不同。马克思主义法学的阶级性与科学性是辩证统一的。马克思主义法学的这种阶级性，决定了它的党性与科学性的一致。党性是阶级性的集中表现。马克思主义法学要为无产阶级和广大人民群众服务（这正是其党性所要求的），就必须如实地认识事物，科学地揭示其本质和规律性（这是科学性所要求的）。所以，马克思主义法学的党性要求科学性。而科学性又是实现党性的保证。正是这种科学性决定了实事求是是马克思主义的精髓。越实事求是，越讲求科学，越是对工人阶级、广大人民群众有利。

而一切剥削阶级法学往往标榜所谓"客观的"、中立的法学研究，以此表明自己是不持任何阶级立场的、超阶级偏见的学术研究。它们认为讲阶级性，学术研究就难以客观中立，就难以有法学的科学性。实际上，剥削阶级法学正是通过所谓中立的、客观的、纯学术性的研究来掩饰其研究的阶级性进而达到其为某些阶级、群体服务的目的。标榜"客观性"恰恰是不客观的表现，恰恰是其阶级性的表现。

在阶级社会中，法学总是或隐或显地为一定的阶级利益服务的，总是自觉不自觉有其一定阶级立场的，并不存在完全超阶级的"客观主义"研究。这一点是不以法学家们自己的主观认识为转移的。只是马克思主义法学公开承认这一点，而各种非马克思主义法学明确或隐晦地否认这一点。

4. 重大理论观点的理论分歧明显。这主要表现在：（1）关于法的概念和阶级本质。剥削阶级法学家尽管对法的概念和本质问题有各种不同的解释，其中也有不少合理的成分，但他们大都抹杀和掩盖法的阶级性，认为法是超阶级的，是"理性""永恒正义""全民意志""社会连带关系"等的体现。马克思主义法学则认为，法不是也不可能是超阶级的，而是由一定社会的经济结构决定的，是在社会上居于统治地位的即掌握国家政权的阶级意志的体现，是统治阶级实现其阶级统治的工具。（2）关于最终决定法的社会因素。剥削阶级法学往往否认或回避谈论经济对法的最终决定作用。马克思主义法学则认为存在决定意识，法所体现的统治阶级意志的内容最终决定于该社会的物质生活条件，归根结底决定于在该社会占统治地位的生产关系、经济条件。（3）关于法的历史发展及其归宿。剥削阶级法学家大都把法视为永恒的现象，他们往往割裂法与阶级国家的内在联系，认为有人类社会就有法，也往往混淆法与其他社会规范的原则界限，甚至混淆法与社会存在、客观规律的原则界限，歪曲了法的根本性质。马克思主义法学则认为，法是社会发展到一定历史阶段的产物，法与国家都是阶级矛盾不可调和的产物，法与国家有着内在的联系。随着生产力的发展、社会的前进、阶级的消灭，阶级意义上的国家与法都会逐步消亡。

坚持以马克思主义为指导，是当代中国法学区别于其他法学的根本标志，必须旗帜鲜明加以坚持。马克思主义深刻揭示了自然界、人类社会、人类思维发展的普遍规律，为人类社会发展进步指明了方向。就法学而言，马克思主义揭示了法律发展的普遍规律，为法学和法治发展指明了方向。马克思主义认为，实现人的解放是法律的价值追求，法律致力于实现人的自由、平等、独立和尊严。马克思主义提出的历史唯物主义和辩证唯物主义是法学研究最根本的方法论。

# 第二节 法 理 学

## 一、法理学的含义

### （一）法理学的概念

法理学是法学体系中归属于理论法学的重要学科，是法学研究的基础理论和方法论。法理学是从总体上研究法律现象的一般理论。法理学研究的视野宏阔，即致力于研究所有法律现象（包括法的概念、本质、功能作用，法的历史与现实，立法与法的实施，法律观念与法律文化等，这也被有些人概括为"一般法"）中的一般特点、一般原理和规律，重在揭示和解释法律现象的本质特点和客观规律性。

法理学的具体研究内容包括：第一，法哲学的基本问题，如法的产生及其演进的基本规律、法的本质和特征等；第二，有关法律运作机制的基本理论问题，如法律制定、实施和实现的机制，这类知识通常通过一系列法学基本范畴来表达，如法律权利、法律义务、法律关系、法律责任等；第三，法与其他社会现象关系的基本问题，如法与政治、经济、文化等社会现象的关系等。

### （二）法理学的研究对象

法理学在研究对象上与其他部门法学既有联系又有区别。

法理学研究的是法律现象中最宏观、最一般、最具普遍性的问题。法学所有学科都研究法律现象，其中法理学是从宏观的、整体的角度来研究法律现象，而不是从微观的、局部的角度来研究某一领域或方面的具体问题。它研究的是部门法学中普遍存在的问题，而不是个别部门法中的特殊问题。需要注意的是，法理学并非不关注法律实践中的具体问题或事件，相反，法理学往往从这些具体的个案中发现具有典型意义的普遍问题和原理，以此推动法学一般理论的发展，并进而指导具体部门法的发展。

法理学研究法律现象中最基础，因而也是最具根本性的核心问题，提供关于法的抽象的基本的理论。例如，具体部门法研究某一法律权利的范围、界限、行使方式等问题，研究具体个案的处理方式，而法理学主要研究什么是权利，什么样的利益应当成为权利，人应当有哪些权利等更具根本性的问题。因此，法理学理论往往集中表达了一定时代法的理念和精神，构成了一个国家具体法律制度的内在灵魂，是整个法律体系大厦的思想基石和精神支柱。

法理学还研究法学的方法论问题。法理学是法学世界观和方法论的统一，它除了提供关于法律现象的基本理论和观点，还要研究法学的研究方法。近年来，随着人们对研究方法本身重要意义认识的不断加深，我国法理学越来越重视对法学研究方法的探索和认识。法学方法论的研究需要借助于各个部门法的丰富素材，也对于各个部门法具有指引意义。

### （三）法理学在法学体系中的地位

法理学与部门法学的关系是"一般"与"特殊"的关系。（1）法理学研究对象的"一般性"。法理学不是阐述某一种法律、某几种法律或某类法律的个别方面或个别问题，而是把法律现象作为一个整体，研究其产生、发展规律及其本质和作用等基本问题。所以，它不是研究法的个别性问题的学科，而是研究法的一般性问题的一般理论。（2）法理学方法论的"一般性"。法理学为研究部门法学提供必要的前提性理论立场和研究方法，提供概念分析框架，并借助于法理学与其他人文社会科学的对接和对话所引入的理论资源，对各个部门法提供更丰富多样的理论认识工具。它所阐述的基本概念、基本原理和基本知识，对部门法学的研究又有指导和启发意义。（3）法理学知识资源的"一般性"。法理学的材料来源，是通过对所有部门法材料进行高度抽象概括而获得的。法理学应当更自觉地从各个部门法中获取知识"营养"，这样的法理学研究才更"接地气"，更展现"集大成者"的理论追求。（4）法理学与部门法学的互动互联。在整个法学体系中，它是基础理论或者说是一门导论性或绪言性的学科，既是学习和研究法学的入门学科，又是在部门法学知识的基础上，从理论上作进一步的概括和深入的一个学科。没有法理学这一学科的知识背景和理论训练，就难以学习和研究好其他部门法学科；同样，没有对部门法知识和原理的深入领会，法理学研究也难以走向深入。

法理学与法制史、法律思想史的关系是"论"与"史"的关系。法制史是研究法这种社会现象的起源，各种类型法的本质、特点、作用及其发展规律的学科。法律思想史是研究各个历史时期的各种法律观点、理论、学说的内容、性质、作用、特点等的学科。正因为它们是从制度方面和学说方面来说明法这种特殊的社会现象的历史发展的，从而也就为法理学的研究提供了可靠的依据。可以说，法理学的一般概念、定义和原理都是从法制史和法律思想史及部门法提供的材料中科学地抽象概括出来的，没有科学的法制史和法律思想史的发展，也就没有科学的法理学的发展。同时法制史与法律思想史的研究，又需要以法理学阐明的理论和方法为指导。论从史出，史论结合，是我们应该坚持的正确方针。

法理学同理论法学中其他学科的联系尤为紧密。法理学把对法律现象的哲学的研究、社会学的研究和专门法律的研究方法结合起来，从不同的角度阐明法律现象的共同性问题。一方面，法理学包括法哲学、法社会学和实证法的理论；另一方面，法哲学、法社会学、实证法一般理论、比较法总论等学科又是从某一方面、用某种方法来深入研究法的一般理论的一个研究方向。

由此可见，法理学在整个法学体系中占有重要地位。凡有志学习法学的，一般应首先学好法理学课程，以便为今后的学习、研究打下一个良好的基础。

## 二、法理学的研究方法和意义

所谓研究方法，就是在观察或认识问题时所采取的途径、角度、手段和工具等等。

法理学研究的方法，从一般意义上说，也就是法学研究的方法。在法学中，除了某些与自然科学相关的交叉学科，如法医学、司法精神病学、证据学、刑事侦查学等必须运用自然科学方法以外，其他部门法学与法理学的研究方法大体上是相通的。

法理学研究的方法可以分为不同层次，其中处于指导思想和方法论原则层次的是哲学方法，在我国，也就是唯物辩证法的认识方法。在唯物辩证法指导之下，法学研究还有一些常用的基本方法。

### （一）法学和法理学研究的方法论原则

在法学方法体系中，方法论原则占有特别重要的地位。作为法学研究的总方法或元方法，它规定着法学研究必须遵循的基本原则和要求。它既是观察、认知、解决法律问题的基本出发点和基本思路，也是关于如何运用各种法学方法的指导性原理。以马克思主义为指导的法学必须以唯物辩证法作为自己的根本方法。对于法学研究而言，坚持唯物辩证法首先就要坚持以下四条方法论原则：

### 1. 坚持实事求是的理论品格

"实事求是"是马克思主义思想路线的中国式表达。它是规定思维的根本出发点和总方向的方法论原则。就我国的法学和法理学研究而言，以此为指引，法学研究要自觉从社会的事实出发，尤其要从中国的实际出发，不能教条式地膜拜或蔑视已有的西方法学研究和法律制度，也不能教条式的理解和运用马克思主义法学原理。要不唯书、不唯上，而要唯实唯真。我国当代法学发展和法制建设的历史证明，当遵循实事求是的思想路线时，法学研究和法制建设就能够健康、顺利地前进，即使出现了挫折和失误，也能比较容易地克服；反之，当偏离了这一思想路线时，就会犯方向性的大错误。

### 2. 坚持社会存在决定社会意识的观点

在法学研究中，必须坚持社会存在决定社会意识，也即社会物质生活过程决定社会精神生活过程的观点。具体说来，就是要在深入考察社会物质资料的生产、交换、分配和消费的基本条件和方式的基础上，来说明法的产生、发展和更替，说明法的本质、内容和作用。法定权利和义务的内容及其分配状况当然要通过人类的理性、观念和意志来确定，但是，归根结底，社会物质生活条件最终决定着什么样的社会意识会占据统治地位，决定着法定权利和义务的基本内容和分配状况。只有坚持这种历史唯物主义基本立场，并以此为基点，才能建立起科学的法学理论体系。

### 3. 坚持社会现象的普遍联系和相互作用的观点

首先，必须以系统的、整体的眼光来考察和分析法律现象，那种就规则谈规则，就行为谈行为，割裂法律现象之间以及法律现象与其他社会现象之间相互联系的观点是片面的。其次，要反对简单机械片面的"经济决定论"观点。实际上，这种"经济决定论"仅仅是对历史唯物主义的一种片面化、庸俗化的理解，其实质是以形而上学的机械唯物论代替了马克思主义的历史辩证法。历史唯物主义对社会现象的分析，不是线性的单值分析，而是多元的多变量的综合分析。在法学研究中，如果仅仅强调经济因素的作用而忘记了社会现象间的普遍联系，忘记了非经济因素尤其是法对经济因素的反作用，同样是不可能建立起科学的法学理论体系的。

### 4. 坚持社会历史的发展观点

按照马克思主义的世界观，整个世界都处于运动和发展的过程之中，人类社会也是如此。唯物辩证法就是"关于自然、人类社会和思维的运动和发展的普遍规律"的科学，是"最完整深刻而无片面性弊病的关于发展的学说"。用发展的观点观察和分析法律现象，就会发现，世界上根本没有什么永恒的正义标准和体现这种标准的超时空的法律制度。任何法律制度都有自己的时代特征，都必须与一定时期的社会条件相适应，并随这些条件的变化而变化。在改革的时代，用这种发展的观点指导法学研究具有更加重要的理论和实践意义。

### （二）法学和法理学研究的基本方法

法学和法理学研究的基本方法，大致上可分为三类，即阶级分析方法、价值分析方法和实证分析方法。

### 1. 阶级分析方法

阶级分析方法就是用阶级和阶级斗争的观点去观察和分析阶级社会中各种社会现象的方法。它可以广泛地应用于各门社会科学和人文学科，在法学研究中也占有重要的地位。阶级分析方法之所以是法学的基本方法，就在于法学研究对象自身的规定性。法是阶级社会所特有的社会现象，阶级性是法的本质属性。恰当运用阶级分析方法，才能深入认识和把握法的内在本质、普遍联系和发展规律。

在如何对待阶级分析方法这一问题上，必须防止两种错误倾向。一是以教条主义的态度来理解和运用阶级分析方法，把科学的阶级分析片面归结为"阶级斗争之学"和"对敌专政之学"。这种错误倾向曾给我国的法制建设和法学研究造成了灾难性的影响。二是以虚无主义的态度对待阶级分析方法，有意或无意地贬低、轻视甚至否认阶级分析方法的理论意义和认识价值。忽视或贬低阶级分析方法的重要性，会使法律领域的一些重大问题无法得到科学合理的认识和解释，也会使法学和法理学难以对社会改革和进步发挥其更加积极的推动功能。

### 2. 价值分析方法

价值分析方法是通过认知和评价社会现象的价值属性，进而揭示、批判或确证一定社会价值或思想的方法。价值分析方法之所以是法学的基本方法，就在于法学的一个基本任务是揭示法的应然状态或价值属性，即回答法应当是怎样的，什么是"理想法""应然法"。法作为调整社会利益关系的规范体系，其本身也是一定价值观念的体现。法律制度是关于行为的合法性判断标准，同是也是一种有关价值合理性的一种价值立场。法律制度隐含着一套价值准则，凡是被这种价值准则所肯定的行为，就得到法的保护；反之，则受到制裁。因此，法学研究要致力于对各种行为和有关利益进行恰当的价值评价，确定各种利益和行为在价值序列中的相应位阶，提供利益选择冲突、价值冲突时在其中进行取舍的原则。也就是说，法学必须回答在利益关系中，哪些利益应当受到法律保护，应当保护到什么程度，哪些利益应当受到限制，应当限制到什么程度。在法学方法论的历史中，自然法学的研究方法比较倾向于价值分析方法。

以马克思主义为指导的法学，在进行价值分析和选择时应当以无产阶级和广大劳动人民的利益和需要为出发点，即坚持以人民为中心、人民本位的根本原则。从这个意义上看，马克思主义法学的价值分析方法与阶级分析方法具有内在的一致性。

### 3. 实证分析方法

实证分析方法的主要特点就是通过对经验事实的观察和分析来建立和检验各种理论命题。所谓经验事实，指的是可以通过人们的直接观察或间接观察发现的确定的各种事实。对于法学的实证研究而言，经验事实既包括与法律的制定和实施有关的一切社会事实，也包括法律文本中的词语、句法和形式逻辑结构等事实因素。可在法学中运用的实证分析方法有许多具体形态，其中最主要的有以下几种：

（1）社会调查。社会调查是法学进行实证研究的最基本的方法。为了使法学研究摆脱理论脱离实际的不良学风，大力开展社会调查是非常必要的。法学所需进行社会调查的课题和范畴极其广泛，诸如治安状况的调查、社会组织的调查、法文化和法观念的调查、法行为的调查、法实效的调查、法角色的调查和风俗习惯的调查，等等。社会调查方法对于认识法律现象的客观状态具有重要意义。

（2）历史考察。一切社会现象都有其生产、发展的历史。用科学的眼光观察问题，最基本的就是不要忘记基本的历史联系，考察每个问题都要关注到来龙去脉，都要看一种现象在历史上怎样产生，在发展过程中如何演变和进步，并据此更深入理解事物的现实和未来发展走向。进行历史的考察可以使我们从总体上把握法与经济、政治、文化相互作用的历史脉络，加深我们对历史唯物主义法律观的理解，并为研究现实问题打下坚实的理论基础。

（3）比较分析。对法现象的比较研究主要是指横向的比较，其中国际间的比较已发展成为法学的一个独立分科，被称为比较法学。此外，对国内不同地区的法现象也可以进行比较研究，如比较研究不同地区的治安情况、比较城市和农村中法的实效、比较沿海发达地区和内地不发达地区的法意识，等等。历史的比较是按照法现象的时间顺序进行比较研究。通过比较研究，可以从中得到很多具有启发性和实用性的知识。这无论对于法制建设还是对于法学理论的发展都大有裨益。

（4）逻辑分析。任何科学理论的建立都必须借助于逻辑推理，法学自然也不能例外。逻辑分析方法的具体形式有很多，如归纳与演绎、分析与综合、比较与分类、科学抽象法、数学模型法，等等。这些具体形式在法学研究中都有其独特的作用，例如，法学研究者可以用演绎法从法的原则中推论出具体的法规则，可以用分类法来划分法的部门，可以用科学抽象法提炼法学的基本范畴，等等。因为法本身就是一种由各种规则构成的内在统一、结构严谨的体系，所以，正确使用逻辑分析的方法对于全面、准确地了解法的内容和形式是十分有益的。

（5）语义分析。语义分析方法在法学研究中发挥着十分重要的作用。这是因为，在法律领域中，语言的功能不仅是一般性地交流思想。立法、执法和司法机构正是通过语言的操作来划定权利与义务的界限，从而宣告和推行国家意志。在此，语言成为传达国家意志和指令的载体，立法过程、执法过程和司法过程本身都伴随一个语言的操作过程。因而，如何正确地使用和解释法律用语，就直接与秩序和人们的切身利益联系在一起了。如果不能合理地对法律用语进行解释，或者法律本身就是语义含混和前后矛盾的，那么法律就难以承担起自己的使命。因此，一些法学流派十分注重语义分析方法的运用，将其作为法学研究的重要方法之一。法学中的概念分析，即对各个法学范畴从形式逻辑、概念体系、词义等角度予以分析，是语义分析方法中的重要内容。我们不支持仅仅探讨概念建构的所谓"概念法学"，但并不是说不重视对法学概念、概念体系的法教义学分析。

在实际的法学和法理学研究中，要善于运用多种方法来更全面和深入地认识问题。价值分析、社会实证分析与阶级分析方法这几者是可以相互结合、相互印证和相互支撑的。前面提到马克思主义法学中价值分析与阶级分析是一致的。阶级分析方法与社会实证分析方法相结合，也才能使得阶级分析有更扎实的社会素材。社会实证分析方法中的各种方法也是可以相互配合的，诸如社会调查法与历史分析的结合、社会调查与比较分析的综合、逻辑分析与语义分析的结合等。法学研究要关注法律制度的社会效益和经济效益的问题，考察法律制度的效益价值和效益评估，这是价值分析，也是社会实证分析。

**（三）学习法理学的几点特别提示**

除上述法学研究方法之外，由于法理学本身的特点，要学好法理学，在研究方法上还应当注意以下问题：

1. 善于从具体事例出发进行法理学思考

尽管法理学是以抽象的概念、命题和理论形式表现出来，但法理学的问题和理论内容都来源于社会生活。法理学的理论大多是从具体的法律事件、法律案件、法律规定中概括出来的，是法律实践经验的系统化和理性化。因而，我们需要把理论与社会实践联系起来理解，善于通过思考社会实践中的法律事件、案件，特别是自己所亲身经历或耳闻目睹的法律事件、案件，从中提炼出法理学的理论，或检验法理学的理论。

2. 联系其他学科的知识资源来理解法理学

法理学不仅与法学内部的其他学科有密切的联系，而且与哲学、伦理学、政治学、经济学、社会学、历史学等人文社会科学以及一些自然科学存在密切的联系。法理学经常从其他人文社会科学以及自然科学中获取理论和方法，以不断丰富法理学的理论和方法。当代法理学的知识、理论和方法有不少来自其他学科。因此，要理解和把握这些理论和方法，就必须掌握其他学科的一些知识。譬如，要理解法律的效率价值和经济分析方法，就要掌握一些经济学知识。

3. 要了解法理学的发展史

套用一句哲人的话，在一定意义上，法理学就是法理学史。现有法理学是历史上的法理学的继承和发展，要善于结合法理学的发展史来理解和掌握法理学中重大理论问题的发展脉络。法理学的各个概念、问题、理论都有其产生、演变的历史过程，都是经过一定时期的发展而呈现出当前的状态。要深入把握这些概念、问题、理论，就要了解其产生、演变的历史。可以说，只有了解历史上的法理学才能深刻理解现代法理学。譬如，我们要学习和探讨法治与人治的问题，就要了解和掌握中西方历史上关于人治与法治的讨论。

4. 要了解现代西方法理学

西方的法理学经过上千年的发展，已经形成了包括自然法学、分析法学、社会学法学、经济分析法学、行为法学、新马克思主义法学、批判法学、后现代法学等在内的众多法理学流派，在法的概念、法的本质、法的要素、法的作用、法的效力、法律发展、法律文化、法的现代性、法与道德等问题上提出了一系列理论和观点。一方面，现代西方法理学的很多合理内容已经被当代中国法理学所吸收，因而，必须联系现代西方法理学来学习中国法理学。另一方面，中国法理学也有自身的特色和成果，对中西方法理学进行比较，有助于加深对中国法理学的理解。要了解西方法理学，仔细精读法理学的基本经典文献是非常重要的。

5. 了解当代中国法理学的学术生态

改革开放以来，中国法理学界坚持解放思想、实事求是的思想路线，对法学理论和法律实践中的各种问题开展了广泛的研究和热烈的探讨，在很多问题上都形成了多种观点并存的格局。我们要了解现有的研究成果，积极参与有关的讨论，以提高自己的理论思维能力，提高科学研究水平。

**（四）研究法理学的意义**

不少初学法学的人觉得法理学太抽象、太枯燥，离部门法和法律实践太远，实际意义不大，因而不重视法理学课程的学习。这种看法和态度是片面的。法理学的学习对于任何一个学习法律并有志于从事法律工作的人来说，都具有重要的意义。学习法理学，能够帮助把握重大的、一般性的宏观法律问题；能够为学习其他各部门法作一定的理论铺垫，并有利于在综合、比较和反思中进一步深化对部门法重大问题的思考；有利于学会运用马克思主义法律观来观察思考问题；有利于提升法律意识和法治观念等。具体意义如下：

1. 学习法理学有助于学习法学其他学科

法理学是法学的基础理论和一般理论，研究的内容是法律的一般性、普遍性问题，提供的是法律的基本概念、基本知识和基本原理。这些基本概念、基本知识和基本原理是从其他法学学科中概括出来，又用以指导其他法学学科的。法理学是法学的入门向导，是学习其他法学学科的基础。只有掌握了法理学的基本概念、基本知识和基本原理，才能对整个法律现象有个宏观的把握和整体的了解，才能深刻地理解各种具体的法律规定和制度。因此，只有具备了坚实的法理学理论基础，才能真正学好其他法学学科。

2. 学习法理学有助于培养法律人的思维方式

法理学的一个重要功能是培养人们的法律思维方式。所谓法律思维方式，是指从法律的角度和逻辑观察问题、分析问题和解决问题的思维方式。法律思维方式是法律职业者所特有的思维方式，是法律职业者必须具备的职业能力。在法治国家中，一切法律问题都必须用法律思维方式来观察、分析和解决。法律职业者只有用法律思维方式来思考和分析法律问题，才能得出合乎法律精神和逻辑的结论。法律思维方式的养成离不开法理学的学习。首先，法律思维所运用的基本概念由法理学加以清晰地界定和解释。概念是思维的基本要素，只有学好法理学，掌握法的基本概念，才有可能形成法律思维方式。其次，法律思维规律的领悟和把握离不开法理学的学习。法理学不仅揭示法律实践活动的规律，也揭示法律思维、认知活动的规律。因此，要领悟和把握法律思维规律，必须认真学习法理学。

3. 学习法理学有助于提升法律理论素质

对于一名学习法律的人来说，法律理论素质的提高比任何事情都更为重要。而深入学习法理学正是提高法律理论素质所必需的。首先，部门法学和法律实务所要解决的问题大都是实证性、实践性、技术性很强的问题，这些问题的解决需要法理学作指导。这是因为我们不仅要知道有关的法律规范，而且必须要知道它们是怎样成为这样的法律规范以及为什么是这样的法律规范；不仅要知道解释和运用法律规范的技术，而且必须要知道解释和运用法律规范时应当坚持的价值标准。其次，现代社会各方面的发展都很迅猛，社会对法律的需要不断增加和变动。与此相适应，新的法律源源不断地制定出来，旧的法律则接连不断地修改和废止，有关法律的知识总量日益增加。在这种情况下，学习法理学，培养法律理论素质和法律思维能力，比仅仅习得具体的法律知识更重要。显然，具有较高法律理论素质和法律思维能力的人比起那些仅仅掌握法律的某些细节性知识的人，能更好地适应法律和社会的进步与变化。再次，法律职业者容易受自身的法律偏见和法律经验的束缚，容易盲从现行的法律制度。而通过学习法理学来培养良好的法律理论素质和法律思维能力，能够帮助人们超越自身的法律偏见和法律经验的局限性，对现行法律制度保持反思和批判的能力。

4. 学习法理学有助于培养实际工作能力

大部分学习法律的人都要从事法律实际工作。这种人才流向容易导致忽视法理学的倾向。其实，要想成为一名合格的、出色的法律实务工作者，学习法理学，掌握法的精神是相当重要的。这是因为：第一，任何法律的实践问题都不是孤立的，而是同整个法律制度和社会实践连在一起的，需要根据法理学的理性来把握和解决，这样才能平衡互相对立的利益，实现各种价值的合成，避免形式主义地对待法律问题、处理具体案件。第二，具体案件的解决固然依据具体的法律、法规，需从具体的法律规定中找答案，但是，能否找到正确的答案则取决于对法律精神、法律原则、法律价值的深刻理解。

**三、中国特色社会主义法治理论**

**（一）中国特色社会主义法治理论的意义**

中国特色社会主义法学是马克思主义法学的重要组成部分，它是基于对马克思主义法学基本原理的创造性运用而形成的科学理论，是马克思主义法学当代化、现实化和中国化的产物。

中国特色社会主义法治理论是中国特色社会主义法学的核心内容之一。中国特色社会主义法治理论是在马克思主义法律理论指引下形成的最新法治理论，是将普遍性的法治理论同当代中国具体的法治实践紧密结合起来的结果，是法治中国建设的理论内涵和实践规律的科学总结。它传承了中华传统法律文化的精华，借鉴了现代西方法治理论的优秀成果，并是在系统地总结改革开放以来我国社会主义法治建设的实践经验的基础上逐步形成和不断丰富的。中国特色社会主义法治理论的形成和完善，鲜明地展示出我党和国家与时俱进，自觉顺应世界文明发展大势，勇于适应国家治理的实践需要而自觉进行理论创新。

中国特色社会主义法治理论体系的形成和实践运用，其理论和实践意义十分重大。我国全面推进依法治国的法治国家建设，需要一个更加成熟、更加定型、更加科学的法治理论指导。中国特色社会主义法治理论应运而生、适逢其时。中国特色社会主义法治理论体系和话语体系的形成，有利于增强人民对社会主义法治的道路自信、理论自信和制度自信，让法治这一朵现代法律文明之花，在中国大地上生根、开花、结果。这一法治话语体系的形成及其实践，将为世界法律文明贡献出"中国经验"和"中国方案"，这也有利于提升中国在国际社会的法治话语权和影响力。

### （二）中国特色社会主义法治理论的主要内涵

中国特色社会主义法治理论体系涉及面广，几乎涵盖了有关法治的所有领域和问题。这些重大的理论观点构成了有机统一的理论体系。概括而言，中国特色社会主义法治理论主要有以下内容：

#### 1. 社会主义民主制度化、法律化和程序化理论

改革开放以来，法制建设的重要性、必要性问题，首先是在民主建设的框架中提出的。邓小平同志较早提出这一重大的理论观点。发展社会主义民主政治，制度问题带有根本性、全局性、稳定性和长期性。人治危险得很，搞法治才靠得住。发扬社会主义民主，必须进行社会主义法制建设。必须从制度上、法律上保障和发展人民民主。这一共识的形成，是执政党对我国民主法治建设规律认识水平的一个重大提升。党的十六大、十七大和十八大进一步提出和强化"实现社会主义民主政治的制度化、规范化和程序化"，强调必须重视民主规范、民主程序建设。民主政治的制度化、规范化和程序化理论为社会主义政治建设指明了方向。这不仅有利于党和国家的长治久安，而且有利于在各领域各层次扩大公民有序的政治参与。这一理论也提示我们，搞法治建设，必须重视民主，要善于通过民主推动法治。

#### 2. 依法治国、建设社会主义法治国家理论

1997年党的十五大正式将依法治国作为党领导人民治理国家的基本方略。1999年宪法修正案明确提出"建设社会主义法治国家"。之后，党的历次全国代表大会和几次中央全会都不断有一些新表述，逐步丰富和深化了依法治国和法治国家理论。特别是党的十八届四中全会在作出全面推进依法治国战略部署的同时，在依法治国和法治国家的理论创新方面也有重大进展。

建设法治中国，必须坚持依法治国、依法执政、依法行政共同推进，坚持法治国家、法治政府、法治社会一体建设。建设社会主义法治国家，必须将"一个共同推进"和"一个一体建设"有机结合起来。中国的法治国家建设难点和重点都在于上述各个方面的整体推进和

协调发展。这要求执政党、国家立法机关、行政机关、司法机关以及社会团体组织、全体公民等共同努力，最大程度调动各方面建设法治国家的主动性和积极性，要将党内治理、国家治理、社会治理等协调共进，要将立法、执法、司法、守法等协调推进。

3. 法治的核心价值理论

法治建设必然有其价值追求。核心价值追求代表着法治的发展方向和精神内核。我国法治的价值追求，既要体现现代法治的基本价值目标，更要体现中国特色法治建设方向的根本要求。这两个方面的结合，使得我国的法治核心价值主要体现为："人民主体地位"和"公正是法治的生命线"。坚持"人民主体地位"，既是全面推进依法治国的基本原则，也是社会主义法治的根本价值。"人民是依法治国的主体和力量源泉"。法治建设要为了人民、依靠人民、造福人民、保护人民；要以保障人民根本权益为出发点和落脚点，保证人民依法享有广泛的权利和自由、承担应尽的义务；维护社会公平正义，促进共同富裕。坚持"公正是法治的生命线"，就要使法治真正以保障公正为至高使命，法的公信力和权威性来自于法治对公正的守护和捍卫。

在确立法治核心价值的同时，当代中国法治在其基本价值体系建构方面也呈现出鲜明的特点。我国法治所追求的基本价值目标，主要包括：保障和促进社会公平正义、维护社会和谐稳定、确保国家长治久安、推进经济社会持续发展、维护世界和平。

4. 党的领导、人民当家作主和依法治国的有机统一理论

党的十六大报告指出，发展社会主义民主政治，最根本的是要把党的领导、人民当家作主和依法治国有机统一起来。十六大以来，我党对上述"三者统一"理论逐步予以深化和丰富。尤其是十八大以来，习近平同志进一步丰富和发展了"三者统一"理论。习近平曾强调指出，在中国，发展社会主义民主政治，关键是要坚持党的领导、人民当家作主和依法治国有机统一。这是我国社会主义法治建设的一条基本经验。其中，党的领导是关键，人民当家作主是目的，依法治国是途径。人民代表大会制度是坚持党的领导、人民当家作主、依法治国有机统一的根本制度安排。

"三者统一"的法治理论，是基于我国当代的国情、社情对法治理论所作出的重大理论创新。它明确了推动我国法治建设的重大责任主体，也进一步阐明了法治与民主的关系。这一理论提示我们，要超越法律看法治，从更广泛的国家民主治理、执政党领导的角度来认识法治、建设法治。

5. 依法治国与以德治国相结合理论

法律与道德的关系、法治与"德治"的关系，是国家和社会治理的重大课题，也是自古以来先贤们反复思考和争辩的话题。党的十六大报告阐述了依法治国和以德治国的关系，指出依法治国属于政治文明范畴，以德治国属于精神文明范畴，依法治国与以德治国并非彼此对立，而是相互补充、相互促进。法律是成文的道德，道德是内心的法律，法律和道德都具有规范社会行为、维护社会秩序的作用。因此，治理国家、治理社会必须一手抓法治、一手抓德治，既重视发挥法律的规范作用，又重视发挥道德的教化作用，实现法律和道德相辅相成、法治和德治相得益彰。法律固然重要，但不能包打天下，道德对社会治理有其不可替代的调整功能。而道德发挥作用所形成的诚信、友爱的社会环境，会有力配合提高整个社会的治理水平。把道德引入法律治理，有助于通过道德来强化法律的德性，提高对法律的自觉服从意识。法律的强制性功能则会促进道德的教化作用。依法治国和以德治国相结合的理论，

体现了对我国古代治国理政经验的传承，也是对我国国家治理现代化理论的丰富和发展。

6. 法治中国与国家治理现代化理论

党的十八届四中全会通过的《中共中央关于全面推进依法治国若干重大问题的决定》（以下简称《决定》）绘就了法治中国建设的"路线图"。"法治中国"是中国法治建设的升级版，是在更高水平上推进"依法治国"的一项宏伟规划，是"法治国家""法治政府"和"法治社会"的综合体。法治中国与富强中国、民主中国、文明中国、和谐中国、公平中国、美丽中国、平安中国等核心要素相辅相成，共同绘就中华民族伟大复兴的美好愿景。通过"法治中国"的概念和理论，能够更加全面、科学、有效地统领依法治国和法治建设的所有理论和实践问题。

建设法治中国是全面深化改革的重头戏，是推进国家治理体系和治理能力现代化的重要步骤，全面推进依法治国是国家治理领域一场广泛而深刻的革命。法治是国家治理体系的重要组成部分，法治体系是国家治理体系的重要依托，是国家治理体系的制度载体。法治中国建设，将使我们彻底告别几千年的人治传统，真正使国家治理从主要依靠政策转向主要依靠法律。推进国家治理体系和治理能力现代化，要求充分发挥法治的功能和作用，使法治原则在国家和社会生活各个方面充分展开和落实，实现党、国家、社会各项事务治理的制度化、规范化、程序化，就是要从法治的角度，依法执政、依法治党、依法落实民主、依法运用国家权力等等。

7. 法治体系理论

中国特色社会主义法治体系是全面推进依法治国进程中总揽全局、牵引各方的总纲领、总抓手。法治体系包括宪法实施监督体系、法律法规体系、法治实施体系、法治监督体系、法治保障体系、党内法规体系等。建设中国特色社会主义法治体系就是要加快形成完备的法律规范体系、高效的法治实施体系、严密的法治监督体系、有力的法治保障体系和完善的党内法规体系。

8. 良法善治理论

在现代法治理论中，有关于形式法治与实质法治的区分。人们在运用法治概念时，各有侧重。党的十八届四中全会的《决定》提出：法律是治国之重器，良法是善治之前提。强调法律是治国之重器，这侧重形式法治的思想；强调良法是善治之前提，则重在凸显实质法治的思想。在此，形式法治和实质法治的有机统一便是通常所说的良法善治。良法善治理论超越了工具主义法治和形式主义法治的局限，是现代法治理论的重大创新。

所谓"良法"，要求法律制度应当符合以下标准：一是反映人民的意志和根本利益；二是反映公平、正义等价值追求；三是符合社会发展规律；四是反映国情、社情、民情；五是形成科学合理的法律体系，并且立法、执法和司法符合法定程序，具有程序正当性。所谓"善治"，要求国家和社会治理应当是民主治理、依法治理、贤能治理、社会合作共治、法律道德合治。

9. 依法治国与改革开放的关系理论

依法治国与改革开放是辩证统一的关系。全面深化改革需要法治保障，全面推进依法治国也需要深化改革。这一理论从宏观战略角度定位了法治在改革开放事业中的地位、功能，既丰富了法治理论，也丰富和发展了现代化理论。

从法治角度看二者关系，法治是改革开放事业的一部分，法治建设对全面深化改革意义重大。具体而言：全面推进依法治国本身就是全面深化改革的有机组成部分，法治建设是改革不断深化的重要推动力量，是使改革沿着正确方向逐步推进的重要保障力量；以法治凝聚改革共识，发挥立法对改革的引领和推动作用，实现改革决策和立法决策相统一、相衔接；以法治规范改革行为，做到重大改革于法有据，运用法治思维和法治方式推进各项改革；以法治确认、巩固和扩大改革成果，将实践证明已经比较成熟的改革经验和行之有效的改革举措尽快上升为法律，使其更加定型化、精细化，并以法律的强制力保证其实施。

从改革的角度看二者的关系：法治建设离不开改革开放。改革开放是当代中国的最显著政治符号，也是当代中国的最重大时代要求。只有改革开放，依法治国的理念才能深入人心，才能尽快形成合理完善的法律制度体系。只有在全面深化改革的时代大背景中，才能理解法治的中国路径、中国经验。法治建设要善于借东风，借改革开放的东风。因而，必须在全面深化改革的总体框架下全面推进依法治国，在改革中完善法治，以改革驱动法治现代化。

# 第二章 法的特征与本质

## 第一节 法的概述

### 一、"法"的词义

"法"首先是指一种实在的社会现象，其次是指描述这样一个社会现象的概念或名称。

在中国，"法"一词的含义甚为广泛。从语源上看，汉字的"法"古体为"灋"。根据东汉文字学家许慎在其所著《说文解字》中的释义，它大体有三层含义：第一，"法"与"刑"是通用的。古代的"刑"字，含刑戮、罚罪之意，还有"规范"（模范）的意义。第二，法者平之如水，含有"公平"之义。第三，法含有"明断曲直"之义。

在哲理意义上，汉语的"法"与"理""常"通用，指"道理""天理"或常行的范型和标准。《尔雅·释诂》：法，常也。具体而言，抽象的"天命""天志""礼""法度""道""彝""理"，都是"法"。另一方面，"法"又在典章制度意义上使用，与"律""法律""法制"等相通解。《管子·七臣七主篇》："法律政令者，吏民规矩绳墨也。"此乃"法""律"连用的最早记载。在后世中，"法""律"亦常分开使用，但在国法（人定法）意义上，二者通义。《唐律疏义·名例篇》曰："律之与法，文虽有殊，其义一也。"中国秦汉以后的法律文件，采用过许多名称，如律、令、典、敕、格、式、科、比、例等，它们都是国法意义上的"法"，与哲理意义上的"法"不完全等同。清末民初，由于受日本的影响，国法意义上的"法"，则逐渐由"法律"一词代替。由于法律总是由国家制定颁行的，在这一点上，它与哲理意义上所讲的"天理"之法，是不一样的。

在欧洲大陆国家，同样也有表示哲理意义上的"法"与国法（人定法）意义上的"法"（法律）之不同名词。这一传统源于拉丁文。在拉丁文中，jus 就是一个具有哲理意义的模糊概念，其语义不仅是指"法"，也兼指"权利""正义""公平"等。后世衍生的欧洲文字，大抵上与 jus 具有相同的用法。这一用法在近代遇到了操作上的麻烦。学者们为了区别的方便，分别在"法"一词之前加上定语"客观的"和"主观的"，这便有了"客观法"（法律规则）与"主观法"（法律权利）的称谓。有人解释说："法律是客观的权利，权利是主观的法律。"这一解释固然充满思辨色彩，但也表明西文中"法"概念的模糊性。在西文中，真正在国法意义上使用的"法"（法律），通常是另一类词，如拉丁文 lex。在英语国家，法的名称虽然统一以"law"表示，但在具体的场合则要通过单复数或冠词的变化来表达"法"的一般意义和特殊意义。例如，"law"或"the law"指整个法律体系（制度）或一般意义的"法"，而"a law"则指具体的法律。

"法"的语义不确定，必然会产生五花八门的"法"的概念。自古希腊以来，学者们所提出的"法"概念的名称不计其数。其中主要有"自然法""人法""永恒法""神法""理性法""正义法""实在法""正当法""隐喻（比喻）法""死法""活法""本本上的法""行动中的法""应然的法""实然的法"，等等。这些不同的概念实际指称不同的客体，但却都用

"法"这个未加严格界定的统一名称来概括，其解释上的混乱是不言而喻的。例如，按照中世纪最有权威的经院哲学家托马斯·阿奎那的理论，法分为四种，即永恒法、自然法、人法和神法：永恒法是上帝用来统治整个宇宙的根本大法；自然法是人参与的永恒法，是上帝用来统治人类的法；人法是国家制定和颁布的合乎理性的法；而神法就是《圣经》。阿奎那在这里所讨论的，其实是两类不同的对象：一类是人法（人定法，国法）；另一类是人法之上或之外的法（永恒法、自然法）。应当说，这两类均称为"法"的现象还是有区别的。

### 二、当代关于"法"与"法律"的使用

在对"法"的概念作出定义之前，对各种"法"的名称进行清理，给定"法"概念讨论的范围，是完全有必要的。基于此，我们所要研究的"法"的概念，笼统地讲，乃是指"国法"（国家的法律）。其外延包括：（1）国家专门机关（立法机关）制定的"法"（成文法）；（2）法院或法官在判决中创制的规则（判例法）；（3）国家通过一定方式认可的习惯法（不成文法）；（4）其他执行国法职能的法（如教会法）。"国法"是法理学上的一个核心问题，而其他种种所谓的"法"，都不过是学者们基于对国法的认识而提出来的。当代中国，在制度上，一般认为狭义的法律仅指由全国人大及其常委会制定的规范性法律文件，广义的法律是指包括宪法、法律、行政法规、地方性法规等在内的一切规范性法律文件。

## 第二节　法的基本特征

从哲学上讲，任何事物的特征都是在与其他事物的比较中表现出来的。同样，法的特征也是法律在与相近的社会现象（如道德、宗教、政策等）相比较的过程中显示出来的特殊征象和标志。在此意义上，可以把法律的外在特征概括为如下四个方面。

### 一、法是调整人们行为的规范，具有规范性和普遍性

#### （一）法的规范性

从其存在形态看，法首先是一种规范。所谓规范，乃是指人们行为的标准或规则。在日常生活中，有各种各样的规范，如思维规范、语言规范、技术规范和社会规范等。思维规范是人们进行思维活动时所应遵循的规则（如三段论）。语言规范是人们表达思想的文字、语言规则，通称文法或语法。技术规范是人们利用自然力、生产工具、交通工具等应遵守的技术标准（如操作规程）。社会规范是人类社会内部调整人们相互关系的行为规则，包括政治规范（党的章程、政治生活准则、政策等）、道德规范、宗教规范、其他社会团体的规章、民族的习俗礼仪等。

法不是一般的规范，而是一种社会规范。其特点在于它所调整的是人们之间的相互关系（社会关系）或交互行为。在这一点上，法作为社会规范，不同于思维规范、语言规范，也不同于技术规范。例如，同样是语言行为，其在不同的场合应遵循不同的规范。当语言行为属如何正确表达意义时，它所遵循的应当是语言规范（语法）。而当语言行为涉及另外一个主体时（如谩骂他人），它就是一个交互行为，应当遵守法和其他社会规范（道德等）。技术规范调整的对象是人与自然（自然客体）的关系，并不必然涉及人们的交互行为。但如果不

遵守技术规范，则可能引起伤亡、事故等，导致生产效率低下，危及生产秩序和交通秩序，或造成其他的严重损害。此时，不遵守技术规范的行为，就是一个有害的交互行为。为了避免此类行为的发生，有时需要将技术规范上升为法律规范，强迫人们予以遵守。这种由技术规范构成的法律，在法学上被称为"技术法规"。

所谓法的规范性，是指法所具有的规定人们行为模式、指导人们行为的性质。它表现在：法规定了人们的一般行为模式，从而为人们的交互行为提供了一个模型、标准或方向。法所规定的行为模式包括三种：（1）人们可以怎样行为（可为模式）；（2）人们不得怎样行为（勿为模式）；（3）人们应当或必须怎样行为（应为模式）。从效力范围上看，法的规范性具体表现在：法所调整的对象是不特定的大多数人，而不是为特定的人制定的；法律在其生效期内反复适用，而不是仅仅一次性适用。那些非规范性的法律文件通常则是针对特定的当事人有效。诸如判决书、公证书、委任书、结婚证书等就是如此。不过，这类文件不具有规范性，并不是说其不具有法律效力。

### （二）法的普遍性

法是在国家权力管辖范围内普遍有效的规范，在此意义上，法具有普遍性。所谓法的普遍性，也称"法的普遍适用性""法的概括性"，就是指法作为一般的行为规范在国家权力管辖范围内具有普遍适用的效力和特性。具体而言，它包含两方面的内容：（1）法的效力对象的广泛性。在一国范围之内，任何人的合法行为都无一例外地受法保护；任何人的违法行为，也都无一例外地受法制裁。法不是为保护个别人的利益而特别制定，也不是为约束个别人的行为而特别设立。（2）法的效力的重复性。这是指法律对人们的行为有反复适用的效力。在同样的情况下，法可以反复适用，而不仅适用一次。法不能为某一特殊事项或行为而制定，也不能因为一次性适用而终止生效。可以看出，法的普遍性与法的规范性密切相关：正因为法具有规范性，它也就同时具有普遍性；法的规范性是其普遍性的前提和基础，而法的普遍性则是其规范性的发展与延伸。

法具有普遍性，并不等于说法具有绝对性和无限性，其实，法的效力也是有局限性的：（1）法的效力空间范围主要是以国家权力管辖范围为界。超出一国权力管辖范围，该国的法一般是没有法律效力的。道理很简单，在一国的国家强制力所不能达到的领域，该国的法也就不可能实际上发生效力，否则就可能导致国家间政治、外交和法律诸方面的冲突。（2）法调整的对象是有限度的。即使在国家权力管辖范围内，法也只调整人们之间的一定社会关系或社会关系的某个方面，并不是也不可能是规范人们的一切行为。事实上，人们的行为除了受法调整外，还受诸如道德、习惯、宗教等多种社会规范的指引。因此，法只有在其所调整的社会关系或人们的行为范围以内才具有普遍的效力，而不是遍及人们社会关系、行为和活动的一切领域。

此外，法具有普遍性，在国家权力管辖范围内普遍有效，这是从法的属性上来讲的。就一个国家的具体法律的效力而言，则呈现出不同的情况，不可一概而论。有些法律是在全国范围内生效的（如宪法、民法、刑法），有些则是在部分地区或仅对特定主体生效（如地方性法规、军事法规）。而那些经国家认可的习惯法，其适用范围则可能更为有限。因此，不能将法的普遍性作片面的理解，认为一切具体法律的效力都是完全相同的。法的普遍性还应当包含另外一层含义：相同的事项和相同的主体适用相同的法。在同等适用这种意义上，无论什么样的法，都是具有普遍性的。

## 二、法是由国家制定或认可的社会规范，具有国家意志性和权威性

### （一）法的国家意志性

法作为一种特殊的社会规范，是由国家制定或认可的。从法是由国家制定或认可的意义上看，法体现国家的意志。没有国家，就谈不上国家意志，而没有国家意志，也不可能有体现这种意志的法。国家的存在是法存在的前提条件。一切法的产生，大体上都是通过制定和认可这两种途径。所谓法的制定，就是国家立法机关按照法定程序创制规范性文件的活动。通过这种方式产生的法律，称为制定法或成文法，即具有一定文字表现形式的规范性文件，如中国的各种法律（宪法、刑法、民法通则）即属此类。所谓法的认可，是指国家通过一定的方式承认其他社会规范（道德、宗教、风俗、习惯等）具有法律效力的活动。法的认可主要有两种方式：（1）明示认可，即在规范性文件中明确规定哪些已有的道德或习惯等规范具有法律上的效力。这种认可的规范往往构成规范性文件的内容。例如，我国《婚姻法》规定：父母对子女有抚养教育的义务；子女对父母有赡养扶助的义务。这一规定不过是"养老抚幼"的道德在法律上的明示认可。（2）默示认可，即国家没有明文规定哪些社会规范是法律，而是通过法院判决时援引的方式承认它们的实际法律效力。以这种方式存在的法律，往往是通行于一定地区、一定民族之间的习惯法，如经国家认可的家法族规、村落规约（乡规民约）、行业（行会）规范等。

法具有国家意志性，这是法与其他社会规范的区别之一。宗教教规、风俗礼仪、道德规范虽然都具有一定的规范性，但由于都不是国家或以国家的名义制定或认可的，因而不具有国家意志的属性。

### （二）法的权威性

体现着国家意志的法具有统一性和权威性。也就是说，一个国家只能有一个总的法律体系，而且该法律体系内部各规范之间不能相互矛盾。法的表现形式可能是多种多样的（如成文法和不成文法），但这只是形式上的差别，不能因为这种形式差别而认为一个国家并存二元或多元的法。从体现国家意志的角度讲，法总是一元的。

### （三）法并不等同于国家意志

法是形成和实现国家意志的重要手段。在一定意义上，没有法，国家也就不成其为国家。法为组织国家机构所必需，为实现国家职能所必需，为建立、巩固和发展一定的社会秩序所必需。因此，列宁指出：意志如果是国家的，就应该表现为政权机关所制定的法律，否则"意志"这两个字只是毫无意义的空气震动而已。但也应当看到，法并不等同于国家意志。国家意志的表现形式是多方面的，它可以表现为法律，也可以在政治（政策）、伦理等领域得以体现。而反映国家意志的一些口号、声明、决定、照会等，其本身不能视为国家的法律。

## 三、法是以权利和义务为内容的社会规范，具有权利和义务的一致性

法律调整的最显著特点之一就是，法律主要是通过设定和实现权利和义务的方式来规范社会关系。因而，从形式上看，法的外在内容就是各种权利和义务的有机组合。法律规范中的行为模式是以授权、禁止和命令的形式规定了权利和义务；法律规范中的法律后果则是对权利和义务的再分配。

法律中的权利和义务设计，是一门精巧的艺术和精深的学问。法律上的权利和义务的规定体现出法的确定性和可预测性的特点。权利和义务的设置，明确地告诉人们该怎样行为、

不该怎样行为以及必须怎样行为；人们也根据法律规定来预先估计自己与他人之间该怎样行为，并预见到行为的后果以及法律的态度。

法律中的权利和义务具有一致性。法律上只要规定了权利，就必须规定或意味着相应的义务。义务是权利的范围和界限，权利也是义务的范围和界限。如果把权利看成正数，那么义务便是负数。

法律权利和义务的背后，是被分配和正当化的各种社会利益。也就是说，权利和义务是分配利益的方式，法通过规定人们的权利和义务来分配利益，影响人们的动机和行为，进而影响社会关系。这表明法具有利导性。法的利导性取决于法律上的双向的权利和义务的规定。"双向"表现在：权利和义务是两个截然不同的事物，一个表征利益，一个表征负担；一个是主动的，一个是被动。权利以其特有的利益导向和激励机制作用于人的行为，并且权利可以诱使利己动机转化为合法行为并产生有利于社会的后果。义务也具有利导性，因为许多义务本质上意味着利益负担以及责任后果，所以它能促使人们不做法律禁止并且最终不利于自己的事，履行法律所规定的积极义务。义务以其特有的约束机制和强制机制作用于人的行为，使人们从有利于自身利益出发来选择行为。

### 四、法是由国家强制力保证实施的社会规范，具有国家强制性和正当程序性
#### （一）法的国家强制性

一切社会规范都具有强制性，都有其保证实施的社会力量。但是，各种社会规范的强制性程度和方式很不相同。所谓强制性，就是指各种社会规范所具有的、借助一定的社会力量强迫人们遵守的性质。例如，道德规范主要依靠社会舆论、传统习惯以及人们的内心确信等来加以维持，违反道德规范不仅要受到社会舆论直接或间接地蔑视和批评，承受相应的道德责任和道德制裁，而且也将受到自我良心的谴责，由此而在一定程度和一定范围内制约着人们的行为。宗教规范的实施主要是通过精神强制的方式，但也必须依靠清规戒律、惩罚制度来保证教徒的遵守。

法具有特殊的强制性，即国家强制性。这也是法的显著特点之一。法是以国家强制力为后盾，由国家强制力保证实施的。在此意义上，所谓法的国家强制性就是指法依靠国家强制力保证实施、强迫人们遵守的性质。也就是说，不管人们的主观愿望如何，人们都必须遵守法律，否则将招致国家强制力的干涉，受到相应的法律制裁。国家的强制力是法实施的最后的保障手段。

法之所以要由国家强制力保证实施，主要有下面两个原因：（1）法不能始终为人们自愿地遵守，需要通过国家强制力强迫遵守。法律既是人们的合法权益的保护者，也是约束人们行为的枷锁。因此，法律有可能遭到人们的破坏，违法犯罪现象也就不可避免。而对违法犯罪行为的制裁，仅靠任何个人的力量或社会舆论，是不可能有保障的，必须通过国家强制力才能得以实现。（2）法不能自行实施，需要国家专门机关予以运用。法是普遍的、一般的规范，而要由抽象的、原则的规定到具体的、切实的运用，就不能离开国家的专门机关及其工作人员（如法官、检察官）。所以，正如列宁所言：如果没有一个能够强制人们遵守权利准则的机构，权利也就等于零。

国家运用强制力保证法的实施，也必须依法进行，受到法律规范的约束。国家强制力在什么情况下、由哪些机关按照什么样的程序以及如何制裁各种违法行为，也是必须由法予以

规定的。这意味着：在理解法的国家强制力时必须注意到，法的国家强制力是有一定限度的，而不是无限的。法依靠国家强制力保证实施，是从最终意义上来讲的，并不是说每部法律的实施活动或实施过程，都必须借助国家政权及其暴力系统，有系统化的暴力介入其间。例如，在法得到遵守或虽有一般的违法行为（诸如某些民事、经济违法行为及行政违法行为），而违法主体依法自我纠正的情况下，国家就没有必要运用国家强制力。另一方面，国家强制力也不是保证法实施的唯一力量。在一定程度上，法的实施，也还要依靠社会舆论、人们的道德观念和法制观念、思想教育等多种手段来保证。

### （二）法的正当程序性

从形式化的意义上看，法是强调程序、规定程序和实行程序的社会规范体系。也可以说，法是一个程序制度化的体系或制度化解决问题的程序体系。因此，在一个现代社会，如果要实现有节度的自由、有组织的民主、有保障的人权、有制约的权威，那么就必须使其法有正当的程序。程序是社会制度化的最重要的基石，程序性也是法的一个重要特征。美国法学家哈罗德·J·伯尔曼指出："法是一种特殊的创造秩序的体系，一种恢复、维护或创造社会秩序的介于道德和武力之间的特殊程序……它的特点——精巧、明确、公开性、客观性、普遍性——使它成为解决这些干扰、维护社会正常秩序的有机程序。"

说法具有程序性，其理由还表现在：一方面，法律在本质上要求实现程序化；另一方面，程序的独特性质和功能也为保障法的效率和权威提供了条件。从功能上看，程序的规定实际上是对人们行为的随意性（恣意性）、随机性的限制和制约，它是一个角色分派的体系，是人们行为的外在标准和时空界限，是保证社会分工顺利实现的条件设定。故此，商品经济的有序发展，政治民主的建立，国家和法的权威的树立，公民权利和自由的界定和保障，这一切都离不开对各种法律程序（如选举程序、立法程序、审判程序、行政程序、监督程序等）的完善设计和人们对法律程序的严格遵守。在一定意义上可以说，法治发展的程度，事实上取决于一个国家法律制度程序化的程度及对法律程序的遵守和服从的状态。一个没有程序或不严格遵守和服从程序的国家，就不会是一个法治（法制）国家。

通过以上对法的外在特征的分析，我们看到：法是一种特殊的社会规范体系，即具有规范性、国家意志性、国家强制性、普遍性和程序性的社会规范或行为规范体系。从结构上看，法这种社会规范是一个由各个具体的法律规范（规则）所构成的相互联系的整体（体系），其内容规定的主要是人们相互交往的行为模式，即人们的法律权利和法律义务。法通过权利与义务的规定来调整一定的社会关系，维护一定的社会秩序。

## 第三节　法的本质

### 一、关于法的本质的不同学说

在哲学上，法的本质是相对于法的现象（或法律现象）的一个范畴。它是法的根本性质，是指法这一事物自身组成要素之间相对稳定的内在联系，是由法本身所具有的特殊矛盾构成的。

法的本质问题，是法理学的核心问题之一，也是具有重大争议的问题，古往今来的很多重要思想家都关注过这一问题。在历史上，非马克思主义思想家和法学家们曾对法的本质问题进行过认真的思考，提出过各种各样的法的本质学说。这主要包括：

（1）神意论。这种观点是将法的本质归结为神的意志。在西方法学史上，圣·奥古斯丁和托马斯·阿奎那是这种力量的重要代表人物。如，托马斯·阿奎那认为：神的智慧是一切法律的渊源；上帝是万物的创造者，又是智慧的化身；神的智慧本身具有法律性质。

（2）理性论。这种观点将法的本质理解为是宇宙（自然）或人的理性、人性等。法的理性本质论通常是自然法学的理论主张。西方文化中自古就有崇拜理性的传统。法的理性本质论也是理论渊源久远。古罗马思想家西塞罗指出：法是最高的理性；理性在人类理智中稳定而充分发展之时，就是法律。古罗马五大法学家之一的盖尤斯更明确地说：在所有的人中确立的并得到全人类平等遵守的自然理性，就是万国适用的法（万民法，jus gentium）。近代的自然法学者也从人的理性或本性的角度来理解法的本质。其中的代表性人物包括英国的霍布斯、洛克，法国的孟德斯鸠、卢梭，荷兰的格劳秀斯、斯宾诺莎，德国的普芬道夫等。

（3）命令说。这种观点认为法是主权者的命令。英国思想家托马斯·霍布斯说：国法（civil laws）对每一个臣民来讲，是那些由国家通过口头、文字或其他足以表示意志的方式下达给他的规则，离开主权权力的命令，便不可能有是与非、正义与非正义。19世纪分析法学派的代表人物约翰·奥斯丁认为，法律是主权者对其臣民所发布的应当如何行为并以制裁为后盾的命令。

（4）意志论。这种观点认为法的本质是意志，这种意志可能是人民的意志、君主的意志或公共意志。法国思想家让·卢梭指出：法律是公意的记录。公意即是人民自己的意志，是人民的共同意志、普遍意志。人民服从法律就是服从自己的意志。

（5）自由论。这种观点将法的本质定位为体现自由、实现自由。德国哲学家康德认为，法就是那些使任何人的有意识的行为按照普遍的自由法则确实能与别人有意识的行为相协调的全部条件的综合。黑格尔倡导法的自由意志论，他认为，法是自由意志的定在，自由意志是法的内核，法就是作为理念的自由。

（6）民族精神论。这是历史法学派的主张。德国历史法学派创立人卡尔·冯·萨维尼指出，法是民族精神、民族特性和民族共同意识的体现。法就像语言、风俗、政治一样，随着民族的成长而成长，随着民族的加强而加强，最后随着民族个性的消亡而消亡。

（7）社会关系论。这种观点主张法与社会关系、社会利益、社会目的等社会事实有着内在联系，是其体现。比如，法国学者孟德斯鸠认为：从最广泛的意义来说，法是由事物的性质产生出来的必然关系。"事物的性质"就是法的精神。德国法学家鲁道夫·冯·耶林较为强调法的目的，认为法是以强制作为保障的社会目的的体系。而法的目的就是社会利益，社会利益是法的创造者，是法的唯一根源。所有的法都是为了社会利益的目的而产生的。

（8）社会控制论。这种观点侧重强调法是一种社会控制形式。美国法学家罗斯科·庞德认为，法是社会控制的工具和手段，法是政治上组织起来的社会高度专门化的社会控制形式，是一种通过有系统有秩序地运用社会强力的社会控制形式。

## 二、马克思主义法学关于法律本质的学说

马克思主义的诞生，为我们提供了认识一切社会历史现象，包括法这种现象的科学方法。马克思主义经典作家第一次科学地揭示了法的本质。马克思主义注重从法所赖以存在的社会生活条件、从社会各个阶级对塑造法的内容及其发展面貌的实际影响和作用的角度来揭示法的本质。在《共产党宣言》中，马克思、恩格斯曾针对资产阶级写道：你们的观念本身是资产阶级的生产关系和所有制关系的产物，正像你们的法不过是被奉为法律的你们这个阶

级的意志一样，而这种意志的内容是由你们这个阶级的物质生活条件来决定的。这一段话虽不是在专门论述法的本质，而是在揭示资产阶级意识形态的本质时讲的，但这段话却集中揭示了法的本质，即集中揭示了法的阶级意志性和它的物质制约性。

从人们对法的认识过程来看，我们至少可以从二个层次上来认识法的本质。

（一）法的第一级本质：法是被奉为法律的统治阶级的意志

这包含两层意思，即法是一种统治阶级意志，法是被奉为国家意志（即被奉为法律）的统治阶级意志。

1. 就法的阶级本质来看，法是统治阶级意志的体现。这包含了以下几层意思：（1）法属于社会意识，是上层建筑现象。所谓意志就是带有一定目的的意识，虽然意识、意志总是一定客观需要的反映，但它仍属于社会生活的主观范畴。（2）法不是"个人意志"的反映，也不是社会所有成员意志的简单相加，而是掌握国家权力的阶级即统治阶级的整体意志、共同意志或根本意志的反映。在许多情况下，掌握国家权力的阶级即统治阶级并不是单一的某个阶级，而是以某个阶级为主导的阶级联盟。这种共同意志或根本意志是统治阶级作为一个整体在政治上、经济上、意识形态上的根本意志的反映。（3）法体现统治阶级意志，要经历一个复杂的过程。它取决于统治阶级同被统治阶级的阶级斗争状况，也取决于统治阶级内部各阶层、集团或个人的矛盾和斗争。在一定情况下，法的内容规定不仅反映统治阶级的意志，而且同时反映被统治阶级以及统治阶级的同盟阶级的某些要求和愿望。比如，法的内容规定对全社会都有利，不同程度地反映全社会各阶级、阶层的共同利益（如各种技术法规）。又如，在阶级斗争、对抗激烈的条件下，统治阶级为了缓和与被统治阶级的某些矛盾，把被统治阶级的反抗控制在一定的范围和限度内，而在立法中对被统治阶级作出一定的让步，规定一些符合被统治阶级利益、反映其某些愿望和要求的内容。在资产阶级法律中也往往有一些保护劳动人民利益的条款，诸如限制劳动时间、劳动保护、最低工资、失业救济、罢工自由等。这些条款是劳动人民同有产阶级进行长期斗争所取得的成果。但从本质上看，这一部分规范或条款仍然是通过统治阶级所掌握的政权机关来制定或认可的，它仅具有局部的意义，并不能改变一国法律的整体性质。作为具体法律规定的总和的法，必然是统治阶级意志的体现，而这个必然恰好是通过无数的偶然实现的。

2. 法是被奉为国家意志（即被奉为法律）的统治阶级意志。这是说明法的国家意志性。并非统治阶级的一切意志都是法，而只有被奉为法律，即体现在由国家制定或认可的、人人必须遵守的、由国家强制力保障的"法律"中的统治阶级意志才是法。如果仅仅强调"法是国家意志"，或是"被奉为法律的国家意志"，那么这种表述还没有触及法的社会阶级本质问题。只有指出国家意志实际上是在该国占统治地位的阶级的意志，才算揭示了法的阶级本质，尽管这仅是初级的、第一级的本质。

（二）法的第二级本质：法所体现的国家意志由一定的物质生活条件所决定

这是说明法的物质制约性，即法的阶级意志内容（即人的行为自由和纪律）由统治阶级的社会物质生活条件所决定。法的阶级意志性归根到底又取决于法的物质制约性。所谓"社会物质生活条件"，是指人类社会所包括的地理环境、人口、物质资料的生产方式诸方面，主要是指统治阶级赖以建立其政治统治的经济基础。

任何统治阶级都不能不顾一定社会经济条件的要求而任意立法。任何法就其社会阶级本质来看，都是体现一定生产关系要求的一定社会经济形态的法，都是体现在这种生产关系中占统治地位并且还掌握了国家政权的阶级即统治阶级意志的法。马克思曾说，只有毫无历史知识的人才不知道，君主们在任何时候都不得不服从经济条件，并且从来不能向经济条件发号施令。无论是政治的立法或市民的立法，都只是表明和记载经济关系的要求而已。他还指出，社会不是以法律为基础的。那是法学家们的幻想。相反地，法律应该以社会为基础。法律应该是社会共同的、由一定物质生产方式所产生的利益和需要的表现，而不是单个的个人恣意横行。……《拿破仑法典》并没有创立现代的资产阶级社会。相反地，产生于18世纪并在19世纪继续发展的资产阶级社会，只是在这本法典中找到了它的法律的表现。这一法典一旦不再适应社会关系，它就会变成一叠不值钱的废纸。你们不能使旧法律成为新社会发展的基础，正像这些旧法律不能创立旧社会关系一样。

谈论法的物质制约性，不能将其与法的国家意志性对立或割裂开来。法的物质制约性与法的阶级意志性是矛盾的统一体，二者是辩证统一的关系。脱离法的物质制约性来谈论法的阶级意志性，或者用法的物质制约性来否定法的阶级意志性都是错误的。片面强调法的阶级意志论，可能导致法律的"唯意志论"，片面强调法的物质制约性，则易于导致法的"宿命论"。从主观方面看，法是国家意志和统治阶级意志的体现；从客观方面看，法的内容是由一定的社会物质生活条件所决定的。只有正确理解它们之间的矛盾互动关系，才能正确理解法的本质。

谈论法的物质制约性，也要认识到经济关系以外社会因素的影响。经济关系之外的其他因素范围广泛，诸如政治、文化、思想道德、历史传统、民族宗教状况、社会习惯等，都是影响法律的不可忽略社会因素。承认法的物质制约性，显然并不是将经济关系作为决定法的唯一积极主动因素。纷繁复杂的法律与社会生活的联系，没有这么简单。我们也经常看到经济发展水平、生产关系相同或相似的国家或地区，在法律制度上有重大差异。同时，也要认识到，经济之外的诸因素对法律的影响，是非决定性的，这些因素本身也是受到经济因素的重大影响的。

法理学

# 第三章　法的起源与演进

法是人类社会一定发展阶段的产物。在人类原始社会漫长的历史中，没有阶级、私有制，也没有代表复杂社会组织和制度形态的国家和法。法是随着社会生产力的发展、生产关系的变化，私有制、阶级、国家的产生而产生的，同时也受到诸如人的认识能力、人的语言能力、文字的发明等因素的影响。考察法的起源，就是要从法学、历史学和人类学的角度对法的形成过程、阶段作出客观的描述，探究法起源的动因和奥秘，把握法起源的规律性和类型，并进而从动态上认识法存在的本质和特征。

## 第一节　法的起源

### 一、法的起源的主要原因

法是人类社会发展到一定阶段才出现的一种社会调整方式。在早期人类的漫长历史中，并没有法律、国家、阶级、私有制等这些在今人看来司空见惯的事物。法的产生和发展是社会发展进程中多种社会因素相互作用的产物，这些因素中，经济因素最终起到决定作用。

原始氏族社会组织及习惯是人类历史上时代最古、持续时间最长的制度和规范，它们起源于原始社会的蒙昧时代，发展于野蛮时代的三个阶段。然而，随着氏族社会的进一步演进，氏族制度注定是要灭亡的。根据马克思、恩格斯关于法起源的基本原理和 19 世纪以来的考古学、人类学研究成果，大体上可以把法起源的原因归结为两个方面。

### （一）法的起源的经济因素

任何社会规范的存在都是以一定的社会经济条件为基础的：氏族习惯以原始的氏族公社公有制为存在基础，而法则是在有了私有制和经济强制之后才产生的。

考古学资料证明：在母系氏族社会的晚期，由于金属工具（青铜器及其以后的铁器）的制造和使用，社会生产力得到了发展，促进了原始的农业向犁耕农业过渡，产品有了一定的剩余。而且，农业的发展也实现了人类社会历史上的劳动分工（即农业与畜牧业、手工业和商业的分离），引起了原始部落之间的物物交换。后来到了父系氏族公社时期，随着公有制的解体、私有制的产生，出现了各种不同形式的所有制。例如，不仅存在着逐渐瓦解的公有制，而且在私有制中又有个体劳动者所有制和奴隶主所有制；在奴隶主所有制当中，又有土地贵族奴隶主所有制、工商业奴隶主所有制等。在这些所有制的背后，存在着各种不同利益的集团，其中在对抗性的所有制经济关系中，还存在着两个对抗性的社会利益集团——奴隶主阶级和奴隶。各个不同利益的社会集团为了自身利益而进行着保护一种所有制和反对另一种所有制的斗争，这就使社会的经济秩序陷入混乱之中。

如何才能调整这些经济关系呢？如何才能迫使广大劳动者——奴隶服从当时奴隶主所有制的劳动条件进行生产呢？靠原有的习惯显然是不行了。经济上占统治地位的奴隶主阶级为了维护自己赖以生存的经济条件，同时也是为了避免社会各集团在毫无限制的冲突和争夺中同归于尽，于是就根据本阶级的利益和意志，制定或认可一些特殊的并依靠国家强制力保证实施的行为规则，来维持社会秩序，保护奴隶制经济的发展，限制甚至消灭那些不利于奴隶制发展的经济，这种特殊的社会规范就是法。

### （二）法的起源的政治因素

政治组织、政治关系和政治活动是文明时代存在的社会现象，然而其渊源可以追溯至原始社会末期的社会结构的变化。在父系氏族社会的后期，随着私有财产关系的产生和部落之间战争的加剧，氏族内部开始出现本族人与外族人、穷人与富人、主人与奴隶、债权人与债务人等多重身份、等级的差别和矛盾，氏族成员原有的血缘关系逐渐代之以奴役、剥削和压迫关系。随着这些关系和矛盾的发展，父系氏族公社逐渐解体，并形成以地域关系为基础的农村公社。农村公社的出现，不仅意味着土地公有制向私有制的过渡，而且意味着原始社会向阶级社会的过渡。按照马克思主义的理论，此时，社会上的集团已经不能依氏族组织来划分，而只能依阶级的利益来划分了。氏族制度已经过时，它为阶级之间的冲突所瓦解。调整社会关系的职能由新的公共权力和新的社会规范来担任，这就是国家和法。

在政治因素中，除了阶级对抗性因素，还有管理社会公共事务的需要。随着经济社会的发展、人口规模的扩大，社会公共事务数量急剧增加，内容比以往社会要复杂得多。仅仅靠习惯或禁忌无法应对公共事务，这样，新的更有权威性的规则也就应运而生。

除了上述经济和政治因素之外，促进法的产生的因素还包括人口、地理、文化等各种因素。

### 二、法的起源的一般规律

法的起源是一个长期的、渐进的发展过程。我们的考察表明：法的起源过程开始和发展于原始社会的父系氏族公社时期，即野蛮时代的中级阶段和高级阶段，完成于奴隶社会的建立之初，即文明时代的初级阶段。它跨越了两个性质完全不同的社会形态，经历了很长的时间，体现了法起源的长期性。而且，法的起源在形态上也经历一个演变过程，即由法的萌芽，发展为法的雏形，最后才形成习惯法。这是一个由量变到部分质变，再到质的飞跃的演化过程。这一过程不但表明了法同氏族习惯的区别，也表明了它们之间的历史联系。根据对法起源的原因、过程和形式的考察，也可看出：尽管世界各国法的起源有各自的经济、政治、文化条件和原因以及不同的形式，但它们仍有共同的特征和规律性，概括起来有下列三个方面。

### （一）从自发到自觉、由个别调整逐步发展为规范性调整

由个别到一般、由自发到自觉，是人类认识发展的一条基本规律，也是法起源和发展的规律。在人类社会中，总是先有自发产生的氏族习惯，才有后来经国家自觉认可或制定的法律规范；总是先有一个又一个的个别裁决，才有后来的具有一般意义和普遍约束力的法律。这一过程也符合人类智力的成长发展以及人的认识由经验到理性、由简单到复杂的演变过程。

### （二）由氏族习惯到习惯法，再由习惯法到制定法的发展

任何国家法的起源，都不可能在刚形成时就是一个完全成熟的形态，或只有一种形态。事实恰恰相反，法的形态总是先表现为不成文形式，然后才出现成文（制定）形式。显然，在这一过程中，文化的因素（尤其是语言文字的成熟状态）起着相当大的作用。

### （三）由道德规范、宗教规范等浑为一体到法的相对独立

法在氏族习惯的母体中孕育生长，而氏族习惯融原始的道德、宗教等多种社会规范于一体，它们之间没有明确的界限。法的形成过程，实际上就是日益脱离习惯、道德和宗教规范而成为独立的社会规范体系的过程。但这一分离在历史上从来没有达到完全纯粹的状态，法在其独立的过程中也还同时受到来自习惯、道德规范、宗教规范、精神和观念的影响，早期国家的法甚至还多带有原始氏族习惯、道德、宗教的痕迹。

## 第二节  法 的 演 进

### 一、法的历史类型

#### （一）奴隶制法

奴隶制法是人类历史最早出现的法，也是最早的私有制类型的法。世界上大多数地区如埃及、罗马、巴比伦、印度、中国等都经历过奴隶制社会阶段，都存在奴隶制法。

奴隶制法的本质和特征是由奴隶制社会的经济基础所决定的。奴隶制社会的经济基础，就是奴隶主阶级占有全部生产资料，并完全占有生产者——奴隶。奴隶制社会的阶级结构主要是奴隶主与奴隶两个基本对立的阶级，奴隶主阶级剥削、统治奴隶阶级。因此，奴隶制法是奴隶主阶级的意志和利益的体现，其目的在于维护有利于奴隶主阶级的社会关系和社会秩序。

在不同的奴隶制国家和奴隶制社会发展的不同阶段，奴隶制法有着不同的特点，但从总体上来看，奴隶制法具有这样一些共同特征：（1）严格保护奴隶主的所有制，确认奴隶主阶级经济、政治、思想统治的合法性，确保奴隶主的私有财产不受侵犯，维护奴隶主对奴隶的占有权。（2）公开反映和维护奴隶主的等级特权，不仅明文规定了奴隶的无权地位，而且还规定了自由民之间的不平等。（3）刑罚种类繁多，刑罚手段极其残酷，刑罚的执行带有极大的任意性，依靠严刑峻法来维护奴隶主阶级的统治。（4）长期保留原始社会的某些行为规范残余，如同态复仇和赔偿制度的普遍存在、男性家长的广泛权力等，反映了奴隶制法受传统影响较大。

远在公元前40世纪末到公元前20世纪已出现了一些奴隶制国家，如古埃及、古巴比伦、印度、中国、亚述、波斯、赫梯等。这些奴隶制国家都存在过自己的法律。古巴比伦法的代表是公元前18世纪的《汉穆拉比法典》，它是世界上迄今为止基本上完整保留下来的最早的成文法典。中国古代奴隶制法大约出现在公元前21世纪至公元前11世纪的夏商王朝。西方奴隶制法的出现要比东方晚很多世纪，其主要代表是古希腊法和古罗马法。古希腊法是公元前7世纪至公元6世纪开始出现的古希腊各城邦国家的奴隶制法的总称。其中有代表性的是实行民主政体的雅典和实行贵族政体的斯巴达两个城邦。雅典法是通过民众大会颁布和废除的，主要形式是成文法；斯巴达的法律以习惯法为主，成文法极少。古罗马法是指从罗马奴隶制国家开始形成直至公元6世纪的查士丁尼立法这一千余年历史间的罗马奴隶制法。公元前449年的《十二铜表法》是古罗马以原习惯法为基础制定的第一部成文法。公元6世纪东罗马皇帝查士丁尼统治时期进行了大规模的立法活动，出现了国法大全，即《查士丁尼民法大全》，这是反映简单商品经济关系，并对后世产生重大影响的一部完备的奴隶制法律文献。

### (二) 封建制法

封建制法是奴隶制法之后出现的又一种私有制类型的法。封建制法存在的历史悠久，西欧从公元 476 年日耳曼人消灭西罗马帝国到 1640 年英国资产阶级革命，约 1 200 年。中国从战国时期算起到辛亥革命，大约 2 400 年。

封建制法赖以建立和存在的经济基础是地主或领主占有土地和部分占有农民或农奴，封建主依靠封建土地所有制和超经济剥削（如无偿劳役）迫使农民依附于封建主阶级。在封建社会，自给自足的自然经济占主导地位。与经济形式相适应，封建社会的基本阶级关系是地主（领主）阶级和农民（农奴）阶级的对立和斗争，地主阶级是统治阶级，因此封建制法是地主阶级意志的体现，是由封建制国家制定或认可，并以国家强制力保证其执行的行为规范，是维护和巩固地主阶级压迫和剥削农民的工具。

中国是进入封建社会最早的国家之一。战国初期，魏相李悝的《法经》是中国历史上第一部较系统的成文法典。秦汉以后，历代都有统一系统的法典，其中唐律以其体系严谨、内容详备、风格成熟的特点成为中国封建制法的典范，不仅影响了唐代以后各王朝的法律，成为后来中国法的蓝本，而且为当时邻近中国的朝鲜、日本、越南等国法律所效仿，形成了独具特色的中华法系。

与中国法为代表的东方法相对应，西方法也有着自己的发展历史。封建社会的欧洲多种法并存，如地方习惯法、罗马法、教会法、城市的商法以及国王的敕令。它们呈互相交错、互相渗透、互相矛盾和互相排斥的复杂关系。在不同时期不同国家，各种法的地位也有所不同，但一般都经历了由分散的地方习惯法向全国统一的成文法发展的过程。如法国在几百年时间内没有统一的法律，到中世纪中期，才编纂成了《诺曼底大习惯法》《博韦习惯法集》等成文法。大约在公元 12 世纪，罗马法在欧洲大陆复兴，由于王权的加强，加上教会法地位的提高和商法的兴起，国王的敕令、罗马法和成文法的地位得到提高，为以后大陆法系的形成奠定了基础。英国自公元 11 世纪诺曼人侵入后走上了与欧洲大陆不同的法律发展道路。英国国王通过王室法官的巡回审判有选择地适用地方习惯法，形成判例法并普遍适用于英格兰全境，故称"普通法"。后来又于公元 16 世纪形成作为普通法补充的"衡平法"。两者构成英国法的主要部分，为英国法系的发展打下了基础。阿拉伯地区的封建制国家实行政教合一的政治制度，伊斯兰教义（主要包括《古兰经》《圣训》）是阿拉伯国家的法律，被称为"伊斯兰法"，形成具有宗教特色的阿拉伯法系。

封建制法具有以下共同特征：（1）维护地主阶级的土地所有制，确认农民对封建地主的依附关系，严格保护封建地主的所有权。（2）确认和维护封建等级特权，皇帝（君主）享有最高的立法、行政、司法、军事等大权，贵族、地主分别享有国家管理社会生活方面的特权。（3）刑罚酷烈，罪名繁多，滥施肉刑，广为株连，野蛮擅断。

### (三) 资本主义法

资本主义法体现了资产阶级的意志，是资产阶级国家权力的经常的有系统的有组织的表现。资产阶级重视法制建设，形成了较为完备的法律体系和法律实施体系。

**1. 资本主义法的产生**

资本主义法萌芽于封建社会中后期，其经济基础是在封建社会内部自发地产生并逐渐成长的。带有资本主义因素的法的出现有三种情况，即三种例证：（1）商法的兴起。地中海、北海、波罗的海等沿海城市以当地的商业习惯与罗马法的有关规定为基础，逐渐产生了一些海商法，如公元 10 世纪的《阿马尔菲法》、公元 12 世纪的《奥莱龙法》等。（2）罗马法的复兴。罗马法在中世纪初期曾趋于衰落，到公元 11 世纪至 16 世纪，由于当时资本主义经济的出现和成长需要一种能促进资本主义经济成长的法律，罗马法以其特有的统一性、对商品经济的适应性及其较高的法文化水平，重新取得了在欧洲大陆的威信。（3）资本原始积累的法律出现。资本原始积累是资本主义生产方式确立前通过暴力手段使小生产者同生产资料分离并积累货币的过程。在这个过程中所出现的法律带有资本主义法的性质，它为保证对殖民地、奴隶、土地的掠夺起到了重要作用。

公元 17 世纪至 18 世纪资本主义生产关系逐步成为封建社会的普遍而又日益占重要地位的经济关系，新兴的资产阶级在经济和政治上也日益强大，于是提出了"人权""平等""自由""民主"等口号。社会利益的冲突导致革命，最后资产阶级取得了革命的胜利，建立了资产阶级国家政权并制定了法律。资本主义法的产生在不同国家有不同形式和特点：英国法的产生同英国革命的特点相联系，具有与封建制法相妥协的特征，因而英国建立政权后仍然承认封建制法的效力，大量保留了封建制法，只是赋予它以新的阶级内容并不断加以改造和补充，最终导致英国法系的产生；美国由于是在摆脱英国殖民统治的基础上建立资产阶级政权的，所以它既有与英国法决裂的一面，又有继承英国法传统的一面；法国资产阶级革命的彻底性决定了法国不承认旧法的效力，它是在继承罗马法的基础上重新制定法律；德国和日本通过封建君主"自上而下"的改革之后使封建经济逐渐向资本主义经济过渡，并在过渡中产生了带有浓厚封建因素的资本主义法。

资本主义法经历了三个发展阶段，即自由资本主义阶段、垄断资本主义阶段和当代资本主义阶段。在第一个阶段，法与国家权力一样为确保资本主义市场经济的自由发展，采取"自由放任主义"政策，尽可能地减少对经济生活的干预，尤其注重保护个人的公民权利和政治权利。因此，这个阶段的法，规定了平等自由竞争、财产所有权神圣不可侵犯、合同自由不受限制、过错责任原则等。在垄断资本主义时期，由于垄断带来一系列现代社会问题，法也同国家权力政策一样相应采取积极干预的态度，加强对经济领域的干预作用，表现为法的本位从个人本位转向社会本位。比如，对垄断的限制（以反垄断法为核心的现代经济法的出现）、财产所有权的限制、合同自由的限制等。在当代资本主义时期，还出现了法的"社会化"，法担当了更多的促进"社会福利"的职能。比如，在继续对垄断利益进行限制的同时，以法律手段调节各经济部门之间、社会集团之间的矛盾和利益；加强对自然资源和环境的保护；规定各种社会福利、服务事业和教育文化事业的保障；等等。

2. 资本主义法的本质与特征

资本主义法是建立在资本主义经济基础上的上层建筑，是与以资本家占有生产资料并剥削雇佣劳动为基础的经济制度相适应的法律制度。因此，资本主义法体现和反映了资产阶级的利益和意志。与前资本主义法相比，资本主义法具有以下特点。

（1）维护以剥削雇佣劳动为基础的资本主义私有制。1789 年法国《人权宣言》第 17 条规定："财产是神圣不可侵犯的权利，除非当合法认定的公共需要所显然必需时，且在公平而预先赔偿的条件下，任何人的财产不得受到剥夺。"私有财产神圣不可侵犯不仅是法国，而且是所有资产阶级宪法的一项基本原则，也是资本主义法律制度的核心。按照这一原则，人们对自己的财产具有占有、使用、处分的绝对权利，任何人非经所有权人许可不得干涉其行使财产权。法律保护私有财产不受他人侵犯，而且国家、政府也不得任意侵犯、剥夺他人财产。

（2）维护资产阶级代议制政府。资产阶级进行政治统治的基本方式和主要形式是建立"代议制"政府，即由公民通过选举产生的代表组成立法机关（议会），政府在宪法和法律范围内活动，公民在法律面前一律平等并享有其他基本权利和自由。资本主义法维护资产阶级政治统治的作用主要体现在通过法律手段保证代议制政府的有效运行，具体体现在三项制度中：其一，政党制。与前资本主义相比，资产阶级一般是通过自己的政党来执掌政权的。资产阶级政党制又可以分为两党制与多党制。前者指由两个最大的政党通过竞选轮流执政；后者指有更多的政党相互角逐，竞选执政权力。其二，普选制。在资本主义国家，政府的组成及重要决策通常由议会决定，而议会一般是由享有选举权的公民依法选举产生的，有些国家的国家元首甚至也直接由选民选举产生。因此，普选制是资本主义国家的一项重要政治制度，也是资本主义国家权力运行的一个关键环节。其三，分权制衡制。在实践上，绝大部分资本主义国家实行分权制，即立法权、行政权、司法权三权分立并相互制衡。在资本主义国家，这种分权体制是保证政权稳定并具有连续性的重要措施。

（3）维护资产阶级自由、平等和人权。平等、自由和人权是指人作为人而享有或应该享有的权利。享有充分的平等、自由和人权，是长期以来人类追求的理想。而平等、自由和人权作为一个问题、一个口号、一个政治与法律原则，则是资产阶级首先提出的。从经济角度看，资本主义市场经济使劳动与生产资料相分离，劳动者不再对生产资料的所有者产生人身依附关系后，人才有条件具有独立人格。从思想渊源看，公元 14 世纪至 15 世纪以意大利为中心的欧洲文艺复兴运动和德国及法国的宗教改革，强调人的自然本性、人的尊严和价值，在思想文化领域确立了现实的、具体的个人的中心地位。从法律角度看，公元 12 世纪以后持续 500 年之久的罗马法复兴，促进了西欧社会法律的世俗化和世俗社会的法律化。这不仅使罗马私法与新的历史条件相结合，而且促使私法原则向公法领域渗透，导致了公法领域的革命。由于上述准备活动，资产阶级革命胜利后，很快将其人权要求转化为法律权利，尤其是宪法中有了关于公民基本权利的规定及对公权力的限制。

资本主义法对平等、自由和人权的保障，具有重大的历史和现实意义。它不仅废止了封建的人身依附、等级特权、专制独裁，而且为人民团结起来去反抗压迫、抵制专制、改善生活境况提供了条件，同时，为世界范围的争取与保障人权的斗争提供了经验与教训。但是，资产阶级平等、自由与人权原则又受到资产阶级的阶级利益的局限。它是资产阶级占有生产资料基础上的人权，因此，它们对劳动者来说，也就只有形式上的意义，是不彻底的。

### （四）社会主义法

1. 中国社会主义法的产生

社会主义法是在推翻旧政权、摧毁旧法体系基础上创建起来的，是建立在社会主义经济基础之上的上层建筑。由于各个国家走上社会主义道路的起点和途径不同，社会生产力的发展阶段和水平不同，它们的经济和社会结构会存在差异甚至是重大的差异，但社会主义的本质和根本任务这一点是共同的。社会主义法是以工人阶级为领导的广大人民共同意志和根本利益的体现，是维护社会秩序、推动社会进步的工具。

中国社会主义类型的法的出现，是以革命根据地时期的法为基础的。可以说，新中国法是对革命根据地法的继承和发展。中国革命经历了农村包围城市的道路，从第一次国内革命战争时期开始到解放战争时期，中国共产党领导下的革命政权就已经创制了革命的法制，如土地法、政府组织法、选举法、婚姻法甚至革命政权的宪法性大纲。中国社会主义法的产生是在摧毁国民党法律的基础上创立的。新中国建立前夕，中共中央发布了《关于废除国民党的六法全书与确定解放区的司法原则的指示》。此后在1949年9月的《中国人民政治协商会议共同纲领》中明确规定：废除国民党反动政府一切压迫人民的法律、法令和司法制度，制定保护人民的法律、法令，建立人民司法制度。这为新中国摧毁旧法制、建立新法制提供了基本的法律依据，并为社会主义法制建设开辟了道路。

新中国建立后，我国开始由新民主主义向社会主义过渡。这个过渡时期经历了国民经济恢复（1949年—1952年）和社会主义改造（1953年—1956年）两个阶段。在第一个阶段中我们运用法律手段建立和组织人民民主专政的国家机构，镇压反革命，运用法律手段保证对官僚资本的没收，进行土地制度改革，统一财政经济工作，恢复和发展国民经济，开展"三反""五反"运动等，取得了法制建设的初步成果。在社会主义改造时期，以法律为保障完成了对资本主义工商业的改造以及对农业、手工业个体所有制的改造，并开展了社会主义建设，实行了普选的人民代表大会制。这个时期的法律性质属于社会主义类型的法，但还不是完全意义上的社会主义性质的法。因为这个时期的法还是过渡性的，它是以过渡时期多种经济成分并存的经济结构为前提的。特别要提到的是，在这个阶段产生了中国第一部社会主义宪法，即1954年宪法。它标志着中国社会主义性质的法的产生，也预示着中国社会主义法制建设的全面开始。但是从1956年以后，我国社会主义建设经历了艰难而曲折的道路，法制建设没有得到充分重视。其主要原因有：历史方面的，如封建传统观念和势力还大量存在，因仇视旧法制而轻视新法制，沿袭战争年代依政策办事的习惯等；现实方面的，如经济文化条件的限制，大规模的群众运动，政治体制的民主程度和权力的过分集中，政治决策方面的失误等。我国社会主义法制建设的全面开展是在1978年党的十一届三中全会之后，此后三十多年的法制建设成就十分显著。依法治国、建设社会主义法治国家成为宪法规范。全面推进依法治国、建设法治中国稳步推进。

2. 社会主义法的基本特点

（1）阶级性和人民性的统一。社会主义法反映工人阶级的意志，也是体现工人阶级领导下的全体人民和各阶层或集团的共同意志。在这个意义上，社会主义法的阶级性与其人民性，是高度统一的。法的人民意志性就鲜明地体现着其阶级性。法的阶级性与人民性将随着社会主义事业的不断发展而更加日益趋于一致。

（2）客观规律性与正义性的统一。社会主义法能够更充分地体现社会发展规律的客观要求。因而，其客观性与主观性（即法是国家共同意志）是统一的。工人阶级是最革命、最先进的阶级，以工人阶级为代表的广大人民的政治、经济利益与社会发展规律的要求是一致的。没有任何狭隘的阶级私利阻碍工人阶级和广大人民对社会发展规律的认识。只有如实认识和正确反映客观规律、尊重和善于利用客观规律，广大人民的利益和意志才能得到充分实现。所以，社会主义法可以在相当大的程度和范围内同客观规律相一致。当然，这并不意味着在实际生活中不会出现任何违背客观规律的立法。

社会主义法具有比以往任何法律都更大的正义性。社会主义法是人类历史上最公正、最平等的法律制度。这种正义性，集中体现在两个方面，其一，社会主义法深刻地体现了社会发展的规律性。越是体现社会发展的规律，法就更符合人们的价值追求，被认为是正当的、值得追求的。在社会规律、物质生活条件所允许的范围内，人们所能追求的最大限度的行为自由，就是正义的体现。其二，社会主义法体现最广大人民的共同意志，这本身就是正义。社会主义法以人民为中心、奉行人民本位，法也得到了广大人民的更自觉遵守。所谓法律正义，在很大程度就是得到最大多数的人民的拥护和认可。正义与人民民主、人民当家做主有着内在的关联。因而，社会主义法的正义性品格与其人民性、阶级性以及规律性等都是统一的。而正义作为一种强有力的观念，可以有力地增强人民对法的信仰、服从和认同。

（3）公民权利和义务的统一。社会主义法消除了权利和义务的结构性分离，公民既享有权利也负有义务。公民权利和义务的高度统一，成为社会主义法的重大特点之一。以往历史类型的法公开地确认和维护阶级或等级特权，社会主义法废除了这种公开的阶级或等级特权，消除了权利和义务的分离。在社会主义社会，全体社会成员都是权利和义务的主体，而且在权利和义务的分配面前一律平等，所有的公民，从国家元首、执政党的领袖到普通工人和农民，都既享有权利，又负有义务，享有权利越多，承担的义务也越多，真正实现了"没有无义务的权利，也没有无权利的义务"。

（4）国家强制实施和人民自觉遵守的统一。任何社会的法的实现都需要国家强制力的保证和人们的自觉遵守，在这种意义上任何社会的法都需要国家强制实施和人们自觉遵守，即任何社会的法都是国家强制实施和人们自觉遵守的统一。然而，在以往的社会中，法的实现主要是依靠国家的强制力保障，依靠赤裸裸的暴力威胁。尤其是对于被剥削和被压迫的劳动人民来说，遵守法律往往是被迫的。即使在剥削阶级内部，由于利益的尖锐对立，也很难有自觉自愿的遵守。社会主义法则不然。虽然它的实施离不开国家的物质强制力量，但其实施过程中起经常性保障作用的是法自身的教育力量。这是因为，社会主义法体现的是绝大多数人的利益和意志，法的目的是为了建设社会主义物质文明和精神文明，满足人民群众（他人和自己）的物质利益和精神上的自由发展，因而能够激起广大人民的认同、拥护和自觉遵守。因而社会主义法的实施虽然也依靠国家强制力，但更主要的是依靠大多数社会成员的自觉遵守。

## 二、法系

### （一）法系的概念

法系是西方法学家首先使用的一个概念，在当代法学特别是在比较法学和法理学中具有重要意义。通常在英文中用 legal family，legal system，family of law 等词来指称法系。针对世界上这么多不同国家或地区的法律，为了便于研究它们的共性和个性，比较法学家们使用了"法系"概念加以合理地分类，用它来涵盖具有相同或相似的传统、实践和意识的同类法律体系。西方也有学者使用"法律传统"（如格兰顿等《比较法律传统》）、"法律文化"（如埃尔曼《比较法律文化》），有时直接称为"法"（包括法律、法律实践和法律意识三部分的统称）。1900 年，法国一些比较法学家说，"应当建立一种分类，要把所有不同法律体系与法律制度都包括进去"。1909 年遗传学出现"基因"这一概念，受此影响，比较法学家广泛采用"法系"，并把它作为比较法学的基本范畴来使用。此后学者们都十分重视法系一词对于比较法、对法律分类的重要意义。

我们将法系这一概念定义为：根据若干国家和地区基于历史传统原因在法律实践和法律意识等方面所具有的共性而进行的对法的一种分类，它是这些具有共性或共同传统的法的总称。

虽然法系的划分主要是依法的历史传统进行的，但是法系的分类标准仍然既是相对的，又是综合的。这是因为：（1）依据不同标准可以进行不同的分类，如按照历史类型、按照法的渊源（形式）、按照宗教与法的关系（宗教法系与世俗法系）、按照地域与传统（远东法系与西方法系）等。还有西方学者认为，地理条件、语言、法律渊源、意识形态、法律技术、正义观念等也是法系划分的标准。（2）在同一标准下，考察的主要部门法不同，可以有不同的分类。如以私法为中心部门法，可把美国划入英美法系；如果按照公法划分，则美国（司法审查制度、成文宪法）不属于英美法系。（3）在同一标准下，时代不同，一国法律可划归不同法系，如日本在中世纪属于远东法系，现代属于大陆法系。（4）法系间差别日益缩小，也说明法系标准的模糊性、相对性。比如，英美法系与大陆法系之间互相借鉴和吸收，它们的差异日益缩小。（5）法系划分标准是综合的。一般情况下逻辑划分要求标准统一，但辩证逻辑与形式逻辑不同，所以法系划分标准不应当是单一的，允许不同标准在一定条件下的综合统一。

影响法系形成的因素很多，也很复杂。法是上层建筑中的制度和意识形态，它当然受经济基础的决定性影响，包括生产力和生产方式。但法在受经济基础制约的同时，也受经济以外的因素包括其他上层建筑因素的影响。比如，中国传统的儒家学说造就了中国的法律文化，使中华法系与西方法系有着明显的区别。又如，大陆法系的理性主义哲学倾向和英美法系的经验主义哲学倾向都对它们各自的特点有着重要的影响。

### （二）中华法系

中华法系是世界五大法系之一。中华法系形成于秦朝（前221年—前206年），到隋唐时期趋于成熟。自春秋战国时期起，法律制度开始大变革。当时，各国先后颁行了成文法，秦朝是中国历史上第一个统一的中央集权王朝，其存在虽然时间很短，但确立了此后两千多年中国传统政治格局和政治模式。从现在湖北云梦出土的秦简来看，秦朝的法律制度已经比较完备，初步确立了中国古代各项法律的一些重要原则。可以说，中华法系此时已经具备雏形。此后，在汉代，在汉武帝"罢黜百家，独尊儒术"之后，奉行儒家的治国理论，儒学成为正统的官方意识形态，汉代的法律制度在理论、制度上也逐步"儒家化"。汉代以后的古代法制，都是沿着儒家化的方向逐步发展的。经过三国两晋南北朝到隋唐时，法律思想和法律制度更趋成熟，并自成体系。其代表性的法典就是保存至今的《永徽律》及其律疏，又称《唐律疏议》。这是中华法系完备的标志。唐朝以后，宋元明清各朝都以此为蓝本创制自己朝代的法律制度。日本所学的正是隋唐的法制，至今日本还用的省（相当于中国的部）、地方的县（相当于中国的省、府、道）都是学习隋唐法制的结果。古代中国的法制在东亚产生了广泛而持续的影响，由此形成了中华法系。中华法系的主要特点，可以概括如下：

（1）法律以君主意志为主。中华法系是代表古代封建社会法律文化的重要法系。封建法制以维护封建君主制为根本宗旨和任务。其法律自然也首先和主要体现君主意志。法自君出，皇帝口含天宪，言出法随，一言立法，一言废法。而君主意志代表的是社会中地主、贵族阶层的根本利益。君主意志往往与君权神授的观念相结合，天的观念成为论证君主政治合法性的基本依据。

（2）礼教是法律的最高原则。中华法系以礼为核心，礼法结合，隆礼重法，德刑并重，贯通道德治理与法律治理，构建了一整套精致的社会治理技术。礼是法的价值核心和根本原则，法以国家名义对礼予以再确认和更强有力维护。礼教的核心是以家族为本位的儒家伦理

法理学

规则，即儒家所倡导的"三纲五常""亲亲尊尊"。《唐律疏议》是"一准乎礼"的法律典范。唐律中诸如十恶、官当、八议、服制定罪、同居相隐、存留养亲等制度，都是礼在法典中的表现。礼教原则的法律化，使法律进一步强化了权贵阶层的特权，也让法律在一定意义上更具有宽和仁德的温情色彩。

（3）刑法发达，民法薄弱。中国古代的法制自战国初期的《法经》起，逐步形成了诸法合体、刑民不分的传统。到隋代的《开皇律》时，其中的《名例》《卫禁》《职制》《户婚》《厩库》《擅兴》《贼盗》《斗讼》《诈伪》《杂律》《捕亡》《断狱》等各篇，包含了刑、民、婚姻、商、侦查、诉讼等各个方面的法律规定，此后的唐、宋、元、明、清在体例等方面并无大的更改，只是在内容上有所增删调整。在诸法一体的法律制度中，刑事方面的规定相对较为发达和完整，而且，更重要的是，对有关民事、婚姻、商事方面的社会关系，也都以刑事的方式予以规制，以刑罚的方式予以治罪。因而，从形式上看，中华法系的法制，首先和主要的所指是刑律，其中的刑法较为发达，而民事法较为薄弱。大量的民事规定，以民间习惯等方式予以规制。

（4）行政司法合一。行政与司法合一的体制贯穿于中国整个封建时代，也成为中华法系的重要特点之一。古代中国的立法和司法体制中，在中央层面，皇帝始终是立法与司法的枢纽。皇帝是最高的立法者，所发诏、令、敕、谕是最权威的法律形式，也是最高的裁判官。中央虽设有专门的司法机关，但其活动或为皇帝所左右，或受宰相及其他行政机关所牵制，很少能独立地行使职权。在地方层面，则由行政机关兼理司法事务，二者直接合一。比如，秦代时，地方司法机关与行政机关合二为一，郡、县两级的郡守和县令不仅主管行政，同时也掌管司法审判；唐代地方设州、县两级政权机构，州、县长既是地方行政首脑，又是当地的司法长官；宋、明、清的路省一级虽专设司法官，实际仍依附于上一级行政机关。因而，大致可以说，中华法系的司法机关从中央到地方都基本没有独立的地位，甚至成为行政机关的附庸。

### （三）西方的两大法系

#### 1. 英美法系

英美法系，又称普通法法系、英国法系，是以英国自中世纪以来的法律，特别是以它的普通法为基础而发展起来的法律的总称。

英美法系首先起源于公元 11 世纪诺曼人入侵英国后逐步形成的以判例形式出现的普通法。原先英国通行盎格鲁-撒克逊人的日耳曼习惯法、教会法和罗马法在当地也有一定影响。1066 年诺曼公爵威廉入侵后，随着土地转入诺曼贵族，在加强中央集权王权的同时，英国国王派官员至全国各地进行巡回审理，并逐渐建立了一批王室法院，以后通称为普通法院。这些官员和法院根据国王敕令，并参照当地习惯进行判决。在这种判决基础上，逐步形成了一套全国适用的法律，通称为普通法。

英美法系包括英国法系和美国法系。英国法系采取不成文宪法制和单一制，法院没有"司法审查权"。美国法系采用成文宪法制和联邦制，法院有通过具体案件确定是否符合宪法的"司法审查权"，公民权利主要通过宪法规定。

英美法系的范围，除英国（不包括苏格兰）、美国外，主要包括曾是英国殖民地、附属国的国家和地区，如印度、巴基斯坦、新加坡、缅甸、加拿大、澳大利亚、新西兰、马来西亚等。中国香港地区也属于英美法系。

英美法系的特点主要有：（1）以英国为中心，以英国普通法为基础。（2）以判例法为主要表现形式，遵循先例。（3）变革相对缓慢，具有保守性，"向后看"的思维习惯。（4）在法律发展中，法官具有突出作用。（5）体系庞杂，缺乏系统性。（6）注重程序的"诉讼中心主义"。

2. 大陆法系

大陆法系，又称民法法系、罗马法系、法典法系、罗马-德意志法系，是以罗马法为基础而发展起来的法律的总称。

大陆法系最先产生于欧洲大陆，以罗马法为历史渊源，以民法为典型，以法典化的成文法为主要形式。大陆法系包括两个支系，即法国法系和德国法系。法国法系是以 1804 年《法国民法典》为蓝本建立起来的，它以强调个人权利为主导思想，反映了自由资本主义时期社会经济的特点。德国法系是以 1896 年《德国民法典》为基础建立起来的，强调国家干预和社会利益，是垄断资本主义时期法的典型。

属于大陆法系的国家和地区除了法国、德国外，还包括意大利、西班牙等欧洲大陆国家，也包括曾是法国、西班牙、荷兰、葡萄牙四国殖民地的国家和地区如阿尔及利亚、埃塞俄比亚及中美洲的一些国家。国民党统治时期的中华民国也属于这一法系。

大陆法系的特点包括：（1）全面继承罗马法。吸收了许多罗马私法的原则、制度，如赋予某些人的集合体以特定的权利能力和行为能力，所有权的绝对性，取得财产的各种方法，某人享有他人所有物的某些权利，侵权行为与契约制度，遗嘱继承与法定继承相结合制度等。还接受了罗马法学家的整套技术方法，如公法与私法的划分，人法、物法、诉讼法的私法体系，物权与债权的分类，所有与占有，使用收益权、地役权以及思维、推理的方式。（2）实行法典化，即法律规范的抽象化、概括化。（3）明确立法与司法的分工，强调制定法的权威，一般不承认法官的造法功能。（4）法学在推动法律发展中起着重要作用。法学创立了法典编纂和立法的理论基础，如自然法理论、分权学说、民族国家理论等，使法律适应社会发展需要的任务由法学家来完成。

2. 西方两大法系的区别

大陆法系和英美法系由于形成的历史渊源不同，所以在形式和内容方面都有很多差别：

（1）法的渊源不同。在大陆法系国家，正式的法的渊源只是指制定法，即宪法、法律、行政法规等，法院的判例、法理等没有正式的法律效力。在英美法系国家，制定法和判例法都是正式的法的渊源，遵循先例是英美法系的一个重要原则，承认法官有创制法的职能，判例法在整个法律体系中占有非常重要的地位。

（2）法的分类不同。大陆法系国家法的基本分类是公法和私法，私法主要指民法和商法，公法主要指宪法、行政法、刑法、诉讼程序法，进入 20 世纪后又出现了社会法、经济法、劳动法等有公私法两种成分的法。英美法系国家无公法和私法之分，法的基本分类是普通法和衡平法。普通法是在普通法院判决基础上形成的全国适用的法律，衡平法是由大法官法院的申诉案件的判例形成的。

（3）法典编纂的不同。大陆法系国家承袭古代罗马法的传统，一般采用法典形式，而英美法系国家通常不倾向采用法典形式，制定法往往是单行法律、法规。即使后来英美法系国家逐步采用法典形式，也主要是判例法的规范化。

（4）诉讼程序和判决程式不同。大陆法系国家一般采用审理方式，奉行干涉主义，诉讼中法官居于主导地位；法官审理案件除了案件事实外，首先考虑制定法如何规定，随后按照有关规定来判决案件。英美法系国家采用对抗制，实行当事人主义，法官一般充当消极的、中立的裁定者的角色；法官首先要考虑以前类似案件的判例，将本案的事实与以前案件事实加以比较，然后从以前判例中概括出可以适用于本案的法律规则。

（5）两大法系的哲学倾向不同。大致来说，大陆法系倾向于理性主义哲学，而英美法系倾向于经验主义哲学。这种哲学倾向的差别，影响到立法者、法官认识和思考法律问题的思维方式。诸如两大法系在立法的地位、裁判方式、判例的地位等方面的差别都多少与此有关。

需要指出的是，两大法系之间的差别是相对的。进入 20 世纪后，这两种法系已相互靠拢，它们之间的差异已逐渐缩小，融合也在发生，如法国国家行政法院、德国联邦宪法法院、瑞士联邦法院、西班牙最高法院等在某些方面也采用判例法或承认判例有拘束力；英美法系各国的制定法的地位也不断提高。但差异将是长期存在的，某些历史上形成的不同传统还将长期地存在。

### 三、法律继承和移植

#### （一）法律继承

1. 法律继承释义

法律继承是不同历史类型的法律之间的延续和继受，一般表现为旧法对新法的影响和新法对旧法的承接和继受。法律继承是新事物对旧事物的扬弃。

法律继承的特点。（1）从法律发展过程来看，在法律发展过程中，每一种新法对于旧法来说都是一种否定，但又不是一种单纯的否定或完全的抛弃，而是否定中包含着肯定，从而使法律发展过程中呈现出对旧法既有抛弃又有保存的性质。（2）从处理法律继承问题的主体的角度来看，法律继承实际是一种批判的、有选择的继承，即在否定旧法固有阶级本质和整体效力的前提下，经过反思、选择、改造，吸收旧法中某些依然可用的因素，赋予它新的阶级内容和社会功能，使之成为新法体系的有机组成部分。

2. 法律继承的根据和理由

（1）社会生活条件的历史延续性决定了法律具有继承性。法是社会生活的反映，尽管这种反映是通过人类的意识作出的，尽管立法者在表现社会生活条件时有一定范围的选择自由，但是，只要那些延续下来的生活条件在现实的社会中具有普遍意义，那么，反映这些生活条件的既有规则就会或多或少地被继承下来并被纳入新的法律体系之中。

（2）法律的相对独立性决定了法律发展过程中的延续性和继承性。与经济基础相对应的社会意识形态或社会上层建筑，具有相对的独立性，即社会意识在反映社会存在的同时，还具有自身的能动性和独特的发展规律。这种独特的发展规律就使每一历史时期的社会意识及其诸形式的发展能持续而不中断，才有其可追溯的历史线索。同时由于历史继承性在不同历史条件下的表现，才形成了各具特色的民族法律文化传统。

（3）法作为人类文明成果的共同性决定了法律继承的必要性。法作为社会调整或控制的技术，是人类对自身社会的性质、经济、政治、文化以及其他社会关系及其客观规律的科学认识的结晶。这些认识成果不管形成于何种社会，都是人类认识的成果和人类文明的标识，具有超越时空的长久而普遍的科学性、真理性和实践价值。因为文明本来就是借鉴、积累和升华的产物，作为人类文明成果的法律制度也不例外。所以，任何后继的法律制度绝不可能是在世界法律文明发展的大道之外产生的，而是人类以往法律思想、法律技术和法制经验的继续和发展。

（4）法律发展的历史事实验证了法律继承性。法的继承性与法的阶级性不是绝对对立的，它们反映的是法的历史类型变更过程中的两个不同方面。人类法制发展史的实践证明，不仅私有制即剥削阶级类型的法之间可以继承，社会主义法也可以而且必然要批判地借鉴前社会主义社会的法。这已经成为法的历史发展进程中的一个必然规律。

3. 法律继承的内容

法律继承的内容十分广泛，就社会主义法对资本主义法的继承来说，一切能够与以科学、理性、民主、自由、公平、人权、法治、和平、秩序和效率为内容的时代精神融为一体的，那些富有生命力或再生能力的积极因素都在继承之列。具体而言，法律继承的主要内容大致可归纳为以下几个方面：（1）法律技术、法律概念；（2）反映商品经济规律的法律原则和法律规范；（3）反映民主政治的法律原则和法律规范；（4）有关社会公共事务的法律规定等。以上几个方面集中体现了人类共同的法制文明成果，因而成为法律继承的主要内容。

（二）法律移植

1. 法律移植释义

法律制度具有相对独立性，既表现为同一国家社会形态发生变革时期新的类型的法与旧的类型的法之间的历史联系，也表现为属于不同社会形态的国家法律制度之间的相互借鉴、吸收和移植。法律移植是指在鉴别、认同、调适、整合的基础上，引进、采纳、摄取、同化外国法，使之成为本国法律体系中的有机组成部分，为本国所用。在当代世界法律制度中，法律移植不仅发生在同一法律集团内部，而且在不同的法律集团之间也发生相互吸收、借鉴的现象。西方两大法系之间的趋同现象就是法律移植的反映。法律移植除了体现为法律集团内部和法律集团之间的相互吸收、借鉴，还体现为对国际法和国际惯例的移植。

2. 法律移植的必要性

（1）社会发展和法律发展的不平衡性决定了移植的必然性。同一时期不同国家的发展是不平衡的，它们或者处于不同的社会形态，或者处于同一社会形态的不同发展阶段。在这种情况下，比较落后的国家或后发达国家为了赶上先进国家，有必要移植先进国家的某些法律，以保障和促进社会发展。世界法律的发展史已经表明这是落后国家加速发展的必由之路。

（2）市场经济的客观规律和根本特征决定了法律移植的必要性。法律移植有助于减少不同国家之间的法律抵触和冲突，降低法律适用上的成本，为长期、稳定、高效的经济技术合作，进而推进国际经济一体化创造良好的法律环境。

（3）法律移植是对外开放的应有内容。全方位的对外开放不仅使经济国际化，而且其他的社会事务和国家事务也越来越带有跨国性质，从而使一个国家的国内法越来越具有涉外性和外向性，法律在处理涉外问题和跨国问题的过程中，必然逐步与国际社会通行的法律和惯例接轨。

（4）法律移植是法制现代化的必然需要。对于法律制度仍处于传统型和落后状态的国家来说，要加速法制现代化的进程，必须适量移植发达国家的法律，尤其是对于发达国家法律制度中反映市场经济和社会发展共同客观规律和时代精神的法律概念和法律原则，要大胆地吸纳。这对于当代中国的法制现代化来说尤为重要。

### 一、法律全球化的概念与趋势

法律全球化是过去几十年以来全球化大潮在法律领域中的表现，是人类法律文明史发展中的一个重要的新现象，也是法理学研究的重要新课题之一。法律全球化是全球化的重要组成部分，与科技和经济的全球化密不可分。法律全球化是构建国际法治的一个重要契机。

法律全球化是指法律跨越国家的疆界，在全世界传播、流动。具体而言，它是指法律的各种要素（如法律原则、法律理念、法律价值观、法律制度、执法标准与原则、法律文化等）在全球范围内的传播、流动与趋同，并在全球范围内形成统一的法律标准或典范制度。

法律全球化的当代趋势主要表现为：

（1）法律的"非国家化"（denationalization）。法律全球化挑战了传统的法律观，在立法主体方面，它倾向于承认各种非国家的"立法角色"。在赞成全球化的论者看来，法律并非都是由主权国家制定的，大量的法律是由各类非国家的所谓立法机构制定的。诸如各种经济联合体、知识产权组织、环境保护组织、新闻媒介联合体等都已经成为当代重要的"立法者"。例如，广有影响的《国际贸易术语解释通则》就是由国际商会编订的。

（2）法律的"标本化"或"标准化"（modelization）。法律全球化重新塑造了民族国家与国际机构、全球标准之间的关系。联合国、国际组织、经济联合体等机构积极推动其所制定的法律范本，作为许多国家的国内立法的参照。这些国际机构在实现全球标准的地方化的过程中，扮演了重要角色。

（3）法律的"趋同化"。法律全球化倡导各个法律体系之间的交流、互鉴。这大大增加了法律移植、法律借鉴的机会。法律趋同化，正是各种相关法律制度交流互鉴的表现和成果。所谓法律趋同化，是指调整相同类型社会关系的法律规范和法律制度在全球范围内趋向一致。这既包括不同国家的国内法的趋向一致，也包括国内法与国际法的趋向一致。世界范围内的法律趋同首先表现在民商法领域。在商务、金融、知识产权等领域，法律的趋同速度之快、程度之高，超出了人们的预料和想象。

（4）法律的"世界化"。所谓法律世界化，是指全球范围内法律规范的相互联结，国际法与国内法之间的界限正在变得模糊，各个国家、各种全球性机构共同致力于建构和遵从统一的国际法律标准。全球范围内法律规范联结和趋于统一的实现就在于国际法高于国内法的信念已得到普遍的确认。法律"世界化"还意味着某些"全球法"、"世界法"的出现。国际法、"全球法"的兴盛，正是国际法治的重要表现之一。

必须承认，法律全球化在目前仍然只是一个进程，一个过程，一种趋势。既应当认识到这一趋势的客观性，也要认识到其局限性，不能一味片面地夸大法律全球化的趋势和影响力。实际上也大量存在着反全球化的各种声音和理论。为此，应当注意的是：（1）法律全球化并不是所有法律的全球化。那些不具有涉外性、国际性的地方性法律不可能、也没有必要化为"全球性"或"世界性"法律。（2）法律全球化并不意味着国家主权概念的过时或消失，而只是意味着主权概念的进步和丰富，各国之间的法律仍将呈现多样性、多元化。（3）应当警惕和制止少数或个别国家借助法律全球化的名义而推行政治霸权主义和法律帝国主义。

## 二、法律全球化的进展

在当代的全球治理和国际法治领域中，法律全球化已经取得重大进展。法律全球化的进展与国际法、国际机构的大量出现有直接联系。法律的全球化并不等同于法律的国际化。但也要看到它们之间的密切联系。法律全球化的重要进展主要表现在以下方面：

（1）《联合国宪章》作为全球共同遵守的基本规范。《联合国宪章》在相当长的时间里被视为政治宣言，实际上它也是迄今拥有缔约国最多的一项国际公约。《联合国宪章》与《世界人权宣言》以及其他重要的国际人权核心公约一道，构成了国际法治的基本构架，具有了"准世界宪法"的性质。如果违反不仅会受到国际社会的谴责，而且会受到联合国的经济乃至军事的制裁。

（2）国际法的许多任意性规范成为强制性规范。近几十年来，国际条约的数量迅速增加，覆盖的领域不断扩大。国际公约涉及经济、政治、人权、环境、海洋、外空等诸多领域，所涉及的社会关系也日趋具体。另外，根据1969年《维也纳条约法公约》的规定，强行规范高于一般规范。由此，一般国际法强制规范的地位得到了确立。国际法的执行力的提升，在一定程度上改变了国际法的"软法"面貌。随着法律全球化潮流的日益强盛，国际法的执行力也会不断增强。

（3）国际司法机制正在强化。冷战结束后，安理会的地位明显加强，在许多重大国际问题上开始取得一致，由此采取行动的力量大为增强。同时，国际法院的作用也在强化，在审理国际案件方面比以前更有作为。尤其值得注意的是，伴随着《国际刑事法院规约》（1998）的生效，2002年国际刑事法院正式成立。该法院的管辖范围以加入该规约为前提条件。有权启动国际刑事法院审判程序的可以是缔约国，也可以是安理会。更为重要的是，国际刑事法院可自动启动审判程序，即检察官启动。这意味着，国际刑事法院可跨越主权国家的界域对某些犯罪行为实行管辖。另外，大量的国际公约都设置了公约执行机制。其中很重要的就是，成立了有大量的国际公约的执行和监督机构。这些公约监督机构具有"准司法"性质。

## 三、法律全球化的主要途径

法律全球化的主要途径有以下几种：

### （一）国际法的国内化、地方化

国际性法律的国内化、地方化，是指联合国、国际组织和国际社会层面的法律被各国全部或部分承认或接受，通过这种承认或接受，全球性的法律成为各国法律的组成部分。这主要表现在以下几个方面：

（1）国际人权标准的国内法化。在人权领域中，联合国和国际组织已经通过国际公约制定了大量的国际人权标准。其中，最重要的人权文件是《世界人权宣言》《公民与政治权利国际公约》和《经济、社会和文化权利国际公约》。这三项文件被称为"国际人权宪章"。国际人权文件确认了大量的基本权利和自由，其中《公民与政治权利国际公约》第4条第2款还规定了七种不得克减的基本权利：生命权，免受酷刑和不人道待遇权，免受奴役权，人格权，不因债务而受监禁权，思想、良心和宗教自由权以及不受溯及既往的法律惩罚之权。人的基本人权和自由对于主权的绝对性构成了实质性限制。也就是说，尊重和保障人权在一定程度上成为限制一国主权任意性的理由。一个政府不能"以不干涉内政"原则为由而从事大规模践踏人权的暴行。相反，一个国家应当努力进行国内法的改革，将国际人权公约中的人权标准落实为国内法。

（2）世界贸易组织（WTO）规则的国内法化。加入世界贸易组织后，缔约国必须根据有关协议调整自己的法律制度，例如取消内部行政规定、修改知识产权保护法、改革司法制度等。

（3）国际援助过程中的国内法改革压力。比如，世界银行和国际货币基金组织在向发展中国家提供贷款和援助时，常常附有条件要求受援国改革政治体制和法律制度。突出强调善治或良政原则，要求有关国家在国内实行法治，扩大公民参与范围，行政管理透明公开、负责、廉洁和公正等；在国际事务上决策透明、广泛参与、信息畅通、高效管理以及健全财政制度等。

### （二）地方法或国内法的全球化

地方法或国内法的全球化，主要是指原本是地方性的法律，经由某种途径被全球化。这主要表现在以下两个方面：

（1）新商人法的出现。早在中世纪后期，伴随着商业的复兴，西欧就出现了跨国的商人法。至 20 世纪后期，跨国商事活动迅速增加，而主权国家的法律不适合规范跨国企业的商事活动，国家的和国际的纠纷解决机制也不便于跨国商事纠纷的解决。因此，跨国企业便在商业实践中形成了新商人法。新商人法有别于国家法和国际法，是一种"自我合法化"的法律，它不依赖国家或国际的法律和传统的法院，是一种"自我繁衍"和"自我发展"的法律制度。新商人法的出现，也意味着出现了一种新的全球治理方式，它也构成全球法治的一个重要维度。

（2）一些西方国家通过"法律与发展"等项目"推销"西方的法律。早在 20 世纪 60 年代，美国等西方国家就开展了法律与发展项目，其主要目的是向发展中国家输出法律。20世纪 80 年代中期以后，美国发起了新的法律与发展项目。在 1993 至 1998 年间，美国出巨资资助 180 多个国家进行法律改革。新一轮法律与发展项目是在经济全球化的背景下实施的。美国试图通过法律输出占领世界法律市场，并通过推广美国法的经验进而实现世界法律的美国化。这些项目尽管没有取得完全的成功，但毕竟影响了许多拉美、非洲等受援国法律发展的方向和法律改革的进程。

# 第四章　法的作用与价值

## 第一节　法的作用

法理学

### 一、法的作用的概念

法的作用是指法对人们的行为、社会生活和社会关系产生的影响。

法的作用的实质可以从两方面来认识：（1）法的作用是国家权力运行和国家意志实现的具体表现。法律是国家制定或认可并由国家强制力保证实施的，所以国家权力是法的载体和支点，法是国家意志这一内容的规范化。基于这一点，我们说，法的作用是国家权力运行的过程，也是国家意志实现的结果。法对人的行为以及对社会关系的影响，实质上就是国家把自己的意志和态度通过国家权力加以推行和实现。（2）法的作用是社会经济状况的具体表现，或者说，法的作用是经济基础即生产关系自身力量的体现。法的作用取决于经济基础，又服务于社会经济关系。在一定的社会中，法能否承担起立法者所赋予它的功能，从根本上说，取决于生产关系或生产方式自身的生命力，而不是取决于立法者的主观愿望。在一定社会中，法的作用的效果能够显示该社会经济条件和经济状况。法的作用的效果好，则说明该社会经济生产力状况好；反之亦然。

法在不同的社会、不同的时代，其作用的大小、范围、方式和目的是不同的。在古代社会，法依附于皇权、君权，是专制、人治的工具，并且随着皇帝、君主的好恶而变化，其作用是维护君权、特权所需要的社会秩序。因此，法的作用方式常常表现为限制、禁止、约束、惩罚；而法的引导、教育、管理等作用方式比较少见。在近代社会，特别是资本主义社会，法的作用范围发生了巨大变化，不再像古代社会的法以义务为本位，出现了以权利为本位的法，法的作用范围扩大了。它不仅涉及阶级统治方面的事务，还更多地涉及社会公共事务管理，其作用也倾向于保护人权、平等和自由，保障经济效益和秩序等。

### 二、法的作用的分类

从不同的角度，可以对法的作用进行多种分类。法学研究中比较常见的对于法的作用的分类主要包括：

（1）一般作用和具体作用。前者是对法的具体作用所作的抽象概括，主要指法通过确定一定的权利义务结构来建立、维护和实现有利于统治阶级的社会关系的作用。在不同社会和国家中，法都具有这种作用。后者是指法对各个具体社会关系的调整作用。在不同类型的社会中，法赖以存在的经济基础不同，法的性质和作用的目的、方向和结果也有不同。

（2）整体作用和局部作用。整体作用是指法作为统一的法律体系在社会生活中发生的作用。局部作用是指法律体系中某一子系统（如某一部门法）或某一法律规范在社会生活中的作用。一般说来，法的局部作用各有不同特点和功能，但都从属于法的整体作用。

（3）预期作用和实际作用。这是按照人们对法的期望与法的实际效果之间可能存在的差别所作的分类。法的预期作用是指立法者立法时期望法应当发挥的作用，法的实际作用则是法在实施过程中对社会生活实际起到的作用。在法律调整实践中，由于种种因素的影响，法的实际作用与立法时预期的作用会产生一定偏离，有时甚至完全相反。如何最大限度缩小二者的差距，是法学研究、立法者和法律工作者应当关注的重要问题。

（4）法的规范作用和社会作用。这是按照法的作用对象的不同进行的分类。法的作用对象有主体行为和社会关系两个不同的层面。法对主体行为发生的直接作用通常被称为法的规范作用，法对社会关系的确认和调整作用通常被称为法的社会作用。这两种作用是手段和目的的关系，法是通过对主体行为的规范作用而实现其社会作用的。这种分类方法既注意了法作为一种特殊行为规范在调整技术上区别于其他社会调整方式的功能特点，又注意到了不同类型的法发生作用的社会目标和内容的差别，因而是法学研究中常用的分类方式之一。简要而言，法的规范作用是指，法作为行为规范，对人民的意志、行为发生的直接影响，对人的行为所起到的确认、保障和约束作用；法的社会作用是指，法作为社会关系的调整器，服务于一定的社会政治目的、目标，进行一定的国家和社会治理，形成和维护一定的社会生活秩序的作用。下面主要分析法的规范作用和社会作用。

### 三、法的规范作用

根据法律的规范作用的不同对象，即不同的行为，规范作用可以大体上被概括为指引、评价、预测、教育、强制五种作用。

#### （一）法的指引作用

指引作用是指法（主要是法律规范）对个人行为起到导向、引路的作用。其对象是每个人自己的行为。法的指引是一种规范指引，它不同于个别指引。个别指引是通过一个具体的指示就具体的人和情况进行指引，比如某法官对他的一位当事人在诉讼期间进行引导，告诉他怎样应诉，这是个别指引。而诉讼法规定的内容告诉当事人该怎样应诉，则是一种非个别化的指引，因为诉讼法对于其他任何当事人都是给予同样的、一般的指引。个别指引虽然针对性强、很具体，但完全依赖于个别指引则存在这样一些缺点：在时间、精力和经济上会带来浪费；不适应系统化的社会管理需要；偶然性、个别性因素太大，缺乏统一性；缺乏确定性、安全感，因而容易导致人们的不稳定心理，等等。规范指引虽然很抽象，存在针对性弱的一面，但是它能克服个别指引的上述缺点，具有连续性、稳定性和高效率的优势，是建立社会秩序必不可少的条件和手段。

法的指引的种类按不同的标准可以有以下几种。

1. 确定的指引和有选择的指引

这是根据法律规范中的行为模式所进行的分类。行为模式分为义务模式（应当这样行为或不应当这样行为）和权利模式（可以这样行为）。前者对人们行为的指引是确定的，是不允许存在选择余地的，故称"确定的指引"；后者对人们行为的指引是随行为人的主观意愿而定的，是允许自行选择的，故称"可选择的指引"。

2. 羁束的指引和非羁束的指引

这是根据国家权力行为的权限幅度所进行的分类。在国家机关及其公职人员的行为中，其权限的幅度是由法律规定的，而这种规定表现为两种：一是法律有准确、具体、硬性规定，必须严格依照执行的；二是法律只规定了一个幅度，由权力主体在此范围内自行酌情处理的。与此相对应，前者对权力主体的行为是一种羁束的指引，后者对权力主体的行为是一种非羁束的指引。

3. 原则的指引和具体的指引

这是根据法的构成要素所作的分类。法律原则是法的构成要素之一，它对人们的行为同样具有指引作用，但是它与法律规则等要素的具体的指引有区别。原则的指引虽然不那么具体、明确，但是它以涵盖面广泛、灵活性强而获得自己的优势。具体的指引是指除法律原则的指引作用之外的其他指引，如法律规则、法律概念、法律技术性规定对人们行为的指引都属于具体的指引。

**（二）法的评价作用**

评价作用是指法作为人们对他人行为的评价标准所起的作用。比如一个人对他人行为的合法性进行评价，律师对当事人行为的有效性进行评价，警官对相对人违法行为进行处理，法官对刑事被告人的被控行为进行判决，等等。其作用对象是他人的行为。任何社会规范（如道德、政治纪律）都具有判断、衡量他人行为的作用。但法律的评价不同于道德评价、政治评价等一般社会评价。这主要是因为评价标准和评价重点不同。法的评价是用法的规范性、统一性、普遍性、强制性和综合性的标准来评判人们的行为。而道德评价的标准不具有统一性和强制性，其规范性也是很模糊的。其次，道德评价着重点在于行为人的思想动机和情感状态，法的评价着重点在于行为人的外部行为、实际效果以及行为人的责任。政治评价的标准则是多元的，不具有明确的规范性、普遍性，其强制性不是来自国家。况且，法的评价标准相对于其他两者而言是国家的一种最低要求，而其他两种评价的标准往往比法的要求高得多。

法的评价可分为两大类，即专门的评价和一般的评价。前者是指经法律专门授权的国家机关、组织及其成员对他人的行为所作的评价，如法院及其法官、仲裁机构及其仲裁人员、行政机关及其行政人对人们行为所作的裁判或决定。其特点是代表国家，具有国家强制力，产生法律约束力，因此又称效力性评价。后者是指普通主体以舆论的形式对他人行为所作的评价，其特点是没有国家强制力和约束力，是人们自发的行为，因此又称为舆论性评价。

**（三）法的预测作用**

预测作用是指人们根据法可以预先估计人们相互间将怎样行为以及行为的后果等，从而对自己的行为作出合理的安排。比如，合同双方当事人根据合同法可以分别进行预测：对方在一般情况下会全面履行合同；即使对方不履行合同的话，我方还可以通过司法或仲裁程序要求对方履行合同并承担违约责任。因此，双方当事人都有了彼此信任与指望的法律基础。预测作用的对象是人们的相互行为。纯粹的个人的行为一般无需进行预测，比如明天我将会做些什么。这样的预测是毫无意义，也是毫无必要的。人们只有在与他人发生关系的情况下才会进行行为预测，预测他人行为与自己行为的关系，预测自己行为对他人的影响，预测自己行为及他人行为的法律后果，等等。

法之所以有预测作用，是因为法具有规范性、确定性的特点。法律规则以三类行为模式告知人们如何行为，实际上每一类行为模式都可以被分解为权利与义务的对应关系，比如关于不得杀人的法律规则就可以分解为"人人享有生命权"和"人人都有不侵犯他人生命权的义务"，因此根据一项法律规则人们就可以进行相互行为的预测。法又是明确而相对稳定的规范。它的内容是明确的，并在一定时期内保持连续性，这给人们进行行为预测提供了可能的前提。倘若相反，法律规则朝令夕改，那么人们也就无法进行相互行为的预测。

### （四）法的教育作用

法的教育作用是指通过法律的实施，使法律对一般人的行为产生影响。这种作用的对象是一般人的行为。

法的教育作用表现在：通过法律的实施，法律规范对人们今后的行为发生直接或间接的诱导影响。法律具有这样的影响力，即把体现在自己的规则和原则中的某种思想、观念和价值灌输给社会成员，使社会成员在内心中确立对法律的信念，从而达到使法律的外在规范内化，形成尊重和遵守的习惯。法的教育作用主要是通过以下方式来实现的：（1）反面教育。即通过对违法行为实施制裁，对包括违法者本人在内的一般人均起到警示和警戒的作用。（2）正面教育。即通过对合法行为加以保护、赞许或奖励，对一般人的行为起到表率、示范作用。

### （五）法的强制作用

法的强制作用是指法可以用来制裁、强制、约束违法犯罪行为。这种作用的对象是违法犯罪者的行为。

法的强制作用是任何法都不可或缺的一种重要作用，是法的其他作用的保证。如果没有强制作用，法的指引作用就会降低，评价作用就会在很大程度上失去意义，预测作用就会产生疑问，教育作用的实效就会受到影响。总之，法失去强制作用，也就失去了法的本性。

### 四、法的社会作用

如前所述，法的社会作用是联系法的本质和目的来考察法的作用，因此法的社会作用也可以说就是法的目的的实现。那么，法究竟是通过何种方式在社会生活中得以实现而达到其目的的呢？这就是法的社会作用的方式问题。法的规范作用与法的社会作用方式有密切联系。法的规范作用其实就是法的社会作用方式中的一种，没有法的规范作用，就难以实现法的社会作用。但是规范作用与社会作用方式又有区别。我们知道，法的规范作用是法的社会作用的形式和手段，这是从法是以规范为形式、以规范性为特征这个角度而言的，它是对法的作用的静态考察，而法的社会作用方式是考察法通过什么方式、手段对社会发生影响。我们在这里只考察法对社会产生作用和影响的方式、手段。

按照马克思主义法学的观点，在阶级社会中，法的社会作用大体上表现在两个主要方面。

### （一）法律维护阶级统治的作用

马克思主义法学认为，在阶级对立的社会中，社会的基本矛盾是对立阶级之间的冲突和斗争。为了维护自己的统治，掌握政权的阶级（统治阶级）必然把阶级冲突和斗争控制在一定的秩序范围内，他们利用国家制定和实施法律，使自己在社会生活中的统治地位合法化，使阶级冲突和矛盾保持在统治阶级的根本利益所允许的界限之内，建立有利于统治阶级的社会关系和社会秩序。

法在维护阶级统治方面的作用表现在许多方面：

（1）调整统治阶级与被统治阶级之间的关系。一方面，统治阶级用法律在经济上确认和维护自己赖以存在的经济基础，在政治上维护统治阶级对被统治阶级的政治统治（包括镇压），在思想意识形态上维护有利于统治阶级的思想、道德和意识形态；另一方面，统治阶级在一定条件和限度内，也在法律中规定一些对被统治阶级有利的条款，向被统治阶级做出让步，以维护其根本的利益。

（2）调整统治阶级内部的关系。统治阶级也需要用法律来规定和确认他们自己内部各阶层、集团间的相互关系，以此建立起个人意志服从整个阶级的关系，通过这种服从，确保其成员的权利的实现，解决其内部因财产、婚姻等问题而引起的矛盾和纠纷，保证其内部和谐一致。

（3）调整统治阶级与其同盟者之间的关系。因为统治阶级与其同盟者之间既存在着共同的利益，又有着利益冲突，统治阶级需要用法律的形式确定与其同盟者之间的关系，适当给予同盟者在政治、经济上的某些权利和利益，同时对同盟者滥用其权利，甚或对统治阶级进行政治对抗，也实行法律上的制裁。

### （二）法律执行社会公共事务的作用

社会公共事务是相对于纯粹的政治活动而言的一类社会活动。其特征是：这些事务的直接目的并不表现为维护政治统治，而在客观上对全社会的一切成员均有利，具有"公益性"。

法在执行社会公共事务上的作用主要表现在如下方面：

（1）维护人类社会的基本生活条件，包括维护最低限度的社会治安，保障社会成员的基本人身安全，保障食品卫生、生态平衡、环境与资源合理利用、交通安全，等等。

（2）维护生产和交换条件，即通过立法和实施法律来维护生产管理、保障基本劳动条件、调节各种交易行为等。

（3）促进公共设施建设，组织社会化大生产。即通过一系列法律来规划、组织像兴修水利、修筑道路桥梁以及开办工业、组织农业生产，对这些活动实行管理。

（4）确认和执行技术规范，包括执行工艺和使用机器设备的标准，规定产品、服务的质量和标准，对高度危险品（易燃易爆品、枪支弹药）和危险作业（高空作业、高压作业、机动作业）的控制和管理，对消费者权益的保护等。

（5）促进教育、科学和文化事业的发展，如通过法律对人们的受教育权加以保护，鼓励兴办教育和科技发明，保护人类优秀的文化遗产，要求政府兴办各种图书馆、博物馆等文化设施。

这些法律，在主要方面体现着社会性（非政治性），但按照马克思主义法学的观点，它在本质上与法维护阶级统治方面的作用并不矛盾。因为，至少从统治阶级的角度看，调整和维护社会公共事务方面的法律，在根本上与维护政治统治是一致的。恩格斯说，政治统治到处都是以执行某种社会职能为基础，而且政治统治只有在它执行了它的这种社会职能时才能持续下去。

### 五、法的作用的局限性

在认识法的作用时，必须注意"两点论"：对法的作用既不能夸大，也不能忽视；既要认识到法律不是无用的，又要认识到法律不是万能的；既要反对"法律无用论"、法律虚无主义，又要反对"法律万能论""法律拜物教"。

在法社会生活中，法的作用是不容低估的，法以其独特的方式对人类生活发生着重要的影响：首先，自从有了国家之后，法在人类社会中扮演的角色愈来愈重要，逐渐代替了宗教、道德、习俗等社会规范在调整人们的行为和社会关系中原有的影响力，成为最主要的社会调整手段。其次，法是社会运动和发展的最重要的稳定和平衡的工具，它以其稳定性和可预测性为不断变化的社会生活确立相对稳固的规范基础。若没有法，社会生活的变化将变得更无章可循。再次，法具有其他社会规范所不具有的优点，例如它的国家强制性、权威性、公开性、程序性等，都不是其他社会规范可以取而代之的。若废法而弃之，则要重建社会基本结构和秩序，不仅需要付出更大的成本，而且还可能产生难以预料的社会后果。例如，由于沿用道德治国或政策治国的传统，而使社会制度总是处在不断地试验—变革—再试验—再变革的恶性循环之中，人类将会为这种试验—变革的循环付出沉重的代价。故此，重视法的作用不仅是一个理论问题，更是所有的人（包括治国者和普通民众）均须重视的一个实践问题。

### （一）法的作用的局限性

认识法的功能，既要认识到法具有不可替代的社会调整功能，也要认识到其不可避免地所具有的局限性。而且，只有全面客观地认识其局限性，才能科学地把握法的积极调整作用。法的局限性，表现在以下四方面：

1. 法律调整的范围是有限的

法只是众多社会调整手段中的一种。法是调整社会关系的重要手段，但并不是唯一手段。在处理复杂社会问题时，除运用法律调整外，还应用政策、纪律、规章、习俗、道德等调整。在需要综合治理的场合，法律有时也不是首选的手段。

法作用的范围不是无限的，而是有限的。在社会生活中，并非所有的问题都可以适用法，法只调整那些重要的社会关系领域，而有些"私"领域（诸如人们的思想观念、认识和信仰等问题），只要它尚未表现为外在的行为，并产生超出该领域以外的社会影响（例如信仰可能外化为暴力行动），那么就不宜采取法律手段加以调控。以"公"的手段来解决纯粹"私"的问题，不仅无效无益，反而有害。

2. 法的特性与社会生活的现实之间存在着矛盾

法的特性，如概括性、稳定性、滞后性、普遍性等。与社会生活的具体性、复杂性等之间存在着矛盾。首先，法是规范，不是规律本身，它总是体现着人的意志。不管是出于阶级目的，还是立法者认识上的局限，法律总会存在着某种不合理、不科学的地方。其次，法是概括性的规范，它不能在一切问题上都做到天衣无缝、缜密周延，也不能处处做到个别正义。再次，法具有稳定性和保守性，它往往落后于现实生活的变化。最后，法是讲究程序的规范，有时不能对紧迫的社会事件作出及时应对和处理。

3. 法的制定和实施受人的因素的影响

法是通过法定程序制定并经由大量的人力、物力来执行的。"徒善不足以为政，徒法不足以自行。"现代社会中，实现良法善治必须要有高素质的专业人员。如果没有高素质的立法者，就不可能有良好的法律。如果没有具有良好法律素质和职业道德的专业队伍，法律再好，其作用也是难以发挥的。另外，人们和社会的精神条件（法治意识等）以及文化氛围、权利义务观念、程序意识等都直接制约和影响着法的作用的发挥。

4. 法的实施受政治、经济、文化等社会因素的影响

法律总是十分依赖其外部条件，其作用总是容易受社会因素的制约。其中主要的因素有经济体制、政治体制、执法机关的工作状况、各级领导干部及普通公民的法律观念、传统法文化，等等。

认识法的局限性，其意义在于使我们更全面、更理智地了解和掌握法的特性，从而在运用法律的时候能够注重对其弊端的克服。为了减少和克服法的局限性，就应当进行适当的弥补和匡正。补救措施是多种多样的，包括：规范并加强法律解释，判例形式的补充，法律程序的科学设计，提高执法队伍素质，造就职业法律工作者，其他治国手段（道德、政策、行政等手段）的辅佐，等等。

**（二）现代法律调整（法治）的政治代价**

与法的局限性相联系的另一个问题是法律调整、法治的代价问题。一个国家要实行法治，总是会牺牲一些原本由国家、政府官员拥有的东西，或者是放弃某些希望取得并且可能取得的正当目标，诸如国家的部分权力、阶级利益、政党影响力、官员职权、工作效率，甚至是经济效益。这些代价都属于政治范畴，都同执政者的政治利益与政治权力、政治意志与政治习惯直接相关，所以我们称之为政治性代价。执政者或当权者必须对此有充分的思想准备，否则法治是无法推行的。

现代法律调整的政治性代价主要表现为以下几种情形：

（1）把法作为治国的主要方式，因而政治目标实现的手段受到限制，如政策、行政手段的使用范围和程度受到限制。从主要依政策和命令办事向主要依法律办事的转变，是一项复杂而艰巨的工作，其转变的艰难过程本身就是一种代价。

（2）法治意味着权力受到法、权力、权利的制约，因而权力在量和质上都有所缩减和割舍，权力的灵活性和自由度会降低。

（3）既然一切服从既定的普遍规则，那么两种需要权衡的利益目标冲突就不可避免，这需要权力行使者作出抉择，为了更大利益而放弃较小的利益。因而，也可能牺牲掉某些个案中的实体正义。

（4）实行法治会造成某些具有社会危害性的行为不受法律的调整，或者受调整的时候因形式合理性和必要性而被忽略。这也要求国家和政府对社会生活的许多方面保持宽容态度，不能任意运用权力来干预，但这不等于说这些行为不存在社会危害性。

（5）法治在总体上能够提高社会控制的效率，但是它不排除在具体情形下会导致效率的下降。

# 第二节　法　的　价　值

## 一、法的价值的概念

**（一）法的价值的定义与特征**

"价值"这个一般概念，从哲学意义上讲，指的是客体与主体之间的一种特定关系，是客体（各种物质的、精神的、制度的对象）能够满足主体（某人、某个阶级、某个社会或国家）生存和发展需要的一种性能。这种性能是潜在的，只有在与主体的关系当中才显现出来。一种对象、客体，能满足主体的需要、对主体有利益，对主体来说，它就是有用的、有价值的。所以，可以把价值界定为客体对满足主体的需要和利益的积极意义。客体离开主体的需要就没有价值，主体需要的变化就是客体价值变化的基础。

"法的价值"这一具体概念，是指人们对于法律的需要和实践过程中所体现出来的法的积极意义和有用性。法的价值既有价值的基本属性，即法的价值也体现了主客体之间的关系，同时法的价值又具有自身的特性。一种法律制度有无价值、价值大小，既取决于这种法律制度的性能，又取决于一定主体对这种法律制度的需要，取决于该法律制度能否满足该主体的需要和满足的程度。可见，法的价值是法存在的伦理正当性依据，它构成一个社会的法律主体尤其是法律职业人的精神存在的核心成分，直接决定着社会的法律主体的法律思维方式与法律实践。

一般而言，法的价值具有以下基本特征：

1. 法的价值是阶级性和社会性的统一

从主体角度看，法的价值是以人为主体的价值关系，具有阶级性与社会性。人是社会发展的产物，又是特定阶级的一员，人的这种双重身份决定了人在实践中所认识和需要的法的价值的双重属性。从客体角度看，法的价值的客体，即法律本身也具有双重属性。法既是统治阶级意志的反映，也必须承担社会公共职能。法的价值的阶级性与社会性是统一的，不可分割的。

2. 法的价值是主观性与客观性的统一

法的价值的主观性是指法的价值是以主体的需要为基准或参照的，如果主体没有法律需要，法律的任何属性和功能都不能构成价值。从这一方面看，法律的价值是以主体的需要为转移的，因而具有主观的性质。但是人的需要不是凭空出现的，因而法的价值的客观性是指法的价值是不以人的意志为转移的，是在一定社会实践中形成和发展起来并最终受一定物质生活条件所制约的，这是法的价值的客观性基础。法的价值的主观性与客观性的统一源于法律主体的社会实践。

3. 法的价值是统一性与多样性的统一

法的价值的多样性是指法的价值因时代、社会、阶级、群体而呈现出来的差别性、多样性和多元化。法的价值基于主体的需求而产生，但主体的需要却是多种多样而且不断发展的。不同的社会背景、社会制度之下的人们对于法律这种制度安排的认识、理解和需求差别也很大，这就必然导致法律在满足主体需要方面也会相应地多样化，从而使法的价值呈现出复杂多样的状态。法的价值的统一性是指法所蕴含的某种共同的价值标准，具有统一性。生活在同一时代、同一社会的人们总有某种共同的价值追求，甚至生活在不同时代、不同社会的人们也会有某种共同的价值标准，即使是统治阶级所形成的价值体系也必须尊重价值中的一些共性成分。因此，法的价值是统一性与多样性的统一。

**（二）社会主义法律价值体系的定义与特征**

价值体系也称为价值系统，是一系列相关的法律价值所组成的统一体系。社会主义法律价值体系是由社会主义社会中一组与法律的制定和实施相关的价值所组成的系统，它是社会主义法律制度的内在精神，是社会主义核心价值在法律领域的集中体现。社会主义法律是由秩序、自由、平等、人权、正义、效率等核心价值构成的价值系统。

社会主义法律价值体系体现了社会主义法律制度所追求的目的，相比于其他的法律价值观，其特征主要表现在以方面：

（1）更关注人民利益与个人权利的统一性。法律一般通过确定权利义务的方式实现其治理目的，社会主义法律价值体系关怀人的真正需求，在关注人的生存和发展需求的过程中实现人民利益与个人权利的统一。

（2）更关注价值之间的协调统一。秩序、自由、平等、人权、正义、效率共同构成了社会主义法律的核心价值。在这些价值之间可能存在某些冲突，但社会主义法律价值体系可以实现价值之间的协调，在解决价值冲突时确立统一的法律价值的位阶顺序，即以是否满足最广大人民的根本利益为标准。

## 二、法的主要价值

### （一）秩序

#### 1. 法律秩序的概念

秩序是指在一定的时间和空间范围内，事物之间以及事物内部要素之间相对稳定的结构状态。由于秩序具有某种程度的一致性、连续性和稳定性等特征，因此，在这种意义上，秩序根植于自然界和人类社会的内部结构之中，自然界和人类社会的内在规律是秩序的本质。

秩序分为自然秩序和社会秩序，其中，自然秩序是自发形成的，而社会秩序则是通过人的有意识、有目的的活动建立的。社会秩序可以分为政治秩序、经济秩序、社会生活秩序、法律秩序等。良好的社会秩序是社会进步的基础。

法律秩序就是通过法律调整建立起来的人与人、人与社会之间相对稳定、和谐有序的状态。一方面，法律有助于解决社会矛盾和纠纷，减少冲突和混乱，维护正常的社会秩序；另一方面，秩序是消解、缓和社会矛盾和冲突的一个基本参照标准。秩序不只从消极角度来调整和解决社会矛盾与纠纷，而且还从积极角度鼓励社会合作，促进社会和谐。通过法律建立和维护良好的社会秩序是推进改革和建设的重要前提。

#### 2. 法律的秩序价值

就法律与社会秩序的关系来说，在以法律秩序为主宰的现代社会中，法律与秩序表现为一种互相生成、相互促进的关系。一方面，法律基于社会对秩序的需求，是社会内在规律的表达；另一方面，法律对于建立和维护社会生活各方面的秩序起着根本性的作用。

在现代社会中，法律在建立和维护社会秩序中的作用主要体现为以下几个方面：

（1）法律有助于建立相应的社会秩序。在建立秩序方面，法律制度通常依照人们所向往的理想社会秩序来设计，法律不仅通过赋予社会主体一定的权利和自由来引导社会主体的各种行为，还通过给社会主体施加一定的义务与责任的方式，使之对自身的行为加以必要的克制与约束，以建立相应的社会秩序。

（2）法律有助于维护合理的政治统治秩序。在现代社会中，国家主要是以法律为手段来调整社会各阶级、各集团之间的矛盾和冲突，法律对于建立和维护社会政治秩序起着不可替代的作用。法律使社会政治秩序合法化、社会化，把阶级冲突限制在社会存在所允许的范围之内。对于维持政治秩序来说，法治的优越性在于，法律的规则在表面上对于一切社会成员都是无例外的。任何人，只要侵犯了他人的合法权利，或者超出自身权利的范围而滥用权利，不履行自己的法定义务或要求他人履行无法律根据的义务，其行为都将被取缔。同时，法律是社会各阶级根本利益和共同意志客观化的产物。作为客观的准则，法律明确规定哪些行为应当受到保护、哪些行为应该受到限制或者禁止，人们据以行为，并且能够对自己的行为后果作出准确预测，或者对别人的行为作出是否合法的判断。法律的普遍性和客观性容易为社会成员接受，也便于遵守，使国家暴力仅仅在个别案件上使用或者仅仅作为一种威慑的力量而存在，社会政治秩序得到很好的维持。

（3）法律有助于维护权力运行秩序。法律在建立和维护正常的权力运行秩序的过程中具有非常重要的作用。法律明确规定了公民的各项政治权利和自由，并加以有力的保障，确保国家政权的民主性质；同时，法律要对国家权力系统的结构作出科学的安排，规定各权力主体（各国家机构）之间的权限划分以及相互间的合作、协调与制约关系，各权力主体内部的职权分配以及权力运行的程序机制等。

（4）法律有助于维护正常的社会经济秩序。法律通过将内在于社会生产、分配和交换等经济活动的规则加以提升，使之明确化、合理化以及权威化，从而建立起有条不紊的社会生产和交换秩序，使得生产和交换等生产活动脱离偶然性和任意性，达到稳定性和连续性，社会经济生活得以正常、健康地运行。这是法律在现代市场经济社会中所具有的根本社会价值。在市场经济中，经济秩序对法律的依赖前所未有地增强了，法律在建立和维护市场经济秩序的过程中，起到了至关重要的作用。

（5）法律有助于维护正常的社会生活秩序。在现代社会中，法律确定权利和义务的界限，以避免和解决纠纷；法律以和平、文明的手段解决纠纷；法律对社会基本安全加以特殊维护。

**（二）自由**

1. 法学上的自由的概念和特点

自由一般是指从受到束缚的状态之中摆脱出来，或不受约束的状态。法学上的自由是指主体的行为与法律的既有规定相一致或相统一。其主要特点有：

（1）自由意味着主体可以自主选择和从事的行为。自由是一个主体性的范畴，是人的主体性的充分体现。

（2）自由也表现为主体自主选择的行为必须与既有法律规定相一致。法学意义上的自由是指在法律容许范围内的自由。马克思在评价法律与自由的关系时指出，法典就是人民自由的圣经。这主要包含两方面的含义：一方面，强调法律的根本任务是维护和保障人民的自由权利；另一方面，强调自由必须受到法律的限制，因为法律所承认的自由在一个国家中是以法律形式存在的，因为法律是人们行为本身必备的规律，是人的生活的自觉反映。

（3）自由是人的本性，是人民不可剥夺的普遍权利，正如马克思所说"确实是人的本质"，"不自由对人来说就是一种真正的致命的危险"。

自由在法律价值体系中处于重要地位，法律以自由为前提和目的，自由必须通过法律实现。自由作为一种价值理想，是法律的灵魂。法律应当奠定在自由的基础之上，必须确认、体现和保障更多人的更多自由，否则，就是不正义的法律，就应当受到谴责。同时，法律也要限制自由，甚至在特定的情况下取消自由。

2. 法律的自由价值

法律具有自由价值，自由作为法律价值的意义在于，法律是否以保障人的自由为目的以及是否能够切实保障人的自由已经成为现代社会衡量法律好坏的一个重要标准。法律的自由价值是通过确认和保障自由体现出来的。

（1）法律确认自由。法律确认自由通常采用两种方式：一是以权利和义务规定来设定主体享有自由的范围，即把自由法律化为权利。法律在把自由确认为权利的同时，也就确定了自由的范围，国家通过对权利的保护来实现自由。二是以权利和义务来设定主体自由的实现方式。

（2）法律保障自由。法律保障自由的方式具有多样性：首先，法律通过划定国家权力本身的合理权限范围，明确规定公权力正当行使的程序，排除各种非法妨碍，以保障社会主体的自由免受公权力的侵害；其次，法律对每个主体享有的自由进行界定和限制，防止主体之间对各自自由的相互侵害，防止社会主体超越权利滥用自由；再次，法律禁止主体任意放弃自由；最后，法律为各种对主体自由的非法侵害确立救济手段与救济程序。

### （三）平等

#### 1. 平等的含义和特点

平等是一个具有多重含义的复合价值，其主要是一种观念问题。法律上的平等主要是社会主体能够获得同等的待遇，包括形式平等与实质平等。形式平等不考虑主体本身自然的、社会的、历史的和现实的具体情况而适用同一评价标准；实质平等考虑主体本身自然的、社会的、历史的和现实的具体情况而相应地适用差别性的评价标准。

平等具有以下特点：

（1）平等是一个历史的范畴，其所表达的内涵随着社会历史环境和条件的变化而变化。

（2）平等不是平均。平均就是没有差别，即在机会的占有和财富的分配上无视能力和特殊的需要而曲解为简单的按份安排，平均的不合理之处就是无视人的差别，从而有害于人和社会的发展。

（3）平等要求排除特权和消除歧视，因而与特权相对立。特权是指基于特殊身份或关系而对社会中的一部分人所给予的特殊对待。特权作为一种特殊对待，对个人的发展极其有害，只要有特权存在，平等就不可能实现。歧视是在认可人们天生存在身份与地位的高低贵贱的基础上，而对一部分人给予不平等的低下对待。在特权面前没有平等，在歧视面前同样没有平等。从社会伦理意义上考虑，歧视比特权更不人道，更不合理。

（4）平等与差别对待有条件共存。从人的共性角度看，人与人之间在人格和主体资格上存在着普遍平等，这是绝对的，是形式平等的体现；从人的个性或特殊性的角度看，由于人与人之间确实存在着自然与社会的各种差异，因而对具有各种差别的人们给予权利、义务方面的差别对待具有其合理性，但这是相对的，是实质平等的体现。

#### 2. 法律的平等价值

法律具有平等价值。法律具有平等价值的意义在于，平等指导着法律对权利、义务的公正分配，有助于人们之间形成彼此平等、彼此尊重的关系。法律的平等价值体现在，法律能够确认和保障平等价值的实现。法律一般是通过立法、执法和司法等活动来确认和保障平等的实现。

（1）法律把平等宣布为一项基本的法律原则。平等贯穿于一个国家的整个法律体系，在宪法领域，宪法规范确认"公民在法律面前一律平等"；在民法领域，民法规范确立了平等原则；在程序法领域，程序法规范确立了当事人平等的诉权。

（2）法律确认和保障主体法律地位的平等。主体地位平等是法律形式平等的最重要的体现，也是实质平等的前提。

（3）法律确认和保障社会财富、资源、机会与社会负担的平等分配。法律通过确认和保障财富、资源、机会与社会负担的平均分配，并将其转化为法律上的权利和义务，从而实现比例上的、机会上的各类平等。

（4）法律公平地分配社会责任。在法律责任的分配中，责任自负原则，责任与处罚相称原则，责任的归结以过错责任为主、无过错责任为辅的原则等，都是责任平等分配的体现。

### （四）人权

#### 1. 人权的概念和特点

人权就是指人基于人的本性和尊严，所应当享有的那些最根本、基本的权利和自由。人权的主体包括人的个体（自然人）和群体（包括团体、集体等范畴）。人权表达了所有人在人格上的普遍平等观念和人格上的绝对尊严观念。人权意味着人的生存、活动和发展的充分自由，而自由并非恣意横行，乃是指人的生存、活动和发展的空间。人权不仅与神权、王权相对立，而且，人权的平等要求也与种种特权相对立。不管人与人之间的差别有多大，在享有人权方面都是平等的，都有享受人权的同等资格。

人权有应有权利、法律权利和实有权利三种存在形态。应有权利即人权是一种道德权利，是基于人的本性和本质所应当享有的权利；法律权利即人权是法律确认和保障的权利；实有权利即人权是一种实实在在的现实权利，是一种实用的或实有的权利。

与其他权利相比，人权具有如下重要的特点：

（1）人权的普遍性。人权是普遍地为所有的人平等享有或应当享有的权利。自由是人权的内容要素，而平等则是人权的形式要素。

（2）人权的本源性。人权是其他权利存在的正当性根据和理由，在整个权利体系中属于最基础性的权利。

（3）人权的综合性。人权是包含多项权利内容的复杂的综合性、开放性的权利体系。人权作为一个开放性的权利体系，其具体权利内容也随着人对自身认识和理解的加强而不断深化，新的权利类型也将不断出现。

（4）人权的历史性。人权不是天赋的，而是历史地产生和在历史中逐步发展的。人权的历史性从其特点、内容到保障措施等方面都可以体现出来。

#### 2. 人权作为法律价值的重要意义

（1）人权作为法律价值表明了法律对作为主体的人的肯定，即对人的独立且平等的人的尊严的尊重。尊重人的尊严是现代法律的基本价值追求，而对人权的尊重和保障程度，是体现现代法律对人的尊重的最直观方式。通过保障人权和人的尊严，法律更加正义、更有效率，更能创造一种自由、开放的法律秩序。

（2）人权作为法律价值，表明法律的来源、法律运作的各个环节以及法律的根本目的都基于人本身，并以人的现实生活为关注焦点，以实现人的理想生活为直接目标。

（3）人权作为法律价值，既是对法律的精神、原则、规范的直接检验和方向引导，也是对法律的内在品质进行批判的标准和完善的依据。

#### 3. 人权的法律分类

人权可以按照不同标准进行分类。以权利主体为标准，可以将人权分为个体人权和集体人权。

所谓个体人权，是指自然人作为人权主体所享有的人权。个人人权包括所有人普遍享有的个人人权，也包括那些归于特殊社会群体的个人所享有的人权。在人权法中受到保护的特殊社会群体主要包括妇女、儿童、残疾人、少数人、老人、被囚禁者等。

按照联合国人权制度中的分类，个体人权包括两大类：其一，公民权利和政治权利。如生命权、人身自由和安全权、人格尊严权、家庭和婚姻权利、隐私权、宗教和信仰自由权、言论和出版自由、结社自由、集会示威自由、选举和被选举权、平等权、接受公平审判权等。其二，经济、社会和文化权利。如财产权、劳动权（工作权）、休息权、社会保障权、受教育权、健康权等。

所谓集体人权，是指作为权利主体的各类群体所享有的人权。国际人权法中的集体人权主要包括自决权、发展权、和平权、环境权等。

一般说来，个体人权是集体人权的基础，集体人权是个体人权的保障。因此，必须把个体人权和集体人权统一起来，并对一般社会群体的人权和特殊社会群体的人权都予以足够的重视和充分的保障。

### （五）正义

1. 正义的概念和分类

正义是对一定社会现存经济关系的观念化的反映，是一种有着客观基础的、人们关于某种特定事物如思想、行为、规范、制度、事业等的理想状态及模式的主观评价尺度和价值判断。正义是人类追求的共同理想，也是法律的核心价值。一般认为，作为社会基本结构的社会体制的正义，是最为根本和具有决定意义的正义，是社会的首要正义。法律正义便是制度正义的重要部分。

正义可以依据不同的标准进行分类，包括亚里士多德提出的分配正义与矫正正义（改正正义）、实体正义与程序正义、实质正义与形式正义、抽象正义与具体正义等。在法学研究中，实质正义与形式正义的分类以及与之相对应的实体正义与程序正义的分类，具有重要意义。

（1）实质正义与形式正义。形式正义，着重于程序公正。只要所适用的程序规则是公正的，具体案件的当事人之间是否实现了正义，则非所问。实质正义，则不满足于程序的公正，而是着重于在具体的案件的当事人之间实现正义。形式正义与实质正义是统一的，形式正义是手段，实质正义是目的，形式正义服从于实质正义，并最终保障实质正义的实现。

（2）实体正义与程序正义。实体正义，是指通过法律上的实体权利和义务来公正地分配社会利益与负担的法律规则所体现出来的正义。程序正义，是指为了实现法律上的实体权利与义务而公正地设定一系列必要程序所体现出来的正义。程序正义是实现实体正义的前提，没有程序正义的保障就没有实体正义的实现。

（3）抽象正义和具体正义。抽象正义又称为形式正义，它不管制度是否正义，只关心制度的实现，因而，是一种表面的正义。具体正义是指对每个人根据优点对待、根据工作对待、根据需要对待、根据身份对待、根据法律权利对待等。

（4）分配正义与平均正义。分配正义是指根据每个人的实际行动来分配权利和荣誉。平均正义是指对任何人都同样对待，平均分配权利。两者的区别在于，分配正义强调对同等人同等对待，对不同人不同对待；平均正义强调对一切人同等对待。

2. 正义的特点

正义具有如下特点：

（1）正义的普遍性与特殊性。正义的普遍性是指，正义所反映的是人类文明的基本共识与人类生活的根本理想；正义的特殊性，是指这种反映根本理想的普遍正义，始终只能是在具体的和特殊的人类生活境况之中存在并得到实现。

（2）正义时代性与超时代性。正义的超时代性表现为，正义与人的存在和发展相一致，正义反映了人作为"类"存在物所具有的共同情感、理想和需求。正义的时代性表现为，不同时代的人们对正义的认识、理解和态度是彼此有区别的。正如美国法理学家博登海默指出的那样，正义"有着一张普洛透斯似的脸，变幻无常，随时可呈现不同形状并具有极不相同的面貌"。理解正义，既要认识到正义的超时代性，是一种在一定意义跨时空的人类共同理想和信念，也要认识到在具体的社会历史情境中才能更深刻把握正义。

（3）正义的客观性与主观性。正义的客观性，是指它是人类作为一个整体所具有的共性，这些共性不以具体的人的各种自然和社会差异因素的存在而发生改变。正义的主观性，是指现实生活中正义观念的某些具体内容始终与人们的具体生活状况及其感受直接相关，因而体现出强烈的主观性。

3. 正义作为法律价值的作用

（1）正义是法律的存在根据和评价标准。一定的正义观不仅是评价人们行为公正与否、善良与否的标准，而且也是评价现实中法律是"良法"还是"恶法"的根本标准和依据。

（2）正义是法律发展和进步的根本动因。正义作为法律的最高目的，作为区别良法和恶法的标准，始终是法律进化的精神动力。作为一种社会观念和社会准则，正义不是永恒不变的，不同时代的正义观念具有一定的差异。社会正义观的进步，常常是法制改革的先驱。人们在评价法律是否优良或合理时，总是以特定时代的正义观为标准。正是在正义观的推动下，人类创制了以控权为主旨的宪法和行政法。正义目标的实现要求严格、明确、公正、公开的程序，正义成为程序法进化的直接推动力量。由于正义的最低要求是相同情况相同对待，所以正义提高了法律的普遍性。同时，正义要求标准的同一性，符合人们对平等的需求，从而推动法律平等的实现。

（3）正义适用于具体的法律实践。正义不仅是法律的评价目标，也是法律的重要组成部分。正义原则已被吸纳为众多法律的法源。在法律实践中，正义由于其内涵的丰富，从而能够弥补法律漏洞，成为纠正法律错误的力量。在法律推理和解释过程中，按照正义要求对法律进行推理和解释也体现了法律的本质目标。在司法实践中，正义也为解决疑难案件提供了依据。

4. 法律对正义的保障

（1）法律将社会生活的主要领域及其重要的社会关系纳入调整范围，使正义融入法律规范和制度之中。正义只有通过良好的法律才能实现，良好的法律使正义的原则和要求规范化、明确化，从而实现法治化治理，严格依法办事，全面促进和保障社会正义。

（2）通过法律权利和法律义务机制，将正义要求具体化为权利和义务，公正地、权威地分配资源、社会利益和负担，并设定公正的程序来保障，使实体正义与程序正义得以通过立法来落实。

（3）通过法律实施，发挥法律的特殊强制性，惩罚非正义行为，以促进和保障正义的实现。正义是法律的价值目标，法律是实现正义的手段。正义作为社会价值必然会遭到各种形式的侵扰，因此在执法和司法上通过惩罚机制，对非正义行为作出否定性评价，以恢复正义，从而在执法和司法上保障实体正义与程序正义的实现。

**（六）效率**

1. 效率、法的效率的概念

效率，又称为效益，是指社会或个人通过一定的投入而获得收益最大化的比率。人们从事一定的行为、实施一定的措施，要讲求效益，实际上就是讲求效果，而这种效果又应是对行为者实际上有利、有益的效果。法对主体之所以有价值就在于它能给主体带来一定的效益。法的效率价值就是指法所具有或应当具有的促进社会财富增长和活动便利并满足人们对物质的需求和便利条件的价值。

2. 法对效率的保障和促进方式

法律是通过有利于资源优化配置的权利义务分配来实现这一价值的。通常实现法的效率价值的方式包括：

（1）通过确认和维护基本人权，调动生产者的积极性，促进生产力的进步。人是社会生产和社会发展中最积极的因素。对人的尊严和基本人权的确认，人被视为受尊重的社会主体，这会极大地激发人的主动性、积极性和创造性。法律促进效率，要从对每个人的平等和自由尊重和保障做起。

（2）确认并保障主体的物质利益，从而鼓励主体增进物质利益。利益的不断实现和追求是提高生产力，促进经济增长的决定性动机，是社会发展的动力，那么，承认和保护人们的利益，使之成为一种权利，从而激励人们在法的范围内尽其所能地实现物质利益，就成为人类之所以需要法律的一个重要理由。同时，法在承认和保护人们的物质利益的同时，还要权衡和调节各种利益冲突，以便把对立和摩擦减少到最低限度。法的整个运行过程实际上就是对各种利益进行平衡、选择、取舍，并通过权利和义务对这些不同利益进行权威性、规范性调整的过程。

（3）确认和保护产权关系，鼓励人们为着效益的目的而占有、使用或转让财产。法在确认财产权的同时，还要创造财产权有效利用的机制，其中最主要的是为财产权的转移提供保障和便利。如果说财产权的法律确认和保障是有效利用资源的必备条件，那么，财产权的可转移性就是有效利用资源的充分条件。

（4）确认、保护、创造最具有效率的经济运作模式，使之容纳更多的生产力。在市场经济模式中，市场把生产者和经营者置于自由竞争、优胜劣汰的境地，为人们施展才能创造了广阔的空间，同时也使资源能够从低效益利用向高效益利用流转。市场经济中的宏观调控使市场中的竞争摆脱盲目状态，减少生产和经营中的偶然性、任意性、风险性及其他浪费资源的现象。

（5）承认和保护知识产权，使人类创造性的智力成果最大化的发展。把人类创造性智力成果宣布为权利，推动人们进行创造性活动，创造新思想、新知识、新技术。

（6）通过设立法律责任、赔偿与惩罚等机制，使社会上的违法犯罪行为最大限度地减少，从而使人们的人身安全与社会财富总量不受损害或少受损害，从而使社会效率得到一定程度的保障。

### 三、法的价值冲突与解决

#### （一）法的价值冲突

法的各种价值包括基本价值之间有时会发生矛盾，从而导致价值之间的相互冲突。例如，要保证社会正义的实现，在很大程度上就必须以牺牲效率为代价；自由与秩序之间也存在矛盾，因为自由更偏向个人权利，秩序则更强调国家权力。由于法的价值之间取向不同，就会导致在进行价值选择时，必须选择其一而舍弃其他价值的局面。

法的价值之间存在矛盾和冲突的原因包括：（1）社会生活的广泛性与复杂性，社会条件的多重性与变化性。（2）法的价值在内容形态上具有多样性和特殊性。（3）法的价值主体在价值观上存在认识上的差异。

从主体角度看，法律的价值冲突主要有三种情况：（1）个体之间法律所承认的价值冲突，如个人自由可能导致与他人利益的冲突；（2）共同体之间发生的价值冲突，如国际人权与一国主权之间的冲突；（3）个体与共同体之间的价值冲突，典型的如个人自由与社会秩序之间常常会出现矛盾的情况。

**（二）法的价值冲突的解决机制**

由于立法不可能穷尽社会生活的一切形态，在个案中更可能因为特殊情形存在而使价值冲突难以解决，因而必须形成相关的平衡或解决冲突的规则或原则。一般而言，解决法的价值冲突应当遵循如下原则：

（1）价值位阶原则。该原则又称为优先性原则。由于法的价值主体的价值观的不同，在不同的价值形态上往往有所偏重，或者更加注重自由的价值，或者更加注重秩序的价值，或者更加注重效率的价值，等等，就使得在法的不同价值形态发生冲突时有可能借助于优先性的安排对冲突加以解决。当法的基本价值之间发生冲突时，在先的价值优先于在后的价值；当法的基本价值与非基本价值发生冲突时，基本价值优先于非基本价值。

（2）个案平衡原则。即指在处于同一位阶上的法律价值之间发生冲突时，要基于个案的基本情况作出适当的平衡，同时，要综合考虑主体之间的特定情形、需求和利益，使个案的解决能够适当兼顾双方的利益。

（3）比例原则。即指为保护某种较为优越的法律价值不可避免地侵犯某一法益时，不得逾越达到此目的所必要的程度。

（4）人民利益原则。这是当代中国社会主义法律价值体系中的根本价值原则，即以是否满足最广大人民的根本利益为标准，来解决一些存在重大疑难的法律价值冲突问题。它也可以作为价值位阶原则的补充和保障。

在法的价值冲突解决的实践中，上述各种原则往往需要加以综合运用，才能更好地解决法的各种价值之间的冲突。

# 第五章 法律渊源、效力与分类

## 第一节 法 的 渊 源

### 一、法的渊源的含义

法的渊源，又称"法源"或"法的渊源"，在法学中，法的渊源一词本来的含义是法的"来源"或"源泉"。一个行为规则之所以能够成为法律，可以从不同角度来认识，因此"法的渊源"一词可以指不同的对象。如法的经济根源、政治根源、历史根源等。作为法理学的一个专门术语，法的渊源通常指法的形式意义上的渊源，即法律规范的创制方式和外部表现形式，如宪法、法律、法规、判例、习惯等。法的形式意义上的渊源也就是指法律规范的效力来源，一个行为规则之所以被认为具有法律规范的效力，就是因为它是由特定主体以特定方式创制出来的，具有特定的表现形式。因此，不同种类的法律规范也因其创制主体、创制方式和表现形式的差异而具有不同的效力等级。

### 二、法的渊源的分类

#### （一）分类方式

法的渊源多种多样，可以从不同的角度作不同的分类：

（1）根据法律规范载体形式的不同，可将法的渊源分为成文法渊源与不成文法渊源。表现为文字形式的制定法的为成文法渊源，不表现为文字形式的为不成文法渊源。

（2）从法的渊源与法律规范关系的角度，可将法的渊源分为直接渊源与间接渊源。制定法等与法律规范、法律条文直接相关的渊源为法律的直接渊源，学说等与法律规范、法律条文间接相关的渊源为法的间接渊源。

（3）根据是否经过国家制定程序，法律渊源可以分为制定法渊源与非制定法渊源。

（4）根据法的渊源的相对地位而分为主要渊源与次要渊源。

在法律实践中，法的渊源最主要的分类为正式渊源与非正式渊源。但是，由于法律制度和历史传统的差别，不同国家对于何为法律的正式渊源、何为非正式渊源有不同认识。

#### （二）法的正式渊源

一般说来，法律的正式渊源通常包括制定法、习惯法、判例法和国际条约等。

1. 制定法

制定法又称成文法，系指由国家机关依照一定程序制定颁布的，通常表现为条文形式的规范性法律文件。制定法既包括国家立法机关制定的法律，也包括国家中央行政机关和地方国家机关在职权范围内制定发布的规范性文件。

规范性法律文件至少必须具备以下基本特点：第一，规范性法律文件只能由国家机关或国家机关授权的组织制定发布，它体现的是国家意志。第二，规范性法律文件中必须含有一定的行为规则，表现为以条文形式规定的主体在法律上的权利、义务或法律责任。第三，规范性法律文件具有普遍约束力，是国家机关适用法律的依据。

与规范性文件相对应的是非规范性文件，通常指国家机关在适用法的过程中发布的具有法律效力的个别性文件，如判决书、裁定书、个别性的行政措施等等。这类文件是针对特定案件或场合的，是适用法的文件，不具有普遍约束力，因而不是法律渊源。

2. 判例法

判例法表现为法院对于诉讼案件所作判决之成例，此种判例对于法院以后审理类似案件具有普遍约束力。判例法并不是简单的判例汇编，它的意义不仅限于法院在此后的案件审理中能够从先例中得到指导或帮助，而在于把先前的判例确立的原则视为审判过程中必须遵循的一种规范，对于本法院和下级法院具有约束力。

在英美法系国家中，判例是一种重要的法律渊源，判例法制度实际上赋予法官某种"造法"的职能，法官不仅可以通过作出新判例创造法律，而且可以通过识别和选择适用原先的判例而发展法律。大陆法系在理论上否认判例是法律的一种"渊源"，但同时也承认判例在司法过程中的指导意义。

中国历史上，判例曾经作为法律渊源之一。在当代中国，判例在原则上不是法律渊源，不能参与创造法律，但特定司法机关如最高人民法院发布的指导性判例等对于司法工作具有一定的指导意义和参考价值。

3. 习惯法

习惯法不同于日常生活中所说的"习惯"，它是指经有权的国家机关以一定方式认可，赋予其法律规范效力的习惯和惯例。当社会生活中已经存在的习惯、惯例等经过有权的国家机关，尤其是立法机关和司法机关以一定方式认可时，它们就上升为法律，具有了法律规范的效力。法发展的早期，法律渊源大多表现为习惯法。随着制定法的逐步发达并成为法律的主要渊源，习惯法的作用已显著降低，成为制定法的补充形式。

国际条约是两个或两个以上国家就共同关心的问题确定相互权利义务的协议。在经济全球化的背景下，国际条约这种法律渊源形式日益重要。

**（三）法的非正式渊源**

法律的非正式渊源，是指那些具有法律意义的准则和观念，这些准则和观念尚未在正式法律中得到权威性的明文体现。各国的非正式法律渊源的种类不同，适用时的具体考量也不同。大致而言，如正义标准、理性原则、公共政策、道德信念、社会思潮、习惯、学说等，都属于法的非正式渊源。


**三、当代中国法的渊源**

当代中国法的渊源主要是制定法，习惯法仅在特殊场合作为制定法的补充，除香港特别行政区以外，判例在原则上不属于我国的法的渊源。根据宪法和相关法律规定，当代中国制定法主要包括：

**（一）宪法**

宪法是我国的根本法，是治国安邦的总章程，是我国社会主义法律的基本渊源。与法律的其他渊源形式相比，宪法有以下特征：

（1）宪法的内容与普通法律不同。宪法规定的是国家政治、经济和社会制度的基本原则，公民的基本权利和基本义务，国家机关的组织和活动原则等国家和社会生活中最基本、最重要的问题。其他法律的规定是宪法规定的原则在某一方面的具体化。

（2）宪法的地位和效力与普通法律不同。宪法在我国法律渊源体系中居于首要地位，具有最高的法律效力。宪法是我国全部立法工作的基础、根据和最基本的效力来源，一切法律、法规和其他规范性文件，都不得与宪法的规定相抵触。

（3）宪法的制定和修改程序与普通法律不同。作为根本大法，宪法比普通法律具有更大的权威性、稳定性和严肃性，因而在制定和修改上也有不同于普通法律的特殊程序。

### （二）法律

在我国，作为法律渊源之一的法律一词是在狭义上使用的，专指由国家最高权力机关及其常设机关，即全国人民代表大会和全国人大常委会制定颁布的规范性文件，其法律效力仅次于宪法。根据现行宪法的规定，法律又可以分为基本法律和基本法律以外的法律。基本法律由全国人民代表大会制定和修改，比较全面地规定和调整国家及社会生活某一方面的基本社会关系，如刑法、民法通则、诉讼法等即为基本法律。在全国人民代表大会闭会期间，全国人大常委会有权对基本法律进行部分修改，但不能同该法律的基本原则相抵触。基本法律以外的法律由全国人大常委会制定和修改。通常规定和调整基本法律调整的问题以外的比较具体的社会关系，如商标法、文物保护法、治安管理处罚条例等即是由全国人大常委会制定的。

此外，全国人民代表大会和全国人大常委会发布的具有规范性内容的决定和决议，也属于法律渊源。发布这些决定和决议通常是为了对已经颁布生效的规范性文件进行修改或补充，因此它们与被修改或补充的规范性文件具有同等效力。

### （三）行政法规

作为法律渊源之一的行政法规专指由国家最高行政机关——国务院在法定职权范围内为实施宪法和法律制定的有关国家行政管理的规范性文件。在我国，行政法规是一种重要的法律渊源，其效力仅次于宪法和法律。依宪法和组织法规定，国务院还有权发布决定和命令，其中具有规范性内容的，也是法律渊源，与行政法规具有同等效力。

需要注意的是，全国人民代表大会及其常委会还可以根据需要授权国务院制定某些具有法律效力的暂行规定和条例，这就是所谓"授权立法"。例如六届全国人大第三次会议所作的《关于授权国务院在经济体制改革和对外开放方面可以制定暂行规定或者条例的决定》、全国人大常委会所作的《关于授权国务院对职工退休退职办法进行部分修改和补充的决定》等等。

### （四）地方性法规

地方性法规，是指省、自治区、直辖市、设区的市、自治州的人民代表大会及其常务委员会根据本地区的具体情况和实际需要，在法定权限内制定发布的适用于本地区的规范性文件。根据我国《宪法》和《立法法》的规定，我国地方性法规的制定主体主要包括：

（1）省、自治区、直辖市的人民代表大会及其常务委员会。省、自治区、直辖市的人民代表大会及其常务委员会根据本行政区域的具体情况和实际需要，在不同宪法、法律、行政法规相抵触的前提下，可以制定地方性法规，并报全国人民代表大会常务委员会和国务院备案。

（2）设区的市的人民代表大会及其常务委员会。设区的市的人民代表大会及其常务委员会根据本市的具体情况和实际需要，在不同宪法、法律、行政法规和本省、自治区的地方性法规相抵触的前提下，可以对城乡建设与管理、环境保护、历史文化保护等方面的事项制定地方性法规，法律对设区的市制定地方性法规的事项另有规定的，从其规定。

（3）自治州的人民代表大会及其常务委员会。自治州的人民代表大会及其常务委员会可以行使设区的市制定地方性法规的职权。

设区的市的地方性法规须报省、自治区的人民代表大会常务委员会批准后施行。设区的市、自治州的人民代表大会及其常务委员会制定的地方性法规，由省、自治区的人民代表大会常务委员会报全国人民代表大会常务委员会和国务院备案。

### （五）自治条例和单行条例

我国是单一制国家，同时又在中央的统一领导下在各少数民族聚居区实行民族区域自治。各民族自治地方设立自治机关，行使自治权。根据宪法、组织法和民族区域自治法的规定，民族自治地方的人民代表大会有权根据当地民族的政治、经济和文化的特点，制定自治条例和单行条例。自治区人民代表大会制定的自治条例和单行条例，报全国人民代表大会常务委员会批准后生效；自治州、县人民代表大会制定的自治条例和单行条例，报自治区人民代表大会常务委员会批准后生效。

需要注意的是，自治条例和单行条例可以依照当地民族的特点，对法律和行政法规的规定作出变通规定，但不得违背法律或者行政法规的基本原则，不得对宪法和民族区域法的规定以及其他有关法律、行政法规专门就民族自治地方所作的规定作出变通规定。

### （六）特别行政区基本法及特别行政区的法律

我国《宪法》第 31 条规定：国家在必要时得设立特别行政区。在特别行政区内实行的制度按照具体情况由全国人民代表大会以法律规定。这是"一个国家，两种制度"的原则构想在宪法中的体现。

特别行政区基本法由全国人民代表大会制定通过。迄今为止，全国人民代表大会已经制定了《香港特别行政区基本法》和《澳门特别行政区基本法》。特别行政区基本法属于基本法律，它不同于一般法律的特点在于它只适用于特别行政区。

特别行政区法律是根据宪法和特别行政基本法，在特别行政区内施行的法律。依照现行宪法和特别行政区基本法的规定，特别行政区的立法机关享有自己的专属立法权，可以根据特别行政区基本法的规定和法定程序制定、修改和废除法律。特别行政区的立法机关制定的法律须报全国人民代表大会常务委员会备案。备案不影响该法律的生效。此外，由于特殊的历史原因，一些特别行政区还有其他一些法律渊源形式，如判例法、习惯法、附属立法等等。特别行政区基本法规定，这些法律除同基本法相抵触或经特别行政区的立法机关作出修改者外，均予以保留。

### （七）行政规章

根据《立法法》的规定，国家行政机关制定的规章可以分为两类：

1. 部门规章

部门规章即国务院各部、委员会、中国人民银行、审计署和具有行政管理职能的直属机构，根据法律和国务院的行政法规、决定、命令，在本部门的权限范围内制定的规章。

2. 地方政府规章

省、自治区、直辖市和设区的市、自治州的人民政府，根据法律、行政法规和本省、自治区、直辖市的地方性法规制定的规章。这种规章称为"地方政府规章"，以区别于国务院部委制定的"部门规章"。地方政府规章可以就下列事项作出规定：（1）为执行法律、行政法规、地方性法规的规定需要制定规章的事项；（2）属于本行政区域的具体行政管理事项。设区的市、自治州的人民政府制定的地方政府规章，限于城乡建设与管理、环境保护、历史文化保护等方面的事项。

### （八）国际条约

国际条约是两个或两个以上国家就政治、经济、贸易、军事、法律、文化等方面的问题确定其相互权利义务关系的协议。除条约外，国际条约的名称还包括公约、协定、和约、盟约、换文、宣言、声明、公报等。国际条约是国际法的重要渊源，本不属于国内法范畴，但我国签订或者加入的国际条约，对于我国国内的国家机关、企事业单位、社会团体和公民也具有与国内法一样的约束力。从这个意义上讲，我国签订或加入的国际条约也是我国的法律渊源之一。

### （九）国际惯例

国际惯例一词可以有广义和狭义的不同理解。广义的国际惯例泛指国际习惯法，狭义的主要指国际民事和经济交往中具有普遍性和一定法律约束力的习惯做法。国际惯例是国际法的重要渊源之一。根据《国际法院规约》第 38 条的规定，国际惯例是指作为通例之证明而经接受为法律者，也即在国际实践中反复使用而形成的，具有固定内容的，虽未经立法程序制定，但如为一国所承认或当事人采用，就对其具有法律约束力的习惯做法或常例。

我国一些法律也规定国际惯例可以作为我国的法律渊源，如《民法通则》第 142 条规定：“中华人民共和国法律和中华人民共和国缔结或者参加的国际条约没有规定的，可以适用国际惯例。”此外，在《票据法》和《民用航空法》等法律中，也规定在类似情形下可以适用国际惯例。

## 第二节 法 律 效 力

### 一、法律效力的概念

“法律效力”这一概念可以有不同理解。一种是指法律规范的效力或称法的效力，即法律规范作为表现国家意志的指令对主体行为具有的约束力和强制性，这种约束力不以行为主体的意志为转移，并以国家强制力为最终保障手段。法律效力的另一种含义更为宽泛，除上述“规范”的效力之外，还包括经法律规范授权的其他法律行为（如判决、裁定、契约、合同）对特定的相关主体所具有的约束力或强制性。

本节所说的法律效力是在第一种意义上使用的，通常又称为“法的效力”“法律的效力”或“法律规范的效力”。

法律的效力包括两方面的问题，一是效力等级问题，二是效力范围问题。研究法律的效力对于法的制定、遵守、执行和适用都具有重要意义。这里主要介绍法的效力范围，即法律对哪些人，在什么空间、时间范围内有效。一般认为，法律效力包括对人的效力、空间效力和时间效力三个方面。

### 二、法的效力范围

### （一）法律对人的效力

1. 法律对自然人的效力的一般原则

任何一个国家，法律对自然人的效力问题都可能发生几种情况，即本国人在本国适用法律的问题；本国人在外国适用法律的问题；非本国公民在本国适用法律的问题；本国公民在外国侵犯了本国利益的适用法律的问题；等等。关于这些问题，由于各个国家立法的原则不同，大体上有四种主张：（1）"属人主义"。即法律对自然人的效力以国籍为准，适用于本国人，不适用于外国人。本国人无论是居住在国内还是在国外，本国法律均有效。（2）"属地主义"。即法律对自然人的效力以地域为准，不论本国人或外国人，凡居住在本国领域一律适用本国法律。而本国人在国家领域外，则不适用本国法律。（3）"保护主义"。即以维护本国利益为基础，不管是什么国籍的人，在什么地方的行为，只要侵害了本国的利益，就适用本国的法律。（4）"折中主义"。即居住在他国领域，一律适用居住国的法律，但有关公民义务，民法中的婚姻、家庭、继承，刑法中有特殊规定的某些犯罪，一般要适用本国法。现代各国的法律多采用以"属地主义"为基础、以"属人主义"作为补充的"折中主义"原则，我国亦如此。

2. 我国法律对人的效力规定

根据我国国家的主权原则和国际通用的惯例，我国法律对自然人的效力遵循以"属地主义"为主、以"属人主义"和"保护主义"为补充的原则。

（1）我国法律对中国人的效力。凡是具有中国国籍的人，都是中国公民。中国公民在中国领域内一律适用中国法律。中国公民在国外的法律适用问题，原则上仍适用中国法律，但当中国法律与所在国的法律发生冲突时，要区别不同的情况和具体的国际条约、协定及国内法的规定，来确定是适用中国法律还是适用外国法律。

（2）我国法律对外国人和无国籍人的效力。外国公民通常是指具有某一外国的国籍而不具有本国国籍的自然人，其中也包括无国籍人和多重国籍的人。中国法律对外国公民的适用包括两种情况：一是对在中国境内的外国公民的适用问题；二是对中国境外的外国公民的适用问题。外国公民在中国境内，除法律另有规定外，一般适用中国法律。所谓另有规定，一般是指法律上明确规定不适用中国法律的情形，比如享有外交特权和豁免权的外国人，需要通过外交途径解决。关于外国公民在中国境外对中国国家或中国公民的犯罪，按中国刑法规定的最低刑为3年以上有期徒刑的，可以适用中国刑法，但是按照犯罪地的刑法不构成犯罪的除外。

**（二）法律的空间效力**

法律的空间效力，是指法律在哪些地域范围内发生效力的问题。一般说来，在一个主权国家，法律适用于主权管辖范围内的全部领域，它包括领土、领海、领空，以及其他延伸意义上的领域（如驻外使馆、航行或停泊在任何地方的本国船舶及飞机内）。但具体地说，由于制定法律的机关不同，法律的空间效力也不同。我国从维护国家主权和领土完整以及国家统一出发，将法律的空间效力大致分两种情况。

1. 法律的域内效力

（1）在全国范围内生效。凡中央国家机关制定的法律在全国有效。如全国人民代表大会制定的宪法和基本法及全国人民代表大会常务委员会制定的除基本法以外的法律，国务院制定的行政法规，均在全国范围内生效。当然，这并不排除中央国家机关制定的法律也有在特定范围内适用的情况。例如，我国的《渔港水域交通安全管理条例》，虽然是国务院这个中央国家机关制定的，但其条例本身规定了只在沿海以渔业为主的渔港及其水域适用。同时，该条例作为国务院制定的行政法规，又具有全国效力，任何地方国家机关、企事业单位、法人和自然人都应自觉遵守，比如说许多省、自治区人大及其常委会的所在地虽不在"渔港及其水域"这个范围内，但是其在制定地方性法规时不得与此条例相违背，因为此条例虽不在这些省、自治区人大及其常委会所在地适用，却在其所在地生效。不能认为不具司法适用效力就没有法律效力。再例如：《中华人民共和国香港特别行政区基本法》是对香港特别行政区的政治、经济、文化、教育等社会制度的规定，而不是对其他地域的社会制度的规定。虽然香港特别行政区基本法关于香港社会制度的规定只能在香港这个区域实施，而不能在其他区域实施，但是，香港特别行政区基本法作为全国人大制定的法律，是全国性法律，应在全国范围内有效，全国的一切国家机关、社会团体、企事业单位和公民，都必须遵守。

（2）在局部地区生效。凡是地方国家机关制定的法规只能在制定机关所管辖的范围内生效。例如，我国各省、自治区、直辖市人民代表大会及其常委会制定的地方性法规或自治条例，仅在相应地区生效。

2. 法律的域外效力

所谓法律的域外效力是法律的效力及于制定的机关所管理的领域之外。目前，有的法律不仅在国内生效，而且根据国家主权原则还往往规定适用于在国外发生的特定事件和行为。例如，我国《刑法》规定："凡在中华人民共和国领域内犯罪的，除法律有特别规定的以外，都适用本法。"这里所说的特别规定，主要是指下面的情况：（1）对享有外交特权和豁免权的外国人的规定；（2）对少数民族地区的特别规定。由此可见，无论是中国人还是外国人，只要在中华人民共和国领域内犯罪，都适用我国刑法。这就充分体现了我国的主权原则。此外，我国刑法从维护国家统一和国家主权原则出发，规定凡犯罪的行为或者结果有一项发生在中华人民共和国领域内，就认为是在中华人民共和国领域内犯罪。也就是说，我国刑法所列举的犯罪行为无论是在我国开始而在他国完成，或者在他国开始而在我国完成，我国法院都可以行使管辖权。再例如，我国公民和法人在域外所发生的民事关系，依照我国法律和我国所签订的国际条约或者依照国际惯例，应当适用本国法律的，也适用我国民事法律的规定。外国人、无国籍人和外国机构在我国领域内所发生的民事关系，除我国法律和我国所签订的国际条约另有规定的以外，适用我国民事法律的规定。这些规定，既维护了我国的主权，同时也符合国际惯例。

**（三）法律的时间效力**

法律的时间效力是指法律何时生效、何时终止效力及法律对其颁布实施前的事件和行为是否具有溯及力的问题。

1. 法律生效的时间

法律生效的时间一般是根据法律的具体性质和实际需要来决定的。主要有以下几种形式：（1）自法律颁布之日起生效；（2）由该法来规定具体生效时间；（3）由专门决定规定该法的具体生效时间（如香港特别行政区基本法和澳门特别行政区基本法这两个法律的生效时间是由全国人大以决定的形式规定生效时间的）；（4）规定法律颁布后到达一定期限开始生效。

2. 法律效力终止的时间

法律效力的终止是指通过明令废止或默示废止的形式而终止某一法律的效力。我国法律终止效力的形式有：（1）新的法律公布后，原有的法律即丧失效力；（2）新法律取代原有法律，同时宣布旧法律作废；（3）法律本身规定的有效期届满；（4）由有关机关颁布专门文件宣布废止某个法律；（5）法律已完成其历史任务而自行失效。

3. 法律的溯及力

法律的溯及力又称法的溯及既往的效力，是指新的法律颁布后，对其生效前的事件和行为是否适用的问题。如果适用，则具有溯及力；如果不适用，则不具有溯及力。一般情况下，我国法律坚持"法律不溯及既往"的原则，这一原则也是各法治国家通行的法律原则。但这个原则也有例外，如在刑法中。目前各国刑法采用的通例是"从旧兼从轻"原则，即新法原则上不溯及既往，但新法不认为犯罪或罪轻的，可以适用新法。我国现行刑法就是采用"从旧兼从轻"的原则。此外，民事或经济立法，有时也可能有条件地溯及既往，对此，法律通常都会作出专门规定。

### 三、法的效力等级

法的效力等级也称法的效力层次或效力位阶，是指一国法的体系中不同渊源形式的法律规范在效力方面的等级差别。确定制定法规范的效力等级通常应遵循如下原则：

**（一）上位法优于下位法**

法律规范的效力等级首先取决于其制定机关在国家机关体系中的地位，由不同机关制定的法律规范，效力等级也不相同。除特别授权的场合以外，一般说，制定机关的地位越高，法律规范的效力等级也越高。

**（二）制定程序更严格的法优先**

在同一主体制定的法律规范中，按照特定的、更为严格的程序制定的法律规范，其效力等级高于按照普通程序制定的法律规范。例如，我国全国人民代表大会可以修改宪法和制定基本法律，依特殊程序制定的宪法的效力便高于基本法律的效力。

**（三）后法优于前法**

当同一制定机关按照相同的程序先后就同一领域的问题制定了两个以上的法律规范时，后来制定的法律规范在效力上要高于先前制定的法律规范。

**（四）特别法优于一般法**

当同一主体在某一领域既有一般性立法，又有不同于一般性立法的特殊立法时，特殊立法的效力通常优于一般性立法。但必须注意的是，"特别法优于一般法"的原则只限于同一主体制定的法律规范，对于不同主体制定的法律规范，仍然适用制定机关等级决定法的效力的一般原则。

**（五）授权法优于自定法**

当某一国家机关授权下级国家机关制定属于自己立法职能范围内的法律、法规时，被授权的机关在授权范围内制定的该项法律、法规在效力上通常等同于授权机关自己制定的法律或法规，但仅授权制定实施细则者除外。

**（六）成文法优于不成文法**

如果一国法律渊源体系中包括不成文法，如习惯法、判例法等，由立法机关制定的成文法的效力一般均高于不成文法。当然，在特殊情况下会有例外，如在司法机关享有司法审查权的判例法国家中，就不好说成文法一定优于不成文法。

# 第三节　法　的　分　类

法律分类，也称法的分类，就是从不同的角度，按照不同的标准，将法律规范划分为若干不同的种类。对法进行分类的首要目的是为了更全面、准确地理解法律的概念。根据法的发展的历史线索，我们以社会形态为标准，可以将法律分为奴隶制法、封建制法、资本主义法、社会主义法等等。法律不仅在每一发展阶段有不同的形态，而且在相同的历史阶段，也存在不同的形态和类型。法律分类的另一目的是总结法律规律。分类虽是一项技术性工作，但分类也就是对法律的各种形态进行比较。通过对法律的分类，从中探索法律发展和运行中的一些带有规律性的问题。最后，法律分类对于法律适用也具有重要意义，它对于我们了解和掌握不同法律的特性、效力、功能等等，有重要意义。比如一般法与特别法的分类直接决定法官适用何种法律作出判决。

## 一、法的一般分类

法律的一般分类是指世界上所有国家都可适用的法律分类，它们主要有下列几种类型。

### （一）成文法与不成文法

这是按照法的创制方式和表达形式为标准对法律进行的分类。成文法是指由国家特定机关制定和公布，并以成文形式出现的法律，因此又称制定法。不成文法是指由国家认可其法律效力，但又不具有成文形式的法，一般指习惯法。不成文法还包括同制定法相对应的判例法，即由法院通过判决所确定的判例和先例，这些判例和先例对其后的同类案件具有约束力，但它又不是以条文（成文）形式出现的法律，因此也是不成文法的主要形式之一。

### （二）实体法与程序法

这是按照法律规定内容的不同为标准对法律的分类。实体法是指以规定和确认权利与义务或职权与职责为主的法律，如民法、刑法、行政法等。程序法是指以保证权利和义务得以实施或职权和职责得以履行的有关程序为主的法律，如民事诉讼法、刑事诉讼法、行政诉讼法、立法程序法等等。实体法和程序法的分类是就其主要方面的内容而言的，它们之间也有一些交叉，实体法中也可能涉及一些程序规定，程序法中也可能有一些涉及权利、义务、职权、职责等内容的规定。

### （三）根本法与普通法

这是根据法律的地位、效力、内容和制定主体、程序的不同为标准而对法律的分类。这种分类通常只适用于成文宪法制国家。在成文宪法制国家，根本法即宪法，它在一个国家中享有最高的法律地位和最高的法律效力，宪法的内容、制定主体、制定程序及修改程序都不同于普通法，而是有比较高的严格的程序要求；普通法指宪法以外的法律，其法律地位和法律效力低于宪法，其制定主体和制定程序不同于宪法，其内容一般涉及调整某一类社会关系，如民法、刑法、商法、诉讼法、行政法等等。

### （四）一般法与特别法

这是按照法律的适用范围的不同对法律所作的分类。一般法是指针对一般人、一般事、一般时间、在全国普遍适用的法；特别法是指针对特定人、特定事或特定地区、特定时间内适用的法。

一般法和特别法这一法律的分类是相对而言的，具有相对性。如以针对人来讲，民法典是适用于一般人的法律，它的适用主体是一般主体，而与民法典相对应的继承法则是适用于特定人——继承人与被继承人主体的法律；以针对事来讲，民法典适用于一般民事法律行为和事件，而收养法则针对收养这一特殊的民事法律行为和事件；以针对地区来讲，宪法、组织法、选举法等是适用于全国的法律，而特别行政区基本法和法律、经济特区法规和规章则只适用于特别行政区或经济特区；以针对时间而言，一般法律如宪法、刑法、民法等在它们的修改和废止以前一直有效，而有些特别法如戒严令等仅在特定的戒严时期内有效。

### （五）国内法与国际法

　　这是以法律的创制主体和适用主体的不同而作的分类。国内法是指在一主权国家内，由特定国家法律创制机关创制的并在本国主权所及范围内适用的法律；国际法则是由参与国际关系的国家通过协议制定或认可的，并适用于国家之间的法律，其形式一般是国际条约和国际协议等。国内法的法律关系主体一般是个人或组织，国家仅在特定法律关系中（为国家财产所有人）成为主体，而国际法的国际法律关系主体主要是国家。

## 二、西方两大法系的法律分类

### （一）公法与私法

　　早在古代罗马时期就存在公法与私法的划分。在查士丁尼的《学说汇纂》的前言中选用了罗马法学家乌尔比安的一句话："有关罗马国家的法为公法，有关私人的法为私法"。当时的罗马法学家并没有将此作系统的阐释，只是企图把公共团体及其财产关系的法律与私人及其家庭方面的法律作出区别。但自古代罗马到中世纪的法律体系中一直是以私法为主的，公法一直没有多大的实际意义。17世纪、18世纪以来，资本主义商品经济和中央集权的统一国家的形成，为公法的发展和公、私法的划分奠定了基础。在当代，由于公法与私法的界限日益模糊，两方面有渗透结合的趋势，所以法律是否应当分为公法与私法，以及划分标准如何确定，这些问题均说法不一，没有定论。但是，我们认为这种趋势并不影响两者划分的原有意义和作用。

　　现代法学一般认为，凡涉及公共权力、公共关系、公共利益和上下服从关系、管理关系、强制关系的法律，即为公法；而凡属个人利益、个人权利、自由选择、平权关系的法律即为私法。在当代中国，有一些学者也主张应借鉴公私法划分的分类来划分当代中国法律体系，并且把公法与私法的区分作为建立社会主义市场经济法律体系的前提。

### （二）普通法与衡平法

　　这是普通法法系国家的一种法律分类方法。这里的普通法，不同于前面法律的一般分类中与"根本法"相对应的"普通法"概念，而是专指英国在11世纪后由法官通过判决形式逐渐形成的适用于全英格兰的一种判例法。而衡平法是指英国在14世纪后对普通法的修正和补充而出现的一种判例法。

# 第六章 法律要素与法律体系

## 第一节 法律要素

法律要素是指构成法律的基本因素或元素。一般认为，法律由规则、原则和概念三种要素构成。

### 一、法律规则

#### （一）法律规则的含义和特点

法律规则是采取一定的结构形式具体规定人们的法律权利、法律义务以及相应的法律后果的行为规范。法律规则具有微观指导性和可操作性强、确定性程度较高的特点。同时，法律规则也应具有可诉性、合逻辑性、合体系性、可预测性等特性。

从内容上看，法律主要是由法律规则构成的，法律规则是法律中最具硬度的部分。法律如果不以规则为其内容，那么它就难以区别于其他社会规范。我们甚至可以说，法律规则的一些基本特性同时也是法的基本特性。离开法律规则，法也就失去了其内容的根基。法律规则由简疏到详密，由单一到杂多，由模糊到精确，这是法在历史演进过程中由习惯法向立法过渡时必然出现的现象。在现代世界，大多数国家愈来愈强调通过专家立法来确立严格的法律规则，为国家的各种制度和活动确立翔实、具体而有可诉性的行为标准。现代法治国家首先要强调的是：建构完善的法律规则体系并且严格执行和遵守法律规则。

法律规则是一种高度发达的规则，在规则的制定及其适用、规则对行为的肯定或禁令、规则的权威性等方面，都显示出其特点。法律规则的基本特征主要有如下几点：（1）法律规则是一种具有一般性的行为规则。它区别于任何个别性调整的措施，法律规则是一种评价和指引人们行为的共同标准，可以反复适用，不针对具体的人，而是针对一般的、不特定的人，因而，规则具有普遍性。（2）法律规则规定了确定而具体的行为模式，这种行为模式以权利、义务和责任的方式来确定。法律规则对人的要求更具有确定性、明晰性。法律规则具有严格逻辑结构，这使其不同于其他社会规则。（3）法律规则是由国家制定或认可的行为规则。这种规则具有鲜明的国家意志性。这种规则显然不同于一般性的倡导或建议，也不用于道德、习惯或政策等。（4）法律规则由国家来保障实施和执行。这也使其区别于其他非国家性的社会规范，是其国家意志性的另一个方面。

#### （二）法律规则的种类

1. 授权性规则与义务性规则

按照规则的内容规定不同，法律规则可以分为授权性规则和义务性规则。

所谓授权性规则，是指规定人们有权作一定行为或不作一定行为的规则，即规定人们的"可为模式"的规则。其在立法中最常见的用语表达式为："有权……""享有……权利""可以……"等。它又可分为权利性规则和职权性规则。权利性规则是规定一般的主体（如公民和法人）行使权利之规则，如宪法中关于公民基本权利的规定，即属权利性规则。职权性规则，是指规定国家机关及其工作人员行使职权之规则，如宪法和组织法中关于不同国家机关职权的规定，即属职权性规则。由于职权兼有权利和职责（义务）的性质，职权性规则亦兼具授权性规则和义务性规则的特征。

所谓义务性规则，是指在内容上规定人们的法律义务，即有关人们应当作出或不作出某种行为的规则。它也分为两种：（1）命令性规则，是指规定人们的积极义务，即人们必须或应当作出某种行为的规则，例如《婚姻法》规定的"现役军人的配偶要求离婚，须得军人同意"就属于此种规则。其在立法中的常见用语表达式为："有……义务""须得……""要……""应……""必须……"等。（2）禁止性规则，是指规定人们的消极义务（不作为义务），即禁止人们作出一定行为的规则，例如宪法规定的"禁止任何组织或者个人用任何手段侵占或破坏国家的和集体的财产"即属于此种规则。其在立法中的用语表达式为："禁止……""不准……""不得……""不应当……""严禁……""不要……"等。

2. 确定性规则、委任性规则和准用性规则

按照规则内容的确定性程度不同，可以把法律规则分为确定性规则、委任性规则和准用性规则。

所谓确定性规则，是指内容本已明确肯定，无须再援引或参照其他规则来确定其内容的法律规则。在法律条文中规定的绝大多数法律规则都属于此种规则。

所谓委任性规则，是指权利、义务的具体内容尚未确定，而只规定由相应国家机关通过相应途径或程序加以确定的法律规则。例如，我国《计量法》第 32 条规定："中国人民解放军和国防科技工业系统计量工作的监督管理办法，由国务院、中央军事委员会依据本法另行制定。"此规定即属委任性规则。

所谓准用性规则，是指本身没有规定人们具体的行为模式，而是规定在此问题上应援引或参照其他相应规定的规则。例如，我国《商业银行法》第 17 条第 1 款："商业银行的组织形式、组织机构适用《中华人民共和国公司法》的规定。"此规定即属准用性规则。

3. 强行性规则与任意性规则

按照规则对人们行为规定和限定的范围或程度不同，可以把法律规则分为强行性规则和任意性规则。

所谓强行性规则，是指其规定的内容具有强制性质，不允许人们随便加以更改的法律规则。义务性规则、职权性规则都属于强行性规则。在体现人们个人意志的活动（如民事活动）中，强行性规则不允许当事人有个人意思表示，如果当事人之间签订了规定其他行为条件的协议，则该协议被认为是无效的。

任意性规则在规定主体权利义务的同时，又允许当事人在法律许可的范围内通过协商自行设定彼此的权利和义务，只有在当事人没有协议的情况下，才适用法律规定的权利和义务。任意性规则在民商法等"私法"部门中较为常见，如在买卖关系中，合同当事人可以自行商定产品的质量标准，如果他们没有约定，当产生纠纷时，则依产品质量法等有关法律规定的质量标准处理。

4. 调整性规则和构成性规则

按照法律规则的功能这一标准，可以把法律规则区分为调整性规则与构成性规则。调整性规则，是对已有行为方式进行调整的规则。这种规则对在法律调整之前就已经存在的各种

行为方式和行为关系进行评价，通过授予法律权利和设定法律义务对该社会关系予以确认并加以调整。调整性规则所调整的社会关系或行为，先于规则而存在。如对大量的一般民事关系、婚姻家庭关系等予以调整的法律规则就是如此。调整性规则的作用只是按照一定价值标准对这些关系加以区分和选择，将某些既存的社会行为方式上升为法律上的权利与义务，使之合法化和规范化，从而纳入法律调整的轨道。调整性规则是法律的主体部分。

构成性规则，是以该规则的规定作为产生某种行为方式的前提条件和依据的法律规则。在构成性规则生效之前，受其调整的社会关系并不存在，只有当规则产生之后，相关的行为才可能出现。例如，没有关于税种、税率的规定，就不会形成具体的税收关系；没有关于诉讼程序的规定，也就不会产生诉讼活动中的权利义务关系。

如果说调整性规则说明法是一定现实社会关系的法律表现的话，那么，构成性规则又体现着法在规划和建构社会关系方面的积极性与能动性。

### （三）法律规则的逻辑结构

法律规则的逻辑结构，指法律规则从逻辑的角度看是由哪些部分或要素组成的，以及这些部分或要素之间是如何联结在一起的。

对法律规则的结构，目前学界尚有不同看法，主要有"三要素说"和"两要素说"两种观点。"三要素说"认为，每一法律规则通常由假定、处理和制裁三个要素构成。"两要素说"认为，法律规则是由行为模式和法律后果两部分构成的。"三要素说"和"两要素说"的区别在于：（1）"三要素说"认为法律后果只有一种，即制裁；而"两要素说"不仅承认有否定式的法律后果（制裁等），而且承认有肯定式的法律后果（如奖励）。（2）"三要素说"认为有独立的假定，而"两要素说"则把假定包含在行为模式这一要素之中。

我们认为，上述两种学说各有缺失，故而综合两方面的观点，提出新的"三要素说"，认为任何法律规则均由假定（条件）、行为模式和法律后果三个部分构成。

1. 假定

所谓假定（条件），指法律规则中有关适用该规则的条件和情况的部分，即法律规则在什么时间、空间对什么人适用以及在什么情境下对人的行为有约束力的问题。它包含两个方面：（1）法律规则的适用条件。其内容是法律规则在什么时间生效、在什么地域生效以及对什么人生效等。（2）行为主体的行为条件。其往往是法律关系产生、变更或消灭的事实规定，内容包括行为主体的资格构成（行为主体的国籍、权利能力、行为能力、免责条件等）和行为的情境条件（行为的时间、地点、程序和状态等）。

例如《婚姻法》规定：有负担能力的祖父母、外祖父母，对于父母已经死亡的未成年的孙子女、外孙子女，有抚养义务。这一规则的假定（条件）是：第一，祖父母、外祖父母有负担能力；第二，孙子女、外孙子女是未成年人；第三，孙子女、外孙子女的父母双亡。缺乏上面中的任何一个条件，都不能适用此规则。

在立法实践中，立法者通过法律条文表述法律规则的内容时，有可能省略假定（条件）这一要素，或将其规定在其他条文中，以求文字表达简明扼要。要注意的是，省略不意味着假定（条件）不存在，我们可以根据法律规则的内在逻辑，从法律条文的上下文或若干法律条文的内容规定推导出假定（条件）。

2. 行为模式

所谓行为模式，指法律规则中规定人们如何具体行为之方式或范型的部分。它是从人们大量的实际行为中概括出来的法律行为要求。根据行为要求的内容和性质不同，法律规则中的行为模式分为三种：（1）可为模式。指在什么假定（条件）下，人们"可以"如何行为的模式。（2）应为模式。指在什么假定（条件）下，人们"应当"或"必须"如何行为的模式。（3）勿为模式。指在什么假定（条件）下，人们"禁止"或"不得"如何行为的模式。从另一个角度看，可为模式亦可称为权利行为模式，而应为模式和勿为模式又可称为义务行为模式。它们的内容是任何法律规则的核心部分。

3. 法律后果

所谓法律后果，指法律规则中规定人们在作出符合或不符合行为模式的行为时应承担相应的结果的部分，是法律规则对人们具有法律意义的行为的态度。根据人们对行为模式所作出的实际行为的不同，法律后果又分为两种：（1）合法后果，又称肯定式的法律后果，是法律规则中规定人们按照行为模式的要求行为而在法律上予以肯定的后果，它表现为法律规则对人们行为的保护、许可或奖励。（2）违法后果，又称否定式的法律后果，是法律规则中规定人们不按照行为模式的要求行为而在法律上予以否定的后果，它表现为法律规则对人们行为的制裁、不予保护、撤销、停止，或要求恢复、补偿等。

法律后果是任何法律规则都不可缺少的要素，但在立法实践中，法律条文一般不明确表述合法的后果，因为根据行为模式，人们（包括法官）可以直接推知该法律后果。对于违法的后果，由于它实际上是规定人们违反法律所应承担法律责任的后果，因而必须在立法上予以明文规定。也就是说，任何一种行为模式（尤其是应为模式和勿为模式）都应有其相应的违法后果的规定。否则，法律规则就是不完整的，是模糊不清的，最终将使人们无所适从。

总之，在逻辑结构上，任何一个完整的法律规则都是由假定（条件）、行为模式和法律后果三部分构成的，尽管它们往往不表现于同一个条文当中。其中，假定（条件）、行为模式是法律后果的前提，法律后果是对人们遵守或违反假定（条件）和行为模式的认定。如果我们进一步分析法律后果，即把法律后果的认定或执行也看作是法律规则中规定的一定主体（通常是具有特定权限的国家机关）的职权或职责，那么，实际上有关法律后果的部分，又可以说是一种特殊的规则，即裁判规则或保护性规则。完整的法律规则就是行为规则和裁判规则（保护性规则）的结合。

## 二、法律原则

### （一）法律原则的含义及其与法律规则的区别

在法学上，法律原则是指在一定法律体系中作为法律规则的指导思想、基础或本源的综合的、稳定的原理和准则。

法律原则和法律规则同为法律规范，但它们在内容的明确性、适用范围、适用方式和作用上存在区别，它们是两种不同的法律规范。

1. 内容的区别

法律规则的规定是明确具体的，它着眼于主体行为及各种条件（情况）的共性；其明确具体的目的是削弱或防止法律适用上的"自由裁量"。与此相比，法律原则的着眼点不仅在于行为及条件的共性，而且关注它们的个别性。其要求比较笼统、模糊，它不预先设定明确的、具体的假定条件，更没有设定明确的法律后果。它只对行为或裁判设定一些概括性的要求或标准（即使是有关权利和义务的规定，也是不具体的），但并不直接告诉应当如何去实现或满足这些要求或标准，故在适用时具有较大的余地供法官选择和灵活应用。

### 2. 适用范围上的区别

法律规则由于内容具体明确，它们只适用于某一类型的行为。而法律原则对人的行为及其条件有更大的覆盖面和抽象性，它们是对从社会生活或社会关系中概括出来的某一类行为、某一法律部门甚或全部法律体系均通用的价值准则，具有宏观的指导性，其适用范围比法律规则宽广。

### 3. 适用方式上的区别

法律规则是以"全有或全无的方式"（all-or-nothing fashion）应用于个案当中的：如果一条规则所规定的事实是既定的，或者这条规则是有效的，在这种情况下，必须接受该规则所提供的解决办法；或者该规则是无效的，在这种情况下，该规则对裁决不起任何作用。美国法理学家德沃金（Dworkin）在说明这一点时，曾举过棒球规则的例子：在棒球比赛中，击球手若对投球手所投的球三次都未击中则必须出局。裁判员不能一方面承认三击不中者出局的规则有效，另一方面又不判三击不中者出局。这种矛盾在规则的情况下是不允许的。[①]

法律原则的适用与此不同，它不是以"全有或全无的方式"应用于个案当中的，因为不同的法律原则是具有不同的"强度"（weight）的，而且这些不同强度的原则甚至冲突的原则都可能存在于一部法律之中。例如，在民法中，无过错责任原则和公平责任原则可能与意志自由原则是矛盾的。所以，当两个原则在具体的个案中冲突时，法官必须根据案件的具体情况及有关背景在不同强度的原则间作出权衡：被认为强度较强的原则对该案件的裁决具有指导性的作用，比其他原则的适用更有分量。但另一原则并不因此无效，也并不因此被排除在法律制度之外，因为在另一个案中，这两个原则的强度关系可能会改变。例如，我们不能根据在某一个案中采用公平原则，而否定意志自由原则的效力；相反，我们在另一个案中强调意志自由原则，也并不否定公平原则的效力。当然，在权衡原则的强度时，有些原则自始就是最强的，例如法律平等原则、民法中的"诚实信用"原则，它们往往被称为"帝王条款"。

### 4. 调整作用的区别

法律规则与法律原则在立法、执法和守法过程中的作用和功能差别较大。一方面，法律规则给法律适用和守法提供确定性的指引，法官等执法者更容易找到清晰的规范指引。法律规则形成了法律制度中坚硬的部分，没有规则，法律制度就缺乏硬度。另一方面，法律原则虽然数量很少，但依然是法律制度、规范中必不可少的重要部分。

法律原则的作用主要有：（1）法律原则是法律规则的本源和基础。法律原则对法律的制定具有重要的指导意义，是设计具体法律规则的出发点。（2）法律原则可以协调法律体系中规则之间的矛盾。法律原则对于更全面、更准确地理解法律规则具有指导意义。借助于法律原则的引导，可以解决法律规则之间的一些矛盾，弥补法律规则设计上的某些不足与局限。（3）法律原则可以在疑难案件中直接作为法官裁判的法律依据，或者弥补规则适用可能造成的裁判不公。法律原则通过在法律运行中引入（法官）"自由裁量"（衡量或平衡）因素，不仅能够保证个案的个别正义，避免法律规则"一律适用"可能造成的实质不公正，而且使法律制度具有一定的弹性张力，在更大程度上使法律制度保持安定性和稳定性。总之，法律制

---

① 参见［美］罗纳德·德沃金：《认真对待权利》，43页，北京，中国大百科全书出版社，1998。

度在法律原则的支持下，能够比法律制度的全部规则化具有更强的适应性。

### （二）法律原则的种类

#### 1. 公理性原则和政策性原则

按照法律原则产生的基础不同，可以把法律原则分为公理性原则和政策性原则。

公理性原则，即由法律原理（法理）构成的原则，是由法律上之事理推导出来的法律原则，是严格意义的法律原则，例如法律平等原则、诚实信用原则、等价有偿原则、无罪推定原则、罪刑法定原则等，它们在国际范围内具有较大的普适性。

政策性原则是一个国家或民族出于一定的政策考量而制定的一些原则，如我国宪法中规定的四项基本原则、"依法治国，建设社会主义法治国家"的原则、"国家实行社会主义市场经济"的原则，婚姻法中"实行计划生育"的原则，等等。政策性原则具有针对性、民族性和时代性。

#### 2. 基本原则与具体原则

按照法律原则对人的行为及其条件之覆盖面的宽窄和适用范围大小，可以把法律原则分为基本原则和具体原则。

基本法律原则是整个法律体系或某一法律部门所适用的、体现法的基本价值的原则，如宪法所规定的各项原则。

具体法律原则是在基本原则指导下适用于某一法律部门中特定情形的原则，如（英美）契约法中的要约原则、承诺原则和错误原则等。

#### 3. 实体性原则与程序性原则

按照法律原则涉及的内容和问题不同，可以把法律原则分为实体性原则和程序性原则。

实体性原则是直接涉及实体法问题（实体性权利和义务等）的原则，宪法、民法、刑法、行政法中所规定的多数原则就属于此类。

程序性原则是直接涉及程序法（诉讼法）问题的原则，如诉讼法中规定的"一事不再理"原则、辩护原则、非法证据排除原则、无罪推定原则等。

### 三、法律概念

### （一）法律概念的特点

法律概念是法律的构成要素之一，是指在长期的法学研究和法律实践基础上对经常使用的一些专门术语进行抽象、概括所形成的具有特定法律意义的概念。像法人、公司、有限责任、犯罪、刑罚、量刑、时效、法律行为等都属于典型的法律概念。在法律发展史上，法律概念的形成是法律文明发展的重要标志之一。人们要进行简洁明晰的法律思维，就必须使用法律概念。

法律概念与一般日常交流中的概念相比有自己的特征。

（1）法律性。法律概念所释放出的有效内容是由立法者或司法者所确定的，带有法律性特征。这里的法律性包括两方面的含义：一方面是指由立法者通过立法明示，在法律规定中直接载明有法律概念的含义；另一方面是指由法律的适用者（主要是法官）在法律适用过程中，根据法律原则和精神对概念的中心意义作具体的确认。法律中的法律概念所释放出的意义具有法律的属性。法律概念的法律性也意味着法律概念具有规范性。

（2）明确性。任何概念都追求明确性，都是试图对定义对象作出清晰、准确的界定。鉴于一些法律概念或可能具有法律上的效力，法律概念的建构尤其注重这一点，清晰性和明确性是其基本追求。

（3）统一性。法律概念的展开，力图将社会中法律调整的诸多问题勾画、凝练为一种等级性的概念体系。概念法学、法律教义学就是努力建构一套完整、系统、具有高度涵摄性的法律概念体系的学问。在体系化追求中，法律概念必须要具有统一性、明确性。法律概念的统一性，要求概念本身是明确的，概念之间是没有矛盾的，概念体系是具有融贯性的。

**（二）法律概念的功能**

法律概念在法的系统中的功能主要表现在三个方面：

（1）认知功能。只有通过法律概念，才能将纷繁复杂的法律现象加以整理和归类，使之相互区别开来，使得法律问题得到清晰的表达，并进行更顺畅的法律交流和法律实践。法律概念是建构和发展任何法律系统所必需的。法律概念对于提高法律的科学化、专业化程度，对于法律职业和法律思维的专门化等，都具有重大的意义。

（2）构成功能。也可称为表达功能。法律规则和法律原则，在形式逻辑上都表现为一定的判断，而任何判断都是两个以上概念的结合。因此，法律概念是构成法律规则和原则的基本要素。认识和理解法律，必须借助于概念。没有法律概念，法律以及法律调整是难以想象的。

（3）准规范功能。在特定场合，即当法律规范不够完备时，法律概念也可以同法律原则结合起来，直接规范主体的行为。

**（三）法律概念的种类**

按照法律概念所涉及的因素，可将其分为四类：

（1）主体概念，这是用以表达各种法律关系主体的概念。如公民、社团法人、原告、行政机关等。

（2）关系概念，这是用以表达法律关系主体间权利、义务关系的概念。如所有权、抵押权、交付义务、赔偿责任等。

（3）客体概念，这是用以表达各种权利、义务所指向的对象的概念。如动产、主物、著作、支票等。

（4）事实概念，这是用以表达各种事件和行为的概念。如失踪、不可抗力、违约、犯罪中止等。上述四种概念并不能穷尽所有的法律概念，对法律概念还可作其他角度的分类，如公平、正当程序、法典、一般条款等概念。

## 第二节　法律体系与法律部门

**一、法律体系的概念**

**（一）法律体系的含义与特点**

所谓体系，在现代汉语的理解中通常是指若干事物或某些意识互相联系而构成的一个整体。法律体系，亦称法的体系，在法学上有不同的含义，不仅东西方国家的法学著作中对其有不同的解释，而且，即使在我国国内法学界对法律体系的理解也不相同。本章所述的法律体系，是指一国的部门法体系，即将一国现行的全部法律规范根据一定的标准和原则划分成不同的法律部门，并由这些法律部门所构成的具有内在联系的统一整体。

法律体系具有以下特征：

（1）法律体系是由一国本国法律规范构成的体系。法律体系只反映一国由本国制定实施的调整本国社会关系的法律状况，而不包括完整意义上的国际法范畴。当然，有些国际条约或国际惯例在一国国内法中也会有所反映，从而使这些被国内法所体现出来的国际法律规范也成为一国法律体系的组成部分。

（2）法律体系是由一国现行国内法所构成的体系。法律体系只反映一国目前正在生效的法律状况，而不包括本国历史上已经宣布废止的法律，也不包括尚未制定或者虽然制定颁布，但还尚未生效的法律。

（3）法律体系是由一国现行的全部法律规范所组成的不同类别的部门法（或称法律部门）所构成的体系。

（4）法律体系是由既相对独立而又具有内在联系的法律部门所构成的体系。不同法律部门在法律调整中都发挥着相对独立的作用，但它们之间并非毫不关联。因为一国现行的法律规范虽然依其调整的范围不同表现为多种多样且相对独立，但由于其所依存的经济基础相同，体现的阶级意志相同，制定与实施的法律思想和指导原则相同，故它们之间的关系并非杂乱无章、互不关联，而是协调统一地形成一个有机联系的整体。

### （二）法律体系与相关概念的比较

法制体系与法律体系。法制体系又称"法制系统"，是指由立法体系、执法体系、司法体系、守法体系和法制监督体系构成的完整的体系。二者的区别在于，法制体系概念旨在从纵向上动态地揭示法制运行机制和运行环节，而法律体系则揭示呈静态的由部门法构成的体系本身。二者的联系主要在于，法制体系包含着法律体系，法律体系参与构成法制体系，是法制体系的重要组成部分。

立法体系与法律体系。对立法体系也有不同的理解，在将它理解为国家机关制定的全部规范性法律文件时，它与法律体系大致上是相等同的，因为它们都包含有一个国家的全部规范性法律文件的含义；在将它理解为立法规划时，二者就有较大的差异，因为立法规划的内容和范围有限，不可能包括法律体系的全部内容。

法律体系与法系。法系是比较法学的一个重要概念。一般地说，法系可以理解为若干国家和特定地区的具有某种共性或共同传统的法律的总称。法系的概念是跨越历史和国界的，更多的是表达法律的传统，揭示的是由若干国家和地区法律构成的同一类法律的共性；而法律体系则以一个主权国家的现行法为限。

法律体系与法学体系。法学体系是指有关法律的学科体系。法律体系与法学体系的区别是明显的：（1）二者性质不同。法学体系属于思想范畴，法律体系则是由一国现行法律规范构成的体系，属于规范体系。（2）二者的范围不同。法学体系的范围比法律体系大得多，法律体系以一国的现行法为限，而法学体系则可以包容对全部法律现象的理论、历史、比较分析等研究的结果。（3）法律体系与国家主权密切联系，是国家主权的一种表现形式，而一国的法学体系虽然总是以本国现行法律的理论和实践为重点，与本国的法律体系联系紧密，对应性强，但是它同时具有跨国性，与多个国家的法学体系之间具有相同性或相通性，相互间可以学习、交流和借鉴。法学体系与法律体系之间也有密切的联系：（1）法律体系是法学体系形成、建立的前提和基础，构成一国法学体系的主要内容。（2）法律体系的发展也是法学体系发展、完善的推动力量。法律体系中新的法律内容的增加和扩充，会促成法学体系的丰富和更新，一个新的法律部门的出现或迟或早要有新的法学学科与之相适应。（3）法学体系的发展也会促进法律体系的发展完善。法学的研究结果会促成新的法律的产生，补充和调整法律体系的内容和结构；对法律体系的学术研究，也会促进对法律体系布局和结构的调整，使之适应变化的客观情势和认识的发展。

### 二、法律部门的划分标准与原则

#### （一）法律部门的含义与特点

所谓法律部门，亦称部门法，是指根据一定的标准和原则对一国现行全部法律规范所作的分类。通常凡是调整同一种类社会关系的法律规范的总和即构成一个相对独立的法律部门，如调整平等主体之间的财产关系和人身关系的法律规范的总和即构成民法部门。法律体系就是由若干个法律部门组成的有机联系的整体，法律部门是构成法律体系的基本单位。

掌握法律部门的概念，还应当了解它与相关术语的区别。

法律制度与法律部门是两个既有联系又有区别的概念。除最广义的法律制度和法律体系含义相似外，一般我们所指的法律制度，也是由同类法律规范构成的一种法律的分类。不过，这一法律制度的概念同部门法是一种交叉关系。一种法律制度，可以附属于某一个法律部门，也可以分属于几个法律部门，如财产所有权制度，它涉及宪法、民法、经济法、刑法和诉讼程序法等法律部门。

法律部门与规范性法律文件也是两个相互联系又相互区别的概念。规范性法律文件是表现法的内容的形式或者载体，部门法就是由规范性法律文件构成的。但是，部门法不等于规范性法律文件。部门法往往是由许多个规范性法律文件构成的。有时候，规范性法律文件的名称与部门法的名称是一致的，如"中华人民共和国宪法"，可以认为是作为一个规范性法律文件的宪法，也可以认为是作为一个法律部门的宪法部门，当然它还意味着一种作为法的渊源的宪法。又如刑法和劳动法，可以是作为规范性法律文件的刑法和劳动法，也可以被认为是刑法部门和劳动法部门。同时，需要指出的是，这些部门法除了包括上述相应同名规范性法律文件之外，一般还包括其他许多个规范性法律文件。如宪法部门，还包括有关国家结构的组织法、选举法、国籍法、民族区域自治法、特别行政区基本法等。在许多情况下，部门法没有相同名称的规范性法律文件与之对应。例如行政法、经济法、军事法等就没有一个相同名称的规范性法律文件。

#### （二）法律部门的划分标准

中国法学界一般认为，划分法律部门的标准有两个：法律调整的对象和法律调整的方法。

##### 1. 法律调整的对象

法律调整对象是划分法律部门的首要标准。划分法律部门是由需要进行法律调整的社会关系的多样性决定的。社会关系广泛而复杂，但是不同领域的社会关系自身又有一定的特征，形成不同种类，可以区分，表现为经济关系、政治关系、文化关系、家庭关系等。当这些社会关系进入法律调整的领域时，社会关系自身的差异也使调整它们的法律之间有了明显的差别，社会关系的不同领域成了划分法律部门的客观基础。以法律所调整的不同社会关系为标准，就可以把法律规范划分为各个法律部门。比如，将调整国家行政管理关系的法律规

法理学

范划入行政法部门，将调整平等主体之间的财产关系和人身关系的法律规范划入民法部门，将调整婚姻家庭关系的法律规范划入婚姻法部门，等等。

2. 法律调整的方法

法律调整方法是划分法律部门的补充标准。法律的调整对象是划分法律部门的基本标准，但是仅依据这一标准不能解决所有法律部门的划分问题，有的法律部门是无法从社会关系的性质来说明的。比如，刑法部门所调整的社会关系就横跨了经济、政治、文化、家庭等众多领域，一个法律部门调整了不同种类的社会关系。相反，社会经济关系又分由经济、行政、民商、刑法等部门来调整，出现了一种社会关系由不同法律部门来调整的现象。将法律调整的方法作为划分法律部门的又一标准，就可以很好地解决上述问题。比如，将以刑罚作为制裁手段的法律规范划分到刑法部门，将以承担民事责任作为调整手段的法律规范划分到民法部门等。除了承担法律责任的方式以外，法律所调整的社会关系的不同主体以及确定这种主体间权利义务关系的不同原则和形式等，也属于法律调整的方法。

上述两种标准之间存在着非常密切的关系，法律调整的方法是由法律调整的社会关系的性质决定的，不同性质的社会关系应当用不同的方法来调整。因此，与法律调整的对象相比，法律调整的方法是辅助的、从属的标准。

**（三）法律部门的划分原则**

法律调整的对象和调整的方法，提供了划分法律部门的客观依据，因为社会关系的领域以及调整该领域社会关系的法律规范，都是客观存在的，不以人的意志为转移。但是，法律部门的划分是非常复杂的问题，人们对法律部门的划分不是机械的描述，而是能动的反映。划分的主要目的是使人们能更好地了解和掌握本国的全部现行法律。在遵循客观的标准划分法律部门时，还要充分发挥人的聪明才智，善于提出并坚持正确的原则。我国法学界比较重视法律部门的划分原则问题，提出的原则主要有以下几种：

1. 客观原则

划分部门法不是主观任意进行的，它有相对稳定的客观依据，这就是社会关系。我们应该考虑到不同社会关系的广泛程度以及法律、法规数量的多少。一般来讲，社会关系范围较大并且相应法律法规也较多的，可以成为一个独立的部门法。

2. 目的性原则

划分法律部门的目的在于帮助人们了解和掌握本国现行法律。如果某种划分也不利于这一目的，那么其划分就是无意义的。我们不能说凡属于一个独特社会关系的都应成为一个独立的部门法。比如调整涉外财产关系的法律虽然是一种调整独特的社会关系的法律，但是我们不能认为它们是一个独立的部门法。因为涉外财产关系与国内财产关系在本质上并无区别，况且这样划分也不利于立法与执法工作人员从事法律活动，违背了法律部门划分的目的。

3. 适当平衡原则

划分部门法应当注意各种部门法不宜太宽，也不宜太细，在它们之间要保持相对平衡。所谓太宽，是指划分为很少的几个部门法；所谓太细，就是划分得太多。显然，我们不能把民法部门再分为合同法部门、所有权法部门、债法部门。所谓不平衡，是指有的部门法范围很大，包括的法律、法规太多，而有的部门法则范围太小，包括的法律、法规太少。

4. 辩证发展原则

法律部门的划分固然要以现行法律、法规为条件，但是法律是随着社会的不断进步而不断发展的，法律部门也不是一成不变的。在社会发展进程中可能不断出现新的法律、法规，因而法律部门也可能不断发展。我们在划分时，不能只限于目前的法律、法规的多少，还应当考虑到法律、法规的今后发展，即考虑到即将制定和可能制定的法律、法规。

5. 相对稳定原则

稳定性是法律的一种品格，同样，划分法律部门也应当考虑到稳定性的问题。频繁地变动和调整法律部门的设置及结构，会有损于法律的权威，也不利于人们对法律的遵守。在划分法律部门时，要一定的前瞻性，要基于对经济社会和法律发展的判断和预测。有了科学的预判，法律部门才会具有更大的稳定性，避免频繁地变动。

6. 主次原则

有时，一个法律、法规可以被划归不同的法律部门，在这种情况下，我们应该考虑根据这一法律、法规的主导因素来进行划分和归类。比如商标法，它既可以作为商法部门的组成部分，又可以作为民法部门的组成部分，还可以作为行政法或经济法的组成部分。我们就是根据它们的主导因素——尽管它们涉及经济和行政管理关系，但它主要是调整作为平等主体的商业主体之间的人身与财产关系的法律，所以将之划归商法部门。

划分法律部门要尊重法律发展的客观规律，但它同时也是一项受主观性影响明显的事务。由于划分者的主观意图和追求不同，所关注和强调的重点、标准及原则也有所不同等因素，不同的人对法律部门的具体划分方式显然不是完全一样的。存在不同的法律部门划分方式是正常的。但无论如何，法律部门的划分要努力追求科学和实用，要努力使划分既合乎逻辑又便于操作，也便于更深入认识法律的体系和特点。

## 第三节　当代中国的法律体系

### 一、当代中国法律体系的特色

当代中国法律体系产生于我国社会主义经济基础之上，为我国社会主义经济基础服务，它最大的特色就是体现了我国社会主义初级阶段的国情与实际需要。

从性质和内容上看，当代中国社会主义法律体系体现了"以人为本"、"和谐社会"和"科学发展观"的要求，反映了广大人民的根本利益和共同意志，与我国现阶段经济、政治、文化和社会发展的要求相适应，为我国社会主义建设提供了法律保障。

从形式上看，我国当代法律体系是以宪法为核心和统帅的法律体系。宪法规定了国家和社会的基本制度和公民的基本权利义务，是国家的根本大法，具有最高的法律效力。以宪法为核心，我国已经逐步健全了有关民事、刑事、行政、社会和诉讼程序的基本法律制度。

从发展的角度看，我国当代法律体系仍在不断健全和完善的过程之中。一方面，我国正处在社会转型时期，法律体系必须随社会关系的发展而发展，体现出一定的阶段性和前瞻性；另一方面，随着依法治国方略的逐步实施，我们也在不断总结法律调整经验的基础上，进一步发展立法的内容和技术，使法律体系更为科学和完善。

### 二、当代中国法律体系的构成

党的十一届三中全会以后，为适应社会主义现代化建设的需要，在建设中国特色社会主义理论的指导下，总结我国改革开放的丰富实践经验，借鉴国外的立法，初步建立起了具有中国特色的社会主义法律体系。根据法律所调整的社会关系以及调整方法的不同，可以把我国法律体系划分为以下主要的法律部门。

### （一）宪法及其相关法

宪法是我国的根本大法，是国家活动的总章程，因而是最重要的法律部门。宪法规定社会主义中国的各种根本制度、原则、方针、政策，公民的基本权利和义务，各主要国家机关的地位、职权和职责等。现行的宪法部门有三个层面。第一层面是 1982 年第五届全国人民代表大会第五次会议通过的《中华人民共和国宪法》（含 1988 年、1993 年、1999 年、2004 年四次修宪通过的 31 条修正案）。第二层面主要有：国家机关组织法，如《全国人民代表大会组织法》《国务院组织法》《地方各级人民代表大会和地方各级人民政府组织法》《人民法院组织法》《人民检察院组织法》《全国人民代表大会和地方各级人民代表大会代表法》《全国人民代表大会常务委员会议事规则》《全国人民代表大会和地方各级人民代表大会选举法》《民族区域自治法》《香港特别行政区基本法》《澳门特别行政区基本法》《国籍法》《国旗法》，以及有关公民基本权利和义务的单项立法（如《集会游行示威法》），等等。第三层面是有关宪法的解释。

### （二）行政法

行政法是有关国家行政管理活动的法律规范的总称。它是由调整行政管理活动中国家机关之间、国家机关同企业事业单位、社会团体和公民之间发生的行政关系的规范性文件组成的。行政法是由很多单行的法律、法规构成的，分为一般行政法（或称行政法总则）和特别行政法（或称行政法分则）两个部分。

一般行政法包括国家行政管理的基本原则、方针和政策；国家行政机关及其负责人的地位、职权和职责；作出行政决策、采取行政措施、进行行政裁决的方式和程序；国家行政机关及其工作人员在行使职权时同公民和其他组织之间的关系，以及他们违反行政法和违法失职行为的法律责任；有关国家公职人员的任免、考核、奖惩；行政体制改革、转变政府职能等方面的法律规范。

特别行政法则指对各专门行政职能部门管理活动适用的法律、法规，如民政管理，公安管理，卫生管理、教育、科学和文化管理，资源和环境管理，城市建设管理，工商行政管理，司法行政管理，海关管理，边防管理，军事行政管理等多方面的法律规范性文件。

为了适应改革开放的需要，我国将逐步完备行政管理方面的法律，以便依法行政，使国家的行政管理活动制度化、法律化。

### （三）民商法

民商法是调整作为平等主体的公民之间、法人之间、公民与法人之间的财产关系和人身关系的法律规范的总和。财产关系的内容很广，民商法主要是调整商品经济关系，包括财产所有权关系、商品流通关系、遗产继承关系、知识产权关系等。它所调整的是平等主体之间发生的经济关系，也就是通常人们所说的横向的经济关系。其他经济关系，如国家对经济的管理、国家同企业之间以及企业内部的管理等纵向的经济关系，主要由经济法或行政法调整。民商法还要调整属于民事范围的人身关系，如婚姻关系、名誉权、肖像权、生命健康权、法人的名称权等。

在市场经济条件下，民商法是非常重要的法律部门。现阶段民商法主要由《民法通则》和大量单行的民事法律组成。《民法通则》于 1986 年颁布，包括了民事法律、法规共同适用的原则和规定，如民法的基本原则、公民和法人、民事法律行为和代理、民事权利、民事责任、诉讼时效、涉外民事法律关系的法律适用等方面的规定。单行的民事法律主要有《物权法》《合同法》《担保法》《婚姻法》《继承法》《收养法》《侵权责任法》《专利法》《著作权法》《公司法》《商标法》《票据法》《海商法》及有关保险的法律和法规等。

### （四）经济法

在我国，经济法是改革开放以后发展起来的一个新的法律部门，它是有关国家对经济实行宏观调控的各种法律规范的总和。用经济法学的语言来讲，它所调整的是经济领域中的纵向关系。经济法涉及的范围很广，包括预算法、计划法、基本建设法、财政法、税法、银行法、投资法、信贷法、外汇管理法等方面的法律规范；有关各类企业管理的法律规范，如全民所有制工业企业法、全民所有制工业企业转换经营机制条例、城乡集体所有制企业条例、私营企业暂行条例、各种外资企业法等；有关规范市场行为、维护市场秩序的法律规范，如物价管理法、产品质量法、反不正当竞争法、消费者权益保护法等；有关外经、外贸、商检、海关等涉外经济管理的法律规范；有关电力、交通（包括公路交通、铁路交通、航运、民航）、邮电、城市建设、农业、水利发展方面的基本法。

### （五）社会法

社会法是调整有关劳动关系、社会保障和社会福利关系的法律规范的总和。它的基本出发点和目的是从社会整体利益出发，保障劳动者、失业者、更新换代劳动能力的人和其他需要扶助的人的权益。其中，劳动法是调整劳动关系以及与劳动关系密切联系的其他关系的法律规范的总和，范围包括企事业单位的用工制度，劳动合同的订立、解除和执行，工作、休息时间和劳动报酬，劳动安全和卫生，劳动纪律和奖励办法，劳动保险和生活福利制度，职工参加国有企业管理，工会组织的建立及活动等内容。

社会保障和社会福利法是规定一国的社会保障制度，调整关于社会保险和社会福利关系的法律规范的总称，其内容主要涉及社会保险、社会救助、社会福利、优抚保障和单位与个人补充保险等各项制度。社会保障为社会成员提供生存保障，创造安定的社会环境，缓和贫富差距和社会矛盾，促进社会的协调发展，为经济和社会发展提供一定的资金投入，减缓经济周期波动的危害，是社会发展的重要稳定器和推进器。我国已制定的社会法主要有《劳动法》《矿山安全法》《残疾人权益保障法》《未成年人保护法》《妇女权益保障法》《老年人权益保障法》《工会法》以及失业和低收入者权益保障的相关规定等。

### （六）刑法

刑法是规定有关犯罪和刑罚的法律规范的总称。在人们的日常生活中，它是人们最为关注的法律之一。我国现阶段有关犯罪和刑罚的基本规定集中在《中华人民共和国刑法》这一法典中。除此之外，还有许多单行决定。近年来，在有关经济和行政法律、法规中对构成犯罪的行为，也有一些比照刑法有关条款追究刑事责任的规范，扩大了刑法的适用范围。这些规范都是刑法部门的组成部分。

### （七）程序法

程序法与实体法相对，是指以保证主体的权利和义务得以实现或保证主体的职责得以履行所需程序或手续为主要内容的法，也即调整因诉讼活动和非诉讼法活动而产生的社会关系的法律规范的总和，包括民事诉讼、刑事诉讼、行政诉讼以及仲裁等方面的有关法律。程序法的内容主要是关于司法（仲裁）机关及其他诉讼（仲裁）参与人进行诉讼（仲裁）活动的原则、程序、方式和方法以及各方当事人权利和义务的规定。程序法突出地表现了法律调整的特点——程序性，是主体实体权利义务得以实现的重要保障。我国目前的程序法主要有《民事诉讼法》《刑事诉讼法》《行政诉讼法》《行政复议法》以及《仲裁法》《引渡法》《人民调解法》《海事诉讼特别程序法》等。

### 三、当代中国法律体系的发展与完善

#### （一）当代中国法律体系的形成

中国特色社会主义法律体系是在中国共产党领导下，适应中国特色社会主义建设事业的历史进程而逐步形成的。

新中国成立初期，面临着组建和巩固新生政权、恢复和发展国民经济、实现和保障人民当家作主的艰巨任务。新中国成立之初，根据具有临时宪法性质的《中国人民政治协商会议共同纲领》，制定了《中央人民政府组织法》《工会法》《婚姻法》《土地改革法》《人民法院暂行组织条例》《最高人民检察署暂行组织条例》《惩治反革命条例》《妨害国家货币治罪暂行条例》《惩治贪污条例》《全国人民代表大会及地方各级人民代表大会选举法》以及有关地方各级人民政府和司法机关的组织、民族区域自治和公私企业管理、劳动保护等一系列法律、法令，开启了新中国民主法制建设的历史进程。

1954年，第一届全国人民代表大会第一次会议召开，通过了新中国第一部宪法。这部宪法确立了人民民主和社会主义原则，确立了人民代表大会的根本制度，规定了公民的基本权利和义务，同时制定了《全国人民代表大会组织法》《国务院组织法》《地方各级人民代表大会和地方各级人民委员会组织法》《人民法院组织法》《人民检察院组织法》等，确立了国家生活的基本原则。1956年，中国共产党第八次全国代表大会提出，"国家必须根据需要，逐步地系统地制定完备的法律"。此后至1966年"文化大革命"前，立法机关共制定法律、法令130多部。这个时期的民主法制建设，为建设中国特色社会主义法律体系提供了宝贵经验。"文化大革命"期间，中国的民主法制建设遭到严重破坏，立法工作陷于全面停顿。

1978年，中国共产党十一届三中全会召开，开启了中国改革开放和社会主义民主法制建设的历史新时代。这次会议提出，为了保障人民民主，必须加强社会主义法制，使民主制度化、法律化，使这种制度和法律具有稳定性、连续性和极大的权威，做到有法可依、有法必依、执法必严、违法必究。改革开放之初的立法工作的重点是，恢复和重建国家秩序，实行和推进改革开放。1979年，第五届全国人民代表大会第二次会议通过了修改宪法若干规定的决议，制定或修改了《全国人民代表大会和地方各级人民代表大会选举法》《地方各级人民代表大会和地方各级人民政府组织法》《人民法院组织法》《人民检察院组织法》《刑法》《刑事诉讼法》《中外合资经营企业法》等7部法律。新时期中国大规模立法工作的序幕由此拉开。

1982年，为适应国家经济、政治、文化、社会生活等各方面发生的巨大变化，第五届全国人民代表大会第五次会议通过了现行宪法。这标志着中国民主法制建设进入新的历史阶段。随着改革开放的深入推进和经济社会的深刻变化，中国先后于1988年、1993年、1999年和2004年对宪法的部分内容进行修改，确认了非公有制经济在国家经济中的重要地位，将国家"实行社会主义市场经济"，"实行依法治国，建设社会主义法治国家"，"尊重和保障人权"，"公民的合法的私有财产不受侵犯"以及"中国共产党领导的多党合作和政治协商制度将长期存在和发展"等内容写入宪法。为适应以经济建设为中心、推进改革开放的需要，

法理学

制定了《民法通则》《全民所有制工业企业法》《中外合作经营企业法》《外资企业法》《专利法》《商标法》《著作权法》《经济合同法》《企业破产法》等法律；为贯彻落实"一国两制"方针，先后制定了《香港特别行政区基本法》《澳门特别行政区基本法》；为加强民族团结，发展社会主义民主，维护公民合法权益，制定或修改了《民族区域自治法》《村民委员会组织法》《刑事诉讼法》《民事诉讼法》《行政诉讼法》等法律；为保护和改善生活环境与生态环境，制定了《环境保护法》《水污染防治法》《大气污染防治法》等法律；为促进教育和文化事业发展，制定了《义务教育法》《文物保护法》等法律。这个时期立法工作取得的突出成就，为中国特色社会主义法律体系的形成奠定了重要基础。

1992 年，中国共产党第十四次全国代表大会作出了建立社会主义市场经济体制的重大战略决策，明确提出社会主义市场经济体制的建立和完善必须有完备的法制来规范和保障。立法机关按照建立社会主义市场经济体制的要求，加快经济立法，在规范市场主体、维护市场秩序、加强宏观调控、促进对外开放等方面，制定了《公司法》《合伙企业法》《商业银行法》《乡镇企业法》《反不正当竞争法》《消费者权益保护法》《产品质量法》《拍卖法》《担保法》《海商法》《保险法》《票据法》《城市房地产管理法》《广告法》《注册会计师法》《仲裁法》《审计法》《预算法》《中国人民银行法》《对外贸易法》《劳动法》等法律。为完善刑事法律，修订了《刑法》，形成了一部统一的、比较完备的刑法，又修改了《刑事诉讼法》，完善了刑事诉讼程序；为规范和监督权力的行使，制定了《行政处罚法》《国家赔偿法》《法官法》《检察官法》《律师法》等法律；为进一步加强对环境和资源的保护，制定了《固体废物污染环境防治法》等法律，修改了《矿产资源法》等法律。

1997 年，中国共产党第十五次全国代表大会提出了 21 世纪第一个十年国民经济和社会发展的远景目标，确立了"依法治国，建设社会主义法治国家"的基本方略，提出要"加强立法工作，提高立法质量，到二〇一〇年形成有中国特色社会主义法律体系"。党的十六大报告又重申了这一目标。在 2011 年的十一届全国人大第四次会议上，时任全国人大常委会委员长吴邦国正式宣告中国特色社会主义法律体系业已形成。他说：目前，涵盖社会关系各个方面的法律部门已经齐全，各法律部门中基本的、主要的法律已经制定，相应的行政法规和地方性法规比较完备，法律体系内部总体做到科学和谐统一。一个立足中国国情和实际、适应改革开放和社会主义现代化建设需要、集中体现党和人民意志的，以宪法为统帅，以宪法相关法、民法商法等多个法律部门的法律为主干，由法律、行政法规、地方性法规等多个层次的法律规范构成的中国特色社会主义法律体系已经形成，国家经济建设、政治建设、文化建设、社会建设以及生态文明建设的各个方面实现有法可依，党的十五大提出到 2010 年形成中国特色社会主义法律体系的立法工作目标如期完成。

中国特色社会主义法律体系的形成，是我国社会主义民主法制建设的一个重要里程碑，是改革开放事业的标志性成就之一，是建设中国特色社会主义的内在要求和现实需要。

**（二）当代中国法律体系的完善**

中国特色社会主义法律体系虽已经基本建立，完善中国特色社会主义法律体系依然任重道远。完善中国特色社会主义法律体系，是推进中国特色社会主义制度发展完善的内在要求，是全面推进依法治国的内在要求，也是今后立法工作面临的重要任务。

中国已经进入改革发展和全面建设小康社会的关键时期。国内外形势的新情况、新变化，广大人民群众的新要求、新期待，改革发展稳定面临的新课题、新矛盾，迫切需要法律制度建设予以回应和调整。实现科学发展，加快转变经济发展方式，进一步保障和改善民生，迫切需要法律制度建设予以推动和引导。利益主体多元化、利益格局复杂化的客观现实，对科学立法、民主立法的要求愈来愈高，通过立法调整社会利益关系的难度愈来愈大。就立法领域而言，也面临着一些突出问题，比如：立法质量需要进一步提高，有的法律法规全面反映客观规律和人民意愿不够，解决实际问题有效性不足，针对性、可操作性不强；立法效率需要进一步提高；立法工作中部门化倾向、争权诿责现象较为突出；一些地方利用法规实行地方保护主义，对全国形成统一开放、竞争有序的市场秩序造成障碍，损害国家法治统一。

为适应推动科学发展、促进社会和谐、促进社会公平正义、全面推进依法治国的要求，当前和今后一个时期，中国将根据经济社会发展的客观需要，不断健全各项法律制度，推动中国特色社会主义法律体系不断完善。《中共中央关于全面推进依法治国若干重大问题的决议》指出："必须坚持立法先行，发挥立法的引领和推动作用，抓住提高立法质量这个关键。要恪守以民为本、立法为民理念，贯彻社会主义核心价值观，使每一项立法都符合宪法精神、反映人民意志、得到人民拥护。要把公正、公平、公开原则贯穿立法全过程，完善立法体制机制，坚持立改废释并举，增强法律法规的及时性、系统性、针对性、有效性。"

具体而言，今后一段时间要着力加强和完善以下几个方面的立法工作：

1. 加强发展社会主义民主政治的立法

适应积极稳妥推进政治体制改革的要求，完善选举、基层群众自治、国家机构组织等方面的法律制度；加强规范行政行为的程序立法，完善审计监督和行政复议等方面的法律制度；适应司法体制改革要求，进一步修改法院组织法、检察院组织法，完善诉讼法律制度；完善国家机关权力行使、惩治和预防腐败等方面的法律制度，加强对权力行使的规范和监督，不断推进社会主义民主政治制度的完善和发展；完善保障公民政治权利的立法，更加重视通过保障人民的基本人权来促进人民当家作主，加快完善体现权利公平、机会公平、规则公平的法律制度；完善依法执政、科学执政、民主执政的相关法律制度。

2. 继续加强经济领域立法

社会主义市场经济本质上是法治经济。使市场在资源配置中起决定性作用和更好发挥政府作用，必须以保护产权、维护契约、统一市场、平等交换、公平竞争、有效监管为基本导向，完善社会主义市场经济法律制度。健全以公平为核心原则的产权保护制度，加强对各种所有制经济组织和自然人财产权的保护；完善激励创新的产权制度、知识产权保护制度和促进科技成果转化的体制机制；适应社会主义市场经济发展要求，制定民法典；适应深化财税、金融等体制改革要求，完善预算管理、财政转移支付、金融风险控制、税收等方面的法律制度，特别是加强税收立法，适时将国务院根据授权制定的税收方面的行政法规制定为法律；制定和完善发展规划、投资管理、土地管理、能源和矿产资源、农业、财政税收、金融等方面法律法规，完善规范国家管理和调控经济活动、维护国家经济安全的法律制度等。

3. 突出加强社会领域立法

坚持以人为本，围绕保障和改善民生，加强和规范公共服务，在促进社会事业、健全社会保障、创新社会管理等方面，进一步完善劳动就业、劳动保护、社会保险、社会救助、社会福利、收入分配、教育、医疗、住房以及社会组织等法律制度；加快完善妇女儿童、老年人、残疾人合法权益保护等方面的法律法规；加强社会组织立法，规范和引导各类社会组织健康发展。

4. 更加注重文化科技领域立法

适应推进文化体制改革、促进科技进步的要求，完善扶持公益性文化事业、发展文化产业、鼓励文化科技创新、保护知识产权等方面的法律制度，推动社会主义文化大发展大繁荣，建设创新型国家。如要制定公共文化服务保障法、文化产业促进法、国家勋章和国家荣誉称号法等。加强互联网领域立法，完善网络信息服务、网络安全保护、网络社会管理等方面的法律法规。

5. 高度重视生态文明领域立法

适应资源节约型、环境友好型社会建设的要求，完善节约能源资源、保护生态环境等方面的法律制度，从制度上积极促进经济发展方式转变，努力解决经济社会发展与环境资源保护的矛盾，实现人与自然和谐相处。要加快建立有效约束开发行为和促进绿色发展、循环发展、低碳发展的生态文明法律制度，强化生产者环境保护的法律责任，大幅度提高违法成本。建立健全自然资源产权法律制度，完善国土空间开发保护方面的法律制度，制定完善生态补偿和土壤、水、大气污染防治及海洋生态环境保护等法律法规，促进生态文明建设。

6. 深入推进科学立法、民主立法，着力提高立法质量

推进科学立法、民主立法，是提高立法质量的根本途径。科学立法的核心在于尊重和体现客观规律，民主立法的核心在于为了人民、依靠人民。推进科学立法、民主立法，要完善人大代表参与立法工作机制，充分发挥人大代表在立法工作中的作用；完善法律案审议制度，建立健全科学民主的审议和表决机制；探索公众有序参与立法活动的途径和形式，完善立法座谈会、听证会、论证会和公布法律法规草案征求意见等制度，建立健全公众意见表达机制和采纳公众意见的反馈机制；建立健全立法前论证和立法后评估机制，不断提高立法的科学性、合理性，进一步增强法律法规的可操作性。

同时，在完善各项法律制度的同时，更加注重完善保障法律制度有效实施的体制机制。如做好法律法规配套规定制定工作；完善法律解释机制的途径和方法，建立法律解释常态化机制，对需要进一步明确法律规定的具体含义或者法律制定后出现新情况需要明确法律适用依据的，及时作出法律解释；健全备案审查机构，完善备案审查机制，改进备案审查方式，加强对法规、规章、司法解释等规范性文件的备案审查；健全法律法规清理工作机制，逐步实现法律法规清理工作常态化，确保法律体系内在科学和谐统一。

# 第七章 立 法

## 第一节 立 法 概 述

### 一、立法的概念和特征

立法，也称法的创制、法律制定、法的创立，是指有立法权的国家机关或经授权的国家机关，在法定的职权范围内，依照程序，制定、补充、修改和废止法律和其他规范性法律文件，以及认可法律的一项专门性活动。

在法学上，立法一词有广义和狭义两种解释。广义的立法泛指有关国家机关，按照法定的职权和程序制定具有法律效力的各种规范性文件的活动。立法主体既包括最高权力机关和它的常设机关，也包括经授权的地方各级权力机关以及各级行政机关。狭义的立法，专指国家最高权力机关和它的常设机关，依照法定的权限和程序制定规范性法律文件的活动。

立法有如下特征：

(1) 立法是国家的一项专有活动。如果我们对现代国家的职能从结构上进行分析，就会发现它有立法、行政和司法职能，而立法职能主要是通过法律制定活动而实现的。立法是国家权力体系中最重要的核心权力之一，立法是其他两项国家职能实现的前提和依据。立法是国家机关的一项专有活动，它只能由有权制定法律或经授权的国家机关来行使，其他任何机关、社会组织、团体和个人都不能行使这项职权。立法不是任何国家机关都可以进行的活动，而是享有法的创制权限的某些国家机关的专有活动，这种权限通常是由一国的宪法和有关法律所规定的。

(2) 立法主体具有法定性。立法机关既包括有立法权的国家机关，也包括经授权的机关。无论哪种机关，要进行立法，就必须有其宪法和法律根据。由于现代国家管理的复杂性，仅由立法机关进行法律制定，难以应付不断变化的社会情况，因此需要通过授权立法来行使制定法律的权力，但授权立法要有严格的法律限制和充足的授权理由。立法机关的立法活动必须居于主导地位，授权立法只能居于次要地位。

(3) 立法活动包括对法律规范的制定、修改、补充、废止以及认可等各项活动。立法是一个系统化的综合性活动，它不仅包括对新的法律规范的创立活动，而且也包括对已有的法律规范进行补充、修改甚至废止的活动，还包括对那些属于其他类型的社会规范进行法律认可，赋予其法律效力的活动。这样，就形成了一个完整的法律制定结构。

(4) 立法是一种严格依照法定程序进行的活动。现代法治国家非常强调要依照专门的法定程序逐次展开立法活动。通过立法的正当程序，可以有效地提升国家立法的正当性。立法作为人民意志的表达、反映和集中综合的过程，需要通过正当程序来实现立法最大限度地形成人民的共同意志，符合人民的根本利益。因此，为使民意能够顺畅地表达和综合，现代国家都为立法活动设计了体制、权限和程序。

(5) 立法活动是一项兼具高度专业化与政治化的国家活动。立法是为构建和完善法律体系所进行的专门活动，是一项高度专业化的活动，必须由法学职业群体作为专家的全程参与。而且，立法本身需要运用复杂的立法技术，从规范设计、具体制度设计到法律体系的构建，都蕴含着精深的专业学问。立法活动同时又是高度政治化的，立法是由议会的代表们进行政治斗争、协商和妥协的结果，是对各种利益诉求进行政治协商和决断的结果。

（6）立法活动的本质是统治阶级意志的国家化。立法的直接表现是形成一种国家公共意志，其实质是通过立法机构的专门活动，系统地形成统治阶级的共同意志，并将其上升为国家意志。

### 二、立法权与立法体制

立法权是一定的国家机关依法享有的制定、补充、修改、认可或废止法律的权力，是国家权力体系中最重要、最核心的权力。享有立法权是进行立法活动的前提。立法活动是行使立法权的过程和表现。

在一个国家中，不是所有的国家机关都享有立法权。在享有立法权的国家机关中也不都享有同等的立法权限。根据不同的立法主体，划分不同的立法权限所形成的制度结构称为立法体制。它既包括中央国家机关和地方机关关于立法权限划分的制度，也包括中央国家机关之间及地方各级国家机关之间关于法律制定权限划分的制度。

一个国家的立法体制同该国国家结构形式密切相关。在实行单一制国家结构形式的国家里，一般是采用一元立法体制，即立法权集中在最高国家权力机关，全国只有一个立法体系。当然，世界上也有一些单一制的国家并不绝对地实行一元立法体制，也允许地方在一定范围内享有立法权限，如中国、意大利、荷兰等。而在实行联邦制国家结构形式的国家里，一般采用二元或多元立法体制。在这种立法体制下，一个国家里有两个或多个拥有立法权的机关，联邦制国家的宪法一般对联邦的专有立法权限和联邦与联邦成员各自拥有的或共有的立法权限都有明确的规定。

### 三、我国现行立法体制的特点

我国现行的立法体制既不同于上面所说的联邦制国家结构的二元或多元的立法体制，也不同于一般的单一制国家所采用的纯粹的一元立法体制，而是集中了两种立法体制的一些特点，并结合我国的具体情况，独创了一种"一元、两级、多层次"的立法体制。这是一种既统一又分层次的立法体制。

（1）一元的立法体制。所谓"一元"是指根据我国宪法规定，我国是一个单一制的、统一的多民族国家，因此我国的立法体制是统一的、一元化的，全国范围内只存在一个统一的立法体系，不存在两个或两个以上的立法体系。立法体制的一元性，也展示出立法体制的统一性。这种统一性的核心在于全国人民代表大会及其常委会统一行使国家立法权力，国家权力机关在立法体制中居于中枢地位。这也是由我国的根本政治制度即人民代表大会制度的具体特点决定的。

（2）两级的立法体制。所谓"两级"是指根据宪法规定，我国立法体制分为中央立法和地方立法两个等级。由我国的国情和制度特点所决定，立法权相对而言集中于中央。地方立法总体而言要根据中央立法，或不能与之相抵触。

（3）多层次的立法体制。所谓"多层次"是指根据宪法规定，不论是中央级立法，还是地方级立法，都可以各自分成若干个层次和类别。其中基本的是，每个层次中都包括权力机关和行政机关这两类立法主体，而行政机关的立法要从属于权力机关立法。中央层次的立法机关主要包括全国人大及其常委会、国务院及其各个部委、中央军委等。地方立法主体则有省、市、自治区的人大及其常委会、省、市、自治区的人民政府，设区的市的人大及其常委会、设区的市的人民政府，自治州的人大及其常委会、民族自治地方的人大、经济特区、被授权的其他机关等。

## 第二节　立　法　原　则

立法的指导思想，是指贯彻于整个立法活动过程的理论基础和思想准则。它关系到立法活动的根本性、全局性和方向性的问题，既是立法活动经验的理论概括，又是立法活动的思想指导和最高准则。不同社会形态的国家有着不同的立法指导思想，而同类社会形态的国家则有着共同的指导思想。我国社会主义初级阶段的立法指导思想是，马克思列宁主义、毛泽东思想、邓小平理论和"三个代表"重要思想，以及中国共产党在社会主义初级阶段的基本路线和基本纲领。

立法的原则，是指立法者在法律的制定过程中应该遵循的基本准则，它是立法的指导思想在法律的制定过程中的具体化。由于我国现阶段立法的指导思想是以建设中国特色社会主义理论和党的基本路线为指导，为实现社会主义现代化建设服务，因此，我国现阶段立法的基本原则，也就应将这一指导思想具体落实到法律的制定过程中。主要包括以下三条原则。

### 一、合宪性和法制统一原则

#### （一）合宪性原则

合宪性原则是指立法必须符合宪法的精神和规定，包括立法主体（或权限）的合宪性、内容（或依据）的合宪性和程序的合宪性等。

（1）立法主体的合宪性。这是指在所有法律的制定过程中，立法主体都必须有宪法赋予的立法权力，或经过特别授权，且其制定的内容必须是属于该职权范围，不能越权制定法律。凡没有法定职权或未经授权制定法律的行为，均属于无效行为。

（2）内容的合宪性。这是指制定出来的法律内容要符合宪法原则、宪法精神和宪法具体规定，不得有同宪法原则、宪法精神、宪法规定相违背、相冲突、相抵触的内容。

（3）程序的合宪性。这是指所有法律的制定过程都要依照法定程序进行。程序是民主的体现之一，是保证法律得以正确制定的有效措施，不论是哪一级、哪一层次的法律制定，都要依照该级、该层次的法定程序创制。

#### （二）法制统一原则

法制统一原则是立法合宪性原则的继续，它要求立法机关所创设的法律应内部和谐统一，做到整个法律体系内各项法律、法规之间相衔接且相互一致、相互协调。这就要求：

（1）必须统一立法尺度，一切法律制定都必须以宪法为根据，不能违背宪法，地方法规不能与中央法规相抵触。

（2）应当注意各个部门法之间的相互补充和相互配合，但又要防止重复。

（3）应避免不同类别法律规范之间的矛盾，或同一类法律规范之间的矛盾。

## 二、科学原则

科学是人类实践经验的理性总结，是人类对相对真理结论的高度概括。法律作为一种社会规范和行为规则，它要为国家、社会及普通公民确立一种合理的组织结构、规范的行为模式、正确的价值选择。因此，法律必须建立在科学原则的基础之上。用非科学的原则来指导法律的创制，只会破坏和扭曲上述法律目标。

立法的科学性原则要求，立法必须从实际出发，尊重客观规律，总结借鉴他国经验，科学设计权利、义务和责任，法律规范明确、具体和有可执行性。科学立法的核心在于尊重和体现客观规律。具体而言，立法的科学性原则包括以下几种含义：

### （一）立法必须从客观实际出发

立法应当根据社会经济、政治和文化发展的客观需要，正确反映客观规律的要求。马克思说过：立法者应该把自己看做一个自然科学家。他不是在制造法律，不是在发明法律，而仅仅是在表述法律，他把精神关系的内在规律表现在有意识的现行法律之中。这就是说，立法者最根本的是要研究规律，认识规律，尊重规律，并且善于利用规律，而不能把主观愿望和想象作为立法的根据。法律脱离了实际，只能是一纸空文。这里所讲的"实际"，不是简单地指现实存在，而是既包括现实实际，也包括历史实际以及对事物发展未来的科学预测。制定法律，就必须从客观事物的发展中，把握住带有实质性的、普遍性的、全局性的问题，从事物的矛盾运动中寻找事物发展的客观规律，从而创制出既反映现实，又能指导现实发展、促进社会变革的法律。

### （二）立法应合理地吸收、借鉴历史的和外国的经验

任何国家的法律都是一定历史发展的产物。法律是人类共同创造的文明成果。在当今，一国法律还存在着与其他国家法律互相制约、互相依存的关系。不管是历史的还是现代的法律，其存在和发展都有其合理的一面，都反映出了一个国家对各种社会关系的合理界定。合理化在某种程度上即体现着科学性。

社会主义国家的立法要吸收和借鉴历史上和国际上一切对人民有用的、合理的经验和规定，这无论从理论上还是实践上都是应该肯定的。过去，由于受"左"的思想影响，往往只看到或更多地看到法律阶级性的一面，而很少看到可以相互吸收、借鉴的一面，这是不科学的。同时，不同国家社会关系本身的特点也有许多共性，如价值规律、供求规律、竞争机制、资源配置原则等。因此，在立法时完全可以合理地吸收和借鉴资本主义国家反映市场经济、民主政治等一般规律的成功经验和做法，注意与国际上有关法律和国际惯例相衔接，这才是科学的立法态度。

### （三）立法对行为模式的设计要科学合理

立法活动应该科学合理地规定公民、法人和其他组织的权利和义务，合理地设置国家机关的职权和责任。科学合理地设计各类主体的权利、义务、权力、责任，要努力做到坚持权利价值优先的理念，重视尊重和保障权利；要考虑权利与义务的平衡、权力与责任的平衡，努力贯彻权利义务一致性的原则；要尤其关注对弱者的正义，加强对社会弱势群体的利益保护，考虑其实际承受能力。

设置科学合理的法律行为模式，也应从形式和立法技术上努力。比如，要使法律规范在形式上更明确、更具体，要使其更具有针对性和可执行性。这样的立法才更能成为良法，更可能被严格执行和遵守。

### （四）科技法律的大量增加要求立法更关注科学性

立法的科学性原则对于制定诸如环境保护法、科技合同法、知识产权法等与科技有直接联系的法规具有特别重要的意义。科技法规是调整科技领域中社会关系的法律规范的总和。它是保护和促进科技发展的规范，其内容具有一定的科技专业性。因而在制定这些法规时，科学的立法方法显得尤为重要。如果在科技立法中不以科学方法为立法的准则，不尊重科学技术自身的特点和对于自然界的认识规律，只用传统的立法原则和方法去指导立法，只强调政治因素，那只能使科技法规违背科学规律，阻碍科学的发展。

### 三、民主原则

立法要恪守以民为本、立法为民理念。民主立法的核心在于立法要为了人民、依靠人民。立法中的民主性原则应该包括两个方面：一是立法内容的民主性；二是立法过程和立法程序的民主性。

#### （一）立法内容的民主性

立法内容的民主性是指法律制定必须从最大多数人的最根本利益出发，体现最广大人民的共同意志。它是由我国社会主义的性质决定的。社会主义法是人民意志的反映，人民民主是社会主义法律的要义。但由于中国封建社会的历史较长，封建专制的影响很深，民主传统比较少，公民权利意识也较差，因而在法律中就要特别强调反映民主，反对专制特权，不允许任何个人、组织和国家机关侵犯人民的合法利益，保障人民当家作主的权利。我国宪法规定的公民基本权利体现了民主立法的原则，但要使立法的内容更充分地体现民主原则，还要用其他法律将宪法规定的公民权利具体化。

#### （二）立法过程和程序的民主性

立法过程和立法程序的民主性的具体要求是多方面的。

##### 1. 立法主体的组成要民主

我国立法主体从机关性质看有两类：一类是权力机关，行使着主要的立法权；另一类是享有立法权的行政机关，它也是我国不可缺少的立法主体。我国权力机关的组成，反映了社会主义民主。人民依法选举人民代表，组成权力机关，行使立法权。它反映了人民的意志，符合立法主体组成的民主化要求，具有一定的优越性。虽不能说我国立法机关组成的民主程度是最高的，但在现阶段还是最适宜的。我国享有立法权的行政机关也是不可缺少的立法主体，这类立法主体组成的民主化程度相对低一些，是一种较为间接的人民意志的反映。人民选出人民代表，组成人民代表大会，再由人民代表大会决定行政机关首脑，然后通过任命组成行政机关，行使法律规定的部分立法权。这是由行政机关的性质和我国的具体情况决定的。

##### 2. 立法主体的活动要民主

立法主体活动的民主化，就是在立法程序的各个阶段中，在法律案的提出、审议、通过和公布活动中都体现民主原则。就权力机关而言，实现立法主体活动民主化就应该在立法案的提出中扩大人民代表的权限；在法律案的审议中展开充分辩论，没有辩论就不可能有立法的真正民主；在法律案的通过阶段要创造条件让代表们毫无思想顾虑地表达真实意愿，并使立法案的公布实现规范化、制度化。就享有立法权的行政机关而言，实现立法主体活动的民主化，就是要建立一套严格、全面、系统的立法程序，把行政机关的立法活动纳入法制轨道。

3. 立法过程要公开

立法过程的公开化是民主立法的重要组成部分，没有公开化就没有民主。立法过程公开化包括：公布法律草案，公布审议的各种观点，及时报道法律草案的辩论活动，让人民了解情况，以便人民发表意见。

立法过程公开化可以吸引立法主体以外的其他机关、单位、组织、社会团体和广大人民群众参与立法活动，体现群众路线的方针。公众参与立法，广开言路，集思广益，群策群力，可以有力提升立法的民主性，也可以有力地提升立法的质量。

## 第三节 立法的程序

### 一、立法程序的概念和特点

立法程序，是指有法律制定权的国家机关在制定、修改、补充或废止规范性法律文件的活动中所必须遵守的步骤和方法。

立法程序是国家立法制度的重要组成部分。为了保证立法活动的民主性、权威性和科学性，现代国家除宪法以外，往往还制定了专门法律对立法程序作出详尽具体的规定。在总结新中国成立以来立法经验并借鉴其他国家立法制度的基础上，我国也于 2000 年 3 月制定了《立法法》。

法的制定作为一种国家活动，具有以下特点：

（1）立法程序是法定的。在现代社会中，立法程序所涉及的立法主体、立法内容以及立法的步骤和次序等，都是由宪法或（和）法律明确加以规定的。我国也是如此。

（2）立法程序的主体是依法享有相应职权的国家机关或个人。这些国家机关或个人是宪法或法律明确规定并赋予其职权的，而不具有这种职权的国家机关和个人不是立法程序的主体。

（3）立法程序是立法过程中的步骤、次序。在严格意义上，立法准备阶段的程序不是立法程序。

（4）立法程序是保障立法质量的重要方式。立法活动的制度化、程序化，是保障立法活动顺利展开的必要方式。尤其是，通过正当的立法程序，可以巩固立法的正当性，可以有效提高立法质量。尽管立法程序属于立法中的形式方面，却不是可有可无的，而是依法享有立法权的国家机关或个人在立法时必须严格遵循的。事实上，立法程序往往直接影响并体现立法内容，影响立法质量。科学、合理、健全的立法程序，不仅是立法本身的要求，而且是一个国家或地区民主和法治发展水平的直观表现。

### 二、我国法律的制定程序

#### （一）法律草案的提出

法律草案，亦称法律议案、立法议案，是具有立法提案权的国家机关和人员向立法机关提出的关于法律的制定、补充、修改、认可或废止的提案和建议。这种议案一经提出，立法机关必须进行审议并决定是否列入立法议程。在实践中，享有立法提案权的机关或人员在提出法律议案之前，往往要通过调查研究、协商讨论等一系列的准备工作，拟定法律草案。我国国务院提出的法律议案一般都附有草案。

法律草案的提出是立法程序中的第一个步骤。其中最主要的问题是哪些机关和个人享有立法提案权的问题。对此，世界各国的规定有所不同。我国《全国人民代表大会组织法》规定，全国人民代表大会常务委员会、主席团、全国人大各专门委员会、国务院、中央军事委员会、最高人民法院、最高人民检察院、全国人大的代表团或 30 名以上的代表等均享有立法提案权。

（二）法律草案的审议

法律草案的审议是指立法机关对已经列入议事日程的法律草案进行审查和讨论。实际上是对所拟定的立、改、废的草案进行正式审查和讨论。这个步骤是立法民主化的重要环节。会议组成人员能否充分行使审议权是立法民主化程度的标志。为此，世界上多数国家都规定，法律草案必须经过立法机关全体组成人员的讨论并按一定的程序进行。在我国，为了保证人民代表在审议法律时能够充分发表自己的意见，《全国人民代表大会组织法》第 43 条特别规定："全国人民代表大会代表、全国人民代表大会常务委员会的组成人员，在全国人民代表大会和全国人民代表大会常务委员会各种会议上的发言和表决，不受法律追究。"为了保证充分行使审议权，人大代表在审议过程中可以行使了解权。为此，《全国人民代表大会组织法》在第 17 条中还明确规定："在全国人民代表大会审议议案的时候，代表可以向有关国家机关提出询问，由有关机关派人在代表小组或者代表团会议上进行说明。"

对法律草案的审议形式和程序各国的规定有所不同。一般由立法机关全体会议、立法机关的领导机构以及专门委员会行使审议权。我国在 1983 年 3 月的全国人大常委会委员长会议上决定，实行两步审议制度，即先由提出法律草案的机关或人员指派负责人员向全体会议作报告，说明法律草案的基本精神、立法根据和内容等，进行初步讨论，然后由常委会委员分别研究，征求意见，第二次会议再审议通过。这是我国在立法程序上的一项重要规定，有助于充分发扬议事民主，提高审议的质量和效率。审议会议的形式有多种，代表小组会议是审议法律草案的基本形式。此外还有人大常委会和委员长会议、人大主席团会议、代表团会议、人大专门委员会会议、代表全体会议等。

（三）法律草案的表决与通过

这是立法程序中具有决定意义的一个步骤。表决是有立法权的机关和人员对议案及法律草案表示最终的态度：赞成、反对或弃权。表决是通过的前提。通过是表决的一种结果。所谓通过，是经过表决，议案获得了法定数目以上人的赞成、同意。表决还可能出现另一种结果，就是没有获得法定数目以上人的赞成，即不通过。

关于通过法律的法定人数，世界各国有不同的规定。多数国家规定，普通法律需要出席立法会议的全体议员或代表的过半数通过；宪法则需要出席会议的议员或代表的 2/3 或 3/5 以上多数通过。我国《宪法》规定："宪法的修改，由全国人民代表大会常务委员会或者五分之一以上的全国人民代表大会代表提议，并由全国人民代表大会以全体代表的三分之二以上的多数通过。法律和其他议案由全国人民代表大会以全体代表的过半数通过。"

表决的方式可以分为公开表决和秘密表决两种。公开表决包括举手表决、起立表决、口头表决、行进表决、记名投票表决、记牌表决、电子表决等各种形式。秘密表决主要采用无记名投票的形式。目前世界各国对立法议案的表决普遍采取公开表决的方式。秘密表决较多地运用于选举中。我国《全国人民代表大会组织法》第 18 条规定："全国人民代表大会会议进行选举和通过议案，由主席团决定采用无记名投票方式或者举手表决方式或者其他方式。"此外，表决方式还有整体表决和逐步表决的区别。整体表决是就整个法律草案进行表决；逐步表决是逐章、逐节、逐条进行表决，然后再就整体进行表决。大多数国家通常采取整体表决的方式，只在较少情况下采取逐步表决的方式。

有些国家对于一些重要的法律草案还实行全民公决的方式，即由公民直接投票对某一立法议案表示赞成或反对的态度。全民公决有两种情况：一种是先由立法机关进行审议、表决之后，再由公民表决，这种情况称为公民复决；另一种是由公民直接进行表决，而不必先经立法机关表决。在美国、法国、意大利、瑞士、德国等西方国家和在阿尔及利亚、摩洛哥等非洲国家都有全民公决的制度。实行全民公决的主要是宪法性法律和一些特别重要的法律。

### （四）法律的公布

法律的公布是指立法机关或国家元首将已通过的法律以一定的形式予以公布，以便全社会遵照执行。法律的公布是立法程序中不可缺少的最后一个步骤，它是法律生效的前提。法律通过后，凡是未经公布的，都不能产生法律效力。

法律的公布必须由特定的机关或人员采取特定的方式进行。我国《宪法》规定："中华人民共和国主席根据全国人民代表大会的决定和全国人民代表大会常务委员会的决定，公布法律。"这表明我国法律的公布权是由国家主席根据最高权力机关的决定行使的。世界上大多数国家法律的公布权都是由国家元首行使的，有些国家则是由立法机关的领导机构行使。公布法律的方式，一般都是在立法机关的刊物上或在指定的其他刊物上公布。我国公布法律的正式刊物是《全国人民代表大会常务委员会公报》。

关于法律公布的时间和法律生效的时间，许多国家均有专门的法律规定。如意大利规定：法律自总统批准之日起1个月内公布。也有的国家规定10日内或15日内公布。虽然法律的公布是法律生效的前提，但是二者并不等同。法律公布后何时生效，大致有三种情况：第一种是自公布之日起生效；第二种是法律公布后经过一定时间生效；第三种是法律公布后按照不同地区收到法律的时间不同规定不同的生效日期。

### 三、我国行政法规的制定程序

制定行政法规的程序，是指国务院在制订、修改、废止行政法规时的先后次序和方法步骤。《宪法》《立法法》《国务院组织法》等对国务院的立法程序作了原则的规定。2002年1月1日起国务院制定的《行政法规制定程序条例》开始施行。该条例为了规范行政法规制定程序，保证行政法规质量，对行政法规的立项、起草、审查、决定与公布等问题，作了具体的规定。《行政法规制定程序条例》第3条规定："制定行政法规，应当遵循立法法确定的立法原则，符合宪法和法律的规定。"

制定行政法规的具体程序主要包括：

### （一）行政法规的立项

《立法法》第66条规定，国务院法制机构应当根据国家总体工作部署拟订国务院年度立法计划，报国务院审批。国务院年度立法计划中的法律项目应当与全国人民代表大会常务委员会的立法规划和年度立法计划相衔接。国务院法制机构应当及时跟踪了解国务院各部门落实立法计划的情况，加强组织协调和督促指导。国务院有关部门认为需要制定行政法规的，应当向国务院报请立项。

《行政法规制定程序条例》第 6 条规定：“国务院于每年年初编制本年度的立法工作计划。”该条例第 7 条规定：“国务院有关部门认为需要制定行政法规的，应当于每年年初编制国务院年度立法工作计划前，向国务院报请立项。国务院有关部门报送的行政法规立项申请，应当说明立法项目所要解决的主要问题、依据的方针政策和拟确立的主要制度。”同时，该条例第 8 条第 2 款还特别规定：“列入国务院年度立法工作计划的行政法规项目应当符合下列要求：（1）适应改革、发展、稳定的需要；（2）有关的改革实践经验基本成熟；（3）所要解决的问题属于国务院职权范围并需要国务院制定行政法规的事项。”

**（二）行政法规的起草**

《立法法》第 67 条规定，行政法规由国务院有关部门或者国务院法制机构具体负责起草，重要行政管理的法律、行政法规草案由国务院法制机构组织起草。《行政法规制定程序条例》第 10 条规定，国务院年度立法工作计划确定行政法规由国务院的一个部门或者几个部门具体负责起草工作，也可以确定由国务院法制机构起草或者组织起草。

该条例第 11 条规定，起草行政法规，除应当遵循立法法确定的立法原则，并符合宪法和法律的规定外，还应当符合下列要求：（1）体现改革精神，科学规范行政行为，促进政府职能向经济调节、社会管理、公共服务转变；（2）符合精简、统一、效能的原则，相同或者相近的职能规定由一个行政机关承担，简化行政管理手续；（3）切实保障公民、法人和其他组织的合法权益，在规定其应当履行的义务的同时，应当规定其相应的权利和保障权利实现的途径；（4）体现行政机关的职权与责任相统一的原则，在赋予有关行政机关必要的职权的同时，应当规定其行使职权的条件、程序和应承担的责任。

该条例第 16 条规定：起草部门将行政法规送审稿报送国务院审查时，应当一并报送行政法规送审稿的说明和有关材料。行政法规送审稿的说明应当对立法的必要性、确立的主要制度，各方面对送审稿主要问题的不同意见，征求有关机关、组织和公民意见的情况等作出说明。有关材料主要包括国内外的有关立法资料、调研报告、考察报告等。

《立法法》规定，行政法规在起草过程中，应当广泛听取有关机关、组织、人民代表大会代表和社会公众的意见。听取意见可以采取座谈会、论证会、听证会等多种形式。行政法规草案应当向社会公布，征求意见，但是经国务院决定不公布的除外。《行政法规制定程序条例》对起草行政法规中的听取意见、与有关部门的协商等问题作了具体规定。

**（三）行政法规的审查**

《立法法》第 68 条规定：“行政法规起草工作完成后，起草单位应当将草案及其说明、各方面对草案主要问题的不同意见和其他有关资料送国务院法制机构进行审查。国务院法制机构应当向国务院提出审查报告和草案修改稿，审查报告应当对草案主要问题作出说明。”

《行政法规制定程序条例》第 17 条规定，报送国务院的行政法规送审稿，由国务院法制机构负责审查。国务院法制机构对行政法规送审稿进行的审查主要包括：（1）是否符合宪法、法律的规定和国家的方针政策；（2）是否符合本条例第 11 条的规定；（3）是否与有关行政法规协调、衔接；（4）是否正确处理有关机关、组织和公民对送审稿主要问题的意见；（5）其他需要审查的内容。

该条例第 24 条规定，国务院法制机构应当认真研究各方面的意见，与起草部门协商后，对行政法规送审稿进行修改，形成行政法规草案和对草案的说明。此外，《行政法规制定程序条例》还对行政法规送审稿的缓办或者退回、征求意见、协调等问题作了具体规定。

法理学

### （四）行政法规的决定与公布

《立法法》第 69 条规定："行政法规的决定程序依照中华人民共和国国务院组织法的有关规定办理。"《行政法规制定程序条例》第 26 条规定："行政法规草案由国务院常务会议审议，或者由国务院审批。国务院常务会议审议行政法规草案时，由国务院法制机构或者起草部门作说明。"从实践来看，重要的行政法规案都是由国务院常务会议进行审议的，由国务院直接审批的行政法规草案只是极少数。由于国务院实行总理负责制，所以国务院通过行政法规，尽管也要遵循民主集中制的原则，但与全国人大及其常委会通过法律有重大差别，即国务院通过行政法规不实行表决制，而是采用决定制。一般的做法是，总理根据会议组成人员在会上发表的意见，决定通过、原则通过、下次会议再审议或者暂不通过等。

《立法法》第 70 条规定："行政法规由总理签署国务院令公布。有关国防建设的行政法规，可以由国务院总理、中央军事委员会主席共同签署国务院、中央军事委员会令公布。"

《立法法》第 71 条规定："行政法规签署公布后，及时在国务院公报和中国政府法制信息网以及在全国范围内发行的报纸上刊载。在国务院公报上刊登的行政法规文本为标准文本。"《行政法规制定程序条例》第 27 条规定："国务院法制机构应当根据国务院对行政法规草案的审议意见，对行政法规草案进行修改，形成草案修改稿，报请总理签署国务院令公布施行。签署公布行政法规的国务院令载明该行政法规的施行日期。"

# 第八章 法律实施

## 第一节 法律实施概述

### 一、法律实施

法律实施，也叫法的实施，是指法在社会生活中被人们实际施行，包括执法、司法、守法和法律监督。法是一种行为规范，法在被制定出来后，付诸实施之前，只是一种书本上的法律，处在应然状态；法律的实施，就是使法律从纸面上的法律变成行动中的法律，从抽象的行为模式变成人们的具体行为，从应然状态进到实然状态。

法的基本内容是权利与义务。法所规定的权利、义务以及与之密切相关的权力、职权、职责，为一定社会的人们提供了行为准则。以实施法律的主体和法的内容为标准，法律实施的方式可以分为三种：法律的遵守、法律的执行和法律的适用。

法律实施是实现法的作用与目的的条件和途径。法律实施与法的制定（立法）相对。法律本身反映了统治者或立法者通过法律调整社会关系的愿望与方法，反映了立法者的价值追求。法律实施是实现立法者的立法目的、实现法律的作用的前提，是实现法的价值的必由之路，正如有的学者指出的，法律的生命在于它的实行。

研究法律实施，就要对法律实施的状况作出评价，了解法律有实效还是没有实效，实效较好还是实效较差等。我们判断法律是否实现和其实现程度，实际上也就是对法律实施状况进行评价。综合对法律实效、法律效果和法律效益的评价标准以及微观、中观和宏观的评价标准，对法律实施进行评价主要有以下标准：（1）人们按照法律规定的行为模式行为的程度，是否能够按照授权性规范行使权利，按照义务性规范履行义务，是否能够根据法律设定的法律后果追究违法者的法律责任；（2）刑事案件的发案率、案件种类、破案率及对犯罪分子的制裁情况；（3）各类合同的履约率与违约率，各种民事或经济纠纷的发案率及结案率，行政诉讼的立案数及其审结情况；（4）普通公民和国家公职人员对法律的了解程度，他们的法律意识及法制观念的提高或提高的程度；（5）与其他国家或地区的法律实施情况进行比较的可比性研究；（6）社会大众对社会生活中安全、秩序、自由、公正、公共福利等法的价值的切身感受；（7）法律的社会功能和社会目的是否有效实现及其程度；（8）有关法律活动的成本与收益的比率。

### 二、法律实现

法律实现，是指法的要求在社会生活中被转化为现实，达到法律设定的权利和义务的结果。法律实现与法律实施不同，法律实施是人们施行法律，使法从应然状态到实然状态的过程和活动；它也不同于法的实效，法的实效是法律被人们实际施行的状态和程度，侧重于结果。法律实现是将法的实施的过程性与法的实效的结果性结合的一个概念。

法律实现有着重要意义。法作为一种通过规定人们的权利、义务关系来调整人们行为或社会关系的社会规范，只有将抽象的行为模式转化为人们现实的权利、义务关系，才能发挥其应有的功能。但法律实施并不必然意味着法的要求的最终实现，在法律实施过程中可能有各种因素阻碍着法的功能的发挥，以致不能产生立法者所希望的法律规制的结果。而要使法律产生实效，又必须以法律实施为条件，只有将法律实施与对法的实效的追求结合起来，使法真正得到实现，才能发挥法在社会生活中应有的作用。

法律规定在社会生活中的实现是一个十分复杂的问题，与法律的实施过程相关的各种因素都会影响法律在社会生活中能否得到实现以及实现的程度。其中最主要的因素包括：国家的阶级本质；规范性法律文件反映统治阶级意志（在社会主义国家是工人阶级领导的广大人民意志）的程度；现行法律与经济发展要求和社会生活相适应的程度；国家机关活动贯彻法治原则的程度；社会成员总体法律意识、法律文化水平。在不同国家或不同时期，影响法律实现的因素也会有不同，需要根据具体情况作具体的分析。

## 第二节　执　　法

### 一、执法的概念和特点

执法，也称法的执行，有广义、狭义两种理解方式。广义的执法是指所有国家机关、公职人员及被授权组织或被委托组织及其人员依照法定职权和程序，贯彻实施法律的活动。狭义的执法专指国家行政机关、公务员及授权组织等依照法定职权和程序，贯彻和实施法律的活动。这里要研究的是狭义的执法，也可称之为"行政执法"。

与立法、司法活动等比较，执法主要有以下特征：

#### （一）执法主体的法定性

行政执法的主体是国家行政机关和所属的公职人员，以及法律授权和委托的组织及人员。执法权是宪法和法律赋予行政机关的职权，中央人民政府、地方各级人民政府及其下属部门是行使执法权的主体。法律授权的组织如企业、学校等，在法律授权范围内执行法律。执法行为的具体实施者，既可以是行政机关和法律授权的组织，也可以是行政机关的公职人员和法律授权组织的工作人员，还可以是行政机关依法委托的组织或个人。它们均可以行政主体的名义实施一定的执法行为。

#### （二）执法内容的广泛性

执法是以国家名义对社会实行全方位的组织和管理，它涉及国家社会、经济生活的各个方面，包括政治、经济、外交、国防、财政、文化、教育、卫生、科学、工业、农业、商业、交通、建设、治安、社会福利、公用事业等各个领域。特别在现代社会，社会事务愈加复杂，行政管理的范围更为广泛，执法的范围也日益扩大，执法对社会生活的影响也日渐深刻。

#### （三）执法活动的单方面性

行政机关执法与司法机关司法以第三者身份居间裁判不同，在执法中，行政机关与企业、公民等行政相对人形成行政法律关系。在行政法律关系中，行政机关既是一方当事人，又是执法者。行政机关代表国家，在行政法律关系中居于支配地位，其意思表示和处分行为对于该法律关系具有决定意义。执法行为虽然是双方或多方的行为，但仅以行政机关单方面的决定而成立，不需要行政相对人的请求和同意，例如国家行政机关依法对市场进行监督检查、依法命令企业遵守环境保护法规等。需要指出的是，行政复议、行政裁决、行政仲裁、行政调解等执法行为不具有单方面性。

### （四）执法活动的主动性

执行法律是国家行政机关的法定职权，它既是国家行政机关对社会进行全面组织和管理的一项权力，又是国家行政机关所应当承担和履行的一种职责。因此，国家行政机关在执法中，一般都采取积极主动的行动去履行职责，而不需要行政相对人的意思表示。在执法中，国家行政机关大多主动采取各种措施，选择各种方案，广泛开展工作，使法律规范在社会生活中得到普遍的贯彻执行。

同时，由于执法涉及的社会生活范围很广，加之社会生活的复杂性和社会发展的不平衡性，法律不可能都作出明确而严格的规定，一般只作概括性的规定，由行政机关根据具体情况决定，因而执法具有较大的灵活性，国家行政机关在执法活动中享有较大的自由裁量权。

## 二、执法的原则

### （一）依法行政原则

依法行政原则，亦称合法性原则、行政法治原则，是社会主义法治原则在执法领域的具体体现，是国家行政机关执法的最高准则。合法性原则是现代法治国家行政活动的一条最基本的原则。国家行政机关依法办事是国家机关进化的结果，也是近现代各国制度文明的一个突出标志。依法行政原则的含义是：国家行政机关在全部行政管理中要严格依法办事，使国家的行政管理活动完全建立在法治的基础上。

依法行政原则的具体要求包括：（1）执法的主体合法。国家行政机关的设立及其职权必须有法律依据，必须在法律规定的职权范围内活动，越权违法，越权无效。（2）执法的内容合法。执法活动是根据法律的规定进行的，采用的具体方式也要符合法律的规定。（3）执法的程序必须合法。要严格按照法定的步骤、顺序以及时限进行执法，不得任意改变、省略和超越。

依法行政原则的主要功能作用在于：首先，指导国家行政机关正确实施管理。国家行政机关的执法活动涉及面广，内容庞杂，关系到国计民生和社会发展的一切方面，具有普遍性和社会性。不按法律规则和程序办事，整个国家机器将处于混乱无序的状态，其后果不堪设想。只有依法行政，行政执法活动才能始终保持正确的方向。其次，有利于防止行政权力的滥用。由于执法具有主体特殊、范围广泛、活动带有强制性和主动性的特点，权力易被滥用，有可能滋生腐败，走向执法宗旨的反面。坚持依法行政原则，既能使行政机关充分行使行政权力，对社会进行有效的管理，又能对权力进行有效的制约和监督。

### （二）讲求效率原则

坚持这一原则就是要求国家行政机关在对社会实行组织和管理的过程中，在依法行政的前提下，必须最大限度地发挥其效能，以最小的投入取得最大的行政效率和效益。效率原则强调在执法时，要做到迅速、准确和有效。与司法活动相比，行政执法更注重效率，只有这样才能使国家行政机关的执法活动适应日常组织、指挥和协调工作的需要，保证社会各项事业的顺利发展。当然，必须指出的是，讲效率也必须严格按照法定权限和法定程序来执法，不能借口效率而违反法律法规，任意任性执法。效率原则是在坚持行政合法性原则的前提下所追求的行政价值目标。

### (三) 合理性原则

合理性原则是指执法机关、执法人员在执法活动中，特别是在行使自由裁量权时，必须讲求适当、合理、公正，符合法律的精神和目的，符合社会生活的常理。由于社会生活的多样性、复杂性和变动性，再完善的法律也难以对行政执法面临的情况作出具体、详尽的规定，只能是由法律规定一定的原则和幅度，在此范围内由行政机关行使自由裁量权。为了防止自由裁量可能导致的不当处理，就必须以合理性原则作为合法性原则的必要补充，要求各种行政措施的采取都要合法，同时做到符合法律目的、社会公德、公共利益和科学规律。

行政合理性原则的具体要求包括：执法主体要平等地对待行政相对人，同样的情况同样公平对待，不歧视，不偏袒；行使行政自由裁量权时要以法律精神为指导，充分考虑各种相关因素，尽可能照顾各方利益，利益衡量和利益倾向性合情合理，符合职业操守和职业伦理；对没有法条明文规定或规定比较原则的情况，处理应以客观事实为基础，依据法律的基本精神和价值，遵循社会常理常情，符合当地的善良风俗；对于不适当、显失公平的执法行为应当依法及时纠正。

### (四) 正当程序原则

正当程序原则是指执法机关在实施行政执法行为时，必须严格遵循法定的职权范围、工作步骤、方式、顺序和时限。程序正义是为实体正义服务的，程序要求是执法正当性的重要表现和有效保障，其目的是为了保证执法行为的公平性、公开性、民主性、合法性和权威性，保护公民、法人和其他主体的合法权益，同时也有利于提高行政执法的效率。按照法治的一般要求，违反法定程序的行政措施无效。

### (五) 比例原则

比例原则是指行政机关实施行政行为应兼顾行政目标的实现和保护相对人的权益，在为了实现行政目标而可能对相对人权益造成某种不利影响时，应将这种不利影响限制在尽可能小的范围和限度，使二者达到适度的比例关系。

比例原则的内涵分为三个方面：(1) 妥当性（适当性）原则。这是指行政行为对于实现行政目的、目标是适当的。(2) 必要性原则。这是指行政行为应以达到行政目的、目标为限，不能给相对人权益造成过度的不利影响，即行政的行使只能限于必要的度，以尽可能使相对人权益遭受最小的侵害。(3) 狭义的比例性原则。这是指行政行为的实施应衡量其目的所要达到的利益与侵犯相对人的权益二者孰轻孰重。只有前者重于后者时，其行为才具合理性，行政行为在任何时候均不应给予相对人权益以超过行政目的、目标本身价值的损害。

### (六) 诚实守信原则

诚实守信原则本来是民商法等私法领域中的基本法律原则，后来被引入到公法之中，在当代成为行政法制中的一项重要原则。诚实守信原则的内涵分为两个方面：(1) 行政信息真实原则。行政机关公布的信息应当全面、准确、真实。无论是向普通公众公布的信息，还是向特定人或者组织提供的信息，行政机关都应当对其真实性承担法律责任。(2) 保护公民信赖利益原则。非因法定事由并经法定程序，行政机关不得撤销、变更已经生效的行政决定；因国家利益、公共利益或者其他法定事由需要撤回或者变更行政决定的，应当依照法定权限和程序进行，并对行政管理相对人因此而受到的财产损失依法予以补偿。

### (七) 权责统一原则

现代法治要求，权力不可任性，权力与责任、监督密切相关。权责统一原则对执法的合法性、公正性等意义重大。这一原则的内涵分为两个方面：（1）行政效能原则。行政机关依法履行经济、社会和文化事务管理职责，要由法律、法规赋予其相应的执法手段，保证政令有效。（2）行政责任原则。行政机关违法或者不当行使职权，应当依法承担法律责任。这一原则的基本要求是行政权力和法律责任的统一，即执法有保障、有权必有责、用权受监督、违法受追究、侵权须赔偿。

# 第三节 司 法

## 一、司法的概念

司法又被称为"法的适用"或"法律适用"，是指国家司法机关依照法定职权和程序，具体适用法律处理各种案件的专门活动。这种专门活动是以国家名义实现其司法权的活动，属于国家的基本职能之一，在国家全部活动中占有极其重要的地位。

司法不同于国家行政机关、社会组织和公民实施法律的活动，它的主要特点是：

### （一）司法的被动性

行政权在运行时具有主动性，而司法权的运行则具有被动性。行政权的运行总是积极主动地干预人们的社会活动和个人生活。而司法权以"不告不理"为原则，非因诉方、控方请求不作主动干预。在没有人要求作出判断的时候，显然是没有判断权的。否则，其判断结论在法律上属于无效行为。

### （二）司法的中立性

行政权在它面临各种社会矛盾时，其态度具有鲜明的倾向性，而司法权则具有中立性。司法中立是指法院以及法官的态度不受其他因素，包括政府、政党、媒体等影响，至少在个案的判断过程中不应当受这些非法律因素影响。行政权鲜明的倾向性往往来源于这样的事实：政府总是更关心自己的行政目标和效率。而且行政权代表国家，具有官方性。而司法权则是权利的保护者。如果同一机构忽而忙于维护国家利益，忽而又将国家利益弃置一边、忙于维护正义，则显然极不协调。只有判断者的态度是中立的，才可能产生公正、准确的判断。

### （三）司法的形式性

行政权更注重权力结果的实质性，而司法权更注重权力过程的形式性。国家权力有自己所追求的目标，诸如政治局势稳定、经济效益增长、道德秩序健康、民众生活安宁等，行政权结果的实质性是指行政主体期望和追求行政行为百分之百地符合这些目标（尽管这是无法彻底实现的），而司法权并不直接以这些实质目标为自己的目的，它是以制定法既定规则为标准，以现有诉讼中的证据（法律家所谓的"事实"）为条件，以相对间隔于社会具体生活的程序为方式，作出相对合理的判断，以接近上述那些目标。当然，这绝不意味着行政执法不具有程序性要求，只是司法过程对于程序的要求更严格、更具体、更精确。

### （四）司法的专属性

行政权具有可转授性，司法权具有专属性。行政权在行使主体方面，可以根据行政事务的重要程度、复杂程度指派行政人员或授权给非政府人员处理，比如委托给民间组织、自治组织处理原本属于政府的事务。对于司法而言，承担判断职能的主体只能是特定的少数人，而不应当是其他任何人，其职权是专属的。因此，司法权不可转授，除非诉方或控方将需要判断的事项交给其他组织，如仲裁机构。

### (五) 司法的终极性

行政权效力具有非终极性，司法权效力具有终极性。行政权虽然具有强大的管理能力，但是它是否合法、合理，不能由行政权主体自己进行判断，因此需要由行使判断权的司法机关进行判断，司法审查权由此应运而生。行政处理虽然具有效力上的"先定力"、"执行力"，但是一旦被司法审查，那么其效力随审查结果而定。行政权只有在少数场合才具有终极性，司法权的终极性意味着它是最终的判断权、最权威的判断权。

## 二、司法的原则

司法的原则是指在司法过程中必须遵循的基本原则。这些基本原则主要有下列几项：

### (一) 司法法治原则

司法法治原则的总体要求是，司法活动要以事实为根据、以法律为准绳。这是我国三大诉讼法都规定的司法原则。

以事实为根据，就是指司法机关对案件作出处理决定，只能以被合法证据证明了的事实和依法推定的事实作为适用法律的依据。前一种事实属于客观事实的范围，它是已经被具有证明力的并且合法的证据所确定的事实。后一种事实是在案件客观事实真相无法查明的情况下，依照法律中有关举证责任和法律原则推定的事实。尽管这种事实可能与客观事实有所不同，但是在法律上能够引起同样的效果。以事实为根据的目的在于否定司法人员的主观臆断。

以法律为准绳，就是指司法机关在司法过程中，要严格按照法律规定办事，把法律作为处理案件的唯一标准和尺度。在查办案件的全过程中，都要按照法定权限和法定程序，依据法律的有关规定，确定案件性质，区分合法与违法、一般违法和犯罪等，并根据案件的性质，给予恰当正确的裁决。以法律为准绳，意味着在整个司法活动中，在审理案件中，法律是最高的标准，这是社会主义法治对司法提出的必然要求。

在司法实践中贯彻这项原则，要努力做到几点：第一，应当坚持实事求是、从实际出发的思想路线，重调查、重证据、不轻信口供；第二，自觉践行社会主义法治原则、法治理念，自觉维护法律的权威和尊严；第三，提升专业和政治素质，自觉培养法律职业共同体意识，注重职业操守建设；第四，处理好依法办事与坚持党的领导之间的关系，不能将二者对立起来，不能以维护法律为由否定或淡化党的领导，也不能以坚持党的领导为由以政策、领导意志代替法律。

### (二) 司法平等原则

"法律面前人人平等"的宪法和法治原则应当运用到法律实践的各个领域之中。司法平等、在法律适用上一律平等，就是这一原则在我国司法领域的具体体现。司法平等原则意味着：全体公民都应当依法平等地享有法定的权利和承担法定义务；反对歧视，任何公民的合法权益都应当平等地受到法律保护，任何人和机关不得侵犯；尤其是公民的平等的诉讼权利应得到有效保障，任何公民，不论其民族、种族、性别、职业、宗教信仰、教育程度、财产状况、居住期限等有何差别，也不论其出身、政治历史、社会地位和政治地位有何不同，在适用法律上都应当一律平等；反对司法特权，任何人都不得有超越法律之上的特权；任何公民的违法犯罪行为，都应平等地依法受到法律追究和制裁，任何人都不是有超越法律之上特权的特殊公民。这一原则不仅适用于公民个人，也适用于法人和其他各种社会组织。

法理学

贯彻司法平等原则、实现公民在适用法律上一律平等，具有重要意义：有利于切实保障公民在适用法律上的平等权利，反对特权思想和行为，有助于惩治司法腐败行为，提升司法公信力，维护法制的权威、尊严和统一，促进实现司法公正，维护社会公平正义，也有助于贯彻司法为民理念。司法平等原则要求司法人员在司法工作中必须忠于事实、忠于法律、忠于人民，自觉提高维护司法公正和社会公正的职业责任感。

### （三）司法独立原则

司法机关依法独立行使职权原则，也称司法独立原则，是指司法机关在办案过程中，依照法律规定独立行使司法权。这是我国宪法规定的一条根本性原则，也是我国有关组织法和诉讼法规定的司法机关适用法律的一个基本原则。坚持司法独立原则，是司法机关发挥司法的独特国家治理职能的必要前提，是发扬社会主义民主、维护国家法制的尊严和统一的内在要求，也是司法机关守护司法公正和促进社会公平正义的必要条件。

司法独立原则的要求主要包括：第一，司法权的专属性。这要求国家的司法权只能由国家的司法机关统一行使，其他任何组织和个人都无权行使此项权力。第二，行使职权的独立性。这要求司法机关行使司法权只服从法律，不受行政机关、社会团体和个人的干涉。第三，司法权的合法性。这要求司法机关行使司法权时，必须严格依照法律规定和法律程序办事，准确适用法律，不得滥用职权，不得枉法裁判。

坚持司法机关独立行使职权原则，并不意味着司法机关行使司法权可以不受任何监督和约束。司法权如同其他任何权力一样，都要接受监督和制约。不受监督和制约的司法权力，也一样会导致腐败。对司法权的监督表现在以下几个方面：其一，司法权要接受党的领导和监督，这是司法权正确行使的政治保证。其二，司法权要接受国家权力机关的监督，司法权由国家权力机关产生，并对国家权力机关负责。因此，国家权力机关有权监督司法权的行使，司法机关也有义务接受国家权力机关的监督。其三，司法机关的上下级之间以及同级之间也存在监督和约束，这种监督和约束是通过司法制度中的一系列制度来体现和实现的。其四，司法权也要接受行政机关、企事业单位、社会团体、民主党派和人民群众的监督，还要接受舆论的监督。通过这些种类广泛的监督形式和监督机制，有利于更好地行使司法权，并防止司法权的滥用等司法腐败现象和行为。

### （四）司法责任原则

现代法治理念要求贯彻权力与责任相统一原则。司法责任原则是根据权力与责任相统一原则而提出的权力约束原则。按照权力与责任相一致的原则，有权必有责、用权受监督、违法要追究。任何公权力的行使，都必须以问责为前提。司法机关和司法人员接受人民权力的委托，行使国家的司法权。司法权的行使要受监督和制约，司法人员违法也要承担司法责任。权责相统一的法治原则运用到司法领域，就要求：一方面对司法机关和司法人员行使国家司法权给予法律保障，另一方面对司法机关及其司法人员的违法和犯罪行为要依法惩处。只有将司法权力与司法责任结合起来，才能更好地增强司法机关和司法人员的责任感，培育司法职业共同体的健全职业伦理，才能从制度上有效防止司法过程中的违法行为，并对违法行为进行法律制裁，才能更好地维护社会主义司法的公信力和社会主义法制的权威和尊严。

司法责任原则的基本要求是，司法机关和司法人员在行使司法权过程中侵犯了公民、法人和其他社会组织的合法权益，造成违法后果的应承担相应的法律责任、受到相应法律制裁。司法责任原则需要通过具体的制度设计来具体化。我国已颁布的《国家赔偿法》《法官法》《检察官法》等都确立了司法责任制度。这些制度对于实现公正司法、廉洁司法，保障司法机关独立行使审判权、检察权，提高司法公信力等，都会产生重大的影响。

贯彻司法责任原则，推进司法责任制改革，也是我国当前司法改革的重头戏。从人民法院的司法责任制改革来看，它涉及审判权力运行、司法职业保障、审判管理监督等多方面内容。完善人民法院的司法责任制，必须以严格的审判责任制为核心，以科学的审判权力运行机制为前提，以明晰的审判组织权限和审判人员职责为基础，以有效的审判管理和监督制度为保障，让审理者裁判、由裁判者负责，确保人民法院依法独立公正行使审判权。最高人民法院提出推进审判责任制改革的基本原则，其中包括：坚持党的领导，坚持走中国特色社会主义法治道路；依照宪法和法律独立行使审判权；遵循司法权运行规律，体现审判权的判断权和裁决权属性，突出法官办案主体地位；以审判权为核心，以审判监督权和审判管理权为保障；权责明晰、权责统一、监督有序、制约有效；主观过错与客观行为相结合，责任与保障相结合。

按照最高人民法院 2015 年 9 月发布的《关于完善人民法院司法责任制的若干意见》，应当依纪依法追究相关人员的违法审判责任的情形主要有：（1）审理案件时有贪污受贿、徇私舞弊、枉法裁判行为的；（2）违反规定私自办案或者制造虚假案件的；（3）涂改、隐匿、伪造、偷换和故意损毁证据材料的，或者因重大过失丢失、损毁证据材料并造成严重后果的；（4）向合议庭、审判委员会汇报案情时隐瞒主要证据、重要情节和故意提供虚假材料的，或者因重大过失遗漏主要证据、重要情节导致裁判错误并造成严重后果的；（5）制作诉讼文书时，故意违背合议庭评议结果、审判委员会决定的，或者因重大过失导致裁判文书主文错误并造成严重后果的；（6）违反法律规定，对不符合减刑、假释条件的罪犯裁定减刑、假释的，或者因重大过失对不符合减刑、假释条件的罪犯裁定减刑、假释并造成严重后果的；（7）其他故意违背法定程序、证据规则和法律明确规定违法审判的，或者因重大过失导致裁判结果错误并造成严重后果的。

### （五）司法公正原则

公正是法治的生命线。司法公正是司法的生命和灵魂，是司法的本质要求和终极价值准则。追求司法公正是司法的永恒主题。司法公正是社会公正的基石。司法公正对社会公正具有重要引领作用，司法不公对社会公正具有致命破坏作用。司法是维护社会公平正义的最后一道防线。让人民群众在每一个司法案件中都感受到公平正义，正是是人民对司法的殷切期望。培根曾说："一次不公正的审判，其恶果甚至超过十次犯罪。因为犯罪虽是无视法律——好比污染了水流，而不公正的审判则毁坏法律——好比污染了水源。"

司法公正原则，是指司法机关及其司法人员在司法活动的过程和结果中应坚持和体现公平和正义的原则。司法公正作为社会正义的重要组成部分，它包括实体公正和程序公正。

司法的实体公正，主要是指司法裁判的结果公正，当事人的权益得到了充分的保障，违法犯罪者受到了应得的惩罚和制裁。司法的程序公正，主要是指司法过程的公正，司法程序具有正当性，当事人在司法过程中受到公平的对待。我国政府已签署的《公民权利和政治权利国际条约》第 14 条第 1 款规定："所有的人在法庭和裁判面前一律平等。在判定对任何人提出的任何刑事指控或确定他在一件诉讼案件中的权利和义务时，人人有资格由一个依法设立的合格的、独立的和无偏倚的法庭进行公正和公开的审讯。"这是对司法程序公正的最低标准的规定。司法的程序公正范围很广，如包括司法公开、法官居中裁判、法官与案件无利害关系、诉权的充分保障、法庭参与的同等机会、证据规则合理、仅依证据裁判等。

当今中国正在进行司法改革，它包括制度、程序和体制的改革以及建立现代司法制度，其最终目的就是为了实现司法公正，并通过司法公正维护和促进社会公正。促进司法公正需要涉及的司法制度改革包括很多方面。诸如加强司法活动的合法性、独立性，保障裁判人员的中立性，提高司法效率，保障当事人地位的平等性，保障裁判结果的公正性，严格执行法定程序，强化司法责任，促进司法公开和司法参与，都是司法公正的必然要求和体现。

### 三、提高司法公信力

#### （一）深化司法体制综合配套改革

我国司法制度是党领导人民在长期实践中建立和发展起来的，总体上与我国国情和我国社会主义制度是适应的。同时，由于多种因素影响，司法活动中也存在一些司法不公、冤假错案、司法腐败以及金钱案、权力案、人情案等问题。这些问题如果不抓紧解决，就会严重影响全面依法治国进程，严重影响社会公平正义。党的十八大以来，党中央对司法体制改革高度重视，紧紧围绕建设中国特色社会主义法治体系、建设社会主义法治国家，紧紧围绕维护社会公平正义，抓紧落实有关改革举措，司法改革取得了重要进展。

司法体制改革事关党和国家事业大局。深化司法体制改革，建设公正、高效、权威的社会主义司法制度，是推进全面依法治国、推进国家治理体系和治理能力现代化的重要举措。推进司法改革，要围绕让人民群众在每一个司法案件中感受到公平正义的目标，坚持司法为民、公正司法的工作主线，着力解决影响司法公正、制约司法能力的深层次问题，确保依法独立公正行使审判权、监察权，加强对司法活动的监督，不断提高司法公信力，加快建设公正高效权威的社会主义司法制度，促进国家治理体系和治理能力现代化。

司法体制改革，是指在宪法规定的司法体制基本框架内，国家司法机关和国家司法制度实现自我创新、自我完善和自我发展，建设中国特色社会主义的司法体系和司法制度。司法体制改革的概念与内涵，涵盖了国家司法机关、国家司法制度、宪法规定的司法体制基本框架、司法体制的自我创新、自我完善、自我发展，建设中国特色社会主义现代司法体系和司法制度等各项要素。

1. 司法体制改革的原则

司法改革应当坚持正确的原则和方向，这主要包括：

（1）坚持正确的政治方向。坚持党的领导是我国社会主义司法制度的根本特征和政治优势。深化司法体制改革，必须在党的统一领导下进行。坚持党的领导，就要充分发挥党总揽全局、协调各方的领导核心作用，要把党总揽全局、协调各方，同审判机关和检察机关依法履行职能、开展工作统一起来。在司法工作中坚持党的领导，关键是自觉维护党对政法工作的领导，坚持党管政法干部的原则，坚持走中国特色社会主义司法改革之路，努力创造更高水平的社会主义司法文明。

（2）坚持法治原则。这就要求：其一，坚持以宪法为根本遵循。我国宪法以国家根本法的形式确立了司法制度的基本框架和司法活动的基本原则，是组织实施司法体制改革的根本遵循。深化司法体制改革，不仅不能违反宪法的规定，更重要的是把宪法的规定落实到位。其二，坚持依法有序推进，实现重大改革于法有据。在司法改革进程中，要自觉积极推动将符合司法规律和公正司法要求的改革举措及时上升为法律。凡是同现行法律规定不一致的改革举措，必须先提请立法机关修改现行法律规定，然后再开展改革。修改现行法律规定的条件尚不成熟的，应及时提请立法机关进行授权，在授权范围内进行改革试点。

（3）坚持以提高司法公信力为根本尺度。推进司法体制改革，必须坚持以提高司法公信力为根本尺度，以矛盾纠纷得到公正的解决、合法权益得到有效的维护为目标，确保取得人民满意的改革实效。提高司法公信力的根本在于人民对改革是否满意。推进司法体制改革，要坚持改革为了人民、依靠人民、造福人民，以人民群众的满意度作为评判改革成效的标准。

（4）坚持符合国情和遵循规律相结合。司法改革要坚持走具有中国特色、符合司法规律的改革之路，从基本国情出发，尊重司法规律，努力创造更高水平的社会主义司法文明。深化司法体制改革，必须从社会主义初级阶段的基本国情出发，既认真借鉴人类法治文明的有益成果，又不照抄照搬外国的司法制度；既勇于改革创新，又不超越经济社会发展阶段盲目冒进。深化司法体制改革，必须坚持从司法规律出发设计改革方案，善于运用司法规律破解改革难题。比如，人民法院深化司法改革，应当严格遵循审判权作为判断权和裁量权的权力运行规律，彰显审判权的中央事权属性，突出审判在诉讼制度中的中心地位，使改革成果能够充分体现审判权的独立性、中立性、程序性和终局性特征。

（5）坚持统筹兼顾，稳妥推进。司法体制改革的系统性、整体性、协同性强，必须在中央统一领导下自上而下有序推进。把握和处理好中央与地方、司法机关之间、当前与长远、整体与局部、公正与效率等各方面关系。具体而言：其一，要坚持改革的大局观。在司法改革中，要从党和国家事业全局出发谋划、提出改革举措，敢于担当、勇于进取。防止把改革简单等同于扩张权力、增加编制、提高待遇，要敢于啃硬骨头，突破利益固化的藩篱。其二，坚持调动中央与地方两个积极性，既要加强中央顶层设计，又要鼓励各地因地制宜地开展试点。加强顶层设计，做好重大改革项目的统筹规划，做好整体性的改革布局和各方协调，提出整体改革的路线图和时间表。要尊重地方首创精神，鼓励、支持地方在符合中央确定的司法体制改革方向、目标下积极探索，先行先试，创造可复制、可推广的经验。其三，坚持整体推进与重点突破的统一。既要坚持整体推进，又要善于抓住重点事项进行攻坚，以重点事项突破带动改革的全面开展。要按照统筹兼顾、先易后难、突出重点的要求，紧紧抓住制约司法公正的最突出问题进行改革。比如，人民法院深化司法改革，应当着力解决影响司法公正、制约司法能力的深层次问题，破解体制性、机制性、保障性障碍，同时要分清主次、突出重点，以问题为导向，确保改革整体推进。

2. 深化司法改革的主要任务

当前，司法改革围绕保证公正司法、提高司法公信力，建立公正、权威、高效的司法制度的目标，重点要推进如下工作：推进以审判为中心的诉讼制度改革，加强庭审的功能，全面贯彻证据裁判制度。推动司法责任制改革，实行办案质量终身负责制和错案责任倒查问责制。改革司法管辖制度，如改革法院案件受理制度，探索建立检察机关提起公益诉讼制度，探索设立跨行政区划的人民法院和人民检察院，改革行政诉讼管辖制度等。完善行政诉讼体制机制。推进司法公开，完善公民参与司法的机制，完善人民陪审员和人民监督员制度。加强司法工作队伍建设，包括完善法律职业准入制度，加快建立符合职业特点的司法工作人员管理制度，建立法官、检察官逐级遴选制度，推进法官检察官员额制改革，健全司法机关和法学教育研究机构人员双向交流与互聘机制，深化律师管理制度改革等。

## （二）落实司法责任制

党的十九大报告指出，要深化司法体制综合配套改革，全面落实司法责任制，努力让人民群众在每一个司法案件中感受到公平正义。审判不公正所造成的危害远大于一般犯罪。司法公正的实现，离不开德才兼备的高素质司法队伍；全面落实司法责任制改革的各项要求，也需要加强司法队伍建设。司法责任制改革被视为司法体制改革的关键。司法责任制改革针对"审者不判、判者不审"问题对症下药，明确要求法官、检察官对案件质量终身负责。通过改革，形成以法官、检察官依法独立办案为前提，以法官、检察官员额制为配套，以完善法官、检察官职业保障为条件，以主客观相统一为追责原则的司法权力运行机制。

全面落实司法责任制，还应当完善一系列配套性措施，如完善法官、检察官入额遴选办法，加强编制和员额的省级统筹、动态调整，有条件的地方探索跨院入额；配套建立员额退出实施办法，让办案绩效不符合要求的法官、检察官退出员额；科学配置办案团队，专业化与扁平化相结合；推广科学分案办法，以随机分案为主、指定分案为辅；加强领导干部办案情况分级考核和定期通报；多措并举增补辅助人员，努力做到省级层面达到1：1比例配置；对司法辅助事务进行内容集约化管理和外部社会化购买；利用信息化、大数据等辅助法官办案，建立类案与关联案件检索机制；对边疆民族地区，有序确定放权事项和步骤。研究制定边疆民族地区人员招录、待遇保障等特殊政策，加大民族地区双语法官、检察官培训力度，加强边疆民族地区人才培养。

## （三）完善人权司法保障制度

完善人权司法保障制度是我国司法体制改革的重要组成部分，也是建设公正高效权威的社会主义司法制度的重要内容。完善人权司法保障制度要正确处理打击犯罪与保护人权、程序公平与实体公正、追求公正与注重效率的关系，确保人民群众有尊严地参加诉讼，及时得到公正的裁判结果。

（1）完善人权司法保障要注重对法治原则的遵循。法治原则要求良法善治，坚持法律面前人人平等。加强对人权的司法保障要以宪法和法律为依据，逐步健全人权司法保障的法律法规，完善制度设计，细化保障措施。在司法活动中，要切实遵守人权保障的相关法律制度，着力提升司法理念，加强保障力度，完善监督制约，做到尊重人权与防止侵权有机结合，充分发挥社会主义司法制度的优越性。

（2）完善人权司法保障要体现对基本人权的尊重。国家尊重和保障人权是宪法的明确要求，要始终贯彻尊重和保障人权的理念，切实保护公民的人身权利、财产权利、民主权利等合法权益。司法活动直接涉及公民的人身、自由、人格尊严、财产权益等基本权利，要以完善人权司法保障改革为契机，不断提升人权司法保障的制度化、法治化水平。

（3）完善人权司法保障要突出对司法权力的制约。在司法活动中，当事人及诉讼参与人的权利相对司法机关的公权力，处于弱势地位，容易受到侵犯。完善人权司法保障就要强化对司法权力的限制和制约，防止滥用权力侵犯人权。要完善外部监督制约，认真贯彻《宪法》和《刑事诉讼法》关于司法机关"分工负责、互相配合、互相制约"的基本原则，完善内部监督制约，改革人民陪审员制度，健全人民监督员制度，推进审判公开、检务公开，为公民维护自身权利提供坚实的制度保障。

（4）完善人权司法保障要强化对诉讼权利的保障。树立理性、平和、文明、规范的执法理念，严禁刑讯逼供、体罚虐待。充分保障犯罪嫌疑人、被告人的辩护权、辩解权等诉讼权利，要重视其辩护辩解的内容，对涉及无罪、罪轻的辩护意见要认真核实。完善律师执业权利保障机制，发挥律师在依法维护公民和法人合法权益方面的重要作用。

（5）完善人权司法保障要加强对公民权利的救济。完善人权司法保障，既要有效防止侵权行为的发生，又要切实保障公民权利在受到侵犯后，能及时得到有效救济。不论是民事诉讼、行政诉讼还是刑事诉讼，司法活动本身就是对公民权利最有效的救济手段。

### （四）提高司法公信力

司法体制改革必须为了人民、依靠人民、造福人民。司法体制改革成效如何，要由人民来评判，归根到底要看司法公信力是否提高。司法公信力，是社会大众对司法机关及其人员司法行为的公正性、权威性、效率性等的社会认可程度以及总体评价，反映着人民群众对司法机关的信赖和尊重程度，是对司法尊严、司法形象、司法认同、司法权威性等的一种直观评判。

当前，保证公正司法、提高司法公信力，可以主要从如下方面进行努力：

（1）完善确保依法独立公正行使审判权和检察权的制度。主要措施有：建立领导干部干预司法活动、插手具体案件处理的记录、通报和责任追究制度；健全尊重法院裁判制度；建立健全司法人员履行法定职责保护机制等。

（2）优化司法职权配置。主要措施有：推动实行审判权和执行权相分离的体制改革；统一刑罚执行体制；探索实行法院、检察院司法行政事务管理权和审判权、检察权相分离；最高人民法院设立巡回法庭；探索设立跨行政区划的人民法院和人民检察院；探索建立检察机关提起公益诉讼制度等。

（3）推进严格公正司法。主要措施有：推进以审判为中心的诉讼制度改革；实行办案质量个人负责制和错案责任倒查问责制等。

（4）保障人民群众参与司法。主要措施有：完善人民陪审员制度；完善司法公开制度，构建开放、动态、透明、便民的阳光司法机制等，如完善庭审公开制度、审判流程公开平台、裁判文书公开平台、执行信息公开平台等。

（5）加强人权的司法保障。主要措施有：强化诉讼过程中当事人和其他诉讼参与人的知情权、陈述权、辩护辩论权、申请权、申诉权的制度保障；健全落实罪刑法定、疑罪从无、非法证据排除等法律原则的法律制度；完善对限制人身自由司法措施和侦查手段的司法监督；加强对刑讯逼供和非法取证的源头预防，健全冤假错案有效防范、及时纠正机制。

（6）加强对司法活动的监督。主要措施有：完善检察机关行使监督权的法律制度；完善人民监督员制度；建立终身禁止从事法律职业制度等。

## 第四节 守 法

### 一、守法的概念

守法，即法的遵守，大致有广义和狭义两种含义。广义上的守法，就是涉及法律实施的全部法律实践活动，如包括执法、司法、法律监督等活动以及狭义的守法。狭义的守法，是指国家机关、社会组织和公民个人依照法律的规定，行使权利（权力）和履行义务（职责）的活动。我们这里是在狭义上使用守法的概念，所说的守法是指除了专门立法、执法、司法、监督等活动之外的遵守法的各种行为。

守法是法律实施的一种基本形式。立法者制定法的目的，就是要使法在社会生活中得到实施。如果法制定出来了，却不能在社会生活中得到遵守和执行，那必将失去立法的目的，也失去了法的权威和尊严。正如我国清末法学家沈家本所说的："法立而不行，与无法等，世未有无法之国而长治久安也。"[①]

由于中国封建社会法律文化的长期影响，不少人认为守法主要是甚至仅仅是履行法律义务。我们认为，守法所包含的内容要比许多人所理解的广泛、深刻和丰富得多。守法意味着一个国家和社会主体严格依法办事的活动和状态，而依法办事就自然包含着两层含义，一是依法享有权利并行使权利，二是依法承担义务并履行义务。因此，我们不能仅仅将守法理解为只履行义务，它还包含着享有权利并行使权利。守法包含着正确行使权利，这是我们理解守法的含义时应加以重视的。

### 二、守法的要素

守法包括守法主体、守法范围、守法内容和守法状态等要素。

#### (一) 守法主体

守法主体是指在一个国家和社会中应当遵守法律的主体，即一定守法行为的实施者。

按照宪法的规定，在我国，守法的主体可以分为以下几类：

1. 一切国家机关、武装力量、政党、社会团体、企业事业组织

中国共产党是我们国家的领导党和执政党，中国共产党的政治地位和法律地位决定了它严格守法比其他社会组织守法具有更重大和更强烈的影响。中国共产党只有首先带头严格遵守法律，在宪法和法律的范围内活动，才能起表率作用，并带动一切国家机关、社会组织和公民严格守法。仅次于中国共产党守法的是一切国家机关守法。国家机关代表人民行使国家权力，执行国家职能，对社会的政治、经济、文化、军事和外交等活动进行全面管理。国家机关的性质及其在国家生活中所占的重要地位，决定了国家机关在保证法律实施上具有尤为重要的责任。国家机关及其工作人员尤其是领导人必须带头遵守和执行法律，严格依法办事，自觉维护法律的尊严和权威。

2. 中国公民

这是我国社会主义守法主体中最普遍、最广泛的守法主体。公民守法，是现代法治社会的普遍要求，也是我国建立法治国家的基本要求。公民是现代国家的基本构成，是现代社会的主体力量。我国宪法规定"中华人民共和国的一切权力属于人民"，而公民是组成人民这一政治集合体的基本元素。社会主义法从本质上讲是人民利益和意志的体现和反映，是人民自己的法，因此，守法对于公民来讲，实际上就是按照他们自己的意志和要求办事，这也就决定了公民应当也能够以主人翁的态度和责任感自觉地遵守法律。

3. 在我国领域内的外国组织、外国人和无国籍人

根据我国有关法律、国际法和国际惯例，在中国境内的外国组织、外国人和无国籍人也必须遵守我国法律，在我国法律允许的范围内从事各种活动。这是维护我国主权和利益的体现。

#### (二) 守法范围

守法范围是指守法主体必须遵守的行为规范的种类。守法范围直接决定于一个国家法的渊源。由于不同历史类型法的渊源不同，守法范围也不一样。在奴隶制社会和封建制社会，

---

① 沈家本：《历代刑法考·刑制总考三》，34 页，北京，中华书局，1985。

君主的命令属于守法的范围之列。在宗教法律文化中，宗教教规和教义是守法范围的组成部分。从历史上看，守法范围发展变化的一条基本规律是从单一化走向多样化。制定法、习惯法、判例法、国际条约、教会法、法的原则等，都属于守法的范围。

在我国，守法的范围主要是各种制定法，包括我国的宪法、法律、行政法规、规章、地方性法规、民族自治地方的自治条例和单行条例、特别行政区法等。此外，有些非规范性文件如人民法院的判决书、调解书、裁定书等也属于守法的范围，它们是法所明确授权的特定机关在适用法律过程中，根据法的有关规定和原则作出的，因此具有明确的法律效力。

### (三) 守法内容

守法内容包括履行法律义务和行使法律权利，两者密切联系，不可分割，守法是履行法律义务和行使法律权利的有机统一。

#### 1. 履行法律义务

履行法律义务是指人们按照法的要求作出或不作出一定的行为，以保障权利人的合法利益。履行法律义务可分为两种不同的形式：一是履行消极的法律义务。这是指人们遵守法律规范中的禁止性规范，不作出一定的行为。人们只要依法不作出一定的行为，便是履行了相应的法律义务，即为守法。二是履行积极的法律义务。这是指人们遵守法律规范中的命令性规范，作出一定的行为。人们只有依法作出一定的行为才能构成守法。反之，如果无视法所规定的积极义务，拒不作出一定的行为，或者虽然作出了一定的行为却不符合法的要求，都不是守法行为，而是违法行为。

#### 2. 行使法律权利

行使法律权利是指人们通过自己作出一定的行为或者要求他人作出或不作出一定的行为来保证自己的合法权利得以实现。行使法律权利是指人们遵守法律规范中的授权性规范。它既可以是权利享有者自己作出一定的行为，也可以是权利享有者要求他人作出或不作出一定的行为。人们只有依法行使权利才是守法。具体地说，人们所行使的权利必须是法律所授予的权利，即合法的权利；行使权利时必须采取正当、合法的方式和手段；不得滥用权利，不得在行使自己的权利时损害他人的合法权利。

将守法的内容理解为不仅包括履行法律义务，还包括行使法律权利，具有积极的意义：首先，这有助于增强人们守法的积极性和自觉性。如果我们把守法说成只是履行法律义务，那么就很容易使人们只看到法限制和束缚人的一面，进而损害人们守法的积极性和自觉性，使他们不守法或者只是被动地守法。反之，如果守法的内容不仅包括履行义务，还包括行使权利，人们意识到守法还直接关系到自己合法权利的实现，那么人们就会变被动为主动，积极地自觉地去守法。其次，这有利于法的全面实现。权利和义务是法律调整的完整机制，是一切法的内容和核心，法是通过权利和义务的设定和运行来调整人的行为，实现对社会关系的调整。要使法得以全面的实现，无论是权利还是义务，都是缺一不可的。因此，在守法上我们必须强调履行法律义务和行使法律权利的有机统一。

### 三、守法的原因

#### (一) 有关守法原因的几种理论

守法的原因是指人们遵守法律的根据或理由。西方历史上不同的法学流派对此有不同认识，大体上主要有关于守法理由的社会契约论、功利论、暴力威慑论和法律正当论等四种理论。

（1）契约论。这一理论认为，公民通过契约组成了社会并制定了法律，遵守法律实际上就是遵守根据自己的意愿订立的契约。

（2）功利论。这一理论认为，法律可以给社会和每个公民带来利益，如稳定的秩序、安全、行为结果的可预测性等，这是公民遵守法律的基础。

（3）暴力威慑论。这一理论认为，人们守法主要是基于趋利避害的本能，避免承担违反法律可能带来的法律责任，即利益的损害。

（4）法律正当论。这一理论认为人们遵守法律更多的是出于对法律的信仰，认为法律在内容和形式上都具有正当性。

**（二）有关守法原因的综合性解释**

我们教科书中对常见的公民守法的理由的说明结合了以上理论和后来的社会学及文化人类学解释。社会成员之所以守法，是受多种社会因素影响、对多种因素综合考量的结果。影响人们守法的因素主要有以下方面：

（1）习惯。人是社会性动物，他的很多观念都是来自自小受到的教育，来自从小受到的熏陶。在人的社会化过程中，总是被经常教导要守法，要遵守规则。久而久之，人慢慢养成一种遵从规则和法律的习惯。而且，周围的人的守法行为习惯，也对每个人都有潜移默化的影响。基于自小受到的教育所养成的守法习惯和人的从众心理，人们往往看似自然而然地守法。

（2）对法律合法性的认同。人们通常习惯上服从权威，对官方权威所宣称合法的规则通常都有一种尊重意识。法律是由合法的国家权威依照法律程序制定和发布出来的，人民相信其是合法的，也就会自觉遵守和服从。

（3）对法律制裁的畏惧。违法行为通常都与法律制裁相联系。法律制裁的基本功能之一就是对违法者以及社会大众施加压力，使人们认识到这种行为是得不到官方支持的，自身也会因为违法而受到处罚。这样，基于对违法及相应惩罚的恐惧，人们也会选择尽量服从法律。

（4）社会压力。违法可能遭受各种社会压力，人们会鄙视、疏离违法者，可能会让违法者"污名化"，这样就让违法者产生恐惧感和羞耻感。这种道德羞耻感和道德谴责、社会的有形无形的压力，会促使人们不会轻易违法。

（5）功利性计算。基于对守法和违法导致的利益得失的考虑，人们也会选择守法或违法。如果违法成本极高，违法无可逃避要受到制裁，人们基于其理性自然更容易选择守法。

以上对于守法原因的解释都具有合理性，人们守法与否却往往并不是仅由于某一方面的原因，而是上述多种因素共同作用的结果。

**四、守法的状态**

守法的状态是指主体守法行为的心理态度。从对于守法行为价值认同的程度来看，守法的态度可以分为守法心理的最低状态、守法心理的中层状态和守法心理的高级状态这三种类型。

（1）守法的最低状态。守法的最低状态是不违法犯罪。在这种状态中，从守法的心理来说，守法主体对法的态度是否定的或模糊的，往往把法看成是异己之物，是以消极的心理去守法，虽为守法主体，却不是法的主人，法并没有自我内化，其守法是因为法具有强制性，是为了避罪远罚。从守法的内容来说，守法者仅仅是或者主要是履行法律义务，没有充分行使法律权利。

（2）守法的中层状态。守法的中层状态是依法办事，形成统一的法律秩序。在这种状态中，从守法的内容来说，守法主体既履行法律义务，又行使法律权利。从守法的心理来说，守法主体对法的态度是基本肯定的，但并未完全实现法的自我内化，守法主体还不是严格意义上的法的主人。

（3）守法的高级状态。守法的高级状态是守法主体不论是外在的行为还是内在动机都符合法的精神和要求，严格履行法律义务，充分行使法律权利，从而真正实现法律调整的目的。在这种心理状态下，守法主体对法的态度是完全肯定的，守法主体是以法的主人的姿态自觉地、积极地、主动地去守法，已完全实现了法的自我内化。这种高级的守法状态就是形成尊法、崇法、从法、信法的法律信仰状态。

# 第五节　法　律　监　督

## 一、法律监督的概念

### （一）法律监督的定义

法律监督又称法制监督，有广义、狭义两种理解。狭义的法律监督是指有关国家机关依照法定职权和程序，对立法、执法和司法活动的合法性进行的监察和督促。广义的法律监督是指由所有的国家机关、社会组织和公民对各种法律活动的合法性所进行的监察和督促。在法理学中，通常在广义上使用法律监督这一概念。

法律监督概念涉及三个方面的问题，即谁监督（监督的主体）、监督谁（监督的客体）和监督什么（监督的内容），这三个方面的统一构成了完整的法律监督。

1. 法律监督的主体

法律监督的主体可以概括为三类：（1）国家机关。包括国家权力机关、行政机关和司法机关。这种监督是以国家的名义进行的，具有法律强制力，在一国的法律监督体系中处于核心的地位。（2）社会组织。包括各政党、社会团体、群众组织和企业、事业单位。这种监督不同于国家机关的监督，它不以国家名义进行，不具有法律效力。它不同于人民群众的监督之处在于它的有组织性、广泛的代表性，因而是监督体系中的重要力量。在当代中国，由于中国共产党的领导地位，党的监督尤其重要，起着关键作用。（3）公民。按照人民主权原则，每个公民是政治权利的主体和国家的主人，因而每个人都可以成为监督主体。这种监督广泛、直接而具体，其作用不可忽视，是法律监督体系的基础。

2. 法律监督的范围

对于法律监督客体的范围，法学界有两种理解。一种观点认为，法律监督的客体包括从事各种法律活动的国家机关、社会团体和公民个人。另一种观点认为，法律监督的客体是国家机关（包括立法机关、执法机关和司法机关）及其公职人员。两种理解都有其合理性。从法律监督的宗旨与目的来看，应当将国家机关及其公职人员作为重点监督对象。因为历史的经验表明，对宪政、民主和法治最大的威胁和最大的破坏因素主要地不是来自社会团体和公民个人，而是来自于公权力的拥有者即国家机关及其公职人员。法律监督是针对公权力的拥有者和运用者而设计的一种防范机制。因此，法律监督的主要客体是国家机关及其公职人员的各种公务活动，即公权力的拥有者与运用者具体操作公权力的行为。

3. 法律监督的内容

与对法律监督客体的认识相一致，法律监督的内容，主要指国家机关及其公职人员的公务活动的合法性，也就是公权力的拥有者与运用者具体操作公权力的行为是否合法。这里的合法性包括两个方面：行为内容是否合法与行为程序是否合法。根据国家机关的性质及其权力操作的方式和内容，法律监督内容的范围包括：对国家机关制定的规范性法律文件的合法性的监督、对行政执法和司法活动的合法性的监督。每一类都包括内容和形式是否合法两个方面。

### （二）法律监督的意义

法律实现要经过立法、执法、司法、守法等若干环节，其中的任何环节都有可能出现阻碍的因素，如越权立法或立法内容违法，法律实施中的权力扩张、权利滥用或不履行义务等。其中，尤以执法、司法中的权力扩张与滥用对法律的危害为重。在一定意义上说，没有法律监督，法律无异于一纸空文。法律监督的实质就是主体通过监视、察看、督促、督导等具体活动，将监督客体的全部法律活动置于自己的了解和控制之下，保证立法合乎本阶级的意志并切实可行，制定出来的法律能够得到严格实施。因此，现代国家的法制是由立法、执法、司法、守法和法律监督等环节和活动构成的完整概念，法律监督是法制不可缺少的特殊组成部分，是法制的重要保障。法律监督贯穿于法律运行的全过程，其意义从根本上说就是维护法律尊严和统一。具体表现为以下三个方面：

（1）保证国家法律体系的完整统一，建立法的权威。法律体系自身的和谐统一是保证国家法律的统一和尊严的内在要求，也是保证法律统一实施的前提条件。有效的法律监督能够保证立法活动及其结果的合法性，消除法律规范之间的矛盾，避免下位法违反上位法，杜绝各法律部门之间的相互冲突、不衔接、不配套的现象，使国家的全部立法以宪法为基础，成为各法律部门紧密衔接，各种规范性文件互相配合的统一整体，具有至上的权威。

（2）保障法在全国范围内的统一实施，维护法的权威。现代法治的真正意义在于法在全国范围内的统一实施，全社会依法办事。建立和实现法治首先应当有尽可能完备的立法。但仅此是远远不够的，更为关键的是制定出来的法得到切实的实施。在现实生活中，无论立法如何完备，有法不依、执法不严、违法不究的现象总是时有发生，这是对法的统一和尊严的极大威胁和损害。法律监督是保证法律实施的重要手段。

（3）法律监督是对公权力进行有效制约，确保国家机关、公职人员依法办事的重要手段。在任何国家中，国家机关行使执法权、司法权，执行法律、适用法律是法律实施的主要方式和途径。然而，权力需要制约，不受约束的权力必然导致腐败。为了防止权力的滥用，保证国家工作人员忠于法律，公正执法和司法，必须建立起最广泛、最切实的法律监督制度。特别是在惩治腐败、加强廉政建设的过程中，充分发挥法律监督的作用，具有突出的意义。

## 二、当代中国的法律监督

法律监督体系是由一个国家各种形式的法律监督构成的有机联系的系统。受具体国情的影响，世界各国的法律监督体系有各不相同的特点。依据监督主体的不同，我国的法律监督体系由国家监督和社会监督两大系统构成。

## （一）国家监督

国家监督是以国家机关及其公职人员为主体、以国家的名义、依法定职权和程序进行的具有直接法律效力的监督。国家监督又可分为国家权力机关的监督、国家专门监察机关的监督、国家行政机关的监督和国家司法机关的监督。

### 1. 国家权力机关的监督

在我国，国家权力机关的监督主要指各级人民代表大会及其常务委员会为主体的监督，这种监督在国家监督乃至全部法律监督中都处于核心和主导地位，其中全国人大及其常委会的监督居于最高地位，具有最高的权威性和效力。

国家权力机关的监督包括两个方面的内容：立法监督和对宪法和法律实施的监督。立法监督是国家权力机关对享有立法权的国家机关的立法活动及其结果的合法性所进行的监督。监督的方式有批准、备案、发回、宣布无效、改变或撤销等。对宪法和法律实施的监督的范围广泛，监督的方式主要有罢免、质询、调查等。

### 2. 国家行政机关的监督

这是以国家行政机关为主体的监督。其监督的客体和内容包括两个方面：对行政机关的行政行为的合法性和合理性的监督、对社会组织和公民行为的合法性的监督。如前所述，在这里，监督的重点是行政机关行政行为的合法性。

对行政机关行政行为的监督分为两种：一种是一般行政监督，即基于行政管理权限和行政隶属关系由上级行政机关对下级行政机关进行的监督。监督的方式有改变或撤销不适当的规章、决定、命令和指示，以及日常的工作检查。一种是专门行政监督，即行政系统内部的专门监督机关对国家行政机关及其工作人员执行法律、政策和命令等情况以及违法违纪行为所进行的监督。具体包括行政监察监督、行政复议监督和审计监督等。

### 3. 国家司法机关的监督

这是以国家司法机关为主体进行的监督。在我国，国家司法机关的监督包括检察机关的监督和审判机关的监督。

检察机关的监督被称为检察监督。我国宪法规定，人民检察院是我国的专门法律监督机关，其监督的范围很广，包括法纪监督、经济监督、侦查监督、审判监督和监所监督。

审判机关的监督称为审判监督，审判监督包括两个方面：第一，审判机关系统内部的自我监督，即依审判监督权限和程序对具体审判活动及其裁决的合法性所进行的监督。第二，对外监督，即依诉讼程序对本系统外的其他国家机关行为的合法性所进行的监督。比如，通过行政诉讼对行政机关的具体行政行为合法性的监督；依刑事诉讼程序对检察机关起诉工作所进行的监督等。

## （二）社会监督

社会监督是以国家机关以外的政治组织、社会组织或公民为主体进行的监督。这种监督主体范围十分广泛，民主性比较突出，虽然往往并不具有直接的法律效力，但发挥着非常重要的作用。

### 1. 政治组织及社会组织的监督

政治组织及社会组织的监督在我国包括中国共产党的监督、人民政协及民主党派的监督、社会团体的监督。中国共产党是国家的执政党，在国家生活中处于领导地位，以它为主体进行的监督在社会监督乃至整个法律监督体系中都有十分重要的地位。人民政协、民主党派的各级组织等近年来在对立法、执法及司法等的监督中有突出表现，发挥了重要作用。

2. 社会舆论的监督

社会舆论的监督主要指借助传媒手段进行的新闻舆论的监督。舆论监督涉及面广，影响面大，反应迅速，易产生轰动效应，最能体现社会监督的广泛性、公开性和民主性，能够十分有效地影响国家机关及其工作人员的行为，起到其他监督形式无法替代的作用。

3. 人民群众的直接监督

人民群众直接进行的法律监督是当代中国法律监督体系的基础和力量源泉。高效的法律监督体系，必须发挥广大人民群众的积极性，让人民监督权力，让权力在阳光下运行。在我国法律监督体系中，公民有权通过各种方式和途径监督国家机关运用公权力的各类行为。比如，通过选举或罢免基层人大代表，或借助各类媒体等，公民对国家机关及其工作人员的工作提出批评和建议，提出申诉、控告或检举，等等。保障人民的知情权、参与权、表达权、监督权，是推动我国基层民主建设的重要方式。

**（三）《监察法》与我国法律监督体系的完善**

深化国家监察体制改革，建立专门的国家监察机关，是完善我国法律监督体系的一项重大制度创新，是一项事关全局的重大政治体制改革，也是强化党和国家自我监督的重大部署。新的国家监察制度是我国法律监督体系的重要组成部分，是国家监督的一个重要方面。建立中国特色的国家监察制度，有助于保证依规治党与依法治国、党内监督与国家监察的有机统一，有助于将执政党的党内监督同国家机关监督、民主监督、司法监督、群众监督、舆论监督等贯通起来，不断提高党和国家的监督效能。

2018年3月11日第十三届全国人民代表大会第一次会议通过的《宪法修正案》增设"监察委员会"一节，对国家监察委员会和地方各级监察委员会的构成、职权等予以规定。2018年3月20日第十三届全国人民代表大会第一次会议通过《中华人民共和国监察法》，具体规定了监察机关的活动原则、构成、职责、监察范围、监察权限、监察程序等重要问题，正式建立了新的国家监察制度。

根据《监察法》，各级监察委员会作为行使国家监察职能的专责机关，对所有行使公权力的公职人员进行监察，调查职务违法和职务犯罪，开展廉政建设和反腐败工作，维护宪法和法律的尊严。

1. 制定《监察法》的意义

制定《监察法》，是贯彻落实党中央关于深化国家监察体制改革决策部署、创新和完善国家监察制度的重大举措；是坚持和加强党对反腐败工作的领导，构建集中统一、权威高效的国家监察体系的必然要求；是总结党的十八大以来反腐败实践经验，为新形势下反腐败斗争提供坚强法治保障的现实需要；是坚持党内监督与国家监察有机统一，坚持走中国特色监察道路的创制之举；是加强宪法实施，丰富和发展人民代表大会制度，推进国家治理体系和治理能力现代化的战略举措。

《监察法》第1条明文规定了该法的立法目的，即"深化国家监察体制改革，加强对所有行使公权力的公职人员的监督，实现国家监察全面覆盖，深入开展反腐败工作，推进国家治理体系和治理能力现代化"。

2. 监察工作的指导思想、基本原则

我国监察工作的指导思想是，坚持中国共产党对国家监察工作的领导，以马克思列宁主义、毛泽东思想、邓小平理论、"三个代表"重要思想、科学发展观、习近平新时代中国特色社会主义思想为指导，构建集中统一、权威高效的中国特色国家监察体制。

我国监察工作的基本原则包括：监察机关依照法律规定独立行使监察权，不受行政机关、社会团体和个人的干涉；监察机关办理职务违法和职务犯罪案件，应当与审判机关、检察机关、执法部门互相配合，互相制约；有关机关和单位应当依法协助监察机关的工作；严格遵照宪法和法律，以事实为根据，以法律为准绳；坚持在适用法律上一律平等，保障当事人的合法权益；坚持权责对等，严格监督；坚持惩戒与教育相结合，宽严相济。

我国监察工作的根本方针是，坚持标本兼治、综合治理，强化监督问责，严厉惩治腐败；深化改革、健全法治，有效制约和监督权力；加强法治教育和道德教育，弘扬中华优秀传统文化，构建不敢腐、不能腐、不想腐的长效机制。

# 第九章　法律职业与法律方法

## 第一节　法律职业

### 一、法律职业的概念

法治建设要求形成专门化的法律职业群体。在一定意义上，法律职业群体的素质决定着一个国家法治的水平。推进依法治国建设，要求推进法治专门队伍正规化、专业化、职业化，提高职业素养和专业水平。

法律职业，是指以法官、检察官、律师为代表的，受过专门的法律专业训练，具有娴熟的法律技能与法律伦理的法律人所构成的自治性共同体。法律职业通常有广义和狭义两种理解方式。狭义上的法律职业，主要包括法官、检察官、律师三种具体的职业。广义上的法律职业，除上述三种职业之外，还包括一切受过法律专业训练、从事法律工作的人员，如司法辅助人员、企业和行政机关里从事法律事务的人、法学教师、法学研究人员等。法律职业共同体的成员是法律人。法律人是受过专门的法律专业训练，具有娴熟的法律技能与法律伦理的人。资深的法律人又称法律家。

在我国，法律职业人员是指具有共同的政治素质、业务能力、职业伦理和从业资格要求，专门从事立法、执法、司法、法律服务和法律教育研究等工作的职业群体。

### 二、法律职业的特点

法律职业具有以下特点：

#### （一）法律职业的技能特征

法律职业群体是由受过专门法律教育、具有专门法律技能的人构成的。法律职业技能来源于法学教育。没有发达的法学教育就难以形成法律职业群体。法学教育提给法律职业的是系统的、统一的、专门的法律学问。这也是法律职业技能统一的前提。对于从事法律职业的人来说，职业技能是通过正规的法律专业学习与系统训练而养成的，它以系统而统一的法律学问为基础，并在职业实践中不间断地培训、学习和进取。个别国家在法律职业形成历史上虽然有过"师徒式"的律师职业教育，但这种教育仍然是以统一的法律学问为基础的。一个国家中有一批具备专门的、体系化的法律技能的专业人士，是形成法律职业群体的标志之一。

#### （二）法律职业的伦理特征

法律职业必须具备本职业特有的伦理。法律职业内部传承着职业伦理，法律人实践着这种职业伦理。法律职业伦理有别于大众伦理和其他职业伦理，因为它受法律活动规律制约，受法律职业技能影响。比如，律师不得因委托人罪恶深重而拒绝接受委托，法官应当平和对待刑事被告，只能作无罪推定等。这里显然有别于大众伦理的道德逻辑。法律职业伦理成为共同体内部的职业习惯、行为方式和信仰，从而维系着这个共同体的成员，克服因职业技术理性所带来的职业弊端，并提升共同体的社会地位和荣誉。

### （三）法律职业的自治特征

法律人从事法律活动，具有相当大的自主性或自治性。他们对法律自治的追求也就出现了职业主义的倾向，因而也就造就了专业化的司法官吏，进而也就出现了法律职业的专门逻辑。"职业自治的权力通常要求建立在法律职业的知识和专长是独特的，并且完全不同于其他形式的知识的观念之上，因而法律职业的特殊业务能够清楚地区别于其他职业的业务"。法律人在程序构成的"法的空间"里运用法律概念术语、职业化的方法和技能，进行不同于普通大众的法律思维。它们就是被称为"人为理性"（artificial reason）的那些东西。

### （四）法律职业的准入特征

加入法律职业必将受到认真考查，获得许可证，得到头衔，如律师资格的取得。法律职业与医生职业一样是一个具有限制性、垄断性特征的职业，未经专门训练，未掌握特殊的技能与法理的人不得进入这个职业的殿堂。所以需要设定职业准入制度以检测申请者的素养。

法律职业这四个方面的特点，我们也可以把它作为一国法律职业成熟的标志。

### 三、国家统一法律职业资格制度

国家统一法律职业资格考试制度是国家统一组织的选拔合格法律职业人才的国家考试制度。司法部根据国家法律，出台了《国家统一法律职业资格考试实施办法》，这也是我国法律职业资格制度的第一部规章，它明确了法律职业资格考试的报名条件、组织实施、违纪处理、资格授予管理等内容，对于规范法律职业资格考试的组织实施等工作具有重要作用。根据国家统一法律职业资格考试制度及其实施办法，初任法官、初任检察官，申请律师执业、公证员执业和初次担任法律类仲裁员，以及行政机关中初次从事行政处罚决定审核、行政复议、行政裁决、法律顾问的公务员，应当通过国家统一法律职业资格考试，取得法律职业资格。我国法律职业人员范围主要包括：法官；检察官；律师；其他法律职业。

取得国家统一的法律职业资格必须同时具备下列条件：（1）具有中华人民共和国国籍。（2）拥护中华人民共和国宪法，享有选举权和被选举权。（3）具有良好的政治、业务素质和道德品行。（4）具有完全民事行为能力。（5）具备全日制普通高等学校法学类本科学历并获得学士及以上学位；全日制普通高等学校非法学类本科及以上学历，并获得法律硕士、法学硕士及以上学位；全日制普通高等学校非法学类本科及以上学历并获得相应学位且从事法律工作满三年。以下人员不得享有从事法律职业的资格：（1）因故意犯罪受过刑事处罚的；（2）曾被开除公职或者曾被吊销律师执业证书、公证员执业证书的；（3）被吊销法律职业资格证书的；（4）被给予二年内不得报名参加国家统一法律职业资格考试（国家司法考试）处理期限未满或者被给予终身不得报名参加国家统一法律职业资格考试（国家司法考试）处理的；（5）因严重失信行为被国家有关单位确定为失信联合惩戒对象并纳入国家信用信息共享平台的；（6）因其他情形被给予终身禁止从事法律职业处理的。

## 第二节　法律职业伦理

### 一、法律职业伦理的概念

职业伦理是人类社会生活关系之规范、原理、规则的总称，其基础建立于各个人的良心、社会之舆论以及习惯。法律职业伦理是指法律人在其职业实践中必须遵守的一种道德律。法律职业伦理会因时代的不同而在内容上有所差异，但基本内容是相同的。

## 二、法律职业伦理的主要内容

### (一) 审判伦理

审判伦理就是法官伦理，是法官从事审判工作应遵循的基本准则。法官的根本职责是参加合议庭审判案件或者独任审判案件。要实现司法审判的公正和效率，法官起着决定性作用。

最高人民法院出台的《法官职业道德基本准则》从五个方面对法官职业道德准则提出要求，强调法官职业道德的核心是公正、廉洁、为民。其基本要求是忠诚司法事业、保证司法公正、确保司法廉洁、坚持司法为民、维护司法形象。强调法官应当自觉遵守法官职业道德，在本职工作和业外活动中严格要求自己，维护人民法院形象和司法公信力。

依据《法官法》第 7 条，法官应当履行下列义务：（1）严格遵守宪法和法律；（2）审判案件必须以事实为根据，以法律为准绳，秉公办案，不得徇私枉法；（3）依法保障诉讼参与人的诉讼权利；（4）维护国家利益、公共利益，维护自然人、法人和其他组织的合法权益；（5）清正廉明，忠于职守，遵守纪律，恪守职业道德；（6）保守国家秘密和审判工作秘密；（7）接受法律监督和人民群众监督。据此，法官作为国家审判机关的工作人员，不但应当依法履行法律赋予的神圣职责，还应当履行法律规定的义务：（1）严格遵守宪法和法律。法官是国家司法权的具体运作者，必须依据宪法和法律的规定，在宪法和法律规定的职权范围内，按照法律规定的程序，依照法律的规定进行审判活动，依法办案，不能违背宪法和法律，随意作出判决。因此，严格遵守宪法和法律是法官履行职责的首要义务。（2）审判案件必须以事实为根据，以法律为准绳，秉公办案，不得徇私枉法。我国刑事诉讼法明确规定了仅有被告人口供，没有其他证据的，不能认定被告人有罪，这是以事实为依据、不轻信口供的一个重要的规定。以法律为准绳，是指法官必须以法律为标准，要求法官断案必须严格按照法律规定，以法律的规定作为定案的依据，不偏不倚。（3）依法保障诉讼参与人的诉讼权利。这里的"诉讼参与人"是广义的，依照法律的规定，在不同的诉讼、不同的诉讼阶段，诉讼参与人享有相应的诉讼权利，其诉讼权利贯穿整个诉讼过程的始终，如被告人的辩护权、律师的调查取证权、证人的出庭作证权、当事人的上诉权和反诉权等。依法保障诉讼参与人的诉讼权利，是审判活动正常进行和保障公正审判的前提。（4）维护国家利益、公共利益，维护自然人、法人和其他组织的合法权益。法官行使国家的审判权，是代表国家对案件进行审判，因此，必须维护国家利益和公共利益。同时，法官还代表国家维护自然人、法人和其他组织的正当的合法权益。（5）清正廉明，忠于职守，遵守纪律，恪守职业道德。这是对法官自身素质的要求。法官在案件的审理中处于主导地位，掌握案件的裁判权，因此，必须清正廉洁，不贪赃枉法，忠于职守，并且严格遵守审判纪律，恪守作为一名法官所应当具备的职业道德，只有这样才能保证案件在公正的情况下审理。（6）保守国家秘密和审判工作秘密。严格保守国家秘密是一名法官必须具备的素质。对于涉及国家秘密的案件，应当严格按照法律规定的程序办理。根据法律规定，涉及国家秘密的案件一律不公开审理。对于法官在审理案件时知悉的当事人的商业秘密和个人隐私，也应当严格按照审判纪律，不得随意散播。另外，法官还应当保守审判工作秘密，对于审理案件形成的内部意见、内部材料和不应当透露的其他与审判工作有关的材料，一律不得泄露。（7）接受法律监督和人民群众监督。这里"接受法律监督和人民群众监督"包含以下内容：第一，依照法律规定，人民法院对同级人民代表大会及其常委会负责，受其监督并向其报告工作，人民法院的审判活动要受同级人大及其常委会的监督，在具体法律监督和工作监督中也涉及某些法官。第二，人民法院的审判活动要受人民检察院的监督。第三，法官的审判活动还要受其他国家机关、社会团利和组织的监督，人民法院审判活动违背法律规定的，其他国家机关、社会团体和组织有权提出意见。第四，法官的审判活动还受广大人民群众的监督。人民法院的审判权归根结底是人民赋予的，因此，也应当接受人民群众的广泛监督。

### （二）检察伦理

检察伦理，就是检察官伦理，是检察官从事检察工作应遵循的基本准则。检察官是依法行使国家检察权的检察人员，包括最高人民检察院、地方各级人民检察院和军事检察院等专门人民检察院的检察长、副检察长、检察委员会委员、检察员和助理检察员。检察官的职责是依法进行法律监督工作，代表国家进行公诉和对法律规定由人民检察院直接受理的犯罪案件进行侦查。

最高人民检察院曾于 2009 年发布了《中华人民共和国检察官职业道德基本准则（试行）》，强调检察官应忠诚、公正、清廉、文明，之后又于 2016 年正式通过了《中华人民共和国检察官职业道德基本准则》，要求全体检察官遵照执行，检察辅助人员参照执行。该《准则》共有 5 条，第 1 条为坚持忠诚品格，永葆政治本色。第 2 条为坚持为民宗旨，保障人民权益。第 3 条为坚持担当精神，强化法律监督。第 4 条为坚持公正理念，维护法制统一。第 5 条为坚持廉洁操守，自觉接受监督。

《中华人民共和国检察官法》第 8 条规定，检察官应当履行下列义务：（1）严格遵守宪法和法律；（2）履行职责必须以事实为根据，以法律为准绳，秉公执法，不得徇私枉法；（3）维护国家利益、公共利益，维护自然人、法人和其他组织的合法权益；（4）清正廉明，忠于职守，遵守纪律，恪守职业道德；（5）保守国家秘密和检察工作秘密；（6）接受法律监督和人民群众监督。

### （三）律师伦理

律师伦理，是指律师接受委托为当事人提供法律服务过程中应遵循的基本伦理道德准则。

律师是指依法取得律师执业证书，接受委托或者指定，为当事人提供法律服务的执业人员。律师这一职业具有以下几个特点：第一，律师必须是受过法律专业训练，具备丰富法律知识的人；第二，律师必须是依法取得律师执业证书的人；第三，律师是为社会提供法律服务的执业人员。

依据我国《律师法》的规定，律师应当维护当事人合法权益，维护法律正确实施，维护社会公平和正义。律师执业必须遵守宪法和法律，恪守律师职业道德和执业纪律。律师执业必须以事实为根据、以法律为准绳。律师执业应当接受国家、社会和当事人的监督。律师依法执业受法律保护，任何组织和个人不得侵害律师的合法权益。司法行政部门依照《律师法》对律师、律师事务所和律师协会进行监督、指导，律师在执业活动中的人身权利不受侵犯。律师在法庭上发表的代理、辩护意见不受法律追究，但是发表危害国家安全、恶意诽谤他人、严重扰乱法庭秩序的言论除外。律师应当保守在执业活动中知悉的国家秘密、商业秘密，不得泄露当事人的隐私。

全国律协于 2014 年出台了《律师职业道德基本准则》，主要包括以下六方面：一是忠诚。律师应当坚定中国特色社会主义理想信念，坚持中国特色社会主义律师制度的本质属性，拥护党的领导，拥护社会主义制度，自觉维护宪法和法律尊严。二是为民。律师应当始终把执业为民作为根本宗旨，全心全意为人民群众服务，通过执业活动努力维护人民群众的根本利益，维护公民、法人和其他组织的合法权益。认真履行法律援助义务，积极参加社会公益活动，自觉承担社会责任。三是法治。律师应当坚定法治信仰，牢固树立法治意识，模范遵守宪法和法律，切实维护宪法和法律尊严。在执业中坚持以事实为根据，以法律为准绳，严格依法履责，尊重司法权威，遵守诉讼规则和法庭纪律，与司法人员建立良性互动关系，维护法律正确实施，促进司法公正。四是正义。律师应当把维护公平正义作为核心价值追求，为当事人提供勤勉尽责、优质高效的法律服务，努力维护当事人合法权益。引导当事人依法理性维权，维护社会稳定。依法充分履行辩护或代理职责，促进案件依法、公正解决。五是诚信。律师应当牢固树立诚信意识，自觉遵守执业行为规范，在执业中恪尽职守、诚实守信、勤勉尽责、严格自律。积极履行合同约定义务和法定义务，维护委托人合法权益，保守在执业活动中知悉的国家机密、商业秘密和个人隐私。六是敬业。律师应当热爱律师职业，珍惜律师荣誉，树立正确的执业理念，不断提高专业素质和执业水平，注重陶冶个人品行和道德情操，忠于职守，爱岗敬业，尊重同行，维护律师的个人声誉和律师行业形象。

## 第三节 法 律 解 释

### 一、法律解释的概念

#### （一）法律解释的含义

法律解释是指一定的人或组织对法律规定含义的说明。法律解释既是人们日常法律实践的重要组成部分，又是法律实施的一个重要前提。法官在依据法律作出一项司法决定之前，需要正确确定法律规定的含义；律师在向当事人提供法律服务时要向当事人说明法律规定的含义；公民为了遵守法律，也要对法律规定的含义有一个正确的理解。

与一般解释相比，法律解释的特点主要表现为：

1. 法律解释的对象是法律规定和它的附随情况

法律规定或法律条文是解释所要面对的文本，法律解释的任务是要通过研究法律文本及其附随情况即制定时的经济、政治、文化、技术等方面的背景情况，探求它们所表现出来的法律意旨，即法律规定的意思和宗旨。

2. 法律解释与具体案件密切相关

首先，法律解释往往由待处理的案件所引起。其次，法律解释需要将条文与案件事实结合起来进行。法律解释的主要任务，就是要确定某一法律规定对某一特定的法律事实是否有意义，也就是对一项对应于一个待裁判或处理的事实的法律规定加以解释。

3. 法律解释具有一定的价值取向性

这是指法律解释的过程是一个价值判断、价值选择的过程。人们创制并实施法律是为了实现一定的目的。而这些目的又以某些基本的价值为基础。这些目的和价值就是法律解释所要探求的法律意旨。在法律解释的实践中，这些价值一般体现为宪法原则和其他法律的基本原则。

## （二）法律解释的必要性

法律解释的必要性是由法律调整的特殊性及其运作的规律所决定的，它有助于解决法律实施中原则性与灵活性、一般与具体的矛盾，是完备立法的需要。

1. 法律解释是适用法律规范的必要前提

法律规范是抽象的、概括的行为规则，只能规定一般的适用条件、行为模式和法律后果，它不可能也不应该对一切问题都作出详尽无遗的规定。在法律实施过程中，要把一般的法律规定适用于千差万别的具体情况，对各种具体的行为、事件和社会关系作出处理，就必须对法律作出必要的解释。正如马克思指出的，法官的责任是当法律运用到个别场合时，根据他对法律的诚挚的理解来解释法律。这就是说，要通过解释将法律规范具体化，通过规范与事实之间的反复对照，深化对规范的理解。因而，在法律适用过程中必然包含着对法律规范的解释。

2. 法律解释是准确理解和说明法律规范的需要

法律规范是以严格的、专门的法律概念、术语表述出来的，有时会与实际生活用语含义不同，不易为人们所理解。同时，由于社会主体的社会地位、生活环境和文化水平等特定原因，对于同一法律规范往往会产生不同的理解。这就需要有权威性、更准确的法律解释，来统一人们的理解，保证法的实施的统一性。

3. 法律解释是弥补法律漏洞的重要手段

法律规范是由不同的国家机关创制的，分属于不同的法律部门，在现实的法律运作过程中，属于不同法律部门的各种法律规范之间，有时会发生各种各样的矛盾或冲突；而且，在任何法律体系中都不可避免地存在着应规定的未作规定、规定不够准确和清晰或界限不明等法律漏洞，为了弥补法律漏洞，使法律规范得以实施，有效地进行法律调整，法律解释就是必不可少的手段。

4. 法律解释是调节法律的稳定性与社会的发展变化之关系的媒介

法律规范是相对稳定、定型的规则，而社会生活却是不断发展变化的。要把相对确定的法律规定适用于不断变化的法律实际，就需要对法律规范作出必要的解释。以此在保证法律体系和基本原则的稳定性的同时，能够适时根据法律规范的基本原则、精神和规定，对新情况、新问题作出符合实际的处理。

5. 法律解释有助于普及法律知识，推进法制教育

这主要是说，通过对法律的学理解释，会让法律更容易为人们所理解和接受，也就能促进人们更积极地运用法律，更自觉地服从法律。对法律的学理解释，通常是由法学工作者和法律界人士进行的。

## 二、法律解释的分类

法律解释可以根据不同的标准分为不同的种类。

### （一）正式解释与非正式解释

法律解释由于解释主体和解释的效力不同可以分为正式解释与非正式解释两种。

正式解释，通常也叫法定解释，是指由特定的国家机关、官员或其他有解释权的人对法律作出的具有法律上约束力的解释。正式解释有时也称有权解释。根据解释的国家机关的不同，法定解释又可以分为立法、司法和行政三种解释。有权作出法定解释的机关、官员和个人，在

不同的国家或不同的历史时期都有所不同，通常是由法律规定或是由历史传统决定的。

非正式解释，通常也叫学理解释，一般是指由学者或其他个人及组织对法律规定所作的不具有法律约束力的解释。这种解释是学术性或常识性的，不被作为执行法律的依据。虽然如此，非正式解释在法律适用、法学研究、法学教育、法制宣传以及法律发展方面还是有着很重要的意义。

是否具有法律上的约束力是区别正式解释与非正式解释的关键。目前我国法学界对这里所说的"法律上的约束力"通常作狭义的理解，即特指一种具有普遍性意义的法律约束力。在中国，普通法官或其他司法、执法官员在日常司法、执法过程中所作的法律解释通常不被认为是正式解释。这是指他们的解释不具有只有正式解释才具有的普遍的法的效力。他们的这种法律解释与其司法或执法行为是合为一体的，如果是依法作出的，当然具有个别性的法律效力，相对人应当服从。

### （二）限制解释、扩充解释和字面解释

根据解释尺度的不同，法律解释可以分为限制解释、扩充解释与字面解释三种。

（1）限制解释。这是指在法律条文的字面含义显然比立法原意广时，作出比字面含义窄的解释。

（2）扩充解释。这是指在法律条文的字面含义显然比立法原意窄时，作出比字面含义广的解释。

（3）字面解释。这是指严格按照法律条文字面的通常含义解释法律，既不缩小，也不扩大。

### 三、法律解释的方法

法律解释的方法是解释者在进行法律解释时为了达到解释的目标所使用的方法。它与法律解释的特点、法律解释的意义和解释的目标是密切相关的。对于法律解释的方法，民法法系和普通法系的国家的概括和表述是不同的。虽然如此，法律解释的方法大体上都包括文义（语法）解释、逻辑解释、系统解释、历史解释、目的解释等几种方法。

### （一）文义解释

文义解释也称语法解释、文法解释、文理解释，是指对法律条文的语法结构、文字排列和标点符号等进行分析，以便阐明法律的内容和含义。这种解释应注意把握法律的精神实质，连贯全文反复推敲，防止断章取义。否则就会造成曲解法律的严重后果。

### （二）逻辑解释

逻辑解释是指采用形式逻辑的方法分析法律结构，以求得对法律的确切理解。这种解释的基本原则是要使法律解释符合思维的基本规律，要对法律规范的逻辑要素进行分析对比，阐明规范的内容、含义和适用范围，然后用逻辑进行正反两方面的推论，来说明法律规范的要求和目的。

### （三）体系解释

体系解释，又称系统解释，是指分析某一法律规范与其他相关规范及其在整个法律文本、法律部门、法律体系之中的地位和作用，来揭示其内容和含义。这种解释之所以必要，是因为每一个法律规范都是统一的法的整体的一部分，也是某一法律部门的一部分。它是在与相关法律规范的相互配合下发挥作用的。因此，要正确了解和适用某一法律规范，就必须

将其置于整体之中，这样才能更好地理解它的真实内容和含义。体系解释的作用在于以法律体系整体为参照，保证法律体系内在的统一性，把握法律原则的精神所在。

### （四）历史解释

历史解释，是指通过对法律文件制定的时间、地点、条件等历史背景材料的研究，或者通过将这一法律与历史上同类法律规范进行比较研究来阐明法律规范的内容和含义。

### （五）目的解释

目的解释，是指从制定某一法律的目的来解释法律。这里讲的目的不仅是指原先制定该法律时的目的，也可以是探求该法律在当前条件下的需要；既可以指整部法律的目的，也可以指个别法条、个别制度的目的。

### （六）社会学解释

社会学解释，是指着重于社会效果的预测和社会利益的衡量，根据各种社会因素对法律规范的社会目的和社会效益进行解释，以更深刻地理解法律的社会内容和利益所在，适应社会的发展变化，使法律适用符合社会政策。

### （七）比较法解释

比较法解释，是指通过比较外国的立法和判例及其原则、经验和效果，对本国法律进行解释。其不仅有助于在法的适用中准确理解立法原意，同时有助于弥补法律漏洞。

上述这些方法，有时是综合使用的。在一些有争议的法律问题上，解释者往往同时使用多种方法。

## 四、当代中国的法律解释

法律解释体制是指国家法律解释权限划分的制度。法律解释不是纯粹的方法、技术问题，更重要的是关于国家法律解释权的分配、运用和效力的制度，包括哪些主体享有法律解释权、享有多大范围的法律解释权，以及解释的法律效力问题。根据《宪法》、《立法法》、全国人大常委会《关于加强法律解释工作的决议》的规定，我国建立了以全国人大常委会的解释权为核心和主体的各机关分工配合的法律解释体制。相应地，法律解释分为立法解释、司法解释和行政解释三种形式。

我国的以全国人大常委会的解释权为核心和主体的各机关分工配合的法律解释体制的基本含义是，在法律解释的权限上，全国人大常委会行使立法解释权，其目的和任务是对"需要进一步明确具体含义"以及"法律制定后出现新的情况，需要明确适用法律依据"的法律规范进行解释，行政解释、司法解释的目的和任务在于解决具体应用法律的问题；在三种解释的关系上，立法解释是行政解释和司法解释的基础；在法律解释的效力上，立法解释的效力最高，其他国家机关对法律的解释效力低于立法解释。

### （一）立法解释

立法解释有广义和狭义两种理解，区别在于对立法解释的主体即立法机关和立法解释的对象即法律的不同理解。在将立法机关理解为与行政机关、司法机关相区别和对应的权力机关时，立法解释就是狭义的。但是，对此狭义的立法解释也有两种不同的观点，一种认为专指全国人大常委会对宪法和法律（狭义的法律）的解释，另一种认为立法解释还包括有关地方人大常委会对地方性法规的解释。在将立法机关理解为制定法律的机关，而法律又取其广义（包括法律、行政法规、地方性法规等）时，立法解释就是广义的，泛指有权制定法律、法规的国家机关或其授权机关对自己制定的法律、法规所作的解释。本章采用最狭义的理解，将"立法解释"限定为国家最高立法机关即全国人民代表大会的常务委员会对法律的解释。

全国人大常委会进行立法解释的主要任务是：第一，阐明法律实施中产生的疑义，即对法律规定本身不十分清楚、明确的条文进行说明，或者规定本身虽然清楚明确，但实施者不了解立法精神，因而需要进一步说明的。第二，适应社会发展，赋予法律规定以新的含义。当法律已经落后于社会发展时，在尚未对原有法律作出修改、补充或废止之前，可以通过立法解释赋予法律规定以新含义。第三，解决法条冲突以及司法解释之间的冲突。有时法条之间会发生冲突，当不能以法条竞合的一般规则解决时，就需要进行立法解释。此外，当最高人民法院和最高人民检察院的解释之间有冲突时，也需要报请全国人大常委会作出具有最高效力的立法解释。

在我国，立法解释权属于全国人大常委会。国务院、中央军事委员会、最高人民法院、最高人民检察院和全国人大各专门委员会以及省级人大常委会可以向全国人大常委会提出法律解释的要求。全国人大常委会的法律解释同法律具有同等效力。

### （二）司法解释

司法解释是国家最高司法机关对司法工作中具体应用法律问题所作的解释。司法解释分为最高人民法院的审判解释、最高人民检察院的检察解释和这两个机关联合作出的解释。审判解释和检察解释有原则性分歧时，应报请全国人大常委会解释或决定。

国家行政机关和最高司法机关除了依法进行界限清晰、性质明确的行政解释和司法解释之外，为了更好地协调和配合，统一认识，提高工作效率，有时需要联合对法律具体应用中具有共性的问题进行解释。这种解释由于解释主体的联合就兼具行政解释和司法解释的性质，被视为具有普遍法律效力的文件。

我国的法律解释以全国人大常委会为核心和主体、由各国家机关分工配合，并不意味着全国人大常委会是法律解释具体任务的主要承担者。在世界各国，由最高立法机关或其常设机关主要负责法律解释的也很少见。在我国，从全国人大常委会的性质和工作方式来看，它无法承担主要的法律解释工作。在实践中，法律解释多由行政机关和最高司法机关来承担，行政解释和司法解释的数量最多。因此，加强法律解释工作，完善法律解释制度，对于维护国家法制的统一，实现依法治国，具有十分重要的意义。

### （三）行政解释

行政解释指由国家行政机关对不属于审判和检察工作中的其他法律的具体应用问题以及自己依法制定的法规进行的解释。这种解释包括：国务院和各主管部门对法律、法规的解释；省级人民政府、省级人民政府所在地的市和经国务院批准的较大的市的人民政府对法规的解释。此外，国家军事机关的法律解释、若干国家行政机关联合进行的解释和国家行政机关与非国家机关联合进行的解释，也可归入行政解释。

## 第四节　法律推理与论证

### 一、法律推理的概念

法律推理是指以法律与事实两个已知的判断为前提，运用科学的方法和规则，为法律适用提供正当理由的一种逻辑思维活动。法律推理的特征是：

（1）它是法律适用中的一种思维活动。法律适用不仅是一种外部行为，还是一种思维活动，这就是表现为法律推理的思维活动。它涉及对法律规范的理解、选择，更重要的是它还将这种抽象规范运用到具体的案件之中。

（2）以法律与事实为两个已知的判断，即作为推理的前提。法律推理必定与法律规定和证据事实相联系，并以此为前提推理论证出适用结果。

（3）运用多种科学的方法和规则进行。法律推理的方法中不单纯使用逻辑推理方法（特别是不单纯使用形式逻辑的方法），还存在非逻辑的分析与论证，如价值分析判断。因此，进行法律推理的规则也是多样化的。

（4）法律推理的目的是为法律适用结论提供正当理由。法律推理的结果与法律适用的理由相关，法律推理为适用结论提供正当理由，故推理过程实际上带有说明理由的成分。

### 二、法律推理方式

法律推理的方法有两大类：一是形式逻辑方法；二是辩证逻辑方法。法律推理按照这两种方法可以分为形式推理、实质推理（辩证推理）两大类。

**（一）形式推理**

形式推理，又称分析推理，是指解决法律问题时运用演绎方法、归纳方法、类比方法等所构成的推理形式。

1. 演绎推理

演绎推理是由一般到特殊的推理，即根据一般性的知识推出关于特殊性的知识。其特点是结论寓于前提之中，或者说结论与前提具有蕴涵关系，所以它又是必然性的推理。只要前提真实，推理形式正确，结论就应该是真实的。演绎推理的典型表现为三段论推理。

所谓三段论是由三个直言判断组成的演绎推理，即"大前提""小前提"和"结论"。它是借助于一个共同的概念把两个直言判断联结起来，从而推出一个直言判断的推理。

2. 归纳推理

归纳推理是从个别事物或现象的知识推出该类事物或现象的一般原则的推理。在英美法系中，判例法就是运用了归纳推理方法。法官从个别案件中抽象归纳出一般性的原则，这一原则可适用于将来的同类案件。较典型的归纳推理表现为这样一种情况：法官在没有法律规则作为审判依据时，他应从一系列以往判决的比较中推导出有关的一般规则或者原则。

3. 类比推理

在逻辑学上还存在一种叫类比推理的推理方法，即根据两个或两类对象的某些相同属性，推出它们在另一些属性方面也存在相同点的推理。将它运用到法律适用中，就是类比推理。类比推理，也有称为是类推推理。如举重以明轻的推理方式，就是典型的类比推理。

类比推理的特征在于：（1）它属于间接推理。（2）它是从特殊到特殊、从个别到个别的一种推理。（3）类比推理是从法律的精神中推理出新的意思。它与单纯扩张法律文义的扩张解释不同。（4）类比推理的推理根据是不充分的。它只是根据两个或者两类对象在一些属性方面的相同，推出它们在另一些属性方面相同的结论。而事实上，客观事物之间既有同一性，也存在差异性。

## （二）实质推理

法律适用中的实质推理，又称辩证推理，它是指这样一种情形：当作为推理前提的是两个或两个以上的相互矛盾的法律命题时，借助于辩证思维从中选择出最佳的命题以解决法律问题。法律适用中的辩证推理具有以下特点：

（1）辩证推理是法官面临两个或两个以上相互矛盾的命题时所进行的选择过程。这些可供选择的命题都存在其必要的理由或合理性，只不过是确定哪一个命题更合理的问题。因为法律适用只能有一个并且是明确无误的结论，而不应当有两个或多个含糊不清的结论。

（2）辩证推理的作用主要是为了解决因法律规定的复杂性而引起的疑难问题。法律的复杂性包括含糊、漏洞、相互抵触和矛盾等情形。比如法律上的"公平责任""正当防卫""合理竞争"等，虽然文字在字面上是清楚的，但是其实质内容和意义却很难适用；再如"法无明文规定"的情形、"法律规范竞合"等，这些问题的解决只能求助于辩证推理。

（3）辩证推理是法官对法律或案件客观事实的辩证推理过程，它必须建立在事物多重属性之间的辩证关系这样一个客观基础之上。无论是对法律疑难内容的解释还是对案件疑难事实的分析，其结论的推出都必须是从对事物的具体矛盾的分析中得出来的，而绝不应该是从法官的主观想象中得出结论。

（4）辩证推理是法官经过对具体事物的矛盾运动的研究而作的复杂的推理过程。它不排除运用演绎、归纳和类比的形式推理方法，但这些方法只是其中的一个环节或阶段。如果只是从其中的某个环节或阶段来讲，则它们的结论属于局部结论而不是整个辩证推理的全面结论。形式推理方法在辩证推理中还存在相互转化的特点。同时，运用这些形式推理的目的与结果是最终要获得符合法律或案件辩证发展规律的合乎逻辑的结论。

### 三、法律论证的概念

论证，就是举出一些论据来支持某种主张或判断。法律论证（legal argument），主要是指在司法过程中对判决理由的正当性、合法性或合理性进行论证，即在诉讼过程中，诉讼主体运用证据确定案件事实、得出结论的思维过程。法律论证的目的，是从多种合理甚至合法的法律主张中论证出最佳选择。

法律论证理论是对传统法律教义学和解释理论的超越，即意识到法律三段论的局限，强调"法外"因素在法律正当性论证（证成）中的意义，实际上与论理解释中的目的解释和社会学解释以及实质推理异曲同工，属于演绎论证和归纳论证之外的似真论证（plausible argument），即合情理论证。

法律论证一般由两个部分组成，即法律问题和事实问题。由于事实、法律、社会等因素的变化，论证的结论有可能被证伪或被修正，因此，法律论证的结论不是绝对的，具有可废止性（defeasibility），或称为可改写性或可证伪性。

### 四、法律论证的正当性标准

对司法过程中判决理由的正当性论证需要达到一定的正当性标准。这些标准主要有：

### （一）内容的融贯性

所谓融贯，是指法律体系本身的价值与事实、整体与部分、规则与原则、原理与精神的系统性、连贯性和一致性，以及法律体系与外部社会之间的内外融通。不仅是在寻求一种法律意义上的合法性，而且是在追求一种广泛上的正当性，即社会认同，包括道德评价和利益平衡以及消弭事实与价值之间的差异等。

### （二）程序的合理性

法律论证理论建立在对结论的非绝对性、非唯一性认知上，论证过程的合理、公正决定着结论的正当性。因此，应建立相应的程序标准。谈判、调解、仲裁、听证会、论证会、法庭辩论和审判等各种机制和程序，各有特定的程序规则。例如，司法程序以公开作为公正的基本标准，而非司法程序则往往以不公开为原则；司法程序注重严格性和对抗性，而非司法程序则强调灵活性和非对抗性；司法和行政执法程序以法律适用为主要目的，而民间机制则追求结果的合理性，并通过多元化和合理的程序，达致不同的正义结果。

### （三）依据的客观性和逻辑有效性

法律论证不是完全主观和随意的主张，而是必须依据基本的法律和社会规范以及合理的逻辑规则达成。尽管评价性判断的依据可能是多元的，但原则上仍必须是客观的，如法律规则、政策、公共道德准则、科学依据、统计数据、行业惯例、地方习俗、民族习惯等。在论证中需要遵循基本的形式逻辑规则，如概念的一致性、逻辑的严谨性、因果关系的客观性等。一些炒作、不确定的舆论、流言或臆测都不符合法律论证的基本要求。

### （四）结论的可接受性

法律论证的结果是否正当、合理，取决于其说服力，即能否被决策者和公众认同和接受。特别是超越既有法律的论证结论，必须具有非常正当的合理性，符合社会绝大多数公众的利益、价值观或具有人权、公共利益等正当性，否则就可能造成对法治本身的破坏。尽管有时结论可能不被社会主体全部认同或接受，可能存在重大争议，但至少应能够被公众理解，不存在重大的错误。例如，终审法院对"许霆案"的最终处理，尽管与现行法律规定不尽相同，但却经过了公众参与讨论、法律界的认真论证，考虑了我国公众的行为和心理、道德水准、金融服务的特点以及公共利益等多方面因素，在依据、程序和结果方面都能够为公众所接受。

总之，法律论证应注重广泛吸收公众参与，关注法外社会因素，注重协商性和实践理性，同时需要在法治精神、法律原则、民主制度以及公正程序的保障下进行，以保证法律的有效实施和与时俱进的发展，避免法律与社会的脱节，防止法律被误用。

# 第十章　法　律　关　系

## 第一节　法律关系概述

### 一、法律关系的概念

法律关系是依法建立的社会关系，是以法律上的权利义务为内容的社会关系，即在法律规范调整社会关系的过程中所形成的人们之间的权利和义务关系。根据此定义可以看出，法律关系具有如下特征。

#### （一）法律关系具有法律性

法律关系是根据法律规范建立的一种社会关系。这一命题包括以下含义：

（1）法律规范是法律关系产生的前提。如果没有相应的法律规范的存在，就不可能产生法律关系。

（2）法律关系不同于法律规范调整或保护的社会关系本身。社会关系是一个庞大的体系，其中有些领域是法律所调整的（如政治关系、经济关系、行政管理关系等），也有些是不属于法律调整或法律不宜调整的（如友谊关系、爱情关系、政党社团的内部关系）。即使那些受法律法规调整的社会关系，也并不能完全视为法律关系。例如，民事关系（财产关系和身份关系）只有经过民法的调整（即立法、执法和守法的运行机制）之后，才具有了法律上的意义，成为一类法律关系（民事法律关系）。

（3）法律关系是法律规范的实现形式，是法律规范的内容（行为模式及其后果）在现实社会生活中得到的具体贯彻。换言之，人们按照法律规范的要求行使权利、履行义务并由此而发生特定的法律上的联系，这既是一种法律关系，也是法律规范的实现状态。

（4）法律关系是人与人之间的合法（符合法律规范的）关系。这是它与其他社会关系的根本区别。确立"法律关系是合法的社会关系"这一观点，在法律实践中是具有重要意义的。在社会生活中，往往存在着大量的事实关系，它们没有严格的合法形式，甚至是完全违背法律的，如非法同居关系，未经认可的收养关系，以规避法律为目的的契约关系，无效或失效的合同关系等。这些事实关系，都不能看做法律关系，但又可能与法律的适用相关联，是法律适用过程中必须认真处理的一类法律事实。

#### （二）法律关系体现着国家和法律主体的意志

法律关系是体现着意志性的特殊社会关系。这种特殊的意志分别表现为国家意志和社会关系参加者的主体意志。

法律关系作为一定社会关系的特殊形式，正在于它体现国家的意志。这是因为，法律关系是根据法律规范有目的、有意识地建立的。所以，法律关系像法律规范一样必然体现国家的意志。在这个意义上，破坏了法律关系，其实也违背了国家意志。

但是，法律关系不同于法律规范，它是现实的、特定的法律主体所参与的具体社会关系。因此，特定法律主体的意志对于法律关系的建立与实现也有一定的作用。有些法律关系的产生，不仅要通过法律规范所体现的国家意志，而且需要法律关系参加者的个人意志表示一致（如多数民事法律关系）。也有很多法律关系的产生，并不需要这种共同的意志表示。例如，行政法律关系往往基于行政命令而产生而不取决于行政管理相对人的意志，再如某人的出生、死亡等不以当事人意志为转移的事件也会引起特定法律关系的产生。然而，尽管法律关系的产生不一定以各方合意为前提，其实现却离不开主体各方的意志行为。在法律关系产生和实现的过程中，国家意志和具体法律关系参加者的意志都具有重要作用，国家意志是主导的，而法律关系参加者的意志行为又是实现法律关系要求所必需的，二者缺一不可。

需要注意的是，法律关系本身是一种意志关系，但不能因此否认它的客观性。这表现为：首先，法律关系归根到底都根源于社会经济关系，反映一定经济关系的要求。其次，法律关系是一定社会关系的特殊形式，在受经济关系制约的同时，也受其他社会关系的制约，反映一定社会关系的性质、内容和发展规律。再次，法律关系一经形成，就作为一种社会现象而存在，并对社会关系产生影响。

### （三）法律关系以法律上的权利义务为内容

法律关系是法律规范（规则）"行为模式"（即法律权利和义务）的规定在事实社会关系中的体现。法律规范和法律关系的核心内容都是权利和义务，但二者不能等同。法律规范的内容实际上就是关于主体权利义务的一般规定，但这时的权利和义务还是抽象的、应然的，是一种可能性，法律规定并不等于具体主体之间已经形成了权利义务关系。只有具备了规范中"假定"部分要求的条件或事实，规范的规定才能转化为主体之间具体的权利义务关系即法律关系。

法律关系中的权利和义务是具体的、现实的，是法律规范规定的权利和义务在现实社会关系中的体现。没有特定法律关系主体的实际法律权利和法律义务，就不可能有法律关系的存在。法律关系实际上就是主体间在法律上的权利义务关系，法律权利和义务的内容是法律关系区别于其他社会关系（如社团组织内部的关系往往没有权利和义务的明确区分）的重要标志。

### 二、法律关系的分类

在法学上，由于根据的标准和认识的角度不同，可以对法律关系作不同的分类。本书采用下列分类：

### （一）基本法律关系、普通法律关系与诉讼法律关系

这是按法律关系所体现的社会内容的性质所作的分类。

基本法律关系，是由宪法或宪法性法律所确认或创立的、直接反映该社会经济制度和政治制度基本性质的法律关系。基本法律关系主要包括公民与国家的关系、国家机构之间的关系、中央与地方的关系、民族之间的关系、所有制关系和分配关系等内容。基本法律关系是社会中根本性的权利和义务关系，直接反映社会基本利益结构，并构成其他法律关系的基础。

普通法律关系，是依据宪法以外的法律而形成的、存在于各类权利主体和义务主体之间的法律关系。法律关系中的大部分是普通法律关系。

诉讼法律关系，是依据诉讼法律规范而形成的、存在于诉讼程序之中的法律关系。当基本法律关系和普通法律关系受到破坏或引起当事人之间的争议时，由于提起诉讼，诉讼法律

关系便产生了。诉讼法律关系既存在于在诉讼程序中出现的各司法机关之间，也存在于各诉讼参与人之间，还存在于各司法机关和诉讼参与人之间。

### （二）平权型法律关系与隶属型法律关系

这是按照法律关系主体的法律地位是否平等所作的分类。

平权型法律关系，又称横向法律关系，是存在于法律地位平等的当事人之间的法律关系。所谓法律地位平等，指的是当事人之间没有隶属关系，也就是既不存在职务上的上下级关系，也不存在一方当事人可以依据职权而支配对方的情形。这种平权型的法律关系以民事法律关系最为典型。当然，在民事行为领域之外也存在许多种平权型法律关系。

隶属型法律关系，又称纵向法律关系，是一方当事人可依据职权而直接要求他方当事人为或不为一定行为的法律关系。隶属型法律关系存在于具有职务关系的上下级之间，也存在于依法享有管理职权的国家机构和在其管辖范围内的各种主体之间。大多数行政法律关系是典型的隶属型法律关系，在这种法律关系中，行使职权的机关可通过单方面的意思表示而要求相对人服从。

### （三）绝对法律关系与相对法律关系

这是按法律关系主体是否完全特定化所作的分类。

绝对法律关系，是指权利主体特定而义务主体不特定的法律关系。绝对法律关系的特点是，只有权利主体是特定的、具体的，而义务主体则是不特定的、不具体的。绝对法律关系以"一个人对一切人"的形式表现出来，即一个特定的人与其他相对人之间的法律关系，如财产所有权关系。

相对法律关系，是指存在于特定的权利主体和特定的义务主体之间的法律关系。相对法律关系的特点是参加法律关系的双方或数方均是特定的、具体的人，其表现形式是"某个人对某个人"，如债权关系。

除上述三种划分外，法律关系还可按部门法为标准进行分类，如民事法律关系、行政法律关系、刑事法律关系、诉讼法律关系等。

## 第二节　法律关系的构成要素

法律关系是由主体、内容和客体三个要素构成的。

### 一、法律关系的主体

法律关系的主体，是指法律关系的参加者，即在法律关系中享有权利或承担义务的人，通常又称为权利主体、义务主体或权义主体。法律上所称的"人"主要包括自然人和法人。

### （一）自然人和法人

自然人，是指有生命并具有法律人格的个人，包括公民、外国人和无国籍人。

法人是与自然人相对称的概念，指具有法律人格，能够以自己的名义独立享有权利或承担义务的组织，有时也被称为拟制人，即由法律赋予人格并将其视同自然人一样有独立的意志和利益的社会组织体。因此，法人可以以自己的名义拥有财产、订立合同、行使权利、履行义务、起诉或应诉，基本上可以像自然人一样进行活动。法人一般可分为企业法人、事业法人、机关法人、社团法人等。此外，一些社会组织（非法人团体）和国家也可以作为某些法律关系的主体。

### （二）权利能力和行为能力

法律关系主体参加法律关系还有资格的限制，这在法学上被称为权利能力和行为能力。参加任何法律关系都必须具有权利能力，某些特定类型的法律关系，除了要具有权利能力之外，还必须具有行为能力。

**1. 权利能力**

所谓权利能力，就是由法律所确认的法律关系主体享有权利或承担义务的资格，是参加任何法律关系都必须具备的前提条件。也就是说，不具有权利能力，就意味着没有资格享有权利，甚至也没有资格承担义务。权利能力是法律人格的同义语。按法学界主流的观点，可把公民的权利能力分为一般权利能力和特殊权利能力两种。一般权利能力为所有公民普遍享有，始于出生，终于死亡，如人身权利能力等。特殊的权利能力须以一定的法律事实出现为条件才能享有，如参加选举的权利能力须以达到法定年龄为条件。

法人的权利能力始于法人依法成立，终于法人被解散或撤销。法人权利能力的内容和范围与法人成立的目的直接相关，并由有关法律和法人组织的章程加以规定。

**2. 行为能力**

行为能力是法律所确认的，由法律关系主体通过自己的行为行使权利和履行义务的能力。具有行为能力，首先意味着法律允许权义主体独立地以自己的名义参加法律关系，行使自己的权利或履行自己的义务。自然人依行为能力分为三类：第一类为完全行为能力人，即已经成年且神志正常之人，他们可以独立地处分自己的一切权利。第二类为限制行为能力人，即尚未成年但已满一定年龄的人和患有某种精神疾病但尚具有一定识别能力的人，他们只能独立处分与其能力相适应的权利。第三类为无行为能力人，即尚未达到一定年龄的幼童和完全失去控制和识别能力的精神病人，他们的行为一般情况下不能被视为法律行为。

**3. 责任能力**

与行为能力直接相关的是责任能力。责任能力即对自己的行为承担法律责任的能力。责任能力是行为能力在法律关系中的表现形式，它与关于行为能力规定的精神是一致的。完全行为能力人即完全的责任能力人，限制行为能力人即限制责任能力人，而无行为能力人则是无责任能力人。但值得注意的是，行为能力与责任能力的年龄在不同法律中的规定是不相同的。

### 二、法律关系的内容

法律关系的内容，是指法律关系主体间在一定条件下依照法律或约定所享有的权利和承担的义务，是人们之间利益的获取或付出的状态。

### （一）法律权利和法律义务

权利和义务是一对表征法律主体之间关系及关联状态的范畴，是法学范畴体系中最基本的范畴。权利和义务是法律调整的特有机制，是法律行为区别于道德行为最明显的标志，也是法律和法律关系内容的核心。

人是社会生活的主体，也是社会发展的主体。同时，人又是社会发展所要保护和实现的目标。人与人之间的关系包括生产关系、精神关系、政治关系。在社会生活中，每个人都有生存的需求，有满足自己基本利益和需求的愿望，人的生活需求既是一切社会活动的动机，也是权利概念存在的前提。但是，由于社会分工和利益资源的制约，每个人自身利益的实现和满足又离不开他人的协作和帮助，每个人必须为社会承担一定的责任，这就构成了义务概念存在的客观基础。

### 1. 法律权利

我国法学研究中一般认为，所谓法律意义上的权利，就是规定或隐含在法律规范中，实现于法律关系中的、主体以相对自由的作为或不作为的方式获得利益的一种手段。从本质上看，法律权利是指法律保护的某种利益；权利反映着主体在社会关系中独立自主和相互协作的关系的状态。从行为方式上看，权利既表现为权利主体的正当利益、不受他人干涉的正当自由，也表现为要求相对人（义务人）可以如何作为、必须如何作为或者不得如何作为。

社会生活中有多种权利，如习惯权利、组织中的权利、道德权利、法律权利等。法律意义上的权利与其他权利的主要差别在于，法律权利是由国家所承认和保护的权利，体现着国家意志。法律权利是社会经济关系的法律形式，即法权关系的一种形式。

权利与权力。权利的概念中也包含了一定的权力内容，诸如职权、权限、权能等概念中包含了权力因素。或者反过来也可以说，权力之中包含了权利的因素。因而，权利也体现一种自己作为或不作为，要求他人作为或不作为的能力或资格。但权利和权力在法律中仍然是两种有重要区别的现象。二者的主要区别在于：（1）权力的核心所指在于它强调权力拥有者对他人的单方面的支配能力，强制性是权力的最直观特点；而权利的核心所指则在于对行为自由、能力或资格的正当性的肯定和确认，正当性、正确性则是其最直观的特点。（2）宪法法律中使用权力这一概念时，通常权力主体是国家机关及其公职人员，因而经常说公权力。公权力与权利的区别最为显著，私法领域中的所谓私权力则在相当程度上与权利一体化了。权利主体则更多是指公民、社会组织等。（3）国家机关及其公职人员的职权，虽然包含有权利的因素，即有正当性的一面，但首先是一种基于职位或职务所产生的权力。职权通常与职责紧密连接，也就是说，行使职权也是一种责任或义务。

### 2. 法律义务

法律义务是设定或隐含于法律规范中，实现于法律关系中的、主体以相对受动的作为或不作为的方式保障权利主体获得利益的一种约束手段。义务是指人们必须履行的某种责任，它表现为必须怎样行为和不得怎样行为两种方式，即表现为作为和不作为两种方式。

在法律调整的状态下，权利是受法律保障的利益，其行为方式表现为意志和行为的自由。义务则是对法律所要求的意志和行为的限制，以及利益的付出。

### （二）法律权利和法律义务的相互关系

权利与义务作为法律关系的重要因素，体现了人们在社会生活中的地位及其相互关系，反映着法律调整的文明程度。权利与义务彼此为对应词，二者相辅相成，在一定意义二者互为目的、互为手段。权利的实现离不开义务。

从宏观方面讲，可以把权利与义务的关系概括为：历史进程中曾有的离合关系，逻辑结构上的对立统一关系，总体数量上的等值关系，功能上的互补关系，运行中的制约关系，价值意义上的主从关系。现简要分述如下。

### 1. 从人类不同的发展阶段看，二者有过离合关系

在原始社会，权利与义务完全结合在一起，无所谓权利与义务的区分。但是，进入阶级对立社会以后，由于人们之间在经济上、政治上处于不同地位，权利和义务也就随之分立，尤其在私有制社会中，一部分人只享受权利不履行义务，而另一部分人只尽义务而享受不到

权利。

2. 从逻辑结构上看，二者是对立统一的关系

权利意味着获得，而义务则意味着付出；一个是主动的，另一个是被动的。它们在法律关系中是相互对立、相互排斥的，但同时又是相互依存、相互贯通的两个方面。这种相互依存关系表现在，权利和义务不可能孤立存在和发展，一方的存在和发展都必须以另一方的存在和发展为前提。二者的相互贯通表现为权利与义务是相互渗透和相互转化的，有的行为既有权利属性又有义务的特点，如公民劳动的权利和义务，公民受教育的权利和义务，国家机关工作人员依法所享有的职权和责任等。

3. 从整体数量上看，二者具有量上的等值关系

一个社会的权利总量和义务总量是相等的。就整个社会而言，只有权利与义务在总量上处于等额状态，利益的付出与获取才能达到平衡，社会生活才不至于出现混乱。超过权利分配的适当限额强加的权利，或者超出义务范围对义务人提出过分的要求，都是不公平的。特权从一定意义上讲，就是由于部分人享受非法权利而导致权利与义务的失衡。应该说，权利的限度就是义务的界限，而义务的范围也就是权利的界限。

4. 从价值功能上看，二者具有互补关系

法律总是以确认和维护某种利益为其价值目标，但是，单纯的权利并不足以确保利益的得到，必须通过设定义务去保障权利目标的实现。没有义务就无所谓权利，没有权利也就无所谓义务。有权利就有义务，有义务就有权利。没有无权利的义务，也没有无义务的权利。

5. 从法律运行的角度看，二者之间具有制约关系

在社会互动过程中，权利与权利之间、权利与义务之间、权利与权力之间存在着互相制约、互相影响的关系。一方面，从个人与国家的关系上讲，个人的权利对国家的权力的制约导致国家的义务和责任的产生，国家的权力对个人生活的制约导致个人义务的形成。例如，立法导致守法义务的产生，生存权导致国家对社会成员中的弱者提供福利保障的义务。另一方面，从国家机关相互之间、个人之间的关系上看，权利与义务也具有制约关系。如国务院的行政管理权受全国人民代表大会所赋予它的职责和义务的制约。一切国家机关和公职人员的职权，都受到为人民服务这一基本义务的制约。

6. 从法律调整的价值取向上看，二者有主从次序

在法律关系中，权利与义务不可能处于同等重要的地位，在有些法律关系中，义务处于主导地位，如公民与国家之间的税收法律关系；有的法律关系中，权利处于主要地位，如所有权关系。在社会主义国家，法律调整的根本目的在于解放生产力，在于保护和实现人们享有充分的权利和自由。就整个法律关系而言，权利与义务相统一，权利处于主导地位，权利是目的，义务是手段，义务的设定以保障和实现权利作为出发点和归宿。

### 三、法律关系的客体
#### (一) 法律关系客体的概念

笼统地讲，法律关系客体是指法律关系主体之间权利和义务所指向的对象。它是构成法律关系的要素之一。

法律关系客体与权利客体既有区别又有联系。权利客体是权利行使所及的对象，它说

明：享受权利的主体在哪些方面可以对外在的客体（物质客体或精神客体）作出某种行为或不作出某种行为。这种对象始终与权利本身共存共灭。没有权利，也就没有权利客体。从单个权利的角度讲，其客体自然不能完全等同于法律关系客体。然而，一旦权利的行使与特定义务的履行发生联系，此时权利客体不仅是权利所及的对象，也是义务所指向的对象。权利客体也就变成了法律关系客体。例如，所有物是所有权的客体，而在买卖法律关系中，它就是该法律关系的客体。

法律关系客体是一定利益的法律形式。任何外在的客体，一旦它承载某种利益价值，就可能会成为法律关系客体。法律关系建立的目的，总是为了保护某种利益，获取某种利益，或分配、转移某种利益。所以，实质上，客体所承载的利益本身才是法律权利和法律义务联系的中介。这些利益，从表现形态上可以分为物质利益和精神利益、有形利益和无形利益、直接利益和间接利益（潜在利益）；从享有主体的角度，利益可分为国家利益、社会利益和个人利益等。

**（二）法律关系客体的种类**

法律关系客体是一个历史的概念，随着社会历史的不断发展，其范围和形式、类型也在不断地变化着。总体看来，由于权利和义务类型的不断丰富，法律关系客体的范围和种类有不断扩大和增多的趋势。归纳起来，有以下几类：

1. 物

法律意义上的物是指法律关系主体支配的、在生产上和生活上所需要的客观实体。它可以是天然物，也可以是生产物；可以是活动物，也可以是不活动物。作为法律关系客体的"物"与物理意义上的"物"既有联系，又有不同，它不仅具有物理属性，而且应具有法律属性。物理意义上的物要成法律关系客体，须具备以下条件：第一，应得到法律之认可。第二，应为人类所认识和控制。不可认识和控制之物（如地球以外的天体）不能成为法律关系客体。第三，能够给人们带来某种物质利益，具有经济价值。第四，须具有独立性。不可分离之物（如道路上的沥青、桥梁之构造物等）在不能脱离主物的情况下不能单独作为法律关系客体存在。至于哪些物可以作为法律关系的客体或可以作为哪些法律关系的客体，应由法律予以具体规定。

在我国，大部分天然物和生产物可以成为法律关系的客体。但有几种物不得进入国内商品流通领域，成为私人法律关系的客体：（1）人类公共之物或国家专有之物，如海洋、山川、河流、空气；（2）文物；（3）军事设施、武器（枪支、弹药等）；（4）危害人类之物（如毒品、假药、淫秽书籍等）。

2. 行为

在很多法律关系中，其主体的权利和义务所指向的对象是行为。作为法律关系客体的行为是特定的，即义务人为满足权利人的利益要求而完成的行为。

3. 精神产品（非物质财富）

精神产品是人通过某种物体（如书本、砖石、纸张、胶片、磁盘）或大脑记载下来并加以流传的思维成果。精神产品不同于有体物，其价值和利益在于物中所承载的信息、知识、技术、标识（符号）和其他精神文化。同时它又不同于人的主观精神活动本身，是精神活动的物化、固定化。精神产品属于非物质财富。西方学者称之为"无体（形）物"。我国法学界常称为"智力成果"或"无体财产"。

法理学

4. 人身利益

人身是由各个生理器官组成的生理整体（有机体）。它是人的物质形态，也是人的精神利益的体现。在现代社会，随着现代科技和医学的发展，使得输血、植皮、器官移植、精子提取等现象大量出现，同时也产生了此类交易活动及其契约，带来了一系列法律问题。这样，人身利益不仅是人作为法律关系主体的承载者，而且在一定范围内成为法律关系的客体。

但须注意的是：第一，活人的（整个）身体，不得视为法律上之"物"，不能作为物权、债权和继承权的客体，禁止任何人（包括本人）将整个身体作为"物"参与有偿的经济法律活动，不得转让或买卖。贩卖或拐卖人口，买卖婚姻，是法律所禁止的违法或犯罪行为，应受法律的制裁。第二，权利人对自己的人身不得进行违法或有伤风化的活动，不得滥用人身，或自践人身和人格。例如，卖淫、自杀、自残行为属违法行为或至少是法律所不提倡的行为。第三，对人身行使权利时必须依法进行，不得超出法律授权的界限，严禁对他人人身非法强行行使权利。例如，有监护权的父母不得虐待未成年子女的人身。

人身（体）部分（如血液、器官、皮肤等）利益的法律性质，是一个较复杂的问题。它属于人身，还是属于法律上的"物"，不能一概而论，应从三方面分析：当人身之部分尚未脱离人的整体时，即属人身本身；当人身之部分自然地从身体中分离，已成为与身体相脱离的外界之物时，亦可视为法律上之"物"；当该部分已植入他人身体时，即为他人人身之组成部分。

在研究法律关系客体问题时，还必须看到，实际的法律关系多种多样，而在多种多样的法律关系中就有多种多样的客体，即使在同一法律关系中也有可能存在两个或两个以上的客体。例如买卖法律关系的客体不仅包括"货物"，而且也包括"货款"。在分析多向（复合）法律关系客体时，我们应当把这一法律关系分解成若干个单向法律关系，然后再逐一寻找它们的客体。多向（复合）法律关系之内的诸单向关系有主次之分，因此其客体也有主次之分。其中，主要客体决定着次要客体；次要客体补充说明主要客体。它们在多向（复合）法律关系中都是不可缺少的构成要素。

## 第三节　法律关系的产生、变更与消灭

### 一、法律关系产生、变更与消灭的条件

由于社会生活本身是不断变化的，法律关系也就不能不具有某种流动性，从而表现为一个产生、变更与消灭的过程。法律关系的产生指的是在主体之间出现了权利、义务关系；法律关系的变更指的是法律关系的主体、客体或内容中的任何一项发生了变化；法律关系的消灭指的是主体间权利、义务关系完全终止。

法律关系的产生、变更与消灭不是随意的，必须符合两方面的条件。其一是抽象的条件，即法律规范的存在，这是法律关系形成、变更与消灭的前提和依据。其二是具体的条件，即法律事实的存在，它是法律规范中假定部分所规定的各种情况，一旦这种情况出现，法律规范中有关权利和义务的规定以及有关行为法律后果的规定就发挥作用，从而使一定的法律关系产生、变更或消灭。

## 二、法律事实的概念

法律事实是指能够引起法律关系产生、变更或消灭的各种事实的总称。法律事实与一般意义上的事实有重要区别。

### （一）法律事实是一种规范性事实

法律事实是法律规范社会的产物，没有法律就不会有法律事实。所以法律事实这一概念在一定程度上体现了法律规范所设计的事实模型。在这里，规范有两个方面的含义：一方面是指静态的法律规范模式，另一方面指动态的法律规范，它约束着人们对自然事实的认定走向。法律规范中的法律事实的模型大致包括两种：一种是行为模式，一种是事件的模式（包括时效的规定），这两种模型都是为了保护权利而设计的。因而，一个人的权利要想得到法律的充分保护，他的行为方式应是规范的，不规范的行为要么是权利得不到保护，要么是受到法律的制裁。所以，许多人认为法律事实是一种倾向于法律规范陈述形态的事实。

### （一）法律事实是一种能以证据予以证明的事实

这意味着法律事实不仅是客观事实，而且它还应是能用证据证明的客观事实。许多事实也许是客观存在的，但由于时过境迁拿不出证据证明，对这样的事实就不能认定为法律事实（法律明确规定可以推定的除外）。因为从司法的角度看，有些事实从逻辑推理的角度看可能确实存在，但由于许多事实具有的不可重复性，当事人拿不出证据，法官等就不能确认。所以，对法律事实来说，无论其多么简单，都需要有一个证明的过程。

### （三）法律事实是一种具有法律意义的事实

某一被称为法律事实的事实，肯定是对法律关系产生了某种程度的影响，有的可能引起法律关系的产生，有的可能引起法律关系的变更或消灭。如果事实没有对法律关系产生任何影响（或者说不能引起法律关系的产生、变更或消灭），就不能称为法律事实。一般认为，事实的法律意义其实讲的就是事实与法律关系的关系。

## 三、法律事实的分类

根据不同的标准可以对法律事实进行多种分类，以下是几种最常见的划分方法。

### （一）法律事件和法律行为

按照法律事实是否与当事人的意志有关，可以把法律事实分为法律事件和法律行为，这是一种最基本、最重要的分类。

法律事件，指的是与当事人意志无关的，能够引起法律关系产生、变更或消灭的事实。事件的特点是，它的出现与当事人的意志无关，不是由当事人的行为所引发的。导致事件发生的原因，既可以来自于自然，也可以来自社会，据此可以将其分为绝对事件和相对事件。绝对事件是不因任何人的行为而由自然原因引起的事件，如人的自然死亡、时间的流逝、自然灾害等，这些现象都可以引起一定法律关系的产生、变更或者消灭。相对事件是由人的行为引起的，但其产生并不以该特定法律关系权利主体的意志为转移，如战争、革命等会引起某个以前订立的经济合同无法继续履行，导致该合同关系变更或中止的事实条件就是相对事件。

法律行为，从法律关系的角度看，它指的是与当事人意志有关的，能够引起法律关系产生、变更或消灭的作为和不作为。行为一旦作出，也是一种事实，它与事件的不同之处在于当事人的主观因素成为引发此种事实的原因，因此，当事人既无故意又无过失，而是由于不可抗力或不可预见的原因而引起某种法律后果的活动，在法律上不被视为行为，而被归入意外事件。法律上所说的行为，仅指与当事人意志有关且能引起法律关系后果的那些行为。

**（二）单一的法律事实和事实构成**

按照引起法律后果所需要的法律事实具有单数形式还是复数形式，可把它们划分为单一的法律事实和事实构成。

单一的法律事实是无须其他事实出现就能单独引起某种法律后果的法律事实。出生、死亡和放弃债权等，都是单一的法律事实，这种事实一旦出现，就会引起法律关系的产生、变更或消灭。

事实构成是法律事实的复数形式，是由数个事实同时出现才能引起法律后果的法律事实。多数法律关系的产生、变更或消灭，必须以同时具备数个事实为条件，缺一不可。例如，抵押贷款合同关系就至少同时具备数个事实后始得成立：一方要约、一方承诺、双方意思表示一致、抵押物的存在等。

# 第十一章　法律责任与法律制裁

## 第一节　法律责任

### 一、法律责任的特点和功能

法律责任是指因违反了法定义务或契约义务，或不当行使法律权利、权力所产生的，由行为人承担的不利后果。就其性质而言，法律关系可以分为法律上的功利关系和法律上的道义关系，与此相适应，法律责任方式也可以分为补偿性方式和制裁性方式。

#### （一）法律责任的特点

法律责任是社会责任的一种，它与其他社会责任（如政治责任、道义责任等）有密切联系，但是法律责任与其他社会责任有原则性的区别。法律责任的特点在于：

（1）法律责任首先表示一种因违反法律上的义务（包括违约等）关系而形成的责任关系，它是以法律义务的存在为前提的。

（2）法律责任还表示为一种责任方式，即承担不利后果。法律责任方式是由法律规定的，它通常有两种，即补偿与制裁。

（3）法律责任具有内在逻辑性，即存在前因与后果的逻辑关系。其中破坏责任关系是前因，追究责任或承受制裁是后果。

（4）法律责任的追究是由国家强制力实施或者潜在保证的。所谓强制实施是指由有关国家机关依法定职权和程序采取直接强制手段予以实施。但这不等于说一切法律责任的实现均由国家强制力直接介入。

#### （二）法律责任的功能

法律责任能够保障法律上的权利、义务、权力等得以生效，得以落实。当这些正常的法律调整安排被违法违约等行为予以破坏，所保护的法益受到损害，就可以通过启动法律救济程序，启动法律责任和制裁程序，使损害人承担法律责任，惩罚责任人，消除侵害，抑制未来可能发生的新侵害等。因而，法律责任的功能就是惩罚、救济和预防。

惩罚是说，惩罚那些已经违法犯罪的法律主体，惩罚有刑事的，也有民事的或行政的。救济是说，对受害人而言，通过让加害人承担法律责任，其被损害的利益、权利等被恢复或被补偿。预防是说，通过让加害人承担法律责任，形成一种违法犯罪必受惩罚、违法者必然付出代价的社会观念和社会氛围，这对于潜在的违法犯罪者是一种警示、威慑，因而就有助于预防违法犯罪。

### 二、法律责任的分类

根据违法行为所违反的法律的性质，可以把法律责任分为民事责任、刑事责任、行政责任与违宪责任。

**（一）刑事责任**

刑事责任，是指行为人因其犯罪行为所必须承受的，由司法机关代表国家所确定的否定性法律后果。与民事责任不同，刑事责任的前提是行为人的行为触犯了刑律，而不是一般的违法；此外，刑事责任不存在无过错责任问题。同时，行为人在主观上是故意还是过失，以及故意或过失的形式，对刑事责任的有无、刑事责任的种类与大小，都有重要的意义。

**（二）民事责任**

民事责任，是指由于违反民事法律、违约或者由于民法规定所应承担的一种法律责任。民事责任的特点是：民事责任主要是财产责任；在法律允许的情况下，民事责任可以由当事人协商解决。民事责任可以分为违约责任、一般侵权责任、特殊侵权责任及公平责任。

**（三）行政责任**

行政责任，是指因违反行政法规定或因行政法规定而应承担的法律责任。在我国，行政责任大体可以分为以下四类：（1）一般公民、法人违反一般经济、行政管理法律、法规而应承担的法律责任。（2）无过错行政责任。（3）行政机关工作人员违法失职而应承担的法律责任，即行政处分。（4）行政机关及其工作人员在行政诉讼败诉后而产生的行政责任。

**（四）违宪责任**

违宪责任，是指由于违反有关国家机关制定的某种法律和法规、规章，或有关国家机关、社会组织或公民从事了与宪法规定相抵触的活动而产生的法律责任。维护宪法尊严、保证宪法实施，对于社会的稳定与发展具有特殊重要的意义。

另外，如果同意公私法的划分方法，上述分类也可归结为公法责任和私法责任，私法责任主要指民事责任，公法责任主要指行政责任、刑事责任和违宪责任。

### 三、法律责任的构成

法律责任的构成要件是指构成法律责任必须具备的各种条件或必须符合的标准，它是国家机关要求行为人承担法律责任时进行分析、判断的标准。不同国家对法律责任的构成要件的认识是不相同的，根据违法行为的一般特点，我们把法律责任的构成要件概括为：主体、过错、违法行为、损害事实和因果关系五个方面。

**（一）责任主体**

法律责任主体，是指违法主体或者承担法律责任的主体。责任主体不完全等同于违法主体。考察主体要素的意义是：

（1）尽管我们的法律原则是"法律面前一律平等"，法律上不同的行为主体在实施同一法律行为时其法律后果可能是不同的，比如14周岁以下的未成年人故意伤害他人，从归责基础来看该行为是非道义的，但是从他的年龄、智力等因素考虑，追究其法律责任（进行惩罚）在道义上也是不妥当的，故此法律规定对他免除刑事责任。这说明归责基础与归责要素虽然各自所考虑的问题不同，但两方面又是密切联系、互相影响的。

（2）法律责任存在转继（转移或继受）的问题，即责任从一主体身上转移到另一主体身上，原责任主体的责任为另一主体所继受。

（3）有助于解释一些特殊的情况，如关于法人犯罪的理论问题。法人不是自然人，它的行为是由自然人控制的，它也不存在主观过错，因此它不存在犯罪与否的问题。但为什么存在法人违法、犯罪之说呢？道理在于责任主体不同于违法（犯罪）主体。

## （二）违法行为

违法行为是指违反法律所规定的义务、超越权利的界限行使权利以及侵权行为的总称，一般认为违法行为包括犯罪行为和一般违法行为。违法行为与法律责任存在两种情况下的关系：一是违法行为是法律责任产生的前提，没有违法行为就没有法律责任，这是两者关系的一般情形或多数情形；二是法律责任的承担不以违法的构成为条件，而是以法律规定为构成条件，这是两者关系的特殊情况。

## （三）损害结果

损害结果即受到的损失和伤害的事实，包括对人身、财产、精神（或者三方面兼有的）的损失和伤害。损害应当具有确定性，也就是说，损害结果必须是一个确定的现实存在的事实，它是真实的而不是虚构的、主观臆想的，是业已发生的而不是即将发生的。损害还必须根据社会的一般观念和公众意识予以认定，比如精神损害的认定，其标准不如财产和人身损害那么客观，那么容易认定，这就要根据通常的社会观念和意识标准来把握。有些责任的承担不以实际损害存在为条件，比如，危害国家安全犯罪，不一定对国家安全造成实际的损害，但也要承担刑事责任。财产损害通常包括实际损害、丧失所得利益及预期可得利益。

## （四）因果关系

因果关系即行为与损害之间的因果关系，它是存在于自然界和人类社会中的各种因果关系的特殊形式。也就是说，若一现象的出现是因为另一现象的存在所引起的，则两种现象之间就具有因果关系。法律归责原则上要求证明违法或侵权行为与损害结果之间的因果关系。

## （五）主观过错

在这里，主观过错，是指责任主体从事违法行为时在主观上的故意或过失。故意和过失在不同的法律领域中具有不同的意义。在刑事法律领域，行为人故意或过失的心理状态是判定其主观恶性的重要依据，也是区别罪与非罪、此罪与彼罪、罪轻与罪重的重要依据。在民事法律领域，故意和过失被统称为过错，是构成一般侵权行为的要素。在行政法律领域，实行过错推定的方法，一般只要行为人实施了违法行为就视其为主观有过错，不必再深究其主观因素了，法律另有规定的除外。

## 四、归责与免责

法律责任的认定和归结简称"归责"，它是指对违法行为所引起的法律责任进行判断、确认、归结、缓减以及免除的活动。归责理论中涉及归责原则、归责要素和免责条件等问题。

### （一）归责的原则

归责是一个复杂的责任判断过程，判断、确认、追究以及免除责任时必须依照一定的原则。归责原则体现了立法者的价值取向，是责任立法的指导方针，也是指导法律适用的基本准则。归责一般必须遵循以下法律原则：

1. 责任法定原则

其基本含义是：

（1）违法行为发生后应当按照法律事先规定的性质、范围、程度、期限、方式追究违法者的责任；作为一种否定性法律后果，它应当由法律规范预先规定，这是法律可预测性的必然要求。

（2）排除无法律依据的责任，即责任擅断和"非法责罚"。国家的任何归责主体都无权向一个责任主体追究法律明文规定以外的责任，任何责任主体都有权拒绝承担法律明文规定以外的责任。刑事责任上还指"罪刑法定主义""法无明文不为罪"。

（3）在一般情况下要排除对行为人有害的追溯既往。国家不能以今天的法律来要求人们昨天的行为，这主要表现为刑法上的不溯及既往的原则。

2. 因果联系原则

其基本含义包括：

（1）在认定行为人违法责任之前，应当首先确认行为与危害或损害结果之间的因果联系，比如伤害动作与被害人的伤势状况之间是否存在因果联系，是认定法律责任的重要事实依据。

（2）在认定行为人违法责任之前，应当首先确认意志、思想等主观方面因素与外部行为之间的因果联系，有时这也是区分有责任与无责任的重要因素。比如，没有主观上的过错而致使他人对自己的财产失去控制，就不能认定为犯罪。

（3）在认定行为人违法责任之前，应当区分这种因果联系是必然的还是偶然的、直接的还是间接的。有时还存在一因多果或一果多因，这也影响到法律责任的归结和追究方式，所以在具体案件中还必须注意区分。

3. 责任相称原则

这是法律公正精神在法律责任归结上的具体表现。其基本含义包括：

（1）法律责任的性质与违法行为的性质相适应。比如，在审理案件中要准确认定行为性质，只有在确认行为性质后才能确认责任性质。民事责任与刑事责任的性质不同，不能用刑事责任方式来追究民事违法行为。又如，合同责任与民事侵权责任不同，不能混同适用。

（2）法律责任的轻重和种类应当与违法行为的危害或者损害相适应。比如，考虑刑事责任问题，必须以行为人的犯罪行为、危害结果及因果关系等作为客观基础。在民法领域还要适当考虑当事人的经济收入、必要的经济支出等。

（3）法律责任的轻重和种类还应当与行为人的主观恶性相适应，如，故意还是过失，主观上有无过错，有无自首或犯罪中止情节等。

4. 责任自负原则

其基本含义包括：

（1）违法行为人应当对自己的违法行为负责；不能让没有违法行为的人承担法律责任，即反对株连或变相株连。

（2）要保证责任人受到法律追究，也要保证无责任者不受法律追究，做到不枉不纵。责任自负原则是现代法的一般原则。当然，在某些特殊情况下，为了法律秩序特别是财产保护上的需要，也会产生责任转承问题，比如监护人对被监护人承担替代责任，上级对下级承担替代责任等。

**（二）免责**

免责是指行为人实施了违法行为，应当承担法律责任，但由于法律的特别规定，可以部分或全部免除其法律责任，即不实际承担法律责任。"免责"同"无责任"或"不负责任"在内涵上是不同的。免责以法律责任的存在为前提。例如，我国《刑法》第19条规定，又聋又哑的人或者盲人犯罪，可以从轻、减轻或者免除处罚。"无责任"或"不负责任"则是指虽然行为人事实上或形式上违反了法律，但因其不具备法律上应负责任的条件，故不承担法律责任。例如，《刑法》第18条规定，精神病人在不能辨认或者不能控制自己行为的时候造成危害结果，经法定程序鉴定确认的，不负刑事责任。这两种情况时常被混淆。例如，许多论著和有些法规把未达到法定责任年龄、精神失常等不负法律责任的条件当作免除法律责任的条件。

必须指出的是，"免责"也不能同正当防卫、紧急避险等行为混同。部分或全部免除责任并不意味着特定的违法行为是合理的、法律允许的或法律不管不问的，更不意味着这些被免责的行为是法律赞成或支持的。

在我国的法律规定和法律实践中，免责的条件和情况是多种多样的。其免责的条件和方式可以分为：

1. 时效免责

这是指违法者在其违法行为发生一定期限后不再承担强制性法律责任，即如果某一期限已经过去，则不能再对责任主体提起诉讼。例如，我国《刑法》第87条规定，犯罪经过下列期限不再追诉：（1）法定最高刑为不满五年有期徒刑的，经过5年；（2）法定最高刑为5年以上不满10年有期徒刑的，经过10年；（3）法定最高刑为10年以上有期徒刑的，经过15年；（4）法定最高刑为无期徒刑、死刑的，经过20年。这个规定意味着如果没有法律的特别规定，违反法律的行为超过一定的期限不再被追究法律责任，法律责任因时间流逝而消失。再如，我国《民法通则》关于各项诉讼时效的规定，从宣布权利人在诉讼时效期限届满之后丧失请求权（胜诉权）的角度，暗含着诉讼时效期限届满，侵权者不再被国家追究法律责任。

需要指出的是，民法上的诉讼时效与刑法上的诉讼时效不同。在民法上，超过诉讼时效，权利人丧失的仅仅是胜诉权，实体利益并不丧失，如果侵权人自愿履行义务，权利人仍有权接受。时效免责初看起来是不公正的，但实际上它对于保障当事人的合法权利，督促法律关系的主体及时结清债务，预防原告不及时行使请求权而提高损害赔偿额，对于避免因难以获得充分而可靠的证据而产生的错误成本，维护社会秩序的稳定，以及提高法院的工作效率和质量，有着重要的意义。

2. 不诉免责

即所谓"告诉才处理""不告不理"。在我国，不仅大多数民事违法行为是受害当事人或有关人告诉才处理，而且有些刑事违法行为也是不告不理。不告不理意味着当事人不告诉，国家就不会把法律责任归结于违法者，亦即意味着违法者实际上被免除了法律责任。例如，我国《刑法》规定，以暴力干涉他人婚姻自由的犯罪、虐待家庭成员的犯罪、侮辱罪、诽谤罪等，都是告诉才处理的违法犯罪行为。

在法律实践中，还有一种类似不诉免责的免责方式，即在国家机关宣布有责主体须承担法律责任的情况下，权利主体自己主动放弃执行法律责任的请求。必须注意，作为免责形式的"不告诉"必须是出于被害人及其代理人的自由意志。如果"不告诉"之不作为是在某种压力或强制环境下作出的，则构不成免除有责主体的法律责任的条件和依据。

3. 自首、立功免责

即对那些违法之后有立功表现的人，免除其部分或全部法律责任。例如，《刑法》第67条规定，犯罪以后自动投案，如实供述自己的罪行的，是自首。对于自首的犯罪分子，可以从轻或者减轻处罚。其中，犯罪较轻的，可以免除处罚。

4. 有效补救免责

即对于那些实施违法行为，造成一定损害，但在国家机关归责之前采取及时补救措施的人，免除其部分或全部责任。这种免责的理由是违法者在归责之前已经超前履行了其义务。

5. 协议免责或意定免责

这是指双方当事人在法律允许的范围内通过协商所达成的免责，即所谓"私了"。这种免责一般不适用于犯罪行为和行政违法行为（即"公法"领域的违法行为），仅适用于民事违法行为（即"私法"领域）。

6. 自助免责

自助免责是对自助行为所引起的法律责任的减轻或免除。所谓自助行为是指权利人为保护自己的权利，在情势紧迫而又不能及时请求国家机关予以救助的情况下，对他人的财产或自由施加扣押、拘束或采取其他相应措施，而为法律或公共道德所认可的行为。自助行为可以免除部分或全部法律责任。

7. 人道主义免责

权利是以权利相对人即义务人的实际履行能力为限度的。在权利相对人没有能力履行全部责任或部分责任的情况下，有关的国家机关或权利主体可以出于人道主义考虑，免除或部分免除有责主体的法律责任。例如在损害赔偿的民事案件中，人民法院在确定赔偿责任的范围和数额时，应当考虑到有责主体的财产状况、收入能力、借贷能力等，适当减轻或者免除责任，而不应使有责主体及其家庭因赔偿损失而处于无家可归、不能维持生计的状态。在有责主体无履行能力的情况下，即使人民法院把法律责任归结于他并试图强制执行，也会因其不能履行而落空。

## 第二节　法律制裁

### 一、法律制裁的概念

法律制裁是由特定的国家机关对违法者（或违约者）依其所应承担的法律责任而实施的强制性惩罚措施。

法律制裁与违法行为和法律责任具有密切关系。法律制裁与法律责任都是基于违法行为而产生的。没有违法行为，就没有承担法律责任的客观基础，也就谈不上实施法律制裁。法律制裁以确认违法行为为前提，又是法律责任实现的重要方式。法律责任与法律制裁具有逻辑上的联系，违法行为必须承担法律责任，而追究法律责任，一般都必须实施法律制裁。法律制裁旨在强制责任主体承担违法行为的后果，迫使侵害人付出或丧失一定的利益，其目的在于恢复被侵害的权利，治理越轨的行为，维护社会关系的正常运转。

### 二、法律制裁的种类

根据违法行为和法律责任的性质不同，法律制裁可以分为刑事制裁、民事制裁、行政制裁和违宪制裁。

#### （一）刑事制裁

刑事制裁又称刑罚，它是指人民法院对于犯罪行为者根据其所应承担的刑事责任而实施的惩罚措施。根据我国《刑法》规定，刑罚分为主刑和附加刑两类。主刑包括：管制、拘役、有期徒刑、无期徒刑、死刑。附加刑包括：罚金、剥夺政治权利、没收财产、驱逐出境。

### （二）民事制裁

民事制裁，是指由人民法院所确定并实施的，对民事违法者或应该承担责任的其他组织和个人，依其所应承担的民事责任而给予的强制性惩罚措施。民事制裁的形式是多种多样的，主要是：停止侵害、排除妨碍、消除危险；返还财产；恢复原状；修理、重作、更换；搬迁；赔偿损失；支付违约金；消除影响、恢复名誉、赔礼道歉等。此外，还可以处以训诫、责令具结悔过、收缴进行非法活动的财物和非法所得等。民事制裁是以财产关系为核心、适用范围最为广泛的法律制裁形式。

### （三）行政制裁

行政制裁，是指国家行政机关对行政违法者所实施的强制性惩罚措施。根据行政违法的社会危害程度、实施制裁的方式等不同，行政制裁又可分为行政处分和行政处罚两种。行政处分是国家行政机关或其他组织依照行政隶属关系，对于违反行政法规的国家公务员或所属人员实施的惩罚措施，主要有：警告、记过、记大过、降级、降职、开除留用察看、开除等形式。行政处罚是由特定机关对违反行政法规的公民或社会组织所实施的惩罚措施，处罚形式主要有：警告、罚款、拘留等。

### （四）违宪制裁

违宪制裁，是指对违宪行为所实施的一种强制措施。在我国，监督宪法实施的全国人民代表大会及其常务委员会是行使违宪制裁权的机关。承担宪法责任的主体，主要是国家机关及其领导干部。制裁措施有：撤销同宪法相抵触的法律、行政法规、地方性法规；罢免国家的领导成员等。违宪制裁是具有最高政治权威的法律制裁。

法理学

# 第十二章 法 治

## 第一节 法 治 概 述

### 一、法治的概念

#### （一）法制的含义

法治是一种源远流长的意识形态、治国方略和社会文化现象。在不同的时代，人们赋予其不同的社会内涵和意义。为了揭示法治的真谛，弘扬现代法治精神，有必要首先比较、分析不同法治概念所包含的社会内涵和社会意义。

"法治"这一概念有各种不同的表达方式，在中文中有"法治主义""依法治国""法治天下"等。在西方有"rule of law"（法的统治）、"rule by law"（以法统治）、"government by law"（依法治理）、"government through law"（通过法律的治理）等。在各种不同的表达方式中包含着如下社会内涵和意义。

1. 法治意指一种治国方略或社会调控方式

在这种意义上，法治的对立面是"人治"。法治是与人治对立的治国方略。不过，这种对立在古代和近代其内容和表现形式都是不尽相同的。在古代中国，法治强调把社会关系纳入法律的轨道，用带有权威性、强制性的法律规范或严刑峻法治理社会，而人治强调"为政在人"。在古希腊，法治强调法律的理性及其一般指引作用，人治则强调圣贤的智慧及其解决具体问题的个别指引作用。近代以来，法治与人治的对立主要表现为民主与专制、主权在民与主权在君、法律与当权者个人的意志之间的对立。

20 世纪 70 年代末至 80 年代初中国开展的法治与人治的大讨论就是围绕着这几个对立的方面而展开的。通过这场大讨论，在理论上明确了法治与人治这两种治国方略的界限不在于承认不承认法律运行中人的因素，而在于：从主体上，法治是众人之治（民主政治），人治是一人（或几人）之治（君主专制或贵族政治）；法治依据的是反映人民大众意志的法律，人治则依据领导人个人的意志。法治与人治的分界线是：当法律与当权者的个人意志发生冲突时，是法律高于个人意志，还是个人意志凌驾于法律之上，或者说，是"人依法"还是"法依人"。

2. 法治意指依法办事的原则

法治作为一个动态的或能动的社会范畴，其基本的意义是依法办事。在现代法治社会，依法办事的要求已成为社会关系参加者活动的普遍原则，不仅普通社会成员要依法办事，就是国家机关及其工作人员也不能例外。从与古代法治对立的意义上甚至可以说，现代法治的精髓是官吏依法办事，只有官吏依法办事，接受法律的约束，才有法治可言。

人人平等地依法办事是法治的要求和标志。所以，近代以来主张法治的人们无不强调要依法办事。在我国，党的十一届三中全会公报把"有法可依、有法必依、执法必严、违法必究"作为社会主义法制（法治）四个缺一不可的要素。这四个要素的实质是依法办事。其中

"有法可依"是依法办事的前提，"执法必严"是依法办事的中心环节，"违法必究"是依法办事的保障。

### 3. 法治意指良好的法律秩序

无论是作为治国方略，还是作为依法办事的原则，法治最终要表现为一种良好的法律秩序。达到某种法律秩序，既是法治的目标和结果，也是检验是否厉行法治的一个重要指标。法律秩序是法律规范实行和实现的结果。法律秩序是各种法律关系的总和，它表现为社会生活的基本方面已经法律化和制度化；社会成员和社会组织都有明确的权利和义务；每个法律主体都忠实地履行法定义务，积极而正确地行使和维护法定权利；有条不紊、充满生机的社会秩序在法律秩序的基础上建立起来了。

### 4. 法治代表一种包含特定价值规定性的社会生活方式

法治不是单纯的法律秩序。不是任何一种法律秩序都称得上法治状态，法治是有特定价值基础和价值目标的法律秩序，即是有价值规定性的社会生活方式。就现代社会来说，法治的价值基础和取向至少应包括：（1）法律必须体现人民主权原则，必须是人民根本利益和共同意志的反映，并且是以维护和促进全体人民的综合利益为目标的。（2）法律必须承认、尊重和保护人民的权利和自由。（3）法律面前一律平等。（4）法律承认利益的多元化，对一切正当的利益施以无歧视性差别的保护。

### （二）法治与法制

对于"法制"一词，古今中外人们有不同的解释，但通常是在两种意义上使用：一种是静态意义上的法制，即法律规则或制度的系统；另一种是动态意义上的法制，即立法、执法、司法、守法和法律监督的活动和过程。目前我国学界普遍认为"法制"一词应当从国家的法律制度和法律能被严格遵守和执行结合上认识。因此，法制是法的制定、执行、司法、守法和法律监督活动的总称。

"法制"一词，古已有之。但对法制一词的含义众说纷纭，莫衷一是，古今中外，都无统一确切的解释。在我国，"法制"一词首见于《礼记》中："命有司，修法制。缮囹圄，具桎梏。"商鞅主张："法制明则民畏刑。法制不明，而求民之行令也，不可得也。"这里的"法制"含义是依刑裁断。古代的法学家认为"守十者乱，守一者治"，主张"明主慎法制，言不中法者，不听也；行不中法者，不高也；事不中法者，不为也"。这同我们今天讲的法制的含义迥然不同。我国古代"法制"主要是"人治""礼治"相结合的一种维护君主专制的政治制度。西方古代社会也大体类似。不管是奴隶社会还是封建社会，其"法制"都是同其社会的政治制度相联系的。在古代社会，一般都采用专制政体。因此，与专制政体紧密联系的"法制"必然有鲜明的专制的色彩，与其说是"法制"，不如说是"王制""专制"。其设法施治皆出君命，君主操纵一切，是专制的法制，没有民主可言。这种法制维护少数特权者的独断专横，国家权力被滥用、公民权利被践踏的现象层出不穷。法律在社会生活中的作用是极不稳定的，经常随着独裁者个人的喜怒哀乐为转移。

资产阶级革命后，提出了"民主""自由""平等"的口号，提出了"法律面前人人平等""法无明文规定不为罪"的法制原则。资产阶级建立了自己的政权以后，以法律的形式把这些原则固定下来。这种法制是建立在资产阶级民主的基础上的，因而它不同于古代专制的法制。这种法制实行"民主"，反对专制；实行"以法治国"，反对个人独裁；实行"三权分立"政治制度，反对"三权合一"的集权制度；实行"平等"，反对特权；等等。应当承认，资产阶级法制的出现是一大历史进步。当然，资产阶级法制是建立在资产阶级民主基础上的，是为资产阶级的政治、经济利益服务的。

法制与法治的区别可以大致概括为以下两个方面。

1. 二者的基本含义不同

现代法治强调法律的严格实施和充分落实，也关注法律制度的内容，讲究"良法"之治。法治概念包括法律的至高权威，法律的公正性、稳定性、普遍性、公开性和平等性，同时注重法律对权力的制约与对人权的保障等。

法制则不必然地具有这些内涵，法制是一个类似于经济制度、政治制度和文化制度的概念。它关注法律规范及其体系的存在，并以其实现立法者期望的法律秩序，对于法制之"法"的品格，也即立法者制定的法律本身的内容和价值取向并无特殊的规定性。

只要有法律和制度存在就有法制存在，但这不一定就是实行法治。也就是说，法制主要侧重形式意义上的法律制度及其有效实施，而法治除上述要求外，更强调实质意义上的法律至上、权力制约和权利保障等内涵。

2. 二者与"人治"的关系不同

法治作为一种治国方略是与"人治"相对立的。法治要求"法律的统治"，将法律置于统治者的权力之上，要求公共权力必须依法取得和行使，不允许法律秩序由于领导人的改变而改变，或者由于领导人注意力的改变而改变。

法制与人治并不截然对立，历史上的专制君主和法西斯独裁统治者为了建立有利于他们的统治秩序，也可以在一定时期建立或推行法制。

3. 二者的政治基础不同

法治的政治基础是民主政治，其根本意义在于制约国家权力以确认和保障公民的权利和自由，实现公民对国家和社会事务的管理。宪法就是民主的确认和保障，是民主制度化和法律化的根本法，是民主和宪政的法律表现。在没有民主和宪政的时代，不可能有真正的法治。

法制的问世远远早于法治，早在没有民主和宪政的时候，就已经存在法制。古代东方和西方都有倡导法制者，那时的"法制"与民主和宪政无关，而是专制和主权的统治工具。

（三）法治与人治

"人治"在历史上为许多国家治国的基本方略，主张依靠执政者个人的贤明治理国家，因而又被称为"贤人政治"。中国历史上的儒家学说信奉"人治"理念，其核心就是孔子所说的"为政在人""唯贤者宜在高位""其人存，则政举，由人亡，则政息"。这种学说虽然不一定绝对排斥法律，但主张法律只是统治者的管理工具，"贤人"的权力并不来源于法律，其权威高于法律，法律应当以执政者的意志为转移。而且，他们认为时势是不断变化的，治理国家的措施应当依时依事而变，普遍而严格的法律过于呆板，往往不够灵活，不能因时、因事、因人制宜。古希腊哲学家柏拉图也倡导人治，主张应由"哲学王"来治理国家。

可见，法治与人治的区别主要表现在如下方面：第一，现代法治一般以民主政治为基础，主张主权在民，体现公众意志的法律高于执政者个人的权力；而人治则往往与君主专制相联系，君主的权力高于法律。第二，法治追求稳定的、可预期的秩序状态，这与现代市场经济的要求相适应；而人治很容易导致因人施政，因人设事，国家制度因为领导人的改变而改变，因为领导人注意力的改变而改变。第三，法治的基本精神是法律面前人人平等，而人治容易导致特权和等级制度。

需要注意的是，强调法治并不等于否定领导者的作用。法律也是由人来制定和实施的，但法治理念认为人民才是真正的主权者，因此领导者必须依据体现人民意志的法律来施政，在法律范围以内充分发挥聪明才智。

## 二、法治与民主

民主的最初含义是指"人民的权力""人民的统治"或"多数人的统治"。民主的基本含义是指一种国家政治制度、一种政体或国体形式。作为一种国家制度，民主的基本特点是，它以大多数人民或公民的公共意志作为政治合法性的基础，作为国家权力决策的基本形式。作为一种政治制度，民主不仅指国家的组织形式（即政体），也指国家的本质（即国体）。

### （一）法治与民主的一般关系

纵观人类历史的发展，民主政治与法治在国家制度和国家治理中的联系最为密切，尤其在近现代政治中，二者相互依存，相互支持，具有内在的共生关系。

恩格斯曾将古希腊的雅典城邦国家称为"高度发达的国家形态"，其原因主要在于，与同一历史时期的其他典型专制国家相比，雅典的民主政治和法律制度都得到比较充分的发展，具有现代民主政治和法治的某些特点。

现代意义上的民主和法治理念同时发端自启蒙运动，并在资产阶级革命后逐步转化为现实的政治结构和制度现实，这绝非偶然，而是由二者的内在联系所决定的。现代社会中，民主与法治的共生性，要求法治与民主要彼此支持、彼此兼容、彼此吸纳。这表现在两个方面：一方面，民主政治的构建和运行必然要实行法治，离开法治就没有民主政治。民主的制度化、法律化、程序化，使得民主更具有稳定性和建设性，借助于法治，民主的激情被引入到理性的轨道，民主的"暴虐"天性被驯化。另一方面，民主又是法治的政治基础，法治应当建立民主的基础上，没有民主也不可能有现代意义上的法治。民主也作为一种基本理念贯穿于立法、执法和司法的全过程。通过吸纳民主，法治获得更强的生命力，获得更坚实的政治根基。

民主和法治在现代社会中都被视为是政治文明的基本制度，二者已经融合为一体，但也有值得注意的另一个问题，这就是，纵观历史，二者并不是天然内在一体、天然统一的，二者之间也存在着矛盾和冲突之处。法治视野中的最高政治权威是法律，奉行法律至上。民主视野中的最高政治权威则是人民或人民的公意。这两种权威是可能打架的，法治可能被以民主为名的"多数人暴政"所伤害。认识到二者的矛盾与抵牾之处，理解了二者之间可能的紧张关系，有助于更充分地发挥民主和法治的治理能力，将二者共同融入现代治理体系。

### （二）社会主义法治与民主的关系

与历史上剥削阶级的民主和法治相比，社会主义民主和法治有自己的特殊性。由社会主义经济基础和阶级本质所决定，社会主义民主是真正意义上的广大人民当家作主，社会主义法治也是真正体现广大人民意志、维护人民利益的法治。

社会主义民主和社会主义法治是相互依存、相互包含、相互支持、相互促进的，社会主义民主是社会主义法治的前提和基础，社会主义法治是社会主义民主的体现和保障。

1. 社会主义民主是社会主义法治的前提和基础

（1）社会主义民主是社会主义法制产生的条件和依据，社会主义民主是社会主义法治的

689

民主。民主作为社会主义国家制度，人民是国家的主人，人民掌握了国家政权，采用民主的政权组织形式，才有可能、有基础通过国家制定和实施体现自己意志的法律，才有可能将民主制度化、法律化。没有社会主义民主，没有人民民主专政的政权，就不能建立社会主义的法治。如果人民没有掌握政权，没有争得社会主义民主，就不可能产生社会主义法律、建立社会主义法治。

（2）社会主义民主决定社会主义法治的性质和发展水平。社会主义民主从根本上说是人民当家作主的政治制度，从而就决定了社会主义法治必须把保障和实现人民的民主权利，作为自己的出发点和归宿。社会主义民主的巩固和发展，必然导致社会主义法治的加强和发展。反之，社会主义民主遭到破坏或践踏，社会主义法治也必然遭到破坏或践踏。因此，社会主义民主决定社会主义法的创制的质量，影响着执法、司法、守法和法律监督的水平。概括而言，社会主义民主直接影响、制约着法治的发展速度、发展方向和发展水平。

（3）社会主义民主是社会主义法治的力量源泉。社会主义法治之所以有权威、有力量，归根结底来源于社会主义民主。只有发扬社会主义民主，才能调动广大人民和国家干部遵守和执行法律，并同一切违法犯罪作斗争的积极性，才能更好地发挥社会主义法律保护人民、打击敌人、惩罚犯罪的作用，保证社会主义法治的实现和加强。

2. 社会主义法治是社会主义民主的体现和保障

社会主义民主内在地需要法治，要求将法治原则贯穿于民主发展的全过程，要求充分运用法治原则引领下的各项法律制度为民主政治保驾护航。

（1）社会主义法治确认人民民主。社会主义法治是以工人阶级为领导的广大人民群众当家作主、掌握国家权力的体现和保障。人民当家作主、掌握政权这一事实，必须用法的形式肯定下来，使其固定化、合法化。同时，还要以法的形式来组织自己的政权，建立适合人民当家作主的政权组织形式。

（2）社会主义法治体现民主。其一，通过法治民主具体化为政治参与权利。社会主义法治将人民民主具体化公民的政治权利。社会主义法明确规定了公民的政治权利、义务及其界限，以及行使权利的原则、程序和方法，使公民能够以政治主体的身份参与国家和社会管理。其二，通过法治可以将民主予以程序化、具体化、机制化。现代民主通常体现为一整套的民主程序。民主程序只有依法设置和依法运作，才能完备、稳定。其三，通过法治将民主具体化为国家机关的设置和职权。依法规定国家机关的组成、职权和活动的原则、程序以及对国家权力的监督制度，保证国家权力的运行在于实现人民的意志。

（3）社会主义法治保障民主。社会主义法治是保卫民主的重要武器，而且是一种理性、稳妥又强有力的武器。社会主义法治通过制裁违法犯罪行为体现和保障民主。由于各种复杂原因，在社会主义国家还存在各种违法犯罪，其中包括侵犯公民民主权利及危害国家安全的违法犯罪行为，社会主义法治通过制裁犯罪，保障人民民主。

总之，社会主义民主与社会主义法治是密切结合、不可分割的。离开民主，法治就会变成专制，民主就会落空，代之而起的将是无政府主义的泛滥甚至动乱的出现。因此，离开社会主义民主的法治绝不是社会主义法治，离开社会主义法治的民主也绝不是社会主义民主。必须正确地认识和处理民主和法治的关系，把民主建设和法治建设统一起来，逐步通过民主法制化和法治民主化的途径，促进民主和法治的同步发展。

### 三、法治的基本原则

法治的原则可以从不同角度和层面概括，一般说来，最重要的原则包括法律至上原则、权利保障原则、权力制约原则和正当程序原则。

#### （一）法律至上原则

法律至上是法治作为一种治国方略的最基本要求，是法治的最直观特征。法律至上原则是指坚持法律在国家治理体系中具有至高无上的地位和权威，一切社会主体都应当服从法律，尊崇法律。法律至上的首要要求是宪法至上，宪法在整个法律体系中居于核心地位，宪法具有至高的尊严和权威。

法律至上原则的主要要求包括：首先，在治理国家的规范体系，包括道德、宗教、政策、习俗等当中，法律居于首要地位，具有最高权威。其次，在法与国家权力的关系中，一切国家职权均来自宪法和法律，行政机关、司法机关的职能活动都必须依法实施，不得违反宪法和法律。再次，在法律与国家领导人的关系中，法律高于领导者的个人意志，法律不能因为领导人的改变而改变，不得由于领导人看法和注意力的改变而改变。最后，在执政党与法律的关系当中，执政党必须在宪法和法律范围内活动，执政党应当将自己的重要政策通过立法机关经由法定程序制定为法律，并领导人民模范地遵守和执行法律。

#### （二）权利保障原则

权利保障原则体现着现代法治在内容上的根本性要求。该原则的内容主要包括尊重和保障人权、法律面前人人平等和权利与义务相一致等。

**1. 尊重和保障人权**

从一定意义上说，法治的所有价值目标都可以归结为充分尊重和保障人权，促进公民自由意识和能力的提高。通过法治而保障人权，是人的自由发展历程中的重要环节。对国家权力的法律限制本身就是对人权的有力保障。法律至上性的最终目标也是为人的权利和自由发展服务的。因此，可以说，充分尊重和保障人权是法治的终极性的目的价值。

**2. 坚持法律面前人权平等**

法律面前人人平等是民主和法治的基本要求。在专制制度下，人被分成不同等级，人们的权利和自由依身份的不同而有差别。首先，现代法治原则要求法律适用上的平等，即在执法和司法过程中，对一切公民权利和自由平等保护，对一切主体义务平等要求，对违法行为平等地追究法律责任，不承认任何法外特权。其次，法律面前人人平等还要求在立法上平等分配各种社会资源。与自由竞争时代的法治相比，现代法治的发展趋势表现为既讲求形式上的平等，也通过形式平等内容的发展逐步推进实质上的平等。此外，平等还意味着尊重社会主体的多元价值观和生活方式，消除歧视与偏见。

**3. 权利与义务应当一致**

法治原则要求在法的制定和实施过程中贯彻主体的权利与义务相一致原则。一方面，确认和保障主体的权利和自由是法治的根本目的；另一方面，权利和义务又具有一致性，没有无权利的义务，也没有无义务的权利，这是平等原则的必然要求。对国家权力而言，在资源分配上不能将权利分配给一部分人，义务分配给另一部分人；对社会主体而言，在行使权利时，也必须尊重他人和社会的相应权利，不能只享受权利而不承担义务。

#### （三）权力分工和制约原则

对国家权力进行制约是权利保障原则的逻辑要求，法治区别于法制的重要特点之一就是要求通过法律的制定和实施对国家权力进行合理的分工和制约，限制国家权力的任意性，防止因国家权力的扩张或滥用导致的专横和腐败，有效保障公民的权利和自由。法治与国家权力的结构及其运行方式、限度等问题的关系十分密切。法治内在地要求对国家权力进行合理的分工和有效的制约。

一个国家由谁来掌握统治权，政权机构如何组织，权力如何分配和制约，按照什么原则和规则来运转和行使，社会各种力量通过什么方式和途径来参与政治生活等问题，是法治国家权力结构的基本问题。能否实现法治，也取决于其权力结构中是否实行分工和制约。按法治要求对国家权力所进行的分工，通常是根据职能的不同，把国家机关划分为立法机关、司法机关和行政机关三种类型。之所以必须强调这种分工，是因为法治的目的在于利用法律的刚性特点实现"规则之治"，防止国家权力的专横、恣意和腐败，维护社会的稳定性、透明度和可预期性，保障公民的权利和自由。正如孟德斯鸠所说："当立法权和行政权集中在同一个人或同一个机关之手时，自由便不存在了；因为人们将害怕这个国王或议会制定暴虐的法律，并暴虐地执行这些法律。""如果司法权同立法权合而为一，则将对公民的生命和自由施行专断的权力，因为法官就是立法者。如果司法权同行政权合而为一，法官便握有压迫者的力量。""如果同一个人或是由重要人物、贵族或平民组成的同一机关行使这三种权力，即制定法律权、执行公共决议权和裁判私人犯罪或争讼权，则一切都完了。"

法治所强调的对国家权力进行制约，是权力之间的相互制约，既包括立法权、行政权和司法权之间的制约，也包括各项具体职权之间的制约。例如，不同级别的审判权之间的制约，在审判活动中审判员和书记员之间的制约等。权力制约对于实现依法治国、贯彻依法办事原则具有十分重要的意义。因为要保证一种职权严格遵守法律、依法办事，就必须借助另一种职权的制约和督促。让权力之间互相监督，是维护法的权威、保证国家权力的执行者不违背法律的有力措施。这一点也为西方法治国家的实践经验所证实。

法治原则特别强调对国家行政权力的制约，要求严格依法行政。因为行政机关执掌着大量日常公共生活的组织指挥权能，代表公权力，通过各种抽象和具体行政行为直接干预公民和社会组织的活动，行政权力行使的广泛性、主动性和强制性、单方面性等都使得对行政权的约束成为法治的重点。

### （四）正当程序原则

程序性本身是法律调整区别于其他社会调控方式的重要特点之一，现代法治尤其强调法律程序的意义。一般说来，所谓法律程序实际上就是一定主体从事法律行为、作出某种决定的过程、环节、方式以及各种相关联系的总称，表现为一系列法律制度和规定，如立法程序、司法程序、行政执法程序、调解和仲裁程序等。

对于什么样的法律程序才是"正当"的，不同历史时期有不同理解。1215年英国《自由大宪章》规定，"除依据国内法律之外，任何自由民不受监禁人身、侵占财产、剥夺公民权、流放及其他任何形式的惩罚"，后来人们往往将它作为国家权力行使必须遵守"正当程序"的初始源头。美国联邦宪法修正案也对正当程序作出了明确规定：不经正当法律程序，不得剥夺任何人的生命、财产或自由。在通常意义上，正当法律程序以自然公正的要求为基础，"正当"就是自然正义的一些基本要求。

现代法治所强调的正当程序主要体现了对国家权力的制约，强调有关法律程序的制度设计应当贯彻平等性、公开性、普遍性、稳定性等要求。程序问题虽然不涉及法律决定的具体内容，但是否遵守一定程序，对于法律决定本身的效力上的正当性和权威性以及内容上的科学性、民主性和效率性等都会产生重要影响，以至于一些西方法学家提出"程序正义先于实质正义"的理念。

### 四、中国社会主义法治的发展历程

"社会主义法治"是在中国社会主义法制现代化进程中提出的一个重要概念。"社会主义法治"作为实践，是人类法治文明发展新阶段中的新成果。"社会主义法治"作为一个新概念，则是中国特色社会主义法治理论的核心词。党中央通过正式的中央文件明确并界定了这一概念。理解中国法制现代化进程、法治发展历程，有助于更深入理解社会主义法治的概念。

#### （一）新中国成立之前的法制现代化进程

近代以来，中国法制现代化进程随着中国总体性社会转型和变革而开始。它是从中国固有的传统法制向现代法制的逐步变迁。中国的法制现代化发端于清末的法律改革。在民国时期，引进西方法制取得了不小的成就，可以说，初步建立了比较完备的现代法律体系。但由于当时半殖民地半封建的社会性质和民国政权的阶级性质，法制中仍严重地存在封建主义的糟粕并夹杂法西斯主义专制成分。国民党南京政府时期的法制在价值取向上吸取了西方某些"社会本位"思想。这种"社会本位"又被用来论证国民党的党治和对社会高度集权统治的合理性。

新中国成立以前的法制现代化进程，是在民族救亡图存的时代大背景中展开的，其中也有变法图强的呼声，企图从制度层面寻求中国的改造和富强。变法被认为是启蒙、强国事业的一部分，而在以救亡图存、民族独立为主题的时代背景之中，启蒙尤其是变法的呼声则相对较弱。这一时期对西方法律制度的移植虽说已具规模，但中国社会结构的转型和发展却没有与此同步。这便使法制的现代化缺乏相应的社会基础，缺乏民众的积极支持和响应。另外，专制集权的政治统治直接阻碍了法制的进步。这些因素使法制真正走向现代的步伐大大减缓了。试图移植西方国家的法治模式以实现变法图强的梦想也被打破了。

#### （二）新中国成立到改革开放之前的法制状况

新中国的成立，为法制现代化开辟了一条新的路径，也开启了中国现代法治建设的新纪元。法制现代化成为社会主义现代化事业的一部分。但由于建设社会主义经验的缺乏，以及"左"的思想的影响等原因，法制现代化和整个共和国的命运一样，经历了曲折和挫折。

新中国成立后的 30 年，也就是从 1949 年到 1978 年的这一时期，可以说是社会主义法制的初创和磨炼时期。尽管有时也曾对法制相当重视，如新中国成立初期的法制建设也取得了一定进展，并创设和实践了法制的一些重大原则、重大制度，但总的说来，法制建设并没有受到应有的重视，法律虚无主义思想相当严重。在"文化大革命"期间，法制建设全面停顿并倒退。立法工作几乎完全停滞，执法司法工作陷入混乱。"文化大革命"中所谓"砸烂公检法闹革命""政治挂帅""大民主"等做法，严重破坏了法制。而法制建设不受重视、权力不受制约，也是发生"文化大革命"的一个重要原因。

#### （三）改革开放以来的法治发展

直到十一届三中全会以后，法制现代化进程才真正快速推进。中国社会主义法治的概念、理论、重大制度等，都是在这一法制现代化的新时期逐步提出和完善的。自 1979 年至今，我国法制建设全面推进，其间也经历了若干重大的历史事件和契机。

从 1979 年到 1996 年的时期，可以说是社会主义法治的恢复和初步发展时期。改革开放的不断深入强烈呼唤法制化。法制现代化有了良好的社会基础和群众基础，有了强大的推动力。邓小平理论是指导法制现代化的根本指导思想。在其指引下，立法、执法和司法工作有长足发展，民主法制建设取得了重大进展，适应社会主义市场经济体制需要的法制初具规模，党对政法工作的领导不断改善和加强。

自 1997 年至今，为确立依法治国方略并不断推进依法治国的法治大发展时期。1997 年中国共产党第十五次全国代表大会召开。十五大的政治报告明确提出了依法治国的概念并予以准确界定，将"依法治国"确立为治国基本方略，将"建设社会主义法治国家"确定为社会主义现代化建设的重要目标，并且提出了建设中国特色社会主义法律体系的重大任务。1999 年 3 月通过的《中华人民共和国宪法修正案》规定："中华人民共和国实行依法治国，建设社会主义法治国家。"这标志着我国将依法治国、建设法治国家正式作为现代化建设的宪法目标和国家目标。这也是中国社会主义建设事业中具有重大历史意义的事件。

2002 年，中国共产党第十六次全国代表大会将社会主义民主更加完善，社会主义法制更加完备，依法治国基本方略得到全面落实，作为全面建设小康社会的重要目标。2004 年，将"国家尊重和保障人权"载入宪法。2005 年至 2006 年，中央提出"社会主义法治理念"这一具有重要战略意义的法治命题并在全国广泛宣传。2007 年，中国共产党第十七次全国代表大会明确提出全面落实依法治国基本方略，加快建设社会主义法治国家，并对加强社会主义法治建设作出了部署。2008 年，中国政府向世界发布《中国法治建设》白皮书，以后每年定期发布中国法治发展报告。2011 年，时任全国人大常委会委员长吴邦国宣布，中国特色社会主义法律体系已经形成。

2012 年，中国共产党第十八次全国代表大会召开，进一步作出推进依法治国的战略部署。2013 年党的十八届三中全会将"完善和发展中国特色社会主义制度，推进国家治理体系和治理能力的现代化"作为全面深化改革的总目标。2014 年 10 月，党的十八届四中全会召开，并通过了《中共中央关于全面推进依法治国若干重大问题的决定》（在本章下文中简称为《决定》）。这是中共中央全会历史上第一次以"依法治国"为主题作出的重大战略部署。《决定》详尽描绘了中国全面推进依法治国、建设社会主义法治国家、实现良法善治的宏伟蓝图，制定了时间表、线路图。比如，提出"建设中国特色社会主义法治体系，建设社会主义法治国家"的总目标，提出了全面推进依法治国应坚持的五大基本原则与七大根本任务，提出了 180 多项重大法治改革举措。蓝图已经绘就，目标已经明确，中国全面推进依法治国的事业已经并且必将继续快速推进。有理由相信，随着中国社会主义法治国家的建设走向成功，中华民族将会贡献给世人一个具有新鲜活力的中华法律文明。

### （四）法治建设的成就与存在的问题

经过新中国 60 多年，尤其是改革开放以来近 40 年的法制建设实践，中国特色社会主义法治建设取得了巨大的成就。这主要表现为：依法治国被正式确定为党领导人民治理国家的基本方略，中国共产党依法执政能力显著增强，中国特色社会主义法律体系基本形成，人权的法治保障水平显著提高，民主的法律化、制度化、规范化程度不断提高，经济社会发展的法治环境不断改善，法治政府建设稳步推进，司法体制不断完善，全社会法治观念明显增强，等等。

现在，全面建成小康社会进入决定性阶段，改革进入攻坚期和深水区。我国面对的改革发展稳定任务之重前所未有、矛盾风险挑战之多前所未有，依法治国在党和国家工作全局中的地位应当更加突出、作用应当更加重大。必须清醒地看到，同国家发展的要求相比，同人民群众的期待相比，同推进国家治理体系和治理能力现代化目标相比，法治建设还存在许多不适应、不符合的问题。这主要表现为：有的法律法规未能全面反映客观规律和人民意愿，针对性、可操作性不强；有法不依、执法不严、违法不究现象比较严重；执法司法不规范、不严格、不透明、不文明现象较为突出；群众对执法司法不公和腐败问题反应强烈；部分社会成员尊法信法守法用法、依法维权意识不强，一些国家工作人员特别是领导干部依法办事观念不强、能力不足，知法犯法、以言代法、以权压法、徇私枉法现象依然存在。这些问题，违背社会主义法治原则，损害人民群众利益，必须通过全面深化改革和推进全面依法治国加以解决。

### 五、社会主义法治理念
#### （一）社会主义法治理念的概念和特点
1. 社会主义法治理念的概念

所谓法治理念，是人们对法律的功能、作用和法律实施所持有的内心信念和观念，是指导一国法律制度设计和全部法律实践的思想基础和主导性价值原则。

法治理念是由一定的经济社会制度和社会发展现实、法律文化传统和核心价值体系等决定的。作为与人治相对立的治国方略，现代法治国家的法治理念都具有某些共性，如都强调法的权威性、注重权利保障和权力制约、讲究程序正义等。但是，由于不同国家经济体制、政治体制、文化传统、意识形态和其他主客观条件的不同，在法治理念的某些方面又存在差别。当代中国的社会主义法治理念，就是由中国社会主义初级阶段的社会性质、基本国情和社会发展水平以及改革开放的客观现实所决定的，有中国特色。

社会主义法治理念是关于社会主义法治的理想、信念和观念，是对社会主义法治的内在要求、精神实质和根本原则的概括和反映。当代中国的社会主义法治理念是马克思主义关于国家与法的理论同中国国情和现代化建设实际相结合的产物，是中国社会主义民主与法治实践经验的总结。理解社会主义法治理念，必须以马克思主义的基本原理和中国特色社会主义理论为根本指引，立足于社会主义市场经济和民主政治发展的时代要求，深刻认识社会主义法治的内在要求、精神实质和基本规律，准确把握符合中国国情和法治文明发展方向的核心观念、基本信念和价值取向。

2. 社会主义法治理念的基本特点

这可以概括为：

（1）它具有科学性，也具有合理性。这是说，社会主义法治理念符合社会和法治发展的客观规律；它也符合最广大人民对美好生活的期待和向往，符合人民的正义信念。

（2）它具有鲜明的政治性，也具有时代性。它的政治性是说，必须在政治的框架内认识和把握法治理念，法治是政治的一部分，法治服从于和服务于政治；法治理念是社会主义性质的，反映了社会主义的理论、制度和价值的要求；反映了人民的主体地位，以人民的根本利益为中心；它坚持党的领导，以党的领导作为推进法治的政治保障。法治理念的时代性是说，法治理念是时代的呼唤和产物；它顺应了社会文明和法治文明发展的大趋势，凝聚着有关现代法治文明的精华和共识；它在历史的进程中产生，随着时代的发展变化而推陈出新、与时俱进。

（3）它具有开放性和可实证性。社会主义法治理念的开放性表现在：它广纳各种法治理论的合理成分和精华，不故步自封、不画地为牢；它有广阔的发展空间，会适应社会发展的客观要求而不断丰富和完善。法治理念的可实证性是说，法治理念是从中国法治建设的丰富实践和世界法律文明经验中提炼出来的，理念的背后是社会生活现实，法治理念的抽象性并不是说其没有扎实的社会实践渊源；法治理念需要接受法治实践的检验，并随着实践的发展而发展。

**（二）社会主义法治理念的基本内容**

我国社会主义法治理念的基本内容可以概括为依法治国、执法为民、公平正义、服务大局、党的领导五个方面。其中，依法治国是社会主义法治的核心内容；执法为民是社会主义法治的本质要求；公平正义是社会主义法治的价值追求；服务大局是社会主义法治的重要使命；党的领导是社会主义法治的根本保证。这五个方面相辅相成，体现了党的领导、人民当家作主和依法治国的有机统一。

1. 依法治国是社会主义法治的核心内容

依法治国，是社会主义法治的核心内容，是中国共产党领导人民治理国家的基本方略。树立依法治国的理念，就是在全社会和全体公民、特别是执法者中养成自觉尊重法律、维护法律权威、严格依法办事的思想意识，使广大人民群众在党的领导下依照宪法和法律规定，通过各种途径和形式管理国家事务，管理经济文化事务，管理社会事务，保证国家各项工作的依法进行，逐步实现社会主义民主政治的规范化、程序化和法制化。

2. 执法为民是社会主义法治的本质要求

执法为民理念是社会主义法治理念体系的重要组成部分。概括地说，执法为民就是按照中国特色社会主义法治的本质要求，把实现好、维护好、发展好最广大人民的根本利益，作为国家机关工作的根本出发点和落脚点，在各项政法工作中切实做到以人为本、执法公正、一心为民。

执法为民理念的理论基础和现实意义表现在：执法为民是党"立党为公、执政为民"的执政理念的必然要求；执法为民是"一切权力属于人民"的宪法原则的要求和体现；执法为民是执法和司法工作始终保持正确政治方向的思想保证。

当前，树立执法为民理念，深入理解和把握执法为民理念，需要突出强调的是：要努力做到一切为了人民；走群众路线；尊重和保障人权。执法为民最基本的要求是国家机关立足本职，坚持严格执法、公正执法。在当前形势下，政法机关全面践行执法为民理念，还要重点实现以下几个方面的要求：求真务实；甘当公仆；文明执法；清正廉洁。

3. 公平正义是社会主义法治的价值追求

公平正义，是自古以来人类社会共同的、不懈的向往和追求，是人类文明进步的重要标志。公平正义是社会主义法治的基本价值目标，是社会主义的核心价值之一，是构建社会主义和谐社会的关键环节之一。树立公平正义的理念，促进社会主义法治国家建设的各项任务落到实处，维护人民的合法权益，促进社会和谐发展。公平正义的朴素含义包括惩恶扬善、是非分明、处事公道、态度公允、利益平衡、多寡相均等内容。作为法治理念的公平正义，则在此基础上增加了丰富的内涵，是指社会成员能够按照法律规定的方式公平地实现权利和义务，并受到法律的保护。与西方国家追求的公平正义所不同的是，我国所倡导的是以维护、实现、发展最广大人民群众的根本利益为宗旨的公平正义。

当前，树立公平正义的法治理念，需要准确把握四个方面的内容：合法合理；平等对待；及时高效；程序公正。

4. 服务大局是社会主义法治的重要使命

法治要更充分地发挥其国家和社会治理功能，树立其权威和尊严，就必须更自觉地服务于国家的根本任务。法治所要服务的"大局"，就是保障社会主义经济建设、政治建设、文化建设、社会建设和生态文明建设，推动全面建设小康社会、全面深化改革、全面从严治党，促进建设富强民主文明的社会主义国家建设。服务"大局"意味着有"大格局""大视野"，有平衡、有取舍。

服务大局作为社会主义法治的基本理念具有重大现实意义。当前，我国正处于发展的关键时期和重要战略机遇期，也是人民内部矛盾凸显、刑事犯罪高发、对敌斗争复杂的时期。这样的背景下，执法司法工作中也出现了一些值得关注的现象。比如，有的不能全面把握大局，把服务经济建设片面理解为服务经济利益，在工作内容和政绩评价上出现偏差；有的把地方、部门的局部工作和利益置于党和国家工作大局和整体利益之上，在执法活动中搞利益驱动或者搞挂牌保护、特殊保护等；有的片面理解或割裂政法工作与大局的关系，缺乏大局观念和服务大局的意识；有的对服务大局与履行职责的关系存在模糊认识，甚至将二者对立起来；等等。解决现实中存在的这类问题，必须牢固树立服务大局观念，更加自觉地将专门法律工作融入大局之中，服务于大局。

目前，贯彻服务大局理念，要注意处理好三对关系：服务大局与严格依法履行职责的关系；全局利益与局部利益的关系；执法的法律效果和社会效果之间的关系。

5. 党的领导是社会主义法治的根本保证

中国共产党作为中国的执政党，其领导权的合法性有着深厚的历史渊源和现实基础。坚持党的领导，既是政治要求，也是宪法要求；既是历史的选择，也是现实的需要。党的领导是中国特色社会主义最本质的特征，是社会主义法治最根本的保证。党在法治领域中的领导表现为，党领导立法、保证执法、支持司法、带头守法。

党的领导和社会主义法治在根本上是一致的。搞法治必须坚持党的领导，党的领导必须依靠法治。党的大政方针、政策，是制定法律的根据和根本遵循，是执行法律的方向性指引。党必须在宪法和法律范围内活动，要善于依法执政、依法领导，善于运用法治思维和法治方式治国理政。

牢固树立坚持党的领导理念，要正确认识和处理三个关系：正确认识坚持党的领导、人民当家作主和依法治国的关系；正确认识贯彻落实党的方针政策与执行国家法律的关系，既要防止以政策代替法律，又要坚持以根本的方针政策来引领立法执法；正确认识坚持党的领导与司法机关依法独立行使职权的关系，党的领导不是替代司法机关的专门工作，而是让司法独立，使司法职权更有保障。

**六、法治思维与法治方式**

社会主体（尤其各类国家机关的领导干部）自觉运用法治思维和法治方式的能力，是理解法治状况的一个重要指标。中共十八届四中全会的《决定》提出，要提高领导干部法治思维和依法办事能力；要自觉提高运用法治思维和法治方式深化改革、推动发展、化解矛盾、维护稳定的能力。

在我国，"法治思维"，是指按照社会主义法治的逻辑和理论来观察、分析和解决社会问题的思维方式，它是将法律规定、法律知识、法治理念付诸实施过程中的一种认识方式。

说到底，法治思维的基本要求是，在知法、崇法、信法的前提下，将法律作为判断是非和处理事务的准绳，它要求崇尚法治、尊重法律，善于运用法律手段解决问题和推进工作。运用法治思维解决问题，要求国家工作人员，特别是领导干部，在行使国家公权力时，无论是决策还是执行，都需要关注的是，执法、决策行为的目的、权限、内容、手段以及程序等是否合法。此外，法治思维还可以从以下方面进行理解：

（1）法治思维是规则思维。从形式上看，法治是一种服从规则治理的事业。法律作为规则体系，具有明确性、稳定性和可预测性等特点，可以为人们提供基本的行为准绳。法治思维最显著的特点就是，基于对规则的尊重，从规则出发判断对错，按照规则的要求而行动。在这个意义上，法治思维是倡导合法律性、法律至上性的思维。在规则思维的情形中，合法律性就是合目的性，就是合乎情理、合乎正义。

（2）法治思维是平等思维。现代法治一个重要价值取向便是平等，这要求人格尊严平等、权利平等、机会平等、规则平等、结果平等等等。法治的平等思维要求抛弃特权思想，自觉将自己置于法律的监督和制约之下。法律的制定需要贯彻平等原则，不允许某些人或某些集团或群体将其自身的特权法制化；法律的实施更要贯彻平等原则，任何人不得凌驾于法律之上，不得有法外特权；执法司法公正中立，不得偏私，不得歧视。

（3）法治思维是程序思维。在一定意义上，法治就是程序之治，法律正义就是程序正义。程序法制是实体法的保障，程序正义是实体正义的重要保证。科学合理完善的法律程序，是充分实现法律功能的必由之路。法治的程序思维要求，分析问题特别是处理问题按照法定程序进行。坚持程序思维，要反对拍脑袋决策，反对只问结果不问过程的结果主义、功利主义思维方式。坚持程序思维，也要反对官僚主义，反对以程序为借口扯皮推诿。

（4）法治思维是权力受制约思维。现代法治也是一种权力之治。这种权力既是强有力的，也是受制约的。在法治的视野下，每一种权力都是有边界的，没有至高的、不受约束的权力，权力的正当性必须以权力受到制约为前提。有权必有责，用权受监督。因而，现代法治也是一种基于监督的治理，监督的体制机制是法治的重要部分。按照权力受制约思维，要努力做到：树立对权力的强有力监督和制约意识；公权力的设置和行使都遵循依法分工、依法制约、依法监督的原则；形成科学有效的权力运行机制，促使手中握有公权力的人慎重对待权力行使的边界，把自己置于监督约束之下。

法治方式与法治思维是内在和外在的关系。法治方式就是法治思维实际作用于人的行为的外在表现。法治思维影响和决定着法治方式。当今社会，人们的思想观念多元、多变，各种利益分歧、矛盾冲突相互交织。只有运用法治方式才能有效整合各方利益、化解各种冲突，奠定社会和谐、稳定的坚实基础。因而，要高度重视运用法治思维和法治方式，发挥法治的引领和推动作用；运用法治思维和法治方式深化改革、推动发展、化解矛盾、维护稳定，努力推动形成办事依法、遇事找法、解决问题用法、化解矛盾靠法的良好法治环境，在法治轨道上推动各项工作。

领导要自觉运用法治思维和法治方式、依法治国要抓住领导干部这个"关键少数"等论断的提出，标志着我们党对党的执政规律的认识、对法治的认识、对领导干部素质和能力建设的认识都提到了新高度，对于建设社会主义法治强国具有重要意义。

## 第二节　全面依法治国

### 一、全面推进依法治国的意义、目标与原则

#### （一）全面推进依法治国的重要意义

1. 依法治国的概念

社会主义法治的核心内容就是要实行依法治国。依法治国，就是广大人民群众在党的领导下，依照宪法和法律规定，通过各种途径和形式管理国家事务，管理经济文化事业，管理社会事务，保证国家各项工作都依法进行，逐步实现社会主义民主的制度化、法律化，使这种制度和法律不因领导人的改变而改变，不因领导人看法和注意力的改变而改变。

依法治国是党领导人民治理国家的基本方略。这一方略的提出，是党的执政方略和国家治理方式的重大变革。依法治国是发展社会主义民主政治和市场经济的客观需要，是社会文明进步的重要标志，是国家长治久安的重要保障，是保证党始终发挥领导核心作用的重要方式。

2. 全面依法治国的意义

全面依法治国，建设社会主义法治国家，具有如下重大意义。

（1）依法治国是坚持和发展中国特色社会主义的本质要求和重要保障。完善和发展中国特色社会主义制度有赖于全面推进依法治国。（2）依法治国是全面深化改革、实现国家治理体系和治理能力现代化的必然要求。（3）依法治国事关我们党执政兴国，事关人民幸福安康，事关党和国家长治久安。（4）全面建成小康社会、实现中华民族伟大复兴的中国梦，必须要依法治国。（5）提高党的执政能力和执政水平，必须全面推进依法治国。提高党的执政能力，要求依法执政、依宪执政。（6）实现经济发展、政治清明、文化昌盛、社会公正、生态良好，实现我国和平发展的战略目标，必须更好地发挥法治的引领和规范作用。

#### （二）全面推进依法治国的总目标

全面推进依法治国的总目标是：建设中国特色社会主义法治体系，建设社会主义法治国家。这就是，在中国共产党领导下，坚持中国特色社会主义制度，贯彻中国特色社会主义法治理论，形成完备的法律规范体系、高效的法治实施体系、严密的法治监督体系、有力的法治保障体系，形成完善的党内法规体系，坚持依法治国、依法执政、依法行政共同推进，坚持法治国家、法治政府、法治社会一体建设，实现科学立法、严格执法、公正司法、全民守法，促进国家治理体系和治理能力现代化。

#### （三）全面推进依法治国的基本原则

实现全面依法治国的总目标，必须坚持以下基本原则：

1. 坚持中国共产党的领导

党的领导是中国特色社会主义最本质的特征，是社会主义法治最根本的保证。把党的领导贯彻到依法治国的全过程和各方面，是我国社会主义法治建设的一条基本经验。必须坚持党领导立法、保证执法、支持司法、带头守法，把依法治国基本方略同依法执政基本方式统

一起来，把党总揽全局、协调各方同人大、政府、政协、审判机关、检察机关依法依章程履行职能、开展工作统一起来，把党领导人民制定和实施宪法法律同党坚持在宪法法律范围内活动统一起来。

2. 坚持人民主体地位

人民是依法治国的主体和力量源泉，人民代表大会制度是保证人民当家作主的根本政治制度。必须坚持法治建设为了人民、依靠人民、造福人民、保护人民，以保障人民根本权益为出发点和落脚点，保证人民依法享有广泛的权利和自由、承担应尽的义务，维护社会公平正义，促进共同富裕。

3. 坚持法律面前人人平等

平等是社会主义法律的基本属性。任何组织和个人都必须尊重宪法法律权威，都必须在宪法法律范围内活动，都必须依照宪法法律行使权力或权利、履行职责或义务，都不得有超越宪法法律的特权。

4. 坚持依法治国和以德治国相结合

必须坚持一手抓法治、一手抓德治，既重视发挥法律的规范作用，又重视发挥道德的教化作用，以法治体现道德理念、强化法律对道德建设的促进作用，以道德滋养法治精神、强化道德对法治文化的支撑作用，实现法律和道德相辅相成、法治和德治相得益彰。

5. 坚持从中国实际出发

必须从我国基本国情出发，同改革开放不断深化相适应，总结和运用党领导人民实行法治的成功经验，围绕社会主义法治建设重大理论和实践问题，推进法治理论创新。汲取中华法律文化精华，借鉴国外法治有益经验，但绝不照搬外国法治理念和模式。

**二、全面依法治国的基本格局**

在中国，建设社会主义法治国家，实现全面依法治国，必须坚持走中国特色社会主义法治道路。实现全面依法治国，既要建成一套高效严密、统一协调的法治体系，更要以此为前提，实现科学立法、严格执法、公正司法、全民守法，促进国家治理体系和治理能力现代化。由此，全面依法治国的基本格局就是，在中国特色社会法治体系中，努力实现科学立法、严格执法、公正司法、全民守法。

**（一）科学立法是法治的前提**

在中国特色社会主义法律体系形成之后，提高立法质量成为立法的中心任务。实践发展永无止境，立法工作也永无止境，完善中国特色社会主义法律体系任务依然很重。要实现科学立法，需要努力做到以下几点：

（1）立法要尊重客观规律。立法工作不仅要按照客观经济规律（尤其是市场经济的价值规律、市场和自由关系的内在规定性等）来及时进行法律的废改立，而且要充分反映社会规律，将民主政治建设、社会文化建设以及生态文明发展的规律及时用法律的形式加以固定和强化，使改革、发展、稳定工作在良法体系的规范和保障下科学地推进。

（2）立法要体现民意。人民性是法律的最根本特征，也是衡量法律质量的根本标准。立法应当回应人民群众的真实关切和心愿，而不是被部门利益、地方保护主义而扭曲。凡是人民群众呼声高、要求强的，就应当及时进行立法；凡是与人民利益和意志不尽相符或根本相背离的，必须及时进行废改。

（3）立法要切合实际。立法必须立足现实，以解决现实问题和现实利益诉求为导向，既要有预见性和超前性，又要增强针对性和务实性。

（4）立法程序要完善。民主立法是科学立法的保障。科学民主的立法程序是良法产生的基本途径。要拓宽立法渠道、加强开门立法，为科学立法奠定基础。

（5）立法要符合科学。立法应当按照科学的法治原理和原则加以完善，既要将人类法治发展史上凝聚的宝贵法治遗产（如罪刑法定、无罪推定和非法证据排除等）及时吸纳到立法之中，又要增强立法的可操作性和逻辑性，克服法律规定中诸如权利义务关系不明、责任条款粗疏、针对性和有效性不足等局限性。

### （二）严格执法是对行政机关的正当要求

法律的生命力在于实施，法律的权威也在于实施。严格执法是全面推进依法治国的重要内容。严格执法，是指行政机关应当严格、严明和严肃地执行国家法律。所谓"严格"，是指行政机关及其工作人员严守法定的实质标准和程序要求，坚持在法律的轨道内按照法律的规格和标准行使行政权力、执行法律法规。所谓严明是指执法作风端正、执法纪律严明，坚决消除慵懒散，杜绝乱作为、瞎折腾。所谓严肃是对执法态度、执法精神方面的要求，执法者应当奉行法治精神、严肃认真地履行执法职责，确保公正执法、文明执法、理性执法。

在现实中，由于有的执法人员法治意识淡漠、人治思想严重，有的部门权力制约不够、自由裁量权过大，导致不执法、乱执法、选择性执法、以权谋私、执法寻租等现象依然存在，偏离了法治的轨道、妨碍了法治的实施、损害了法治的权威，不符合人民群众的诉求和期待。为此，《决定》指出，依法惩处各类违法行为，加大关系群众切身利益的重点领域执法力度。完善执法程序，建立执法全过程记录制度。明确具体操作流程，重点规范行政许可、行政处罚、行政强制、行政征收、行政收费、行政检查等执法行为。严格执行重大执法决定法制审核制度。

### （三）公正司法是对司法机关的基本要求

正义是法治的生命线。司法是正义的最后防线。司法公信力是法治的基本要求，也是社会主体普遍关注的重点。司法不公，则权利受损；司法不公，则社会不稳；司法不公，则法治不存。当前，司法领域存在的主要问题是，司法不公、司法公信力不高问题十分突出，一些司法人员作风不正、办案不廉，办金钱案、关系案、人情案，"吃了原告吃被告"，等等。司法不公的深层次原因在于，司法体制不完善、司法职权配置和权力运行机制不科学、人权司法保障制度不健全。所以，必须完善司法管理体制和司法权力运行机制，规范司法行为，加强对司法活动的监督，努力让人民群众在每一个司法案件中感受到公平正义。

### （四）全民守法是法治建设的基础工程

法治植根于社会大众对法律的信守和遵从。法律的权威源自人民的内心拥护和真诚信仰。全民守法是建设法治社会的中心工作。正如卢梭所言："一切法律之中最重要的法律，既不是铭刻在大理石上，也不是刻在铜表上，而是铭刻在公民的内心里。"

全民守法是指全体社会成员和一切国家机关、政党、社会团体、企事业组织，都必须尊重宪法法律权威，都必须在宪法法律范围内活动，都必须依照宪法法律行使权力或权利、履行职责或义务，都不得有超越宪法法律的特权。

为了实现全民守法，加快建设法治社会，《决定》提出：深入开展法治宣传教育，大力弘扬社会主义法治精神，努力建设社会主义法治文化，增强全社会厉行法治的积极性和主动性；依法抑恶扬善、严格执法司法，形成守法光荣、违法可耻的社会氛围；发挥法治建设的强大效能，引导人民群众按照法律的规定和程序，依法表达利益诉求、依法维护自身权益；完善国家工作人员学法用法制度，坚持把领导干部带头学法、模范守法作为树立法治意识的关键；通过普法等各项活动，引导全体人民都成为社会主义法治的忠实崇尚者、自觉遵守者、坚定捍卫者。

### 三、全面依法治国的基本途径

#### （一）坚持依法治国、依法执政、依法行政共同推进

##### 1. 依法治国、依法执政、依法行政的基本要求

前面对依法治国的概念已有述及。依法治国是党和人民治国理政的根本方略，是以法律权威至上为核心、以权力制约为机制、以人权保障为目标的治理模式。全面实行依法治国，自然必须将依法治国置于核心地位。执法执政、依法行政都是从依法治国中延伸出来的。

提出和推进依法执政是中国共产党在执政方式上的重大创新。依法执政，是指党依据宪法和法律以及党内法规体系治国理政和管党治党，实现党和国家政治生活的法律化、制度化、规范化。全面推进依法治国的关键，在于执政党依法执政、民主执政、科学执政。依法执政的关键则是依宪执政。依法执政的基本内容包括：一是党领导立法，保证党的主张和意志通过法定程序上升为国家意志；二是依照宪法和法律领导国家政权，确保民主的法律化、制度化，运用国家政权来推动实现党的宗旨、目标和任务；三是保证和支持行政机关依法严格执法、司法机关公正司法；四是带头遵守宪法法律，自觉维护宪法法律权威；五是通过依法执政的体制机制改革，自觉提升运用法治思维和法治方式执政的意识和能力；六是依法保障和规范党的机关和党员干部执掌和运用权力的行为，反对以言代法、以权废法、徇私枉法。

依法行政是指各级人民政府在党的领导下依法行使行政管理权，依法执行法律。各个层级政府及其部门的权力设定、取得、运行和监督都必须依法进行，确保始终不偏离法治的轨道。实现依法行政，是法治政府建设的核心工作。其基本要求是：以合法性原则为基本指导，坚持法定职责必须为、法无授权不可为、违法行为必追究。为此，应当按照《决定》改革行政执法体制，推进综合执法、严格执法责任，构建权责统一、权威高效、程序严谨的依法行政体制。

##### 2. 三者共同推进

依法治国、依法执政和依法行政三者显然是相互联系、相辅相成的。它们具有价值取向的一致性、基本要求的关联性、运行机制的联动性。其中每一项事业的推进，都有利于其他两项事业的进展。为实现全面依法治国，应当通盘谋划，坚持三者共同推进，不可偏废。

三者要共同推进，也要求对三者有更清晰的定位：其一，依法治国是全局，是总体框架。严格来说，依法执政和依法行政都是依法治国的一部分。但是，鉴于当今中国的国情、党政权力和法治建设的实际状况，依法执政、依法行政是难点也是重点，有必要将这二者的重要性进一步提升，明确提出三者共同推进。其二，党是领导法治事业的核心力量。因而，依法执政是推进全面依法治国的核心工作。其三，行政权的法律制约是重中之重，因而依法行政是全面依法治国的关键。

### （二）坚持法治国家、法治政府、法治社会一体建设

**1. 法治国家、法治政府、法治社会的基本要求**

法治国家是全面依法治国的根本目标。法治国家是指依法赋予、运行和制约国家权力、通过公正司法和严格执法来维护法律权威并实现人民权利的国家存在形式。一个成熟的法治国家的基本标志主要有以下诸项：其一，以法治理、法律之治是法治国家的第一要件。在所有规范形式和调整方式中，以法治理（即 rule by law）是治国理政的一种方式。国家的政治、经济、社会、文化所涉及的一切国家权力形式之间及其与公民权利之间的关系，均被纳入法律调控的范围，接受法律的治理。其二，法律权威。法治国家不但要"以法治理"，更进一步要求"依法治理"（rule of law），即尊重法律至上性的治理。这要求，法律在国家治理体系中、在社会调整规范体系中应当具有至高的权威性。法律与人尤其是领导者个人的权威比较是否具有至上性是人治与法治的最根本区别。当法律权威高于领导者个人的权威时，便是法治，反之，便只会是人治国家。其三，权力制约。国家权力不是无限的，更不可主观任性地运行，而应当是有限的、分立的、受法律监督制约的。国家的公共权力依法受到严格制约，是法治的应有之义。其四，注重程序。无论是司法过程、执法行为，还是政治决策与民主政治活动，都应该有一整套程序规范引导，并进一步制度化为法律程序。程序是法治国家不同于人治国家的重要分水岭。其五，人权保障。坚持人民主体地位，以人民的基本权利和利益为最高价值追求，是法治国家的生命力之所在。其六，良法善治。法治国家不仅要求有完备的法律体系，更需要有体现公平正义的"良法"，要用文明进步的良善价值来主导和统帅法律规范。法治国家不仅要求依法治理，更要求建立以法治先行、透明公开、公平正义、以人为本、高效理性、权责统一为特征的现代治理体系。依法进行良善治理的国家才是真正的法治国家。

法治政府是政府依据宪法法律设立、政府权力法定、政府决策和行为严格依据法律程序进行并对其后果承担相应责任的政府。十八届四中全会的《决定》提出，加快建设职能科学、权责法定、执法严明、公开公正、廉洁高效、守法诚信的法治政府。法治政府的基本标准包括：其一，有限政府。政府权力受到法律的界分和限定，不能超越法律的界限运行。其二，责任政府。这是说：有权必有责，有责必承担。问责是法治政府的重要特点之一。其三，人民政府。政府的行为以人的基本自由和权利为依归。其四，程序政府。一切重大决策和行为活动都必须通过公众参与、专家论证、风险评估、合法性审查和集体讨论决定。其五，阳光政府。政府要实行信息公开，赋予社会大众广泛的知情权和参与权，以民主决策和民主监督来实现公开公正，保障政府的法治本色。其六，诚信政府。政府应当自觉维护法律权威，自觉履行职责，为政令畅通、政民和谐奠定基础。

法治社会是社会依法治理、社会成员普遍崇尚法治和信仰法治、社会组织依法自治、社会秩序在法治下和谐稳定的社会。全面推进依法治国，必须推进法治社会建设，具体包括：其一，全社会树立法治意识。通过法治宣传教育，弘扬社会主义法治精神、建设社会主义法治文化，使全体人民自觉依法行使权利、履行义务、承担社会和家庭责任。其二，社会组织多层次多领域依法治理。坚持系统治理、依法治理、综合治理、源头治理，提高社会治理法治化水平，支持各类社会主体自我约束、自我管理。其三，国家依据法律法规推进民生建设，解决好群众最关心最直接最现实的利益问题。如建设完备的法律服务体系，完善法律援助制度；推进覆盖城乡居民的公共法律服务体系建设，加强民生领域法律服务；健全依法维

权和化解纠纷机制，引导和支持人们理性表达诉求、依法维护权益等。

2. 三者一体建设

法治国家、法治政府和法治社会三者内在统一、相互融合、相互促进。因而，在全面推进依法治国的进程中，应当共同推进这三方面的法治建设，即一体化建设。从广义上看，法治国家建设包括了法治社会建设和法治政府建设。但是，由于法治政府、法治社会建设的重要性，从实现国家、社会、政府三者联动共建的角度来说，应将三者并列。

政府依法行政和严格执法，是法治建设的重心所在。在所有的国家机关中，与群众日常生活关系最密切的是各级政府，法律法规也需要各级政府来实施。政府的决策与执法活动是否符合法治精神和法治原则，不仅关系到法治国家能否建成，更关系到社会的稳定和人民的幸福。因此，必须牢牢抓住这个关键，在规范政府权力的行使、防止权力滥用、明确权力价值取向等方面，努力践行法治原则。只有这样，全面推进依法治国、加快建成法治国家才不至于流于形式。

同样，法治社会也是与法治国家相互关联、相辅相成的。没有法治社会，便没有法治国家。法治理念只有最终落实为全民普遍的法律信仰，落实为具体的日常生活秩序和方式，才可以说法治得以真正实现，法治国家得以建成。因而，从法治社会建设着手推动法治建设，恰恰正是法治国家建设的基础工程。

### 四、建设中国特色社会主义法治体系

按照十八届四中全会的《决定》所提出的论断，中国特色社会主义法治体系主要有五大部分构成。建设中国特色法治体系，要分别从如下方面进行相应的各项改革。

#### （一）完备、良善的法律规范体系

构建法律规范体系，主要是要搞好立法工作。这方面的改革要求包括：健全宪法实施和监督制度；完善我国的立法体制；深入推进科学立法、民主立法；加强重点领域立法，进一步形成完善的、科学规范的中国特色社会主义法律规范体系。

#### （二）公正高效的法治实施体系

构建法治实施体系，主要应从行政执法和司法两个方面来展开。从政府执法来看，所提出的改革要求包括：依法全面履行政府职能；健全政府依法决策机制；深化行政执法体制改革；坚持严格规范公正文明执法；全面推进政务公开。从司法机关的司法来看，所提出的改革要求包括：完善确保依法独立公正行使审判权和检察权的制度；优化司法职权配置（让公安机关、检察机关、审判机关、司法行政机关各司其职）；推进严格司法（坚持以事实为根据、以法律为准绳）；保障人民群众参与司法；加强人权司法保障；加强对司法活动的监督。

#### （三）科学严密的法治监督体系

构建法治监督体系，所要进行的主要改革包括：通过加强党内监督、人大监督、民主监督、行政监督、司法监督、审计监督、社会监督、舆论监督制度的建设，形成科学有效的权力运行制约和监督体系；强化对行政权力的制约和监督，尤其注重加强对政府内部权力的制约；完善政府内部层级监督和专门监督，改进上级机关对下级机关的监督，建立常态化监督制度；完善纠错问责机制，健全责令公开道歉、停职检查、引咎辞职、责令辞职、罢免等问责方式和程序。

### （四）充分有力的法治保障

构建有力的法治保障体系，所要进行的改革包括：其一，加强法治工作队伍建设。主要包括：建设高素质法治专门队伍；加强法律服务队伍建设，特别是加强律师队伍思想、政治与组织建设；创新法治人才培养机制。

其二，加强和改进党对全面推进依法治国的领导。党的领导是全面推进依法治国、加快建设社会主义法治国家最根本的保证。因而，要努力做到：加强和改进党对法治工作的领导，把党的领导贯彻到全面推进依法治国全过程；要强化依法执政的法治意识，使各级党组织和领导干部深刻认识到依法执政是依法治国的关键；将进一步完善党内法规、从严管党、从严治党上升到法治国家建设保障的高度。

### （五）完善的党内法规体系

形成完善的党内法规体系。党在新时期既要坚持全面依法治国与依法执政，又要坚持全面从严治党，在从严治党问题上必须从源头上抓起，不断完善党内法规。仅十八大以来，中央就出台了一系列准则、条例和规则，包括修改党章，还出台了《中国共产党党内监督条例》《关于新形势下党内政治生活的若干准则》《中国共产党问责条例》《中国共产党地方委员会工作条例》《中国共产党纪律处分条例》《中国共产党廉洁自律准则》《干部教育培训工作条例》等共五十多项党内法规，为从严治党提供了规则基础。

# 第十三章　法与社会

## 第一节　法与社会的一般关系

### 一、法与社会的相互作用

#### （一）社会是法律赖以存在和发展的基础

（1）法总是存在于社会之中，是各种社会因素相互作用的产物。其一，社会的物质生活条件最终决定着法律的本质和表现形式，社会生产关系的性质决定法律的性质。社会是法律的源头活水。不同社会中的社会关系各不相同，法律自然也就各具特色。即便是同一性质或历史形态的社会，在其不同的时期和发展阶段中，法律的内容、特点和表现形式也不尽相同。其二，法律以其反作用证明了自己的社会价值和功能。法律并不是消极地依附于社会关系，法律也像上层建筑的其他组成部分一样，对社会具有强大的反作用，这种反作用就是法的功能作用。法律的作用可能表现为对社会发展的促进和保障，也可能表现为对社会发展的阻碍。

（2）社会是法的基础。马克思说，社会不是以法律为基础的，那是法学家的幻想。相反，法律应该以社会为基础。历史唯物论坚持将法律置于一定的社会关系中并通过社会关系予以理解，而不是像唯心论者那样将法律视为永恒的、抽象的理念、理性或正义。法律以社会为基础，主要表现在几个方面：其一，法律是由一定的物质生产方式所产生的社会共同的利益需要的表现，而不是单个人的恣意横行。法律中的国家意志，实际上也是一种社会意志。其二，从空间上看，社会是法得以发挥其功能和作用的场所，社会是法的载体。社会本身构成了法得以存在的前提。离开了社会关系、社会因素、社会环境、社会历史等，法律无从谈起。其三，从法律发展进程来看，社会关系的复杂运动也推动了法律的发展变化。正是因为法律来自社会，并在社会之中发展演变，新的法律不可能产生于旧的社会基础之上，旧的法律也不可能长期在新的社会基础上生存和延续。其四，制定、认可法律的国家以社会为基础，国家权力以社会力量为基础；同时，国家法以社会的法权关系为基础，"纸上的法"以"活法"为基础。概括而言，法以社会为基础，指法律的性质与功能决定于社会，还指法律变迁与社会发展的进程基本一致。

#### （二）法律是社会关系的调整器

法积极作用于社会，表现为法律是社会关系的调整器，通过合法/不合法的判断对社会关系施加有力的影响。法对社会关系的调整主要表现在几个方面：其一，通过调和社会各种冲突的利益，进而保证社会秩序得以确立和维护。在历史发展过程中，对社会的调整手段主要有法律、道德、宗教、习俗等。近代以来，法律已成为对社会进行调整的首要工具。所有其他的社会调整手段必须从属于法律调整手段或者与之相配合，并在法律确定的范围内发挥其作用。其二，通过法律对社会机体的疾病进行疗治。具体而言，就是运用法律解决经济、政治、文化、科技、道德、宗教等方面的各种社会问题，由此实现法的价值，发挥法的功能。

法律的社会影响是巨大的，但法律不是万能的。法律在调整社会关系时必然具有局限性，因而法律必须有所为有所不为。对法的局限性问题，在前述法律的作用一节曾有论及。这里简略说明如下：其一，在某些社会关系领域，法律的控制不是唯一的手段，或者说不是最佳的手段。如果强行以法律进行控制，就可能导致社会成本过大，得不偿失，甚至造成法律的暴政。历史上不乏此类教训。其二，法律总是靠人来执行的。人对法律的认知、理解和运用能力直接影响法律实施状况，影响法律的功能发挥程度。

### 二、法与社会和谐、社会治理

构建社会主义和谐社会，是当代中国社会发展中的重大课题，是中国特色社会主义总布局中的重要组成部分。和谐社会的基本特征主要包括：公平正义、诚信友爱、充满活力、安定有序和人与自然和谐相处。在构建和谐社会的进程中，社会主义法和法治可以也应当发挥其重要作用。法和法治在促进社会和谐方面有其不可替代的积极功能。无论从逻辑还是事实上看，和谐社会的构建都必须借助于法律制度的推动和保障。

#### （一）当代中国社会主义法治在构建和谐社会中的地位

在和谐社会的六个基本特征中，公平正义、诚信友爱、充满活力、安定有序和人与自然和谐相处是和谐社会的基本价值目标，而民主法治除了作为构建和谐社会的内容和价值取向之外，还具有特殊的意义。如果说民主是建设和谐社会的政治基础和前提，那么法治就是建设和谐社会的制度手段和关键因素。

关于法律在构建和谐社会中的地位，可以概括为如下方面：

（1）和谐社会的原则、精神、基本目标和要求等都应当上升为国家意志，转化为法律，通过法律来体现。和谐社会建设的各方面重要内容借助于法律的确认，可以更便捷地成为全体社会成员的共识，并因此而取得权威性、确定性、规范性、稳定性和可操作性。比如，可以以法律形式确定不同利益主体的正当权利及其界限，提供权利行使和权利救济的途径，保障主体权利的实现，协调各方面的利益关系，等等。

（2）必须以法律手段保证构建和谐社会的一系列方针和措施的实施。和谐社会的原则、目标和要求在实现的过程中，必然会遭遇来自各个方面的干扰甚至破坏。鉴于现实利益关系的复杂性和客观性，因此，只有以法律所具有的国家强制力为后盾，才能有效防止破坏和排除干扰。

总之，和谐社会离不开法和法治。在社会主义民主的前提下，能否制定一系列良好而完备的法律制度，能否切实保证这些法律制度的真正实现，将是构建社会主义和谐社会的关键性制度因素。

#### （二）当代中国社会主义法治在构建和谐社会中的作用

1. 法对民主的实现具有重要作用

社会主义民主是社会主义法治的前提和基础，社会主义法治是社会主义民主的体现和保障。这一点本书前一章谈到法治与民主的关系时曾有专门论述。

2. 法是实现公平正义的最重要工具之一

实现社会公平正义的关键是确定公平正义的标准，并以有效方式保证公平正义的实现。法通过确认并保障正义标准的实现，协调主体之间的利益关系，实现公平正义。应当在民主

707

基础上达成关于公平正义的共识，将其制定为法律，确定利益主体和利益范围，指导利益分配，协调利益关系。当产生利益纠纷时，以法律判明是非；当利益受到侵害时，以法律救济。这样才能排除根本上的不公正，将社会矛盾和冲突控制在一定范围内，使不同利益主体共存，公平合理地分享经济发展和社会进步的成果。在当今中国，通过法律切实保障弱势群体的利益，是实现公平正义的重要任务之一。

3. 法为实现诚信友爱提供良好的制度环境

诚信友爱是和谐社会的基本要求之一。尤其在生产社会化、人际关系依赖性高的现代社会中，离开诚信友爱，就不可能有良好的合作和互动，整个社会就无法维系。诚信友爱本身虽然从根本上说是主体的价值观问题，但法并非对其无能为力。首先，价值观只有通过行为表现出来，才能形成现实的合作与互动关系，法在指导和规范主体之间的互动行为关系方面有不可替代的作用。其次，法通过确立和维护普遍的社会正义标准，抑制和制裁违法行为，可以促进良好社会风气的形成，为全社会范围内诚信友爱精神的巩固和发展提供有利的制度环境。

4. 法为激发主体的活力创造制度条件

社会进步的动力源于每一个主体的创造力的发挥，而自由是发挥创造力的基本条件。与传统社会相比，现代社会的重要特征之一就是对主体行为自由的保护。自由是现代法律的基本价值取向，法律将社会公认的主体行为自由确定为法律上的"权利"，排除来自各个方面包括国家权力对主体自由的非法限制和干预，从而有效保障主体自由的实现，如以法律形式确认和维护劳动者的财产权利、交易自由和其他权利等。此外，法还可以通过制度安排直接鼓励公民从事有益于社会的创造性劳动，进一步激发主体的创新欲望。

5. 法为维护社会的安定和秩序提供有力保障

秩序是社会的基础价值之一。任何社会都需要安定和秩序，没有安定和秩序，社会共同体就无法存在，更无法正常运转。社会的安定有序需要诸多条件，除主体利益分配的合理性这种实质要求以外，还需要有健全的组织结构和良好有效的管理。法可以确认和规范各种社会组织和国家机关的构成，界定其内部关系和不同组织之间的相互关系；法可以指导社会组织的活动，规范国家权力的运行；法可以大大提高社会管理的水平，使之制度化、规范化，做到有据、有序、有效、有力；法还可以缓和矛盾与冲突，将纠纷的解决控制在"秩序"的范围以内。总之，法在缓解矛盾、维护社会正常秩序方面有突出的优势。立法可以提供普遍的行为准则以形成统一的秩序，法的实施过程可以将法的秩序要求具体化为行政机关的管理活动和司法活动以实现秩序；法的国家强制力则是抑制违法犯罪行为、实现法律秩序的有效保障。

6. 法协调人与自然的关系，为协调经济发展与环境保护的关系提供制度支持

市场经济激发了人们创造财富的潜能，在生产力飞速发展的同时，也构成对人类赖以生存的资源和环境的巨大威胁。如何实现人与自然的和谐，使发展经济与自然界能够提供的资源相适应，实现可持续发展，这是摆在全人类面前的重大课题。对于人口众多、人均资源相对贫乏的中国来说，这一任务更为艰巨。以法律形式规范和调节人与自然的关系，确定可持续发展的基本原则和规范，抑制生产和消费活动中的任意性，制裁破坏资源和环境的违法行为，是实现可持续发展、维护良好生态环境的必要手段。

法的上述作用要通过法律调整的机制才能实现。从这个意义上说，当代中国法在构建和

谐社会中的作用又具体地表现在法的制定、实施、遵守和法律监督的过程当中。首先，只有加强立法，以科学、公正、完备的法律体系作为保障，才能为构建和谐社会奠定基础和前提。其次，公正、高效的执法和司法是维护公平公正的社会环境，构建和谐社会的有力保障。再次，广大社会成员自觉守法，政府严格依法办事是构建和谐社会的基本要求和条件。最后，严格的法律监督是保证法的制定、适用和遵守，社会和谐得以真正实现的可靠保障。

### （三）当代中国社会主义法治在社会治理中的作用

党的十八大报告指出，要"更加注重发挥法治在国家治理和社会管理中的重要作用，维护国家法制的统一、尊严、权威，保证人民依法享有广泛权利和自由"。习近平同志也指出："要加强宪法和法律实施，维护社会主义法制的统一、尊严、权威，形成人们不愿违法、不能违法、不敢违法的法治环境，做到有法必依、执法必严、违法必究。"更加注重发挥法治在国家治理和社会管理中的重要作用，既是我们党深刻总结执政历程得出的宝贵经验，也是新形势下全面贯彻落实依法治国基本方略的现实要求，具有丰富的思想理论性和很强的现实针对性，对推进社会主义法治建设具有重大意义。

第一，法制的统一、尊严和权威，是实现社会治理、发挥法治作用的前提和保障。改革开放以来，我国积极推动社会主义法治建设，法治在国家治理和社会管理中的作用越来越突显。但必须看到，我国法制的统一、尊严和权威方面仍然面临一些不容忽视的突出问题：有的公职人员目无法纪、徇私枉法、以权压法、以言代法，有些地方和部门有法不依、执法不严、违法不究，一些公民还没有完全树立社会主义法治理念等。这些问题的存在，不仅破坏了社会主义法制的统一，也严重损害了法制的尊严与权威。

第二，加强宪法和法律实施，有助于实现社会治理。我国已经形成了中国特色社会主义法律体系，总体上解决了无法可依的问题，加强宪法和法律的实施显得更为重要和紧迫。加强宪法和法律的实施，关键是要坚持法律面前一律平等的原则，彻底消除封建社会"刑不上大夫"等特权思想和现象，使宪法和法律真正成为全社会一体遵循的行为规范。任何组织或者个人都必须在宪法和法律范围内活动，任何公民、社会组织和国家机关都要以宪法和法律为行为准则，依照宪法和法律行使权利或权力、履行义务或职责。

第三，深化司法体制改革，确保司法公正，有助于实现社会治理。司法是公平正义的最后一道防线，如果司法防线出现漏洞，则社会公平正义就得不到保障，直接打击人民对司法的信心，影响法制的尊严和权威。确保司法公正，必须深化司法体制改革，建设公正高效权威的社会主义司法制度。要按照公正司法和严格执法的要求，完善司法的机构设置、职权划分和管理制度，从制度上确保审判机关和检察机关依法独立公正行使审判权和检察权。要改革和完善司法工作机制，提高司法效率，克服官僚主义和工作拖延推诿，严格依照法定期限办事办案，及时有效地为群众办实事、解难事，促进又好又快地实现社会公平正义。要加强对司法机关和工作人员的监督，坚决克服司法领域中的执法犯法、徇私枉法等现象，最大限度杜绝错判案件的发生。

第四，弘扬法治精神，有助于人们在社会治理中树立社会主义法治精神。法治观念是人们对法治的尊崇和信仰，是建立法治社会、发挥法治作用的思想基础。我国有着几千年的专制传统，旧中国留给我们的封建专制传统比较多，民主法制传统很少，封建意识在我国公民中根深蒂固，官本位、特权思想盛行。这决定了要在全社会牢固树立社会主义法治观念，绝不是一件轻而易举的事，远比建立一套司法制度、颁布一套法律体系要困难得多，而是一项具有长期性、战略性和基础性意义的系统工程。要大力弘扬法治精神，把法治观念体现到经济建设、政治建设、文化建设、社会建设和生态文明建设等各个领域，融入人民群众生活的各个方面。

### 三、法与社会发展

党的十八届五中全会坚持以人民为中心的发展思想，提出了创新、协调、绿色、开放、共享的发展理念。这种新发展理念符合我国国情，顺应时代要求，对破解发展难题、增强发展动力、厚植发展优势具有重大指导意义。新发展理念的提出，是对中国几十年发展实践的总结，是对中国特色社会主义理论的丰富。

法律应当致力于以新发展理念为指引，推动社会发展。当前，我国经济发展已经进入新常态，社会发展也会进入"新常态"，作为社会发展调整器的法律应该积极适应社会的发展变化，以新发展理念引领法治的发展新方向，并以法律调整体现、保障和促进全新的社会发展理念。

#### （一）依法实施创新驱动发展战略

将创新摆在第一位，是因为创新是引领发展的第一动力。尽管协调发展、绿色发展、开放发展、共享发展都有利于增强发展动力，但发展动力的核心在创新。抓住了创新，就抓住了牵动经济社会发展全局的"牛鼻子"。发展动力决定发展的速度、效能、协调性、可持续性。应当把创新摆在国家发展全局的核心位置，不断推进理论创新、制度创新、科技创新、文化创新等各方面创新，让创新贯穿党和国家一切工作。

法治工作也要贯彻创新理念，在法律调整的范围、方式方法、价值指向等方面，都体现创新思维。同时，更重要的是，要自觉运用法治思维和法治方式推动和促进创新驱动发展。如更加注重保护财产权、促进创业者的自由、促进平等自由的市场竞争、给创业者更多的国家法律支持、更注重保护知识产权、取消限制创新和竞争的各种审批许可等。

#### （二）依法增强发展的整体协调性

协调是持续健康发展的内在要求。社会发展要坚持唯物辩证法关于普遍联系的观点，就是说要从客观事物的内在联系去把握事物，去认识问题、处理问题。这就要求在社会发展中注重整体性、注重事物之间的联系、注重统筹兼顾的方法论。协调既是发展手段又是发展目标，同时还是评价发展的标准和尺度，是发展的"两点论"和"重点论"的统一，是弥补发展短板和开发发展潜力的统一。协调发展也是解决社会转型中各种突出矛盾的一种重要方式。要将协调发展理念贯穿到其他几项发展理念之中。

运用法治方式增强发展的整体协调性，要注重通过法治方式促进物质文明与精神文明协调发展、不同地区的协调发展、城乡的协调发展、权利发展的平衡、经济与社会文明的协调发展、协调国内发展与对外开放的关联等。尤其要充分利用法治武器打破冲破阻碍协调发展的部门利益、地方利益以及既得利益集团的利益藩篱。要通过法治善用国家权力协调各种发展中的不平衡、不协调因素，又要借助法治摆正权力与社会发展的关系，将权力运作置于适当的地位，既尊重权力的权威性，又不能迷信国家权力，要认识到国家协调和调控社会发展的局限性。

#### （三）依法推进人与自然和谐共生的绿色发展

绿色发展的核心要义，是要解决好人与自然和谐共生问题。绿色是永续发展的必要条件和人民对美好生活追求的重要体现。当前，大气、水、土壤污染的问题在我们国家还比较突出，人民群众对改善生态环境的呼声日益强烈。坚持绿色发展理念，就要坚持节约资源和保护环境的基本国策，坚定走生产发展、生活富裕、生态良好的文明发展道路，加快建设资源节约型、环境友好型社会，更加注重尊重自然、顺应自然、保护自然。

建设生态文明，践行绿色发展理念，要善于用制度尤其是体现法治原则的制度保护生态环境。要用最严格的制度、最严的法律来实现环境保护，保护环境就是保护生产力。以法治方式落实绿色发展理念，至少可以从如下方面努力：建立和完善绿色清洁生产、低碳循环发展产业、绿色金融等法律制度；建立健全用能权、用水权、排污权、碳排放权初始分配制度；实行最严格的源头保护制度、损害赔偿制度、责任追究制度，完善环境治理和生态修复制度；建立健全自然资源产权制度、国家自然资源资产管理体制等；强化绿色发展法制体系的司法保障，如建立健全环境资源审判和监督制度，进一步推进环境公益诉讼等；加强环保执法工作，如建立省以下环保机构监测、监察、执法垂直管理制度等；更自觉运用权力机制促进绿色发展，如更重视从制度上保护环境权、健康权、绿色发展权等。

### （四）依法促进形成开放的新格局和体制

开放是国家繁荣发展的必由之路。我国30多年来的发展成就得益于对外开放。开放发展理念要求统筹国内与国际两个发展大局；积极参与全球经济治理和公共产品供给，提高我国在全球经济治理中的制度性话语权；发展更高层次的开放型经济，加强国内和国外两个市场的协调发展；加强对外开放与对内开放之间的协调发展，尤其要消除对民营企业的种种制度歧视。

以法治方式促进开放发展理念的落实，可以从两个方面进行努力：一方面，统筹完善国内法治、涉外法治、国际法治等各个方面。如：法治建设要更自觉借鉴其他国家的先进法治经验，完善国内法律制度；要进一步加强涉外法治建设，建立健全适应国情、接轨国际的涉外法治体系；进而言之，从构建人类命运共同体的角度，要在各国法律文明交流互鉴、国际法治和法律全球化不断发展的背景中，扩大法治发展的空间和潜力；积极参与国际法治，为构建更加平等公正的国际法律制度发挥中国的影响力，贡献中国方案。

另一方面，要积极运用法治方式促进形成新型对外开放格局，提高对外开放水平。这方面的法律促进工作是多方面，比如，注重依法协同推进战略互信、经贸合作、人文交流，努力形成深度融合的国际互利合作格局；依法促进形成对外开放新体制，健全服务贸易促进体系；依法推进"一带一路"建设；依法积极参与全球经济治理，加快实施自由贸易区战略等。

### （五）依法践行以人民为中心的共享发展理念

社会主义的本质是实现共同富裕，社会主义要体现以人民为中心。共享发展理念要求，坚持发展为了人民、发展依靠人民、发展成果由人民共享，使全体人民在共建共享发展中有更多获得感。贯彻共享理念可以增强发展动力，增进人民团结，促进共同富裕。

法治在保障和促进共享发展方面，大有可为。一方面，坚持人民主体地位本身就是社会主义法治的基本原则之一。社会主义法治要求一切法律制度、一切法律实践活动都要围绕着保障人民利益、权利、福祉来展开。另一方面，要运用法治方式促进共享发展理念。这有多方面的要求，比如，在提高公共服务水平方面，依法推动义务教育均衡发展，促进就业创业，缩小收入差距，建立更加公平更可持续的社会保障制度，促进人口均衡发展等；在实施脱贫攻坚战略过程中更注重运用法律手段，发挥法律的积极作用；更切实尊重和保障人权，比如，推进公民宪法基本权利的法律化，更充分保障人民的就业权、受教育权、社会保障权、健康权、适足生活水准权等，更注重保障农村留守儿童、妇女、老人、残疾人等特殊弱势群体的权益，推动将环境权、隐私权等重要权利入宪，进一步完善人权保障机制等。

# 第二节　法与经济

## 一、法与经济的一般关系

"经济"一词有多种含义和多种表达术语，其核心内容是以物质生活资料为表现形式的利益问题，具体包括物质资料生产的技术水平（生产力），人们在物质资料生产过程中所形成的关系（生产关系），人们具体进行物质资料的生产、交换、分配的制度体系（经济体制），以及进行物质资料的生产、交换、分配的具体组织、具体行为和实际收益。其关键问题是效率，生产的效率是生产力水平的具体体现，效益最大化是生产力对生产关系的内在要求，资源的最佳配置是政治经济学的核心课题。

法和经济有着密切的联系。首先，法的最基本的内容是生产关系，即人们进行物质资料的生产、交换、分配所形成的社会关系的制度化。通过这种制度化，特定的生产关系获得了神圣的属性，取得了统治地位。其次，法律根据生产关系的要求，构建经济体制，为生产资料的生产、交换和分配提供制度框架。再次，法律还通过权利、义务、责任、制裁等调整手段，规制经济行为，维护经济秩序。

在法律思想史上，马克思主义法学第一次科学地阐明了法与经济的一般关系，并且强调法的关系正像国家的形式一样，根源于物质的生活关系，只有从这种关系出发，才能合理地解释法律以及全部上层建筑的内容、形式及其历史。这正是那些非马克思主义法学流派所竭力否认的，也正是这一点，构成了马克思主义法学与非马克思主义法学的原则性区别。

## 二、法与经济基础（生产关系）

生产关系是人们在物质资料生产过程中所结成的社会关系，是生产方式的社会组织形式，亦称社会生产关系、经济关系等。

在一个社会中，实际上存在的生产关系往往不是单一的，除了占统治地位的生产关系外，还有旧的生产关系残余、新的生产关系萌芽和其他与当时生产力相适应的不占统治地位的生产关系。占统治地位的生产关系的总和构成了社会的经济基础，法律与经济基础的关系，就是法律与占统治地位的生产关系的关系。

法是上层建筑的组成部分，它与经济基础之间的关系是一种形式与内容的关系。一方面，法只能在它的经济基础所蕴含的可能性范围内选择，而不能任意地选择；它的性质、内容和发展趋势等，都主要是由其赖以建立的经济基础的状况和要求所决定的。另一方面，法虽然根源于经济基础，但作为一种超经济的力量，它又超越于经济基础，对经济基础既具有依赖性，又具有一定的反作用和相对独立性。

### （一）经济基础对法的决定作用

法与经济基础的关系，首先表现为经济基础对法的决定作用。对于这种决定作用，马克思主义经典作家有过许多精辟的论述。马克思在分析商品交换的条件时指出，这种具有契约形式的（不管这种契约是不是用法律固定下来的）法的关系，是一种反映着经济关系的意志关系。这种法的关系或意志关系的内容是由这种经济关系本身决定的。经济基础对法的决定作用主要体现为三个方面：

1. 经济基础决定法的性质

生产关系在社会历史中具有不同的类型。根据生产资料所有制性质的不同，生产关系可以区分为两种基本类型，即以生产资料公有制为基础的生产关系和以生产资料私有制为基础的生产关系。每一类型的生产关系又具有多种类别与具体形式。法的性质正是由生产资料所有制的性质决定的，由此，法可划分为奴隶制法、封建制法、资本主义法和社会主义法。其中社会主义法以生产资料公有制为基础，与以生产资料私有制为基础的前三种历史类型的法具有本质的不同。

2. 经济基础决定法的基本内容

世界各国法律的内容林林总总、千姿百态，但核心部分不外是对一定的生产关系的确认。这是一条贯穿于人类法律史的主线。例如，资本主义的生产关系最早形成于封建社会的市民阶层中，其特点是通过商品交换实现物质生活资料的生产和再生产。而为了进行商品交换，就要求彼此承认对方是私有者，尊重对方的人格独立和自由意志，由此形成了自由、平等、私有财产等要求，这种要求又进一步导致以这种法的要求为核心内容的民法、宪法和行政法的产生。所以马克思说，无论是政治的立法或市民的立法，都只是表明和记载经济关系的要求而已。一个民族的风俗、传统、宗教、道德等虽然也会渗透到法律之中，但无法成为法的基本内容。

3. 经济基础的发展变化决定法的发展变化

相对于上层建筑来说，经济基础更为活跃。当以生产资料所有制为核心内容的生产关系的性质发生变化以后，作为上层建筑组成部分的法的性质迟早亦将发生变化。也就是说，新旧生产关系的更替，必然导致法的性质的变化。如果经济基础的内容只是发生了局部的变化，那么法将在原来的性质范围内发生量变；如果经济基础发生了质的改变，例如从封建主义发展为资本主义，那么法也将随之发生质的飞跃，成为一种新的历史类型的法。

**（二）法对经济基础的反作用**

在法律与经济基础的关系中，法律并不是消极地被决定的，而是在归根结底决定于一定的经济基础的同时，又服务于该经济基础，对该经济基础具有能动的反作用。恩格斯晚年在写给施米特的信中说：总的来说，经济运动会替自己开辟道路，但是它也必定要经受它自己所造成的并具有相对独立性的政治运动的反作用……法也是如此：产生了职业法律家的新分工一旦成为必要，立刻就又开辟了一个新的独立部门，这个部门虽然一般地完全依赖于生产和贸易，但是它仍然具有反过来影响这两个部门的特殊能力。从法律与经济基础在社会实际生活中的关系来看，法律对经济基础的反作用包括下列四个方面：

1. 法律对经济基础具有选择和确认作用

在一个社会中，实际上存在着的生产关系往往不是单一的，而是多样的。这是因为一个社会的生产力发展水平往往具有地域、领域方面的不平衡性。那么，在一个社会多样的生产关系中，哪一个能够居于统治地位而构成该社会的经济基础？这就与法律的选择与确认具有一定的关系。通过选择和确认，特定生产关系在社会中获得合法性和神圣性。例如，我国经过多年的探索，在生产关系领域，形成了以公有制为主体、多种经济成分共同发展的格局，而我国的宪法和其他法律在这一过程中起了重要的选择、确认作用。

## 2. 法对经济基础具有加速或延缓其发展的作用

法虽然不能决定生产关系的产生，但能加速或延缓其发展。西欧封建社会的历史不过八百年，中国封建社会的历史则长达两千年，这与中国、西欧当时的法对封建生产关系的保护程度和对资本主义生产关系的宽容程度具有密切的联系。当然，法虽然可以加速或延缓经济基础的进程，却不能改变社会生产关系运动的总的方向和趋势。

## 3. 法对经济基础具有保障和促进作用

对于符合统治阶级利益需求的生产关系，法律通过把具体的生产关系制度化，通过权利义务的配置，通过奖励和制裁的实施，起到促进和保障作用。例如，资本主义国家的民法是对资本主义生产关系的要求的记载和宣告，但是这种法律一旦制定，就会反过来保障这种生产关系，发展这种生产关系。在社会主义条件下也是如此，社会主义国家通过宪法确认社会主义的经济基础，通过民商事法律、行政管理法律来进一步规范、保障和促进社会主义的经济条件。

## 4. 法对生产关系的某些方面具有否定、阻碍或限制作用

在旧的社会制度灭亡、新的社会制度诞生之际，法的这种作用非常明显。例如，在资本主义生产关系确立的过程中，法律通过统一市场、废除等级特权和实行公法与私法划分等方式，否定和排除了封建的生产关系，为资本主义的发展扫清了道路。在一个社会制度完全确立之后，法的这种作用也经常发生，因为社会上会不断滋生不符合统治阶级利益需要的生产关系，对这类关系，体现统治阶级根本利益需要的法律会根据具体情况进行否定、排除或适当限制。例如，在资本主义社会中，由于过度的垄断会妨碍市场竞争，并进而阻碍技术的进步和产品质量的提高，所以资本主义国家一般通过法律或判例对垄断行为进行限制。又如在我国当前条件下，地方保护主义、部门利益至上等都是不符合社会主义生产关系的根本性质的，所以法对其持否定态度。

总而言之，对于符合统治阶级根本利益需要的生产关系，法一般起着保障和发展作用；对于不符合统治阶级根本利益要求的生产关系，法一般就沿着这种生产关系发展的相反方向起否定和排除作用。但是对于整个经济条件的发展来说，这种作用的最终效果还要取决于生产关系与生产力的关系的性质以及法律自身的形式合理性水平。

### 三、法与市场经济

#### （一）法与商品经济、市场经济关系的历史发展

在法的起源过程中，我们可以看到，法归根结底是生产力发展的结果，是商品交换的必然产物，同时，由于法的特殊属性和特点，它也是商品交换乃至市场经济不可缺少的调整手段和机制，这是由商品交换的内在要求所决定的。具体表现为：商品交换需要法律确认主体之间平等的法律地位；商品交换需要法律确认商品的所有权；商品交换需要法律确认一般的交易规则；商品交换还需要以法律规定和解决交易中可能出现的纠纷。

法的发展与商品经济的发展具有内在的必然联系，商品经济越发达，对法的需要就越多，而法的发展对商品经济的发展也起到了有力的保障和促进作用。古罗马时期，简单商品经济繁荣，与此相适应，产生了恩格斯曾经高度评价的"商品生产者社会第一个世界性法律"——罗马法。公元11世纪后，随着海上贸易和西欧商品经济的发展，产生了海商法和罗马法复兴运动。18、19世纪，欧洲近代自由市场经济开始形成，在此基础上产生了著名

的 1804 年法国民法典，对近代市场经济的一系列基本原则和规范作出了规定，极大地巩固和促进了自由市场经济的发展。19 世纪末 20 世纪初，近代市场经济逐渐被现代市场经济所取代，"法律社会化"又逐渐成为西方法律制度的主流。第二次世界大战以来，现代市场经济遍及大半个世界，与此相适应，法律对社会生活的影响越来越大，成为人类社会调控最主要的方式。

综上可以得出如下结论：商品经济、市场经济是法律存在与发展的土壤，法的发展程度，法对商品经济的作用程度等都直接受到商品经济发展程度及其对于法律需求程度的制约；反之，商品经济、市场经济又需要法律的促进和保障；商品经济、市场经济越发展，法律体系就越完善，其作用也越广泛。

### （二）法与社会主义市场经济的关系

社会主义市场经济是市场经济与社会主义相结合的产物，是一种新型的现代经济体制。社会主义市场经济的确认、巩固、运行和发展同样离不开社会主义法的作用。社会主义市场经济本质上是法治经济。要使市场在资源配置中起决定性作用和更好发挥政府作用，必须以保护产权、维护契约、统一市场、平等交换、公平竞争、有效监管为基本导向，完善社会主义市场经济法律制度。

社会主义法在建立和完善市场经济方面的作用，可以从宏观和微观层面来考察。

从微观层面看，法对社会主义市场经济的作用主要表现在：

（1）保护市场主体的平等和自由。市场经济是权利经济。只有依法确认和充分保护市场主体的各项权利和自由，市场经济才能健康发展。市场主体的权利的核心是平等权和产权。在平等权方面，需要由法治来确认和保障市场主体在经济活动中的平等地位。在保护产权方面，要健全以公平为核心原则的产权保护制度，加强对各种所有制经济组织和自然人财产权的保护，创新适应公有制多种实现形式的产权保护制度，加强对国有、集体资产所有权、经营权和各类企业法人财产权的保护。

（2）确认和保护契约关系。市场经济是契约经济，市场中的契约关系在本质上就是形式上平等的法权关系。契约关系中也蕴含着交换和交易的自由权。这些都需要法律确认和保障。

（3）保护和促进市场自由竞争。市场经济是一种竞争经济，它需要以法律来确认交易和竞争的一般规则，规范市场主体的行为，让市场主体能在平等的市场环境中自由竞争。

（4）处理纠纷，维护市场秩序。市场经济的运行需要正常秩序以及发生纠纷后的解决纠纷方式，这也需要法律来确认、规定和保障实现。

（5）促进市场开放。现代市场经济也是一种开放经济。市场包括国内市场和国际市场，高水平的开放型经济，要求有国内的市场开放以及对外开放。这要求主权国家有完善的国内市场立法，还要参与国际法律体系的运行，参与建构国际市场法治。

从宏观层面看，我国实行社会主义市场经济，又正处在经济体制转型过程之中，法在经济的宏观调控中也具有重要作用。其作用主要表现为：对经济发展方向的引导；对经济体制建立和完善的促进；对宏观经济秩序的保障；对市场经济自发性和盲目性等消极方面的制约；在调整产品结构、优化资源配置、处理不同主体利益关系等方面的协调。

### 四、法与科技

科学技术是社会生产力的重要组成部分。现代社会中，科技越来越深刻地影响着人的生活。人类发展科技、利用科技，也深受科技的影响，甚至在一定意义上被科技所控制。一个国家科学技术水平的高低，不仅决定其生产力的发展水平，而且对生产关系和整个上层建筑领域都有着重要影响。随着科技的发展进步，法律与科技的关系越来越密切，彼此影响也越来越深刻。法律与科学技术的关系，大致可以从两个方面来解释。

（一）科技对法的影响

科技发展的状况对法的内容、形式、调整方式方法、发展走向等都有着广泛的影响。这主要表现在：

1. 科学技术影响法的内容，科技为法律的规定提供依据

科学技术进步所形成的新的科学知识，不断被运用到法律领域，为法律调整提供新的科学依据。比如，有关限制某些近亲结婚的规定、有关精神病人的法律责任认定的规定、有关互联网侵权、新闻媒体侵权的法律规定等，都体现了科技的渗透。

2. 科学技术的发展扩展了法律调整的领域

在科学技术的研究发明和推广应用的实践活动中出现的大量新的社会关系需要法律规范的调整。如生态法、环境保护法、航空法、海上救助法、太空法、能源法、互联网法等新法律制度的出现，都与科技的发展有关。

3. 科学技术的发展引起了有关的传统法律概念和原则的变化

随着科技的发展，科学技术知识内容的立法所占的比重不断增加，委托立法的范围扩大了，法律规范的概念变化了，即大量的原本属于纯粹技术规范的各种标准及专业术语被引入到法律当中，形成了一种新的法律规范（即技术法规）。这类标准广泛存在于调整建筑、冶金、石油、化工、环保、机械制造、航运、铁路运输、医药、食品卫生、保健等各类行业的法律规定中，它们既具有技术性，又具有法律性。又如，随着科技发展带来的新的违法形式、新的法律保护和社会治理难题等，诸如领土、领海、证据、人格权、财产权、隐私权、侵权等传统法律概念都逐步被调整了；有关法律时效和时限的观念加强了。

4. 科学技术发展对法的制定和实施有重大影响

科学技术发展为立法和执法提供了新的技术和手段。如在立法表决和公布方式、电子证据的使用、证据的采集方式、法律文书的传递、司法鉴定技术、执法监督技术等等许多方面，都无不体现新技术的运用。又如，现代科学技术的发展已经大大增强了人们认定证据的能力，在司法鉴定方面广泛采取了法医鉴定、司法精神病鉴定、DNA 鉴定、痕迹鉴定、文书鉴定、毛发鉴定、会计鉴定、毒物鉴定等形式。在此基础上，刑事侦查学、物证技术学得到了很大的发展。

5. 科技发展对法学教育和法治宣传等有显著影响

科学技术的发展也影响了法学教育、法制宣传和法学研究的方式和内容，促进其方式和内容的更新和发展。比如，在法律文件、判例、法律文献的收集、整理、汇编等方面，都受到科技发展的直接影响。

（二）法对科技发展的影响

法对科技的发展进步也有着重大的作用。法对科学技术的影响也是多方面的，表现在对科技的社会环境的改善，对科学技术发展的组织管理，对科技成果的转让与推广，对科技合作的促进和保障，以及对科技发展带来的消极后果的抵制和防范等各个方面。这主要表现在如下方面：

1. 法保证科学技术的顺利发展有良好的社会环境

科技发展总是在一定的社会环境中展开的。因而，虽然科研活动在表面上可以是很个人性的，但根本来说是一种社会性的实践活动。在一个和平的、安定的、自由的、民主的社会中，科研人员的创造性更容易被释放出来。科学共同体的形成和交往，科研自由、科技文献信息传播，科技人员的生存权保障，等等，也都可以看作是科研的社会环境。在这些方面，法律可以发挥巨大作用。从根本上说，法律通过确认和保障与科研相关的自由，如文化教育自由、学术自由、研究自由、信息自由、言论自由、出版自由、结社自由等，为科研提供良好的社会环境、法治环境。在一定意义上，自由是第一生产力。

2. 法为科技活动的组织和管理提供必要的准则

法确认和保证科学技术发展在国家社会生活中的优先地位，确定国家科技发展战略、科技管理体制和科技运行机制等。如，确定科技发展的合理布局及人力、物力和财力的合理分配等，运用法律手段组织、协调和管理科技活动。我国已经制定了相应的法律法规，如《科学技术普及法》《中小企业促进法》《促进科技成果转化法》《科学技术进步法》《标准化法》《科学技术奖励条例》等。这些法律法规对于促进我国科技发展起到了积极作用。

法在推动国际间科学技术合作，促进科学技术成果的全球共享和高效能运用方面，也有重要作用。国际科技合作与科技贸易已成为国际法、国际私法和国际经济法的一项重要内容。

国际科技合作的法律制度确定不同国家法律主体之间就科技研究和技术开发所结成的权利与义务关系。国际科技贸易法律制度是国际经济法的重要组成部分，以国际技术转让为其基本内容。

3. 依法鼓励科技成果的开发、保护、合理使用以及推广

在这个意义上，法律直接成为鼓励科发展的有效手段。主要措施如：保护知识产权是鼓励科技发展的基本手段，如通过《专利法》《商标法》《著作权法》等法律可以加强对科研成果的保护，从而直接激发科研人员的积极性；通过专利制度、著作权制度、科技服务管理制度、科技开发和转让的合同管理制度、科技成果的鉴定和管理制度等，可以全方位地促进科技成果的转化；依法授予职称、荣誉称号和和物质奖励等，也能激发人们为科技发展作出贡献的热情。

4. 法对科技发展所带来的消极后果有抵制和防范作用

科学技术发展具有双重的社会意义：一方面，它能够造福于人类，为人们认识、征服和改造自然提供有力武器，促进生产力的发展和社会的进步。另一方面，它也可能损及人类的福祉。比如，某些犯罪分子利用网络等从事高科技犯罪；又如，人类在利用科学技术改造自然和社会时由于没有充分预见其可能带来的负效应，没有相应的配套措施，可能产生贻害无穷的悲剧性后果。随着对科技发展所带来的消极后果有更多的警醒和教训，人类应当运用各种手段，不仅包括技术的手段，而且更主要的是社会的、法律的手段，对科技成果的推广和运用"扬善避恶"，利用其积极效果，抑制其消极后果。

## 第三节　法与政治

### 一、法与国家的关系

在社会生活中，广泛存在着各种权力现象。国家权力是权力的一种重要形式。国家权力

作为一种特殊的权力体系，在权力主体、权力对象、权力强度、权力形式、权力目的等方面都不同于一般的社会权力。国家权力是为维护一定阶级统治、实现社会秩序的权力体系。国家权力是指一定国家组织机构体系凭借和利用其所占有的社会资源，而得以控制一定社会生活状况的支配和影响能力系统。

法和国家都是政治上层建筑的重要组成部分，是上层建筑领域中在职能上相互联系最为紧密的两个部分。它们共同决定于社会的经济基础，并对经济基础发生直接的反作用。它们的产生、发展都遵循共同的规律。它们都是实现阶级统治和社会治理的工具，它们在发挥职能时相互依存、相互支持、互为条件。因而，法和国家在性质上有根本的一致性，在职能上又有不可分割的关联性。在现代社会中，法律的国家性与国家的法律性，是同一个过程的两个方面。

### （一）国家是法律存在的政治基础

从国家的角度看，法是国家权力体系的一个部分，法就是国家权力运行的一种方式。依托国家的支持和保障，法才得以被正式创制出来，并得以有效实施。这表明了法律的国家性。法就是"国家之法"。

国家权力对法的支持和保障，主要表现在以下方面：

（1）国家是法的产生和发展直接的推动力之一。从长时间的联系来看，国家政权的建立是一个国家的法得以产生的政治前提；政权的稳固是法的发展的基本条件之一；政权职能和历史任务的发展也推动了法的内容和作用的变化。

（2）国家权力是创制法的直接力量。国家权力是创制法的直接主体，借助于国家权力，立法能够最大限度地表达社会关系所决定的利益和意志。

（3）国家权力以其强制力参与和保障法的实现。在现代社会，法的实施和实现除了依靠传统、习惯、舆论、利益引导等积极因素外，也必须依靠国家权力的支持。

应当指出的是，国家权力对于法的必要性和重要性，并非指国家绝对高于法律，或法律绝对依附于国家。法律从国家权力运作中取得形式效力，容易被简单化地理解为法是国家的派生物、附属物。这显然会妨碍法正常发挥其功能，也会损及国家权力的健康运行，甚至会损害国家的合法性基础。

### （二）法律支持和制约国家权力

从法的角度看，现代国家权力是通过法律才得以组织并完善起来的，国家权力在法律的框架内运行。这表明了国家的法律性。现代国家就是一个"法律之国"。

法律不是完全依附于国家，而是具有相对于国家权力的独立性的。这使得它能够对国家权力的运行及其结果产生重大影响。法本身的相对独立性和法的调整能力使得法有可能，也必须把国家权力纳入法律调整，但这并不是说法律可以脱离国家权力而存在。

具体而言，法对国家权力的支持和制约作用表现在：

（1）法确认国家权力的合法性。国家权力需要借助合法性信念来巩固自身，而法律是确立现代国家权力合法性的最重要的方式之一。

（2）通过法组织和完善国家权力机构体系。这就是说，以法律来规定国家机构的权限和职责范围，保障各个机构各司其职、各安其位。在一定意义上，这其实是将国家权力具体化为、转化为法律上的各种权利、义务和责任，或者进一步说，是把政治国家具体化为法律国家。

（3）通过法律制约和监督国家权力的运行。法律作为一种有效的约束手段，可以把国家权力分散到不同部门、不同层次的机关，使得权力之间可以相互制约；同时又可把国家权力的各部分整合为统一的等级体系，使得权力之间通过相互配合而发挥更大的作用。

（4）法有助于提高国家权力运行的效率。法为国家权力的行使规定了方向、原则和界限等，以此促进国家权力行使的合理化。这种合理化就意味着其运行效率的提高。法还可通过传播一定的价值观来发挥其思想教育作用，为提高国家权力的运行效率、完成其功能提供良好的社会氛围。

## 二、法与政治的关系

### （一）法与政治的区别

法与政治都属于上层建筑，都受一定的经济关系制约并反作用于一定的经济关系。但二者仍有不同，这主要表现在：（1）政治通过把利益关系集中、上升为政治关系来反映经济关系；法以规则、程序和技术形式使经济关系制度化。（2）政治突出体现社会生活的组织性；法突出体现社会生活的规则性和秩序性。（3）政治的控制和调整功能通过政治行为和过程实现；法通过对主体权利义务的确认和保障实现对社会的控制和调整。

### （二）政治对法的作用

法是政治的一个特殊部分。法要分享政治的一些重要理念、制度。立法过程首先就是一个政治过程。一般认为，由于政治在上层建筑中居主导地位，因而总体上法的产生和实现往往与一定的政治活动相关，反映和服务于一定的政治。政治活动可以直接影响法的面貌，影响立法进程，影响执法和司法的质量。政治活动和政治关系的发展变化，必然在一定程度或意义上影响法律的内容或价值追求发展变化。

深入理解法和法治，一定要有一种政治的视野和视角。现代法治中强调法的独立性、专业性、技艺性，甚至宣称法律与政治的分离，这其实只是试图将法律理解为政治的一个特殊方面，而不是割裂法与政治的联系。割裂了法律与政治的关联，就无法准确理解法的本质、特点和变化。

### （三）法对政治的作用

法作为上层建筑相对独立的部分，对政治当然不是无所作为。特别是在近现代，现代政治是一种法治政治，它内在地需要法和法治。通过全面贯彻法治原则，政治活动得以组织起来，政治过程得以正当化。政治进程借助于法治而稳定、和平，政治中的暴力和血腥因素在一定程度上被法治驯化了。法对政治具有确认、调整和影响作用。具体表现为：

1. 法是政治权力体制的结构性要素

政治体制指政治权力的结构形式和运行方式。政治权力的基本结构划分为集权型和分权型。在集权型权力结构中，法通常只是作为人治这种权力运行方式的点缀或辅助而被需要，法成为政治的附庸。而在分权型权力结构中，权力的配置和行使都须以法为依据。法律成为构建政治体制的核心要素。对政治权力的划分、权力设置、权力运行程序、权力运作的监督等等，都要有宪法和法律的确认和维护。

2. 法参与实现政治的功能

政治的基本功能是把不同的利益交融和冲突集中上升为政治关系，对社会资源进行权威性分配和整合。现代政治的这些利益表达和分配功能，实际上也是法律的基本功能之一。经济关系和利益冲突要纳入政治的议程，政治意志的达成，都要有法律的参与和支持。立法过程是国家公共意志的形成过程，实际上正是政治意志的形成过程。立法的核心工作是对利益和各种社会资源的权威性分配。法律实现政治的分配功能，也是将政治纳入法治的过程。政治对利益和资源的分配，借助于立法的正当程序和法律化的公共议程，具有更大的公共性、共识性，也具有更大的形式正当性。

3. 法调整政治角色的行为

政治活动是由诸如国家机构、政治组织、利益集团等政治角色来从事的。政治角色的行为和活动应当按照法治原则予以规范。借助于法治下的制度，赋予这些政治角色的活动以合法性，规范其活动的程序，约束其活动的范围和方式，提高其活动的公共性追求。政治角色活动的法治化，使得其自身得到更大的社会认同和支持。其中，法律对于政党、利益集团行为的规范和约束，对于实现政治的民主功能，意义重大。

4. 法明确界定政治运行的程序

现代政治是程序政治。现代政治运行过程是一个高度制度化、程序化、民主化的过程。在政治运行过程中，要实现其透明性、公开性、问责性、参与性等正当程序要求，都需要借助法律和法治。

### 三、法与政策的关系

政策，即政治策略，通常是指一定政党或其他政治组织为达到一定时期的政治目标，处理国家事务、社会公共事务而提出并贯彻的路线、方针、规范和措施的总称。政策可以由国家机关、政治团体、组织和政党等不同的主体提出。

政党政策因不同政党在社会政治生活中的不同地位而具有不同的意义。其中，执政党的政策最具影响力，与国家政权的联系最密切。执政党的政策实际上就是国家的政策。执政党政策是社会调整的重要形式之一，但在不同的政治和经济体制中，执政党政策发挥作用的具体方式、作用限度等都会有很大差别。

在当代中国，社会主义法与执政党政策之间的关系主要表现为如下几个方面。

#### （一）社会主义法与执政党政策的一致性

执政党政策与社会主义法作为社会调整的两种基本形式，它们之间有着内在的一致性，也有着明显的区别，它们都有各自不可替代的作用。在中国走向法治化的进程中，必须协调好这二者的关系，使其各自在适当的领域内发挥最大的作用。

社会主义法与执政党政策的一致性主要表现在：二者都产生并服务于社会主义社会的经济基础；二者都体现着广大劳动人民的意志和要求；二者的基本指导思想和价值取向是一致的；二者所追求的社会目的从根本上说也是一致的。

#### （二）社会主义法与执政党政策的区别

社会主义法与执政党政策的区别主要表现在：

1. 二者的意志属性不同

尽管二者在阶级本质上是一致的，但从形式上看，二者所代表的意志仍有不同属性。法代表着一种国家意志，它对全体居民具有普遍效力。党的政策是工人阶级的先锋队组织的主张，代表着全党的意志，它本身并不是国家意志，其效力也只及于党的组织和成员，对党外的人员和组织没有法律上的约束力。

2. 二者的表现形式不同

政策表现为党的决议、决定、通知、规定等党内文件。有些政策文件可以主要是或完全是原则性规定，没有法律规则那样的严格逻辑结构。有些政策本身就是针对个别问题的具体规定，因而不具有规范性。政策也一般没有法律体系那样的系统性、公开性。

法则表现为国家的规范性法律文件或国家认可的其他渊源形式。法主要由规则构成，具有高度的明确性、具体性，规则具有严格的逻辑结构。法律文件的内部结构相互协调、门类完备、层次分明，具有系统性。法律必须是公开的，而党的一些政策则不宜向社会公开。

3. 二者实施的途径和保障方式不同

政策除进一步上升为法律而获得国家强制力保障以外，主要依靠党员的忠诚和广大人民群众的信赖来自觉实现，也以党组织自身的纪律来实现。党组织对违反政策的行为可以追究纪律责任。党可以通过自身的凝聚力、感召力动员党外群众及其他社会组织拥护并贯彻党的政策。

法是由国家强制力来保证实施的，违法行为由国家专门机关依法追究法律责任，法律的实施有一整套专门的法律机制。政策实施机构的专门化程度一般不及法律机构的专门化程度高。

4. 二者的稳定性程度、程序化程度不同

政策在制定和实施中都具有更大的灵活性、更快的变动性，这是政策调整的优势所在，政策能够随着形势变化而迅速调整，这使政策可以有效、迅速地发挥指导作用。政策的制定和实施的程序化程度、稳定性程度一般都不及法律。

法律具有较高的稳定性。朝令夕改，变动过于频繁会影响法的权威性，当然，这并不是说法律不能因时而变。法律调整的每一个环节都具有相应的法定程序。它注重借助程序的合理性来达到实质的合理性。

### （三）社会主义法与执政党政策的相互作用

执政党政策与社会主义法在本质上的一致性以及在外部形式和调整方式上的不同特点决定了二者的相互关系。政策对法的实施具有指导作用，法对政策的实施具有保障作用。

1. 执政党政策是社会主义法的核心内容

执政党所提出的主张和措施从根本上说体现了人民群众的共同意志和利益。党本身就是形成和表达人民共同意志的重要机构。它能够比较迅速地体察到社会关系的新发展，尽快地制定出相应的对策。社会中的法律需要也往往确实是首先被政党认知和提炼出来。在一定意义上可以说，政策是人民意志上升和凝练为法律的中介。

执政党通常把自己的重大政策上升为法律，且通过政策的法律化来实现自己的政治领导。但法受党的政策的指引，并不意味着法只是简单地、被动地把政策"翻译"为法律条文。实际上立法过程中有大量的创造性工作要做，如通过有广泛代表性的人民代表对多种意见、利益的衡量和选择，进一步丰富、完善党的政策，使政策的原则性规定具体化，使之与法的整体结构相协调，使政策获得相应的专门法律机制的支持。

2. 社会主义法是贯彻执政党政策不可或缺的基本手段

执政党的政策只有被制定为法律，才能上升为国家意志，获得更有力的实施保障。政策的法律化，使政策借助法律调整所特有的方式和机制，而得到更好的贯彻。这一过程也意味着党的领导方式的转变。

### 3.执政党政策助推法的实现

执政党政策的贯彻，能够规范党的领导方式，提高党组织的工作能力，提高党员的素质和水平，尤其会促使各级领导干部带头遵纪守法。政策的强化也有可能压制法的发展。问题的关键在于贯彻什么样的政策。

因而，要正确认识社会主义法与执政党政策的关系，既不把二者割裂、对立起来，也不把二者简单等同。在倡导法治的名义下，把政策与法对立起来，认为政策是法治化的阻碍，这其实是对过去那种以政策代替法律的观点的矫枉过正，它没有认识到或否认了党的政策对法治化进程的指导作用。而把二者等同起来的观点，认为"党的政策就是法，是我们最好的法"，其最容易导致的后果便是以政策取代法律，否定法律的作用。正确认识这二者的关系，就是要看到二者之间的互补性。它们实际上是在功能上互补的两种社会调整方式。

## 第四节  法 与 文 化

### 一、法律意识

#### （一）法律意识的概念

法律意识是社会意识的一种特殊形式，是人们关于法律现象的思想、观点、知识和心理的总称。

社会意识可以分为哲学、政治、法律、道德、宗教等各种意识形式。各种不同社会意识之间存在着密切的联系，法律意识也受到其他社会意识的制约和影响。法律意识的特殊性在于它反映的是法律现象，例如人们对法律、对法官判决以及对自己和他人法律行为的认识、评价和期望等。法律意识的客体是法律现象，这是法律意识区别于其他社会意识的基本特点。

法律意识属于社会的上层建筑，其形式和内容从根本上说受到一定社会经济基础的制约，例如在财产和人身关系上，何者为"正义"、何者为"非正义"的基本评价标准，显然与一定社会占统治地位的生产关系的要求相一致。另一方面，作为社会上层建筑的组成部分，法律意识也必然受到上层建筑其他部分的影响。这首先表现为处于主导地位的法律价值观必然受到在社会生活中占统治地位的阶级政治意识的影响，如有关公民权利的内容、范围、行使途径，国家政权的权力结构、国家权力与公民权利的关系以及社会成员之间的相互关系的法律理念和观点，往往体现了占统治地位的社会集团的意愿和要求。其次，法律意识也会受到一定社会文化历史传统的影响，进而形成不同民族或国家法律意识的特色，例如不同法系国家的法律意识就存在着诸多差异。

作为一种特殊的社会意识形式，法律意识也有自己的相对独立性，这不仅表现在法律意识客体相对于其他意识客体的特殊性，而且还表现为不同社会形态法律意识之间的延续性和继承性，例如关于法律调整技术的知识。

一定社会的法律意识与该社会的法律体系之间存在直接的联系。法律体系本身是法律意识反映的对象，法律体系的现实状况必然对社会成员法律意识的形成产生影响。但同时，法律意识又不完全依赖于它所反映的对象，它可以根据一定法律理想和观念对现实法律体系作出评价，并指导法律体系的发展和完善。在社会法律制度发生变革的时期，法律意识的这种能动作用更为突出。

## （二）法律意识的分类

法律意识可按不同的标准分类。

### 1. 占统治地位的法律意识和不占统治地位的法律意识

根据法律意识的社会政治属性，可以将法律意识划分为：占统治地位的法律意识和不占统治地位的法律意识。

占统治地位的法律意识是社会统治阶级的法律意识，它是与社会的经济基础相适应的法律上层建筑的重要组成部分，它与法律制度处于有机的联系之中，是法的形成和实现必不可少的条件。在占统治地位的法律意识中，法律意识形态处于核心地位。它最能够体现一个社会的经济基础及其决定的政治法律制度的特点，如封建社会的神学世界观、资本主义社会的法学世界观，它们在这两个社会中各占有支配地位，不仅统治阶级，甚至被统治阶级中的许多人都把这种法律意识形态视为"天经地义"的。马克思主义法律观是社会主义社会占统治地位的法律意识，是社会主义法律上层建筑的有机组成部分。在占统治地位的法律意识中也包含着某些法律知识、技术和文化方面的内容，它们是人们调整社会关系的智慧与经验的结晶，反映了历史上积累起来的有价值的法律思想，反映了法律调整所达到的水平。这些内容像自然科学、管理科学的内容一样，完全可以为不同的阶级所利用。总体上讲，占统治地位的法律意识对现行法持肯定态度，但并不排除它对于那些已经过时的、不足以反映统治阶级要求的个别法律规范持批评态度。同时，统治阶级内部的个别集团和个人由于自己特殊的利益，也可能以不同的态度对待现行法。

而不占统治地位的法律意识与现行法往往是对立的，对法的制定和实施起消极作用。但是，也不排除在一定条件下被统治阶级的法律意识中也存在支持现行法律制度中某些成分的因素。如在资本主义社会，劳动群众也会支持某些维护社会共同利益的法律规定，也会拥护那些惩治贩毒、强奸、盗窃、抢劫等严重刑事犯罪的规定。同时，某些劳动群众的法律意识也会受到剥削阶级法律意识的影响，从而对剥削者的法律抱有幻想。

### 2. 法律心理和法律思想体系

从人的认识过程分为感性认识和理性认识的角度，法律意识可分为法律心理和法律思想体系。

法律心理是人们对法律现象认识的感性阶段，它直接与人们日常的法律生活相联系，是人们在日常生活中形成的关于法律的零星的感觉、情绪、习性等，是人们对法律现象的表面的、直观的、自发的反映。

法律思想体系是人们对法律现象认识的理性阶段，它表现为系统化、理论化的法律思想、观点和学说，是人们对法律现象的自觉的反映。法律思想体系不是人们自发形成的，在法律思想体系形成过程中，法学家的工作起着重要作用。法律心理是构筑法律思想体系的基础，只有从法律心理中积累起丰富的感性知识，才能升华为法律思想体系。由分散的、感性的法律心理转变为完整的、系统的、理论化的法律思想体系必须经过法学家们复杂、艰巨的脑力劳动。

### 3. 个人法律意识、群体法律意识和社会法律意识

从意识主体角度，法律意识可以划分为个人法律意识、群体法律意识和社会法律意识。

个人法律意识，是指具体的个人对法律现象的思想、看法、意见和情趣，它是个人独特

的社会地位和社会经历的反映。个人有关法律问题的实践以及其所接触的社会环境和对法律现象的看法，对个人法律意识的形成都有直接的作用。

群体法律意识是指家庭、集体、团体、阶级、阶层、民族、政党等不同的社会集合体对法律现象的意识。群体法律意识是群体内个人法律意识以及和其他群体法律意识相互作用的结果，个人法律意识总要受到他所从属的群体法律意识的影响，而群体法律意识也不可能脱离群体内的个人的法律意识，它的形成和发展总要从个人法律意识中吸取积极的、有益的成分。

社会法律意识是社会作为一个整体对法律现象的意识，是一个社会中个人法律意识、各种群体法律意识相互交融的产物。一个国家法制状况如何直接决定社会法律意识的水平。社会法律意识与个人的、群体的法律意识的不同之处在于，它是建立在整个社会有关法律问题的实践的基础上，是诸多个人法律意识、群体法律意识相互交融的产物，也克服了个人和群体意识的实践局限性和片面性。因而，社会法律意识往往是一个国家和民族法律文化、法律传统的集中反映，也是对一个国家法制状况的总体的直观反映。

4. 职业法律意识和群众法律意识

从法律意识的专业化、普及化程度，法律意识可以划分为职业法律意识和群众法律意识。

职业法律意识是法官、检察官、律师、法学研究与教学人员等专门法律工作者的法律意识。法律职业是在法律产生以后随着法律材料的积累以及法律工作的复杂化和专门化，随着社会分工的发展而出现的。法律职业是在法律工作的程序和知识已经相当复杂，普通人如果没有受过专门的法律训练已经不可能胜任法律工作，并且法律工作已经为一个专门从事这一工作的阶层——职业法律家所垄断时才产生的。职业法律意识无论在量上还是在质上与普通人的法律意识（群众法律意识）相比都有许多不同之处，它积累了职业法律家的法律实践经验，包含着大量的从事法律工作的专门知识和技巧。

群众法律意识是广大人民群众对法律现象的最一般的理解。在社会主义社会，广大人民群众的法律意识是保证社会主义法律制度发挥作用的积极因素。但是，在群众法律意识中，法律心理如情感、情绪等因素占有很大成分，缺少专门的法律知识，故在群众中普及必要的法律知识，灌输占统治地位的法律意识，提高人们遵纪守法的自觉性，对掌握国家政权的阶级来说具有极为重要的意义。

（三）法律意识的作用

法律意识在法的实现中具有重要作用。一个国家中占统治地位的法律意识会渗透于法律制度和法律调整过程中，成为一国法律制度的有机组成部分。特别是当一国法律制度不完备时，统治阶级的法律意识往往可以直接起到法的作用。但同时又必须看到，法律意识不能等同于法律规范，即使是占统治地位的法律意识也并不具有法的一般属性（如国家制定认可、国家强制力保证实施、严格的程序保障等），因此不能因为在特定条件下国家有时会赋予法律意识以法律的效力，就认为法律意识可以等同于法。

占统治地位的法律意识与不占统治地位的法律意识对于社会的经济基础及政治法律制度起着不同的作用。如上所述，占统治地位的法律意识，是一个国家法律上层建筑的有机组成部分，对法律制度起着积极的促进作用。而不占统治地位的法律意识则不属于法律上层建筑的范畴，整体上讲，对现行法律制度起着消极的破坏性作用。

就占统治地位的法律意识而言，其作用又可分为两种：它既渗透到法的制定和实施之中，成为法律调整全过程时刻不可脱离的因素；又可独立于法律调整，发挥社会意识形式所固有的思想教育作用，灌输统治阶级的法律意识形态、价值观，普及法律知识、文化，为实现法律调整、实行法治创造良好的思想、心理条件。

在法的制定过程中，法律意识起着认识社会发展的客观需要的作用。一个国家的法的形成、法律制度的完善，归根到底取决于该国经济和社会发展的客观需要，任何立法者都不能不顾客观条件任意创制法律规范，但这并不否认法律意识在法的形成中的重要作用。如果有客观需要而认识不到这种需要，与这种需要相适应的法律规范不可能自然而然地产生；如果已经认识到了这种客观需要，但找不到正确满足这种需要的方法、手段，或者选择了错误的法律手段，也不可能使客观需要得到满足。因此，有正确的法律意识，是使客观需要转化为法律规范的重要条件。

在法律实施过程中，法律意识起到调整作用，使人们的行为与法律规范相协调。法律意识在国家机关及其工作人员将法律规范运用到具体问题、具体案件的活动即法的适用中，起着重要作用。国家机关工作人员法律意识水平的高低决定着他们对法律精神实质的理解程度，并将直接关系到他们处理案件的正确、合法与否。对于执法人员来说，一方面应该努力提高政治素质，做到大公无私、不畏权势、秉公办案，敢于同一切违法乱纪的现象作斗争；另一方面又要在办案过程中不断提高业务素质，提高职业法律意识水平，学会使用法律武器。法律意识在公民、社会组织遵守和执行法律规范的过程中也起着重要作用。如果公民、社会组织不能正确理解法律以及法律所体现的价值观，就不可能自觉地、正确地实施法律。法律意识能使人们的行为同现行法的规定相符或不相符，当人们受到与占统治地位的法律意识相违背的法律意识指引或者缺乏法律知识时，往往做出与现行法不一致的行为，甚至做出违法的行为也不知道是违法。占统治地位的法律意识则指引人们做出与现行法要求相一致的行为，促使人们自觉遵守和严格执行法律，同违法犯罪现象作斗争。

## 二、法律文化

### （一）法律文化的概念和分类

#### 1. 法律文化的概念

法律文化一词可以在不同意义上使用。它既可以广义上泛指一定国家、地区或民族的全部法律活动的产物和结晶，也可以仅限于法律观念、意识或心理的领域。本节的法律文化概念是在广义上使用的，它是指在一定社会物质生活条件的作用下，掌握国家政权的统治阶级所创制的法律规范、法律制度或者人们关于法律现象的态度、价值、信念、心理、感情、习惯以及学说理论的复合有机体。这个意义上的法文化有其独特的内在结构，由两个层面构成：一是物质性的法文化，如法律制度、法律规范等，可以称为制度形态的法文化；二是精神性的法文化，如法律学说、法律意识、法律心理等，可称为观念形态的法文化。

法律文化与现行法、法律实践、法律意识等法律现实有着密切的联系。法律现实是法律文化的载体，法律文化蕴含其中。正像有的学者指出的那样，法律文化是一个国家法律制度的"内在逻辑"，现代法律制度的许多差别只有通过历史法律文化才能得到解释。但是，法律文化又不等于现行法、法律实践以及法律意识，也并非简单地是这些法律现象的总和——法律制度，而是其中所包含的知识、智慧和经验，是其中一切有价值的、流传久远的行为方式或思想方式，是一种文化传统。

法律文化是一个国家、地区和民族从事法律活动的过程中长期起作用的"定势"，是一种习惯，是人们从事法律活动的行为方式和思维模式。法律文化并不包括现行法、法律实践、法律意识中一切因偶然因素、个别事件而变化的成分以及一切不稳定的、没有持久影响的成分。从法律文化的载体来看，不同法文化的内容和特点往往主要体现在人们从事法律活动的实践当中，而不是如法律规定一样直接表现在法律条文里。如各国法律中都有关于诉讼权利的规定，但实际上有些国家的人们很好讼，有些国家的人们则相对厌讼。

2. 法律文化的阶级性和民族性

法文化的形成和发展受多方面因素的影响。一方面，法律文化具有阶级性。作为一个整体，法律文化一方面受到经济基础的制约，反映社会发展的客观需要和统治阶级的意志。另一方面，法律文化又具有民族性。法律文化在一定意义具有独立于经济关系、阶级关系的相对独立性，它是一个民族长期积累起来的法律调整或通过法律对社会进行控制、管理的知识、智慧和经验的结晶，反映了历史上形成的有价值的法律思想和法律技术，反映一个民族法律调整所达到的水平。因而，法律文化具有民族性和多样性。

事实上，在不同国家和同一国家的不同历史发展阶段，法文化都会有很大差异。正是这种多样性使法文化的交流成为可能和必要。随着经济全球化的发展，随着现代社会不同国家和地区交往的增加，法文化的交流也日益广泛和深入。可以说，不断的冲突与融合是现代社会法文化发展与变迁的基本规律之一。

3. 法律文化的分类

法律文化不同因素的差别往往可以成为划分不同法律文化的标准。

（1）从构成法律文化的法的本质和法律文化赖以存在的生产关系的角度，可以分为奴隶制、封建制、资本主义和社会主义的法律文化。

（2）按照法的渊源和结构的差别可以分为法典法律文化、判例法律文化和习惯法律文化。

（3）按照宗教对法律的影响可以分为宗教法律文化和世俗法律文化。

（4）按照法在社会生活中的地位、法的重要性程度以及人们的法观念，可以划分为以古代中国、日本、朝鲜为代表的东方法律文化和以欧美国家为代表的西方法律文化。

**（二）当代中国的法文化**

中国的法文化源远流长，伴随着早期成文法、法律实践和法律观念的产生，中国法文化就进入了萌芽阶段，至汉唐以后已经形成了具有鲜明特色的中华法系。当代中国的法文化在形成和发展过程中受到多种法文化的影响，主要包括：中国传统的法文化、西方法文化、苏联法文化以及我国社会主义建设过程中形成的法文化。

鼓吹皇权至上、等级特权、宗法制度、"三纲五常"以及轻视法律的作用，宣扬"人情大于王法"的思想等，是中国传统法律文化中的糟粕，是我们在实现社会主义现代化过程中必须加以剔除的。但中国传统法律文化中重视道德教化的作用，把对人的教育放在中心地位，主张"德治"与"法治"相结合，"徒法不足以自行"以及"和为贵"，重视人与自然的和谐，重视人际关系的和谐，重视调解等思想，却包含着合理的成分，完全可以在新的历史条件下加以批判改造，充实新的内容，为社会主义现代化服务。

对西方法律文化因素也应作具体分析。对于其中所包含的调整社会关系的知识、智慧和经验，对于法律技术方面的内容，以及在反对封建专制的斗争中所形成的适合民主政治的有价值的法律思想，我们要从中吸收有益的成分，为我所用，既不能盲目排斥、闭关自守，也不能机械照搬、生吞活剥。特别应该指出的是，借鉴西方法律文化调整市场经济的成功经验就显得更为重要。但对于其中法律意识形态方面的内容，特别是那些仅能为资产阶级专政服务的内容，则必须坚决摈弃。

在中国社会主义法制建设初期，受到了苏联法律文化的影响。20 世纪 50 年代苏联法律文化中的马克思列宁主义法律思想对于在中国传播革命导师的法学基本原理，建立社会主义法学和法制建设的理论基础，具有重要意义。但是，也必须指出，那时苏联法律文化中有不少和高度集中的计划经济体制、个人崇拜以及大国沙文主义相联系的因素，其中有些也在不同程度上影响了我国的法制建设和法学研究。

当代中国法律文化的形成，主要是受我们自己的社会主义革命和建设影响，而中国传统法律文化、西方法律文化和苏联法律文化只是作为一种文化遗产和外来影响对它发生作用。中国传统法律文化、西方法律文化、苏联的法律文化和新中国成立以来在我国社会主义建设过程中所形成的法律文化在不同的历史时期、不同的条件下对不同的社会阶层发挥着不同的影响。在有的时期对有些社会阶层可能西方法律文化或者苏联的法律文化影响较大。但总的来说，在我国自己的社会主义实践基础上形成的法律文化对整个社会的影响更大，而中国传统法律文化则在其中发挥着潜在的作用。

总之，在传统法律文化、外来法律文化和中国自己实践基础上形成的法律文化中，既包含着有利于社会主义现代化建设的成分，也包含着不利于其发展的因素。对它们应采取一分为二的态度。我国社会主义法律文化现代化的研究，应当立足中国，放眼世界。所谓立足中国，就是注意总结中国自己的实践经验，注意保持中国自己优秀的法律传统。实现法律文化的现代化，绝不仅仅是把外国的法律条文"移植"到中国来。在其他国家的土壤上生长得再好的法律制度也只有适合中国的国情才可能有生命力。所谓放眼世界，就是把中国法律文化放在世界法律文化的整体中去观察和研究，注意从外国法律文化的现代化过程中吸取经验和教训。现代世界各国的法律文化都不是封闭的，而是在相互交融、相互借鉴的过程中发展起来的。那种只满足于闭关自守式的经验主义态度也是不可取的。我们既反对那种根本否定民族传统法律文化，主张"全盘西化"的民族虚无主义，又要防止排斥一切外来法律文化的倾向。只有这样才可能创造出以马克思主义为指导，既面向世界，又立足中国，既充分体现时代精神，又继承优秀历史传统，适应社会主义现代化要求的、充满活力的、不断发展的具有中国特色的社会主义法律文化。

### （三）弘扬社会主义法治精神与建设社会主义法治文化

在全面推进依法治国的过程中，培育法治精神和法治文化具有特殊重要的意义。法治精神和法治文化集中体现了社会大众观念中对法律至上性的信念，对法律权威性的尊重。全面推进依法治国，科学立法是前提、严格执法是保障、公正司法是生命线。而法治建设的成效如何则要看全民守法的情况如何。衡量全民守法状况的重要指标就是法治精神的普及状况、法治文化的生长发育状况。

党的十八届四中全会《关于全面推进依法治国若干重大问题的决定》强调，必须弘扬社会主义法治精神，建设社会主义法治文化，增强全社会厉行法治的积极性和主动性，形成守法光荣、违法可耻的社会氛围，使全体人民都成为社会主义法治的忠实崇尚者、自觉遵守者、坚定捍卫者。这一论述深刻阐述了守法意识、法治精神在法治中国建设中的重要性。历史发展表明，只有法律成为人们自觉遵守的规则，内化于心、外化于行，法的意义、法的精神才能真正展现出来，法治的理想才能最终落地生根、开花结果。

培育法治精神和法治文化，要以促进"全民守法"为切入点，全民树立法律信仰为目标。实现"全民守法"又必须加快法治国家、法治政府、法治社会建设，必须促进公正司法、严格执法。这要求：要加快建设职能科学、权责法定、执法严明、公开公正、廉洁高效、守法诚信的法治政府；要充分发挥司法公正对于社会公正的引领作用；要加快推进覆盖城乡居民的公共法律服务体系建设，健全依法维权和化解纠纷机制、利益表达协商机制、救济救助机制，拓展群众利益协调沟通、权益保障的法律渠道。只有人民群众在具体的执法司法案件中感受法治的力量和公平正义，在日常工作生活中感觉到并信服法律的权威，才能培育起对法律的信仰，才能从知法、懂法、守法到信法、尊法、崇法。

培育法治文化和法治精神，也离不开类型多样的宣传与教育。通过深入开展法治宣传教育，引导全民自觉守法、遇事找法、解决问题靠法。从 20 世纪 80 年代至今，我国已经完成了以全体公民为教育对象的五个"法治宣传教育五年规划"。"六五"普法规划正在进行中，普法内涵不断丰富、领域不断拓宽。全民普法已经成为推进依法治国、建设社会主义法治国家的一项重要基础性工作。

### 三、法与道德

#### （一）法与道德的区别

道德是关于人们思想和行为的善恶、美丑、正义与非正义、公正与偏私、诚实与虚伪、荣誉与耻辱等观念、规范、原则和标准的总和。

法与道德之间具有密切联系，二者相互影响，相互渗透，相互作用。同时，作为社会上层建筑的不同部分，法与道德又有显著的区别。

1. 二者的起源和存在时间不同

法是由国家制定和认可的，法的产生必须以阶级的分化和国家的建立为前提；道德是人们在交往中自然演进形成的，只要人们结成社会进行生产和生活，道德就必然会出现并发挥作用。因此，从起源上看，法的出现晚于道德。道德在原始社会就已存在，而法只是在原始社会末期随着利益的分化、阶级的形成和国家的建立而出现的。

就某一个特定的阶级社会来说，法总是在特定阶级取得国家政权后才开始制定和施行的；而道德则可以形成于特定阶级夺取政权之前，以被统治阶级的道德、非主导的道德形式存在。道德往往是法的形成、发展、运作和实现的思想基础。

从历史发展的角度看，随着阶级和国家的消亡，作为阶级统治工具的法最终也会消亡；而道德则不仅不会消亡，而且会随着历史的发展而发展。在共产主义社会，将会出现最先进、最高级的社会道德水平。

2. 二者的形成方式不同

法是由国家机关制定或认可的，或者是在审判过程中形成的；而道德是在人们长期的相互交往与合作的过程中逐步演进而形成的。二者形成方式的不同，可以进一步从五个方面进行比较：（1）法的形成是以国家政权为基础的；道德是通过社会舆论形成的。（2）法的形成是国家政权活动的结果，具有严格的程序性，是自觉的、有形的；而道德的形成无程序可言，是自然演进的，往往是自发的，有时是无形的。（3）法是借助于国家权威为人们所认可和接受的；而道德的形成主要取决于人们的共识，因而需要人们的深入交往和社会舆论的充分讨论，在陌生人社会，人们的道德共识相对较少，道德的约束力也相对较弱。（4）一国的法律通常基本是统一的，是社会"公意"的体现；而道德往往是多元的，甚至是相互冲突的，在一国之内有多种阶级、阶层或利益群体，有不同文化群体，他们分别有不同的道德共识，因此道德可能是多元的。（5）由于法的形成需要严格的程序，法的制定和修改需要不同文化、不同利益集团之间反复的谈判、斗争和妥协，所以法相对要稳定一些；而道德是在舆论氛围中形成的，而舆论对社会形势的变化比较敏感，所以道德一般不如法稳定，总是处在不断的演进和变化之中。

3. 二者的表现形式不同

法在表现形式方面有三个特点：其一，法律规范具有明确性、具体性、外在的国家强制性。在现代社会，法通常以成文的形式表现出来。其二，法通常以明确的权利、义务的形式表现出来，即通过权利、义务的方式调整社会关系。其三，法律规范的内容通常有"假定—行为模式—行为后果"这样严格的逻辑结构。其四，法通常与专门的立法和法律实施机构相联系，有国家强制力量的保障。而道德规范的要求往往是模糊的、不确定的、不成文的，其构成也谈不上严格的逻辑结构；其内容也主要表现为义务或责任，而不是权利；其强制性、约束力没有法律那样严厉和显著，其实施也不是靠国家强制力，是主要靠社会舆论、内心信念、传统、习惯或教育等来维持，谈不上有专门的机构来保障道德实施。

4. 二者的调整范围虽有交叉但不完全相同

在法律发达的现代社会，法与道德的调整范围有所交叉，但亦有所分工。主要表现在两方面：一是法一般只约束人的外在的行为，而道德则既要约束人的行为又要干预人的内心世界。二是有些法调整的社会关系与道德无关，如程序性的法律关系、组织性的法律关系等。有些道德问题是法不宜涉及的，如感情问题、友谊问题等。即使在两者共同调整的领域，二者的侧重点和调整方式亦有所不同。法通常只对其中严重的、需要动用国家强制力的行为作出反应，而道德的反应则不限于此。法与道德的适用范围表现为两个相交的圆，有交叉，但不完全重叠。当然，道德调整的范围远大于法。

5. 二者评价行为的标准不同

法律评价人的行为的标准和方式是某行为或关系合法或不合法、有效或无效。道德评价人的行为和思想的尺度则是是否符合一定的价值观，就是行为是善是恶、是否公正、是对是错、是光荣还是耻辱等。法律的评价标准和尺度显然比道德要明确、具体。

（二）法与道德的联系

1. 道德是法律的基础和评价标准

（1）道德为法律提供了理论基础。一定的道德伦理观点和学说是法律理论、观点和学说产生和发展的前提。社会经济发展导致的人际利益关系变化和要求，通常首先表现为道德评价的变化进而导致伦理学说的形成，而后才普遍化、具体化为法律心理、法律观念和系统的法律理论，在此基础上形成新的法律制度。

（2）道德是法律的价值基础，是评价和判断法律的价值尺度。道德是人们评价善与恶、是与非、公正与偏私的重要尺度，它通常直接来自社会生活，比制定法有更深厚和广泛的实践和社会基础，因此，它经常成为人们判断法律是"良法"还是"恶法"的情感和心理标准。背离社会道德价值的法律，其"正当性"往往会受到质疑。

（3）道德是法律运作的社会基础。人们的行为总是受一定观念指导的，社会道德观念的状况决定着人们的行为选择。因此，法律的实现离不开道德的支持。一定法律与社会普遍存在的道德观念的要求越是一致，社会成员的道德素质越高，法律就越容易得到实施和实现，反之则越困难。对于司法和执法人员来说，具备良好的职业道德更是忠实适用法律的基本前提。

（4）道德有助于弥补法律的漏洞和局限性。面对时刻发展变化的社会生活，法律总是有种程度的不足或漏洞，或在治理方面力不从心。道德在规范人们行为方面也有其评价、引导、规范和协调功能，道德充分发挥其作用，可以弥补法律的漏洞，在法律所不及的某些方面发挥调整作用。

**2. 法律是传播道德、保障道德要求实现的有效手段**

（1）通过立法可以将一定道德原则和理念制度化、法律化，赋予道德要求以法律的权威和强制性，有效保障其实现。

（2）法律是道德要求的承载者，它以法律形式体现了道德理念和原则，并以法律特有的方式将其确定化、具体化、规范化，使道德要求转化为法律上的权利和义务，成为具有可操作性的行为标准。

（3）法律是促进道德发展，形成新的道德风貌和新的精神文明的强大力量。道德的发展往往是从个别领域或局部地方开始的，在社会转型期间更是如此。法律的能动性和统一性可以使体现社会发展要求的道德观念普遍化，推动道德在全社会范围内的更新和发展，为新的精神文明的形成提供有效的制度性机制和保障。

**（三）法律与道德的冲突与解决**

法律和道德作为两种不同的社会调控措施，具有不同的特点，在共同调整社会关系的过程中也会发生冲突。

**1. 法律与道德之间发生冲突的原因**

（1）道德多元而法律统一。一定社会中的道德是多元的，不同阶级都有自己的道德理念，即使在统治阶级内部，不同阶层、集团和群体的具体道德观念也有不同特点和要求；而国家法律则是统一的。这样，在多元的道德观念和统一严格的法律规范之间就可能产生矛盾和冲突。

（2）法律和道德的发展方式不同。道德是在社会生活中自发产生、由舆论确立并发展的，法律则是国家机关制定或认可的，有时道德的发展先于法律，法律表现得较为滞后，有时先进的法律又可能是道德发展的先导因素。二者在发展上的这种"时差"也会引起法律和道德的冲突，我国改革开放过程中就曾多次发生这类冲突。

（3）法律和道德在调整对象范围、规范性特点和程度方面不同。这也会导致二者在一定场合下可能发生冲突。在中国文化传统中，这可以概括为"情"与"法"或"情理"与"法理"的冲突。有时一个行为可能合乎情理，但却不合法（法律不允许或者不受法律保护）。例如，法律对于主体行为的程序合法性有严格的要求，实质上合理但形式上不合理的行为往往不受法律保护，甚至要承担法律责任。反之，也可能出现一个受法律保护的行为，却不符合道德规范的要求。

**2. 法律与道德之间冲突的协调和解决**

如上所述，由于各自的特点所限，法律与道德的矛盾不能完全避免，但如果冲突频繁，则不仅必然影响二者的社会效果，甚至可能导致道德或法律上的虚无主义。因此，执政者有必要采取相应措施，协调二者的关系，尽量预防和减少冲突。协调的做法主要包括：

（1）在立法时应当充分考虑一定时期社会主义道德的基本要求，将其作为法律制定的价值基础，防止与道德对立的"恶法"出现。

（2）在执法和司法过程中，执法和司法主体应当在合法的前提下，在自由裁量范围内尽量考虑道德要求，使法律的适用不仅合法，而且合乎情理。

（3）在法制建设和道德建设中，重视法治宣传和全体社会成员的法律意识培养，批判与社会主义现代化建设不相容的旧的道德理念，加强人们对于法律制度和法治理念的认同感。

### （四）社会主义法与社会主义道德的关系

在社会主义社会中，作为上层建筑重要组成部分的社会主义法与社会主义道德之间具有极为密切的联系。二者具有相同的经济基础和社会基础、体现着社会主义社会工人阶级领导的广大人民的共同意志和愿望，具有相同的基本价值取向，共同服务于社会主义现代化建设事业。二者相互渗透，相互作用，相互促进。概括而言：社会主义道德是社会主义法的评价标准和推动力量；社会主义法是传播社会主义道德、保障道德要求实现的有效手段。

1. 社会主义道德对法的作用

（1）社会主义道德是立法的价值指导。社会主义法的创制以道德为指导，体现了法的合理性、正义性。社会主义道德通过对社会关系和人的行为的正义与非正义的衡量，把它转换为法律上的权利和义务，把合理与否转换为合法与否，构成权利义务关系。如对利益关系，什么利益是合理的，什么利益是不合理的，经过立法程序，上升为对合理利益的权利允许和保护，对不合理利益的义务禁止。如果社会主义立法不以道德为指导，将失去其合理性。社会主义法要保持合法性与合理性的一致，必须以道德为导向。另外，社会主义立法以道德为指导，不能脱离社会现实的道德基础，要受实际道德水平的制约。

（2）社会主义道德对法的实施具有促进作用。社会主义法的实施需要国家强制力的保证，也需要社会主义道德的驱动。良好的道德状况有助于法的更有效实现。执法人员执行法律，运用国家强制力，既依靠法律制度的保证，也要有执法人员内在素质的保证，包括道德素质因素。执法人员具有高度的职业道德，公正无私，刚直不阿，有助于正确合法地执行法律。执法人员在"自由裁量权"范围内直接按照合理性原则处理问题时，道德素质更为重要。法的遵守要依靠人民群众的舆论道义支持。道德觉悟的提高是顺利实施法的重要条件，否则将助长对法律的机会主义态度。社会主义道德风尚会提高人们维护社会主义法的自觉性和积极性。

（3）社会主义道德可以弥补法在调整社会关系方面的不足。对于由于社会主义法制不健全而留下的空白，可以由社会主义道德加以弥补。此外，由于社会主义法本身的局限性，对法不调整的社会关系，可以由社会主义道德加以调整。

2. 社会主义法对道德建设的作用

（1）社会主义法把社会主义道德的某些原则和要求加以确认，使之具有法的属性。遵守法律化的社会主义道德成为法律上的义务，从而使社会主义道德获得强有力的保障。违反它，既是违反道德规范也是违反法律规范，既要受到道德谴责又要受到法律追究，这样，就能够使社会主义道德更好地实现。我国宪法和有关法律规定，公民在行使权利的时候，不得侵害国家、集体和他人的合法权益，体现了集体主义精神。我国法律规定国家公职人员必须努力为人民服务；民法规定民事活动应当遵循自愿、公平、等价、有偿、诚实信用的原则；

婚姻法规定父母有抚养教育未成年子女的义务，成年子女有赡养扶助父母的义务，禁止家庭成员间的虐待和遗弃等。这些都是社会主义法对道德的确认。

（2）社会主义法是进行社会主义道德教育的重要方式。由于社会主义法的规范深刻体现了社会主义道德的基本精神和要求，所以通过法律教育和法律实施活动，可以促进社会主义道德建设，提高人们的道德素质。一般来说，凡是法所禁止的行为大都也是社会主义道德所谴责的行为，法所鼓励的行为也是社会主义道德所要求的行为。通过对违法犯罪行为的处理，不仅使人们看到什么行为是法所禁止的，而且也使人们认识到什么行为是道德所谴责的。通过对合法行为的保护和奖励，表扬先进，树立榜样，培养人们的道德观念。因此，社会主义法对道德方面的教育作用，不仅表现在对违法犯罪行为的制裁方面，而且还表现在对模范遵守法律的公民的表彰奖励方面。社会主义法通过对那些为社会和国家做出积极贡献的行为、对为保护人民利益和国家财产作出贡献的公民予以奖励，对那些为了公共利益而受到损失的公民给予必要的补偿等，鼓励人们的道德行为，培养人们的道德情操，以形成良好的社会风尚。

### 四、法与宗教

#### （一）宗教的含义和本质

与法律、道德、习惯等一样，宗教也是一种社会现象，它包括人们对于超自然、超社会的力量或"神灵"的信仰、规范、仪式和活动。恩格斯说，一切宗教都不过是支配着人们日常生活的外部力量在人们头脑中的幻想的反映，在这种反映中，人间的力量采取了超人间的力量的形式。

宗教产生和持续存在的根本原因在于人们对制约着他们活动的自然力量与社会力量的不理解。在古代社会，由于生产力低下，人们的生产与生活在很大程度上受到自然界的支配，人们认为收成的好坏、人口的兴旺，都是由某种超自然的存在决定的。原始人把自然界的事物人格化，并赋予它们以"神"的力量。在阶级社会中，人们对把社会划分为奴隶与奴隶主、农民与地主、富人与穷人的现象不理解，以为决定这种现象的社会力量也和自然力量一样，是完全异己的、神秘的，被自然必然性所支配。随着社会科学技术与文明的发展，无论在自然界还是社会领域，人类都在不断地由必然王国走向自由王国，揭开了许多自然与社会之谜，宗教的影响力日益缩小。但仍然还有许多未知的领域使人们困惑不解，许多人仍然相信有一种神秘的力量在支配着自然界。在社会领域，情况就更为复杂，那种公开宣扬宗教世界观、宣扬现实世界的不平等是神安排的主张虽然不那么流行了，但正像恩格斯所说，在目前的资产阶级社会中，人们就像受某种异己力量的支配一样，受自己所创造的经济关系、受自己所生产的生产资料的支配。因此，宗教反映的事实基础就继续存在，而且宗教反映本身也同它一起继续存在。当代资本主义社会中所存在的"商品拜物教""金钱拜物教"等，实际上仍然是宗教在社会领域对客观存在的反映。马克思主义的哲学、政治经济学和科学社会主义在科学地回答了商品、货币、国家与法律的起源、本质等问题以后，也就揭露了这些"非神圣形象"宗教的实质。

#### （二）法与宗教的区别与联系

在历史上，宗教和法律是两种有着密切联系的社会现象。在当代世界各国，特别是发达国家，大多实行政教分离的制度，反对宗教干预国家事务，并把这一点作为文明社会的一个标志，但政教分离并没有完全隔断法律与宗教的联系。

### 1. 法律规范与宗教规范的区别

法律和宗教都是规范性社会调整的方式，但在规范的性质、表现和适用等方面，二者有区别。其一，规范的性质不同。宗教规范由宗教创始人、宗教领袖、宗教团体借助其所信奉的"神"的名义制定，而法律规范则是由国家颁布的。其二，适用的对象和原则不同。宗教只对信教成员有拘束力，规范适用方面一般以属人主义原则；而法律对所有人，无论是否教徒，无论信奉何种宗教，都有拘束力，规范适用方面一般采取属地主义与属人主义相结合的原则。其三，实施的依托力量不同。宗教主要通过信仰机制，靠宗教组织权力，靠信教者的内在信念、对神的敬畏之心等来落实宗教规范，而法律则主要依靠国家强制力的保障。

### 2. 法与宗教的联系

法与宗教的联系，主要表现在精神、规则、组织结构三个层面上。但是，在不同民族以及不同历史发展阶段，这种联系又各有不同。

概括地说，在政教合一的国家，宗教与法在精神、规则和组织结构三个层面都是融为一体的。具体表现在如下方面：在精神层面，宗教的精神就是法的精神，法贯穿着宗教精神，法的正当性、行为的正当性均从宗教教义的基本精神来解释；在规则层面，宗教规范即是法律规范，不仅调整和管理宗教事务，也同时调整和管理世俗事务；在组织结构层面，有时宗教领袖亦即国家的领袖，不过，更多的情况是世俗国家的领袖从属于宗教，其世俗统治权来源于宗教；在法律实施方面，宗教的神职人员也是法律的实施者。欧洲中世纪基督教国家，历史上及现代一些伊斯兰教国家，都曾经出现和存在这类情况。另外，在政教合一的情况下，任何法律改革也都不能不以宗教改革为先导或披上宗教的外衣。

在现代国家，普遍实行政教分离的制度。在政教分离的条件下，国家不得确立或禁止某个宗教，国家行为与宗教分离，宗教不得干预国家活动，不得干预国家设立的各项制度，公民有宗教信仰自由，宗教组织管理宗教事务，宗教活动在社会公共领域须遵守国家的法律。但在实际上，由于宗教在历史上有长期的影响，特别是它作为一种文化现象，与一个民族的文化积淀是有紧密联系的，因此，即使在一些实行政教分离的现代西方国家，宗教的精神和社会活动方式对法仍存在着比较深刻的影响。

### （三）我国法律在处理宗教问题中的作用

#### 1. 贯彻宗教自由原则

当代中国对宗教的态度以马克思主义世界观和宗教观为指引。马克思主义者是无神论者，我国社会主义宪法也明确宣布，要在人民中进行辩证唯物主义与历史唯物主义教育，反对封建主义、资本主义和其他腐朽思想，并把"爱科学"作为国家提倡的社会公德之一。毫无疑问，科学与宗教，唯物主义与唯心主义，无神论与有神论，作为两种世界观和思想体系，是对立的。

但是，在对待宗教的态度上，我国社会主义法不是运用行政命令的办法强制消灭宗教，不允许人们有宗教信仰，而是贯彻"宗教信仰自由"的原则。我国《宪法》第 36 条规定，中华人民共和国公民有宗教信仰自由。任何国家机关、社会团体和个人不得强制公民信仰宗教或者不信仰宗教，不得歧视信仰宗教的公民和不信仰宗教的公民。国家保护正常的宗教活动。我国《刑法》第 251 条规定，国家机关工作人员非法剥夺公民的宗教信仰自由和侵犯少数民族风俗习惯，情节严重的，处二年以下有期徒刑或者拘役。宗教是一种历史现象，在社会主义社会中将长期存在。国家适当改革不适应社会主义的宗教制度和教条，利用宗教教义、教规和宗教道德中的某些积极因素为社会主义服务。

贯彻宗教自由原则，也与当代国际社会处理宗教问题的普遍原则和做法是一致的。宗教自由被确立为普遍人权，受到普遍尊重。《公民权与政治权利国际公约》第18条规定：（1）人人有权享受思想、良心和宗教自由。此项权利包括维持或改变他的宗教或信仰的自由，以及单独或集体、公开或秘密地以礼拜、戒律、实践和教义来表明他的宗教或信仰的自由。（2）任何人不得遭受足以损害他维持或改变他的宗教或信仰自由的强迫。（3）表示自己的宗教或信仰的自由，仅只受法律所规定的以及为保障公共安全、秩序、卫生或道德、或他人的基本权利和自由所必需的限制。（4）尊重父母和（如适用时）法定监护人保证他们的孩子能按照他们自己的信仰接受宗教和道德教育的自由。

我国法律一方面提倡唯物主义、反对唯心主义，另一方面又要贯彻宗教信仰自由的原则，其原因在于：第一，宗教信仰属于思想领域的问题，对待思想问题，采用简单的强制办法是不能奏效的。正如毛泽东所说，我们不能用行政命令去消灭宗教，不能强制人们不信教。不能强制人们放弃唯心主义，也不能强制人们相信马克思主义。第二，宗教具有群众基础和民族性。我国是多民族的国家，宗教问题往往同民族问题相联系，如藏族、蒙古族多信仰佛教中的一派（喇嘛教），维吾尔族、回族、哈萨克族等信仰伊斯兰教。宗教问题处理不好，就会伤害民族感情，影响民族团结。第三，实践证明，奉行宗教信仰自由的政策，不但不会削弱社会主义制度和共产党领导，而且有利于社会安定团结；反之，在宗教信仰问题上处理得不好，就会激化社会矛盾，不利于社会主义制度的巩固。在社会主义制度下，宗教信仰不涉及政治问题，不论信教与不信教，与拥护共产党领导、拥护社会主义制度是不冲突的。第四，宗教信仰不仅是宗教问题，而且是文化问题。如伊斯兰教和基督教，其形成和发展就直接与东方文化、阿拉伯文化和西方文化紧密联系在一起。信徒都数以亿计，具有广泛的国际性。贯彻宗教信仰自由的原则有利于在国际交往中与各国友好相处、互相尊重，与不同文化、不同宗教信仰的国家和人民和平共处。

我国的宗教信仰自由原则的内容包括：（1）公民有选择宗教信仰的自由。每个公民既有信仰宗教的自由，也有不信仰宗教的自由；有信仰这种宗教的自由，也有信仰那种宗教的自由；有过去不信教现在信教的自由，也有过去信教现在不信教的自由；在同一宗教，有信仰这个教派的自由，也有信仰那个教派的自由。总之，不论信教或者不信教，也不论信什么教，公民自己完全有自由。（2）任何国家机关、社会团体和个人，都不得强制公民信仰宗教或者不信仰宗教，不得歧视信仰宗教的公民和不信仰宗教的公民。（3）国家要保护正常的宗教活动，但任何人不得利用宗教进行破坏社会秩序、损害公民身体健康、妨碍国家教育制度的活动。（4）我国宗教团体和宗教事务不受外国势力的支配。

2. 依法反对邪教

坚持宗教信仰自由的原则，必须坚决反对邪教。宗教有合法的组织，正式的教义、教规，有固定的活动场所和仪式。在我国，邪教是指冒用宗教、气功或者其他名义建立，神化首要分子，利用制造、散布迷信邪说等手段盅惑、蒙骗他人，发展、控制成员，危害社会的非法组织。邪教组织聚众围攻、冲击国家机关、企业事业单位，扰乱国家机关、企业事业单位的工作、生产、经营、教学和科研秩序；非法举行集会、游行、示威，煽动、欺骗、组织

734

其成员或者其他人聚众围攻、冲击、强占、哄闹公共场所及宗教活动场所，扰乱社会秩序；煽动、欺骗、组织其成员或者其他人不履行法定义务；出版、印刷、复制、发行宣扬邪教内容的出版物，以及印制邪教组织标识。这些行为根本不是宗教信仰自由，而完全是破坏国家法律的行为。我国《刑法》第300条就有组织、利用会道门、邪教组织、利用迷信破坏法律实施和致人死亡两个罪名。1999年10月30日，第九届全国人民代表大会常务委员会第12次会议通过《关于取缔邪教组织、防范和惩治邪教活动的决定》，对组织和利用邪教组织破坏国家法律、行政法规实施，聚众闹事，扰乱社会秩序，以迷信邪说蒙骗他人，致人死亡，或者奸淫妇女、诈骗财物等犯罪活动，依法予以严惩。

　　总之，贯彻宗教信仰自由的原则，依法加强对宗教事务的管理，目的在于引导宗教与社会主义社会相适应。这种适应并不要求宗教信徒放弃唯心主义、有神论的思想和宗教信仰，而是要求他们在政治上热爱祖国，拥护社会主义制度和共产党领导，遵纪守法。只有社会主义才能救中国和发展中国，这是全体中国人民的共识，也是宗教能够与社会主义社会相适应的政治基础。

# 第二部分 中国宪法学

## 第一章 宪法基本理论

### 第一节 宪法概述

**一、宪法的概念**

中外学者给出的宪法定义有十几种。从内容和形式的统一上给宪法下定义是一种比较简明的做法。

我国《宪法》序言规定，本宪法以法律的形式确认了中国各族人民奋斗的成果，规定了国家的根本制度和根本任务，是国家的根本法，具有最高的法律效力。

一般而言，宪法是集中表现统治阶级建立民主制国家的意志和利益，控制、保障和规范国家权力，保障人权的国家根本法。

**二、宪法的形式特征**

**（一）宪法与普通法律的共性**

宪法作为特定国家法律体系中的重要组成部分，当然具有同行政法、刑法、民法、经济法、诉讼法等一般法律相同的特征：它们都是统治阶级意志和利益的表现，都是具有国家强制力的行为规范，都是实现阶级统治的重要工具，它们的内容都主要地取决于社会的物质生活条件。

**（二）宪法与普通法律的区别**

1. 宪法内容的根本性。诸如国家的性质、国家的政权组织形式和国家的结构形式、国家的基本国策、公民的基本权利和义务、国家机构的组织及其职权等最重要的问题，都在国家宪法中作出了明确规定。这些规定不仅反映着一个国家政治、经济、文化和社会生活等各个方面的主要内容及发展方向，而且从社会制度和国家制度的根本原则上规范着整个国家的活动。其他法律所规定的内容只涉及国家生活和社会生活中某些方面或某一方面。

2. 宪法效力的最高性及其表现。所谓法律效力是指法律所具有的确定力、约束力和强制力。国家的任何法律都应具有法律效力，但在成文宪法的国家中，宪法的法律效力高于一般的法律，在国家法律体系中处于最高的法律地位。现行《中华人民共和国宪法》（以下简称《宪法》）在序言中明确规定，本宪法以法律的形式确认了中国各族人民奋斗的成果，规定了国家的根本制度和根本任务，是国家的根本法，具有最高的法律效力。宪法的最高法律效力主要包括两个方面的含义：（1）宪法是制定普通法律的依据，任何普通法律、法规都不得与宪法的原则和精神相违背。对此，我国《宪法》明确规定：一切法律、行政法规和地方性法规都不得同宪法相抵触。（2）宪法是一切国家机关、社会团体和全体公民的最高行为准则。对此，我国《宪法》规定：全国各族人民、一切国家机关和武装力量、各政党和各社会团体、各企业事业组织，都必须以宪法为根本的活动准则，并且负有维护宪法尊严、保证宪法实施的职责。

3. 宪法制定、修改程序的特殊性。既然在成文宪法国家中，宪法是规定国家最根本、最重要的问题，具有最高法律效力的国家根本法，那么必然要求宪法具有极大的权威和尊严，而严格的宪法的制定和修改程序，则是保障宪法权威和尊严的重要环节。具体表现在：（1）制定和修改宪法的机关，往往是依法特别成立的，而并非普通立法机关。（2）通过或批准宪法或者其修正案的程序，往往严于普通法律，一般要求由制定机关或者国家立法机关成员的 2/3 以上或者 3/4 以上的多数表决通过，而普通法律一般只要立法机关成员的过半数通过即可。我国《宪法》第 64 条规定："宪法的修改，由全国人民代表大会常务委员会或者五分之一以上的全国人民代表大会代表提议，并由全国人民代表大会以全体代表的三分之二以上的多数通过。"

### 三、宪法的实质特征

#### （一）宪法是公民权利的保障书

宪法最主要、最核心的价值在于，它是公民权利的保障书。1789 年法国的《人权宣言》就明确宣布，凡权利无保障和分权未确立的社会就没有宪法。从历史上看，宪法或者宪法性文件最早就是资产阶级在反对封建专制制度的斗争中，为了确认其取得的权利而制定出来的。英国在 17 世纪就通过了《人身保护法》和《权利法案》，以确认和保障公民的权利和自由。1791 年的法国宪法则把《人权宣言》作为序言纳入宪法的文本之中。美国通过宪法修正案的方式将基本人权融入成文宪法之中。从宪法的基本内容来看，主要包括国家权力的有效运行和公民权利的有效保障。当然，就两者的关系来看，公民权利是首要的、核心的价值，国家权力的存在和运行是以保障公民权利的实现为目标和归宿的。因此，保障人权的功能凸显着宪法的本质属性。

#### （二）宪法是民主制度法律化的基本形式

"民主"一词起源于希腊文 demokratia，是指"人民的权力"或"人民当家作主"，更确切地说，是指"大多数人的统治"。如果说宪法的基本出发点在于保障公民的权利和自由，那么这种对公民权利和自由的保障，则是民主最直接的表现，或者说是民主事实的必然结果。

众所周知，古希腊、古罗马曾经有过奴隶制民主，欧洲城市共和国有过封建制民主，尽管民主主体的有限性，以及法律形式的诸法合体特征，决定了奴隶社会和封建社会不可能产生近代意义的宪法，但却曾经出现过宪法的萌芽形态。近代意义的宪法是资产阶级革命取得胜利，有了民主事实之后的产物，是资产阶级民主事实的法律化。伴随着资本主义生产关系的形成和资产阶级革命的胜利，资产阶级不仅夺得了国家政权、争得了民主，而且也面临反对封建势力复辟、防止工农革命、培养本阶级管理国家的人才等三大任务。为了反对封建势力复辟，资产阶级必须显示、并用事实证明自己确立的制度确实比封建制度优越；为了防止工农革命，资产阶级必须把本阶级的民主装扮成全体国民的民主，必须把革命过程中提出的人民主权和天赋人权理论，以及自由、平等、法治等学说至少在形式上予以实现；为了培养本阶级管理国家的人才，发挥本阶级成员在国家管理中的作用，也必须确认本阶级成员的民主权利，并通过各种形式来保障他们确能享有和行使这些民主权利。而要达到这些目的，最好的办法便是把自己争得的民主事实法律化、制度化，并且把这种规定、确认民主制度的法律提高到根本法的地位。由此可见，宪法与民主制度密不可分，是伴随着资产阶级民主事实的出现而产生出来的，是民主制度法律化的基本形式。

社会主义宪法也是如此。虽然无产阶级民主与资产阶级民主、社会主义宪法与资本主义宪法存在本质区别，但在宪法是民主制度法律化的基本形式上则是一致的。马克思和恩格斯在《共产党宣言》中明确指出：工人革命的第一步就是使无产阶级上升为统治阶级，争得民主。毫无疑问，如果无产阶级不能推翻旧的剥削阶级政权，不能使社会成员中的绝大多数成为国家的主人，也就是说没有无产阶级民主的事实，社会主义宪法就无从产生。从1918年《苏俄宪法》的制定，到第二次世界大战胜利后，东欧和亚洲等一系列国家的社会主义立宪运动都可看出，无产阶级民主制度是社会主义宪法的前提条件，而社会主义宪法则是无产阶级民主制度的法律化。

由此可见，宪法与民主紧密相联，民主主体的普遍化，或者说民主事实的普遍化，是宪法得以产生的前提。而且基于宪法在整个国家法律体系中的根本法地位，以及宪法确认的基本内容主要是国家机关权力的正确行使和公民权利的有效保障，因此可以说，宪法是民主制度法律化的基本形式。

### （三）宪法是各种政治力量对比关系的集中体现

如前所述，宪法和其他法律一样，都是被上升为国家意志的统治阶级意志。但宪法在表现统治阶级意志过程中却存在自身的特点，这就是宪法比其他法律更集中、更全面地表现统治阶级意志。然而，宪法对统治阶级意志的表现并非随心所欲。在制定或修改宪法的时候，统治阶级必须全面综合考察当时各种政治力量的对比关系，并以这种对比关系为依据，确定宪法的基本内容。

在政治力量对比中，阶级力量的对比居于首要地位。它既表现为统治阶级的力量比被统治阶级的力量强大，宪法只能由掌握国家权力的统治阶级制定，也表现为宪法随着政治力量对比关系的变化而变化。因此，列宁曾经指出，宪法的实质在于：国家的一切基本法律和关于选举代议机关的选举权以及代议机关的权限等的法律，都表现了阶级斗争中各种力量的实际对比关系。而且在政治力量对比中，还存在同一阶级内部不同阶层、派别和集团之间的力量对比。同时，与其他法律相比，宪法所表现的各种政治力量对比关系还具有全面性的特点。尽管其他法律也表现一定政治力量对比关系，但它只着重于一个或者几个方面，而宪法则集中地、全面地表现各种政治力量的对比关系。

## 三、宪法的分类

### （一）宪法的传统分类

资产阶级学者的宪法分类既包括传统的宪法分类，也包括现代的宪法分类。在此我们主要阐述传统的宪法分类，或者说是形式上的宪法分类。

1. 成文宪法与不成文宪法。成文宪法与不成文宪法是英国学者 J. 蒲莱士 1884 年在牛津大学讲学时首次提出的宪法分类。这种宪法分类所依据的标准为宪法是否具有统一的法典形式。成文宪法是指具有统一法典形式的宪法，有时也叫文书宪法或制定宪法，其最显著的特征在于法律文件上既明确表述为宪法，又大多冠以国名。如《日本国宪法》《中华人民共和国宪法》《法兰西共和国宪法》，等等。尽管 17、18 世纪自然法学派提出的社会契约论可以说是成文宪法思想最重要的渊源，但 1787 年的《美国宪法》才是世界历史上第一部成文宪法，1791 年《法国宪法》则是欧洲大陆的第一部成文宪法。因此，成文宪法是美国和法国两国资产阶级革命的成果，是资产阶级为了保障人权、确立新的自由主义政权体制而制定出来的。当今世界绝大多数国家的宪法都是成文宪法。

不成文宪法则是不具有统一法典的形式，而是散见于多种法律文书、宪法判例和宪法惯例的宪法。不成文宪法最显著的特征在于，虽然各种法律文件并未冠以宪法之名，但却发挥着宪法的作用。英国是典型的不成文宪法国家。英国宪法的主体即由各个不同历史时期颁布的宪法性文件构成，包括 1628 年的《权利请愿书》、1679 年的《人身保护法》、1689 年的《权利法案》、1701 年的《王位继承法》、1911 年的《国会法》、1918 年的《国民参政法》、1928 年的《男女选举平等法》、1969 年的《人民代表法》等等。英国之所以产生并长期保持不成文宪法，主要决定于英国资产阶级革命的不彻底性，以及英国民众对不成文宪法形式的习惯和认同。

2. 刚性宪法与柔性宪法。刚性宪法与柔性宪法也是英国学者 J. 蒲莱士最早提出来的。他在《历史研究与法理学》中，以宪法有无严格的制定、修改机关和程序为标准，将宪法分为刚性宪法和柔性宪法。刚性宪法是指制定、修改的机关和程序不同于一般法律的宪法。对此，一般有三种情况：一是制定或修改宪法的机关不是普通立法机关，而往往是特别成立的机关；二是制定或者修改宪法的程序严于一般的立法程序；三是不仅制定或修改宪法的机关不是普通立法机关，而且制定或修改宪法的程序也不同于普通立法程序。实行成文宪法的国家往往也是刚性宪法的国家。其理由在于，宪法是具有最高法律效力的国家根本大法，应该具有较强的稳定性和最高的权威性。

柔性宪法是指制定、修改的机关和程序与一般法律相同的宪法。在柔性宪法国家中，由于宪法和法律由同一机关根据同样的程序制定或者修改，因而它们的法律效力和权威并无差异。实行不成文宪法的国家往往也是柔性宪法的国家，英国即其典型。

3. 钦定宪法、民定宪法和协定宪法。钦定宪法、民定宪法和协定宪法，是以制定宪法的机关为标准对宪法所作的分类。钦定宪法是指由君主或以君主的名义制定和颁布的宪法。钦定宪法奉行主权在君的原则，它往往产生于封建势力还很强大、资产阶级虽有一定力量但还不能占据优势的情况下。如 1814 年法国国王路易十八颁布的宪法、1889 年日本明治天皇颁布的《大日本帝国宪法》和 1908 年中国清政府颁布的《钦定宪法大纲》等，就属于钦定宪法。民定宪法是指由民意机关或者由全民公决制定的宪法。当今世界大多数国家的宪法都属于民定宪法。民定宪法奉行人民主权原则，因而至少在形式上强调以民意为依归，以民主政体为价值追求。协定宪法则指由君主与国民或者国民的代表机关协商制定的宪法。协定宪法往往是阶级妥协的产物。当新兴资产阶级尚无足够力量推翻君主统治，而封建君主又不能实行绝对专制统治的情况下，协定宪法也就成为必然。如 1215 年英国的《自由大宪章》就是英王约翰在贵族、教士、骑士和城市市民的强大压力下签署的；法国 1830 年《宪法》就是在 1830 年革命中，国会同国王路易·菲力浦共同颁布的；等等。

毫无疑问，由于资产阶级学者对宪法所作的传统分类，主要立足于宪法形式上的法律特征，未能揭示宪法的阶级本质，因此是不科学的。尽管如此，这种分类仍然具有一定的学术价值。

### （二）马克思主义宪法的分类

随着无产阶级国家政权的建立，无产阶级国家的宪法也随之得以制定。由于无产阶级政权及其赖以存在的经济基础，根本不同于资产阶级政权，因而无产阶级国家的宪法与资产阶级国家的宪法之间也存在本质区别。因此，马克思主义宪法学者首先以国家的类型和宪法的阶级本质为标准，把宪法分为资本主义类型的宪法和社会主义类型的宪法。这种分类方法最鲜明的特点在于揭示了宪法的本质，反映了宪法的阶级属性，因此，它是科学的分类。与本质分类相联系，列宁曾经指出：当法律同现实脱节的时候，宪法是虚假的，当它们是一致的时候，宪法便不是虚假的。列宁的这一论述被马克思主义宪法学者概之为以宪法是否与现实相一致为标准对宪法进行的分类。尽管宪法条文是否与客观现实相脱节的情况极为复杂，因而需要具体问题具体分析，但在依法治国，努力建设社会主义法治国家，并将民主宪政作为国家管理的价值追求时，列宁的这一论述具有现实意义。

众所周知，作为字面上的、规范意义上的宪法，或者说书面宪法，至少在两大环节上与客观现实密不可分：一是在宪法制定过程中，宪法的基本内容，以及宪法规范的具体表述，都必须立足现实，从客观实际生活中的政治、经济、文化等具体条件出发。如果书面宪法没有客观现实基础，那么也就意味着宪法的具体规定没有现实针对性，就不能促进社会现实的发展。因此，书面宪法必须来源于现实。二是书面宪法制定后必须切实贯彻执行，必须实实在在地调整各种现实社会关系，否则，再好的宪法也等于一纸空文。

## 四、宪法与依宪治国

### （一）依宪治国的含义

坚持依法治国首先要坚持依宪治国，坚持依法执政首先要坚持依宪执政。我国现行宪法确立的一系列制度、原则和规则，制定的一系列大政方针，都充分反映了我国各族人民的共同意志和根本利益。维护宪法尊严和权威，是维护国家法制统一、尊严、权威的前提，也是维护最广大人民根本利益、确保国家长治久安的重要保障。全国各族人民、一切国家机关和武装力量、各政党和各社会团体、各企业事业组织，都必须以宪法为根本的活动准则，并且负有维护宪法尊严、保证宪法实施的职责。任何组织或者个人，都不得有超越宪法和法律的特权。一切违反宪法和法律的行为，都必须予以追究。

### （二）宪法与依宪治国的关系

宪法与依宪治国互为基础和前提，是形式与内容的关系，两者是辩证统一的。宪法是国家的根本法，具有最高效力。

唯有依宪治国，方能使宪法真正成为现实力量，保证任何组织和个人都不得有超越宪法和法律的特权，实现"一切违反宪法的行为都必须予以追究"。只有坚持依法治国基本方略和依法执政基本方式，使执政党在宪法和法律范围内活动，真正做到党领导立法、保证执法、带头守法，才能使宪法成为所有国家机关及其工作人员的最高行为准则。

依宪治国，必须坚持中国特色社会主义道路，坚持党的领导、坚持人民当家做主。保证宪法实施，就是保证人民根本利益的实现。依宪治国是宪法规范与宪法实施的政治实践相结合的产物。宪法是静态意义的法律文本；依宪治国是动态性质的实践过程，也是宪法实现的最终结果。

## 第二节 宪法的历史发展

### 一、近代宪法的产生

#### (一) 近代宪法产生的条件

按照马克思主义法学的基本原理，法律是随着私有制、阶级和国家的产生而产生的。然而，奴隶制国家和封建制国家的自然经济结构，以及在此基础上建立起来的君主专制制度，却决定了在奴隶社会和封建社会不可能产生作为国家根本法的宪法。因为宪法与民主制度紧密相联，它是对民主事实和民主制度的确认和保障，而奴隶制、封建制国家一般不存在民主制度。因此，近代意义的宪法是资产阶级革命的产物。

近代意义宪法的产生并非偶然，而是有着深刻的经济、政治和思想文化等方面的原因。

1. 近代宪法的产生，是资本主义商品经济普遍发展的必然结果。众所周知，商品经济的发展以自由竞争为条件。尽管奴隶社会和封建社会的简单商品经济也曾导致有限的民主制，但当商品经济得到普遍发展，成为资本主义的社会基本经济结构时，自由竞争与平等交换的经济要求必然要通过国家的基本政治制度反映出来。因此，当资产阶级建立起自己的国家政权后，便通过宪法的形式，确立资产阶级民主制度，以适应资本主义政治和经济的发展。

2. 资产阶级革命的胜利、资产阶级国家政权的建立和以普选制、议会制为核心的民主制度的形成，为近代宪法的产生提供了政治条件。毫无疑问，封建主义的政治制度严重阻碍着资本主义商品经济的自由发展，新的生产力与旧的生产关系必然会产生激烈的矛盾和冲突。因此，资产阶级必须起来革命，推翻封建专制制度，以资产阶级民主制取而代之，并通过宪法来确认和巩固资产阶级民主制。

3. 资产阶级启蒙思想家提出的民主、自由、平等、人权和法治等理论，为近代宪法的产生奠定了思想基础。为了铲除封建制度的束缚，破除君权神授等思想观念的影响，资产阶级启蒙思想家提出了以自然法理论为基础的"社会契约论"，并进而提出了民主、自由、平等、人权等学说，阐述了通过制定宪法来规范国家权力的行使，以保障公民的权利和自由等立宪主义思想，从而为近代宪法的形成提供了理论指导。

#### (二) 英、美、法三国宪法的产生及特点

1. 英国宪法的产生及特点。在资本主义国家中，英国是最早发生资产阶级革命的国家，也是最早实行宪政的国家。但由于英国历史传统的特殊性，加之在发生资产阶级革命时资本主义经济还不很发达，资产阶级的势力也并不强大，而封建贵族的力量却比较强大，特别是其中一部分封建贵族已经资产阶级化了，因此，资产阶级与封建贵族相互妥协也就成为英国资产阶级革命的主要特点。这种妥协的结果便是在英国建立了君主立宪制国家。同时，在形式上，英国宪法也不同于其他资本主义国家的宪法，它是不成文宪法。这表现在英国宪法虽然已有三百多年的历史，但从来没有制定过一部统一的宪法典。所谓英国宪法，实际上是由不同历史时期陆续颁布的宪法性法律和不同历史时期逐步形成的宪法惯例、判例所构成。尽管 1215 年的《自由大宪章》并不是近代意义的宪法性法律，但它对英国宪法的发展与英国

宪政体制的确立，产生了重要影响。从英国宪法的发展来看，具有影响的主要是在各个时期由议会制定的涉及国家根本问题的宪法性法律，如1679年的《人身保护法》、1689年的《权利法案》、1701年的《王位继承法》等。这些宪法性法律文件，标志着英国宪法的产生。

英国宪法的特点主要表现在三个方面，即英国是最早实行宪政的国家；是典型的不成文宪法的国家；是典型的柔性宪法的国家。

2. 美国宪法的产生及特点。1787年制定的美国宪法是世界宪法发展史上的第一部成文宪法。美国宪法的产生，经历了从《独立宣言》到制定各州宪法和《邦联条例》，再到制定《联邦宪法》这样一个发展过程。1775年，英属北美殖民地爆发了反抗英国殖民统治的独立战争。1776年第二届大陆会议通过的《独立宣言》是世界宪政史上重要的历史文献，马克思称之为是世界上"第一个人权宣言"。它对美国宪法的产生和宪政体制的确立产生了直接影响。1787年的费城制宪会议制定的《美利坚合众国宪法》，由序言和7条宪法正文组成。它以根本法的形式确立了以"三权分立"和联邦制为原则的国家制度，建立了资产阶级民主共和政体。第1条至第3条规定了立法权、行政权和司法权的行使，以及行使立法权、行政权、司法权的国会、政府和法院的产生及组织制度等；第4条规定了联邦与各州之间，以及州与州之间的权限与关系；第5条规定了修宪的程序；第6条强调了宪法的地位和效力；第7条规定了宪法的批准与生效。自1789年美国宪法生效以来，至今已通过了27条宪法修正案。

美国宪法的特点主要表现在三个方面，即美国宪法是世界上第一部成文宪法；具有较强的稳定性和适应性；确立了三权分立、联邦制等重要的宪法原则。

3. 法国宪法的产生及特点。在欧洲大陆，最早制定成文宪法典的国家是法国。1789年，法国爆发了资产阶级革命，成立了制宪会议，制定并通过了《人和公民的权利宣言》（简称《人权宣言》）。《人权宣言》是法国资产阶级在反封建的革命斗争中颁布的著名纲领性文件。它充分反映了资产阶级的基本要求，宣布了资产阶级的自由、平等原则，提出了"主权在民""权力分立"的主张，确立了"法律面前人人平等""罪刑法定""无罪推定"等资产阶级法制原则，对法国乃至整个世界民主宪政的发展都产生了深远影响。

《人权宣言》颁布后，经过两年时间，法国国民议会于1791年制定了法国的第一部宪法。这部宪法以《人权宣言》为序言，同时宣布废除各种封建制度。当然，这部宪法确立的是君主立宪制，其中不少条文甚至公然违背了《人权宣言》提出的一些资产阶级民主原则。比如，宪法将公民分为"积极公民"和"消极公民"，把劳动人民当做"消极公民"而剥夺了其选举权利，等等。

法国宪法的特点主要表现在三个方面：第一，法国宪法数量较多。法国资产阶级革命道路的曲折性和复杂性，使法国从1791年第一部宪法开始，至今已颁布了十几部宪法。第二，法国宪法内容变化较大。以宪法所确定的国家制度为例，有的宪法规定实行资产阶级民主共和制，有的规定实行封建帝制，有的规定实行君主立宪制。第三，保持成文宪法的传统。

### （三）宪法的发展及其趋势

当代宪法的发展呈现出以下趋势：

1. 基本权利范围的扩大。18、19世纪宪法所规定的公民基本权利，只限于人身自由、言论自由、出版自由、集会自由等自由权。但第一次世界大战后，随着《魏玛宪法》的制定，公民的基本权利从自由权已扩大到了社会权领域。

2. 人权保障方式的转变。传统宪法强调通过限制政府权力来保障人权。在现代，人民对政府的要求逐渐由消极地防范其干涉公民的基本权利，转变成积极地要求其致力于调和社会的贫富不均，谋求人民的社会福利。

3. 违宪审查制度的强化。违宪审查制度最初起源于英美法系的司法审查制度，是通过司法程序来审查和裁决法律和国家行为是否违宪的一项基本制度。第二次世界大战后，违宪审查制度逐渐被欧洲大陆法系国家所继受，并相继创立了由特设机关行使违宪审查权的体制。

4. 宪法的国际化趋势。一方面，人权问题日益国际化，《世界人权宣言》《公民权利和政治权利国际公约》和《经济、社会及文化权利国际公约》等相继通过和生效。另一方面，一些国际区域组织的出现对成员国宪法产生了重大影响。

## 二、新中国宪法的产生和发展

### (一) 新中国宪法的历史沿革

在中国共产党领导下，1949 年中国人民终于推翻了三座大山，建立了自己的国家政权。为了巩固人民革命的胜利成果，确立国家最根本、最重要的问题，1949 年 9 月召开了具有广泛代表性的中国人民政治协商会议，制定了起临时宪法作用的《中国人民政治协商会议共同纲领》。1954 年，第一届全国人民代表大会第一次全体会议在《共同纲领》的基础上通过了我国第一部社会主义类型的宪法——1954 年《宪法》；1975 年颁布的第二部《宪法》是一部内容很不完善并有许多错误的宪法；1978 年颁布的第三部《宪法》虽经 1979 年和 1980 年两次局部修改，但从总体上说仍然不能适应新时期的需要。因此，1982 年 12 月 4 日，第五届全国人民代表大会第五次会议通过了新中国的第四部《宪法》，即现行的 1982 年《宪法》。

### (二) 我国现行宪法的内容和特点

1982 年《宪法》是以 1954 年《宪法》为基础修改的。在结构上，除序言外，仍然包括 4 章，即总纲、公民的基本权利和义务、国家机构和国旗、国歌、国徽、首都，共 138 条。其主要内容和特点是：第一，宪法以四项基本原则作为总的指导思想。《宪法》在序言部分规定："中国各族人民将继续在中国共产党领导下，在马克思列宁主义、毛泽东思想指引下，坚持人民民主专政，坚持社会主义道路，不断完善社会主义的各项制度……"同时，在《宪法》的总纲部分关于国家性质、政体、经济制度、文化制度等内容的规定中，也具体体现了四项基本原则的内容，这是我国的立国之本。第二，明确国家在新时期的根本任务。国家在不同的时期所确定的工作重心也不同，现行的 1982 年《宪法》序言明确规定："今后国家的根本任务是集中力量进行社会主义现代化建设"，"逐步实现工业、农业、国防和科学技术的现代化，把我国建设成为高度文明、高度民主的社会主义国家。"将工作重心转移到社会主义现代化建设上来，是在思想认识上的重大转变，也是对我国国情的客观、正确的反映。第三，重视政治体制改革，完善国家机构的设置。主要表现为：加强人民代表大会的制度建设，扩大了人大常委会的职权；恢复了国家主席的建制，并调整了其职权；增设了中央军事委员会，加强对军队的领导和监督；实行行政机关和军事机关的个人负责制；规定国家领导人的任职限任制。第四，规定以社会主义精神文明建设为内容的文化制度。该部《宪法》在总纲部分规定了国家发展教育事业、科学事业、医疗卫生事业、体育事业、文学艺术事业、新闻广播电视事业、出版发行事业、图书馆、博物馆、文化馆等文化事业，同时还规定了国家通过普及理想、道德、文化、纪律和法制教育，通过在城乡不同范围的群众中制定各种守则、公约，加强社会主义精神文明建设。国家提倡爱祖国、爱人民、爱劳动、爱科学、爱社会主义的公德，在人民中进行爱国主义、集体主义和国际主义、共产主义的教育，进行辩证唯物主义和历史唯物主义的教育，反对资本主义的、封建主义的和其他的腐朽思想。第五，维护社会主义法制的统一和尊严。1982 年《宪法》第 5 条规定："国家维护社会主义法制的统一和尊严。一切法律、行政法规和地方性法规都不得同宪法相抵触。一切国家机关和武装力量、各政党和各社会团体、各企业事业组织都必须遵守宪法和法律。一切违反宪法和法律的行为，必须予以追究。任何组织或者个人都不得有超越宪法和法律的特权。"第六，加强民主政治建设，保障公民的基本权利和自由。主要表现为：重新确认公民在法律面前一律平等的原则；确认公民的人格尊严不受侵犯以及对国家机关工作人员的批评建议权和取得赔偿权。第七，维护国家统一和民族团结。为了实现台湾回归祖国，恢复行使对香港和澳门的主权，根据"一国两制"的方针，《宪法》规定："国家在必要时得设立特别行政区。在特别行政区内实行的制度按照具体情况由全国人民代表大会以法律规定。"这就为完成祖国统一大业提供了现实的解决途径和条件。同时，还进一步健全和完善了民族区域自治制度，扩大了民族自治地方的自治权限，加强了对民族自治地方自治权的法律保障。

### （三）宪法修正案

现行《宪法》颁布实施后，对于促进我国的政治体制改革和经济体制改革，推动我国社会主义现代化建设和改革开放事业的进行，建立健全社会主义民主法制等都发挥了重要作用。但是，由于 1982 年《宪法》是在改革开放初期颁布的，随着政治经济形势的不断发展变化，其中有些规定已不能适应时代发展的要求。因此对 1982 年《宪法》中的个别条文进行修改也就势在必行。

1988 年第七届全国人民代表大会第一次会议对 1982 年《宪法》进行了第一次修正。该修正案的内容主要有两个方面：一是在第 11 条增加规定"国家允许私营经济在法律规定的范围内存在和发展。私营经济是社会主义公有制经济的补充。国家保护私营经济的合法权利和利益，对私营经济实行引导、监督和管理"；二是删去第 10 条第 4 款中不得出租土地的规定，增加规定"土地的使用权可以依照法律的规定转让"。

1993 年第八届全国人民代表大会第一次会议对 1982 年《宪法》进行了第二次修正。这一修正案以党的十四大精神为指导，突出了建设有中国特色社会主义理论和党的基本路线，根据十多年来我国社会主义现代化建设和改革开放的新经验，着重对经济制度的有关规定作了修改和补充。主要内容包括以下几方面：（1）明确把"我国正处于社会主义初级阶段""建设有中国特色社会主义""坚持改革开放"写进《宪法》，使党的基本路线在《宪法》中得到集中、完整的表述；（2）增加了"中国共产党领导的多党合作和政治协商制度将长期存在和发展"；（3）把家庭联产承包责任制作为农村集体经济组织的基本形式确定下来；（4）将社会主义市场经济确定为国家的基本经济体制，并对相关内容作了修改；（5）把县级人民代表大会的任期由 3 年改为 5 年。

1999 年第九届全国人民代表大会第二次会议对现行《宪法》进行了第三次修正。主要内容包括：（1）明确把"我国将长期处于社会主义初级阶段"、"沿着建设有中国特色社会主义的道路"、在"邓小平理论指引下"、"发展社会主义市场经济"写进《宪法》。（2）明确规定"中华人民共和国实行依法治国，建设社会主义法治国家"。（3）规定"国家在社会主义初级阶段，坚持公有制为主体、多种所有制经济共同发展的基本经济制度，坚持按劳分配为主体、多种分配方式并存的分配制度"。（4）规定"农村集体经济组织实行家庭承包经营为基础、统分结合的双层经营体制"。（5）将国家对个体经济和私营经济的基本政策合并修改为"在法律规定范围内的个体经济、私营经济等非公有制经济，是社会主义市场经济的重要组成部分"。"国家保护个体经济、私营经济的合法的权利和利益。国家对个体经济、私营经济实行引导、监督和管理"。（6）将镇压"反革命的活动"修改为镇压"危害国家安全的犯罪活动"。

2004年3月14日十届全国人大二次会议通过了第四次宪法修正案，共涉及13项内容，14条宪法修正案，其主要内容是：（1）将"三个代表"重要思想写进宪法序言；（2）在原有的物质文明和精神文明的基础上，增加了"政治文明"；（3）在原有的构成爱国统一战线的劳动者和爱国者的基础上，增加了"社会主义事业的建设者"；（4）在原有的对土地实行征用的基础上，区分为"土地征用"和"土地征收"，并增加了在土地征用和土地征收的同时，应当给予"补偿"的规定；（5）将原有的对非公有制经济的"引导、监督和管理"，改为"鼓励、支持和引导非公有制经济的发展，并对非公有制经济依法实行监督和管理"；（6）将原有的国家保护公民合法财产的所有权，改为公民合法的私有财产不受侵犯，国家为了公共利益的需要，可以依照法律规定对公民的私有财产实行征收和征用并给予补偿；（7）增加规定"国家建立健全社会保障制度"；（8）增加规定"国家尊重和保障人权"；（9）在全国人大的组成上增加规定包括特别行政区选出的代表；（10）将原有的戒严改为"宣布进入紧急状态"；（11）在国家主席的职能方面，增加规定"进行国事活动"；（12）将乡级人大的任期由原有的3年改为5年；（13）将"中华人民共和国国歌"载入宪法。

2018年3月11日十三届全国人民代表大会第一次会议通过了第五次宪法修正案，共21条，即修正案第32条至第52条。主要内容包括：

1. 确立科学发展观、习近平新时代中国特色社会主义思想在国家政治和社会生活中的指导地位。将《宪法》序言第七自然段中"在马克思列宁主义、毛泽东思想、邓小平理论和'三个代表'重要思想指引下"修改为"在马克思列宁主义、毛泽东思想、邓小平理论、'三个代表'重要思想、科学发展观、习近平新时代中国特色社会主义思想指引下"。同时，在"自力更生，艰苦奋斗"前增写"贯彻新发展理念"。

2. 调整充实中国特色社会主义事业总体布局和第二个百年奋斗目标的内容。将《宪法》序言第七自然段中"推动物质文明、政治文明和精神文明协调发展，把我国建设成为富强、民主、文明的社会主义国家"修改为"推动物质文明、政治文明、精神文明、社会文明、生态文明协调发展，把我国建设成为富强民主文明和谐美丽的社会主义现代化强国，实现中华民族伟大复兴"。与此相适应，在《宪法》第三章"国家机构"第三节第89条第六项"领导和管理经济工作和城乡建设"后面，增加"生态文明建设"的内容。

3. 完善依法治国和宪法实施举措。将《宪法》序言第七自然段中"健全社会主义法制"修改为"健全社会主义法治"。同时，在《宪法》第一章"总纲"第27条增加一款，作为第3款："国家工作人员就职时应当依照法律规定公开进行宪法宣誓。"此外，为推进合宪性审查工作，还将《宪法》第70条第1款中"全国人民代表大会设立民族委员会、法律委员会、财政经济委员会、教育科学文化卫生委员会、外事委员会、华侨委员会和其他需要设立的专门委员会。"修改为："全国人民代表大会设立民族委员会、宪法和法律委员会、财政经济委员会、教育科学文化卫生委员会、外事委员会、华侨委员会和其他需要设立的专门委员会。"

4. 充实完善我国革命和建设发展历程的内容。将《宪法》序言第十自然段中"在长期的革命和建设过程中"修改为"在长期的革命、建设、改革过程中";将《宪法》序言第十二自然段中"中国革命和建设的成就是同世界人民的支持分不开的"修改为"中国革命、建设、改革的成就是同世界人民的支持分不开的"。

5. 充实完善爱国统一战线和民族关系的内容。将《宪法》序言第十自然段中"包括全体社会主义劳动者、社会主义事业的建设者、拥护社会主义的爱国者和拥护祖国统一的爱国者的广泛的爱国统一战线"修改为"包括全体社会主义劳动者、社会主义事业的建设者、拥护社会主义的爱国者、拥护祖国统一和致力于中华民族伟大复兴的爱国者的广泛的爱国统一战线"。将《宪法》序言第十一自然段中"平等、团结、互助的社会主义民族关系已经确立,并将继续加强"修改为:"平等团结互助和谐的社会主义民族关系已经确立,并将继续加强"。与此相适应,将《宪法》第一章"总纲"第4条第1款中"维护和发展各民族的平等、团结、互助关系"修改为"维护和发展各民族的平等团结互助和谐关系"。

6. 充实和平外交政策方面的内容。在《宪法》序言第十二自然段中"中国坚持独立自主的对外政策,坚持互相尊重主权和领土完整、互不侵犯、互不干涉内政、平等互利、和平共处的五项原则"后增加"坚持和平发展道路,坚持互利共赢开放战略";将"发展同各国的外交关系和经济、文化的交流"修改为"发展同各国的外交关系和经济、文化交流,推动构建人类命运共同体"。

7. 充实坚持和加强中国共产党全面领导的内容。在《宪法》第一章"总纲"第1条第2款"社会主义制度是中华人民共和国的根本制度。"后增写一句,内容为:"中国共产党领导是中国特色社会主义最本质的特征。"

8. 增加倡导社会主义核心价值观的内容。将《宪法》第一章"总纲"第24条第2款中"国家提倡爱祖国、爱人民、爱劳动、爱科学、爱社会主义的公德"修改为"国家倡导社会主义核心价值观,提倡爱祖国、爱人民、爱劳动、爱科学、爱社会主义的公德"。

9. 修改国家主席任职方面的有关规定。将《宪法》第三章"国家机构"第79条第3款"中华人民共和国主席、副主席每届任期同全国人民代表大会每届任期相同,连续任职不得超过两届"中"连续任职不得超过两届"删去。

10. 增加设区的市制定地方性法规的规定。在《宪法》第三章"国家机构"第100条增加一款,作为第2款:"设区的市的人民代表大会和它们的常务委员会,在不同宪法、法律、行政法规和本省、自治区的地方性法规相抵触的前提下,可以依照法律规定制定地方性法规,报本省、自治区人民代表大会常务委员会批准后施行。"

11. 增加有关监察委员会的各项规定。为了贯彻和体现深化国家监察体制改革的精神,为成立监察委员会提供宪法依据,在《宪法》第三章"国家机构"第六节后增加一节,作为第七节"监察委员会",就国家监察委员会和地方各级监察委员会的性质、地位、名称、人员组成、任期任届、领导体制、工作机制等作出规定。与此相适应,还对其他相应条款作了修改。

## 第三节　宪法原则

宪法的基本原则是指人们在制定和实施宪法过程中必须遵循的最基本的准则,是贯穿立宪和行宪的基本精神。任何一部宪法都不可能凭空产生，都必须反映一国当时的政治指导思想、社会经济条件和历史文化传统，宪法的基本原则是对这些方面的集中反映。而认真、全面地分析和归纳宪法的基本原则，对于了解宪法发展的规律性，特别是资本主义类型宪法与社会主义类型宪法间的历史联系将具有十分重要的意义。对世界各国宪法与宪政理论和实践的考察表明，宪法的基本原则主要有人民主权原则、基本人权原则、权力制约原则和法治原则。

### （一）人民主权原则

主权是指国家的最高权力。人民主权是指国家中绝大多数人拥有国家的最高权力。在法国启蒙思想家卢梭看来，主权是公意的具体表现，人民的公意表现为最高权力；人民是国家最高权力的来源，国家是自由的人民根据契约协议的产物，而政府的一切权力都是人民授予的。因此，国家的主人不是君主，而是人民，治理者只是受人民委托，因而主权只能属于人民。人民主权学说的出现，是国家学说发展史上的一大飞跃，是资产阶级反对封建专制主义的锐利思想武器，是资产阶级民主思想的核心。因此，从1776年美国《独立宣言》宣布人的天赋权利不可转让、1789年法国《人权宣言》宣布"整个主权的本原主要是寄托于国民"以来，西方国家在形式上一般都承认人民主权，并将其作为资产阶级民主的一项首要原则，而且在宪法中明确规定主权在民。如法兰西第五共和国宪法规定"国家主权属于人民"。

各社会主义国家的宪法规范明确规定"一切权力属于人民"的原则。实际上"一切权力属于人民"是无产阶级在创建自己的政权过程中，批判地继承资产阶级民主思想的基础上，对人民主权原则的创造性运用和发展，"一切权力属于人民"实质上也就是主权在民。

### （二）基本人权原则

人权是指作为一个人所应该享有的权利。尽管人不是抽象的，而是具体的，是社会中的人，因而当人权与某一个体的人相结合时，不能不打上这个人所处客观社会历史条件的烙印，从而使人权在阶级社会中，具有鲜明的阶级性，但就人权最原创的意义而言，它在本质上属于应有权利、道德权利。

在奴隶社会和封建社会，不仅国家政权建立在"君权神授"基础之上，而且还公开推行等级特权和不平等。随着封建社会末期资本主义商品经济的产生和发展，资产阶级经济地位的不断提高，新兴的资产阶级也就强烈要求摧毁君权神授学说，要求建立以自由、平等为核心的发展资本主义的条件。因此，17、18世纪的西方资产阶级启蒙思想家提出了"天赋人权"学说，强调人人生而享有自由、平等、追求幸福和财产的权利。在启蒙思想家提出的天赋人权学说和人权口号的指导下，资产阶级开始进行了争取人权的斗争。在资产阶级革命过程中以及革命胜利后，人权口号逐渐被政治宣言和宪法确认为基本原则。

社会主义国家建立以后，同样也在宪法中确认了基本人权原则。社会主义宪法通常不直接使用"人权"一词，但宪法中有关"公民基本权利"的规定，实质上就是对基本人权的确认。如我国《宪法》中规定的公民参与国家政治生活的权利和自由、公民的人身自由和信仰自由、公民社会经济文化方面的权利等，就是基本人权的主要内容。社会主义国家政权的本质特征就是人民当家作主，而公民基本权利和自由则是人民当家作主最直接的表现。2004年宪法修正案明确将"国家尊重和保障人权"载入宪法之中，这一规定对于我国具有里程碑的意义。这一条款既具有宣示意义，也具有规范意义。

### （三）法治原则

法治是相对于人治而言的。它是指统治阶级按照民主原则把国家事务法律化、制度化，并严格依法进行管理的一种方式，是17、18世纪资产阶级启蒙思想家所倡导的重要的民主原则。如洛克认为，政府应该以正式公布的既定法律来进行统治，这些法律不论贫富、不论权贵和庄稼人都一视同仁，并不因特殊情况而有出入。潘恩也说，在专制政府中国王便是法律，同样地，在自由国家中法律便应该成为国王。其核心思想在于依法治理国家，法律面前人人平等，反对任何组织和个人享有法律之外的特权。

这种主张对于反对封建专制特权，确立和维护资产阶级的民主制度起了很大的作用。因而资产阶级革命胜利后，各资本主义国家一般都在其宪法规定和政治实践中贯彻了法治原则的精神。在他们看来，宪法本身就是国家实行法治的标志，并且一般都在宪法规范中宣布法律面前人人平等。如作为1791年《法国宪法》序言的《人权宣言》宣布：法律是公共意志的体现，全国人民都有权亲身或经由其代表去参与法律的制定。法律对于所有的人，无论是施行保护或处罚都是一样的。在法律面前所有的公民都是平等的，故他们都能平等地按其能力担任一切官职，除德行和才能的差别外不应有其他差别，等等。然而，由于资本主义国家的立国基础是资本的特权，因此法治原则在资本主义国家中不可能真正实现。

社会主义国家政权的建立，使法治原则发展到了一个新的历史阶段。如果说资本主义国家的法治是体现资本特权的法治，那么社会主义国家的法治则是以消灭特权为目的的法治。社会主义国家的宪法不仅宣布宪法是国家根本法，具有最高的法律效力，是一切国家机关和全体公民最高的行为准则，而且还规定国家的立法权属于最高的人民代表机关。这样，在社会主义国家中，不仅宪法和法律具有广泛的民主基础，所有机关、组织和个人都必须严格依法办事，而且以生产资料的社会主义公有制作为坚强的后盾，从而使社会主义的法治原则有了真正实现的前提条件。1999年宪法修正案将"中华人民共和国实行依法治国，建设社会主义法治国家"载入宪法，作为治国理政的基本方略；2018年宪法修正案将"健全社会主义法制"改为"健全社会主义法治"，突出了我国法治建设在新时代的重点。

### （四）权力制衡原则

权力制衡原则是指国家权力的各部分之间相互监督、彼此牵制，以保障公民权利的原则。它既包括公民权利对国家权力的制约，也包括国家权力对国家权力的制约。权力制衡之所以是宪法的基本原则，主要决定于宪法的逻辑起点和宪法的基本内容。尽管导致近代宪法产生的根本原因是商品经济的普遍发展，但从政治的层面而言，则是国家权力所有者的转换。也就是说，当国家权力从过去由少数人所有，转变为至少在形式上由多数人所有，亦即人民主权出现后，由于各种主客观原因，导致国家权力的所有者与国家权力的行使者相互分离。为了保障国家权力所有者应有的地位和作用，并使这种保障机制具有足够的权威，确认权利制约权力的国家根本法也就应运而生。就宪法的基本内容来说，不仅保障公民权利始终处于核心、主导地位，而且对国家权力不同部分之间的制约机制也有明确规定。在资本主义国家的宪法中，权力制衡原则主要表现为分权原则；在社会主义国家的宪法中，权力制衡原则主要表现为监督原则。

分权原则亦称分权、制衡原则。分权是指把国家权力分为几部分，分别由几个国家机关独立行使；制衡则是指这几个国家机关在行使权力的过程中，保持一种互相牵制和互相平衡的关系。分权原则是17、18世纪欧美资产阶级革命时期，资产阶级根据近代分权思想确立的。它为资产阶级革命以后建立资产阶级民主制度，以代替封建专制制度提供了方案。1787年《美国宪法》就按照典型的分权、制衡原则，确立了国家的政权体制。法国《人权宣言》则称"凡权利无保障和分权未确立的社会，就没有宪法"。受美、法等国的影响，各资本主义国家的宪法均以不同形式确认了分权原则。从资本主义各国政治实践看，分权原则对于确立和巩固资产阶级民主制度起了一定的进步作用。

社会主义国家的监督原则是由第一个无产阶级专政政权巴黎公社所首创的。巴黎公社所首创的这一原则，被后来的无产阶级专政的社会主义国家奉为一条重要的民主原则，并在各国宪法中作出了明确规定。如我国现行《宪法》规定，"全国人民代表大会和地方各级人民代表大会都由民主选举产生，对人民负责，受人民监督"，"国家行政机关、监察机关、审判机关、检察机关都由人民代表大会产生，对它负责，受它监督"，"中华人民共和国公民对于任何国家机关和国家工作人员，有提出批评和建议的权利"，"监察机关办理职务违法和职务犯罪案件，应当与审判机关、检察机关、执法部门互相配合，互相制约"，"人民法院、人民检察院和公安机关办理刑事案件，应当分工负责，互相配合，互相制约，以保证准确有效地执行法律"，等等。

## 第四节　宪法规范

### 一、宪法规范的概念

宪法规范是指调整国家最基本、最重要的社会关系的各种规范的总和。宪法规范作为法律规范的一种，当然具有与其他法律规范相同的特征：都是由国家按照一定程序制定或认可，都表现统治阶级的意志和利益，都是靠国家强制力保障实施，都取决于社会物质生活条件，等等。然而，由于宪法是民主制国家的根本法，加之宪法规范所调整的社会关系还有两大特点，即一是调整的对象非常广泛，涉及国家和社会生活各方面最基本的社会关系，二是所调整的社会关系的一方通常总是国家或者国家机关，因此，宪法规范是由民主制国家制定或认可的、宪法主体参与国家和社会生活最基本社会关系的行为规范。

### 二、宪法规范的特点

与一般法律规范相比，宪法规范具有以下主要特点：

1. 根本性。宪法规范的根本性是指宪法只规定国家生活中的根本性问题。也就是说，尽管宪法的内容涉及面很广，包括国家和社会生活的各个方面，但宪法在具体规范这些方面的内容时，主要涉及的是最根本性的问题，而不是事无巨细，都加以规定。

2. 最高权威性。宪法规范的最高权威性是指宪法规范的地位和效力高于其他法律规范。在整个国家的法律体系中，宪法是母法、基础法，其他法律都必须以宪法为制定的依据，因而宪法规范在国家法律体系中处于最高的地位。同时，虽然所有的法律都有法律效力，但宪法规范的法律效力最高，其他法律规范不能与宪法规范相抵触，否则无效。而且在一切国家机关、各政党、社会团体、企事业组织和全体公民必须遵循的所有行为规范中，宪法规范是最根本性的行为规范。

3. 原则性。宪法规范的原则性是指宪法规范主要规定有关问题的基本原则。如前所述，宪法是根本法，是统治阶级管理国家和社会生活各方面意志和利益的集中表现，其内容涉及政治、经济、教育、科学、文化等各个方面。对如此广泛而复杂的问题，宪法规范当然不能规定得非常具体，而只能作非常原则性的规定，将统治阶级在政治、经济、教育、科学、文化等各方面的意志和利益，以最基本的原则的形式确认下来。而且在文字表述方面，宪法规范也非常简明概括、简洁明了。

4. 纲领性。宪法规范的纲领性是指宪法规范明确表达对未来目标的追求。虽然宪法规范主要针对宪法主体的现实社会生活，因而是现实社会人们的根本活动准则，但宪法本身的地位和作用，决定了宪法不仅应该确认统治阶级的治国思想和建国方案，而且应该确认国家的发展目标和宏观发展思路。因此，宪法规范既要规范现实，也要规划未来。所以宪法规范必然带有纲领性的特点。

5. 相对稳定性。由于宪法是国家的根本大法，它的变化不仅直接关系到整个国家和社会的稳定，而且直接关系到统治阶级的根本利益，关系到宪法能否保持应有的权威和尊严。因此，宪法规范必须具有稳定性。但这种稳定性只是相对稳定性。也就是说，这种稳定性只是相对于一定的历史时期、相对于一定的历史条件。随着社会历史时期的不断向前推进，社会历史条件的不断变化发展，宪法规范也要相应地变化发展。

### 三、宪法规范的类型

宪法规范的类型划分有不同的角度和标准。

1. 组织权限规范。宪法中用大部分条文去处理国家机关的组织、权限和职权行使的程序，或者规定其原则。

2. 权利义务规范。此类规范属于实体规范，是宪法在调整公民的基本权利和基本义务的过程中形成的，是公民行使权利、履行义务的宪法基础。

3. 宪法委托规范。广义的宪法委托规范包含宪法中所有的要求特定机关为具体行为的规定，狭义的宪法委托规范一般仅限于对立法机关为立法委托。这类规范属于实体规范，但只是规定了国家的义务，而没有赋予人民任何主观权利。

4. 宪法指示规范。宪法指示规范强制国家为一定行为，和宪法委托不同的是，原则上所有公权力机关都直接或间接是其规范对象。行为也不仅限于立法机关，公权力机关可以根据国家发展的实际情况决定履行宪法指示的具体方式以及先后顺序。比如我国宪法中基本国策的条款大多属于宪法指示规范。

# 第二章 宪法的变迁

## 第一节 宪法制定

### 一、宪法制定概述

#### （一）宪法制定的概念、制宪权与修宪权

宪法制定是指制宪主体依据制宪程序实现制宪权的过程，其中制宪权占有非常重要的位置。所谓制宪权是一种价值体系，既包括制宪事实的力量，也包括把宪法加以正当化的权威与价值。

制宪权、修宪权与立法权是属于不同层次的权力形态。修宪权是依据制宪权而产生的一种权力，可以理解为制度化的制宪权。当一个国家通过全民投票决定宪法修改时，这种国民投票也是一种源于制宪权的修改宪法行为，但不可能是原始的制宪权。有时制宪权与修宪权行使的主体相同，但其行为的性质不同。而立法权则要遵从制宪权宗旨，不能脱离制宪的目的与原则。

#### （二）宪法制定的主体和机构

1. 制宪权主体。制宪权主体是制宪权得以运行的首要因素。在历史上，君主、少数者组织、一定团体等也在一定条件下成了制宪权主体。近代以前，由于民主政治不发达，制宪权基本上由君主掌握，君主主权成为国家活动的基本原则。1791 年《法国宪法》虽规定了国民主权原则，但事实上主权由国王和国民共同行使。在从君主主权向人民主权转化过程中，只有一部分国民才能成为制宪权的实际主体。国民成为制宪权主体是现代宪法发展的基本特点，这表明政治社会中国民的宪法地位。现代各国宪法中普遍规定，国民是制宪权主体。如《美国宪法》《日本国宪法》《联邦德国基本法》序言中明确规定，制宪权主体是国民，并规定了国民行使制宪权的方式。国民作为制宪权主体，表明制宪权来源于权力的享有主体，但它并不意味着全体国民都直接参与制宪过程，具体行使制宪权。实际参与制宪过程的只是一部分国民或者经选举产生的代表。因此，享有制宪权主体与具体行使制宪权是不同的概念。为了使国民有效地行使制宪权，各国建立了不同形式的制宪机关，并赋予制宪机关相对独立的职权。

2. 制宪机构。为了使制宪权的实现程序具体化，各国通常根据制宪的需要，成立各种形式的制宪机构，如制宪会议、国民会议、立宪会议等机关。制宪机关依据民意行使制宪权，具体负责宪法的制定工作。实际行使制宪权的议会或代表机关一般是由国民经过选举而产生的。制宪会议不同于一般国会或民意机关，可不受旧宪法的约束，具有政治议会的性质。

制宪机关与宪法起草机构是不同的，主要区别在于：制宪机关是行使制宪权的国家机关，而宪法起草机构是具体工作机关，不能独立地行使制宪权；制宪机关一般是常设的，而宪法起草机关是临时性的机关，起草任务结束后便解散；制宪机关有权批准通过宪法，而宪法起草机关无权批准通过宪法；制宪机关由公民选举产生，具有广泛的民意基础，而宪法起

草机关主要通过任命方式产生，注重成员的广泛性。

对制宪机关的规定，各国宪法不尽相同。有的国家宪法明确规定行使制宪权的制宪机关，并赋予其独立地位。也有国家的宪法对制宪机关的具体形式不作规定，只规定修宪权主体。如我国宪法没有具体规定全国人民代表大会是制宪机关，只规定全国人民代表大会有权修改宪法。但从宪政实践与宪法原理上讲，全国人民代表大会作为制宪机关的地位是十分明确的，其根据在于：全国人民代表大会是最高国家权力机关，制宪权是国家权力存在的最高体现，自然由全国人大行使；全国人大行使组织国家权力的职权，国家具体权力的组织以制宪权为基础；从宪政实践看，在我国，制宪权与修宪权行使主体是相统一的，新中国成立后第一部宪法的制定与几次修改都由全国人大通过。这就说明，尽管在我国宪法条文中，没有具体规定制宪机关，但从宪政原理与实践中我们可以认定，全国人大是我国的制宪机关。全国人大作为最高国家权力机关，其组织与活动原则应根据宪法规定，制宪本身是最高权力的体现与组成部分，故宪法上制宪机关的地位与全国人大作为最高权力机关的地位是相一致的，两者并不矛盾。

### （三）宪法制定的程序

宪法制定程序是指制宪机关制定宪法时所经过的阶段和具体步骤。由于宪法是国家的根本法，其制定程序不同于普通法律，程序比较严格。在具体制定程序的设计上，各国宪法的规定不尽相同，从而形成了行使制宪权的不同方式。如国民可以通过国民投票方式直接行使制宪权；也可通过国民选出的代议机关制定宪法；有些国家则把代议机关的制宪权行使与国民投票方式结合起来确定具体的制宪程序等等。为了保证制宪工作的权威性与严肃性，制定宪法一般包括如下程序。

1. 制宪机构的设立。为了制定宪法，首先要成立专门的制宪机构，制宪机构的代表通常具有广泛性，代表各方面的利益。制宪机构的产生是否民主，以及制宪机构成员的素质，直接影响制宪的社会效果。从各国宪政经验看，保证制宪机构的民主性与权威性是制宪程序的重要内容。

2. 宪法草案的提出。制宪机构产生后便进行草案的起草工作。草案的起草要遵循一定的指导思想或原则，以保证草案内容的合理性。制宪机构在起草宪法草案之前，在基本宪政模式的选择、公民的宪法地位、基本政治和经济制度框架等方面首先要确立原则，要求具体起草机关在起草工作中加以贯彻。如我国 1954 年《宪法》在制定过程中，确立了民主集中制、把领导意见和群众意见有机结合的原则，使宪法草案具有广泛的群众基础。1954 年 3 月，中共中央宪法起草小组提出了宪法草案的初稿，宪法起草委员会以此为基础，组织了对宪法草案广泛而深入的讨论。据统计，共有 1.5 亿人参加了宪法草案的讨论，提出了 1180420 条修改意见。对这些意见，宪法起草委员会作了认真的分析与研究，吸收了其中的合理内容。在宪法草案的全民讨论过程中，《人民日报》发表了几篇重要社论，及时总结了讨论情况，对提高人民群众的宪法意识起了重要作用。在宪法草案的起草和具体讨论过程中，不可避免地遇到各种利益的协调问题，需要通过不同层次的利益协调，寻求共同的社会基础。

3. 宪法草案的通过。现代各国的宪法草案多由议会、代表机关议决通过。为了保证宪法的权威性和稳定性，大多数国家对宪法的通过程序作了严格的规定。一般的规定是，制定宪法要获得国家立法机关成员 2/3 以上或 3/4 以上的多数赞成才能通过。

4. 公布。宪法草案经一定程序通过后，由国家元首或代表机关公布。在我国，通过和公布宪法的机关是全国人民代表大会。如1954年《宪法》是第一届全国人民代表大会第一次会议通过的，自通过之日起生效。

## 二、中国宪法的制定

新中国成立后制定的第一部宪法是1954年《宪法》。中华人民共和国的成立意味着中国人民成为制宪权主体，有权独立自主地行使制宪权。新中国的制宪权源于中国人民掌握国家政权的事实，即人民政权的性质决定了制宪权的人民性与自主性。1954年以前，由中国人民政治协商会议代行全国人民代表大会职权制定的《共同纲领》，起到了临时宪法的作用。因此，从严格意义上讲，新中国成立后，人民政协实际行使过一定范围内的制宪权，而这一制宪权基础又来源于政协广泛的代表性，以及它被赋予代表机关的地位。制宪权行使的主体从人民政协转移到全国人大是我国政治生活进一步民主化、法制化的重要标志。实际行使制宪权的第一届全国人大，由普选产生的代表组成，即作为制宪权主体的人民，通过选举把制宪权赋予全国人大行使。1953年1月，中央人民政府委员会举行第20次会议，一致通过了制定宪法的决议，并决定成立以毛泽东为主席的宪法起草委员会。在宪法起草委员会上通过的宪法草案于1953年6月在中央人民政府委员会第30次会议上通过，并决定在全国范围内征求人民群众的意见。1954年9月20日，中华人民共和国第一届全国人民代表大会第一次会议通过了《中华人民共和国宪法》。1954年《宪法》的制定是新中国成立后制宪权的唯一一次行使，它体现了制宪权的民主性。

## 第二节　宪法解释

### 一、宪法解释概述

#### （一）宪法解释的概念

宪法解释是指在宪法实施过程中，当人们对宪法的有关条文内容存在不同理解时，由有权解释机关阐明其含义的、具有法律效力的行为。

对宪法进行解释，是由宪法的地位和特点决定的。如前所述，宪法是规定国家最根本、最重要问题的基本原则的国家根本法，其规范具有原则性、概括性和纲领性的特点。而对这些高度原则、高度概括的条文，在实施过程中，人们肯定会有不同的理解。为了统一其含义，就必须由有权机关作出具有约束力的说明。另一方面，宪法的原则、精神和内容只有通过普通法律、法规的具体化，才能得到贯彻落实。但这些普通法律、法规是否与宪法相一致，也就是说法律、法规是否与宪法相抵触，以及抵触之点何在，这在很大程度上也是一个宪法理解问题。如果有关条文内容人们理解一致，当然就不需要进行宪法解释。但如果人们的理解不一，自然就需要进行宪法解释。由此可见，宪法解释是宪法实施过程中非常重要的环节，宪法的解释和适用过程，也就是宪法实施的过程。因此，宪法解释的目的在于准确、全面、有效地贯彻落实宪法的内容。

#### （二）宪法解释的方法

在现代宪法解释学的核心问题是方法论，即采用何种方式解释宪法。构成宪法解释方法论基础的主要要素有：宪法理论自身发展的程度；宪法规范社会化的进程与效果；宪法解释与法律解释的自然分工与界限的存在；宪法解释者的良好的素质等。

传统或古典宪法解释学的方法论是在古典法解释学的基础上发展起来的。其代表性的理论是萨维尼的法解释学，即宪法和法律都具有统一的规范体系，在具体的解释方法上可采用相同的方法论。

现代宪法学理论发展的重要特点是以宪法解释方法论的演变为基础，出现了宪法解释方法论的不同形式与学说。如客观主义与主观主义、合理主义与历史主义、合理论与经验论、形式主义与实质的价值论、系统思考与问题思考等不同形式之间的理论争议。其中具有代表性的解释方法有：（1）精神科学的宪法解释。指宪法解释以宪法意义与现实为基础，以精神科学的方法为基础理解和认识宪法。（2）问题辩证的宪法解释。认为研究宪法的思维应当是问题的思维，以辩证的问题为中心的方式解释程序，解决社会生活中出现的宪法问题。（3）多元—过程的宪法解释。因宪法规范具有高度的开放性，只能通过解释得到具体化。在法治国家中，这种解释本身需要民主的价值。在解释的过程中应防止主观的任意性，确立以合意为基础的民主内容。（4）规范构成的宪法解释。指克服存在与当为、现实与规范的二元主义，建立与现代宪法发展相适应的解释方法。（5）理性法的宪法解释。指为了保持宪法解释的合理性与客观性，在解释过程中引进各种存在的要素。（6）目的论的宪法解释方法。指宪法解释中不能单纯考虑基于法条文的文理的、逻辑的解释，应以现实的认识为基础，追求共同体指向的共同价值。宪法解释过程中应尽可能超越主观的认识，进行具有客观性的解释活动。（7）具体化的宪法解释。认为宪法解释是赋予宪法内容与意义的具体化的过程，宪法解释本身是一种法的创造性活动。

### （三）宪法解释的体制

宪法解释不能由个人或者机关随意进行，必须是拥有宪法解释权的机关所作的解释，才能使全国一体遵循。近现代各国解释宪法的体制不尽一致，综合起来大致有以下几种：

1. 由立法机关解释。亦就是立法机关是有权解释宪法的机关。这一制度源自英国。英国自从建立议会制度以后，就将议会作为主权机关，因而不允许司法机关推翻议会所制定的法律；同时在英国，宪法和法律没有明显区分，所以宪法和法律的含义如何，也只能由议会作出解释。我国的宪法解释权由立法机关行使。我国现行宪法规定，全国人大常委会行使宪法解释权。

2. 由司法机关解释。亦即司法审查，就是司法机关是有权解释宪法的机关。这一制度源自美国。现今世界各国中，采行这一制度的国家很多，加拿大、澳大利亚、日本、菲律宾、印度、巴基斯坦、阿根廷、巴西、智利、墨西哥等国家，都是由司法机关解释宪法。

3. 由特设机关解释。宪法法院、宪法委员会等特别设立的机关，是有权解释宪法的机关。这一制度主要推行于第二次世界大战以后，也是当代最为流行的制度之一。如奥地利、西班牙、德国、意大利、韩国、俄罗斯等国就建立了宪法法院，法国建立了宪法委员会。实行这一制度的理由在于，宪法是国家的根本法，解释宪法是国家最重要的权力，因而行使这一权力的机关应该居于普通机关之上，使其以超然地位解决宪法争议，以维护宪法的尊严。

此外，在各国宪政实践中，还有一些不成文的宪法解释制度，有些具有约束力，有些虽然不具约束力，但也有很大的影响，如学者的解释等。

宪法解释应遵循何种程序，与宪法解释的体制密切相关。采用立法机关解释制的，其宪法解释的提案，无论是立法机关自己提出，还是其他国家机关提出，一律依立法程序进行。采用司法解释制的，其解释程序大多是仿效美国的做法，即法院不得主动解释宪法，其他机关或公民也不得任意申请法院解释。只有在下列特殊情况下，才可以请求联邦法院解释：（1）联邦认为各州的宪法或法律侵犯联邦的权力。（2）各州认为联邦的法律侵犯各州的权力。（3）人民认为宪法上所保障的权利遭受到联邦或各州侵害涉诉时，联邦法院在接受申请宪法解释的诉状以后，定期开庭审理，原、被告双方均可聘请律师代为辩护，辩论结束后方可判决。当事人如不服，可在法定期限内依诉讼程序，向上级法院提起上诉。采用宪法法院等专门机构解释宪法的，其解释程序也各有特点。有些国家过去只允许政府机关申请解释宪法，不允许个人申请解释。第二次世界大战以后，有的国家允许个人提起宪法诉讼。其程序大体包括提请审查、决议、公布等。

### 二、中国宪法的解释

我国 1954 年《宪法》、1975 年《宪法》和 1978 年《宪法》未明确规定宪法解释制度。1982 年《宪法》第 67 条明确规定，全国人大常委会行使宪法解释权。从法理上来看，全国人大常委会是全国人大的常设机构，所以，可以推论全国人大也具有监督全国人大常委会进行宪法解释活动的职权。我国宪法解释在实际生活中，还缺乏具体的操作程序，因此需要在实践中逐步建立和健全宪法解释程序机制。

## 第三节 宪法修改

### 一、宪法修改概述
#### （一）宪法修改的概念

宪法的修改是指在宪法实施过程中，随着社会现实的变化、发展，出现宪法的内容与社会现实不相适应的时候，由有权机关根据法定程序对宪法内容予以补充、调整、删除的行动和措施。

宪法和其他法律一样，都是一定社会经济基础的上层建筑，因而既要保持稳定性，又要随着社会现实的变化而变化发展。列宁曾经把宪法分为"真实的宪法"和"虚假的宪法"。也就是说，以社会现实为基础并且反映了社会现实发展趋势的宪法是真实的宪法，否则就是虚假的宪法。由此可见，适应社会现实状况是宪法得以生存的必要条件。因此，宪法能否修改的关键在于，如何看待宪法与社会现实的关系。

既然宪法必须以社会现实为基础，社会现实又总是处在不断的发展变化中，而无论多么天才的政治家、法学家都不可能对社会的发展洞察无遗，把社会未来的发展都规定在宪法中，因此，社会现实与宪法规范的冲突是不可避免的。而且旧的冲突得到合理调整后，随着社会现实的继续发展变化，又会产生新的冲突。作为"真实的宪法"，正是在冲突——调整——再冲突——再调整的循环往复中，不断从社会现实中汲取丰富的养料，从而获得强大的生命力。如果一味强调宪法的"长期稳定"，无视宪法规范与社会现实的冲突，不及时采取有效措施调整冲突，那么发展下去将会使宪法距离现实越来越远，最终会导致宪法失去其应有的权威。因此，及时修改宪法，是保持宪法的现实性和相对稳定性，使宪法得以生存和发展的必备条件，也是宪法充满生机和活力的重要环节。

#### （二）宪法修改的形式

宪法修改应该采取何种形式，各国宪法规定不一，有些国家的宪法甚至没有规定。从各国宪法规定和各国宪政实践看，宪法修改大体上有以下几种形式：

1. 全面修改。全面修改亦即对宪法全文进行修改，以新宪法取代旧宪法。如 1946 年《日本国宪法》、1958 年《法国宪法》和新中国前三部宪法的修改等，都属于全面修改。全面修改主要是从形式上而言的，它一般是在原有宪法基础上的全面更新，因而在内容上不排除保留原来的一些条款，甚至大部分条款，在结构上一般也维持原有结构不变。然而，由于全面修改的方式一般是在特殊情况下，或者是在国家生活中的某些重大问题发生变化的条件下才予以采用，因此，这种修改宪法的方式在正常状态中运用得很少。

2. 部分修改。部分修改亦即对宪法原有的部分条款加以改变，或者新增若干条款，而不牵动其他条款和整个宪法的修改方式。由于部分修改便于适应形势发展的需要，能够及时反映国家政治、经济、文化等各方面的发展变化，而且又能保持宪法的相对稳定性，维护宪法的权威，因此在通常情况下，部分修改优于全面修改。决定宪法是全面修改还是部分修改的关键在于，宪法规范与社会现实的冲突程度。全面修改宪法的起因是宪法规范与社会现实发生非正常性的严重冲突，如立宪或修宪的指导思想错误、宪法的基本制度与社会现实有尖锐矛盾等等；部分修改宪法的起因则是宪法规范与社会现实之间发生的正常冲突。部分修改的具体方法包括修改条文、增补条文和删除条文等等。

3. 无形修改。无形修改亦即在形式上没有对宪法条文内容进行修改，但在实际上却变更了其含义的修改方式。具体说来就是，既不由正式修宪机关主持、通过，也不依照法定程序，而是采用其他方法变更宪法的内容，但其作用与正式宪法修改相似的活动。在我国，宪法的无形修改主要表现在，随着社会政治、经济、文化等各方面情况的变化发展，党和国家的某些政策及时适应这种变化了的情况，而宪法的有关条文却还并无改变。在这种情况下，党和国家的某些方针政策，实际上已经对宪法的某些条文规定作了无形修改。然而，从树立宪法的权威和尊严，建设社会主义法治国家的角度来看，这种宪法的无形修改方式需要严格限制。

### （三）宪法修改的程序

从各国宪法规定和宪政实践看，宪法修改程序一般包括提案、审定、起草、议决和公布五个阶段。

1. 提案。提案是修改宪法开始的程序，是指宪法修正案的提出，或者说是提议应该修改宪法。任何国家修改宪法，首先必须经过这一程序，而且必须由有权机关提出。我国现行《宪法》第 64 条规定，宪法的修改，由全国人民代表大会常务委员会或者 1/5 以上的全国人民代表大会代表提议，并由全国人民代表大会以全体代表的 2/3 以上的多数通过。

2. 审定。审定是指在宪法修正案提出以后，由法定有权机关，对宪法"应否修改"作原则上审查与决定的程序。设立这一程序的目的不在于决定宪法如何修改，而在于决定宪法应否修改。

3. 起草。起草是指在决定宪法应该修改以后，由法定有权机关对决定修改的部分进行具体的草案拟定。设立这一程序的目的不是决定宪法应否修改，而是决定宪法条文应该如何修改。

4. 议决。议决是修改宪法的必经程序。现代世界各国的宪法修正案，通常由国会、议会、人民代表大会等民意机关议决通过，而且必须遵循较为严格的程序。

5. 公布。公布是修改宪法的最后程序，也是必经程序。宪法修正案只有公布之后，才具有法律效力。一般说来，公布宪法修正案的机关主要有国家元首、议决机关和行政机关等情况。

## 二、中国宪法的修改

中华人民共和国成立以后，我国共颁布了四部宪法，即 1954 年《宪法》、1975 年《宪法》、1978 年《宪法》和现行的 1982 年《宪法》。从这四部宪法的制定或修改的特征来看，由于它们存在的基本社会制度条件都是一样的。所以，只有 1954 年《宪法》是通过宪法制定的方式产生的，而其他三部宪法应当视为对 1954 年《宪法》的修改。只是这些宪法修改的幅度比较大。

现行《宪法》自 1982 年 12 月 4 日由第五届全国人民代表大会第五次会议通过并于同日由第五届全国人民代表大会公告公布施行，此后又根据 1988 年 4 月 12 日七届全国人大一次会议通过的《中华人民共和国宪法修正案》、1993 年 3 月 29 日八届全国人大一次会议通过的《中华人民共和国宪法修正案》、1999 年 3 月 15 日九届全国人大二次会议通过的《中华人民共和国宪法修正案》、2004 年 3 月 14 日十届全国人大二次会议通过的《中华人民共和国宪法修正案》和 2018 年 3 月 11 日十三届全国人大一次会议通过的《中华人民共和国宪法修正案》予以修订。经过五次修改后，现行《宪法》目前共有 52 条修正案，这些宪法修正案与现行《宪法》143 条正文一起共同构成了我国宪法典所确定的宪法规范的宪法条文载体。

为了保证宪法修改活动能够准确地实现宪法的基本原则与精神，我国现行《宪法》规定，行使宪法修改权的主体是全国人民代表大会，并且，全国人民代表大会在进行宪法修改活动时必须依据特殊的修改宪法程序。

# 第四节　合宪性审查制度

## 一、合宪性审查制度概述

### (一) 合宪性审查的概念

合宪性审查是指由特定国家机关对立法或其他法律文件是否合宪所作的具有法律意义的审查和处理。具体含义包括：第一，审查的对象是法律等规范性文件。法律一般都是由一国的议会或类似的国家机关制定。合宪性审查以法律为审查对象，也可以说就是以国家立法机关的行为为审查对象。第二，对有关文件所作的是否符合宪法的审查实际上就是对有关执行宪法情况的审查。这种审查是宪法保障的一种形式。第三，这种审查是有权的审查。第四，合宪性审查产生具有法律意义的结果。

### (二) 合宪性审查的模式

由于各国的宪政体制不同，历史传统与文化背景不同，就形成了各具特色的合宪性审查模式。

1. 普通法院。这里的普通法院是相对于专门的宪法法院而言的。其有上级法院和下级法院、联邦法院和州法院的区别；在欧洲，为处理宪法事务或与宪法有关的案件而设立了专门的法院或称为其他名称的机构之后，原有的这种法院就变成了普通法院。说这种法院是普通法院还因为这种法院审理的案件与审查立法合宪性的案件相比也是普通的。这些法院原本承担的基本任务是审理民事、刑事、行政等案件。美国是以普通法院行使合宪性审查权的典型国家。

2. 宪法法院。由宪法法院负责审查立法机关立法的合宪性是欧洲大陆国家比较普遍采用的一种形式。最早建立宪法法院的国家是奥地利。奥地利共和国于1918年宣告成立，于1920年制定《宪法》。该国《宪法》规定，对立法机关所立法律的合宪性问题的审查权不属于普通法院，而属于国家专设的宪法法院。这项规定实际上包含两项内容：其一，国家设立宪法法院；其二，宪法法院和普通法院之间的分工是，普通法院负责一般刑事、民事、行政案件的处理，而与立法机关立法的合宪性问题有关的案件由宪法法院专职审理。在奥地利设立宪法法院之后，欧洲大陆国家如德国、意大利、西班牙，亚洲、非洲、拉丁美洲的一些国家也先后设立了宪法法院。

3. 专门机关。这里所说的专门机关主要是指法国的宪法委员会。这个机构担当合宪性审查的任务主要表现在以下两个方面：其一，审查各类组织法和议会规则的合宪性。1958年《法国宪法》第61条规定："各个组织法在公布前，议会两院的规章在施行前，都必须提交宪法委员会，宪法委员会应就其是否符合宪法作出裁决。"其二，审查总统、总理、议长、议员请求审查的立法的合宪性。上引第61条接着规定："各个法律在公布前，可以由共和国总统、总理、国民议会议长、参议院议长、60名国民议会议员或者60名参议院议员提交宪法委员会。"

4. 国家最高权力机关。由国家最高权力机关执行合宪性审查任务的代表性国家是苏联。苏联宪法虽未明确使用合宪性审查和合宪性审查权等概念，但其对最高国家权力机关的授权包含了合宪性审查的内容。1918年的《苏俄宪法》第32条规定："全俄苏维埃中央委员会统一协调立法工作和管理工作，并负责监督苏维埃宪法、全俄苏维埃代表大会及苏维埃政权中央机关各项决定的实施情况。"1924年《苏联宪法》第1条规定：苏维埃社会主义共和国联盟的最高权力机关有权"废除各加盟共和国苏维埃代表大会及中央执行委员会"与宪法"相抵触的各项决定"。这里的监督权和废除权，尤其是废除权显然包含了审查权。1936年的《苏联宪法》第14条规定，最高国家权力机关和国家管理机关"监督对苏联宪法的遵守，并保证各加盟共和国的宪法符合于苏联宪法"。这里的"保证"是以审查为前提的。

### （三）合宪性审查的方式

在对法律文件的审查中有抽象审查和具体审查两种方式。所谓具体审查是指由具体的宪法主体的利益和法律地位等问题引起，并为解决此问题所必须面对有关法律、法规等法律文件的合宪性所进行的审查。这种审查有以下特点：其一，审查由特定主体的具体利益引起，而这种具体利益在具体案件中处于争议状态。这种审查经过这样几个阶段：（1）具体利益争议进入诉讼；（2）解决争议适用法律，提出有关法律的合宪性问题；（3）审查有关法律的合宪性；（4）用被肯定的法律处理有关争议或把被否定的法律排除在适用法律的范围之外。其二，审查的结果，也就是审查对象的合宪与否从而有效与否，对具体当事人的具体利益产生直接的影响。

所谓抽象审查是指非因具体的宪法主体的具体利益等引起，非为维护具体的现实的利益而由审查主体对法律文件的合宪性所进行的一般性审查。审查过程大致包括三个阶段：（1）由一定机关把法律文件提交审查机关，或由对法律的合宪性有异议的主体请求对有关法律进行审查。（2）合宪性审查机关审查有关法律文件。（3）把经审查的法律文件纳入实施或另一道立法程序，或接受审查机关的审查结论继续适用或执行有关法律。

### 二、中国宪法监督制度的完善

我国宪法上使用了"监督宪法实施"这一表述，为与法律监督相对应，学术上通常采用"宪法监督"这一概念。宪法监督的基本方式是进行合宪性审查。我国现行宪法关于宪法监督制度主要规定了三项基本内容：（1）宪法的地位。宪法序言规定，宪法是国家根本法，具有最高法律效力。（2）宪法监督的对象。《宪法》第5条规定，一切法律、行政法规和地方性法规都不得与宪法相抵触；一切国家机关和武装力量、各政党和各社会团体、各企业事业组织都必须遵守宪法和法律。一切违反宪法和法律的行为，必须予以追究。任何组织或者个人都不得有超越宪法和法律的特权。（3）宪法监督机关。《宪法》第62条和第67条规定，全国人大及其常委会监督宪法的实施。此后，一些法律和规范性文件在宪法规定的基础上，对我国宪法监督制度作出了进一步完善和发展。

1.《立法法》对宪法监督制度的完善和发展。主要是：（1）日常性的宪法监督机关。依据《立法法》第99条和第100条的规定，宪法监督权主要由作为最高权力机关常设机关的全国人大常委会实施。（2）宪法监督对象。宪法监督的对象包括全国人大常委会制定的不适当的法律，自治条例和单行条例、行政法规、地方性法规。此外，《立法法》第104条第2款规定，最高人民法院、最高人民检察院作出的属于审判、检察工作中具体应用法律的解释，应当自公布之日起30日内报全国人民代表大会常务委员会备案。据此，最高人民法院和最高人民检察院作出的司法解释也是宪法监督的对象。（3）宪法监督程序的启动。宪法监督程序的启动包括被动启动和主动启动。①被动启动。《立法法》第99条第1、2款规定了被动启动程序，第1款和第2款还分别规定了提出审查意见和建议的主体。②主动启动。《立法法》第90条第3款规定了主动审查程序，即有关的专门委员会和常务委员会工作机构可以对报送备案的规范性文件进行主动审查，从而主动启动宪法监督程序。（4）宪法监督程序。《立法法》第100条规定，全国人大专门委员会、常务委员会工作机构在审查、研究中认为行政法规、地方性法规、自治条例和单行条例同宪法或者法律相抵触的，可以向制定机关提出书面审查意见、研究意见；也可以由法律委员会与有关的专门委员会、常务委员会工作机构召开联合审查会议，要求制定机关到会说明情况，再向制定机关提出书面审查意见。全国人大法律委员会、有关的专门委员会、常务委员会工作机构向制定机关提出审查意见、研究意见，制定机关按照所提意见对行政法规、地方性法规、自治条例和单行条例进行修改或者废止的，审查终止。全国人大法律委员会、有关的专门委员会、常务委员会工作机构经审查、研究认为行政法规、地方性法规、自治条例和单行条例同宪法或者法律相抵触而制定机关不予修改的，应当向委员长会议提出予以撤销的议案、建议，由委员长会议决定提请常务委员会会议审议决定。

2.2018年宪法修正案将全国人大法律委员会更名为全国人大宪法和法律委员会，作为进行合宪性审查的专门协助机构；全国人大常委会法制工作委员会增设法规备案审查室，作为法规备案和宪法监督的具体受理和协调机构。

# 第三章 国家基本制度

国家制度是一个国家的统治阶级通过宪法、法律规定的有关国家性质和国家形式方面的制度的总称。在一个国家的宪法中，国家制度居于极为重要的地位。它不仅表明国家政权特定的阶级本质，而且为国家政权的运转、国家职能的实现提供保障。一般说来，国家制度主要包括国体、政体、选举制度、地方制度等内容。

## 第一节 国家性质

### 一、国家性质概述

#### （一）国家性质的概念

国家性质亦称国体，或者说国家的阶级本质。马克思主义认为，国家是阶级矛盾不可调和的产物和表现，是实施阶级统治的重要工具，因而国家的实质必然表现为一个阶级对另一个阶级的专政。因此，国家政权掌握在哪一个阶级手中，谁是统治阶级，谁是被统治阶级，在国家生活和社会生活中各阶级之间的关系如何等问题，构成马克思主义宪法学中国家性质的基本内容。概而言之，所谓国家性质是指社会各阶级在国家生活中的地位和作用。

#### （二）国家性质在国家制度中的地位

决定国家性质的因素主要有：第一，国家政权的阶级本质。这是决定国家性质的主要方面。宪法作为一国政治力量对比关系的集中表现，既要反映统治阶级与被统治阶级之间的关系，也要反映统治阶级内部之间的关系，以协调它们之间的关系，但主要或者首先是确定统治关系。第二，国家政权的经济基础。任何国家政权都是建立在一定经济基础之上的，从根本上说，都是由一定经济基础决定的。在一定经济基础之上，只能产生相应性质的国家政权。第三，社会的精神文明。精神文明的内容决定着一个国家活动的方向，对国家政策的制定起着巨大作用，对国家性质的确定有着很大的影响。

在人类国家发展史上，先后存在过四种不同历史类型的国家，即奴隶制国家、封建制国家、资本主义国家和社会主义国家。尽管由于不同国家或者一国不同历史时期具体历史条件的不同，决定了其阶级关系状况存在差异，但一般说来，在经济生活领域中居于主导地位的阶级总是控制或者掌握着国家政权，处于统治者或者领导者的地位；而社会中的其他阶级，则或者处于被统治者的地位，或者处于被领导者的地位。由于宪法是资产阶级革命的产物，因而通过宪法来确认其阶级关系只是近代以来的事情。而且，资本主义宪法与社会主义宪法对各自国体的规定不仅在阶级内容上根本不同，而且在表现形式方面也截然相反。尽管资本主义宪法是资产阶级向封建专制统治进行斗争，争取资产阶级民主权利的结果，但是，资产阶级出于他们阶级利益的考虑，不愿意也不敢将资本主义国家这种占人口极少数的剥削者对占人口绝大多数的被剥削者实行专政的实质直接公之于世，而只能以所谓"人民主权""国民主权""民有、民治、民享"等词句来掩盖其国家性质。社会主义宪法则公开写明无产阶级专政这一阶级本质，并确认和保护生产资料的社会主义公有制以及广大人民群众在政治上、经济上的统治地位。

国家性质在国家制度中具有重要的地位。在国家制度中，国家性质体现了一国的阶级属性，对该国的其他制度具有决定性的作用。

## 二、中国的国家性质

### （一）人民民主专政的概念和特点

我国现行的 1982 年《宪法》规定："中华人民共和国是工人阶级领导的、以工农联盟为基础的人民民主专政的社会主义国家。""工人阶级领导的、以工农联盟为基础的人民民主专政，实质上即无产阶级专政。"2018 年宪法修正案在《宪法》第 1 条增加规定，中国共产党领导是中国特色社会主义制度的最本质特征。宪法的这一规定充分表明：我国的国体是人民民主专政，实质上即无产阶级专政。人民民主专政是指我国工人阶级领导的、以工农联盟为基础的、对人民实行民主和对敌人实行专政的国家政权。

众所周知，中国的社会历史条件既不同于发达的资本主义国家，也不同于十月社会主义革命时的俄国。中国半封建半殖民地的社会性质，决定了中国革命的发展进程和所建立的革命政权必然具有自己的特点。具体说来主要有：

1. 从革命的道路来看，由于近代中国既不是一个资本主义国家，也不是一个独立的主权国家，而是一个经济文化非常落后的半殖民地、半封建的国家，因而一方面封建地主阶级、官僚资产阶级在帝国主义扶持下实行法西斯独裁统治，另一方面虽然无产阶级的革命性和战斗性最强但人数极少，在这样的历史条件下，毛泽东创造性地运用马克思主义，开创了一条以农村包围城市，武装夺取政权的具有中国特色的革命道路。这样的革命道路决定了中国革命不可能只依赖于无产阶级一个阶级，而必须在无产阶级领导下，广泛团结广大农民阶级和其他革命阶级。

2. 从革命队伍的阶级构成来看，尽管在中国革命过程中，无产阶级是领导阶级，但农民却是革命的主力军。这不仅是由农民在全国人口中占 80％以上的比例决定的，也是由具有中国特色的革命道路决定的，更是由农民的特点，比如农民中主要是贫雇农和中农，他们同样深受三座大山的剥削和压迫，是无产阶级的天然同盟者等决定的。同时，中国的民族资产阶级是一个具有两面性的阶级。一方面，它受帝国主义、封建主义和官僚资本主义的压迫和束缚，同它们有矛盾，具有一定的革命性；另一方面，由于它在经济上和政治上的软弱，同帝国主义、封建主义有千丝万缕的联系，因此缺乏彻底的反帝、反封建的勇气，具有妥协性。民族资产阶级这种两面性的特点决定了在一定历史条件下，民族资产阶级也是中国革命队伍中的一部分。因此，中国这种国情，决定了中国革命和革命所建立的政权具有自己的鲜明特点。这就是，中国的无产阶级在夺取政权和建立政权过程中存在着两个联盟，即不仅存在着工人阶级同农民阶级的联盟，而且还存在着工人阶级同民族资产阶级的联盟。这样，我国的国家政权在阶级结构上和专政对象上，既不同于马克思、恩格斯所设想的无产阶级专政的形式，也不同于俄国十月革命所建立的苏维埃政权。正因如此，所以毛泽东指出：总结我们的经验，集中到一点，就是工人阶级（经过共产党）领导的以工农联盟为基础的人民民主专政。

由此可见，人民民主专政理论是中国共产党在领导中国革命过程中，将马克思主义关于无产阶级专政的理论同中国国情相结合，是对无产阶级专政理论的丰富和发展，是无产阶级专政理论在中国具体历史条件下的产物。

### （二）人民民主专政的内容

既然国家的阶级本质是一个阶级对另一个阶级的专政，那么这个阶级专政一般说来就总是表现为两个方面：一是对敌对阶级实行专政；二是在统治阶级内部实行民主。因此，任何阶级的专政都是民主与专政的结合。人民民主专政是人民民主和人民对极少数敌对分子专政的有机统一，是新型民主和新型专政的结合。

1. 在人民内部实行民主是实现对敌人专政的前提和基础。人民民主的实质就是社会上绝大多数人享有管理国家和社会的一切权力，就是人民当家作主。这是社会主义国家政权的本质特征。我国《宪法》总纲中明确规定："中华人民共和国的一切权力属于人民。"这一规定充分表明：在我国，人民是国家的主人。而且我国的宪法和法律还就人民民主的基本内容和实现形式进行了系统规定。这就是：人民平等地享有管理国家、管理社会及各项经济文化事业的权利；通过完善和加强人民代表大会制度这一实现人民民主的基本形式，使之真正成为人民行使当家作主权利、保障人民在国家中的主人翁地位的基本政治制度；切实保障宪法规定的公民各项基本权利与自由的实现；等等。只有切实保障人民民主，使广大人民真正掌握当家作主管理国家的根本权力，才能使全国人民思想解放，心情舒畅，充分发挥主人翁的责任感、积极性和首创精神，人民民主专政的国家权力才能巩固，社会主义事业才能进一步发展。

2. 对敌人实行专政是人民民主的有力保障。专政是指掌握国家政权的阶级对被统治阶级依靠暴力进行压迫的制度。"专政"包含两层含义：一是说明统治关系，即一个国家谁是统治阶级，谁是被统治阶级；二是指统治手段，即采用暴力镇压的手段。尽管我国的阶级结构和阶级斗争状况已经发生了极其深刻的变化，但是对敌专政的职能并没有消失。我国人民民主专政的国家政权，在对人民实行民主的同时，必须对极少数敌视和破坏社会主义制度的敌对势力、敌对分子实行专政。而且，不对他们实行专政，就不可能有社会主义民主。因此，对敌人实行专政是人民民主的有力保障。

### （三）人民民主专政的阶级结构

根据宪法第 1 条的规定，工人阶级和农民阶级是我国人民民主专政的阶级基础。其中，工人阶级是人民民主专政的领导力量，这是由工人阶级本身所具有的先进性、远见性、富于组织纪律性等特点决定的。农民阶级是工人阶级政治上可靠的同盟军。列宁曾多次指出，工农联盟是无产阶级专政的最高原则。人民民主专政之所以建立在工农联盟的基础之上，其原因在于：首先，这两个阶级占中国人口的 80%～90%；其次，工农联盟是新民主主义革命取得胜利的重要因素。在社会主义建设时期，同样依靠工人阶级和农民阶级结成的联盟。在社会主义建设时期，除了要加强工农联盟这个基础以外，还要把知识分子、民营科技企业的创业人员和科技人员、受聘于外资企业的管理技术人员、个体户、私营企业主、中介组织的从业人员和自由职业者作为社会主义建设的依靠力量。他们都是社会主义事业的建设者，只是由于劳动分工不同而形成不同的身份。

### （四）爱国统一战线

统一战线是无产阶级在革命斗争中，为反对主要敌人，与一切可能团结的力量结成的联盟。中国的革命统一战线是在中国共产党领导下，在长期的革命斗争中建立和发展起来的，是工人阶级领导的、以工农联盟为基础的人民大众的广泛联盟。它是中国革命和建设的一个重要法宝。在历史上，曾经有过抗日战争时期的抗日民族统一战线、解放战争时期的人民民主统一战线和新中国成立初期的革命统一战线。

在现阶段，存在一个由中国共产党领导的、有各民主党派和各人民团体参加的，包括全体社会主义劳动者、社会主义事业建设者、拥护社会主义的爱国者、拥护祖国统一和致力于中华民族伟大复兴爱国者的广泛的爱国统一战线。新时期爱国统一战线包括两个范围的联盟：一个是由祖国大陆范围内全体社会主义劳动者、社会主义事业建设者和爱国者组成的以社会主义为政治基础的联盟，这个联盟必须坚持四项基本原则；另一个是广泛团结台湾同胞、港澳同胞、海外侨胞，以拥护祖国统一和致力于中华民族伟大复兴为政治基础的联盟，这个联盟只要赞成祖国统一，即使不拥护社会主义制度的人也是爱国统一战线的对象。爱国统一战线的组织形式是中国人民政治协商会议。

新时期爱国统一战线的任务是：为社会主义现代化建设服务；为实现祖国统一大业服务；为维护国际团结、世界和平服务。

### 三、经济制度
#### （一）经济制度的概念

经济制度是指人类历史发展到一定阶段上的经济基础，即生产关系的总和。生产资料所有制形式是生产关系的核心，它决定着生产关系的其他方面，是经济制度的基础。我国目前正处于社会主义初级阶段，这一阶段的基本经济制度就是以生产资料公有制为主体、多种所有制经济共同发展，体现劳动者在生产过程中的主人翁地位和他们之间的平等、互助合作关系，并且按照劳动的数量和质量分配社会产品的各项制度的总和。这一制度的建立，是由社会主义性质和初级阶段国情决定的：（1）我国是社会主义国家，必须坚持公有制作为社会主义经济制度的基础；（2）我国处于社会主义初级阶段，需要在公有制为主体的条件下，发展多种所有制经济；（3）一切符合"三个有利于"的所有制形式都可以并且应该用来为社会主义服务。其中，生产资料的社会主义公有制决定了社会主义经济制度的性质。公有制的主体地位主要体现在：公有资产在社会总资产中占据优势；国有经济控制国民经济命脉，对经济发展起主导作用。

宪法与经济制度有着紧密联系，经济制度是宪法的基础，而宪法的主要任务之一就是确认和保护有利于统治阶级的经济制度。资本主义宪法通常仅确认作为私有制基础的私有财产权，而社会主义宪法则比较全面、系统地规定社会主义经济制度的各个方面。

#### （二）我国现阶段的所有制形式及国家政策

1. 生产资料公有制。经济基础就是生产关系，但二者在概念的运用上有所不同，前者和上层建筑相对，后者和生产力相对。生产关系是在物质生产过程中形成的人与人之间的关系，它包括三个方面：生产资料所有制形式；人们在生产过程中所形成的地位和相互关系；劳动产品分配方式。其中生产资料所有制关系是核心部分，它决定着生产关系的其他部分。

现行《宪法》第 6 条规定，"中华人民共和国的社会主义经济制度的基础是生产资料的社会主义公有制，即全民所有制和劳动群众集体所有制"，"国家在社会主义初级阶段坚持公有制为主体、多种所有制经济共同发展的基本经济制度"。《宪法》的这一规定表明我国生产资料所有制结构是以公有制为主体、多种所有制共同发展的基本经济制度。就全国而言，公有制的主体地位主要体现在：公有资产在社会总资产中占优势；国有经济控制国民经济命脉，对经济发展起主导作用。但有的地方，有的产业可以有所差别。公有资产占优势，要有量的优势，更要注重质的提高。我国的社会主义性质和初级阶段国情决定了现阶段我国所有制的结构，具体来讲：第一，我国是社会主义国家，必须坚持公有制作为社会主义经济制度的基础；第二，我国处于社会主义初级阶段，需要在公有制为主体的条件下发展多种所有制经济；第三，一切符合"三个有利于"的所有制形式都可以也应该用来为社会主义服务。

公有制经济不仅包含全民所有制经济和劳动群众集体所有制经济，还包括混合所有制经济中的国有成分和集体成分。国有制的实现形式可以而且应当多样化。一切反映社会化生产规律的经营方式和组织形式都可以大胆利用。

我国的公有制主体地位还表现在自然资源主要归国家和集体所有。我国的《宪法》第9条规定："矿藏、水流、森林、山岭、草原、荒地、滩涂等自然资源，都属于国家所有，即全民所有；由法律规定属于集体所有的森林和山岭、草原、荒地、滩涂除外。"《宪法》第10条规定："城市的土地属于国家所有。农村和城市郊区的土地，除由法律规定属于国家所有的以外，属于集体所有；宅基地和自留地、自留山，也属于集体所有。"结合具体法律，我国自然资源的所有权结构是：就土地资源来讲，在我国，城市的土地属于国家所有。农村和城市郊区的土地，除法律规定属于国家所有的以外，属于集体所有；宅基地和自留地、自留山，也属于集体所有。水资源属于国家所有，但农业集体经济组织所有的水塘、水库中的水，属于集体所有。森林法把林权分为国家林权、集体林权、机关团体林权和公民个人林权。农村居民在房前屋后、自留地、自留山种植的林木归个人所有，城镇居民在自有房屋的庭院内种植的林木归个人所有；集体或个人承包国家所有和集体所有的宜林荒山荒地造林的，承包后种植的林木归承包的集体或个人所有。我国的草原只能为国家或集体所有。矿产资源只能为国家所有。野生动植物资源也只归国家所有。

国有经济，即全民所有制经济，是生产资料和生产成果归社会的全体人民所公有，由代表全体人民的国家占有生产资料的一种所有制形式。

《宪法》第7条规定："国有经济，即社会主义全民所有制经济，是国民经济中的主导力量。国家保障国有经济的巩固和发展。"

国有经济控制国民经济命脉，对经济发展起主导作用。国有经济起主导作用，主要体现在控制力上。对关系国民经济命脉的重要行业的关键领域，国有经济必须占支配地位；在其他领域，可以通过资产重组和结构调整，以加强重点，提高国有资产的整体质量。

劳动群众集体所有制经济，是由集体经济组织内的劳动者共同占有生产资料和生产成果的一种公有制经济，包括农村集体经济和城镇集体经济。

现行《宪法》第8条第1款规定："农村集体经济组织实行家庭承包经营为基础、统分结合的双层经营体制。"宪法的这一规定有三层含义：第一，家庭承包经营为基础、统分结合的双层经营体制是农村的基本经济体制，它与基本经济制度和分配制度并列为农村必须长期坚持的三项制度；第二，强调家庭承包经营为基础，突出了家庭经营的主体地位；取消1993年《宪法修正案》第6条规定的"家庭联产承包为主的责任制"中的"联产"二字，这源于实际中"联系产量计算报酬"早已不复存在的事实；第三，统分结合的双层经营体制，是指在农村集体经济组织内部实行集体统一经营和农户家庭分散经营相结合的经营体制，其中家庭承包经营是统分结合的双层经营体制的基础。

《宪法》在第8条第2款规定："城镇中的手工业、工业、建筑业、运输业、商业、服务业等行业的各种形式的合作经济，都是社会主义劳动群众集体所有制经济。"城镇集体经济对于积累资金、吸纳剩余劳动力具有重要作用，已经成为社会主义公有制经济的不可缺少的组成部分。《宪法》第 8 条第 3 款规定："国家保护城乡集体经济组织的合法的权利和利益，鼓励、指导和帮助集体经济的发展。"

2. 非公有制经济。非公有制经济包括个体经济、私营经济以及三资企业几种形式。个体经济，是指由城乡个体劳动者占有少量生产资料和产品，以自己从事劳动生产为基础的一种经济形式。所谓私营经济，是指在法律规定范围内生产资料属于私人所有，存在雇佣劳动关系的一种经济形式。三资企业是依照我国法律在我国投资，与我国企业或者其他经济组织进行各种形式经济合作的外国企业和其他经济组织或者个人。

新中国建立之初，国家通过对经营范围、价格、营销方式等方面的鼓励和支持，使私营经济获得长足发展。但自社会主义改造开始时起，私营企业就被定位在社会主义公有制经济的对立方面，此种情况延续了近三十年。到 1987 年，党的十三大报告指出，私营经济在一定程度的发展，有利于促进生产，活跃市场，扩大就业，更好地满足人民多方面的生活需求，是公有制经济必要的有益的补充。接着，1988 年在七届人大一次会议上通过了 1982 年《宪法》的第 1 条修正案："国家允许私营经济在法律规定的范围内存在和发展。私营经济是社会主义公有制经济的补充。国家保护私营经济的合法的权利和利益，对私营经济实行引导、监督和管理。"十五大报告指出："非公有制经济是社会主义市场经济的重要组成部分"。1999 年《宪法修正案》第 16 条修正案修正了《宪法》第 11 条和修正案第 1 条，它规定："在法律规定范围内的个体经济、私营经济等非公有制经济，是社会主义市场经济的重要组成部分。"2004 年的《宪法修正案》第 21 条规定："国家保护个体经济、私营经济等非公有制经济的合法的权利和利益。国家鼓励、支持和引导非公有制经济的发展，并对非公有制经济依法实行监督和管理。"

另外，三资企业的存在对于引进国外资金、技术、管理经验、扩大就业等方面有极大的好处。所以，《宪法》第 18 条规定："中华人民共和国允许外国的企业和其他经济组织或者个人依照中华人民共和国法律的规定在中国投资，同中国的企业或者其他经济组织进行各种形式的经济合作。""在中国境内的外国企业和其他外国经济组织以及中外合资经营的企业，都必须遵守中华人民共和国的法律。它们的合法的权利和利益受中华人民共和国法律的保护。"

### （三）分配原则

分配制度是经济制度的一个重要组成部分。改革开放以来，分配制度理论经历了四个阶段的变革：第一，克服和批判平均主义阶段。针对当时社会上普遍存在着"干多干少一个样，干好干坏一个样"的现象，邓小平提出了允许一部分人、一部分地区通过诚实劳动与合法经营先富起来的政策。第二，按劳分配与商品经济联系的阶段。1984 年的十二届三中全会提出了社会主义有计划的商品经济的概念，从而形成"在以按劳分配为主体的前提下实行多种分配方式"的分配制度。第三，效率优先、兼顾公平的原则的提出。党的十四届三中全会提出："个人收入分配要坚持以按劳分配为主体，多种分配方式并存的制度，体现效率优先、兼顾公平的原则"。第四，党的十五大提出了"把按劳分配和按生产要素分配结合起来"的分配原则。

现行《宪法》第 6 条中规定："社会主义公有制消灭人剥削人的制度，实行各尽所能，按劳分配的原则。""坚持按劳分配为主体、多种分配方式并存的分配制度。"

我国社会主义初级阶段的生产资料所有制结构决定了我国现阶段的分配结构。生产资料公有制的主体地位决定了按劳分配的主体地位。按劳分配的主体地位表现在：第一，在全社会的收入分配中，按劳分配占最大比重，起主导作用；第二，在公有制经济范围内劳动者总收入中，按劳分配是最主要的收入来源。

按照马克思的原意，按劳分配是指在社会主义公有制经济内部的个人消费品的分配方式，它以劳动为统一尺度进行个人收入分配，劳动者以一定形式向社会和集体提供一定量的劳动，并取得含有等量劳动的个人收入，其原则是多劳多得、少劳少得、不劳不得。但在社会主义市场经济条件下，按劳分配具有如下特点：第一，按劳分配的主体不是个人而是企业。在社会主义市场经济条件下，每个企业都是自主经营、自负盈亏的独立的经济实体，企业有权进行自主分配。按劳分配的范围仅可能存在于企业内部。第二，按劳分配的标准不仅仅是劳动，更多的时候是企业的经济效益，经济效益优劣则由许多种劳动因素决定。第三，个人的劳动报酬受市场调节。

除了按劳分配以外，其他分配方式主要还包括按生产要素分配，具体包括：资本、技术、信息等。在市场经济条件下，除劳动力以外的其他生产要素表现得非常稀缺，其只能按价值规律作用的方向流动，由市场进行配置。生产要素随着价值规律的作用而上下波动，必然使生产要素的所有者增加收益或遭受损失，在市场经济条件下，增加的收益和遭受的损失都应得到承认。也就是说，按生产要素进行分配是市场经济的必然要求。

按劳分配和按生产要素进行分配是社会主义市场经济条件下共同起作用的两种方式，二者的目的是一致的，即都要通过科学合理的收入分配机制促进生产力的发展、综合国力的增强和人民生活水平的提高。

### (四) 社会主义市场经济

在中华人民共和国成立后相当长的时期里，我国一直实行计划经济。由于当时主观和客观条件的限制，1982 年《宪法》第 15 条规定："国家在社会主义公有制基础上实行计划经济。国家通过经济计划的综合平衡和市场调节的辅助作用，保证国民经济按比例地协调发展。"这一规定虽然没有完全排除市场的作用，但仍然坚持公有制必须实行计划经济的观念。随着经济体制改革的深入，人们逐渐认识到市场与社会主义之间不存在内在的矛盾，在社会主义条件下，建立市场经济体制是我国商品经济发展的必然要求。因此，在 1993 年 3 月通过的《宪法修正案》中，对 1982 年《宪法》的前述规定进行了修改，明确规定："国家实行社会主义市场经济。"当然，我国实行的是社会主义市场经济，与资本主义市场经济有所不同。具体说来，我国社会主义的市场经济坚持以公有制为主体，坚持把共同富裕作为发展经济的最终目的。另外，我国实行社会主义市场经济，并不等于完全排斥国家计划和国家管理。在我国社会主义市场经济体制下，国家的经济计划仍然是国家调节市场的重要手段之一，国家仍然要适当发挥其管理经济的作用。为此，《宪法》规定："国家加强经济立法，完善宏观调控。""国家依法禁止任何组织或者个人扰乱社会经济秩序。"

### 四、物质文明、政治文明、精神文明、社会文明和生态文明的协调发展
#### (一) 物质文明、精神文明的含义和内容

所谓物质文明，是指人类改造自然界的物质成果，表现为物质生产的进步和人们的物质生活的改善及不断丰富。所谓精神文明，是指人类精神生活的进步状态。人类在改造客观世

界的过程中，人类的主观世界也同时得到改造，使社会的精神生产和精神生活也得到丰富和发展。它表现为教育、科学、文化知识的发达和思想道德素养的提高。物质文明和精神文明有着紧密的联系：第一，物质文明建设是精神文明建设的物质基础，为精神文明建设提供了物质条件；第二，精神文明建设为物质文明的发展提供精神动力、智力支持以及强有力的思想保证。对物质文明与精神文明必须坚持两手抓、两手都要硬的方针。

我国现行宪法从教育科学文化建设和思想道德建设两个方面对精神文明建设作出了系统的规定：

1. 社会主义教育科学文化建设。教育科学文化建设的内容包括教育、科学、卫生、体育、文艺、新闻、广播、电视、出版、发行、图书馆、博物馆、文化馆、保护历史文化遗产及其他各项文化事业。教育科学文化建设是社会主义精神文明建设的一个重要方面。加强社会主义教育科学文化建设，必须切实把教育放在优先发展的战略地位，必须坚定不移地坚持"为人民服务，为社会主义服务"的方向，必须坚定不移地贯彻执行"百花齐放，百家争鸣"的方针。

现行《宪法》在总纲的第 19 条、第 20 条、第 21 条和第 22 条分别对教育科学文化建设作出了规定：

发展社会主义教育事业。《宪法》第 19 条规定："国家发展社会主义教育事业，提高全国人民的科学文化水平。国家举办各种学校，普及初等义务教育，发展中等教育、职业教育和高等教育，并且发展学前教育。国家发展各种教育设施，扫除文盲，对工人、农民、国家工作人员和其他劳动者进行政治、文化、科学、技术、业务的教育，鼓励自学成才。国家鼓励集体经济组织、国家企业事业组织和其他社会力量依照法律规定举办各种教育事业。国家推广全国通用的普通话。"

发展社会主义科学事业。科学技术的发展，是生产力发展的重要推动力量，是综合国力的重要构成要素，也是人类文明和社会进步的重要标志。科学技术是第一生产力，科技进步是经济发展的决定因素。科学技术的现代化，是社会主义现代化建设的关键。国际间的竞争，说到底是综合国力的竞争，关键是科学技术的竞争。在科学技术上落后就会被动挨打。

加强哲学社会科学研究，对党和人民事业的发展极为重要。一个民族要兴旺发达，要屹立于世界民族之林，不能没有创新的理论思维。这是人类文明发展史给人们的一个重要启示。哲学社会科学，是人们认识世界、改造世界的重要工具，是推动历史发展和社会进步的重要力量。哲学社会科学的研究能力和成果，也是综合国力的重要组成部分。《宪法》第 20 条对此作了如下规定："国家发展自然科学和社会科学事业，普及科学和技术知识，奖励科学研究成果和技术发明创造。"

发展卫生事业和体育事业。《宪法》第 21 条规定："国家发展医疗卫生事业，发展现代医药和我国传统医药，鼓励和支持农村集体经济组织、国家企业事业组织和街道组织举办各种医疗卫生设施，开展群众性的卫生活动，保护人民健康。国家发展体育事业，开展群众性的体育活动，增强人民体质。"

发展社会主义文学艺术和其他文化事业。《宪法》第 22 条规定："国家发展为人民服务、为社会主义服务的文学艺术事业、新闻广播电视事业、出版发行事业、图书馆博物馆文化馆和其他文化事业，开展群众性的文化活动。国家保护名胜古迹、珍贵文物和其他重要历史文化遗产。"

2. 社会主义思想道德建设。社会主义思想道德建设关系着民族凝聚力和向心力的增强，关系着社会文明程度和人民对社会的满意程度的提高。《宪法》第24条规定："国家通过普及理想教育、道德教育、文化教育、纪律和法制教育，通过在城乡不同范围的群众中制定和执行各种守则、公约，加强社会主义精神文明的建设。国家提倡爱祖国、爱人民、爱劳动、爱科学、爱社会主义的公德，在人民中进行爱国主义、集体主义和国际主义、共产主义的教育，进行辩证唯物主义和历史唯物主义的教育，反对资本主义的、封建主义的和其他的腐朽思想。"

### (二) 政治文明的含义

社会主义政治文明本质上是人民民主的政治文明。社会主义民主取代了资本主义民主，标志着政治文明在人类历史上的飞跃。社会主义政治文明是一种新型的、为绝大多数人所享有的民主的政治文明，同历史上其他社会形态中存在的政治文明相比较，有着本质的区别，具有优越性和时代特点。

第一，中国共产党的领导是社会主义政治文明建设的保障。中国共产党是我国的执政党，始终代表着中国先进生产力的前进要求，代表中国先进文化的发展方向，代表最广大人民的根本利益。中国共产党领导人民建立国家政权就是要实现人民当家做主。社会主义民主政治和政治文明的各个方面都与党的领导制度及执政方式相联系，改革和完善党的领导制度与执政方式对于推进民主政治建设具有全局性作用。在新的历史时期，发展党内的民主对于带动人民民主和政治文明建设具有特别重要的意义。

第二，人民当家做主是社会主义政治文明建设的本质特点。党的十六大报告指出，共产党执政就是领导和支持人民当家做主。建设社会主义政治文明，就是要把人民当家做主作为出发点和归宿。社会主义政治文明建设包含着丰富的内容，其核心就是人民民主。没有人民民主的政治制度，人民的各种权利就没有制度保障，各种义务就无法履行，社会主义现代化建设无法顺利进行。发扬人民民主是社会主义政治文明建设的基本内容，也是推动政治文明不断发展的根本动力。

第三，坚持依宪治国是社会主义政治文明建设的根本途径。政治文明在法律的层面上就是宪政文明，宪政是宪法在现实生活中的状态，是一种良好的秩序。国家实行依法治国在一定的程度上就是依宪治国。宪法规范了国家权力与公民权利的关系，确立国家权力运行的规则和保障公民权利的价值取向，只要严格依据宪法办事，就能够实现政治文明的各项任务。

### (三) 社会文明的含义

社会文明是社会领域的进步程度和社会建设的积极成果，包括社会主体文明、社会关系文明、社会观念文明、社会制度文明、社会行为文明等方面。社会主体文明是社会主义社会文明的主体方面和基础条件，包括个人发展、家庭幸福、邻里和睦、社会和谐等方面；社会关系文明是社会主义社会文明的结构要求和核心内容，包括人际关系、家庭关系、邻里关系、社团关系、群体关系等方面；社会观念文明是社会主义社会文明的精神状态和前提条件，包括社会理论、社会心理、社会风尚、社会道德等方面；社会制度文明是社会主义社会文明的规范要求和基本保证，包括社会制度、社会体制、社会政策、社会法律等方面；社会行为文明是社会主义社会文明的外在表现和关键所在，它包括社会活动、社会工作、社会管理等方面。社会文明的本质是全体人民各尽所能、各得其所而又和谐相处。

加强社会文明建设，要求现代国民教育体系更加完善，终身教育体系基本形成，全民受教育程度和创新人才培养水平明显提高。社会就业更加充分。覆盖城乡居民的社会保障体系基本建立，人人享有基本生活保障。合理有序的收入分配格局基本形成，中等收入者占多数，绝对贫困现象基本消除。人人享有基本医疗卫生服务。社会管理体系更加健全。这些为社会文明建设指明了方向。

### （四）生态文明的含义

生态文明是人类遵循人、自然、社会和谐发展这一客观规律而取得的物质与精神成果的总和；生态文明是以人与自然、人与人、人与社会和谐共生、良性循环、全面发展、持续繁荣为基本宗旨的社会形态。

建设生态文明是关系人民福祉、关系民族未来的大计。小康全面不全面，生态环境质量是关键。良好生态环境是最公平的公共产品，是最普惠的民生福祉。我国明确把生态环境保护摆在突出的位置，既要绿水青山，也要金山银山，决不以牺牲环境为代价去换取一时的经济增长。国家强调要基本形成节约能源资源和保护生态环境的产业结构、增长方式、消费方式。为此要做到：循环经济形成较大规模，可再生能源比重显著上升。主要污染物排放得到有效控制，生态环境质量明显改善。生态文明观念在全社会牢固树立。这些都是生态文明建设应采取的措施。

### （五）"五个文明"的协调发展

我国的社会主义现代化建设是一个巨大的系统工程，具体来讲就是"五个文明"的协调发展。"五个文明"协调发展是中国共产党统筹推进经济建设、政治建设、文化建设、社会建设、生态建设的"五位一体"总体布局的宪法化表达。社会主义社会应该是物质文明、政治文明、精神文明、社会文明和生态文明全面发展的社会，实现现代化的过程是包括经济、政治、文化、社会和生态发展在内的全面进步的过程。在这个过程中，生态文明是"五个文明"系统中的前提，物质文明是"五个文明"系统中的基础，政治文明是"五个文明"系统中的保障，精神文明是"五个文明"系统中的灵魂，社会文明是"五个文明"系统中的目的。强调"五个文明"共同发展、协调发展，是对人类社会发展趋势的正确回应，"五个文明"共同构成文明系统整体，协调发展，相互影响，相互制约，最终实现宪法确立的国家根本任务。

## 第二节　政权组织形式

### 一、政权组织形式概述

任何国家政权都离不开两大基本要素：一是体现和实现国家意志的国家权力，二是掌握和运用国家权力的社会阶级。如果说国家性质涉及的是国家的内容，或者说是国家权力的阶级归属，那么国家的形式，或者说拥有国家权力的阶级如何实现其国家权力的问题，则属于政权组织形式的范围。

### （一）政权组织形式的概念和类型

政权组织形式亦称政体，指的是掌握国家权力的阶级实现国家权力的政权体制，是形成和表现国家意志的方式，或者说是表现国家权力的政治体制。具体地说，包括统治阶级通过建立何种政权体制去体现统治阶级与被统治阶级的关系，由谁作为国家权力的代表或象征，并以何种方式和手段将所形成的国家意志向社会予以表达，以什么名义来表达等内容。

从历史发展的角度考察世界各国政体的演变可以发现，政体大致经历了一个从繁到简、从多种到单一的发展历程。尽管学者们的论述并不完全一致，但奴隶制、封建制以及资本主义国家的政体基本上可以分为两种，即君主制和共和制；社会主义国家的政体则趋于单一化，所有社会主义国家的政体都是共和政体。

### （二）政权组织形式在国家制度中的地位

政权组织形式是指实现国家权力的形式，国家性质则是指国家权力的阶级内容。因此，政权组织形式与国家性质之间是一种形式与内容的关系。政体从属于国体，一般说来，有什么样的国体，就有什么样与之相适应的政体。但政体对国体具有反作用。也就是说，只有借助于政体，国体才能外化出来，统治阶级才能将自己的意志形成和上升为国家意志，才可能系统地使用暴力及其他一切手段，对社会进行管理和统治。

### 二、中国的政权组织形式

### （一）人民代表大会制度的概念和特征

我国宪法明确规定，国家的一切权力属于人民。人民行使国家权力的机关是全国人民代表大会和地方各级人民代表大会。国家行政机关、审判机关和检察机关都由人民代表大会产生，对它负责，受它监督。那么，什么是人民代表大会制度呢？对此我们可以从四个方面进行分析。

1. 国家的一切权力属于人民是人民代表大会制度的逻辑起点。国家的一切权力属于人民既是人民代表大会制与资产阶级议会制的根本区别，也是人民代表大会制得以建立和运行的逻辑起点，因而是人民代表大会制度概念中最重要的环节。众所周知，在奴隶社会、封建社会的君主专制制度下，国家的一切权力属于君主或少数贵族。资产阶级革命的胜利，人民主权原则的张扬，使国家权力的所有者发生了转移。那些原本处于被统治地位的阶级、阶层成了宪法和法律规定中的"国家主人"。但生产资料资本家私有制，却决定了资产阶级的国家政权无法摆脱财产的控制，决定了它所实现的只能是有产者的权力，而对于广大劳动人民来说，人民当家作主只能是理想、是抽象的原则。社会主义生产资料公有制则决定了占社会成员绝大多数的广大劳动人民不仅成为生产资料的主人，而且也成为自己命运的主人；不仅应该是法律上、原则上的"主人"，而且应该是政治现实中的主人。因此，人民当家作主、权力属于人民的国家政权本质，决定了建立一套使人民能够形成统一意志的，集中统一地行使国家权力的，既有民主又有集中的政治制度也就极为必要。在我国，人民代表大会制度就是这样的政治制度。

2. 选民民主选举代表是人民代表大会制度的前提。尽管权力属于人民是我国国家政权的本质，但地域的广阔、人口的众多则决定了国家权力的所有者不可能都直接地经常地行使那属于自己的权力，而只能实行间接民主的人民代表制。因此，我国《宪法》规定，人民行使国家权力的机关是全国人民代表大会和地方各级人民代表大会。这样，由选民通过民主选举程序选举产生人大代表，由他们代表人民，组成各级人民代表大会，行使国家权力，也就构成了人民代表大会制度的前提和基础。

3. 以人民代表大会为基础建立全部国家机构是人民代表大会制度的核心。国家机构是国家为实现其职能而建立起来的国家机关的总和。虽然在理论上，我国的人民代表大会作为国家权力机关，是全权性的国家机关，但国家职能的全部实现却还有赖人民代表大会以外的其他国家机关，因而我国人民通过人民代表大会行使国家权力主要通过两大途径来实现：一是由人民代表大会直接行使宪法和法律赋予各级人民代表大会的职权，这些职权在国家政治生活中具有决定性的意义；二是由人民代表大会选举产生国家行政机关、监察机关、审判机关和检察机关，这些国家机关行使宪法和法律赋予的职权，并对人民代表大会负责，受人民代表大会监督。由此可见，无论在国家机构的建立还是运行过程中，我国的人民代表大会始终处于主导地位。也正是因为以人民代表大会为基础建立全部国家机构，才真正全面地保证了国家机构始终以实现人民的意志和利益为宗旨，始终以保障人民当家作主为目标。

4. 对人民负责、受人民监督是人民代表大会制度的关键。对人民负责、受人民监督是由第一个无产阶级专政政权巴黎公社所首创的。马克思曾经指出：公社是由巴黎各区普选选出的城市代表组成的。这些代表对选民负责，随时可以撤换。列宁也认为，任何由选举产生的机关或代表会议，只有承认和实行选举人对代表的罢免权，才能被认为是真正民主的确实代表人民意志的机关，这是真正民主制的基本原则。因此，我国宪法规定，全国人民代表大会和地方各级人民代表大会都由选民选举产生，对人民负责，受人民监督。否则，人民代表大会就可能脱离人民，违背人民的意志和利益，从而使人民代表大会制度改变性质。因此，对人民负责、受人民监督处于最为关键的环节。

根据上面的分析，我们可以把人民代表大会制度的概念归纳为：人民代表大会制度是指拥有国家权力的我国人民根据民主集中制原则，通过民主选举组成全国人民代表大会和地方各级人民代表大会，并以人民代表大会为基础，建立全部国家机构，对人民负责，受人民监督，以实现人民当家作主的政治制度。

人民代表大会制度具有以下基本特点：第一，人民代表大会制度的根本目的在于保证人民当家作主，其权力分配和制度安排都在于此；第二，人民代表大会作为国家权力机关而成为国家机构的核心，其在地位上高于其他国家机关，一切国家机关都在人民代表大会之下；第三，全国人民代表大会作为最高国家权力机关，代表全国人民行使国家权力；第四，人民代表大会实行一院制，其代表实行兼职制，并设常委会作为常设机关。

我国是人民民主专政的社会主义国家，人民是国家的主人，因而我国《宪法》规定，人民依照法律规定通过各种途径和形式管理国家事务、管理经济文化事业、管理社会事务，公民享有广泛的权利和自由，城乡人民享有基层社会生活方面的自治权利，等等。因此，在我国，实现人民当家作主的民主形式多种多样，不仅包括人民代表大会制度，而且包括其他多种形式。但在这诸种民主形式中，人民代表大会制度是最基本的。也就是说，人民代表大会制度是我国实现社会主义民主的基本形式。

**（二）人民代表大会制度是中国的根本政治制度**

人民代表大会制度是我国根本政治制度的根本原因就在于，它是同我国政权性质最相适应的制度，它能够体现我国的国家本质。

《宪法》规定，我国是工人阶级领导的、工农联盟为基础的人民民主专政的社会主义国家。这就是说，占人口绝大多数的工人、农民和知识分子是我国社会主义建设事业必须依靠的基本社会力量。同时，由于我国的具体历史原因，在人民民主专政条件下，还存在着拥护社会主义的劳动者和拥护祖国统一的爱国者的广泛的统一战线。另外，我国还是一个统一的多民族国家，除汉族外，还存在着55个少数民族。我国的人民代表大会就是由如此广泛的人们所选出的代表组成的，有着深厚的群众基础和广泛的代表性。

人民代表大会制度是我国国家力量的源泉。人民代表大会制度不是根据任何法律或者其他任何制度产生的，它是在长期革命斗争中逐步形成和发展起来的，是我国人民政权建设经验的总结。人民代表大会一经产生，就成为人民行使国家权力的机关。人民赋予人民代表大会决定整个国家大事的权力。

人民代表大会制度反映我国政治生活的根本方面，是其他制度赖以建立的基础。在我们国家里，有许许多多的制度，如司法制度、军事制度、婚姻家庭制度、劳动制度、财经制度、金融制度、税收制度等，但这些制度都是由人民代表大会创立的，或者是由它批准的，或者是由它所授权的机关批准的。这些制度只是表现我国社会主义政治生活的某一个方面，如司法制度只表现司法方面的问题，军事制度只表现军事方面的问题，婚姻家庭制度只表现婚姻和家庭方面的问题，而只有人民代表大会制度才能体现我国的政治生活的全貌。

### （三）人民代表大会制度的组织原则

我国现行《宪法》规定："中华人民共和国的国家机构实行民主集中制的原则。"这一规定表明，民主集中制是人民代表大会制度的组织和活动原则。民主集中制原则是指在民主基础上的集中和在集中指导下的民主，是民主与集中的结合。一方面，只有实行民主才能反映民意，才能集思广益；另一方面，只有集中才能有效率。民主集中制原则是相对于西方国家的"权力分立原则"而言的。在权力分立原则下，国家权力之间存在着分立和制约关系。而在民主集中制原则下，国家权力之间存在着分工，并在此基础上自上而下地存在着监督关系，在各级存在着国家权力机关，最后存在着国家的最高权力机关。在国家权力的配置和相互关系上，两者存在着巨大差异。

民主集中制原则在人民代表大会制度上的具体体现是：

1. 全国人民代表大会和地方各级人民代表大会都由民主选举产生，对人民负责，受人民监督，人民代表大会成为代表人民行使国家权力的代表机关。它表明，人民代表大会具有广泛的民意基础。

2. 国家行政机关、监察机关、审判机关、检察机关都由人民代表大会产生，对它负责，受它监督。人民代表大会代表人民产生其他国家机关，并监督这些国家机关，使这些国家机关具有广泛的民意基础，并在授权范围之内，行使各自的权力。

3. 中央和地方的国家机构的职权划分，遵循在中央统一领导下，充分发挥地方的主动性、积极性的原则。

### 三、坚持和完善人民代表大会制度

### （一）人民代表大会制度的优越性

尽管我国人民代表大会制度在历史上走过一段曲折的发展过程，这一制度本身还在不断地健全和完善，它的巨大作用也还没有充分发挥出来，但历史经验表明：人民代表大会制度具有极大的优越性。

1. 人民代表大会制度适合中国的国情，因而具有很强的生命力。人民代表大会制度是中国各族人民在共产党领导下，在长期的政权建设实践中创立的。它经历了20世纪20年代的萌芽形态，30年代的苏维埃制度，40年代的参议会制度，以及后来的人民代表会议制度，走过了从不成熟到成熟，并不断予以完善的过程，因而它是在中国的具体历史条件下形成的，是马克思主义政权建设理论在中国的具体运用，因此最适合中国的国情，也最有生命力。

2. 人民代表大会制度便于人民参加国家管理。根据我国宪法和人民代表大会组织法的规定，我国各级人大代表都由选民通过直接或者间接选举的方式产生；各级人大代表必须对选民或者原选举单位负责，受选民或者原选举单位的监督，选民或者原选举单位有权依法罢免自己选出的代表；人大代表必须深入选民中了解他们的意愿，及时向选民或者原选举单位报告自己的工作，听取他们对自己工作的意见和要求；人大代表有权根据民主集中制的原则，讨论和决定国家生活中的重大问题；等等。这就从制度上保证了我国人民行使当家作主、管理国家的权利。

3. 人民代表大会制度便于集中统一地行使国家权力。我国《宪法》规定，国家的一切权力属于人民，人民行使国家权力的机关是全国人民代表大会和地方各级人民代表大会。这一规定表明，人民代表大会制度体现了国家权力与人民权力的统一。同时，各级国家行政机关、监察机关、审判机关和检察机关都由同级人民代表大会选举产生，对它负责，受它监督，这充分表明各级人民代表大会作为国家权力机关，在国家权力的行使和实现过程中处于主导支配地位。因此，人民代表大会制度最便于集中统一地行使国家权力。

4. 人民代表大会制度既能保证中央的集中统一领导，又能保证地方主动性和积极性的发挥。我国《宪法》规定，中央和地方国家机构职权的划分，遵循在中央统一领导下，充分发挥地方主动性、积极性的原则。由于人民代表大会作为国家权力机关，在国家机关体系中处于主导支配地位，因而人民代表大会制度是将国家机关之间、中央与地方之间的权力关系有序化，从而既保证中央统一行使国家权力，又保证地方主动性和积极性得以充分发挥的关键。具体说来，全国人民代表大会是最高国家权力机关，集中统一地行使国家权力。凡全国性的重大问题，都由全国人民代表大会及其常务委员会作出决定或由它授权的国务院作出决定；全国人大常委会有权监督各级国家机关；地方各级人民代表大会及其常务委员会则有权决定地方性的重大事项，对全国人大及其常委会制定的法律，还可根据本地方的实际情况，制定实施细则；省、自治区、直辖市，设区的市，自治州的人大及其常委会还可制定地方性法规；等等。这样，不仅有利于解决中央和地方的矛盾，妥善处理中央与地方的利益关系，而且有利于发挥中央与地方两个积极性，并保证中央与地方的一致性。

**（二）人民代表大会制度的完善**

从我国现阶段的实际状况来看，完善人民代表大会制度应从以下两方面进行：

1. 理顺各级人大及其常委会与其他机关组织的关系。各级人大及其常委会在行使职权、开展工作过程中，必然会与其他机关、组织、团体发生各种关系，而且我国宪法、法律对此也有规定。但由于各种原因，以往各级人大及其常委会与同级其他机关、组织的关系并不十分通畅，因而妨碍了各级人大及其常委会有效地行使职权，因此极有必要予以理顺。

（1）各级人大及其常委会与同级党组织的关系。坚持党的领导是"四项基本原则"的核心，但党的领导主要是政治领导、组织领导和思想领导，而不是具体工作的包办代替。加之党组织与国家政权机关无论性质，还是职能、任务都存在诸多区别，它们分别属于两套不同的系统，因此就各级人大及其常委会与同级党组织的关系来说，笔者认为概括起来应该是两句话：一是各级人大及其常委会依法行使职权也就坚持和实现了党的领导；二是同级党组织的职责是为人大及其常委会依法行使职权提供保障。

（2）各级人大及其常委会与同级国家行政机关的关系。根据宪法和法律的规定，国家行政机关是人大的执行机关，由人大产生，向人大负责并报告工作。因此，各级人大及其常委会与同级国家行政机关是决定与执行、监督与被监督的关系。尽管近年来，各级人大及其常委会在审议决定重大问题和对政府的监督方面，做了不少工作，但与宪法的规定和人民的期望相比则还有较大差距。

（3）各级人大及其常委会与同级监察机关、人民法院、人民检察院的关系。根据宪法，监察委员会、人民法院、人民检察院都由人大选举产生，对它负责，受它监督。同时宪法还规定，监察委员会、人民法院、人民检察院分别依照法律规定独立行使监察权、审判权和检察权。据此，各级人大及其常委会与同级监察委员会、人民法院、人民检察院的关系问题主要亦即人大监督与监察权、审判权、检察权独立的关系问题。因此要理顺它们之间的关系，既要明确人大及其常委会监督的范围和内容，又要有明确的监督程序和方式，从而既达到人大及其常委会的监督目的，又保证监察委员会、人民法院、人民检察院依法独立行使职权。

2. 加强人民代表大会制度的自身建设。完善人民代表大会制度，不仅必须理顺各级人大及其常委会与其他机关组织的关系，而且还须解决内部问题，亦即必须从自身制度方面予以完善。

（1）组织机构建设。根据各级人大及其常委会的现状，在组织机构建设方面主要应该抓住两个问题：一是将已有的工作机构充分、有效地运转起来，特别是各级人大常委会和各专门委员会应该发挥其应有的作用；二是应该在结合现实情况的基础上，根据客观需要加强机构建设和组织建设。

（2）制度建设。各级人大及其常委会依法行使职权，必然要采取一定的方式、方法，也要遵循一定的工作程序。为了提高各级人大及其常委会的工作效率，就必须将这方面的内容法律化、制度化。如完善会议制度。开会的问题表面看来似乎很简单，但对各级人大及其常委会来说，由于其是以开会的形式行使职权，所以开会问题的有关制度就显得非常重要。《全国人民代表大会议事规则》和《全国人民代表大会常务委员会议事规则》的颁布实施，为建立、健全有关制度提供了法律依据。但有两个问题必须相应解决：一是地方各级人大及其常委会和各级人大专门委员会也应制定和完善其议事规则；二是由于议事规则中的诸多内容尚很原则，还有不少内容尚未涉及，因而还必须制定其他有关条例。诸如"议案条例""质询条例""罢免条例"等都应起草制定，以建立系统、全面的议案制度、质询制度、罢免制度等。

（3）成员素质的提高。人大代表是人民代表大会的细胞，人大代表的素质如何，直接影响到各级人民代表大会行使职权的能力。要提高其素质，必须而且也只能分两步走：

①在选举过程中，尽可能地将那些政治品德、政治思想好，参政议政能力强的人选进去。这就要求我们既要依法选举，又要改革选举制度。在此有三个问题必须解决：一是认识。不能把代表仅仅看成是一种荣誉，更应明确它是一种责任。二是提名。主要是以各种方式产生的候选人应该地位平等，联合提名必须强调平等协商。三是候选人间的竞争。

②对当选代表通过学习、培训等各种形式予以提高。只有这样，才能保证各级人大及其常委会有效地行使职权。

## 第三节　选举制度

### 一、选举制度概述

#### （一）选举制度的概念

选举制度是一国统治阶级用法律规定的关于选举代议机关代表和国家公职人员的各项制

度的总称，是统治阶级挑选本阶级代表人物和优秀人物进入国家机关实现国家权力的重要手段和步骤。近代选举制度有三个特点：一是被选举者往往是代议机关的代表或议员；二是形式上采用普选制；三是有一套比较完整的法律规范作指导。而且在政治实践中，虽然不同阶级本质的选举制度在对象、目的等方面存在根本区别，但其作用在形式上仍有类似之处。

### （二）选举制度的功能

不同社会制度下的选举制度虽然在对象、目的等方面存在根本区别，但它们发挥作用的形式大致相似。

1. 选举制度是近现代民主政治的重要内容，是近现代市民社会与政治国家相联系的基本途径。它为选民选出自己信赖的代表组成国家机构，从而为实现国家权力的转移提供了制度保障。因为在民主制国家，实行代议制度几乎不可避免。而要组成代议机关及其他国家机构，选举制度是最佳形式。

2. 选举制度为选民监督权力行使者，并在一定条件下更换权力行使者提供了重要途径。选民与代表从一定意义上说是一种委托关系，由此决定代表要受选民监督，对选民负责。如果代表违背选民意志，则有可能被追究责任甚至被选民罢免。

3. 选举制度有利于促进民意的形成、表达，有利于选民民主意识的提高。民主政治强调国家的统治、社会的管理都必须以民意为依归，而选举就是形成、表达民意的理想方式。而且通过参与选举活动，可以培养和逐步增强选民的民主意识。

4. 选举制度是缓和社会矛盾、解除社会危机、维持社会安定的重要措施。虽然解决社会矛盾或危机的方法很多，但在民主政治制度中，选举则是最根本的民主途径。因为通过选举，不仅可以使选民与选民、选民与代表更为紧密地联系在一起，而且还可以集思广益，对各种政策选择方案进行论证，从而为各种社会问题寻找合理的且为人们所接受的解决方法。

### （三）中国选举制度的历史发展

中华人民共和国成立后，选举制度的建立与完善成为发展民主政治的重要任务与形式。1953年颁布了新中国第一部选举法，对全国与地方人大代表的选举程序与原则作了具体的规定。1953年《中华人民共和国选举法》（以下简称1953年《选举法》）的基本特点是：体现选举权的普遍性原则，扩大了选民的范围；实行直接选举与间接选举并用原则，提高了选举制度的民主性；根据当时的实际情况，采取无记名投票与举手表决并用原则等。1953年《选举法》虽有一些不完善之处，但作为新中国的第一部选举法在发展民主与发挥人民群众政治积极性方面发挥了重要作用。新中国的选举制度一方面吸收了新中国成立以前各革命根据地民主选举制度的合理经验，另一方面根据我国的国情吸收了苏联选举制度的经验。根据1953年《选举法》，我国于1953年3月到1954年8月进行了历史上的第一次普选，全国进行直接选举的基层单位共214 798个，共有人口571 434 511人，登记选民323 809 684人，占选举地区18岁以上的人口总数的97%多，实际参加投票约有278 093 100人，参选率为86%。由于受"左"的思潮的影响，到1958年以后直接选举工作中断，间接选举工作一直到"文化大革命"以前完全停止。

1979年7月，五届全国人大第二次会议对1953年《选举法》进行了重大修改，反映了社会主义民主与法制建设的新要求，通过了《中华人民共和国全国人民代表大会和地方各级人民代表大会选举法》（以下简称《选举法》），在选举制度方面的主要发展是：（1）进一步扩大普选的范围，除依法被剥夺政治权利的人以外，凡年满18周岁的公民都有选举权与被选举权；（2）扩大直接选举范围，将直接选举范围扩大到县；（3）实行差额选举，将各级人大代表等额选举改为差额选举，规定候选人名额应多于应选人名额；（4）调整划分选区的方法，将选区划分方法改为按居住状况、生产单位、事业单位与工作单位划分，便于选民参加选举；（5）改变推荐代表候选人的方法，规定任何选民或单位有三人以上附议，都可推荐代表候选人；（6）规定对代表的监督与罢免程序；（7）规定可以采用各种形式宣传候选人等。《选举法》的修改反映了我国民主政治发展的客观事实，推动了选举制度的民主化、科学化。

1982 年《宪法》颁布以后，根据国家政治生活的变化，曾对《选举法》进行了四次修改。1982 年 12 月，五届人大五次会议作出《关于修改选举法的若干规定的决议》，对 1979 年《选举法》进行了修改，其主要内容是：完善介绍候选人的程序，规定选举委员会应向选民介绍代表候选人的情况；对少数民族每一代表所代表的人口数，作了进一步有利于民族平等的规定等。

1983 年 3 月，五届人大常务委员会根据各地进行县级以下直接选举的实践经验，通过了《关于县级以下人民代表大会代表直接选举的若干规定》，对县级以下人大代表的直接选举作了补充规定，进一步完善了选举权主体行使选举权的程序与条件：1986 年 12 月六届人大常委会第 18 次会议对 1979 年《选举法》进行了修改与补充，完善了选举制度，主要表现是：（1）确定省、自治区、直辖市、设区的市、自治州的人大常委会指导本行政区域内县级以下人大代表的选举工作，乡镇的选举委员会受县、不设区的市和市辖区的选举委员会的领导，确定了新的选举工作领导关系；（2）规定少数民族每一代表所代表的人口数的新比例；（3）确定比较灵活的选区划分原则，实行新的选民登记方法等。

经过选举制度的几次调整，我国选举制度的民主性与科学性有了很大的提高，选举制度在国家政治体制的运作中发挥了重要的作用。为了使选举制度更好地适应社会生活的实际需要，1995 年八届全国人大常委会第二次会议对《选举法》进行了重大修改，主要内容有：（1）进一步体现选举制度的平等性原则，将原来规定的省级人大与全国人大农村每一代表所代表的人口数五倍于、八倍于城市每一代表所代表的人口数一律改为四倍，进一步缩小了城乡之间的差别；（2）具体规定了地方各级人大代表的名额，逐步提高妇女代表的比例；（3）规定乡镇的选举委员会受上级人民代表大会常务委员会的领导；（4）规定香港特别行政区和澳门特别行政区应选全国人大代表的名额及其产生方法，由全国人大另行规定；（5）进一步完善了差额选举制度；（6）规定了代表当选与罢免代表的具体程序，强化了选举制度的监督功能。

2004 年十届全国人大常委会第十二次会议对《选举法》进行了修改，主要内容包括：（1）直接选举增加预选程序。第 31 条第 1 款由选民直接选举的人民代表大会候选人，由各选区选民和各政党、各人民团体提名推荐。选举委员会汇总后，在选举日的 15 日以前公布，并由各该选区的选民小组反复讨论、协商，确定正式代表候选人名单。如果所提候选人名额过多，经选民小组反复协商讨论，仍不能对正式代表候选人形成较为一致意见，可以进行预选。正式代表候选人名单应在选举日的 5 日以前公布。（2）加大贿选的处罚力度。为保障选民和代表自由行使选举权和被选举权，《选举法》第 52 条规定，有下列行为之一……违反治安管理规定的，依法给予行政处罚；构成犯罪的，依法追究刑事责任。主要增加了为获得选票以金钱或者其他财物贿赂选民或者代表的行为。（3）完善候选人与选民见面的程序。《选举法》第 33 条规定，选举委员会可以组织代表候选人与选民见面，回答选民提出的问题。

（4）《选举法》第 44 条第 1 款规定，对于县级的人民代表大会代表，原选区选民 50 人以上联名，对于乡级的人民代表大会代表，原选区选民 30 人以上联名，可以向县级的人民代表大会常务委员会书面提出罢免要求。罢免县级和乡级的人民代表大会代表，须经原选区过半数的选民通过。

2010 年十一届全国人大三次会议对《选举法》进行了修改。此次修改的主要内容是：（1）增加一条，作为第 9 条："不设区的市、市辖区、县、自治县的选举委员会的组成人员由本级人民代表大会常务委员会任命。乡、民族乡、镇的选举委员会的组成人员由不设区的市、市辖区、县、自治县的人民代表大会常务委员会任命。"（2）增加一条，作为第 10 条："选举委员会履行下列职责：（一）划分选举本级人民代表大会代表的选区，分配各选区应选代表的名额；（二）进行选民登记，审查选民资格，公布选民名单；受理对于选民名单不同意见的申诉，并作出决定；（三）确定选举日期；（四）了解核实并组织介绍代表候选人的情况；根据较多数选民的意见，确定和公布正式代表候选人名单；（五）主持投票选举；（六）确定选举结果是否有效，公布当选代表名单；（七）法律规定的其他职责。选举委员会应当及时公布选举信息。"（3）将第 9 条改为第 11 条，第 1 款第 4 项修改为："乡、民族乡、镇的代表名额基数为四十名，每一千五百人可以增加一名代表；但是，代表总名额不得超过一百六十名；人口不足二千的，代表总名额可以少于四十名。"（4）将第 12 条、第 13 条、第 14 条改为第 14 条，修改为："地方各级人民代表大会代表名额，由本级人民代表大会常务委员会或者本级选举委员会根据本行政区域所辖的下一级各行政区域或者各选区的人口数，按照每一代表所代表的城乡人口数相同的原则，以及保证各地区、各民族、各方面都有适当数量代表的要求进行分配。在县、自治县的人民代表大会中，人口特少的乡、民族乡、镇，至少应有代表一人。地方各级人民代表大会代表名额的分配办法，由省、自治区、直辖市人民代表大会常务委员会参照全国人民代表大会代表名额分配的办法，结合本地区的具体情况规定。"（5）将第 15 条第 2 款中的"名额的分配由全国人民代表大会常务委员会根据情况决定"的规定移至第 16 条，将第 16 条修改为："全国人民代表大会代表名额，由全国人民代表大会常务委员会根据各省、自治区、直辖市的人口数，按照每一代表所代表的城乡人口数相同的原则，以及保证各地区、各民族、各方面都有适当数量代表的要求进行分配。省、自治区、直辖市应选全国人民代表大会代表名额，由根据人口数计算确定的名额数、相同的地区基本名额数和其他应选名额数构成。全国人民代表大会代表名额的具体分配，由全国人民代表大会常务委员会决定。"（6）将第 25 条修改为："本行政区域内各选区每一代表所代表的人口数应当大体相等。"（7）将第 28 条修改为："对于公布的选民名单有不同意见的，可以在选民名单公布之日起五日内向选举委员会提出申诉。选举委员会对申诉意见，应在三日内作出处理决定。申诉人如果对处理决定不服，可以在选举日的五日以前向人民法院起诉，人民法院应在选举日以前作出判决。人民法院的判决为最后决定。"（8）将第 29 条第 2 款修改为："各政党、各人民团体，可以联合或者单独推荐代表候选人。选民或者代表，十人以上联名，也可以推荐代表候选人。推荐者应向选举委员会或者大会主席团介绍代表候选人的情况。接受推荐的代表候选人应当向选举委员会或者大会主席团如实提供个人身份、简历等基本情况。提供的基本情况不实的，选举委员会或者大会主席团应当向选民或者代表通报。"增加一款，作为第 3 款："各政党、各人民团体联合或者单独推荐的代表候选人的人数，每一选民或者代表参加联名推荐的代表候选人的人数，均不得超过本选区或者选举单位应选代表的名额。"(9) 增加一条，作为第 45 条："公民不得同时担任两个以上无隶属关系的行政区域的人民代表大会代表。"(10) 将第 46 条改为第 49 条，修改为："罢免代表采用无记名的表决方式。"(11) 将第 47 条改为第 50 条，第 2 款修改为："罢免由县级以上的地方各级人民代表大会选出的代表，须经各该级人民代表大会过半数的代表通过；在代表大会闭会期间，须经常务委员会组成人员的过半数通过。罢免的决议，须报送上一级人民代表大会常务委员会备案、公告。"(12) 将第 49 条改为第 52 条，修改为："全国人民代表大会代表，省、自治区、直辖市、设区的市、自治州的人民代表大会代表，可以向选举他的人民代表大会的常务委员会书面提出辞职。常务委员会接受辞职，须经常务委员会组成人员的过半数通过。接受辞职的决议，须报送上一级人民代表大会常务委员会备案、公告。县级的人民代表大会代表可以向本级人民代表大会常务委员会书面提出辞职，乡级的人民代表大会代表可以向本级人民代表大会书面提出辞职。县级的人民代表大会常务委员会接受辞职，须经常务委员会组成人员的过半数通过。乡级的人民代表大会接受辞职，须经人民代表大会过半数的代表通过。接受辞职的，应当予以公告。"

### 二、中国选举制度的基本原则

#### (一) 选举权的普遍性原则

选举权的普遍性是就享有选举权的主体范围而言的，是指一国公民中能够享有选举权的广泛程度。根据我国《宪法》和《选举法》的规定，凡年满 18 周岁的中华人民共和国公民，除依法被剥夺政治权利的人以外，不分民族、种族、性别、职业、家庭出身、宗教信仰、教育程度、财产状况和居住期限，都享有选举权和被选举权。由此可见，在我国享有选举权的基本条件有三：一是具有中国国籍，是中华人民共和国公民；二是年满 18 周岁；三是依法享有政治权利。除此以外，公民不因诸如民族、种族、性别、财产状况、居住期限、教育程度等任何外在因素的差别，而使享有选举权的资格受到限制或剥夺。而且，根据 1983 年全国人大常委会《关于县级以下人民代表大会代表直接选举的若干规定》，对被判处有期徒刑、拘役、管制而没有附加剥夺政治权利的人，对被羁押，正在受侦查、起诉、审判，人民检察院或者人民法院没有决定停止行使选举权利的人，均准予其行使选举权。

#### (二) 选举权的平等性原则

选举权的平等性是指每个选民在每次选举中只能在一个地方享有一个投票权，不承认也不允许任何选民因民族、种族、职业、财产状况、家庭出身、居住期限的不同而在选举中享有特权，更不允许非法限制或者歧视任何选民对选举权的行使。这是"公民在法律面前一律平等"原则在选举制度中的具体体现。选举权的平等性不仅应该包括上述所谓选民的机会平等，而且应该包括选民投票的结果平等。2010 年全国人大对《选举法》的修改实现了城乡选民之间在投票价值上的平等。

#### (三) 差额选举的原则

差额选举是指在选举中候选人的人数多于应选代表名额的选举。它与等额选举相对应。等额选举是指在选举中候选人的人数与应选代表名额相等的选举。差额选举在我国的确立经历了一定的曲折：1953 年的选举法曾规定我国各级人民代表大会的选举采用等额选举的方法；1979 年的选举法首次规定了差额选举制度；1982 年的选举法对等额选举还是差额选举没有明确规定；1995 年的选举法再次明确规定了差额选举制度。该选举法规定，全国和地方各级人民代表大会代表候选人的名额，应多于应选代表名额。由选民直接选举的代表候选人名额，应多于应选代表名额的 1/3 至 1 倍。由地方各级人民代表大会选举上一级人民代表大会代表候选人的名额，应多于应选代表名额的 1/5 至 1/2。差额选举有利于选民根据自己的自由意志选择满意的候选人。

### （四）秘密投票原则

秘密投票亦称无记名投票，它与记名投票或以起立、举手、鼓掌等公开表示自己意愿的方法相对立，是指选民不署自己的姓名，亲自书写选票并投入密封票箱的一种投票方法。现行《选举法》规定："全国和地方各级人民代表大会代表的选举，一律采用无记名投票的方法。""选民如果是文盲或者因残疾不能写选票的，可以委托他信任的人代写。"这就要求选举人在选举时只需在正式代表候选人姓名下注明同意或不同意，也可以另选他人或者弃权而无须署名，选举人将选票填好后亲自将选票投入票箱。这样，选举人的意思表示是秘密进行的，他人无权干涉。因此，秘密投票作为我国选举制度的基本原则之一，为民主选举提供了自由表示意愿的重要保障，使选民在不受外力的影响下，能完全按照自己的意愿挑选他所信赖的人进入国家机关，代表人民行使国家权力。

### 三、中国选举的组织和程序

根据我国《选举法》及其他有关法律的规定，在我国，选举程序主要包括以下几方面：

### （一）选举的组织

根据有关法律的规定，我国主持选举工作的组织有两种：一是在实行间接选举的地方，如全国人大，省、自治区、直辖市的人大，设区的市和自治州的人大，由人大常委会主持本级人大代表的选举工作；二是在实行直接选举的地方，设立选举委员会主持本级人大代表的选举。

### （二）选举委员会的职责

选举委员会是依法设立的主持县、乡两级人大代表选举的法定组织机构。根据《选举法》第 8 条、第 9 条、第 10 条的规定，县、乡两级设立选举委员会，主持本级人民代表大会代表的选举。选举委员会受县级人大常委会的领导。县、乡两级选举委员会的组成人员由县级人大常委会任命。县、乡两级选举委员会在省、市两级人大常委会的指导下，主持本级人大代表的选举工作。

按照《选举法》的这一规定，县、乡两级选举委员会的工作可以划分为三个阶段，其各阶段的工作职责主要是：

1. 选举准备阶段。选举委员会在这一阶段的工作职责主要有：

（1）划分选区，分配各选区应选代表名额。选举委员会负责划分选举本级人大代表的选区，也就是说，县级选举委员会负责划分选举产生县级人大代表的选区，乡级选举委员会负责划分选举产生乡级人大代表的选区。选区划分后，接下来就是将应选人大代表名额分配到各个选区。按照《选举法》的规定，选区可以按居住状况划分，也可以按生产单位、事业单位、工作单位划分。选区的大小，按照每一选区选一名至三名代表划分。

（2）进行选民登记，审查选民资格，公布选民名单；受理对于选民名单不同意见的申诉，并作出决定。选民登记以选区为基础，通过选民登记站和选区工作组，做好选民登记和核对选民名单的工作。在进行选民登记过程中，选举委员会应当对选民资格进行审查，确定选民符合《选举法》规定的选民资格。例如，选举委员会应当审查公民是否年满 18 周岁，是否被剥夺政治权利，是否是不能行使选举权利的精神病患者等。审查后，将符合选民资格的选民列入选民名单，并在选举日的 20 日以前公布选民名单。如果公民对选民名单有不同意见，可以在选民名单公布之日起 5 日内，向选举委员会提出申诉，选举委员会对申诉意见，应在 3 日内作出处理决定。申诉人如果对选举委员会的处理决定不服的，还可以在选举日的 5 日以前向人民法院起诉。

（3）确定选举日期。确定选举日期是选举委员会非常重要的一项工作，因为选举日期的确定，涉及许多相关工作的进行：一是涉及选民是否符合法定年龄的计算；二是涉及选民名单、第一轮提名推荐的代表候选人基本情况以及正式候选人名单及其基本情况的公布期限；三是涉及公民对选民名单不服的申诉、人民法院判决等一系列时间问题。因此，选举日期一经确定后，非特别情况一般不能轻易变动。

2. 确定正式代表候选人阶段。选举委员会在这一阶段的职责，主要是了解核实被提名推荐的代表候选人的基本情况是否真实有效。根据《选举法》的规定，接受推荐的代表候选人应当向选举委员会如实提供个人身份、简历等基本情况，选举委员会经过了解核实，如发现代表候选人提供的个人情况不实的，应当向选民通报。经了解核实代表候选人的情况真实有效的，选举委员会应当按照《选举法》规定的程序，确定正式代表候选人名单并予以公布。

3. 投票选举阶段。选举委员会在这一阶段的职责，主要是主持投票选举，按照《选举法》规定的各种情形，通过设立投票站、召开选举大会或者使用流动票箱等方式组织选民投票。投票选举结束后，选举委员会应当根据《选举法》规定的程序，确定选举结果是否有效，并公布当选代表的名单。

根据《选举法》的规定，在整个选举工作过程中，选举委员会还应履行以下五项职责：一是对接受推荐的代表候选人提供的基本情况进行审查，经审查认为不实的，应当向选民通报。二是根据选民的要求，组织代表候选人与选民见面，由代表候选人介绍本人的情况，回答选民提出的问题。三是根据选区选民的分布状况，按照方便选民投票的原则设立投票站，或决定是否召开选举大会或者使用流动票箱。四是如发现有破坏选举的行为或者收到对于破坏选举行为的举报，应及时进行处理；需要追究法律责任的，及时移送有关机关予以处理。五是及时公布各种与选举有关的信息。

**（三）选举的程序**

1. 划分选区和选民登记。选区是指以一定数量的人口为基础进行直接选举，产生人大代表的区域，也是人大代表联系选民开展活动的基本单位。在我国直接选举的地方，即在不设区的市、市辖区、县、自治县、乡、民族乡、镇，其人大代表的名额分配到各个选区，由选民按选区直接投票选举。在划分选区过程中，必须遵循从具体情况出发，便于选民行使权利，便于代表联系选民和接受选民监督的原则。因此，现行《选举法》规定："选区可以按居住状况划分，也可以按生产单位、事业单位、工作单位划分。"

选民登记是对选民资格的法律认可，是关系到公民是否有选举权和被选举权以及是否能行使选举权的重大问题。根据我国《选举法》的规定，凡年满 18 周岁没有被剥夺政治权利的我国公民都应列入选民名单。

2. 代表候选人的提出。代表候选人的提出是民主选举的基础环节，是能否充分发扬民

中国宪法学

主、选好人民代表的关键。根据我国《选举法》的规定，全国和地方各级人民代表大会代表的候选人，按照选区或者选举单位提名产生。而且《选举法》规定，选民或者代表 10 人以上联名可以推荐代表候选人，各政党、各人民团体，可以联合或者单独推荐代表候选人。具体说来包括两个层次：一是在实行直接选举的单位，代表候选人由选区的选民和各政党、各人民团体提名推荐。选举委员会汇总后，在选举日的 15 天以前公布，并在该选区的各选民小组反复酝酿、讨论、协商，根据多数选民的意见，确定正式代表候选人名单，在选举日的 5 天以前公布。二是在实行间接选举的单位，则由各政党、各人民团体和代表提名推荐代表候选人。县以上地方各级人民代表大会在选举上一级人民代表大会代表时，由各级人民代表大会主席团把各政党、各人民团体和代表提出的代表候选人名单提交全体代表反复酝酿、讨论、协调，并根据多数代表的意见，确定正式代表候选人名单。

同时，《选举法》规定，各级人民代表大会代表的选举，均实行差额选举。差额选举是指候选人的人数多于应选人数的选举。《选举法》还规定，选举委员会或者人民代表大会主席团，应当向选民或者代表介绍代表候选人的情况。推荐代表候选人的政党、人民团体和选民、代表，也可以在选民小组或者代表小组会议上介绍所推荐的代表候选人的情况，但在选举日必须停止对代表候选人的介绍。

3. 投票选举。投票是选民或代表行使选举权的最后环节。选举法规定，在实行直接选举的地方，由选举委员会主持投票选举工作，并可通过召开选举大会，设立投票站和流动票箱的方式进行投票。县以上地方各级人民代表大会在选举上一级人民代表大会代表时，由该级人民代表大会主席团主持。

选举投票结束后，要对选票进行统计和核对。对此，《选举法》规定：每次选举所投的票数，多于投票人数的无效，少于投票人数的有效，每一选票所选的人数，多于规定应选代表人数的作废，少于规定应选代表人数的有效。同时，在实行直接选举的地方，选区全体选民的过半数参加投票选举有效，代表候选人获得参加投票的选民过半数的赞成票即为当选。在实行间接选举的地方，代表候选人必须获得全体代表过半数的赞成票才能当选。

**（四）对代表的监督和罢免**

在我国，一切国家权力属于人民，人民行使当家作主的权力主要是通过全国人大和地方各级人大实现的。人大代表即是人民通过选举选派到人大代表人民行使国家权力的使者。因此，人民当然有权利了解并监督人大代表是否真正代表了人民的利益和意志，是否真正履行了代表的职责。《宪法》、《选举法》和《代表法》明确规定，全国和地方各级人民代表大会的代表，受选民和原选举单位的监督。人大代表应当履行下列义务：模范地遵守宪法和法律，保守国家秘密，在自己参加的生产、工作和社会活动中，协助宪法和法律的实施；按时出席本级人民代表大会会议，认真审议各项议案、报告和其他议题，发表意见，做好会议期间的各项工作；积极参加统一组织的视察、专题调研、执法检查等履职活动；加强履职学习和调查研究，不断提高执行代表职务的能力；与原选区选民或者原选举单位和人民群众保持密切联系，听取和反映他们的意见和要求，努力为人民服务；自觉遵守社会公德，廉洁自律，公道正派，勤勉尽责；法律规定的其他义务。代表应当采取多种方式经常听取人民群众对代表履职的意见，回答原选区选民或者原选举单位对代表工作和代表活动的询问，接受监督。由选民直接选举的代表应当以多种方式向原选区选民报告履职情况。代表必须通过各种途径向选民及原选举单位汇报在其所在的人大的各方面的工作和活动，主动接受监督；选民及原选举单位有权利通过各种途径监督其选举产生的代表。

作为监督的最严厉的形式，选民或者原选举单位有权罢免自己选出的代表。《宪法》《选举法》及《代表法》没有规定罢免代表的条件，只明确规定了罢免代表的程序。这就意味着选民及原选举单位只要对所选出的代表不满意，即可以按照法律程序罢免代表。

直接选举的人大代表的罢免程序。对于县级人大代表，原选区选民 50 人以上联名，对于乡级人大代表，原选区选民 30 人以上联名，可以向县级人大常委会书面提出罢免要求。罢免要求应当写明罢免理由。被提出罢免的代表有权在选民会议上提出申辩意见，也可以书面提出申辩意见。县级人大常委会应当将罢免要求和被提出罢免的代表的书面申辩意见印发原选区选民。表决罢免要求，由县级人大常委会派有关负责人员主持。

间接选举的人大代表的罢免程序。县级以上地方各级人大举行会议的时候，主席团或者十分之一以上代表联名，可以提出对由该级人大选出的上一级人大代表的罢免案。在人大闭会期间，县级以上的地方各级人大常委会主任会议或者常委会五分之一以上组成人员联名，可以向常委会提出对由该级人大选出的上一级人大代表的罢免案。罢免案应当写明罢免理由。县级以上的地方各级人大举行会议的时候，被提出罢免的代表有权在主席团会议和大会全体会议上提出申辩意见，或者书面提出申辩意见，由主席团印发会议。罢免案经会议审议后，由主席团提请全体会议表决。县级以上的地方各级人大常委会举行会议的时候，被提出罢免的代表有权在主任会议和常务委员会全体会议上提出申辩意见，或者书面提出申辩意见，由主任会议印发会议。罢免案经会议审议后，由主任会议提请全体会议表决。

罢免代表采用无记名的表决方式。罢免县级和乡级的人大代表，须经原选区过半数的选民通过。罢免由县级以上的地方各级人大选出的代表，须经各该级人大过半数的代表通过；在代表大会闭会期间，须经常委会组成人员的过半数通过。罢免的决议，须报送上一级人大常委会备案、公告。

县级以上的各级人大常委会组成人员，全国人大和省、自治区、直辖市、设区的市、自治州的人大专门委员会成员的代表职务被罢免的，其常委会组成人员或者专门委员会成员的职务相应撤销，由主席团或者常务委员会予以公告。乡、民族乡、镇的人大主席、副主席的代表职务被罢免的，其主席、副主席的职务相应撤销，由主席团予以公告。

### （五）代表的辞职和补选

代表因为调离原行政区域、身体健康状况等原因，可以辞去代表职务。《选举法》规定了代表辞职的程序。

间接选举的代表的辞职程序。全国人大代表，省、自治区、直辖市、设区的市、自治州的人民代表大会代表，可以向选举他的人大常委会书面提出辞职。常委会接受辞职，须经常委会组成人员的过半数通过。接受辞职的决议，须报送上一级人大常委会备案、公告。

直接选举的代表的辞职程序。县级人大代表可以向本级人大常委会书面提出辞职，乡级人大代表可以向本级人大书面提出辞职。县级人大常委会接受辞职，须经常委会组成人员的过半数通过。乡级人大接受辞职，须经人大过半数的代表通过。接受辞职的，应当予以公告。

县级以上的各级人大常委会组成人员，全国人大和省、自治区、直辖市、设区的市、自治州的人大的专门委员会成员，辞去代表职务的请求被接受的，其常委会组成人员、专门委员会成员的职务相应终止，由常务委员会予以公告。

乡、民族乡、镇的人大主席、副主席，辞去代表职务的请求被接受的，其主席、副主席的职务相应终止，由主席团予以公告。

代表在任期内，因故出缺，由原选区或者原选举单位补选。地方各级人大代表在任期内调离或者迁出本行政区域的，其代表资格自行终止，缺额另行补选。县级以上的地方各级人大闭会期间，可以由本级人大常委会补选上一级人大代表。补选出缺的代表时，代表候选人的名额可以多于应选代表的名额，也可以同应选代表的名额相等。

### （六）对破坏选举的制裁

我国《选举法》《治安管理处罚法》及《刑法》对破坏选举的行为，分别根据其性质、程度、情节等作出了不同的制裁。

《选举法》规定，为保障选民和代表自由行使选举权和被选举权，对有下列行为之一，破坏选举，违反治安管理规定的，依法给予治安管理处罚；构成犯罪的，依法追究刑事责任：（1）以金钱或者其他财物贿赂选民或者代表，妨害选民和代表自由行使选举权和被选举权的；（2）以暴力、威胁、欺骗或者其他非法手段妨害选民和代表自由行使选举权和被选举权的；（3）伪造选举文件、虚报选举票数或者有其他违法行为的；（4）对于控告、检举选举中违法行为的人，或者对于提出要求罢免代表的人进行压制、报复的。以这些违法行为当选的，其当选无效。国家工作人员有这些行为的，应当依法给予行政处分。

《治安管理处罚法》第23条规定，有下列行为之一的，处警告或者200元以下罚款；情节较重的，处5日以上10日以下拘留，可以并处500元以下罚款……（5）破坏依法进行的选举秩序的。

《刑法》第256条规定了破坏选举罪，即在选举各级人大代表和国家机关领导人员时，以暴力、威胁、欺骗、贿赂、伪造选举文件、虚报选举票数等手段破坏选举或者妨害选民和代表自由行使选举权和被选举权，情节严重的，处3年以下有期徒刑、拘役或者剥夺政治权利。根据1999年《最高人民检察院关于人民检察院直接受理立案侦查案件立案标准的规定（试行）》规定，国家机关工作人员涉嫌利用职权破坏选举，具有下列情形之一的，应予立案：（1）以暴力、威胁、欺骗、贿赂等手段，妨害选民、各级人民代表大会代表自由行使选举权和被选举权，致使选举无法正常进行或者选举结果不真实的；（2）以暴力破坏选举场所或者选举设备，致使选举无法正常进行的；（3）伪造选举文件，虚报选举票数，产生不真实的选举结果或者强行宣布合法选举无效、非法选举有效的；（4）聚众冲击选举场所或者故意扰乱选举会场秩序，使选举工作无法进行的。

《选举法》还规定，主持选举的机构发现有破坏选举的行为或者收到对破坏选举行为的举报，应当及时依法调查处理；需要追究法律责任的，及时移送有关机关予以处理。

## 第四节　政党制度

### 一、政党制度概述

### （一）政党的概念和特征

政党是由一定阶级、阶层或者集团中的中坚分子组成的、并为实现反映其政治、经济利益的政治纲领、政治主张而奋斗的政治组织。从广义上说，政党也属于利益集团的范围，因为以一定阶级、阶层或者集团的利益为基础，旨在实现其各自的利益是利益集团的基本内容，但在现代民主政治中，政党又具有诸多不同于一般利益集团的特征。总的说来，政党和利益集团的区别在于它们的主要目的。政党以夺取和保持政权为主要目的，而利益集团则以影响国家政策为主要目的。政党的主要特征有：

1. 政党有具体、明确的政治纲领。这是政党区别其他社会组织的重要标志。既然政党以夺取和维持国家政权为主要目的，那么为实现自己的政治目标并在复杂的政治斗争中指导自己的行动，政党就必须对国内和国际问题有明确的政治主张。

2. 政党有明确的政治目标。政治斗争的中心问题是政权问题，在阶级斗争条件下形成的政党就是以夺取和维护政权为主要目的的政治组织。具体说来，政党的政治目标就是本阶级、阶层或者集团争取和实现对国家生活的统治权，在争得统治权之后，巩固其统治，最低限度是干预和影响国家生活的内容、方式和政策，以便维护各自代表的阶级、阶层或者集团的利益。政党的全部活动都服从于这个政治目标。

3. 政党有定型的组织系统。政党组织是政党的存在形式。尽管在政治实践中，政党组织有严密和松散之分，但都有一定的组织系统，在通常情况下，政党组织是指党的基层组织直到中央组织所构成的宝塔形的组织体系，并有一定的组织原则和权力关系维系。

4. 政党都具有组织纪律性。政党不同于国家机关，它主要通过成文的或者不成文的组织纪律约束其成员的行为，组织纪律是政党开展活动的重要保证，只是各政党纪律的严格程度和性质有所不同而已。

### (二) 政党制度的概念和类型

政党制度是有关政党的地位和作用，特别是有关政党掌握、参与或者影响国家政权的各种制度的统称。包括国家对政党的有关法律规定、政党执政参政的体制和政党自身的各种制度。根据不同的标准，可以对政党制度作不同的分类。

以主要政党或者居于垄断地位的政党的数目和掌权方式，可将政党制度分为一党制、两党制和多党制。

以社会制度为标准，可将政党制度分为：(1) 资本主义制度下的政党制度，其中又有一党制、两党制和多党制之别。(2) 社会主义制度下的政党制度，其中又有一党制和一党领导多党合作制度的区别。(3) 新兴发展中国家的政党制度，开始时多为一党制，后来多向多党制转化。

以执政或者轮流执政政党的数目为标准，将政党制度划分为一党制和多党制两大类型。一党制又可分为一党专制、一党权威、一党多元制、一党霸权制和一党优势制。多党制又分为两党制、温和多党制等。

### (三) 政党与近代民主政治

政党是近代民主政治的产物。资本主义商品经济的发展是政党产生的根本原因，而这种经济上的客观需要必然地要表现为权力上的要求。第一，资本主义商品经济中的平等、自由原则必然要求国家和社会管理的民主化，要求社会成员中的大多数都能够参与国家的政治生活。第二，资本主义商品经济的发展，导致民族统一市场和民族统一国家的形成，使管理国家和社会的权力不可能像小国寡民那样，由公民直接行使，而必须通过代表才能实现。第三，由资本主义商品经济引起的利益分化，使各阶级、阶层或者集团不仅为了自身利益而通过代议制民主争夺国家权力。在这种利益多元化的社会中，政党就成为动员和组织属于一定阶级、阶层或者一定社会集团的成员参与政治的一种形式。可见，导致政党产生的最直接的原因就是以代议制民主为核心的民主政治。

政党促进了近代民主政治的发展。伴随着政党的产生和政党制度的建立，政党和政党制度又推动了近代民主政治的发展。第一，它使古代君主个人终身统治的专制政治转变为近现代的民主政治；第二，它是解决民主政治中不同群体之间矛盾、冲突的重要途径；第三，政党制度的状况直接影响一个国家的民主政治的状况；第四，它还是扩大政治参与的主要措施之一。

## 二、中国的政党制度

中国共产党领导的多党合作和政治协商制度是我国的政党制度，它不同于资本主义国家的政党制度，是我国在长期革命实践中逐步形成并发展起来的。这一制度在实践中不断完善，形成了独具特色、与我国社会现实相适应的政党制度。

### （一）中国政党制度的概念

中国共产党领导的多党合作和政治协商制度是我国的政党制度，是我国民主制度的重要组成部分。它既不同于西方资产阶级国家的两党制和多党制，与某些国家实行的实际上的一党长期执政的政党制度也有区别。决定我国政党制度的是我国的国家性质，即以工人阶级为领导、以工农联盟为基础的人民民主专政。

中国共产党领导的多党合作和政治协商制度是我国在新民主主义和社会主义革命与建设的历史进程中，在中国共产党和各民主党派长期合作的基础上逐渐形成和发展起来的。在此过程中，逐步确立了中国共产党在中国社会主义革命和社会主义建设事业中的领导地位，并且，其形式不断发展和完善，形成了具有各民主党派充分参与的多党合作和政治协商制度。我国各民主党派的性质经历了一个变化的过程，其性质由一个各阶级的政治联合，即带有统一战线和阶级联盟性质的民主政治力量，逐步发展为各自所联系的一部分社会主义劳动者和一部分拥护社会主义的爱国者的政治联盟，成为在中国共产党领导下的为社会主义服务的政党。在此过程中，各民主党派接受了中国共产党的领导。

"长期共存，互相监督，肝胆相照，荣辱与共"是中国共产党对民主党派的基本方针，也是中国共产党在处理与民主党派相互关系方面历史经验的全面总结。这个方针不仅在理论上进一步丰富和发展了马克思主义的建党理论和统一战线学说，而且团结了一切可以团结的力量，使他们更加积极地投身于我国的改革开放和现代化建设。

### （二）中国共产党领导的多党合作和政治协商制度的内容

首先，中国共产党在国家政权中居于领导地位。其领导地位表现为中国共产党是执政党，具体内容体现为政治领导。1989年的《关于坚持和完善中国共产党领导的多党合作和政治协商制度的意见》（以下简称《意见》）中指出了政治领导的含义。上述《意见》指出，中国共产党对各民主党派的领导是政治领导，即政治原则、政治方向和重大方针政策的领导。政治领导还包括作为执政党的中国共产党担任各种国家机关的重要领导人，拟订政治原则，决定对内对外的政治发展方向，并对其政治方针实施后果承担政治责任。

其次，各民主党派在中国共产党的领导下参政、议政。各民主党派不仅参与国家政权的建设，并且还可以监督国家各种社会政治生活的运行。各民主党派享有宪法规定的政治自由、组织独立和法律地位平等。民主党派参政的基本点是：参加国家政权，参加国家大政方针和国家领导人人选的协商，参加国家事务的管理，包括各民主党派负责人参加的重大国事活动，以及中共中央和国家领导人与外宾的重要会见等，参与国家方针、政策、法律、法规的制度执行。发挥各民主党派监督作用的总原则是，在四项基本原则的基础上，发扬民主，广开言路，鼓励和支持民主党派与无党派人士对党和国家的方针政策、各项工作提出意见、批评、建议，做到知无不言，言无不尽，并且勇于坚持正确的意见。

党的十一届三中全会以来，在认真总结同各民主党派合作共事的经验教训的基础上，中国共产党又明确指出，中国共产党领导的多党合作和政治协商制度是我国政治体制中的一项基本政治制度。我国幅员辽阔，人口众多，国情十分复杂，在这样一个国度中，我们又在进行着历史上前所未有的事业，必须在中国共产党的领导下，吸取全国人民，包括各民主党派的智慧，齐心协力，只有这样，才能确保社会主义建设事业的成功。因此，凡是关系国计民生的重大问题，如社会主义经济建设、社会主义精神文明建设、社会主义民主法制建设和改革开放中的重要方针政策及重要部署、政府工作报告、财政预算、经济与社会发展规划及国家政治生活方面的重大事项；中共中央提出的国家领导人人选；省级行政区划的变动；外交方面的重要方针政策；有关祖国统一的重要方针政策；有关群众生活的重大问题；各党派之间的共同性事务以及有关爱国统一战线的其他重要问题，一方面由全国人民代表大会行使国家权力作出决策，另一方面事先经过人民政治协商会议和中共中央直接召开的座谈会等方式同各民主党派和各界人士进行协商，广泛听取意见，取得统一认识。这种做法在我国政治生活中是被历史证明的行之有效的方法，是符合我国国情的，具备中国特色的社会主义民主政治的内容。随着我国民主政治的发展，中国共产党领导的，各民主党派参政、议政的方式将更加多样化、制度化和法制化。这一形式不仅将长期存在，其内容还将不断得到充实、发展和完善。

中国共产党领导的多党合作和政治协商制度是具有中国特色的政党制度。中国人民政治协商会议是我国多党合作和政治协商的重要形式。除此之外，在长期的实践中，我国还发展了多种多党合作和政治协商的形式。这些形式主要有以下几种。

1. 以会议形式进行政治协商，主要是民主协商会、谈心会、座谈会。这些会议的内容是对中共中央提出的大政方针进行协商，通报或交流重要情况，传达重要文件，听取民主党派、无党派人士提出的政策建议，就共同关心的问题开展交谈和交流，沟通思想。这方面，中国人民政治协商会议是开展这一内容的重要组织形式。中国人民政治协商会议既是我国爱国统一战线的组织，也是多党合作和政治协商的重要组织形式。虽然就其性质来看，中国人民政治协商会议不属于国家机构体系，不是一个国家机关，但它也不同于一般的人民团体，而是各民主党派参政、议政，进行民主协商和民主监督的重要组织形式。从第一届全国人民代表大会开始，我国在政治生活中就形成了具有宪法性质的政治惯例，中国人民政治协商会议和全国人民代表大会同时召开会议，政协委员列席全国人民代表大会会议，与人大代表一起展开对国家大政方针的讨论，开展民主协商和民主监督。

2. 通过国家权力机关参政议政。民主党派和无党派人士积极参加各级人民代表大会的选举，各民主党派可以提名各级人大代表的候选人。我国《选举法》对此作出了规定。在各级人民代表大会代表选举过程中，除选民外，各政党、各人民团体可以联合或者单独推荐代表候选人。各民主党派还可以向选举委员会或者人民代表大会主席团介绍候选人的情况。通过提名人大代表候选人，各民主党派、无党派人士和人民团体参与国家的政治生活，对政治决策和法律制定产生政治影响。

3. 担任各级国家机关的领导职务。作为参政的一种形式，民主党派和无党派人士还可以担任各级国家机关的领导职务，直接领导、参与和管理有关国家事务的处理、决定和执行，体现对政治的参与。中华人民共和国成立初期就确立了这一参政形式，其后，各民主党派直接参与各级国家机关的范围越来越大，形式和制度也越来越完善。中华人民共和国成立初期，《共同纲领》和《宪法》对此作出了法律上的保证。在当时中央人民政府委员会的 63 名成员中，民主党派和无党派人士占 31 名。在国家副主席、政务院副总理中都有民主党派领导人和无党派民主人士。在政务院 32 个部级单位的正职负责人中，民主党派、无党派人士有 13 人。从 1954 年以来的历届全国人民代表大会代表、全国人民代表大会常务委员会的组成人员和国务院的组成人员中，民主党派都占有一定比例的人数。并且，在地方各级政府的组成中，民主党派也都有成员担任领导工作。

此外，还有一些其他合作的形式。主要有：国务院和地方各级人民代表大会召开全体会议和讨论有关工作时，可以视需要邀请有关民主党派和无党派人士列席；政府及其有关部门可聘请民主党派成员和无党派人士兼职，担任顾问或参加咨询机构，也可以就某些问题请民主党派进行调查，提出建议；政府有关部门可就专业性问题同民主党派协商，在决定某些重大政策措施前，组织有关民主党派座谈，征求意见；在政府参事室中适当安排民主党派成员和无党派人士，发挥他们的咨询作用；聘请一批符合条件和有专门知识的民主党派成员、无党派人士担任特约监察员、检察员、审计员和教育督导员；政府监督、审计、工商等部门组织的重大案件调查，以及税收等检查，可吸收民主党派成员、无党派人士参加。

2005 年 3 月，《中共中央关于进一步加强中国共产党领导的多党合作和政治协商制度建设的意见》，提出了多党合作和政治协商的重要政治原则，进一步强调中国共产党对民主党派的领导是政治领导，即政治原则、政治方向和重大方针政策的领导。

**（三）中国人民政治协商会议的性质和主要职能**

现行《宪法》序言中指出："中国人民政治协商会议是有广泛代表性的统一战线组织，过去发挥了重要的历史作用，今后在国家政治生活、社会生活和对外友好活动中，在进行社会主义现代化建设、维护国家的统一和团结的斗争中，将进一步发挥它的重要作用。"

1. 中国人民政治协商会议的性质。中国人民政治协商会议既是爱国统一战线的重要组织形式，也是中国共产党领导的多党合作和政治协商制度的重要组织形式。中国人民政治协商会议按其性质来说，不属于国家机构体系，不是一个国家机关，但也不同于一般的人民团体，它是我国爱国统一战线和多党派合作的重要组织形式。

2. 中国人民政治协商会议的任务。《中国人民政治协商会议章程》规定，中国人民政治协商会议全国委员会和地方委员会的主要职能是政治协商和民主监督，组织参加本会的各党派、各社会团体和各族各界人士参政议政。简言之，中国人民政治协商会议的职能是政治协商、民主监督、参政议政。

政治协商是中国人民政治协商会议通过各种会议和座谈会等形式对国家的大政方针、政府工作报告、国民经济和社会发展计划、国家预算、国家领导人人选等重大问题进行民主协商。民主监督是中国人民政治协商会议通过向中共中央、国务院、全国人大常委会等提出建议、报告、举报和批评以对宪法法律的实施、重大方针政策的贯彻执行进行监督。发挥各民主党派监督作用的总原则是：在四项基本原则的基础上，发扬民主，广开言路，鼓励和支持民主党派和无党派人士对党和国家的方针政策、各项工作提出意见、批评、建议，做到知无不言，言无不尽，并且勇于坚持正确意见。中国人民政治协商会议组织参加本会的各党派、各社会团体和各族各界人士参政的基本点是：参加国家政权，参与国家大政方针和国家领导人选的协商，参与国家事务管理，参与国家方针、政策、法律、法规的制定执行。

3. 中国人民政治协商会议的主要职能。政协的主要职能是政治协商、民主监督和参政议政。其中，政治协商是对国家和地方的大政方针以及政治、经济、文化和社会生活中的重要问题在决策之前进行协商和就决策执行过程中的重要问题进行协商。民主监督是对国家宪法、法律和法规的实施，重大方针政策的贯彻执行、国家机关及其工作人员的工作，通过建议和批评进行监督。参政议政是对民众关心的问题，开展调查研究，反映民情民意，进行协商讨论。通过调研报告、提案、建议案或其他形式向党和国家机关提出意见和建议。

## 第五节　国家结构形式

### 一、国家结构形式概述

#### （一）国家结构形式的概念和类型

国家结构形式是指国家整体与其组成部分之间、中央政权与地方政权之间的相互关系。统治阶级为了维护自己的政治、经济统治，不仅需要建立与自身要求相适应的政权组织形式，还要根据本国的国情采取适当的国家结构形式。因此，国家结构形式与政权组织形式都属于国家形式。国家结构形式是随着国家的产生和发展而形成和变化的。历史上，自奴隶制国家产生后，即按地域划分行政区，以代替原始社会按血缘划分氏族。由于各国的具体国情不同，处理中央与地方关系的原则和方式也有所不同。国家结构形式主要有单一制和复合制两大类型。

所谓单一制，是指国家由若干不具有独立性的行政单位或自治单位组成，各组成单位都是国家不可分割的一部分的国家结构形式。现代多数国家采用这种国家结构形式。单一制的基本标志是：全国只有一部宪法，只有一个中央国家机关体系（包括立法机关、行政机关和司法机关）；每个公民只有一个统一的国籍；各行政单位或自治单位均受中央政府的统一领导，不能脱离中央而独立；各行政单位或自治单位所拥有的权力都是由中央通常以法律的形式授予的；国家整体是代表国家进行国际交往的唯一主体。

所谓复合制，是指国家由两个或者两个以上的具有某种独立性的成员单位（邦、州、共和国等）联合组成的联盟国家或者国家联盟的国家结构形式。根据成员单位独立性的强弱，复合制又可分为邦联、联邦、君合国、政合国等形式。

邦联是指若干主权的独立国家为实现某种共同目的（如军事、贸易等）而结成的松散的国家联盟。这种联盟一般以条约为基础。邦联不是一个主权国家，没有统一的宪法、国家机关、军队、赋税、预算、国籍等，各成员国均保留自己独立的国家主权，邦联的主要机关是由各成员国派遣代表组成或定期由成员国国家元首、政府首脑参加的会议，但邦联的决议必须经各成员国批准才能生效。邦联这种国家结构形式产生于资本主义国家发展的早期，反映了当时各成员国之间的共同的利益关系。历史上著名的邦联有 1776—1789 年的北美联盟、1815—1848 年瑞士同盟、1815—1866 年的德意志同盟等。第二次世界大战后，1958 年成立的西欧共同市场、1968 年成立的东南亚国家联盟等区域性国际组织，一般也被看做邦联形式的国家联盟。

联邦是指由两个或者两个以上的联邦组成单位（如邦、州、共和国等）组成的联盟国家。联邦制的基本标志是：联邦和其成员国分别有自己的宪法和法律，以及各自的国家机关体系（包括立法机关、行政机关和司法机关）；公民具有双重国籍，既是成员国的公民，又是联邦的公民；联邦的最高立法机关通常采用两院制，其中一院由联邦成员国派代表组成；通过宪法划分联邦与成员国之间的权力，联邦的权力包括立法权、行政权和司法权均来自各成员国的授予，凡未授予联邦的权力通常由各成员国保留；在对外关系方面，联邦的组成单位一般没有权力，但有的联邦国家允许组成单位同外国签订某方面的协定，如联邦德国和瑞士，以前苏联的白俄罗斯、乌克兰加盟共和国在联合国有合法席位。联邦制是复合制国家最典型的形式，也是现代最常见的国家结构形式之一。

君合国又称"两合君主国""人合国"或"身合国"，是指两个君主国由一个君主实行统治的国家联合。在这种国家结构形式下，两国共有一个国际交往的主体，但每个成员国又拥有自己的宪法、议会和政府，保持有一定程度的独立性。如 1815 年～1890 年荷兰与卢森堡的联合及 1867 年的奥匈帝国等。

政合国又称"物合国"，是指两个或者两个以上的国家在缔结条约的基础上组成的国家联合。在这种国家结构形式下，各成员国之间有统一的宪法和国家机关，有同一个国家元首，并对军事、外交、财政等事务进行统一的管理，对外是一个国际关系中的主体，但又分别有自己的宪法、议会和政府，彼此之间有相对的独立性。如 1814 年～1905 年瑞典与挪威的国家联合。

### （二）影响国家结构形式的要素

目前世界上比较常见的国家结构形式主要有单一制和复合制中的联邦制。由于各国历史传统、民族状况和政治、经济、文化等发展情况不同，以及国内阶级力量对比关系与国际环境的影响，资本主义国家和社会主义国家中都有采用单一制和联邦制的。因此，国家结构形式与国家性质并没有一种必然的联系。一个国家采用何种国家结构形式，其主要有以下决定因素：

1. 民族因素。一般而言，单一民族国家由于不存在民族关系问题，通常实行单一制。如日本、朝鲜等。在多民族国家，如各民族之间的关系融洽，同时各民族之间形成杂居，并且聚居的民族在地域上没有达到能够成为一个国家的范围，通常在这类国家建立的也是单一制。如我国虽然有 56 个民族，但由民族关系和各民族之间所形成的大杂居、小聚居的情况决定，则没有实行联邦制，而是实行单一制。如果在多民族国家，聚居的各民族的地域范围差距不大，类同于一个国家，又没有形成一个起到主导作用的民族，在这种情形下，通常建立联邦制。

2. 经济因素。如果一国的不同区域之间经济发展水平存在较大的不平衡，或者经济产业之间存在较大差异，使相互之间在经济上既缺乏互补性，也缺乏密不可分的联系。在这样的国家，通常建立起联邦制。

3. 地理因素。由于地理的关系，一个国家被自然地分割为若干部分，或者一个国家之内，不同地区的地理条件存在较大差异等，都有可能使不同地区、部分之间只形成某种较为松散的联系。在这样的国家，通常建立起联邦制。其典型的实例为马来西亚、墨西哥。反之，则实行单一制。

4. 历史因素，包括历史传统、特定的历史事实及其他的历史遗留问题等。就历史传统而言，一个国家在其建立以后的历史中，中央集权与地方分权的政治体制存续的时间，对于建立单一制还是联邦制，有着很大的影响。就特定的历史事实而言；其中最具影响的是殖民地历史。殖民者对于殖民地通常采用分而治之的方法，同时，殖民者在被迫离开殖民地时通常故意制造不同地区之间的矛盾，以便继续控制这些殖民地。在这样的殖民地建立起来的通常是联邦制。如加拿大、澳大利亚、印度等，均属于这种情况。

实践中，一些国家建立联邦制，是同时受到上述多种因素的制约和影响。

## 二、中国的国家结构形式

共同纲领及新中国历部宪法均明确规定，中华人民共和国是全国各民族人民共同缔造的统一的多民族国家。这一规定表明，我国实行的是单一制国家结构形式。我国采用单一制的主要理由是：

1. 长期实行单一制的历史传统。我国自秦汉以来，在漫长的历史发展进程中，除较短时间处于分裂状态外，一直实行统一的中央集权制。特别是自元朝以后的 700 多年，我国再没有出现大的分裂局面，长期的历史传统决定了我国有建立统一的主权国家的政治基础和政治心理。

2. 民族分布和民族成分状况。我国是一个有着 56 个民族的多民族国家，各民族的状况决定了在我国的具体条件下，不适宜采取联邦制，而宜于采取单一制的国家结构形式：(1) 各民族在长期的交往过程中，相互学习，人员交错往来，就全国范围来看，绝大多数少数民族都与汉族相互交错地居住在某一地区，逐渐形成了大杂居、小聚居的局面。除新疆、西藏、青海、宁夏、广西、内蒙古、云南等省、自治区居住比较集中的少数民族外，其他少数民族与汉族交叉居住在全国的其他各省和地区，一个民族完全集中在一个省居住的极少。新疆是少数民族居住比较集中的地方，除维吾尔族外，还有 12 个民族，回族和满族更是遍布全国各个省。(2) 我国各民族的人口数量之间差异较大。在全国总人口中，汉族人口占绝大多数，其他少数民族的人口数只占全国总人口数的 1/10。有的少数民族只有数万人，甚至数千人。这样的人口结构，比较有利于实行单一制。

3. 融洽的民族关系。各民族在历史上相互合作、相互交流，共同创造了中华民族的灿烂文化。虽然曾经有过民族间的矛盾和战争，但友好合作是民族关系的主流，为实行单一制提供了可能。

行政区划是"行政区域划分"的简称，指统治阶级为了便于管理，兼顾地理条件、历史传统、风俗习惯、经济联系、民族分布等因素，把国家领土作不同层次、大小不等划分的领土结构。因此，行政区划是人为的，而非自然形成的；统治阶级通过对国家领土作某种划分，以实现其有效管理的目的。

我国的行政区划遵循以下基本原则：(1) 有利于民族团结，考虑各民族的要求、利益及特点，保证民族区域自治的实施；(2) 有利于社会主义经济建设，既要照顾地理环境，又要照顾自然资源和经济发展状况，使行政区划与经济区划、国土规划尽可能地协调统一；(3) 兼顾行政管理效率和地方自主权的实现；(4) 参照历史状况。

现行《宪法》第 30 条规定，中华人民共和国的行政区划如下：(1) 全国分为省、自治区、直辖市；(2) 省、自治区分为自治州、县、自治县、市；(3) 县、自治县分为乡、民族乡、镇。直辖市和较大的市分为区、县。自治州分为县、自治县、市。自治区、自治州、自治县都是民族自治地方。第 31 条规定，国家在必要时得设立特别行政区。在特别行政区内实行的制度按照具体情况由全国人大以法律规定。可见，全国存在三种不同的行政单位——

般行政单位、民族自治地方、特别行政区；行政区划基本上是三级，即省（自治区、直辖市）、县（自治县、县级市）、乡（民族乡、镇），在有自治州和中心城市（地级市）管县的情况下，则为四级。

根据宪法和有关法律的规定，行政区划的划分和变更，必须经过一定的法定程序：省、自治区和直辖市的建置由全国人大批准；省、自治区、直辖市的区域划分，自治州、县、自治县市的建置和区域划分，由国务院批准；乡、民族乡、镇的建置和区域划分，由上级国家机关会同有关地方国家机关和有关民族的代表充分协商拟定，按照法律规定的程序报请批准；民族自治地方的界线需要变动时，由上级机关的有关部门和民族自治地方的自治机关充分协商拟定，报国务院批准。

### 三、民族区域自治制度

我国是统一的多民族国家，为在单一制下实现民族平等、团结和互助，国家采用民族区域自治作为解决民族问题和处理民族关系的基本政治制度。现行《宪法》规定："各少数民族聚居的地方实行区域自治，设立自治机关，行使自治权。各民族自治地方都是中华人民共和国不可分离的部分。"依据《宪法》规定，全国人大制定了《中华人民共和国民族区域自治法》（以下简称《民族区域自治法》），对民族区域自治作了具体规定。

#### （一）民族区域自治的概念

民族区域自治是指在中华人民共和国范围内，在中央政府的统一领导下，以少数民族聚居区为基础，建立相应的自治地方，并设立自治机关，行使宪法和法律授予的自治权的政治制度。作为一项完整的政治制度，包括以下三项特点：

1. 在中华人民共和国范围内，在中央政府的统一领导下。民族自治地方是中华人民共和国范围内的一个行政区域，是中华人民共和国不可分离的组成部分；在民族自治地方设立的行使自治权的自治机关是中央政府统一领导下的一级地方政权。民族自治机关的自治权是中央授予而非民族自治地方所固有的，自治权中不含有脱离国家而独立的权利，民族区域自治是以国家的统一、领土完整为前提的。

2. 民族区域自治必须以少数民族聚居区为基础。这种民族自治以聚居的民族区域为基础，是民族自治与区域自治的结合，既不同于与少数民族聚居区域无关的"民族文化自治"，也不同于与民族因素无关的"地方自治"。

3. 民族自治机关行使自治权。民族区域自治的目的是为了让聚居的少数民族能够根据本民族在政治、经济、文化等方面的特点，实行特殊性的政策，保证本民族的自主性，并促进本民族能够尽快发展。因此，自治权是少数民族聚居区实行民族区域自治的核心和标志，否则，其与一般地方国家机关无异。

#### （二）民族自治地方

民族自治地方是指少数民族聚居并实行区域自治的行政区域。民族自治地方是实行民族区域自治的基础。根据《民族区域自治法》的规定，建立民族自治地方应遵循下列原则：（1）在少数民族聚居的地方，根据当地民族关系、经济发展等条件，并参酌历史情况，可以建立一个或者几个少数民族聚居区为基础的自治地方；（2）民族自治地方内其他少数民族聚居的地方，建立相应的自治地方或者民族乡；（3）民族自治地方依据本地方的实际情况，可以包括一部分汉族或者其他民族的居民区和城镇。根据《宪法》规定，自治区的建置由全国人大批准，自治州、自治县的建置由国务院批准。民族自治地方的名称，除特殊情况外，按照地方名称、民族名称、行政地位的顺序组成，如广西壮族自治区、宁夏回族自治区等。

依行政地位划分，民族自治地方分为自治区、自治州、自治县三级。自治区相当于省级行政区域；自治州相当于省级与县级之间的行政区域；自治县相当于县级行政区域。

依民族构成划分，民族自治地方可以分为三类：(1) 以一个少数民族聚居区为基础，如西藏自治区、宁夏回族自治区等；(2) 以一个人口较多的少数民族聚居区为基础，同时包括一个或者几个人口较少的其他少数民族聚居区，如新疆维吾尔自治区；(3) 以两个或者两个以上的少数民族聚居区为基础，如黔东南苗族侗族自治州、云南双江拉祜族佤族布朗族傣族自治县。

此外，凡是相当于乡的规模的少数民族聚居区，建立民族乡。民族乡依照法律和有关规定，可以结合本民族的特点，在经济、文化、教育和卫生等方面采取相应的措施，但它不属于民族自治地方，不享有宪法和有关法律授予的自治权。

### (三) 民族自治机关

民族自治机关是指在民族自治地方设立的行使同级相应地方国家机关职权和同时行使自治权的国家机关，包括自治区、自治州、自治县的人民代表大会和人民政府。民族自治机关具有双重性质：一方面，它们在法律地位上是国家的一级地方政权机关，在产生方式、任期、机构设置和组织活动原则方面，与一般地方国家机关完全相同，并行使相应的一般地方国家机关的职权；另一方面，它们是民族自治地方行使宪法和有关法律授予的自治权的国家机关。

民族自治机关与同级的一般地方国家机关实行同样的组织原则和领导制度。同时，民族自治机关是当地聚居的民族的人民行使自治权的政权机关。因此，民族自治机关在组成上又具有不同于一般地方机关的特点：(1) 民族自治地方的人大中，除实行区域自治的民族的代表外，其他居住在本行政区域内的民族也应当有适当名额的代表；(2) 民族自治地方的人大常委会应当有实行区域自治的民族的公民担任主任或者副主任；(3) 自治区主席、自治州州长、自治县县长由实行区域自治的民族的公民担任；(4) 民族自治地方的人民政府的其他组成人员和自治机关所属工作部门的干部中，要尽量配备实行区域自治的民族和其他少数民族的人员。

### (四) 民族自治地方自治机关的自治权

自治区、自治州、自治县的自治机关除行使《宪法》规定的一般地方国家机关的职权外，还行使《宪法》《民族区域自治法》和有关法律授予的自治权，主要有：

1. 根据本地方实际情况，贯彻执行国家的法律、政策，对于上级国家机关的决议、决定、命令和指示，如有不适合民族自治地方实际情况的，自治机关可以报经该上级国家机关批准变通执行或者停止执行。

2. 制定自治条例和单行条例。民族自治地方的人民代表大会有权依照当地民族的政治、经济和文化的特点，制定自治条例和单行条例。自治条例是规定民族自治地方的自治机关的组织和活动原则、民族自治权等内容的综合性的规范性文件；单行条例是在民族自治权的范围内规定某一方面问题的规范性文件。自治区制定的自治条例和单行条例，报全国人大常委会批准后生效；自治州、自治县制定的自治条例和单行条例，报省或者自治区的人大常委会批准后生效，并报全国人大常委会备案。

3. 有权自主地安排使用国家财政体制属于民族自治地方的财政收入。民族自治机关有管理地方财政的自治权，凡是依照国家财政体制属于民族自治地方的财政收入，都应当由民族自治机关自主地安排使用。

4. 在国家的计划指导下自主地安排和管理地方性经济建设事业；根据本地方的特点和需要，制定经济发展的方针、政策和计划；在坚持社会主义原则的前提下，根据法律规定和本地方经济发展的特点，合理调整生产关系、改革经济管理体制。

5. 自主地管理本地方的教育、科学、文化、卫生、体育事业，保护和整理民族的文化遗产，发展和繁荣民族文化。根据国家的教育方针，确立本地方的教育规划、教育体制和教育设施。

6. 依照国家的军事制度和当地的实际需要，经国务院批准，可以组织本地方维护社会治安的公安部队。

7. 民族自治机关在执行职务时，依照自治条例的规定，使用当地通用的一种或者几种语言文字；同时使用几种通用的语言文字执行职务的，可以以实行区域自治的民族的语言文字为主。各民族公民都有使用本民族语言文字进行诉讼的权利；人民法院和人民检察院对于不通晓当地通用的语言文字的诉讼参与人，应当为他们翻译；在少数民族聚居或者多民族共同居住的地区，应当用当地通用的语言进行审理；起诉书、判决书、布告和其他文书应当根据实际需要使用当地通用的一种或者几种文字。刑事诉讼法、民事诉讼法、行政诉讼法、选举法、义务教育法、人民法院组织法等法律，具体规定了这一自治权在相应领域的适用。

为了保障民族自治机关行使自治权，《民族区域自治法》规定，国家实行有利于民族自治地方经济发展的财政管理体制，为民族自治地方各项事业和建设提供资金支援和补贴，扶持民族自治地方发展民族贸易和地方工业及传统手工业，帮助民族自治地方加速发展文化教育事业，帮助民族自治地方培养少数民族干部和技术人才，鼓励内地技术人员到民族自治地方工作。

### 四、特别行政区制度

#### （一）一国两制与特别行政区制度

"一国两制"是"一个国家，两种制度"的简称，是指在统一的社会主义国家内，在中央政府的统一领导下，经过最高国家权力机关决定，可以容许局部地方由于历史的原因而不实行社会主义制度和政策，依法保持不同于全国现行制度的特殊制度。"一国两制"的伟大构想，是邓小平在尊重历史、尊重事实的基础上，集中党中央的集体智慧提出来的。

"一国两制"的构想最初是为解决台湾问题而提出的。1979 年元旦，全国人大常委会发表了《告台湾同胞书》，宣布了争取和平统一祖国的大政方针，指出在解决祖国统一问题时，将"尊重台湾现状和台湾各界人士的意见，采取合情合理的政策和办法，不使台湾人民蒙受损失"。1981 年国庆前夕，叶剑英委员长代表党和国家提出了关于台湾和平统一的九条方针，其主要内容是：国家实现统一后，台湾可以作为特别行政区，享有高度的自治权；台湾现行政治、经济制度不变，同外国的经济、文化关系不变；私人财产、房屋、土地、企业所有权、合法继承权和外国投资不受侵犯；台湾当局和各界代表人士，可担任全国性政治机构的领导职务，参与国家管理。

1981 年 1 月 11 日，邓小平同志在一次谈话中，第一次把解决台湾问题的构想概括为"一国两制"。他说，九条方针是以叶剑英副主席的名义提出来的，实际上就是"一个国家，两种制度"。两种制度是允许的，他们不要破坏大陆的制度，我们也不破坏他那个制度。不只是台湾问题，还有香港问题，大体也是这几条。1982年邓小平在会见撒切尔夫人时，再次提到"一国两制"的概念。为体现"一国两制"这一伟大构想，现行《宪法》第31条明确规定："国家在必要时得设立特别行政区。在特别行政区内实行的制度按照具体情况由全国人民代表大会以法律规定。"1983年6月，邓小平同志在一次重要讲话中，进一步阐明了我国政府和人民完成祖国统一大业的具体设想，提出了国共两党进行平等谈判，进行第三次国共合作，共同完成祖国统一大业的主张。邓小平同志提出，台湾作为地方政权在对内政策上可以搞自己的一套，可以有其他省、市、自治区所没有的某些权力，可以实行同大陆不同的制度，司法独立，终审权不须到北京，还可以有自己的军队，只是不能构成对大陆的威胁。

1984年12月19日中英两国政府签订了关于香港问题的联合声明，1987年4月13日中葡两国政府签订了关于澳门问题的联合声明。两个联合声明都决定我国将按照"一国两制"的构想，在香港和澳门分别建立特别行政区。全国人大又分别于1990年4月4日和1993年3月31日通过了《中华人民共和国香港特别行政区基本法》（简称《香港基本法》）和《中华人民共和国澳门特别行政区基本法》（简称《澳门基本法》），这两部基本法的基本指导思想就是"一国两制"的方针。中华人民共和国宪法和两个基本法共同构成特别行政区的宪制基础。

**（二）特别行政区的概念与特点**

特别行政区是指在中华人民共和国行政区域范围内设立的享有特殊法律地位、实行资本主义制度和生活方式的地方行政区域。特别行政区是我国以和平的方式解决历史遗留下来的香港问题、澳门问题和台湾问题而设立的特殊的地方行政区域。特别行政区的建立构成了我国单一制的一大特色，是马克思主义国家学说在我国具体情况下的创造性运用。特别行政区相对于我国其他地方行政区域，具有以下特点：

1. "一国两制"。即在统一的中华人民共和国境内，其主体部分坚持实行社会主义制度，坚持四项基本原则；在这一前提下，为解决香港、澳门、台湾历史遗留下来的问题，根据《宪法》的规定建立特别行政区，在一个相当长的时期内保持原有的资本主义社会经济制度和生活方式，不实行社会主义制度和政策。

2. 高度自治。特别行政区是统一的中华人民共和国的一个地方行政区域，但与其他一般的行政区域不同，它实行高度自治，依照法律的规定享有立法权、行政管理权、独立的司法权和终审权。特别行政区通用自己的货币，财政独立，收入全部用于自身需要，不上缴中央人民政府，中央人民政府不在特别行政区征税。

3. 当地人管理。即特别行政区的政权机关由当地人组成，中央人民政府不派遣干部到特别行政区担任公职，亦即所谓的"港人治港"、"澳人治澳"。

**（三）特别行政区的法律地位**

《宪法》第31条的规定及第62条第13项关于特别行政区的设立及其所实行的制度的决定权属于全国人大的规定，表明了特别行政区对中央人民政府的隶属关系；两个基本法的第12条关于特别行政区是中华人民共和国的一个享有高度自治权的地方行政区域，直辖于中央人民政府的规定，是《宪法》规定的具体化。可见，特别行政区是中华人民共和国的一部分，是地方一级行政区域；特别行政区政权是中华人民共和国的一级地方政权，直辖于中央人民政府；中央人民政府与特别行政区的关系是在单一制国家结构形式内的中央与地方之间的关系，特别行政区享有高度自治权，但它不享有国家主权，没有外交和国防方面的权力，也不是一个独立的政治实体。其法律地位相当于省、自治区和直辖市。

依据基本法的规定，由中央人民政府管理特别行政区涉及外交、国防等国家主权方面的事务。主要是：（1）负责管理与特别行政区有关的外交事务；（2）负责管理特别行政区的防务；（3）任命行政长官和主要官员；（4）决定特别行政区进入紧急状态；（5）解释特别行政区基本法；（6）修改特别行政区基本法等。中央对特别行政区具有全面的管治权。

### （四）特别行政区的高度自治权

特别行政区实行高度自治，享有广泛的自治权。

1. 行政管理权。特别行政区依照基本法的有关规定自行处理特别行政区的行政事务，包括特别行政区的经济、财政、金融、贸易、工商业、土地、航运、民航、教育、科学、文化、体育、宗教、劳工、社会服务等事项。

2. 立法权。特别行政区的立法机关依据基本法的规定，有权制定适用于特别行政区的法律。

3. 独立的司法权和终审权。特别行政区法院独立进行审判，不受任何干涉；凡是在特别行政区内发生的任何案件，以特别行政区的终审法院为最高审级，该特别行政区的终审法院的判决即是最终判决。

4. 自行处理有关对外事务的权力。包括：（1）特别行政区有参加外交谈判、国际会议、国际组织的权力；（2）特别行政区有签订国际协议的权力；（3）特别行政区有与外国互设官方、半官方机构的权力；（4）特别行政区有签发特区护照和旅行证件的权力。

5. 高度自治的其他方面。包括：（1）特别行政区的行政机关、立法机关由当地永久性居民组成，中央人民政府不从内地派遣官员去担任特别行政区行政机关和立法机关的重要职位；（2）特别行政区不实行社会主义制度和政策，保持原来的资本主义制度和生活方式50年不变；（3）特别行政区境内的土地和自然资源在所有权属于国家的前提下，由特别行政区负责管理、使用、开发、出租或者批给个人、法人或者团体使用或者开发，其收入全归特别行政区政府支配；（4）特别行政区保持财政独立，财政收入不上缴中央人民政府，中央人民政府不在特别行政区征税；（5）特别行政区的货币体系独立，其发行权属于特别行政区政府；（6）特别行政区使用的语言文字，除中文外，在香港特别行政区还可使用英文，在澳门特别行政区还可使用葡文；（7）特别行政区除悬挂中华人民共和国国旗外，还有自己的区旗、区徽等。

特别行政区与省、自治区和直辖市都属于直辖于中央人民政府的地方政权，但它与省、自治区和直辖市相比，除享有高度自治权外，还有以下特殊性。

1. 在我国一般地方政权体系中，省、自治区和直辖市属于最高的一级地方政权，在其之下还有市、市辖区、县、乡、镇等行政单位；根据基本法的规定，特别行政区不再下设任何政权单位。

2. 中央对特别行政区和省、自治区和直辖市的干预程度不同。省、自治区和直辖市必须执行中央及有关部门制定的行政规章、政策及措施，中央有关部门可以直接下达各种指令、指示以及要求完成具体指标。而中央对特别行政区的事务管得相对而言比较少，中央人民政府所属各部门则不得干预特别行政区自行管理的事务。

3. 实施的法律不同。中央政府除为特别行政区制定基本法外，全国性法律除极少数由法律明确规定须在特别行政区实施外，其他法律均不在特别行政区实施。

### （五）特别行政区的政治体制

确定特别行政区政治体制的模式应考虑多方面的因素：（1）作为特别行政区政权组织形式的政治体制必须同以爱国者为主体的政权性质相适应；（2）要符合"一国两制"方针，从特别行政区的法律地位和实际情况出发，既有利于维护国家的主权、统一和领土完整，又能保证特别行政区实行高度自治；（3）要同特别行政区的历史情况和具体现实相适应；（4）要有利于特别行政区人民当家作主和保持特别行政区的繁荣稳定。同时，各种现成的政治体制模式的优点，包括特别行政区成立前的原有模式中一些行之有效的部分，应作参考或者适当予以吸收。

考虑到上述因素，我国特别行政区的政治体制，既不采用内地的人民代表大会制，也不照搬外国的三权分立制，更不沿用港澳原来的总督制。特别行政区行政、立法和司法三者的关系是：司法独立；行政机关与立法机关之间既互相制衡，又互相配合。这是一种史无前例的地方政权组织形式，它保留了港澳原有的司法独立原则和行政主导作用，指出行政与立法二者要互相制衡和互相配合，而且重在配合。因此，这是一种独特的、符合港澳实际情况的行政长官制。

港澳特别行政区政治体制所采用的行政长官制，是一种创造性的政治体制模式。这种政治体制既不同于外国的议会制和总统制，也不同于内地的人民代表大会制，更不同于港澳原来的总督制，而是具有港澳特色的行政长官制。

所谓"行政长官制"，是指以行政长官所领导的政府为主导方面，奉行司法独立、行政与立法互相制衡和互相配合，而且重在配合的一种政治制度。这是一种独特的、符合港澳实际情况的、崭新的地方政权组织形式，它具有以下特点：

#### 1. 行政主导

行政主导包括：（1）行政长官对中央负责；（2）行政长官对特别行政区负责；（3）行政长官领导特别行政区政府；（4）行政长官代表特别行政区；（5）行政长官公布法律；（6）行政长官制约立法会。

#### 2. 行政与立法互相制衡

港澳基本法所规定的行政与立法互相制衡的关系体现在以下方面：

（1）行政长官决定是否签署法案。立法会有权制定法律，但立法会通过法案后，必须经行政长官签署、公布方能有效。如果行政长官认为立法会通过的法案不符合特别行政区的整体利益，有权拒绝签署立法会通过的法案，并将有关的法案在法定期限内（香港为3个月，澳门为90日），发回立法会重议。

（2）行政长官有权解散立法会。下列情况下，行政长官有权解散立法会：行政长官拒绝签署立法会再次通过的法案（即行政长官发回立法会后又被立法会通过的法案）；立法会拒绝通过政府提出的财政预算案或其他重要法案，经协商仍不能取得一致意见的。行政长官在其一任任期内只能解散立法会一次。

（3）立法会可迫使行政长官辞职。行政长官如有下列情况之一必须辞职：①因两次拒绝签署立法会通过的法案而解散立法会，重选的立法会仍以全体议员三分之二多数通过所争议的原案，而行政长官仍拒绝签署；②因立法会拒绝通过财政预算案或其他重要法案而解散立法会，重选的立法会继续拒绝通过所争议的原案。

（4）立法会有权弹劾行政长官。如立法会全体议员的四分之一（香港）或三分之一（澳门）联合动议，指控行政长官有严重违法或渎职行为而不辞职，立法会就有权通过动议，委托香港终审法院首席法官（澳门终审法院院长）负责组成独立的调查委员会进行调查。调查委员会如认为有足够证据构成上述指控，立法会以全体议员三分之二多数通过，可提出弹劾案，报请中央人民政府决定。

（5）行政机关对立法机关负责。港澳特别行政区政府必须遵守法律，对特别行政区立法会负责：执行立法会通过并已生效的法律；定期向立法会作施政报告；答复立法会议员的质询。此外，香港特别行政区政府对立法会负责还有一项：征税和公共开支须经立法会批准。

3. 行政与立法重在配合

特别行政区政权组织形式中没有采取三权分立制，而是强调行政与立法之间互相配合，表现在：

（1）在香港和澳门特别行政区，分别设有协助行政长官决策的机构，即香港的行政会议和澳门的行政会。这两个机构的成员由行政长官从行政机关的主要官员、立法会议员和社会人士中委任。行政长官在作出重要决策，向立法会提交法案，制定附属法规（或行政法规）和解散立法会之前，须征询行政会议（行政会）的意见；行政长官如不采纳行政会议（行政会）多数成员的意见，应将具体理由记录在案。由于在行政会议（行政会）中既有立法会议员，也有行政机关的主要官员，行政长官在决策时可以听取来自立法机关和行政机关不同方面的意见，进行协调，以消除分歧，从而加强行政与立法的配合。行政会议（行政会）中有社会人士，可以代表社会各界人士的意见，以比较超脱的立场，从中进行协调，促使行政与立法之间相互配合。

（2）按照法律规定的程序，行政长官在解散立法会之前除了须征询行政会议（行政会）的意见外，还应先进行协商，经与立法会协商仍不能取得一致意见，才可以行使解散权。这种事先协商的制度体现了行政与立法相互沟通和配合的精神。

（3）在立法会举行会议的时候，政府应委派官员列席并代表政府在会议上发言，就有关问题作出说明，以便相互了解和沟通。

（4）在香港特别行政区，立法会的部分议员由选举委员会选举产生，而该选举委员会也负责选举产生行政长官，因此，这部分议员在立法会中能够较多地支持行政长官的工作和政策；在澳门特别行政区，立法会的部分议员由行政长官委任，这部分议员当然在立法会中能够支持行政长官的工作和政策。

4. 司法独立

特别行政区的司法独立于行政、立法之外，其活动不受任何干涉。司法人员履行审判职责的行为不受法律追究。此外，由于实行"一国两制"，特别行政区的司法独立还有另外一层含义，即特别行政区的司法活动不仅不受本特别行政区内的任何干预，而且也不受内地任何部门包括各级司法机关的干预。甚至中央国家机关中的最高人民法院、最高人民检察院对特别行政区司法机关也没有任何指导、监督的权力。特别行政区享有终审权，并为此设立终审法院，以保持特别行政区司法制度的独立性。

**五、基层群众性自治制度**

**（一）基层群众性自治组织的概念**

基层群众性自治组织是指我国依照有关宪法和有关法律的规定，以城乡居（村）民一定的居住地为纽带和范围设立的，并由居（村）民选举产生的成员组成的，实行自我管理、自我教育、自我服务的社会组织。基层群众性自治组织是非政权性的自治组织，不属于国家政权在一定范围内的自治，而属于一种社会自治。相对于国家政权组织，它具有基层性、相对独立性和自治性的特点。在我国，主要包括城市的居民委员会和农村的村民委员会。1989年12月全国人大常委会通过了《城市居民委员会组织法》，1998年11月全国人大常委会又通过了《村民委员会组织法》，以具体规范城市居民委员会和农村村民委员会的组织和活动。

（二）居民委员会

1. 性质和任务。居民委员会是居民自我管理、自我教育、自我服务的基层群众性自治组织。其主要任务是：（1）宣传宪法、法律、法规和国家的政策，维护居民的合法权益，教育居民履行依法应尽的义务，爱护公共财产，开展多种形式的社会主义精神文明建设活动；（2）办理本居住地区居民的公共事务和公益事业；（3）调解民间纠纷；（4）协助维护社会治安；（5）协助人民政府或者它的派出机关做好与居民利益有关的公共卫生、计划生育、优抚救济、青少年教育等项工作；（6）向人民政府或者它的派出机关反映居民的意见、要求和提出建议。

2. 设立。居民委员会根据居民居住状况，按照便于居民自治的原则，一般在100户至700户的范围内设立。其设立、撤销、规模调整，由不设区的市、市辖区的人民政府决定。

3. 组织。居民委员会主任、副主任和委员，由本居住地区全体有选举权的居民或者由每户派代表选举产生；根据居民的意见，也可以由每个居民小组选举代表2至3人选举产生。居民委员会每届任期3年，其成员可以连选连任。居民会议可以由全体18周岁以上的居民或者每户派代表参加，也可以由每个居民小组选举代表2至3人参加。

居民委员会向居民会议负责并报告工作。居民会议由居民委员会召集和主持。涉及全体居民利益的重要问题，居民委员会必须提请居民会议讨论决定。居民会议有权撤换和补选居民委员会成员。

居民委员会根据需要设人民调解、治安保卫、公共卫生等委员会。居民委员会成员可以兼任下属的委员会的成员。居民委员会分设居民小组，小组长由居民小组推选。

4. 与政府的关系。不设区的市、市辖区的人民政府或者它的派出机关对居民委员会的工作给予指导、支持和帮助。居民委员会协助不设区的市、市辖区的人民政府或者它的派出机关开展工作。

（三）村民委员会

1. 性质和任务。村民委员会是村民自我管理、自我教育、自我服务的基层群众性自治组织。其任务包括：实行民主选举、民主决策、民主管理、民主监督，办理本村的公共事务和公益事业，调解民间纠纷，协助维护社会治安，向人民政府反映村民的意见、要求和提出建议；应当支持和组织村民发展各种形式的合作经济，承担本村民产生的服务和协调工作；维护以家庭联产承包为主的责任制和统分结合的双层经营体制，保障集体经济组织和村民、承包经营户、联户或者合伙的合法财产权和其他合法的权利和利益；依照法律规定，管理本村属于村农民集体所有的土地和其他财产，教育村民合理利用自然资源，保护和改善生态环境；宣传宪法、法律、法规和国家的政策，教育和推动村民履行依法应尽的义务，爱护公共财产，维护村民的合法的权利和权益，促进村和村之间的团结、互助等。

2. 设立。根据村民居住状况、人口多少，按照便于群众自治的原则设立。一般设在自然村；小的自然村可以联合设立村民委员会；大的自然村可以设立几个村民委员会。村民委员会的设立、撤销、范围调整，由乡、民族乡、镇的人民政府提出，经村民会议讨论同意后，报县级人民政府批准。

3. 组织。村民委员会由村民直接选举产生的主任、副主任和人员共 3 至 7 人组成。根据需要设人民调解、治安保卫、公共卫生等委员会。村民委员会成员可以兼任下属委员会的成员。每届任期 3 年，届满应当及时举行换届选举，可以连选连任。选举村民委员会，由本村村民提名候选人，候选人的名额应当多于应选人的名额。

村民会议由本村 18 周岁以上的村民组成。村民委员会向村民会议负责并报告工作。村民会议审议村民委员会的工作报告，并评议村民委员会成员的工作。涉及村民利益的下列事项，村民委员会必须提请村民会议讨论决定，方可办理：（1）本村享受误工补贴的人员及补贴标准；（2）从村集体经济所得收益的使用；（3）本村公益事业的兴办和筹资筹劳方案及建设承包方案；（4）土地承包经营方案；（5）村集体经济项目的立项、承包方案；（6）宅基地的使用方案；（7）征地补偿费的使用、分配方案；（8）以借贷、租赁或者其他方式处分村集体财产；（9）村民会议认为应当由村民会议讨论决定的涉及村民利益的其他事项。村民会议可以制定和修改村民自治章程、村规民约，并报乡、民族乡、镇的人民政府备案。

村民委员会实行村务公开原则，不及时公布应当公布的事项或者公布的事项不真实的，村民有权查询，并有权向乡、民族乡、镇的人民政府或者县级人民政府及其有关主管部门反映，有关政府机关应当负责调查核实，责令公布；经查证确有违法行为的，有关人员应当依法承担责任。

4. 与政府的关系。乡、民族乡、镇的人民政府对村民委员会的工作给予指导、支持和帮助，但是不得干预依法属于村民自治范围内的事项。村民委员会协助乡、民族乡、镇的人民政府开展工作。

**（四）基层群众自治制度的发展与完善**

我国基层群众自治组织自 1982 年宪法规定以来，有了长足的发展，取得了举世瞩目的成绩。当然也有一个进一步发展与完善的问题。概括言之，主要是，进一步理顺群众自治组织与基层政权和党的组织的关系；进一步落实民主选举、民主决策、民主管理和民主监督的制度化、规范化和具体操作问题；进一步落实村民和居民合法权益的保障和救济问题；等等。

**（五）居民委员会组织法和村民委员会组织法**

1. 城市居民委员会组织法。全国人大常委会曾于 1954 年 12 月 31 日制定了《城市居民委员会组织条例》，1989 年 12 月 26 日又制定了《城市居民委员会组织法》，共 23 条，并于 1990 年 1 月 1 日起施行，2010 年 10 月 28 日修订。该法规定了制定目的、居民委员会的性质、居民委员会与城市基层政权之间的关系、居民委员会的任务、居民委员会的设立、居民委员会的组织、居民会议及与居民委员会之间的关系等。

2. 村民委员会组织法。全国人大常委会于 1998 年 11 月 4 日制定了《中华人民共和国村民委员会组织法》，共 30 条，并于公布之日起施行，2010 年 10 月 28 日修订。该法规定了制定目的、村民委员会的性质、村民委员会与农村基层政权之间的关系、村民委员会的任务、村民委员会的设立、村民委员会的组织、村民会议及与村民委员会之间的关系等。

# 第四章　公民的基本权利和义务

## 第一节　公民基本权利的一般原理

### 一、公民的基本权利的相关概念

#### （一）公民的概念

公民，也称为"国民"，是指具有某个国家国籍的自然人。在1953年以前，我国使用"国民"一词，1953年我国第一部《选举法》开始便只使用"公民"的称谓了。我国1982年《宪法》规定："凡具有中华人民共和国国籍的人都是中华人民共和国公民。"这就表明，任何自然人要成为中国公民，除应具有我国国籍外，没有其他资格要求。从公民的概念中可以看出，在我国，公民和国籍是分不开的。

国籍，在宪法上是指一个人隶属于某个国家的法律上的身份。一个人具有某个国家的国籍，通常就被认为是该国的公民或国民，就享有该国宪法和法律规定的权利及履行宪法和法律规定的义务。另外，该国对侨居他国的本国公民有义务给予外交保护，并在必要时接纳此人回国。

根据1980年的《中华人民共和国国籍法》（以下简称《国籍法》），我国国籍的取得方式有两种：出生国籍和继有国籍。

所谓出生国籍，是指因出生而取得国籍。对于出生国籍，各国或者采取血统主义原则，即确定国籍时以一个人出生时父母的国籍为准，不问他的出生地为何国；或者采取出生地主义原则，即确定国籍时以一个人的出生地所属的国家为准，不问其父母属于何国国籍；或者采取血统主义与出生地主义相结合的原则。与世界上大多数国家一样，我国对出生国籍采用以血统主义为主、出生地主义为辅的原则，《国籍法》规定：（1）父母双方或一方为中国公民，本人出生在中国的，具有中国国籍。（2）父母双方或一方为中国公民，本人出生在外国的，具有中国国籍；但如果父母双方或一方为中国公民并定居在外国，本人出生时即具有外国国籍的，则不具有中国国籍。（3）父母无国籍，或者国籍不明，定居在中国，本人出生在中国的，具有中国国籍。

所谓继有国籍，是指因加入而取得国籍。《国籍法》规定，外国人或无国籍人申请加入中国国籍，必须具备两个前提，并且还要符合法律规定的条件。这两个前提是：（1）申请人必须愿意遵守中国的宪法和法律；（2）必须是出于本人的自愿。其法定条件是：（1）申请人为中国公民的近亲属；（2）本人定居在中国；（3）有其他正当理由，如享有在中国政治避难的权利等。只要具备上述前提并符合上述条件，就可以申请加入中国国籍。

我国受理国籍申请的机关，在国内是申请人居住地的县、市公安机关，在国外是中国外交代表机关和领事机关。这些机关只是受理申请并审查申请人是否符合法律规定，最后的审批权属于中华人民共和国公安部。经公安部批准，由办理申请的有关机关发给证书后，申请人就具有了中国国籍，成为中华人民共和国的公民。被批准加入中国国籍的人，不得保留外国国籍。

中国公民也有权申请退出中国国籍，办理程序与申请程序基本相同。曾经具有中国国籍的外国人，如有正当理由，可以申请恢复中国国籍；在申请被批准恢复中国国籍后，不得再保留外国国籍。在香港和澳门回归祖国后，《国籍法》也适用于香港和澳门的中国公民。我国不承认双重国籍，但在香港和澳门的特殊情况下，中国公民可以保留其在外国的居留权。

### （二）公民和人民

在宪法学上，我国的"公民"和"人民"是两个不同的概念。（1）公民是法律概念，与外国人和无国籍人相对应；人民是政治概念，与敌人相对应，在不同历史时期有着不同的内涵。在现阶段，依据《宪法》序言第 10 段的规定，人民是指全体社会主义劳动者、社会主义事业建设者、拥护社会主义的爱国者和拥护祖国统一的爱国者。（2）二者的法律地位也有区别。我们讲"人民的权利"，主要是指人民当家作主的政治权利；讲"公民的权利"，指的是所有具有中国国籍的人所享有的法律权利。（3）地位不同导致了二者在享受权利方面的差异。公民中的人民，享有宪法和法律规定的全部权利并履行全部义务；而公民中的敌人则不能享受全部的法律权利，也不允许他们履行公民的某些光荣义务。（4）二者的范围也不同。我国公民的范围要比人民的范围更广泛，除包括人民以外，还包括人民的敌人。（5）公民通常所表达的是个体的概念，人民所表达的是群体的概念。

### （三）基本权利和基本义务

权利存在于不同的社会领域，如法律领域、宗教领域、道德领域、家庭领域等。在法律领域，所谓权利，是指公民依据宪法和法律的规定，进行或者不进行某种行为，以及要求国家和其他公民、法人、组织进行或者不进行某种行为的资格。权利区别于义务的最主要的标志是，权利的享有者可以进行某种行为，也可以不进行某种行为；可以要求国家和其他公民、法人、组织进行某种行为，也可以要求国家、法人、组织不进行某种行为。权利的享有者既可以放弃权利，也可以行使权利；权利的实现需要权利享有者进行一定的行为，或者需要特定的义务人或者不特定的义务人履行义务。

义务通常是指对人的行为的抑制或者约束，并由此形成的一种社会责任。广义的义务包括法律义务、道德义务、社会义务等。狭义的义务仅指法律义务，即法律规定的义务人作出一定行为或者不作出一定行为，以满足权利人要求的法律手段。法律关系主体履行的义务即是法律义务。

公民的基本权利和基本义务，是指由宪法所确认的、作为公民所应当享有和履行的最起码的法律权利和义务。基本权利和义务的范围各国并不一致，主要根据各自的民族传统和需要确定。基本权利和基本义务属于法律权利义务的范畴，具体表现在：（1）它们对于国家和公民来说，都是必不可少的。所以，在现代社会，基本权利是这样一种权利——公民如不享有，则不成其为国家主人或主权者；基本义务是一种公民如不履行、国家就不能进行有效管理的义务。（2）由于宪法是处理公民与国家基本政治关系的法律，所以，宪法规定基本权利和义务，目的主要是为了确认公民有对抗政府的可能侵犯的手段，使政府不能随意剥夺；同时，基本义务的规定，也可赋予政府以合法的强制手段，使个别公民不能借主权者的地位拒绝履行对社会应尽的责任。（3）基本权利和义务构成了普通法律权利和义务的基础或原则。（4）基本权利有一个区别于普通法律权利的重要特点，即有些基本权利是不能放弃的，如人身自由权，只能被法律剥夺，而不能自动放弃。

### （四）人权与公民的基本权利

人权是人生而就有且普遍享有的权利。资产阶级在反对封建专制统治和封建特权过程中提出了"天赋人权"的口号，用以争取人民的支持和在思想上证明封建统治的不合理。资产阶级革命胜利后，西方资本主义国家就用政治纲领或法律的形式把人权确定下来，作为衡量政体形式的一个标准。第二次世界大战后，随着联合国的成立，人权概念及人权保护逐渐进入国际法领域，并为各国所普遍承认和接受。

在中国，早在抗日战争时期，中国共产党领导的陕甘宁边区制定的《陕甘宁边区施政纲领》这份宪法性文件中，就提出了人权保护的主张。中华人民共和国成立以后，由于"左"的影响，国内的政治法律文件中以及学术著作中很少提及人权问题，而主要以批判的态度来看待人权。对"文化大革命"中侵犯人的尊严和基本权利的反思，导致了人权思想的复苏。

1991年，中国政府发表了《中国的人权状况》白皮书，阐述了中国政府对于人权问题的原则立场和基本政策。以后，每年至少发表一份人权白皮书，向国际社会介绍中国人权保护的发展，反驳外国敌对势力对中国的攻击。

我国从共同纲领到历部宪法中所使用的都是"基本权利"这一概念，而没有使用"人权""基本人权"这样的概念。其基本理由是，"人权"这一概念是资产阶级的专利品，世界上并不存在抽象的人，人总是分为阶级的、地域的、国家的，也就不存在抽象的所谓的人的权利；公民所享有的权利是通过斗争而取得的，并不可能是与生俱来的，更不可能是"上帝"赋予的。在这一认识和观念指导下，理论上对人权持排斥的态度。

自20世纪80年代末以后，理论上对人权的认识发生了巨大变化，认为我国所实行的社会主义制度其内在要求和基本内容就在于保障人的权利的，建设有中国特色的社会主义就是要从根本上提高全国人民享受人权的水平，因此，其与人权观念和内涵在本质上是一致的。其后，我国政府发布了10余个中国人权白皮书，包括《中国的人权状况》（1991年）、《中国人权事业的进展》（1995年）、《1996年中国人权事业的进展》（1997年）、《西藏的主权归属与人权状况》（1992年）、《西藏自治区人权事业的新进展》（1998年）、《中国改造罪犯的状况》（1992年）、《中国妇女的状况》（1994年）、《中国的计划生育》（1995年）、《中国的儿童状况》（1996年）、《中国的宗教信仰自由状况》（1997年）等。同时，迄今为止，中国已经加入了21个世界人权公约，特别是1997年中国签署了《经济、社会及文化权利国际公约》，1998年又签署了《公民权利和政治权利国际公约》，2001年全国人大常委会正式批准生效了《经济、社会及文化权利国际公约》，2003年年底，中国政府正式向联合国提交了履行该公约的首份履约报告。

经过20多年的改革开放，作为我国社会进步的一个重要表现，我国公民的人权观念发生了巨大变化，在法律层面上的人权保障机制也得到进一步完善。我国现行宪法修改于1982年，该宪法中关于公民基本权利的规定，与中国社会当时的政治、经济、社会发展状况是一致的，但与我国目前的社会发展和对人权的认识存在着一定差距。1988年、1993年、1999年三次对宪法的修改没有直接涉及公民基本权利部分的有关内容。党的十五大、十六大都提出了"尊重和保障人权"，为了在宪法层面上落实党的十五大、十六大精神，为在我国尊重和保障人权提供宪法保障，2004年第四次宪法修正案第24条规定，宪法第33条增加一款，作为第三款："国家尊重和保障人权。"在我国宪法上第一次引入"人权"这一概念。同时，2004年宪法修正案中多处修改都与人权及其保障有着密切的关系，例如，关于紧急状态的修改，关于建立健全社会保障制度的修改，关于公民私有财产权的修改等。

宪法修正案中增加规定"人权"，既表明了我国社会的进步和发展，也表明了我国履行所加入的国际人权公约的义务的诚意。我国宪法中规定了公民的一系列基本权利，但并没有囊括公民所应该享有的所有的基本权利，而在我国所加入的国际人权公约中，规定了一些我国宪法所没有规定的公民的基本权利。例如，我国宪法没有规定公民的生命权、知情权、迁徙自由、隐私权、生存权等。宪法修正案中增加规定的"人权"，实际上包括了我国宪法中没有规定的公民所应该享有的而又为我国所加入的国际人权公约所规定的基本权利。

我国在人权问题上的基本观点是：（1）人权是人类普遍享有的权利，任何国家都不能剥夺本国公民的人权；（2）基本人权范围的确定和人权保护是一个主权国家内部的事务，不受外部的干涉；（3）只有在一国大规模侵犯本国人民或他国人民的人权时，国际社会才应当起来制止，但必须慎重，尽可能不使用武力；（4）中国政府尊重并保护本国公民的人权，积极促进人权保护的发展；（5）集体的生存权与发展权是中国人民最重要的人权，同时也要在经济发展的基础上加强对公民个人权利的保障。

一国宪法所列举的公民基本权利，是该国国内法对人权的具体规定和保护。具体而言，现代宪政民主国家公共权力的基础来自公民的权利，而不是相反；人民为了更美好的生活而成立政府，用宪法来确定政府的权力范围，同时规定宪法的基本权利以保护自己的利益不受侵犯。因此，与过去的封建专制时代相反，现代国家对公民的权利，既不能赋予，也不能随意取缔。按照人权理论，特定公民享有的特定的基本权利是与生俱有的，所以，宪法不是赋予本国公民以宪法权利，而是确认公民享有的人权受到国家法律的承认和保护。可以说，宪法规定的公民基本权利就是经国家立法确认的人权。

## 二、公民基本权利的主体

公民基本权利主体是指依据宪法规定享有基本权利的主体，即谁有资格主张基本权利。基本权利的实现是主体意志的实现过程，是主体的一种活动。基本权利主体不仅要具备享有权利的权利能力，同时要具备能够以自己的行为具体实现权利以及承担相应责任的行为能力。

### （一）公民

公民是基本权利的一般的、经常性的主体。各国宪法中规定的基本权利主要通过公民的自主性活动得到实现。公民的概念经过长时期的历史演变，最终确定为各国宪法普遍公认的法律概念，公民成为基本权利的主体之一。所谓公民是指具有一国国籍的人。国籍是确定公民资格的唯一条件，是否为公民的判断标准是国籍。一个人具有某国的国籍，这就意味着同特定国家产生了固定的法律联系，构成公民与国家的关系。

我国《宪法》第33条明确规定："凡具有中华人民共和国国籍的人都是中华人民共和国公民。"《国籍法》第2条规定："中华人民共和国是统一的多民族的国家，各民族的人都具有中国国籍。"这一规定说明，在我国凡是具有中国国籍的人都是中国公民，成为宪法规定的基本权利主体，不受民族、职业、家庭出身、宗教信仰、教育程度、财产状况等因素影响。根据各国的法律规定，国籍的取得主要有两种方式：一种是因出生而取得；另一种是加入国籍，叫做取得国籍。对因出生而取得国籍的问题，各国通常采用三种原则：一是血统主义原则，即确定一个人的国籍以他出生时父母的国籍为准，不问其出生地国；二是出生地主义原则，即以出生地作为取得国籍的依据，而不问其父母是本国人还是外国人；三是混合主义原则，即以血统主义为主，以出生地主义为辅，或者以出生地主义为主，以血统主义为辅，或者不分主次，将两种原则结合起来确定国籍。我国采取出生地主义和血统主义相结合的原则，对国籍的确定作了如下规定：父母双方或一方为中国公民，本人出生在中国，具有中国国籍，但父母双方或一方为中国公民并定居在外国，本人出生时即具有外国国籍的，不具有中国国籍；父母无国籍或国籍不明，定居在中国，本人出生在中国，具有中国国籍。外国人或无国籍人，愿意遵守中国宪法和法律，并具有下列条件之一的，可以经申请批准加入中国国籍：中国人的近亲属；定居在中国的；有其他正当理由。经批准加入中国国籍的公民，不再保留外国国籍，中国公民如果自愿加入或取得外国国籍的，则自动丧失中国国籍。这就说明，我国主张一人一国籍原则，不承认双重国籍。我国宪法确定公民概念的基本依据是是否具有中国国籍的基本事实，没有附加其他任何条件。

公民作为基本权利主体与人权主体或人的权利之间既有联系又有区别。人权是作为人应该享有的权利与自由，是做人的一种资格。按照人权的价值观，自然人成为享有人权的主体，这种人权既包括超越国家、超越宪法的非实定法的权利与自由，又包括实定法上的权利与自由。在现代的宪政实践中，人权的基本要求与价值通过宪法规定的基本权利得到较充分的反映，体现了人权的基本内容与观念。这样就出现了作为基本权利主体的公民与人权主体相互交叉的情况。就基本的权利与自由方面而言，公民与作为人权主体的自然人范围是相一致的，人权在实定宪法上表现为基本权利，即人权的宪法化便表现为基本权利。但由于人权与基本权利概念的区别，公民权与人权之间也存在一定的差异，具体表现在：公民享有的基本权利是宪法赋予的权利，而人权主体享有的人权既包括基本权利的内容，又包括非基本权利的广泛的内容；公民权是以国籍为基础而确定的法律概念，而人权是基于法律、道德、文化等因素确定的综合性的权利。

公民作为基本权利主体不同于人民的概念。我国《宪法》在序言、正文中多处使用了人民的概念；但它本身并不是严格的法律概念。两者的主要区别是：

1. 公民是法律概念，而人民是政治概念，是政治上表明敌我的概念。

2. 公民是具有某国国籍的自然人，是稳定的法律概念，而人民作为政治概念，在不同的时期有不同的内容。现阶段人民的范围包括全体社会主义劳动者，社会主义事业的建设者，一切赞成、拥护祖国统一的爱国者和拥护社会主义的爱国者。这就说明公民概念的外延大于人民概念，不仅包括人民，而且包括敌对分子。

3. 公民是个体概念，而人民是整体概念。公民作为基本权利的主体，它表示个体在具体法律关系中的地位，即享有权利履行义务。人民作为一种整体概念，它主要表示国家权力的归属和国家性质，通常是作为一种政治原则来使用。我国《宪法》规定的"中华人民共和国的一切权力属于人民"的宪法原则反映了人民在国家体制中的地位，并不是指人民作为个体的地位。宪法规定的基本权利是由公民行使的，并不仅仅由人民行使，不属于人民范围内的公民除被依法剥夺或限制某种基本权利外，作为公民仍然享有宪法规定的其他基本权利。

### （二）外国人

具有外国国籍和无国籍者能否成为一国宪法规定的基本权利的主体？这是宪法学界争议较大的问题。主要有肯定说和否定说两种学说。肯定说认为，除参政权与社会的基本权外，外国人作为人权主体应享有宪法规定的基本权利，具有权利的主体资格。否定说认为，基本权利是社会共同体结合的价值体系，外国人不应成为这种价值秩序的组成部分，况且不少国家宪法中只规定了"公民的基本权利与义务"，实际上排斥了外国人的基本权利主体资格。从基本权利的性质和宪法国际化的趋势看，在一定程度和范围内允许外国人行使基本权利是必要的，不能仅仅拘泥于宪法条文中规定的"公民"范围。实际上，目前不少国家的宪法在实践中逐渐放宽外国人行使基本权利的范围，确认外国人在本国的基本权利体系中获得某种主体资格。根据国际人权法规和宪法的规定，外国人的人身权利、财产权、诉讼权等基本权利是受宪法和法律保护的。如外国人的合法收入、储蓄、房屋和其他生活资料的所有权和法定范围内的财产权受法律保护，并被纳入宪法保障体系之中。当然，外国人作为基本权利主体的资格是受严格限制的，基本权利的范围是有限的。从各国宪法的规定看，被限制的基本权利通常有：

1. 参政权。有些国家法律规定，外国人没有资格担任国会议员、地方议会议员、地方自治团体负责人等。如日本《国家公务员法》第 2 条第 3 款规定："外国人不能参与国家重大事项的决定或就任行使国家权力的公职人员。"

2. 限制一定的经济自由权。各国出于国家安全和某种利益需要，不允许外国人从事某些特定的职业、担任特定的职务以及取得某些特定权益。

3. 出入境的限制。根据国际法，一国不得禁止外国人合法离境，但在特殊情况下可以限令外国人离境或将他驱逐出境。对外国人基本权利的某些限制是必要的，但这种限制应基于合理的理由并有合理界限。

我国宪法对外国人基本权利主体问题没有作出明示的规定，但从宪法的基本精神看，外国人在中国享有依法被限制的权利以外的其他基本权利，并有保障其实现的具体的制度。从发展趋势看，一国境内的外国人享有的基本权利的范围将逐步扩大，根据实际需要逐步放宽对外国人基本权利的限制。在解释宪法规定的"公民"一词时我们既要遵循传统的宪法界限，又要以开放的心态不断扩大外国人行使基本权利的范围，以适应经济全球化的要求。

2004 年 8 月公安部与外交部联合发布施行了《外国人在中国永久居留审批管理办法》。这一管理办法的颁布，标志着中国的"绿卡"制度正式实施。该管理办法共 29 条，分别对外国人申请在中国永久居留的资格条件、申请材料、审批程序、审批权限、取消资格等方面作出了明确规定。符合一定条件的外国人在申请得到我国"绿卡"之后在我国居留可不受居留期限限制。取得"绿卡"的在我国的外国人其权利亦受到我国宪法的保护。

### （三）法人

法人能否成为基本权利主体是宪政实践中有争议的问题。从传统的宪法理论看，基本权利主要是围绕国家与自然人的相互关系展开的，排除了法人成为基本权利主体的可能性。其理论依据是，基本权利具有自然权的性质，是公民个人的权利，主体是特定的。但是，随着法人地位的提高和活动的多样化，法人在某些领域实际上开始享有基本权利，成为基本权利主体。由于法人的特殊性和自身的特点，它并不享有宪法规定的所有的基本权利，法人无法享有与自然人的固有属性相联系的具有肉体性的基本权利以及精神心理方面的基本权利。但有些基本权利，如平等权、经济自由权、财产权、请求权等权利是可以享有的。德国《宪法》第 19 条第 3 款明确规定了法人作为基本权利主体的地位，为法人享有基本权利提供了宪法基础。有的学者认为，确认法人基本权利主体地位的基础是法人概念的重新界定，即从宪法理论角度建立法人的结构，它的基本特点是：法人主要在经济与社会生活领域行使基本权利；在与参与该组织的自然人关系上具有相对独立性；是以自律作为基础的团体。

由于法人种类比较多，在具体行使基本权利时不同法人之间呈现出不同特点。如私法人中本国私法人的某些基本权利行使受到一定的限制。有些基本权利原则上适用于所有法人，但其基本权利表现为具体权利形态时又有新的特点。如法人行使一般意义上的平等权，但不能成为男女平等权的主体。根据学者的论述与宪法判例，通常法人能够行使的基本权利有：除男女平等权之外的平等权、宗教信仰自由、学术自由、言论、出版与集会自由、迁徙自由、住宅自由、私生活的秘密与自由、通信自由、财产权、请愿权等。通常法人不能行使的基本权利有：人的尊严权、自由权中有关人身自由方面的权利、良心自由、男女平等、参政权、请求权中有关刑事补偿请求权等。

### 三、公民基本权利的限制

基本权利受限制性是 20 世纪宪法的重要特征，反映了基本权利相对化、社会化的趋势。合理地限制基本权利的目的是有效地保障基本权利，而为了有效地保障基本权利，必须对不符合社会公共利益的基本权利进行必要的限制。

公民基本权利的限制是指确定基本权利的范围，使之不得超过一定的限度，超过限度则构成权利的滥用。限制基本权利主要有三个方面的内容：（1）剥夺一部分主体的基本权利。（2）停止行使某种基本权利。（3）出于社会公益，对基本权利特殊主体的活动进行限制，如对公务员的政治活动、军人的政治权利进行限制等。

根据法治的原则，限制基本权利必须有明确的程序与合理目的。由于各国宪法的性质不同，在限制基本权利的目的上也表现出不同的特点。从各国宪法的规定看，限制基本权利主要有三个方面的目的，即维护社会秩序、保障国家安全和维护公共利益。我国《宪法》第 51 条对基本权利的限制目的作了如下表述："中华人民共和国公民在行使自由和权利的时候，不得损害国家的、社会的、集体的利益和其他公民的合法的自由与权利。"

限制基本权利的基本形式主要有：（1）基本权利内在的限制。基本权利内在限制主要指基本权利内部已确定限制的范围，不是从外部设定的条件。（2）宪法限制。现代各国宪法一方面规定了保障基本权利的内容，另一方面又规定了限制基本权利的界限。我国《宪法》第 51 条的规定是宪法对基本权利活动进行限制的总的原则与标准，确定了宪法内在界限。（3）法律限制。通过法律限制基本权利具有两种功能，即作为限制基本权利的手段和不依法律不能限制基本权利的一种界限。（4）紧急状态下公民基本权利的限制。在紧急状态下，为了保障公民的基本权利和社会公共利益，迅速恢复经济与社会的正常状态，有必要赋予国家机关一定的紧急权力。

### 四、基本权利限制的限制

立法机关依据宪法的授权，对基本权利可以作出限制。但是，法律对基本权利的限制并非是随意的。也就是说，立法机关在决定如何控制基本权利的滥用问题上的立法裁量权是有限的。法律对基本权利的限制必须遵守一定的原则，受到宪法保障基本权利的精神的制约。

对于基本权利的限制的限制，主要包括以下三个宪法原则：（1）法律明确性原则。所谓法律明确性原则，是指法律对于公民基本权利所作出的限制，内容必须明确，能够对公民的行为作确定性的指引。（2）重大性理论和授权明确性原则。并非所有的针对基本权利的事项都属于法律保留的事项，只有那些"重大性"的问题才属于法律保留事项，而其他基本权利问题则可以由立法机关授权行政机关以行政法律规范的方式作出规定。换言之，立法机关不得随意把本属立法的事项授权行政机关进行行政立法。同时，属于可以授权的部分，立法机关对行政机关的授权在目的、范围和内容上必须明确。（3）比例原则。包括三项具体内容：①适当性原则。即国家机关采取的手段必须能够达到所希望达到的目的。②必要性原则。即在一切适当的手段中必须限制对当事人侵害最小的手段。③狭义比例原则。即不能为了达到很小的目的而严重侵害人民的利益，得到的利益必须大于失去的利益。

## 第二节　我国公民的基本权利

### 一、平等权

1. 我国宪法有关平等权的规定。宪法在"公民的基本权利和义务"一章中规定的第一项宪法权利是"中华人民共和国公民在法律面前一律平等"。法律面前人人平等是公民宪法和法律权利义务关系的基本原则。从法律角度看，平等是法律的根本属性；从权利角度看，它是一切其他权利实现的基本要求。所以，它不仅是我国公民的一项基本权利，也是社会主义法制的一个基本原则。公民在法律面前一律平等是指：（1）公民不分民族、种族、性别、职业、家庭出身、宗教信仰、教育程度、财产状况、居住期限，都一律平等地享有宪法和法律规定的在政治、社会、经济和文化等一切领域内的权利，也都平等地履行宪法和法律规定的义务，即守法上的平等；（2）任何人的合法权益都一律平等地受到保护，对违法行为一律依法予以追究，不允许任何违法犯罪分子逍遥法外，即司法上的平等；（3）在法律面前，不允许任何公民享有法律以外的特权，任何人不得强迫任何公民承担法律以外的义务，不得使公民受到法律以外的处罚，即反对特权。

对于平等权，有三点需要特别注意：（1）1982年《宪法》与1954年《宪法》在平等权上的一个重要区别就在于，前者明确了立法不平等。作为一个社会主义国家，我国的一切权力属于人民，敌对分子不能与人民享有平等的立法权。法律必须也只能反映在经济上、政治上和社会上占统治地位的人们的意志，即只能反映人民的意志。所以，在立法上，人民与敌人是不能讲平等的；（2）平等是指以法律规定的同等对待，不是指权利和义务的对等。权利对等在现实中是不可能的，人们只能要求在同等条件下的法律的公正对待；（3）我国公民的平等权还包括民族平等、男女平等等内容。这些内容无疑属于平等权范畴，但基于特定主体的因素和传统因素，它们容易为人们所忽视或为人们所违反，会对我国社会主义政治发展和国家安定团结产生消极影响，因而宪法和法律特别强调对它们的确认和保护，使之成为社会生活、政府决策和各项工作必须予以考虑的因素和予以保护的权利。

2. 平等权的效力。平等权作为基本权利与基本原则具有一般约束力，它约束一切国家机关与公务员的活动。行政机关执行法律、司法机关适用法律时应遵循平等原则，立法者制定法律时应严格遵守平等原则，不能制定违背平等原则的法律，不得规定不合理差别的内容。立法者必须以宪法为依据，一切法律、法规和其他规范性文件都不得与宪法相抵触。平等权是宪法规定的公民的基本权利，同时也是宪法原则之一，"以宪法为依据"实际上意味着平等权效力直接约束立法活动。

根据公法与私法关系的发展，公法原则适用于私法关系是一个重要的发展趋势。私人之间的关系并不具有"私人"的性质，它受宪法规定的平等权效力的约束，其活动不能违反平等原则。比如，在私人企业、私营公司、独资企业的经营活动中，男女平等原则具有直接的约束力，应保护宪法规定的平等权，在雇用关系、同工同酬等方面，平等权发挥着重要的作用。

3. 平等权与合理差别。法律面前平等在本质上是权利与义务平等，禁止任何差别对待。在法律关系上人们的地位是平等的，社会地位、职业、出身等原因不应成为任何受到不平等待遇的理由。平等权禁止的差别是不合理的差别，即宪法意义上的差别有合理的差别与不合理的差别。平等权的相对性要求禁止不合理的差别，而合理的差别具有合宪性。如2010年选举法修改之前，选举法规定的城乡之间代表人口数的不同比例并不是严格按照人口比例来确定的，4∶1的比例显然是投票价值上的不平等，但这种不平等是宪法规定范围内的合理的差别，具有合理的基础。又如宪法对全国人大代表的言论免责权作了特殊规定，这一权利是人大代表基于其取得的代表资格而享有的，不具有代表资格的公民不能享有。在这里，平等权的价值表现在人大代表在言论免责权行使方面的平等，公民之间权利方面的某些特殊规定是一种合理的差别，不能认为是一种特权。如果不承认现实生活中存在的合理的差别，仅仅以平等理念处理各种宪法问题，有可能导致平均主义，混淆平等与自由的界限。基于性别、年龄及个人生活环境的差异，在法律或者公共政策中有可能出现差别时，对此应做具体分析，区分合理的差别与不合理的差别。当出现某种差别时，需要判断是否具有宪法上的正当理由。

从一般意义上说，判断差别正当性的基本原则是：是否符合作为宪法核心价值的人的尊严原则；确定差别措施的目的是否符合公共利益；采取的手段与目的之间是否有合理的联系等。符合合理性原则的差别是正当的，否则属于宪法上禁止的差别。

### 二、政治权利

政治权利和自由是公民作为国家政治主体而享有的参与政治生活的权利和自由，或者说是保障公民能够参与政治活动的自由。我国的一切权力属于人民，国家权力由人民代表大会行使，而公民个人享有的参与政治方面的权利，是国家权力属于人民的基石，也是人民代表大会制度的基石，它表明了人民当家作主的地位。

1. 选举权和被选举权。我国《宪法》第34条规定："中华人民共和国年满十八周岁的公民，不分民族、种族、性别、职业、家庭出身、宗教信仰、教育程度、财产状况、居住期限，都有选举权和被选举权；但是依照法律被剥夺政治权利的人除外。"从这一规定看，我国公民享有的选举权是一种普选权。在我国，人民是国家的主人，人民有当家作主的权利，但并不是每一个人都直接行使国家权力、参加国家的重大决策和日常事务的管理，而是通过选举代表的方式，选出代表自己意愿的代表，参与各级国家权力机关，间接地管理国家、行使国家权力。因此，选举权和被选举权是人民当家作主权利的直接体现，是人民参与国家管理的基本手段，也是行使国家权力的基本形式。选举权是人民的政治权利，依照法律被剥夺政治权利的人不能享有选举权和被选举权。

选举权是公民选择代表机关代表和国家公职人员的权利；被选举权是公民被推举为代表机关代表或国家公职人员的权利。二者通常合称为选举权利，它是行使其他政治权利或表明主权者身份最直接而经常的方式。选举权享有的普遍程度决定了一个国家的民主程度，一国公民享有普选权即平等的选举权，表明国家达到较高的民主程度。所以，选举权是公民的一项基本的政治权利。

为保证我国公民这项最基本的政治权利的行使，除《宪法》作出原则规定外，全国人大还制定了《选举法》，对公民具体行使选举权的原则、程序和方法作了符合我国国情的规定，对选举权的行使作出了法律上和物质上的保障。在法律保障方面，如规定对破坏选举者给予法律制裁、选举诉讼等；在物质保障方面，如规定选举经费由国库开支。

2. 政治自由。政治自由是公民表达自己政治意愿的自由，包括言论、出版、集会、结社、游行、示威等方面的自由（《宪法》第35条）。与公民的选举权一样，政治自由是公民享有的参与国家政治生活的自由，或者说是保障公民能够参与政治活动的自由。如果公民不享有这些权利或自由，即便是有选举权也不能得到适当的行使，因为选举过程实则是一个表达的过程，无表达即无选举。所以这部分自由也被称为"表达自由"或"精神自由"。尽管公民表达的不一定都是政治性的意愿，但享有表达的权利却是民主政治的根本表现。

（1）言论自由。言论自由是公民对于政治和社会的各种问题有通过语言方式表达其思想和见解的自由。言论是公民表达意愿、相互交流思想、传播信息的必要手段和基本工具，也是形成人民意志的基础，所以言论自由在公民的各项政治自由中居于首要地位。可以说，言论的自由程度从一个侧面上反映一国民主化的程度。

我国是人民民主专政的社会主义国家，十分重视保障公民的言论自由。在实践中，我国在公民言论自由的保护上有过不少曲折，但在中共十一届三中全会思想解放的旗帜指引下，这一问题重新得到了重视和保护，主要表现在：①坚持实践是检验真理的唯一标准的原则，让人们在国家政治和社会生活问题上畅所欲言，作出善意的批评和评价；②在学术和艺术上实行"双百"方针，坚持"三不主义"（《宪法》第20条、第47条）；③保护人民群众向有关国家机关反映问题及提出批评、申诉、控告、检举、建议的权利（《宪法》第41条），通过来信来访工作，使广大人民群众的意见能够直接转达到国家机关中去；④人民群众有在国家重大决策问题上发表意见、进行讨论的权利。随着社会主义民主的发展，实现公民言论自由的形式也会逐步完善，对它的保护也将进一步加强。

与任何法律权利一样，公民的言论自由也必须在法律的范围内行使。滥用言论自由也就丧失了这项自由，具体而言：①不得利用言论自由进行反国家宣传、煽动群众反对国家、扰乱社会秩序；②不得利用言论自由侵犯他人的人格尊严，对他人进行侮辱、诽谤和诬告陷害；③言论自由不得有损于他人的心灵高尚和败坏社会的善良风俗；④不得泄露国家或商业机密及他人的隐私；⑤在战争时期不得有损于本国战备。

（2）出版自由。出版自由是公民以出版物形式表达思想和见解的自由。人们为了长久保存自己的思想和见解，并为了与他人分享其观点，就要把自己的思想见解付诸文字，以利于传播。因此，出版是言论的自然延伸，是固定化的言论；出版自由也就是言论自由的自然延伸，两者具有同质性。进一步说，出版自由也是现代文明社会政治共同体进行思想教育和促进科学文化事业发展的一种手段。

公民出版自由的实现，除了社会精神文明程度的提高外，还依赖于两个基本条件：①客观上国家物质文明不断取得进步，促进出版事业的发展；②在主观上切实保障公民出版自由权的享有，从法制建设方面加强保护。1990年我国通过了《中华人民共和国著作权法》，对公民的出版自由作出了实际的保障。

与言论自由一样，出版自由的行使也不能损害社会整体利益。所以，各国都有法律规范出版物的发行和传播。对于出版物的管理有两种制度：一是预防制或事前审查制，即在著作出版前审查其内容是否合法的制度；二是追惩制，即在出版物出版后根据其社会效果决定是否予以禁止和处罚的制度。我国目前实行预防制和追惩制相结合的方法，对出版进行限制，但事前审查主要由出版单位承担，国家一般不予干涉。1997年国务院通过了《出版管理条例》，列明了不属于出版自由保护范围内的八类出版物，即反对宪法基本原则的、危害国家主权和统一的、危害国家安全的、破坏民族团结的、泄露国家机密的、有黄色或暴力及不道德内容的、侮辱诽谤的和其他有害的出版物，都属禁止发行之列。

（3）集会、游行、示威自由。集会自由是公民有为共同目的，临时集合在一定露天场所，讨论问题或表达意愿的自由。它也是言论自由的自然延伸，是扩大了的言论自由。具有共同意愿的人们，通过集会，可使共同观点为更多的人所知晓，使有关问题更趋深刻化、条理化，从而能够更好地实现言论自由所要达到的目的。

游行自由是公民在公共道路或露天场所以和平的方式聚会、行进、静坐，以表达其强烈意愿的自由。

示威自由是公民在公共道路或露天场所以和平的方式聚集在一起，以显示决心和力量的自由。

集会、游行、示威自由都来自于公民的请愿权。它们的共同之处在于：都是公民表达强烈意愿的自由；主要都在公共场所行使；必须是多个公民共同行使，属于集合性的权利，单个公民的行为通常不能形成法律意义上的集会、游行和示威。三者的不同之处在于表达意愿的程度、方式和方法有所差异。

这三项自由权的行使多发生在公共道路或露天场所，参加或观看的人数众多，情绪感染性强，也容易发生与政府管理部门或其他公民的对抗，对社会影响较大。所以，公民在行使这些权利时，既要符合法律规定的条件，又要注意不得损害国家的、社会的、集体的利益和其他公民的合法的自由和权利。凡借此进行暴力活动，或者引起暴力冲突的集会、游行和示威，就丧失了受到法律保护的资格，并要受到法律的制裁。

为了更好地保障公民正确行使集会、游行、示威的权利，维护社会的安定团结，1989年七届全国人大常委会通过并公布了《中华人民共和国集会游行示威法》。该法对集会、游行、示威的概念和标准，主管机关和具体管理程序及措施，申请和获得许可的程序，违法行为及应承担的法律责任等，作出了明确的规定。

（4）结社自由。结社自由是有着共同意愿或利益的公民，为长久分享共同观点或利益而组成具有持续性的社会团体的自由。结社是一定数量的公民长久保有共同观点和维护共同利益的行为，故而结社自由也是言论自由的进一步发展，同时它也是若干公民集合起来方能实现的自由权。

公民的结社因目的不同，可以分为两种：①以营利为目的的结社。如商业结社中的公司、集团、中心等，通常由民法、商法、公司法来调整其权利义务关系。②非营利性的结社。其中又分为政治性结社，如政党、政治团体等；非政治性结社，如宗教、慈善、文化艺术等团体。宪法中所规定的结社自由主要是指组成政治性团体的自由。但由于政治性结社通常有较严密的组织形式，其活动对社会各方面的生活、特别是对决策过程影响巨大，所以各国法律通常对它都予以严格的控制，对反社会的、反宪法秩序的、反国家的结社，如法西斯主义的结社，予以取缔。

对结社自由的程序限制，主要表现在凡结社必须申请登记，否则便是非法组织。在我国，凡符合宪法和法律规定的条件，并通过一定法律程序的组织，便成为合法的社会团体，都受到国家的保护。除了已有的政治性社团，如中国共产党、8个民主党派以及工会、青年团、妇女联合会等全国性人民团体外，1989年国务院发布的现行《社会团体登记管理条例》（1998年10月修订）列举了其他结社的范围，规定了申请成立和解散的程序，对人民群众参与社会政治经济生活、繁荣科学文化教育事业等起了积极的作用。

结社和集会都是不特定的多数人聚集起来表达意愿、维护共同利益的活动或组织形式，所以两者常常相提并论。两者的区别在于，集会是临时性的聚集；而结社则是长期的、相对固定的聚集，有着更严格的组织、章程和制度。

3. 公民的诉愿权。在我国，公民的诉愿权是对公民的批评权、建议权、申诉权、控告权、检举权，以及取得赔偿权的统称。这些权利都是公民作为国家管理活动的相对方对抗违法失职行为的权利。由于它们在行使中多数都涉及国家机关的政策及活动，所以也属于政治权利和自由的一部分。

《宪法》第41条第1款规定："中华人民共和国公民对于任何国家机关和国家工作人员，有提出批评和建议的权利；对于任何国家机关和国家工作人员的违法失职行为，有向有关国家机关提出申诉、控告或者检举的权利，但是不得捏造或者歪曲事实进行诬告陷害。"这些权利实际上不仅是公民受到国家机关及其工作人员不公正对待时的救济性权利，而且也是公民监督国家机关及其工作人员履行职责的监督性权利。

批评权是公民对国家机关和国家工作人员在工作中的缺点错误提出批评意见的权利。建议权，是公民对国家机关和国家工作人员的工作提出建设性意见的权利。两者的区别在于前者是针对国家机关和国家工作人员工作中的缺点和错误，而后者是针对工作本身。我国公民可以通过新闻报刊、来信来访、座谈讨论会等多种形式和途径来行使这两项权利。

申诉权是公民的合法权益因行政机关或司法机关作出的错误的、违法的决定或裁判，或者因国家工作人员的违法失职行为而受到侵害时，向有关机关申述理由，要求重新处理的权利。我国公民的申诉权主要在下面两种情况下行使：（1）公民对于行政机关作出的行政处罚决定不服时，可以向其上级机关或者有关国家机关提出申诉，要求改正或者撤销原决定；（2）对已经发生法律效力的判决或裁定，当事人、被告人及其家属或者其他公民，可以向人民法院、人民检察院以至向国家权力机关提出申诉，要求改正或者撤销原判决或裁定。1999年4月第九届全国人大常委会通过了《中华人民共和国行政复议法》，这有利于公民行政申诉权的保护。其他诉讼法也都规定了对公民申诉权的相应保护，主要是审判监督程序的规定等。

控告权是公民对任何国家机关和国家工作人员的违法失职行为，有向有关机关进行揭发和指控的权利。检举权是公民对于违法失职的国家机关和国家工作人员，有向有关机关揭发事实，请求依法处理的权利。两者的共通之处在于，都是同违法失职行为作斗争。区别在于：（1）控告人通常是直接受到不法侵害的人，而检举人则不一定与事件有直接关系；（2）控告是为了保护自己的权益而要求对违法失职行为进行处理，检举则多为出于正义感和维护公共利益的目的。公民行使控告权和检举权可通过如下途径：（1）对违法犯罪行为向司法机关提出；（2）对违反政纪的行为向主管单位、上级单位或监察机关提出；（3）对国家机关的违法决定向同级国家权力机关或者上级国家权力机关提出；（4）对国家机关中党的组织或党员的违法犯罪行为向同级或上级党的纪律检查委员会提出。

由于上述诉愿权都是公民针对国家机关及国家工作人员的，而后者又掌握着管理、处罚和制裁的权力，所以，《宪法》第41条第2款对公民的诉愿权作出了特别的保护："对于公民的申诉、控告或者检举，有关国家机关必须查清事实，负责处理。任何人不得压制和打击报复。"我国的刑法和其他法律也都规定了对公民诉愿权行使的保护。

取得赔偿的权利，是指公民在受到国家机关不合法处罚而得到昭雪后，或者是在国家机关和国家工作人员侵权而得到纠正后，公民要求国家负责赔偿的权利。《宪法》第41条第3款规定："由于国家机关和国家工作人员侵犯公民权利而受到损失的人，有依照法律规定取得赔偿的权利。"目前我国的国家赔偿分为行政赔偿和司法赔偿两种形式。1989年4月七届全国人大二次会议通过的《中华人民共和国行政诉讼法》规定了行政赔偿的原则和制度，1994年5月八届全国人大七次会议通过了《中华人民共和国国家赔偿法》，使公民的这一宪法权利得到了制度性保障。

### 三、宗教信仰自由

宗教信仰自由是人们相信某一超自然神祇的拯救力量及相关神学学说的自由。它在法律上属于精神自由的范畴。

《宪法》第36条第1款规定："中华人民共和国公民有宗教信仰自由。"这一自由在我国法律上的含义是指：（1）每个公民都有按照自己的意愿信仰宗教的自由，也有不信仰宗教的自由；（2）有信仰这种宗教的自由，也有信仰那种宗教的自由；（3）有在同一宗教里信仰这个教派的自由，也有信仰那个教派的自由；（4）有过去信教而现在不信教的自由，也有过去不信教而现在信教的自由；（5）有按宗教信仰参加宗教仪式的自由，也有不参加宗教仪式的自由。

宗教是一种对社会生活作出超自然解释的社会意识形态，就其本质而言，是与马克思主义的世界观相对立的。我国宪法之所以保护公民的这种信仰自由，是因为：（1）宗教是一种社会历史现象，有其发生、发展和消亡的过程，在它存在的条件未消失的时候，它还会继续存在。（2）宗教信仰属于思想范畴的问题，法律必须尊重人们的信仰，只能采取宣传教育、提高人们科学精神的方式予以解决，决不能强迫命令，粗暴压制。（3）宗教的存在具有长期性、国际性、民族性和群众性的特点，正确处理好宗教问题，对于民族团结、国家统一和国际交往，都有重要意义。因此，《宪法》第36条第2款规定："任何国家机关、社会团体和个人不得强制公民信仰宗教或者不信仰宗教，不得歧视信仰宗教的公民和不信仰宗教的公民。"也就是说，就信仰而言，我国公民的宗教信仰问题是公民个人的私事，不能以任何理由——国家权力、组织需要或个人力量——强制信仰。任何强制公民信仰都是一种"精神控制"，为法律所不允许。

尽管作为精神自由，宗教信仰是不能干涉的，但公民作为特定国家中的一分子，必须遵守国家法律，尊重他人的权利和利益，服从社会整体的要求。因而，《宪法》第36条第3款规定："国家保护正常的宗教活动"，但"任何人不得利用宗教进行破坏社会秩序、损害公民身体健康、妨碍国家教育制度的活动"。1999年揭露出并为国家所取缔的"法轮大法研究会"，是借练气功和宗教名义进行反社会活动的非法组织，其活动违反了宪法此款规定的每一项规范，所以不属于正常的宗教组织，其活动也不属于正常的宗教活动。

许多国家的宪法都规定了宗教与国家、政治、公共教育相分离的原则。我国《宪法》第36条第4款规定了另一原则："宗教团体和宗教事务不受外国势力的支配"，即宗教团体自主、自办、自传的"三自"原则。宗教团体可以与其他国家的宗教界保持宗教的学术文化交流联系，但不允许外国宗教势力干涉我国内部的宗教事务，我国宗教团体也不去干涉我国以外的宗教问题，以防止国际上的宗教势力干涉、控制、支配我国的宗教团体和宗教事务。

### 四、人身自由

这类权利是指公民个人的身体不受非法侵害和限制的自由，是公民具体参加各种社会活动和实际享受其他权利的前提，也是保持和发展公民个性的必要条件。人身自由有广义狭义两方面。狭义的人身自由主要指公民的身体不受非法侵犯，广义的人身自由则包括与狭义人身自由相关联的人格尊严、住宅不受侵犯、与公民个人私生活有关的通信自由和通信秘密等权利和自由。

1. 人身自由。狭义的人身自由是指公民的肉体和精神不受非法侵犯，即不受非法的限制、搜查、拘留和逮捕。人如受到奴役，失去人身自由，其他权利和自由也就无从谈起。因此，人身自由是公民所应享有的最起码的权利。所以，《宪法》第37条第1款规定："中华人民共和国公民的人身自由不受侵犯。"

任何自由都不是绝对的，人身自由亦不例外。为社会利益和他人权利，在必要时，国家可以通过搜查、拘留、逮捕等措施限制甚至剥夺特定公民的人身自由，但是必须合法。所以，《宪法》第37条第2款规定："任何公民，非经人民检察院批准或者决定或者人民法院决定，并由公安机关执行，不受逮捕。"也就是说，对公民人身自由的剥夺，必须遵循法定程序，违反法定程序的，均属非法。因为逮捕是在对公民定罪判刑前，国家以全社会的名义对公民人身自由采取的最严厉的剥夺措施，所以有必要在宪法中强调其法定程序。《中华人民共和国刑事诉讼法》依据宪法的这一原则要求，对限制或剥夺公民人身自由权的程序作了更为详尽的规定。此外，《宪法》第37条第3款还规定："禁止非法拘禁和以其他方法非法剥夺或者限制公民的人身自由，禁止非法搜查公民的身体。"非法拘禁是指违法或者违反法定程序，以拘留、监禁等方法剥夺或限制公民人身自由的行为。其他方法是指在违反实体及程序法律的情况下，以非法管制、拘役、徒刑、软禁以及非法讯问、跟踪盯梢等方法限制、剥夺公民人身自由的行为。非法搜查公民的身体，是指司法机关违反法定程序，或依法不享有搜查权的机关、组织或个人，对公民强行搜身，或者强迫公民自己证明自身清白和暴露身体的行为。应当指出的是，这一宪法规范对其他社会组织和个人也适用，因为除国家机关以外，他们也可能违反这一宪法规范，侵犯其他公民的人身自由权。

2. 人格尊严。人格尊严是指公民作为平等的人的资格和权利，应受到国家和社会的承认和尊重。公民的人格尊严是与生俱来的感觉，只有在否定人的平等性的社会中，那些被压迫或被歧视的人的这种与生俱来的感觉才会受到压制、歪曲和泯灭，人才会丧失尊严，其人格才不会受到尊重。在承认公民在法律面前一律平等的国家中，国家就负有尊重和保护公民人格尊严的责任。然而，人格尊严所要求的平等又超越了法律的平等，更多的是要求人们在社会生活的一切领域中，作为人的资格的平等对待。

新中国成立后由于长期受"左"的思想的影响，再加上长久的封建等级传统习俗的影响，特别是在"文化大革命"期间人的个体价值得不到尊重，公民的人权受到大规模的侵犯，广大干部和群众遭受残酷迫害，人格受到严重侮辱。基于这种沉痛教训，1982 年《宪法》第 38 条规定："中华人民共和国公民的人格尊严不受侵犯。禁止用任何方法对公民进行侮辱、诽谤和诬告陷害。"这是我国宪法第一次写入人格尊严的内容，是对公民人身自由不受侵犯权利的进一步规定。

宪法对人格尊严的规定主要用来约束政府行为，立法、行政和司法等全国各级国家机关在工作中都要尊重被管理的公民的人格，以为公民服务为本。这样才能体现出我们社会主义国家的本质，才能使人民的积极性、创造性得到充分的发挥，促进我国社会的全面进步。此外，在日常生活中，也存在人格尊严的问题，宪法以外的其他法律也规定了具体保护人格尊严的措施，如民法中对于公民的名誉权、荣誉权、姓名权和肖像权的保护，就是对宪法规范的具体化。

3. 住宅不受侵犯的权利。住宅不受侵犯是指任何国家机关、社会团体的工作人员或者其他个人，未经法律许可或未经户主等居住者的同意，不得随意进入、搜查或查封公民的住宅。住宅不受侵犯是与公民人身自由密切相关的一项公民基本权利，是人身自由权的自然延伸。住宅是公民日常生活、工作、学习、养育子女、保有个人隐私、获得休息和安全感的场所。保护了公民的住宅不受侵犯，就是保护了公民的居住安全和私生活安定，也就是进一步保护了人身自由权利。我国《宪法》第 39 条规定："中华人民共和国公民的住宅不受侵犯。禁止非法搜查或者非法侵入公民的住宅。"

公安机关、检察机关为了收集犯罪证据、查获犯罪嫌疑人，需要对有关人员的身体、物品、住宅及其他地方进行搜查时，必须严格依照法律规定的程序和条件进行。非法或违法搜查公民住宅的要承担相应的法律责任。

住宅不受侵犯还指任何机关、团体或个人都不得侵占、损毁公民的住宅。这些行为不仅对公民的财产权构成了侵犯，而且也是对公民人身自由这一宪法权利的侵犯，也应承担相应的法律责任。

4. 通信自由和通信秘密。《宪法》第 40 条规定："中华人民共和国公民的通信自由和通信秘密受法律的保护。除因国家安全或者追查刑事犯罪的需要，由公安机关或者检察机关依照法律规定的程序对通信进行检查外，任何组织或者个人不得以任何理由侵犯公民的通信自由和通信秘密。"

通信自由是指公民与其他主体之间传递消息和信息不受国家非法限制的自由。通信秘密是指公民的通信（包括电报、电传、电话和邮件等信息传递形式），他人不得隐匿、毁弃、拆阅或者窃听。隐匿或毁弃信件、电报等，就是侵犯公民的通信自由；拆阅或窃听公民的信件、电话等通讯内容，就是侵犯公民的通信秘密。

公民间的相互交往是人身自由的一种表现形式。所以，通信自由和秘密是公民日常生活中不可缺少的一项基本权利，受到宪法和法律的保护。但在特定情况下，为保护社会多数人的利益而与犯罪作斗争，就不可避免地要对这项权利进行限制。因此，公安机关和检察机关可以依法对公民的通信内容进行检查，以维护社会秩序，保证国家安全。不过，这种检查要有严格的程序控制，以使之不用于其他非司法的目的。

## 五、财产权

财产权是指公民对其合法财产享有的不受非法侵犯的权利。在现代宪政国家中，财产权与公民的生命权、自由权一起构成了公民最基本的三大基本权利体系，集中体现着人的基本价值与尊严。为了实现通过财产权所体现的人的基本价值，各国普遍在宪法中规定保障私有财产权的原则、界限与范围，并通过普通法律把保护私有财产权的宪法原则具体化，为公民实现私有财产权提供法律基础。

2004 年宪法修正案第 22 条对原宪法第 13 条关于公民财产权的保障规定，进行了全面系统的修改。其主要内容是：

第一，将"公民的合法财产的所有权"改为"公民的合法的私有财产权"。这一改变的意义在于：（1）公民的私有财产权作为一项基本权利的地位和价值得到确认和肯定；（2）对公民私有财产的保护范围的扩大，不仅限于生活资料，还包括生产资料，不仅限于所有权，还包括所有权以外的与财产有关的权利。

公民财产权的范围主要包括：（1）合法收入；（2）储蓄；（3）房屋；（4）其他生产资料和生活资料。在公民的合法收入中，既包括合法的劳动收入，也包括合法的非劳动收入。非劳动收入主要指持股分红、买卖差价收入、彩票中奖等。

第二，将"国家保护公民的合法财产的所有权"改为"公民的合法的私有财产不受侵犯"。这一改变的意义在于，作为一项宪法权利，对于公民的私有财产权，国家当然地有义务加以保护，而且对于公民的合法的私有财产权，国家自身也不得进行侵犯，突出了私有财产权针对国家的特点。

第三，增加了对私有财产的征收和征用条款。宪法原有的规定只局限于保护公民的生活资料，而且在当时的社会背景下，公民所拥有的生活资料的内容也非常简单，因此，不存在国家对这些财产进行征收或者征用的必要。但是，伴随着宪法确认的公民私有财产权范围的扩大，即使是公民的生活资料的内容也比以前有所扩大和丰富，国家在必要时需要对公民的私有财产进行征收或者征用。宪法修正案对国家进行征收或者征用的条件规定得非常明确，即只能基于"公共利益的需要"和"依照法律规定的程序"才能进行，何为"公共利益"，需要在法律层面上具体化。

第四，增加了补偿条款。为了体现对公民私有财产权保护的彻底性，即使是基于公共利益的需要，而要对公民的私有财产进行征收或者征用时，考虑到个体利益为公共利益作出了牺牲，也需要对个体利益的损失进行必要的或者合理的补偿。因此，宪法修正案增加规定了在对私有财产进行征收或者征用时，应当给予补偿。

宪法修正案第 22 条根据各国对私有财产权保护的经验，按照三重结构的原理，即不受侵犯条款、征收和征用条款、合理补偿条款，对我国宪法中关于公民私有财产权作出了规定，体现了保护体系和保护结构的完整性。

《宪法》第 13 条第 2 款还规定："国家依照法律规定保护公民的私有财产的继承权。"继承权是财产权的延伸，是公民合法财产权利转移的合法形式。承认了财产权保护，就应当同时确认继承权的保护，以使财产本身能无损失地保存、积累下来。公民财产的积累和增值是社会物质财富积累和物质文明发展的一种形式，对于整个社会的文明进步有积极作用。另外，继承权的设定，也为社会上相当一部分人确立了生活的保障，使之免于冻馁之虞，从而减轻社会的负担；同时，有利于社会生产力水平的提高。所以，我国在宪法规定公民的私有财产继承权以外，还通过了《中华人民共和国继承法》，具体规范了有关财产继承的制度。

### 六、社会文化权利

1. 劳动的权利和义务。《宪法》第 42 条第 1 款规定："中华人民共和国公民有劳动的权利和义务。"劳动权是指有劳动能力的公民有从事劳动并取得相应报酬的权利，在一定意义上就是指受雇权和从事生产活动的权利。根据我国宪法和劳动法的规定，劳动权主要包括劳动就业权和取得报酬权。劳动是人们生存的基础，也是社会得以生存、维系和发展的基础。所以，国家不仅应当保护公民劳动的权利，更应积极创造条件，为公民享有这项权利提供物质保障和便利。故而《宪法》第 42 条第 2 款规定："国家通过各种途径，创造劳动就业条件，加强劳动保护，改善劳动条件，并在发展生产的基础上，提高劳动报酬和福利待遇"；第 4 款规定："国家对就业前的公民进行必要的劳动就业训练"。公民劳动权的享有，主要是：（1）要有受雇的机会，而国家的首要职责就是创造就业条件，尽可能地实现社会的充分就业；（2）国家要向劳动者提供任职保障，稳定劳动关系；（3）国家应通过法律、直接投资等方式改善劳动条件，保证公民不会因劳动而身心受到损害；（4）国家要根据社会富裕程度提高劳动者的报酬水平和劳动福利；（5）国家有责任使人民在就业前就掌握一定的劳动技能，以利于提高劳动质量。《宪法》第 14 条也规定了国家对劳动者的责任，以及国家保护劳动权的根本目的，即"提高劳动生产率和经济效益，发展社会生产力"，"在发展生产的基础上，逐步改善人民的物质生活和文化生活"。

由于社会在本质上是建立在全体公民的劳动基础上，国家有赖于公民的劳动创造，国家管理有赖于劳动所带来的物质财富，而人民生活水平的提高也有赖于财富的积累水平，所以，劳动也是每个有劳动能力的公民的光荣责任。《宪法》第 42 条第 3 款规定：劳动是一切有劳动能力的公民的光荣职责。国有企业和城乡集体经济组织的劳动者都应当以国家主人翁的态度对待自己的劳动。国家提倡社会主义劳动竞赛，奖励劳动模范和先进工作者。国家提倡公民从事义务劳动。

应当认识到，劳动是有劳动能力的公民的光荣职责，而那些不能劳动或已丧失劳动能力的公民，则需要国家保障其生活条件。国家提供保障的基础仍然是其他公民的劳动贡献。另外，这里的劳动是广义的。1982 年《关于中华人民共和国宪法修改草案的报告》中指出，"从总体上说，他们（知识分子）已经成为工人阶级的一部分"。所以，宪法条文中所说的"劳动"包括了体力劳动和脑力劳动两部分，不是单指前者。

2. 劳动者的休息权。《宪法》第 43 条第 1 款规定："中华人民共和国劳动者有休息的权利。"对于劳动者的休息权，应作如下理解：（1）休息权与劳动权密切相关，附属于劳动权，是劳动权的必要补充。（2）休息权是在劳动过程中享有的权利，以享有劳动权为依归，没有劳动权就不能享受休息权；有劳动权就必有休息权。（3）休息权是劳动者的权利，其他非劳动者当然也需要休息，但这不属于宪法权利，国家无需对这种休息作出宪法保障。所以，宪法明确规定休息权是劳动者的权利。（4）休息权的目的在于保护劳动者的身体健康，提高劳动效率，也使劳动者有闲暇参加各种社会活动，发展、提高自我和养育子女。

为了保障劳动者的休息权，《宪法》第 43 条第 2 款规定："国家发展劳动者休息和休养的设施，规定职工的工作时间和休假制度。"根据宪法的这一规定，国家制定了《中华人民共和国劳动法》。在工作时间上，规定日劳动时间一般是 8 小时工作制，每日工休时间不少于半小时，每周工作日 5 天，每年享受法定的节假日；如果有加班，还要有不同数量的补贴或倒休制度。法律还规定了职工休假制度的原则，兴建了一些国家休假设施，各单位根据实际情况，有些也自建了休假基地，规定具体的休假时间、地点、待遇等。

3. 社会保障权。

社会保障权是指因社会危险处于保护状态的个人，为了维持人的有尊严的生活而向国家要求给付的请求权。这一概念由四种要素组成：社会危险的存在，即年老、疾病等事实的存在；提出保护的要求；保障人的有尊严的生活；国家积极履行给付义务。社会保障权具有下列特征：(1) 社会保障权是保障人们过有尊严生活的有效手段，体现了社会公正原则；(2) 社会保障权是一种具体的权利，当国家不履行社会保障义务时，当事人有权通过司法程序主张自己的权利；(3) 社会保障权既是一种社会权利，又是一种经济权利，具有社会性和经济性二重性；(4) 实现社会保障权是宪政国家必须履行的义务，其实现过程需要国家的积极干预。社会保障权不仅使处于危险中的弱者得到必要的社会救济，同时保障社会生活的平衡。

社会保障权在基本权利体系中有着重要的功能，具体表现在：(1) 政治功能。现代社会生活十分复杂，为了形成安定的政治局面，需要以社会保障制度及时调整各种矛盾，保证社会成员利益不受侵害，切实保障人权。社会保障权实际上是现代社会的安全阀。(2) 社会功能。通过社会保障权的行使，保障社会成员最低生活标准，防止社会成员陷入贫困，减小社会生活中的贫富差异，以解决社会矛盾，协调国家与公民之间的关系。(3) 经济功能。社会保障权的经济功能主要表现为所得的合理分配，即按照一定的社会保障费，对相关主体的基本生活需要和社会权利予以保障。社会保障权的价值在于"使贫富之间的收入差距有某种缩小"。(4) 法律功能。社会保障权的基本内容是实现生存权，并通过法律确定社会保障的具体内容，明确公民对国家的社会保障请求权，如社会福利请求权、补助请求权等。

社会保障权的内容是多方面的，通常可分为实体的社会保障请求权和程序的社会保障请求权。实体的社会保障请求权是指个人向国家提出的具体请求，主要包括所得保障、社会救济保障、福利保障、教育保障等。程序的社会保障请求权是指实现实体的社会保障权所需要的一种救济程序。

在我国，社会保障权主要表现为公民的物质帮助权。《宪法》第45条规定，中华人民共和国公民在年老、疾病或者丧失劳动能力的情况下，有从国家和社会获得物质帮助的权利。国家发展为公民享受这些权利所需要的社会保险、社会救济和医疗卫生事业。除宪法的规定外，有关法律、法规具体规定了社会保障权的内容及其实现方式。社会保障权作为一种权利体系，由生育保障权、疾病保障权、伤残保障权、死亡保障权及退休保障权等具体权利构成。

在实现社会保障权过程中，发展社会保险制度是一种重要的形式。从各国社会保障制度的发展看，社会保险对人权保障产生直接的影响，具体表现在：社会保险是一种防止贫困的保障手段，即政府向被保险人提供保险金，以保证被保险人的生活安定和福利；社会保险是一种强制性保险，国家为了缩小贫富差距和地区之间的差异，要求社会成员参加社会保险；社会保险对国家而言是一种非营利性事业。我国的社会保险主要包括养老保险、医疗保险、疾病保险、伤残保险、失业保险、生育保险等。

对于社会保障权主体而言，社会保障只是一种起补充作用的制度。因此，社会保障权客观上有它的界限，即社会保障不能超过补充的限度，国家需要投入必要的物质资源，既要防止提供的物质帮助不足，又要避免提供的物质帮助超过一定数量。

4. 文化教育权

中华人民共和国公民享有受教育的权利和义务。《宪法》第46条规定："中华人民共和国公民有受教育的权利和义务。国家培养青年、少年、儿童在品德、智力、体质等方面全面发展。"在中国，公民享有的受教育的权利和义务，是指公民在国家和社会提供的各类学校和机构中学习科学文化知识的权利，以及在一定条件下依法接受各种形式的教育的义务。

作为权利，公民可以要求国家提供适当的受教育的条件和设施，国家也应采取积极的措施保障公民受教育权的实现。作为一项义务，是因为：（1）公民的知识水平是国家科学技术和文化发展的基础；（2）公民接受教育是物质文明和精神文明建设的前提条件。国家提出"科教兴国"的战略任务，教育先行，才能提高公民的素质，实现并继续振兴中华民族的伟业。

因此，国家制定了《中华人民共和国教育法》和《中华人民共和国义务教育法》，保证公民能切实享受受教育的权利，履行受教育的义务。其基本内容主要有：（1）学龄前儿童有接受学前教育的机会；（2）适龄儿童有接受初等教育的权利和义务；（3）少年有接受中等教育的权利和义务；（4）青少年有接受高中教育、职业教育和高等教育的权利和机会；（5）成年人有接受成人教育的权利；（6）公民有从集体经济组织、国家机关、企业事业组织和其他社会力量举办的教育机构接受教育的机会；（7）就业前的公民有接受必要的劳动就业训练的权利和义务。

文化权利和自由。《宪法》第47条规定："中华人民共和国公民有进行科学研究、文学艺术创作和其他文化活动的自由。"严格地说，这类权利和自由实质上属于公民精神自由的范畴，间接表现了国家保护公民思想自由和表达自由的原则。其中的科学研究自由是指公民在从事社会科学和自然科学的研究时，有选择研究课题、研究和探讨问题、交流学术观点、发表个人学术见解的自由。文艺创作自由是指公民发挥个人的文学艺术创作才能，创作各种形式的文学艺术作品的自由。此外，我国公民还享有从事体育活动以及其他有益于身心健康和社会精神财富积累的活动的自由，它们都包括在从事其他文化活动的自由之中。文化权利和自由的保护，从根本上说取决于经济发展及其繁荣的程度，但也取决于国家的文化政策。《宪法》第47条还规定"国家对于从事教育、科学、技术、文学、艺术和其他文化事业的公民的有益于人民的创造性工作，给以鼓励和帮助"，从而明确了国家在文化发展方面的任务和措施。

### 七、监督权

监督权是宪法规定的公民基本权利之一，是公民监督国家机关及其工作人员活动的权利。在我国，人民当家做主，人民有权通过监督权经常性地监督国家机关及其工作人员的活动，以保证国家权力的合法性。监督的内容主要包括遵守国家法律、法规的情况。根据宪法规定，监督权由不同形式的具体的监督权组成，不同形式的监督权之间存在着内在联系。公民根据监督权客体的实际情况，自行选择适宜的方式。

我国《宪法》第41条第1款规定："中华人民共和国公民对于任何国家机关和国家工作人员，有提出批评和建议的权利；对于任何国家机关和国家工作人员的违法失职行为，有向有关国家机关提出申诉、控告或者检举的权利，但是不得捏造或者歪曲事实进行诬告陷害。"根据这一规定，监督权的内容具体包括：

1. 批评、建议权。公民在国家政治生活和社会生活中，有权对国家机关和工作人员的缺点、错误提出批评意见，其形式是多样化的。建议权主要指公民有权通过一定的形式向国家机关及其工作人员提出合理化建议。批评、建议权的行使对于防止官僚主义、提高工作效率有着重要意义。

2. 控告、检举权。公民对于任何国家机关和工作人员的违法失职行为，有权向有关国家机关提出控告，揭发违法失职与犯罪行为，请求有关机关对违法失职者给予制裁。

3. 申诉权。当自己的合法权益受到侵犯时，公民有权向各级国家机关提出申诉。申诉权分为诉讼上的申诉权与非诉讼上的申诉权。诉讼上的申诉权是指当事人或其他公民认为人民法院已经发生法律效力的判决或裁定确有错误时，依法向司法机关提出申请要求重新审查处理的权利。非诉讼上的申诉权是指公民对行政机关的决定不服，向其上级机关提出申请，要求重新处理的权利。我国有关的法律、法规对申诉权的保护作了具体规定。

4. 国家赔偿请求权。根据宪法和国家赔偿法的规定，公民享有取得国家赔偿的权利。国家赔偿请求权是指由于国家机关和国家机关工作人员侵犯公民权利而受到损失的人，依照法律规定取得赔偿的权利。《国家赔偿法》第 2 条规定："国家机关和国家机关工作人员行使职权，有本法规定的侵犯公民、法人和其他组织合法权益的情形，造成损害的，受害人有依照本法取得国家赔偿的权利。"国家赔偿请求权是基于宪法的规定而发生直接法律效力的，是具有财产权性质的一种权利。

根据宪法和国家赔偿法的规定，公民、法人和其他组织的合法权益受到国家机关和国家机关工作人员行使行政职权侵害时可提起国家赔偿请求。军人、国家公务员的国家赔偿请求权依法受到一定的限制。外国人的国家赔偿请求权依国际法上的相互主义原则确定。《国家赔偿法》第 40 条规定："外国人、外国企业和组织在中华人民共和国领域内要求中华人民共和国国家赔偿的，适用本法。外国人、外国企业和组织的所属国对中华人民共和国公民、法人和其他组织要求该国国家赔偿的权利不予保护或者限制的，中华人民共和国与该外国人、外国企业和组织的所属国实行对等原则。"

我国的国家赔偿请求权可分为行政赔偿请求权与刑事赔偿请求权。《国家赔偿法》对国家赔偿的范围、国家赔偿机关、国家赔偿责任的构成要件、国家赔偿方式与计算标准等作出了明确的规定。

## 八、特定主体的权利

所谓特定主体，是指由于传统、习俗的影响或这些主体在行为能力上的弱点，其权利容易受到社会忽视或侵犯的公民。因而，宪法列举了某些特殊身份的公民，使他们可以获得特殊保护，如妇女、儿童、老人、华侨等。这里的特定主体也包括某些特定的社会关系在内，如婚姻、家庭等。

1. 妇女的权利。妇女占我国人口的近半数，妇女的解放是社会主义革命的任务之一。新中国成立后第一部国家大法就是 1950 年的《中华人民共和国婚姻法》，确定了妇女获得的解放。然而，尽管中国妇女地位改善的成绩举世公认，但由于中国传统习俗中重男轻女、男尊女卑的陋习，妇女在有些社会关系中和社会生活中仍然未能彻底摆脱受歧视、受虐待的地位。因而《宪法》第 48 条第 1 款规定："中华人民共和国妇女在政治的、经济的、文化的、社会的和家庭的生活等各方面享有同男子平等的权利。"简单地说，宪法通过这项规定，明确了男女平等的原则，妇女权利要依据这项原则加以确定，属于平等权的一部分。

《宪法》第 48 条第 2 款规定："国家保护妇女的权利和利益，实行男女同工同酬，培养和选拔妇女干部。"我国立法、行政、司法及各行各业都有大量的妇女干部和职员，发挥了重要作用。在各行各业，我国妇女基本上得到了同工同酬的对待，各方面的权利得到了充分保护。

2. 保护婚姻、家庭、母亲、儿童和老人。《宪法》第 49 条第 1 款规定："婚姻、家庭、母亲和儿童受国家的保护。"第 4 款规定："禁止破坏婚姻自由，禁止虐待老人、妇女和儿童。"

婚姻是最原始的人际关系，家庭是最基本的社会组织；婚姻是家庭的条件，家庭是婚姻的结果。国家保护婚姻家庭，就是在法律上承认和保护合法的婚姻家庭关系，从而使社会获得稳定的社会关系基础。政治的、法律的、经济的和文化的社会关系不过是人与人之间关系的不同表现而已，其基础稳固了，它们也就易于达到和谐。承认和保护婚姻家庭关系，也就是承认和保护婚姻关系和家庭关系中各成员相互间的权利，同时也相应要求各成员间相互履行法定的义务。然而，婚姻关系的维护应以不破坏婚姻自由原则为限，只有建立在自由结合基础上的婚姻，才能受到国家法律的保护。

在家庭关系中，宪法对老人、母亲、儿童的保护体现了中华民族的传统，同时也承认作为社会关系相对较弱的一方，享有国家特殊保护的地位和权利。因为：（1）老人不仅曾经是社会财富的创造者，而且也是智慧和道德的保有者；儿童是祖国的未来；母亲则承担着人口再生产及社会延续的责任。（2）他们容易受到不法侵害，所以必须享有特殊的权利，对抗可能的侵犯。

3. 华侨、归侨和侨眷的权益。《宪法》第 50 条规定："中华人民共和国保护华侨的正当的权利和利益，保护归侨和侨眷的合法的权利和利益。"

华侨是居住在外国的中国公民。我国是世界上侨民最多的国家，华侨分布在世界各地，成为中国与那些国家人民友谊的纽带。同时，华侨也是我国公民，保护他们的正当权益，是我国政府的责任。然而，由于华侨居住国外，应当遵守当地的法律，所以，宪法规定的保护他们的正当的权益，即国际惯例和国际法上对侨民通常的权益保护，以及按对等原则所确立的权益保护，属于我国政府的应尽职责。根据国际上的通例，我国政府有权维护华侨的正当权益，反对强迫入籍，反对歧视和迫害华侨；对于一切反华、排华、迫害华侨和损害华侨正当权益的行为，国家通过外交途径与有关国家交涉，对华侨权益作出保护。

归侨是已经回国定居的华侨。由于他们在生活习惯等方面与国内居民有所不同，所以国家制定特殊法律规范予以保护。侨眷是华侨在国内的亲属。他们与国外亲人的密切联系，在政治、经济和文化等方面对国家发展起着重要作用，所以也需要予以特别保护。因为归侨和侨眷居住在国内，因此宪法规定保护的是他们的"合法权益"，是国家法制的一部分。1990年全国人大常委会通过了《中华人民共和国归侨侨眷权益保护法》，规定了一套较为完善的保护制度。

### 九、外国人的权利保护

我国《宪法》也保护在我国境内的外国人的正当权利。严格地说，在我国的外国人不是中华人民共和国公民，因此，他们在我国享有的合法权利和利益，并不属于《宪法》第二章规定的公民的基本权利的范围。只是因为涉及人的权利问题，才在这里提及。

#### （一）国家保护外国人的合法权益

《宪法》第 32 条第 1 款规定："中华人民共和国保护在中国境内的外国人的合法权利和

利益，在中国境内的外国人必须遵守中华人民共和国的法律。"

对这一规定应作如下理解：（1）在中国境内的外国人是指在中国工作、学习、旅游或者定居的具有外国国籍的自然人，不包括享有外交豁免权的外交人员，也不包括外国在中国的法人。（2）宪法所指的外国人的合法权益均受国家的保护，任何人都不得任意侵犯。（3）对于合法权利和利益的定义，应按照国际通例予以确定。对于外国人的权益保护，通常都按对等原则，在不损害中国主权的情况下，给予充分的保护。也就是说，特定国家给予在该国的中国公民以何等对待，我国就给予该国在中国的公民以何等对待。（4）由于对等原则，各个国家在中国的公民所享受的权利和利益不一定一致，有多有少。外国人在中国的合法权益的范围反映了国家间关系的实际。但是，在某些基本人权上，不仅所有在华外国人普遍享有，而且所有外国人在某些方面的权益也与中国公民一致。这是对等原则的例外，如生命健康权、基本人身自由权等。（5）在中国境内的外国人都必须遵守中华人民共和国的法律，这是他们应当履行的基本义务。我国决不允许任何治外法权的存在。

保护外国人在华的合法权益，对于我国对外开放政策的实行和国际交往有着积极的意义。

### （二）庇护权

《宪法》第32条第2款规定："中华人民共和国对于因为政治原因要求避难的外国人，可以给予受庇护的权利。"

给予受政治迫害的外国人以政治庇护，是自1793年《法国宪法》以来国际公认的一项国际法准则和主权国家的权利。庇护权，亦称为"政治避难权"或"居留权"。它是指一国公民因为政治原因请求另一国准予其进入该国居留，或已进入该国请求准予在该国居留，经该国政府批准，因而享有受庇护的权利。提出避难的外国人，通常在本国受到政治迫害，即因政治原因，已经受到或将要受到本国政府的刑事追诉，而这种追诉在正常情况下都被认为是犯罪。享有受庇护权的外国人，在所在国的保护下不受引渡或者驱逐。

我国《宪法》规定的庇护权主要有下述含义：（1）受庇护权只给予提出申请要求的外国人；（2）外国人向我国政府提出要求避难，必须是出于政治原因，不包括一般刑事罪犯；（3）我国政府对提出避难的要求，可以同意，也可以不同意；（4）被给予受庇护权利的外国人，不被引渡或者驱逐，对他们在华的居住、迁移和行动方面的管理，原则上按照一般外国侨民的待遇对待，也可以根据具体情况，按照受庇护人的身份、地位，给予区别对待。

## 第三节　我国公民的基本义务

### 一、维护国家统一和民族团结

作为公民基本义务的第1项，《宪法》第52条规定："中华人民共和国公民有维护国家统一和全国各民族团结的义务。"维护国家统一是要求公民负有维护国家主权独立和领土完整的义务，是我国公民的法律义务。任何人都不得以任何方式分裂国家、接受外国势力支配、割让领土、服从外国势力或要求外国干涉中国内政，坚持台湾是中国领土不可分割的一部分的原则，反对外来侵略或危害国家政权统一管辖权的行为。公民应该履行这项义务，而实际上它也是对我国政府及国家各级领导人的要求，因为后者违反此项义务比普通公民违反这一义务的后果要严重得多。

维护民族团结的义务是指每个公民都有责任维护各民族间的平等、团结和互助关系，同一切破坏民族团结和制造民族分裂的言行作斗争，它与我国是多民族的国家密切相关。全国各族人民都要把维护民族团结作为自己的崇高责任，任何人都不得以任何形式制造民族矛盾和民族冲突。

### 二、遵守宪法和法律

《宪法》第53条规定："中华人民共和国公民必须遵守宪法和法律，保守国家秘密，爱护公共财产，遵守劳动纪律，遵守公共秩序，尊重社会公德。"遵守宪法和法律是公民应履行的基本的义务。在法律完备的法治国家，只要公民守法，也就等于公民履行了宪法和法律义务。法治国家必须以公民守法为条件，否则法治就失去了建立的可能。保守国家秘密等规定是对守法义务的必要补充，共同组成了我国社会秩序的基本要求。

### 三、维护祖国的安全、荣誉和利益

《宪法》第54条规定："中华人民共和国公民有维护祖国的安全、荣誉和利益的义务，不得有危害祖国的安全、荣誉和利益的行为。"这条规定是对总纲第24条所提倡的"爱祖国"规范的具体化，把爱祖国落实为公民的基本义务。国家的安全是每一个以中国为祖国的公民生产生活、安居乐业的必要条件；反过来，每个公民也就有义务维护祖国的安全。国家的荣誉也就是国家和民族的尊严。作为我国的公民，任何人都有义务维护国家的荣誉，维护国家的荣誉，也就是维护中国人自己的荣誉。不热爱祖国的人，就是有辱中国公民人格的人，情节严重的不仅应受到谴责，也应当受到法律的制裁。同理，对于国家利益，每个公民都有维护的责任。这里的国家利益，主要是指国家的整体利益，不是在公民与国家关系意义上讲的，而是相对于外国国家利益而言的，其中包括政治、经济等方面的内容。任何公民都不能以牺牲国家利益来换取个人好处，否则就要受到法律的制裁。

### 四、依法服兵役和参加民兵组织

按照《宪法》第55条的规定，这项义务包括保卫祖国、抵抗侵略、服兵役和参加民兵组织的义务，服兵役的义务是关键。

我国目前实行义务兵役制与志愿兵役制相结合、民兵与预备役相结合的兵役制度，通过了《中华人民共和国义务兵役法》，公民不分民族、种族、职业、家庭出身、宗教信仰和教育程度，都有服兵役的义务，但依法被剥夺政治权利的人除外。民兵是不脱离生产的群众性武装组织，是中国人民解放军的助手和后备力量，其任务是参加国家建设、担负战备勤务、协助维持社会治安和随时准备参军参战，保家卫国。

### 五、依法纳税

《宪法》第56条规定："中华人民共和国公民有依照法律纳税的义务。"与服兵役的义务一样，纳税也是公民或国民对国家应负的古老的传统义务。国家产生的标志之一就是居民纳税，因为公共机构的设立和公共权力的行使必须建立在国家财政的基础上，而国家财政的主渠道就是税收。没有税收，就没有国家管理和对社会的服务，也就没有国家本身。另外，税收也是我国社会主义建设资金积累的重要来源，是国家调节国民经济的重要杠杆。所以，为了国家的繁荣昌盛，公民都应当依法纳税。

纳税以公民的自觉性为基础，辅以国家的强制手段，所有负有义务的单位和个人，都必须自觉履行纳税义务；任何偷税、漏税的行为都是违法的，都应承担一定的法律责任。

### 六、其他基本义务

除了上述所列义务外，《宪法》第49条第2款规定了"夫妻双方有实行计划生育的义务"；第3款规定了"父母有抚养教育未成年子女的义务，成年子女有赡养扶助父母的义务"。计划生育、控制人口增长，是我国的一项基本国策，是保证国家繁荣富强、子孙万代永享幸福的千秋大计。

父母抚养教育未成年子女和成年子女赡养扶助父母，是我国公民家庭关系的基本准则，所谓"百事孝为先""父慈子孝"，说的就是这种关系。父母遗弃和虐待未成年子女、成年子女虐待父母的行为，不仅要受到舆论的谴责，严重的还要依法受到惩处。

此外，公民还有上面谈到的劳动的义务和受教育的义务，在此不再赘述。

# 第五章　国家机构

## 一、国家机构的概念和特点

### (一) 国家机构的概念

国家是一定地域的居民为共同利益而组织起来的社会共同体。为了管理社会共同事务，国家必须被授予权力。在现代社会，国家的权力来自人民的主权权利，由人民共同授予，形成了所谓的公共权力。行使公共权力的组织就是国家机构，是特定社会人们结成的最高组织形式。所以，国家机构是国家为实现其管理社会、维护社会秩序职能而建立起来的国家机关的总和。

国家机关是构成一个国家的国家机构的具有独立宪法地位和法律地位的具体单位。根据国家机关的职能，可以把行使立法权的国家机关称为立法机关，把行使行政权的国家机关称为行政机关，把行使司法权的国家机关称为司法机关。根据国家机关的地位，在单一制国家，可以把国家机关大体分为中央国家机关和地方国家机关；在联邦制国家，可以把国家机关大体分为联邦国家机关和组成联邦的各组成单位的国家机关。在地方国家机关或者组成联邦的各组成单位的国家机关中，根据它们的层级，还可以作进一步的划分。例如，在我国，地方国家机关可以分为省级国家机关、市级国家机关、县级国家机关和乡级国家机关。根据国家机关的产生，可以分为民选的国家机关和非民选的国家机关、独立的国家机关和派出的国家机关。在一个特定的国家机关内部，又是由一些内部机构构成的，但这些内部机构通常不具有独立的法律地位。

国家机构与国家结构之间既存在着区别又存在着联系。国家结构又称为国家结构形式，它主要是说明一个特定的国家的内部构成，即内部关系，特别是回答中央与地方之间的关系、国家整体与组成部分之间的关系问题。而国家机构是关于国家组织的问题。国家机构与国家结构之间又存在着一定的联系。国家机构的设立通常以国家结构为基础，国家机构内部的国家机关之间的关系同时也以国家结构为基础。

### (二) 国家机构的特点

国家机构与一般社会组织都处理社会公共事务，但两者相比较，国家机构具有特殊性，主要表现在：(1) 存在的基础不同。国家机构是为行使公共权力而建立的，只有它们才能行使国家权力；社会组织则是部分公民为一定目的而建立的，不具备国家职能，也不能行使属于国家的权力。(2) 社会职能不同。国家机构在行使权力的时候，是以全社会的名义进行的；社会组织只能以自己的名义参与有关的社会活动。(3) 职责不同。国家机构主要的任务是管理全社会的共同事务，要求全社会的所有成员一律服从管理；社会组织一般只能对其成员施行管理，对组织以外的人没有要求其服从的权力。(4) 实现组织目的的手段不同。国家机构行使权力时，以国家强制力作后盾，对不服从管理的公民或组织可以采取强制措施；社会组织对其成员虽有一定的控制能力，但其制裁能力是以成员的同意为基础的，一般也不能对其成员实行强制。（5）命运不同。只要人类仍处于阶级社会中，国家就不会消亡，国家机构也将存在；而社会组织则会因为任务完成、时代变化、人员变迁等而不断成立、改变和消失。

既然国家机构是一种国家组织，因而，有什么样的国家，就有什么样的国家机构。国家的性质决定国家机构的性质，国家的职能决定国家机构的职能，国家的任务决定国家机构的任务。

我国是人民民主专政的社会主义国家，国家机构也就是为人民服务的国家组织，国家机构进行的所有活动都以人民的利益为依归，总体上说，国家机构就是人民民主专政政权的组织形式。国家机构的职能有：（1）维护人民民主专政的国家政权，保护人民，镇压敌人；（2）国家机构主要要为国家的经济发展服务，为把国家建设成富强、民主、文明、美丽的社会主义强国而工作；（3）管理各项社会事务，发展为公民服务的各项制度和设施，提高全民族的科学文化水平；（4）维护社会秩序，建设社会主义法治国家；（5）维护国家主权独立和领土完整，反抗侵略，为维护世界和平而努力。目前，我国的根本任务是进行现代化建设，国家机构的任务也要围绕经济建设的主题，实施科教兴国的各项措施，努力实现中华民族的伟大复兴。

### （三）国家机构的历史发展

新中国建立初期，由于不具备在普选的基础上召开人民代表大会的条件，也就不具备由人民代表大会产生其他国家机关的基础。因此，在中央，由中国人民政治协商会议全体会议代行全国人民代表大会的职权，选举中央人民政府委员会，并付之以行使国家权力的职权。中央人民政府委员会组织政务院、人民革命军事委员会、最高人民法院、最高人民检察署等组成中央人民政府。在地方，在军事管制委员会基础上，产生地方各级人民政府委员会；召开地方各级人民代表会议，使之代行或者逐步代行地方各级人民代表大会的职权。

1954 年宪法规定的国家机构体系较为完善。中央的国家机关包括：（1）全国人大及全国人大常委会为最高国家权力机关；（2）国家主席作为独立的国家机关设置；（3）改"政务院"为"国务院"作为中央人民政府；（4）最高人民法院和最高人民检察院独立于国务院设置；（5）取消"人民革命军事委员会"。地方的国家机关包括：（1）设地方各级人民代表大会为本行政区域的国家权力机关，但不设常设机关，闭会期间，由同级人民政府作为常设机关；（2）设地方各级人民委员会作为地方各级人民政府；（3）县级以上设人民法院和人民检察院。

与 1954 年宪法比较，1975 年宪法规定的国家机构体系的主要变化是：（1）取消国家主席的设置；（2）确认地方各级革命委员会为地方各级人民政府；（3）取消乡的建置，代之以"人民公社"；（4）取消人民检察院的设置。

1978 年宪法除恢复人民检察院设置外，基本沿袭了 1975 年宪法的规定。1979 年全国人大修改宪法，将"地方各级革命委员会"改为"地方各级人民政府"，在县级以上人大设常务委员会作为常设机关。

1982 年宪法根据国家建设和社会发展的需要，建立了较为完善的国家机构体系。

### （四）国家机构的体系

国家机构是各个国家机关的总和。各个国家机关的有机组合，就构成了国家机关体系。

按照不同标准，国家机构可以被划分为不同种类的国家机关体系。我们可以根据单一制国家结构形式把国家机构分为中央国家机关和地方国家机关两大类。

中央国家机关是国家机构的重要组成部分，是国家最高层次的政权组织体系。在我国单一制国家结构形式下，中央国家机关是国家权力的中心，承担着领导或指导全国相关国家机关工作的责任，制定对国计民生起着最重要影响的政策和法律，管理全社会的政治、经济、科学、文化等领域中最重要的事务。

我国中央国家机关根据国家机构的职能和一定的原则，依据宪法分为全国人民代表大会及其常务委员会、中华人民共和国主席、国务院、中央军事委员会、最高人民法院、最高人民检察院。

县级以上地方国家机构分为人民代表大会及其常务委员会、人民政府、人民法院和人民检察院。乡、民族乡、镇的国家机构分为人民代表大会和人民政府。

### 二、中国国家机构的组织和活动原则

中国国家机构的组织和活动，必须遵循以下一些原则：

#### （一）民主集中制原则

民主集中制是社会主义国家政权组织和活动的基本原则。我国《宪法》第3条第1款规定："中华人民共和国的国家机构实行民主集中制的原则。"

民主集中制是一种民主与集中相结合的制度，是在民主基础上的集中和在集中指导下的民主的结合。根据这一原则的要求，我国的国家权力必须集中由代表人民意志的、由民主选举产生的人大统一行使；各个国家机关之间不存在分权关系，而是为实现国家管理任务进行的工作分工关系；各个国家机关依据宪法的具体规定，在人大及其常委会的统一领导和监督下，行使各自职责范围内的权力。

具体地说，根据宪法的规定，我国国家机关贯彻民主集中制原则主要表现为：（1）在意志代表方面，人大由民主选举产生，对人民负责，受人民监督；由人大代表人民的最高意志，制定法律，决定国家的重大问题。（2）在权限划分方面，国家行政机关、国家监察机关、国家审判机关、国家检察机关、国家军事机关等由人大选举或决定产生，对它负责，受它监督；各机关在其宪法权限内处理属于各自职权范围内的国家事务。（3）在中央和地方的权力关系方面，遵循在中央统一领导下，充分发挥地方积极性、主动性的原则，但必须坚持中央的集中统一领导（《宪法》第3条第4款）。（4）在国家机关内部关系方面，人大及其常委会实行集体领导体制，而行政机关和军事机关则都实行首长个人负责制。（5）在具体工作方面，不管在哪一个国家机关，具体决策过程都必须遵循民主集中制的原则，既不能出现"一言堂"的情况，更不能出现互相推诿的情况。

民主集中制既不是专制主义或官僚主义集中制，也根本不同于无政府主义或极端民主化。它是与我国国情相适应的对国家机构的基本要求，适宜于用来保证人民的根本权利和完成国家的根本任务。

#### （二）责任制原则

我国《宪法》第27条规定了国家机关实行工作责任制的原则。责任制原则是指国家机关及其工作人员，对其决定、行使职权、履行职责所产生的结果，都必须承担责任。在我国，权力和责任是紧密联系且相互统一的，既不存在没有权力的责任，也不存在没有责任的

权力。这种权责关系既包括政治责任，也包括法律责任和经济责任，其中以政治责任为主。我国是人民当家作主的社会主义国家，因此，责任制原则是我国政权机关的一项基本原则。

根据宪法的规定，国家机关体系的责任制表现为：人大向人民负责，每一个代表都要受原选举单位的监督，原选举单位可随时罢免自己所选出的代表；国家行政机关、国家监察机关、国家审判机关、国家检察机关和国家军事领导机关则向人大及其常委会负责。

1982年《宪法》在国家政治体制方面的一项重大改革，就是建立了严格的机关内部责任制，主要有集体负责制和个人负责制两种形式。集体负责制是指国家机关的全体组成人员和领导成员在重大问题的决策或决定上权利平等，全体成员集体讨论，并按照少数服从多数的原则作出决定，集体承担责任。人大及其常委会、监察委员会、人民法院、人民检察院等都实行集体领导、集体负责的责任制度。个人负责制是指在决策问题上由首长个人作出决定并承担相应责任的决策形式。行政机关、军事机关都实行这种集体讨论、个人决定和个人负责的领导体制。

集体负责制和个人负责制是民主集中制原则在国家机关工作中的不同表现形式。由于各个国家机关工作性质和特点的不同，体现民主集中制的形式也不同：需要反映共同意志或判断共同意志的立法和司法，必须采用以民主方式为主的决策形式；需要权责分明、讲求效率的行政、军事，则最好采用集中为主的决策方式。

### （三）法治原则

法治原则要求国家机关在其组织和活动中都要依法办事，不以个别领导人的个人意志为转移，也不能以政策代替法律。《宪法》第5条规定了依法治国，建设社会主义法治国家的要求，国家机关应严格遵循宪法的这一规定。国家机构的职责之一是维护社会秩序，而秩序本身就代表着有序的过程，只有法律方能使国家事务有序地进行，因而，依法办事是国家机关一项基本的工作原则。

具体而言，国家机关依法办事，首先，要使它们的设立和活动都有法可依，任何国家机关及其附属机构的存在都必须于法有据，因为这是它们能够合法地享有职权并合法地行使职权的基础。其次，它们作出决定、命令、裁判等工作的程序必须符合法律的要求，工作成果亦必须符合法律规范，也即有法必依；特别是最高国家行政机关必须做依法行政的模范，因为依法治国从根本上说，主要是依法行政，没有依法行政便无所谓法治。再次，任何违反宪法和法律的国家机关的行为，必须予以纠正，否则便无所谓法律，更遑论法治了；任何错误也应有人负责，但这是对法律负责，而不是对某个人负责。

所谓依法治国，从根本上说是依宪治国。所以，国家机关都应以宪法为根本的活动准则，维护法律的尊严，建设法治国家。

除上述三项原则外，还有民族平等和民族团结的原则、效率原则、联系群众原则、党的领导原则。它们都是宪法规定的、国家机关应当遵循的组织和活动原则。

## 第二节　全国人民代表大会及其常务委员会

### 一、全国人民代表大会
### （一）全国人民代表大会的性质和地位
全国人民代表大会是最高国家权力机关，又是国家的立法机关。《宪法》第2条规定：

"中华人民共和国的一切权力属于人民"；"人民行使国家权力的机关是全国人民代表大会和地方各级人民代表大会"。宪法的规定说明了全国人大的性质和它在整个国家机关体系中的地位。

就其性质而言，所谓最高国家权力机关，意味着全国人大是国家权力的最高体现者，集中代表全国各族人民的意志和利益，行使国家的立法权和决定国家生活中的其他重大问题。因此，就其地位而言，全国人大在我国国家机关体系中居于首要地位，其他任何国家机关都不能超越于全国人大之上，也不能与它并列。全国人大及其常委会通过的法律和决议，其他国家机关都必须遵照执行。

需要明确的是，全国人大的最高地位是宪法上的和国家机关间工作分工上的。作为人民民主专政的国家，领导我国人民的政治核心是中国共产党。因此，全国人大决策的政治方向和重大内容必须符合党的政治要求；全国人大的组成人员应当来自于党的推荐；全国人大代表在进行立法活动和其他重要事项时，必须自觉接受党的方针、政策的指导。然而，中国共产党不能代替全国人大制定法律，全国人大制定的法律，中国共产党也必须遵守。

### （二）全国人民代表大会的组成和任期

全国人大由省、自治区、直辖市的人民代表大会和军队选出的代表，以及香港和澳门特别行政区选出的代表组成。这表明，我国实行地域代表制与职业代表制相结合、以地域代表制为主的代表机关组成方式。根据现行选举法和组织法，代表以间接方式由各省、自治区、直辖市人大和军队选举产生，每一代表所代表的城乡人口数相同。全国人大代表名额总数不超过 3 000 名，由全国人大常委会确定各选举单位代表名额比例的分配。

全国人大行使职权的法定期限即每届任期为 5 年。在任期届满前的两个月以前，全国人大常委会必须完成下届全国人大代表的选举工作。如果遇到不能进行选举的非常情况，由全国人大常委会以全体委员 2/3 以上的多数通过，可以推迟选举，延长本届全国人大的任期；但在非常情况结束后一年以内，全国人大常委会必须完成下届全国人大代表的选举。

### （三）全国人民代表大会的职权

全国人大的职权是宪法规定的全国人大对其职责范围内事项的决定权限。原则上，全国人大是全权机关；但在实践中，宪法规定了国家机关之间的分工关系，列举了各机关的权限范围，所以，全国人大行使的职权也是有限的。根据《宪法》第 62 条的规定，全国人大的职权有以下几个方面：

1. 修改宪法，监督宪法的实施。宪法是国家的根本大法，理论上只有人民才能拥有修改宪法的权力。但宪法又规定，人民行使国家权力的机关是全国人大及地方各级人大，其中只有全国人大能够有权代表全国人民修改宪法。《宪法》第 64 条规定，宪法的修改由全国人大常委会或者 1/5 以上的全国人大代表提议，并由全国人大以全体代表的 2/3 以上的多数通过。1982 年《宪法》已经过 4 次修改，共有 31 条宪法修正案。

宪法的关键在于它的实施，实施最重要的保障就是对实施过程的监督。全国人大是进行宪法监督的最高机关，其内容主要有两个方面：（1）监督各项法律、行政法规、地方性法规以及各种规章是否符合宪法的原则和条文规定；（2）监督一切国家机关、武装力量、各政党和社会团体、各企业事业组织的行为是否违反宪法。

2. 制定和修改基本法律。基本法律是为实施宪法而由全国人大制定的最重要的法律，主要包括民刑法律、诉讼法、组织法、选举法、民族区域自治法、有关特别行政区的立法等。它们通常都涉及公民的基本权利义务，调整国家政治和社会某方面的重要关系，保护全国各族人民的利益，所以必须由全国人大行使这些法律的制定权和修改权。虽然这些法律都可由全国人大常委会修改（特别行政区基本法除外），但有两个限制，一是修改不能与基本法律的基本原则相抵触；二是全国人大有权实施监督，有权改变或者撤销常委会不适当的修改。

3. 选举、决定和罢免国家领导人。全国人大选举全国人大常委会委员长、副委员长、秘书长和委员，选举国家主席、副主席，选举中央军事委员会主席、国家监察委员会主任、最高人民法院院长、最高人民检察院检察长；根据国家主席的提名，决定国务院总理的人选，根据国务院总理的提名决定国务院副总理、国务委员、各部部长、各委员会主任、审计长和秘书长的人选；根据中央军事委员会主席的提名决定中央军委副主席和委员的人选。对于以上人员，根据全国人大主席团或者三个以上的代表团或者 1/10 以上的代表的罢免案，全国人大有权依照法定程序，在主席团提请大会审议并经全体代表过半数的同意后，予以罢免。

4. 决定国家重大问题。全国人大有权审查和批准国民经济和社会发展计划以及有关计划执行情况的报告；审查和批准国家预算和预算执行情况的报告；批准省、自治区和直辖市的建置；决定特别行政区的设立及其制度；决定战争与和平问题；等等。

5. 最高监督权。全国人大有权监督由它产生的其他国家机关的工作，这些国家机关都要向全国人大负责。具体地说，全国人大听取并通过全国人大常委会的工作报告，有权改变或撤销后者不适当的决定；听取、建议修改和通过国务院的工作报告，撤销其不适当的行政法规、决定和命令；听取最高人民法院、最高人民检察院的工作报告；中央军委、国家监察委员会也要向全国人大负责。

6. 其他职权。宪法规定，全国人大有权行使"应当由最高国家权力机关行使的其他职权"。这一弹性条款为全国人大处理难以预料的新问题、重大的紧急问题提供了宪法依据。

### （四）全国人大的工作方式

全国人大的工作方式是举行会议。全国人大会议有常规会议、临时会议、秘密会议三种形式。全国人大的常规会议每年举行一次，由全国人大常委会召集。全国人大常委会应当在全国人大会议举行一个月前，将开会日期和建议大会讨论的主要事项通知全国人大代表。每届全国人大的第一次会议，在本届全国人大代表选举完成后两个月内由上届全国人大常委会召集。如果全国人大常委会认为必要，或者 1/5 全国人大代表提议，可以召集全国人大临时会议。全国人大会议举行前，召开预备会议，选举主席团和秘书长，通过会议议程和关于会议其他准备事项的决定。全国人大会议公开举行；在必要的时候，经主席团提议、代表团团长会议决定，可以举行秘密会议。全国人大会议须有 2/3 以上的代表出席始得举行。国务院组成人员，中央军委组成人员，国家监察委员会组成人员，最高人民法院院长和最高人民检察院检察长，列席全国人大会议；其他机关、团体的负责人，经全国人大常委会决定，可以列席全国人大会议。

全国人大通过法律案以及其他议案，选举和罢免国家领导人都要经过以下四个阶段：

1. 提出议案。全国人民代表大会主席团、全国人大常委会、全国人大各专门委员会、国务院、中央军事委员会、国家监察委员会、最高人民法院、最高人民检察院以及一个代表团或者 30 名以上的代表联名，可以向全国人大提出属于全国人大职权范围内的议案。

2. 审议议案。对国家机关提出的议案，由主席团决定是否列入大会议程；对代表团和代表提出的议案，则由主席团审议决定是否列入大会议程，或者先交有关专门委员会审议，提出是否列入大会议议程的意见，再决定是否列入大会议程。

3. 表决通过议案。议案经审议后，由主席团决定提交大会表决，并由主席团决定采用无记名投票方式或者举手表决方式或其他方式通过。宪法规定，宪法修正案由全国人民代表大会全体代表 2/3 以上的多数通过；法律和其他议案由全国人民代表大会全体代表过半数通过。

4. 公布法律、决议。法律议案通过后即成为法律，由中华人民共和国主席签署主席令予以公布。

### （五）全国人民代表大会各委员会

全国人大在审议、讨论、决定国家重大决策和议案问题时，会涉及专业性、技术性很强的问题，需要有专门知识的成员进行专业指导；另外，全国人大开会要在有限的会期中处理大量的亟须解决的问题，不可能对每项议案或问题作出详尽的审议。所以，宪法设立了各委员会，协助全国人大处理立法和决策过程中的具体工作。

1. 专门委员会。全国人大的专门委员会是按专业分工而设立的辅助性工作机构。目前，全国人民代表大会共设有民族委员会、宪法和法律委员会、财政经济委员会、教育科学文化卫生委员会、外事委员会和华侨委员会、监察和司法委员会、环境与资源保护委员会、农业与农村委员会、社会建设委员会等十个专门委员会。专门委员会的任务是在全国人大及其常委会的领导下，研究、审议、拟定有关议案或提出有关报告，交全国人大或其常委会处理。具体包括：（1）审议全国人大主席团或常委会交付的议案；（2）向全国人大主席团或常委会提出属于全国人大或常委会职权范围内同本委员会有关的议案；（3）审议全国人大交付的被认为同宪法、法律相抵触的国务院的行政法规、决定和命令，国务院各部委的命令、指示和规章，省、自治区、直辖市人大及其常委会的地方性法规和决议，以及省、自治区、直辖市人民政府的决定、命令和规章，并提出报告；（4）审议全国人大主席团或常委会交付的质询案，听取受质询机关对质询案的答复，必要时向全国人大主席团或常委会提出报告；（5）对属于全国人大或常委会职权范围内同本委员会有关的问题，进行调查研究，提出建议。此外，各专门委员会还有一些与本委员会职责有关的特殊工作。例如，宪法和法律委员会的主要职责是合宪性审查、宪法解释、宪法监督、宪法宣传等。

专门委员会是常设性的机构，在全国人大会议期间向大会负责，在全国人大闭会期间向全国人大常委会负责。专门委员会成员由全国人大主席团在代表中提名，大会选举产生；在全国人大闭会期间，全国人大常委会可以补充任命个别副主任委员和委员。此外，全国人大常委会可以根据需要任命若干非代表的专家作为委员会的顾问，他们有权列席各专门委员会的会议，发表意见，但无表决权。专门委员会每届任期 5 年，与每届全国人大相同。

除此之外，全国人大还设立了与专门委员会类似的常设委员会，如香港特别行政区基本法委员会。

2. 临时性委员会。实践中，全国人大根据需要还成立其他临时性委员会。例如，全国人大曾设立"中华人民共和国香港特别行政区基本法起草委员会""中华人民共和国澳门特别行政区基本法起草委员会""全国人大香港特别行政区筹备委员会""全国人大澳门特别行政区筹备委员会"。这些委员会均对全国人大和全国人大常委会负责，其成员由全国人大常委会任命。

3. 调查委员会。全国人大及其常委会在认为必要时，可以组织对于特定问题的调查委员会。调查委员会的组成人员必须是全国人大代表，其产生办法与专门委员会委员的产生办法类似。调查委员会是临时性的委员会，无一定任期，对特定问题的调查任务一经完成，该委员会即予撤销。

## 二、全国人民代表大会常务委员会

### （一）全国人大常委会的性质和地位

全国人大常委会是全国人大的常设机关，也是行使国家立法权的机关。它隶属于全国人大，必须服从全国人大的领导和监督，向全国人大负责并报告工作。全国人大常委会是在全国人大闭会期间行使国家权力，履行经常性的立法权、监督权的机关。全国人大每年只召集一次，时间为 15 天左右，在其闭会期间，它的最高国家权力机关的地位，主要通过全国人大常委会来实现。

### （二）全国人大常委会的组成和任期

全国人大常委会在每届全国人大第一次会议时，由全国人大从代表中选举委员长、副委员长若干人、秘书长和委员若干人组成。与全国人大代表不同，全国人大常委会组成人员不得担任国家行政机关、监察机关、审判机关和检察机关的职务。宪法还规定，全国人大常委会组成人员中应有适当名额的少数民族成员。

全国人大常委会的任期与全国人大相同，即 5 年。组成人员得连选连任，但委员长、副委员长连续任职不得超过两届。

### （三）全国人大常委会的职权

1982 年《宪法》对全国人大常委会职权的规定，较前几部宪法有所加强与扩大，使之能在立法和监督等方面发挥更大的作用。根据《宪法》第 67 条，全国人大常委会的职权主要有：

1. 宪法解释权和宪法监督权。全国人大有监督宪法实施的权力，也就有解释宪法的当然权力，但由于它的会期较短，所以，并没有实际行使过这项权力。因而，宪法明确规定了常委会的宪法解释权，是宪法解释的法定最高机关。这对于正确理解、准确执行宪法条文十分必要。由常委会对宪法条文作出的解释与宪法条文本身有同等效力，除非用宪法修正案推翻这项解释。在宪法授予全国人大常委会以宪法解释权的同时，也授予它以监督宪法实施的权力。常委会的监督权是经常性的监督权，因而有利于法治建设。

2. 立法权和法律解释权。全国人大常委会在宪法规定的范围内行使立法权，有权制定和修改除由全国人大制定的基本法律以外的其他法律。全国人大常委会还可以修改、补充由全国人大制定的基本法律，但不得与该法的基本原则相抵触。全国人大常委会还有权解释法律，不仅可以解释由它自己制定的法律，还可以解释由全国人大制定的法律，因为常委会是全国人大的常设机关，了解全国人大的立法意图，能够作出准确的解释。

3. 国家重大事项的决定权。在全国人大闭会期间，全国人大常委会有对国民经济和社会发展计划以及国家预算部分调整方案的审批权；有权决定批准或废除同外国缔结的条约和重要协定；决定驻外全权代表的任免；规定军人和外交人员的衔级制度和其他专门衔级制度，规定和决定授予国家勋章和荣誉称号；决定特赦；遇到国家遭受武装侵犯或者必须履行国家间共同防止侵略的条约的情况，有权决定宣布战争状态；决定全国总动员和局部动员；决定全国或者个别省、自治区和直辖市进入紧急状态等。

4. 任免权。在全国人大闭会期间，全国人大常委会有权根据国务院总理的提名，决定部长、委员会主任、审计长、秘书长的人选；根据中央军委主席的提名，决定中央军委其他组成人员的人选；根据国家监察委员会主任的提请，任免国家监察委员会副主任、委员；根据最高人民法院院长的提请，任免副院长、审判员、审判委员会委员和军事法院院长；根据最高人民检察院检察长的提请，任免副检察长、检察员、检察委员会委员和军事检察院检察长，并且批准省、自治区、直辖市人民检察院检察长的任免。

5. 监督权。分为法律监督权和国家机关工作的监督权两类。在法律监督权范围内，全国人大常委会有权撤销国务院制定的同宪法、法律相抵触的行政法规、决定和命令；有权撤销省、自治区、直辖市的国家权力机关制定的同宪法、法律和行政法规相抵触的地方性法规和决议。在国家机关工作监督权上，全国人大常委会对其他由全国人大产生的中央国家机关都有权进行监督，主要有三种方式：第一，在全国人大常委会会议期间，常委会组成人员10人以上联名，可以向国务院及其各部委、国家监察委员会、最高人民法院、最高人民检察院提出书面质询案；第二，国务院、最高人民法院、最高人民检察院在常委会会议上，围绕本单位职权范围内的事务向常委会做工作汇报；第三，全国人大常委会开展对法律实施工作进行考察的执法检查，或对司法机关的工作进行监督。

6. 其他职权。由于全国人大常委会是全国人大的常设机关，所以，与全国人大的职权范围不同，它没有宪法上自己的弹性权力。在宪法明列的职权之外，全国人大常委会行使全国人民代表大会授予的其他职权。

**（四）全国人大常委会的工作程序**

1. 常委会会议。全国人大常委会每两个月举行一次会议，必要时可以召集临时会议。会议由委员长召集并主持，委员长可以委托副委员长主持会议。常委会全体成员过半数出席可以开会；全体成员过半数赞成方能通过决议。每次会议在开会前经委员长会议拟定议程草案，提请常委会全体会议决定。为了使参加会议的人员有所准备，应在每次会议举行之前7天，将开会日期和建议会议讨论的主要事项等，通知常委会组成人员。

常委会举行会议时，国务院、中央军委、国家监察委员会、最高人民法院、最高人民检察院的负责人列席会议；全国人大各专门委员会的主任委员、副主任委员，有关的专门委员会委员、顾问及有关部门负责人，以及各省、自治区、直辖市的人大常委会主任或者副主任一人，列席会议。必要时，可以邀请有关的全国人大代表列席会议。

全国人大常委会的会议是全体会议，如需要时也可以举行分组会议和联组会议。分组会议审议议案或者审议有关的工作报告时，应通知有关部门派人到会，听取意见，回答询问；在联组会议审议时，应当通知有关的负责人到会听取意见，回答询问。

2. 提出和审议议案。委员长会议、国务院、中央军事委员会、国家监察委员会、最高人民法院、最高人民检察院、全国人大各专门委员会以及全国人大常委会组成人员10人以上联名，都可以向全国人大常委会提出属于其职权范围内的议案。

委员长会议提出的议案，由常委会会议予以审议。由国务院、中央军事委员会、国家监察委员会、最高人民法院、最高人民检察院、全国人大各专门委员会提出的议案，由委员长会议决定提请常委会会议审议，或者先交有关的专门委员会审议、提出报告，再决定提请常委会会议审议。由常委会组成人员 10 人以上联名提出的议案，由委员长会议决定提请常委会会议审议，或者先交有关的专门委员会审议、提出报告，再决定是否提请常委会会议审议。如果不提请常委会审议的，则应向常委会会议报告或者向提案人说明。对于列入议程的议案，提案人、有关的专门委员会、常委会的有关工作部门应当提供资料。议案在交付表决前，提案人要求撤回的，经委员长会议同意，对该议案的审议即行终止。

列入会议议程的法律草案，常委会听取关于草案的原则精神的说明后，经分组会议作初步审议，然后交有关的专门委员会审议和法律委员会审议，由宪法和法律委员会向下次或者以后的常委会会议提出审议结果的报告，并将其他专门委员会的审议意见印发给常委会会议。有关法律问题的决定的议案和修改法律的议案，法律委员会审议后，可以向本次常委会会议，也可以向下次或者以后的常委会会议提出审查结果的报告，以便常委会全体会议作出决定。

法律草案表决稿交付常务委员会会议表决前，委员长会议根据常务委员会会议审议的情况，可以决定将个别意见分歧较大的重要条款提请常务委员会会议单独表决。单独表决的条款经常务委员会会议表决后，委员长会议根据单独表决的情况，可以决定将法律草案表决稿交付表决，也可以决定暂不付表决，交法律委员会和有关的专门委员会进一步审议。

常委会采用无记名投票、举手或者其他方式，以全体成员的过半数同意通过议案。

3. 质询。常委会在会议期间，常委会组成人员 10 人以上联名，可以向常委会书面提出对国务院及国务院各部、各委员会和最高人民法院、最高人民检察院的质询案。质询案由委员长会议决定交有关的专门委员会审议或者提请常委会会议审议。在专门委员会审议时，提出质询案的人可以出席发表意见。质询案经常委会会议或者有关的专门委员会审议后，由委员长会议决定，由受质询机关负责人在常委会会议上或者在有关的专门委员会会议上作口头答复，或者由受质询的机关书面答复。在专门委员会会议上作口头答复时，专门委员会应向常委会会议或者向委员长会议提出报告；以书面答复的，应由被质询机关负责人签署，并印发给常委会组成人员和有关的专门委员会。

4. 委员长会议。全国人大常委会的委员长、副委员长、秘书长组成委员长会议，处理常委会的重要日常工作。根据法律的规定，其工作任务是：（1）决定常委会每次会议的会期，拟定会议议程草案；（2）对向常委会提出的议案和质询案，决定交由有关的专门委员会审议或者提请常委会全体会议审议；（3）指导和协调各专门委员会的日常工作；（4）处理常委会其他重要日常工作。

### 三、全国人民代表大会代表

全国人大代表是作为我国最高国家权力机关的全国人大的组成人员，其中一部分代表同时又是全国人大常委会的组成人员，每届任期 5 年，从每届全国人大举行第一次会议开始，到下届全国人大举行第一次会议为止。他们代表着全国人民的意志和利益，依照宪法和法律赋予全国人大的各项职权，参与行使最高国家权力。

#### （一）全国人大代表的工作

1. 在全国人大会议期间的工作：（1）出席和参加预备会议、全体会议、代表团会议、小组会议，审议各项议案和报告；（2）可依照法定程序提出议案，包括修改宪法的议案；（3）参加各项选举，可对主席团提名的由全国人大选举产生的国家机构领导人的人选和全国人大各专门委员会的人选，提出意见；（4）参与决定国务院组成人员和中央军委副主席、委员的人选；（5）在审议议案和报告时，可向有关国家机关提出询问，可依照法律规定的程序，书面提出对国务院和国务院各部、各委员会、最高人民法院、最高人民检察院的质询案；（6）可依照法律的规定提出罢免案；（7）可依法提议组织关于特定问题的调查委员会；（8）可向全国人大提出对各方面工作的建议、批评和意见。

2. 在全国人大闭会期间的工作。全国人大常委会组织代表在闭会期间开展的各项活动包括：（1）全国人大代表在常委会的统一安排下，对有关地区、有关单位进行视察，就被视察的各方面的工作提出建议、批评、意见，但不直接处理问题；（2）可应邀列席全国人大常委会会议以及各专门委员会会议；（3）列席原选举单位的人大会议和人大常委会会议，回答原选举单位对代表工作和代表活动的询问，协助政府推行工作；（4）根据全国人大或者全国人大常委会的决定，参加关于特定问题的调查委员会；（5）有权向全国人大常委会提出对各方面工作的建议、批评和意见；（6）有权按照法律规定的程序提议临时召集全国人大会议。

**（二）代表执行职务的保障**

为了保证全国人大代表履行职责，宪法和法律规定了对代表的多方面的保障：（1）在全国人大各种会议上的发言和表决，不受法律追究。（2）在会议期间非经全国人大主席团许可，在全国人大闭会期间，非经全国人大常委会许可，不受逮捕或者刑事审判；如果因为是现行犯被拘留，执行拘留的机关应立即向主席团或者常委会报告；如果对代表采取法律规定的其他限制人身自由的措施，应当经全国人大主席团或者全国人大常委会许可。（3）代表在全国人大闭会期间参加由全国人大或者全国人大常委会作出安排的代表活动时，代表所在单位必须给予时间保障，并按正常的出勤对待，享受所在单位的工资和其他应得的待遇。（4）代表的活动经费列入财政预算。（5）全国人大常委会采取多种方式同代表保持联系，常委会的办事机构为代表执行职务提供服务。（6）少数民族代表在执行职务时，有关的部门应在文字、生活习惯等方面给予必要的帮助和照顾。（7）一切组织和个人都必须尊重代表的权利，支持代表执行职务，违者予以追究。

**（三）代表的义务**

全国人大代表作为中华人民共和国公民，与其他公民一样，必须履行宪法和法律规定的义务。同时，全国人大代表又必须履行宪法和法律规定的作为人民代表所应尽的义务：（1）必须模范地遵守宪法和法律，保守国家秘密，在自己参加的生产、工作和社会活动中，协助宪法和法律的实施；（2）应同原选举单位和人民群众保持密切的联系，听取和反映他们的意见和要求，努力为人民服务；（3）接受原选举单位的监督，原选举单位有权罢免自己选出的全国人大代表。

**（四）停止执行代表职务和代表资格终止**

1. 停止执行代表职务。代表有下列情形之一的，暂时停止代表职务：（1）因刑事案件被羁押正在受侦查、起诉、审判的；（2）被依法判处管制、拘役或者有期徒刑而没有附加剥夺政治权利，正在服刑的。这些情形在代表任期内消失后，恢复执行代表职务，但代表资格终止者除外。

2. 代表资格的终止。代表有下列情形之一的，其代表资格终止：（1）辞职被接受的；（2）未经批准两次不出席全国人大会议的；（3）被罢免的；（4）丧失中华人民共和国国籍的；（5）依照法律被剥夺政治权利的。

代表因故出缺的，由原选举单位补选。省、自治区、直辖市人大常委会在全国人大闭会期间，可以补选个别出缺的代表。

## 第三节　中华人民共和国主席

### 一、国家主席的性质和地位

中华人民共和国主席是我国的国家元首，对内对外代表国家。它不是握有一定国家权力的个人，而是一个国家机关，包括国家主席和副主席。国家主席是国家主权的代表，是国家统一和民族团结的象征。国家主席对内代表整个国家机构和国家权力，对外代表中华人民共和国和全体中国人民。由于国家主席的国家最高代表性质，他的尊严就是国家尊严的象征，所以有着最尊贵的法律地位，无论在国内还是在国外，都应受到最高级别的礼遇。

### 二、国家主席的产生和任期

由于国家主席特别尊崇的法律地位，所以有着最高的任职条件。根据我国《宪法》第79条第2款的规定，国家主席、副主席的任职基本条件有二：一是在政治方面，国家主席、副主席人选必须是有选举权和被选举权的中华人民共和国公民；二是年龄方面，必须年满45周岁。当然，因为国家主席是国家的象征，所以还必须具备其他一些非法律因素的任职条件，在道德、声望、贡献、学识、政治态度等方面出类拔萃，得到人民的尊重。

国家主席、副主席由全国人大选举产生。具体程序是：由全国人大主席团提出国家主席和副主席的候选人名单，然后经各代表团酝酿协商，再由主席团根据多数代表的意见确定正式候选人名单，最后由主席团把确定的候选人交付大会表决，由大会选举产生国家主席和副主席。国家主席、副主席的任期同全国人大每届任期相同，即都是5年。国家主席和副主席可以由全国人大罢免。

根据《宪法》规定，在任期届满前，国家主席缺位时，由副主席继任；副主席缺位时，由全国人民代表大会补选；国家主席、副主席都缺位时，由全国人民代表大会补选，在补选以前，由全国人民代表大会常务委员会委员长暂时代理主席职位。

### 三、国家主席的职权

我国国家主席没有个人决策权，他的职权要同全国人大及其常委会的职权结合起来行使。全国人大及其常委会行使职权不一定需要国家主席职权的配合，但国家主席行使职权必须以全国人大或全国人大常委会的决定为依据。国家主席行使职权时，主要采取国家主席令的形式。根据宪法规定，国家主席的职权主要有如下四个方面：

1. 公布权。即公布法律、发布命令的权限。法律在全国人大或全国人大常委会正式通过后，由国家主席予以颁布施行。就立法程序而言，我国法律在立法机关通过后，就具有法律效力。但如不经国家主席颁布，就表明法律还未开始实施，就不能发生实际的法律效力。国家主席根据全国人大或者全国人大常委会的决定，发布特赦令，宣布进入紧急状态，发布动员令，宣布战争状态等。

2. 任免权。全国人大或全国人大常委会确定国务院总理、副总理、国务委员、各部部长、各委员会主任、审计长、秘书长的正式人选后，由国家主席宣布其任职；在相反的情况下，宣布其免职。根据全国人大常委会的决定，国家主席派出或召回代表国家的常驻外交代表，即驻外使节。

3. 外交权。国家主席代表中华人民共和国，进行国事活动，接受外国使节，也即主持递交国书仪式。根据全国人大常委会的决定，国家主席宣布批准或废除条约和重要协定。条约是主权国家间达成的、确定各种相互权利义务关系的协议。协定在广义上是条约的一种形式，但通常专指政府之间的行政协议；只有重要的协定才需经国家代议机关批准或废除，由国家主席履行批准或废除的手续。

4. 荣典权。根据全国人大常委会的决定，国家主席代表国家向那些对国家有重大功勋的人或单位授予荣誉奖章和光荣称号。另外，国家主席在国内外重大外事活动中，也有受到非常礼遇的权利。

## 第四节 国 务 院

### 一、国务院的性质和地位

中华人民共和国国务院即中央人民政府，是最高国家权力机关的执行机关，是最高国家行政机关。执行机关和行政机关表明了国务院的性质，即是通过在全国范围内组织一系列的行政管理活动，执行全国人大及其常委会各项决议的最高的国家机关。由此可见，国务院在全国行政机关系统中居最高地位。它统一领导地方各级人民政府的工作，统一领导和管理国务院各部委的工作。不过，国务院是由最高国家权力机关组织产生的，必须对全国人大及其常委会负责并报告工作，因此，相对于最高国家权力机关来说，国务院处于从属地位。

### 二、国务院的组成和任期

国务院由总理、副总理若干人、国务委员若干人、各部部长、各委员会主任、审计长、秘书长组成。国务院总理人选根据国家主席的提名，由全国人大决定；副总理、国务委员、各部部长、各委员会主任、审计长和秘书长根据总理的提名，由全国人大决定；在全国人大闭会期间，根据总理的提名，由全国人大常委会决定部长、委员会主任、审计长和秘书长的任免。组成人员的任免决定以后，都由国家主席宣布任免。

国务院的任期每届与全国人大的任期相同，即为5年。任期届满后，由新一届的全国人大决定，组成新的国务院。宪法规定，总理、副总理、国务委员连续任职不得超过两届。

### 三、国务院的领导体制

中华人民共和国成立以来最高国家行政机关的领导体制总体上说都是集体负责制，1982年《宪法》改为首长负责制，即国务院实行总理负责制，各部委实行部长、主任负责制。

总理负责制是指国务院总理对他主管的工作负全部责任，与此相联系，总理对自己主管的工作有完全决定权。具体内容是：（1）由总理提名组成国务院，总理有向全国人大及其常委会提出任免国务院其他组成人员的议案的权利；（2）总理领导国务院的工作，副总理、国务委员协助总理工作，其他组成人员都在总理领导下工作，向总理负责；（3）总理主持召开国务院常务会议和全体会议，对于所议事项总理有最后决定权，并对决定的后果承担全部责任；国务院发布的行政法规、决定和命令、向全国人大及其常委会提出的议案、任免国务院有关人员的决定，都由总理签署。

#### 四、国务院的职权

国务院的职权也就是国家的最高行政权，根据《宪法》第89条的规定，大致有如下几个方面：

1. 法规制定权。包括规定行政措施、制定行政法规、发布决定和命令的权力。行政法规是由国务院制定和实施的最高等级的规范性法律文件，是为行政管理和执行法律而制定的，通常采取"条例"的形式。根据宪法，任何部委规章、地方性法规等均不得与之相抵触。行政法规的内容多涉及国家行政管理的较大领域内的事务。决定是对于具体行政事务发布的行政文件，一种是具有普遍约束力的决定，一种是只对特定事项作出的决定。命令是只对特定事项或特定人作出的行政措施。行政行为主要是采取行政决定或行政命令的形式进行的，决定和命令的执行就是行政措施。行政措施主要在行政管理需要或为了执行法律和最高国家权力机关的决议而采取的具体办法和手段。

2. 提案权。国务院是具体管理和组织经济建设和社会生活的最高行政机构。为了完成宪法和最高国家权力机关规定的各项任务，国务院有责任向最高国家权力机关提出有关的法律草案、计划和报告以及计划和报告的执行情况等等，经最高国家权力机关审议批准，使之成为指导社会生活和经济建设的法律文件。国务院的计划、报告都必须在全国人大及其常委会会议上以议案的形式提出，主要包括五个方面：（1）国民经济和社会发展计划和计划执行情况；（2）国家预算和预算的执行情况；（3）必须由全国人大常委会批准和废除的同外国缔结的条约和重要协定；（4）国务院组成人员中必须由全国人大或者全国人大常委会决定任免的人选；（5）在国务院职权范围内的其他必须由全国人大或者全国人大常委会审议或决定的事项。

3. 领导权。包括对所属部委和地方各级行政机关的领导权和监督权。国务院有权对我国地方各级国家行政机关发布指示，规定任务，进行行政领导和监督；有权确定其所属各部委等中央国家行政机关的工作内容、工作制度、工作任务和所担负的职能与责任；有权改变或撤销地方各级行政机关及所属各部委发布的不适当的决定和命令。国务院所属各部委和地方各级行政机关必须接受国务院的统一领导和监督。

4. 管理权。包括对国防、民族、民政、文教、经济、华侨、外交等各项行政工作的领导和管理权。国务院作为最高国家行政机关，它的主要职责就是管理国家。国务院根据经全国人大批准的国民经济和社会发展计划，负责组织、安排、管理各项行政事务，实施法律和各种行政法律文件。管理既包括对社会共同事务进行组织、协调，又包括对社会的服务。在社会主义市场经济条件下，行政机关主要是为社会的经济活动提供有效的手段，其中以经济活动规则的制定、公共设施的修建、纠纷的处理、治安的维护最为重要。在管理活动中，国务院必须依法行政，提高行政效率，全心全意为人民服务。

5. 任免权。主要是对全国行政人员进行任免和奖惩的权力。国务院有权依照宪法、国务院组织法、地方各级人民代表大会和人民政府组织法以及国家机关工作人员奖惩条例等有关法律，任免国家行政机关的领导人员；奖励先进的工作人员；惩罚违反法纪并造成一定不良后果的工作人员。

6. 行政区域划分权。国务院有权批准省、自治区、直辖市的区域划分，批准自治州、县、自治县、市的建置和区域划分。省、自治区、直辖市的行政区域界线的变更，自治州、县、自治县、市、市辖区的设立、撤销、更名和隶属关系的变更，自治州、自治县的行政区域界线的变更，县、市行政区域界线的重大变更，都要由省级人民政府报国务院审批。

7. 紧急状态决定权。是指国务院有权依照法律规定决定省、自治区、直辖市范围内部分地区的进入紧急状态。

8. 其他职权。主要是指由最高国家权力机关通过明确的决议，以法律形式授予的上述列举权力之外的职权。这些职权有些涉及全国性的行政工作，有些原属最高国家权力机关立法的事项，有些是特别重要的其他临时性工作。例如，1985 年，第六届全国人大第三次会议把原属于全国人大及其常委会宪法权力范围内的立法权力，即对于有关经济体制改革和对外开放方面问题的立法权限授予国务院，由国务院制定暂行规定或者条例，目的在于通过行政管理实践积累立法经验，以备以后再行立法规范。另外，在管理全国各项事务时，国务院有行政的自由裁量权，可以根据执法和紧急需要作出有利于国家和人民利益的决定，但必须符合法律，在法律规定的范围内执行法律。

# 第五节　中央军事委员会

### 一、中央军事委员会的性质和地位

中央军事委员会是全国武装力量的最高领导机关。军队的指挥与管理本属于行政权的范围，但在我国，中国人民解放军是国家机器的重要组成部分，是人民民主专政政权的坚强柱石，在保卫国家、生产建设、救助灾难和精神文明建设以及在国家生活中都起着十分重要的作用。所以，我国军队在国家体制中居于重要地位，中央军委的设立正是对军队在国家生活中的地位的确认，从而明确了武装力量在国家机构中的地位。

我国军队是人民的军队，是在中国共产党领导下为人民利益服务的军事组织。所以，作为国家机关的中央军委与中国共产党中央军事委员会有同质性。不过，军队的建设和管理、国防问题要通过国家来实现，因而，设立国家的中央军委是完全必要的。这种体制有利于把党的军事指挥系统与国家的军事管理系统统一起来。

### 二、中央军事委员会的组成和任期

中央军委由主席、副主席若干人、委员若干人组成。主席由全国人大选举产生；根据主席的提名，全国人大决定其他组成人员的人选。全国人大有权罢免主席和其他组成人员。在全国人大闭会期间，全国人大常委会根据主席的提名，决定其他组成人员的人选。中央军委每届任期同全国人大每届任期相同，即 5 年，但没有届数限制。

### 三、中央军事委员会的领导体制

中央军委实行主席负责制。主席有权对中央军委职权范围内的事务作出最后决策。与行政机关类似，中央军委的主席负责制并不排斥民主集中制。中央军委主席在对重大问题作出决策之前，必须进行集体研究和讨论，然后再集中正确的意见作出决策。同时，主席负责制适应现代化战争机动、灵活、应变迅速的要求，对于突发的军事动向能作出果断、迅速的反应。中央军委领导的我国武装力量包括中国人民解放军和人民武装警察部队。

《宪法》规定，中央军委主席对全国人大和全国人大常委会负责，从而确认中央军委在中央国家机关体系中从属于最高国家权力机关的法律地位，也确认了我国的武装力量属于人民的性质。

## 第六节　监察委员会

2018 年通过的宪法修正案，在《宪法》第三章"国家机构"中增加一节，即第七节"监察委员会"，共 5 条，就国家监察委员会和地方各级监察委员会的性质、地位、名称、人员组成、任期任届、领导体制、工作机制等作出了专门规定。依据宪法，全国人民代表大会于 2018 年 3 月 20 日通过了《中华人民共和国监察法》（以下简称《监察法》），分九章，共 69 条，对国家监察的领导体制、国家监察机关及其职责、监察范围和管辖、监察权限、监察程序、反腐败国际合作、对监察机关和监察人员的监督、法律责任等作了全面的规定。

### 一、监察委员会的性质和地位

根据宪法和监察法的规定，中华人民共和国各级监察委员会是党直接领导的政治机关，是实现党和国家自我监督的政治机关；监察委员会是国家的监察机关，是国家机构体系的组成部分；监察委员会是行使国家监察职能的专责机关，是党和国家监督体系的组成部分。

在国家宪法体制中，各级监察委员会具有独立的法律资格、独立的法律地位，依法独立行使监察权，并具有独立的组织体系。

### 二、监察委员会的组成和任期

根据《宪法》第 124 条、《监察法》第 8 条和第 9 条规定，中华人民共和国设立国家监察委员会和地方各级监察委员会。

国家监察委员会由全国人民代表大会产生，负责全国监察工作。国家监察委员会由主任、副主任若干人、委员若干人组成，主任由全国人民代表大会选举，副主任、委员由国家监察委员会主任提请全国人民代表大会常务委员会任免。国家监察委员会主任每届任期同全国人民代表大会每届任期相同，连续任职不得超过两届。

地方各级监察委员会由本级人民代表大会产生，负责本行政区域内的监察工作。地方各级监察委员会由主任、副主任若干人、委员若干人组成，主任由本级人民代表大会选举，副主任、委员由监察委员会主任提请本级人民代表大会常务委员会任免。地方各级监察委员会主任每届任期同本级人民代表大会每届任期相同。

### 三、监察委员会的领导体制

国家监察工作坚持中国共产党的领导，各级监察委员会在党的领导下，行使国家监察职能，依法对所有行使公权力的公职人员进行监察。根据宪法和监察法的规定，各级监察委员会对产生它的人民代表大会及其常务委员会负责，监察委员会体系内部实行"垂直领导"体制。

各级监察委员会对产生它的国家权力机关负责，并接受其监督。国家监察委员会对全国人民代表大会和全国人民代表大会常务委员会负责，并接受其监督。地方各级监察委员会对本级人民代表大会及其常务委员会和上一级监察委员会负责，并接受其监督。

监察委员会体系内部，实行"垂直领导"体制。监察委员会体系内部实行"国家监察委员会领导地方各级监察委员会、上级监察委员会领导下级监察委员会"的垂直领导体制。国家监察委员会是最高监察机关，领导地方各级监察委员会的工作，上级监察委员会领导下级监察委员会的工作。地方各级监察委员会对上一级监察委员会负责，并接受其监督。

### 四、监察委员会和人民法院、人民检察院、执法部门的关系

监察委员会依照监察法和有关法律规定履行监督、调查、处置之职责。监察委员会的权限主要有：（1）调查权限；（2）留置权限；（3）查封、扣押、冻结等权限；（4）搜查权限；（5）勘验鉴定权限；（6）采取技术调查措施的权限；（7）决定通缉与采取限制出境措施的权限；（8）收集、调取证据的权限；（9）监察建议权限。

监察委员会依法对所有行使公权力的公职人员进行监督，实现国家监察全面覆盖。根据监察法的规定，监察机关对下列公职人员和有关人员进行监察：（1）中国共产党机关、人民代表大会及其常务委员会机关、人民政府、监察委员会、人民法院、人民检察院、中国人民政治协商会议各级委员会机关、民主党派机关和工商业联合会机关的公务员，以及参照中华人民共和国公务员法管理的人员；（2）法律、法规授权或者受国家机关依法委托管理公共事务的组织中从事公务的人员；（3）国有企业管理人员；（4）公办的教育、科研、文化、医疗卫生、体育等单位中从事管理的人员；（5）基层群众性自治组织中从事管理的人员；（6）其他依法履行公职的人员。

根据宪法和监察法的规定，监察委员会依照法律规定独立行使监察权，不受行政机关、社会团体和个人的干涉。监察机关办理职务违法和职务犯罪案件的过程中，应当与审判机关、检察机关、执法部门互相配合，互相制约。

## 第七节　人民法院和人民检察院

### 一、人民法院

#### （一）人民法院的性质和任务

根据《宪法》和《中华人民共和国人民法院组织法》（以下简称《人民法院组织法》）规定，人民法院是国家审判机关。人民法院是国家机构的组成部分，是人民民主专政的工具之一，独立行使国家的审判权。人民法院根据法律规定受理并处理具体案件，依据事实和法律作出判断，保障法律的实施，维护法律尊严，实现打击敌人、惩罚犯罪、保护人民、调解纠纷的国家职能。

根据《人民法院组织法》规定，人民法院的任务是审判刑事案件和民事案件，并且通过审判活动，惩办一切犯罪分子，解决民事纠纷，以保卫无产阶级专政制度，维护社会主义法制和社会秩序，保护社会主义的全民所有的财产、劳动群众集体所有的财产，保护公民私人所有的合法财产，保护公民的人身权利、民主权利和其他权利，保障国家的社会主义革命和社会主义建设事业的顺利进行。人民法院用它的全部活动教育公民忠于社会主义祖国，自觉地遵守宪法和法律。

#### （二）人民法院的组织系统、职权和领导体制

1. 人民法院的组织系统。根据《宪法》和《人民法院组织法》规定，人民法院的组织

系统是最高人民法院、地方各级人民法院、专门人民法院。

（1）最高人民法院。最高人民法院是我国最高审判机关，依法行使国家最高审判权，同时监督地方各级人民法院和专门法院的工作。最高人民法院还设立了若干巡回法庭。

（2）地方各级人民法院分为三级：①高级人民法院。包括省高级人民法院、自治区高级人民法院和直辖市高级人民法院。②中级人民法院。包括在省、自治区内按地区设立的中级人民法院；在直辖市内设立的中级人民法院；在省辖市、自治区辖市设立的中级人民法院；自治州中级人民法院。③基层人民法院。包括县人民法院、不设区的市人民法院、自治县人民法院、旗人民法院、市辖区人民法院。

（3）专门人民法院。专门人民法院是设在特定部门或对特定案件设立的审判机关，专门人民法院审理的案件是特定的案件。目前我国设立的专门人民法院主要有军事法院、海事法院、知识产权法院、互联网法院等专门人民法院。军事法院是设在军队中的审判机关，分高级、中级、基层三级。海事法院是设在一定的沿海、沿江港口城市的审理海事、海商案件的审判机关，在审级上相当于中级人民法院，其审判工作受所在地的高级人民法院监督，当事人对海事法院的判决、裁定不服的上诉案件，由当地高级人民法院管辖。专门人民法院的组织和职权由全国人民代表大会常务委员会另行规定。

2. 人民法院的职权。

基层人民法院的职权：负责审理第一审案件（法律另有规定的除外），并且指导人民调解委员会的工作；对所受理的案件，认为案情重大应当由上级人民法院审理的，可以请求移送上级人民法院。

中级人民法院的职权：负责审理以下案件：法律规定由其管辖的第一审案件；基层人民法院移送审理的第一审案件；对基层人民法院判决和裁定的上诉案件和抗诉案件；人民检察院按照审判监督程序提出的抗诉案件。对其受理的案件，认为案情重大应当由上级人民法院审理时，可以请求移送上级人民法院审理；根据国家赔偿法的规定，中级以上人民法院设立赔偿委员会，按法定程序处理国家赔偿案件。

高级人民法院的职权：负责审理以下案件：法律规定由它管辖的第一审案件；下级人民法院移送审理的第一审案件；对下级人民法院判决和裁定的上诉案件和抗诉案件；对辖区内海事法院的判决和裁定上诉的案件；人民检察院按照审判监督程序提出抗诉的案件；对中级人民法院判处的死刑缓期执行的案件，被告人没有上诉的，由中级人民法院报送高级人民法院复核。高级人民法院还负责处理有关国家赔偿案件。

专门人民法院的职权：军事法院管辖现役军人的刑事犯罪案件，军队在编职工的刑事犯罪案件，最高人民法院授权审理的案件，在作战区和戒严区由统帅部、最高人民法院授权审理的案件；海事法院管辖第一审海事案件和海商案件。

最高人民法院的职权：监督地方各级人民法院和专门人民法院的审判工作；对下级人民法院已经生效的判决和裁定发现确有错误的，按照审判监督程序提审或者指令下级人民法院再审；核准死刑案件；通过对下级人民法院检查案件考核工作进行监督。最高人民法院是国家的最高审判机关，所作的判决和裁定是终审的判决和裁定。

3. 人民法院的领导体制。根据宪法和法律规定，最高人民法院对全国人大和全国人大常委会负责并报告工作。地方各级人民法院对本级人大及其常委会负责并报告工作。

最高人民法院监督地方各级人民法院和专门法院的审判工作。这种监督主要表现在：

（1）对高级人民法院和专门法院的判决和裁定的上诉案件和最高人民检察院按审判监督程序提出的抗诉案件进行审判。（2）对下级人民法院已经生效的判决、裁定发现确有错误的，按审判监督程序提审或指令下级法院再审。（3）核准死刑案件。（4）通过对下级法院检查案件考核工作进行监督。

上级人民法院监督下级人民法院的审判工作主要表现在：（1）上级人民法院有权审判下级人民法院移送的第一审案件。（2）审判对下级人民法院的判决和裁定不服上诉和抗诉的案件。（3）对下级人民法院已经发生法律效力的裁决和裁定，如果发现确有错误，有权提审或指令下级人民法院再审。（4）对管辖权有争议的下级人民法院受理的案件，指定受理法院。（5）通过检查案件、考核工作，对下级人民法院进行监督。

### （三）人民法院的组成和任期

最高人民法院由院长一人，副院长、审判委员会委员、庭长、副庭长以及审判员若干人组成，还配有助理审判员、书记员、司法警察，以及综合部门的工作人员和后勤人员。最高人民法院设有刑事审判第一庭、刑事审判第二庭、民事审判第一庭、民事审判第二庭、民事审判第三庭、行政审判庭、审判监督庭等审判庭以及其他必要机构。根据人民法院组织法的规定，设立审判委员会，总结审判经验，讨论重大、疑难案件和其他有关审判工作问题。根据国家赔偿法的规定，设立赔偿委员会，处理所管辖的国家赔偿案件。根据法官法的规定，设立法官考评委员会，负责对法官进行考评等工作。最高人民法院院长由全国人大选举和罢免。最高人民法院副院长、审判委员会委员、庭长、副庭长、审判员由全国人大常委会根据最高人民法院院长的提请任免。

地方各级人民法院由院长一人，副院长、审判委员会委员、庭长、副庭长、审判员若干人组成，还配有助理审判员、书记员、司法警察及综合部门人员和工勤人员。根据审判需要设立刑事、民事、行政、申诉等审判庭及必要的其他机构。根据人民法院组织法的规定，设立审判委员会，讨论重大疑难案件。根据国家赔偿法的规定，中级以上人民法院设立赔偿委员会，处理所管辖的国家赔偿案件。根据法官法的规定，设立法官考评委员会，负责考评本院法官的有关工作。各级人大选举和罢免本级人民法院院长。各级人大常委会根据本级人民法院院长的提请任免同级人民法院副院长、审判委员会委员、庭长、副庭长、审判员，在人民法院院长因故不能担任职务时，决定由副院长代理院长。省、自治区的人大常委会根据主任会议的提名，决定在省、自治区内设立的和在直辖市内设立的中级人民法院院长的任免。

专门人民法院组成人员与地方各级人民法院基本相同，各专门人民法院由院长一人，副院长、审判委员会委员、庭长、副庭长、审判员若干人组成，还配有助理审判员、书记员及司法警察等。根据审判特点，设立必要的审判庭及必要的其他机构。根据人民法院组织法的规定，专门人民法院的组织和职权，由全国人大常委会另行规定。专门人民法院院长、副院长、审判委员会委员、庭长、副庭长、审判员等人员根据全国人大常委会的特别规定任免。

各级人民法院院长、副院长、审判委员会委员、庭长、副庭长、审判员、助理审判员的任职资格是年满23周岁有选举权和被选举权的中华人民共和国公民。

各级人民法院院长的任期同本级人大的任期相同，都是5年。最高人民法院院长连续任职不得超过两届。

### （四）人民法院审判工作的原则和基本制度

人民法院的审判工作原则主要是：

1. 依法独立审判原则。《宪法》和《人民法院组织法》规定，人民法院依照法律规定独立行使审判权，不受行政机关、社会团体和个人的干涉。这一原则要求人民法院在审判工作中要以事实为根据、以法律为准绳，独立进行审判，实事求是地对案件作出公正判决和裁定。不受任何组织、领导及其他个人的干涉。人民法院在办理各种案件活动中，一切服从法律，严格依法办事，在职权范围内的活动必须独立进行。依法独立审判原则，是社会主义法制的一项重要原则。审判工作贯彻这一原则有利于保证国家审判权的统一行使，保证国家法律统一执行，保证审判工作正常进行，保证能对案件正确判决。

人民法院独立审判，并不是不受任何监督。在我国，人民法院要向同级人大负责并报告工作，接受同级人大常委会的监督。人民检察院是法律监督机关，人民法院执行法律要接受人民检察院依法进行的监督。此外，人民法院独立审判还应该接受人民群众的监督。

2. 公民在法律面前一律平等原则。公民在法律面前一律平等原则，要求人民法院对一切公民都必须一律平等对待，一切公民的合法权益，都要依法予以保护，任何公民的违法犯罪行为，都要依法予以追究。适用法律一律平等，还要求在适用法律上不能有任何歧视，对公民一律平等对待，不能因公民的家庭出身、地位高低、政治倾向等非法定条件而对某些公民有不公正的待遇。适用法律面前一律平等原则，也应当表现在对待法人或其他组织方面，不论组织规模大小、企业性质、何人经营、主办单位等情况如何，都应平等保护其合法权益，一律追究违法责任。

3. 被告人有权获得辩护原则。被告人有权获得辩护，是宪法和有关法律规定的一项重要的司法原则和制度，是国家赋予被告人保护自己合法权益的一种重要诉讼权利。在刑事诉讼中，被告人和他的辩护人有权根据事实和法律，提出证明被告人无罪、罪轻或者免除、减轻刑事处罚的材料和意见，以维护被告人的合法权益。有关法律规定了被告人行使辩护权利的具体制度，必要时人民法院应当为被告人指定承担法律援助义务的律师担任被告人的辩护人。实行辩护制度，有助于人民法院全面客观地认定案件事实，正确适用法律，公正判决或裁定案件以及避免错案冤案的发生。

4. 使用本民族语言文字进行诉讼原则。《宪法》和《人民法院组织法》都规定，各民族公民都有用本民族语言文字进行诉讼的权利。人民法院对于不通晓当地通用的语言文字的当事人，应当为他们翻译。在少数民族聚居或者多民族杂居的地区，人民法院应当用当地通用的语言进行审讯，用当地通用的文字发布判决书、裁定书、布告和其他文件。

我国是统一的多民族国家，各民族公民都有用本民族语言文字进行诉讼的权利，这是民族平等原则在诉讼制度方面的具体表现，宪法和法律这一规定，是确保各民族公民平等地享有诉讼的权利和地位，反对民族歧视，维护民族平等和加强民族团结的重要法律保障。贯彻这一原则，有利于人民法院审理案件，有利于当事人行使诉讼权利和履行诉讼义务，有利于人民法院的判决、裁定的执行以及人民法院对人民群众进行法制教育。

5. 公开审判原则。公开审判是指人民法院对受理的案件公开审理和公开宣判。通过公开审理，使当事人充分行使法律规定的诉讼权利，对证据互相质证，明辨是非，便于审判人员查清事实。《宪法》规定，人民法院审理案件，除法律规定的特别情况外，一律公开进行。《人民法院组织法》规定，审理案件，除涉及国家机密、个人隐私和未成年人犯罪案件以外，一律公开进行。刑事诉讼法、民事诉讼法及行政诉讼法都针对各类案件作出了具体规定，保证公开审判原则的切实贯彻。

公开审判是人民法院各项诉讼制度和原则的中心环节。审判活动公开，可以把人民法院的审判活动直接置于当事人及人民群众的监督之下，有助于增强审判人员的责任感，改进审判作风，严格依法办事，从而保证审判质量，防止冤假错案的发生。

人民法院的审判工作制度主要有：

1. 合议制度。《人民法院组织法》规定，人民法院审判案件，实行合议制。人民法院审判第一审案件，由审判员组成合议庭或者由审判员和人民陪审员组成合议庭进行，简单的民事案件、轻微的刑事案件和法律另有规定的案件可以由审判员一人独任审判。人民法院审判上诉和抗诉案件由审判员组成合议庭进行。合议庭由院长或庭长指定一名审判员担任审判长，院长或庭长参加合议庭的，院长或庭长担任审判长。

我国刑事诉讼法、民事诉讼法以及行政诉讼法对合议庭的组成、工作及合议庭成员的权利作出具体规定，并规定了独任审判的适用范围。在我国，绝大多数案件以合议庭形式审判，合议庭审判是我国人民法院审理案件的基本组织形式。合议庭评议案件采取少数服从多数原则，体现了民主集中制原则，保证案件能够充分讨论提高质量。对于疑难、重大案件由合议庭提请院长提交本院审判委员会讨论决定。

2. 回避制度。在审判阶段，回避制度是指人民法院受理的案件如果与审判人员有利害关系或其他关系，应当回避。这是为了防止审判人员主观偏向，保护当事人合法权益，保证公正审判的诉讼制度。为保证当事人行使申请回避的权利，人民法院在开庭时，应当向当事人宣布合议庭组成人员及书记员名单，告知当事人有申请回避的权利。是否批准回避申请，由人民法院院长决定。院长的回避，由本院审判委员会决定。

审判人员一般应当回避的情形是：（1）是本案当事人或者当事人的近亲属；（2）本人或者他的亲属与本案有利害关系；（3）担任过本案的证人、鉴定人、辩护人或者附带民事诉讼当事人的代理人；（4）与本案当事人有其他关系可能影响案件公正处理的。具有以上情形的审判人员及书记员、翻译人员、鉴定人、勘验人等，应当报告本院院长要求回避；当事人也有权申请回避。在刑事司法实践中，应当回避的人员，本人没有自行回避的，当事人和他们的法定代理人也没有申请其回避的，院长或者审判委员会应当决定其回避。

3. 两审终审制。两审终审制是指一个案件经过两级人民法院的审判，即告终结的制度。地方各级人民法院审理的第一审案件所作的判决和裁定，如果当事人不服，可以在法定期限内向上一级人民法院提出上诉；人民检察院对所提起公诉的刑事案件，如果认为第一审判决或裁定有错误，在法定期限内可以向上一级人民法院提出抗诉。上一级人民法院对上诉、抗诉案件，按照第二审程序进行审理后所作的判决或裁定，就是终审的判决或裁定，发生法律效力。如果在上诉期限内，当事人不上诉，人民检察院不抗诉，第一审判决或裁定就发生法律效力。2006年10月31日第十届全国人民代表大会常务委员会第二十四次会议修改了《人民法院组织法》，规定：死刑除依法由最高人民法院判决的以外，应当报请最高人民法院核准。此外，根据法律规定，最高人民法院审理第一审案件所作的判决或裁定实行一审终审制；基层人民法院按照民事诉讼法特别程序审理的选民资格案件、宣告失踪案件、宣告死亡案件、认定公民无行为能力案件、认定公民限制行为能力案件和认定财产无主案件实行一审终审制。

两审终审制是我国多年司法经验的总结，既可以使第一审的错误的或不当的判决和裁定在发生法律效力前得到及时的纠正，保证案件的正确处理；又可以便于群众进行诉讼，避免因审级过多，而引起诉讼的拖延，节省人力、财力和时间。

4. 审判监督制度

审判监督制度是指人民法院对已经发生法律效力的判决和裁定，在法定的人民法院和人民检察院发现确有错误后，依法重新进行审判的一种特殊制度。根据法律规定，有权提起审判监督程序的主体是：（1）各级人民法院院长对本院已经发生法律效力的判决和裁定，如果发现认定事实上或者适用法律上有错误，必须提交审判委员会处理。（2）最高人民法院对各级人民法院已经发生法律效力的判决和裁定，上级人民法院对下级人民法院已经发生法律效力的判决和裁定，如果发现确有错误，有权提审或者指令下级人民法院再审。（3）最高人民检察院对各级人民法院已经发生法律效力的判决和裁定，如果发现确有错误，向最高人民法院抗诉；上级人民检察院对下级人民法院已经发生法律效力的判决和裁定，向同级人民法院抗诉；地方各级人民检察院对同级人民法院已经发生法律效力的判决和裁定，报请上级人民检察院，由上级人民检察院向同级人民法院提出抗诉，对于人民检察院的抗诉，人民法院应当再审。

发生法律效力的判决和裁定是第一审人民法院作出的，仍由第一审人民法院再审，按照第一审程序进行审理，所作出的判决和裁定，当事人不服可以提出上诉；同时，该人民法院另行组成合议庭审理。发生法律效力的判决和裁定是第二审人民法院作出的，按照第二审程序进行审理，再审后作出的判决和裁定是终审判决和裁定，不得上诉。发生法律效力的判决和裁定，无论是第一审人民法院还是第二审人民法院作出的，上级人民法院和最高人民法院提审的，按照第二审程序进行审理，作出的判决和裁定都是终审判决和裁定，不得上诉。

## 二、人民检察院

### （一）人民检察院的性质和任务

1. 人民检察院的性质。《宪法》和《中华人民共和国人民检察院组织法》（简称《人民检察院组织法》）都规定，人民检察院是国家的法律监督机关。法律监督，又称为检察监督，是通过人民检察院行使检察权，对国家机关及其工作人员和公民是否遵守宪法和法律进行监督，保障宪法和法律的统一实施。

2. 人民检察院的任务。人民检察院的基本任务是：通过行使检察权，镇压一切叛国的、分裂国家的以及其他危害国家安全的活动，打击危害国家安全的犯罪分子和其他犯罪分子，维护国家的统一，维护人民民主专政制度，维护社会主义法制，维护社会秩序、生产秩序、工作秩序、教学科研秩序和人民群众生活秩序，保护社会主义国家所有的财产和劳动群众集体所有的财产，保护公民私人所有的合法财产，保护公民的人身权利、民主权利和其他权利，保卫社会主义现代化建设的顺利进行。并且，人民检察院通过检察活动，教育公民忠于社会主义祖国，自觉地遵守宪法和法律，积极同违法行为作斗争。

### （二）人民检察院的组织系统、职权和领导体制

1. 人民检察院的组织系统。根据《宪法》和《人民检察院组织法》的规定，人民检察院的组织系统是最高人民检察院、地方各级人民检察院和军事检察院等专门人民检察院。

（1）最高人民检察院。最高人民检察院是国家最高检察机关，领导全国人民检察院的工作。

（2）地方各级人民检察院。地方各级人民检察院分为：①省、自治区、直辖市人民检察

院；②省、自治区、直辖市人民检察院分院，自治州、设区的市人民检察院；③县、自治县、不设区的市、旗、市辖区人民检察院。省一级人民检察院和县一级人民检察院，根据工作需要，提请本级人民代表大会常务委员会批准，可以在工矿区、农垦区、林区等区域设置人民检察院作为派出机构。

（3）专门人民检察院。专门人民检察院是在最高人民检察院领导下，在特定的组织系统内设定的检察机关。专门人民检察院主要是军事检察院。

军事检察院分为中国人民解放军军事检察院，大军区、军兵种军事检察院，省军区、集团军军事检察院三级。

2. 人民检察院的职权

根据人民检察院组织法及刑事诉讼法、民事诉讼法、行政诉讼法的规定，人民检察院行使下列职权：

（1）对于叛国、分裂国家等重大犯罪案件行使检察权。

（2）对看守所、监狱等场所的司法人员直接受理的刑事案件行使侦查权。

（3）对公安机关的侦查活动进行监督，批准逮捕、审查起诉。

（4）批准延长侦查期限。

（5）对刑事案件行使公诉权，除自诉案件外，其他刑事案件一律由人民检察院依法提起公诉。人民法院开庭时，人民检察院应当依法派检察人员出庭支持公诉。

（6）对诉讼活动的监督和审判监督。

（7）对刑事案件判决和裁定的执行，监狱、看守所等执行机关的活动是否合法进行监督。

（8）依法保障公民对于违法的国家工作人员提出控告、申诉的权利，追究侵犯公民人身权利、民主权利和其他权利的人员的责任，受理公民的控告、检举和申诉。

（9）对环境、食品药品等领域提起公益诉讼。

3. 人民检察院的领导体制。根据《宪法》和《人民检察院组织法》规定，人民检察院的领导体制实行双重从属制，即最高人民检察院领导地方各级人民检察院和专门人民检察院的工作，上级人民检察院领导下级人民检察院的工作。最高人民检察院对全国人大及其常委会负责并报告工作，地方各级人民检察院对本级人大及其常委会负责并报告工作。检察官法和地方组织法中关于地方各级人民检察院检察长任免的规定，也体现了双重领导体制。

国家权力机关对人民检察院的领导主要表现在：全国人大及其常委会选举、罢免或者任免最高人民检察院主要组成人员，审议最高人民检察院的工作报告，对最高人民检察院进行各种形式的监督等；地方各级人大及其常委会对同级人民检察院主要组成人员的选举、罢免或任免，审议同级人民检察院的工作报告，对检察院的工作进行各种形式的监督等。

上级人民检察院对下级人民检察院的领导主要表现为：（1）主要组成人员的任免。地方各级人民检察院检察长的任免必须报上一级人民检察院检察长提请该级人大常委会批准。省、自治区内按地区设立的和在直辖市内设立的人民检察院分院检察长、副检察长、检察委员会委员和检察员，由省、自治区、直辖市人民检察院检察长提请本级人民代表大会常务委员会任免。对于不具备检察官法规定条件或者违反法定程序被选为人民检察院检察长的，上一级人民检察院检察长有权提请该级人大常委会不批准。最高人民检察院和省、自治区、直辖市人民检察院检察长可以建议本级人大常委会撤换下级人民检察院检察长、副检察长和检察委员会委员。（2）业务领导。对下级检察院检察工作给予指示或对专项问题的请示给予答复。当下级人民检察院在办理案件遇到特殊困难时，上级人民检察院及时给予支持和指示，必要时可派人协助工作，也可以将案件调上来自己办。（3）上级人民检察院对下级人民检察院的工作进行必要的检查监督，对业务进行考核评比。通过检查考核，了解下级人民检察院检察官及其他人员的政治素质和业务能力水平，帮助培训，组织学习交流工作经验，以提高下级检察院的业务水平。

人民检察院内部的领导关系是：检察长统一领导检察院的工作。为了保证集体领导，在各级人民检察院设立检察委员会，在检察长主持下，按照民主集中制原则，讨论决定重大案件和其他重要问题。如果检察长在重大问题上不同意多数人的决定，可以报请本级人民代表大会常务委员会决定。

**（三）人民检察院的工作原则**

1. 人民检察院依法独立行使检察权原则。《宪法》和《人民检察院组织法》规定，人民检察院依法独立行使检察权，不受行政机关、社会团体和个人的干涉。这是检察机关的一项重要原则，也是检察机关进行法律监督，实现检察职能的重要保证。人民检察院在办理案件过程中，依法行使检察权，以事实为根据，以法律为准绳，不受任何干扰。人民检察院独立行使检察权，有利于维护社会主义法制的统一实施，保证案件得到公正处理。

2. 公民在适用法律上一律平等原则。《宪法》和《人民检察院组织法》都规定，人民检察院在行使检察权过程中，对于一切公民在适用法律上一律平等。要求人民检察院对任何公民，不分民族、种族、性别、职业、社会出身、宗教信仰、教育程度、财产状况、居住期限等，在适用法律上都一律平等对待，没有任何享有优越条件的特殊公民，也不允许对任何人歧视。

3. 公民使用本民族语言文字进行诉讼原则。这一原则与人民法院审判活动中的公民使用本民族语言文字进行诉讼原则性质相同，是宪法中规定的重要司法工作原则。人民检察院在办理案件过程中，对于不通晓当地语言文字的当事人，应当为他配备翻译。在少数民族聚居区或者多民族杂居的地区，应当用当地通用的语言进行讯问，用当地通用的文字制作起诉书或其他法律文书。

4. 专门工作与走群众路线相结合原则。《人民检察院组织法》第7条规定，人民检察院在工作中必须坚持实事求是，贯彻执行群众路线，倾听群众意见，接受群众监督，调查研究，重证据不轻信口供，严禁刑讯逼供，正确区分和处理敌我矛盾和人民内部矛盾。各级人民检察院工作人员，必须忠实于事实真相，忠实于法律，忠实于社会主义事业，全心全意地为人民服务。人民检察院贯彻群众路线，主要表现在：（1）依靠群众，揭露犯罪，举报犯罪线索；（2）依靠群众，调查案情，核实证据，有些案件还可以征求群众对案件的处理意见，以利于案件的正确处理；（3）依靠群众，预防犯罪和各种违法行为；（4）倾听群众意见，接受批评、监督，纠正错误，提高法律监督水平。

各级人民检察院普遍建立了群众举报中心，直接接受群众对国家机关和国家工作人员违法犯罪行为的检举、控告，然后由检察机关的有关职能部门分别依法处理。根据历史上正反两方面经验，人民检察院坚持专门工作与走群众路线相结合，以专门工作为主的正确方针，是非常必要的。

### 三、人民法院、人民检察院和公安机关的关系

《宪法》规定，人民法院、人民检察院和公安机关办理刑事案件，应当分工负责，互相配合，互相制约，以保证准确有效地执行法律。《刑事诉讼法》也作出同样的规定。这是一项重要的宪法原则。

人民法院、人民检察院和公安机关的分工负责主要表现在：除人民检察院依法自行侦查的案件及当事人自诉案件外，在办理刑事案件时，公安机关负责对案件的侦查、预审、执行逮捕、依法执行判决；人民检察院负责批准逮捕、审查起诉和出庭公诉、抗诉；人民法院负责审判。刑事诉讼法对三机关各自的工作分工作出详细的规定，各司其职、各尽其责，避免了互相推诿扯皮和争夺管辖权的问题。

人民法院、人民检察院和公安机关的互相配合主要表现在：第一机关的工作依法完成后移交下一个环节的工作机关时，都能依法顺利接受并开始新环节的工作。每一个机关在工作上需要另一机关协助时，能依法在职权范围内协助。例如，人民法院决定逮捕犯罪嫌疑人或对罪犯执行某些刑罚要由公安机关执行，人民法院执行死刑可要求公安机关派警察维护秩序等等。互相配合要求把三机关的工作看成一个整体，经过各自工作而完成共同的打击刑事犯罪、预防犯罪、减少犯罪的任务。

人民法院、人民检察院和公安机关的互相制约主要表现在：三机关通过各自的工作发现另外机关的工作问题，可提出建议要求其纠正；通过下一阶段的工作审查前一阶段工作是否存在问题，并作出相应的处理。具体表现在：公安机关在侦查过程中，需要逮捕犯罪嫌疑人时要经过人民检察院审查批准，对不予批准的，公安机关认为有错误的可以要求复议以及向上级人民检察院要求复核。人民检察院对公安机关侦查终结移送起诉的案件，进行审查，决定是否起诉。犯罪事实不清、证据不足的，可以退回公安机关补充侦查或自行侦查。在办理案件中发现公安机关有违法情况，即通知公安机关予以纠正。公安机关对人民检察院的决定认为有错误的，可以要求复议，以及要求上一级检察机关复核。人民法院对人民检察院提起公诉的案件，经审判，根据具体情况和法律作出有罪、无罪的判决。人民检察院认为判决有错误的，可以提出抗诉。对发生法律效力的判决，人民检察院认为有错误的，可以依照审判监督程序通过抗诉引起再审。通过互相制约，可以纠正错误，避免冤假错案，避免放纵罪犯。

分工负责、互相配合和互相制约三者密切相关。只有分工负责，才能互相配合，互相制约；只有互相制约才能保证办案质量。实行分工负责、互相配合、互相制约，才能发挥三机关的整体功能，防止主观片面和滥用权力，保证准确有效地适用法律，以及保护公民的合法权益。

## 第八节　各级人大和地方各级人民政府

### 一、县级以上地方各级人大及常委会

#### （一）县级以上地方各级人大

1. 性质和地位

县级以上地方各级人大包括省、自治区、直辖市、设区的市、自治州、县、不设区的市、市辖区的人大。它们是地方国家权力机关，是相应行政区域范围内的人民行使国家权力的机关。同级的人大常委会、监察委员会、人民政府、人民法院和人民检察院均由它产生，

中国宪法学

对它负责，受它监督，向它报告工作，在同级国家机关中处于支配和核心的地位。

2. 组成和任期

省、自治区、直辖市、自治州、设区的市的人大由下一级人大选出的代表组成，县、自治县、不设区的市、市辖区的人大由选民直接选举的代表组成。县级以上地方各级人大代表的名额，由省、自治区、直辖市的人大常委会按照便于召开会议、讨论问题和解决问题，并使各民族、各地区、各方面都有适当数量代表的原则确定，并报全国人大常委会备案。

县级以上地方各级人大每届任期 5 年。

3. 主要职权

（1）保证宪法和法律的实施。在本行政区域内，保证宪法、法律、行政法规和上级人大及其常委会决议的遵守和执行，保证国家计划和国家预算的执行。

（2）决定本地方的重大事项。审查和批准本行政区域内的国民经济和社会发展计划、预算以及它们执行情况的报告；讨论和决定本行政区域内的政治、经济、教育、科学、卫生、民政、民族、环境和资源保护等工作的重大事项。

（3）人事任免。选举并罢免本级人大常委会的组成人员、监察委员会主任、人民法院院长和人民检察院检察长，选出的人民检察院检察长须报上一级人民检察院检察长提请该级人大常委会批准；选举并罢免省长、副省长，自治区主席、副主席，市长、副市长，州长、副州长，县长、副县长，区长、副区长；选举上一级人大代表。

（4）监督由其产生的国家机关。听取和审查本级人大常委会的工作报告和监察委员会的工作；听取和审查本级人民政府和人民法院、人民检察院的工作报告；改变或者撤销本级人大常委会的不适当的决定；撤销本级人民政府的不适当的决定和命令。

（5）保障权益。保护公共财产和公民私人所有的合法财产，维护社会秩序，保障公民的人身权利、民主权利和其他权利，保护各种经济组织的合法权益，保障少数民族的权利，保障宪法和法律赋予妇女的男女平等、同工同酬和婚姻自由等各项权利。

（6）制定地方性法规。省、自治区、直辖市的人民代表大会及其常务委员会根据本行政区域的具体情况和实际需要，在不同宪法、法律、行政法规相抵触的前提下，可以制定地方性法规。设区的市的人民代表大会及其常务委员会根据本市的具体情况和实际需要，在不同宪法、法律、行政法规和本省、自治区的地方性法规相抵触的前提下，可以对城乡建设与管理、环境保护、历史文化保护等方面的事项制定地方性法规，法律对设区的市制定地方性法规的事项另有规定的，从其规定。设区的市的地方性法规须报省、自治区的人民代表大会常务委员会批准后施行。省、自治区的人民代表大会常务委员会对报请批准的地方性法规，应当对其合法性进行审查，同宪法、法律、行政法规和本省、自治区的地方性法规不抵触的，应当在 4 个月内予以批准。省、自治区的人民代表大会常务委员会在对报请批准的设区的市的地方性法规进行审查时，发现其同本省、自治区的人民政府的规章相抵触的，应当作出处理决定。自治州的人民代表大会及其常务委员会可以行使设区的市制定地方性法规的职权。省、自治区、直辖市的人民代表大会及其常务委员会制定的地方性法规，报全国人民代表大会常务委员会和国务院备案；设区的市、自治州的人民代表大会及其常务委员会制定的地方性法规，由省、自治区的人民代表大会常务委员会报全国人民代表大会常务委员会和国务院备案。地方性法规可以就下列事项作出规定：①为执行法律、行政法规的规定，需要根据本行政区域的实际情况作具体规定的事项；②属于地方性事务需要制定地方性法规的事项。设区的市、自治州制定地方性法规，限于对城乡建设与管理、环境保护、历史文化保护等方面的事项。

4. 会议制度

县级以上地方各级人大的工作方式主要是举行会议。每年至少举行一次会议，经五分之一以上的代表提议，可以临时召集会议。会议由本级人大常委会召集，每届第一次会议在本届人大代表选举完成后的两个月内，由上届本级人大常委会召集。

每次会议先举行预备会议。预备会议由本级人大常委会主持，每届人大第一次会议的预备会议由上届本级人大常委会主持。预备会议选举本次会议的主席团和秘书长，通过本次会议的议程和其他准备事项的决定。

人大会议由主席团主持。人民政府组成人员、监察委员会主任、人民法院院长、人民检察院检察长列席本级人民代表大会会议；其他有关机关、团体负责人，经本级人大常委会决定，可以列席本级人民代表大会会议。

地方各级人大举行会议的时候，主席团、常委会、各专门委员会、本级人民政府、代表10人以上（乡、民族乡、镇人大代表5人以上）联名，可以向本级人大提出属于本级人大职权范围内的议案，由主席团决定提交人大会议审议，或者并交有关的专门委员会审议，再由主席团审议决定提交大会表决。代表提出的议案，要由主席团或者专门委员会决定是否列入大会议程。列入会议议程的议案，在交付大会表决前，提案人要求撤回的，经主席团同意，会议对该项议案的审议即行终止。

县级以上地方各级人大举行会议时，人大常委会组成人员，省长、副省长，自治区主席、副主席，市长、副市长，州长、副州长，县长、副县长，区长、副区长，监察委员会主任、人民法院院长，人民检察院检察长的人选，由本级人大主席团或者代表联合提名。省、自治区、直辖市的人大代表30人以上书面联名，设区的市和自治州的人大代表20人以上书面联名，县级人大代表10以上书面联名，可以提出上述人选的候选人。

县级以上地方各级人大举行会议时，主席团、常委会或者十分之一以上代表联名，可以提出对本级人大常委会组成人员、人民政府组成人员、监察委员会主任、人民法院院长、人民检察院检察长的罢免案，由主席团提请大会审议。地方各级人大举行会议时，代表10人以上联名，可以书面提出对本级人民政府和它的所属各工作部门以及监察委员会、人民法院、人民检察院的质询案，由主席团决定交受质询机关在主席团会议、大会全体会议或者有关的专门委员会会议上口头答复，或者由受质询机关书面答复。在审议议案时，代表可以向有关地方国家机关提出询问，由有关机关派人说明。

会议进行选举和通过决议，以全体代表的过半数通过。

**（二）县级以上地方各级人大常委会**

1. 性质和地位

省、自治区、直辖市、自治州、县、自治县、市、市辖区的人大设立常委会。县级以上地方各级人大常委会是本级人大的常设机关，是经常行使地方国家权力的机关，是本级国家权力机关的组成部分。其组成人员由本级人大选举产生，它对本级人大负责并报告工作；同时，对本级人民政府、人民法院及人民检察院的工作进行监督。

2. 组成和任期

省、自治区、直辖市、自治州、设区的市的人大常委会由主任、副主任若干人、秘书长、委员若干人组成；县、自治县、不设区的市、市辖区的人大常委会由主任、副主任若干人和委员若干人组成。这些组成人员均由本级人大在代表中选举产生。

常委会组成人员不得担任国家行政机关、监察机关、审判机关和检察机关的职务；如果担任上述职务，必须向常委会辞去常委会的职务。常委会主任因为健康情况不能工作或者缺位时，由常委会在副主任中推选一人代理主任职务，直到主任恢复健康或者人大选出新的主任为止。

省、自治区、直辖市人大常委会的组成人员的名额为 35 人至 65 人，人口超过八千万的省不超过 85 人；自治州、设区的市为 13 人至 35 人，人口超过八百万的市不超过 45 人；县、不设区的市、自治县、市辖区为 11 人至 19 人，人口超过一百万的县、市辖区不超过 29 人。

常委会的任期和本级人大的每届任期相同，均为 5 年，它行使职权到下届本级人大选出的新的常委会为止。

3. 主要职权

（1）保证宪法和法律的实施。在本行政区域内，保证宪法、法律、行政法规和上级人大及其常委会决议的遵守和执行。

（2）决定重大事项。讨论、决定本行政区域内的政治、经济、文化、教育、卫生、民政、环境和资源保护等工作的重大事项；根据本级政府的建议，决定对本行政区域内的国民经济和社会发展计划、预算的部分变更；决定授予地方的荣誉称号。

（3）人事任免。在本级人大闭会期间，决定副省长、自治区副主席、副市长、副州长、副区长的个别任免；在省长、自治区主席、市长、州长、县长、区长和监察委员会主任、人民法院院长、人民检察院检察长因故不能担任职务时，从本级人民政府、监察委员会、人民法院和人民检察院副职领导人中决定代理的人选；决定代理检察长，须报上一级人民检察院和人大常委会备案。根据省长、自治区主席、市长、州长、县长的提名，决定本级人民政府秘书长、厅长、局长、委员会主任、科长的任免，报上一级人民政府备案；按照监察法的规定，任免监察委员会的组成人员；按照人民法院组织法和人民检察院组织法的规定，任免人民法院副院长、庭长、副庭长、审判委员会委员、审判员，任免人民检察院副检察长、检察委员会委员、检察员，批准任免下一级人民检察院检察长；省、自治区、直辖市人大常委会根据主任会议的提名，决定在省、自治区内按地区设立的和在直辖市内设立的中级人民法院院长的任免，根据省、自治区、直辖市的人民检察院检察长的提名，决定人民检察院分院检察院长的任免。

在本级人大闭会期间，决定撤销个别副省长、自治区副主席、副市长、副县长、副区长的职务；决定撤销由它任命的本级人民政府其他组成人员和监察委员会组成人员、人民法院副院长、庭长、副庭长、审判委员会委员、审判员，人民检察院副检察长、检察委员会委员、检察员，中级人民法院院长、人民检察院分院检察长的职务。

（4）监督本级国家机关。监督本级人民政府、监察委员会、人民法院和人民检察院的工作；撤销本级人民政府不适当的决定和命令；撤销下一级人大及其常委会的不适当的决议；受理人民群众对本级人民政府、人民法院、人民检察院和国家机关工作人员的申诉和意见。

（5）组织选举。领导或者主持本级人大代表的选举；联系本级人大代表，组织他们进行视察；在本级人大闭会期间，补选上一级人大出缺的代表和罢免个别代表。

（6）制定地方性法规。制定地方性法规的权力和程序与同级人大是相同的。

4. 会议制度

常委会会议由主任召集，每两个月至少举行一次，常务委员会决议以全体组成人员的过半数通过。

县级以上地方各级人大常委会主任会议可以向本级人大常委会提出属于常委会职权范围内的议案，由常委会审议；县级以上的地方各级人民政府、人大各专门委员会可以向本级人大常委会提出属于常委会职权范围内的议案，由主任会议决定提请常委会会议审议，或者先交有关的专门委员会审议、提出报告，再提请常委会会议审议。一定数量以上的委员联名，可以向本级人大常委会提出属于常委会职权范围内的议案，由主任会议决定是否提请常委会会议审议，或者先交有关的专门委员会审议、提出报告，再决定是否提请常委会会议审议。一定数量以上的委员联名，可以向常委会书面提出对本级人民政府、监察委员会、人民法院、人民检察院的质询案，由主任会议决定交受质询机关答复。

省、自治区、直辖市、自治州、设区的市的人大常委会主任、副主任和秘书长组成主任会议；县、自治县、不设区的市、市辖区的人大常委会主任、副主任组成主任会议。主任会议处理常委会的重要日常工作。

**（三）委员会及机构**

县级以上的地方各级人大常委会设立代表资格审查委员会，审查代表的选举是否符合法律规定。其主任委员、副主任委员和委员的人选，由常委会主任会议在常委会组成人员中提名，常委会会议通过。

主任会议或者五分之一以上的常委会组成人员书面联名，可以向本级人大常委会提议组织关于特定问题的调查委员会，由全体会议决定。其主任委员、副主任委员和委员由主任会议在常委会组成人员和其他代表中提名，提请全体会议通过。调查委员会应当向本级人大常委会提出调查报告，常委会根据报告可以作出相应的建议。

常务委员会根据工作需要，可以设立办事机构和其他工作机构。省、自治区的人大常委会可以在地区设立工作机构。

**二、县级以上地方各级人民政府**

**（一）性质和地位**

县级以上地方各级人民政府是指省、自治区、直辖市、自治州、设区的市、县、自治县、不设区的市、市辖区的人民政府。地方各级人民政府是地方相应的同级国家权力机关的执行机关，是地方相应行政区域的国家行政机关。地方各级人民政府对本级人大和上一级人民政府负责并报告工作，在本级人大闭会期间，对本级人大常委会负责并报告工作。因此，地方各级人民政府实行双重负责制，既要对同级人大及其常委会负责，又要向上一级人民政府负责，地方各级人民政府都是国务院统一领导下的国家行政机关，都服从国务院。

**（二）组成和任期**

省、自治区、直辖市、自治州、设区的市的人民政府分别由省长、副省长，自治区主席、副主席，市长、副市长，州长、副州长和秘书长、厅长、局长、委员会主任等组成。县、自治县、不设区的市、市辖区的人民政府分别由县长、副县长，市长、副市长，区长、副区长和局长、科长等组成。

地方各级人民政府每届任期与本级人大任期相同，即每届任期 5 年。

（三）主要职权

县级以上地方各级人民政府行使下列职权：（1）执行本级国家权力机关的决议和上级行政机关的决定和命令，执行国民经济和社会发展计划以及预算；（2）规定行政措施，发布决定和命令；（3）领导所属各工作部门和下级人民政府的工作；（4）管理本行政区域内的经济、教育、科学、文化、卫生、体育事业、城乡建设事业和财政、民政、公安、民族事务、司法行政、计划生育等行政工作；（5）依照法律规定任免、培训、考核和奖惩国家行政机关工作人员；（6）改变或者撤销所属各工作部门的决定、指示和下级人民政府的不适当的决定和命令；（7）依法保护和保障公共财产、私有财产，保障公民各方面的权利；（8）办理上级行政机关交办的其他事项。

省、自治区、直辖市和设区的市、自治州的人民政府，可以根据法律、行政法规和本省、自治区、直辖市的地方性法规，制定规章。地方政府规章可以就下列事项作出规定：（1）为执行法律、行政法规、地方性法规的规定需要制定规章的事项；（2）属于本行政区域的具体行政管理事项。设区的市、自治州的人民政府制定地方政府规章，限于城乡建设与管理、环境保护、历史文化保护等方面的事项。地方政府规章报国务院和本级人民代表大会常务委员会备案；设区的市、自治州的人民政府制定的规章应当同时报省、自治区的人民代表大会常务委员会和人民政府备案。地方政府规章应当经政府常务会议或者全体会议决定。没有法律、行政法规、地方性法规的依据，地方政府规章不得设定减损公民、法人和其他组织权利或者增加其义务的规范。

（四）领导体制

县级以上地方各级人民政府分别实行省长、自治区主席、市长、州长、县长、区长负责制，即实行行政首长负责制，他们分别主持地方各级人民政府的工作。

人民政府会议分为全体会议和常务会议。全体会议由本级人民政府全体成员组成。省、自治区、直辖市、自治州、设区的市的人民政府常务会议，分别由省长、副省长，自治区主席、副主席，市长、副市长，州长、副州长和秘书长组成；县、自治县、不设区的市、市辖区的人民政府常务会议，分别由县长、副县长，市长、副市长，区长、副区长组成。省长、自治区主席、市长、州长、县长、区长召集和主持本级人民政府全体会议和常务会议。政府工作中的重大问题，须经政府常务会议或者全体会议讨论决定。

（五）派出机关

省、自治区、县、自治县、市辖区和不设区的市的人民政府，在必要时经上一级人民政府批准，可分别设若干派出机关。行政公署简称"行署"，是省、自治区人民政府的派出机关；区公所是县、自治县人民政府的派出机关；街道办事处是市辖区和不设区的市人民政府的派出机关。派出机关受派出的人民政府的委托、代表派出的人民政府，进行行政管理；同时，根据法律、法规、规章的授权，也可以以自己的名义进行行政管理。

# 第三部分 中国法制史

## 导论 中国法制发展史概述

以公元前 21 世纪夏王朝的建立为起点，中国法制历史传承四千余年，其总体的发展脉络、相互间渊源继承关系是相当清晰的。不过，四千多年间，朝代不断更替，政权屡经变更。所以从宏观上观察，各个时期法制的内容、特色也各有不同。按照发展阶段及风格特色等标准来粗略划分，中国法制的历史大致可以分为早期法制、战国以后的古代法制和近现代法制三个大的部分。

### 一、中国早期法制

中国早期法制，一般是指夏、商、西周及春秋时期的法制，大致相当于通常所说的奴隶制时代的法律制度。在时间上包括自公元前 21 世纪到公元前 476 年这一历史阶段。中国早期法制的突出特点，是以习惯法为基本形态，初期一般认为是不公开的。

在中国早期法制中，夏、商是奠基时期。自公元前 21 世纪夏启建立夏代开始，夏王朝前后存在约四百年时间。在此期间，中国早期的刑罚制度、监狱制度都有了一定的发展。商取代夏以后也维持了将近六百年。在继承夏代法制经验的基础上，商代在罪名、刑罚以及司法体制、诉讼制度等方面取得了长足发展。20 世纪初出土的甲骨文资料证明，商代的刑法及诉讼制度已经比较完备。

中国早期法制的鼎盛时期是在西周。在中国历史上，西周是一个十分重要的历史阶段。在西周政权存续的近三百年时间里，中国传统的统治方式、治国策略以及一些基本的政治制度已经初步形成，作为传统文化基石的哲学思想、伦理道德观念等思想文化因素也都在此时发端。从法律上看，西周法制的形式和内容都达到了早期法制的顶峰。在西周时期所形成的"以德配天""明德慎罚"的法制指导思想，老幼犯罪减免刑罚，区分故意和过失等法律原则，以及"刑罚世轻世重"的刑事政策，都是具有当时世界最高水平的法律制度，对中国后世的法制也产生了重要的影响。所以，西周法律制度是中国法制史学习的重点之一。

春秋时期处于中国历史上第一次大动荡、大变革的前期，此时社会变革的重心在于"破"，即西周所建立的家国一体的宗法制度，包括政治、经济、思想文化等各个层面都受到否定和挑战。在法制方面，以反对"罪刑擅断"、要求"法布于众"为内容的公布成文法运动勃然兴起。郑国子产"铸刑书"、邓析著"竹刑"及晋国"铸刑鼎"等，都是这一法制变革运动的代表性成果。

## 二、战国以后的古代法制

战国以后的古代法制，一般是指战国以后至鸦片战争以前中国各主要王朝的法律制度，在时间上包括自公元前476年至公元1840年这两千余年的法制历史。自春秋以后，中国开始向全社会公布成文法，从此，中国的法律开始由原来的不公开和半公开的状态，过渡到以成文法为主体的状态。在从战国到清代后期这两千多年中，无论是法律理论、立法技术、法制规模，还是法律内容、司法体制等各个方面，都有了根本性的变化。我们通常所说的"传统法律文化""传统法律制度"，其主体就是在这一时期逐渐形成、发展和成熟的。根据法制发展状况以及在整个法制传承中所起的作用，我们可以把这一漫长的历史时期划分为以下几个发展阶段：

1. 战国时期。这是由早期礼法制度向成文法典法转变的重要阶段。战国时期处在中国历史上第一次大动荡、大变革时代的后半期。而社会变革的许多重要成果，中国的许多思想文化精华都出自这个时期。与春秋时期相比较，战国时期社会变革的重心在于"立"。在法制方面，"立"主要表现为以成文法为主体的新的法律体制开始在更大的范围内、以更成熟的法典形式建立起来。其中，战国初年魏国李悝制定的《法经》，就是战国时期法制变革运动的代表性成果。另外，在整个中国古代社会中影响最大的两大学术流派——儒家和法家的主要政治法律思想，也都在这一时期内成熟并在政治舞台上发挥广泛的影响。

2. 秦汉时期。这是中国古代成文法法律体系全面确立时期。时间上包括自公元前221年至公元220年这段历史时期。公元前221年，秦始皇统一中国，建立了中国历史上第一个以中央集权为特征的统一的帝制专制王朝，确立了以后几千年中国传统政治格局和政治模式。在指导思想上，秦代奉行的是法家学派的"法治""重刑"等理论，而且在实践上贯彻得比较彻底，秦代的法律制度很自然地带有明显的法家色彩。在中国历史上，战国时代和秦代是法家学派最活跃的时期，法家理论得到了完整的实践。从整个中国法制史看，秦代法制特色是极为鲜明的。自湖北云梦睡虎地秦墓竹简出土以后，许多以前鲜为人知的秦代法律得以重现于世。从这些珍贵文物资料中可以看出，秦代的法制观念极强，法律制度也很严密。

两汉（西汉、东汉）时期，中国古代法制在秦代法制的基础上得到了进一步发展。从总体上看，汉代的法律制度呈现出阶段性的特点。也就是说，汉代法律体制，从风格上可以分为前、后两个时期。前期是指在汉武帝"罢黜百家，独尊儒术"以前，主要是"汉承秦制"，就是在秦代留下的法律框架内进行改造，从而形成了一套法律体制；后期则是指在汉武帝"罢黜百家，独尊儒术"以后，在指导思想上接受儒家的理论，使儒学成为官方的、正统的政治理论，从此，汉代的法律制度在理论、制度上开始"儒家化"。经过"儒家化"以后的法律制度，在许多方面不同于秦代及汉初的法家化的法律。而且，汉代以后的中国古代法律，都是沿着汉律儒家化的方向逐步发展的。所以，汉代法制在中国法制史上也具有重要地位。

3. 三国两晋南北朝时期。这是中国传统法制迅速发展的阶段。三国两晋南北朝时期是中国历史上第二次大动荡的时代，在时间上包括自公元220年曹魏立国到公元581年隋文帝结束南北分裂、重新统一中国这段历史时期。在这段时间里，虽然政权快速变更，局势持续动荡，但法律制度仍然在动荡的年代里得到了巨大的发展。首先，立法技术不断提高，法律理论也有明显发展。其次，具体法律制度的儒家化得到加强。一些重要的制度，比如"八议""官当""重罪十条"等已经成为成熟的法律制度。这一时期法制的发展与进步，为隋唐之际中国古代法制走向成熟奠定了重要基础。

4. 隋唐时期。这是中国传统法制的成熟、定型阶段。在时间上包括从公元581年隋代建立到公元960年宋代建立以前。隋唐之际是中国古代社会的鼎盛时期。从夏代以后，经过近三千年的积累，中国古代社会的各个组成部分、各种社会体制进入了比较和谐的阶段，政治、经济、文化各个方面都达到了中国古代的顶峰。这个时期的法律制度也是如此。由于有几千年的立法、司法经验作基础，隋唐的立法技术得以进一步提高，以《唐律疏议》为代表的优秀法典相继问世。在法律内容上，汉代中期开始的法律儒家化过程，持续了八百余年，到隋唐时期终于结出了丰硕的果实，以《唐律疏议》的制定完成为标志，中国古代道德与法律的融合过程，也就是通常所说的"礼法结合"的过程基本完成，儒家学派的一些基本主张被精巧地纳入成文法典之中，中国传统社会的"法律道德化，道德法律化"的特征，在隋唐法律中得到了充分的体现。同时，经过几千年的实践探索，中国古代的司法体制、诉讼制度也在此时达到了很高的水平。

应该特别提出的是，以《唐律疏议》为代表的唐代法制，达到了中国古代法制的最高水平。《唐律疏议》也就成为中国古代法制、中华法系的代表作，在中国法制史和世界法制史上都占有重要地位。所以，唐代法制、《唐律疏议》自然是学习中国法制史的一个重点。

5. 宋元明清时期。这是中国古代传统法制逐步迈上极端专制的时期。在时间上包括自公元960年北宋建立到公元1840年鸦片战争以前这段历史时期。宋代以后，中国的社会结构包括法律制度，在隋唐时期所确立的基本框架内，仍得到了很大的发展。宋、明、清时期，基本法典仍是国家法制的基础。国家法律的基本精神、主体框架，仍然由《宋刑统》《大明律》《大清律》等基本法典确定，但是敕、条例等法律形式，在司法实践中却发挥着实际而具体的调节作用。在帝制社会后期，"律"规定着大原则，而"敕""例"则从各方面进行补充和小幅度的修正。作为大原则的"律"相对稳定，较少修改，而起实际作用的附属立法，则因时因地频繁修订，正如清代祝松庵在《刑案汇览·序》中所说"律垂邦法为不易之常经，例准民情在制宜以善用"。这种立法上的变化说明，在经过了几千年的积累以后，到中国帝制社会后期，统治者已经能够更加娴熟地运用各种法律手段来调节社会。同时，从唐代"安史之乱"以后，中国古代社会开始由盛而衰，一些传统社会体制中所固有的矛盾不断激化，导致整个社会体制开始扭曲。随着皇权不断强化，中国传统法制的重心也开始向维护皇权、加强专制的方向倾斜。宋代的编敕、明代的廷杖和宦官特务统治、明清之际盛行的"文字狱"等，都是这方面的具体反映。此外，元代和清代带有民族歧视性的和适用于少数民族地区的法律，也是这一时期法律制度的一个特点。

### 三、近现代法制

中国法制史的第三大部分，是近现代法制。从公元1840年鸦片战争以后，中国社会开始遭受西方列强的侵略和欺凌。在内忧外患之中，中国社会也开始了艰难的转型。从法律上看，这种转变的突出特征是，存在了数千年的中国传统法律体制、法律观念开始瓦解，而近现代意义上的法律制度开始在中国土地上艰难地生长。一般来说，中国近现代的法制变迁，大致可以分为以下几个阶段：

1. 清末变法修律。在中国，习惯上把1840年鸦片战争至1911年清代灭亡这段时间称为"清末"。鸦片战争以后，中国由一个主权独立的国家，沦为一个半封建半殖民地国家。

在这段历史时期内，虽然清代政府表面上继续维持着对中国大部分地域的统治，但在一些沿海地区和通商口岸，实际上失去了国家领土主权（如在香港），或是失去了司法管辖权（如在华领事裁判权）。西方列强在华领事裁判权的确立，就是中国社会半殖民地化的一个法律表现。特别是在清政府存在的最后十年（即 1901 至 1911 年）中，清政府被迫进行了范围广泛的法律改革，大量引进了西方近代法律学说与法律制度，对清代原有法律进行了相当程度上的改造。从此，中国的法制踏上了近代化之路。

清末法制变革是中国法制发展史上的一个重大的转折点，从这时开始，中国由古代法律体制向近代法律体制过渡。所以，清末变法这一部分也应该是学习、研究中国法制史的重点之一。

2. 民国南京临时政府时期。1911 年 10 月，中国爆发了辛亥革命，1912 年 1 月 1 日，中华民国南京临时政府宣告成立。在以孙中山为核心的革命党人的领导下，南京临时政府在很短的时间内进行了一系列立法活动，初步奠定了民国时期法制的基础。

3. 民国北京政府时期。1912 年 3 月，袁世凯攫得中华民国政权，在北京建立了由北洋军阀控制的中华民国北京政府，人们习惯上称之为"北洋政府"。北洋政府是军阀政权。为应付各种需要，北洋政府也曾进行了立法活动。这些立法，在客观上为以后南京国民政府的法制建设提供了一定的有利条件。

4. 南京国民政府时期。从 1927 年到 1949 年，是国民党建立的南京国民政府统治时期。南京国民政府建立以后，也曾进行了广泛的立法，颁布了大量的法律、法令以及判例、解释例，形成了"六法体系"。但国民党政权的法律制度带有明显的双重性特点，即在立法上比较完善，在普通法领域比较规范，但在司法上相当黑暗，特别是在特别法领域尤为明显。

在通常的中国法制史体系中，1921 年以后中国共产党在各个革命根据地所创建的法律制度，以及新中国成立以后的法制发展，也是重要的组成部分。其中，中国共产党在新民主主义革命时期在各个革命根据地创造性地进行了一系列立法建制的活动，取得了许多的法制成果，同时也留下了很多深刻的教训。

# 第一章 夏商西周春秋战国法律制度

## 第一节 夏商法律制度

### 一、中国法律的起源

#### （一）夏朝的建立与中国法律的产生

作为一种特殊的社会现象，人类所依存的国家和法律制度，是人类社会发展到一定历史阶段的产物。同世界其他各民族一样，中国在国家形成以前，也存在着没有阶级差别、也没有法律的原始社会。至公元前 21 世纪夏启建立夏王朝时，中国的国家和法律制度即正式形成。

中国国家和法起源于夏代，其主要依据在于：

1. 夏启是中国历史上第一个凌驾于全社会之上的世袭专制帝王。夏启是部落联盟首领大禹的儿子，在大禹死后，他以暴力手段夺取了政权，把整个社会都当做自己个人的私产，而成为凌驾一切、控制一切的专制君主。自此以后，王位世袭制取代了氏族禅让制，从而给原始氏族制度以致命打击，并导致它的最终消亡。

2. 夏已开始按地域划分统治区域。恩格斯在《家庭、私有制和国家的起源》一书中指出，国家和旧的氏族组织不同的地方，第一点就是它按地区来划分它的国民。夏启在夺取政权以后，进行了一系列征伐战争，并把所征服的地域划为"九州"，设"九牧"为九州的地方长官，开始形成新的国家行政区划。

3. 夏朝已建立了完备的国家机器，包括军队、职官、监狱以及贡赋制度。这些新型的国家机器与高高在上的专制君主一道构成了恩格斯在《家庭、私有制和国家的起源》中所说的"公共权力的设立"（这是国家区别于旧的氏族组织的"第二个不同点"）。

4. 夏朝还形成了以国家强制力为直接后盾的法律制度。夏朝统治者对原始社会的"礼"和其他氏族习惯加以改造，使之上升为国家形态的习惯法，成为维护阶级统治的有效工具；同时还颁布了一系列法令，维护专制王权，镇压各种违抗"王命"的行为和其他社会犯罪。凡属违犯法律的行为，均由国家司法机构施以严酷的刑罚。

总之，夏王朝的建立，标志着中国国家与法的最终形成。以此为起点，中国古代的政治体制和法律制度迈入了不断积累、不断发展的辉煌历程。

#### （二）中国法律起源的特点

由于古代中国特殊的历史环境，中国国家和法的形成具有自己鲜明的特点，这主要是：

1. 浓厚的宗法氏族血缘色彩。夏王朝建立国家之时，尽管按地域大致划分了统治区域，但并未彻底瓦解以血缘为纽带的氏族宗法统治关系，相反，旧的氏族组织与新的国家形态融合为一，维护原有宗法关系的氏族习惯也相应地转化为维护奴隶主贵族的习惯法。这就是说，在中国国家形成之初，虽然在外观上基本具备了国家的各种特征，但在统治阶层内部，仍在相当程度上按血缘关系的亲疏远近来确定人们的社会地位，并按氏族家长制的传统统治方式来组织和管理社会。这就导致了国家形成之初的中国无论在国家组织、法律制度还是思想观念上都带有浓厚的宗法氏族血缘色彩。这一特点深刻影响了以后几千年的中国政治和法制发展。

2. 以家长制的集权统治为基本统治方式。与浓厚的宗法血缘特征相联系，夏王朝实行家国相通、亲贵合一的统治方式。君主启是所有臣民的最高家长，各贵族又是各家族的家长，并任有官职，从而形成整个社会的家长制式的管理，再加上当时特定的经济形态决定了夏代社会不可能产生与王权和宗法统治相抗衡的工商业奴隶主阶级以及像雅典国家那样的奴隶制民主，而只能产生君主专制制度和维护专制王权的奴隶制法律。这就导致了古代中国在国家形成之初便以家长制的集权统治为基本统治方式。这一特点经商、周一直传至封建时代，此后几千年的中国政治即以中央集权的专制制度为基本模式，历代统治者均以家长或父母自居而视民众为不懂事的子民，由此，古代中国的法律也日益君主专制化了。

3. 法律与道德相互结合，界限不清。由于浓厚的血缘关系和相应的伦理观念的存在，在中国国家形成之初，法律、刑罚和伦理道德规范同时被当做调节社会的基本手段，结合使用。因此，在早期中国社会，法律与道德之间缺乏明确的分界，二者互为表里。这一特点对于后来中国传统法律之伦理法特征的形成无疑有着重要影响。

4. 刑事法规相对发达，而民事法规相对落后。由于在夏王朝的建立和发展过程中，以农业为基础的自给自足的自然经济稳步发展，而商品经济始终未能发展起来，加之过早确立了君主专制制度，以及"礼"和其他氏族习惯在调整民事法律关系方面发挥着主导作用，这就使得民事法律规范在形成期的夏代法律中居于次要地位，没有发展到相应的水平。相反，为了维护专制王权以及氏族奴隶制的严酷统治，镇压被奴役部族和平民、奴隶的激烈反抗，夏王朝统治者十分重视利用刑法手段来稳固奴隶制国家政权，这使得刑事法规在形成期的夏代法律中居于首要地位。中国古代法起源的这一特点对后世中国法的发展产生了深远影响。

## 二、立法概况

夏、商两朝尚处于国家文明的初期，其政治法律制度也处于初创阶段，因而相对显得简陋和粗略。在夏、商两朝，调节各种社会关系的法律规范，除夏王、商王发布的各种命令以外，主要表现为习惯法。这些习惯法除少量借甲骨文与金文形式作为表现外，主要是靠代代口传而流传和遵循的。从现存各种资料综合分析，夏、商两朝的立法活动主要有以下内容：

### （一）"禹刑"

所谓"禹刑"，是夏朝法律的总称或代称。《左传·昭公六年》记载："夏有乱政，而作禹刑"。从现有史料来看，这里所说的"禹刑"，并不是指一部成文法典，而是泛指夏代的法律和刑罚。"夏有乱政，而作禹刑"应该理解为，在夏王朝建立以后，为适应当时的统治需要而制定了法律，实施了刑罚。由于历史资料的缺乏，我们现在无法确切地说明夏代法律究竟有多少，具体内容是什么。后人曾说"夏正刑有五，科条三千"，又说夏有"大辟二百，膑辟三百，宫辟五百，劓、墨各千"。这些说法虽不足全信，但从一个侧面说明夏代法律已有较大的规模，并在长期的实践中积累了不少的判案成例。以"禹刑"来统称夏代的法律，一方面是为了表示对祖先大禹的尊崇与怀念，另一方面也是为了加强法律的威慑力。从整体上看，夏代的法律除大量属于代代相传的习惯法以外，夏王针对各种具体情况发布的"王命"和"誓"，也是重要的法律渊源之一。

### （二）"汤刑"

《左传·昭公六年》记载："商有乱政，而作汤刑"。这里所说的"汤刑"，是商代法律的总称，泛指商王朝的所有法律、法规和制度。在商王朝的法律规范中，不成文的习惯法仍占有很大的比重。除此以外，国王发布的"誓""诰""命"等也是当时重要的法律渊源。其中，"誓"的含义是约束。在夏、商两代，"誓"的内容偏重于出兵打仗前的盟誓，主要是发布军事命令或宣布军事纪律，要求将士服从命令，忠于王事，大体相当于后来的军法。"诰"是古"告"字，其含义是告诫，内容偏重于国王或权臣对大臣、诸侯或下属官吏发出的命令、指示或训诰，西周初期的《康诰》即继承商代而制定的。"命"则是君王针对具体事情发布的命令。"誓""诰""命"都具有很高的法律效力。

据历史文献记载，商王朝建立以后，其法律制度随着国家政治的变迁也经历了几次变化。在盘庚东迁时，有些贵族大臣贪图安逸，不愿迁都，盘庚便"以常旧服，正法度"，即按照先王确立的制度，整顿当时的法纪，其中也包括对商代法律即"汤刑"的修改和调整，增加了一些制裁不法贵族大臣的内容。《竹书纪年》中也记载："祖甲二十四年重作汤刑"，说明在商王祖甲时也曾对原有法律进行过修改和补充。

### 三、刑事立法

#### （一）奴隶制五刑

所谓奴隶制五刑，是指中国奴隶制时代长期存在的墨、劓、剕（音废）、宫、大辟等五种法定刑。这五种刑罚由轻至重，构成了中国早期法律中完备的刑罚体系。

墨刑，又称黥刑，是在罪人面上或额头刺字，再染上墨，作为受刑人的标志。这种墨刑既是刻人肌肤的身体刑，又是使受刑人蒙受耻辱、使之区别于常人的一种耻辱刑。墨刑是奴隶制五刑中最轻的一种刑罚。

劓刑，即割去受刑人的鼻子。鼻子是人的重要器官，而且与人的尊严密切相关，因此劓刑较墨刑为重。在早期古代民族，毁掉人体重要器官是最为经常的一种处罚方法，后来逐渐演变成一种固定的刑罚方法。

剕刑，也作剕刑，指砍去受刑人手或足的重刑。砍足曰剕，砍手曰刖。另外，与砍手足相类似的还有砍去膝盖骨的膑刑。砍去受刑人手足也是早期各古代民族经常使用的处罚方法。早在中国的夏、商时代，此类刑罚就已成为最主要的常用刑之一。

宫刑，是破坏受刑人生殖器官的残酷刑罚。对男性为去势，对女性为幽闭。这种宫刑剥夺了受刑人"传宗接代"的能力，在中国古代社会被视为是最大的耻辱和不幸，因而是五刑中除死刑以外最为残酷和最重的刑罚，一般适用于较重的犯罪者。

大辟，是死刑的总称。在夏、商、周三代，死刑尚不规范，方法多种多样，而且极端残酷。特别是在商代末期的纣王时，除常见的斩、戮等死刑方法外，还出现了炮烙、醢、脯等等酷刑。其中炮烙是在铜柱上涂油，下加炭火烤热，令有罪者行走其上，最终堕入炭火中烧死。醢刑是将受刑人捣成肉酱，又称"菹"刑。脯刑是将受刑人杀死并晒成肉干。

#### （二）奴隶制五刑的发展沿革

据史籍记载，墨、劓、剕、宫、大辟奴隶制五刑最早源于与夏同时期的有苗氏部落。夏启之时，有苗氏"弗用命，作五虐之刑"，因此夏启率兵攻有苗氏而灭亡之，但将有苗氏推行的刖、劓、琢、黥等刑加以损益，形成了墨、劓、剕（音废）、宫、大辟等五种刑罚，并使之成为主要的常用刑罚体系。自夏以后，商、周及春秋之际，五刑一直被作为主体刑而广泛使用，其影响及于整个奴隶制时代和封建制法制的前期。经过秦汉之际的刑罚变革，直到南北朝后期，墨、劓、刖、宫等刑罚种类才完全被封建制五刑体系逐步取代。

总之，墨、劓、刖、宫、大辟等五刑作为中国奴隶制时代具有代表性的刑罚种类，肇始于夏代，发达于商、周，影响及于秦汉三国两晋南北朝，在中国历史上延续了数千年之久。

### 四、司法制度

#### （一）天罚与神判

在夏、商两朝，神权法思想一直是占统治地位的法制指导思想。在这种神权法思想的支配下，夏、商两朝（特别是商朝）将宗教意识与审判精神相结合，形成了"天罚"与"神判"制度，这是夏、商诉讼制度的根本特征和基本面貌。

首先，统治者利用社会上普遍存在的迷信心理，假托神意进行审判。国王（尤其是商王）每逢审判时，必先通过占卜求问天神，然后再作出判决，从而把国王的随意审判涂上一层神权色彩，使审判结果更富于权威性、欺骗性。所以，到商代，卜者参与司法，伪托神意断罪，实行所谓神判已是常例，有不少卜辞可以为证。

其次，假托鬼神之意，实施"天罚"。夏、商两朝统治者都以所谓"天讨""天罚"来解释其实施法律和司法镇压的最终依据，这在夏启伐有扈氏、商汤伐桀和盘庚迁都时发布的王命中得到了充分体现。夏、商统治者实际上是在利用宗教意识来强化司法镇压，以使臣民服从君主的意志。

夏、商两朝的"天罚"思想和"神判"制度至春秋以后仍长期存留在中国历代的诉讼文化之中。

#### （二）监狱

1. 圜土。中国奴隶制时代的监狱大多称为"圜土"。据史籍记载，夏朝已有了正式的监狱。《竹书纪年》云："夏帝芬三十六年作圜土。"圜土即夏朝的监狱，用圆形土墙或以圆形土坑筑成。此外，夏王桀曾以"夏台"作为中央监狱，囚禁商族首领商汤于其中，故夏代监狱也称为"夏台"或"钧台"。

2. 囹圄。商代因袭夏朝，监狱仍称为"圜土"，同时还另外设有专门关押要犯的监狱，称为"囹圄"。许慎《说文解字》说："囹圄，所以拘罪人。"为了有效镇压奴隶与平民的反抗，商朝在全国各地广设了各种监狱。《史记·殷本纪》还有"纣囚西伯（周文王）羑里"的记载，故此，后世的史书也称商时的监狱为"羑里"。

## 第二节　西周法律制度

### 一、立法概况

#### （一）"明德慎罚"的立法指导思想

"明德慎罚"的主张要求统治者首先要用"德教"的办法来治理国家，也就是通过道德教化的手段使天下人民臣服，在制定法律、实施刑罚时应当宽缓、谨慎，而反对一味用严刑峻法来迫使臣民服从。正是在这种"明德慎罚"思想的指导下，西周各代统治者把道德教化与刑罚镇压结合起来，形成了西周时期"礼""刑"结合的法制特色。

"明德慎罚"的具体要求可以归纳为"实施德教，用刑宽缓"。其中"实施德教"是前提，是第一位的。"德教"的具体要求，周初统治者逐渐扩展为内容广博的"礼治"，即要求君臣上下父子兄弟都按既有的"礼"的秩序去生活，从而达到一种和谐安定的境界，使天下长治久安。著名的"周公制礼"便是这种"礼治"思想的具体实施。至于"用刑宽缓"则集中体现在西周的各项刑罚适用原则的规定中。

### （二）宗法制度

　　所谓宗法制度是一种以血缘关系为纽带，家族组织与国家制度相结合，以保证血缘贵族世袭统治的政治形式。宗法制度从氏族社会父系家长制发展起来，经夏、商两代至西周时期达到完备的程度。

　　西周初年，周武王在建国以后，为保证周族家天下的稳固，将天下的土地和人民分封给自己的兄弟、亲族及功臣，当时称为"封邦建国"，即我们常说的"裂土封王"，逐渐形成了以周天子为中心的宗法体制。周天子把土地、人民分封给各级诸侯，称为"封国"；各级诸侯又把自己的"封国"分封给自己的兄弟、亲族、功臣，即"卿大夫"；卿大夫再把自己的领地"采邑"分封给自己的兄弟、亲族等，即"士"，士的领地称为"禄田"。这样层层分封，形成了周天子、诸侯、卿大夫、士等层层相依的等级结构。这种分封主要以血缘关系为依据，因而就构成了以周天子为中心的家天下的宗法制度。

　　西周的宗法制有三个基本原则：其一，从周天子到诸侯、卿大夫、士，都实行嫡长子继承制。其二，小宗服从大宗，诸弟服从长兄。周天子相对于其他一切封国领地来说是大宗，其他相对而言皆为小宗。同样，在诸侯国中，诸侯为大宗，其他卿大夫皆为小宗。在各个相对关系中，小宗应服从大宗，有义务纳贡、帮助出兵征伐；大宗有义务保护小宗，调解小宗之间的纠纷。其三，各级诸侯、卿大夫、士既是一种家族组织，又各自构成一级国家政权，共同向最高宗子——周天子负责。这种宗法统治的特征在于家族统治。周王即周天子，既是国王，又是家族中的大家长。在这种双重统治之下，官吏与各级行政机构的选择采用"任人唯亲"的原则，完全依照血缘关系的亲疏远近而定。因此，宗法制度的实质在于保证夺得政权的家族对全社会实行家长制的专制统治。

　　可以说，宗法制度构建了西周时期的基本政治结构。在宗法统治之下，家族组织与国家制度合二为一，家族观念、家族道德与国家道德互为表里，由此形成了西周法律制度的一些基本特征，如保证国王家长制专制统治的绝对权威，家族伦理道德与国家法律相融合，礼义教化与刑事镇压相辅相成等等。

### （三）吕刑

　　西周经成康之治后，至穆王时，王道开始衰微。周穆王为革新政治，进行了一系列改革，其中之一是命令当时吕国的诸侯兼周王朝司寇的吕侯作"吕刑"。后因吕国改称甫，所以"吕刑"有时也称"甫刑"。此次吕侯所作"吕刑"的具体内容已不可考，但《尚书·吕刑》篇中记载了此次穆王命吕侯进行法律改革的大致情况。从《尚书·吕刑》的内容看，此次法律改革的基本精神在于贯彻周初"明德慎罚"的指导思想，强调国家司法从选择司法官到具体执法的各个环节都必须慎重、崇德。不过，值得注意的是，《尚书》中的"吕刑"篇不是"吕刑"的全文，而是对此次法制改革的一种综述。

### （四）九刑

　　"九刑"有两种含义。一是指周朝的刑书。《左传》记载："周有乱政，而作九刑"。《逸周书》中说"太史籀刑书九篇"，大约也是指"九刑"，其具体内容已不可考。另一种含义是西周的刑罚，即墨、劓、荆、宫、大辟五刑加上赎、鞭、扑、流等刑罚，合起来称"九刑"。

### （五）周公制礼

周公是西周初年重要的政治家、思想家，名姬旦，是文王之子，武王之弟。武王死后周公辅政。相传周公在摄政期间，曾将夏、商两代礼制加以折中损益，加上周族自己的礼制，制定了通行全国的较为全面的周礼。周礼在实际上已作为一种积极规范调整着西周时期社会生活的各个方面。因此，周礼也是西周时期法律规范的重要形式之一。

### （六）礼与刑的关系

1. 礼及其内容。

（1）礼的概念。所谓"礼"是中国古代社会中长期存在的、维护血缘宗法关系和宗法等级制度的一系列精神原则以及言行规范的总称。

（2）礼的渊源与发展。礼最早是氏族社会时期人们祭祀鬼神的仪式，所谓"奉神人之事通谓之礼"。在早期原始部落时代，由于生产力水平低下，生存条件又比较恶劣，人们把祭祀当做生活中头等重要的大事，这就是古人所说的"国之大事，唯祀与戎"。在这种祭祀鬼神的仪式中，已包含了当时人们对于神、对于自然以及对于自己的同类的一些看法，而能否参加祭祀、由谁来主持祭祀就是其中的重要内容。随着社会的发展，氏族成员间出现等级分化，作为体现阶级意志的阶级社会的礼也随之应运而生。进入阶级社会以后，掌握统治权的贵族阶层征战、分封、盟誓等等，都有固定的礼仪形式。这些礼仪形式反映社会成员不同的社会地位。孔子曾说：殷因于夏礼，其损益可知也；周因于殷礼，其损益亦可知也。这说明阶级社会的"礼"在夏代即已存在，商、周两朝在前代礼制的基础上都有所补充和发展。特别是西周时期，经周公制礼之后，周代礼制的内容和规模都有了空前发展，对当时社会生活的各个方面都起着重要的调整作用。虽然到春秋、特别是战国时期，周礼逐渐丧失了其规范社会的作用，但西周礼制的许多内容仍为后世儒家所继承和发扬，成为中国传统文化的核心内容，并深刻地影响着整个东方世界。

（3）礼的内容。中国古代的礼有两层含义，一是抽象的精神原则，二是具体的礼仪形式。作为抽象精神原则的礼，寓于具体的礼仪形式之中；具体的礼仪形式以抽象的精神原则为指导。

西周礼制之中，抽象的精神原则可归纳为"亲亲"与"尊尊"两个大的方面。所谓"亲亲"，即要求在家族范围内，人人皆要亲其亲，长其长，做到父慈、子孝、兄友、弟恭、夫义、妇听，人人都应按自己的身份行事，不能以下凌上，以疏压亲。而且，"亲亲父为首"，全体亲族成员都应以父家长为中心。所谓"尊尊"，即要求在社会范围内，尊敬一切应当尊敬的人，君臣、上下、贵贱都应恪守名分。一切臣民都应以君主为中心，即所谓"尊尊君为首"。在"亲亲""尊尊"两大原则之下，又形成了"忠""孝""节""义"等具体的精神规范。但相比较而言，忠高于孝，国重于家。

西周时期的礼仪，主要有五个方面，通称为"五礼"，即吉礼、凶礼、军礼、宾礼、嘉礼。吉礼是祭祀之礼，古人认为祭祀鬼神、祭祀祖先能给自己带来福祉，故把祭祀之礼称为吉礼；凶礼是丧葬之礼；军礼是行兵打仗之礼；宾礼是迎宾待客之礼；嘉礼是冠婚之礼。此外，还有"六礼""九礼"之说，划分更为详细。

（4）周礼的性质与作用。西周时期，礼作为一种积极的规范，已具备法的性质和作用。

首先，周礼完全具有法的三个基本特性，即规范性、国家意志性和强制性。无论是抽象的精神原则还是具体的礼仪形式，都对社会成员作出了明确的要求，很明显地具有规范性。周礼经过西周初年掌握实际政权的周公制定，而且为后世各代君主所认可与遵循，所以毫无疑问也具有国家意志性。同时，西周时期一切对礼的违反，都会导致国家强制力的制裁，强制性也很明显地体现在西周礼制之中。其次，周礼在当时对社会生活各个方面都起着实际的调整作用。当时上至国家根本方针、组织制度，下至社会成员的衣食住行、车马宫室，都与礼密切相关，都受礼的制约。正因为如此，礼被认为是"经国家，定社稷，序民人，利后嗣"的头等大事。《礼记·曲礼》中说："道德仁义，非礼不成；教训正俗，非礼不备；分争辨讼，非讼不决；君臣上下，父子兄弟，非礼不定；宦学事师，非礼不亲；班朝治军，莅官、行法，非礼威严不行；祷祠祭祀，供给鬼神，非礼不诚不庄。"这充分说明周礼已经渗透到社会各个领域，起着广泛的调整作用。

2. 礼与刑的关系。"礼""刑"关系几乎是贯穿中国古代法制史之始终的一个极为重要的课题。特别是在西周时期，"礼"与"刑"的关系更为密切，二者互为表里，相辅相成，共同构成了西周奴隶制法制的完整体系。

（1）西周的礼刑一般关系。西周时期，"刑"是同"礼"相对应的一个范畴，多指刑法和刑罚。"礼"与"刑"是西周法律体系的不可分割的两个组成部分，共同构成了当时完整的法律体系。其中，"礼"是一种积极的规范，即正面地、积极地规范人们，要求人们可以做什么，不可以做什么，应该做什么，不应该做什么。而"刑"则处于消极被动状态，对于一切违背礼的行为进行处罚。凡是礼所禁止的，亦为刑所不容，二者相辅相成，即所谓"礼之所去，刑之所取"，"出礼入于刑"。

（2）"礼不下庶人，刑不上大夫"。"礼不下庶人，刑不上大夫"是中国古代法律中一项重要原则，源于《礼记·曲礼》，始于西周。作为一项法律原则，"礼不下庶人，刑不上大夫"所强调的是平民百姓与贵族官僚之间的不平等，强调官僚贵族的法律特权。所谓"礼不下庶人"，说的是庶人以下"遽于事而不备物"，既忙于生产劳动，又不具备贵族的身份和礼所要求的物质条件，因而不可能按各级贵族的各种礼仪行事，这些礼也不是为他们设立的。但这绝不意味着庶人可以不受礼的约束，因为礼所强调的是等级差别，天子有天子的礼，诸侯有诸侯的礼，不能僭越，任何越礼的行为都要受到惩罚，对庶人更是如此。

所谓"刑不上大夫"，原指大夫以上贵族犯罪，在一定条件下可以获得某些宽宥，在适用刑罚时享有某些特权，比如，对贵族一般不处以残损身体的肉刑（即肉刑不上大夫）；必须处死者在郊外秘密执行；命夫命妇不躬坐狱讼等等。之所以如此，主要是为了在广大被统治者面前保持贵族作为一个整体的尊严。但这些礼遇绝不等于大夫以上贵族可以不受刑罚制裁。在实际生活中，官僚贵族犯重罪同样要加以惩罚，特别是对那些"犯上作乱"的贵族，更是严加惩处。史籍上关于官僚贵族因犯罪被杀、被刑的记载不胜枚举。

## 二、刑事立法

### （一）主要刑法原则

中国奴隶制刑事法律制度历经夏、商两代的发展，至西周时期已臻于成熟，其重要标志是，西周在总结历代运用刑罚的经验的基础上，逐渐形成了一系列较为成熟的刑罚适用原则，不仅进一步丰富和完善了当时的刑法理论和法制建设，而且对后世的刑法制度产生了深刻影响。

1. 老幼犯罪减免刑罚原则。据史籍记载,西周时期有"三赦"之法,三赦是:"一曰幼弱,二曰老耄,三曰蠢愚",凡此三者皆赦免其罪。《礼记》中也记载,西周时期"悼与耄,虽有死罪不加刑焉"。古代人年龄 80 岁、90 岁称为"耄",7 岁称为"悼",这说明西周时期 80 岁、90 岁以上的老人及 7 岁以下的年幼者犯罪都可减免刑罚。这一原则正是西周时期"明德慎罚"思想以及"亲亲"、"尊尊"的礼的原则在刑法中的具体体现。作为矜老恤幼的一种标志,后世各朝法律都沿袭和发展了这一制度。

2. 区分故意与过失、惯犯与偶犯原则。在西周时期,故意犯罪与过失犯罪、惯犯与偶犯在观念上已有所区别。据史籍记载,西周有"三宥"之法,即"一曰过失,二曰弗知,三曰遗忘",对此三者皆可宽宥原谅。这说明当时对过失犯罪已有了很深的认识。在一些上古史籍中,过失被称为"眚"(音省),故意即是"非眚",惯犯被称为"惟终",偶犯称为"非终"。相传周初康叔受封时,周公代表成王作《康诰》,告诫他定罪量刑时要充分考虑犯罪的主观要件:"人有小罪,非眚,乃惟终……有厥罪小,乃不可不杀。乃有大罪,非终,乃惟眚灾……时乃不可杀。"意即虽犯小罪,却不是由于过失,而是惯犯,就不可不杀;反之,罪虽大,但不是惯犯,又出于过失,就不可处死。由此可见,西周时期,凡故意犯罪及惯犯都要从重处罚,过失犯罪及偶犯则可减轻处罚。这一原则说明西周时期在刑法理论上已经达到了相当的水平。

3. 罪疑从轻、罪疑从赦原则。西周时期为保证适用法律的谨慎,防止错杀无辜,凡是疑案难案,都采取从轻处断或加以赦免的办法,即所谓"五刑之疑有赦,五罚之疑有赦"。这也是其"明德慎罚"主张在定罪量刑问题上的体现。不过,从其历史渊源来说,该项原则发端很早,据《尚书·大禹谟》记载,相传舜帝的刑官皋陶执法时奉行这样一条原则:"与其杀无辜,宁失不经。"即处理两可的疑难案件,宁可偏宽不依常法,也不能错杀无辜。另据《左传·襄公二十六年》载,春秋时楚国大夫声子与令尹子木在谈及"与其杀无辜,宁失不经"时,说是出于《夏书》,并认为这样做是因为"惧失善也",即担心错杀无辜会丧失贤人、好人,对国家不利。商汤和周初发布的文告中均有揭批桀、纣滥杀无辜的记载。可见在夏、商王朝上升时期都曾要求实行严禁错杀无辜的原则,西周重提,其主旨则是对"明德慎罚"的进一步强调。

4. 宽严适中原则。西周时期,基于"明德慎罚"的主张,在定罪量刑问题上强调"中道""中罚""中正",即要求宽严适中,符合正道。《尚书·吕刑》说:"士制百姓于刑之中。"这句话的疏文说:"中之为言,不轻不重之谓也。"显然是强调司法官适用刑罚不可畸轻畸重。自此以后,执法的宽严问题成为历代统治者和思想家十分关注的一个重要法律问题,而西周的宽严适中原则对后世儒家、并通过儒家对中国古代的司法实践产生了深刻影响。

**(二)主要罪名**

各种史料表明,西周的罪名比商代更为发达,大体而言可以分为三类:一是政治性犯罪,如违抗王命罪;二是破坏社会秩序、侵犯人身财产等方面的犯罪,如冠攘奸宄(聚众抢劫)罪;三是渎职方面的犯罪,如司法官的"五过"。

据《左传·文公十八年》记载,周公制礼时确定:"毁则为贼,掩贼为芷,窃贿为盗,盗器为奸……有常无赦。"这就是说,破坏礼法是"贼",隐匿贼为"芷",窃取财物是

865

"盗"，盗用国家宝器是"奸"，对于这些严重犯罪，必须加以严惩，决不宽宥。《康诰》要求对于内奸、外奸、杀人越货等等亡命之徒，对于罪大恶极以及不孝不友的人，都必须及时处以重刑，决不放赦。

西周时期还对司法官违法规定了明确的刑事责任："五罚不服，正于五过"，即凡属司法官罚不当罪、徇私枉法者，均分别按"五过"之罪加以处罚。所谓"五过"，其具体内容是：（1）"惟官"，指畏权势而枉法；（2）"惟反"，指报私怨而枉法；（3）"惟内"，指为亲属裙带而徇私；（4）"惟货"，指贪赃受贿而枉法；（5）"惟来"，指受私人请托而枉法。凡以此五者出入人罪，均按"其罚为钧"的方法处置，即按枉法受刑者所受到的具体刑罚，处罚司法官，用以保证法律的公正性。

### 三、民事立法

#### （一）契约

与商品经济低水平发展相适应，中国奴隶制时代主要以长期形成的固有习惯规则来调整契约关系，直到西周时期（特别是中叶以后）才出现契约制度。

西周时期设有专职的官员管理契约事宜，称为"司约"，并设有"质人"作为具体的市场管理人员。在西周时期的契约制度中，有"质剂"与"傅别"两种契约形式：（1）"质剂"是适用于买卖关系的契约形式。其中，"质"与"剂"又分别适用于不同的买卖关系，即所谓"大市以质，小市以剂"，凡买卖奴隶、牛马须使用较长的契券，称做"质"；买卖兵器、珍异等小件物品则使用较短的契券，称做"剂"。"质""剂"均由官方制作，说明官方已经对市场交易进行干预。（2）"傅别"是适用于借贷关系的契约形式。"傅"即债券（谓附着约束于文书），债券一分为二称"别"（即在简札中间书字，一分为二，双方各执其半），债权人执半券，债务人持半券。发生纠纷时，当事人以债券为凭上诉于官府，司法官亦以债券为证审理有关债权、债务纠纷案件。至春秋时期，审理此类纠纷，仍大多要债务人之半券与债权人之半券相合，以作判断。

#### （二）婚姻

中国奴隶制婚姻制度至西周时由于"礼"的发达而进化得非常成熟，并且对后世影响极大，特别是其婚姻原则、婚姻成立的条件和有关婚姻解除的制度，在其后三千余年的历史发展中几乎没有任何实质性的变化。

1. 婚姻原则。西周时期，婚姻的缔结有三大原则，即一夫一妻制、同姓不婚、父母之命。凡婚姻不合此三者即属非礼非法。（1）一夫一妻制是西周婚姻制度的基本要求。虽然古代男子可以有妾有婢，但法定的妻子即嫡妻只能是一个。也就是说，只有一夫一妻才是合法的婚姻，嫡庶不能混淆。也只有正妻所生子女才是嫡系，其他皆为庶出，他们在家庭关系中处于比较低的地位。（2）"同姓不婚"也是缔结婚姻的一个前提。西周实行同姓不婚原则，主要基于两点：第一，长期的经验证明，"男女同姓，其生不蕃"，即同姓男女在当时血缘都接近，相互为婚不利于子女的健康发育成长，会影响整个民族的发展。第二，禁止同姓为婚，鼓励多与异姓通婚，是为了"附远厚别"，即通过联姻加强与异姓贵族的联系，进一步巩固家天下和宗法制度，具有鲜明的政治意图。（3）"父母之命，媒妁之言"是西周时期婚姻制度的又一原则。《诗经》云："娶妻如之何，必告父母"，"娶妻如之何，非媒不可"。在宗法制下，子女的婚姻大事必须由父母家长来决定，并通过媒人的中介来完成，否则即是非礼非法，称为"淫奔"，必不为宗族和社会所承认。

2. "六礼"。西周时期，婚姻"六礼"也是婚姻成立的必要条件。合礼合法的婚姻必须通过"六礼"来完成：（1）"纳彩"，即男家请媒人向女方送礼品提亲；（2）"问名"，即在女方答应议婚后，由男方请媒人问女子名字、生辰等，并卜于宗庙以定吉凶；（3）"纳吉"，卜得吉兆后即与女家订婚；（4）"纳征"，即男方派人送聘礼至女家，故又称"纳币"；（5）"请期"，即商请女方择定婚期；（6）"亲迎"，即婚期之日男方迎娶女子至家。至此，婚礼始告完成，婚姻也最终成立。按周礼的规定，"六礼"中每一程序都有具体繁杂的要求，在当时条件下，如此繁复的程序，只有贵族才能履行，庶人以下是谈不上的。

"六礼"是中国古代婚姻成立的形式要件，自西周以后，作为古代礼制的一部分，它为后世历代所继承。

3. "七出"与"三不去"。西周时期关于婚姻的解除也有若干制度，被称为"七出三不去"。所谓"七出"，又称"七去"，是指女子若有下列七项情形之一者，丈夫或公婆即可休弃之，即："不顺父母去；无子去；淫去；妒去；有恶疾者去；多言去；盗窃去。"其中，不顺父母（公婆）是"逆德"，无子是绝嗣不孝，淫是乱族，妒是乱家，有恶疾者不能共祭祖先，口多言会离间亲属，盗窃则是反义，故为人妻者若有此七项之一，夫家即可休弃之。

但是，按照周代的礼制，已婚妇女若有下列三种情形则可以不被夫家休弃，即所谓"三不去"："有所娶无所归，不去；与更三年丧，不去；前贫贱后富贵，不去。"其中，"有所娶无所归"是指女子出嫁时有娘家可依，但休妻时已无本家亲人可靠，若此时休妻则会置女子于无家可归之境，故不能休妻；"与更三年丧"是指女子入夫家后与丈夫一起为公婆守过三年之孝，如此已尽子媳之道，不能休妻；"前贫贱后富贵"是指娶妻时贫贱，但经过夫妻的同甘共苦之后变成富贵，按礼制，"妻者，齐邑"，夫妻应为一体，贫贱时娶之，富贵时休之，义不可取，故不能休妻。"三不去"在某种程度上对于任意休妻作了限制，但更主要的是为了维护宗法伦理的需要。

"七出""三不去"制度是宗法制度下夫权专制的典型反映。作为西周时期婚姻制度的重要内容，其影响极为深远。中国后世几千年的传统法律中，关于婚姻解除的规定大体上都没有超出"七出""三不去"的范围。

### （三）嫡长子继承

从现有史料来看，商代前期实行父死子继与兄终弟及二者并存的继承制度，即《礼记·礼运》所说的"大夫世及以为礼"，"世"，意为父死子继；"及"，意为兄终弟承。至武乙以后，由于争夺王位的内讧不断发生，商代开始实行以父死子继为主的继承制度。到商代晚期，嫡长子继承制度已牢牢确立。

西周确立宗法制度，其主要作用之一便是从长远方面解决从周天子直到以下各级贵族的权位和宗祧继承问题，同时也解决财产继承问题。宗法制严格确定嫡长子的继承权，这是西周宗法制度的一项基本原则。也就是说，从天子、诸侯、卿大夫到士，各级领主的领地和身份只能由正妻（或称嫡妻）所生长子继承。嫡长子为大宗，其他兄弟相对于嫡长子是小宗。在财产方面，其余庶子也只能由嫡长子分给，而无所谓"权"。至于女子，自然也说不上继承"权"，只不过，为了贵族的体面和联络感情，大多给予女子可观的嫁妆，但这同样只是出于父兄的赐予，而不是女子的法定权利。

### 四、司法制度

#### （一）大司寇

在中国奴隶制时代，国王或天子作为最高统治者同时也掌握最高司法权，握有生杀予夺和决定诉讼胜败的大权，一切重大案件都由王或天子裁决。在国王之下，历朝均设有专职的司法官吏来辅佐行使司法权。

在远古中国很早就设立了专门的司法官吏。传说舜帝时期的皋陶是中国历史上第一个大法官。在夏代，专门的司法官吏称为"士"和"理"，中央的最高司法官叫"大理"，是国王的司法助手。到商代，国王之下的最高司法官改称"大司寇"（或称"司寇"），和其他五个中央机关并称为公卿（中国古代的官名与机关名常常合一）。大司寇有权审理重大案件，但必须奏请商王批准才能执行。商代在大司寇之下设"正""史"等属官，协助大司寇具体审理各种刑事、民事案件。

到西周时期，自周天子以下形成了更为系统的司法机构。中央的最高司法官仍称"大司寇"，作为周天子的"六卿"之一，负责实施全国的法律，辅佐周王全面行使司法权，是全国最重要的司法官员。大司寇之下设"小司寇"，辅佐大司寇审理具体案件。在大司寇和小司寇之下，有各种专职的属吏，如"司刑""司刺""司厉""掌囚""掌戮""司约""司盟""布宪"等，他们负责各个方面的具体司法事务。

#### （二）"狱"与"讼"

到西周时期，随着奴隶制诉讼制度的发展，民事案件和刑事案件已有明确的区分。凡民事案件，一般称为"讼"，刑事案件则称为"狱"。古人解释说："讼，谓以财货相告者"；"狱，谓相告以罪名者"。"狱"与"讼"，因为性质不同，所以处理的方式也有差别。审理民事案件，称为"听讼"；审理刑事案件，叫做"断狱"。据史籍记载，西周时期对于刑事、民事案件的起诉、受案、审理都作了具体的要求，比如"以两造听民讼，入束矢……后听之"，"以两剂禁民狱"，即受理民事诉讼时要先收取诉讼费（"束矢"为一百支箭），受理刑事诉讼时要收取证据材料。

#### （三）"五听"

"五听"制度是西周时期审理案件时判断当事人陈述真伪的五种方式。其具体内容是：（1）"辞听"："观其出言，不直则烦"，即观察当事人的言语表达，理屈者则言语错乱。（2）"色听"："观其颜色，不直则赧然"，即观察当事人的面部表情，理屈者则面红。（3）"气听"："观其气息，不直则喘"，即观察当事人的呼吸，无理则喘息。（4）"耳听"："观其听聆，不直则惑"，即观察当事人的听觉，理亏则听语不清。（5）"目听"："观其眸子，不直则眊然"，即观察当事人眼睛与视觉，无理则双目失神。

"五听"实际上是运用察言观色的办法，通过观察被讯问者感官反应而确定其陈述真假。这种方式虽然近于主观，但比起夏、商的"神判"已显然进了一大步，说明西周时期已经注意到司法心理学方面的问题并将其运用到司法实践之中，这也是中国司法心理学史上重要的一笔。自西周以后，中国历代的司法实践都基本上沿用了"五听"制度。

## 第三节　春秋法律制度

### 一、成文法的公布

针对奴隶制时期刑不预设、临事议制的法制传统，春秋时期的政治革新派明确主张法布于众、民征于书，要求打破奴隶主贵族对于法律的垄断，将成文法公布于众。在当时的法制变革过程中，郑国的革新派代表子产与晋国的守旧势力代表叔向曾就公布成文法的问题进行过激烈的争论，晋国赵鞅铸刑鼎也遭到孔子的强烈反对。在春秋中期以后，打破旧的法律传统、公布成文法的活动在一些诸侯国中出现。其中最为突出的是郑国的"铸刑书"、邓析的"竹刑"、晋国的"铸刑鼎"；此外，其他一些诸侯国也进行了公布成文法的活动，如宋国的"刑器"，楚国的"仆区之法""茆门之法"等。

### （一）郑国"铸刑书"

公元前 536 年，郑国执政子产将郑国的法律条文铸在铁鼎上，向全社会公布，史称"铸刑书"，这是中国历史上第一次公布成文法的活动。子产是春秋时期著名的政治家，也是一位极有胆识的改革者，担任郑国执政长达 21 年。郑国立国甚晚，为了在激烈的竞争中生存发展，子产在执政期间进行了一系列重大的改革，其中最为突出的即是"铸刑书"。在当时，"鼎"是国家权力的象征，把法律条文铸在鼎上，向全社会公布，是为了强调国家法律的尊严，同时，也有利于法律在全社会范围内得到贯彻执行。

### （二）邓析"竹刑"

邓析是郑国的大夫，是一位与子产基本上同时代的思想活跃的人物。他曾一反周代的法律传统，在郑国办私学传授法律知识，并经常帮助他人进行诉讼。公元前 530 年，邓析综合当时郑国内外的法律规范，编成刑书，刻在竹简之上，称为"竹刑"。邓析的"竹刑"最初属私人著作，但在当时有很大的影响。后来邓析因为政治纷争而被郑国的执政者杀害，但他的竹刑仍在郑国流传并为执政者所接受，从而成为官方的法律。

### （三）晋国"铸刑鼎"

公元前 513 年，晋国赵鞅把前任执政范宣子所编刑书正式铸于鼎之上，公之于众，这是中国历史上第二次公布成文法活动。

## 二、成文法公布引起的论争

春秋时期公布成文法的活动，冲击了奴隶主的特权地位，引起他们的激烈反抗。首先，晋国叔向公开反对郑国"铸刑书"，认为："国将亡，必多制，其此之谓乎!"[①] 其次，孔子作为儒家学派的代表，对晋国"铸刑鼎"发表了激烈的反对意见。认为："晋其亡乎，失其度也。"[②]

公布成文法的活动是先期法家保护新兴地主阶级的政治经济权益，而对奴隶主阶级给予的致命一击，自然造成当时的奴隶主阶级及其各种学派代表的激烈反对。

## 三、成文法公布的历史意义

春秋时期的公布成文法活动是中国法律史上一次划时代的变革。成文法的公布，标志着奴隶制的法律体系在走向瓦解，封建制法律体系逐步形成。

1. 公布成文法的活动是对传统的法律观念、传统的法律制度以及传统社会秩序的一种否定。在夏、商、周三代，少数上层统治者奉行"刑不可知，则威不可测"的信条，把法律的制定与施行当做自己的秘密武器，并运用这种立法和司法的特权来维护上层贵族的世袭统治和各种社会特权。成文法的公布，说明法律制度已不再是少数人的私产，而应成为全社会

---

①② 《左传·昭公六年》。

的一种公开的调节器，传统的社会结构也随之发生变化。

2. 公布成文法的活动在客观上为封建制度的进一步发展提供了条件。在旧有的法律体制之下，各种社会关系都限制在狭小的宗法体制范围之中。成文法的公布，有利于新兴的地主阶级将改革的成果用法律形式表现出来，固定下来，为各种新型的社会关系的产生和发展提供了可靠的保证。

3. 成文法的公布，也标志着法律观念和法律技术的发展与进步。在此之前，旧有习惯法不公开、不成文的特点无疑不利于法律观念的更新和法律理论的进步。公布成文法，将零散不系统的法律规范变成相对系统、严密的法律条文，对于中国古代法律制度和法律文化的发展有着十分重要的意义。

4. 春秋时期的公布成文法活动，为战国时期及战国以后封建法律的发展与完善积累了经验。在春秋各国的成文法基础上，战国时期的封建法制进一步完善起来。

## 第四节　战国法律制度

### 一、立法指导思想

战国时期是新兴地主阶级逐步占据社会主导地位的时代。自春秋以来，以血缘关系为依托的旧式贵族在激烈的竞争中日益丧失自己的特权地位和优势，逐渐被社会所淘汰。而一些与原政权没有太近血缘关系的阶层以其雄厚的经济、军事实力和政治才能成为强有力的政治力量。随着宗法制度的崩溃和激烈的政治军事竞争，这些新的地主阶层开始显示出自己的强大实力和进取精神。他们从自己的利益和立场出发，强烈反对旧式的不合理的统治秩序，而主张从政治、经济、法律各个方面推行新的制度。因此，在春秋中叶以后，他们便以推行封建制度为己任而活跃在社会生活的各个领域。到战国初期，这些新兴地主阶级已开始运用政权的力量在各个社会领域发展封建制度，对各种不利于封建制发展的社会制度进行改革。在长期的实践中，新兴地主阶级积累了相当丰富的经验，形成了一整套政治法律理论。这些政治法律理论主要体现在一些法家代表人物如李悝、吴起、商鞅等人的理论著作和政治实践中。这些法家代表人物的法制思想典型地反映了新兴地主阶级的法律观，并成为战国时期法制发展的主要指导思想。

#### （一）"一断于法"

在治国的方针策略上，法家主张"一断于法"，将法律作为治理国家的基本手段。具体有三方面的要求。第一，国家应制定法律作为全社会的基本准则，以统一的法律对社会生活的各个方面作出相应的规定，将全社会都纳入法律秩序之中，以法律作为普遍的行为标准。第二，国家应依照所制定的法律来处理各种事务，即所谓"缘法而治"。也就是说，应当通过法律来实施社会管理，反对宗法制时代的"因人而治"，将国家管理纳入法制轨道。第三，以法律作为统一的取舍标准，要求全社会都在法律范围内活动，强调"一断于法"。

#### （二）"刑无等级"

在法律的适用上，法家反对宗法制时代的"礼有等差"，而主张"刑无等级"。也就是说，主张制定并执行相对公正、平等的法律，在保障国家和君主利益的基础上，平等地适用法律，使全社会都在法律的约束下生活，无论贵贱一律平等，即所谓"刑过不避大臣，赏善不遗匹夫"。

### （三）"轻罪重刑"

在法律的内容上，法家主张"轻罪重刑"，即主张用严刑峻法的手段来达到以法治国的目的。"重刑主义"也是法家法律思想的突出内容。他们认为，只有通过严厉的法律惩罚犯罪，才能达到"禁奸止过"的目的，只有用重刑酷法才能使臣民畏法、服法，从而保证统治秩序的稳定。因此，他们要求"轻罪重刑"，提高量刑幅度，最终达到"以刑去刑"的目的。

### （四）"法布于众"

与"以法治国"等原则的要求相适应，法家主张"法布于众"，即向全社会公布国家的法律，让全体臣民清楚地知道什么是合法，什么是非法，应该做什么，不应该做什么。这样就能够使全社会更好地知法、守法，在法律范围内活动，这也是"以法治国"方针的必然要求。

法家的上述观点和主张集中反映了战国时期新兴地主阶级对于法律的看法和认识，构成了中国封建社会初期的代表性法律思想。这些思想在当时被李悝、商鞅等代表人物贯彻到实际的政治法律之中，深刻影响了战国时期法制的发展与变迁。

## 二、《法经》

《法经》是中国历史上第一部比较系统的封建成文法典。它是战国初期魏国李悝在总结春秋以来各国公布成文法的经验的基础上制定的，它共有六篇，成为战国时代成文法典的代表，在中国封建立法史上具有重要的历史地位。

### （一）制定过程

从战国初期开始，各诸侯国统治者为了在竞争中得以生存和发展，相继开展了以巩固和健全封建政治、经济制度为目的的改革变法运动，其中魏国李悝所进行的变法最早，也是一次比较成功的改革。李悝是战国初期著名的政治家和前期法家的主要代表人物之一。在任魏国相期间，李悝在魏文侯的支持下，进行了一系列的重大社会改革，如在政治上废除"世卿世禄"制度，剥夺旧式奴隶制贵族的世袭特权，在经济上实行"尽地力之教"和"善平籴"的政策，采取各种措施发展封建经济，增加国家财政收入。在进行政治、经济改革的同时，为保证变法改革的顺利进行，保护经济、政治改革所取得的成果，李悝在变法过程中"撰次诸国法"，即考察各国成文法，吸收各国立法经验，制定出魏国的基本法典，称为《法经》。

### （二）主要内容与特点

《法经》原文早已失传。从《晋书·刑法志》等文献资料中可以看到《法经》的简略情况。从篇目结构上来看，《法经》共有六篇：一为《盗法》，二为《贼法》，三为《网法》，四为《捕法》，五为《杂法》，六为《具法》。其中《盗法》《贼法》是关于惩罚危害国家安全、危害他人及侵犯财产的法律规定。李悝认为"王者之政，莫急于盗贼"，所以将《盗法》和《贼法》列在法典之首。《网法》也称《囚法》，是关于囚禁和审判罪犯的法律规定，《捕法》是关于追捕盗、贼及其他犯罪者的法律规定，《网法》《捕法》二篇多属于诉讼法的范围。第五篇《杂法》是关于"盗贼"以外的其他犯罪与刑罚的规定，主要规定了"六禁"，即淫禁、狡禁、城禁、嬉禁、徒禁、金禁等。第六篇《具法》是关于定罪量刑中从轻从重等法律原则的规定，起着"具其加减"的作用，相当于近代法典中的总则部分。

从目前能够见到的历史资料看，《法经》规定了各种主要罪名、刑罚及相关的法律适用原则，涉及的内容已比较广泛，其基本特征在于：维护封建专制政权，保护地主的私有财产和奴隶制残余，并且贯彻了法家"轻罪重刑"的法治理论。《法经》的内容及特点，也充分反映了它的阶级本质，即作为新兴地主阶级的意志与利益的体现，《法经》是地主阶级实现其政治、经济目的的工具和武器。

（三）历史地位

《法经》作为中国历史上第一部比较系统、比较完整的封建成文法典，在中国封建立法史上居于重要的历史地位。首先，《法经》是战国时期政治变革的重要成果，也是战国时期封建立法的典型代表和全面总结。《法经》作为李悝变法的重要内容之一，也是对这一时期社会变革的一种肯定。其次，《法经》的体例和内容，为后世封建成文法典的进一步完善奠定了重要基础。从体例上看，《法经》六篇为秦、汉所直接继承，成为秦律、汉律的主要篇目，魏、晋以后在此基础上进一步发展，最终形成了以《名例》为统率，以各篇为分则的完善的法典体例。在内容上，《法经》中"盗""贼""囚""捕""杂""具"各篇的主要内容大都为后世封建法典所继承与发展。因此，无论从其历史作用还是从对后世的影响来看，《法经》都是中国法律史上一部极为重要的法典。

### 三、商鞅变法

公元前 359 年，继李悝在魏国变法、修《法经》之后，法家著名代表人物商鞅在秦国也实施了变法改革，这是战国时期封建法制发展过程中又一次意义重大的法制改革。此次变法以其更为广泛的内容和更为重大的历史影响而在中国封建法律发展史上写下了重要的一笔，史称"商鞅变法"。

商鞅原姓公孙，名鞅，卫国人。后因在秦变法有功，被秦孝公封于商地，故后人称之为商鞅。商鞅自幼"好刑名法术之学"，青年时曾到法家势力强大的魏国，深受法家思想的熏陶，很快成为法家思想的坚定的实行者。公元前 361 年，秦孝公发布求贤令，商鞅因而携李悝的《法经》入秦，很快得到秦孝公的重用，在秦国开始了意义重大的变法活动。

（一）改法为律，扩充法律内容

据史籍记载，商鞅"受法经以相秦"以后，曾"改法为律"。这里的"法"，是春秋中后期对法律规范的总称。众所周知，夏、商、周时期的法律称为"刑"，春秋的前中期仍然沿用"刑"或"刑书"，到春秋中后期，当时新兴地主阶级反对"有差等"的"礼"与"刑"，主张以"平之如水"的"法"来代替"刑"的概念，从而出现了"仆区之法"、"茆门之法"以及战国初期的《法经》等等。但随着封建法律的不断发展、完善和法制建设经验进一步积累，人们已不仅仅满足于法的公平性，而要求把法律的普遍性和必行性提到更高的位置上来。因此，商鞅"改法为律"。"律"，强调法律规范的普遍性，具有"范天下之不一而归于一"的功能。"改法为律"，是在法律观念上的又一进步。

商鞅"改法为律"后，以法律作为社会改革的基本手段，许多改革措施都以法律的形式表现出来，秦国封建法制的内容也进一步丰富起来。

（二）连坐法

商鞅在变法期间广泛实行连坐制度。如邻伍连坐，以十家为什，五家为伍，什伍之间相互有告奸、举盗的责任，若什、伍之中有作奸犯法者，相互负连带责任。此外还有军事连坐、职务连坐、家庭连坐等。这些连坐制度在最大限度内把各种危害国家的隐患消灭在萌芽状态，对于维护国内的社会秩序，保障政权的稳定有重要作用。

## (三) 分户令

为了鼓励发展小农经济，扩大户赋的来源，商鞅还颁布了《分户令》，规定"民有二男以上不分异者，倍其赋"，强制百姓分家立户，以增加国家财政收入。

## (四) 变法的历史意义

商鞅变法是一次极为深刻的社会变革，在深度和广度上都超过了这一时期其他诸侯国的改革。这次变法不仅给秦国守旧势力以沉重打击，而且为秦国政治、经济的发展提供了强有力的法律保障，秦国的封建法制也在变法过程中得以迅速发展与完善。虽然商鞅在秦孝公死后被反扑回来的旧势力车裂处死，但他所制定的法律、法规，所建立的秦国政治经济制度并没有消失。商鞅死后，商鞅变法的成果被秦国继承和发扬。秦国在商鞅变法之后迅速强盛起来，最终一举吞并其余六国，建立了中国历史上第一个统一的中央集权的封建王朝。商鞅变法对于中国封建法制建设所作的贡献是不可磨灭的。

中国法制史

# 第二章  秦汉三国两晋南北朝法律制度

## 第一节  秦朝法律制度

### 一、立法概况

#### （一）立法指导思想

1.“缘法而治”。秦朝奉行“缘法而治”的法家思想原则，它强调以法律作为判断是非曲直、决定行止对错、赏罚适用的唯一标准；强调依据封建法律规定治理国家与社会，反对奴隶制时代的礼治原则。

2.“法令由一统”。秦朝以法家思想为指导，强调“法令出一”，立法权掌握于君主之手；强调法律统一，“海内为郡县，法令由一统”，维护君主的最高立法权。

3.严刑重法。秦朝奉行法家学说，主张严刑重法，即推行“专任刑罚、躬操文墨”的政策，使“法令诛罚，日益深刻”，通过“深督轻罪”使“民不敢犯（罪）”，达到巩固专制统治的目的。

#### （二）云梦秦简

1975 年，在湖北省云梦县睡虎地秦墓发掘中，出土了大量的秦代竹简，简称云梦秦简，或曰出土秦律。

云梦秦简中的有关法律内容，主要包括：

1.律（单行秦律）。包括《秦律十八种》《效律》《秦律杂抄》。其内容涉及面很广泛，诸如刑事、民事、经济、军事等法律规范，无所不含。其中所见律名有：《田律》《厩苑律》《仓律》《金布律》《关市律》《工律》《工人程》《均工律》《徭律》《司空律》《军爵律》《置吏律》《效律》《传食律》《行书律》《内史杂》《尉杂律》《除吏律》《除弟子律》《牛羊课》《傅律》《屯表律》《捕盗律》等近三十种。

2.《法律答问》。《法律答问》共 187 条，它主要是对秦律的某些条文、术语与立法意图以答问形式进行具有法律效力的解释，包括对诉讼程序中的一些具体问题进行解释和说明。

3.《封诊式》。《封诊式》是关于司法机关审理案件的原因、治狱程式、调查勘验等方面的法律规定，同时，也包括一些具体的案例。

4.《为吏之道》。《为吏之道》是规定官吏应遵循的为官准则和具体要求。

睡虎地秦墓竹简，是秦朝建立前形成的，以刑事法律规范为主，同时也包括其他很多部门法律内容的比较庞杂的法律体系。体现了秦朝“治道运行，皆有法式”的法制特征。

#### （三）主要法律形式

1.律。它是国家大法，秦朝法律的主体，带有普遍性、稳定性与刑事性的特点。

2.令。它是皇帝临时发布的命令，具有最高的法律效力。

3.法律答问。它是秦国对法律条文、术语、律义作出的具有法律效力的解释，因采用答问的形式，故称为"法律答问"，类似于后世的"律疏"。

4. 封诊式。它是关于秦国司法机关审案的原因、治狱程式、调查勘验等方面的法律规定，同时也包括一些具体案例。

5. 廷行事。它是司法机关判案的成例（判例），可作为同类案件判决的依据。

## 二、刑事立法

### （一）定罪量刑的主要原则

1. 刑事责任能力的规定。秦律规定，凡属未成年者犯罪，不负刑事责任或减轻刑事处罚。要负刑事责任者，秦律确立以身高为标准，大约规定男身高达六尺五寸，女身高达六尺二寸。故《秦简·法律答问》记载："甲小未盈六尺，有马一匹牧之，今马为人败，食人稼一石，问当论不当？不当论及偿稼。"又载："甲盗牛，盗牛时高六尺，系一岁，复丈，高六尺七寸，问甲何论？当完城旦。"又《仓律》规定："隶臣、城旦高不盈六尺五寸；隶妾、舂高不盈六尺二寸，皆为小。"

2. 区分故意与过失的原则。秦律重视故意犯罪与过失犯罪的区别。秦律中故意称为"端"或"端为"，过失称"不端"。故意犯罪处刑从重，过失犯罪处刑从轻。《秦简·法律答问》说："甲告乙盗牛若贼伤人，今乙不盗牛、不伤人，问甲可（何）论？端为，为诬人；不端，为告不审。"在秦律中，"诬人"即故意诬告，实行反坐；而"告不审"属过失行为，从轻处理。

3. 盗窃按赃值定罪的原则。秦律中把赃值分为三等：一百一十钱、二百二十钱、六百六十钱。对于侵犯财产的盗窃罪，根据以上不同等级的赃值，分别定罪。一般赃值少的定罪轻，赃值多的定罪重。

4. 共同犯罪与集团犯罪加重处罚的原则。秦律规定，一人盗窃赃值过六百六十钱，处以"黥为城旦"的刑罚；不满五人盗窃赃值过六百六十钱，处以"黥劓以为城旦"的刑罚。但是如果五人盗窃赃值虽一钱以上，则加重判处"斩左趾，有（又）黥以为城旦"。可见秦律在处罚侵犯财产罪上，集团犯罪（五人以上）较个体犯罪和一般共同犯罪加重量刑。

5. 累犯加重的原则。《秦简·法律答问》记载："当耐为隶臣，以司寇诬人，可（何）论？当耐为隶臣，又系城旦六岁。"即本身已犯罪，再犯诬告罪，则应加重处罚，除去耐为隶臣原有刑罚外，还要判处城旦苦役六年。

6. 教唆犯罪加重处罚的原则。按秦律规定，教唆未成年人犯罪者加重处罚。如"甲谋遣乙盗，一日，乙且往盗，未到，得，皆赎黥"。即乙未得手，甲也与之同罪。若教唆未满15岁的人抢劫杀人，虽分赃仅为十钱，教唆者也要处以碎尸刑。

7. 自首减轻处罚的原则。秦律规定，凡携带所借公物外逃，主动自首者，不以盗窃论处，而以逃亡论处。再如隶臣妾在服刑期间逃亡后又自首，只笞五十，补足期限。若犯罪后能主动消除犯罪后果者，可减免处罚。

8. 诬告反坐原则。秦律规定，故意捏造事实陷害他人者，即构成诬告罪，按被诬告人所受到的刑罚，对诬告者处罚。《秦简·法律答问》载："完城旦，以黥城旦诬人，何论？当黥。"

### （二）主要刑名

1. 死刑。死刑是剥夺犯人生命的刑罚，秦代死刑种类很多：

戮，《说文解字》解释为杀戮耻辱之意，后改用斩刑。

磔，又称矺（音宅），支裂身体而杀之，也叫碎尸刑。

腰斩，拦腰斩截，秦律规定"不告奸者腰斩"。

车裂，又称五马分尸，即将犯罪者车裂而死。

枭首，即指斩首后悬竿示众的刑罚。

弃市，即在人口集中的地方处以死刑。《释名》载："市死曰弃市。市，众所聚，与众人共弃之也。"

夷三族，指一人谋反被处死后，其本人的父族、母族、妻族都被抄斩的残酷刑罚。

具五刑，指"先黥、劓、斩左右趾，笞杀之，枭其首，菹其骨，肉于市。其诽谤詈诅者，又先断舌，故谓之具五刑"。

除此以外，秦朝死刑还有凿颠、抽肋、镬烹、定杀等等。

2. 肉刑。肉刑是一种残肢害体的被保留下来的落后的奴隶制刑罚制度。包括墨（即黥刑）、劓、斩左右趾（即剕刑）、宫刑等。

3. 徒刑。徒刑是一种限制犯人人身自由、强制劳役的徒刑制度。主要包括：①城旦舂，男者为城旦，罚役修筑长城或戍边；女者为舂刑，罚为舂米。刑期一般四年至六年。②鬼薪白粲，一般男为鬼薪，罚给神庙砍柴；女为白粲，罚给宗庙择米，刑期一般为三年。③隶臣妾，指罚为官府服役，男者为隶臣，女者为隶妾。刑期往往为终身服役，但允许以钱或战功、耕作、劳绩而赎免。④司寇，男者罚为守备，刑期二年。

4. 笞刑。笞刑是一种对轻微犯罪者设置的身体刑，往往由上级官吏对犯罪属臣使用。

5. 赀刑。赀刑是秦朝的独立刑，使用范围广泛，对轻微犯罪者，实行赀甲、赀盾，即罚一铠甲或一盾牌的钱，也有赀徭役者。

6. 赎刑。赎刑是收容犯人，令其亲属以钱赎罪犯。秦朝规定的赎刑种类很多，从赎耐到赎死刑，分不同等级。凡无钱赎罪者，依法律规定可以劳役折酬。

7. 耻辱刑。秦朝还规定有髡（剃去犯人头发）、耐（剃去犯人胡须）等耻辱刑。耻辱刑又多作为徒刑附加刑使用，如秦简中经常出现"髡钳城旦舂""耐为鬼薪"等。

### （三）主要罪名

秦朝规定的犯罪种类很多，除了盗贼犯罪和不敬皇帝罪以外，还有诽谤与妖言、以古非今、妄言、非所宜言、投书等惩治思想言论的犯罪。还有盗徙封罪，即偷偷移动田界标志企图侵占他人田产的犯罪。

## 三、经济立法

### （一）农业管理与自然资源保护立法

秦朝严格规定赋税制度，以便加强农业管理。按《秦简·田律》规定，耕种土地要缴纳田租与口赋，田租按占有土地多少征收，不论种植与否，每顷缴纳饲料三石，禾秆二石。同时，秦代加强农田水利管理、农产品种子管理、劳动力的控制与考课，以便有效地进行农业管理。

秦朝重视畜牧业管理，《秦简·仓律》明确规定有关官吏应向农户征收饲料，并且将所征数量及时上报中央。为了提高产畜率，严防成畜的死亡，《秦简·厩苑律》规定：牛的死亡率不得超过 33%，违反者，官吏要受到相应处罚。

秦朝规定山林、矿山、湖泊、水流及其附着物等自然资源属于国有，受到法律保护。《秦简·田律》规定：每年春二月，不准上山砍林伐木，不准堵塞水道；不到夏季，不得烧草积肥，不准采取发芽植物，捉取幼兽、幼鸟等。禁令至七月才解除。

### （二）官营手工业管理立法

秦朝制定诸如《工律》《工人程》《均工律》等经济法规，对手工业，特别是官营手工业进行管理。按照《工律》规定："为器同物者，其大小、短长、广亦必等。"强调产品的规范化与标准化。《司空律》规定：每修缮一辆大车，用胶一两，脂三分之二两，不得过量。此外，《工人程》规定工人劳动定额，实行男女有别。在生产管理上，规定官啬夫、工师、曹长等各自管理生产责任。同时还规定了县令、丞、佐、史等官吏对产品质量的监督责任。失职者都要受到刑处。

### （三）市场与货币管理立法

秦朝很重视市场管理，严格实行酒业官营专卖制度。《秦简·田律》规定："百姓居田舍者毋敢酤酒，田啬夫、部佐谨禁御之，有不从令者有罪。"秦朝还重视以法律保护粮食等日用品价格和劳动力的价格。如《秦简·司空律》规定：粮食每石三十钱，劳动力每天八钱，公家供应伙食者，每天六钱。秦朝还重视度量衡的统一管理，《秦简·效律》规定了度量衡的标准规格与检查校正制度。秦朝也重视货币管理，规定制币权由国家垄断，严惩私铸钱币的犯罪。另外，秦代还规定了统一的货币规格和比价，《秦简·司空律》载，秦以钱与布为流通货币，比价为十一钱比一布。秦朝为了保证货币的正常流通，《金布律》规定，把质量好的、次的钱搭配使用，百姓不得拒收。还规定市肆中的商贾与官府库吏，都不准对钱与布两种货币挑剔选用。违反者，相关人应告发，不举告者要受到处罚。

## 四、司法制度

### （一）中央司法机关

秦朝皇帝位于"九五之尊"，掌握最高司法审判权。

廷尉位于"九卿"之列，成为中央司法审判机关的长官，负责审理全国案件。

御史大夫与监察御史，作为负责全国行政监察工作与法律监督的主要官吏，有权进行行政监察与法律监督。

### （二）诉讼程序

1. 起诉。秦朝起诉方式分为三种：告诉，即刑、民案件的原告及其亲属赴官府告发被告；刑事被告主动到官府投案自首；官吏主动纠举告发犯罪。秦朝一般案件允许原告及其亲属控告；重大案件，家属、邻里都要主动告发，"知奸不举"者，要连坐处罚。秦朝把杀伤人、偷盗等危害封建统治的犯罪，列为严惩对象，这类犯罪称为"公室告"，官府对此必须受理。秦朝把"子盗父母，父母擅刑，髡子及奴妾"等引起的诉讼，称为"非公室告"，对"非公室告"，官府不予受理，子女坚持告诉的，还要给予处罚。

2. 纠举与自首。秦朝提倡官吏主动纠举犯罪和鼓励罪犯投案自首。但禁止诬告，诬告者实行反坐。

### （三）审判制度

秦朝重视审判工作，把讯问被告和庭审案件作了明确区分。凡讯问被告被称为"讯狱"，庭审案件被称为"治狱"。秦朝强调犯人口供对于定案的重要性，为取得口供，允许司法官吏在办理手续后动用刑讯手段。同时，提倡鼓励不用刑讯得到真实口供。

秦朝为了提高审判质量，明确规定了法官的责任，强调法官故意量刑不当所应承担的法律责任。凡故意加重或减轻判刑的，要承担"不直"的责任；凡故意有罪不判，或通过篡改案情，逃避刑罚的，要承担"纵囚"的责任。

另外，秦朝允许犯人提出再审要求，目的是通过再审程序纠正冤假错案。《秦简·法律答问》记载：在押犯接到判决后，如表示不服，可以申请再审，称为"乞鞫"。

# 第二节　汉朝法律制度

## 一、立法概况

### （一）立法指导思想

1. 汉初黄老思想与"约法省刑"的原则。秦朝的暴兴暴亡，使汉初统治阶级开始深刻反思法家思想，严厉批判"专任刑罚""重刑轻罪"的主张，为了巩固封建统治，确立了黄老学派无为而治、"与民休息"、"约法省刑"的指导思想。汉高祖刘邦规定田赋十五而税一，汉景帝实行三十而税一的经济政策；汉文帝进行刑制改革，废肉刑，除"诽谤罪"等。汉初经过连续七十余年的休养生息，取得了显著的成效，稳定了汉王朝的统治地位。

2. 汉武帝"德主刑辅"思想确立与封建正统法律的产生。汉初经过七十余年的"休养生息"，到汉武帝时期，封建国家已经具备雄厚的物质基础，汉武帝决心改"无为而治"为"有为而治"，儒学思想家董仲舒适时地提出了"罢黜百家，独尊儒术"的主张，系统地阐述了"礼法并用""德主刑辅"的法制指导思想。这种思想主张得到最高统治者的肯定，上升为占统治地位的指导思想。这种思想实质上是对孔子、孟子、荀子儒家思想，商鞅、韩非法家思想和阴阳等家学说的综合继承，正如汉宣帝所言，"汉家自有制度，本以霸王道杂之"。从而丰富了儒家的思想体系，不仅对汉代的统治发挥了重要作用，而且对整个封建社会的历史发展也具有深远的影响。

### （二）主要立法

1. "约法三章"。西汉建立之前，刘邦为了争取民心，曾与关中父老"约法三章"。即"杀人者死，伤人及盗抵罪"。这是西汉立法之开端，它为赢得楚汉战争的胜利和夺取全国政权起了重要作用。

2. 《九章律》。刘邦建汉后，由于深感三章之法不足以惩治犯罪，故命令丞相萧何参照秦法，"取其宜于时者，作律九章"，即所谓《九章律》。《九章律》在秦律《盗律》《贼律》《囚律》《捕律》《杂律》《具律》6 篇基础上，增加《户律》《兴律》《厩律》3 篇而成。《九章律》是两汉的基本法律。

3. 汉律六十篇的形成。

（1）《傍章律》。《九章律》制定后，叔孙通在高祖和惠帝年间又制定《傍章律》18 篇。《傍章律》主要是关于礼仪制度方面的内容。

（2）《越宫律》。武帝时期张汤制定《越宫律》27 篇。《越宫律》主要是关于皇帝与宫廷警卫方面的专门法律。

（3）《朝律》。武帝时期赵禹制定《朝律》6 篇。《朝律》又名《朝贺律》，它主要是关于朝贺制度方面的专门法律。

以上三部法律，加上《九章律》，即历史上有名的汉律六十篇。至此，汉律的框架基本形成。

### （三）法律形式

两汉时期，以律、令、科、比为基本的法律形式。

1. 律。律是汉代基本的法律形式，包括以刑事法律规范为主的具有普遍性和稳定性的成文法典，如《九章律》《越宫律》《傍章律》《朝律》。除此以外，还有《左官律》《酎金律》《上计律》《田租税律》等单行法律。

2. 令。令是皇帝所发布的诏令，内容广泛，法律效力最高，是汉代一种主要的法律形式。它和律一样是处理各项国家事务和解决具体纠纷的重要依据。如征税方面的《田令》、财产登记方面的《缗钱令》等。

3. 科。科也是汉代的一种法律形式，是律以外关于规定犯罪与刑罚的一种单行禁条，也称"事条""科条"。《文选·金科玉律》说："科条，谓法令也。"如武帝时的《重首匿之科》，以及东汉颁布的大量的种类繁多的科条。

4. 比。比又称决事比，是指在律无正条规定时，比照最接近的律令条文，或同类典型判例处断。如汉高祖七年（公元前 201 年）诏曰："廷尉不能决，谨具为奏、傅所当比律令以闻。"由于比具有灵活性和针对性，故被广泛应用，至汉武帝时仅死罪决事比达 13 472 事，东汉时有司徒鲍公《嫁娶辞讼决事比》906 卷。

## 二、刑事立法

### （一）文景帝时期的刑制改革

秦朝灭亡后，汉朝统治阶级和思想家们深刻反思和总结秦二世而亡的历史教训，认识到传统的肉刑不利于封建政权的稳固，也由于汉文帝继位以后，经济发展，人民生活比较稳定，社会上出现了"吏安其官，民乐其业，蓄积岁增，户口浸息"的繁荣景象。从而，汉初主客观条件决定了汉文帝、景帝时期实行了一次具有历史意义的刑制改革。汉文帝十三年（公元前 167 年），齐太仓令淳于公获罪当施肉刑，其小女缇萦上书文帝："妾伤夫死者不可复生，刑者不可复属。虽后欲改过自新，其道亡繇也。"并请求将自己没官为奴，以替父赎罪。缇萦之举引起了汉文帝的思考，诏书云："今法有肉刑三，而奸不止，其咎安在？非乃朕德之薄，而教不明与！吾甚自愧。"又说："夫刑至断支体，刻肌肤，终身不息，何其刑之痛而不德也！"遂下令废肉刑，把黥刑（墨刑）改为髡钳城旦舂；改劓刑为笞刑三百，改斩左趾为笞刑五百，斩右趾为弃市刑。这次改革从法律上废除了肉刑，具有重大意义。但也不尽理想，改革中有由轻改重者，如斩右趾改为弃市死刑，劓刑、斩左趾虽改为笞刑，但因笞刑笞数太多，使受刑者难保性命，即存在"外有轻刑之名，内实杀人"之缺陷，故改革有待进一步完善。

汉景帝时期，在文帝改革基础上进一步深化刑制改革。景帝前元元年（公元前 156 年）下诏说："加笞与重罪无异。幸而不死，不可为人。"遂下令将文帝时劓刑笞三百改为笞二百；斩左趾笞五百，改为笞三百。景帝中元六年（公元前 144 年）又下诏令："减笞三百为二百，笞二百为一百。"同年，景帝又颁布诏令，改革刑具，规定笞杖长五尺，面宽一寸，末端厚半寸，以竹板制成，削平竹节，以及行刑时不得换人等。这使得刑制改革又向前迈进了一大步。

汉文帝、汉景帝时期的刑制改革，顺应了历史发展的趋向，为结束奴隶制肉刑制度，建立封建刑罚制度奠定了重要基础。尽管这次改革还有缺陷，但无疑是中国古代法制发展史上一次极其重要的刑制改革，具有重要的意义。

**（二）刑法适用原则**

由于儒家思想的指导，汉朝刑罚适用原则的儒家化是势所必然。

1. 上请原则。随着汉代儒家思想的影响、封建特权意识的发展，当时规定了上请制度。所谓上请，即当官贵犯罪后，可以请示皇帝给有罪者某些优待。高祖刘邦时期规定："郎中有罪耐以上，请之。"汉宣帝、平帝时期规定：凡六百石以上官吏、公侯及子孙犯罪，均可以享受"上请"的特权。东汉时期上请的范围继续扩大，以至不满六百石的官吏都可以享受这种特权。汉代官贵享有的这项特权，从徒刑二年到死刑都可以适用，这就为官贵犯罪后逃避法律惩处，提供了法律上的保障。

2. 亲亲得相首匿原则。"亲亲得相首匿"是指亲属之间可以相互首谋隐匿犯罪行为，不予告发和作证。这种主张亲属间首谋隐匿犯罪可以不负刑事责任的原则，源于儒家孔子"父为子隐，子为父隐，直在其中"的思想。至汉宣帝时期明确规定："父子之亲，夫妇之道，天性也……自今子首匿父母，妻匿夫，孙匿大父母，皆勿坐。其父母匿子，夫匿妻，大父母匿孙，罪殊死，皆上请廷尉以闻。"也就是说对亲属中的卑幼首匿尊长的犯罪行为，不追究刑事责任；对亲属中的尊长首匿卑幼的犯罪，一般犯罪不负刑事责任，死刑案件则上请廷尉，由其决定是否追究首匿者的罪责。这个刑法适用原则一直为后世封建王朝所沿用。

3. "矜老恤幼"原则。汉朝还继承了西周以来的"矜老恤幼"原则，对老人、孩童、妇女、残疾人等生理上之弱势群体在定罪量刑上给予特殊宽宥。

自此，封建法律开始儒家化。

**（三）主要罪名**

1. 侵犯皇帝人身、权力及尊严方面的罪名。汉朝这方面的罪名有矫制矫诏罪、废格诏令罪、大不敬罪、阑入与失阑罪、祝诅巫蛊罪等。

2. 危害专制集权与封建政权方面的罪名。

（1）"左官"罪。指凡官吏违犯法令私自到诸侯国任命者，构成"左官"罪，以《左官律》给予刑事处罚。

（2）"阿党附益"罪。指诸侯官吏与诸侯王结成一党，构成"阿党"罪；官吏与诸侯王交好，图谋不轨者，构成"附益"罪。凡有阿党附益行为者，根据《阿党附益法》给予严厉的刑事处分。

（3）"出界"罪。指诸侯王擅自越出封国疆界者，构成"出界"罪，按照《出界律》或耐为司寇，或被诛杀。

（4）"酎金"罪。指诸侯王在参与祭祀宗庙时，所贡醇酒（酎、音宙）和黄金以次充好，不够成色者，构成"酎金"罪，按《酎金律》给予削地免除封国的处罚。

3. 官吏渎职方面的罪名。

（1）"沈命"罪。指治安官吏凡"群盗起不发觉，发觉而弗捕满品者"，构成"沈命"罪，依《沈命法》二千石以下官吏皆处刑。

（2）"见知故纵"罪。指治安官吏凡得知"贼盗"犯罪真情，不及时举告者，要与罪犯判处同等刑罚，如抓到"贼盗"重犯而不及时严办者，照《见知故纵法》判处死刑。

4. 侵犯生命与财产安全方面的罪名。

（1）杀伤罪。汉朝很早就规定"杀人者死、伤人及盗抵罪"。《汉书·薛宣传》也记载廷尉直引汉律说："斗以刀伤人，完以城旦。"

（2）盗窃罪。汉朝盗窃罪的法律规定比较复杂，盗窃皇家宗庙园林陵物，处刑很重，如"盗宗庙服御物者"处死刑弃市刑；用武力劫夺或索取他人财物者，处死刑弃市刑。

### 三、经济立法

#### （一）盐铁酒专卖制度

汉武帝时期由于常年对外征战，导致府库空虚。为增加财政收入，决定实行盐、铁、酒等项专卖制度，将盐、铁、酒等项的经营权收归中央政府，以增加国家收入。为此严厉打击破坏该项国家专卖制度的活动。民间敢于私自铸造铁器与煮盐者，箝束左脚，没收器物。[①]

#### （二）抑商制度

汉承秦制，坚持执行"重农抑商"政策及其相应的法律制度，通过重收商税的法律规定，限制商人经营采矿冶铁、近海煮盐，以防商人阶层强大起来，危及封建上层建筑，影响自然经济的基础。如此政策，不仅影响了中国商业向资本主义的发展，而且严重削弱了封建国家的实力。

#### （三）对外贸易立法

汉朝承袭秦朝，主张通过立法手段开展对外贸易活动。例如，张骞通西域，将丝绸、茶叶等本国物产，通过陆上"丝绸之路"销往西域及亚洲各地，乃至销往欧洲各国。但因对外贸易受到国家的严格控制，民间与私人对外贸易活动少且数额有限。

### 四、行政立法

#### （一）皇帝制度

汉初，承袭秦朝，确立了以皇帝为核心的中央集权的封建君主专制，规定皇帝具有至高无上的权威，其"命为'制'，令为'诏'"，具有最高的法律效力。至汉朝武帝时期采纳董仲舒的建议，实行"罢黜百家，独尊儒术"的方针，通过儒家化的纲常理论宣传，使得"君为臣纲"成为臣民必须信奉的教条，从而使皇帝更具有神秘性，更具有权威性。在汉朝，凡"阿党附益"，危及中央集权与皇帝统治的犯罪，都将用"重法"加以制裁。凡对皇帝有"大不敬"行为，以及拒不执行皇帝诏令的"废格诏书"行为，都要处以"弃市"死刑。[②] 汉朝皇帝制度的确立，有力地巩固了封建王朝的统治，同时也对后世产生了深远的影响。

#### （二）中枢与地方行政机构

汉朝的行政体制分为中央与地方两个方面。在中央，承袭秦制，建立三公九卿制度。其中的三公，分别为丞相、太尉和御史大夫。丞相位于皇帝之下，百僚之上，协助皇帝处理政务。太尉掌管军事。御史大夫掌管监察。其中的九卿，分别是太常、光禄勋、卫尉、太仆、廷尉、宗正、大鸿胪、大司农、少府等，分别掌管国家礼仪、宫廷守卫、皇室事务、司法、外交、财政、赋税各项。汉武帝为强化皇帝权力，把丞相改名为大司空（主管土木工程），并使三公隶属皇帝，九卿也分属三公。

在地方，汉初沿袭秦朝郡县二级行政管理体制，同时又复立若干诸侯国。此后，由于汉

---

① 参见《汉书·食货志》。

② 参见《汉书·义纵传》。

景帝、武帝力行"削藩"政策，最终结束了诸侯割据的局面，巩固了郡县两级管理体制。至东汉时期又设置州一级行政管理机构，最后形成州、郡、县三级管理体制。

### （三）官吏管理制度

汉朝注重依法管理官吏，其中，相继规定抑制诸侯势力的《附益律》；抑制官吏随意提高品级的《尚方律》；考核官吏业绩的《上计律》；规定官制官规的《汉官旧仪》等，使得官吏管理逐步纳入法制的轨道。

在官吏考核与奖惩方面，《上计律》规定，每年郡守在岁末派出上计掾与上计吏各一名，将本郡各县的农业生产、户口增减及社会治安的情况书写于计簿之上，向中央汇报。对官吏考核有政绩者，予以升迁。对没有业绩者，予以斥责或罢免。如果发现官吏有受贿等职务犯罪行为，将给予严惩。据《汉书·文帝纪》载："吏受赃枉法……皆弃市"，反映出当时惩贪的严厉性。

### （四）监察制度

汉朝非常重视运用监察制度，强化对地方官吏与不法豪强的监督工作，借以巩固封建中央集权的专制统治。汉武帝把全国划分为十三个监察区，并首定"六条问事"，令刺史"掌奉诏条察州"[①]，以监察官吏是否奉行诏令，秉公执法，以及有无建宅购田"逾制"的行为，并对有违法逾制的官吏给予惩罚。这项制度的实施，对改善吏治发挥了积极作用。

### 五、司法制度

### （一）诉讼与审判

1. 起诉。汉朝起诉形式分两种：当事人或其亲属直接到官府控告；官吏代表国家纠举犯罪。前者称为"告诉"，后者称为"举劾"。汉朝严格规定告诉的程序，即由县至郡，由郡至中央廷尉，直至诉于皇帝。严禁越诉，违者有罚。汉朝还规定治安官吏负有纠举犯罪的责任。如果"见知而故不举劾，各与同罪；失不举劾，各以赎论"。西汉武帝以后法律开始儒家化，有在起诉中严格限制卑幼亲属的规定，卑幼亲属状告尊长亲属，将以不孝罪处以刑罚。同时也严禁诬告，诬告者实行反坐。

2. 审判。汉承秦制，继续确认刑讯手段的合法性。对拒不交代罪行的犯人，法官可以依法采取笞杖刑讯手段。同时，汉律又规定，在审讯取得口供后，为防止犯人翻供，须实行"传复"制度，即再次审讯犯人，以求定案有据。

经过审判的各项程序，事无可疑后，法官可依据律令条文规定作出判决。并向被告及其亲属宣读，称为"读鞫"。宣读判决后，如果被告及其亲属不服判决，可以申请上诉复审，称为"乞鞫"。但申请复审必须在三个月内，期外不听。

### （二）"春秋决狱"

所谓"春秋决狱"，是指以《春秋》的"微言大义"作为司法审判的根据，特别是作为决断疑难案件的重要依据。它为汉朝统治者所提倡，是汉武帝确立"罢黜百家，独尊儒术"后法律儒家化的必然产物。"春秋决狱"的最重要的原则是"论心定罪"，即以犯罪者的主观动机是否符合儒家"忠""孝"的精神定罪，若符合，即使其行为构成社会危害，也可以减免刑罚。相反，犯罪人主观动机严重违反儒家倡导的"忠""孝"之精神，即使没有造成严

---

① 《汉书·百官公卿表》。

882

重危害后果的，也要认定为犯罪，并予以严惩。即所谓"志善而违于法者，免；志恶而合于法者，诛"。

### （三）秋冬行刑

汉朝在判决的执行上，较之秦代发生了明显的变化。突出的例证是，死刑采取秋冬行刑制度。即在立秋以后、冬至以前这段特定的时间内执行死刑。这主要受到董仲舒"天人感应"学说的影响：春夏以阳为主，万物生长，不宜刑杀；秋冬以阴为主，万物凋零，应施刑罚，清理狱讼。这种"行刑"说在客观上有利于农业生产与社会秩序的稳定，故为后世封建法律所继承。

## 第三节　三国两晋南北朝法律制度

### 一、立法概况

#### （一）《曹魏律》（《新律》）

魏国在汉律的基础上制定《魏律》，蜀国沿用汉律，补充制定《蜀科》，吴国继承汉律编定科条与科令。其中最有影响、最具代表性的法律是《魏律》。

魏明帝时，鉴于汉代律令的繁杂，于太和三年（公元 229 年）下诏改定刑制，作新律18 篇，即《魏律》或《曹魏律》。《魏律》在继承汉律的基础上又进行了较大的改革，表现为：第一，将《法经》中的"具律"改为刑名，置于律首；第二，将"八议"制度正式列入法典；第三，进一步调整法典的结构与内容。通过这次改革，中国封建法典的制定在系统性和科学性的道路上前进了一大步。

#### （二）《晋律》（《泰始律》）

泰始三年（公元 267 年），晋武帝诏颁《晋律》，又称《泰始律》。《晋律》对汉魏法律进行改革，形成 20 篇 602 条的格局，精简了法律条文。与《魏律》相比，在刑名律后增加法例律，丰富了刑律总则的内容。同时对刑律分则部分也进行了重新编排，使《晋律》朝着"刑宽""禁简"的方向迈进了一大步。

在《晋律》颁布的同时，律学家张斐、杜预为律作注，"兼采汉世律家诸说之长"，总结了历代刑法理论与刑事立法的经验，经晋武帝批准，"诏颁天下"，与《晋律》具有同等的法律效力。经张、杜注解后的《晋律》也称为"张杜律"。

#### （三）《北魏律》

北魏在孝文帝太和十九年（公元 495 年）由律学博士常景等人撰成《北魏律》20 篇。《名例律》引疏议说：《北魏律》仅见的 15 篇为刑名、法例、宫卫、违制、户律、厩牧、擅兴、贼律、盗律、斗律、系讯、诈伪、杂律、捕亡、断狱。《北魏律》是根据汉律、参酌魏晋律，经过"综合比较、取精用宏"而制定的著名法典，在当时占有重要的地位。

#### （四）《北齐律》

北齐在武成帝河清三年（公元 564 年），由封述等人在总结十余年的立法经验的基础上制定《北齐律》，使之成为当时具有最高水准的封建法典。《北齐律》体例 12 篇 949 条。其篇目为：名例、禁卫、婚户、擅兴、违制、诈伪、斗讼、贼盗、捕断、毁损、厩牧、杂律。《北齐律》在中国封建法典发展史上起着承前启后的重要作用，对隋唐时期的封建立法也具有十分重大的影响。

### （五）《麟趾格》与《大统式》

三国、两晋、南北朝时期法律形式发生了比较大的变化，形成了律、令、科、比、格、式相互为用的立法格局。

（1）科起着补充与变通律、令的作用。此时期科大量地被制定，如魏有甲子科、蜀有蜀科、吴有科条；南朝梁、陈都有科；北朝北魏实行"以格代科"，科才逐渐失去独立地位。

（2）格与令相同，也起着补充律的作用。北魏曾将律无正文者编为《别条权格》，东魏也曾编有《麟趾格》，均带有刑事法律性质，不同于隋唐时期具有行政法律性质的格。

（3）比是比附或类推，即比照典型判例或相近律文处理法律无明文规定的同类案件。

（4）式是公文程式，西魏编有《大统式》，成为中国历史上最早出现的一种法律形式。

三国两晋南北朝时期有律、令、科、比、格、式多种法律形式，有效地调整了复杂的社会关系，并为隋唐时期新的法律形式的形成打下了基础。

### （六）律学的发展与法律解释的规范化

#### 1. 律学对传统法律发展的影响

两汉引经注律，律学与政治伦理结合而日兴。但经学的发展，导致其专门索隐发微的章句之学，流于烦琐迂腐，日近绝路。另一方面东汉以来的阴阳谶讳等神学思想，经桓谭、王充等人从哲学上的批判已无甚作用。"名教"出于"自然"说（非董仲舒的"天意"说）的"玄学"抬头，并对法学理论有一定影响。加之汉初尚黄老之术，道学在思想意识领域的潜在影响，导致这一时期名辩之术和《易》学的盛行。这多种因素使律学在魏晋之时，开始从伦理政治的束缚中解脱出来。研究的对象也不再仅仅是对古代法律的起源、本质与作用的一般论述，而是侧重于律典的体例、篇章逻辑结构和概念，以及定罪量刑等具体问题的研究。如改汉《九章律》第四篇"具律"为"刑名""冠于律首"。又如张斐在《律注要略》一书中对《晋律》二十个名词的解释，特别是他对确定犯罪性质、区分犯罪情节的十五个名词的解释[①]，多为后世法律所遵奉。其中对"故""失""过失"的解释，比之今天刑法典对故意和两种过失的说明，也是大同小异。这一时期的律学成果逐渐为传统律法所吸收，《北魏律》的"累犯加重""共犯以造意为首"就是例证。

杜预在《律解》的上奏中说："法者，盖绳墨之断例，非穷理尽性之书也。"东晋以降官方注释确立，私家言论大受限制，从而使律学研究走向衰微，法理学意义上的探讨大大落后于对律文的注释，结果是律学亦成为注释之学，也回到了训诂之类的老路，像张斐这样的律学家也渐次消失了。然而律学仍不失其在中国法律史中的重要地位。没有汉魏律学的发展，唐律及其疏议有如此卓著之成就是不可能的。

#### 2. 法律解释的规范化

随着传统法律和律学的发展，这一时期的法律解释也趋于规范化，对后世立法、司法和法制的统一有着深远影响。有代表性的如晋代张斐、杜预对《泰始律》的解释，对法律概念的科学化与规范化作出了较大贡献。特别是张斐对一些法律概念的说明，如："故意"是"知而犯之谓之故意"；"过失"是"不意误犯谓之过失"；"谋"指"二人对议"；"群"是指三人以上；"赃"是以图利为目的；"戏"重在双方相和斗；"斗"着重在双方争执；"诈"是

---

① 他所解释的二十个名词中，罪名五：谩、诈、不敬、不道、恶逆；其余是：戏、斗、贼、盗、强、略、故、失、过失、戕、造意、谋、率、群、赃。

以背信为要件；"率"指力能指挥众人；"强"是以不和为原则；"造意"重在首先倡议。其对《晋律》中一些相类易混的罪名也作了解释。如"以威势得财"的犯罪，"不求自与为受求"，"所监求而后取为盗贼"[①]，"敛人财物积藏于官为擅赋"，"将中有恶言为恐"。此外对刑名类别也作了简明解释。如"意善功恶，以金赎之"，"律制生罪不过十四等，死刑不过三，……刑等不过一岁，金等不过四两"，便是对前述《晋律》刑罚体制通俗明白的概括。

## 二、刑事立法

### （一）"准五服以制罪"

《晋律》首立"准五服以制罪"的制度。"服制"本是中国古代以丧服为标志，规定亲属之间亲疏远近的一种制度。封建服制把亲属分为五等：斩衰亲，服丧三年，着不缝边的极粗生麻布丧服；齐衰亲，服丧一年或一年以下，着缝边的次等生粗麻布丧服；大功亲，服丧九个月，着粗熟麻布丧服；小功亲，服丧五个月，着稍粗布丧服；缌麻亲，服丧三个月，着细熟布丧服。服制不仅确定继承与赡养等权利义务关系，而且也确定了亲属相犯时刑罚轻重施用的原则。在刑法适用上，凡服制愈近，以尊犯卑，处罚愈轻；以卑犯尊，处罚愈重。凡服制愈远，以尊犯卑，处罚变重；以卑犯尊，处罚变轻。"准五服以制罪"制度的确立，是封建法律儒家化的重要标志之一，其影响广远，直至明清。

### （二）官当制度

"官当"是指封建社会允许官吏以官爵折抵徒罪的一种特权制度，正式规定在《北魏律》与《陈律》中。《北魏律·法例》规定：五等列爵及官品从第五品起，以官阶当徒刑二年；免官者，三年之后可按原来官阶降一级叙用。南朝《陈律》规定：凡以官抵折徒刑，同赎刑结合使用，如官吏犯罪应判四年至五年徒刑，准许当徒两年，其余年限或者采取赎刑，或者服劳役；若判三年徒刑，准许以官当徒两年，剩余一年可以赎罪。"官当"制度的形成，表明封建特权法的进一步发展。

### （三）八议入律

"八议"是指封建贵族官僚中的八种人犯罪后，须"议其所犯"，对他们所犯罪行实行减免刑罚的制度，表现出封建法律特权思想的鲜明特征。"八议"制度源于西周的"八辟之议"主张，曹魏时期"八议"正式入律，形成"八议"之制。"八议"是指："议亲"（皇亲国戚）、"议故"（皇帝故旧）、"议贤"（有封建德行与影响的人）、"议能"（有大才能的人）、"议功"（有大功勋的人）、"议贵"（贵族官僚）、"议勤"（为封建国家勤劳服务的人）、"议宾"（前朝皇室宗亲）。自曹魏以后，"八议"遂成为历代封建法律的重要内容。

### （四）"重罪十条"

三国、两晋、南北朝时期最重要的罪名是《北齐律》中规定的十种重罪，即"重罪十条"。所谓"重罪十条"，是指危害地主阶级根本利益的十种重大犯罪的总称，把它作为严厉打击的对象，并强调"犯此十者，不在八议论赎之限"。

"重罪十条"具体是指：反逆（造反的行为）、大逆（毁坏皇帝宗庙、山陵和宫殿的行为）、叛（叛变的行为）、降（投降敌国的行为）、恶逆（殴打、谋杀尊亲属的行为）、不道（凶残杀人的行为）、不敬（盗用皇帝器物及对皇帝不尊重的行为）、不孝（不侍奉父母、不

---

① 《晋书·刑法志》载："无变斩击谓之贼，……取非其物谓之盗"。

按礼制服丧的行为)、不义（杀本府长官和授业老师的行为）、内乱（亲属间的乱伦行为）。

### （五）封建五刑制度的初步形成

在汉代刑制改革的基础上，三国、两晋、南北朝又有进一步的改革，初步形成封建五刑制度。

1. 规定绞、斩等死刑制度。

2. 规定流刑。南北朝时期把流刑作为死刑的一种宽贷措施。北周时规定流刑为五等，每等以五百里为差，以距都城二千五百里为第一等，至四千五百里为限，同时还要施加鞭刑。

3. 规定鞭刑与杖刑。北魏时开始改革以往的五刑制度，增加鞭刑与杖刑，形成死、流、徒、杖、鞭五种刑罚，北齐、北周相继承用。

4. 废除宫刑制度。北朝西魏在大统十三年（公元 547 年）下诏禁止宫刑："自今应宫刑者，直没官，勿刑。"北齐在天统五年（公元 569 年）也诏令废止宫刑："应宫刑者普免刑为官口。"自此，最终结束了长期使用宫刑的历史。

### 三、司法制度

#### （一）中央司法机关的变化

三国、两晋、南北朝时期中央司法机构发生了较大的变化：北齐时期正式设置大理寺，以大理寺卿和少卿为正副长官。大理寺由廷尉扩大改称而成，增强了中央司法机构的审判职能，为后世王朝健全这一机构奠定了重要基础。御史台权力增强，晋以御史中丞为台主，权能极广，受命于皇帝，有权纠举一切不法案件。又设治书侍御史，纠举审判官吏的不法行为。尚书台地位提高，其中的"三公曹"与"二千石曹"执掌司法审判，同时掌管囚账，这为隋唐时期刑部尚书执掌审判复核提供了前提。

#### （二）登闻鼓直诉制度

三国、两晋、南北朝时期在起诉制度上已有所变化，主要是上诉直诉制度的改进。西晋已在朝堂外悬设"登闻鼓"，允许有重大冤屈者击鼓鸣冤，直诉于中央甚至皇帝。北魏也在京城宫门外悬设"登闻鼓"，允许击鼓鸣冤直诉于朝廷。上诉直诉制度的实行，加强了上级司法机关对下级司法机关的检查监督。

#### （三）死刑复奏制度的确立

为了减少错杀无辜，在三国、两晋、南北朝时期开始将死刑权收归中央。三国时期魏明帝曾规定：除谋反、杀人罪外，其余死刑案件必须上奏皇帝。南朝宋武帝诏令："其罪应重辟者，皆如旧先须上报，有司严加听察，犯者以杀人论。"北朝北魏太武帝时也明确规定：各地死刑案件一律上报奏谳，由皇帝亲自过问，必须无疑问或无冤屈时才可执行。死刑复奏制度的确立，一方面加强了皇帝对司法审判的控制，另一方面也体现了传统的"慎刑"精神。其影响是深远的，为隋唐时期的死刑三复奏、五复奏制度打下了基础。

#### （四）刑讯制度化

三国、两晋、南北朝审判官吏为了获得犯人口供，进一步推动刑讯手段的制度化。北魏以重枷、大杖逼供；北齐讯囚用车辐粗杖夹指压踝；北周以霹雳车威吓妇女。

南朝创立"测囚之法"，如囚犯不服罪，则断绝饮食，过三日才许进食少量的粥，以之逼供。南陈还设"测定之法"，先对受审者分别鞭打二十，笞捶三十，再强迫其身负枷械刑具，站立在顶部仅容两足的一尺高的小土垛上，以逼问口供。

# 第三章　隋唐宋法律制度

## 第一节　隋朝法律制度

### 一、立法概况

#### （一）《开皇律》

开皇元年（公元 581 年），隋文帝下令制定《开皇律》，同年十月颁行，开皇三年（公元 583 年）再行修订。这就是历史上有名的《开皇律》，其基本内容和篇章体例，较以往的封建法典有较大的改革。

#### （二）《大业律》

隋炀帝继位后，认为《开皇律》刑罚过重，于大业三年（公元 607 年）修成《大业律》。《大业律》与《开皇律》相比较，体例由 12 篇增至 18 篇，内容上删除"十恶"条款，减轻某些犯罪的处刑。但隋炀帝并不认真实施《大业律》，只是作为一种装扮而已。甚至下令"民盗一钱以上皆弃市"，完全抛弃文帝时期的法律规定，实行严刑峻法。隋炀帝恣意横行、自毁法制的结果，终于激化了社会矛盾，加速了隋王朝的灭亡。

### 二、《开皇律》的主要成就

#### （一）体例

1. 十二篇体例。《开皇律》总结以往的立法成果，以《北齐律》为基础，调整了篇目内容，确定了名例、卫禁、职制、户婚、厩库、擅兴、贼盗、斗讼、诈伪、杂律、捕亡、断狱等 12 篇体例。

2. 五百条律文。《开皇律》制定了 500 条律文，体现了"刑网简要，疏而不失"的特点。

#### （二）内容

1. 封建制五刑正式形成。《开皇律》删除了魏、晋、南北朝的残酷刑罚，把刑罚定型为笞、杖、徒、流、死五刑。其中笞刑从笞十至笞五十，杖刑从杖六十至杖一百，各分五等；徒刑从一年至三年五等，各以半年相差；流刑从一千里至二千里三等，各以五百里相差；死刑为绞、斩两种。封建五刑制度自此正式确立，并一直为后世历代王朝所沿用。

2. 区分公罪与私罪。《开皇律》规定，犯私罪者，五品以上，一官当徒二年；九品以上，一官当徒一年。犯公罪者，每官当徒多一年；当流者各加一等。

3. 改"重罪十条"为"十恶"罪。《开皇律》在北齐"重罪十条"基础上正式形成了"十恶"制度。"十恶"是：一曰谋反，二曰谋大逆，三曰谋叛，四曰恶逆，五曰不道，六曰大不敬，七曰不孝，八曰不睦，九曰不义，十曰内乱。

4. 完善"八议""官当"制度。主要表现在使封建贵族官僚享有"例减""听赎""官当"等特权。"例减"是指"八议"者和七品以上官吏犯罪后，可例减一等；"听赎"是指九品以上官吏犯罪，可以铜赎罪；"官当"是指以官品抵徒刑。其结果是使封建特权系统化和法定化，以维护贵族官僚的封建特权。

隋文帝开皇年间制定的《开皇律》上承秦汉以来的历代立法经验，删繁就简，结构完善，下启唐宋以降后世法典的修订；《开皇律》被后世认为代表了隋代立法的最高成就，成为唐代立法的直接蓝本；《开皇律》的篇目、体例及变革内容多为《唐律》继承，经唐宋两代，影响及于以后的约 700 年。

## 第二节  唐朝法律制度

### 一、立法概况

#### （一）立法指导思想

1. "德本刑用"。唐初统治者为了稳固唐王朝的封建统治，认真地总结了隋朝迅速灭亡的历史经验，确立了"德礼为政教之本，刑罚为政教之用"的法制指导思想。即强调伦理道德为治国之根本，刑罚镇压为辅助手段。因而唐朝形成了以礼为内容，以法为形式，融礼、法为一体，相互为用的思想。它有力地巩固了唐朝统治，对后代王朝也产生了深远的影响。

2. 宽简、稳定、划一。唐初高祖李渊提出"立法务求宽简，取便于时"的思想。唐太宗即位后也明确指出："国家法令，唯须简约，不可一罪作数种条"，以防"官人不能尽记，更生奸诈"。所谓"宽"是指立法内容做到轻刑省罚；所谓"简"，主要指立法形式做到条文简明。唐初立法贯彻了这一指导思想，因此，贞观修律时，删除旧律中死罪 92 条，改重为轻的条款"不可胜纪"①，使《贞观律》与《开皇律》相比，大为宽简。同时，强调保持法律的稳定与划一。唐太宗要求立法者"宜令审细，毋使互文"，即立法必须划一。唐初立法还强调"法令不可数变"，即要求保持法律的相对稳定。

#### （二）主要法律形式及其相互关系

唐朝法律形式由魏、晋、南北朝律、令、科、比、格、式六种变为律、令、格、式、典五种。它们彼此联系，又发挥着不同的作用，对复杂的唐代社会关系发挥了综合调整的重要作用。

1. 律。律是唐代的基本法典，如《唐律疏议》。

2. 令。令是国家政权组织方面的制度与规定，其涉及的范围较为广泛。

3. 格。格是禁违止邪的官吏守则，带有行政法律的性质，不同于前代格的含义。唐代时期把皇帝临时单行制敕加以汇编，称为"永格"。"永格"具有普遍的法律效力。

4. 式。式是封建国家各级行政组织活动的规则，以及上下级之间的公文程式的法律规定。在唐代经过汇编的式，称为"永式"。"永式"也具有普遍的法律效力。

#### （三）《武德律》与《贞观律》

1. 《武德律》。唐高祖武德年间，以《开皇律》为基础，增加 53 条新格，制成《武德律》。

2. 《贞观律》。唐太宗贞观年间，命长孙无忌、房玄龄等人全面修订律令，经过 11 年的努力，制定《贞观律》。《贞观律》的修订完成，标志着唐代基本法典定型化。

---

① 《旧唐书·刑法志》。

### （四）《永徽律疏》

唐高宗永徽二年（公元651年），高宗命长孙无忌等人撰定律令，同年完成12篇500条的《永徽律》。永徽三年（公元652年），长孙无忌等人又历时一年，完成"律文"的疏议工作，作了具有法律效力的解释，并将疏议附于律后，于永徽四年（公元653年）颁行全国，称为《永徽律疏》。《永徽律疏》在元朝以后被称为《唐律疏议》，它是中国封建社会最具社会影响的代表性法典。

### （五）《开元律疏》

唐玄宗开元年间，玄宗下令修订《永徽律疏》，删除不合时宜的条款与称谓，修订后颁行天下，称为《开元律疏》。

### （六）《唐六典》

唐玄宗开元年间，经过二十六年的时间，反复修订而成《唐六典》。《唐六典》修订的原则是"以官统典"，实行"官领其属，事归于职"的方法，将内容分为治职、教职、礼职、政职、刑职和事职六部分，共30卷。内容涉及唐代三省六部，以及各寺监等封建国家机关的设置、奖惩、俸禄、休致、执掌等规定。它是中国历史上第一部较为系统的行政法典，对后世封建王朝行政法典的制定产生了重大影响。

### （七）《大中刑律统类》

唐朝宣宗大中七年（公元853年），左率府仓曹参军张戣将《唐律》按性质分为121门，并将"条件相类"的令、格、式及敕附于律文之后，"以刑律分类为门，附以格敕"，共1250条，号称《大中刑律统类》，从而改变了自秦汉以来编修刑律的传统体例，形成"刑统"这种新的制定法律的格局，并对继唐而立的宋王朝产生了重要的影响。

### （八）唐律的特点与历史地位

1. 唐律的特点。

（1）"礼法合一"。唐朝继承、发展以往礼法并用的统治方法和立法经验，使法律内容"一准乎礼"，真正实现了礼与法的统一。正如唐太宗所说："失礼之禁，著在刑书。"把封建伦理道德的精神力量与国家法律统治力量紧密糅合在一起，法的强制力加强了礼的束缚作用，礼的约束力增强了法的威慑力量，从而构筑了严密的统治法网，有力地维护了唐代的封建统治。

（2）科条简要、宽简适中。唐朝立法以科条简要、宽简适中为特点。以往秦汉法律，向以繁杂著称，特别是在西汉武帝以后，因一事立一法，导致律令杂乱。西晋修律曾将773万余字的汉律令缩简为126 300字，至此，立法发生了重要变革。北齐律在此基础上定为12篇，949条，内容进一步精简。唐朝在前律的基础上，再次实行精简、宽平的原则，定律12篇，500条。

（3）用刑持平。唐律规定的刑罚比以往各朝代都轻，死刑、流刑大为减少。死刑只有绞、斩两种；流刑除加役流外，只服劳役一年；徒刑仅一年至三年；笞杖数目也大为减少。更重要的是，其适用刑罚以从轻为度；刑罚的加减原则，也是以从轻为特点。如凡加刑，依次递加一等；凡减刑，依次递减一等。但加刑时，一般不加至死刑，个别加至死刑的，则处绞而不处斩。减刑时，"二死、三流各同为一减"。即斩减一等，不是处绞刑而是流刑三千里；流三千里不是处流二千五百里，而是处徒三年。由此可见唐律刑制为轻的特点。

（4）语言精练明确，立法技术高。唐律用语精练明确，在立法技术上表现出高超的水准。如自首、化外人有犯、类推原则的确立都是集中表现。为了防止官吏滥用比附，用精确的语言规定了在法无明文规定条件下，官吏故意与过失出入人罪的处理办法。唐律还进一步明确公罪、私罪、故意、过失的概念，并规定了恰当的量刑标准。如《斗讼律》解释"过失杀"为："谓耳目所不及，思虑所不至，共举重物力所不制，若乘高履危跌足，及因击禽兽以致杀伤之类，皆是。"总之，唐律以其结构严谨、立法技术完善而被举世公认。

2. 唐律的历史地位。

（1）唐律对中国封建法律的影响。唐律是中国封建法典的楷模，在中国法制史上具有继往开来、承前启后的重要地位。唐朝承袭秦汉的立法成果，吸取汉晋律学的成就，使唐律表现出高度的成熟性。唐律具有封建法典的典型性、代表性，因此，对宋、元、明、清法律产生了深刻影响。

（2）唐律对东亚各国的影响。唐律作为中华法系的典型代表，其影响力不仅及于本国，而且超越国界，对亚洲，特别是东亚各国产生了重大影响。如朝鲜《高丽律》的篇章内容都取法于唐律，日本《大宝律令》也以唐律为蓝本，越南李太尊时期的《刑书》，也大都参用唐律。可见，唐律不仅在中国法制史上，而且在世界法制史上都占有重要的地位。

**二、刑事立法**

**（一）定罪量刑的主要原则**

1. 区分公罪与私罪。唐律规定"缘公事致罪，而无私曲者"的行为为"公罪"；对"不缘公事，私自犯者"，或"虽缘公事，意涉阿曲"的行为定为"私罪"。"公罪"处刑从轻，"私罪"处刑从重。

2. 关于共同犯罪与合并论罪。唐律把二人以上共同犯罪，称为"共犯罪"。对共犯罪区分首犯与从犯，即"以造意为首，随从者减一等"，所谓"造意"，是指"倡首先言"的行为。但是，在家庭共同犯罪中，以家长为首犯；在职官共同犯罪中，以长官为首犯。首犯从重处刑，从犯减轻刑罚。

唐律规定凡一人构成两个以上犯罪，实行"以重者论"的原则。也就是采用重罪吸收轻罪，刑不累加的原则。即两罪轻重不等，只科重罪，不计轻罪；二罪相等，从一罪处刑。如一罪先发而且判决，后又发现他罪，若二罪相等，维持原判，若后罪重于前罪，则通计前罪以充后数。

3. 自首原则与类推原则。唐律采用"自首原罪"做法。《唐律疏议·名例》规定："诸犯罪未发而自首者，原其罪。"即"自首"者不追究其刑事责任，但要求赃物要如数偿还。对于自首不尽或不实者，则按"不实"或"不尽"之罪处刑。同时规定谋反等重罪，以及诸如伤害、强奸、损坏官文书、官印等后果无法挽回的犯罪，都不能适用"自首原罪"原则。

《唐律疏议·名例》规定实行"类推"原则："诸断罪而无正条，其应出罪者，则举重以明轻；其应入罪者，则举轻以明重。"也就是指对法无明文规定的犯罪，凡应减轻处罚的，则列举重罚处刑的规定，比照从轻处断。凡应加重处刑的犯罪，则列举轻罚处刑的规定，比照从重处断。

4. 老幼废疾者减刑原则。唐律主张对老幼废疾者，分别三种情形实行减免刑罚：第一，70岁以上，15岁以下，以及废疾者犯流罪以下，收赎。第二，80岁以上，10岁以下，以及笃疾者，犯反逆、杀人罪应处死刑的上请；盗窃及伤人者，收赎；其余犯罪皆不论。第三，

90 岁以上，7 岁以下，虽犯死罪，不加刑。

5. 累犯加重原则。《唐律疏议·贼盗》规定："诸盗经断后，仍更行盗，前后三犯徒者，流二千里；三犯流者绞。"即前后三次犯应处徒刑的罪，不是以其中一个重罪处刑，而是处以上一种刑罚的流刑二千里。其他犯罪均以此类推。

6. 特权原则。唐律中规定了贵族官员的封建等级特权原则，集中表现为议、请、减、赎、当等特权方面。

（1）议。即"八议"，对八种特权人物犯罪实行优待的法律规定。唐律明确记载："诸八议者，犯死罪，皆条所坐及应议之状，先奏请议，议定，奏裁；流罪以下，减一等。"只是"犯十恶者，不用此律"。

（2）请。请的规格低于议，指皇太子妃大功以上亲，八议者期亲以上亲属和五品以上官员，犯死罪者上请皇帝裁决，流罪以下，例减一等。

（3）减。减的对象是七品以上官员，上请者之祖父母、父母、兄弟、姊妹、妻、子孙等。犯流罪以下，例减一等。

（4）赎。赎的范围为："诸应议、请、减及九品以上之官，若官品得减者之祖父母、父母、妻、子孙，犯流罪以下，听赎。"但对被判处加役流等重刑者不适用。

（5）当。指以官品抵罪，特指抵当徒罪。一般公罪比私罪加当徒刑一年。

7. 化外人处罚原则。《唐律疏议·名例》规定："诸化外人同类相犯者，各依本俗法；异类相犯者，以法律论。"即同一国籍的外国侨民在中国的犯罪，按其本国法律处断，实行属人主义原则；不同国籍侨民在中国的犯罪，则按照唐律处刑，实行属地主义原则。

**（二）"五刑"制度**

自隋律确立封建五刑制度后，唐律沿袭之，少有变化，要说变化，只是在流刑上有所改变。具体内容为：

1. 死刑。唐律规定同于隋制，死刑分为绞与斩二种，较前代轻缓了很多。

2. 流刑。因将许多死刑改为流刑，唐律规定在隋制基础上里程提高一千里，形成流二千里、二千五百里和三千里三等。另外规定了加役流，除流三千里外，还要居三年，用以代替某些较为严重的死刑。

3. 徒刑。隋唐律规定都为五等：徒一年、一年半、二年、二年半和三年。

4. 杖刑。隋唐律规定都为五等：杖六十、七十、八十、九十和一百。

5. 笞刑。隋唐律规定都为五等：笞十、二十、三十、四十和五十。

**（三）主要罪名**

1. "十恶"。"十恶"是隋、唐、宋时期直接危及君主专制政权、封建统治秩序和严重破坏封建伦常关系的重大犯罪行为。在《北齐律》"重罪十条"基础上，隋代《开皇律》正式形成"十恶"制度。"十恶"具体是指：一曰谋反，即图谋反对皇帝，推翻封建君主政权的犯罪；二曰谋大逆，即图谋毁坏宗庙、陵寝及宫阙的犯罪；三曰谋叛，即图谋背叛朝廷，投奔外国的犯罪；四曰恶逆，即殴打或谋杀祖父母、父母、伯叔父母等尊长的犯罪；五曰不道，即杀一家非死罪者三人以上和支解人的犯罪；六曰大不敬，即盗大祀神御之物，盗窃、伪造御宝，指斥乘舆，情理切害，以及对捍制使，无人臣之礼等方面的犯罪；七曰不孝，即告发或咒骂祖父母、父母，祖父母、父母在世而别籍异财等犯罪；八曰不睦，即谋杀或卖缌麻以上亲，殴打或告发丈夫及大功以上尊长的犯罪；九曰不义，即杀本属府主、刺史、县令、现授业师等方面的犯罪；十曰内乱，即奸小功以上亲，或父、祖妾的犯罪。唐律规定：犯十恶者，"为常赦所不原"。

2. "六赃"罪。唐律中把受财枉法、受财不枉法、受所监临财物、强盗、窃盗和坐赃六种犯罪称为"六赃"罪。凡犯"六赃"罪者，处刑较重。

### （四）保辜制度

唐律为明确因斗殴而导致的法律责任，沿汉律旧制，特别规定了保辜制度。所谓保辜制度，就是要求违法犯罪行为人，在法定的期限内积极救助被害人，在保证被害人不出现更为严重的社会后果的同时，违法犯罪行为人也可以承担比较轻的犯罪责任。例如《唐律疏议·斗讼律》规定：违法犯罪行为人以手脚殴人者，法律要求其在十日内，想方设法救助被害人，如被害人恢复原状，违法犯罪行为人只承担斗殴伤人的责任。而不承担十日以外被害人所出现的意外后果。此外，因以手脚殴人与用械具、汤水、热油等物伤人程度不同，唐律对后者则规定了不同的保辜期限，要求他们在法定的期限内积极救助被害人，减轻伤害后果，则可承担以器物伤人的法律责任，而不必承担保障期限外的意外后果。

### 三、民事立法
### （一）主体的法律地位

唐朝是一个严格奉行封建等级制度的国度，对良人与贱民在民事行为能力上的差别有着严格的规定。唐律认为：只有良人才具有民事行为能力，而对贱民，只强调他们的客体地位，不承认他们具有民事行为能力，也不允许他们行使民事行为。在唐代，良人分为四类，即士、农、工、商，其中，以士地位最高，农次之，工又次之，商人地位最低，他们分别享有民事权利，具有民事行为能力。如《唐六典·户部》所说："辨天下之四人，使各专其业。凡习学文武者为士，肆力耕桑者为农，工作贸易者为工，屠沽兴贩者为商。"

在唐朝，贱民中又分为官贱民和私贱民两大类。官贱民有官奴婢、官户、工乐户、杂户及太常音声人等；私贱民有奴婢、部曲、客女和随身等等，其中以奴婢地位最低。在唐律上，他们"律比畜产"，没有权利能力与行为能力，不存在独立人格，其户籍也附属于主人。

此外，唐律还规定了行使民事行为能力的年龄标准。据《唐六典·户部》规定："凡男女始生为黄，四岁为小，十六为中，二十有一为丁，六十为老。"即成丁的年龄为二十一岁至五十九岁，在此年龄期间可以行使民事权利，同时要为国家服劳役与兵役，缴纳赋税。

### （二）所有权

在唐朝所有权的主要内容是土地，土地所有权的形式有两种：国家所有制和私人所有制。由于唐朝推行均田制，所以国有土地主要有口分田、职分田和公廨田；私有土地主要有永业田和部分宅地。但实际上，唐朝政府还要用大量的土地赏赐给贵族勋臣。因此，国家可用以授田的土地并不多，农民授田普遍不足，土地依然是大量地掌握在贵族官僚地主阶级手中。唐朝对土地所有权，以法律严加保护。《唐律疏议·户婚》规定：严格控制口分田买卖，违者根据买卖亩数的多少，分别处以不同的刑罚。不准"占田过限"，如"占田过限者"，以亩计算，分别处以不同的刑罚，但宽乡占田过限，不在此律。严禁盗耕种公私田，"盗耕种公私田者"，亦以亩计算，分别处以不同的刑罚，但"荒田减一等，强者，各加一等"。禁止在官侵夺私田，"诸在官侵夺私田者，一亩以下杖六十，三亩加一等；过杖一百，五亩加一等，罪止徒二年半。园圃，加一等"。

唐朝所有权还包括其他财产，对其他财产所有权的保护，法律也规定得相当详细。如《唐律疏议·杂律》规定：严禁侵吞宿藏物，"宿藏物"即指埋藏物；保护失主所有权；惩治损毁公私物等行为。

**（三）契约**

1. 买卖契约。唐律规定：凡田宅、奴婢及大牲畜的买卖，必须签订契约，并经有关部门"公验"；而土地买卖，"皆须经所部官司申牒"，否则"财没不追，地还本主。"[①] 此外，唐《关市令》规定：买卖奴婢、牛、马、驼、骡、驴等，必须"用本司、本部公验以立券"，"无私契之文，不准私券之限"[②]。即明文规定，凡不可用私契者，禁止使用。应向官府处申请签立"市券"者，故意不申请签订者，"过三日，笞三十；卖者，减一等。"

2. 借贷契约。唐朝随着商品货币经济的发展，民间借贷关系已相当复杂，社会上出现的借贷契约，唐朝统治者重视以法律调整之。唐律中把借贷契约关系分为几种：一般附带计息的消费借贷称为"出举"、"举取"，所形成的债务称"息债"；不计利息的消费借贷称为"便取"；不计利息的借贷称"负债"、"欠负"；债务人在成立契约时向债权人指定自己的财产为抵押的称"指质"；债务人在成立借贷契约的同时向债权人提交抵押品的称为"收质"、"典质"等等。

不计利息的"负债"，在《唐律疏议·杂律》中规定："诸负债违契不偿，一匹以上，违二十日，笞二十，二十日加一等，罪止杖六十。三十匹加二等，百匹，又加三等。各令备偿。"关于附计利息的"出举"，唐《杂令》中记载："诸公私以财物出举者，任依私契，官不为理。每月取利不得过六分，积日虽多，不得过一倍……又不得回利为本。"又规定："诸以粟麦出举，还为粟麦者，任依私契，官不为理。仍以一年为断，不得因旧本更令生利，又不得回利为本。"很显然，以上立法注意保护债务人，禁止私人高利贷。

唐后期的立法中，进一步降低法定利率，并对违法取利者加重处罚，如唐文宗时敕有规定：私人出举"不得五分以上生利……其利止于一倍……如有违越，一任取钱人经府县陈论，追勘得实，其放钱人请决脊杖二十，枷项令众一月日"。

3. 因损害赔偿所生契约。唐律对损害赔偿所生契约，采取严格限制的原则。如《唐律疏议》举例说明："假有一牛，直上绢五匹，毁食人物，平直上绢两匹，其物主登时伤杀，死牛出卖直绢三匹，计减二匹。牛主偿所损食绢二匹，物主酬所减牛价绢亦二匹之类。"

**（四）婚姻、家庭与继承**

1. 婚姻制度。唐朝关于婚姻成立，强调以下几个方面：（1）确认尊长对卑幼的主婚权，"诸嫁娶违律，祖父母、父母主婚者，独坐主婚"。即使卑幼在外地，已自行订婚，只要尚未结婚，也必须服从尊长安排，如违反尊长意志者，依律"杖一百"。（2）婚书、聘财为婚姻成立的要件，"诸许嫁女，已报婚书及有私约而辄悔者，杖六十"。或者"虽无许婚之书"，但女家已接受男家的聘财，亦不得悔婚，否则同样处杖刑六十。又规定"男家自悔者，不坐"。（3）对婚姻缔结有限制，规定同姓不婚，违者各徒二年，非同姓但有血缘关系的尊卑间不得为婚，违者"以奸论"；严禁与逃亡女子为婚，监临官不得娶监临之女为妾，良贱之间不得为婚，违者均处以刑罚。

① 《通典·食货二·田制》。
② 《唐六典·太府寺·两京之市署》。

关于婚姻解除。唐律规定以"七出""三不去""义绝"为婚姻解除要件。关于"七出"和"三不去",唐朝与汉朝规定相同,规定法定离婚理由为"七出",有其中七个条件之一者,丈夫有权离弃妻子。"七出"为:不顺父母、无子、淫、妒、恶疾、多言、盗窃。同时又规定妻子有下列三个条件("三不去")之一者,丈夫就不能休妻:有所取无所归、与更三年丧、前贫贱后富贵。在唐代不同于汉代的是,"义绝"为强制离婚的条件,所谓"义绝"是指夫妻情义已绝。据《唐律疏议·户婚》载:"(夫)殴妻之祖父母、父母及杀妻外祖父母、伯叔父母、兄弟、姑、姊妹。""妻殴詈夫之祖父母、父母,杀伤夫外祖父母、伯叔父母、兄弟、姑、姊妹及与夫之缌麻以上亲,若妻通奸及欲害夫者。"或者"夫妻祖父母、父母、外祖父母、伯叔父母、兄弟、姑、姊妹自相杀者",均为"义绝"。犯"义绝"者,必须强制离婚,"违者,徒一年"。除此以外,唐代还有"和离"的规定,即"若夫妻不相安谐而和离者,不坐"。也就是指如果夫妻在感情上不相投合,双方愿意离婚,法律不予惩处。

2. 家庭制度。唐律在家庭关系上注重维护封建家长的统治地位与支配权力。《唐律疏议·户婚律》规定:"凡是同居之内,必有尊长",家长成为家庭的代表,子孙必须无条件服从家长的权威,否则,就是"不孝",就要受到严厉制裁。此外,财产由家长统一支配,子孙不得私有财产。《唐律疏议·户婚律》规定:"诸祖父母、父母在,而子孙别籍异财者,徒三年。"卑幼子孙私自动用家庭财物,处以笞十至杖一百的刑罚。此外,子孙"违反教令"及"供养有缺"者,"徒二年"。对子孙其他方面的缺失,也有严格的处罚规定,用以维护家长至上地位。

3. 继承制度。唐律在继承关系上,注重对权位与宗祧继承及财产继承的区分。据《唐律疏议·户婚律》规定:"诸立嫡违法者,徒一年。"又说:"王、公、侯、伯、子、男,皆子孙承嫡传袭。"[1] 若无子孙者,又准(令):"自无子者,听养同宗于昭穆合者。"[2] 上述强调的是继承权位与继承祭祀者,必须是嫡长子孙,而其他人无权参与。

在财产继承方面,《唐律疏议·户婚律》引《户令》说:"应分田宅及财物者,兄弟均分。妻家所得之财,不在分限。兄弟亡者,子继父分。"但生前立有遗嘱者,则不按法定顺序继承,采用遗嘱优先的原则。

在一般情况下,女子出嫁后,不享有本家财产继承权。但据唐《丧葬令》规定:"户绝"之家,在室女可分得未婚兄弟财产之一半,作为自己的嫁妆费用。

### 四、行政立法

#### (一) 三省六部制

1. 三省制。自秦汉封建国家建立统一的中央集权的官僚行政体制后,魏、晋、南北朝各代都有所继承,有所发展。隋唐时期,特别是唐代统治时期,由于加强行政管理的需要,在以往设置中书省、门下省等中央机构的基础上,进一步发展成为相互制约、相互配合、共同为封建专制政治和法律服务的三省六部制。所谓三省,是指中书省、门下省与尚书省,中书省传承皇帝的命令,草拟诏书;经门下省审核驳正后,交皇帝批准;尚书省接受皇帝的命令,负责执行具体工作。

2. 六部制。尚书省为了方便执行皇帝的命令,下分六部,即吏、户、礼、兵、刑、工

---

①② 《唐律疏议·名例律》引《封爵令》。

六个中央行政部门。吏部负责职官的任命、考课、管理等项工作；户部负责户籍与财政收入管理等项工作；礼部负责祭祀及国内外、朝廷内外礼仪等方面的管理工作；兵部负责各地军队的培训、调动与管理等项工作；刑部负责对大理寺审理案件的复核工作，负责对京师百官的案件会审工作；工部直接受命于尚书省与皇帝，负责各项工程与堂、馆的营建和修缮工作。

三省六部制的确立，标明唐代封建行政体制走向成熟化与定型化，对封建后世产生了深远的影响。

### （二）御史台

唐朝非常重视御史台的建设工作，在行政管理方面，发挥其中央行政监察的职能。御史台下设三院，分别是台院、殿院、察院。具体由侍御史、殿中侍御史、监察御史组成，分别行使对皇帝的劝谏，中央百官、御史台本部，以及朝廷内部和全国各地的行政监察工作。对官吏的行政失职、渎职、玩忽职守等行为，凡属职权之内的，可以当即处置；处置不了的封疆大吏，则直报皇帝请求处理。

### （三）官吏管理

唐朝出现的开明盛世与其健全行政法制和注重整顿吏治有着直接关系，而二者之间的联系也极为密切。著名的"贞观之治"，即将法治的重点集中在治理官吏上。唐代的"以法治官"并不是将重点放在官吏违法犯罪后的惩治方面，而是从防患于未然出发，制定了一整套规范官吏行事的"常守之法"，使官吏在从事政务时有章可循，有法可依，从而达到"以法治官"的目的。这就是行政管理的制度化、法律化。唐太宗对中央官员的编制仅定额为730员，并从一开始就将官吏的一切政务活动都纳入法治轨道，以法律的形式规定了政府各部门之间的关系，以及及早制定了对各级官吏的选拔、任用、考课、奖惩、监督和休致制度等等。

以法治官的具体实施，则是在对官吏的管理方面，处处做到有法可依，有制度可循。

1. 科举制度。唐代官吏的主要来源有两种：一是科举，二是门荫。参加科举的考生有各级官学的学生，经学馆考试合格者，称为生徒；又有地方州县的贡生，经州县解试合格者，称为乡贡。生徒和乡贡到尚书省参加礼部主持的科举考试。科举考试的科目很多，大体上有秀才、明经、进士、明法、明字、明算等诸科。科举考试中第者即取得做官的身份，但这仅是充任官吏的后备军，还不是官。文科之外，还有武举，可通过考试取得当武官的出身。门荫之制，则是因父祖为高官，子孙因而可通过父祖的荫庇，无须经过考试而直接取得出身。如一品官之子，可直接获取当正七品以上的出身；二品官之子，可得正七品下等。

2. 任用制度。通过选拔，取得出身后，还必须通过吏部的考试，才可能得到正式任命为官。据《新唐书·选举志下》说："凡择人之法有四：一曰身，体貌丰伟；二曰言，言辞辩正；三曰书，楷法遒美；四曰判，文理优长。四事皆可取，则先德行；德均以才，才均以劳。得者为留，不得者为放。"也就是以身、言、书、判四项为考试内容。先考书、判，即为笔试，既要看书法，又要看判答；合格者再察声、言，即为口试。通过吏部试者，称为"释褐"，意思是从此可脱去标志平民身份的褐衫，而身着官服了。吏部任命官员，不仅针对初释褐者，而且对全体六品以下官，都要定期进行考试，试毕根据考试成绩，再综合考察该官的德、才、劳等诸项，评定品级，予以正式委任，然后报送门下省和中书省审批，最后由皇帝以制敕裁定。对司法官的任用，则吏部须与刑部尚书共同研究决定，然后注拟。武官的任命考试，则由兵部主持。

中国法制史

3. 考课制度。对官吏在任期间行为与政绩的考察称为"考课"。唐代对官吏的考课从内容到程序都已实现制度化和法律化。一切官吏无论高低，每年都有一小考，由本司或州县长官主持；每四年一大考，四品以下官皆由吏部考功司负责，三品以上官则由皇帝亲自考核。考课的方法是根据《考课令》所规定的"四善二十七最法"进行。所谓"四善"，是国家对各级官吏从品行操守方面提出的四项共同要求，为：德义有闻，清慎明著，公平可称，恪勤匪懈。有一项合格者为有一善，四项全合格者为四善，皆不合格则无善。"二十七最"，则是根据不同的部门职掌、不同的业务性质，分别提出的 27 条具体的专业要求。如对司法官员的要求为："推鞫得情，处断平允，为法官之最"；对监察官员的要求为："访察精审，弹举必当，为纠正之最"；对军官的要求为："赏罚严明，攻战必胜，为将帅之最"。这类规定共有 27 项。各类官吏皆依职事考课，合格者可得一最。根据善、最，定上、中、下三等九级。小考优者，赏之以加禄，劣者罚以夺禄；大考优者，赏以晋升，劣者罚以降职，甚劣者免官，犯罪者追究刑事责任，或贬官免职。

4. 监督制度。考课与奖惩本身就对官吏具有一定的监督作用，但若没有监察机关的监督，则势必流于形式。监察机构定型于唐代，御史台是专门的、独立于一切机构之外的监察机关。御史大夫为台长，"掌邦国刑宪典章之政令，以肃正朝列"[1]。御史台下设台院、殿院、察院，各有分工，又相互配合，有权弹劾百官，参决大狱，监督府库支出，及出使分察地方州县。唐朝的监察范围，既包括考察官吏的品德、操守和政绩，监督地方官员和豪强的行为，还有发现人才、选拔人才的使命。

唐朝的监督制度还有谏议制度，设立左右谏议大夫、左右拾遗、左右补阙等谏官，对国家政策、法令的执行情况，以及最高统治者执行政务的情况进行监督、批评，甚至可直接对皇帝本人进行规谏。这既是对监察制度的补充，同时对至高无上的皇帝也能起到一定的约束作用，使之不可为所欲为，而国家却能以法治国，以法治官。

5. 休致制度。唐朝专门订立了规范官员休假和致仕的法令。《假宁令》是关于官吏休假的专门法。一般来说，唐朝官员每 10 天休假 1 日，称为"旬假"，古人有"十旬休假"之说。中秋、七夕、重阳、冬至等有"节令假"；因病、因事有"事故假"；婚丧嫁娶有"婚丧假"等。各种假皆有法定期限，不得超假，超者夺俸；在任期间，连续请假超过百日者，必须"停官"，即停职。致仕即退休，据《选举令》："诸职事官，年七十以上，听致仕。五品以上上表，六品以下申省奏闻"[2]。退休以后的待遇，五品以上官，仍给半禄；其他官也有永业田可以养老。若过七十仍不主动申请致仕，则将为时议所讥。为提倡惜贤敬老的社会风尚，唐朝对致仕官员往往给予一些特殊的礼遇，如有时可以加官一级，有时可另换一名望较高的官衔。

唐朝行政立法除上述内容外，还涉及其他各个方面，如关于田赋、户籍、赋役、征榷、市籴、库藏的规定；关于官手工业、官商业、工程兴造、水利事业的规定；关于科技、教育制度的规定；关于宗教、寺院、僧侣管理的规定；关于少数民族聚居区的行政管理的规定，等等。

唐朝的行政立法，其法规、法令的制定，系统而又缜密，从内容到形式都与唐帝国的行

---

① 《唐六典·御史台》。

② 《通典·职官十五·致仕官》。

政管理相协调，为后世行政立法的发展奠定了良好的基础，其影响深广，不仅限于东邻各国，也远播西方世界。难怪有人认为，西方近代的文官制度渊源于中国古代的行政官僚制度。这种说法并非没有道理。

### 五、经济立法

#### (一) 土地与赋役立法

1. 均田令。唐朝建立初期，土地立法承袭了北魏以来的传统，并在武德七年（公元624年）颁布均田令，将土地分为官田（又称公田）与私田两种，将荒地以及官田按社会等级分配。规定：丁男与十八岁以上中男授田一百亩，其中，八十亩为"口分田"，二十亩为"永业田"；老男笃疾废疾各给田四十亩；寡妻妾三十亩，如单独立户者，加二十亩。其中，"永业田"为个人所有，可以继承，并允许在一定条件下买卖。"口分田"为国家所有，允许使用，不准买卖。《唐律疏议·户婚律》规定："卖口分田"者，一亩笞十上，一亩以上递加至杖一百，买卖契约无效，"地还本主，财没不追"。即将土地归还本主，地价没收官有，不再追究买主刑事责任。业主死后，国家收回"口分田"。唐朝土地立法并没有触动大地主的土地所有权，同时对新贵族官僚加以照顾。例如，亲王授田一百顷；正一品官六十顷，以此递减，授田给其下各级官僚。唐律虽有"占田过限"的规定，但并没有认真抑制土地兼并现象，从而造成日后大量土地集中于贵族官僚之手，出现贫苦农民生活缺乏保障的社会问题。

2. 租庸调法与两税法。唐朝初期为维护国家机器的正常运转，对于授田农民征派三种赋税，即租、庸、调。按照唐朝租庸调法规定：每丁每年向国家缴纳粟二石，称为租；每丁每年为政府服役二十天，若不能出役，每日折合纳绢三尺或布三尺七寸五分，称为庸；每丁每年根据本乡所产缴纳绢二丈，绵三两，不能缴绢者，缴布二丈五尺，麻三斤，称为调。另外，国家临时有事而加役，满十五日免调，三十日租调皆免。至唐朝中期以后，伴随均田制这一重要经济措施的失效，租庸调也丧失了存在的基础，从而为两税法所取代。

唐德宗建中元年（公元780年），宰相杨炎奏请改行两税法，其主要内容为：第一，中央依据财政支出定下总税额，各地按照中央分配的数目向本地人户征收。第二，土著户和客户均编入现居州县的户籍，依据丁壮与财产（土地与杂资财）的多少定户等。第三，两税分为夏秋两次征收，夏税于6月底（阴历）纳完，秋税于11月底（阴历）纳完。第四，租庸调和一切杂税、杂役全部取消，但丁额不废。第五，两税法按户等纳钱，依田亩纳粟。第六，商人无固定住所者，由所在州县按收入的三十之一征税。为了维护土地立法与赋役制度，《唐律疏议》还规定：凡违期不纳税者，处以笞刑；里正和州县官妄自脱漏增减者，以减少或增加税役的多少，按枉法处断，分别判处徒、流乃至加役流刑（死刑代用刑）。若农户逃避税役，脱漏户口或虚报年龄，家长判处徒刑。即用法律的强制手段，保证唐朝税役工作的正常运行。

#### (二) 盐茶酒专卖制度

1. 盐业专卖制度。唐朝中期以后，为解决财用不足，改变了以往的放任态度，开始实行盐业专卖制度。唐肃宗至德元年（公元756年）公布盐业专卖制度，并任命第五琦为诸州榷盐铁使，掌管全国盐业专卖事务，实行民产、官收、官运、官销的制度。但因官府多谋求地方与个人利益，所以效益不高，而百姓负担却有加重。至唐代宗永泰二年（公元766年），以户部尚书领衔出任各道盐铁使的刘晏，进一步推动了盐业专卖制度的改革。其法律规定：

盐业事务实行民产、官收、商运、商销制度。唐朝把盐业专卖的重点放在控制盐业的生产上，并于全国产盐地区设置四场、十监等部门，统管盐业生产与统购。但同时也允许商人运输与销售盐。凡商人批发官府场、监的"官盐"，在向沿江河诸道交纳通过税"榷盐税"后，即可自由销售各地。此外，唐朝还专门设置"常平盐"，采用官运官销的方法控制盐价，防止偏远地区的盐商牟取暴利。唐朝为了禁止私盐运销，又设置了十三巡院，厉行缉私。凡发现私盐销售者资产没收，并按犯罪情节给予处罚。盐业专卖制度的推广，缓解了唐朝财政上的困难。正如《旧唐书·食货志》所说："天下之赋，盐利居半。"

2. 茶业专卖制度。自唐德宗建中三年（公元782年）始，统治者改变了政策，开始设置茶税并加征收。至贞元十年（公元794年），唐朝茶业专卖法全面推广。该法规定：在产茶州县和山林及茶叶贩运要道关卡征收茶税，税率为茶价的十分之一。据此，每年可获四十万缗，与盐利相等。但至唐文宗太和九年（公元835年），由于宰相兼盐铁使王涯与民争利，强迫百姓将自家茶树移栽官场，将自家茶叶拿到官场烘炒，并焚烧反抗者的茶园、茶叶，导致民怨沸腾。随着王涯在政变中被杀，唐朝茶业专卖法第一次被废除。唐武宗后，中央政府又恢复了茶业专卖制度，同时地方藩镇也增加了茶业税赋，从中渔利。由此导致茶价攀升，私茶交易（漏税茶）盛行。有鉴于此，唐宣宗时制定《茶法条约》严厉惩办私茶犯罪，以至三犯漏税私贩茶叶，每次在3 000斤以上者处以死刑。

3. 酒业专卖制度。唐朝自代宗广德二年（公元764年）征收酒业专卖税后，经多次反复，才确立下来。同年为缓解安史之乱后财政上的困难，统治者下令各州限定酒业产销额，凡登记的售酒户按月纳税，方许售酒；未登记纳税者，一律不得售酒。大历六年（公元771年）又规定酒坊分为三等纳税。德宗建中元年（公元780年），又开始罢征酒税。三年以后，在京城长安地区外，又开始酒业专卖，征收酒税。贞元二年（公元786年），统治者又下令，在长安和附近地区采取榷酤制度，允许酒户买官曲酿酒出售。宪宗元和六年，又一次罢除官营酒坊，除去特许酒户照常纳榷钱、酒税之外，其余榷酒钱一并摊入两税征收。至文宗太和八年（公元834年），重收酒业专卖税，税额已达到一百五十六万缗钱。为保证该项酒税上缴，规定了严厉的处罚。凡私酿、私卖酒者，不仅处刑严厉，而且没收家产，牵连邻家。正像《旧唐书·刑法志》所说："一人违犯，连累数家。"

### （三）对外贸易制度

唐朝作为一个经济繁荣、国力强盛的大国，对外贸易已达前所未有的水平。对外贸易由以前的陆路（丝绸之路）为主，改为以海路为主。这不仅因为陆路多受少数民族阻隔，增加了贸易的困难，同时由于南方沿海各地经济发展迅速，航海、造船技术发达，进而产生了这种变化。

1. 互市制度。唐朝是中国历史上比较开放的时期，允许在当地官府监督的条件下进行互市。互市制度主要有以下内容：第一，唐朝在各个边境地区定点设置互市。互市由监官控制。第二，中外商人首先应接受监官的审查检验，然后进行以物易物的互市交易活动。第三，禁止中外商人用马匹、骆驼等换取中国的丝麻商品以外的物品。违反上述规定，私自出境进行贸易者，"徒二年"。

2. 市舶制度。唐朝为了鼓励对外贸易，允许外商来华经商，并在通商城市划定"蕃坊"，作为外商居住、营业的地区。出于对外商管理的需要，首创市舶制度。唐太宗贞观十七年（公元643年）下诏，对外商进口的龙香、沉香、丁香、白豆蔻四种货物，抽取百分之十的实物税，出台了中国历史上第一项外贸征税法令。武则天统治时期（公元684年—705年），首先在广州设置市舶使，专司该地区的外贸管理职责。各地市舶使以及相关人员，收抽三种外贸税：第一，"舶脚"税，即船舶入口税；第二，"抽分"税，即抽取进口货物十分之一上贡朝廷使用；第三，"收市"税，即进口货物在市场上同中国商人交易时征收的市税。市舶制度的建立，对唐朝的外贸往来以及外商及进口商品的有效管理具有积极的意义，同时又深刻影响后世。

### 六、司法制度

#### （一）中央司法机关

1. 大理寺。中央设置大理寺、刑部、御史台三大司法机构。大理寺以正卿和少卿为正副长官，下设正、丞、司直等，职掌中央司法审判权，审理中央百官与京师徒刑以上案件，对刑部移送的地方死刑案件有重审权。对徒、流重罪的判决，须送刑部复核，死刑案件须奏请皇帝批准。

2. 刑部。刑部是中央司法行政机关，其正副长官为尚书和侍郎，职掌案件复核权，即负责复核大理寺判决的徒、流刑案件，以及州县判决的徒刑以上案件，并有权受理在押犯申诉案件，如有可疑可令原机关重审，死刑案件移交大理寺重审。

3. 御史台。御史台既是中央行政监察机构，也是中央法律监督机构，其正副长官为御史大夫和御史中丞，唐代御史台下设台院、殿院和察院，其职掌的法律监督就是监督大理寺和刑部的司法审判活动，同时，遇有重大案件，也参与审判，并受理行政诉讼案件。

#### （二）三司推事制度

唐朝在中央或地方发生重大疑难案件时，皇帝指派大理寺、刑部、御史台的长官会同审问，称之为"三司推事"。对于地方上的大案，如不便解往京城审判，则派遣大理寺评事、刑部员外郎、监察御史组成"三司使"，前往审理。

#### （三）诉讼制度

1. 告诉的限制。

（1）限制越级告诉。即当事人亲告于官府，或由其亲属代诉。告诉先向县级控告，再由县而州，由州至中央大理寺。一般情况下禁止越诉，对越级告诉和受理者，处以笞刑。

（2）直诉的限制。在特殊情况下允许越诉，甚至唐朝还规定了直诉制度。即凡冤无处申诉者，可以通过"邀车驾"、击"登闻鼓"等形式向皇帝告诉。但由此而冲撞皇帝仪仗队和控告不实者，都要受到处罚。

（3）限制卑幼子孙告尊长亲属。唐朝法律还规定了许多告诉的限制性条款，如除谋反、谋大逆、谋叛等罪外，卑幼不得控告尊长；卑贱不得控告尊贵；在押犯人，或80岁以上、10岁以下老幼之人，以及笃疾者，一般也无控告权；禁止投匿名信控告；起诉要有起诉书，按规定书写，即"诸告人罪皆须注明年月，指陈实事，不得称疑"。

2. 回避制度。据《唐六典》记载，唐朝统治者为防止司法官吏因亲属或仇嫌关系，而故意出入人罪，规定了司法官审判回避制度。即："鞫狱官与被鞫人有亲属仇嫌者，皆听更之。"

3. 死刑复奏制度。

（1）死刑三复奏。按《唐六典·刑部》载："凡决死刑，虽令则杀，乃三复奏"。即对刑杀之人，死前一天可以允许复奏两次，执行死刑当日仍可复奏一次，用以避免错杀无辜，冤枉好人。

（2）死刑五复奏。唐太宗为避免错杀，进一步慎重死刑执行制度，他又将行刑前的"三复奏"更改为"五复奏"。即决前一天两复奏，决日当天三复奏。但因各地离京城远近不同，实行"五复奏"有困难。故唐太宗又规定各地死刑案件仍行三复奏，只有在京的死刑案件实行"五复奏"。而犯有"恶逆"以上罪者，以及身为贱民的部曲、奴婢犯杀主人罪者，则实行一复奏后，就可动用死刑。

4. 法官责任制度。为保证审判结果符合国家法律要求，唐朝严格规定了法官的责任制度。首先要求法官必须严格依据律、令、格、式正文定罪。《唐律疏议·断狱》明确规定："诸断罪皆须具引律令格式正文，违者笞三十。"同时还规定，对于皇帝针对一时一事所发布的敕令，如果没有经过立法程序上升为普遍法律的"永格"者，不得引用以为"后比"。如果任意引用而致断罪有出入者，属故意，以故出故入罪论处；属过失，以过失出入人罪论。

## 第三节　宋朝法律制度

### 一、立法概况

#### （一）法律形式

宋朝法律形式在唐代律、令、格、式基础上，增加编敕和编例，形成律、令、格、式、敕、例并行的局面。

"编敕"。宋朝对皇帝临时发布的敕令加以汇编，使之成为带有普遍性的法律，称为"编敕"。

"编例"。宋朝对皇帝和中央司法机关发布的单行条例，或审判的典型案例加以汇编，前者称为"条例"或称为"指挥"，后者称为"断例"。另外，至南宋时期又出现了统编敕令格式的"条法事类"的法律形式。

#### （二）《宋刑统》的制定

宋太祖建隆初年由工部尚书判大理寺窦仪等人，主持修律。至建隆四年（公元963年），《宋刑统》修成，经太祖批准，"模印颁行"天下，成为中国历史上第一部刊版印行的封建法典。首先，《宋刑统》在结构内容上沿袭《唐律疏议》，但在12篇律下分213门，所谓"门"，就是将调整大体同一类社会关系的律文汇编为一个单元。其次，律后附有唐中期以后至宋初的敕文。《宋刑统》在体例上取法于唐末五代的《大中刑统》和《大周刑统》，成为一部综合性的封建成文法典。宋朝后期，法律形式和内容虽有变化，但它作为国家基本性法典，"终宋之世，用之不改"。

#### （三）编敕活动

敕是皇帝对特定的人和事，以及特定的区域所颁发的诏令，为一时之权制，不具有普遍的法律效力。但把众多的散敕，加以分类汇编，经皇帝批准颁行后，便具有普遍的法律效力，即所谓编敕。编敕是宋代最重要的经常的立法活动。自太祖制定《建隆新编敕》后，规定凡新登位皇帝或每次改年号都要编敕。不仅朝廷编敕，而且地方司、路、州、县也有编敕。重要的编敕有太宗时的《太平兴国编敕》《大中祥符编敕》等。至宋仁宗时期，由于"律敕并行"，结果导致法令不一、相互矛盾的局面。神宗变法时宣布"律不足以周事情，凡律所不载者，一断以敕"。因而，进一步提高了敕的地位。至南宋孝宗后，又把敕、令、格、式分门别类汇编，名为《淳熙条法事类》。宁宗庆元二年（公元1196年）又颁《庆元条法事类》。

### （四）编例活动

宋朝在编敕的同时，也很重视编例的活动，以之适应复杂多变的社会形势。宋神宗变法时首颁《熙宁法寺断例》，自此以后，宋哲宗时颁《元符刑名断例》，南宋高宗时颁《绍兴刑名断例》等。宋代颁例之多，为前所未有，至南宋庆元年间，仅条例（指挥）前后已达数万件之多，并且其法律地位也日趋重要。

### （五）条法事类的编定

到南宋孝宗统治时期，为了适应司法实践的需要，又把敕、令、格、式分门别类加以汇编，名之为《淳熙条法事类》。到宁宗庆元二年（公元 1196 年），在前次修订的基础上，又加以编定。最后，以《庆元条法事类》之名，颁行天下。

## 二、刑事立法

### （一）刑罚制度

宋朝在沿用隋唐刑罚制度的基础上，刑罚开始趋重，创设了一些新的刑罚制度。主要表现为：

1. 折杖法。宋太祖建隆四年（公元 963 年）创立折杖法，作为重刑的代用刑。即把笞刑、杖刑折为臀杖；徒刑折为脊杖，杖后释放；流刑折为脊杖，并于本地配役一年；加役流，脊杖后，就地配役三年。从而使"流罪得免远徙，徒罪得免役年，笞杖得减决数"。虽然实行笞杖徒流刑的折杖法，但是仍然存在弊端，即"良民偶有抵冒，致伤肢体，为终身之辱；愚顽之徒，虽一时创痛，而终无愧耻"。因此，在徽宗时又对徒以下罪的折杖刑数重作调整，减少对轻刑犯的危害。

2. 刺配刑。由于宋初的轻刑政策与折杖法不能解决严重的犯罪问题，宋太祖时期还规定了"刺配刑"。所谓"刺配刑"，即"既杖其脊，又配其人，而且刺面，是一人之身，一事之犯而兼受三刑"。宋初设此刑之初衷，原为宽贷死刑之意。但被使用后成为滥刑之制，即复活肉刑，又没有配地远近之限，造成了恶劣影响。至神宗时有关刺配的编敕条款已达 200 条，尔后至南宋孝宗时又增至 500 条。

3. 凌迟刑。凌迟刑首用于五代时期，但属于法外刑，至宋朝确立为法定刑，被广泛使用。宋仁宗时在法定绞、斩死刑外，增施凌迟刑，用以惩治荆湖之地所谓以妖术杀人祭鬼的犯罪。至南宋凌迟刑适用越来越广，宁宗颁《庆元条法事类》时，凌迟刑成为法定刑，与绞刑、斩刑并用。所谓"凌迟"，是以利刃残害犯人肢体，然后缓慢致其死命的残酷刑罚。《宋史·刑法志》如是记载："先断其肢体，次绝其吭，当时之极法也。"凌迟这种酷刑一直沿用于封建社会，至清末法制改革时才被废除。

### （二）重法地法

北宋中期以后，统治者加强了对"盗贼"犯罪的处刑，宋仁宗嘉祐年间专门创立了《窝藏重法》，严惩"贼盗"犯罪的窝藏之家，清除"贼盗"犯罪的社会基础。英宗继位后，除继承《窝藏重法》外，又另外制定了《重法》。神宗熙宁四年（公元 1071 年）颁行《重法地法》，又称《盗贼重法》，进一步扩大重法的适用地区，重惩"重法之人"。所谓"重法之人"，是指武装反抗封建国家的农民，对重法之人的制裁，没有地区限制，"虽非重法之地，而囊橐重法之人，并以重法论"，一经捕获，本人处死刑，家财没官，妻子编置千里之外。这样，宋代处刑更严酷的《盗贼重法》基本代替了《宋刑统》中的

"贼盗律"。

### 三、民事立法

#### （一）契约制度

宋朝时期，由于商品经济的发展，"义利并重"的思想逐渐取代了"贵义贱利"的主张，民事法律关系与契约法律制度也相应地发生了变化。宋初统治阶级注重对所有权的保护，规定"垦田即为永业"，"满五年，田主无自陈者，给佃者为永业"。太祖开宝二年（公元969年）进一步规定红契制度和税契制度。即用官府加盖红印的契据确认土地所有权，以收取契约税的形式保护土地交易的合法性。宋代所有权已有动产所有权（物主权）与不动产所有权（业主权）之分。《宋刑统》对动产中的宿藏物、阑遗物（遗失物）、漂流物、无主物、生产蕃息等所有权都作了明确的规定。同时对不动产的田宅所有权的转移，包括租佃、典、押等形式，也都规定要书面立契，并取得官府的承认。即所谓"皆得本司文牒，然后听之"。否则，所有权问题发生纠纷，法律不予保护。

1. 买卖契约。宋代买卖契约分为绝卖和赊卖二种。绝卖为一般买卖，赊卖则采取预付方式，而后收取物的价值。这些重要的交易活动，都须订立书面契约，取得官府承认，才能视为合法有效。

2. 租赁契约。宋时对房宅的租赁称为"租""赁""借"；对人畜车马的租赁称为"庸""雇"。以房屋租赁为例，宋代法律规定很详细："假每人户赁房，免五日为修移之限，以第六日起掠（收房租），并分舍屋间椽、地段、钱数，分月掠、日掠数，立限送纳。"

3. 租佃契约。宋朝在地主与佃农签订租佃土地契约中，明确规定纳租与纳税的条款，或按收成比例收租，或实行定额租，不问收获多少，同时要向国家缴纳田赋。若佃户过期不交者，地主可于每年十月初一至正月三十日向官府投诉，由官府代为索取。

4. 典卖契约。宋代典卖又称"活卖"，田宅所有人（出典人）将其财产交予买方（典权人），买方以低于卖价的典价获得对该财产的使用收益权，出典人（卖方）获得典价，同时约定期限，按期回赎。如到期无力回赎，买方得到田宅所有权。

5. 借贷契约。宋朝法律也对借与贷作了区分。借指使用借贷，而贷为消费借贷。当时把不付息的使用借贷称为负债，把付息的消费借贷称为出举。但双方均须订立被官府加印的典卖契约。并规定，"（出举者）不得还利为本"，不得超过规定实行高利贷盘剥。

#### （二）财产继承制度

宋朝除沿袭以往遗产兄弟均分制外，允许在室女享受男子继承财产权的一半。同时承认遗腹子与亲生子享有同样的继承权。至南宋又规定了户绝财产继承的办法。户绝指家无男子承继。户绝立继承人有两种方式，凡夫亡而妻在，立继从妻，称"立继"。凡夫妻俱亡，立继从其尊长亲属，称"命继"。继子与户绝之女均享有财产继承权，但在室女享有3/4的财产继承权，继子享有1/4的财产继承权。出嫁女享有1/3财产继承权，继子享有1/3的财产继承权，另外的1/3的财产收为国家所有。

### 四、行政立法

#### （一）国家机构的调整

宋朝奉行强化中央集权的基本国策，削夺与限制官僚的各项权力，从这点出发，宋朝从建立之初便开始调整中央与地方行政机构。

1. 中央国家机构的调整。首先，宋朝为解决君相之间的矛盾，削弱相权。将相权一分为三，军事权归于枢密院；财政权归于三司使；行政权也被皇帝削弱。其次，削弱枢密院的军事权。宋朝在枢密使下设置副使与知枢密院事等副职，牵制枢密使的军事权。至宋神宗任用王安石变法时，进一步削弱枢密使的权力，其虽有发兵之权，但无掌兵之权，兵权分属殿前司、马军司、步军司，以利于皇帝从中操控。再次，将财权一分为三，分别由盐铁司、度支司、户部司分掌，以便于皇帝直接控制国家财权。

2. 地方机构的调整。宋朝出于强化对地方行政机构控制的考虑，对地方机构作了重要调整。在州、县二级行政机构之上，又设路一级行政机构，成为地方最高行政级别。路的权力又分属帅司（经略安抚使）、提点刑狱司、转运使和仓司四个部门，分掌军政、司法监察、财赋和边防。这些部门互不隶属，分别对州县实行监督，直接对皇帝负责。

### （二）官员选任与考课制度

宋朝沿袭唐朝，仍然通过科举考试制度选任官吏。但与唐朝相比，宋朝设置"明法科"，皇帝更重视采用"明法""通经"的办法来选任官吏，使得官吏具有依法管理的应有素质。[①]同时宋朝严格防止科考舞弊。相继采取弥封举子姓名（"糊名"）与考试卷另由他人抄写呈上（"誊录"）的方式，以保障官吏的水平与相应的素质，经过科考通过的举子，便获得做官的资格。其中，文官由宰相或吏部铨选，武官由兵部铨选。同时宋朝还通过"贡举""恩荫""从军"等多种方式，对皇室与官贵子弟授官。

此外，宋朝进一步加强官吏的考课工作，实行官员任满，一年一考。其中，京官由磨勘院或审官院分别考课；其僚职州县官则由考课院主持考课工作。凡考绩，分为三等。居上者，提升或减少试用期（减磨勘）；居中者，不升降；居下者，或降职或增加磨勘年限。为此，神宗年间规定考守令的"四善三最"，绍兴年间又规定"以七事考监司"。但是因立法与考课的实际工作相脱节，所以，不少规定成为空文。

### （三）监察制度

宋朝因循唐朝，将御史台分为三院，其中，台院负责官吏为侍御史；殿院负责官吏为殿中侍御史；察院负责官吏为监察御史。其中，察院监察御史负责监察京外官吏不法行为；殿中侍御史，负责监察殿廷内的官员活动；侍御史负责监察中央百官的不法行为。而御史监察以"六条"为监察内容，除负责官吏监督外，还负责对农桑、赋役、盗贼奸匪、抑制豪强等事进行监察。监察官吏只对皇帝负责，受皇帝的直接指挥，从而强化了中央集权的皇权专制。

### 五、司法制度

#### （一）中央司法机关

1. 大理寺。宋朝沿袭唐制，在中央仍设大理寺，掌管中央司法审判大权，特别是审理地方上报的徒流刑案件，以及审理京师与中央百官所犯徒流刑案件。同时也参与皇帝直接交办的重大刑事案件，同刑部与御史台共同审理，并上报皇帝批准执行。由于宋代统治者强化对中央司法机关的控制，另立审刑院，使大理寺的地位在一个时期发生变化而成为慎刑机

---

① 《文献通考·选举》。

中国法制史

构，负责中央审判复核工作。

2. 刑部。刑部是负责复核案件的中央司法机关，对大理寺所审理的案件进行复核，并同大理寺与御史台一起共同审理某些重大疑难案件。

3. 御史台。御史台是宋代中央一级负责法律监督的重要机关。同时与大理寺、刑部一起审理某些重大疑难案件。

4. 审刑院。宋代审刑院的出现，是当时中央司法机构最突出的变化之一。淳化二年（公元 991 年），宋太宗为加强中央集权统治，另立审刑院，使审刑院官吏掌管审判大权，从而降低了大理寺的地位。另外，地方上报的重大疑难案件须先送审刑院备案，后移送大理寺审理、刑部复核，再经审刑院评议，交由皇帝裁决。此后，因神宗变法裁撤审刑院，大理寺才又恢复原有的职能。

### （二）鞫谳分司制

鞫谳分司就是将"审"与"判"分开，由专职官员负责检详（选择）法律条文，而原审官员无权检法（适用法律）判刑（定罪）；而前述检详法律的官员是依据原审官员审定的案情与相关证据适用法律，但无权过问审讯。该制度使二者互相制衡，以免作弊，此即"鞫谳分司"之目的。成为宋朝司法审判制度上的一个进步表现。

### （三）"翻异别推"制度

宋朝在发生犯人推翻原有口供，而且"所翻情节，实碍重罪"时，采取"翻异别推"制度，即将该案改交另外法官或另一司法机构重新审理，改换法官审理称之为"别推"，改换司法机关审理，称为"别移"。按照宋代法律规定，犯人翻异次数不得过三。如故意诬告称冤者，查证属实，罪加一等处罚。这一制度的出现，有助于纠正因刑讯逼供而导致的错案、假案、冤案。故为宋朝司法审判制度上的又一进步体现。

### （四）务限法

宋朝商品经济发展，民事纠纷增多，统治阶级不想因此影响农业经济发展，故在民事诉讼的受理时间上规定了务限法。《宋刑统》"婚田入务"条规定，每年农历十月一日至次年一月三十日，州县官受理民事诉讼，其他时间原则上不再受理。但如果原已受理的民事诉讼尚未结案，可以延长至三月底结案。但三月底以后，不仅官府不再受理案件，也不得审理案件，用以保证农业生产的正常进行。

### （五）《洗冤集录》与《明公书判清明集》

1. 《洗冤集录》。宋朝中期是古代司法制度有所总结，有所发展的时期。不但司法机构有进一步的发展完善，而且诉讼审判制度也有所突破。即在审判中不仅重视物证、书证、人证、口供等证据的运用，而且对人命案的审理中更加重视检验与现场勘察活动。由此而产生了由宋慈撰写的世界第一部法医学名著——《洗冤集录》。宋慈字惠文，福建省建阳县人，他在广东、湖南等地出任提点刑狱使等四任地方司法官。他注重总结与研究，以往勘验经验，又结合自身勘验的经历，终于完成了具有重大影响的比较完整的法医检验专著。该书出版后一直到清朝，始终被后世历代王朝奉为法医的经典之作和传统件作为教材，培养了一代又一代的法医专家。他的影响远播海外，被翻译为荷兰、英、法、德等国文字，成为世界法医学史上瑰宝。

2. 《明公书判清明集》。《明公书判清明集》，是南宋文人整理汇编当时著名的诉讼判决书和官府公文而形成的一部珍贵的史料集，它成为研究南宋中后期法制史的宝贵材料。宋本

《清明集》留有序，作者署名"慢亭曾孙"。该书不分卷，只有户婚门。明本《清明集》录自《永乐大典》，为十四卷，分有官吏、赋役、文事、人伦、人品、惩恶等门，而其户婚门中内容也比宋本为多，共六卷。特别值得注意的是，在《清明集》中，不少判决书中还援引了当时的若干法律条文，对人们考察宋代法制史，特别是南宋法律制度的变化，具有十分重要的研究价值。故从宋至明清，不断有人从事对《清明集》的研究。

《清明集》不仅为中国法制史学界的研究提供了珍贵的资料，同时也成为东亚日本等国推崇的一部书，可见该书内容之丰富，影响之深远。

### 六、辽夏金法律制度

#### （一）辽代的立法概况及特点

辽代（公元916—1125年）是北方古老的契丹族建立的帝制王朝，历9帝，210年；从北魏至唐末逐渐成为北方地区的强势政权。公元916年部族首领耶律阿保机称帝（辽太祖），建元神册，国号契丹；之后改国号大辽；1125年亡于金。

1. 辽代法制沿革

辽代因袭唐代旧制，最早的一部法典，是辽太祖神册六年时诏令定法律而编成的《决狱法》。圣宗时"更定法令凡十数事"。此后，兴宗重熙五年（公元1036年）诏令重修法典，参照唐律同时将太祖以来历朝法令编定成一部新的法典《新定条制》（共547条），史称《重熙新定条制》，颁行全国。《新定条制》是当时的基本法律。道宗时，进一步强调契丹、汉人风俗虽不同，但国法不可异施，诏令在《重熙新定条制》基础上加以修定。咸雍六年（公元1070年），在增收唐律、新创律文、删除旧律以后，完成了一部本民族较成熟的法典《咸雍重修条制》，计789条。这是契丹族在法制上的进步。

2. 辽代法制的特点

辽代法制反映了民族歧视和民族传统的内容。其时仍奉行"以国法治契丹，以汉制待汉人"的"北南院官制"分治制度。史书载圣宗时，主张契丹人和汉人犯罪，"一等科刑"。但其时仍有规定契丹人与汉人互殴致死，处刑轻重不同。史载："辽之世，同罪异论者盖多"。

强调对契丹等游牧民族依"治契丹及诸夷之法"，即依照本民族习惯法调整。宋代人史籍中载："衣服言语各从其俗，四姓相犯皆用汉法；本类自相犯者，用本国法。故别立契丹司以掌其狱。"此种因族而异的司法制度，导致民族歧视与司法不公。

熙宗以前允许主人对奴婢施以私刑。对反叛者处以投高崖、活埋等带有民族传统刑罚色彩的酷刑。此外还有木剑大棒、铁骨朵等传统刑罚。

#### （二）西夏的立法概况及特点

西夏（公元1038—1227年）是西北地区古老民族羌族的一支党项族建立的帝制王朝，历10帝，190年；宋仁宗时部族首领李元昊与北宋对抗，自称"兀卒"（青天子）。1038年称帝（景宗）建国，改元"天授礼法延祚"，国号大夏；先后与辽、北宋、金、南宋对峙。西夏一度成为历史上西北地区的强势王朝。1227年亡于蒙古。

1. 西夏法制沿革

西夏因袭唐宋旧制，文化思想上笃信佛教。中央设中书省、枢密院、尚书省、御史台、三司等为中央机构；地方设州（府、军、郡）、县（城、堡、砦）两级；西域各部落实行"蕃落"制。最早实施的"律令"，制定于崇宗贞观年间（公元1101—1113年）；其时，史书中还载有军法《贞观玉镜统》。至仁宗天盛年间（公元1149—1169年）诏令重修法典，参照唐宋律内容体例，制定《天盛改旧新定律令》20卷150门1461条，注疏、格、式等均作为律令文本加以规定（所以无注释与附例），多达20余万言。同时，援用唐宋律中的"十恶""八议"名目，但内容略有改易。神宗光定年间（公元1211—1223年）又有《亥年新法》颁行。

### 2. 西夏法制的特点

西夏法律除传统的刑事性律令之外，还涉及行政、经济、民事、社会、环境资源、军事和诉讼类法律规范。宋代人史籍中讲西夏"仿中国官署""行中国法令"，但西夏法律仍存有大量民族特色的内容。对族内纠纷有"和断（和解）官""以听讼之曲直"；有"赔命价""羞辱""誓言"等民族习惯法的沿用；在唐宋传统五刑体例基础上，有所变化，如无流刑，但有类似无期徒刑的"无期处"，附加刑有罚马、罚铁、罚钱等。

### （三）金代的立法概况及特点

金代（公元1115—1234年）是东北地区女真族建立的帝制王朝，历9帝，120年；唐末五代时受契丹统治。1115年部族首领完颜阿骨打称帝（金太祖）建国，年号收国，国号大金；1125年灭辽，1127年灭北宋与南宋对峙。一度成为历史上北方地区的强势王朝。1234年亡于蒙古。

### 1. 金代法制沿革

金代兼采宋辽制度：中央设三省六部，尚书省为行政中枢；地方设路、府（州、军）、县三级。初期"用本国制度"，"法制简易，无轻重贵贱之别，刑赎并行"；灭辽与北宋之后，强调适用辽宋旧律，所谓"所用刑罚皆采律文"。熙宗皇统三年（公元1143年），在参照唐律和辽宋立法，并保留许多女真旧制的基础上，编成了首部成文法典《皇统制》。世宗大定十九年（公元1179年），在已有法律基础上颁行了《大定重修制条》。章宗明昌五年（公元1194年）参酌前朝律令制条，用《宋刑统》中的疏议加以注释，修定成一部新法《明昌律义》。泰和二年（公元1202年），进一步取唐律12篇的体例，存留律文563条，修成了著名的《泰和律义》。《金史·刑法志》说此"实唐律也"。与此同时，还颁行有《泰和令》《新定敕条》《六部格式》等法规，是为其时最大的一次立法活动，使其法制趋于完备。

### 2. 金代法制的特点

金法律奉行民族歧视政策，对本民族和汉族适用不同的法律，采取因地因族制宜的原则：对征服的契丹旧地与北宋地区的民众适用辽宋旧律，对女真部族则"一依本朝制度"即习惯法。同时，在司法中留有许多民族传统刑罚手段。如罪犯要割去耳鼻，以示与常人不同等。从传统法律文化传承的视角，以《泰和律义》为典型的金代立法的汉化程度远高于辽与西夏，其中的《泰和律义》最有代表性。金代法制对元代法制产生了深远的影响。

金初，曾施行刑、赎并行的制度，允许以马牛杂物赎罪。因连年战争，法律多成具文。

# 第四章　元明清法律制度

## 第一节　元朝法律制度

南宋灭亡后，中国历史上第一个由少数民族建立的统一的中央集权的封建王朝——元朝统一全国。面对地域广阔的汉族地区和相对进步的汉文化，蒙古族统治者采取了务实的态度，并不拒绝对汉文化的接受和吸纳，从而推动了中华各民族政治、经济、法律文化的融合，加速了蒙古民族的封建化进程。其法律总的倾向是"遵用汉法"，但又保持了明显的民族色彩。入主中原后，蒙古族统治者以"附会汉法"为立法的指导思想，在沿用蒙古习惯法的同时，大量参照唐、宋之制，建立了具有特色的法律体系。

蒙古贵族抱着强烈的民族优越感和种族偏见，在统治中原之前以及其后，无论在政治上，还是在法律上，都贯彻了"分而治之"的国策，按民族及地域的不同，将社会成员划分为不同的等级。同时，宗教势力强大是元代与其他朝代的最大不同之一。为了提高佛教的社会地位，各级僧侣都享有法律上的特权，使元代法律的不平等性更加突出。

### 一、立法概况
#### （一）立法指导思想
1. "祖述变通" "附会汉法"。

元世祖忽必烈即位诏书提出"祖述变通"，祖述即"稽列圣之洪轨"，指要考稽成吉思汗以来蒙古汗国的制度；变通即"讲前代之定制"，是欲参用宋金以来的制度，即所谓汉法。后一项是忽必烈受汉人儒士影响而形成的。这也基本上是元代立法的遵循。因此而形成的元代法律，"以国朝之成法，援唐宋之故典，参辽金之遗制"，是蒙古旧制与汉法的混合物，在基本制度上是"附会汉法"的。

（1）确立《大札撒》的基础地位——强调蒙古传统法律文化。

在蒙古人对外战争接连取得胜利的同时，蒙古以札撒为中心的法文化也以蒙古草原为中心向外扩张。早在成吉思汗建立蒙古帝国并向金国发动进攻时，他就通过金人受到了汉文化的影响。公元1211年，成吉思汗称帝后不久，接受金朝降将郭宝玉"建国之初，宜颁新令"的建议，颁布了《条画五章》，就"条画"两字溯源可看出，《条画五章》已受到汉文化的非常明显的影响。所以翁独建先生认为："第一，这是成吉思汗一代颁布有系统的法令条画的唯一明文记载；第二，这一次的条画颁布是蒙古势力南下，与汉文化接触后，蒙元法律汉化的起点。"

深受中原儒家文化影响的耶律楚材虽然尽力想把中原法文化介绍给蒙古统治者，但从史籍所载的《便宜十八事》的内容等可以看出，它仍然深受蒙古传统法律文化的束缚。从总体来说，以《大札撒》为核心的蒙古族的法令习惯仍是最重要的法律。立法明确成吉思汗《大札撒》的法律地位，使其仍然保持着绝对的权威。"祖训不可以违，神器不可以旷"，对成吉思汗

《大札撒》的熟知与绝对服从，已成为各代大汗和皇帝能否取得合法资格的重要依据。

（2）"三法合一"的立法构想——注重法律制度的汉化过程。

元朝是中国历史上第一个北方少数民族入主中原，实现大一统的王朝。初期，其总的指导思想无非是把其在蒙古地区的政治法律制度推广到中原的广大地区。忽必烈于 1260 年宣布继大汗位，在继位诏里明确宣布："祖述变通，正在今日。"表明新政权参用中原王朝的传统体制以改变蒙古统治者"武功迭兴，文治多缺"的局面的决心，并建元中统，更明确地强调新政权为中朝正统、"天下一家"的地位。统治者认识到其统治重心已经逐步地移向中原地区，面对的是拥有悠久历史的农业社会，采用汉法对于巩固与稳定以汉文化为主的地区的统治具有不容忽视的作用，因此加快了对中原传统法律文化的吸收。其时曾提出并论证了"三法合一"（即"以国朝之成法，援唐宋之故典，参辽金之遗制，设官分职，立政安民，成一王法"）的立法构想，即以大蒙古国建立以来的祖训、札撒为根本依据，援引以唐宋为代表的中国传统法制的精髓，参照元建立之前的北方的辽国、金国的各种制度，建立起自己的政治法律制度。这一时期，蒙古统治者仍然是徘徊两端，因而元代法制在相当长一段时间未能取得显著的进步。

至元八年（公元 1271 年）十一月，元世祖正式改国号为"元"，中经成宗、仁宗，直至英宗登基，至治三年（公元 1323 年）二月"格例成定……名曰《大元通制》，颁行天下。"[①]至此，有元一代之典《大元通制》最终颁行，它标志着元代的法典基本定型。与《大元通制》几乎同时出现的，还有《元典章》，它由地方官吏自行编辑刻印，后由中书省批准在全国颁行。《刑部》是《元典章》中条格和判例最多的部分，几占全书的三分之一，它开创了明、清律例按吏、户、礼、兵、刑、工六部分类的体例。有元一代，基本完成了法律制度的汉化过程。

2．"因俗而治"，蒙汉异制。

元代仿照辽代"因俗而治"办法，在婚姻立法等方面明确规定蒙古人不适用汉法规范。在司法上由大宗正府掌理蒙古、色目人犯罪案件，也含有因俗而治用意。但蒙汉异制的主要出发点是保证蒙古人的特权。元法赋予蒙古人在任官、刑罚方面一系列特权，反映了其民族压迫色彩。

**（二）《大札撒》**

《大札撒》是蒙古游牧社会时期颁布的一部法律。它的内容包括有习惯、训令、札撒等方面，是大蒙古国领袖成吉思汗颁布的。成吉思汗曾命令诸宗王各领一部《大札撒》，收藏于金匮宝库之中。每当新皇帝即位，或有较大征伐，或者诸王朝会共议国事时，即捧出《大札撒》照章办理。太宗窝阔台即位后，曾重颁《大札撒》。到忽必烈建立元朝后，历朝在大集会时，都要诵读《大札撒》，它也作为王朝的传统仪式被保留下来。

元朝灭亡以后，《大札撒》原文已佚失，其部分条文散见于中外各种典籍之中。从典籍的记载中可以窥见《大札撒》之一斑，例如"遗火而爇草者，诛其家"；"相与淫奔者，诛其身"等，反映出蒙古民族的习惯、禁忌，以及维护游牧经济与社会秩序的传统。

**（三）元朝第一部成文法典：《至元新格》**

元朝立国后，为了适应封建大一统的需要，元世祖于至元二十八年（公元 1291 年）令

---

① 《元史·英宗纪》。

右丞相何荣祖等"以公规、治民、御盗、理财等十事辑为一书，名曰《至元新格》，令刻版颁行，使百司遵守"。《至元新格》成为元代第一部成文法典。

**（四）体例模仿唐、宋旧律的法典：《大元通制》**

元英宗至治三年（公元 1323 年）又修订了一部较为完备的法典——《大元通制》。这部法典共两千多条，分制诏、条格、断例、别类四部分；其篇目仿唐、宋旧律，分为名例、卫禁、职制、祭令等 20 篇。它较为全面地反映了元朝法制的基本状况。其中的条格部分又称《通制条格》，留存至今。《大元通制》使元朝法典遂至定型。

**（五）地方政府纂辑的法令法规汇编：《元典章》**

其全称为《大元圣政国朝典章》。这是当时地方政府对至元以来到英宗至治时期约五十年间有关政治、经济、军事、法律等方面的圣旨条例的汇编。它共 60 卷，分诏令、圣教、朝纲、台纲、吏部、户部、礼部、兵部、刑部、工部等十类。《元典章》虽非元代中央政府所颁之法典，但它系统保存了元代法律的内容，成为研究元代社会及法律的珍贵材料。

## 二、刑事立法
### （一）犯罪与量刑

同以前的各朝代一样，元朝统治者仍然把维护统治秩序作为法制的首要目标。因此，《大元通制》也遵循唐宋旧制，仍将"十恶"列于首篇，并保留了其基本内容，如规定谋反指谋危社稷，谋大逆指谋毁宗庙山陵及宫阙，谋叛指背国从伪，这些规定与唐律一致，但其具体内容仍然有若干变化，如对知情不举的谋反者的宅主及两邻规定了同罪处理的严格的连带责任，把唐律中的"造妖书妖言"罪移入大逆，对奴杀主也按恶逆定罪，突破了唐律规定的"殴及谋杀祖父母、父母、伯叔父母、姑、兄姊、外祖父母、夫、夫之祖父母、父母"的范围。值得注意的是，元人虽谓"奸有和强，罚有轻重"，但又划分出了属于强奸的"欺奸"，并且在中国历史上首次规定"诸强奸人幼女者，处死，虽和同强，女不坐。凡称幼女，止十岁以下"，对幼女的人身权加以特别保护，其进步意义十分明显。

元代定罪量刑最显著的特征是不同民族间的同罪异罚。为了防止汉族人民可能发生的反抗起义，元朝对汉族人的活动进行严密钳制，为汉人特别规定"私藏私造兵器"等罪。同时，对其他犯罪行为的量刑也是不同民族同罪异罚，蒙古人因争执或醉酒而打死汉人，仅是"断罚出征""全征烧埋银"的处罚，而如果汉人殴死蒙古人则要处死。

### （二）刑罚制度的变化

元朝的刑罚制度明显地带有蒙古民族的旧俗。随着立法的发展，基本上沿袭了唐宋封建五刑的刑罚制度，但也有所不同，在死刑中增加了凌迟，还保留了奴隶制的劓刑、黥刑等肉刑和醢刑、剥皮等酷刑。另外，将隋唐以来以十为尾数的笞杖刑改为以七为尾数，依《草木子·杂制篇》载，蒙古人的说法是由于"天饶他一下，地饶他一下，我饶他一下"。因而减少三下，使笞刑以七为基数，从七至五十七分为六等，即七、十七、二十七、三十七、四十七、五十七；杖刑从六十七至一百零七分为五等，即六十七、七十七、八十七、九十七、一百零七。笞杖刑说是减了三下，实际上笞杖数有所增加，加重了刑罚。而且元朝的刑罚也往往株连亲属，犯重罪者除本人被处死外，其妻女还要强行配与他人，甚至还有"族灭"的残酷株连。这表明元朝统治者利用严酷的刑罚来防止与镇压广大汉人、南人的反抗。元朝虽然沿用隋唐五刑旧制，但又根据蒙古民族旧有的习俗和特点，结合元朝的统治需要，使刑罚制度有所变化，形成了元朝独具特色的刑罚制度。

### 三、民事立法

#### （一）财产与损害赔偿的法律制度

元代法律继承了唐宋律中有关"阑遗物"的规定。"阑遗物"在元代许多时候指牲畜和奴婢。蒙古族长期游牧，牲畜在征战、运输、生产、生活中有重要作用。对于因战乱等多种原因导致的"阑遗"的牲畜、奴婢，在法律上亟须有所规范。其时的法律规定：如果"阑遗"的牲畜、奴婢，公告十日仍无人领取，官府应依法收管，日后原财产的主人前来官府认领的，依法归还本主。

元代的契约法律主要继承南宋以降唐宋法典的相关规定。两宋律法中有关买卖契约、典当契约、借贷契约、租佃契约等的法律规范，基本上在元代得到了沿用。两宋以降不动产买卖和典当等财产变更，必须依法遵行的"经官给据""先问亲邻""签押文契""印契税契""过割赋税"五个程序原则，在元代得到进一步的强调与实施。

元代法律有关损害赔偿的规定，较唐宋律有了进一步的完善。元代法律规定：造成他人的人身、财产损害的，除应依法承担刑事责任，还应承担财产性的民事赔偿责任；元代法律中规定有"养济之资""养赡之资""医药之资"等赔偿项目。对因杀人导致的被害人死亡的各种犯罪，元律专门规定有赔偿"烧埋银"的制度，即由罪犯及其家属依法向官府缴纳"烧埋银"，再由官府给予"苦主"（受害人家属）。所以，通常认为"烧埋银"具有一定的损害赔偿性质。史载，蒙古人杀人后，往往借此逃避刑罚。

#### （二）婚姻与继承制度的特点

元朝明确规定，建立婚姻关系必须订立婚书（或称"嫁娶礼书"），婚书上写明议定的聘财数额，如果是招赘女婿，须写清养老或出舍的年限，主婚人、保亲人、媒人须在婚书上签字画押，然后依礼成亲，婚姻关系方才有效。明、清时虽然也一般要求有婚书，但已不再是法定必备形式要件。

元朝开始对媒妁进行规范化管理，只有经基层官员、地方长老等保举推荐的"信实妇人"，才能充任媒妁，并由官府登记在册。媒妁职业化倾向在明、清时犹存，明朝有所谓的"媒人行"，即媒妁有专门的营业住所，国家向其征税。

元朝以前，法律允许改嫁寡妇带走原有妆奁，不准寡妇带走的，仅限于亡夫的遗产（或应得份额）。但元朝法律正式规定，离婚妇女或寡妇如果再婚，就要丧失原先从父母处得来的妆奁物及其他继承得来的财产，至于夫家的财产，更是不得带走。明、清两代受元朝影响，都有"（寡妇）改嫁者，夫家财产及原有妆奁，并听前夫之家为主"的规定。这种规定反映了封建社会后期妇女地位进一步下降的趋势。

### 四、行政立法

#### （一）中枢和地方行政机构

1. 中央机构

元朝为加强国家的行政效能，中央行政机关实行中书省一省制，统揽军国大事，但其内部设置大大增加，中书令常以皇太子兼领，其下设左右丞相、平章政事、左右丞和参知政事，他们均称宰相，号称"八府宰相"，中书省下设的吏、户、礼、兵、刑、工六部等机构与唐朝大体一致。同时，中央还设枢密院作为最高军事机关，但其地位较中书省为低。其余府、院、监、寺等机构的设置采用金朝体制，与唐宋等大不一样。宣政院掌管宗教和少数民族事务，地位十分重要，不仅长官的品级高，而且机构庞大，职权很重。

2. 地方机构

（1）行省制。元代地方行政机构与唐宋相比最大的变化是行省的设立。行省，或称省，是行中书省的简称，元初是中书省的派出机构，后变为常设的固定的行政机构。行省设丞相为长官，主管一地的政治、军事、财政各个方面，权力很大，必须由蒙古贵族担任。同时地方上还设有行枢密院和行御史台作为中央机关的派出机构，与中央的机构互为表里，从而使中央和地方的军政大权完全控制在皇帝手中。行省制是秦汉以来的郡县制的一大发展，也是明清以降省制的前身。

（2）路、府、州、县制。行省以下，元设有路、府、州、县四级，或路、州（府）、县三级，以总管、知府、知州和县尹分掌之，但路以下机构中均设有以蒙古人充任的达鲁花赤管事官，达鲁花赤的品级与各级机构的长官相同，但权力更大，可以监督地方官，是地方的实际负责人。

元代县以下建立有村社和里甲基层组织。

元代已开始对西藏地区行使行政管辖权，在西藏实行政教合一的制度，在中央由宣政院负责西藏地区事务，并派有宣慰使一人常驻西藏，负责征收赋税、调查人口、考核当地官员等事务。

（二）科举制度的变化

科举制度自唐代确立之后，经过宋代的发展，到元初期一度中断，忽必烈建立元朝后虽积极推行"汉法"，但对"汉法"重要组成部分的科举取士一直采极为慎重的态度。因此，虽然不断有人建议进行科举取士，方案都得到了忽必烈的认可，但一直未能实行。直到元仁宗时期才于公元1313年正式下诏实行科举考试，此时已距元朝正式建立有四十余年之久。其后又曾中断数年。

元朝的科举考试也分乡试、会试和殿试三级，每三年一次，但多数考试均未满额，录取人数较唐宋为少。元朝科举考试的录取按等级进行，明确规定蒙古、色目、汉人与南人各占录取名额的四分之一，但由于汉人与原南宋统治下的南人的应试者众多，而蒙古、色目人考生较少，最终结果极有利于占统治地位的蒙古与色目人。元朝科举考试的另一个特点是考试内容"以经术为先，词章次之"，出题均在传统的儒家经典范围之内，考生必须按宋代程朱理学的观点来答题，由此而实际上确定了程朱理学在思想文化领域的统治地位，影响极其深远。

（三）监察制度的发展

1. 御史台、行御史台及肃政廉访司体制的确立。

元代仿唐宋旧制，于世祖至元五年（公元1268年）在中央设御史台（内台、中台）掌监察。但御史台的地位已与唐宋有很大的不同，它在整个中央行政管理体制中与中书省和枢密院形成了三足鼎立之势，御史台设御史大夫二人，以使其互相制约，其品秩提高到了从一品，且基本由蒙古贵族担任，其副职御史中丞也提高到了正二品，御史台的地位达到了一个前所未有的高度。御史台的内部机构也改变了唐宋的三院制，改殿院为殿中司，把台院并入察院，察院的组织与职权较过去加重很多。

在地方则设立两个行御史台，作为中台的派出机构。一是监临东南诸省的江南诸道行御史台（南台），一是设在陕、甘、滇、蜀地区的陕西诸道行御史台（西台）。行御史台与行枢密院一样为中央机构的派出机构，简称行台，从而形成了一套从中央到地方的完整的监察体制。

中台和行台之下，复分 22 道监察区，京师及其附近地区划成内 8 道由御史台直接管辖，派监察御史常驻各监察区，后改为肃政廉访司（初沿宋制称提刑按察司，至元二十八年改）。中台直接管辖"腹里"地区的"内八道"，南台辖有 10 道，西台辖有 4 道。中台、行台与肃政廉访司相衔接，构成了全国范围的垂直监察系统。

2. 监察的内容。

御史台、行御史台及各道肃政廉访司的职责，依至元五年（公元 1268 年）初设御史台圣旨条画规定："弹劾中书省、枢密院、制国用使司等内外百官奸邪非违，肃清风俗，刷磨诸司案牍，并监察祭祀及出使之事。"这是个总纲，其下罗列一系列行政、司法具体事项。行台则监察行中书省、宣慰司，其余官府由廉访司监察。

### 五、司法制度

#### （一）中央司法机关

中央司法机构包括：

1. 大宗正府

大宗正府是从蒙古国初期掌刑政的札鲁忽赤（汉译断事官）演变而来。依世祖至元元年（公元 1264 年）规定，札鲁忽赤掌理"诸王、驸马、投下蒙古色目人等"所"犯一切公事"，及"汉人奸盗诈伪、蛊毒厌魅、诱略逃驱"等刑狱。次年设大宗正府为札鲁忽赤官署。职掌较宽。至元九年（公元 1272 年）又令"止理蒙古公事"。泰定帝致和元年（公元 1328 年）又定其职为"上都、大都所属蒙古人并怯薛军站色目与汉人相犯者"。《元史·刑法志》载"诸四怯薛及诸王、驸马、蒙古、色目之人犯奸盗、诈伪，从大宗正府治之"，指的是其常职。

2. 刑部

刑部属中书省，掌司法行政与审判，是仿唐宋制度建立的，但较唐宋刑部职能为宽。据《元史·百官志一》载，凡"大辟之按覆，系囚之详谳，孥收产没之籍，捕获功赏之式，冤讼疑罪之辨，狱具之制度，法令之拟议，悉以任之"。原属大理寺的职能，部分地归于刑部。

3. 宣政院

宣政院本是主持全国佛教事务和统领吐蕃地区军、民之政的中央机构。由于职掌的特殊性，自成系统。有时在江南设立行宣政院，在诸路、府、州、县则设僧录司等，管理各地佛寺、僧徒。其司法职能为掌管僧人僧官刑民案件。

#### （二）诉讼审判制度的变化

在《元史·刑法志》《元典章》等史料记载中，元代法律"诉讼"已独立成篇，如《大元通制·诉讼部》等。元律中涉及诉讼程序的规定更加具体，诸如原告、被告、书状、刑狱、听讼、问事等均详予规定。元律规定一般不准越诉，较唐宋律限制更严。但也规定有击登闻鼓等非常上诉制度。确立诉讼官吏亲嫌回避的法律。并明文禁止审判官吏私自抄没人家、摘录私书以文致人罪。与前代法律相比，这是一个重大变化。

此外，元代法律还规定有代诉制度，《元史·刑法志·诉讼》载："诸老废笃疾，事须争讼，止令同居亲属深知本末者代之。"民事案件当事人一般不予收押，军官巡检不得受理民事案件。

元代对不同户籍、不同民族及其与僧侣之间发生的刑名诉讼案件，其诉讼管辖中有一种特别的"约会"制度，即涉及上述类型的案件，受理的官府一般需知会相关户籍涉案人的直接上司衙门共同参与案件审理。

## 第二节　明朝法律制度

### 一、立法概况

#### （一）立法指导思想

1．"刑乱国用重典"。明太祖朱元璋由农民起义领袖变为封建帝王，他以元朝的灭亡为殷鉴，在总结历史经验的基础上，确立了重典治国的基本策略。他将当时的天下视为"乱世"，尤其是立国之初要"先正纲纪"，特别是要用严刑酷罚惩治"奸顽"。因此，明朝立法之初，便以"刑乱国用重典"作为指导思想。明朝统治者曾在《大明律·序》中作了阐释："出五刑酷法以治之，欲民畏而不犯。"可见，重典治国目的在于最大限度地发挥刑罚的威慑力。

2．"明刑弼教"的立法指导原则。"明刑弼教"一词最早见于《尚书·大禹谟》中"明于五刑，以弼五教"之语，后人简称"明刑弼教"。从字面而观，"弼"乃辅佐之义，似与"德主刑辅"的传统立法、司法原则并无不同。实则不然，"德主刑辅"中"德"为"刑"纲，"刑"要受"德"的制约，始终处于次要、辅助位置。宋以前论及"明刑弼教"，多将其附于"德主刑辅"之后，其着眼点仍是"大德小刑"和"先教后刑"。宋朝以降，在处理德、刑关系上始有突破。著名理学家朱熹首先对"明刑弼教"作了新的阐释。他有意提高了礼、刑关系中刑的地位，说："礼字，法字实（是）理字"。认为礼法均是理的体现，二者对治国同等重要，决"不可偏废"。又从"礼法合一"角度对"明刑弼教"进一步说明："故圣人之治，为之教以明之，为之刑以弼之，虽其所施或先或后，或缓或急，而其叮咛深切之意，未尝不在乎此也。"

与前代儒家学说不同的是，他强调刑与教的实施可"或先或后"，"或缓或急"。经此一说，刑与德的关系不再是"德主刑辅"中的"从属""主次"关系，德对刑不再有制约作用，而只是刑罚的目的，刑罚也不必拘泥于"先教后刑"的框框，而可以"先刑后教"行事。这看来小小的变通之义，却意味着中国封建法制指导原则沿着德主刑辅——礼法合一——明刑弼教的发展轨道，进入到了一个新的阶段，并对明清两代法律实施的方法、发展方向和发挥的社会作用产生了深刻影响。在我国古代法律史上，一般说来，倡导"德主刑辅"，本意是注重道德教化，限制苛刑，所以它往往是同轻刑主张相联系的。而经朱熹阐发，风行于后世的"明刑弼教"思想，则完全是借"弼教"之口实，为推行重典治国政策提供思想理论依据。

#### （二）主要立法

1．《大明律》。作为明朝的基本法典，《大明律》从起草到最后颁布，前后历经 30 年，表明了明太祖朱元璋在立法上的慎重态度。《大明律》共 30 卷，460 条。它一改唐、宋旧律的传统体例，形成了以名例、吏、户、礼、兵、刑、工等七篇为构架的格局。这一变化，是与明代取消宰相制度，强化六部职能的体制变革相适应的，表明了法律与政治制度休戚相关的联系。《大明律》其条文简于唐律，其精神严于宋律，是终明之世通行不改的封建大法，其体例直接为清律所承袭，故在中国法律史上占有重要地位。

2. 明《大诰》。朱元璋在修订《大明律》的同时，为防止"法外遗奸"，又在洪武年间陆续采辑官民过犯，亲自督导编制了《大诰》四编。这种立法形式虽说是取法于西周时期周公训诫臣民的《尚书·大诰》，但仍可视为朱元璋具有创造性的立法成果。明《大诰》共有二百多条，具有与《大明律》同等的法律效力。在明《大诰》中，使用墨刑、刖刑、膑刑、宫刑来惩治不法官吏与犯法百姓。更严重者，把数种刑罚结合起来惩治罪犯。诸如"墨面文身挑筋去指""墨面文身挑筋去膝盖""剁指""断手""刖足""阉割为奴"等。明《大诰》的主要内容为惩治臣民各种犯罪的典型案例及朱元璋发布的训词诫令，是明代具有特别法性质的重刑法令和案例，充分体现了"重典治世"的思想。

3.《问刑条例》与编例。明朝例分为两种，一种是作为判案依据的典型判例，一种是单行成例。例经过汇编并经朝廷认可，即可上升为有效的法律，从而与《大明律》及《大诰》一样成为司法审判的依据。"律者万世之常法；例者一时之旨意"，可见，例比律更具灵活性。

明初不尚例的单独使用，而"以类附入"律文。明成化以后，用例之风开始蔓延。明孝宗弘治年间，刑部删定《问刑条例》，使之成为正式法律，尔后开始出现了律、例并行的局面。至万历年间，始将律、例合编为一书，律为正文，例为附注，称《大明律集解附例》，从而开律例合编的法典编纂先例，并影响了清代。

4.《大明会典》。明英宗正统年间开始编纂《大明会典》，至孝宗弘治年间成书，但未及颁行。其后，武宗、世宗、神宗三朝重加校刊增补，其中《正德会典》和《万历会典》曾颁行天下，并流传至今。《大明会典》是模仿《唐六典》的制作，以六部官制为纲，分述各行政机关职掌和事例。在每一官职之下，先载律令，次载事例。故《大明会典》就其内容、性质及作用而言，颇具行政法典的特征，对调整封建国家行政法律关系具有重要作用。

### 二、刑事立法

明律在唐宋律的定罪量刑原则"断罪无正条"类推原则的基础上，作了进一步的规定："若断罪无正条，引律比附。应加、应减，定拟罪名，转达刑部议定奏闻。"由此确立了"比附"类推的原则。与唐律的"举重以明轻，举轻以明重"的原则相比，司法官在个案中的裁量权有所扩大。

在涉外案件管辖原则上，明律限制了唐宋以降"属地管辖兼属人管辖"的涉外管辖原则；明确规定："凡化外人犯罪者，并依律拟断。"采取了单一的"属地管辖"原则。

#### （一）"奸党"罪的创设

"奸党"之罪，为以往所不具，是明太祖洪武年间定律所增设的重罪名，也是他防范臣僚朋比结党、加强封建中央集权统治而规定的新罪名。《大明律·吏律》规定："凡奸邪进谗言左使杀人者，斩；若犯罪律该处死，其大臣小官巧言谏免，暗邀人心者，亦斩；若在朝官员交结朋党紊乱朝政者，皆斩，妻子为奴财产入官；若刑部及大小各衙门官吏不执法律，听从主司主使出入人罪者，罪亦如之。"上述规定，如从封建刑事法律观念来看，左使杀人，或运用计谋使人脱逃死刑处罚，或听凭主司出入人罪的行为，已构成刑事犯罪，并一律予以处斩，显然是重罪重罚。但"交结朋党紊乱朝政"的所谓罪名，并无刑法上的确定性，这样

914

也就变为封建统治者随意杀戮功臣宿将的任意性规范。并且后者比前三者处罚更为严厉。薛允升在《唐明律合编》中也说："奸党"罪为"洪武年间增定者也，明祖猜忌臣下无弊不防，所定之律，亦刻酷显著，与唐律迥不相同。"事实也大体如此，明代屡兴大狱，大肆杀戮朝廷重臣与封疆大吏，也多本于朱元璋重惩"奸党"罪的律、令。

明朝重惩朝臣交结等罪。"交接近侍官员"与"上言大臣德政"二罪，同为朱元璋制律时所增设的。从实质上看，以上二罪是"奸党"罪的延伸与发展。如《大明律·吏律》说："上言宰执大臣美政才德者，即是奸党，务要鞫问，穷究来历明白。"在明代统治者看来，这两种罪既然与"奸党"罪属同一性质，所以，犯"交结近侍官员"罪与"上言大臣德政"罪，或者本人处斩，妻、子流两千里安置，或者本人处斩，妻、子为奴，财产入官，毫不宽恕。

### （二）充军刑

充军刑在明朝广泛使用。明代在全国遍设卫所，驻军防守。初期罪犯，都发配边境卫所，以充军伍的不足，并以"屯种"为主。明律对文武官犯私罪，均按地方远近发各卫充军。罪犯充军伍，故名"充军"。

在明朝，充军不以充军为本罪，其本罪有杖、徒、流等，先治本罪，再随宜编发。明初充军无地方远近之别，地点仅分附近、边远二类。《问刑条例》编纂后，又增加边卫、极边、沿海、口外各项，但仍未规定里数。到明末崇祯年间才作出如下规定：附近一千里；边卫二千五百里；边远三千里；极边、烟瘴四千里外。

### （三）廷杖制度

明朝皇帝为强化君主专制，强迫臣民就范，经常使用非法之刑（非法典规定的刑罚），诸如：枭首示众、剥皮实草、墨面文身挑筋去膝盖，等等，其中最臭名昭著的是廷杖。廷杖即由皇帝下令，司礼监监刑，锦衣卫施刑，在朝堂之上杖责大臣的制度。朱元璋在位期间曾将工部尚书薛祥杖杀于朝堂之上。明太祖死后，"廷杖"之刑被愈益广泛地使用。明武宗正德初年，宦官刘瑾秉承皇帝旨意，"始去衣"杖责大臣，使朝臣多有死者。嘉靖年间因群臣谏争大礼案，被杖责的大臣多达134人，死者竟有16人。至明亡前崇祯皇帝时也没有停止杖责大臣的制度。皇帝非法用刑，加深了统治集团内部矛盾，对法制实施造成恶劣影响。

### （四）犯罪与刑罚的主要特点

汉、唐以来在刑罚适用上强调从轻主义原则。汉令规定："犯法者，各以法（发）时律令论之，明有所讫也。"即以犯罪被揭发时律令论罪，不以新定重法处罚。《唐律疏议》规定："凡犯罪未发，及已发未断而逢格改者，若改重则依旧条，轻从轻法。"《大明律·名例律》却规定："凡律自颁降日为始，若犯在已前者，并依新律拟断。"其注云："此书言犯罪在先，颁律后事发，并依新定律条拟断，盖遵王之制，不得复用旧律也。"明代为推行重典治世，改以往从轻主义原则为从新从重主义原则，从而引起法律适用的重大变化。

1. 实行"重其所重"的原则。明代主要是加重了对一些重点犯罪的镇压。清人薛允升在《唐明律合编》中说："贼盗及有关币帑钱粮等事，明律则又较唐律为重。"反映出明律重刑主义的特点。唐律对谋反大逆者处以斩刑，连坐处绞只限父与子（16岁以上），其他都可以没官为奴。而明律对犯谋反大逆者，凌迟处死，连坐处斩扩大到祖父、父、子、孙及伯叔父等。可见，明律明显加重了政治性犯罪的处罚。

2. 实行"轻其所轻"的原则。薛允升在《唐明律合编》中说："大抵事关典礼及风俗教化等事，唐律均较明律为重。"在"重其重罪"的同时，明律实行"轻其所轻"的原则。凡属父母在，子孙别籍异财者，唐律列入不孝，判处徒刑三年，明律仅杖八十。子孙违反教令，唐律判处徒刑二年，明律杖一百。这体现出明律为突出"重其所重"，而对某些危害不大的"轻罪"从轻处罚的意图。

### 三、民事立法

#### （一）对土地、财产所有权的变通

经过元末十几年的战乱，大量土地荒废。明初各省荒田很多，而尤以中原为甚。顾炎武《日知录·开垦荒地》曾言："明初承元末大乱之后，山东河南多是无人之地。"朱元璋建明后，采取措施，实行奖励垦荒的政策，召诱流散的农民尽量垦荒。对无主土地，经官府确认，归先占开垦者所有。

明律中体现的财产先占原则，在对遗失物、埋藏物所有权归属的认定上，也与唐宋律不同，明律一改原来对上述性质的财产由官府保管，拾得人与发现人不得主张利益的原则。明律规定：遗失物在30日公告期内，即使有原所有人主张，拾得人仍可主张一半的利益；公告期满无人认领的财产，依律由拾得者获得遗失物的全部所有权。对埋藏物的归属，明律也规定："若于官私地内掘得埋藏物者，并听收用。"例外的排除性规定，仍沿用唐宋律的原则，即埋藏物是"古器、钟鼎、符印、异常之物"的，归官府所有。

#### （二）婚姻家庭与继承制度的变化

明朝婚姻、家庭与继承制度有了进一步的变化。明代时期，家长的权力进一步明确与扩大，这些权力主要包括主婚权和教令权两种。

1. 主婚权

明朝以前的中国封建社会，家长的主婚权在事实上已经存在，但只有到了明朝之时，家长主婚权才得以在法律上明确规定下来，"嫁娶皆由祖父母、父母主婚"。如果婚姻本身违法，被追究的也是家长，而非结婚当事人，"凡嫁娶违律，若由祖父母、父母……主婚者，独坐主婚。"家长主婚权实际上就是父母的包办婚姻权。中国的父母几千年来一直掌握着这个大权，到明代时期，则不管在法律条文上，还是在社会实际方面，都达到了登峰造极的地步，充分表现了封建社会后期家族本位主义的进一步强化。

2. 教令权

教令权是家长教育、命令、约束、惩戒家属（主要指子孙）的权力，包括惩戒权和送惩权两种。惩戒权就是家长对违反教令的子孙直接进行肉体惩罚的权力。明律明确规定：若子孙违反教令，祖父母、父母可以"依法决罚"。送惩权是指家长将违法的家庭成员送交官府请求予以惩罚的权力。明律规定：子孙违反祖父母、父母教令，如果祖父母、父母将之亲告送惩，则遂其意而将其子孙杖一百。

3. 家庭财产继承权

传统的继承法到明代时已基本定型。其中一个较大发展，是寡妻守寡不分析家产，但条件是寡妻有儿子（亲生、妾生、婢生均可）；若寡妻令分析家产，则可与诸子均分。前述规定见于《大明令》。另一个较大变化，是奸生子继承权上升。所谓奸生子，即私生子，现代通称非婚生子。在元代，法律已开始正视奸生子，"奸良人子"成为法定财产继承人之一。至明代，奸生子在继承份额方面，又有提高。"其分析家财田产，不问妻妾婢生，止以子数均分。奸生之子，依子量与半分，如别无子，立应继之人为嗣，与奸生子均分；无应继之

916

人，方许承继全分。"尽管奸生子的继承权受到了限制，但与唐律、宋律相比，其权利已得到了极大提高。

### 四、财政经济立法

#### （一）赋役制度改革与一条鞭法的推行

明代嘉靖十年至崇祯十年约一百年间，朝廷推行"一条鞭法"的赋役改革方案。"一条鞭法"是将原有名目繁多的各种赋役改为统一以货币征收的赋税制度。主要分为三个方面：

其一，将各州县田赋、杂税和差役合并，统一征收；

其二，除部分地区的田赋仍旧征收米粮外，其他一律改为征收"折色银"；

其三，各项杂税和差役的征收，折算为白银，其标准是平摊入土地，按照土地和人丁的多少征收；

其四，由官府自行负责征收和解运。

"一条鞭法"的推行，导致了三方面的历史性变革：一是改变了历代以征收实物为主的朝廷税收方式；二是废除了直接役使人身的徭役制度；三是税收标准开始转向以财产（土地）为主的计征。传统的人头税模式日渐式微。

#### （二）"海禁"与海外贸易

明代长期实行"海禁"政策，这导致其海外贸易主要以传统的朝贡方式运行。有关海外贸易的立法主要体现为以下两方面：

其一，明初朱元璋时期制定"片板不许下海"的"海禁"法规；严禁一般商民私自与外国通商贸易，《大明律·兵律·关津》中设有专条："私出外境及违禁下海"；自隆庆年间以降，出现私人海外贸易合法化的趋势，官方仍加以控制。

其二，伴随朝贡的海外贸易立法有所发展，如专设"市舶提举司"主管朝贡贸易。

### 五、行政立法

#### （一）皇权专制的内阁与六部

1. 内阁及其权限。自秦开始的宰相制度，至此为之一变。朱元璋借"胡蓝之狱"趁机裁撤中书省，废除宰相，由其亲自接管六部。并下令：今后臣下有敢再议"奏请设立（宰相）者，文武群臣即时劾奏，处以重刑"。他在十五年后说："自古三公论道，六卿分职。自秦始置丞相，不旋踵而亡。汉、唐、宋因之，虽有贤相，然其间所用者多有小人，专权乱政。我朝罢相，设五府、六部、都察院、通政司、大理寺等衙门，分理天下庶务，彼此颉颃不敢相压，事皆朝廷总之，所以稳当"。这里所说的朝廷，实际是指他本人。罢相以后，中央的府、部、院、寺，分理庶务，各不统属，一切大权都由皇帝掌握，所以不必担心大权旁落了。这样，皇帝就在事实上兼任了宰相，皇权和相权合而为一，从制度上集君权与相权于一身，保证了皇帝的专制独裁。

随着权力空前的集中，一切政务都要皇帝去亲理又是很难办到的。据吴晗先生统计，洪武十六年（公元1383年）九月十四日至二十一日，八日之内，内外诸司呈送皇帝的奏章，就有1 666件，总计说了3 391件事。如此多奏章几天内任何个人也是看不完的，此是废宰相之一弊。为革除此弊，遂有内阁的设立，作为皇帝的秘书处，协助皇帝处理大量的公文章奏。在制度上内阁不能领导六部，但后来内阁大学士却是事实上的宰相，入阁就是拜相，此是废宰相之二弊。内阁既不能领导六部，而皇帝又管不了那么多事，于是必然政出多门，朝政焉得不乱！此是废宰相之三弊。

洪武十五年（公元1382年）仿宋制设殿阁大学士，成祖以后改称"内阁大学士"，又因其办事地点在皇宫内，故称"内阁"。太祖时内阁大学士只有正五品，只是皇帝的秘书，"侍左右，备顾问而已"。内阁也不过是皇帝的办公厅或秘书处。内阁成为中央的重要机构，始于成祖。《明史·职官志·内阁》载："成祖即位，……阁臣之预务自此始"。

初期的阁臣，尚不可以侵夺各部的职权，诸司有事也直接向皇帝奏闻，无须向阁臣"关白"。从仁宗以后，随着阁臣职位渐崇重，又复兼职六部，于是"阁权之重，偃然汉、唐宰辅"。随着内阁职权的加重，机构扩大，执掌军国机务，势必要设主持者，以代皇帝之劳。官制上没有"首辅"之名，但实际上内阁却有主要柄政者，于是习惯上就称内阁中主要负责人为首辅。景泰以后内阁设诰敕房和制敕房，由其掌办一切诏敕机密文书。正统年间，国有重要大事，内阁大学士可会同各衙门于内阁会议，"遂为例"。内阁已成为明代全国行政中枢机构。到代宗景泰以后，六部承奉意旨，靡所不领，而阁权益重。世宗嘉靖中叶以后，夏言、严嵩迭相用事，遂赫然为真宰相，朝位班次俱在六部之上了。

明朝阁臣的职权。所谓"票拟批答"是用一个小条子（即票）拟具意见，附在奏本之上，送皇帝斟酌。待皇帝自己看过，把小条子拿掉，亲用红笔批示，称"朱批"，批好拿出来，这便是正式的谕旨。票拟是阁臣的主要职责，要求必须亲自拟定，不得假手他人，否则便是违法。票拟要求须在内阁进行，因为事关国家机密，不得带回私宅。

阁臣的任用，初由皇帝直接任命，谓之"特简"，后由廷臣推荐，叫做"廷推"。阁臣由廷推任用，嘉靖以后渐成为制度。首辅"十余人之多"，相当于宰相，而其余阁臣则相当于唐、宋之参知政事，同平章事。明代内阁阁臣人数没有一定，少则一二人，多则十余人，和唐代设置宰相的情况类似。到崇祯时"辅相至五十余人"。

明朝中期以后皇帝多不见大臣，不去内阁。万历皇帝24年不上朝，从宪宗到熹宗前后竟有160余年皇帝没有召见大臣。而阁臣们又不可随时前往后宫，于是皇帝和阁臣之间的接触联系便只有依靠太监。皇帝有事交付太监，由太监交给内阁。内阁有事也同样交给太监，再由太监呈送皇帝。这就使得宦官可以上下其手，从中弄权。加之明朝实行"厂卫"特务统治，司礼太监遂因此成为特务最高指挥官，在政治上"无宰相之名，有宰相之实"，甚至成了事实上的皇帝。而内阁在政治制度上，并不是唐、宋以来的尚书省或中书省，内阁首辅毕竟不是名正言顺的宰相，因此，天下臣民当然是只"知有两厂，而不知有朝廷"。即使是明朝最有名的首辅张居正，在任相十年，大力推行改革中也不得不和太监冯保结合，因为冯保是司礼太监兼掌东厂，"东厂权如总宪"。张居正的改革如果没有冯保支持，困难是可想而知的。总之，明朝宦官所以能够窃权祸国，探本索源，最大的原因在于过分集权于皇帝，而这与太祖废除宰相关系甚重。

2. 六部机构设置。明朝初年，沿用元制，尚书六部隶属于中书省。洪武十二年（公元1379年）废中书省以后，六部（吏、户、礼、兵、刑、工）的职权和地位大大提高，成为直接对皇帝负责的中央最高一级行政机关，六部各设尚书一人，左右侍郎各一人。下置各司设郎中一人、员外郎一人。

（1）吏部下设文选、验封、稽勋、考功四清吏司。吏部掌理铨政，主管文官的考核与任免。政府各部门，从中央到地方，官吏的多寡、出缺，都由吏部调补任免。依明制，吏部对官吏的任免，皇帝和阁臣一般不得干涉。但有明一代是宦官专权，内阁首辅也常常俯首听命，吏部尚书欲正直用人，而不受司礼太监的制约是很难的。

（2）户部按省下设十三清吏司。户部尚书掌天下户口、田赋之政令，稽版籍、岁会、赋役实征之数，以下达所司。每十年编订黄册（即户口簿册）一次，详列每户户主、户口、田产以及应负赋役，一式四份，分存各级政府，作征收赋役的根据。受理田宅、户口、婚姻继承等案。

十三清吏司各掌其分省之事，每司下设：民科主所属省府、州、县地理、人物、图志等；度支主会计夏税、秋粮、存留、起运、赏赐、禄秩之经费等；金科主市舶、鱼盐、茶钞税课及赃罚之收析。仓科主漕运，军储出纳料粮。

（3）礼部下设仪制、祠祭、宴飨、精膳四清吏司。分掌天下礼仪、祭祀、宴飨、贡举、礼文、宗封、学校以及诸祀典、天文、国恤、庙讳和诸蕃朝贡接待给赐、牲豆、酒膳等事物。

（4）兵部下设武选、职方、车驾、武库四清吏司。

（5）刑部下设有十三清吏司。刑部尚书掌天下刑名及徒隶、勾复、关禁之政令，十三司各掌其分省及兼领所分京府、直隶之刑名。

（6）工部其属有营缮、虞衡、都水、屯田四清吏司。工部尚书掌天下百工、山泽之政令。

明朝六部以户、刑二部最重要，各辖十三司，实行按地区划分辖区的制度，这是前代所没有的，从此打破了隋、唐以来中央机关六部二十四司的体制。户、刑二部机构的扩大，表明了明朝君主专制的空前加强。

南京六部均加"南京"字，即"南京吏部""南京户部"等。亦设尚书、侍郎等官职，其所属机构要远小于北京六部，尤其是户、刑二部，则不设十三司。另外，南京御史弹劾北京朝官之事颇多。总的看来，南京六部多属清闲衙门。

**（二）通政使司和廷议制度**

1. 通政使司。通政使司始设于太祖洪武十年，他说：置通政使司是为了"有喉舌之司，以通上下之情"，"政犹水也，欲其常通，故以'通政'名之"。设通政使一人，"掌受内外章疏敷奏封驳之事"。凡在外之题本、奏本，在京之奏本，一并受之，于早朝汇而进上。午朝则引奏臣民之言事者，有机密则不时入奏。月终类奏，岁终通奏。凡议大政、大狱及会推，文武大臣必参与。

通观明代政治，在皇权专制极端发展和宦官专权祸国的情况下，通政使司欲行使上述职掌，是很难办到的，朱元璋的本意不错，他说通政使司的机构性质，犹如唐之门下省。但明代长达 276 年中，很少有通政使司做出如唐太宗时代门下省封驳的事来。所以，明代的通政使司，实际上是朝廷负责收管内外章奏的机构。前有太祖专制，后有宦官专权，又有特务的恐怖统治，大臣敢封驳的能有几人？况且在制度上也没有通政使封驳的机会。内阁阁臣和皇帝决定大政方针之后，草拟诏书，直接下达有关部门，根本不需要问及通政使司同意与否。内外大臣的章奏，须经通政使司转到内阁，由内阁进行票拟之后，送司礼太监转呈皇帝朱批，批好后再由太监拿出来转交内阁。因此，通政使司和内阁的地位是不能相比的，两个机构的性质也不尽相同。由于宋代曾经设置专掌接受章疏的机关——银台司，故而通政使司也有"银台"之称。

2. 廷议制度。"廷议"即廷臣会议，是明代朝廷的议事制度。明代廷议之事均为"事关大利害"的政事，须下廷臣集议。廷议的具体方式多为按部门以商讨问题的形式进行。廷议的结果须上奏皇帝，廷议意见不一致时，应摘要奏闻皇帝作裁决。有明一代，廷议所涉及的内容主要是位号、祭祀、官制、人事、财政、军事等方面。参加廷议的人数因所议内容而异，少则三十余人，多则百余人。

明朝除廷议外，还有"朝议"和"部议"制度。前者指皇帝亲自参加的朝堂集议，后者指皇帝交由主管部门讨论决定。

### （三）地方省、府、州、县制度

明代行省、府、县三级制，间或有省、州二级和省、府、州、县四级制。

1. 省。省是明代地方最高一级行政机构，设承宣布政使司，布政使为一省行政长官。另有提刑按察使司，掌一省法律监察事务。都指挥使司的都指挥使为一省最高军事长官。三者又俗称为"藩司"、"臬司"和"都司"，合称为"三司"。三机构地位平等，互不统属，共同向皇帝负责，使其彼此牵制，便于皇帝操纵。

一省内又分为若干道，作为监察区而非一级行政机构。根据需要设置一些没有地盘的专职道员，如督粮道、提学道、兵备道、屯田道、盐法道、漕运道和水利道等。

2. 府。府一般直隶于布政司。省辖府设知府一人为其长官，负责辖境内的"宣风化、平狱讼、均赋役"（《明史·职官志四·知府》卷七十五）。北京的顺天府和南京的应天府直隶于中央，其长官称府尹。知府之下有同知、通判、推官等属官。明初改路为府，至宣德三年（公元1428年）天下共有府159个。

州分为直隶州和府属州两类。前者直接隶属于省，其地位与府相似。后者地位与县相似，又称为散州。其长官为知州，另有同知、判官等官职。

3. 县。县是明朝第三级行政机构。长官是知县，其下有县丞、主簿、典史各一人。负责一县的养老、祭祀、贡士、宣法、彰善、听讼、治安等事务。明代共有1 171县。县下设乡，实行里甲制度。其作用主要是征收赋税和维护地方治安。

### （四）官吏的选任制度

1. 科举与选官。明朝科举三年一试，省一级称乡试，在各省布政司考试，中试者为举人；次年集于京师称会试，在礼部贡院考试，中试者参加由皇帝主持的在宫廷中进行的殿试（又称廷试），考中者称进士。每场考试一般以一日为限。考试内容仍以"四书五经"为主，采用"八股文"形式。清朝顾炎武《日知录·拟题》卷十六载："今日科场之弊，莫甚于拟体"。"场屋可出之题，不过数十，富家巨族延请名士，馆于熟家，将此数十题各撰一篇，计篇酬价，令其子弟及童奴之俊慧者记诵熟习，入场命题，十符八九，即以所记之文抄誊上卷"。"卒而问其所读之经，有茫然不知为何书者"。"愚以为八股之害，等于焚书"。殿试、会试的一甲第一名均称"状元"。

《明史·选举志序》中讲："选举之法大略有四：曰学校，曰科目，曰荐举，曰铨选"。明朝对乡试主考官的选任非常重视。科举成为获得任官资格的最普遍和最重要的途径。永乐以降，能入内阁者几乎均为进士出身，论资排辈为任官通例。所谓"掌铨选者，阅论贤否，第循资格"。官吏的选任分为四种：一是"大选"，一般在双月进行，有新科进士选授、官员大考升迁等；二是"急选"，一般在单月进行，主要是对文官的改授、改降、"丁忧"与候补等；三是"远方选"，指对边远地区官员的委任；四是"岁贡就教选"，指对会试落选的举人选授学正、教谕之类的官员。此外还有"谏选"（从贡、监生中选择可充任州、县正官者）等制度。

2. 考核与致仕。文官有考课之制。分"考满法"与"考察法"。

"考满法"规定：内外官任职满三年为一考，六年再考，九年通考黜陟。每次"考满"分上、中、下三等，即"称职""平常""不称职"。按三次考核的政绩决定去留。

"考察法"规定：京官六年一察，称"京察"；外官三年一察，称"外察"。其中的"京察"有"一贪，二酷，三浮躁，四不及，五老，六病，七疲，八不谨"之法。史载：京官自陈其状，由皇帝决定去留。"五品以下老、病者致仕，浮躁不及者降调，疲软不谨者闲住，贪酷者贬为民"。万历四年（公元1576年），张居正整顿吏治，建议"考察法"分为"定期考察""随事考察""访察告诫"三种形式。"称职"者升，"平常"者复职，"不称职"者免。

然而实际情况与法律规定相去甚远。据《明史·邱舜传》卷二二六载，万历十一年（公元1583年）左副都御史邱舜说：京官考满，例书"称职"；外吏给由，概与保留；"以朝廷甄别之典，为人臣交市之资"，徇私枉法，恶无所惩，贤亦安劝？加之百官俸薄，一个七品县令的月俸尚不足二两银子，如何不贪？明中叶以降，已是大官贪污以致富，小官舞弊以救贫。居官者多无耻之徒。清廉如张居正者，死后被抄家，其诸子兄弟竟有黄金万两，白银十余万两之多。

官员的致仕，洪武年间规定："文武官六十以上者，听致仕，给以诰敕"。孝宗弘治四年（公元1491年）又规定：凡告疾官员，年五十五岁以上者，冠带致仕。六十五岁以上官员不再铨选任用。致仕的待遇物质方面多为给原官俸之半，但非人人都有。一般四品以下官员致仕，可升一级。致仕的官员除皇帝特准留京者外，一般均告老还乡。致仕官员死亡后多会得到皇帝的赠官、赐谥和褒奖。

**（五）监察制度**

有明一代，每一个朝廷衙门及其官员都有彼此监督的职责。如吏部对官吏的考核奖惩，也是一种对官吏实行的法律监督。中央设立的以都察院为主体、自成体系的专门监察机构，号称"风宪"衙门。

1. 都察院的设置与职能。都察院就是前朝的御史台，元末朱元璋起兵称吴王之时，即设立御史台。朱元璋将御史台与总政事的中书省、掌军旅的都督府并列为朝中的"三大府"，特别指出，"御史掌纠察，朝廷纪纲尽系于此，而台察之任尤清要"。

（1）都察院的职责。明洪武十三年（公元1380年）朱元璋废中书省之后的第二年对御史台作了一次大的改组，首先是改御史台为都察院，其次是降低都察院的品级，取消大夫、中丞等御史台一二品的长官，只设七品的御史若干人。这样的变动看来是削弱了监督职权，实际上则是与明太祖废中书省罢丞相的措施相一致的，目的在于加强皇权。不久，明太祖察觉这样的体制不适应需要，又升都察院的品级，设左右都御史为主官，正二品；左右副都御史、左右佥都御史次之。都御史号称"总宪"。

明朝都察院的职责是"肃政饬法"，即"纠劾百司，辩明冤枉"，是"天子耳目"。具体包括：第一，弹劾结党营私、违反法纪、投机取巧的官员；第二，与吏部一起考核评定百官；第三，与刑部、大理寺一起审理重大案件。

（2）监察御史的职责。都察院在都御史、副都御史、佥都御史之下设监察御史110人，分属十三道。道大体与明朝的十三省和南北两京相对应，如陕西道管陕西省的监察事务，云南道管云南省的监察事务，依此类推。明朝北京为国都，南京为陪都，其周围称北、南直隶（大体是今河北省、江苏省范围），不设省。两京的中央机关和北、南两直隶的地方府、州、卫、所分别划归各道监察。

监察御史具体行使都察院的法律监督职权，对内外百官的违法犯罪和一切失职行为进行弹劾，对所见所闻进行纠察，政事的得失利弊应直言以谏，对朝会、祭祀进行纠仪和监礼及其他政务监督。御史上奏可以是"露章"，也可以是"封章"。既可以是公开的，也可以是秘密的，但必须是"明着实迹，开写年月"，而不得"虚文泛诋，评拾细琐"（《明史·职官志二》卷七十三）。

监察御史只有正七品，其名位虽低，但不可视为都御史的僚属。与六部不同，都御史和每个监察御史都可以直接上书皇帝。御史上书也不必经过都御史，所奏参劾的事项，都御史也无权过问。在一定意义上可以说，监察御史"独立"行使法律监督的权力。明朝的御史位卑而权重，以敢言而著称于史，在明代的政治生活中起了较大的作用。明代多任用年轻气盛的官员担任御史，他们勇于任事，有报国之心，涉世不深，较少世故，上书言事时，也就少有顾忌。

2. 六科给事中的设置与职能。

（1）六科给事中，即吏科、户科、礼科、兵科、刑科、工科给事中，简称"六科"。明代六科是独立机关，不属都察院。六科各设都给事中一人，分设给事中四至十人不等。六科对相应的六部，专有所管，各科分别上奏，但对重大事情，各科可以联奏。六科衙门设在宫内午门前，日夜都有给事中值班，以示监督权的重要。

（2）六科给事中是明代特设的法律监察机关。给事中原为唐宋的言官，主掌谏议封驳，是门下省的属官。明初，设给事中为独立机关，后分为六科。在废中书罢丞相，六部地位提高以后，六科给事中的作用也大大加强了。六科为监督六部而设，六部是行政执行机关，而六科则是监督机关，以"稽查六部百司之事"为己任，凡是皇帝诏令圣旨下达，要经六科分类抄出，交付六部等机关执行；重大政令的执行情况，六科还要向皇帝复奏报告。六部的章奏和执行政务有误者，六科有权驳正并报告皇帝。

明朝六科给事中仅七品，与御史同，发挥着以低官监督高官的作用。六部尚书、侍郎等高官位尊权重，行使执政的权力，御史、给事中等低官位卑权轻，不交给他们执政权，只交给他们法律监督权，这样才能更好地保证国家机器的法律监督机制。

六科与御史分设不同的机关，目的也在于使其互相监督，不使皇帝的耳目被一面之词所蒙蔽。

（3）六科给事中的"封驳"权。皇帝处于专制集权的顶峰，一般来说，皇帝是不受监督的。当然设立六科给事中等言官的用意，就是允许他们就朝政，包括对皇帝本人的言行提出谏议和规劝。然而，纳不纳谏完全由皇帝自己决定。纳谏固然会被誉为"美德"，但拒谏，甚至诛杀言官也时有发生，没有什么法律保证皇帝必须纳谏。

六科给事中的一项职责就是"封驳"。"封"，即对已颁行下达的圣旨，认为"有失"（不当）或"确有未便施行之处"，六科给事中有权将这项圣旨"封还执奏"，即暂停执行退回皇帝。"驳"，即对内阁、部院、各省的奏章确有错误的，六科有权"驳正"。

但是，封驳权在实际上却难以实行。明代六科尚可以"驳"六部章奏，"其有不便者"，给事中驳正到部，六部不敢对抗，"给事中之位卑而权特重"。至于"封还"权，虽然明初设六科的本意是仿唐朝的门下省，但"封还执奏"不过是一种空洞的规定，对君权并没有制约的法律效力，实际上明代无"封还"皇帝圣旨的实例。

3. 巡按、按察使和布政使。

（1）巡按，即巡按御史。明朝经常派都察院的监察御史巡行各省地方，名为"代天子巡狩"。古代天子（皇帝）号称"以四海为家"，所以应当经常巡幸天下。明代派出的巡按御史就是代表皇帝对地方进行"巡按"的，相当于"钦差大臣"，对地方官员进行监察，行使法律监督权。

巡按每省派一人，南、北直隶各派二人，此外在北方的军事重地宣大（宣府、大同）、辽东等地也各派一人，巡视本管境内各地。

巡按到地方后，其职责有以下几方面：第一，考核地方省、府、州、县官员，对地方官的政务、品德、才干等进行全面考察，接受投诉举报。第二，审录复查案件，调集省内重大疑难案件，受理当事人申诉，平反冤狱。第三，检察地方各种政务，如巡视仓库、道路、桥梁、户口、驿站，核算审计税收财政，查看祭祀坛场等。第四，宣扬风纪，慰问地方孤老，勉励学生，表扬良善之民，剪除豪强恶人。

明朝巡按虽然只用七品御史担任，但由于是代表皇帝，奉有"尚方宝剑"，所以极权威，可以"大事奏裁，小事立断"。对于地方各省五品以上大员可以据实"参纠"，六品以下官员"贪酷显著者"当即拿问。所以，在明代地方官场上，巡按一到无不震惊。虽然朝廷为防止巡按专擅，规定巡按不准凌辱府州县官，但实际上，知府以下见巡按"长跪不起"，布政使等也仅"列位随行"，"俯首至膝"，甚至兼带都御史、副都御史、侍郎等衔出任地方总督、巡抚等大员，见巡按也很"谦逊"。因为他们怕巡按借故弹劾。明中期以后，地方各省政务皆唯巡按之命是从，公文往来皆以巡按领衔，位列总督、巡抚之上。

（2）按察使。又称臬司，提刑按察使，是全省的"风宪"衙门。明代的按察使与布政使、都指挥使同为省级长官。按察使主掌"一省刑名按劾之事"，即复审复核全省案件，此外，"振扬风纪，澄清吏治"，即监察本省官员也是其主要职责，行使法律监督权。

明初在省内分设各道按察分司和府、州、县按察分司，选用才德兼备的青年儒生为"试金事"，任按察分司之职。凡是官吏好坏，政务利弊，试金事都有权纠举。这是明太祖加强地方监督机制的措施，但过于琐细，"试金事"的地位不明确，与地方长官职权混淆，于是取消了府、州、县的分司，各道分司改为"分巡道"。

明朝的分巡道是按察使的派出机关，一般以按察司副使、金事担任，分巡省内若干府县，有的驻省城，有的驻辖区内州县，但都应定期在辖区内巡视。设分巡道的目的是"恐守（知府）令（知县）贪鄙不法"。即监察府州县官，促使其遵法守纪。

（3）布政使。明朝的布政使也派出参议、参政分守省内地方府州县，视察民间疾苦，称为分守道。

4. 明朝的宦官监督。宦官，又称太监，本是宫中的奴仆。明初朱元璋吸取历史上汉、唐宦官专权的教训，下令严禁宦官干预政务，并在《大明律》中专立禁止"交结近侍官员"的律条，宦官干政者斩。但是，明代第三个皇帝成祖在夺取皇位的"靖难之役"中得到宫中太监的内应，开始信用宦官。明中叶以后的皇帝，又多荒于政务，遂依靠太监为心腹。本应由皇帝批签的奏章就交给了宦官代办，皇帝唯恐外朝的大臣们权重难以驾驭，有意识地利用宦官来监督大臣。明代经常派宦官出巡地方，任矿监、税使、探办等差，特别是命将出征、镇守，一定派宦官"监军"，代表皇帝监督将军。在朝内，宦官也以亲近皇帝而自恃，假借皇帝权威，呵斥大臣，以致许多大臣不得不仰承宦官的鼻息。宦官干政终于成为明代根深蒂固的时弊，究其原因，是皇帝利用宦官作为工具，行使监督的权力。

### 六、司法制度

#### （一）中央司法机关

中央司法机关为刑部、大理寺、都察院，一改隋唐以降的大理寺、刑部、御史台体系。

1. 刑部。刑部增设十三清吏司，分掌各省刑民案件，加强对地方司法控制。

2. 大理寺。大理寺掌复核驳正，发现有"情词不明或失出入者"，驳回刑部改判，并再行复核。如此三改不当者，奏请皇帝裁决。

3. 都察院。明朝把御史台改称都察院，扩大监察组织和职权，设立左右都御史等官，负责纠举弹劾全国大小官吏的违法犯罪，并且参与重大疑难案件的审判工作，监督法律的执行。都察院附设监狱，关押皇帝直接交办的重要案犯。从宣德十年（公元 1435 年）起，明代按省把全国划分为十三道，共设监察御史 110 人，分掌地方监察工作。监察御史定期巡按地方，对地方司法审判进行监督。

中央上述三大司法机关统称"三法司"。对重大疑难案件三法司共同会审，称"三司会审"。

#### （二）"厂""卫"特务司法机关

这既是明朝司法的一大特点，又是明朝的一大弊政。"厂"是直属皇帝的特务机关。成祖时"恐外官徇情"设"东厂"，宪宗时又为监督厂、卫而设"西厂"，至武宗为监督东、西厂，又设"内行厂"。"卫"是指皇帝亲军十二卫中的"锦衣卫"，下设镇抚司，由皇帝任命亲信"提督"厂卫，多由宦官充当。如宦官刘瑾、魏忠贤等人均把持过厂卫，权倾天下于一时。明末曾下令尽毁锦衣卫刑具，不许再用。

厂卫之制是皇权高度集中的产物，它几乎凌驾于司法机关之上，被赋予种种司法特权。

1. 侦查缉捕之权。其侦缉范围主要是涉及国家政权的大要案，对一般刑事案不干预，即其他"犯奸作科，自有（法）司存，不宣缉"。凡认为要案者"虽王府不免"，民间有人在密室酒后大骂魏忠贤，声未落即被厂卫特务捕到魏府凌迟处死。

2. 监督审判之权。依明律，厂卫有讯问权，无判决权。凡厂卫所获人犯"必移镇抚司再鞫"，但镇抚司只能审讯无权判决。判决权仍归法司独有，所谓"大狱经讯，即送法司拟罪"。弘治时还曾下诏法司：对"厂卫送囚，从公审究，有（冤）枉即与办理，勿构成案"。

但实际上法司慑于厂卫得宠于皇帝的淫威，对其所交案件，虽然"洞见其情，无敢擅改一字。明知厂卫严刑逼供而定，但"法司不敢平反"。然而法司的不敢过问、改判，不等于其无权过问改判，更不能由此推导出厂卫有判决权，否则，对正确认识"厂""卫"司法的历史是无益的，以往的著述在这一点上多是混淆不清的。此外，"锦衣卫"可派员参与三法司录囚和承天门外的会审，对未直接参与的审判，"东厂"可派人前往"听记"监督，然后直达御听，至于厂卫奉旨所理"诏狱"，三法司即使洞见冤情，也不敢过问。以至于其时大臣仍有"法司几成虚设"之叹。

3. 法外施刑之权。厂卫"杀人至惨而不丽于法"，法外酷刑致死人命亦不负责任。

### （三）申明亭

明代还在各州县及乡设立申明亭，张贴榜文，申明教化。同时由乡官受理当地民事案件与轻微刑事案件，加以调处解决，以维护社会秩序。

### （四）审判制度：会审制度

1. 三司会审和九卿会审（又称"圆审"）。重大、疑难案件由三法司长官共同审理，称"三司会审"，最后由皇帝裁决。圆审是由六部尚书及通政使司的通政使、都察院左都御使、大理寺卿九人会审皇帝交付的案件或已判决但囚犯仍翻供不服之案。

2. 会官审录。即由皇帝直接任命中央各行政机构官吏审理大案重囚的制度。洪武三十年（公元1397年），令五军都督府（总督天下军队的机构），六部，都察院，六科给事中（稽查六部百司之官，清代归属都察院），通政司（朱元璋所设的接受内外章奏，上达不法冤情的机构），詹事府（太子东宫属之长），以及驸马都尉等共同审理大狱，死罪及冤案奏闻皇帝，其他依律判决。仁宗时又特命内阁学士（皇帝秘书班子）参与会审。

3. 朝审。始于天顺三年（公元1459年），英宗命每年霜降之后，三法司会同公侯、伯爵，在吏部尚书（或户部尚书）主持下会审重案囚犯，从此形成制度。清代秋审、朝审皆渊源于此。

4. 大审。始于成化十七年（公元1481年），宪宗命司礼监（宦官二十四衙之首）一员，会同三法司在大理寺共审囚徒，"至十七年（成化），定在京五年大审"。

5. 热审。始于成祖永乐二年（1404年），是指在暑热天气，为避免在押人犯因暑热意外死亡，疏通监狱，决遣和清理在押未决犯及对在监囚犯减等处罚的制度。具体是每年暑天小满后十余日，由宦官、锦衣卫会同三法司会审在押囚犯，一般分三种情形处分：一是轻罪犯决罚后立即释放；二是徒流罪犯减等发落；三是重囚可疑者，及枷号者，奏请皇帝裁决。

## 第三节　清朝法律制度

### 一、立法概况

### （一）立法指导思想——"详译明律，参以国制"

清政权入关以前，处于由民族习惯法向封建成文法过渡与转化的过程中。清太宗皇太极统治时期，在法制的建立中奉行"参汉酌金"的基本国策，即一方面保留后金政权赖以维系的民族传统，另一方面又大胆吸收明代礼法制度和汉族法律文化。公元1644年，清兵入关，消灭了李自成的农民军和明王朝残余势力，建立了中国历史上最后一个统一的全国性封建政权。入关后的清代统治者为了维护在中原地区的新统治秩序，明智地采取了"以汉治汉"的策略，即吸收汉族先进的文化，将满族融入汉文化的体系之中，并采用汉族传统的儒家理论和历代相传的政治体制，实行传统的封建统治。在法律制度方面，清初统治者在原有的"参汉酌金"基础上，提出了"详译明律，参以国制"的立法指导思想。这一思想的内涵，在于首先要全面理解、吸收以明律为代表的汉族法律文化、法律制度，然后再根据满族自身的特点及清代社会的现实，制定出一套既能体现儒家传统法律文化的基本精神，又适合清代政治统治的法律体系与法律制度。

### （二）主要立法

1. 《大清律例》。在《大清律例》制定以前，清朝还曾于顺治年间颁布过《大清律集解附例》。这是清朝第一部完整的成文法典，其体例、条文都沿用明代旧制，无异于明律的翻版。这部法律有不少条文的规定虽然与清代当时的社会情况相脱节，但立法者仍然是照样译成满文抄录过来。由于缺乏对满族官员的相关规定，对满官无约束力，因此这部法典实际上没有认真贯彻执行。但它毕竟为《大清律例》的制定打下了基础。

《大清律例》于乾隆元年开始制定，乾隆五年（公元 1740 年）正式颁行天下。这一立法成果是与清初顺治以来诸朝不断的立法实践紧密相关的，也标志着满族统治者吸纳汉文化，探索统治策略的复杂过程的基本完成。

《大清律例》的结构形式、体例、篇目与《大明律》基本相同，共分名例律、吏律、户律、礼律、兵律、刑律、工律七篇，律文四百余条，附例一千余条。自乾隆年间修订完成后，《大清律例》成为清代的基本法典，尤其是律文部分基本定型，极少修订，后世各朝只是对律文之后的"附例"予以增修。

作为中国历史上最后一部封建成文法典，《大清律例》是以《大明律》为蓝本完成的，它完全可以说是中国传统封建法典的集大成者。汉、唐以来确立的封建法律的基本精神、主要制度在《大清律例》中都得到了充分体现；同时，《大清律例》的制定又充分考虑了清代的政治实践和政治特色，在一些具体制度上对前朝法律有所发展和变化。

2.《大清会典》。为了规范国家机关的组织、活动，加强行政管理，提高官吏的统治效能，清政府仿效明朝，编制自己的会典，先后出现了《康熙会典》《雍正会典》《乾隆会典》《嘉庆会典》《光绪会典》，合称"五朝会典"，统称《大清会典》。

在内容上，《大清会典》同样是记载主要国家机关的职掌、事例、活动规则与有关的制度，在编纂上一直遵循"以典为纲，以则例为目"的原则。典、例分别编辑遂成固定体例。"会典"所载，一般为国家基本制度，少有变动；具体的变更，则在增修则例中完成。

3. 则例。所谓"则例"，乃是清政府针对中央各部门的职责、办事规程而制定的基本规则，是各部、院机关正常运转的基本依据，可以视为清政府的行政法规。清代则例自康熙开始制定，主要有《刑部现行则例》《钦定吏部则例》《钦定户部则例》《钦定礼部则例》等。则例作为清代重要法律形式之一，在国家行政管理方面起着重要作用。

4. 适用于少数民族聚居区的法规。清王朝是一个统一的多民族国家，辽阔的疆域、众多的民族带来了多民族的统治问题，加之清统治者本身系以少数民族入主中原，使民族问题显得更为突出。在对待汉族以外的其他少数民族问题上，清政府一贯采取怀柔和拉拢的政策。在立法上，除制定全国统一的基本法典外，还制定了一系列适用于各少数民族的专门法规，如《蒙古律》《回律》《番律》《苗律》《西宁番子治罪条例》等。由于民族事务繁杂，清政府还专门设置了理藩院，作为管理蒙、回、藏等少数民族事务的中央机关。理藩院下设理刑司，受理各少数民族地方机构不能决断的死刑案件。

**二、刑事立法**

**（一）充军、发遣、刺字**

清代律例规定的充军刑是从明代承袭而来的重要刑种。清代对充军刑有改易，充军成为独立于"流刑"之外的正式刑种。充军分为附近（2 000 里）、近边（2 500 里）、边远（3 000 里）、极边（4 000 里）、烟瘴（4 000 里）五等。充军重于流刑，较死刑轻，俗称"五军"。全国府一级衙门编制有"五军道里表"，详细规定该府辖境内的罪犯应充军的具体地方。改易之处主要是废除明代的"永远充军";为"海禁"之需,除去充军"沿海"条;改"边卫"为"近边"。发遣是将罪犯遣送到边疆耕种土地或给驻防官兵为奴的刑罚,是一种比充军重的刑罚。明朝发遣的,只限军官和军人,而且永远不得回原籍。清代发遣则包括犯徒罪以上的文武官员。在清代,发遣与充军相似,一般只限本人,情节轻微的,还有机会放还。清代律例继承前代刺字刑,并扩充了其适用范围:发冢(盗墓)、逃囚等罪附加刺字。同时进一步规定:被刺字的罪犯刑满释放后,须充当"巡警之役"三年。此外,据清末同治年的《刺字统纂》所载,还规定有"免刺"与"起除刺字"的情形。

### (二)死刑制度

依《大清律》规定,死刑分两类:斩、绞立决(一经死刑核准,决不待时)与斩、绞监候(判决后,等待秋审再行决断)。此外尚有称为极刑的凌迟刑。对所谓"江洋大盗"又有枭首之刑,至太平天国革命之时,一度又有"就地正法"的死刑执行制度。

清朝死刑案件的审理制度主要分为地方逐级审理与中央法司复核两部分。拟判斩、绞立决的案件,案发后经由州、县、厅初审勘验拟律,解送府一级复审;府一级复审后,再转道一级;道一级再转省按察司;按察司复审后转督抚;督抚审后,须专折具奏或专本具题报告皇帝。实际上前述文件中的奏折先送至奏事处,题本交通政使司转交内阁票拟后,才呈皇帝裁决。皇帝通常下旨:"三法司核拟具奏",通常由刑部定拟判决奏闻皇帝。所定拟的判决主要分三种:依原议之判决、径行改正之判决、驳令再审之判决。皇帝通常会裁决同意,如有异议,可再发交三法司、九卿会议再行复核。皇帝有时也自行作出不同的裁决。

### (三)维护满族特权的刑事法律内容

同元代一样,清朝在刑罚的适用上同样具有不平等的倾向,如清贵族除了可以享受"八议"等特权外,一般满人犯法,要由专门的司法机关审理,在定罪与量刑方面,满人自会受到特殊的照顾,与汉人相比,一般都是从轻发落。不过,清朝统治者较元代统治者更明智一些,在刑罚适用方面满、汉的不平等显得并不突出。

1. 确保满族贵族在政权中的优越地位。清朝官制形式上标榜满汉一体,中央六部长官设满汉复职,但实权操于满官之手。汉官"相随画诺,不复可否"。为了保证满洲贵族控制要害部门,清朝在任官制度上创制了分族"官缺"制度,将所有官职岗位分为满官缺、蒙古官缺、汉军官缺、汉官缺四种。不同的官缺只能由不同的民族人员出任或补授。例如,中央的理藩院、宗人府及掌握钱粮府库、军火库等重要机构的职官,全部为满洲专缺,各省驻防将军、都统、参赞大臣、盛京五部侍郎也全部是满官司缺。地方督抚司道总兵提督等虽满汉兼用,但近畿和要隘多用满官。康熙时汉人任督抚者"十无二三",乾隆时巡抚"满汉各半",但"总督大都是满人"。直到咸丰以后,地方大员才以汉官居多。凡满官缺不许汉人补任,但汉官缺却允许满官补任。这是典型的民族歧视和保障满族特权地位的政策。

2. 保护旗人的司法特权。清时所谓"八旗""旗人",包括满洲八旗、蒙古八旗、汉军八旗。蒙汉八旗实为满化的旗人。旗人是清代统治的基础,八旗军是清代依靠的基本武装力量。因此,赋予旗人以法律尤其是司法上的特权,乃是清律的当然特色之一。《大清律·名例》规定:"凡旗人犯罪,笞杖各照数鞭责。军流徒,免发遣,分别枷号。徒一年者,枷号二十日,每等递加五日……流二千里者,枷号五十日,每等亦递加五日。充军附近者枷号七十日，近边者七十五日，远边沿海外边者八十日。极边烟瘴者九十日。"流徒刑之罪，旗人可以免予发配远乡，免予劳役，免予坐监。次死一等的充军，旗人竟可仅以带重枷示众几十天来替代。即使杂犯死罪者，亦可以折易枷号（仅真犯死罪不能折枷），乾隆年间定例："凡旗人殴死有服卑幼，罪应杖流折枷者，除依律定拟外，仍酌量情罪，请旨定夺，不得概入汇题。"《大清律》规定的刑罚，除上述折易规定之外，还有一些并不适用于旗人。如当斩立决者，旗人可减为斩监候；当刺字者，旗人只刺臂而不刺面。旗人的案件，由特定机关审理。一般旗人由步军统领衙门和内务府慎刑司审理，宗室贵族由宗人府审理，民事案由户部现审处审理。满人在地方涉讼，虽可以由州县审理，但无权对满人作出判决，只能将证据和审判意见转送满人审判机关处理。满人如需监禁，也不入普通监所。贵族宗室入宗人府空房，一般旗人入内务府监所。这样一来，旗人常"自恃地方官不能办理，固而骄纵，地方官难于约束，是亦滋事常见"。

3. 保护旗地旗产，禁止"旗民交产"。清代入关之初，曾放任满洲贵族及八旗兵丁圈占汉人土地作为私产。为了防止旗地旗产散失而削弱清王朝的统治基础，清廷多次申令禁止汉人典买旗地。仅乾隆时代就三次定例禁止典买旗地并对有无典买旗地之事进行清查。在清查中自首者，由官府给价回赎；隐匿不首者，一旦查出，业主售主均照隐匿官田律治罪，失察长官也严加议处。对于旗人房产也是如此。嘉庆十九年（公元1814年）定例："旗地旗房概不准民人典买"，违者治罪。

### （四）文字狱

清朝统治者以思想言论定罪的一个突出表现就是大兴文字狱。清统治者入关以后，汉民族的反抗情绪日益强烈，为了窒息反清思想，打击不利于封建统治的"异端邪说"，采用大兴文字狱的镇压手段，以文字著述作为定罪量刑的标准，甚至一文一字，一言一语都可酿为重罪。所谓的文字狱，是指由皇帝直接交办的刑事案件，它以思想言论和文字作为定罪量刑的标准，打击异端邪说。这是传统"造妖书妖言罪"的扩大化，是用法律手段推行思想专制的典型表现。虽然文字狱古已有之，但清代的文字狱的数量和规模却达到了空前的地步，狱案频起，株连甚广，史称盛世的康、雍、乾三朝，所兴的文字狱案多达100余起，造成臣民无不惊恐，为害酷烈。

清朝文网之密，波及之大，诛戮之广，史无前例，其所兴文字狱明代望尘莫及。大致有如下几类：

因著书发"故国之思"而遭灭族者。著名的有雍正七年吕留良案。案发时其人已死，仍行"戮尸枭示"，女亲属入宫为奴，有一门徒也处凌迟，"子孙遣戍"。

因写诗文误触禁忌而被祸者。乾隆时江苏举人徐述夔写诗，被认为"含诽谤意"，结果"开棺戮尸"，其孙处斩。

有误触庙讳御名而遭戮者，还有因私藏明末野史被斩者，等等。

文字之祸，清朝前后相连百余年，甚至诛杀疯癫病人，可谓法制史上血淋淋的一页。

### 三、民事立法
### （一）民事立法的变化

"清承明制"，清朝初期在民事立法方面继承了明朝有关所有权、债权以及婚姻、家庭、继承等方面的内容。与此同时，适应社会关系的变化，清朝中后期的民事立法又出现明显的变化。主要表现在以下方面：

1. 律文与律后附例成为民事立法的基本形式。

乾隆五年（公元1740年）《大清律例》颁行天下后，律文不再修改。为适应社会生活的变化，清代统治者不断制定有关的民事法律规范，并以单行条例的形式出现。当单行条例通过司法实践臻于完善之时，又由中央刑部将此例文分门别类，附于律文之后，从而上升为国家法律，起到普遍调整的作用。

2.《户部则例》的颁布成为清代民事立法发展的重要标志。

清代虽没有制定独立完整的民法典，但却编制了以民事法律与经济法律为主体内容的《户部则例》。《户部则例》依然对违背民事法律的行为规定了刑事责任。这部法律的问世，使相关的民事法律系统集中地汇纂于同一法律文件中，超越了前代，成为清代民事立法发展的重要标志。

3. 家法族规丰富了民事立法的内容。

清代实行国家制定法为主，同时也注重发挥家法族规、礼俗惯例等民间习惯法的补充作用。家法族规在调整民事关系与处理民事纠纷中，可以发挥国家制定法所起不到的深入有效的调整作用。由于获得国家的支持，家法族规进一步成文化、系统化，反映出清代民事立法的又一重要变化。

**（二）债权制度的发展**

清代债权制度的发展，主要体现在因契约所生之债的范畴中。在契约所发生之债中，较之以往，有新的发展。

1. 契约订立更加规范，内容也更为详备。

清代规定官版契约的规格样式，要求立约人按照格式填写。民间自立契约，要与官版格式相同。凡书面契约必须包括标的、酬金、期限、立约人权利义务等内容，甚至有的契约必须有中人、保人的附署。在清代，凡交纳契税，加盖官印和粘连契尾的，称之为红契。发生纠纷时，受到法律的严格保护。未经投税、盖印及粘连契尾的，称之为白契，可以获得民间承认，对立约双方具有约束力，但不像红契那样受到官府的保护。

2. 严格区分买卖与典当契约的界限，用以避免产权纠纷。

清代严格区分买卖与典当契约的界限，在买卖契约中，须注明有"绝卖""永卖""根卖"字样，标明出让物的所有权，取得物的全部价值，不能回赎。即所谓"一卖千秋，永无找赎"。但典当契约中没有"绝卖"等字样，即出让物的使用权，取得相应的价值，而保留回赎的权利。《户部则例》明确规定："民人典当田房，契载统以十年为率，限满听赎。"典契有效期为十年，在十年之内（包括十年），可以回赎。出典人超过十年不能回赎的，法律允许典主处分典物，从而避免产权上的纠纷。

3. 认可一些地区流行的永佃权制。

清代对租佃契约形成的债权关系，不但用法律的形式加以保护，而且严格区分双方所拥有的权利及相应的义务。凡田主苛虐佃户及佃户欺瞒田主，都要受到法律的制裁。与此同时，对两湖、两广、江西、福建等地流行的永佃权制也采取了认可的态度。据清代文献记载：永佃权人通过预付高额押租的方式，可以获得永远耕种与使用租佃土地的权利，并不因为田主出卖土地而丧失，而且子孙可以继承。此外，永佃权人还享受转佃部分土地的权利。但法律禁止旗地实行永佃制。

### （三）继承制度

清代承袭明朝的同时，在继承制度上也有了一些发展，主要表现为：

1. 严格宗祧继承的法定顺序。

清代继承制度分为身份继承与财产继承，身份继承包括宗祧继承与封爵继承。在宗祧继承中，宗指近祖之庙，祧是远祖之庙。清代严格宗祧继承制度，确立以嫡长子为法定第一顺序继承人。无嫡长子者立嫡长孙，其下按嫡次子、嫡次孙、庶长子、庶长孙、庶次子、庶次孙，依此继承。违反者，杖八十。

2. 规定独子兼祧制度。

清代对户绝之家，规定由"同宗昭穆相当之侄承继"，而禁止乞养异姓义子，避免乱宗。由此规定同宗独子可以实行兼祧，即一子可以继承两房宗祧。独子兼祧为清代在继承制度上的一种创制，有利于两房的延续。但是，立嗣关系成立之后，不得随意解除，违者，杖一百。另外，封爵继承，也按嫡长子优先原则，其继承顺序与宗祧继承顺序相同。

3. 确立遗嘱继承的法定效力。

清代在财产继承上，首先确立遗嘱继承的法定效力。无论家长遗嘱分配是否公允，子孙必须遵从，不得表示异议。只有当家长生前没有立遗嘱时，才实行"诸子均分"的析产制度。即"不问妻妾婢生，止以子数均分"。女子一般没有继承权。只是在户绝之家，其财产由"所生亲女承分，无女人官"。妇人夫亡无子守志者，可以继承丈夫财产。但立嗣后，财产归嗣子。赘婿与养子也享有一定的继承份额。

## 四、经济立法

### （一）颁布"禁海令"与阻挠海上贸易的发展

清朝的"禁海令"，起初是出于政治和军事目的。在满族入关之初，南方汉族军民纷纷起兵反抗。其中，以郑成功为首的福建军民以厦门、台湾为根据地，坚持抗清数十年。为镇压沿海抗清力量，清政府颁布"禁海令"，规定"寸板不得下海"。随后又颁行"迁海令"，强制闽、广、苏、浙沿海居民内迁五十里，希望以这种方法割断抗清力量的粮食、财物等军需供应。康熙二十三年（公元1684年），清政府收复台湾，海禁一度有所放宽，沿海对外贸易也一度蓬勃兴盛起来。但在康熙五十六年（公元1717年），出于经济的考虑再度下达禁海令，严申海禁，这种闭关锁国的政策一直延续到鸦片战争以前。为贯彻这一政策，清廷陆续在《大清律例》中增订了三十余条条例，对海上各种贸易行为实施严厉打击。相关律例规定，凡将金银、车马、牛只、军需、铁器、绸缎、铜钱等物品私自下海货卖者，均杖一百。如将船只卖与外国，造船与卖船之人皆立斩。定例甚至规定，船只出洋，须十船编为一甲，取具连环保结。一船为非，余船并坐。初出口时，必于汛口挂号，将所有船照呈送地方官检验，填注日月，盖印放行。入口时，呈验亦如之。凡商渔船只，分别书刻字样。舵工水手人等，俱给予腰牌，刊明姓名、年貌、籍贯。如船无字号，人有可疑，即严加究治。出海樵采船只，每船准带食锅一口外，每名许携斧一把，在船人数不得过十人，俱注明照内，出入检查。若有夹带出口，及进口缺少，即行严究治罪。这种严厉的海禁措施，使得在清代的大部分时间里，沿海对外贸易被完全禁绝。通过海禁政策，清代政府虽然基本上保持了封建的自给自足自然经济，但为此付出的代价是极为沉重的。因为严厉的海禁政策，割断了中国与外部世界的联系，丧失了与外界交往、向西方学习的机会。清朝后期之所以迅速衰败，之所以遭受西方列强的肆意欺凌，当初实施闭关锁国的严厉的海禁政策，不能说不是原因之一。

### （二）压制私人商业发展的专卖制度

基于传统的"重农抑商"政策，清廷采取两个方面的措施，打击和压制私人商业的发展。一是广设钞关，重征商税，一是以严刑峻法推行禁榷制度，对盐、茶、矾等高利润的民生物资，实行官府垄断经营。商匠入关门，必先取官置号单，备开货物，凭其吊引，照货起税。入门不吊引者，同匿税法。《户部则例》甚至规定"关税短缺令现任官赔缴"。除正常的关税以外，诸如牙税、落地税、盐税、矿税、茶税、酒税等名目繁多的商税、附加税，一层一层地加码征收。商税的加重，加上贪官胥役的无度勒索，使得许多民众视经商为畏途，纷纷将商业资本转而经营土地。在《大清律例》中，还规定了"盐法""阻坏盐法""私茶""私矾"等专门条款，推行严厉的禁榷制度。其中，有关盐法的附例达二十余条。《大清律例·户律·课程》"盐法"条律文规定，凡犯私盐（指无官方盐引而贩）者，不必赃之多少，有确货即处杖一百，徒三年。若带有军器者，加一等。卖食私盐者，亦要杖一百。附例中则补充规定，越境兴贩官司引盐至三千斤以上者，亦要问发附近地方充军。凡私茶者，同私盐法论罪。如此严厉的禁榷制度，极大地限制了民间商业的发展。

### 五、司法制度

### （一）中央司法机构

清朝入关以后，参照明朝的司法体制，并结合清朝自己的实际情况，形成了一套由中央到地方的完整司法体系。

在中央，刑部、大理寺、都察院共同构成皇帝之下的最高司法审级。这三大司法机构既有分工，又有配合制约，组成了一个比较完整的中央司法体制。

1. 刑部。刑部是清代的主审机关，为六部之一，执掌全国"法律刑名"事务，下设十七省清吏司分掌各省审判事务，还设有追捕逃人的督捕司、办理秋审的秋审处、专掌律例修订的修订法律馆。刑部是清代最重要的司法机构，在处理全国法律事务方面一直起主导作用，主要负责：（1）审理中央百官犯罪案；（2）审核地方上报的重案，死刑应交大理寺复核；（3）审理发生在京师的笞杖刑以上案件；（4）处理地方上诉案及秋审事宜；（5）主持司法行政与律例修订事宜。

2. 大理寺。大理寺是负责案件复核的"慎刑"机构。依清代规定，大理寺的主要职责是复核死刑案件，平反冤狱，同时参与秋审、热审等会审。如发现刑部定罪量刑有误，可提出封驳。

3. 都察院。都察院是清代全国最高监察机关，负责督察百官风纪、纠弹不法，同时负有监督刑部、大理寺之责，如刑部、大理寺发生严重错误，可提出纠弹。亦可参与重大案件的会审。

4. "三法司"。即刑部、大理寺、都察院三大司法机构的合称。其中，刑部主审、大理寺复核、都察院监督，相互合作、相互制约，共同向皇帝负责。

5. 九卿会审。依清代规定，凡全国性重大案件，由六部尚书、大理寺卿、都察院都御史、通政使司通政使等九个重要官员组成会审机构会同审理，并将审理结果报请皇帝裁决。这种重要的会审制度称为"九卿会审"。"九卿会审"是从明代的"九卿圆审"发展而来的。

### （二）诉讼程序与审判制度

在清朝的刑事审判程序中，笞杖刑案件由州县自行审结。凡应拟徒刑及以上刑罚的案件，由州县初审，依次经府、按察司、督抚逐级审核，最后督抚作出判决。流刑、充军等案，由各省督抚结案后咨报刑部，由刑部有关清吏司核拟批复，交各省执行。至于死刑重案，由州县初审然后逐级审转复核，由督抚向皇帝具题，最终由"三法司"核拟具奏。发生在京师的死刑案则由刑部直接审理，题奏于皇帝，再经三法司拟核。死刑案最终须经皇帝勾决，才能执行。

对于民事案件，一般均由州县或同级机关自行审理和作出判决，无须逐级审转。

对于告诉权的限制，清代更为严格。依清代律例，凡依律应属容隐之人，一律不得赴官陈控，包括奴婢、雇工等，均不得控告家长。另外，狱中罪犯不得告举他事。

按清代制度，地方司法由州县至督抚共分四个审级，清代律例严格禁止"越诉"行为。案件当事人若不服判决，可逐级上诉申控，但不得越过本管机关径赴上司申诉，违者即使所控属实亦应笞五十，或将本人并同代书诉状之人一体按"光棍"例治罪。

清代承袭明代制度，实行审判回避，凡主审官吏若与诉讼当事人有亲属、仇嫌关系，均应移交回避，违者笞四十。

### （三）秋审制度

在明代会审制度的基础上，清代进一步完善了重案会审制度，形成了秋审、朝审、热审等比较规范的会审体制。

秋审是清代最重要的死刑复审制度，因在每年秋天举行而得名。清代针对死刑有一种独特的制度，即立决和监候制度。清律规定，除凌迟外，死刑有斩、绞两种，分为立决与监候两种情形。一般罪名确实，应该处死者，可判斩立决或绞立决，即在当年的法定执行期内处死。如罪有可疑，或情有可悯，则判斩监候或绞监候，在监收押，留待秋审时再审。秋审审理的对象是全国上报的斩监候、绞监候案件，每年秋八月在天安门金水桥西由九卿、詹事、科道以及军机大臣、内阁大学士等重要官员会同审理。秋审被看成是"国家大典"，清统治者较为重视，还专门制定了《秋审条例》，作为进行秋审大典的基本规范。

案件经过秋审复审程序后，分四种情况处理：（1）情实：指罪情属实、罪名恰当者，奏请执行死刑。（2）缓决：案情虽属实，但危害性不大者，可减为流三千里，或减发烟瘴极边充军，或再押监以待下次秋审。（3）可矜：指案情属实，但有可矜或可疑之处，可免于死刑，一般减为徒、流刑罚。（4）留养承祀：指案情属实、罪名恰当，但有亲老丁单情形，合乎申请留养条件者，按留养案奏请皇帝裁决。

### （四）司法与幕友胥吏

清代地方省府州县各级衙门均有所谓的幕友、胥吏。在地方司法中，幕友和胥吏有着不可替代的作用。

幕友是由地方官员私人聘请的顾问，分为"刑名""钱谷"两类，通称"师爷"。其中的

"刑名师爷"即各级地方官的司法顾问。明清时期继承两宋以降的法律规定，一切地方司法行政事务必须由州县长官亲自处理。官员大多是经由科举出身的，对审理案件的司法事务和律例条文多不熟悉，最有效的办法是聘请有专门法律素养和司法实务经验的"刑名幕友"协助审理案件。

至清代，地方官员倚重"刑名幕友"办案已成惯例，民间将此类人俗称为"师爷"。清代既有严于执法、体恤民情的"师爷"，也有为虎作伥、弄法舞文的"师爷"，不可一概而论。

胥吏是各级衙门中雇用的承办具体事务的衙役人等，他们多常年居于本地，熟悉乡里民情，与本地各个利益阶层利害关系深厚，尤其熟悉当地的民俗禁忌。这使得地方官员在审理案件时，不得不多有倚重。幕友、胥吏的特殊身份与职责，使得他们往往在个案的审理中，相互利用，徇私舞弊在所难免。一些无良的"师爷"、胥吏，甚至敲诈勒索案件当事人，串通官员贪赃枉法，使有清一代的地方司法实践状况日渐昏暗。

# 第五章　清末、民初法律制度

## 第一节　清末法律制度

### 一、"预备立宪"

#### (一)"预备立宪"的社会历史背景

所谓"预备立宪",乃是清政府在 20 世纪初进行的以预备"仿行宪政"为名的政治活动。"预备立宪"的实质是,清政府用宪政争取和拉拢资产阶级立宪派,抵制革命运动,适应帝国主义进一步控制中国的需要,巩固清代的专制主义统治。

自鸦片战争以后,随着西方列强对中国的侵略的加剧,清王朝所面临的各种矛盾亦逐渐尖锐化。就国内而言,封建体制中固有的各种矛盾并未得到丝毫缓解,而较为明显和突出的民族矛盾、当权者与资产阶级改良派的冲突及与资产阶级革命派的对立也更加激烈。从国际上看,西方列强为进一步控制中国,也不断对清代政府施加各种压力,要求清政府改革旧的体制,以适应西方国家各方面的需要。在 19 世纪末,各种矛盾和对立日趋合流,猛烈冲击着处在风雨飘摇中的清王朝。在此内外交困之际,以慈禧太后为首的清政府企图以实行"宪政"为名,缓和各种矛盾,挽救危局。1901 年清廷宣布"变通政治",实行"新政",宣布预备"仿行宪政"。

清政府于 1905 年正式打出"仿行宪政"的旗号,并派遣五大臣赴日本等国考察宪政,设立考察政治馆,后改为"宪政编查馆"。1906 年 9 月发布"预备立宪谕",并进行官制改革。1908 年颁布《钦定宪法大纲》,1909 年各省设立谘议局,1910 年成立资政院。在辛亥革命武昌起义爆发后,又匆匆发布《宪法重大信条十九条》(又称《十九信条》),但这些并未能挽回颓局,随着清王朝的覆灭,"预备立宪"也随之流产。

在上述数年的"预备立宪"活动中,最为重要者为两个方面:其一,设立谘议局与资政院;其二,颁布《钦定宪法大纲》和《十九信条》。

#### (二)"预备立宪"的指导原则——"大权统于朝廷,庶政公诸舆论"

1905 年,清廷提出"仿行宪政",按统治者自己的意图,认为立宪有三大利:一曰皇位永固;二曰外患渐轻;三曰内乱可弭。次年 9 月,颁预备立宪上谕,以"大权统于朝廷,庶政公诸舆论"为立宪根本原则。随着国内局势日趋动荡,资产阶级立宪运动的发展及国际民主宪政运动的扩大,加之统治阶层内部君主立宪派势力的活动,清政府被迫在内外诸多因素的促使下宣布"预备立宪",1908 年 8 月 27 日公布了"预备立宪"计划,即《钦定逐年筹备事宜清单》。其实质所要谋求的目的,正如孙中山所说:这是清廷"谋中央集权,拿宪法作愚民的工具"。

#### (三)《钦定宪法大纲》

《钦定宪法大纲》是清王朝于 1908 年颁布的宪法文件。由宪政编查馆编订,1908 年 8 月公布。制定"宪法大纲"是清政府"预备立宪"的一个步骤,《钦定宪法大纲》也成为中国历史上的第一个宪法性文件。

《钦定宪法大纲》共23条，分为正文"君上大权"和附录"臣民权利义务"两部分。第一部分共14条。第1条、第2条规定了皇帝至高无上的地位："大清皇帝统治大清帝国，万世一系永永尊戴"；"君上神圣尊严，不可侵犯"。第3条至第14条规定了君主在立法、行政、司法、统率军队、宣布战争与媾和、宣布戒严等方面的各项绝对权力，并在许多条文之后加上"议院不得干涉""皆非议院所得干预"等词语，以保障皇权、限制议会的权力。第二部分为"附录"，规定了臣民纳税、服兵役、遵守法律诸项义务以及抄自日本宪法中的一些臣民权利。但对于每项臣民权利，均以"在法律范围内"作为限制语，并规定"皇帝得以诏令限制臣民之自由"。

《钦定宪法大纲》无论在结构形式上还是条文内容上，都体现了"大权统于朝廷"的精神。其最突出的特点就是皇帝专权，人民无权。其实质在于给封建君主专制制度披上"宪法"的外衣，以法律的形式确认君主的绝对权力，体现了清廷贵族企图继续维护专制统治的意志和愿望。因此，《钦定宪法大纲》颁布后即遭到普遍的反对和批评。

**（四）谘议局和资政院**

1. 作为地方咨询机关的谘议局。谘议局是清末"预备立宪"时期清政府设立的地方咨询机关，于1909年开始在各省设立。实际上，谘议局根本不可能成为真正的民意机构，只不过是在各省督抚严格控制下的备询机关。

谘议局的筹建始于1907年，其后由宪政编查馆草拟了《谘议局章程》及《谘议局议员选举章程》，经奏准，于1908年7月颁布。依照这两个章程的规定，谘议局活动的宗旨在于"指陈通省利病，筹计地方治安"，其权限是讨论本省兴革事宜、决算、预算、税收、公债以及选举资政院议员、申复资政院或本省督抚的咨询等。但其所议定事项、可决权全在本省督抚，督抚对于谘议局，不仅有监督、裁夺之权，而且有令其停会及奏请解散之权。谘议局议员的选举条件也极为苛刻，因此，它并不具备资本主义制度下地方议会的性质，只不过是一种"宪政"的点缀品而已。

2. 作为中央咨询机关的资政院。资政院是清末"预备立宪"时期清政府设立的中央咨询机构，于1910年正式设立。资政院在实际上完全是清代皇室直接控制的御用机关，而根本不是资产阶级性质的议会组织。

资政院的筹建也始于1907年。《资政院院章》于1908年以后陆续完成。依照《资政院院章》的规定，该院可以"议决"国家的年度预决算，税法与公债，法典的修订、修改以及其余奉"特旨"交议事项。但是，资政院的一切决议，均须报请皇帝定夺，皇帝还有权谕令资政院停会或解散。资政院议员分"钦选"与"民选"两部分，钦选议员由皇帝指定，多为宗室贵族高官显贵，民选议员由各省谘议局议员互选产生，但须各省督抚圈定。可见资政院只不过是承旨办事的御用机构，与近现代的国家议会有根本性的不同。

**（五）《十九信条》**

《十九信条》全称《宪法重大信条十九条》。它是清政府于辛亥革命武昌起义爆发后抛出的又一个宪法性文件，也是清代统治者立宪骗局最后破产的记录。

1911年10月10日，武昌起义爆发，革命风暴很快席卷大半个中国，南方各省纷纷宣布独立，清王朝的统治处于土崩瓦解之中。清政府一面急忙调兵遣将，一面下"罪己诏"，并宣布解除党禁，赦免国事犯，并命令资政院迅速起草宪法，企图继续玩弄立宪骗局渡过危机。资政院仅用三天时间即拟定《宪法重大信条十九条》，11 月 3 日由清政府公布。由于革命运动和全国局势的压力，《十九信条》在形式上被迫缩小了皇帝的权力，相对扩大了国会和总理的权力，但它仍然强调"大清帝国皇统万世不易""皇帝神圣不可侵犯"。尤其是它完全着眼于皇帝和国会的关系，对于人民的权利只字未提，更暴露出其虚伪性。正因为如此，清政府抛出《十九信条》以后，并未能够挽回清王朝大厦将倾的败局。

### 二、修律活动

#### （一）修律的指导思想——"中外通行，有裨治理"

1840 年鸦片战争以后，清代统治者在内外各种压力之下，逐渐对原有的法律制度进行了不同程度上的修改与变革。特别是 1900 年八国联军入侵北京以后至 1911 年清廷败亡的十年间，清政府自上而下地进行了空前频繁的立法修律活动，对以《大清律例》为代表的固有法律制度、法律体系作了一系列的改革。延续两千余年的中华封建法系至此开始解体，中国法制的历史也因而发展到一个新的阶段。故而一般把 1900 年以后清政府的法律改革活动统称为清末修律。其基本宗旨在于：

第一，"折中世界各国大同之良规，兼采近世最新之学说"，且"务期中外通行"。即为适应时变，要吸收引进西方近现代法律形式、法律制度。

第二，"不戾乎中国数千年相传之礼教民情"，即变法修律不能违背中国传统的封建伦理道德，不能从实质上损害中国的封建政治制度与封建社会秩序。以达到"有裨治理"，巩固统治的目的。

#### （二）修订法律馆

清末修律活动始于清光绪二十六年十二月十日（公元 1901 年 1 月 29 日）清廷所颁布的变法上谕。1902 年 5 月 13 日，清廷再次发布修律上谕，并下令设立了主持修律的专门机构——修订法律馆，以沈家本、伍廷芳为修订法律大臣。在修订法律馆成立以后近十年间，是清末立法修律活动频繁、法律制度大幅度变革时期。这些变法修律活动大致可以分为三个基本方面：

其一是删修旧律旧例，改订刑罚制度，废除一些残酷的刑罚和一些明显不合潮流的制度。这方面以《大清现行刑律》为代表。

其二是制定新法律、新法典。自 1904 年清政府颁布《钦定大清商律》以后，清政府先后起草或颁布了包括《大清新刑律》《钦定宪法大纲》《大清民律草案》《法院编制法》等在内的涉及宪法、刑法、民商法、诉讼制度、司法体制等领域的一系列新法典或单行法规。

其三是配合一系列新法典的制定，逐渐改革旧的司法体系和诉讼制度。

#### （三）清末修律的主要成果

1.《大清现行刑律》。《大清现行刑律》是清政府于 1910 年 5 月 15 日颁行的一部过渡性法典。它是在《大清律例》的基础上稍加删改而成的，共 36 卷，389 条，另有附例 1 327 条，并附《禁烟条例》12 条和《秋审条例》165 条。清政府颁布的《大清现行刑律》目的是把它作为《大清新刑律》制定完成之前的一部过渡性法典，因而对相传已久的《大清律例》并没有作太大的修改，其基本内容也是秉承旧律旧例而来。《大清现行刑律》的变化主要在以下几个方面：

（1）改律名为"刑律"。自秦代以后，中国封建各朝法典大体均以律相称。《大清现行刑律》则以"刑律"为名，以适应新的潮流。

（2）取消了《大清律例》中按吏、户、礼、兵、刑、工六部名称而分的六律总目，将法典各条按其性质分隶三十门。

（3）关于继承、分产、婚姻、田宅、钱债等纯属民事性质的条款不再科刑。

（4）废除了一些残酷的刑罚手段，如删除了凌迟、枭首、戮尸、刺字等刑罚和缘坐制度，改笞、杖刑为罚金、苦役，并停止刑讯。将主体刑罚确定为死刑（斩、绞）、遣刑、流刑、徒刑、罚金等五种。

（5）增加了一些新罪名，如妨害国交罪、妨害选举罪、私铸银元罪以及破坏交通、电讯的犯罪等等。

由上可见，《大清现行刑律》只是在形式上对《大清律例》稍加修改而已，无论在表现形式、法典结构以及具体内容上都不能说是一部近代意义上的专门刑法典。

2.《大清新刑律》。《大清新刑律》是清政府于1911年1月25日公布的一部专门刑法典，也是中国历史上第一部近代意义上的专门刑法典。

《大清新刑律》的起草工作始于1906年。由于在起草制定过程中引发了礼教派的攻击和争议，故直到宣统二年十二月（公元1911年1月）始正式公布，预定至宣统五年（公元1914年）正式施行，但公布后不久清王朝即告覆亡，故《大清新刑律》并未正式施行。

《大清新刑律》分为总则和分则两编，共53章，411条，另附有《暂行章程》5条。同《大清律例》和《大清现行刑律》相比较，《大清新刑律》在形式上和内容上都有比较大的改动：

（1）《大清新刑律》抛弃了以往旧律"诸法合体"的编纂形式，以罪名和刑罚等专属刑法范畴的条文作为法典的唯一内容，因而成为一部纯粹的专门刑法典。

（2）《大清新刑律》在体例上抛弃了以往旧律的结构形式，采用近代西方刑法典的体例，将整部法典分为总则与分则两部分。

（3）《大清新刑律》确立了新的刑罚制度，规定刑罚分为主刑和从刑两种。主刑包括：死刑（仅绞刑一种）、无期徒刑、有期徒刑、拘留、罚金。从刑包括剥夺公权和没收两种。

（4）《大清新刑律》采用了一些近代西方资产阶级的刑法原则和近代刑法学的通用术语。如《大清新刑律》采用了罪刑法定主义原则，删除旧律中的比附制度；采用了近代的法律面前人人平等原则，取消了因官秩、良贱、服制而在刑律适用上所形成的差别，取消了"八议"制度，并采用了西方资产阶级国家中通用的缓刑、假释、正当防卫等制度和术语，并对幼年犯罪改用惩治教育的办法，等等。

总之，从单纯技术角度和形式上看，《大清新刑律》属于近现代意义上的新式刑法典，与中国传统法典在结构、体例及表现形式上均有较大不同。但是，《大清新刑律》对于传统旧律并没有作实质性的修改，特别是附录《暂行章程》依然存在于法典之中，依然保持着旧律传统。

3.民律草案的修订。

（1）民律修订的背景。清末修律之初主要着眼于对《大清律》的修订和《大清新刑律》的制定，民事立法的修订直到光绪三十三年五月（公元1907年6月）才受到朝廷的重视。其时的大理院正卿张仁黼在其"修订法律请派大臣会订折"中奏称："人与人之关系，则属乎私法""私法如民法、商法是""至民法为刑措之原，小民争端多起于轻微细故，于此而得其平，则争端可息，不致酿为刑事。现今各国皆注重民法，谓民法之范围愈大，则刑法之范围愈小，良有以也"（《清末筹备立宪档案史料（下册）》）。

民政部大臣善耆也在给朝廷的奏折中提出制定民法的主张。光绪三十三年九月，宪政编查馆正式将民法的编纂列入修律计划。第二年十月（公元1908年11月），修订法律馆在沈家本主持下聘请日本法学士松冈义正为顾问，开始民法的起草。宣统元年二月（公元1909年3月），内阁侍读学士甘大璋奏请将民律中与礼教牵涉较多的亲属、继承二编，分出改由礼学馆起草，然后会同修订法律馆一起商定。为起草民律，修订法律馆专设一科，"科设总纂一人，纂修、协修各四人，调查一人或二人。又设咨议官访通晓法政、品端学粹之员，分省延请，以备随时咨商"。此外，"凡各省习惯及各国成例，得分别派员或咨请出使大臣调查"。

修订法律馆和礼学馆在起草民律过程中，强调以下三点作为宗旨：

一是"注重世界最普通之法则"，广泛吸收大陆法系国家民法的一般原则和具体规定；

二是"原本后出最精确之法理"，"采用各国新制"以便与列强相交涉；

三是"求最适于中国民情之法"和"期于改进上最有利益之法"；

在修订法律馆组织下，由松冈义正起草的民律总则、债权、物权三编全部完稿，礼学馆负责起草的亲属、继承二编也相继完成，共36章1569条。修订法律馆将五编依此排定，名为《大清民律草案》。至宣统三年八月（公元1911年9月），并将前三编缮成黄册，奏请交内阁核定。后二编准备会同礼学馆商定后，再行奏进。但未等这些工作进行完毕，清廷便因辛亥革命被推翻。

（2）《大清民律草案》的结构与内容。《大清民律草案》共有五编，按其编纂结构和内容的特点可分为前后两个部分，即总则、债权、物权前三编与亲属、继承后两编。

①民律前三编以"模范列强"为主。民律前三编主要受起草者日本法学士松冈义正的影响，以日本明治二十九年（公元1896年）《民法典》为蓝本，同时参酌德国和瑞士《民法典》，其结构则是取自1900年的德国《民法典》。对中国旧有习惯未加参酌。

第一编总则，它采取了私有财产所有权不可侵犯、契约自由、过失致人损害应予赔偿等资产阶级民法的一些基本原则。下设各章分别是法例、人、法人、物、法律行为、期间及期日、时效、权利之行使及担保共8章。分别对自然人的权利能力、行为能力、责任能力、住所、人格保护及法人的意义和成立要件、法人的各项民事权利、社团法人、财团法人，以及意思表示、契约行为、代理行为、取得时效、消灭时效等民法上的根本概念和法律关系作了规定。如在总则编中规定：契约必须经双方同意才能成立，"要约经拒绝者，失其效力"（第204条），契约的变更亦须经双方同意，"要约定有承诺期间者，不得撤回"（第201条），"要约人于承诺前死亡或失其能力者，其契约仍得成立"（第209条）等。

第二编债权，分别规定了债权的标的、效力、让与、承认、消灭以及各种形式的债的意义和有关当事人的权利义务等。下分通则、契约、广告、发行指示券、发行无记名证券、管理事务、不当得利、侵权行为共8章。引用的条文具有典型的大陆法系风格。如在债权编规定："因故意或过失侵他人之权利而不法者，于因加害而生之损害负赔偿之义务"（第945条），"官吏公吏及其他依法令从事公务之职员，因故意或过失违背应尽之职务，向第三人加损害者，对于第三人负赔偿之义务"（第984条），"为某种事业使用他人者，于被使用人执行事业加损害于第三人时，负赔偿之义务"（第952条）。而对中国传统社会中民间普遍存在的习惯性规则缺乏相应的法律调整。

第三编物权，主要规定了对各种形式的财产权的法律保护及财产使用内容等。下分通则、所有权、地上权、永佃权、地役权、担保物权、占有共7章。如在物权编中规定："所有人于法令之限制内得自由使用、收益、处分其所有物"，他人不得干涉（第983条）。

②民律后两编以"固守国粹为宗"。后两编因由清廷礼学馆主持起草之故，虽然条文中采纳了一些资产阶级的法律规定，但更多的是注重吸收中国传统社会历代相沿的礼教民俗。

第四编亲属，分别对亲属关系的种类和范围、家庭制度、婚姻制度、未成年人和成年人的监护、亲属间的扶养等作了规定。下分定名、取义，下设通则、家制、婚姻、亲子、监护、亲属会、扶养之义务共7章。其具体法律条文成为清末东西方法律文化交融的一个缩影。如关于家庭制度的条文规定："家政统摄于家长"（第1318条），"家长以一家中之最尊长者为之"（第1312条），"家属尊卑之分以亲等及其长幼为序"（第1313条）。

妇女只在"家中无男丁或有男丁而未成年"的情况下，才得为家长（第1316条）；关于婚姻的条文规定：男子不满30岁，女子不满25岁，无论结婚、离婚都须父母同意，否则无效。

第五编继承，分别规定了自然继承的范围及顺位、遗嘱继承的办法和效力、尚未确定继承人的遗产的处置办法，以及对债权人和受遗人利益的法律保护等。第一章包括定名、范围及次序，以下分别是通则、继承、遗嘱、特留财产、无人承认之继承、债权人或受遗人之权利共6章。继承编中同样体现着浓厚的传统色彩，如关于继承权特别规定不可以抛弃，即使受继人有不利益之事，亦不得抛弃继承。在这里家族的传承观念，远远重于个人的物质利害得失。

《大清民律草案》从整体结构上来说，确是代表了其时最先进的民法理论，唯其如此，这一草案的完成，恰恰也成为清末修订的大部分法典一味强调"与国际接轨"，而罔顾本国社会实际这一通病的又一典型。而其法典内容上所体现出的前后两部分的差异，则又成为近代东西方两种法律文化交融的例证。在这里以一个具体的视角叙述着"中体西用"的理论与实践。就法典本身来说，《大清民律草案》不是一部成熟的法律草案，但确是中国历史上第一部民法典。它对以后中华民国的民事立法产生了深远的影响。

4. 清末的商事立法及其特点。

（1）商律修订的背景。

清末官商一体的政治经济结构，成为商律修订的直接现实基础。1872年，李鸿章从传统王朝权盐的制度中，引入了一个"官督商办"的概念，给传统官商二者的结合提供了一个新的渠道。其后的一个阶段是以张之洞为代表的"官商合办"的近代工矿企业的发展。直到20世纪初，才最终孕育出了一些地处沿海省份等地方的民族工商业。

随着近代工商业的发展，产生了对商法的迫切需求，使清政府的传统工商政策也发生了一系列的变化，由"重农抑商"，不制定单独的商法，逐渐变为"农商并重"，提高商人的社会政治地位。《光绪朝东华录》记载：光绪二十九年三月（公元1903年4月）在宣布成立商部的上谕中称："自积习相沿，视工商为末务。国计民生日益贫弱……总期扫除官习，联络一气，不得有丝毫隔阂。"《清德宗景皇帝实录》卷521也记载："倘有不肖官吏仍前需索刁难，著即随时严查参办，勿稍徇纵。"清政府光绪二十八年三月（公元1902年3月），发布了

"近来地利日兴，商务日广，如矿律、路律、商律等类，皆应妥议专条"的上谕，商事立法遂作为法律改革的一项任务被列入日程。其后在光绪三十三年五月（公元1907年6月），时任大理院正卿张仁黼在其"修订法律请派大臣会订折"中，进一步指出了修订商律的方法，奏称："凡民法商法修订之始，皆当广为调查各省民情风俗所习为故常，而于法律不相违悖，且为法律所许者，即前条所谓不成文法，用为根据，加以制裁，而后能便民。此则编纂法典之要义也。"

（2）商律修订的过程。

清末的商事立法，按其前后修订过程大致可分为两个阶段。

光绪二十九年（公元1903年）到光绪三十三年（公元1907年）为第一阶段。光绪二十九年三月二十五日，清廷指派载振、伍廷芳和时任北洋大臣与直隶总督的袁世凯拟订商律。同年七月十六日设立商部后，载振为尚书，伍廷芳为左侍郎，主要根据当时的需要，由商部负责制定和颁布了一些应急的法律、法规。当时所定商事法规主要有：

①《钦定大清商律》。由商部制定，光绪二十九年十二月五日（公元1904年1月21日）奏准颁行。

②《公司注册试办章程》，由商部制定，光绪三十年五月（公元1904年6月）奏准颁行。共18条，内容较为简单粗糙。

③《商标注册试办章程》与《商标注册试办章程细目》。由商部制定，光绪三十年六月（公元1904年7月）奏准颁行。其中章程28条，细目23条，内容较为详细。

④《破产律》。由商部起草，脱稿后送沈家本、伍廷芳共同审定，于光绪三十二年四月（公元1906年5月）奏准颁行。

总之，由于时间仓促，这一时期所订商法大都比较简单，而且门类不全，不能满足政府与社会的需要。

光绪三十三年后至宣统三年为第二阶段。经过光绪三十二年（公元1906年）官制改革，商事立法改由修订法律馆负责，主要法典由修订法律馆主持起草，各单行法规仍由有关部门拟订。由于有了几年的立法经验，因而所订法律趋向成熟，但由于清室覆亡，大都未能颁行。按时间顺序，这一阶段未及颁行的商法草案有：

①《大清商律草案》，亦称《志田案》。光绪三十四年八月（公元1908年9月）修订法律馆聘日本法学博士志田钾太郎起草，自宣统元年起陆续脱稿。

②《交易行律草案》。光绪三十四年（公元1908年）起草。

③《破产律草案》。修订法律馆聘日本法学家松冈义正起草，宣统元年完成，共337条，内容较为周详。

④《保险规则草案》。农工商部（公元1906年改商部为农工商部与邮传部）订。共124条，经宪政编查馆厘正后，于宣统二年八月（公元1910年9月）奏交资政院审议。

⑤《改订大清商律草案》。农工商部拟订，宣统二年十一月（公元1911年1月）奏交资政院审议。

此外，清政府还制定和颁布了一些与商法有密切关系的法规，如《商会简明章程》《华商办理农工商实业爵赏章程》《奖励华商公司章程》《改订奖励华商公司章程》等。

这一时期已颁行的商事单行法规主要有：

①《银行则例》，度支部订，光绪三十四年六月（公元1908年7月）奏准颁行。

②《银行注册章程》。度支部订，共 8 条。光绪三十四年六月（公元 1908 年 7 月）奏准颁行。

③《大小轮船公司注册给照章程》。邮传部订，共 20 条。宣统二年三月（公元 1910 年 4 月）奏准颁行。

④《运送章程》。农工商部起草，宣统二年八月（公元 1910 年 9 月）奏交资政院审议，十二月奏准颁行。其中正文 54 条，分为总则、运送承办人、运送营业者 3 章；附则 2 条。

（3）主要商事立法的结构与内容。

①《钦定大清商律》。

该律结构由《商人通例》和《公司律》组成。其中《商人通例》9 条，分别规定了商人的意义和条件以及妇女经商、商号、商业账簿等方面的问题，具有商法总则的性质；《公司律》131 条，分为公司分类及创办呈报法、股份、股东权利各事宜、董事、查账人、董事会议、众股东会议、账目、更改公司章程、停闭、罚例，共 11 节。

该律主要内容包括：

其一，以法律的形式规定了奖励工商业的政策，肯定了资本主义近代企业的合法地位。《钦定大清商律》第 23 条规定："凡现已设立与嗣后设立之公司及局厂、行号、铺店等均可向商部注册，以享一体保护之利益。"

其后制定的一些单行商事法规还规定：凡商人所办实业能开辟利源、制造物品、扩充国民生计者，皆可按资本额大小及所用工人多寡，分别授以子爵、男爵、卿等爵秩，以显其荣；凡集股办公司股金在 20 万元以上者，可按其所集股金数额，分别授以农工商部顾问官、议员等职衔，并相应地授以一至七品顶戴，使之在礼仪方面受优待等。

其二，规定了商人的法律地位及商事活动中所应遵循的一般规则。《钦定大清商律》规定，"凡经营商务贸易买卖贩运货物者均为商人"（第 1 条）；男子 16 岁以上方可为商；商人必须立有账簿，并定期结账，商业账簿及与贸易有关的往来信件至少要保存 10 年。

其三，规定了公司的法律地位、种类，各种公司的组织机构、内部关系及外部关系、成立、变更、解散及会计制度等。《钦定大清商律》规定："凡凑集资本共营贸易者名为公司。"公司共分四种：合资公司、合资有限公司、股份公司、股份有限公司（第 1 条）。

《钦定大清商律》的结构与内容均较简略，作为中国历史上的第一部独立的商法典，在中国商法史上占有重要的地位。颁布后一直适用到民国三年（公元 1914 年），至北京政府颁布新的《商人通例》和《公司条例》后，才告废止。

②《大清商律草案》（亦称《志田案》）。

其结构一改《钦定大清商律》的两编体例，按民商分立国家单独编纂商法典的原则编成，这部近代中国最大部头的商法典共分五编，共计 1008 条。主要内容如下：

第一编总则，下分法例、商业、商业登记、商号、营业所、商业账簿、商业所用人、商业学徒、代办商，共 9 章 103 条。其具体内容多与《钦定大清商律》相类。

第二编商行为，下分通则、买卖、行铺营业、承揽运送业、运送营业、仓库营业、损害保险营业、生命保险营业，共 8 章 236 条。商行为一编具体规定了买卖、行铺营业、承揽运送业、运送营业、仓库营业、保险营业等商事行为的性质、经营规则、有关当事人间的权利义务关系等。

第三编公司律，分 6 编 16 章。第 1 编总则，下设法例、通则 2 章；第 2 编合名公司，下设设立、内部之关系、外部之关系、股东之入股及退股、解散 5 章；第 3 编合资公司；第 4 编股份公司，下分设立、股份、股东总会、董事、监查员、会计、公司债、定章之变更、解散，共 9 章；第 5 编股份合资公司；第 6 编罚则；共 312 条。其具体内容多与《钦定大清商律》相类。

第四编票据法，分 3 编 15 章。第 1 编总则，下设法例、通则 2 章；第 2 编汇票，下设汇票之发行及款式、票背签名、承诺、代人承诺、保证、满期日、付款、拒绝承诺及拒绝付款之场合执票人之请求偿还权、代人付款、副票及草票、汇票之伪造变造及遗失、时效，共 12 章；第 3 编期票，下设期票 1 章。票据法对商事活动中经常使用的票据的性质、种类、款式、发行、流通、收回及当事人间的权利义务作了系统规定。

第五编海船律，分 6 编 11 章。该律体例严谨，内容周详。但大多数条文脱离中国实际和社会习惯。由于该律是按照商法典的规模和要求来编纂的，因而起草的过程较长，至 1911 年辛亥革命爆发，仍未全部定稿。已完成者中有些也未来得及经修订法律馆审核，因而均未颁行。

③《改订大清商律草案》。

农工商部在参考各商会所编《商法调查案》的基础上，将该律体例重又回复到《钦定大清商律》的结构，分为总则、公司两编。总则编分商人、商人能力、商业注册、商号、商业账簿、商业使用人、代理商，共 7 章 86 条；公司编分总纲、无限公司、两合公司、股份有限公司、股份两合公司、罚例，共 6 章 281 条。

该律主要内容包括以下几点：

其一，明确公司的种类。《改订大清商律草案》规定：公司分为无限公司、两合公司、股份有限公司、股份两合公司四种。凡公司均认为法人，公司非经注册不能着手开办，并不能对抗第三者；股份有限公司必须有 7 名以上认股者为创办人，创办人须订立公司章程，待股数招足并第一次股银交齐后方可召集创立总会，成立公司，并呈请官厅注册开办；股份两合公司以无限责任资本和有限责任股东组成，如无限责任资本全部脱退，可改为股份有限公司，如有限责任股东全部脱退，可改为无限公司；等等。

其二，明确了商人的概念及相关权利义务。《改订大清商律草案》规定，"凡有独立订结契约负担义务之能力者均得为商人"（第 7 条）；"商人得以其姓名或各种字样作为商号"（第 20 条），但不得在同一区域使用同种行业中他人已注册之商号；商业主人可以雇佣商业使用人，也可由他人代理经营，但都要遵守法律的有关规定；商人账簿应按规定的方式记载、结算、保存；等等。

该律内容比最初的《钦定大清商律》完整、周密，是一部比较成熟的商法典草案。1914 年，民国北京政府将其略加修改后，改为《商人通例》和《公司条例》颁布实施。

④《破产律》。

全律结构分呈报破产、选举董事、债主会议、清算账目、处分财产、有心倒骗、清偿展限、呈请销案、附则，共 9 节 69 条。是为加强商业贸易的管理和调整有关的法律关系而制定的一系列商事法规之一。颁行后不久，因上海钱业大亨等所请，宣布第 40 条关于"经手帑项公款的商家倒闭"的规定暂缓实行。第二年十月（公元 1907 年 11 月），农工商部又奏请将该律交修订法律馆统筹编纂。但是由于该法规定违反以往的清偿顺序，即先清偿外国人债款，其次是官府的债款，然后才是让中国商人平均受偿，因而导致了户部和商界各持己见，彼此相持不下，以致该律虽奏准皇上施行，但仍于光绪三十四年十一月被明令废除。后又由于措辞含糊，致使有的地区仍在执行。

该律主要内容是规定了破产的条件、呈报破产的程序、清偿债务的程序及对有心倒骗的处理办法等。如该律规定：商人遇有破产事项，应赴地方官及商会呈报，待查明后进行破产宣告；宣告破产后应选举专门人员负责清理有关事务，并召开债主会议，商议清偿办法；待账目核算清楚后，将破产财产按平均成数摊还各债主；对有心倒骗者分别以监禁或罚金处罚之。

此外，清末商法还规定了公司及各种行铺注册的效力、注册时所必备的手续、注册的程序和办法，以及商会的性质、组织、职责、活动方式等。

（4）商事立法的基本特点。

清末前后历时八年多的商事立法，在整个修律过程中占有十分突出的地位。这些商事立法的修订是在中国一步步陷入半殖民地的深渊，同时近代资本主义工商业不断发展，加之政治上的内外压力等诸多因素影响下形成的。

①在法律渊源上体现着"模范列强""博稽中外"的原则。

在主要商事法典的体例内容选择上，主要模仿德、日、英等资本主义国家的商法，同时也注意吸收一些中国的商事习惯。如《钦定大清商律》主要仿自英、日公司法和商法；《大清商律草案》（《志田案》）中除票据法主要仿自 1900 年起草的《海牙统一票据条例草案》外，其余几部分主要模仿日本 1899 年商法和德国 1900 年商法。《改订大清商律草案》主要仿自日本明治三十二年（公元 1899 年）商法，同时也从德国 1900 年商法中吸收了一些内容；除《大清商律草案》（《志田案》）外，另两部法典中都采纳了一些中国传统商事习惯的条文。

在《破产律》的修订中，尤其注重对中国传统商事习惯的采纳。沈家本在《商部、修律大臣会奏议订商律续拟破产律》的奏折中阐述："然诈伪倒骗者之出于有心，与亏蚀倒闭者之出于无奈，虽皆谓破产，而情形究有不同。诈伪倒骗洵属可恨，亏蚀倒闭不无可原，若仅以惩罚示儆之条，预防流弊，而无维持调护之意，体察下情，似与保商之道犹未尽也。兹经臣等督饬司员，调查东西各国破产律及各阜商会，条陈商人习惯，参酌考订，成商律之破产一门。"使该律"沿袭中国习惯者居多，采用外国条文者少"，主要根据中国的习惯拟成。这是清末商法的一个重要特点。

②在法典编纂结构和立法技术上，它充分体现照顾商事活动的简便性及敏捷性的要求，以宽为主。

在吸收各国商法和中国大量商事习惯的基础上，采取了与商为便的一系列规定。如《钦定大清商律》中关于一般商业注册与否听其自便，以及公司只要符合法定条件均可成立的规定，《改订大清商律草案》中关于无限公司的内部关系以从定章为主，及无论何种公司都可变更其种类的规定等，在客观上有利于鼓励私人投资近代企业，促进资本主义的发展。另一方面，由于立法经验与司法实践的欠缺，在法律规范的制定中对商事活动的安全性要求关注不够。如《钦定大清商律》中《商人通例》仅有 9 条，其中关于商业登记、商业使用人、商业代理人等方面的规定都付阙如；其《公司律》中关于无限公司和合资有限公司的条文也明显不足，特别是对合资有限公司的资本额和公司机构未作任何规定，使该法在实践中极易滋生弊端，不利于保护商事活动的安全。

③在一些条文所体现的具体内容上，则带有传统社会封建残余和半殖民地法律的烙印。

如《钦定大清商律》关于商人能力规定，男子 16 岁以上有完全的商人能力，可独立为商，妇女则只在"上无父兄或本商病废而子弟幼弱、尚未成丁"的情况下，方可为商（第 3 条）；有夫之妇经商，不仅须经丈夫许可，而且遇有钱债纠葛，本夫不能辞其责。实际上是不承认妇女的独立地位。此外，无论是《钦定大清商律》《大清商律草案》，还是《改订大清商律草案》，对外国公司均无规定。日本公司法关于外国公司专设一章，清末商法模仿日本商法之处颇多，唯关于这个问题不采日制，这不能不说是它的一大缺陷。此点足可为近代中日两国在继受西方法律文化过程中，所表现出的文化传统差异方面的又一典型例证。

历史地看，清末商法仍不失为在客观上适应了当时社会经济发展要求的法律，对它应给予肯定评价。

### （四）礼法之争

所谓礼法之争，是指在清末变法修律过程中，以张之洞、劳乃宣为代表的"礼教派"与以修订法律大臣沈家本为代表的"法理派"围绕《大清新刑律》等新式法典的修订而产生的理论争执。

1. "法理派"与"礼教派"。清末修律过程中"法理派"与"礼教派"之争，主要集中在光绪三十二年（公元 1906 年）修订法律馆上奏《大清民事刑事诉讼律》及次年上奏《新刑律草案》以后。修订法律大臣沈家本等人，由于对清代所面临的社会危机、对西方国家的政治法律制度有比较深入的了解，因而主张中国应该大幅度地引进西方近、现代的法律理论与观念，运用"国家主义"等政治法律理论来改革中国旧有的法律制度。在修订《大清新刑律》《大清民事刑事诉讼律》过程中，沈家本主持的修订法律馆经常运用西方国家的"通行法理"来对抗保守派的攻击，因而被称为"法理派"。而以曾出任湖广总督、后任军机大臣的张之洞，江苏提学使劳乃宣为代表，包括地方督抚在内的清廷上层官僚、贵族，则对变法修律持反对、消极的态度。他们认为沈家本等主持修订新律应"浑道德与法律于一体"，尤不应偏离中国数千年相传的"礼教民情"，故而被称做"礼教派"。

2. 法理派与礼教派争论的焦点。就制定《大清新刑律》而言，法理派与礼教派争论的焦点主要集中在以下几方面：

其一，关于"干名犯义"条存废问题。"干名犯义"是传统法律中的一个重要罪名，专指子孙控告祖父母、父母的行为。按照儒家的理论，亲属之间理应相互包庇、隐瞒犯罪。亲属相互告言，"亏教伤情，莫此为大"。明清律中，子孙控告祖父母谓之"干名犯义"，亦属十恶之条。清末修律过程中，沈家本等人从西方国家通行的法理出发，提出"干名犯义"属"告诉之事，应于编纂判决录时，于诬告罪中详叙办法，不必另立专条"。而礼教派则认为"中国素重纲常，故于干名犯义之条，立法特为严重"，由此足见"干名犯义"条款大于礼教之事，是传统伦理的根本所在，因而绝不能在新刑律中没有反映。

其二，关于"存留养亲"制度。"存留养亲"是传统法律中的一项重要制度。一般而言，"存留养亲"多适用于独子斗殴杀人之案。在此类案件中，若有"亲老丁单"，即凶犯系家中独子、父母年老有病、家中又无其他男丁情形，考虑到其父母年老无人奉养，又无其他男丁继承宗嗣，经有关部门代为声请，得到皇帝特许以后，可免其死罪，施以一定处罚以后，令其回家"孝养其亲"。自南北朝时成为定制以后，围绕"存留养亲"的条件、限制等问题，各代形成了一整套制度。长期以来，"存留养亲"一直被视为"仁政"的重要标志。沈家本等人认为："古无罪人留养之法"，而且嘉庆六年上谕中也明白表示过："是承祀、留养，非以施仁，实以长奸，转以诱人犯法"。因此，"存留养亲"不编入新刑律草案，"似尚无悖于礼教"。礼教派认为，"存留养亲"是宣扬"仁政"、鼓励孝道的重要方式，不能随便就排除在新律之外。

其三，关于"无夫奸"及"亲属相奸"等问题。依照传统伦理，"奸非"是严重违反道德的行为，故传统刑律有严厉的处罚条款。"亲属相奸"更是"大犯礼教之事，故旧律定罪极重"。因此，礼教派认为在新律中也应有特别的规定。法理派则认为，"无夫妇女犯奸，欧洲法律并无治罪之文"。"此事有关风化，当于教育上别筹办法，不必编入刑律之中"。至于亲属相奸，"此等行同禽兽，固大乖礼教，然究为个人之过恶，未害及社会，旧律重至立决，未免过严"。因此，对此等行为，依"和奸有夫之妇"条款处以三等有期徒刑即可，"毋庸另立专条"。

其四，关于"子孙违反教令"问题。"子孙违反教令"是传统法律中一条针对子孙卑幼"不听教令"，弹性很大的条款。只要子孙违背了尊长的意志、命令，即可构成此罪名。清律之中，除规定子孙违反教令处以杖刑以外，还赋予尊长"送惩权"，即对于多次触犯父母尊长者，尊长可以直接将其呈送官府，要求将其发遣。礼教派认为，这样"子孙治罪之权，全在祖父母、父母，实为教孝之盛轨"。法理派则指出："此全是教育上事，应别设感化院之类，以宏教育之方。此无关于刑事，不必规定于刑律中也。"

其五，关于子孙卑幼能否对尊长行使正当防卫权问题。礼教派认为，按照中国传统的伦理，"天下无不是之父母"，子孙对父母祖父母的教训、惩治，最多像舜帝那样"大杖则走，小杖则受"，只有接受的道理，而绝无"正当防卫"之说。法理派则认为："国家刑法，是君主对于全国人民的一种限制。父杀其子，君主治以不慈之罪；子杀其父，则治以不孝之罪"，唯有如此"方为平允"。

在修订新刑律的过程中，要拉近中国刑法与西方刑法的距离，不免要引进包括"正当防卫"在内的一系列西方的刑法制度，同时也势必要对中国传统的价值观念、刑法制度作出一些调整和改变。而在实际上，这些局部的、细微的改变，引起了保守势力的激烈反对和攻击。在修律的方向和宗旨等问题上，礼教派的观点，实际上代表了包括清廷、社会上层贵族官僚、封建士大夫在内的保守势力的观念和态度。因此，清代政府正式发布上谕，明确表示："惟是刑法之源，本乎礼教。中外各国礼教不同，故刑法亦因之而异……但祗可采彼所长，益我所短。凡我旧律义关伦常诸条，不可率行变革……以为修改宗旨"。因而清末修律过程中的"礼法之争"，其必然结局就是法理派的退让和妥协。

3. 争论妥协的结果——《暂行章程》。以张之洞、劳乃宣为首的传统保守的礼教派，借签注、核定、议决之机，责难新刑律违背传统礼教、家族主义等儒学思想，攻击新刑律与"三纲"相违背，破坏男女之别、尊卑长幼之序，坚持把封建律典中"无夫奸""子孙违反教令""干名犯义""存留养亲"等内容特别规定于新刑律之中，煽动士大夫阶层反对新刑律，甚至呼吁朝廷对修律者兴师问罪，使"新刑律几有根本推翻之势"。清廷偏袒这一派意见。所以法部据此在新刑律后加上五条《附则》，称《暂行章程》，规定了无夫妇女通奸罪，对尊亲属有犯不得适用正当防卫，加重卑幼对尊长、妻对夫杀伤害等罪的刑罚，减轻尊长对卑幼、夫对妻杀伤等罪的刑罚等等，以符合"凡我义关伦常诸条不可率行变革"的宗旨。刑法的修订，充分表现出传统的中华法系与近代资本主义法系的抗争。

**（五）清末法院组织法与诉讼法的主要内容**

光绪三十二年（1906 年）十月二十七日，沈家本在《审判权限厘定办法折》中提出设大理院、高等审判厅、地方审判厅、乡谳局四级三审制，及各自管辖范围。之后拟定《大理院审判编制法》，获清廷谕准。《大理院审判编制法》引入资产阶级"司法独立"原则，此外还规定审检合署、审判合议等制度，是中国近代意义上第一个单行法院组织法。

1．《大理院审判编制法》的制定

《大理院审判编制法》共五节，45 条。依次是总纲、大理院、京师高等审判厅、城内外地方审判厅、城谳局。其中大理院在京直辖京师高等审判厅、京师城内外地方审判厅与京师分区城谳局。大理院审理终审案件、官犯、国事犯、各直省之京控、京师高等审判厅不服之上控，并会同宗人府审判重罪案件。京师高等审判厅审理地方审判厅第一审判决不服之控诉，城谳局判决经过第二审之上告案件。地方审判厅审理民刑案件，民事案件包括除城谳局及上级审判权限以外的第一审案件，对于城谳局已判决不服之控诉案件；刑事案件包括不属城谳局权限及大理院特别权限的第一审、第二审的案件，对于城谳局已判之控诉的第二审案件。城谳局审理二百两以下之诉讼及二百两以下之价额物产之诉讼，以及田土疆界等民事案件；违警罪有不服者，罚金十五两以下者以及徒罪无关人命者等刑事案件。

《大理院审判编制法》仅限京师地区适用，而且《钦定逐年筹备事宜清单》所列《法院编制法》应于宣统元年颁布，因此，修订法律馆于光绪三十三年（1907 年）八月草成《法院编制法》，经宪政编查馆审核后，于宣统元年（1910 年）十二月二十八日颁行。该法分 16 章，共 164 条，大体采日本《裁判所构成法》。体现了审判独立、民刑分理、审检分立与审判合议等西方司法原则。此外，宪政编查馆拟定了《初级暨地方审判厅管辖案件暂行章程》《司法区域分划暂行章程》《法官考试录用暂行章程》，奏准后与《法院编制法》配套施行。

2．《法院编制法》的制定

光绪三十二年（1906 年）八月，修订法律馆草拟《法院编制法》，经宪政编查馆核议后，于宣统元年（1910 年）十二月颁行。上谕中称："立宪政体必使司法行政各官权限分明，责任乃无诿卸，亦不得互越范围。自此法之行政事务，著法部认真督理，审判事务著大理院以下审判各衙门各按国家法律审理。以前部院权限未清之处，即著遵照此次奏定各节，切实划分……"

《法院编制法》规定了大理院的地位、设置，确定了其审判的独立性。关于大理院的地位，《法院编制法》第 32 条规定："大理院为最高审判衙门，置民事科、刑事科，视事之繁简，酌分民事刑事庭数。"

关于大理院的设置，《法院编制法》规定："大理院置正卿一员，少卿一员，总理全院事务并监督其行政事务，各科置推丞一员监督该科事务并定其分配，仍各兼充一庭长。各庭置庭长一员，除兼充外以该庭推事充之。监督该庭事务并定其分配。"（第 34 条）"大理院卿有统一解释法令必应处置之权，但不得指挥审判官所掌理各案件之审判。"（第 35 条）

关于大理院的管辖范围，《法院编制法》规定，大理院审判的案件有：终审案件，包括不服高等审判厅第二审判决而上告之案件，不服高等审判厅之决定或其命令按照法令而上告之案件；第一审并终审案件，依法令属于大理院特别权限之案件。（第 36 条）

《法院编制法》颁布后，宣统二年（1910 年）三月，清廷根据沈家本的上奏，废除了三司会审、九卿会审、秋审、热审、朝审等封建审判制度，确保司法不受行政干预，对中国司法制度的近代化意义重大。

3.《大清刑事民事诉讼法草案》——诉讼律与诸法合体的传统法典首次分离

清末修律完成了民、刑诉讼分立与诉讼法典的编纂。光绪三十一年（1905）四月，御史刘彭年在《禁止刑讯有无窒碍请再加详慎折》中提出编纂刑事诉讼法典、民事诉讼法典，完备法律体系，收回治外法权。沈家本、伍廷芳对刘彭年编纂诉讼法典的奏议表示赞同，拟编辑简明诉讼章程。

光绪三十二年（1906年）三月十二日，修订法律馆编纂完成《大清刑事民事诉讼法草案》，五章，260条，进奏清廷。并说明诉讼法编纂施行的理由："查中国诉讼断狱，附见刑律，沿用唐明旧制，用意重在简括，揆诸今日情形，亟应扩充，以期详备。……臣等从事编辑，悉心比絜，考欧美之规则，款目繁多，于中国之情形，未能尽合，谨就中国现时之程度，公同商定简明诉讼法，分别刑事、民事探讨日久，始克告成。"

《大清刑事民事诉讼法草案》具体内容特点主要表现在：首先，区分民事案件与刑事案件。"凡叛逆、谋杀、故杀、伪造货币、印信、抢劫并他项应遵刑律裁判之案为刑事案件。凡因钱债、房屋、地亩、契约及索取赔偿等事涉讼为民事案件。"其次，废除封建刑罚及刑讯。如永远废止缘坐、刺字、笞杖等刑罚；审讯案件时，禁止用杖责、掌责及其他刑具，也不能用语言威吓、交逼。再次，采用自由心证原则。"原告被告及两造律师对承审官申论后，承审官即将两造证据供词细心研究，秉公判断。"最后，引入律师制度与陪审制度。

《大清刑事民事诉讼法草案》奏进后，清廷于光绪三十二年（1906年）四月二日令各省督抚复议："法律关系重要，该大臣所纂各条，究竟于现在民情风俗能否通行，着该将军、督抚、都统等体察情形，悉心研究，其中有无扞格之处，即行缕析条分，据实具奏。"于是，各省纷纷以该草案不符外国诉讼法的编纂经验及中国传统的礼教民情为由加以反对。仅张之洞对其中59条加以批驳。在诸多反对声中，《刑事民事诉讼法草案》未得颁行。

4. 民事、刑事诉讼律的分别编纂

光绪三十三年（1907年），沈家本再次组织起草刑事诉讼律和民事诉讼律。光绪三十四年（1908年），清廷聘请日本法学家松冈义正和冈田朝太郎分别协助起草民事诉讼律和刑事诉讼律，至宣统二年（1911年）十二月，相继编成《大清刑事诉讼律草案》和《大清民事诉讼律草案》。

(1)《大清刑事诉讼律草案》。

宣统二年（1911年）十二月二十四日，沈家本、俞廉三进呈《大清刑事诉讼律草案》，陈述其重要性及采用的主要制度："西人有言曰：刑律不善，不足以害良民；刑事诉讼律不备，即良民亦罹其害。盖刑律为体，而刑诉为用，二者相为维系，固不容偏废也。"《大清刑事诉讼律草案》采用诸多西方先进诉讼制度，如不告不理原则、检察官公诉制度、自由心证等证据制度、审判公开、干涉主义以及预审等；主要模仿日本1890年《刑事诉讼法》，内容较《刑事民事诉讼法草案》更为完备。《大清刑事诉讼律草案》共六编515条，是我国第一部专门的刑事诉讼法典草案，是中国刑事诉讼制度近代化的开始，并对民国时期刑事诉讼制度产生重要影响。

（2）《大清民事诉讼律草案》。

在《大清刑事诉讼律草案》进呈清廷三天之后，修订法律馆又在"考列国之成规，采最新之学理，复斟酌中国民俗"的基础上，编纂完成《大清民事诉讼律草案》，于宣统二年（1911年）十二月二十七日，由沈家本、俞廉三呈进。《大清民事诉讼律草案》共分四编，800条，是我国第一部民事诉讼法典草案，以德国、日本的民事诉讼法为主要蓝本，引入大陆法系民事诉讼制度，在我国民事诉讼法典编纂史上具有开创性意义。而且"《大清民事诉讼律》的编纂，使得现代民事诉讼法的一整套概念体系得以在中文领域中确立；而由于该法在中国民事诉讼制度建设中的长久影响，它也在一定程度上成为后来的民事诉讼法学研究得以开展的基础文献之一。在这个意义上，我们甚至可以说，是《大清民事诉讼律》开创了严格意义上的中国近代民事诉讼法学。"①

《大清刑事诉讼律草案》与《大清民事诉讼律草案》编纂告竣不久，清朝即亡，未及颁行实施，但在民国时期被长期援用。

除诉讼法典之外，1907年法部颁行的《各级审判厅试办章程》，成为这一时期实际参照的主要诉讼法规范。

**（六）清末修律主要特点及历史意义**

1. 清末修律的主要特点。

（1）在立法指导思想上，清末修律自始至终贯穿着"仿效外国资本主义法律形式，固守中国封建法制传统"的方针。一方面清政府迫于激变的时局，不得不"改弦更张""参酌各国法律"进行变法修律，但在根本问题上又坚持修律应"不戾乎中国数千年相传之礼教民情"。因此，借用西方近现代法律制度的形式，坚持中国固有的封建制度的内容，即成为清代统治者变法修律的基本宗旨。

（2）在内容上，清末修订的法律表现出封建专制主义传统和西方资本主义法学最新成果的奇怪混合。一方面，清末修律坚持君主专制体制及封建伦理纲常"不可率行改变"，在新修新订的法律中继续保持肯定和维护专制统治的传统；另一方面，又标榜"吸收世界各国大同之良规、兼采近世最新之学说"，大量引用西方法律理论、原则、制度和法律术语，使得保守落后的封建内容与先进的近现代法律形式同时显现在这些新的法律法规之中。

（3）在法典编纂形式上，清末修律改变了中国传统的"诸法合体"的形式，明确了实体法之间、实体法与程序法之间的差别与不同，分别制定、颁行或起草了有关宪法、刑法、民法、商法、诉讼制度、法院组织等方面的法典或法规，形成了近代法律体系的雏形。

（4）清末修律是清代统治者为维护其摇摇欲坠的反动统治，在保持君主专制政体的前提下进行的，因而既不能反映人民群众的要求和愿望，也没有真正的民主形式。

2. 清末修律的历史意义。

清政府在20世纪初期所进行的大规模修律活动，虽然在主观上讲是一种被动的、被迫进行的立法活动，修律本身也存在着根本的缺陷和局限性，但在客观上也产生了显著的影响，在中国近代法制发展史上占有重要地位。

（1）清末变法修律导致中华法系走向解体。随着修律过程中一系列新的法典法规的出现，中国封建法律制度的传统格局开始被打破。不仅传统的"诸法合体"的形式已被抛弃，

---

① 吴泽勇：《〈大清民事诉讼律〉修订考析》，《现代法学》，2007（4）。

而且中华法系"依伦理而轻重其刑"的特点也受到了极大的冲击。清末修律标志着延续几千年的中华法系开始解体，中国传统的封建法制开始转变成在形式和内容上都有显著特点的半殖民地半封建法制。

（2）清末变法修律为中国法律的近代化奠定了初步的基础。通过清末大规模的立法，参照西方资产阶级法律体系和法律原则建立起来的一整套法律制度和司法体制，对后世特别是北洋政府和南京国民党政府法律制度的形成与发展提供了条件。

（3）清末变法修律在一定程度上引进和传播了西方近现代的法律学说和法律制度。清末变法修律在中国历史上第一次全面而系统地向国内介绍和传播了西方法律学说和资本主义法律制度，使得近现代法律知识在中国得到一定程度的普及，从而促进形成了一部分中国人的法制观念。

（4）清末变法修律在客观上有助于推动中国资本主义经济的发展和教育制度的近代化。

### 三、司法制度的变化

#### （一）领事裁判权与会审公廨

1. 外国在华领事裁判权的确立。

（1）外国在华领事裁判权的概念。所谓领事裁判权，乃是外国侵略者在强迫中国订立的不平等条约中所规定的一种司法特权。依照这种特权，凡在中国享有领事裁判权的国家，其在中国的侨民不受中国法律管辖，不论其发生何种违背中国法律的违法或犯罪行为，或成为民事或刑事诉讼当事人时，中国司法机关都无权裁判，只能由该国的领事或设在中国的机构依据其本国法律裁判。

（2）外国在华领事裁判权的确立。外国侵略者对于攫取在华领事裁判权是蓄谋已久的。英国政府早在发动鸦片战争前四个月，即1840年2月20日，便拟定准备在打败中国后强迫中国签订《对华条约草案》，意欲迫使清政府割让香港，并向中国索取多项特权。但在1842年8月中英签订《南京条约》时，腐败无能的清政府完全答应了英国提出的割让香港各项要求，因此，《南京条约》中并未包括领事裁判权的内容。

外国在华领事裁判权正式确立于1843年7月22日在香港公布的《中英五口通商章程及税则》及随后签订的《虎门条约》中，并在其后签订的一系列不平等条约中得以扩充。

2. 领事裁判权的主要内容。

（1）外国在华领事裁判权的基本内容：中国人与享有领事裁判权国家的侨民间的民事刑事诉讼案件，均依被告主义原则适用法律和实行司法管辖；享有领事裁判权国家的侨民之间在中国发生的诉讼案件，由所属国领事法院或相应机关审理，中国司法官员一律不得过问；不同国家的侨民之间的争讼，一般均适用被告主义原则，由被告一方所属国的领事法院或相应机构审理，中国司法官员亦不得过问；享有领事裁判权国家的侨民与非享有领事裁判权国家的侨民之间的争讼案件，如前者是被告，则适用被告主义原则，如后者是被告，则由中国法院管辖。

（2）西方列强行使在华领事裁判权的机构。为了行使领事裁判权，西方列强均在中国设置了司法审判系统。一般而言，一审案件均由各国在华领事法院或领事法庭审理；二审上诉案件，有些国家如英国、美国等在中国设立了上诉法院，有些国家则由设在中国邻近的殖民地法院审理。至于案件终审，则都由本国的最高审判机关受理。各国在华法院审理案件一般适用自己本国的法律。

（3）观审制度。所谓观审制度，即西方列强取得在华领事裁判权以后确立的强行干预中国的司法审判的制度。按原来不平等条约中的规定，涉外诉讼案中依被告主义原则。但1876年中英《烟台条约》以后，西方列强逐渐强迫中国政府同意，即使外国人是原告的案件，其所属国领事官员也有权前往"观审"，中国承审官应以观审之礼相待。如果观审官员认为审判、判决有不妥之处，可以提出新证据、再传原证甚至参与辩论。这种观审制度是对原有领事裁判权的扩充，也是对中国司法主权的粗暴践踏。

3. 领事裁判权确立的后果。

（1）领事裁判权的确立是外国资本主义、帝国主义干涉中国内政、操纵中国司法的重要手段，它严重破坏了中国的司法主权。

鸦片战争前，中国是一个领土完整、主权独立的国家。而外国在华领事裁判权的确立，不仅使中国的司法机关丧失了对涉外案件的管辖权，而且在中国领土上允许外国设立司法机关，行使司法权力，并适用外国法律，其结果出现了在中国领土上外国人不受中国法律约束，而中国人反受外国法律裁判的怪现象，这正是中国社会半殖民地化的深刻写照。

（2）领事裁判权制度也是外国侵略者在中国逞凶肆虐、走私贩毒、进行各种犯罪的护身符。外国侵略者可以凭借领事裁判权，在中国杀人越货，横行无忌，而每每逍遥法外。

（3）领事裁判权是外国侵略者肆意侵害中国人民生命财产、镇压中国人民革命运动的工具。

4. 会审公廨。会审公廨又称会审公堂，是1864年清政府与英、美、法三国驻上海领事协议在租界内设立的特殊审判机关。按1868年《上海洋泾浜设官会审章程》的规定，凡涉及外国人的案件，必须有领事官员参加会审；凡中国人与外国人间的诉讼案，若被告系有约国人，由其本国领事裁判，若被告是无约国人，也须由其本国领事陪审。在实际上，所谓"会审"，只是空有其名，甚至租界内纯中国人之间的诉讼最终也须外国领事观审并操纵判决。会审公廨制度的确立，也是外国在华领事裁判权的扩充延伸。

**（二）调整司法机关**

1. 自1906年开始，改刑部为法部，掌管全国司法行政事务，以使行政与司法分立，并改按察使司为提法使司，负责地方司法行政工作及司法监督。

2. 改大理寺为大理院，作为全国最高审判机关。在地方设立高级审判厅、地方审判厅和初级审判厅，形成新的司法系统。

3. 实行审检合署，在各级审判厅内设置相应的检察厅，对刑事案件进行侦查、提起公诉、实行审判监督，并可参与民事案件的审理，充当诉讼当事人或公益代表人。

**（三）改革诉讼审判制度**

主要引进了一系列西方近代诉讼审判原则和具体制度。

1. 在诉讼程序上实行四级三审制度。

2. 规定了刑事案件公诉制度、附带民事诉讼制度、民事案件的自诉及代理制度、证据制度、保释制度等，并承认律师活动的合法性。

3. 在审判制度上，允许辩论，实行回避、审判公开等，并明确了预审、合议、公判、复审等程序。在审判规则方面，吸收了西方国家的一系列新的司法原则，如司法独立、辩护制度等等，但并未能真正实施。

4. 初步规定了法官及检察官考试任用制度。

5. 改良监狱及狱政管理制度。

值得注意的是，清末的司法制度改革，如同整个"预备立宪"、变法修律活动一样，大多仅停留在文字上，在实际施行过程中，往往也仅是流于形式而已。

## 第二节　南京临时政府法律制度

### 一、宪法性文件

#### (一)《中华民国临时政府组织大纲》

《中华民国临时政府组织大纲》（以下简称《临时政府组织大纲》）是辛亥革命胜利后各省都督府代表会议通过的关于筹建中华民国临时政府的纲领性文件，于1911年12月3日通过，1912年1月2日修订，共4章21条。它第一次以法律形式宣告废除封建帝制，以美国的国家制度为蓝本，确立了总统制共和政体，规定实行三权分立原则。这个大纲成为以后制定《中华民国临时约法》的基础。

1.《临时政府组织大纲》的制定。在1911年10月10日武昌起义爆发后，中国南方各省纷纷宣布独立，成立都督府。为了尽快组织一个统一的中央政府，各省派出代表于1911年11月15日召开了"各省都督府代表联合会"，议决先制定《中华民国临时政府组织大纲》。该组织大纲于1911年12月3日经会议议决通过，由到会全体代表签名公布，会议并议决"如袁世凯反正，当公举为临时大总统"。1912年1月2日，为了便于安置黎元洪和各派头面人物，各省都督府代表联合会修订了组织大纲，增设临时副总统，并把原来的五个部增加为九个部，并且规定《临时政府组织大纲》的施行期限到中华民国宪法产生之日为止。

2.《临时政府组织大纲》的主要内容。《临时政府组织大纲》作为筹建中华民国临时政府的纲领性文件，以美国的国家制度为模式，规定了中华民国的基本政治体制。(1) 按组织大纲的规定，临时政府为总统制下的共和政府，总统为国家元首和政府首脑，统率军队并行使行政权力。(2) 立法权由参议院行使，参议院由各省都督委派三名参议员组成。在参议院成立以前，暂时由各省都督府代表会议代行其职权。(3) 临时中央审判所作为行使最高司法权的机关，由临时大总统取得参议院同意后设立。

3. 性质与历史意义。《临时政府组织大纲》具有某种临时宪法的性质。但从内容上看，实际上是一个政府组织法。其历史意义在于：首先，用法律的形式肯定了辛亥革命的成果；其次，为以孙中山为首的中华民国南京临时政府的成立提供了法律依据。《临时政府组织大纲》第一次以法律的形式确认共和政体的诞生，宣告了封建专制制度的灭亡，因而具有进步意义。但是该组织大纲对于人民的民主权利没有任何反映，显示出《临时政府组织大纲》及依据《临时政府组织大纲》产生的中华民国的资产阶级性质。

#### (二)《中华民国临时约法》

《中华民国临时约法》（以下简称《临时约法》）是南京临时政府于1912年3月11日公布的一部重要的宪法文件，共7章，56条。它规定了中华民国为民主共和国，规定了资产阶级民主共和的政治制度和人民的权利义务。《临时约法》的制定和公布施行，是南京临时政府法制建设的重要成就，也是中国宪法史上的一件大事。

1.《临时约法》的产生。《临时约法》是在辛亥革命后南北议和过程中制定的。1912年

951

1月下旬，各省都督府代表会议召开第一次起草会议。1月28日，临时参议院成立，召开了第二次起草会议。这两次起草会议所定草案中，关于中央政体均采用总统制。至2月上旬，南北议和即将告成，孙中山依前议要辞去临时大总统职位，而由袁世凯接任。为了以法律手段防止袁世凯擅权，临时参议院在2月9日审议约法草案时，决定将原来的总统制改为责任内阁制。2月15日，参议院选举袁世凯为临时大总统，革命政权落入军阀之手已属必然，以孙中山为首的革命党人更希望制定一部约法来制约袁世凯，因而在孙中山主持下加快了制定步伐。至3月8日，《临时约法》在参议院三读通过，并于袁世凯在北京就任临时大总统的次日——3月11日，由孙中山正式公布。

2. 《临时约法》的性质及主要内容。《临时约法》具有中华民国临时宪法的性质，在正式宪法实施以前，具有与宪法相等的效力。《临时约法》作为一部资产阶级民主共和国性质的宪法文件，从主流上说，它体现了资产阶级的意志，代表了资产阶级的利益，具有革命性、民主性。

（1）《临时约法》是辛亥革命的直接产物，它以孙中山的民权主义学说为指导思想。民权主义是孙中山整个国家学说的核心，其基本内容就是推翻帝制，建立民国，实现资产阶级专政的民主共和制度。《临时约法》使民权主义所确立的政治方案和原则通过法律的形式进一步具体化。

（2）《临时约法》确立了资产阶级民主共和国的国家制度。它以根本法的形式宣判了封建君主专制制度的死刑，确认了中华民国的合法性。它规定了国家的资产阶级共和国性质，肯定了辛亥革命的积极成果，更广泛地宣传了资产阶级共和国的思想。

（3）《临时约法》肯定了资产阶级民主共和国的政治体制和组织原则。依照资产阶级三权分立原则，《临时约法》采用责任内阁制规定临时大总统、副总统和国务员行使行政权力，参议院是立法机关，法院是司法机关，并规定了其他相应的组织与制度。

（4）《临时约法》体现了资产阶级宪法中一般民主自由原则，规定人民享有人身、财产、居住、迁徙、言论、出版、集会、结社、通信、信教等项自由和选举、被选举、考试、请愿、诉讼等权利。这些规定反映了辛亥革命的积极成果，表现了资产阶级革命派标榜的民主精神。

（5）《临时约法》确认了保护私有财产的原则。它以法律的形式破除了清王朝束缚私人资本主义发展的各种桎梏，破坏了封建国家所有制，在客观上有利于资本主义的发展。但同时也清楚地表现了《临时约法》的资产阶级性质。

3. 《临时约法》的主要特点。《临时约法》的主要特点就是从各方面设定条款，对袁世凯加以限制和防范。在《临时约法》制定过程中，各种政治势力之间围绕政权问题展开了错综复杂的斗争，因此《临时约法》字里行间都反映了当时的斗争形势和力量对比关系，反映了资产阶级革命党人在即将交权让位之际企图利用《临时约法》限制制约袁世凯、保卫民国的苦心和努力。主要表现在：

（1）在国家政权体制问题上，改总统制为责任内阁制以限制袁世凯的权力。

（2）在权力关系的规定上，扩大参议院的权力以抗衡袁世凯。《临时约法》规定参议院除了拥有立法权外，还有对总统决定重大事件的同意权和对总统、副总统的弹劾权。此外还规定，临时大总统对参议院议决事项复议时，如有2/3的参议员仍坚持原议，大总统必须公布施行。

（3）在《临时约法》的程序性条款上，规定特别修改程序以制约袁世凯。《临时约法》规定，约法的增删修改，须由参议院议员 2/3 以上或临时大总统之提议，经参议员 4/5 以上之出席，出席议员 3/4 以上之赞成方可进行，以防止袁世凯擅自修改变更约法。

4.《临时约法》的历史意义。《临时约法》作为中国历史上第一部资产阶级共和国性质的宪法文件，其制定与颁布的历史意义在于，它肯定了辛亥革命的成果，彻底否定了中国数千年来的封建君主专制制度，肯定了资产阶级民主共和制度和资产阶级民主自由原则，在全国人民面前树立起"民主""共和"的形象。它所反映的资产阶级的愿望和意志，在当时条件下是符合中国社会发展趋势的，也在一定程度上反映了广大人民群众的民主要求。

### 二、其他革命法令

#### （一）保障民权的法令

根据资产阶级"天赋人权"和法律面前人人平等的原则，南京临时政府除在《临时约法》中以根本法的形式确认各族人民一律享有各种公权、私权以外，还颁布了一系列法规、法令，以切实保障人民的民主权利，主要有：

1.《通令开放疍户惰民等许其一体享有公权私权文》。这是南京临时政府临时大总统孙中山于 1912 年 3 月 17 日发布的法令，明确宣布废除清代法律中对所谓"贱民"的歧视和限制，规定疍户、惰民、丐户、"义民"（奴）、娼优、隶卒等一体享有"国家社会之一切权利"。

2.《大总统令内务部禁止买卖人口文》。这是南京临时政府时期临时大总统于 1912 年 3 月 2 日发布的行政命令，责成内务部切实采取措施禁止买卖人口，革除旧社会恶弊。

3.《大总统令外交部妥筹禁绝贩卖猪仔及保护华侨办法》。这是南京临时政府临时大总统于 1912 年 3 月 19 日发布的行政命令，责成外交部采取切实办法禁绝贩卖劳工，并切实保护海外华侨的利益。

此外，南京临时政府还先后颁布了劝禁缠足、晓示剪辫、禁烟禁赌以及废除主奴名分、人身奴役等方面的法令和命令，以解除社会陋习对人民精神和肉体上的折磨。

#### （二）发展经济的法令

南京临时政府成立后，为适应民族资产阶级发展民族工商业的迫切要求，颁布了一些保护人民营业权利和振兴实业、发展经济的法规和法令，鼓励兴办实业，奖励农垦，鼓励华侨在国内投资。如实业部曾拟定《商业注册章程》和《商业银行暂行则例》等法规，规定集资组织公司者或独资商号，一律准予注册，并采取措施，协助维持一些有实际困难的企业。在南京临时政府颁布的诸多发展经济的法令中，比较突出者有：

1.《保护人民财产令》。这是南京临时政府内务部发布的法令，共 5 条。该法令宣布保护人民财产，同时对清政府及其官吏的财产规定了不同的处理办法。

2.《慎重农事令》。这是南京临时政府时期临时大总统发布的法令，主要内容是要求切实保护农民，迅速恢复农业生产。

#### （三）文化教育方面的法令

南京临时政府成立以后，以"启文明而速进化"作为拟定教育方案、颁布教育法规的指导方针，采取措施发展文化教育。

1. 颁布《普通教育暂行办法及课程标准》《禁用前清各书通告各省电文》等法令，规定奖励女学，实行男女同校，废止读经，禁用前清学部颁行的教科书，并要求各种教科书的内容"务合乎共和民国宗旨"。高等学校虽可暂依旧章办理，但《大清会典》《大清律例》《皇朝掌故》《国朝事实》及其他有碍民国精神的书籍，一律废止，前清御批等书，亦一律禁止使用。

2. 临时政府教育部通电各省，要求废除有碍民国精神的科目。

3. 进行社会教育。明令各省筹办"共和宣讲社"，宣传革新事实、共和国民之权利义务以及尚武、鼓励实业等新的社会风尚，注重公民道德。

**（四）社会改革方面的法令**

南京临时政府成立以后，颁布了一系列社会改革法令，旨在革除社会陋习，振奋民族精神，提倡近代文明，改进社会风尚。主要内容有：

1. 禁烟。指出浸淫鸦片不止者，不可为共和国民，应剥夺其选举、被选举等一切公权。同时责成内务部尽快制定法令、条例，切实禁绝烟毒。

2. 禁赌。规定无论何项赌博一体禁除。宴会游饮集合场合不准赌博，店铺不得出售赌具，违者按律科罪。

3. 剪辫。规定于令到之日，限20日一律剪除净尽，违反者依法论处。

4. 劝禁缠足。鉴于缠足多自幼女始，规定有故违禁令者，惩罚家长。

5. 改革称呼旧制。宣布此后官厅人员全以官职，不得再称大人、老爷，民间相称为先生、君。

### 三、司法制度

**（一）中央司法机关**

辛亥革命后，南京临时政府分别设立了司法行政机关和审判机关。最高司法行政机关为司法部，设总长一人，次长一人，其职责是管理"关于民事刑事诉讼事件、户籍、监狱、保护出狱人事务，并其他一切司法行政事务，监督法官"。最高审判机关为临时中央审判所，或最高法院。按《中华民国临时政府组织大纲》的规定而设临时中央审判所，后则依《中华民国临时约法》的规定设最高法院。

当时各地审判机关正在创建，体制极不统一。湖北军政府司法部于1911年11月9日发布文告，规定暂设江夏临时审判所和临时上诉审判所，分别负责审理第一、二审民刑案件。上海县开始设立"司法署"，不久根据江苏都督的训令，设立地方审判检察厅和初级审判检察厅。

**（二）司法改革的主要措施**

1. 司法独立的原则。《临时约法》第51条规定："法官独立审判，不受上级官厅之干涉。"为了保证法官独立行使审判权，第52条又专门规定："法官在任中不得减俸或转职，非依法律受刑罚宣告，或应免职之惩戒处分，不得解职。"

2. 公开审判原则。《临时约法》第50条规定："法院之审判，须公开之；但有认为妨害安宁秩序者，得秘密之。"湖北军政府《临时上诉审判所暂行条例》也规定："诉令之辩论及判断之宣告，均公开法庭行之。但有特别事件，可宣示理由，停止公开。"

## 第三节　北洋政府法律制度

### 一、立法概况

#### （一）立法原则

##### 1. 采用、删改清末新订法律

民国北京政府就其本质来说是清末封建买办政权的继续。然而清末政府新订的法律却具有近代意义，是中国法律的近代转型。北京政府《临时公报》载袁世凯在北京就任临时大总统职后即下令："现在民国法律未经议定颁布，所有从前施行之法律及《新刑律》，除与民国国体抵触各条应失效外，余均暂行采用，以资遵守。"以后，北京政府制定法律，也多以清末新订的法律为蓝本。可见，中华民国北京政府的立法思想，首先是采用清末新订的法律，适当加以删改以为当时所需。

##### 2. 采用西方资本主义国家的某些立法原则

辛亥革命后，随着统治中国几千年的封建专制制度的灭亡，两次帝制复辟与反帝制复辟的较量，民主共和思想日渐深入人心，而且不可抗拒和逆转。民族资产阶级作为先进生产力的代表，要求发展资本主义，日益成为中国社会的发展潮流。轮番控制北京政府的北洋军阀统治者，为了求得自身的生存与发展，不得不采取西方资产阶级民主共和制形式。袁世凯曾表白要"发扬共和之精神，荡涤专制之瑕秽"。段祺瑞、曹锟也标榜"再造共和""恢复法统"。因而在法律制度方面，采用了西方资本主义国家的某些立法原则、近代法律的体系和内容。

##### 3. 隆礼与重刑并重的原则

民国北京政府采取了隆礼与重刑并重的刑法指导思想，以维护封建买办政权统治。如杨鸿烈在《中国法律发达史》一书中所言：一方面"以礼教号召天下"，另一方面"以重典胁服人心"。所谓"隆礼"，是通过倡导封建的伦理纲常，以维护其封建买办政权的统治秩序。袁世凯在 1912 年 9 月 20 日宣称："中华民国以孝悌忠义礼义廉耻为人道之大经，政体虽更民彝无改。"他要求全国国民"恪守礼法，共济时艰"。1913 年 6 月和 1914 年 9 月袁世凯先后两次通令全国各学校一律尊孔读经。后来北京政府制定的宪法草案也规定："国民教育，以孔子之道为修身之本"（1913 年《中华民国宪法草案》），"中华民国人民有尊崇孔子及宗教信仰之自由，非依法律不受限制"（1916 年《中华民国宪法草案》）。所谓"重典"，即以严刑峻法镇压人民的反抗。袁世凯在 1914 年《惩治盗匪法施行法》的令文中宣布："慨自改革以来，盗匪充斥，民不聊生，将欲除暴安民，非峻法不足以资惩艾，故刑乱不嫌用重，纵恶适以长奸。"在乱世重典的思想指导下，北京政府刑事立法总趋势是从重从快。

#### （二）立法活动的特点

##### 1. 特别法优先于普通法

如前所述，北京政府除了修订刑律外，还根据加强军阀专制的需要，制定了一系列刑事特别法规。其适用优先于普通法，以发挥特别法的专门制裁作用。其中以 1914 年公布实施的《惩治盗匪法》最为典型。具体表现在：（1）新增对"匪徒"的规定。其适用范围包括：意图扰害公安而制造、收藏或携带爆烈物者；聚众掠夺公署之兵器、弹药、船舰、钱粮及其他军需品，或公然占据都市、城寨及其他军用之地者；掳人勒赎者。对上述匪徒罪犯一律处

死刑。（2）扩大审判机构的范围，委予军事审判机关审判强盗、匪徒罪的法定权力。（3）简化审判程序。（4）对强盗、匪徒案件，一经判决，即为终审，不得上诉。

**2. 广泛引用判例与解释例**

北京政府为了更有效、灵活、及时地镇压人民反抗，维护自身统治，还大量引用大理院的判例和解释例，作为审判的依据，成为主要法典法规的重要补充。据不完全统计，1912年至1927年北京政府大理院汇编的判例约有390件，公布的法律解释例多达2 000多件。它们同样具有法律效力。

综上所述，北京政府的法律制度，一方面深受西方资本主义国家法律影响，另一方面又保留了不少中国封建法律的传统，反映了北京政府的法律体系、法律内容及实施方面在新旧交替时期的特点。北京政府的法律制度就其本质来说，在于竭力维护封建买办阶级的统治；就其在中国法制史上的历史地位来看，却起着承上启下的作用。它继承了晚清法律近代化转型的成果并有所推进，对后来民国南京国民政府法律制度产生了很大影响。

## 二、制宪活动与宪法文件

在北洋政府统治期间，先后进行过五次制宪活动，产生了四个宪法文件，具体是：（1）1913年10月31日完成的《中华民国宪法草案》，即"天坛宪草"；（2）1914年5月1日袁世凯公布的《中华民国约法》，即"袁记约法"；（3）1916年至1920年段祺瑞任国务院总理期间进行的"天坛宪草续议"；（4）1923年10月1日曹锟、吴佩孚政府公布的《中华民国宪法》，即"贿选宪法"；（5）1925年段祺瑞执政府完成的《中华民国宪法草案》，即"段记宪草"。其中较著名的是"天坛宪草""袁记约法""贿选宪法"。

### （一）《中华民国宪法草案》

《中华民国宪法草案》是北洋政府时期的第一部宪法草案，于1913年10月31日由国会宪法起草委员会三读通过。由于宪法起草委员会主要是在北京天坛祈年殿进行起草活动的，故通称这部宪法草案为"天坛宪草"。1914年袁世凯解散国会，"天坛宪草"遂成废纸。

"天坛宪草"共10章113条。它采用资产阶级三权分立的宪法原则，确认了民主共和制度。由于屈从于袁世凯的压力，"天坛宪草"在某些问题上作了妥协和让步，所规定的总统的权力比《临时约法》有所扩大。但总的看来，"天坛宪草"体现了国民党等在野派势力企图通过制宪限制袁世凯权力的意图。首先，在政权体制上，"天坛宪草"继续肯定了《临时约法》中的责任内阁制。其次，"天坛宪草"规定了国会对总统行使诸如解散国会、任命总理等重大权力的牵制权，并规定成立国会委员会，作为国会的常设机构，对总统行使"发布紧急命令"和"财政紧急处分"两项职权实行议决，加强对总统权力的制约。再次，限制总统任期，规定总统任期五年，只能连选连任一次。这些限制使袁世凯气急败坏，竭力破坏宪法草案的制定工作，并于1914年1月解散国会，"天坛宪草"也因此未能在国会正式通过而成废纸。

### （二）《中华民国约法》

北洋政府于1914年5月1日公布的《中华民国约法》，因系袁世凯一手操纵、炮制出来的，故又称"袁记约法"，共10章68条。它是军阀专制全面确立的标志。

《中华民国约法》与《临时约法》有着根本性的差别，主要表现在：

（1）《中华民国约法》是对《临时约法》的反动。它以根本法的形式彻底否定了《临时约法》所确立的民主共和制度，而代之以袁世凯的个人独裁。它的出笼使辛亥革命的成果丧失殆尽，成为军阀专制全面确立的标志。

（2）《中华民国约法》完全否定和取消了《临时约法》所规定的责任内阁制，实行总统独裁的政治体制，并赋予总统形同封建帝王一样的至高无上的地位和巨大权力。

（3）《中华民国约法》取消了《临时约法》规定的国会制，规定设立有名无实的立法院。在立法院成立前，由纯属总统咨询机关的参政院代行立法院职权，设立国务卿协助总统掌握行政，为袁世凯复辟帝制做准备。

（4）为限制、否定《临时约法》所规定的人民的基本权利提供宪法根据。

**(三)《中华民国宪法》**

北洋政府于1923年10月1日公布的《中华民国宪法》，因系曹锟为掩盖"贿选总统"丑名，继续维持军阀专政而授意炮制，故俗称"贿选宪法"，是中国近代史上公布的第一部正式的"宪法"。

《中华民国宪法》的特点主要表现在：

（1）企图用漂亮的词藻和虚伪的民主形式掩盖实行军阀专制的本质。如为标榜反对帝制复辟、赞成共和而规定"中华民国永远为统一民主国"、"中华民国主权属于全体国民"；在政治体制上，表面上仍肯定内阁制和议会制。但是，在这一切的背后，却是军阀独裁制度的法律化。

（2）为了平衡各派军阀和大小军阀之间的关系，巩固中央大权，对"国权"和"地方制度"作了专门规定。

### 三、刑事立法

**(一)《暂行新刑律》**

1. 《暂行新刑律》的产生。1912年3月，袁世凯窃据"临时大总统"职位后，曾发布命令："所有从前施行之法律及新刑律，除与民国国体抵触各条应失效力外，余均暂行援用。"此处所指"新刑律"，即指清末修订公布之《大清新刑律》。据此命令，北洋政府法部随即拟定《删修新刑律与国体抵触各章条等并删除暂行章程文》，并附列删除各章条目，经呈袁世凯批准，并通令各司法衙门遵行，是为《暂行新刑律》。

2. 《暂行新刑律》的体例与内容。《暂行新刑律》是在原《大清新刑律》基础上稍加删除而成的，因而其篇章体例一如《大清新刑律》，并无改变。就其内容而言，也主要仅有两个方面的变化：其一，将有关帝制与皇室特权等与民国体制相违的条款一并删除，如删除"侵犯皇帝"全章12条，删除"毁弃制书""伪造御玺"等条款并取消《暂行章程》。其二，适应民国以后的变化作部分文字、词语改动，如改"帝国"为"中华民国"，改"臣民"为"人民"之类。

3. 《暂行新刑律》的修订。《暂行新刑律》开始实施以后，北洋政府于1912年8月还颁行了《暂行新刑律施行细则》，以解决实施中的一些具体问题。1914年12月，北洋政府又颁布了一个《暂行新刑律补充条例》，对原《暂行新刑律》作了部分修正，以适应袁世凯帝制复辟的政治需要。《暂行新刑律补充条例》的主要特点是：补充某些犯罪条款，加重量刑幅度；恢复原已明令删除的封建性条款，如恢复原《大清新刑律》中《暂行章程》规定的

"正当防卫于尊亲属不适用"，"无夫奸"亦应处刑等条款。

1915年2月，北洋政府以《暂行新刑律》为基础，完成刑法修正案，共55章，432条，将《暂行新刑律补充条例》的内容正式纳入刑法草案正文。这一刑法草案未及议决公布，袁世凯即告垮台。1919年，段祺瑞政府再度修订刑法草案，于次年草成《刑法第二次修正案》，对原刑法草案进行了较大的调整，但最终亦未公布。

### （二）其他单行刑事法规

在北洋军阀统治期间，各军阀政权还制定了一系列特别刑事法规，赋予优先适用的特别效力，计有《戒严法》《治安警察条例》《惩治盗匪法》《陆军刑事条例》《乱党自首条例》《边界禁匪章程》《私盐治罪法》等十数种。这些单行刑事立法的特点是：严格限制人民的言论、行动自由；采取重刑方针，严厉镇压反抗军阀统治的活动；恢复部分封建旧刑罚，以达到加强镇压之目的。

### 四、司法制度

### （一）司法机构

1. 审判机关。北洋政府的审判机关分为四级。中央设大理院，是最高审判机关。设院长一人，总理全院事务。下设民事庭和刑事庭，各设庭长一人，推事若干人。审判案件时，由推事五人组成合议庭，以庭长为审判长。

省设高等审判厅，设厅长一人，下亦设民事庭和刑事庭，由推事三人组成合议庭。城市设地方审判厅，受理二审案件或重要的一审案件。属于第一审者，由推事一人独任审理；属于第二审者，采用合议制。

县一级设初级审判厅或县知事兼理司法。初级审判厅审理第一审的轻微刑事案件及一般民事案件。实际上当时初级审判厅未及建立，仍是由县知事兼理司法审判。

2. 检察机关。设置总检察厅、高等检察厅、地方检察厅、初级检察厅。皆设于各该级审判厅官署内，由检察长、检察官组成，独立行使检察职权。

### （二）诉讼审判制度

北洋政府建立之初，于1912年5月核准暂行援用清末的民事刑事诉讼律草案的某些条文。1914年公布了《县知事审理诉讼暂行章程》，以后又修订了《民事诉讼条例》和《刑事诉讼条例》，分别规定了有关管辖制度以及第一审、上诉审和执行等各环节的具体程序。

北洋政府的诉讼制度，原则上实行三级终审制，并在形式上标榜所谓审判独立、公开审判、辩护原则、上诉制度以及检察官独立行使职权等，但军阀独裁专制的政治本质，决定了上述原则或制度并不可能真正贯彻落实。

# 第六章　南京国民政府及革命根据地法律制度

## 第一节　南京国民政府法律制度

### 一、立法概况

1927年蒋介石集团建立南京国民政府以后，以蒋介石为首的国民党集团统治中国22年。在这22年中实行高压、专制和独裁统治，在形式上依照孙中山"建国三时期""权能分治""五权宪法"等政治设想建立了自己的政治体制和法律制度。

#### （一）指导思想

南京国民政府以民国南京临时政府的正统继承者自居，自称"三民主义"是其法制渊源和指导思想，1929年3月12日，国民党"三大"通过《确定总理遗教为训政时期中华民国根本法决议》，规定："中国国民党中央执行委员会应根据总理遗教，编制过去党之一切法令规章，以成统一系统""确定总理所著三民主义、五权宪法、建国方略、建国大纲及地方自治开始实行法为训政时期中华民国最高之根本法"。用三民主义的权威掩盖其"以党治国一党专政"的立法指导思想和基本原则。而所谓"以党治国"即以一党专政行蒋氏独裁。

在法典具体编制上，主要承清末、北京政府法律，采取资产阶级国家的法律体系、法律原则和形式，借鉴传统法律内容。后期，随政权法西斯化，又抄袭法西斯国家的法律原则。

#### （二）主要立法原则与立法阶段

##### 1. 主要立法原则

（1）立法权受制于国民党中央，是国民政府立法原则的首要特点，也是国民党"以党治国"的体现。

立法院成立前，立法权直接由国民党中央执行委员会政治会议行使。1928年该会议决定："一切法律，概须由政治会议议决。"同年3月国民党政府公布的《立法程序法》规定："（国民党）中央政治会议得议决一切法律，由中央执行委员会交国民政府公布之。"

立法院成立后，国民党中央仍控制着立法权。国民党中央常务委员会常务会议1932年6月通过的《立法程序纲领》规定：有权直接向立法院提出法律案的机关以国民党中央政治会议为先。一切法律案，除国民党中央自行提出者由其自定原则外，其他任何机关提出的法律案，均得拟定法律案的原则草案，送请政治会议决议。立法院对政治会议所定原则不得变更，有意见可向政治会议陈述。各种法律案原则，政治会议先交立法院审议，然后再送政治会议最后决定。立法院通过的法律案，在政府未公布前，政治会议认为有修改必要时，以决议案发交立法院依法修改。南京国民政府的根本法、基本法律及一些重要法律的提案及其立法原则，多由国民党中央提交或提出。

（2）以"三民主义"为理论基础，成文法典为法律制度的文本基础，特别法效力高于普通法，是国民政府立法的又一特点。

南京国民政府制定了以"六法"为核心的成文法典，辅以单行关系法规及不断增修的判例、解释例；同时制定大量单行特别法规，以补法典之不足。

南京国民政府特别法适用于特定时间、空间和人、事，在南京国民政府统治的22年中，所颁布的特别法数量繁多，超过普通法数倍，尤以特别刑事法规、法令最突出，如《暂行反革命治罪法》，多次补充修改的《中华民国战时军律》等。国民政府继续奉行北京政府"特别法应先于普通法，如特别法无规定者，始适用普通法"的原则。南京国民政府普通法的制定、修改及立法程序要经立法院议决，由政府正式颁布。而特别法则不经立法院议决，直接由政府发布，或由军事委员会及其他各部、会运行制定、公布，甚至由国民党中央或地方党部秘密颁发。特别法的产生连资产阶级民主的形式也不要了。这种立法现象是同国共两党的激烈斗争分不开的。

2. 立法的四个阶段

南京国民政府的法统经历了形成、确立、战时应付和最后维持四个时期。

(1) 1928年4月南京国民政府成立至1928年10月立法院成立止，是国民政府法统形成时期。

其间，政府根据国民党中央政治会议决议，于1927年8月12日通令："一应法律，在未制定颁行之前，凡从前施行之各种实体法、诉讼法及一切法令，除与中国国民党党纲或与国民政府法令抵触外，一律暂缓援用。"同时，授权国民党中央执行委员会政治会议决议一切法律。在北京政府修订的法律草案基础上，制定了《中华民国刑法》《中华民国国民政府组织法》等，初步建立起政府的法统。

(2) 1928年10月公布政府组织法到1937年抗日战争爆发，是国民政府法统确立时期。

南京国民政府根据国民党中央政治会议规定的立法原则，进行了一系列立法活动，制定和修订了《训政纲领》《中华民国训政时期约法》《中华民国宪法草案》，修订了《中华民国国民政府组织法》《中华民国民法》《公司法》《票据法》《海商法》《保险法》《破产法》，修正了《中华民国刑法》《中华民国民事诉讼法》《中华民国刑事诉讼法》《法院组织法》等。同时配合"围剿"中共，公布了一系列特别法，诸如《危害民国紧急治罪法》《共产党人自首法》《惩治盗匪暂行办法》等。至此，南京国民政府的"六法体系"建成。

(3) 抗日战争期间，因国共合作，南京国民政府立法以单行法规、特别法规为主，是南京国民政府法统应付战局的时期。

其间颁布了大量战时法规，如《战时军律》《惩治汉奸条例》《国家总动员法》《妨害兵役治罪条例》《出征抗敌军人婚姻保障条例》《优待出征抗敌军人家属条例》等。此时，南京国民政府被迫停止公开打击中国共产党，但仍秘密颁行《共产党问题处置办法》《防止异党活动办法》等迫害共产党的法律。

(4) 1945年8月抗日战争结束到1949年9月南京国民政府被推翻，是国民政府法统的最后维持时期。

其时，南京国民政府大搞制宪把戏，企图使蒋氏独裁政体披上合法外衣，公布了《中华民国宪法》。另一方面依恃美援和武力，拒绝中共及朝野各界关于实现和平、民主、建立联合政府的正义要求，积极准备和悍然发动全面内战，必欲置中共于死地而后快。为此，南京国民政府颁布《戡乱总动员令》《戒严法》《戡乱时期危害国家紧急治罪条例》《动员戡乱时期临时条款》等法律。但随着南京国民政府在大陆统治的迅速崩溃，其法统也被胜利了的共产党人彻底废除。

### （三）法律体系与"六法全书"

长期以来，人们在习惯上把国民党政权的法律制度简称为"六法全书"或"六法"。在实际上，国民党政权的法律体系的基本框架也是由"六法"即六大类基本法典所构成的。虽然在学术界关于"六法"的具体分类组合不尽相同，但最后大体上统一到宪法、民法、民事诉讼法、刑法、刑事诉讼法、行政法等六大类。以这些大类法规中的基本法典（行政法除外）为中心，尚各有一整套的关系法规，即低位阶的法律、条例、通则、规程、规则、细则、办法、纲要、标准、准则以及判例、解释例等不同层次和性质的法规，组成一个严密的层次分明的法规系统。

从规范上来说，"六法"体系包括以下几个层次：

1. 基本法典。构成"六法"体系的核心的是宪法、民法、刑法和程序法等基本法典。在"六法"体系中，宪法、民法、民诉法、刑法、刑诉法都有基本法典，在这些基本法典之下，形成各自的"关系法规"（唯一例外的是行政法，因为没有制定大而全的专门行政法典，故在"六法"体系中行政法仅以内政、地政、经济、财政、教育、人事等分类集合，构成行政法规系统）。这些基本法典构成了国民党政权法律体系的骨架。

2. 关系法规。所谓"关系法规"，是指围绕基本法典而制定的低位阶法规，如条例、细则、办法等。这些关系法规，作为一种补充，与各自的基本法典一起构成了一个完整的法律部门。

3. 判例、解释例。构成"六法"体系的另一重要层次的是最高法院依照法定程序作成的判例和司法院大法官会议作出的解释例和决议。国民党政权法律制度属于大陆法系，以成文法作为基本法律渊源。依照宪法、法院组织法、司法院大法官会议法及其他相关法规的规定，最高法院的判决例，经"采为判例，纳入判例要旨"，并报司法院核定者，具有法律效力。若最高法院各庭之间就某一判例有争议，则由司法院之"变更判例会议"作出决定。司法院大法官会议则拥有解释宪法、法律的权力，其作出的解释例或决议，具有与宪法或法律同等的效力。从历史上看，国民党政权法律体系中，司法院大法官会议作出的解释例在修补法律漏洞方面所起的作用是很大的。

### （四）法律制度的特点

1. 形式上的"五权宪法"体制，构成了以"六法全书"为法律文本体系的特点。司法实践与法律文本多有脱节，典型的如《宪法》文本与法治的严重背离，成为南京国民政府时期宪政的突出弊端。直到退守台湾地区，始终没有真正实施"五权宪法"所追求的宪政。

2. 党规党法、蒋氏手谕、命令是重要法律形式，具有最高法律效力。

1932年5月31日，国民党中央常务委员会通过《宣传品审查标准》，适用于党报及全国各种报刊杂志，成为政府的新闻法。1930年2月公布《党员犯罪加重处罚暂行法》，适用于党员和非党员现任职官。1940年蒋介石给江西省主席熊式辉指示："凡有共党嫌疑之人，可免公布罪状，立行枪毙。"此后成为各级政府残害共产党人的法律根据。

3. 借鉴西方法学理论、法典、立法例，并与中国传统法律原则妥协，是国民政府法制实践的主要特点。

因为国内传统社会关系依旧，国际列强仍凭借条约享有领事裁判权。南京国民政府继续清末以来修律方针，"采择各国法规""参酌世界立法趋势"，所以仍是仿抄西方国家法律，加以中国传统内容，德、意、日法西斯政权建立后，也抄袭了一些法西斯国家法律。

### 二、宪法性文件与宪法

#### （一）《训政纲领》

《训政纲领》于 1928 年 10 月由国民党中央常务会议通过，是国民党政权进入"训政"时期以后的纲领性文件，规定在"训政时期"，由中国国民党全国代表大会代表国民大会，领导国民行使"政权"。在国民党全国代表大会闭会期间，则由国民党中央执行委员会行使政权。

《训政纲领》的特点是，确认国民党为最高"训政"者，把国民党全国代表大会及国民党中央执行委员会规定为国家最高权力机关，把国民党中央政治会议变为政府直接领导机关，从而建立了国民党一党专政、实质为蒋介石个人独裁的政治制度。

#### （二）《中华民国训政时期约法》

《中华民国训政时期约法》于 1931 年 5 月 5 日由蒋介石集团包办的"国民会议"制定，同年 6 月 1 日由南京国民政府公布施行，共 8 章，89 条。主要内容是：（1）确立国民党一党专政的国家制度；（2）规定"五院制"的政府组织形式；（3）罗列一系列公民"权利"与"自由"；（4）利用国家的名义，发展官僚资本。

从其内容可以看出，《中华民国训政时期约法》是蒋介石集团为巩固其独裁统治的需要而制定的。用根本法的形式确立国民党一党专制和蒋介石个人独裁的政治制度，乃是该约法的突出特点。

#### （三）"五五宪草"

1936 年 5 月 5 日，经国民党中央审查和蒋介石批准，由政府公布《中华民国宪法草案》，即"五五宪草"。该宪草共 8 章 148 条，因时局变化未付诸议决，但却成为《中华民国宪法》的蓝本。

#### （四）《中华民国宪法》

1946 年 11 月，蒋介石撕毁"双十协定"和政协决议，非法召开国民大会，于 12 月 25 日通过《中华民国宪法》，定于 1947 年 1 月 1 日公布，12 月 25 日施行。该法共 14 章，依次是总纲，人民之权利义务，国民大会，总统，行政，立法，司法，考试，监察，中央与地方之权限，地方制度，选举、罢免、创制、复决，基本国策和宪法之施行及修改，共 175 条。基本精神与《训政时期约法》和"五五宪草"一脉相承，但碍于政协通过的"宪法修改原则"十二条（即实行国会制、内阁制、省自治、司法独立、保护人民权利等）的重大影响，又不得不在具体条文上有所变动。

《中华民国宪法》的主要特点：

第一，表面上的"民有、民治、民享"和实际上的个人独裁。即人民无权，独夫集权。1948 年 5 月 10 日颁布的《动员戡乱时期临时条款》使这一特点更加具体和法律化。

第二，政权体制不伦不类。既非国会制、内阁制，又非总统制。实际上是用不完全责任内阁制与实质上的总统制的矛盾条文，掩盖总统即蒋介石的个人专制统治的本质。

第三，罗列人民各项民主自由权利，比以往任何宪法文件都充分。但依据《中华民国宪法》第 23 条颁布的《维持社会秩序临时办法》《戒严法》《紧急治罪法》等，把宪法抽象的民主自由条款加以具体切实的否定。

第四，以"平均地权""节制资本"之名，行保持封建剥削、加强官僚垄断经济之实。

### 三、刑事立法

#### （一）《中华民国刑法》

1. 两部刑法典的制定经过及刑法典的基本结构。

1927 年，国民党政府以北洋政府《暂行新刑律》和改定的第二次刑法草案为基础，于 1928 年 3 月公布了第一部《中华民国刑法》，通称"旧刑法"。

1935 年 1 月 1 日公布修订第二部《中华民国刑法》，通称"新刑法"。与旧刑法相比，其不同点是：由"客观主义"改为"侧重于主观主义"，强调犯罪性质而非客观后果；由"报应主义"，改为"侧重于防卫社会主义"，强调"保全与教育机能"，从而引进保安处分制度。

新刑法结构分总则、分则两编，共 357 条。总则 12 章是法例、刑事责任、未遂犯、共犯、刑、累犯、数罪并罚、刑之酌科及加减、缓刑、假释、时效、保安处分。分则 35 章规定各种罪名及刑罚。主要罪名有内乱罪、外患罪、妨害国交罪、妨害公务罪、妨害秩序罪、公共危险罪、妨害风化罪、妨害婚姻及家庭罪、杀人罪、堕胎罪、窃盗罪、侵占罪、赃物罪等。

2. 新刑法的主要特点：

（1）原则体例均效法西方刑法。

（2）把"罪刑法定"原则同封建刑法的落后性和法西斯主义刑法的恐怖性融为一体。

（3）在时间效力上取"从新从轻主义"，但保安处分取"从新主义"和裁判后的"附条件从新主义"。

（4）在空间效力上以属地主义为主，属人主义为辅，兼取特定犯罪的保护主义和世界主义。

（5）刑罚分主刑、从刑，另有保安处分。主刑为死刑、无期徒刑、有期徒刑；从刑为褫夺公权、没收。富有弹性的保安处分是新刑法典中的专门一章，适用对象是未成年的少年犯及有犯罪或妨碍社会秩序嫌疑之人。有拘禁（拘于一定场所"感化教育"）和非拘禁（监视、限制活动自由）两种方式。作为刑罚的补充，实施保安处分无需有犯罪事实、无需经诉讼程序和判决，因此成为迫害共产党人及革命人民的主要方式之一。

（6）设定多种罪名镇压共产党及民众的反抗行为。

（7）维护封建夫权和家庭伦理关系，从定罪和处刑不同角度维护尊卑等级制度。

#### （二）刑事特别法

在国民党统治时期，国民党政权根据不同时期的需要，制定了一系列刑事特别法，并赋予高于刑法典的效力，大多是锋芒指向共产党和革命人民。主要的有 1927 年 11 月颁布的《惩治盗匪暂行条例》；1928 年 3 月颁布的《暂行反革命治罪法》和《危害民国紧急治罪法》；1939 年秘密发布的《共产党问题处置办法》。

1947 年 12 月颁布《戡乱时期危害国家紧急治罪条例》，次年 4 月又加以修正，其要点是：加重"内乱罪"处罚，改七年以上有期徒刑为死刑或无期徒刑；凡率部起义，"煽惑军人"，帮助解放军及"意图妨害戡乱"者，处死刑、无期徒刑或十年以上有期徒刑；违犯该条例所定之罪，军人由军法审判，非军人由特种刑事法庭审判。

### 四、民商事立法

#### （一）"民商合一"的立法体系

1929 年国民党中央政治会议通过"民商合一"制定原则。其根据是民、商法间并无确定界限。除公司、票据、海商、保险、商业登记等不宜编入民法，实行单行立法外，通常属商法总则及商行为等均编入民法债编。这是与法国、日本民商法体制及清末制定的商法典的显著区别。

#### （二）《中华民国民法》的制定与颁行

1. 民法典的制定。《中华民国民法》是分编草拟分期公布的。总则编于 1929 年 5 月公布；债及物权两编于同年 11 月公布；亲属和继承两编于 1930 年 12 月公布。

2. 民法典的结构、内容和特点。沿袭《大清民律草案》和北洋政府《民法草案》，《中华民国民法》采德国民法编制体例结构。第一编总则分法例、人、物、法律行为、期日及期间、消灭时效、权利之行使，共七章；第二编债分通则、各种之债，共二章；第三编物权分通则、所有权、地上权、永佃权、地役权、抵押权、质权、典权、留置权、占有，共十章；第四编亲属分通则、婚姻、父母子女、监护、扶养、家、亲属会议，共七章；第五编继承分遗产继承人、遗产之继承、遗嘱，共三章。法典由 5 编 29 章 1 225 条组成，是中国历史上第一部正式颁行的民法典。

该法典主要内容和特点有四个方面：

（1）采用"国家本位"的立法原则。强调个人利益不违背国家利益时，始予保护。对民事法律行为有严格限制，反映了地主、官僚资产阶级的需要。

（2）以旧民律草案为基础作了大量修正。参照苏联、德国、日本、瑞士等国民法，表现出新的历史条件下继受法与固有法结合的特点。

（3）重在维护私有财产所有权及地主土地经营权。尤以物权编规定最详，占法典全部29 章中的 10 章，即 1/3 强。对所有权的取得、保护，土地所有权及经营权均详细规定。主旨在保护地主官僚买办资产阶级的权益。

（4）婚姻家庭制度体现出该法的浓厚封建色彩。首先是肯定包办买卖婚姻及封建习惯；其次是维护夫妻间不平等；再次是维护封建家长制。如夫妻财产由夫管理，子女从父姓，家置家长，双方合意的买卖婚姻有效等等。

综括而言，前三编引进了德国、日本、瑞士民法的大量条文，后两编带有较多的封建色彩。

#### （三）商事立法

1. 商法的制定

南京国民政府采取民商合一的体制，一般的商事法律是民法的一部分，没有独立商法典，但另外制定单行商事法规。南京国民政府成立之初，继续沿用北京政府颁布的《商人通例》《商事公断处章程》，调整各种商事活动。1929 年，国民党中央政治会议决定民商合一的原则。从 1929 年到 1946 年南京国民政府先后制定、修正《票据法》《公司法》《海商法》《保险法》《银行法》等，作为民法特制法。

《票据法》是有关商业上各种支付手段（有价证券）的法规，依据北京政府《票据法草案》和国民党中央政治会议议决的《票据法》立法原则 19 条，参酌德、日、英、美、法等国票据法规和我国商业习惯而制定。分总则、汇票、本票、支票、附则，共 5 章 139 条。经立法院通过，由南京国民政府 1929 年 10 月 30 日公布施行。

《公司法》是规定公司的组织、活动的法规。南京国民政府成立不久，鉴于公司增易的状况，依国民党中央政治会议确立的立法原则，参酌德、法等国公司法，于 1929 年 11 月拟定。分通则、无限公司、两合公司、股份有限公司、股份两合公司和罚则，共 6 章 233 条。经立法院通过。由南京国民政府于 1929 年 12 月 26 日公布，定于 1931 年 7 月 1 日施行。抗日战争爆发后，南京国民政府为配合"第一期经济建设"，加强公司管理和以四大家族为首的大买办对公司的控制，适应美国经济掠夺需要，改变以往以大陆法系公司法为楷模的立法内容，于 1946 年 4 月 12 日，依照英美法系公司法重新修正颁行。1946 年《公司法》分定义、通则、无限公司、两合公司、有限公司、股份有限公司、股份两合公司、外国公司、公司之登记及认许和附则，共 10 章 361 条。

《海商法》是调整海上企业商事活动的法规。1929 年 11 月，由南京国民政府立法院参照清《海船法草案》和北京政府《海船法草案》制定，分总则、船舶、海员、运送契约、船舶碰撞、救助及抢救、共同海损、海上保险，共 8 章 174 条。经立法院批准，由南京国民政府于 1929 年 12 月 30 日公布，1931 年 1 月 1 日施行。因其多抄自日本，不甚合国情，很难实施。

《保险法》是有关保险组织、业务范围的法规。南京国民政府在北京政府《保险契约法草案》的基础上，参照意、日保险立法，由南京国民政府立法院商法起草委员会拟定，于 1929 年 12 月 30 日由南京国民政府公布。1935 年重加修正，1937 年 1 月 11 日公布，分总则、损失保险、人身保险、附则，共 4 章 98 条。公布后始终未施行。

### 2. 商法的特点

在金融方面，南京国民政府于 1928 年 10 月 26 日公布《中央银行条例》，1939 年 5 月 23 日公布《中央银行法》，确定中央银行为国家银行，享有发行兑换券、铸造国币、经理国库、发行内外公债等特权。

在开办公司方面，1946 年《公司法》第 147 条、第 149 条、第 213 条规定：公司表决权依股数而定，每股有一表决权。股份占总数 1/10 以上的股东，才有权对董事监察人提起诉讼，这成为资本雄厚的官僚、买办控制公司的法律依据。且该法第 20 条吸收欧洲垄断资本主义的参与制，规定公司"如为他公司之有限责任股东时，其所有投资总额不得超过本公司实收股本二分之一。但投资于生产事业或以投资为专业者不在此限"。

南京国民政府《票据法》目的是方便结算债权债务、收受安全可靠迅速、调剂资金短缺。该法确立"流通证券"制度，规定公司债票、债券、保险单、海运载货证券、仓库提单及汇票、支票、本票等，均可以通过交付或背书相互转让，进入流通。

1946 年《公司法》增设"外国公司"专章，确定外国公司可在中国自由营业，或设分公司，享有与中国公司同等权利。

### 五、司法制度

#### （一）普通法院系统

国民党政府的普通法院分地方法院、高等法院、最高法院三级。一般县市设地方法院，依管辖审理民事、刑事第一审案件及非诉事件。省、特别区和直辖市设高等法院，审理一审上诉和抗告案件，以及"内乱"、"外患"、"妨害国交"等罪的第一审案件。最高法院设于首都，审理不服高等法院一审二审判决、裁定的上诉、抗告案件。

实行三级三审制，第三审为"法律审"。

实行审检合署制，检察机关置于法院内。检察官职权包括侦查、起诉、担当自诉、指挥刑事裁判的执行及其他法定职责。

### (二) 特种刑事法庭

始设于 1927 年，是受理特种刑事审判程序案件的法庭。分中央特种刑事法庭和地方高等特种刑事法庭，分别设于南京和司法行政部指定的地方，对其裁判不得上诉或抗告。设立特种刑事法庭为屠杀共产党人和爱国进步人士提供了组织及程序保障。

### (三) 诉讼审判制度

为保证实体法实施，法院逐渐形成一套完整的审判制度。现就有代表性的几点分述如下：

1. "一告九不理"——对九种诉讼不予立案处理。

一是管辖不合规定不受理。诉讼法所设管辖繁杂。《刑事诉讼法》规定有：事物管辖、土地管辖、牵连管辖、指定管辖、移转管辖五种。《民事诉讼法》规定有普通管辖、特别管辖、选择管辖、指定管辖、合意管辖五种。其中特别管辖又因财产权、业务涉讼等有 12 种划分。如《民事诉讼法》第 240 条规定：原告之诉的诉讼事体不属普通法院之权限者，法院应以裁定驳回。

二是当事人不适格不受理，即案件须由某种特定人才能起诉，否则拒不受理。如《民事诉讼法》规定：原告或被告无当事人能力即无权利能力者，法院应以裁定驳回。

三是未经合法代理不受理，《民事诉讼法》规定：原告或被告无诉讼能力，未由法定代理人合理代理者；由诉讼代理人起诉，而其代理权有欠缺者，法院应以裁定驳回。

四是起诉不合程式不受理。诉讼程序繁多，起诉程序复杂。以民事诉讼为例：程序分第一审程序，第二审程序，第三审程序，抗告程序，再审程序，督促程序，保全程序，公事催告程序，人事诉讼程序 9 种。人事诉讼程序中又分婚姻事件程序、亲子关系事件程序，禁治产事件程序，宣告死亡事件程序 4 种。而每种程序都有法定提起程式，诸如诉状格式、内容等。如起诉不合程式或不具备所有要件，法院拒绝受理。

五是不缴纳诉讼费不受理。诉讼法实行败诉者缴费原则，法定收费标准极高。当事人如不能按标准预先支付诉讼费，法院拒绝受理。

六是一事不再理，即对已生效判决或裁定之案件，除法律特别规定外，不再起诉和受理。1935 年《民事诉讼法》253 条规定："当事人不得就已起诉之事件，于诉讼系属中，更行起诉。"《刑事诉讼法》231 条规定："曾经判决确定者""为不起诉之处分"。

七是不告不理，即对未经起诉的事情，法院不得进行审理。在审理中，法院受原告起诉范围的约束，告谁审理谁，告什么审理什么，不审理诉讼请求范围以外的问题。1935 年《刑事诉讼法》规定："起诉之效力不及于检察官所指被告以外之人。""法院不得就未经起诉之犯罪审判。"

八是已经成立和解者不受理。《民事诉讼法》规定："当事人得以合意停止诉讼程序。"

九是非以违背法令为理由，第三审不受理，即上诉第三审的理由，不是因为判决不适用法律的规则，或者适用不当，第三审法院拒不受理。

2. "自由心证"。

即对证据的取舍和对证明力的判断，法律不预先规定，由法官据其法律意识和内心确信，自行判断。这是仿效资本主义国家法律原则而确定的一项审判原则。1935 年《刑事诉讼法》第 269 条规定："证据之证明力，由法院自由判断之。"《民事诉讼法》222 条也规定："法院为判决时，应斟酌全辩论意旨及调查证据之结果，依自由心证，判断事实之真伪。"

3. "不干涉主义"。

这是民事诉讼中采用的一项诉讼原则，即诉讼活动依当事人意思决定，不得就当事人未申明的事项判决，一切全凭当事人意思行事。1935 年《民事诉讼法》规定："原告于判决确定前得撤回诉全部或一部。"《中华民国六法理由判解汇编》说明了制定该条的理由：采用不干涉主义。《民事诉讼法》还规定：言词辩论以当事人声明应当受裁判的事项为始，法院不得就当事人未声明的事项作出判决。不干涉主义是资本主义国家为标榜"契约自由"，相应地在民事诉讼中作的规定，国民政府将其抄来，在广大劳动阶层大多数不懂法律、无钱请律师的状况下，法院审理采不干涉主义的本身就是一种干涉，使有产者获得有利的判决。

## 第二节　革命根据地法律制度

### 一、工农民主政权的法律制度

#### （一）《中华苏维埃共和国宪法大纲》

1. 《中华苏维埃共和国宪法大纲》的制定经过

早在井冈山时期，毛泽东倡议由党中央制定"一个整个民权革命的政纲""使各地有所遵循"。1930 年 7 月党中央成立"中国工农兵苏维埃第一次全国代表大会中央准备委员会"，负责草拟宪法。1931 年 11 月 7 日第一次全国工农兵代表大会在江西瑞金召开，通过了该宪法大纲。1934 年 1 月的第二次代表大会作了某些修改，最主要的是在第一条内增加"同中农巩固的联合"条文。这是毛泽东代表的正确路线同王明"左"倾路线斗争的积极成果。

2. 《中华苏维埃共和国宪法大纲》的主要内容

《中华苏维埃共和国宪法大纲》遵循党中央提出的"制宪七大原则"，规定苏维埃政权的性质、政治制度、公民权利义务、外交政策等内容，共 17 条。主要内容是：

（1）规定了苏维埃国家性质"是工人和农民的民主专政国家"。所谓专政，一是将地主资产阶级（军阀、官僚、地主、资本家、豪绅、僧侣及一切剥削者）拒绝于政权之外，二是剥夺他们的言论、出版、集会、结社等自由，三是使用革命武力和法庭镇压一切反革命复辟活动。

（2）规定了苏维埃国家政治制度是工农兵代表大会。它保证工农大众参加国家管理，便于工人阶级及其政党的领导，实行民主集中制和议行合一原则。它是根据革命实践及苏联经验建立的新式民主制度。

（3）规定了苏维埃国家公民的权利和义务。包括政治、经济、文化等各方面。工农兵及一切劳苦民众享有广泛的民主权利。各级政府采取切实有效的措施，提供力所能及的物质保障条件。

（4）规定了苏维埃国家的外交政策。宣布中华民族完全自由独立，不承认帝国主义在中国的特权及不平等条约。与世界无产阶级和被压迫民族站在一起，苏联是巩固的同盟者。对受迫害的世界革命者给予保护。对居住在苏区从事劳动的外国人给予法定的政治权利。

3.《中华苏维埃共和国宪法大纲》的意义

（1）它是第一部由劳动人民制定、确保人民民主制度的根本大法，是共产党领导人民反帝反封建的工农民主专政的伟大纲领。

（2）它同资产阶级的约法以及旧中国反动政府制定的宪法有本质的区别。

（3）它肯定了革命胜利成果，提出了斗争的方向。尽管受到"左"的影响，仍是划时代的宪法性文件。

（4）它的颁行调动了苏区人民的积极性，为以后制定民主宪法提供了宝贵经验。

**（二）土地立法、劳动立法与婚姻立法**

1.《井冈山土地法》

工农民主政权土地立法前期，以 1928 年 12 月《井冈山土地法》为代表。该土地法规定："没收一切土地归苏维埃政府所有"，以人口或劳动力为标准，男女老幼平均分配。但是，由于缺乏经验，"这个土地法有几个错误：（1）没收一切土地而不是只没收地主土地；（2）土地所有权属政府而不是属农民，农民只有使用权；（3）禁止土地买卖。这些都是原则错误"。

2.《兴国土地法》

工农民主政权土地立法中期，以 1929 年 4 月《兴国土地法》为代表。内容有一点重要的变更，就是把"没收一切土地"改为"没收一切公共土地及地主阶级的土地"，这是一个原则的改正。但其余各点均未改变，这些是到了 1930 年才改变的。1930 年 9 月中共六届三中全会指出：目前革命阶段中，尚未到整个取消私有制度时，不禁止土地买卖和苏维埃法律内的佃租制度。

3.《中华苏维埃共和国土地法》

工农民主政权土地立法后期，以 1931 年 11 月《中华苏维埃共和国土地法》为代表。该法于 1931 年 11 月由中华工农兵苏维埃第一次全国代表大会通过，1931 年 12 月 1 日公布实施。这是土地革命后期影响最大、实施地区最广、适用时间最长的土地法，其主要内容包括以下几个方面：

（1）废除封建土地剥削制度，规定了没收土地财产的对象和范围，宣布废除一切高利贷债务。

（2）规定了对于没收的土地财产的分配办法。

（3）规定了土地所有权问题。该土地法一方面规定现阶段不禁止土地出租与转让，但同时规定在条件具备的时候实行土地国有制。

由于受"左"倾思想的干扰，这部土地法的一些规定也体现了"左"倾倾向，如在土地分配上，规定实行"地主不分田、富农分坏田"的政策。这些"左"倾错误在后来陆续得到纠正。

4.《中华苏维埃共和国劳动法》

根据中共"六大"的劳动政策，各地先后制定了一些关于劳动问题的决议和法令。

中央工农政权建立后，制定了《中华苏维埃共和国劳动法》，于 1931 年 10 月又颁布重新修定的第二部劳动法：对某些过高的福利要求作了适当限制，增加了调整农村劳动条文，废除对工人的各种封建性剥削，规定了工人的各种权利，提高了工人革命积极性。但有些

"左"的政策规定，并未得到根本纠正。

5.《中华苏维埃共和国婚姻法》

（1）《中华苏维埃共和国婚姻法》的制定

随着劳动群众的翻身解放，新的婚姻家庭关系随之孕育成熟。工农民主政权相应制定了一些婚姻法，如1930年3月《闽西第一次工农兵代表大会婚姻法》，1931年7月《鄂豫皖工农兵第二次代表大会婚姻问题决议案》等。

1931年12月在上述立法基础上制定了《共和国婚姻条例》。经过几年实践修订后，于1934年4月公布了《中华苏维埃共和国婚姻法》。起草过程中针对离婚后子女利益的保护等问题，进行了尖锐争论，批驳了封建夫权，对以后婚姻家庭立法产生了重大影响，成为当时的代表性法规。

（2）婚姻法的主要内容

① 基本原则。男女婚姻自由，严禁强迫、包办、买卖婚姻，废除童养媳和强迫守寡；实行一夫一妻制严禁蓄婢纳妾。

② 结婚与离婚。结婚须具备实质要件和形式要件。结婚须双方自愿；达法定婚龄；无禁婚的血亲关系和疾病；须去乡、市、区苏维埃登记领取结婚证。离婚自由。

③ 离婚后财产处理和子女抚养。离婚后原土地财产、债务各自处理。婚后增加的财产男女平分。离婚前所生子女及怀孕小孩归女方抚养；年长的子女由谁抚养，尊重子女意见。

④ 保护军婚。红军战士之妻要求离婚，必须其夫同意。

（3）婚姻法的意义

砸碎了几千年束缚妇女的枷锁，广大妇女从野蛮的封建婚姻制度下得到解放，实现男女婚姻自由，建立了新民主主义婚姻制度，是中国家庭婚姻史上的重大变革。

**（三）刑事立法——《中华苏维埃共和国惩治反革命条例》**

1934年4月颁行的《中华苏维埃共和国惩治反革命条例》既是这一时期立法司法经验的结晶，也是代表性法规。

该立法的主要原则是：分清首要和附和，区别对待；对自首、自新者实行减免刑罚；罪行法定主义与类推原则相结合；废止肉刑，实行革命的人道主义；实行按阶级成分及功绩定罪量刑。

1. 犯罪种类

主要有两种：

（1）反革命罪。确立了两个构成要件：其一，危害的客体须是苏维埃政府及革命利益；其二，犯罪主要目的须是意图保持或恢复地主资产阶级反动统治。凡具备二要件者，不论以何种方式，依反革命罪论处。

（2）一般刑事犯罪，值得一提的是浪费罪。1932年12月中央执行委员会《关于惩治贪污浪费行为第26号训令》规定，凡工作人员玩忽职守而浪费公款，致使国家受到重大损失者，即构成浪费罪。这是一项应予肯定的经验。

2. 刑罚制度

散见于各地和中央刑事法规中的刑罚条款，主要包括以下几类：

（1）死刑。适用较多，一般情况下须经苏区政府批准，一律枪决执行。

（2）监禁。即有期徒刑。最高10年，最低3个月。

（3）拘役及强迫劳动。拘役一般是"一月未满一日以上"；强迫劳动有三日、半年，长不过一年。

（4）褫夺公权。一般指剥夺参加政权、群众组织选举和充当红军的资格、权利。适用于监禁刑以上的罪犯。多为附加刑，亦可作独立刑种施用。

（5）没收财产。一是没收犯罪所用之物，二是没收犯罪者本人财产一部分或全部。

（6）驱逐出境。将反革命分子赶出苏区。

（7）罚金。对犯罪分子科处罚金，多作为独立刑施用。

上述刑事法规在同反革命和刑事犯罪的斗争中起过重大作用，积累了丰富经验，但也发生过扩大化错误。

**（四）司法制度**

1. 司法体制

工农民主政权在局部地区打碎国民党反动国家机器的基础上，总结各地司法经验，颁布了裁判条例、司法程序训令，形成了初具规模的司法机关。

新的司法体制否定了资产阶级三权分立的原则，实行各级司法机构受同级政府领导的体制。这种政审合一的体制适于战争需要，利于政府政策法令的执行及对司法的领导。实行"审检合一"，检察机关附设于审判机关内。审判权和司法行政权在中央采"分立制"，在地方采"合一制"。依上述原则，所设立的司法机关主要有：

（1）中央设临时最高法庭。地方为省、县、区各级裁判部。由部长、裁判员、书记员组成。省、县裁判部设裁判委员会。各级裁判部设刑庭和民庭。省、县裁判部有权判决警告、罚款、没收财产、强迫劳动、监禁、枪决等刑事处罚和民事案件。区裁判部审理不重要的案件，判处强迫劳动或监禁的期限在半年以内。

（2）检察机关附设于同级司法机关内。最高法庭设检察长一人，副检察长一人，检察员若干人。省、县裁判部各设检察员。区裁判部无检察员编制。各级检察员受同级裁判机关负责人领导，其职责是进行预审、起诉等工作。

2. 审判原则

（1）司法机关统一行使审判权。其他机关无司法权。

（2）废止肉刑，重视证据，依靠群众审判反革命分子。

3. 实行四级二审终审制

（1）实行四级二审终审制。在特殊地区及紧急情况下，对反革命、豪绅、地主犯罪，剥夺上诉权，一审终审。

（2）审判公开。涉及秘密的可用秘密方式，但宣判仍应公开。有助于群众监督和法制教育。

（3）人民陪审。无选举权者不得充当陪审员。主审与陪审员意见分歧，以主审为准。陪审员不脱产，选举产生。

（4）巡回审判。这是一种崭新的审判方式。由各级裁判部在案发地点就地调查，在群众参与旁听下就地解决案件。多为具有重大意义的典型案件或群众性的刑事案件。

（5）死刑复核。不论被告是否上诉，一律报请上级审判机关复核批准。须上诉期满，被告、原告未上诉与抗诉，上级审判机关批准，原死刑判决方生效。

（6）合议制度和辩护制度。

4. 劳动感化院

重视犯人的教育改造。1932年8月颁布《劳动感化院暂行章程》，规定了狱政的指导思想及管理制度，是新民主主义狱政制度的雏形。

## 二、抗日民主政权法律制度

### （一）《陕甘宁边区施政纲领》

1.《施政纲领》的制定

抗日民主政权以1937年8月25日公布的《抗日救国十大纲领》为准绳，继承发扬苏区法制传统，建立起切合国情的抗日民主法制。标志着新民主主义法制的形成和重大发展。

继1938年《晋察冀边区军政民代表大会宣言》之后，陕甘宁边区政府于1939年1月公布了陕甘宁边区抗战时期《施政纲领》。前期，纲领规定了"三民主义"的内容，具有革命民主主义的特色，奠定了边区民主政治初步基础，为其他根据地树立了榜样。后期，由于日寇对抗日根据地的大扫荡，加上国民党对边区的包围封锁，使抗日军民面临极端严重的物质困难。中国人民的抗日战争进入了最艰难的时期。为了适应这种新的情况，最大限度地调动抗日军民的积极性，巩固各抗日阶级、各党派和各民族的团结，争取时局好转，粉碎日寇扫荡和国民党积极反共封锁边区，赢得抗日战争的胜利，各抗日根据地制定了新的《施政纲领》。主要有1940年《晋冀鲁豫边区政府施政纲领》《晋察冀边区目前施政纲领》，1941年《陕甘宁边区施政纲领》，1942年《对巩固和建设晋西北的施政纲领》，1944年《山东省战时施政纲领》。这些《施政纲领》以1941年《陕甘宁边区施政纲领》为代表，均有保障抗战，加强团结，健全民主，发展经济，普及文化教育的规定。《陕甘宁边区施政纲领》增加了"三三制"政权组织形式和保障人权等崭新内容。

2.《施政纲领》的主要内容

（1）关于保障抗战的规定。团结边区内各阶级、党派，发动一切人力、物力、财力抗战。严厉镇压汉奸及反共分子。

（2）关于加强团结的规定。坚持抗日民族统一战线方针，团结边区内各抗日阶级、工人、农民、地主、资本家。主要措施是：调节各阶级的关系，地主减租息，农民交租息；改善工作生活，资本家有利可图；一致对外，共同抗日。

（3）关于健全民主制度的规定。将其提到保证全国人民团结的高度。规定几项重大措施：

其一，普遍、直接、平等、无记名投票的选举制度。

其二，保障一切抗日人民的选举权与被选举权。

其三，"三三制"政权组织原则。

其四，保障一切抗日党派、团体、人民的人权、财权及各项自由。

其五，人民享有用任何方式控告任何公务人员非法行为的权利。

其六，男女平等，提高妇女地位，保护其特殊利益。

其七，反对民族歧视，实行民族平等、自治，尊重宗教信仰、风俗习惯。

（4）关于发展经济的规定。从"发展经济，保障供给"总方针出发，发展农业、林业、牧业、手工业和工业，奖励扶助私人企业，保障经营自由。实施外贸统治。贯彻统筹统支的财政制度。征收统一累进税，维护法币，巩固边币。

(5) 关于普及文化教育的规定。举办各类学校，普及免费义务教育。尊重知识分子，提高边区人民政治文化水平。

3. 《施政纲领》的意义

以反对日本帝国主义，保护抗日人民，调节各抗日阶级利益，改善工农生活，镇压汉奸反动派为基本出发点。全面系统反映了抗日民族统一战线的要求和抗战时期的宪政主张，是实践经验的科学概括与总结。

### (二) 土地立法、劳动立法与婚姻立法

1. 土地立法

陕甘宁边区从 1937 年 4 月开始土地立法。1937 年 8 月颁布的《抗日救国十大纲领》确立了"减租减息"的原则。各根据地以此为指导制定本地区的土地法规。陕甘宁边区土地立法最有代表性。

1940 年以前，重点在保护农民既得利益，确认农民分得地主土地的所有权。1939 年《陕甘宁边区土地条例》是这一时期的重大成果。1940 年 7 月以后，重点转为减租减息、保障佃权和低利借贷上。先后制定有 1942 年《陕甘宁边区土地租佃条例草案》及 1944 年《陕甘宁边区地权条例》。上述土地立法的主要内容是：

(1) 土地所有权。一是公有土地所有权归边区政府，二是私有土地所有权人在法定范围内可自由使用、收益、处分（买卖、典当、抵押、赠与、继承）。不论公、私土地所有权均受法律保护，强调保护农民土地所有权。

(2) 减租交租。陕甘宁边区地租有四种，即定租，活租，伙种，按庄稼。按原租额减 10%至 12%。收租人不得多收、预收、收取押租及欠租作息；承租人不得短少租额。

(3) 保障佃权。减租条例定有四项收回租地的条件。除此条件外出租人不得随意收回租地。

(4) 减租减息，低利借贷。现存债务减息。付息过本一倍，停利还本；过本两倍，本利停付，借贷关系视为消灭。

土地立法的意义在于减轻了封建剥削，激发了农民的抗日积极性，调整了农村阶级关系，加强了各革命阶级团结，为民族解放战争奠定了基础。在团结地主富农抗日方面，也发挥了极为重要的作用。

2. 劳动法规的制定及其主要内容

劳动立法体现了"调节劳资双方利益，团结资本家抗日"的原则，吸取了苏区劳动立法的经验教训。

1942 年的《陕甘宁边区劳动保护条例草案》及 1941 年晋冀鲁豫边区的《劳工保护暂行条例》较为典型。劳动立法的主要内容可分为以下几部分：

(1) 关于工人权利的规定

工人有组织工会的权利。雇主开除工人事先得工会同意。

(2) 关于工时、工资、劳动保护的规定

实行 8～10 小时工作制。因工会工作请假，全年在 15 天内的，工资照发。工资标准由工会、雇主、工人三方协商，男女同工同酬。

(3) 关于保护女工、青工、童工的规定

童工工时较短。禁止女工从事繁重的、有害健康的及地下工作。禁止哺乳期女工、孕

妇、童工做夜工。女工产假两个月，工资照发。哺乳期女工每日给适当哺乳时间。对安全卫生亦有规定。

（4）关于劳动合同与集体合同的规定

缔结劳动合同以劳资双方自愿为原则。集体合同由工会代表工人与公营厂方或资方以协议方式订立。合同内容包括工时、工资、福利待遇、双方权利义务等。合同内容不得违反现行法律，否则无效。对合同纠纷的解决也详予规定。

（5）关于奖励技术发明的规定

按照陕甘宁、晋冀鲁豫等边区劳动法规的规定，工人或其他人对边区的农、林、牧、畜、水利、工矿等生产事业有发明创造或推广现有技术而获得成就者，政府给予荣誉和物质奖励。各根据地规定的物质奖励为现金，奖金最高为四千元至五千元。

这些劳动立法对发挥工人积极性、团结资产阶级抗日起了很大作用。

3. 婚姻法规的制定及其主要内容

陕甘宁边区政府成立初期，沿用中央工农民主政权的婚姻法。1939年《陕甘宁边区婚姻条例》经5年实践，1944年通过了《修正陕甘宁边区婚姻条例》，增加不少新内容。1943年的《陕甘宁边区抗属离婚处理方法》使结婚女子和抗日军人的婚姻得到法律保护。婚姻立法的内容及发展可分为五点：

（1）立法原则的发展

在苏区婚姻立法原则基础上，提出了男女平等的原则；继承苏区保护红军婚姻的原则，确立保护抗日军人婚约与婚姻的原则；除确知其夫死亡、逃跑、投敌外，未经军人同意不得离婚；对娶抗日军人配偶，或和诱、通奸者处以刑罚。

（2）结婚年龄和法定手续

婚龄趋于下降。亲属间禁止结婚的限制更趋严格。

（3）离婚原则和具体条件

规定婚姻关系非具备一定条件不准离婚。凡重婚，感情不和，无法同居，通奸，虐待对方，恶意遗弃对方，谋害对方，生死不明3年以上，有不治恶疾或不能人道，一方不务正业劝解无效影响对方生活，或其他重大事由，准予离婚。女方怀孕及分娩期间，男方不得离婚，待产后一定期间如具备离婚条件，可办理离婚。

（4）离婚后财产处理更合理

继承了苏区的规定并有修改。对共同债务原则上共同清偿。规定男方向女方付赡养费的时间最多以3年为限。

（5）离婚后子女抚养教育的规定

在继承苏区立法基础上又有修改。确定了女方再婚新夫的抚养责任。确保非婚生子女合法利益。严禁杀害、抛弃致死私生子，严禁堕胎、溺婴，违者以杀人罪、违反人道罪论处。

婚姻立法解放了妇女，婚姻自由、自主、自愿成了结婚信条，爱情、平等、意志代替了包办、压迫、金钱。

在贯彻婚姻法中积累了丰富经验，主要有：

其一，加强边区政治经济文化建设，奠定婚姻立法基础。

其二，法律教育与适当处罚结合，保证婚姻法贯彻执行。

其三，司法机关与群众结合，依法处理有关案件。

其四，坚决贯彻婚姻条例，反对"左"、右两种倾向。创立了"犹豫期"制度。

### （三）刑事立法

运用刑罚手段，惩治汉奸反动派，是保卫边区和抗战的一项重要任务。陕甘宁边区制定的刑事法规主要有 1939 年《抗战时期惩治汉奸条例》《抗战时期惩治盗匪条例》《惩治贪污条例》《禁烟禁毒条例》，1941 年《破坏金融法令惩罚条例》等。

#### 1. 刑法原则的发展

边区政权创造性地发展了新民主主义刑法原则。其主要原则有三条：

（1）镇压与宽大相结合的原则。对汉奸分子除不愿悔改者外，不问过去行为如何，一律实行宽大政策，给予政治上、生活上出路。对绝对不愿改悔者，依法严办绝不放任。在实施中区分首要与胁从，惩办主要施于首要分子，宽大主要施于胁从分子。

（2）贯彻保障人权原则。不放过一个敌探奸细，不错办冤枉一个好人。

（3）反对威吓报复，实行感化教育原则。特点是以无产阶级思想克服和改造罪犯地主资产阶级腐朽没落思想。反对惩办主义，用说服方法帮助其认识错误；反对报复主义，减少罪犯痛苦，以利于其安心守法、彻底改造。实践证明这样做效果显著。

#### 2. 主要犯罪种类的变化

各个边区刑事立法确定的主要罪名有：

（1）汉奸罪。凡以破坏抗战为目的的行为均构成汉奸罪，立法中有明确规定。

（2）盗匪罪。凡以抢劫为目的的各种法律规定的犯罪行为，均构成盗匪罪。

（3）破坏边区罪。凡以破坏边区为目的的各种法律规定的犯罪行为，均构成该罪。

（4）破坏坚壁财物罪。是敌后根据地特有罪名。坚壁财物也叫空室清野财物。该财物指：因防止日寇汉奸破坏与掠夺而藏于地窖、山沟等隐蔽场所的一切公私财物及土石堵塞的建筑物。凡勾结敌伪挖索上述财物，或毁损、窃盗上述财物等行为，均构成该罪。打击这类犯罪对保护边区财物，防止敌伪破坏，克服物质困难，保证反扫荡胜利起到重要作用。

除上述重大刑事犯罪，还有破坏经济秩序、妨害社会秩序、侵害人身权利民主权利、侵犯财产、妨害婚姻家庭等方面的普通刑事犯罪。

#### 3. 趋于完善的刑罚制度

各根据地刑罚措施主要有以下几种：

（1）死刑。只对汉奸、盗匪、敌特及破坏边区的反革命首要分子判处死刑。宣判死刑，要向群众公布，行刑有检察员临场监验。一律枪决。

（2）无期徒刑。各边区规定不一。实际上未适用，有的边区则予废止。

（3）有期徒刑。初期为最高 5 年，最低 6 个月。1942 年 3 月后最高为 10 年或 15 年，实践中多为 10 年。

（4）拘役（又称劳役或苦役）。凡判处 2 个月以下、1 日以上，或 3 个月以下的罪犯，不由监所拘押，而是实行劳动改造，称拘役。多用于轻微刑事犯罪。

（5）教育释放。多适用于轻微犯罪。经一定时间关押教育，多则 1 个月，少则几天，不再判劳役，即行释放。

（6）当庭训诫。对犯极轻微罪行者在法庭上予以训诫，讲明道理指明错误，使其不再犯。

除上述主刑外，从刑有：

（1）褫夺公权。多数边区有此刑罚。指剥夺犯罪分子选举权与被选举权、担任公职及公职候选人之权。主要适用于汉奸、敌特、反动分子。从性质上来讲是较重刑罚。刑期1年至5年，自徒刑完毕日起算。1年以上徒刑才附加褫夺公权。

（2）没收财产。主要适用于汉奸、盗匪。对象是动产与不动产。违禁品、犯罪所用之物及非法所得也予没收。

（3）罚金。司法机关强制罪犯向边区政府交纳一定金钱的从刑。分并科、选科、易科、专科四种形式。主要用于以谋财为动机的犯罪。

4. 刑事立法群众化及主要经验

发动群众，制定"锄奸公约"，在锄奸剿匪斗争中正确执行不放过一个特务、不错办一个好人的政策，保证这一斗争健康发展。

**（四）司法制度**

1. 司法机关及其职权

（1）边区高等法院。边区最高司法机关，负责全区审判及司法行政工作。下设刑庭、民庭，各庭长、推事负责审判，必要时组织巡回法庭。还设有检察处、书记室、看守所、监狱。

（2）高等法院分庭。1943年为便利诉讼，加强对县司法领导而设置的，是高等法院派出机关。审理所辖分区县司法处一审上诉案件，是二审机关，由分庭庭长（专员兼任）、推事、书记员组成。

（3）县司法处。初期只有一个裁判员主持审判业务。1940年成立由县委书记、县长、裁判员、保安科长、保安大队长组成的裁判委员会。1941年执行"三三制"原则被取消。重大案件交县政府委员会或政务会议决定。

（4）边区政府审判委员会。1942年8月设立。职权是解释法令，审理高等法院一审及二审刑事上诉案和一审民事诉讼案及行政诉讼案、婚姻案、死刑复核案。1944年9月因精兵简政而撤销。

（5）检察机关。高等法院设检察员，在院长领导下独立行使检察权。一度设高等检察处，1942年精兵简政撤销。实行审检合一制。职权是侦查、起诉、监督判决执行。

此时期诉讼原则的发展主要表现在以下几方面：

① 调查研究、实事求是的原则。毛泽东等边区领导人以身作则贯彻这一原则，为司法干部作出了典范。这一原则写进了边区民事诉讼法草案。

② 相信依靠群众的原则。创造了许多依靠群众的诉讼组织形式。一是群众公审。主要针对汉奸、反革命、敌特、盗匪等政治性案件和人命案。二是就地审判。指初审机关采用的审判方式。具体做法是审判员携卷下乡，亲赴出事地点，深入群众调查研究，在有威望、有能力的群众参与下，将舆论、法律融为一体，就地判决。这种方式结案迅速，当事人省钱省时，有利于生产。三是巡回审判，是高等法院及其分庭运用的审判方式。一般是携卷到出事地点，结合调查研究进行审判。同时受理新的上诉案，检查所属司法处审判及监管工作。

③ 法律面前人人平等的原则。1941年11月边区第二届参议会宣布：边区"法律保护各个革命阶级的利益，纠正资本主义国家各个阶级在法律面前的虚伪平等，而代之以真正的实质的平等"（《中国新民主主义革命时期根据地法制文献选编》）。从而揭开了法律面前人人平等的新篇章。各根据地宪法性文件规定，凡赞成抗日民主的地主、富农、资本家与工人、农

民在人权、财权、参政权和民主自由权各方面，平等地受法律保护。犯法，则适用同一法律定罪量刑。法律还规定，不论党员或群众，首长或公务员或民众，指挥员或战士，不论其资格、功劳、地位，任何人犯法均依法处理。黄克功死刑案就是典型的例子，为边区民主法制添了光彩。为真正贯彻这一原则，边区《施政纲领》规定了党员犯法从重治罪，体现了无产阶级政党严于律己的精神。

（6）主要的审判制度。① 上诉制度。民事案件上诉期15天，刑事案件上诉期10天。

② 审级制度。基本是二级终审制。县司法处一审（初审），高等法院及分庭二审（终审）。1942年以边区政府审判委员会为第三审，一度实行三级终审制，但1944年又恢复二级终审制（《中国新民主主义革命时期根据地法制文献选编》）。

③ 人民陪审制度。是审判工作民主化的标志，也是群众监督司法工作的组织形式。

④ 审判公开和辩护制度。除法律另有规定，一律公开审判。当事人可请有法律知识的人或亲属充当刑事辩护人或民事代理人。

⑤ 复核和审判监督制度。少数死刑案判决书须高等法院复核核准，始得宣判；宣判后不论被告是否上诉，须再呈边区政府复核，经主席批准才能行刑。战时不在此限。1942年5月将复核权交专署代行。审判监督制度分两种，一是上级对下级监督，主要是审核案件，解决疑难；二是群众监督，指司法机关向同级参议会报告工作，听取意见，执行参议会决议案。

2. 马锡五审判方式

这是把群众路线的工作方法，创造性地运用到审判工作中去的司法民主的崭新形式。

（1）马锡五审判方式的特点。

① 深入农村，调查研究，实事求是地了解案情。

② 依靠群众，教育群众，尊重群众意见。

③ 方便群众诉讼，手续简便，不拘形式。

（2）马锡五审判方式的产生和意义。

① 整风运动为其产生奠定了思想基础，群众智慧是其产生的力量源泉。这一方式是在巡回审判基础上成长起来的，是司法工作的一面旗帜。

② 其意义是：它的出现和推广，培养了大批优秀司法干部，解决了积年疑难案件，减少争讼，促进团结，利于生产，保证抗日，使新民主主义司法制度落到实处。

3. 人民调解制度

（1）调解的原则。

① 调解须双方自愿。不得强迫命令或威胁。

② 调解须以法律为准绳，照顾善良风俗。不是无原则无条件地息事宁人。违背法令不利抗战的，政府有权宣布撤销。

③ 调解不是诉讼必经程序。任何个人、机关不得剥夺当事人的起诉权。司法机关不得以未经调解而拒绝受理。

（2）调解制度的内容和意义。

① 调解范围。初期仅限于某些民事案件，后来甚至命案也调解。总结经验后确定民事纠纷除法律另有规定外，均可调解；轻微刑事案件也可调解；社会危害性较大的刑事案件不属调解范围。

② 调解主要有四种，依主持调解的个人或单位不同，分为：

第一，民间调解。是群众自己解决纠纷的好形式。由当事人双方各自邀请地邻、亲友、劳动英雄、有威信和公正的人士参加，评议曲直提出调解方案，劝导双方止争。它机动灵活，不拘形式，省钱省时，有利于生产团结。边区政府号召最好百分之百的争执在乡村中自己解决。有的村成为几年无人打官司的模范村。

第二，群众团体调解。有的专设调解委员会。

第三，政府调解。在基层政权组织下调解纠纷。

第四，司法调解。是司法机关处理案件的形式之一。达成的调解协议，对双方有强制效力，须无条件执行。

③ 调解处理方式。一般有赔礼道歉、认错、赔偿损失或抚慰金以及其他善良习惯。

④ 调解和解书。一般包括双方争执简要事由，调解成立方式，和解的原则，以及调解人姓名、签字、盖章等。对促成和巩固调解成果有重要作用。

⑤ 调解纪律。主要规定调解人须奉公守法，不受贿舞弊，尊重当事人人权，不乱打乱罚等。目的在于保证公正，取得民众信赖，维护调解声誉。

调解的意义特别重大。它解决矛盾，增强民间和睦团结，利于抗日民族解放事业；增强民众法制观念，减少纷争；利于司法机关集中精力处理重大刑事案件，提高办案质量；为解放战争时期和新中国人民调解工作提供了丰富的历史经验；是人民司法的一大特色和补充。

### 三、人民民主政权法律制度

#### （一）宪法性文件

主要来自解放区各人民政权的施政纲领，中国人民解放军宣言、布告。包括 1946 年 4 月的《陕甘宁边区宪法原则》，1948 年 8 月的《华北人民政府施政方针》，1947 年 10 月的《中国人民解放军宣言》，1949 年 4 月的《中国人民解放军布告》等。

1.《陕甘宁边区宪法原则》的主要内容

1946 年 4 月边区第三届参议会通过。分为"政权组织""人民权利""司法""经济""文化"五部分，分别作了许多新的规定。其主要内容包括：

（1）确立边区、县、乡人民代表会议为管理政权机关，各级权力机关开始由抗日时的参议会过渡为人民代表会议制度。为新中国基本政治制度奠定了初步基础。

（2）规定人民政治上行使的各项自由权利。受政府指导与物质帮助。边区人民不分民族一律平等。

（3）规定除司法机关、公安机关依法执行职务外，任何机关、团体不得有逮捕审讯行为。人民有权以任何方式控告失职的任何公务员。司法独立不受任何干涉。

（4）经济上采取公营、合作、私营三种方式，组织一切人力、财力促进经济繁荣，为消灭贫穷而斗争。做到劳动者有职业，企业者有发展机会。普及提高人民文化水平。确立耕者有其田的原则。

2.《中国人民解放军宣言》

1947 年 10 月 10 日解放军发布的政治宣言。提出了"打倒蒋介石，解放全中国"的政治任务，制定了实现这一政治任务的基本政策：第一，打倒蒋介石反动政府，逮捕和惩办内战罪犯。铲除国民党统治的腐败制度，肃清贪官污吏。否认蒋介石政府的一切卖国外交，废除一切卖国条约，否认蒋介石政府所借一切外债。第二，没收蒋介石、宋子文、孔祥熙、陈立夫兄弟等四大家族和其他首要战犯的财产，同时废除封建土地剥削制度，彻底摧毁国民党政权赖以存在的经济基础。第三，联合工农兵学商各被压迫阶级，各人民团体，各民主党派，各少数民族，各地华侨和其他爱国分子，组成民族统一战线，建立民主联合政府。从而敲响了国民党南京国民政府的丧钟。

3.《华北人民政府施政方针》

1948年8月华北临时人民代表大会通过。规定了人民政府基本任务及有关各项政策，是当时具有宪法性质的代表性文件。其主要内容有：

（1）规定华北人民政府基本任务是继续进攻敌人，支援前线，争取全国胜利；有计划、有步骤地进行建设和恢复发展生产；继续建设为战争和生产服务的民主政治；培养干部，吸收人才，奠定新中国的基础。

（2）规定了实现基本任务的方针政策。政治方面健全人民代表大会制度；保障人民民主权利及自由与安全；破除迷信；保护守法的外国人及合法的文化宗教活动。经济方面发展农业，颁发土地证确认地权；建立农民生产合作互助组织；促进城乡经济交流；发展工商业，贯彻公私兼顾、劳资两利方针。文化教育方面建立正规教育制度，提高大众文化水平；建立广泛的文化统一战线，团结知识分子为建设事业服务。

**（二）土地立法、劳动立法与婚姻立法**

1. 土地立法

（1）"五四指示"的制定。抗战胜利之初，解放区仍实行减租减息政策。内战再起，地主与农民矛盾日益尖锐。为发动农民准备自卫战争，1946年5月4日党中央发布《关于土地问题的指示》，因其发布日期，又叫"五四指示"。决定改减租减息为没收地主土地的政策，拉开了解放区土地立法的序幕。

（2）《中国土地法大纲》的主要内容。1947年10月10日，党中央召开全国土地会议，制定公布了该大纲，共16条。其主要内容是：

① 规定土改的基本任务是废除封建、半封建性剥削的土地制度，实行耕者有其田制度。

② 规定土改须遵守的原则是依靠贫雇农，团结中农，保护工商者，正确对待地主富农。

③ 规定保护土改的司法措施。对一切对抗或破坏土地法大纲规定的罪犯，组织人民法庭予以审判和处分。

该大纲总结了中国共产党二十多年土地革命基本经验教训，是一个正确的土地纲领，体现了土地改革的总路线。调动了农民革命与生产的积极性，为保证战争胜利起到了决定性的作用。

2. 劳动立法的特点

（1）立法方针与内容

以"发展生产，繁荣经济，公私兼顾，劳资两利"为方针，各地政府及全国劳动大会、工会工作会议等先后制定了决议和法规。规定工厂设管委会和职代会；依靠工人阶级建设城市，管理生产；实行劳动保险制度；处理劳资关系及争议；提高了工人革命及生产积极性。

（2）劳动立法的主要特点

一是依靠工人阶级建设、管理城市，管理生产。建立管委会及职代会。

二是实行劳动保险制度，提高工人阶级革命与生产积极性。

三是贯彻劳资两利原则，合理调处劳动争议。调处程序是协商、调解、仲裁和判决。

3. 婚姻立法的特点

（1）制定城市婚姻政策

纠正城市有人对婚姻自由的错误理解。根据边区原有立法结合城市特点作了具体规定，对解放妇女，纠正错误的男女关系，粉碎反动派谣言起了很大作用。

（2）强调离婚的政治条件

男女间阶级地位、社会成分、政治思想及立场观点，往往是双方感情根本不和的重要原因，这是当时的特点，因此这一规定符合时代要求，是正确的。

（3）确定了离婚后土地问题的处理原则

男女分得土地归个人所有。寡妇改嫁可带走归她本人的全部私产，任何人不得阻止、干涉。

（4）规定干部离婚原则和程序

其一，坚持"夫妻感情意志是否根本不和"的离婚原则。对不正确思想行为一方批准教育或限期改正。对采用威胁、利诱、欺骗等手段制造离婚理由的，原则上不准离婚。如感情意志根本不和，无法同居，劝说无效，一方不同意仍判决离婚，但财产上须多照顾他方。

其二，离婚程序分为：一方提出离婚，须向被告所在地县政府提出；双方协议离婚也向县政府声请，发给离婚证方为合法，不得私下了结。受理干部离婚，当事人须服从政府判决，不服的上诉。未取得正式离婚手续前擅自再婚者，以重婚论罪。

**（三）刑事立法**

1. 犯罪种类

（1）战争罪。《惩处战争罪犯命令》规定：罪大恶极的内战祸首及战犯务必抓获归案，依法严办。又提出凡能真心悔改、确有表现者，不论何人，给予宽大待遇。

（2）反革命罪。主要指下述几类重点打击对象：

① 反动党团及特务组织，是进行反革命活动的骨干力量。分别情况严加惩处和管制。

② 土匪是国民党残余势力，对罪大恶极的匪首依法严厉镇压。惩治贪污盗窃等犯罪。

③ 恶霸分子是地主阶级中最反动的分子，是封建势力政治代表和国民党反动统治在乡村的基础，须集中力量打击。

④ 反动会道门首要分子利用封建迷信进行反革命活动。须解散其组织，停止其活动，惩办其首要分子。被胁迫、诱骗参加者，一经退出停止活动，一律不予追究。

2. 刑事立法的主要任务及原则

主要任务是打击反动阶级的破坏活动。为此各边区、大行政区、各地军管会及人民政府先后制定了刑事法规。

刑法原则的重大发展是明确规定"首恶必办，胁从者不问，立功者受奖"的方针。这一方针极大地丰富和发展了新民主主义刑事立法原则。

3. 刑罚制度的变化

与抗日战争时期相比相同点是：都规定了死刑、有期徒刑、劳役、罚金及褫夺公权、没收财产。不同点是：某些刑罚及执行上的变化。主要有两点：

（1）创造了新的刑种"管制"。解放区民主政权总结经验，适应处理、改造大批反革命分子的需要，把将某些反动或破坏分子交由群众监督改造的做法加以制度化，定名为"管制"。"管制"指反动分子向政府登记后，将其交当地政府及群众监督改造，每日或每周须向指定机关报告其行动，限制其自由。它是发动群众对敌专政、改造罪犯的好形式。

（2）调整某些刑罚执行制度。主要是取消了抗日战争时期一度实行的交乡执行刑罚的制度。一般规定案情较重者收监执行，刑期不长者教育释放，不再执行。随着形势的发展，广泛应用缓刑、假释制度势在必行。

**（四）司法制度**

1. 人民法院体制的完善

（1）摧毁国民党政府司法制度，建立各级人民法院和保证土改的人民法庭。各解放区均设立了大行政区、省、县三级司法机关，一律改称人民法院。沿用抗日时期各项制度。

（2）为保证土改顺利进行，建立人民法庭。人民法庭不同于地方法院，是县以下基层农会以贫雇农为骨干，并有政府代表参加的群众性临时审判机关，专门审判一切违抗、破坏土地法的案件。一般由县政府委派审判员和农民代表会选举的审判员 2 人至 4 人组成，互推一人为主任审判员，主持审判。可判决罪犯当众坦白、赔偿、罚款、劳役、褫夺公权。判处徒刑、死刑须经上级政府批准。它是农民打击反动地富分子的有力武器，是避免乱打乱杀的重要措施。

2. 实施新的法制原则

（1）实行人民民主法制原则。严禁乱打乱杀使用肉刑，坚持有反必肃、有错必纠的方针。简化诉讼手续，执行群众路线的审判方式。放宽上诉制度，一般刑事上诉期是 7 天至 10 天，民事的则为 20 天。严格复核制度，由过去的两级终审普遍改为三级终审制，加强对下级司法机关的检查监督。同时规定了各级法院受理案件的权限范围。

（2）废除国民党政府法统和《六法全书》，确立解放区司法原则。即有法律、命令、条例、决议者，服从其规定；无前述规定者，服从新民主主义政策。以此来审理各种案件。

新民主主义时期人民民主政权法制，是中国共产党领导人民长期艰苦奋斗的结果。优良的革命传统、丰富的经验以及深刻的历史教训，对加强建设具有中国特色的社会主义法制，均有重大意义。

**图书在版编目（CIP）数据**

全国法律硕士专业学位研究生入学联考考试指南/全国法律专业学位研究生教育指导委员会组编.
—19 版 . —北京：中国人民大学出版社，2018.10
  ISBN 978-7-300-26279-6

Ⅰ.①全… Ⅱ.①全… Ⅲ.①法律-研究生-入学考试-自学参考资料 Ⅳ.①D9

中国版本图书馆 CIP 数据核字（2018）第 222679 号

**全国法律硕士专业学位研究生入学联考考试指南（第十九版）**

全国法律专业学位研究生教育指导委员会　组编

Quanguo Falü Shuoshi Zhuanye Xuewei Yanjiusheng Ruxue Liankao Kaoshi Zhinan（Di-shijiu Ban）

| | | |
|---|---|---|
| **出版发行** | **中国人民大学出版社** | |
| **社　　址** | 北京中关村大街 31 号 | **邮政编码**　100080 |
| **电　　话** | 010 - 62511242（总编室） | 010 - 62511770（质管部） |
| | 010 - 82501766（邮购部） | 010 - 62514148（门市部） |
| | 010 - 62515195（发行公司） | 010 - 62515275（盗版举报） |
| **网　　址** | http://www.crup.com.cn | |
| | http://www.1kao.com.cn（中国1考网） | |
| **经　　销** | 新华书店 | |
| **印　　刷** | 涿州市星河印刷有限公司 | **版　　次**　1999 年 11 月第 1 版 |
| **规　　格** | 185 mm×260 mm　16 开本 | 　　　　　2018 年 10 月第 19 版 |
| **印　　张** | 62.25 | **印　　次**　2018 年 10 月第 1 次印刷 |
| **字　　数** | 1 528 000 | **定　　价**　158.00 元 |